Excel 2010
Das Handbuch zur Software

von
Helmut Vonhoegen

Liebe Leserin, lieber Leser,

vielen Dank, dass Sie sich für ein Buch von Vierfarben entschieden haben!

Gehören Sie eher zu den Excel-Anwendern, die mit dem Programm vertraut sind und die alle Tricks und Kniffe kennen? Vielleicht wissen Sie zwar um die Stärken dieses Programms, brauchen aber noch etwas Hilfe dabei, die passende Formel zu finden? Oder kennen Sie sich mit Excel eigentlich gar nicht aus und sind unsicher, ob und wie es Sie bei Ihren täglichen Aufgaben unterstützen kann?

Zu welcher Gruppe Sie sich zählen, bleibt sich in Bezug auf dieses Buch im Grunde gleich: Es wird in jedem Fall weiterhelfen. Ob zur Gedächtnisauffrischung oder als Einführung, ob als Nachschlagewerk oder als Anleitung – hier finden Sie Antworten auf die Fragen, die bei der täglichen Arbeit mit Excel aufkommen. Greifen Sie darauf zurück, wann immer Sie es brauchen, oder stellen Sie es sich am besten gleich auf Ihren Schreibtisch.

Natürlich wurde dieses Buch mit größter Sorgfalt geschrieben und hergestellt. Sollten Sie dennoch einmal Fehler finden oder inhaltliche Anregungen haben, freue ich mich, wenn Sie mit mir in Kontakt treten. Für konstruktive Kritik bin ich dabei ebenso dankbar wie für lobende Worte. Aber zunächst einmal wünsche ich Ihnen viel Freude beim Lesen!

Maike Lübbers
Lektorat Vierfarben

maike.luebbers@vierfarben.de

Auf einen Blick

1	Einleitung	19
2	Basiswissen für die Arbeit mit Excel 2010	23
3	Aufbau von Kalkulationstabellen	121
4	Mit Formeln arbeiten	205
5	Tabellenblätter gestalten	283
6	Auswertung und Was-wäre-wenn-Analyse	367
7	Optimierung	393
8	Daten grafisch präsentieren	411
9	Diagramme optimal einsetzen	465
10	Datenvisualisierung mit Sparklines	495
11	Tabellenblätter grafisch aufbereiten	505
12	Dokumente für die Veröffentlichung vorbereiten	545
13	Arbeitsmappen veröffentlichen	561
14	Excel-Daten im Web	593
15	Gemeinsame Arbeit an Arbeitsmappen	623
16	Tabellenfunktionen	641
17	Informationen als Tabellen ordnen und verwalten	863
18	Datenabfragen und Datenauszüge	899
19	Pivot-Tabellen und -Diagramme	925
20	Arbeit mit externen Daten	987
21	Datenaustausch zwischen Anwendungen	1001
22	Daten mit anderen Anwendungen austauschen	1013
23	Routineaufgaben mit Makros automatisieren	1025
24	Visual Basic für Applikationen	1053
25	Excel App	1127

Sie haben Fragen, Wünsche oder Anregungen zum Buch?
Gerne sind wir für Sie da:

Anmerkungen zum Inhalt des Buches: maike.luebbers@vierfarben.de
Bestellungen und Reklamationen: service@vierfarben.de
Rezensions- und Schulungsexemplare: sophie.herzberg@vierfarben.de

Das vorliegende Werk ist in all seinen Teilen urheberrechtlich geschützt. Alle Rechte vorbehalten, insbesondere das Recht der Übersetzung, des Vortrags, der Reproduktion, der Vervielfältigung auf fotomechanischem oder anderen Wegen und der Speicherung in elektronischen Medien.

Ungeachtet der Sorgfalt, die auf die Erstellung von Text, Abbildungen und Programmen verwendet wurde, können weder Verlag noch Autor, Herausgeber oder Übersetzer für mögliche Fehler und deren Folgen eine juristische Verantwortung oder irgendeine Haftung übernehmen.

Die in diesem Werk wiedergegebenen Gebrauchsnamen, Handelsnamen, Warenbezeichnungen usw. können auch ohne besondere Kennzeichnung Marken sein und als solche den gesetzlichen Bestimmungen unterliegen.

An diesem Buch haben viele mitgewirkt, insbesondere:

Lektorat Maike Lübbers
Korrektorat Annette Lennartz, Bonn
Herstellung Vera Brauner
Einbandgestaltung Marc Thoben, Köln
Coverentwurf Daniel Kratzke
Layout Vera Brauner
Satz III-satz, Husby
Druck Beltz Bad Langensalza GmbH, Bad Langensalza

Gesetzt wurde dieses Buch aus der ITC Charter (10,25 pt/14 pt) in Adobe FrameMaker.
Und gedruckt wurde es auf chlorfrei gebleichtem Offsetpapier (80 g/m²).
Hergestellt in Deutschland.

Bibliografische Information der Deutschen Nationalbibliothek
Die Deutsche Nationalbibliothek verzeichnet diese Publikation in der Deutschen Nationalbibliografie; detaillierte bibliografische Daten sind im Internet über http://dnb.d-nb.de abrufbar.

ISBN 978-3-8421-0007-7

1. Auflage 2011, 3., korrigierter Nachdruck 2015
© Vierfarben, Bonn 2011
Vierfarben ist ein Verlag der Galileo Press GmbH
Rheinwerkallee 4, D-53227 Bonn
www.vierfarben.de

Der Verlagsname Vierfarben spielt an auf den Vierfarbdruck, eine Technik zur Erstellung farbiger Bücher. Der Name steht für die Kunst, die Dinge einfach zu machen, um aus dem Einfachen das Ganze lebendig zur Anschauung zu bringen.

Inhalt

| 1 | Einleitung | 19 |

1.1 Was ist neu? ... 19
1.2 Was das Buch bietet ... 21

| 2 | Basiswissen für die Arbeit mit Excel 2010 | 23 |

2.1 Einsteigen mit einem Kostenvergleich ... 23
2.2 Ein paar Grundbegriffe vorweg ... 35
    2.2.1 Arbeitsmappe, Arbeitsblatt und Zelle ... 35
    2.2.2 Zellinhalt und Zellformat ... 38
    2.2.3 Zellgruppen – Bereiche ... 39
2.3 Dateiformate ... 41
    2.3.1 Hinweise zur Sprachfamilie XML ... 41
    2.3.2 Der Standard Open XML ... 42
    2.3.3 Vorteile der neuen Formate ... 43
    2.3.4 Struktur der Open XML-Formate ... 43
    2.3.5 Dateierweiterungen ... 46
    2.3.6 Konvertierung ... 47
    2.3.7 Alternativ: OpenDocument-Kalkulationstabelle ... 48
2.4 Excel starten und beenden ... 51
    2.4.1 Start für ein neues Dokument unter Windows 7 ... 51
    2.4.2 Starten mit einem vorhandenen Dokument ... 51
    2.4.3 Selbst gebaute Startvarianten ... 52
    2.4.4 Schneller Wechsel zwischen Arbeitsmappen ... 53
    2.4.5 Excel immer mit bestimmten Arbeitsmappen starten ... 54
    2.4.6 Excel beenden ... 54
2.5 Baustelle für Tabellen und Diagramme ... 55
    2.5.1 Anwendungs- und Arbeitsmappenfenster ... 56
    2.5.2 Das Menüband ... 56
    2.5.3 Die Schnellzugriffsleiste ... 58
    2.5.4 Die Backstage-Ansicht ... 59

	2.5.5	Tastenkombinationen	60
	2.5.6	Die Bearbeitungsleiste	60
	2.5.7	Namenfeld	61
	2.5.8	Statusinformationen	62
	2.5.9	Der Bereich für die Arbeitsmappen	64
	2.5.10	Ansichten	66
	2.5.11	Anpassen von Menüband und Schnellzugriffsleiste	68
	2.5.12	Aufgabenbereiche	69
	2.5.13	Befehle zurücknehmen oder wiederholen	70
2.6	**Optionen für die Arbeit mit Excel**		**71**
	2.6.1	Excel bedarfsgerecht einrichten	72
	2.6.2	Bildschirmelemente ein- oder ausblenden	73
	2.6.3	Anzeigeoptionen	74
	2.6.4	Bearbeitungsoptionen	77
	2.6.5	Add-Ins einbinden	79
2.7	**Umgang mit Dokumenten**		**81**
	2.7.1	Effektive Dateiverwaltung	81
	2.7.2	Speichern von Dokumenten	82
	2.7.3	Wahl der Ansicht	83
	2.7.4	Auswahl des gewünschten Ordners	86
	2.7.5	Schneller Zugriff über Linkfavoriten	87
	2.7.6	Neue Ordner unter Windows 7 anlegen	89
	2.7.7	Neue Ordner unter Windows XP anlegen	89
	2.7.8	Dateiname und Dateityp	89
	2.7.9	Metadaten zu einer Datei eintragen	91
	2.7.10	Zuletzt verwendete Dateien öffnen	96
	2.7.11	Neue Arbeitsmappen anlegen	96
	2.7.12	Der Dialog »Datei öffnen«	97
	2.7.13	Mehrere Dateien gleichzeitig öffnen	98
	2.7.14	Dateien mit Suchschablonen finden	99
	2.7.15	Suchen über das Suchfeld	99
	2.7.16	Fertige Dokumente schreibgeschützt öffnen	99
	2.7.17	Dateiverwaltung vor Ort	101
	2.7.18	Speichern kompletter Arbeitssituationen	102
	2.7.19	Optionen für die Sicherheit: Kennwortschutz und Verschlüsselung	103
	2.7.20	Automatische Sicherung und Wiederherstellung	105
	2.7.21	Versionsverwaltung	108
	2.7.22	Sicherheitscenter	110
	2.7.23	Recherchen – lokal und im Web	115

2.8		**Besonderheiten der 64-Bit-Version**	117
	2.8.1	Vorteile von 64-Bit für Excel	117
	2.8.2	Was zu beachten ist	117
2.9		**Hilfe in Excel 2010**	118

3 Aufbau von Kalkulationstabellen 121

3.1		**Planung und Design von Kalkulationsmodellen**	121
	3.1.1	Was beim Tabellenaufbau zu beachten ist	121
	3.1.2	Beschriftungen, Werte, Berechnungsvorschriften	122
	3.1.3	Struktur einer Einnahmen-Ausgaben-Tabelle festlegen	123
3.2		**Navigation und Bereichsauswahl**	125
	3.2.1	Blattwahl und Gruppenbearbeitung	126
	3.2.2	Zellen mit der Maus auswählen	126
	3.2.3	Bewegen und Auswählen mit der Tastatur	130
	3.2.4	Markierung bestimmter Inhalte	135
3.3		**Effektive Dateneingabe und Datenänderung**	137
	3.3.1	Texte und Zeichenfolgen	137
	3.3.2	Eingabe von Zahlen	140
	3.3.3	Eingabe- und Ausgabeformat	140
	3.3.4	Brüche, führende Nullen, Datum und Uhrzeit	142
	3.3.5	Inhalte ändern, suchen und löschen	145
	3.3.6	Löschmethoden	149
	3.3.7	Rechtschreibprüfung und AutoKorrektur	151
	3.3.8	Eingaben automatisch ersetzen	153
	3.3.9	Aktionen	155
3.4		**Daten automatisch erzeugen**	156
	3.4.1	Datenreihen mit dem Ausfüllkästchen	157
	3.4.2	Reihen oder Kopien?	158
	3.4.3	Aufsteigende und absteigende Reihen	158
	3.4.4	Zeitreihen	159
	3.4.5	Arithmetische Reihen	159
	3.4.6	Geometrische Reihen	160
	3.4.7	Trendanalyse mit der Maus	160
	3.4.8	Spezielle Optionen des Kontextmenüs	161
	3.4.9	Reihenbildung im Dialog	161
	3.4.10	Selbst definierte Listen	163

3.5		Prüfung der Dateneingabe	164
	3.5.1	Gültigkeitsregeln für eine Preisspalte	164
	3.5.2	Markieren falscher Daten	166
	3.5.3	Eingabelisten	167
	3.5.4	Prüfungen per Formel	168
3.6		Tabellen neu organisieren und umbauen	169
	3.6.1	Tabellenbereiche umordnen oder kopieren	169
	3.6.2	Kopieren über die Zwischenablage	176
	3.6.3	Mehrere Bereiche gleichzeitig kopieren	182
	3.6.4	Kopieren von Formaten	184
	3.6.5	Transponieren beim Kopieren	185
	3.6.6	Löschen und Einfügen von Zellen	186
	3.6.7	Spaltenbreite und Zeilenhöhe anpassen	189
3.7		Effektiver Umgang mit Arbeitsmappen	193
	3.7.1	Übersicht in großen Tabellen	198
	3.7.2	Ansichten einer Tabelle definieren	200
	3.7.3	Kommentare	201

4 Mit Formeln arbeiten 205

4.1		Der Aufbau von Formeln	205
	4.1.1	Schnelle Summen mit AutoBerechnung	205
	4.1.2	Die Rolle der Formeln	206
	4.1.3	Formeltypen	206
	4.1.4	Datentypen	207
	4.1.5	Operatoren und ihre Priorität	208
	4.1.6	Tabelle der Operatoren	208
	4.1.7	Addition und Subtraktion	210
	4.1.8	Multiplikation und Division	210
	4.1.9	Texte verketten	212
	4.1.10	Tests mit logischen Formeln	212
	4.1.11	Funktionen	213
4.2		Eingabe von Formeln und Funktionen	214
	4.2.1	Konstanten in Formeln	215
	4.2.2	Eingabe von Bezügen	216
	4.2.3	Bereichsangaben	217
	4.2.4	Tipps zur Eingabe von Bezügen	218

	4.2.5	Hilfe bei der Eingabe von Funktionen	220
	4.2.6	Manuelle Eingabe von Funktionen	221
	4.2.7	Formeleingabe mit dem Dialog »Funktion einfügen«	223
	4.2.8	Funktionen bearbeiten	226
	4.2.9	Verschachtelte Funktionen	227
	4.2.10	Bildung von Gesamtsummen	230
4.3	**Relative und absolute Bezüge**		231
	4.3.1	Arbeit mit relativen Bezügen	231
	4.3.2	Absolute und gemischte Bezüge	233
	4.3.3	Teilabsolute Bezüge	236
	4.3.4	Aufsummierung durch Mischbezüge	237
	4.3.5	Verknüpfte Bereiche und Schnittmengen	238
4.4	**Beschreibende Bereichsnamen**		238
	4.4.1	Vorteile von Bereichsnamen	239
	4.4.2	Geltungsbereich – Mappe oder Blatt?	241
	4.4.3	Namensgebung	242
	4.4.4	Bereichsnamen festlegen	243
	4.4.5	Namen definieren	243
	4.4.6	Namens-Management	244
	4.4.7	Benannte Formeln definieren	245
	4.4.8	Übernahme von Namen aus Beschriftungen	246
	4.4.9	Anwenden von Namen in Formeln	247
4.5	**Matrixformeln**		251
	4.5.1	Matrixbereiche in Excel	251
	4.5.2	Mit Matrixformeln arbeiten	253
	4.5.3	Vereinfachung von Berechnungen	255
	4.5.4	Ändern einer Matrixformel	256
4.6	**Qualität sichern und Fehler vermeiden**		257
	4.6.1	Fehler in Formeln vermeiden	258
	4.6.2	Syntaxprüfung	260
	4.6.3	Fehler durch Werte	262
	4.6.4	Fehlerüberprüfung im Hintergrund	263
	4.6.5	Formelüberwachung	264
	4.6.6	Werteprüfung im Überwachungsfenster	267
	4.6.7	Zirkuläre Formeln	267
	4.6.8	Formeln schrittweise prüfen	268
	4.6.9	Formeln dokumentieren	268

4.7	Tabellen mit Formeln verknüpfen	269
	4.7.1 Schreibweise externer Bezüge	270
	4.7.2 Einsatz externer Bezüge	271
4.8	Auswirkungen der Zellbearbeitung auf Formeln	275
4.9	Kontrolle der Neuberechnung	277

5   Tabellenblätter gestalten — 283

5.1	Wahl des Zahlenformats	286
	5.1.1 Formatsymbole	288
	5.1.2 Definition eines bestimmten Zahlenformats	289
	5.1.3 Internationale Währungsformate	291
	5.1.4 Datums- und Zeitformate	293
	5.1.5 Text- und Sonderformate	293
	5.1.6 Selbst definierte Formate	294
	5.1.7 Formatcodes	295
	5.1.8 Das Problem mit den Nullen	298
	5.1.9 Euro-Formate	299
	5.1.10 Jahreszahlen	306
5.2	Schriftgestaltung und Ausrichtung	309
	5.2.1 Wahl der passenden Schriften	310
	5.2.2 Beschriftungen und Zellwerte ausrichten	316
5.3	Rahmen und Muster	323
	5.3.1 Rahmen zeichnen	326
	5.3.2 Farben und Füllmuster	327
	5.3.3 Farben als Organisationsmittel	330
	5.3.4 Bildhintergründe	331
5.4	Blätter und Mappen schützen	332
5.5	Einheitliche Gestaltung mit Formatvorlagen	336
	5.5.1 Formate kopieren	337
	5.5.2 Wiederverwendbare Formatvorlagen	338
	5.5.3 Formatvorlagen in andere Arbeitsmappen übernehmen	341
5.6	Tabellenformatvorlagen	343
5.7	Datenanalyse mit bedingten Formaten	348
	5.7.1 Symbolsätze	353
	5.7.2 Komplexere Regeln	355

| 5.8 | Mehr Übersicht durch Gliederungsebenen | 357 |
| 5.9 | Dateneingabe über Steuerelemente | 364 |

6 Auswertung und Was-wäre-wenn-Analyse — 367

6.1	Berechnungen ohne Formeln	367
6.2	Ergebnisse konsolidieren	369
	6.2.1 Konsolidieren nach Position oder Beschriftung	369
	6.2.2 Konsolidieren nach Rubrik	372
6.3	Add-In für statistische Datenanalyse	373
6.4	Was wäre, wenn …	376
	6.4.1 Datentabelle mit einer Variable	376
	6.4.2 Mehrfachoperation mit zwei Variablen	379
6.5	Planspiele mit Szenarios	381
	6.5.1 Wozu Szenarios gut sind	381
	6.5.2 Planungsalternativen für einen Werbeetat	382
	6.5.3 Definition eines Szenarios	384
	6.5.4 Bearbeiten von Szenarios	387
	6.5.5 Zusammenfassende Berichte	388

7 Optimierung — 393

7.1	Zielwertsuche	393
7.2	Lösungen mit dem Solver suchen	396
	7.2.1 Zur Arbeitsweise des Solvers	396
	7.2.2 Beispiel Materialkostenoptimierung	400
	7.2.3 Auswertung der Ergebnisse und Berichte	407
	7.2.4 Weiterführende Hinweise	408

8 Daten grafisch präsentieren — 411

8.1	Grafische Auswertung mit Diagrammen	411
8.2	Diagrammtypen in Excel	416
8.3	Von der Tabelle zum Diagramm	418

8.4	Zur Verknüpfung von Tabelle und Diagramm	427
8.5	Diagramme optimieren	429
8.6	Diagramme gestalten	437
	8.6.1 Diagrammlayouts und Diagrammformatvorlagen	439
	8.6.2 Datenreihen anordnen	442
	8.6.3 Einfügen und Formatieren von Beschriftungen	447
	8.6.4 Datenreihen und Datenpunkte formatieren	455
	8.6.5 Animierte Diagramme	463

9 Diagramme optimal einsetzen — 465

9.1	Standarddiagramme	465
9.2	Wertdifferenzierung mit Flächen- und Spannweitendiagrammen	473
9.3	Kombinationsdiagramme	476
9.4	Mehrfachverteilung und Zyklen – Ring- und Netzdiagramme	478
9.5	Wertebeziehungen – xy-Diagramme und Blasendiagramme	481
9.6	3D-Optik und echte 3D-Diagramme	484
9.7	3D-Oberflächendiagramme – für kontinuierliche Darstellungen	492

10 Datenvisualisierung mit Sparklines — 495

10.1	Merkmale und Verwendungsmöglichkeiten	495
10.2	Einfügen von Sparklines	496
10.3	Darstellungsvarianten	499
10.4	Bearbeiten von Sparklines	500
	10.4.1 Ändern des Typs	500
	10.4.2 Zuordnen von Farben	500
	10.4.3 Einstellungen zu den Achsen	501
	10.4.4 Behandlung leerer Zellen	502
	10.4.5 Gruppen- oder Einzelbehandlung	502

11 Tabellenblätter grafisch aufbereiten — 505

| 11.1 | Vorgegebene und freie Formen zeichnen | 506 |

11.2	Feinarbeit an grafischen Objekten		514
	11.2.1	Bézierkurven bearbeiten	520
	11.2.2	Techniken für komplexe Zeichnungen	523
	11.2.3	Formeffekte	525
	11.2.4	Frei verschiebbare Textfelder	529
	11.2.5	Textdekor für Tabellen	530
11.3	Organigramme im Schnellgang		531
11.4	Grafiken übernehmen und bearbeiten		533
	11.4.1	Bildbearbeitung vor Ort	534
	11.4.2	Einfügen von Screenshots	539
11.5	Einsatz von Clips		540
11.6	Schnappschüsse von Tabellen		543

12   Dokumente für die Veröffentlichung vorbereiten — 545

12.1	Dokumentinspektion	546
12.2	Dokumente verschlüsseln	552
12.3	Berechtigungen einschränken	553
12.4	Dokumente signieren	555

13   Arbeitsmappen veröffentlichen — 561

13.1	Vorbereitung von Arbeitsblättern zum Druck		561
	13.1.1	Kopf- und Fußzeilen	574
	13.1.2	Prüfung des Layouts in der Seitenansicht	582
13.2	Druckerauswahl und Druckereinstellungen		584
13.3	Tabellen als E-Mail versenden		588
13.4	Erstellen einer PDF-/XPS-Kopie		591

14   Excel-Daten im Web — 593

14.1	Von Excel zu HTML und zurück	594
14.2	Daten für das Web bereitstellen	598
14.3	Dokumente mit Hyperlinks verknüpfen	602
14.4	Verarbeiten von XML-Daten	611

15 Gemeinsame Arbeit an Arbeitsmappen — 623

- 15.1 Teamarbeit in lokalen Netzen — 623
- 15.2 Kooperation über SharePoint-Dienste — 629
- 15.3 SharePoint Workspace — 637

16 Tabellenfunktionen — 641

- 16.1 Neue und geänderte Funktionen in Excel 2010 — 641
- 16.2 Aufbau und Einsatz von Funktionen — 646
- 16.3 Finanzmathematische Funktionen — 649
- 16.4 Datums- und Zeitfunktionen — 683
- 16.5 Mathematische Funktionen — 704
- 16.6 Statistische Funktionen — 732
- 16.7 Kompatible Funktionen — 790
- 16.8 Nachschlage- und Verweisfunktionen — 802
- 16.9 Datenbankfunktionen — 816
- 16.10 Cube-Funktionen — 820
- 16.11 Textfunktionen — 824
- 16.12 Logische Funktionen — 832
- 16.13 Informationsfunktionen — 841
- 16.14 Technische Funktionen — 847

17 Informationen als Tabellen ordnen und verwalten — 863

- 17.1 Einsatzmöglichkeiten von Tabellen — 864
- 17.2 Die Struktur von Tabellen definieren — 865
- 17.3 Tabellenbereiche — 868
- 17.4 Eingabemasken — 879
- 17.5 Daten sortieren — 884
    - 17.5.1 Vorsicht mit Formeln bei der Sortierung — 888
    - 17.5.2 Sortierung nach bis zu 64 Kriterien — 888
    - 17.5.3 Sortieren nach Formatierungen — 892
    - 17.5.4 Sortieren mit einer selbst definierten Reihenfolge — 893

17.6	**Daten in Gruppen zusammenfassen**	894
	17.6.1 Mehrere Teilergebnisse zur selben Spalte	898
	17.6.2 Teilergebnisse wieder löschen	898

18 Datenabfragen und Datenauszüge — 899

18.1	**Relevante Daten herausfiltern**	899
	18.1.1 Ortsunabhängiges Filtern und Sortieren	901
	18.1.2 Textfilter	902
	18.1.3 Zahlenfilter	903
	18.1.4 Datumsfilter	903
	18.1.5 Farbfilter	906
	18.1.6 Sortieren	907
	18.1.7 Suchen und Filtern	908
	18.1.8 Filtern rückgängig machen	909
	18.1.9 Die Ersten und die Letzten	909
	18.1.10 Filtern und Sortieren nach Zellwerten	910
	18.1.11 Filter kombinieren	911
18.2	**Komplexe Abfragen mit Spezialfiltern**	912
	18.2.1 Tabelle und Kriterienbereich	912
	18.2.2 Datenextrakte im Ausgabebereich	914
	18.2.3 Bestandsprüfung mit Spezialfilter	915
	18.2.4 Welche Auswahlkriterien sind möglich?	917
	18.2.5 Kombinierte Kriterien	917
	18.2.6 Alternative Kriterien	918
	18.2.7 Suchen mit berechneten Kriterien	921
18.3	**Weiterverarbeitung gefilterter Daten**	922
18.4	**Berechnungen mit Datenbankfunktionen**	923

19 Pivot-Tabellen und -Diagramme — 925

19.1	**Datenanalyse mit Pivot-Tabellen**	928
	19.1.1 Auswahl der Quelldaten	928
	19.1.2 Layout der Pivot-Tabelle	931
	19.1.3 Wertespalten hinzufügen	936
	19.1.4 Ändern des Pivot-Tabellen-Layouts	937
	19.1.5 Berichtsfilter	939

19.1.6	Optionen für den Pivot-Tabellenbericht	941
19.1.7	Hinzufügen von Feldern	943
19.1.8	Sortieren in der Pivot-Tabelle	944
19.1.9	Schnelle Datenauszüge zu einzelnen Werten	947
19.1.10	Datenschnitte	947
19.1.11	Einstellungsänderungen zu einzelnen Feldern	952
19.1.12	Ändern der Berechnungsart	956
19.1.13	Neue Gruppen zusammenstellen	960
19.1.14	Zahlenmaterial ordnen	962
19.1.15	Berechnete Felder und Elemente in Pivot-Tabellen	965
19.1.16	Pivot-Tabellen formatieren	968
19.1.17	Ändern der Datenquelle, Verschieben, Löschen	971
19.1.18	Pivot-Tabelle aus externen Daten	972
19.2	Dynamische Diagramme aus Pivot-Tabellen	973
19.3	PowerPivot	977

20 Arbeit mit externen Daten — 987

20.1	Access-Daten importieren	988
20.2	Zugriff auf SQL Server-Datenbanken	991
20.3	Abfrage von XML-Dateien	994
20.4	Direkte Abfragen im Internet	995

21 Datenaustausch zwischen Anwendungen — 1001

21.1	Unterstützte Dateiformate	1002
21.2	Import von Textdateien	1005
21.3	Texte auf Spalten verteilen	1010
21.4	Verbindungen zu Textdateien	1010

22 Daten mit anderen Anwendungen austauschen — 1013

22.1	Austausch über die Zwischenablage	1013
22.1.1	Word übernimmt Daten von Excel	1014
22.1.2	Übernahme von Textpassagen aus Word	1016
22.2	Dateien dynamisch verknüpfen	1017

22.3	Einsatz von verknüpften Objekten	1019
22.4	Ausgeliehene Leistungen mit eingebetteten Objekten	1020

23 Routineaufgaben mit Makros automatisieren — 1025

23.1	Makros aufzeichnen	1025
	23.1.1 Vorbereitungen	1026
	23.1.2 Aufzeichnung für einen Zeitplan	1029
	23.1.3 Wie sieht die Aufzeichnung aus?	1030
	23.1.4 Die Arbeitsmappe mit dem Makro speichern	1032
	23.1.5 Das Makro ausführen	1032
23.2	Makros in den Arbeitsablauf einbinden	1033
23.3	Eine Tabelle per Makro kippen	1036
23.4	Makros für die Diagrammgestaltung	1039
23.5	Makros für Rechnungen	1042
23.6	Makros schrittweise testen	1050
23.7	Makros von älteren Excel-Versionen	1050

24 Visual Basic für Applikationen — 1053

24.1	Grundlagen von VBA	1053
	24.1.1 Das Objektmodell von Excel	1053
	24.1.2 Ereignisse steuern den Programmablauf	1055
	24.1.3 Variable und Konstanten in VBA	1056
	24.1.4 Grundeinheiten und Sprachelemente	1063
24.2	Die Entwicklungsumgebung	1076
	24.2.1 Projekt-Explorer und Modulfenster	1077
	24.2.2 Editierhilfen	1083
	24.2.3 Programme testen	1091
	24.2.4 Ausdruck von Code und Formularen	1094
24.3	Ein- und Ausgabe	1094
	24.3.1 Einfacher Eingabedialog	1095
	24.3.2 Meldungsdialoge	1096
	24.3.3 Bereiche in Tabellen auswählen	1098
	24.3.4 Schreiben in Tabellen	1100
	24.3.5 Daten aus Tabellen auslesen	1102

24.4 Entwurf von Formularen 1104
- 24.4.1 Entwicklung eines Eingabeformulars 1104
- 24.4.2 Eingabeelemente einbauen 1106
- 24.4.3 Einbau von Schaltflächen 1107
- 24.4.4 Eingabe der Prozeduren 1108
- 24.4.5 Erweiterbare Werkzeugsammlung 1113

24.5 Tabellenfunktionen in VBA 1116
- 24.5.1 Per Funktion von DEM zu € und zurück 1117
- 24.5.2 Sicherheit für Makros 1119

24.6 Musterprozeduren für Standardaufgaben 1120
- 24.6.1 Prozedur zum Formatieren 1120
- 24.6.2 Beispiele für Plausibilitätsprüfungen 1120
- 24.6.3 Daten aus einem Formular in eine neue Zeile einer Tabelle übernehmen 1121
- 24.6.4 Lesen von Daten aus einer Textdatei 1123
- 24.6.5 Einen Bereich neu definieren 1125
- 24.6.6 Einen Wert in einer Spalte finden und ersetzen 1125
- 24.6.7 Werte in einer Liste von Arbeitsmappen einfügen 1125

25 Excel App   1127

25.1 Kalkulationstabellen im Web 1127
- 25.1.1 Excel im Browser 1128
- 25.1.2 Öffnen und Bearbeiten einer Arbeitsmappe 1128
- 25.1.3 Freigabe im Web 1132
- 25.1.4 Zurück auf Lokal 1133

25.2 Excel Mobile 2010 1134

25.3 Tastenkombinationen 1135

25.4 Editiertasten und -kombinationen 1138

Index 1139

1 Einleitung

Bereits seit Office 2007 zeigen sich die Büroanwendungen von Microsoft in einem neuen Kleid, das ziemlich schnell – wie das bei Geschmacksfragen eben so ist – das Publikum in Liebhaber und Verächter geteilt hat. Wie bei allem Neuen wird dann häufig Älteres vermisst, an dem die Gewohnheit hängt. Mit Office 2010 hat Microsoft die neue Oberfläche nun noch einmal deutlich attraktiver gemacht, insbesondere durch das, was jetzt »Backstage« genannt wird. Auf dem grünen Register **Datei**, das den runden Office-Knopf ersetzt hat, ist alles zusammengefasst, was nicht innerhalb eines Dokuments zu tun ist, sondern mit dem Dokument als Ganzem zu tun hat – Speichern, Drucken, Versenden, Veröffentlichen auf SharePoint-Servern etc.

Dem Wunsch der Anwender, die Oberfläche selbst beeinflussen zu können, wurde wieder ein wenig nachgegeben. Das Menüband kann nun wenigstens um eigene Gruppen und Symbole erweitert werden.

Erfreulicherweise sind die Dateiformate auf der Basis von XML gegenüber den 2007er-Versionen konstant geblieben, allerdings gibt es Kapazitätserweiterungen für Excel 2010. Die Anzahl der Datenpunkte in einem Diagramm ist beispielsweise nur noch durch den vorhandenen Speicher begrenzt. Wer lieber mit dem alternativen Dateiformat OpenDocument arbeitet, kann dies gleich beim ersten Start als Standardformat festlegen.

Der Ausbau der Kapazität gilt insbesondere für die neue 64-Bit-Version von Excel, die nun auch mehr als 2 GB Speicher nutzen kann, um riesige Tabellenblätter aufzubauen.

1.1 Was ist neu?

Abgesehen von vielen kleineren, aber häufig doch sehr nützlichen Neuerungen und Änderungen lassen sich folgende Punkte hervorheben:

- Beim Einfügen werden nun visuelle Einfügeoptionen angeboten, die schon vorweg zeigen, wie die Daten am Zielort aussehen, bevor Sie sich endgültig für eine Variante entscheiden und die Daten in dieser Form dann übernehmen.
- Die Varianten der bedingten Formatierung sind wesentlich zahlreicher geworden und erlauben es, die Bedeutung von Daten visuell im Detail zu differenzieren.

- Eine neue handliche Form der Visualisierung von Daten sind auch die *Sparklines*. Das sind Minidiagramme innerhalb von Zellen, die schnell einen Eindruck von den Größenverhältnissen zwischen ausgewählten Daten geben. So werden beispielsweise Trends auf einen Blick erkennbar.

- Die Filter für die Auswertung von Tabellenbereichen wurden um eine sehr nützliche Suchfunktion erweitert, die bei großen Elementmengen hilft, schnell die gewünschten Daten zu finden. Eine wirkliche Errungenschaft im Bereich der Datenauswertung sind die Datenschnitte. Dabei handelt es sich um automatisch erzeugte, anklickbare Steuerelemente, mit denen sich Pivot-Tabellen und -Charts interaktiv nach wechselnden Kriterien filtern lassen.

- Lange vermisst wurde die nun integrierte Versionsverwaltung, die notfalls einen schnellen Rückgriff auf ältere Zustände eines Kalkulationsmodells erlaubt.

- Auch in Bezug auf die Datensicherheit wurde einiges verbessert. Die **Geschützte Ansicht** hilft, Dokumente, die über das Netz ankommen, mit der nötigen Vorsicht zu handhaben.

- Die Möglichkeiten, eine Arbeitsmappe mit grafischen Elementen zu dekorieren und zu einer attraktiven Lektüre zu machen, sind auf ein erstaunliches Niveau gebracht worden. Viele Funktionen spezieller Bildbearbeitungsprogramme bis hin zu künstlerischen Effekten sind nun Teil des Programms.

- Das Angebot an Tabellenfunktionen ist insbesondere im Bereich der Statistikfunktionen stark erweitert worden. Gleichzeitig sind in zahlreichen Fällen verbesserte Algorithmen implementiert worden, die genauere Ergebnisse liefern.

- Das Solver-Add-In wurde von Grund auf überarbeitet. Für die Bewältigung von Pivot-Analysen aus verschiedenen Datenquellen und riesigen Datenmengen steht jetzt ein Add-In PowerPivot zur Verfügung, das die Analyse Services des SQL-Servers in Excel zur Verfügung stellt.

- Insbesondere der Austausch von Daten mit dem SQL Server und dem SharePoint Server wird in der neuen Version stark vereinfacht und damit die Teamarbeit an Kalkulationsmodellen über das Netz.

- Mit Excel Web App und Excel Mobile 2010 werden neue Wege eröffnet, auf Arbeitsmappen zuzugreifen.

1.2 Was das Buch bietet

Dieses Buch ist für alle gedacht, die Excel 2010 professionell einsetzen wollen. Alle Funktionen werden an praktischen Beispielen – hauptsächlich aus dem beruflichen Alltag – vorgestellt. Die Beispiele werden meist Schritt für Schritt erläutert, sodass Sie sie jeweils bis zum Endergebnis nachvollziehen können. Sie sind so gewählt, dass »by the way« die Leistungsfähigkeit des Programms in allen Bereichen ausgetestet wird.

In Kapitel 2 sind die Grundlagen für die Arbeit mit Excel zusammengestellt. An einem ersten Beispiel wird ein Überblick über die Verfahrensweise von Excel 2010 gegeben.

Die Kapitel 3 bis 5 behandeln den Kernbereich der Tabellenkalkulation, den Einsatz von Formeln und die Gestaltung der Tabellen. Kapitel 6 und 7 stellen die Werkzeuge zur Analyse vorhandener Daten vor. Kapitel 8 bis 11 zeigen die Umsetzung von Zahlenmaterial in Diagramme, Sparklines und den Einsatz freier Grafiken im Tabellenblatt.

In den Kapiteln 12 bis 15 sind alle Formen der Veröffentlichung von Kalkulationsmodellen und Diagrammen zusammengefasst, vom Ausdruck auf dem lokalen Drucker über den E-Mail-Versand bis hin zur Präsentation von Daten im Internet oder einem firmeneigenen Intranet. Zugleich werden die verschiedenen Formen der Kooperation beschrieben, die Excel im internen Netz und im Web unterstützt.

In den Kapiteln 16 bis 19 finden Sie zunächst eine komplette Referenz der Tabellenfunktionen mit zahlreichen Beispielen und fortgeschrittene Funktionen wie Aufbau und Abfrage von Datentabellen und die Auswertung solcher Tabellen in Pivot-Tabellen und -Diagrammen.

Schwerpunkte der Kapitel 20 bis 22 sind der Import und der Export von Daten zwischen Excel und anderen Anwendungen und Datenquellen der unterschiedlichsten Art.

Die Kapitel 23 bis 24 geben einen kompakten Einstieg in die Automatisierung von immer wiederkehrenden Routineaufgaben und zeigen, wie Sie Excel mit Visual Basic für Applikationen an Ihre Bedürfnisse anpassen können. Zum Schluss wird noch kurz auf die Web- und die Mobil-Variante von Excel 2010 eingegangen.

Bücher dieses Formats werden in der Regel nicht wie Romane von Anfang bis Ende verschlungen. Wer direkt auf ein bestimmtes Thema zugreifen will, findet als Zugangspfad neben dem Inhaltsverzeichnis einen ausführlichen Index.

Helmut Vonhoegen

autor@helmut-vonhoegen.de
www.helmut-vonhoegen.de

2 Basiswissen für die Arbeit mit Excel 2010

Die Benutzerumgebung eines Programms erschließt sich meist am schnellsten, wenn ein erster Versuch unternommen wird, etwas Brauchbares darin zu produzieren. Deshalb beginnt dieses Kapitel mit einem Beispiel. Danach werden einige grundlegende Begriffe und Zusammenhänge in Excel erläutert, damit Sie für den Rest des Buches eine sichere Basis haben.

2.1 Einsteigen mit einem Kostenvergleich

Eine ganz typische Anwendung für Excel ist die Kalkulation von Anschaffungen. Angenommen, Sie wollen in Ihrer Firma oder in einer Abteilung oder Arbeitsgruppe ein kleines drahtloses Netz von Arbeitsplätzen aufbauen, mit einem Desktop-PC und fünf Notebooks. Für die Vernetzung werden zusätzlich noch ein Access Point mit integriertem Router und die entsprechenden USB-WLAN-Adapter benötigt. Für den Internetzugang soll ein DSL-Anschluss verwendet werden, damit alle Geräte ins Web gelangen können. Sie wollen wissen, wie viel Sie sich leisten können, was das Nötigste kostet und was die Extras. Bei den Notebooks sollen die Kosten für die Ausstattungsmerkmale 15- oder 17-Zoll-Monitore, 160- oder 250-GB-Festplatten, DVD- oder Combo-Laufwerk verglichen werden.

Zuerst die Beschriftungen

Zunächst erstellen Sie das Grundgerüst für die Kalkulation, indem Sie eine Tabelle beschriften.

1 Öffnen Sie über **Start** oder ein Taskleistensymbol das Programm *Microsoft Excel 2010*. Excel bietet Ihnen eine leere Tabelle an.

2 Zunächst sollten Sie Ihre Anschaffungsliste eingeben, am besten in der ersten Spalte. Bewegen Sie den Mauszeiger auf die zweite Zelle in der ersten Spalte und drücken Sie die linke Maustaste. Die Zelle wird mit einem stärkeren Rahmen markiert und damit ausgewählt.

3 In diese Zelle geben Sie zunächst eine Überschrift für die ganze Tabelle ein, etwa: *Hardwarekosten für die Arbeitsgruppe*. Tippen Sie die Überschrift ein, und beenden Sie den Eintrag mit ⏎. Der Zellzeiger wird automatisch eine Zelle tiefer gesetzt.

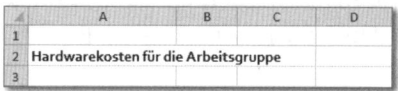

4 Klicken Sie in die Zelle A5, und tragen Sie Schritt für Schritt die Bezeichnungen für die Komponenten ein, die benötigt werden. Um die Aufpreise für die Ausstattungsmerkmale des Notebooks zu erfassen, richten Sie entsprechende Zeilen dafür ein. Beenden Sie jeden Eintrag mit ⏎.

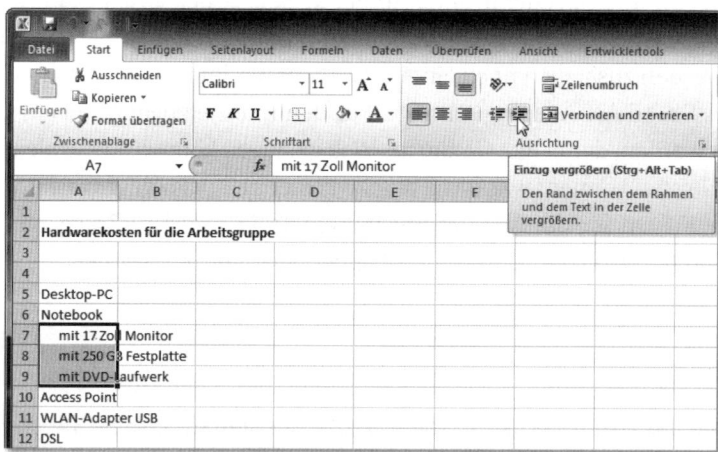

5 Um die Ausstattungsvarianten der Notebooks in der Tabelle etwas deutlicher abzuheben, kann mit einem Einzug gearbeitet werden. Ziehen Sie mit gedrückter Maustaste über die Zellen A7 bis A9, und klicken Sie dann auf der Registerkarte **Start** in der Gruppe **Ausrichtung** auf das Symbol **Einzug vergrößern**.

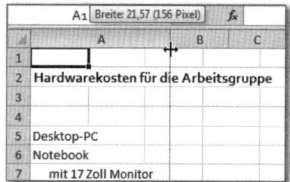

6 Zum Abschluss führen Sie den Mauszeiger auf die Linie zwischen den Spaltenköpfen **A** und **B**. Drücken Sie die linke Maustaste, und ziehen Sie den Zeiger so weit nach rechts, bis alle Texte der Komponenten in die Spalte passen.

7 Klicken Sie in Zelle A4, und beginnen Sie hier mit der Beschriftung der Spalten. Beenden Sie jeden Eintrag mit ⇥ oder →.

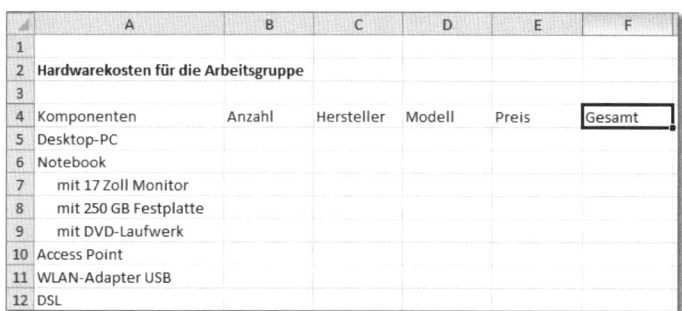

Daten eintragen

Wenn die Beschriftung der Zeilen und Spalten soweit abgeschlossen ist, können Sie mit der Eingabe der Daten beginnen.

1 Klicken Sie die Zelle B5 an, und tragen Sie untereinander jeweils die Anzahl der notwendigen Komponenten ein. Bei den Notebooks können Sie sich entscheiden, ob die Zusatzausstattung jeweils für alle oder nur für einen Teil der Geräte durchgerechnet werden soll.

2 Da die vorgegebene Spaltenbreite hier zu groß ist, positionieren Sie den Mauszeiger zwischen den Spaltenkopf B und C, und führen Sie einen Doppelklick aus. Die Spaltenbreite wird an die benötigte Breite angepasst.

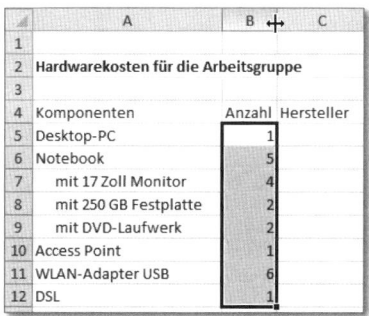

3 Klicken Sie die Zelle C5 an, um die Namen der Hersteller einzutragen. Beenden Sie Ihre Eingaben jeweils mit ⏎. Wenn Komponenten von einem bereits aufgeführten Hersteller kommen, können Sie einfach den Eingabevorschlag übernehmen, den Excel macht, sobald der erste Buchstabe gleich ist.

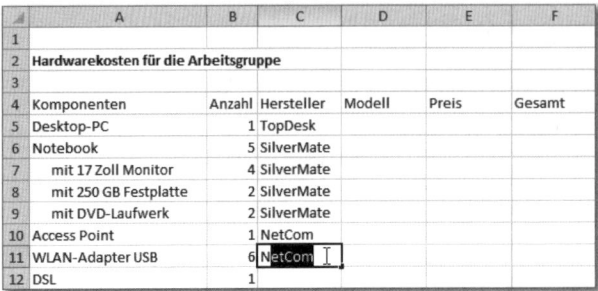

4 Unter *Modell* geben Sie die jeweiligen Typenbezeichnungen ein.

5 In der Preisspalte können nun die Euro-Beträge eingetragen werden, die Ihnen von den jeweiligen Anbietern bekannt sind. Ziehen Sie anschließend mit der Maus über die Zellen E5 bis E12, und klicken Sie auf das Symbol **Buchhaltungszahlenformat** in der Gruppe **Zahl**.

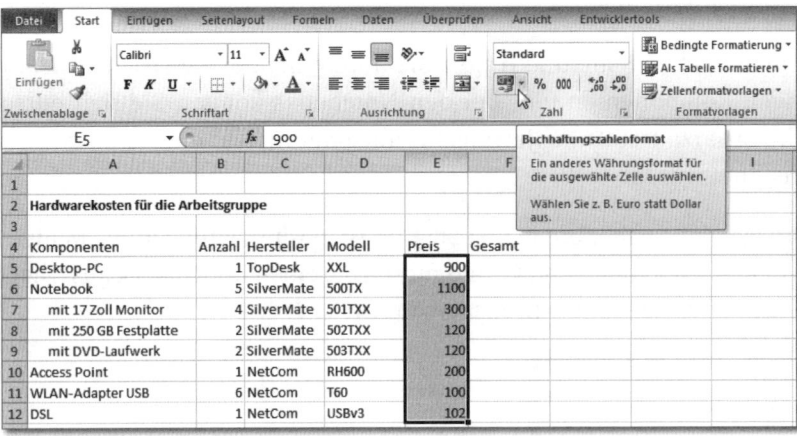

Was kostet das?

Sind alle Preise eingegeben, kann berechnet werden, was die Minimalausstattung und was die zusätzlichen Wünsche kosten. Dazu müssen zunächst die Einzelpreise mit der vorgesehenen Anzahl multipliziert werden.

1 Wählen Sie die Zelle F5 aus, per Mausklick oder mit den Pfeiltasten. Geben Sie ein Gleichheitszeichen ein, und klicken Sie in die Zelle E5. Geben Sie hier nun ein Sternchen für die Multiplikation ein, und klicken Sie in die Zelle B5. Beenden Sie die Formel per Klick auf das Häkchen in der Bearbeitungsleiste, sodass die Zelle anschließend ausgewählt bleibt.

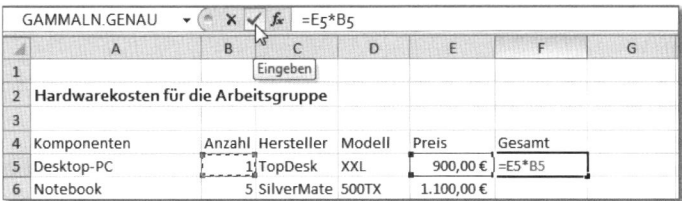

2 Setzen Sie den Mauszeiger genau auf das Ausfüllkästchen der markierten Zelle, also den kleinen Würfel in der unteren rechten Ecke des Zellrahmens, und führen Sie einen Doppelklick aus. Excel füllt die Spalte mit Kopien der Formel in Zelle F5 bis zu Zelle F12, wobei sich das Programm an der Länge der Spalte D – soweit sie Werte enthält – orientiert. Dabei werden die Zellbezüge zeilenweise angepasst.

Excel blendet unten die Schaltfläche **Auto-Ausfülloptionen** ein. Wenn Sie den kleinen Pfeil anklicken, werden verschiedene Ausfüllvarianten angeboten. In diesem Fall ist die Voreinstellung **Zellen kopieren** aber die richtige. Sie müssen also keine Veränderung vornehmen.

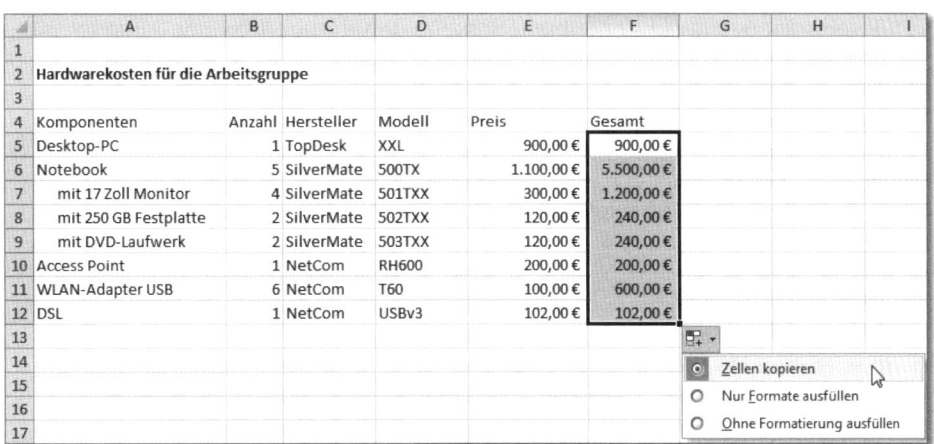

2 Basiswissen für die Arbeit in Excel 2010

3 Die Spalte F übernimmt das Euro-Format in diesem Fall automatisch, da ein Währungsbetrag multipliziert wurde. Nur ist jetzt die Spaltenbreite eventuell zu gering, um alle Werte korrekt anzuzeigen. Die nicht hineinpassenden Werte werden mit #-Zeichen angezeigt. Wenn Sie die Spalte wie oben beschrieben verbreitern, erscheinen die kompletten Werte.

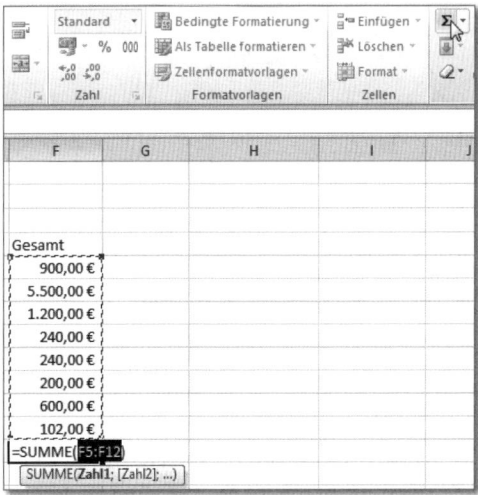

4 Nun fehlt noch die Gesamtsumme. Setzen Sie den Zellzeiger in die Zelle F13, und klicken Sie auf das Symbol **Summe** in der Gruppe **Bearbeiten**. Sie sehen, Excel ist »intelligent« genug, zu erkennen, dass Sie den darüberliegenden Bereich summieren wollen. Bestätigen Sie mit ⏎ oder einem Klick auf das Symbol **Eingeben** in der Bearbeitungsleiste.

	A	B	C	D	E	F
1						
2	Hardwarekosten für die Arbeitsgruppe					
3						
4	Komponenten	Anzahl	Hersteller	Modell	Preis	Gesamt
5	Desktop-PC	1	TopDesk	XXL	900,00 €	900,00 €
6	Notebook	5	SilverMate	500TX	1.100,00 €	5.500,00 €
7	mit 17 Zoll Monitor	4	SilverMate	501TXX	300,00 €	1.200,00 €
8	mit 250 GB Festplatte	2	SilverMate	502TXX	120,00 €	240,00 €
9	mit DVD-Laufwerk	2	SilverMate	503TXX	120,00 €	240,00 €
10	Access Point	1	NetCom	RH600	200,00 €	200,00 €
11	WLAN-Adapter USB	6	NetCom	T60	100,00 €	600,00 €
12	DSL	1	NetCom	USBv3	102,00 €	102,00 €
13					Gesamtsumme	8.982,00 €

5 Um die Tabelle abzuschließen, ergänzen Sie sie um eine Beschriftung für die Gesamtsumme.

Sichern der Ergebnisse

Spätestens an dieser Stelle, am besten aber schon nach der Eingabe der Beschriftungen, sollten Sie das Kalkulationsmodell erst einmal sichern, das sich bisher ja nur im Hauptspeicher des PCs befindet.

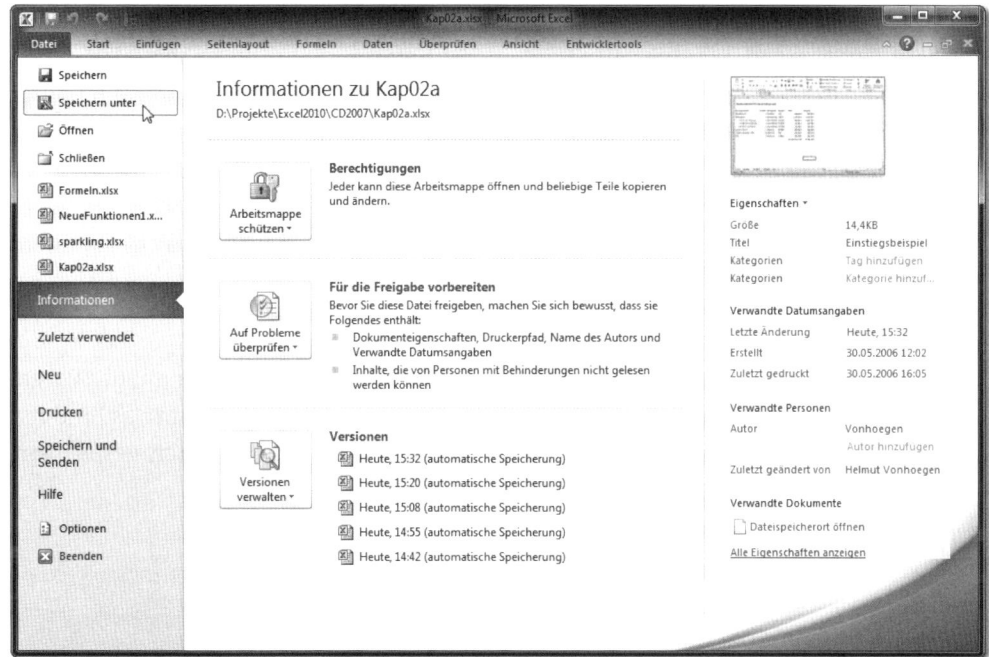

1 Wählen Sie dazu über die Registerkarte **Datei** den Befehl **Speichern unter**.

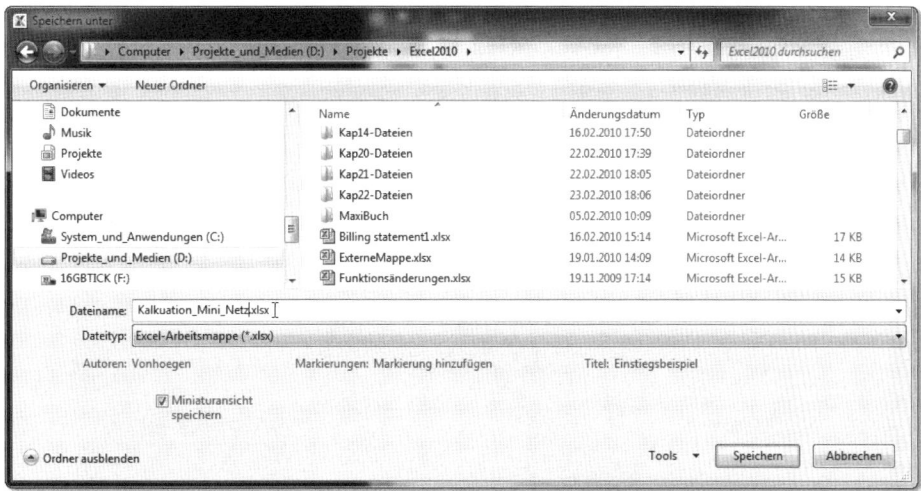

2 Im Dialog (hier unter Windows 7) wird Ihnen unter **Dateiname** ein Name für die Arbeitsmappe abverlangt. Excel 2010 erlaubt Ihnen, ausführliche Namen einzugeben, wie *Kalkulation_Mini_Netz*. Nutzen Sie diese Möglichkeit, damit Sie Ihre Tabellen möglichst gut wiederfinden. Der vorgegebene Dateityp kann in diesem Fall einfach übernommen werden. Als Ort der Dateiablage gibt Excel den Standardordner *Dokumente* vor, falls Sie nicht über die Schaltfläche **Optionen** im Register **Datei** unter **Speichern** einen anderen Ordner als **Standardspeicherort** ausgewählt haben oder zuletzt einen anderen Ordner zum Speichern verwendet haben. Die drei Eingabefelder **Autoren**, **Markierungen**, **Titel** und **Thema** lassen sich verwenden, um weitere Angaben zu dem jeweiligen Dokument zu machen. Diese Daten werden in der Detailansicht eines Ordners angezeigt, wenn die entsprechenden Spalten über das Kontextmenü der Spaltenbeschriftungen eingeblendet werden. Die Option **Miniaturansicht speichern** sorgt dafür, dass später im Dialog **Öffnen** eine Vorschau auf die Tabelle verfügbar ist. Bestätigen Sie Ihre Angaben mit **Speichern**.

3 Wenn Sie die Tabelle später erneut sichern wollen, brauchen Sie nur auf das vorgegebene Symbol **Speichern** in der Schnellzugriffsleiste zu klicken, denn das Kind hat ja inzwischen einen Namen, und Excel weiß damit, wohin die Daten gespeichert werden sollen. [Strg]+[S] hat den gleichen Effekt.

4 Um später wieder auf das Kalkulationsblatt zuzugreifen, verwenden Sie über die Registerkarte **Datei** den Befehl **Öffnen**.

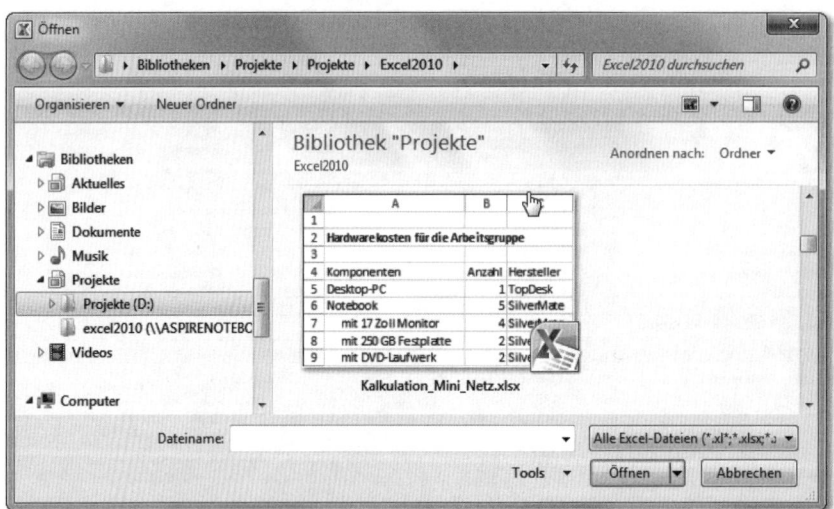

5 Im Dialogfeld **Öffnen** werden die vorhandenen Arbeitsmappen aufgelistet. Wählen Sie den betreffenden Namen und dann **Öffnen**. Wenn Sie über die Pfeilschaltfläche zu **Ansicht ändern** die Option **Extra große Symbole** wählen, können Sie schon vor dem Öffnen kontrollieren, ob Sie die richtige Datei erwischt haben, vorausgesetzt, sie ist in Schritt 2 mit einer Vorschaugrafik abgespeichert worden. Ziehen Sie, wenn nötig, mit der Maus das Dialogfeld an der unteren rechten Ecke größer, damit Sie genug sehen können.

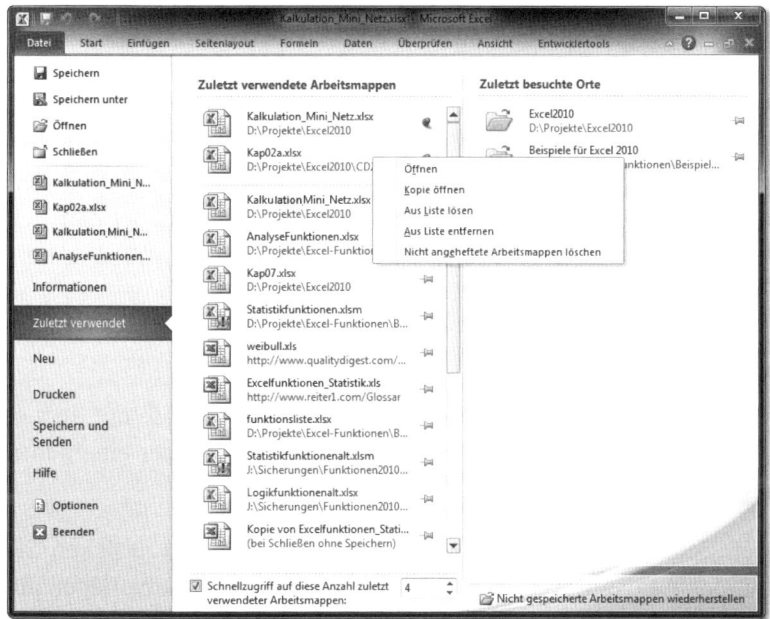

Wenn Sie inzwischen nicht viel anderes mit Excel gemacht haben, wird der Name des Kalkulationsblatts auch direkt in der Liste angeboten, die die Schaltfläche **Zuletzt verwendet** zur Auswahl stellt, sobald Sie das Register **Datei** öffnen. Ein Klick auf den Namen der Arbeitsmappe genügt dann, um sie zu öffnen. Wie viele Dateien in dieser Liste erscheinen, können Sie über **Datei ▶ Optionen ▶ Erweitert** unter **Anzeige ▶ Diese Anzahl zuletzt verwendeter Dateien anzeigen** einstellen.

Unterhalb der Liste der zuletzt verwendeten Dateien kann noch die Option für einen Schnellzugriff auf eine bestimmte Anzahl aktiviert und die Zahl der dafür bereitgestellten Dateien eingegeben werden. Die Symbole dieser Dateien werden dann oberhalb des Befehls **Informationen** angeboten. Im rechten Bereich des Registers werden auch die zuletzt besuchten Orte, sprich Ordner angeboten.

Außerdem lässt sich über das Kontextmenü der Dateien oder Ordner dafür sorgen, dass bestimmte Elemente auf jeden Fall in der Liste angezeigt werden. Mit einem Klick auf eine graue Nadel oder den Kontextmenübefehl **An Liste anheften** wird das Symbol mit

2 Basiswissen für die Arbeit in Excel 2010

der Heftzwecke nach vorne gedreht, um die Fixierung anzuzeigen. Ein erneuter Klick oder der Befehl **Aus Liste lösen** heben die Fixierung wieder auf.

Mit der Schaltfläche unten rechts lässt sich eine ohne Speicherung geschlossene Arbeitsmappe wiederherstellen. Excel 2010 speichert diese Dateien provisorisch in dem Ordner *UnsavedFiles*.

Arbeit mit der Tabelle

Die Tabelle ist so aufgebaut, dass Sie leicht durchspielen können, wie sich verschiedene Optionen auf die Gesamtkosten auswirken. Wenn Sie beispielsweise berechnen wollen, was es kostet, wenn gleich alle Notebooks mit 250-GB-Festplatten ausgestattet werden, wählen Sie die Zelle B8 aus und überschreiben die bisherige Anzahl mit der Zahl 5. Excel rechnet die Summen sofort neu durch.

Verbesserungen der Darstellung

Obwohl die Tabelle schon leistet, was sie soll, sind Sie möglicherweise mit dem etwas schmucklosen Outfit nicht zufrieden. Die schnellste Abhilfe kann hier eine automatische Formatierung mit einer Vorlage schaffen.

1 Setzen Sie den Zellzeiger auf eine beliebige ausgefüllte Zelle. Klicken Sie im Menüband auf das Register **Start** und dort in der Gruppe **Formatvorlagen** auf **Als Tabelle formatieren**.

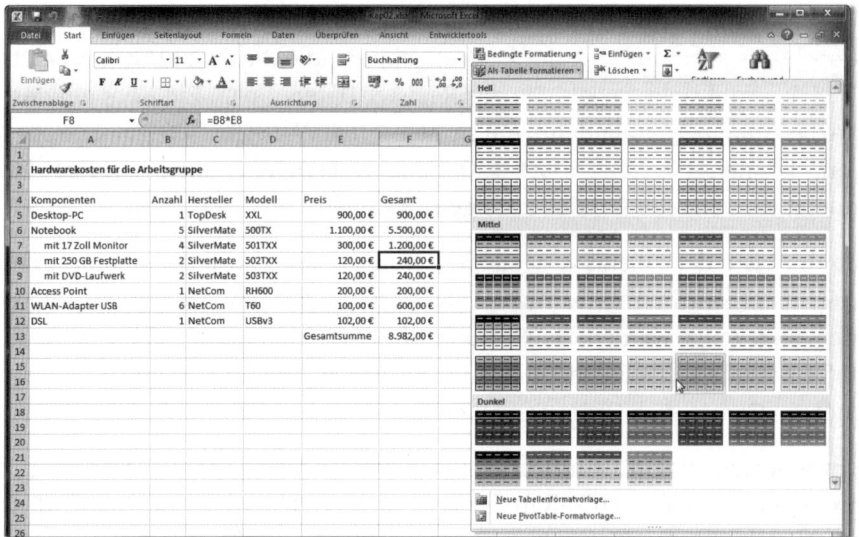

2 In dem Listenfeld werden zahlreiche Formatmuster angeboten. Klicken Sie auf das gewünschte Formatmuster.

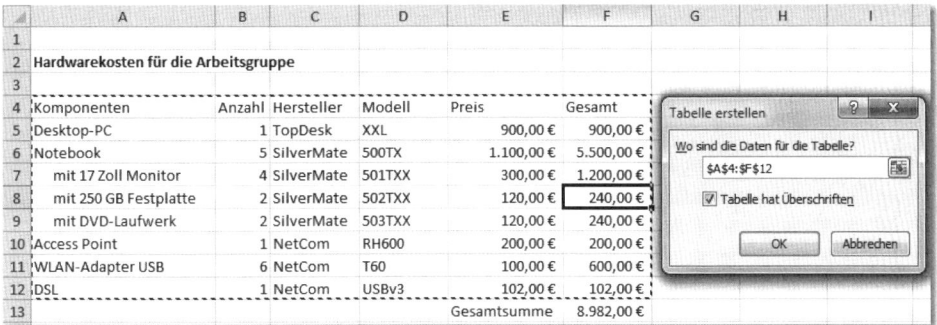

3 Im Dialog wird abgefragt, ob der Tabellenbereich, der durch einen Laufrahmen angezeigt wird, richtig ausgewählt ist. Außerdem kann abgehakt werden, dass die Tabelle eine Überschriftenzeile hat, damit diese besonders formatiert wird. Excel ergänzt die noch fehlende Beschriftung der ersten Spalte durch eine Standardvorgabe, die Sie überschreiben sollten. Die folgende Abbildung zeigt die so formatierte Tabelle.

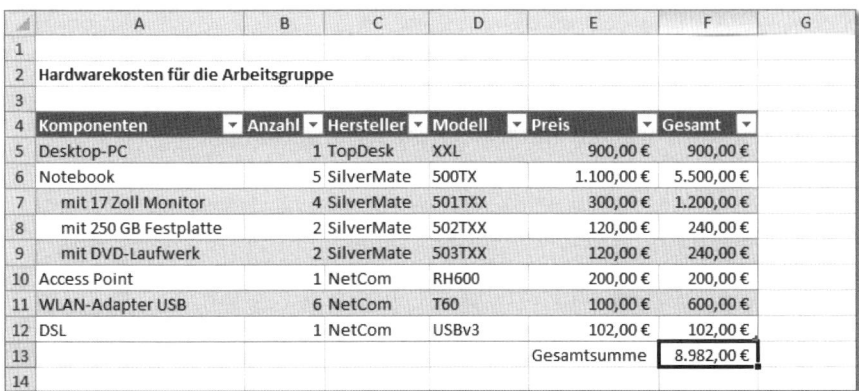

Die Tabelle ausdrucken

Wenn nun zu dem gerade beschriebenen Kalkulationsmodell noch eine Besprechung mit der Geschäftsleitung stattfinden soll, ist es sinnvoll, die Tabelle auszudrucken.

2 Basiswissen für die Arbeit in Excel 2010

1 Vor dem Ausdruck sollten Sie zunächst prüfen, wie der Druck in etwa aussehen wird. Dazu bietet Excel 2010 eine neue Druckvorschau, die Sie über die Registerkarte **Datei** und **Drucken** erreichen.

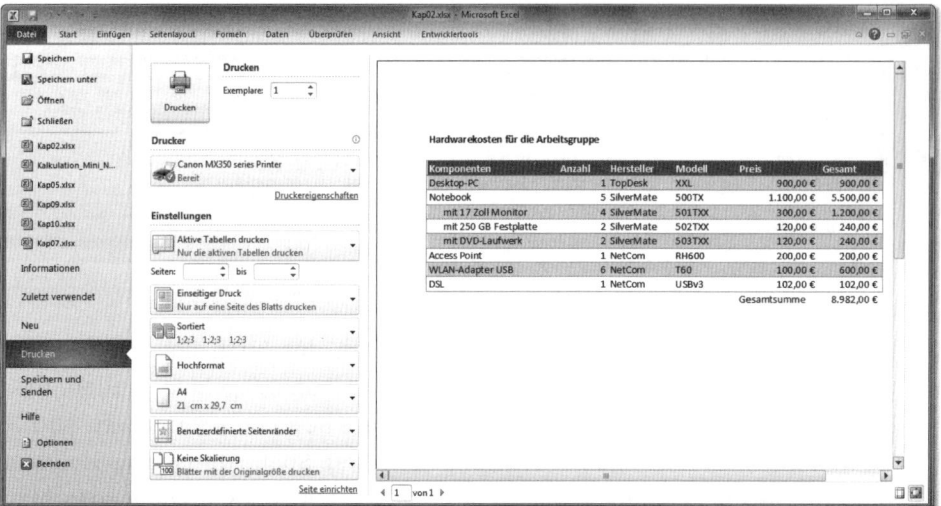

2 In dieser Ansicht können Sie vorab das Druckergebnis prüfen. Klicken Sie auf die Schaltfläche **Zoom** in der Ecke unten rechts, um Details zu sehen.

3 Sollte die Tabelle nicht auf eine Seite passen, nutzen Sie hier unter **Einstellungen** die Schaltfläche für die Formate, und wählen Sie das **Querformat**.

4 Klicken Sie anschließend auf die Schaltfläche **Drucken**, um den Ausdruck zu starten.

Wenn Sie Ihre Anschaffungen durch solche oder ähnliche Kalkulationsblätter durchrechnen, behalten Sie Ihre Ausgaben im Griff.

2.2 Ein paar Grundbegriffe vorweg

Die Arbeitsumgebung in Excel ist angelehnt an die Situation, die Ihnen von der Arbeit am Schreibtisch vertraut ist. Excel stellt Ihnen auf dem Desktop einen Arbeitsbereich zur Verfügung, in dem in verschiedenen Fenstern verschiedene Vorgänge gleichzeitig behandelt werden können.

2.2.1 Arbeitsmappe, Arbeitsblatt und Zelle

Für die einzelnen Arbeitsvorgänge bietet Ihnen Excel jeweils Arbeitsmappen an. Eine solche Mappe, ähnlich wie ein Hefter oder Aktenordner, kann z. B. alle Tabellen und Diagramme zur Verwaltung eines Lagers zusammenfassen.

Ein besonderer Vorteil der Mappen ist, dass bestimmte Operationen gleich für mehrere Tabellen durchgeführt werden können, z. B. die Formatierung bestimmter Tabellenbereiche. Außerdem sind Berechnungen möglich, die Daten aus mehreren Tabellen verwerten. Eine Arbeitsmappe wird zunächst mit einer frei wählbaren Anzahl von Blättern eröffnet und kann bis auf 255 Blätter erweitert werden. Vorgegeben sind drei Blätter.

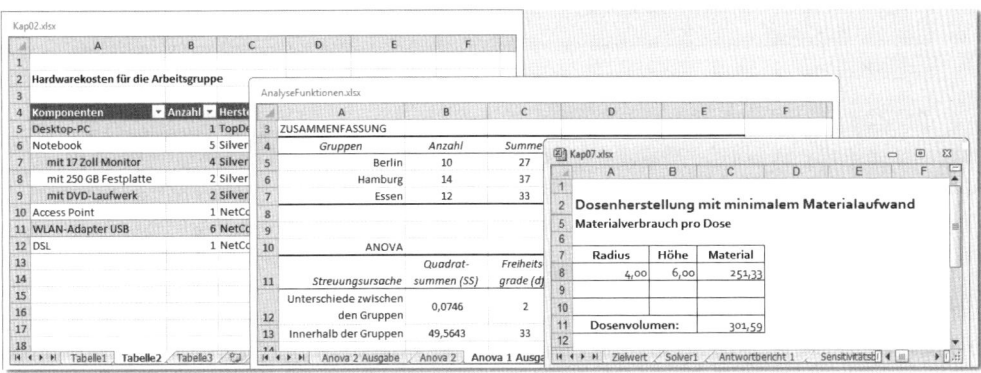

Abbildung 2.1 Arbeitsbereich mit mehreren Mappen

Blatttypen

In Excel 2010 werden die einzelnen Blätter einer Arbeitsmappe durch beschriftete Register am unteren Rand gekennzeichnet, die auch unterschiedlich eingefärbt werden können. Eine Mappe kann verschiedene Blatttypen enthalten: Blätter für Tabellen, für Diagramme und – aus Gründen der Kompatibilität mit den älteren Excel-Versionen – Blätter für den Entwurf von Dialogfeldern nach der Methode von Excel 5. Auch Vorlagen für Excel 4-Makros und internationale Excel 4-Makrovorlagen werden weiterhin angeboten.

2 Basiswissen für die Arbeit in Excel 2010

Diagramme sind grafische Darstellungen von Zahlenmaterial, das in Form von Tabellen vorliegt. Diagramme können in Tabellenblättern eingebettet oder auf eigenen Blättern ausgegeben werden. In beiden Fällen sind die Diagramme mit den Tabellendaten verknüpft, die sie veranschaulichen.

Excel vergibt jeweils vorläufige Blattnamen, die innerhalb des jeweiligen Blatttyps automatisch durchnummeriert werden. Diese Namen sollten in der Regel durch aussagekräftigere Namen ersetzt werden. Bis zu 31 Zeichen sind erlaubt, auch Leerzeichen. Es reicht ein Doppelklick auf das Register, um den Namen zu bearbeiten. Die Registerfarbe wählen Sie über das Kontextmenü des Registers.

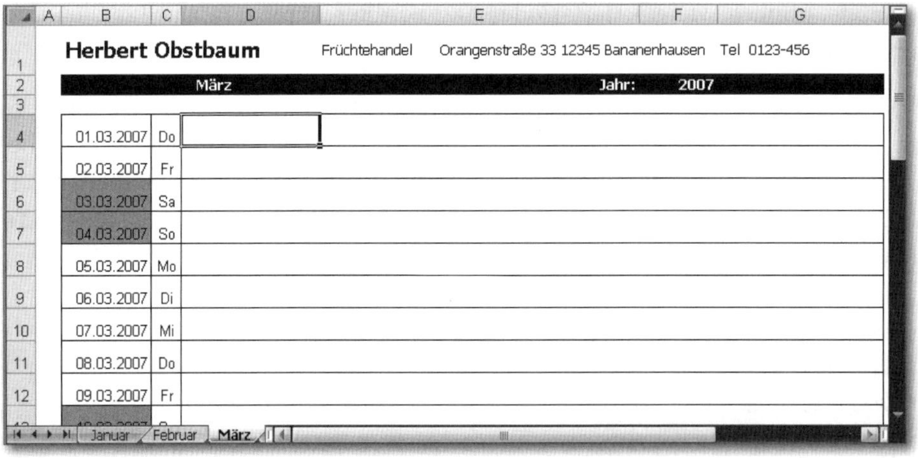

Abbildung 2.2 Blätter mit Monatsnamen, unterschiedlich eingefärbt

Tabellenblatt und Zelladresse

Die Blätter für Tabellen sind in Spalten und Zeilen eingeteilt. Bereits in Excel 2007 ist die Aufnahmekapazität der Blätter beträchtlich erweitert worden. Statt der bis dahin maximal möglichen 256 Spalten waren nun nicht weniger als 16.384 Spalten verwendbar. Dabei werden die Spalten mit Buchstaben von A bis XFD gekennzeichnet. Die Zeilenkapazität wurde von maximal 65.536 auf 1.048.576 Zeilen ausgedehnt, die von 1 ausgehend durchnummeriert werden.

Inwieweit Sie diese enormen Kapazitäten tatsächlich ausnutzen können, hängt natürlich vom Ausbau Ihres Hauptspeichers ab. Um eine solche Datenmenge bewältigen zu können, wird der von Formeln nutzbare Speicher auf maximal 2 GB ausgeweitet. Außerdem können Prozessoren mit mehreren Kernen genutzt werden. Werden noch größere Arbeitsmappen benötigt, sollte der Einsatz der 64-Bit-Version von Excel 2010 in Erwägung gezogen werden, die diese Begrenzung durchbricht. Mehr dazu in Abschnitt 2.8, »Besonderheiten der 64-Bit-Version«. Allerdings lassen sich solche Tabellenmonster von anderen Anwendern, die mit 32-Bit arbeiten, dann leider auch nicht öffnen.

Im Schnittpunkt von Spalte und Zeile liegt die Zelle. Die Zelle ist der Ort, an dem sich etwas eintragen lässt. Die Zahl der Zeichen, die jede Zelle aufnehmen kann, liegt aktuell bei 32.767. Formeln können bis zu 8.000 Zeichen enthalten. Die Schachtelungsebenen von Formeln wurden seit Excel 2007 von 7 auf 64 erhöht.

Wie bei einem Schachbrett wird die Position der Zelle im Blatt über die Beschriftung von Spalte und Zeile bestimmt. Jede Zelle hat eine eindeutige Adresse. Die vollständige Adresse einer Zelle lautet z. B.:

Adressbestandteil	Bedeutung
[Bericht3]	Zelle liegt in der Datei mit dem Namen *Bericht3*.
Kosten!	Zelle liegt im Blatt mit dem Namen *Kosten*.
F	Zelle liegt in Spalte F.
6	Zelle liegt in Zeile 6.

Geschrieben wird das:

```
[Bericht3]Kosten!F6
```

Der Name der Arbeitsmappe wird in eckige Klammern gesetzt. Damit erkennbar ist, dass ein Name ein Blatt bezeichnet und nicht einen Zellbereich, wird dahinter ein Ausrufezeichen gesetzt. Bei der Eingabe einer Formel kann der Dateiname weggelassen werden, wenn die Zelle in der aktuellen Arbeitsmappe liegt, also in der Datei, die im aktiven Fenster angezeigt wird. Liegt die Zelle in dem Blatt, in dem der Zellzeiger augenblicklich steht, kann auch die Blattbezeichnung entfallen.

Excel erlaubt seit der ersten Version auch noch eine andere Schreibweise für Zellbezüge, bei der mit den Nummern der Zeilen und Spalten gearbeitet wird. Statt *B2* kann auch *Z2S2* benutzt werden. Voraussetzung ist, dass Sie über die Registerkarte **Datei** und die Schaltfläche **Optionen** diese andere Bezugsart auf dem Register **Formeln** einschalten. Das ist unter **Arbeiten mit Formeln** mit der Option **Z1S1-Bezugsart** möglich. In diesem Buch wird die alternative Bezugsart nicht verwendet.

Die aktive Zelle

Jeweils eine Zelle der Tabelle ist durch einen stärkeren Rand hervorgehoben und damit als aktive Zelle markiert. Die Markierung heißt auch Zellzeiger. Unten rechts am Rahmen befindet sich das sogenannte Ausfüllkästchen. Eine markierte Zelle ist empfangsbereit für die manuelle Dateneingabe. Ist das Kästchen nicht sichtbar, wurde diese Funktion abgeschaltet. Das kann sinnvoll sein, wenn Sie Anwendungen erstellen, in denen nur an bestimmten Stellen Eingaben erlaubt sein sollen. Verwenden Sie **Datei ▸ Optionen ▸ Erweitert,** und wählen Sie unter **Optionen bearbeiten** die Option **Ausfüllkästchen und Drag & Drop von Zellen aktivieren**, um das Ausfüllkästchen wieder einzublenden.

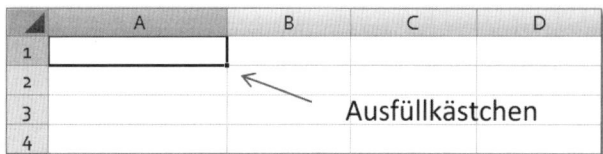

Abbildung 2.3 Die Zelle und das Ausfüllkästchen

Wenn Sie Befehle ausführen, die eine Zelle betreffen können, gelten diese Befehle jeweils für die markierte Zelle. Der Zellzeiger kann mit der Maus, den Richtungstasten oder durch Befehle wie **Gehe zu** versetzt werden.

2.2.2 Zellinhalt und Zellformat

Bei jeder Zelle können mindestens zwei Dimensionen unterschieden werden. Die eine Dimension ist der Inhalt der Zelle. Eine Zelle kann einen Eintrag enthalten oder leer sein. Die zweite Dimension ist das Format der Zelle. Das ist die Art und Weise, wie der Inhalt der Zelle angezeigt wird, in welchem Zahlenformat, in welcher Schriftart, in welcher Farbe etc.

Die beiden Dimensionen werden in Excel getrennt behandelt. Sie können z. B. den Inhalt einer Zelle löschen, das gewählte Format aber beibehalten, oder umgekehrt das Format einer Zelle kopieren, ohne den Inhalt mitzunehmen. Als dritte Dimension kann noch ein Kommentar angelegt werden, der etwa Hinweise zu einem Wert oder einer Formel enthält.

Eine Sonderstellung nehmen Zellen ein, die die neuen *Sparklines* aufnehmen. Diese werden gewissermaßen in einer dritten Dimension der Zelle abgelegt. Mehr dazu in Kapitel 10, »Datenvisualisierung mit Sparklines«.

2.2.3 Zellgruppen – Bereiche

Befehle in Excel lassen sich nicht bloß auf einzelne Zellen, sondern auch auf Gruppen von Zellen anwenden, die Bereiche genannt werden. Ein Bereich ist eine rechteckige Gruppe von Zellen, die entweder manuell markiert oder über eine Bereichsadresse angesprochen wird. Ist ein Zellbereich ausgewählt, legt Excel einen Rahmen um die Auswahl und färbt die Zellen mit einer Hintergrundfarbe ein. Auch die Zeilen- und Spaltenköpfe werden eingefärbt. Das Ausfüllkästchen erscheint am unteren rechten Rand.

Ein Zellbereich besteht mindestens aus einer Zelle, maximal aus allen Zellen eines Blatts oder der Arbeitsmappe. Bereiche in einem Blatt sind zweidimensional, ein Bereich kann aber auch Zellen aus benachbarten Arbeitsblättern umfassen. Bereiche werden über die Adressen von zwei gegenüberliegenden oder diagonal gepaarten Eckzellen definiert. Ihre Adressen werden durch die Angabe »von – bis« bestimmt. Der Bereich in der folgenden Abbildung hat z. B. die Adresse A1:D5.

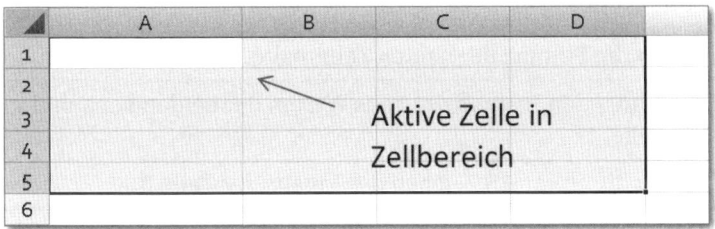

Abbildung 2.4 Aktive Zelle innerhalb eines Zellbereichs

Ist ein Zellbereich ausgewählt, ist die aktive Zelle an dem normalerweise weißen Hintergrund erkennbar. Außerdem ist es möglich, Zellen und Bereiche mit Namen zu belegen, sodass sie auch über diesen Namen ansprechbar sind.

Mehrfachbereiche

Excel erlaubt auch die gleichzeitige Auswahl von mehreren Bereichen. So können Zellengruppen ausgewählt werden, die nicht aneinandergrenzen. Auf diese Mehrfachbereiche können die meisten der Operationen angewendet werden, die für Einzelbereiche möglich sind, aber nicht alle. **Ausschneiden**, **Zellen löschen**, **Zellen einfügen** ist z. B. nur bei Einzelbereichen erlaubt.

Datentypen

Die Zellen der Arbeitsblätter können grundsätzlich zwei Typen von Daten aufnehmen:

- Konstanten
- Formeln

Konstanten sind fixe Daten, die direkt in die Zelle eingegeben werden: Zahlen, Texte wie Beschriftungen, Namen, Artikelbezeichnungen etc., Datumsangaben wie 12.10.2006 oder Zeitangaben wie 12:33.

Formeln sind Rechenvorschriften oder Vorschriften zur Manipulation von Daten. Sie veranlassen das Programm, in der Zelle das Ergebnis auszugeben. Formeln beginnen immer mit einem Gleichheitszeichen und können ihrerseits konstante Werte, Bezüge auf Zellen und Zellbereiche, Zell- oder Bereichsnamen, Operatoren und Funktionen enthalten.

Formel	Bedeutung
=b3+b4	Liefert die Summe der beiden Zellinhalte.
=Nettobetrag*MwSt	Berechnet den Bruttobetrag aus Werten der beiden benannten Bereiche.
=LINKS(b3;15)	Liefert die ersten 15 Zeichen des Inhalts der Zelle B3.

Enthält eine Zelle eine Formel, ist die Formel in der Bearbeitungsleiste sichtbar, wenn die Zelle markiert ist, während in der Zelle selbst das Ergebnis erscheint.

Zeichenfolgen und numerische Werte

Die zweite Unterscheidung, die hier von Bedeutung ist, ist die zwischen Zeichenfolgen und numerischen Werten. Konstanten sind entweder Zeichenfolgen oder numerische Werte. Formeln liefern entweder Zeichenfolgen oder numerische Werte als Ergebnis. Logische Ausdrücke liefern die beiden Werte WAHR oder FALSCH, die den Werten 1 und 0 entsprechen (logische Werte können deshalb auch in einfache Rechenoperationen einbezogen werden).

Zeichenfolgen können Texte, aber auch Zahlenfolgen sein. Zum Beispiel können Artikelnummern als Zeichenfolgen abgelegt werden. Wenn Sie Daten für eine Zelle eingetragen haben, prüft das Programm, ob der Eintrag als Zeichenfolge oder als Wert zu verstehen ist, und gibt die Daten entsprechend aus. Zeichenfolgen werden zunächst linksbündig, Werte rechtsbündig ausgegeben.

2.3 Dateiformate

Nachdem Microsoft bereits mit Excel XP ein XML-basiertes Dateiformat als Zweitformat eingeführt hatte und in der Version Excel 2003 die XML-Unterstützung noch einmal deutlich ausgeweitet hat, wurde mit Excel 2007 die Gewichtung umgekehrt. Die Dateiformate auf der Basis von XML stellten jetzt die Standardformate dar, die binäre Variante der Arbeitsmappe wurde dagegen als Zweitformat angeboten. Damit trägt Microsoft der Tatsache Rechnung, dass sich XML-Dokumente inzwischen weltweit als plattformübergreifender Standard für die Datenspeicherung durchgesetzt haben.

2.3.1 Hinweise zur Sprachfamilie XML

XML, Kürzel für »extensible markup language«, ist heute als Standard für die Beschreibung von strukturierten Daten etabliert. Die vom World Wide Web Consortium (W3C) kontrollierte Sprache benutzt ähnlich wie HTML einfache Element-Tags und Attribute, die aber im Unterschied zu HTML nicht die Darstellung von Datenelementen festlegen, sondern nur ihre Bedeutung. Der Inhalt der Information wird dabei streng von ihrer Form getrennt. Die Formatierung für die Ausgabe von XML-Dokumenten in den verschiedenen Medien wird über separate Stylesheets geregelt.

Der Anwender kann die Bedeutung der Tags selbst festlegen oder vordefinierte Vokabulare nutzen, die für bestimmte Sachgebiete öffentlich angeboten werden. Die Sprache ist, wie das X im Namen ankündigt, von vornherein auf Erweiterbarkeit ausgelegt.

Wie HTML-Dokumente sind auch XML-Dokumente reine Textdateien. Da das Datenformat völlig unabhängig von der gewählten Plattform und der eingesetzten Anwendung ist, eignet es sich hervorragend für den Datenaustausch zwischen ungleichen Systemen und Anwendungen. Die Dokumente bestehen aus einer Hierarchie von Elementen, die immer von einem Wurzelelement ausgeht und sich deshalb als Baum darstellen lässt. Elemente können weitere Kind-Elemente oder Inhalte enthalten.

Ein XML-Dokument wird als wohlgeformt eingestuft, wenn es bestimmte formale Regeln einhält, insbesondere die, dass zu jedem Start-Tag ein genau passendes End-Tag existiert – was beispielsweise in HTML keineswegs immer der Fall ist und dort so toleriert wird. Wohlgeformte XML-Dokumente können von entsprechenden Parsern zusätzlich auf Gültigkeit geprüft werden, wenn Schemas definiert sind, die festlegen, welche Tags und Attribute wo und wie zum Einsatz kommen dürfen (mehr zum Thema XML finden Sie in: Helmut Vonhoegen, *Einstieg in XML*, Galileo Press).

Die Tatsache, dass XML als Datenformat unabhängig von konkreten Anwendungen und Plattformen ist, eröffnet Excel eine beträchtliche Erweiterung seiner Einsatzmöglichkeiten. Durch die Unterstützung von XML wird das Programm zum Analysewerkzeug für Informationen beliebiger Herkunft und kann seine Ergebnisse wiederum an Anwendungen auf beliebigen Plattformen weiterreichen, die ebenfalls mit XML umgehen können.

2.3.2 Der Standard Open XML

Für die Kernprogramme seines Office-Pakets – Excel, Word und PowerPoint – verwendet Microsoft seit der Version Office 2007 einheitlich XML-basierte Dateiformate. Anders als noch in der Version Office 2003 kombiniert Microsoft die XML-Formate allerdings nun mit der inzwischen zu einem Quasi-Standard gewordenen ZIP-Technologie. Wird eine Arbeitsmappe erstellt, entsteht also ein ZIP-Archiv, auch wenn die Dateiendung *.XLSX* dies nicht auf den ersten Blick erkennen lässt.

Wenn Sie die Dateiendung mit *.ZIP* überschreiben und den Inhalt in einen Ordner extrahieren, finden Sie eine mehrstufige Hierarchie von Komponenten, von denen nun die große Mehrzahl aus XML-Dokumenten besteht, die sich mit jedem Texteditor ansehen und bearbeiten lassen. Während noch in Excel 2003 das Zweitformat *XML-Kalkulationstabelle* ein einziges – allerdings meist ziemlich komplexes – XML-Dokument generierte, wird die Arbeitsmappe seit Excel 2007 beim Abspeichern in eine Vielzahl von Komponenten zerlegt, die sich, da es sich hauptsächlich um reine Textdateien handelt, sehr gut komprimieren lassen, sodass im Endeffekt kleinere Dateigrößen möglich sind.

Microsoft trennt gleichzeitig Arbeitsmappen, die keine Makros enthalten, von solchen, die Makros enthalten. Im Normalfall enthält eine Arbeitsmappe also keinen ausführbaren Code, sodass sie ohne Risiko per E-Mail oder innerhalb von Netzen ausgetauscht werden kann. Einer solchen Datei kann auch nicht nachträglich ein Makro zugefügt werden.

Arbeitsmappen, die Makros oder OLE-Objekte enthalten, werden mit einer eigenen Dateiendung geführt und können leicht identifiziert werden, um eventuell notwendige Sicherheitsmaßnahmen ergreifen zu können. Das neue Dateiformat ist also im Kern ein Container-Format, bei dem festgelegt ist, in welchen Beziehungen die darin enthaltenen Komponenten stehen.

2.3.3 Vorteile der neuen Formate

Als einer der Vorteile dieses auf den ersten Blick kompliziert wirkenden Verfahrens wird angeführt, dass das Dokument auch dann noch verwendet werden kann, wenn einzelne Komponenten defekt sind, etwa durch Übertragungsfehler im Netz. Bei einer binären Datei führte ein solcher Fehler oft dazu, dass die Datei insgesamt nicht mehr geöffnet werden konnte.

Ein weiterer Vorteil ist, dass einzelne Komponenten, etwa ein eingefügtes Bild, ausgetauscht werden können, ohne auf Excel zurückgreifen zu müssen. Dokumenteigenschaften wie der Name des Autors, Themen oder Stichwörter lassen sich ebenfalls »von außen« ändern, etwa durch eine kleine Batch-Anwendung, die in mehreren Dokumenten nach einem Namen sucht und ihn ersetzt.

Die in den verschiedenen XML-Dateien verwendeten Schemas sind von Microsoft offengelegt worden, die Beschreibung des Standards ist allerdings 6.000 Seiten stark, was es den Konkurrenten nicht gerade einfach macht. Die Spezifikation für die Formate und Schemas ist unter einer gebührenfreien Lizenz veröffentlicht, wie bereits die Microsoft Office 2003-Referenzschemas. Seit August 2008 ist Open XML auch als ISO-Standard anerkannt.

2.3.4 Struktur der Open XML-Formate

Eine Datei im Open XML-Format besteht aus einer beliebigen Anzahl von Komponenten, die über eine Auflistung zusammengehalten werden. Die Mehrzahl der Komponenten sind XML-Dateien, im Container können aber auch Nicht-XML-Komponenten vorhanden sein, etwa Binärdateien, die eingebettete Bilder oder OLE-Objekte darstellen. Es wird also darauf verzichtet, Bilder in XML zu codieren, was ja durchaus möglich wäre. Der Zusammenhang der einzelnen Komponenten wird durch spezielle Beziehungskomponenten festgelegt. Durch die Zusammenfassung der Komponenten in einem ZIP-Container bleibt das Dokument für den Anwender eine einzelne Dateiinstanz, die er wie gewohnt speichern oder öffnen kann. Der komplexe Untergrund bleibt im Verborgenen.

Die Abbildung zeigt, in welche Komponenten eine Arbeitsmappe hauptsächlich zerlegt wird und wie diese miteinander zusammenhängen.

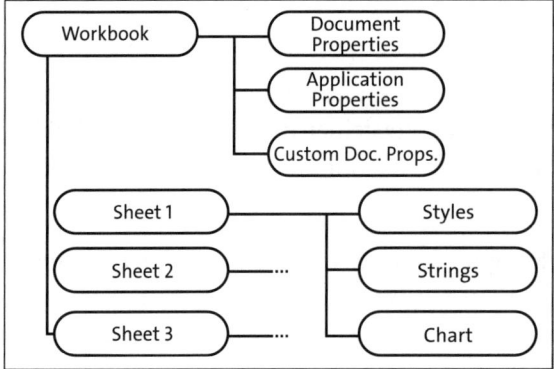

Abbildung 2.5 Komponenten in einem Excel-Container

Excel 2010 erzeugt zwar eine vorgegebene Ordnerstruktur, die in der folgenden Abbildung für eine Beispieldatei gezeigt wird. Diese Ordnerhierarchie ist aber nicht verpflichtend. Die Anordnung und auch die Namen der Komponenten können innerhalb des ZIP-Containers geändert werden, allerdings müssen dann auch die definierten Beziehungen entsprechend angepasst werden. Für die verschiedenen Inhaltstypen werden jeweils Komponenten auf der Basis der zugehörigen XML-Schemas erzeugt.

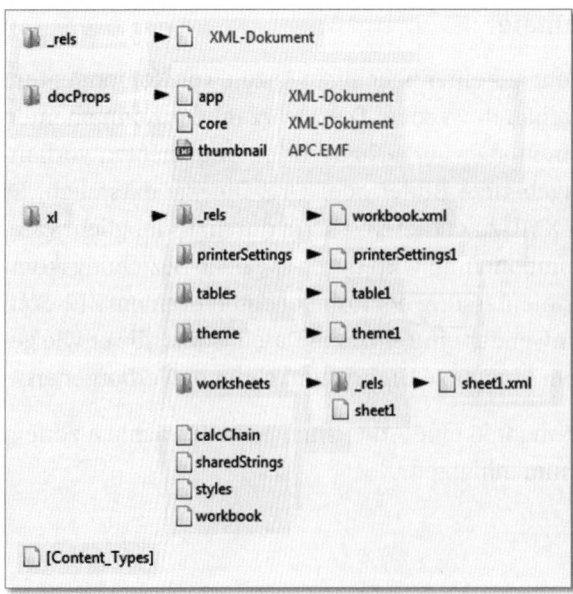

Abbildung 2.6 Beispiel für eine Ordnerhierarchie in einem XSLX-Archiv

2.3 Dateiformate

Die Abbildung zeigt einen _rels-Ordner, der eine .RELS-Datei enthält. In diesem XML-Dokument werden die Basisbeziehungen innerhalb des Pakets definiert. Die Komponenten werden dabei jeweils durch *ID*-Attribute eindeutig identifiziert. Das Beziehungssystem geht jeweils von einer Hauptkomponente aus und navigiert von dort zu den untergeordneten Komponenten. Die Beziehung verweist immer auf eine Zielkomponente, die über ein *Target*-Attribut angegeben wird. Die folgenden Zeilen verweisen beispielsweise auf eine Arbeitsmappe und auf verschiedene Metadaten:

```
<?xml version="1.0" encoding="UTF-8" standalone="yes"?>
<Relationships xmlns="http://schemas.openxmlformats.org/package/2006/
relationships">
<Relationship Id="rId3" Type="http://schemas.openxmlformats.org/package/2006/
relationships/metadata/core-properties" Target="docProps/core.xml"/>
...
<Relationship Id="rId1" Type="http://schemas.openxmlformats.org/officeDocument/
2006/relationships/officeDocument" Target="xl/workbook.xml"/>
...
</Relationships>
```

Auffällig ist, dass die Beschriftungen einer Tabelle separat von den Zellwerten in den entsprechenden Spalten gespeichert werden. Die Beschriftungen sind in *sharedStrings.xml* zu finden.

```
<si><t>Hardwarekosten für die Arbeitsgruppe</t></si>
<si><t>Komponenten</t></si>
<si><t>Anzahl</t></si>
...
```

Die zugehörigen Daten finden Sie dagegen beispielsweise in *sheets1.xml*, also der Komponente für das erste Blatt in der Arbeitsmappe. Die Daten für Zeile 7 sehen für das oben verwendete Beispiel so aus:

```
<row r="7" spans="1:14" x14ac:dyDescent="0.25">
  <c r="A7" s="7" t="s">
    <v>20</v>
  </c>
  <c r="B7">
    <v>4</v>
  </c>
  <c r="C7" t="s">
    <v>11</v>
```

```
    </c>
    <c r="D7" t="s">
      <v>13</v>
    </c>
    <c r="E7" s="8">
      <v>300</v>
    </c>
    <c r="F7" s="9">
      <f t="shared" si="0"/>
      <v>1200</v>
    </c>
  </row>
```

2.3.5 Dateierweiterungen

Excel verwendet seit der Version 2007 als Standarddateiformat Dateien mit der Typenbezeichnung *.XLSX*. Die altbekannte Dateierweiterung *.XLS* wird also um ein X am Ende erweitert, um darauf hinzuweisen, dass es sich um ein XML-Dokument handelt. Enthält die Mappe Makros, wird die Endung *.XLSM* verwendet.

Sie haben zusätzlich die Möglichkeit, den aktuellen Zustand des Arbeitsbereichs mit den Informationen über die gerade gewählten Einstellungen und die geöffneten Arbeitsmappen in eine kleine Aufgabenbereichsdatei mit der Typenbezeichnung *.XLW* zu speichern. Durch Öffnen dieser Datei kann eine bestimmte Arbeitssituation komplett wiederhergestellt werden.

Für Mustervorlagen wird der Dateityp *.XLTX* verwendet. Mustervorlagen sind Dateien, die als Gestaltungsmuster für Tabellen, Diagramme oder Makrovorlagen dienen. Beispiele sind etwa Rechnungs- oder Bestellformulare.

Zusatzprogramme, also Add-Ins, die in Excel eingebunden werden können, haben den Dateityp *.XLAM*.

Es bleibt als Alternative aber auch die Möglichkeit, Arbeitsmappen wie bisher in einem binären Format zu speichern. In diesem Fall wird die Dateierweiterung *.XLSB* verwendet. Diese Dateien dürfen auch Makros enthalten.

2.3.6 Konvertierung

Wird eine Arbeitsmappe geladen, die in einer älteren Dateiversion gespeichert ist, verwendet Excel 2010 einen speziellen Kompatibilitätsmodus, was auch in der Titelleiste angezeigt wird. In diesem Modus sind die neueren Features von Excel 2010 automatisch deaktiviert und können auch nicht manuell aktiviert werden. Auf der Registerkarte **Datei** wird dann unter **Informationen** die Schaltfläche **Konvertieren** angeboten, der die Datei in das neue Format umwandelt und dabei die bisherige Datei löscht.

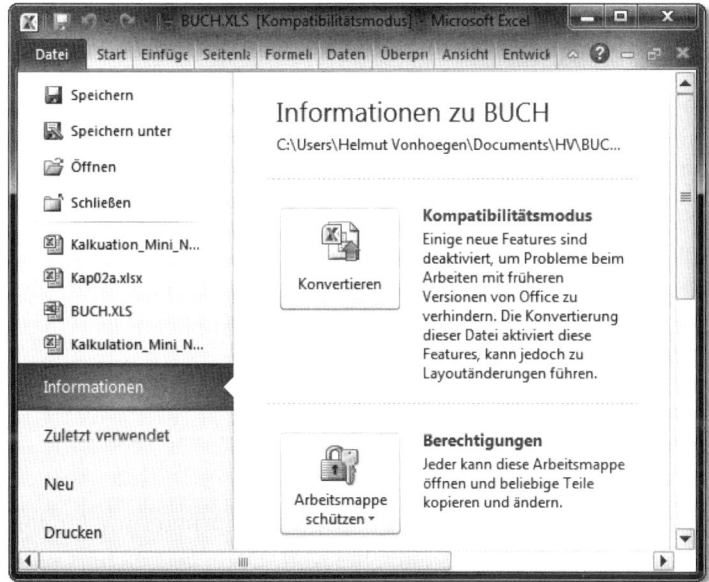

Abbildung 2.7 Schaltfläche für die Konvertierung

Je nachdem, ob die Datei Makros enthält oder nicht, wird als Zielformat automatisch *.XLSM* oder *.XLSX* verwendet. Unter Umständen erhalten Sie Hinweise auf Genauigkeitsverluste, die bei der Konvertierung auftreten können.

Die Arbeitsmappe muss dann einmal geschlossen und erneut geöffnet werden, um mit dem neuen Format arbeiten zu können. Dies wird nach Abschluss der Konvertierung über ein Dialogfeld auch angeboten. Aus Gründen der Vorsicht kann es allerdings sinnvoll sein, die Datei nicht auf der Stelle zu konvertieren, sondern sie zunächst unter einem anderen Namen im neuen Format zu speichern.

Damit auch ältere Excel-Versionen die neuen Formate verarbeiten können, werden über *office.microsoft.com* kostenlose Konvertierungsprogramme zum Download angeboten. Wird eine in Excel 2010 erstellte Arbeitsmappe mithilfe eines Konverters in einer älteren Version bearbeitet, kann sie dort auch wieder im aktuellen Dateiformat gespeichert werden. Allerdings sollte beachtet werden, dass bestimmte Formatmerkmale und Features in der älteren Version nicht sichtbar sind. Sie bleiben aber erhalten, wenn die Datei wieder an Excel 2010 zurückgegeben wird.

2.3.7 Alternativ: OpenDocument-Kalkulationstabelle

Seit einigen Jahren hat sich noch ein anderes ebenfalls XML-basiertes Dateiformat etabliert, das insbesondere auch von OpenOffice, dem freien Office-Paket von OpenOffice.org, verwendet wird. OpenDocument Format (ODF) und OpenOffice werden maßgeblich von Sun gesponsert. Ob die Leute von Oracle, die Sun inzwischen geschluckt haben, die Weiterentwicklung von ODF dauerhaft betreiben werden, muss sich allerdings erst noch zeigen. ODF wurde im November 2006 von der ISO unter der Bezeichnung ISO/IEC DIS 26300 Open Document Format for Office Applications (OpenDocument) v1.0 standardisiert.

Allgemeine Merkmale

Auch bei OpenDocument werden XML-Technologien und ZIP-Komprimierung kombiniert. Dokumente werden im einfachsten Fall als einzelne XML-Datei gespeichert oder in Form eines ZIP-Pakets mit einer Kollektion von Subdokumenten und binären Komponenten. Der Aufbau ist für alle Anwendungen gleich.

Jedes OpenDocument-Paket enthält einen Ordner *META-INF*, der die Datei *manifest.xml* beherbergt. Sie enthält eine Liste der im Archiv enthaltenen Dateien mit dem jeweiligen Medientyp.

Die Komponenten sind meist XML-Dateien, die die Dokumentstruktur, den Dokumentinhalt, die Dokumentstile und die Dokumenteinstellungen beschreiben. Wie auch bei Open XML werden eventuelle Mediendateien im Binärformat eingefügt.

Die Datei *meta.xml* enthält die Metadaten der Datei, etwa Titel, Beschreibung, Autor, Erstellungsdatum, Schlüsselwörter. Die Datei *settings.xml* nimmt anwendungsspezifische Einstellungen auf, etwa für die Bildschirmanzeige oder den Ausdruck. In *styles.xml* sind alle im Dokument verwendeten Formate gespeichert. Die Dokumente haben anwendungsbezogene Dateierweiterungen, die Dateiendung für Kalkulationstabellen ist *.ODS*.

ODF oder Open XML?

ODF ist als Konkurrenzprodukt zu Open XML vorangetrieben worden. Der Ansatz ist strukturell sehr ähnlich, beide kombinieren ein komprimiertes Archiv mit XML-Dokumenten. Die Schemas von ODF sind kompakter, decken aber nicht alle Optionen ab, die mit den Microsoft Office-Anwendungen zur Verfügung stehen. Der Entwurf von ODF erfolgte eher *from scratch*, während Microsoft versucht hat, alle Merkmale, die in den riesigen Dokumentbeständen aus der MS Office-Familie realisiert sind, in den XML-Schemas lückenlos nachzubilden.

Der Streit, welches der beiden Formate unterstützenswerter ist, wurde insbesondere in der Phase der noch offenen ISO-Standardisierung von Open XML ziemlich aufgebauscht, wobei Ressentiments gegen Microsoft häufig von einer sachlichen Beurteilung abgehalten haben. Im Grunde sollten die Endanwender diesen Formatwettstreit eher gelassen registrieren. Die Entwicklung der Markup-Sprachen für Office-Dokumente ist vermutlich auch mit den beiden jetzt verfügbaren Standards keineswegs abgeschlossen, weil beide an unterschiedlichen Stellen ihre Stärken und Schwächen aufweisen und die Erwartungen an das, was ein Dokument leisten soll, zudem nicht fixiert sind.

Der entscheidende Punkt ist sowieso, dass mit dem XML-Format die fixe Bindung der Dokumente an die Quellanwendung aufgelöst wird. Und zum anderen lassen sich XML-Dokumente eben viel einfacher als andere Formate von einem XML-Jargon in einen anderen übersetzen.

Speichern als ODS-Datei

Soll eine einzelne Arbeitsmappe zuerst oder auch nachträglich im ODS-Format gespeichert werden, wählen Sie den Dateityp direkt im Dialog **Speichern unter**, oder Sie nehmen über das Register **Datei** unter **Freigeben** die Schaltfläche **Dateityp ändern** und dann die Schaltfläche **OpenDocument-Kalkulationstabelle**. Diese öffnet den Dialog **Speichern unter** mit dem gewünschten Dateityp.

Wird eine Open XML-Arbeitsmappe nachträglich im ODS-Format gespeichert, können Sie in der Regel davon ausgehen, dass die Daten und Formeln den Formatwechsel unbeschadet überstehen. Anders ist es mit der Formatierung. Hier kann es zu kleineren oder größeren Abweichungen kommen, weil einige Formatmerkmale, die in Open XML unterstützt werden, in ODS entweder nur teilweise oder gar nicht unterstützt werden.

Auch einige Operationen, die Excel 2010 anbietet, werden in ODS nicht unterstützt. Auf ihren Einsatz sollte also verzichtet werden, wenn ODS das Zielformat ist.

- Nicht unterstützt wird beim Drucken die Funktion **Zeilen/Spalten wiederholen**.
- Ebenfalls nicht unterstützt wird das verschlüsselte Speichern von Dateien und die Freigabe von Arbeitsmappen für die gemeinsame Arbeit daran.
- Was Tabellen betrifft, fehlt die Unterstützung für Ergebniszeilen und Tabellenformatvorlagen.
- Bei Pivot-Tabellen fehlt die Unterstützung von Formatvorlagen, berechneten Feldern und OLAP-Tabellen.
- Nicht unterstützt werden auch OLAP-Formeln und das Datentool **Konsolidierung**.
- Bei Diagrammen fehlt die Unterstützung von Datentabellen, Bezugslinien, Spannweitenlinien, Führungslinien für Datenbeschriftungen, gefüllten Netzdiagrammen, PivotCharts und Diagrammblättern.
- Im Bereich der Grafikobjekte fehlt die Unterstützung der Optionen für 3D-Formen, ActiveX-Steuerelemente und Formularsteuerelemente, Signaturzeilenobjekte, unsichtbare Objekte, Designs und für Hyperlinks auf Formen.

Wenn Sie generell mit ODS arbeiten wollen, können Sie über **Datei ▶ Optionen ▶ Speichern** unter **Dateien in diesem Format speichern** als Zielformat **OpenDocument-Kalkulationstabelle (*.ods)** vorgeben.

Beim ersten Start von Excel 2010 wird zudem ein Dialog angeboten, in dem Sie bereits vorweg den vorgegebenen Dateityp wählen können.

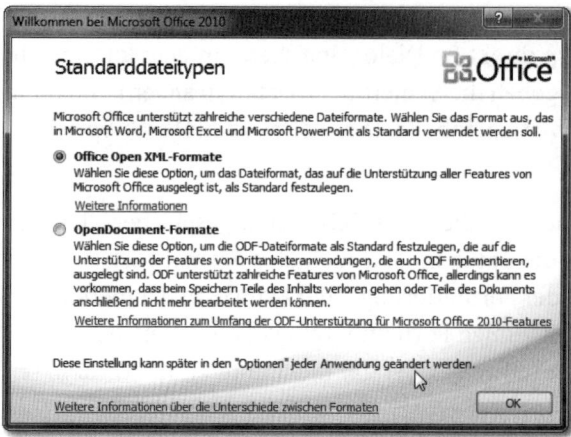

Abbildung 2.8 Auswahl des Standarddateiformats

2.4 Excel starten und beenden

Programme wie Excel dienen dem Zweck, Dokumente anzulegen. Der Programmstart sollte so zügig wie möglich ablaufen. Sie haben gleich mehrere Möglichkeiten.

2.4.1 Start für ein neues Dokument unter Windows 7

Sie benutzen **Start** und wählen das Programm über das Startmenü. Das Programm wird mit einer leeren Arbeitsmappe geöffnet. Um den Start zu beschleunigen, können Sie das Programmsymbol unter Windows 7 auch in die Taskleiste einfügen. Benutzen Sie das Kontextmenü und die Option **An Taskleiste anheften**. Ist das Symbol des Programms in die Taskleiste eingefügt, reicht ein Klick darauf.

Alternativ dazu können Sie auch erst die Art des Dokuments auswählen, das Sie neu erstellen wollen. Excel wird dann als passende Anwendung aufgerufen.

1 Sie klicken im Startmenü auf den Eintrag **Dokumente**.

2 Im Kontextmenü des ausgewählten Zielordners wählen Sie **Neu** und **Microsoft Excel-Arbeitsblatt**.

3 Überschreiben Sie den vorgeschlagenen Namen. Wenn Sie diesen Namen dann anklicken, wird Excel geöffnet und bietet die noch leere, aber schon benannte Arbeitsmappe an.

2.4.2 Starten mit einem vorhandenen Dokument

Anstatt erst das Programm zu starten und darin ein vorhandenes Dokument zu öffnen, können Sie auch umgekehrt verfahren.

1 Mit dem Startmenü-Eintrag **Dokumente** erreichen Sie den Dialog, in dem die Dokumente des aktuellen Benutzers angeboten werden.

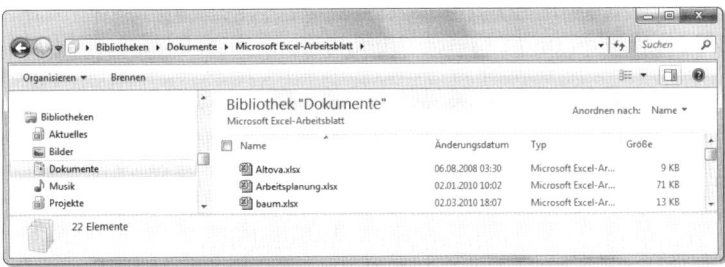

2 Wenn die Liste unübersichtlich ist, können Sie die Anzeige durch eine Sortierung nach dem Dateityp übersichtlicher machen.

3 Je nach den gewählten Ordneroptionen öffnet ein Klick oder Doppelklick auf die gewünschte Datei diese zusammen mit der Anwendung, falls diese noch nicht geöffnet ist, ansonsten wird ein neues Fenster für das Dokument geöffnet.

Für die zuletzt erstellten Dokumente können Sie auch über das Startmenü den Eintrag **Zuletzt verwendet** ansteuern und dann aus der Liste die Datei per Mausklick auswählen. Wenn Sie Windows 7 verwenden und für Excel ein Symbol in der Taskleiste sichtbar ist, bietet auch dessen Kontextmenü einen schnellen Zugang zu den zuletzt bearbeiteten Arbeitsmappen.

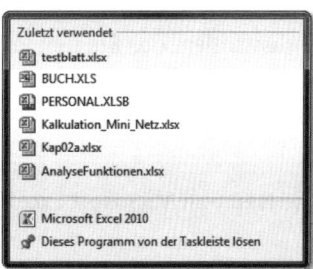

Abbildung 2.9 Kontextmenü zum Taskleisten-Symbol von Excel

Diese Menüs werden als Sprunglisten bezeichnet. Dieselbe Liste wird auch angeboten, wenn Sie das Programm an das Startmenü anheften und dort dann auf den Pfeil hinter dem Programmeintrag klicken.

2.4.3 Selbst gebaute Startvarianten

Eine weitere Möglichkeit, Excel oder eine bestimmte Datei zu öffnen, an der längere Zeit gearbeitet wird, sind Verknüpfungen auf dem Desktop.

1 Wählen Sie im Startmenü das Programm Excel mit der rechten Maustaste aus und benutzen Sie **Senden an** und **Desktop (Verknüpfung erstellen)**.

2 Schieben Sie das Symbol mit der Maus an die gewünschte Stelle. Klicken Sie den Desktop mit rechts an und wählen Sie unter **Ansicht** die Option **Am Raster ausrichten**, um das Symbol passend zu platzieren.

3 Ein Klick auf das Verknüpfungssymbol öffnet die Anwendung.

In ähnlicher Weise können Sie auch gezielt Verknüpfungen zu einer Arbeitsmappe oder auch zu einem bestimmten Ordner auf dem Desktop ablegen. Wer z. B. täglich den Fortgang eines Projekts in einer Excel-Tabelle kontrolliert, hat so einen besonders schnellen Zugriff darauf.

2.4.4 Schneller Wechsel zwischen Arbeitsmappen

Unter Windows 7 hängt es von der Einstellung ab, die Sie für die Eigenschaften der Taskleiste gewählt haben, ob Excel Schaltflächen für jede Arbeitsmappe anbietet oder die entsprechenden Symbole in der Taskleiste stapelt. Sie können in dem Eigenschaftendialog auf dem Register **Taskleiste** unter **Schaltflächen der Taskleiste** wählen, ob eine Gruppierung immer, nie oder nur im Fall von Platzmangel stattfinden soll.

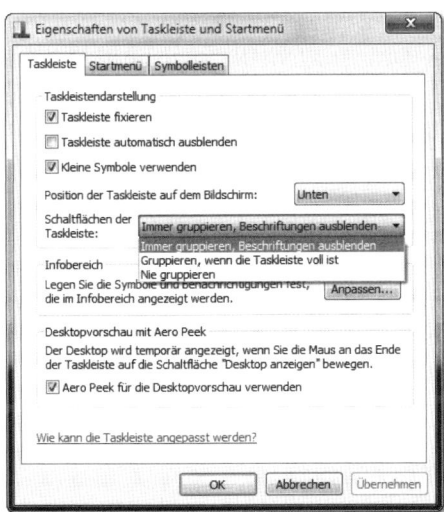

Abbildung 2.10 Einstellungen für das Taskleistensymbol

Berührt der Mauszeiger einen Stapel, lässt sich mit der Mausbewegung zwischen den verschiedenen Miniaturansichten wechseln, um die entsprechende Mappe anzuzeigen. Dadurch wird der Wechsel zwischen den Arbeitsmappen vereinfacht. Per Mausklick auf die entsprechende Miniaturansicht können Sie dann gezielt zu einer bestimmten Arbeitsmappe springen. Sie können die Anzeige mehrerer Dokumentfenster in der Taskleiste aber auch abschalten, wenn Sie über **Datei ▸ Optionen ▸ Erweitert** unter **Anzeige** die Option **Alle Fenster in der Taskleiste anzeigen** abwählen. Um zwischen den Dokumenten zu wechseln, kann auch über das Register **Ansicht** in der Gruppe **Fenster** das Menü der Schaltfläche **Fenster wechseln** verwendet werden.

2 Basiswissen für die Arbeit in Excel 2010

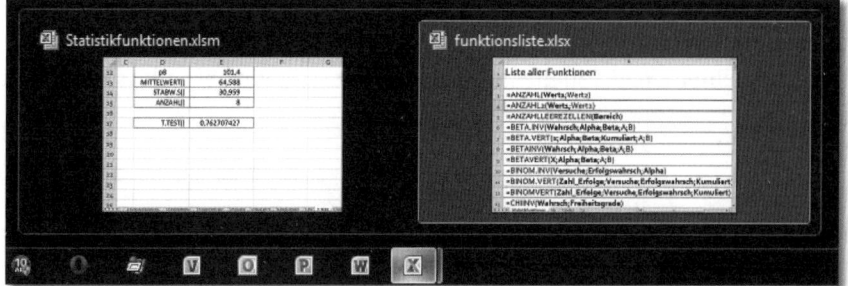

Abbildung 2.11 Wechsel zwischen geöffneten Arbeitsmappen

2.4.5 Excel immer mit bestimmten Arbeitsmappen starten

Wenn Sie täglich bestimmte Arbeitsmappen benötigen, etwa Tabellen für die Lagerbewegungen, sollten Sie die Arbeitsmappen in dem Ordner *XLSTART* speichern, der bei der Installation von Excel 2010 automatisch angelegt wird. Alle Arbeitsmappen, die hier abgelegt sind, werden immer zusammen mit Excel geöffnet. Dazu sind unter Windows 7 allerdings Administratorenrechte notwendig.

Zusätzlich kann ein weiterer Startordner bestimmt werden. Dazu finden Sie auf dem Register **Erweitert** im Dialogfeld **Excel-Optionen** unter **Allgemein** und **Beim Start alle Dateien öffnen in** ein Textfeld, in dem Sie den vollständigen Pfad eines solchen Ordners eintragen können. Wenn Sie die Mappen in anderen Ordnern belassen wollen, können Sie auch Verknüpfungen in diesen Startordner ablegen.

2.4.6 Excel beenden

Wenn Sie die Arbeitssitzung mit Excel 2010 beenden wollen, sollten Sie das auf eine ordentliche Weise tun. So wird gewährleistet, dass die in der Arbeitssitzung gewählten Einstellungen zu Beginn der nächsten Sitzung wieder zur Verfügung stehen. Um Excel 2010 zu beenden, können Sie mehrere Wege gehen:

- Klick auf die Schaltfläche **Schließen** in der Titelleiste
- Klick auf die Schaltfläche **Beenden** auf der Registerkarte **Datei**
- Alt + F4

Excel schließt noch offene Arbeitsmappen, bevor das Programm selbst beendet wird, und prüft automatisch, ob sich auf dem Bildschirm noch Arbeitsmappen befinden, deren aktuelle Änderungen bisher nicht gespeichert worden sind. Gibt es solche Arbeitsmappen, werden Sie gefragt, ob Sie diese speichern wollen. Wenn Sie mit **Ja** antworten, werden alle Änderungen gesichert, bei **Nein** werden die Änderungen verworfen. Das kann sinnvoll sein, wenn Sie Dinge ausprobiert haben, die Sie nicht mehr verwenden wollen.

2.5 Baustelle für Tabellen und Diagramme

Wenn Sie Excel starten, erscheint das Programmfenster in der Regel mit einem darin eingeschlossenen Fenster für eine Arbeitsmappe. Jedes dieser Fenster hat eine Titelleiste mit den für Windows typischen Schaltflächen und einen Rahmen, es sei denn, das Arbeitsmappenfenster ist maximiert worden oder Sie benutzen auf dem Register **Ansicht** in der Gruppe **Arbeitsmappenansichten** den Befehl **Ganzer Bildschirm**, um möglichst viel Platz für die Anzeige der Daten zu schaffen.

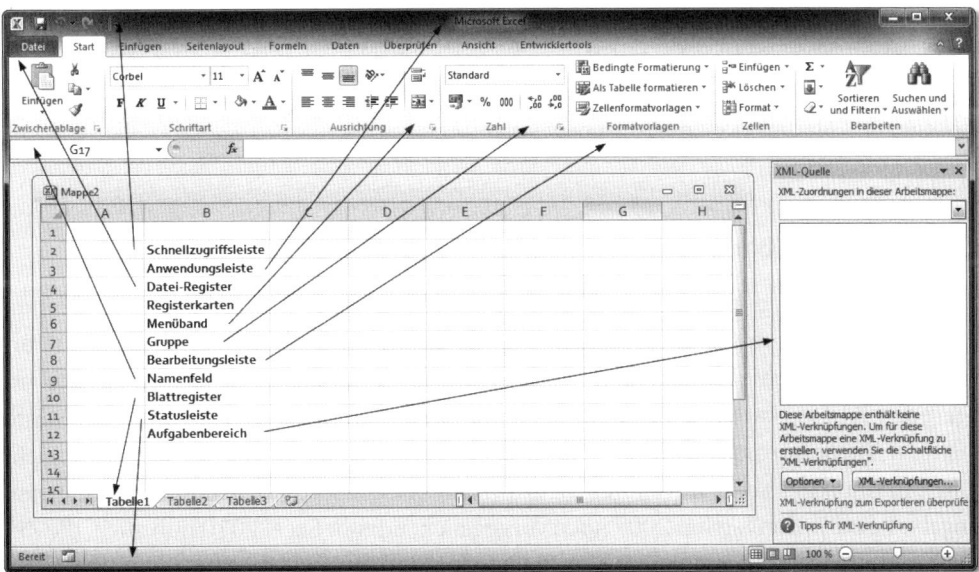

Abbildung 2.12 Bildschirmelemente in Excel 2010

Ein Klick auf die Schaltfläche **Minimieren** reduziert das Excel-Fenster auf eine Schaltfläche in der Taskleiste. Die Schaltfläche **Maximieren ▶ Verkleinern** dient dem Umschalten zwischen **Vollbild** (dann belegt das Excel-Fenster den gesamten Bildschirm) und **Normalbild** (das ist der Zustand, in dem das Excel-Fenster in Größe und Position veränderbar ist).

2.5.1 Anwendungs- und Arbeitsmappenfenster

Auch jedes Arbeitsmappenfenster hat eine Titelleiste, die den Namen der Mappe anzeigt. Es lässt sich vorübergehend auf eine Schaltfläche am unteren Rand des Anwendungsfensters reduzieren. Wenn Sie das Arbeitsmappenfenster maximieren, wird die Titelleiste der Arbeitsmappe eingespart; die Symbole erscheinen dann rechts in der Leiste des Excel-Fensters, die die Register des Menübands anzeigt. Der Arbeitsmappentitel wird in die Titelleiste der Anwendung mit übernommen.

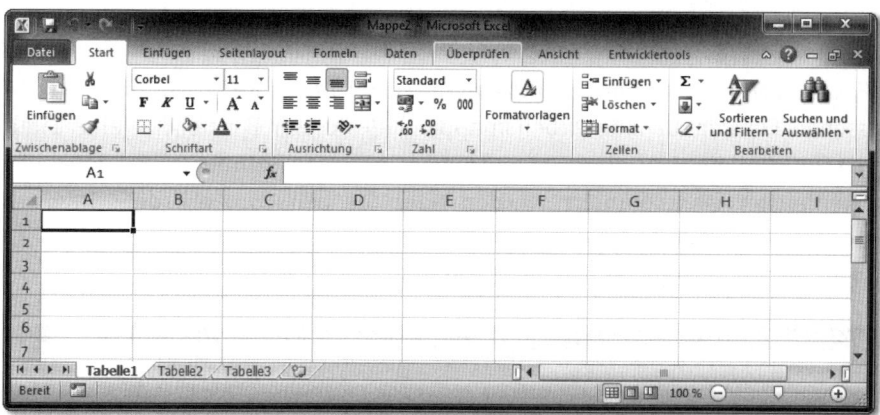

Abbildung 2.13 Maximiertes Arbeitsmappenfenster

2.5.2 Das Menüband

Die Werkzeuge, mit denen die Anwender das Programm steuern, wurden mit der Version Excel 2007 völlig neu gestaltet. Anstelle der klassischen Menüs mit ihren Befehlshierarchien und der verschiedenen Symbolleisten wurde ein Menüband in Form von sich überlagernden Registerkarten angeboten, wobei die Reiter auf diesen Karten in einer Leiste unter der Titelleiste angeordnet sind. In Excel 2010 wurde die etwas ungelenke Bezeichnung *Multifunktionsleiste* durch den Begriff *Menüband* ersetzt. War die Zusammenstellung der Leiste in der Version 2007 noch vorgegeben, erlaubt Excel 2010 nun auch, die Zusammenstellung der Elemente des Menübandes an die eigenen Arbeitsgewohnheiten und -anforderungen anzupassen. Darauf wird im nächsten Abschnitt noch eingegangen.

Die Registerkarten bieten jeweils aufgabenbezogene Gruppen von Symbolen oder Befehlen an. Diese Gruppen können ganz unterschiedliche Formen von Steuerelementen enthalten: Schaltflächen, die Untermenüs oder Aufgabenbereiche öffnen, Schaltflächen, die Auswahlpaletten anbieten, Kontrollfelder zum Abhaken, Drehfelder zur Auswahl von Werten etc. In einigen Fällen finden Sie in der unteren rechten Ecke einer Gruppe noch einen sogenannten

Dialogfeldstarter, der – wie der Name schon verrät – ein Dialogfeld mit weitergehenden Optionen öffnet. So wird etwa in der Gruppe **Start ▸ Zahl** auf diese Weise das aus älteren Versionen vertraute Dialogfeld **Zellen formatieren** erreicht.

Abbildung 2.14 Gruppe mit Dialogfeldstarter und zugehörigem Dialog

Die Registerkarten werden einfach per Klick auf die jeweiligen Reiter in den Vordergrund gerückt, sofern Excel aufgrund der aktuellen Arbeitssituation nicht automatisch die dafür benötigte Registerkarte einblendet. Rechts von den Reitern finden Sie noch ein Pfeilsymbol, mit dem das Menüband auf die Register reduziert werden kann, und ein Symbol für den Aufruf der Hilfe.

Ist das Menüband minimiert, was insbesondere bei der Arbeit auf Note- oder Netbooks häufig ganz praktisch ist, um mehr von einer Tabelle zu sehen, reicht ein Klick auf den nun umgekehrten Pfeil, um das Band wieder einzublenden. Die Befehle der einzelnen Register werden im minimierten Zustand erst bei Auswahl des Registers angezeigt. Ist ein Befehl daraus ausgeführt, wird das Band wieder ausgeblendet.

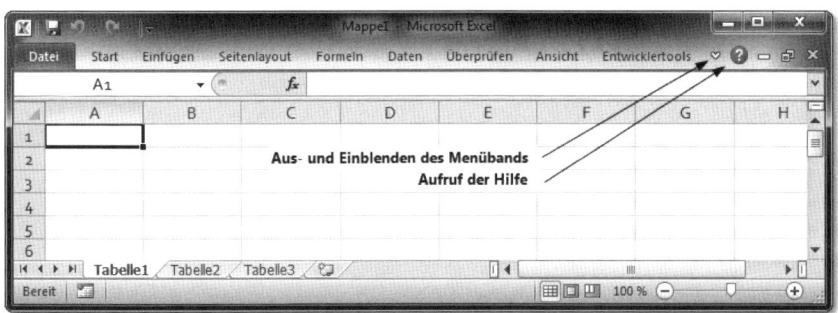

Abbildung 2.15 Anwendungsfenster mit ausgeblendetem Menüband

Die Registerkarte **Start** fasst die Grundfunktionen der Tabellenbearbeitung zusammen. Die Zahl der sichtbaren Registerkarten hängt von der jeweiligen Arbeitssituation ab, sodass Funktionen, die in einem bestimmten Zusammenhang zunächst keine Rolle spielen, auch nicht sichtbar sind. Dies trägt zur Entwirrung der Benutzeroberfläche bei.

Das Menüband passt sich der aktuellen Breite des Programmfensters an. Ist zu wenig Platz für die Anzeige aller Gruppen einer Registerkarte vorhanden, werden schrittweise einzelne Gruppen vorübergehend durch schmalere Schaltflächen ersetzt. Im Grenzfall wird das Menüband vorübergehend ganz ausgeblendet.

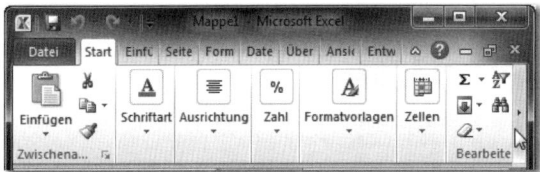

Abbildung 2.16 Stark komprimiertes Menüband

Das Menüband kann auch über das Kontextmenü mit **Menüband minimieren** so weit ausgeblendet werden, dass nur noch die Register sichtbar sind. Derselbe Befehl hebt die Minimierung wieder auf. Alternativ kann ein Register doppelt angeklickt werden, um es zu minimieren und wieder einzublenden. ⌈Strg⌉ + ⌈F1⌉ führt hier ebenfalls zum Ziel.

2.5.3 Die Schnellzugriffsleiste

Ergänzt wird das Menüband durch eine **Symbolleiste für den Schnellzugriff**. Diese kann in der Titelleiste oder unterhalb des Menübands platziert werden. Ein entsprechender Befehl wird angeboten, wenn Sie auf die letzte Schaltfläche in der Leiste klicken.

Abbildung 2.17 Die Schnellzugriffsleiste und das Menü zum Anpassen derselben

Wie das Menüband lässt sich die Schnellzugriffsleiste über das abgebildete Menü oder den Kontextmenübefehl **Symbolleiste für den Schnellzugriff anpassen** vom Benutzer frei zusammenstellen, wie weiter unten noch beschrieben wird. Es ist sinnvoll, hier insbesondere die Symbole zu versammeln, die am häufigsten benötigt werden. Auch einige Funktionen aus älteren Versionen, die im Menüband nicht mehr auftauchen, können hierüber zugänglich gemacht werden.

2.5.4 Die Backstage-Ansicht

Das Menü auf der Registerkarte **Datei** ist so ziemlich das einzige Menü, das von der alten Menühierarchie übrig geblieben ist. Es wird per Klick auf das grüne **Datei**-Register geöffnet, das die große, runde Schaltfläche mit dem Office-Symbol aus Excel 2007 ersetzt hat. Der ganze Bereich, den das Register **Datei** bereitstellt, wird jetzt als *Backstage* bezeichnet. Während die anderen Register alle Befehle und Optionen anbieten, die innerhalb einer Arbeitsmappe etwas anrichten, betreffen die Befehle und Optionen »hinter der Bühne« immer Arbeitsmappen als Ganzes. Diese Mappen werden gewissermaßen von außen angegangen.

Die Registerkarte **Datei** enthält Grundfunktionen wie **Neu**, **Speichern unter**, **Öffnen**, **Schließen**, **Hilfe** oder **Drucken**, außerdem zwei Gruppen von Befehlen unter **Informationen** und **Speichern und Senden**. Beide Schaltflächen öffnen jeweils eine Art Untermenü, um zwischen verschiedenen Optionen zu wählen. Einige Schaltflächen öffnen noch weitere Auswahlmöglichkeiten im rechten Teil des Fensters.

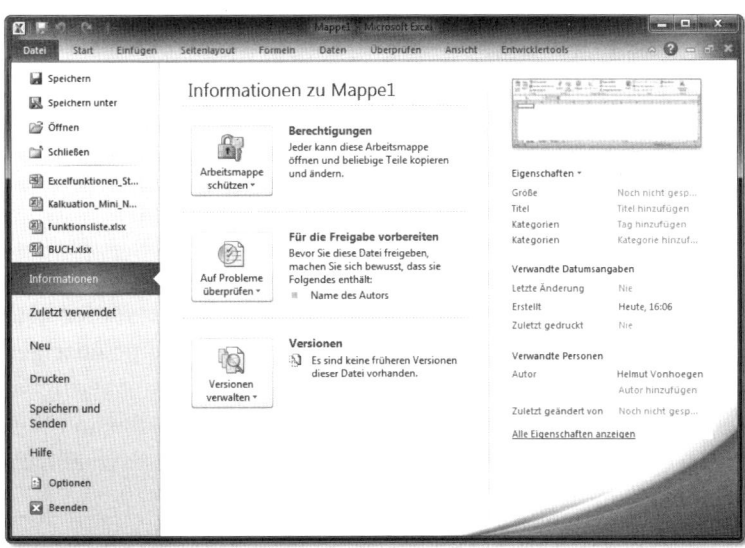

Abbildung 2.18 Die Registerkarte »Datei«, die dem alten Menü »Datei« ähnelt

Zusätzlich enthält die Registerkarte **Datei** noch die Schaltflächen **Optionen** und **Beenden**. Beide Schaltflächen lassen sich auch in die Schnellzugriffsleiste einfügen, was durchaus praktisch ist.

2.5.5 Tastenkombinationen

Um den Anwendern den Umstieg von älteren Versionen zu erleichtern, wurden, anders als bei den Menüs der Version Excel 2003, die Tastenkombinationen dieser Version weitgehend beibehalten, jedenfalls dann, wenn sie mit `Strg` beginnen oder wenn es Funktionstasten sind. Der Dialog **Gehe zu** kann also weiterhin mit `Strg` + `G` geöffnet werden.

Damit die den alten Menüs entsprechenden Befehle leichter wiederzufinden sind, kann weiter mit den `Alt`-Tastenkombinationen gearbeitet werden, die bereits in der Version 2003 für den Aufruf der Menübefehle verwendet wurden. So wird etwa die Zielwertsuche wie vorher durch `Alt` + `X` + `W` aufgerufen.

Wird nur die `Alt`-Taste gedrückt, erscheinen die Buchstaben, mit denen die entsprechenden Registerkarten, Gruppen oder Befehle aufgerufen werden können. `Esc` blendet die Buchstaben wieder aus.

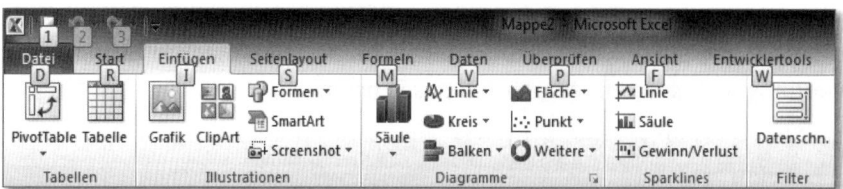

Abbildung 2.19 Anzeige der Zeichen für die möglichen Tastenkombinationen

2.5.6 Die Bearbeitungsleiste

Die Bearbeitungsleiste ist in Excel 2010 für die Dateneingabe nicht unbedingt notwendig, weil die Daten direkt in die Zelle eingegeben und auch dort bearbeitet werden können. Die Leiste kann also bei Bedarf über das Register **Ansicht** in der Gruppe **Anzeigen** ausgeblendet werden, sodass etwas mehr Platz für die Arbeitsmappenfenster verfügbar ist. Solange das Tabellenblatt entwickelt wird, insbesondere bei der Eingabe und Korrektur von Formeln, ist es wegen der größeren Übersichtlichkeit aber meist vorteilhaft, die Bearbeitungsleiste zu benutzen.

2.5.7 Namenfeld

Die Bearbeitungsleiste besteht aus mehreren Teilen. Im ersten Feld, *Namenfeld* genannt, wird jeweils der Bezug der aktiven Zelle oder die Referenz des ausgewählten Objekts oder die Größe einer Auswahl angezeigt. Sind Bereiche benannt worden, wird der Name angezeigt, wenn die zugehörigen Zellen vollständig markiert sind.

Soll ein Bereich von 50 Zeilen und zwölf Spalten markiert werden, um für eine geplante Tabelle ein bestimmtes Format vorzugeben, können Sie beim Ziehen mit der Maus die Größe des Bereichs kontrollieren. Wenn im Namenfeld *50Z x 12S* erscheint, lassen Sie die Maustaste los.

Die Schaltfläche mit dem Pfeil öffnet die Liste der bisher benannten Bereiche. Ein Klick auf einen dieser Namen versetzt den Mauszeiger direkt auf das gewählte Element. Außerdem können hier auch direkt Namen für vorher ausgewählte Zellen oder Zellbereiche eingetragen werden.

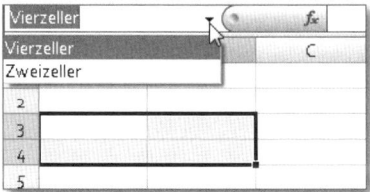

Abbildung 2.20 Liste mit Namen

Eingabe-Symbole

Das zweite Feld in der Bearbeitungsleiste ist so lange leer, bis Sie in einer Zelle Daten eingeben oder ändern. Sobald ein Zeichen in die aktive Zelle eingegeben ist, erscheinen dort zwei Schaltflächen: das Symbol mit dem schrägen Kreuz für den Abbruch der Eingabe, das Symbol mit dem Häkchen für die Bestätigung der Eingabe. Immer angezeigt wird dagegen die Schaltfläche **Funktion einfügen**. Dieses Symbol öffnet das gleichnamige Dialogfeld, das Ihnen hilft, Funktionen in eine Formel einzugeben.

Abbildung 2.21 Schaltflächen für die Eingabe

Eingabebereich

Schließlich folgt der eigentliche Eingabebereich, in dem der Inhalt der aktiven Zelle bearbeitet werden kann. Ist eine Zelle mit Daten gefüllt, werden hier die Daten angezeigt, wenn die Zelle markiert wird, und zwar ohne Formatierung. Ist der Inhalt der Zelle eine Formel, wird die Formel angezeigt, während die Zelle selbst das Ergebnis der Formel liefert.

Sobald Sie mit der Eingabe einer Formel beginnen, indem Sie ein Gleichheitszeichen eingeben, wird das Namenfeld durch eine Schaltfläche ersetzt, die immer die zuletzt benutzten Funktionen anzeigt. Ein Klick auf den Pfeil daneben öffnet die Palette der Funktionen.

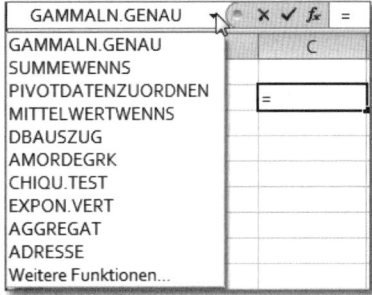

Abbildung 2.22 Geöffnete Funktionspalette

Bei der Eingabe komplexer Formeln ist es häufig hilfreich, die Bearbeitungsleiste durch Ziehen des unteren Randes auf mehrere Zeilen auszudehnen. Mit der kleinen Schaltfläche am Ende der Leiste kann die mehrzeilige Anzeige aus- und eingeblendet werden, die kleinen Pfeile dienen dem Zeilenwechsel.

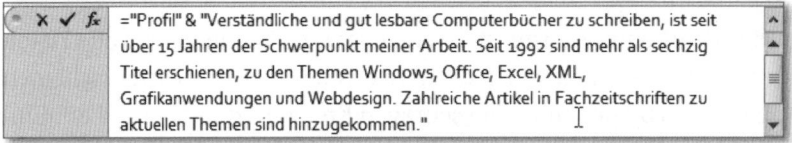

Abbildung 2.23 Zur Demonstration – eine besonders lang geratene Formel

2.5.8 Statusinformationen

Am unteren Rand des Excel-Fensters ist außer im Vollbildmodus die Statusleiste sichtbar. Hier werden aktuelle Meldungen des Programms ausgegeben. Außerdem erscheinen hier situationsbezogene Bedienungshinweise, beispielsweise »Markieren Sie den Zielbereich ...«. Es lohnt sich also, immer mal einen Blick dorthin zu werfen.

Ansonsten wird der jeweilige Status des Programms angezeigt. Sie können sehen, ob das Programm »bereit« ist, Daten entgegenzunehmen. Es kann sich in verschiedenen Zuständen befinden, in denen unterschiedliche Operationen möglich oder nicht möglich sind.

Was im Einzelnen in der Statusleiste angezeigt werden soll, können Sie über ein umfangreiches Kontextmenü festlegen, wenn Sie die Leiste mit rechts anklicken.

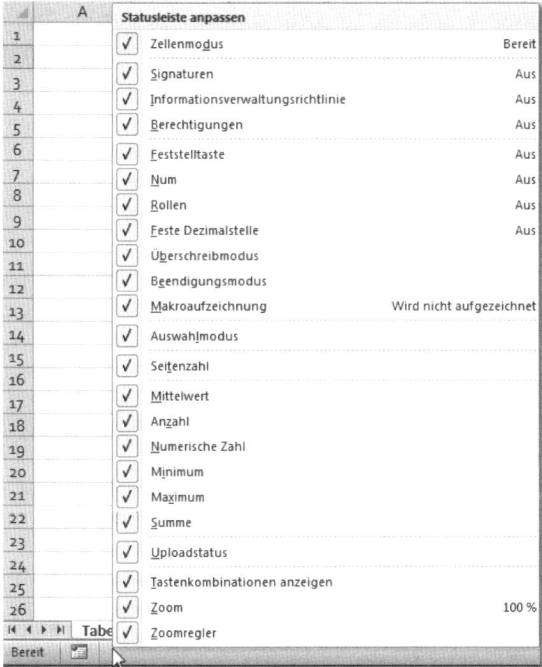

Abbildung 2.24 Kontextmenü der Statusleiste

Die Tabelle zeigt die Bedeutung der Modusanzeigen:

Anzeige	Bedeutung
Bereit	Das Programm erwartet die Eingabe von Daten oder Befehlen.
Eingeben	Der Inhalt einer Zelle wird gerade neu eingegeben.
Bearbeiten	Der Inhalt einer Zelle wird bearbeitet.
Zeigen	Das Programm erwartet, dass Sie den Zellzeiger bewegen, um eine Zelle oder einen Bereich zu markieren.
Berechnen	Die Arbeitsmappe muss neu berechnet werden, weil die automatische Neuberechnung ausgeschaltet ist und Daten geändert worden sind.

In den Feldern rechts daneben können Tastatureinstellungen angezeigt werden:

- **Zur Auswahl hinzufügen:** ⇧ + F8 sind gedrückt, um weitere Bereiche zu markieren.
- **Auswahl erweitern:** F8 ist gedrückt worden, um einen Bereich zu erweitern.
- **Num:** Die Num-Feststelltaste ist gedrückt worden.
- **Feste Dezimalstelle:** Über **Excel-Optionen ▶ Erweitert ▶ Dezimalkomma automatisch einfügen** ist eine feste Anzahl von Dezimalstellen gewählt worden. Das Komma muss nicht eingegeben werden.
- **Rollen:** Die Bildlauffeststelltaste ist gedrückt. Richtungstasten verschieben den Bildschirmausschnitt, nicht die Zellmarkierung.
- **Feststelltaste:** Die Feststelltaste für Großbuchstaben ist gedrückt worden.

Rechts neben diesen Anzeigen können über das Kontextmenü verschiedene Schnellauswertungen aktuell markierter Daten angefordert werden, etwa Summe, Anzahl oder Mittelwert.

Abbildung 2.25 Schnellauswertungen in der Statusleiste

Außerdem finden Sie eine Reihe von Steuerelementen in der Statusleiste. Die Schaltfläche mit dem roten Punkt links startet sofort eine Makroauszeichnung. Die drei Ansichtsschaltflächen rechts erlauben einen schnellen Wechsel zwischen der Normalansicht, der neuen Seitenlayoutansicht und der Umbruchvorschau.

Abbildung 2.26 Wahl der Ansicht und Zoom-Schaltflächen

Ganz praktisch ist auch der Schieberegler, mit dem das Tabellenblatt stufenlos gezoomt werden kann.

2.5.9 Der Bereich für die Arbeitsmappen

Unterhalb der Bearbeitungsleiste beginnt der Raum für die Arbeitsmappenfenster. Wenn Sie neu in das Programm einsteigen, bietet Excel normalerweise eine leere Arbeitsmappe mit der Bezeichnung *Mappe1* – bis *MappeN*, falls Sie bereits (vielleicht unbeabsichtigt) Arbeitsmappen unter einem der Vorgabenamen abgespeichert haben sollten. Auch wenn Sie über die **Datei**-Registerkarte mit **Neu ▶ Leere Arbeitsmappe** ein

2.5 Baustelle für Tabellen und Diagramme

neues Fenster öffnen, vergibt Excel zunächst Vorgabenamen. Die Fenster können auf der Arbeitsfläche frei angeordnet werden, dürfen aber das Programmfenster nicht verlassen.

Innerhalb der Arbeitsmappe können Blätter verschiedener Art angelegt werden. Bei jedem Blatt für Tabellen befinden sich unter der Titelleiste die Spaltenköpfe mit alphabetischen Bezeichnungen, links die Zeilenköpfe mit Zeilennummern. In der linken oberen Ecke finden Sie das Feld **Alles auswählen**, mit dem alle Zellen der Tabelle auf einmal ausgewählt werden.

Das Tabellenfenster hat Bildlaufleisten, um gerade verdeckte Tabellenbereiche zu erreichen. Auch diese Leisten haben ein Kontextmenü, wenn Sie mit rechts hineinklicken. In der rechten unteren und der rechten oberen Ecke befinden sich zusätzlich noch zwei Fensterteiler, die mit der Maus verschoben werden können.

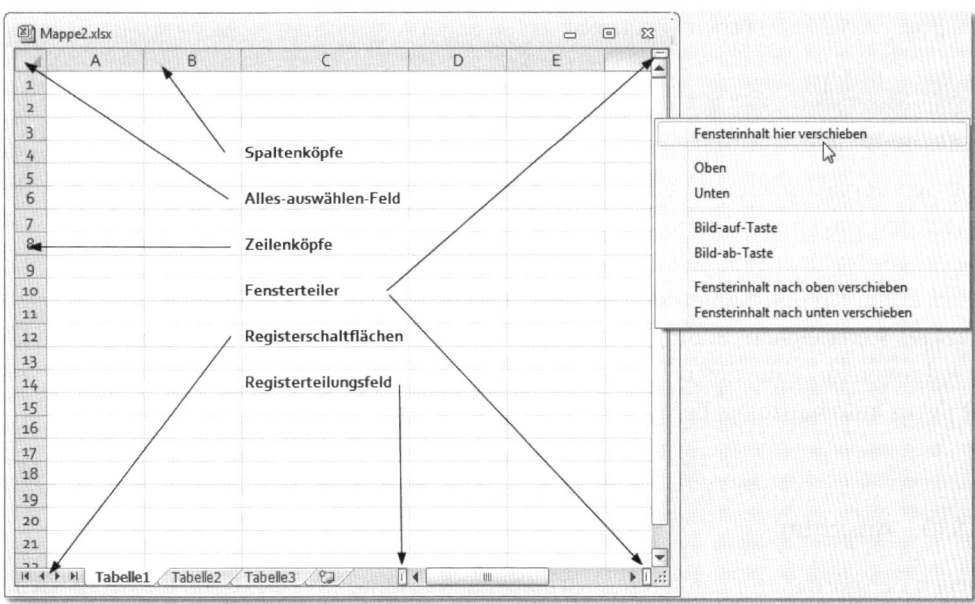

Abbildung 2.27 Bedienelemente des Arbeitsmappenfensters

Jedes Blatt in der Arbeitsmappe hat am unteren Rand ein Register. Ein Klick darauf wählt das Blatt aus. Das aktive Blatt ist am helleren Blattregister erkennbar und an der fetten Schrift für den Blattnamen. Um Register verfügbar zu machen, die nicht sichtbar sind, arbeiten Sie mit den kleinen Schaltflächen links neben den Registern. Das Registerteilungsfeld kann verschoben werden, um mehr oder weniger Register zu zeigen. Wenn Sie die kleinen Registerschaltflächen mit rechts anklicken, wird eine Liste der Register eingeblendet, die auch zur Anwahl verwendet werden kann. Um einfacher neue Blätter einfügen zu können, wird jeweils rechts vom letzten Register eine Schaltfläche **Tabellenblatt einfügen** angeboten. ⇧ + F11 hat den gleichen Effekt.

Abbildung 2.28 Menü mit den Blattnamen

Sprechende Blattnamen

Um den Vorgabenamen zu ändern, klicken Sie doppelt auf das entsprechende Blattregister und tragen den Namen ein. Auch der Befehl **Umbenennen** im Kontextmenü des Blattregisters führt zum Ziel. Bis zu 31 Zeichen sind erlaubt, darunter auch Leerzeichen. Nicht erlaubt in Blattnamen sind eckige Klammern, Ausrufe- und Fragezeichen, Doppelpunkte, Sternzeichen, Schrägstriche und der Backslash, da diese Zeichen zu Missverständnissen in Zellbezügen führen würden. (Namensänderungen von Blättern werden übrigens automatisch in bereits vorhandene Zellbezüge übernommen.)

2.5.10 Ansichten

Neben der normalen Ansicht einer Arbeitsmappe stellt Excel 2010 noch eine spezielle Ansicht für das Seitenlayout zur Verfügung, die durchaus auch als Arbeitsansicht, also für die Eingabe von Daten und Formeln genutzt werden kann. In dieser Ansicht lassen sich Kopf- und Fußzeilen für die Ausgabe der Seiten direkt editieren, außerdem ist die Verteilung der Daten auf verschiedene Seiten leichter zu kontrollieren. Das Umschalten zwischen den Ansichten kann direkt über die schon angesprochenen Ansichtssymbole in der Statusleiste erfolgen oder über die Schaltflächen in der Gruppe **Ansicht ▸ Arbeitsmappenansichten**.

2.5 Baustelle für Tabellen und Diagramme

Abbildung 2.29 Seitenlayoutansicht

Parallelansicht

In Excel 2010 gibt es auch die Möglichkeit, zwei Arbeitsmappen gleicher Struktur parallel anzuordnen, sodass Positionen leichter miteinander verglichen werden können. Wenn beide Arbeitsmappen geöffnet sind, kann dazu der Befehl **Ansicht ▸ Fenster ▸ Nebeneinander** anzeigen verwendet werden. Die Bewegung des Zellzeigers in der einen Tabelle wird dann jeweils auch in der anderen Tabelle nachvollzogen.

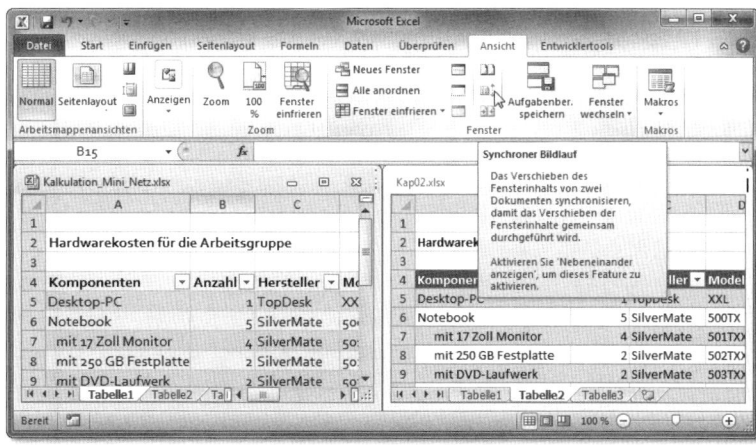

Abbildung 2.30 Nebeneinander gestellte Arbeitsmappenfenster

2.5.11 Anpassen von Menüband und Schnellzugriffsleiste

Um das Menüband zu verändern, wählen Sie im Kontextmenü des Bandes den Befehl **Menüband anpassen**. Dieser Befehl zeigt in dem Dialog **Excel-Optionen** das Register **Menüband anpassen** an. Die Anpassung kann über das Listenfeld rechts oben auf die **Hauptregisterkarten** oder die **Registerkarten für Tools** eingeschränkt werden. Über die Optionsfelder lassen sich Registerkarten ausblenden, wenn das Häkchen davor gelöscht wird. Wer nicht beabsichtigt, mit Excel programmierte Anwendungen zu entwickeln, hat die Möglichkeit, die Registerkarte **Entwicklertools** abgewählt zu lassen.

Soll eine Registerkarte um eine Gruppe erweitert werden, markieren Sie zunächst den Namen des Registers, und klicken Sie auf **Neue Gruppe**. Mit den kleinen Pfeiltasten lässt sich die zunächst ans Ende gerückte Gruppe beliebig platzieren. Mit der Schaltfläche **Umbenennen** vergeben Sie einen passenden Namen. Solange nun die neue Gruppe ausgewählt ist, lassen sich Befehle in diese Gruppe hinzufügen, etwa eigene Makros.

Wählen Sie unter **Befehle auswählen** zunächst die Befehlskategorie. Wenn Sie nicht wissen, in welcher Kategorie der Befehl zu finden ist, wählen Sie einfach **Alle Befehle**. Markieren Sie im Listenfeld links die gewünschten Befehle oder auch Makros, und klicken Sie auf **Hinzufügen**. Sollen Symbole dagegen aus der Menübandgruppe entfernt werden, benutzen Sie **Entfernen**. Mithilfe der Pfeiltasten lässt sich die Reihenfolge markierter Befehle in der Gruppe anpassen.

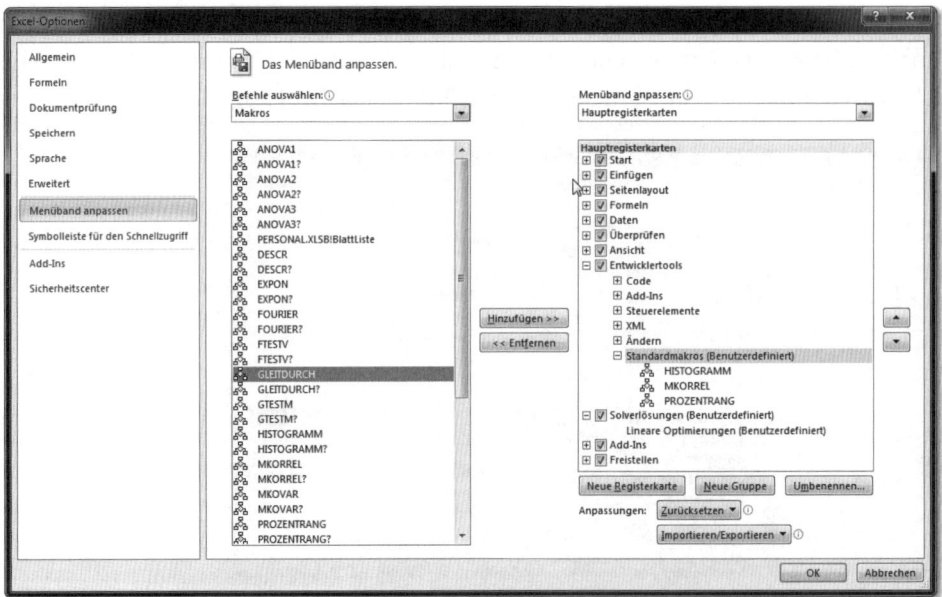

Abbildung 2.31 Benutzerdefinierte Erweiterung des Menübands

Soll eine ganz neue Registerkarte angelegt werden, etwa um bestimmte Makros schneller aufzurufen, benutzen Sie zunächst die Schaltfläche **Neue Registerkarte**. Eine erste Gruppe dafür wird automatisch mit angelegt. Ändern Sie zunächst die Namen von Register und Gruppe, und legen Sie weitere Gruppen an. Füllen Sie die Gruppen wie oben beschrieben.

Abbildung 2.32 Neue Gruppe auf dem Menüband

Neu ist auch die Möglichkeit, die Änderungen am Menüband in eine kleine Datei zu exportieren, sodass sie auf einem anderen Rechner importiert werden können. Verwenden Sie dazu die Schaltfläche **Importieren/Exportieren** und **Alle Anpassungen exportieren**, und geben Sie einen passenden Dateinamen an. Die Daten werden in einer Office-Oberflächendatei mit dem Dateityp *.exportedUI* abgelegt. An anderer Stelle lassen sich diese Daten über dieselbe Schaltfläche und den Befehl **Anpassungsdatei importieren** einlesen.

Mit **Zurücksetzen** kann die Werksvorgabe für das Menüband jederzeit wieder eingestellt werden. Das Menü der Schaltfläche erlaubt es, entweder alle Anpassungen zurückzusetzen oder nur die Änderungen an der gerade ausgewählten Registerkarte.

In gleicher Weise können Sie auch die Symbolleiste für den Schnellzugriff im Dialog **Excel-Optionen** anpassen.

2.5.12 Aufgabenbereiche

Eine geringere Rolle als in früheren Versionen spielen seit Excel 2007 die Aufgabenbereiche, die über einige Befehle oder Symbole (**Office-Zwischenablage**, **Dokumentverwaltung**, **ClipArt**, **Recherchieren**, **XML-Quelle**) eingeblendet werden. Aufgabenbereichsfenster werden über einige Befehle automatisch eingeblendet, etwa **Überprüfen ▸ Dokumentprüfung ▸ Recherchieren** oder **Thesaurus**.

Das Fenster des Aufgabenbereichs wird entweder am linken oder rechten Rand des Arbeitsbereichs angedockt. Es kann mit der Maus an einer Seite oder Ecke vergrößert oder gestaucht werden, oder es wird durch Ziehen an der Titelleiste frei auf dem Bildschirm platziert und kann wie die Dialogfelder auch außerhalb des Anwendungsfensters abgelegt werden. Ein Doppelklick auf die Titelleiste führt zum Wechsel zwischen den Positionen.

Abbildung 2.33 Aufgabenbereich für eine Recherche

Hinter dem kleinen Pfeil links vom Andreaskreuz in der linken oberen Ecke befindet sich ein kleines Menü mit den Funktionen **Verschieben**, **Größe** und **Schließen**.

2.5.13 Befehle zurücknehmen oder wiederholen

Excel merkt sich die letzten Befehle bzw. Eingaben, die es ausgeführt hat. Genauer gesagt, es speichert die Situation, die jeweils vor der Ausführung der letzten Befehle oder der letzten Eingaben bestanden hat, sodass diese bei Bedarf wiederhergestellt werden kann. Dies geschieht mithilfe der Schaltfläche **Rückgängig**, die in der Schnellzugriffsleiste vorgegeben ist. Sollen mehrere Schritte zurückgenommen werden, kann mit der Maus die Liste der notierten Schritte per Klick auf den kleinen Pfeil neben dem Symbol geöffnet werden. Durch Berühren mit der Maus lassen sich die Schritte markieren, die dann per Klick zurückgenommen werden. Dabei werden die zuletzt ausgeführten Schritte immer zuerst angezeigt. Statt des Symbols kann auch [Strg] + [Z] verwendet werden.

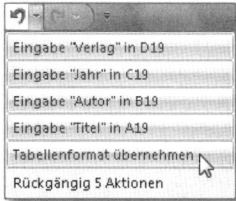

Abbildung 2.34 Liste der letzten Schritte

Allerdings lassen sich nicht alle Befehle rückgängig machen. Das gilt z. B. für das Löschen eines ganzen Blatts. Bei diesem Befehl erscheint deshalb, falls das Blatt Daten enthält, vorher ein entsprechender Hinweis.

Wenn Sie eine Aktion rückgängig gemacht haben, haben Sie auch hier noch eine Chance zur Umkehr. Dies geschieht mit der Schaltfläche **Wiederholen**, die ebenfalls in der Schnellzugriffsleiste vorgegeben ist. Sind irrtümlich fünf Eingaben rückgängig gemacht worden, lassen sie sich demnach Schritt für Schritt mit dem Symbol **Wiederholen** wiederherstellen.

Häufig kommt es auch vor, dass bestimmte Befehle mit genau denselben Einstellungen mehrfach hintereinander benötigt werden, etwa die Formatierung von Zellen in einem bestimmten Zahlenformat. In diesem Fall ist es nicht notwendig, den Befehl erneut zu wählen und ein Dialogfeld dazu auszufüllen. Sie können einfach das Symbol **Wiederholen** anklicken oder [Strg] + [Y] und auf diese Weise andere Zellen in derselben Weise formatieren.

2.6 Optionen für die Arbeit mit Excel

Was Sie mit Excel 2010 tun, kann sich sehr von dem unterscheiden, was andere damit machen. Manche Leute benutzen Excel 2010 in erster Linie als Rechenknecht. Andere nutzen hauptsächlich die Datentabellenfunktionen. Wieder andere interessiert vor allem die Umsetzung von Zahlen in Diagramme. Entwickler setzen die Werkzeuge ein, mit denen sich programmierte Lösungen erstellen lassen.

Um diesen verschiedenen Bedürfnissen optimal gerecht zu werden, ist Excel 2010 anpassungsfähig ausgelegt. Sie können Ihren Arbeitsplatz auf das abstimmen, was Sie benötigen.

2.6.1 Excel bedarfsgerecht einrichten

Am Anfang der Arbeit mit Excel ist es sinnvoll, die Optionen einzustellen, die im Dialog **Excel-Optionen** unter **Allgemein** angeboten werden.

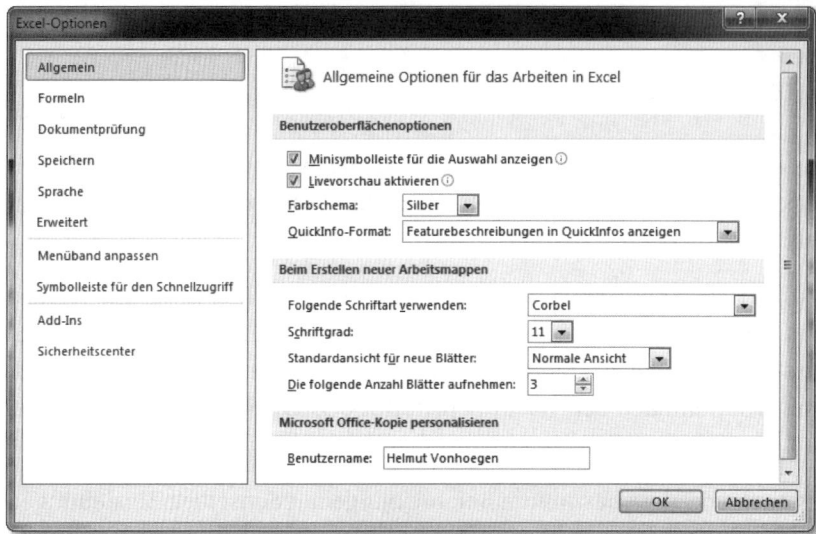

Abbildung 2.35 Allgemeine Optionen für Excel 2010

Die erste angebotene Option ist oben schon angesprochen worden: **Minisymbolleiste für die Auswahl anzeigen**. Solange diese Einstellung aktiviert ist, werden über dem Kontextmenü eines Zellbereichs jeweils die gebräuchlichsten Formatierungssymbole angeboten.

Eine sehr schöne Funktion in Excel 2010 ist die **Livevorschau**, die die Wirkung vieler Einstellungsoptionen, etwa Farbwahl oder Schriftgröße, sofort für den ausgewählten Bereich anzeigt, noch bevor die Auswahl endgültig bestätigt ist. Nervöse Zeitgenossen mag die dadurch am Bildschirm manchmal entstehende Unruhe aber vielleicht irritieren, sie sollten dann die Option an dieser Stelle deaktivieren.

Über die Option **Farbschema** kann zwischen drei Varianten der Oberfläche gewählt werden: **Schwarz**, **Silber** und **Blau**. Probieren Sie aus, was Ihnen am besten gefällt.

Die Option **QuickInfo-Format** betrifft die Anzeige von Bildschirmhinweisen. Hier kann zwischen ausführlichen und kurzen Tipps oder gar keinen Tipps gewählt werden.

Die zweite Gruppe betrifft allgemeine Vorgaben für neue Dokumente. Hier können Sie eine Standardschrift für die Dateneingabe und einen passenden Schriftgrad vorgeben. Außerdem können Sie festlegen, ob in der Normalansicht, in der Seitenlayoutansicht oder der Umbruchvorschau gearbeitet werden soll. Auch die Anzahl der Blätter, die eine neue Arbeitsmappe enthalten soll, ist hier einstellbar. Schließlich kann noch der Benutzername bestimmt werden, der dann automatisch als Metainformation den Dokumenteigenschaften zugewiesen wird.

Unter **Sprache** wird in Excel 2010 nun eine eigene Seite angeboten, in der neben einer primären Sprache zusätzliche Bearbeitungssprachen ausgewählt werden können. Öffnen Sie dazu das Listenfeld unter der Liste mit den bereits ausgewählten Bearbeitungssprachen, wählen Sie die zusätzliche Sprache, und benutzen Sie **Hinzufügen**. Im unteren Teil lässt sich bei mehreren Sprachen festlegen, welche bevorzugt für die Programmanzeigen und die Hilfe verwendet werden sollen.

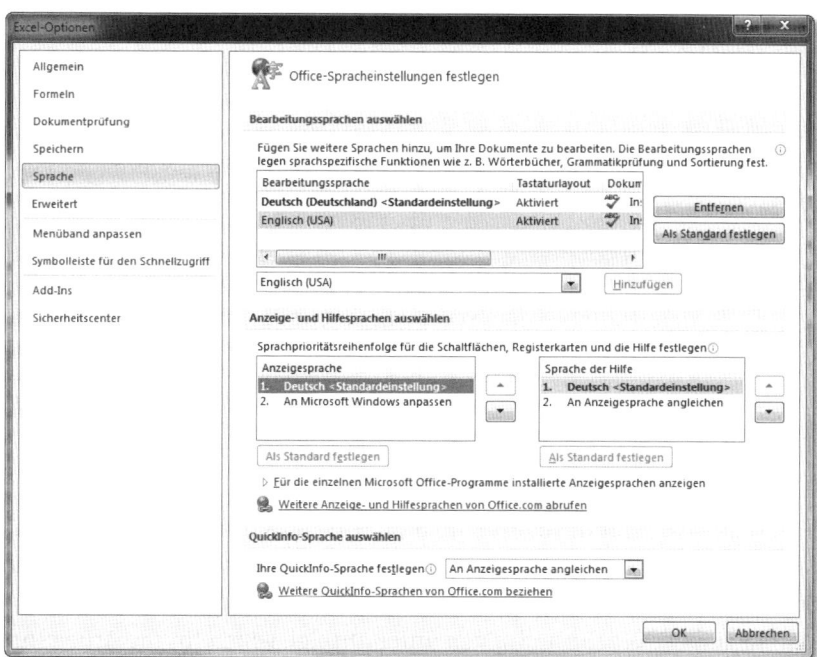

Abbildung 2.36 Wahl der Bearbeitungssprache

2.6.2 Bildschirmelemente ein- oder ausblenden

Einige der Elemente, die normalerweise auf dem Excel-Bildschirm erscheinen, können bei Bedarf ausgeblendet werden. Wenn es etwa nur darum geht, Daten anzusehen, kann auf die für die Bearbeitung notwendigen Bildschirmelemente verzichtet werden. Besonders viele Daten werden einsehbar, wenn Sie auf dem Register **Ansicht** in der Gruppe **Arbeitsmappenansichten** die Option **Ganzer Bildschirm** wählen. Titelleiste, Statusleiste,

Symbolleisten und Bearbeitungsleiste werden dann ausgeblendet, und der Gesamtbereich des Bildschirms wird ausgenutzt. Mit der Schaltfläche **Verkleinern** geht es wieder zurück in die normale Ansicht.

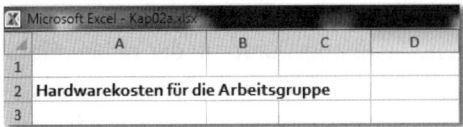

Abbildung 2.37 Ausschnitt der Ansicht »Ganzer Bildschirm«

Einstellungen, die das Aussehen des Excel-Fensters beeinflussen, stehen ansonsten auch in der Gruppe **Anzeigen** zur Verfügung.

Abbildung 2.38 Die Gruppe »Anzeigen«

Insbesondere, wenn Tabellen fertig entwickelt sind, ist die Bearbeitungsleiste entbehrlich. Sie kann hier ad hoc abgewählt werden, sodass Sie mehr Platz für die Anzeige der Tabellen erhalten.

2.6.3 Anzeigeoptionen

Statt der Optionen auf der Registerkarte **Ansicht** können auch zahlreiche Wahlmöglichkeiten genutzt werden, die im Dialogfeld **Excel-Optionen** angeboten werden, und zwar auf dem Register **Erweitert**. Hier stehen Einstellungen zur Verfügung, die eine unterschiedliche Reichweite haben. Die Einstellungen unter **Anzeige** gelten für die Arbeit mit Excel generell, und zwar so lange, bis sie erneut geändert werden.

Zunächst kann unter **Anzeige** hier die Anzahl der Dateien angegeben werden, die in der Liste **Zuletzt verwendet** auf der Registerkarte **Datei** angezeigt werden. Unter **Linealeinheiten** wird festgelegt, welcher Maßstab in dem Lineal benutzt werden soll, das in der Ansicht **Seitenlayout** angezeigt wird.

Darunter finden Sie die Option **Alle Fenster in der Taskleiste anzeigen**, die bewirkt, dass jede Arbeitsmappe in der Taskleiste eine eigene Schaltfläche erhält, die dann gegebenenfalls gestapelt werden. Andernfalls wird nur eine Schaltfläche für die Anwendung angeboten.

2.6 Optionen für die Arbeit mit Excel

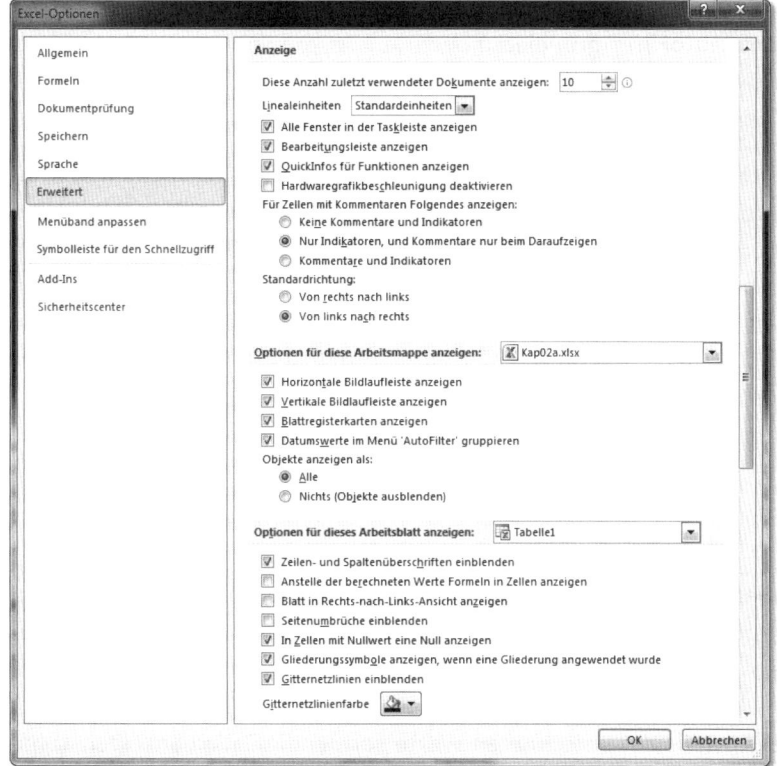

Abbildung 2.39 Optionen zur Anzeige

Neben der Anzeige der Bearbeitungsleiste und der Quickinfos zu Funktionen kann hier noch die Hardwaregrafikbeschleunigung deaktiviert werden.

Wenn Zellen Kommentare zugewiesen sind, kann die Anzeige der Kommentare und der kleinen Indikatoren, die auf Kommentare verweisen, entweder ganz aus- oder eingeschaltet werden. Oder es wird die Einstellung verwendet, dass zunächst nur die Indikatoren sichtbar sind, die Kommentare dagegen erst bei Berührung der Zelle mit der Maus, also beim *Hovern* angezeigt werden.

Anzeigeoptionen für einzelne Arbeitsmappen

Unter **Optionen für diese Arbeitsmappe anzeigen** sind die Einstellungen zusammengestellt, die gezielt nur bestimmten Mappen zugewiesen werden können, wobei die Auswahl, falls mehrere Mappen geöffnet sind, über das kleine Listenfeld vorgenommen wird. Die Einstellungen werden jeweils mit der Mappe gespeichert. Hier geht es zunächst um die Ein- oder Ausblendung der Bildlaufleisten oder der Blattregister. Die Option **Datumswerte im Menü 'AutoFilter' gruppieren** bewirkt, dass im Kontextmenü eines solchen Filters beispielsweise Gruppen für Monate oder Jahre angeboten werden. Mehr dazu finden Sie in Kapitel 17, »Informationen als Tabellen ordnen und verwalten«.

Was die Anzeige von Objekten betrifft, wird die Option **Alle** oder **Nichts** angeboten. Dies gilt für die Anzeige von Diagrammen, Grafikobjekten, Schaltflächen, Textfeldern und von Objekten, die mit dem Befehl **Einfügen ▸ Text ▸ Objekt** eingebettet werden. Die Einstellung **Nichts** kann bei großen Blättern mit zahlreichen Diagrammen vorübergehend nützlich sein, wenn es im Moment nur um die Tabellendaten geht. Sie beschleunigt die Navigation auf dem Blatt. Die Option blendet alle Grafikobjekte aus und verhindert auch, dass sie mit ausgedruckt werden. Es gibt eine Tastenkombination, mit der Sie ganz schnell zwischen den beiden Einstellungen wechseln können: Strg + 6.

Blattoptionen

Unter **Optionen für dieses Arbeitsblatt anzeigen** lassen sich gezielt Einstellungen für einzelne Blätter festlegen, die über das Listenfeld ausgewählt werden. Hier können die Zeilen- und Spaltenüberschriften aus- und eingeblendet werden. Wenn Sie zur Prüfung eines Kalkulationsmodells im Tabellenblatt alle Formeln auf einmal sehen wollen, können Sie das Kästchen bei **Anstelle der berechneten Werte Formeln in Zellen anzeigen** abhaken. Die Anzeige der Formeln kann insbesondere auch benutzt werden, um Tabellen zu dokumentieren. Wird **Seitenumbrüche einblenden** abgehakt, werden Hilfslinien eingeblendet, die den Seitenwechsel bei großen Tabellen markieren.

Die Option **In Zellen mit Nullwert eine Null anzeigen** kann abgewählt werden, um eben dies zu verhindern. Das kann sinnvoll sein bei Tabellen, in denen wegen noch fehlender Werte sehr viele Formeln zunächst den Wert Null liefern.

Sie sollten aber beachten, dass diese Einstellung dann generell für das ganze Tabellenblatt gilt. Oft ist es aber so, dass an der einen Stelle die Null eher stört, an der anderen Stelle die Null eine wichtige Information ist. Deshalb ist es in der Regel günstiger, die Frage, ob Nullen angezeigt werden sollen oder nicht, differenziert über das Zahlenformat zu regeln. Mehr dazu erfahren Sie in Abschnitt 5.1, »Wahl des Zahlenformats«.

Die Anzeige der Gliederungssymbole kann hier aktiviert oder abgeschaltet werden. Was die Gitternetzlinien betrifft, kann eine andere Farbe gewählt werden. Wenn ein Tabellenblatt fertig gestaltet ist, ist es häufig sinnvoll, die Anzeige der Gitternetzlinien abzuschalten und die Tabellenbereiche mit eigenen Rahmenlinien zu ordnen. Dadurch erscheint die eingetragene Tabelle meist übersichtlicher.

2.6.4 Bearbeitungsoptionen

Eine große Gruppe von Optionen auf dem Register **Erweitert** betrifft die Bearbeitung des Arbeitsblattes. Unter **Bearbeitungsoptionen** kann die Wirkung der Eingabetaste auf die Zellmarkierung festgelegt werden. Der Zellzeiger kann mit den Optionen zu **Richtung** entweder in die nächste Zelle in der Zeile, also nach rechts, oder in die nächste Zelle in der Spalte, also nach unten, verschoben werden. Je nachdem, in welcher Reihenfolge Daten eingegeben werden, ist mal die eine, mal die andere Einstellung praktischer.

Normalerweise ist es sinnvoll, die vorgegebene Option **Ausfüllkästchen und Drag & Drop von Zellen aktivieren** aktiviert zu lassen. Das gilt auch für **Direkte Zellbearbeitung zulassen** und **Datenbereichsformate und -formeln erweitern**, die die Übernahme von Formeln und Formaten bei Bereichserweiterungen sicherstellen.

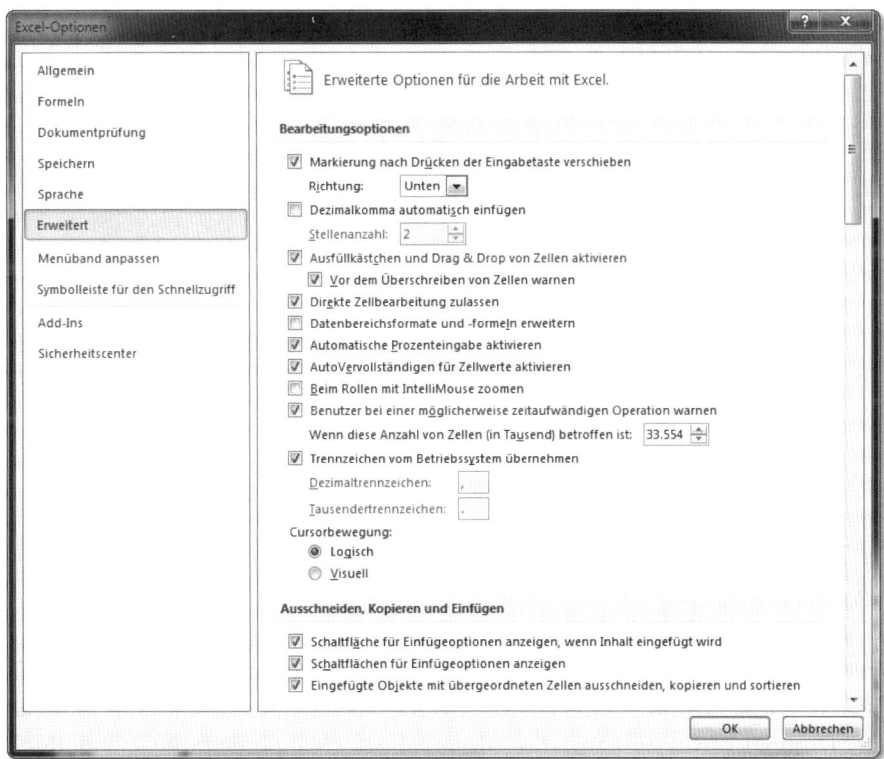

Abbildung 2.40 Bearbeitungsoptionen auf dem Register »Erweitert«

Beibehalten werden sollten auch die Optionen unter **Ausschneiden, Kopieren und Einfügen**, die dafür sorgen, dass nach diesen Vorgängen jeweils Schaltflächen mit kleinen Menüs eingeblendet werden, die es erlauben, genau auszuwählen, was geschehen soll.

In der Gruppe **Formeln** finden Sie eine Option, die die Beschleunigung der Berechnungen in großen Arbeitsmappen betrifft. Excel 2010 ist in der Lage, die Berechnungsarbeit auf parallele Threads aufzuteilen. Wenn Sie mehrkernige Prozessoren verwenden, sollte diese Option deshalb aktiviert sein.

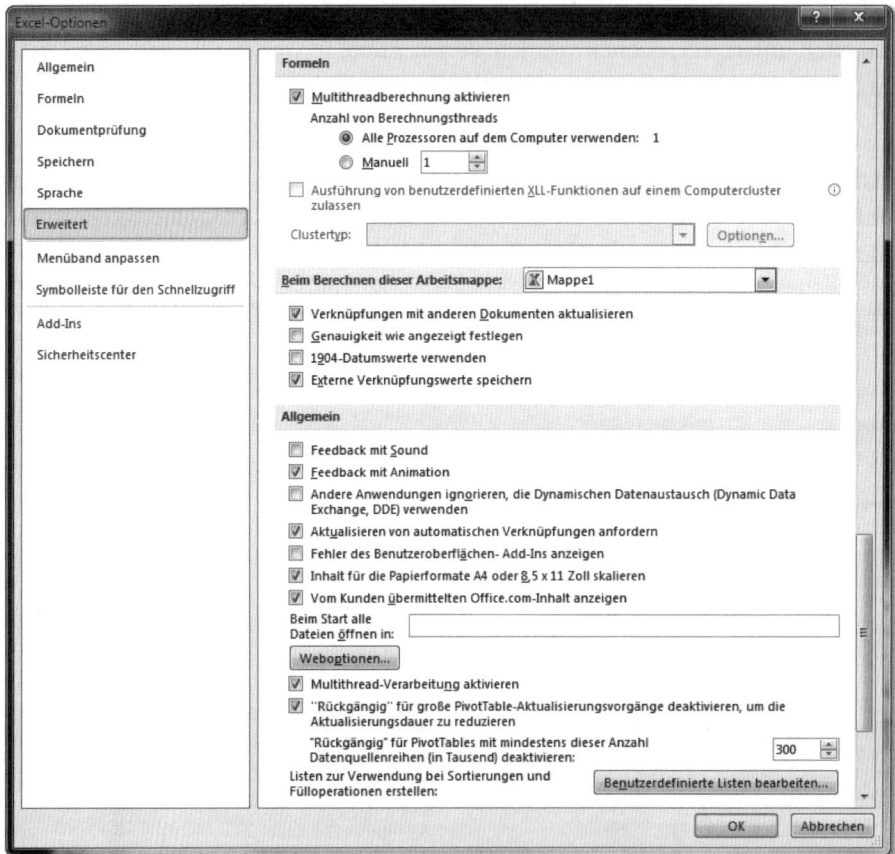

Abbildung 2.41 Weitere Optionen auf dem Register »Erweitert«

Auf die anderen Einstellungen auf dem Register **Erweitert** wird in den späteren Abschnitten jeweils passend zum Thema eingegangen. Dies gilt auch für die Optionen auf dem Register **Formeln**, die in Abschnitt 4.9, »Kontrolle der Neuberechnung«, behandelt werden.

2.6.5 Add-Ins einbinden

Ein Teil der komplexeren Funktionen von Excel wird über Zusatzprogramme realisiert. Das können Excel-Add-Ins, COM-Add-Ins, Aktionen – früher SmartTags genannt – oder XML-Erweiterungspakete sein. Ist ein Add-In geladen, finden Sie im Menüband meist zusätzliche Optionen, mit denen die Leistungen des Zusatzprogramms in Anspruch genommen werden können. Andere Add-Ins bieten Tabellenfunktionen, die dann über den Dialog **Funktion einfügen** mit angeboten werden.

Die Liste der aktivierten oder deaktivierten Add-Ins wird über **Datei ▸ Optionen** auf dem Register **Add-Ins** angezeigt. Da nicht in jeder Arbeitssituation alle Add-Ins benötigt werden, arbeitet Excel mit einer Startliste der Add-Ins, die in einer Sitzung bereitzustellen sind. Um Add-Ins zu aktivieren oder zu deaktivieren, wählen Sie unter **Verwalten** zunächst den Typ des Add-Ins und dann die Schaltfläche **Gehe zu**.

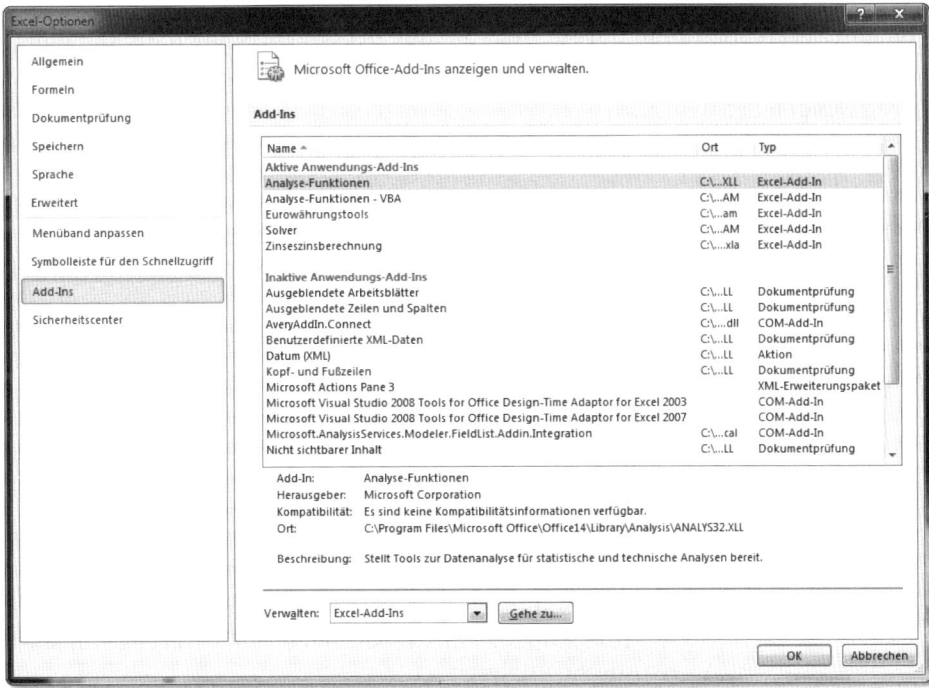

Abbildung 2.42 Das Register »Add-Ins«

Um ein Add-In zu aktivieren, haken Sie im jeweiligen Dialog das Kästchen vor dem Namen ab. Um das Add-In aus der Startliste herauszunehmen, löschen Sie das Häkchen. Erscheint das Zusatzprogramm nicht unter **Verfügbare Add-Ins**, versuchen Sie es mit der

Schaltfläche **Durchsuchen**. Vielleicht befindet sich das Add-In nur in einem anderen Ordner. Wählen Sie die gewünschte Datei aus, und bestätigen Sie die Auswahl mit **OK**.

Abbildung 2.43 Der Dialog »Add-Ins«

Wenn Sie ein Zusatzprogramm nur für eine Sitzung benötigen, können Sie es einfach über den Dialog **Öffnen** laden. Der Dateityp für ein Excel 2010-Add-In ist *.XLAM*, ältere Add-Ins verwenden den Typ *.XLA*.

Eigene Add-Ins erstellen

Zusätzlich haben Sie die Möglichkeit, eigene Add-Ins zu erstellen, mit denen Sie Ihre eigenen Makros in Excel integrieren können. Enthält eine Arbeitsmappe entsprechende Module, müssen Sie beim Abspeichern der Mappe dazu im Dialogfeld **Speichern unter** als Dateityp **Microsoft Office Excel-Add-In** (mit dem Dateityp *.XLAM*) verwenden.

Liste der integrierten Excel-Add-Ins

Name	Kurzbeschreibung
Analyse-Funktionen	Liefert zahlreiche zusätzliche finanzmathematische sowie technische Funktionen und bietet Werkzeuge für statistische Analysen.
Analyse-Funktionen VBA	Liefert zahlreiche zusätzliche finanzmathematische und technische VBA-Funktionen.
Eurowährungstool	Liefert eine Schaltfläche für das Euro-Format und die Tabellenfunktion EUROCONVERT() zum Umrechnen zwischen den Währungen.

Name	Kurzbeschreibung
Solver	Dient der Lösung von Gleichungs- und Ungleichungssystemen mit mehreren Unbekannten

Die Add-Ins **Nachschlage-** und **Teilsummenassistent** werden nicht mehr angeboten.

2.7 Umgang mit Dokumenten

Seit den ersten Versionen von Excel hat sich die Speicherkapazität der PCs immens vervielfacht. Dutzende von Ordnern und Tausende von Dateien sind heute nichts Besonderes. Je verzweigter die Ordnerstruktur auf einem Laufwerk ist, desto wichtiger werden Werkzeuge, die einen schnellen Zugriff auf die gewünschte Stelle sichern. Sonst geht zu viel Zeit mit dem Suchen von Dateien und dem Ansteuern bestimmter Ordner verloren.

2.7.1 Effektive Dateiverwaltung

Wenn Daten auf einem Datenträger abgespeichert werden, sind immer zwei Entscheidungen fällig:

- Jede Datei braucht einen Namen, unter dem sie wiedergefunden werden kann.
- Es muss entschieden werden, in welchem Ordner und auf welchem Laufwerk die Datei abzulegen ist.

Es ist zwar erlaubt, Dateinamen mehrfach zu verwenden, wenn die Dateien auf unterschiedliche Ordner verteilt werden, eindeutige Namen machen das Wiederfinden aber in der Regel einfacher. Bei Sicherungskopien ist es allerdings angebracht, die Originalnamen beizubehalten.

Um an die gespeicherten Daten wieder heranzukommen, müssen folglich der Name und der Speicherort, also Ordner und Laufwerk, bekannt sein. Das klingt simpler, als es manchmal ist. Es ist schließlich nicht einfach, sich bei Hunderten von Dateien zu merken, wo sich denn nun die gerade dringend gesuchten Daten befinden. Hier helfen Methoden, Daten aufzuspüren, auch wenn der Dateiname und der Ablageort nicht mehr präsent sind.

2.7.2 Speichern von Dokumenten

Erst das Speichern auf einem Laufwerk stellt sicher, dass Daten dauerhaft greifbar sind. Die Speicherung im Hauptspeicher ist ja immer nur eine flüchtige Angelegenheit, was schmerzlich deutlich wird, wenn einmal der Strom ausfällt und Daten, die noch nicht gesichert wurden, rettungslos verloren sind. Beim ersten Speichern über das Dialogfeld **Speichern unter** müssen der Datei Name und Ort zugewiesen werden, beim späteren **Speichern** wird davon ausgegangen, dass Name und Ort beibehalten werden.

Die Anordnung im Dialogfeld legt nahe, dass Sie zuerst klären, in welchem Ordner die Datei abgelegt werden soll. Als Vorgabe wird immer der aktuell in Gebrauch befindliche Ordner angeboten. Enthält der angezeigte Ordner bereits Unterordner oder Dateien, werden sie in dem großen Listenfeld angezeigt. Unter Windows 7 kann die Anzeige des jeweiligen Ordnerinhalts mit der Schaltfläche **Ordner ausblenden** bzw. **Ordner durchsuchen** auch ab- und wieder eingeschaltet werden. Das ist dann sinnvoll, wenn Sie eine Folge von Arbeitsmappen immer in denselben Ordner sichern wollen.

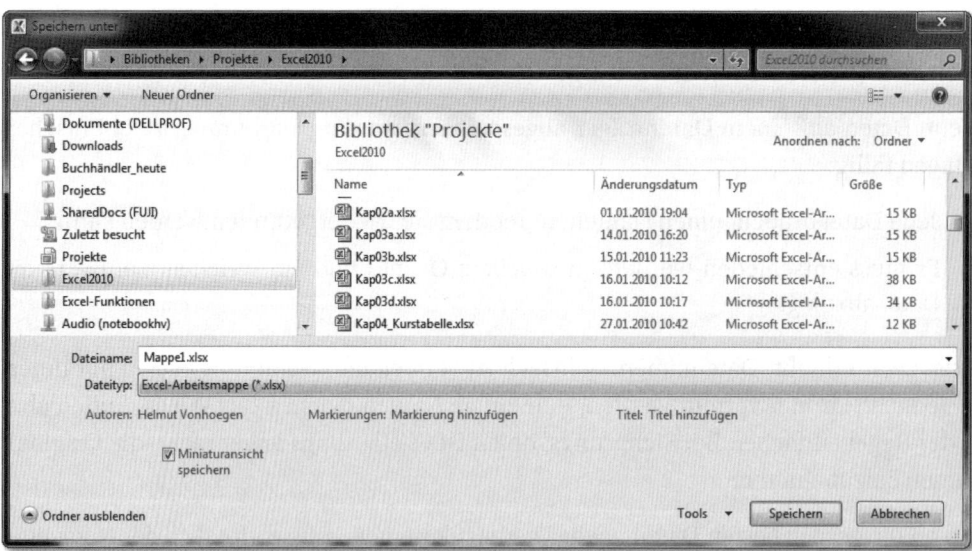

Abbildung 2.44 Das Dialogfeld »Speichern unter« mit der Ansicht »Details« unter Windows 7

Soll später eine Vorschau beim Öffnen verfügbar sein, muss die Option **Miniaturansicht speichern** abgehakt werden. Mit **Speichern** wird die Sicherung der Arbeitsmappe vorgenommen.

Neu in Windows 7 ist die sehr praktische Möglichkeit, neben der Ordnerstruktur noch eine Anordnung in Bibliotheken zu nutzen. Im Kontextmenü jedes Ordners wird dazu der Befehl **In Bibliothek aufnehmen** angeboten. Neben den vorgegebenen Standardbibliotheken für die unterschiedlichen Medien lassen sich auch eigene Bibliotheken anlegen, um den Zugriff auf bestimmte Dokumente zu beschleunigen.

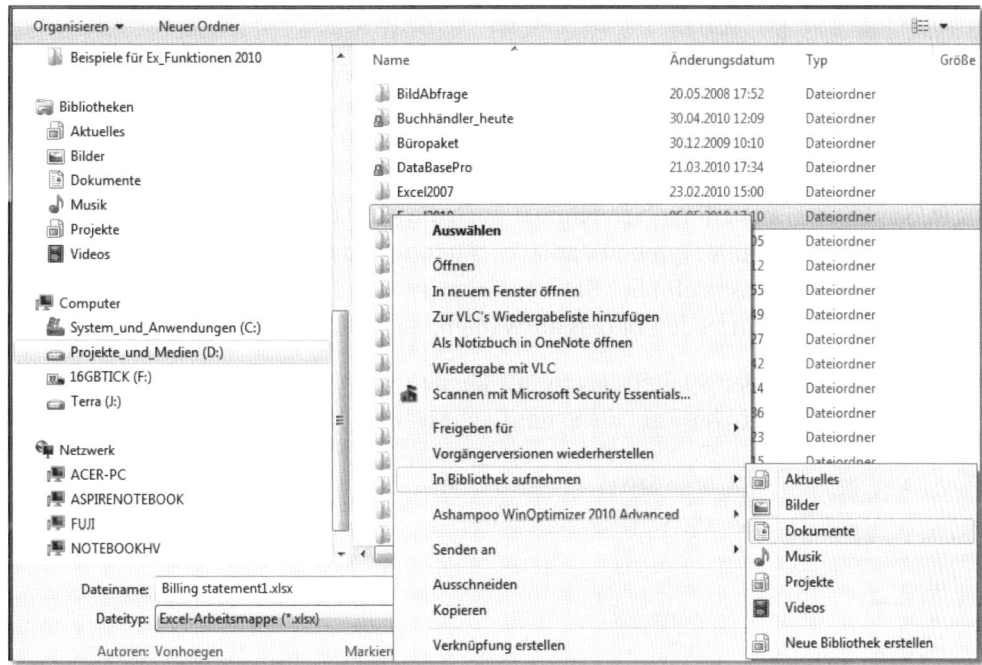

Abbildung 2.45 Zuordnen eines Ordners zu einer Bibliothek

2.7.3 Wahl der Ansicht

Wie viele Informationen zu den einzelnen Dateien in den Dialogfeldern **Speichern unter** oder **Öffnen** erscheinen, hängt davon ab, welche der Ansichtsoptionen gerade gewählt ist. Mit einem Klick auf die Schaltfläche **Ansicht ändern** wechseln Sie reihum zur nächsten Ansicht.

Ansonsten erreichen Sie unter Windows 7 die verschiedenen Optionen per Klick auf den Pfeil rechts von der Schaltfläche **Ansicht ändern**. Sie können entweder direkt eine der Ansichten anklicken oder mit dem Slider die verschiedenen Ansichten probeweise durchgehen, bevor Sie sich für die im Moment günstigste entscheiden.

Abbildung 2.46 Slider für die Wahl der Ansicht

Die informativste Darstellung bietet immer noch die Ansicht **Details**. Sie gibt zusätzliche Informationen wie **Größe**, **Typ** und das letzte **Änderungsdatum** an. Welche Spalten eingeblendet werden, lässt sich über das Kontextmenü der Leiste mit den Spaltennamen abhaken oder über den Dialog **Details auswählen**, den die Option **Weitere** öffnet.

Die Bezeichnungen der Spalten liegen auf kleinen Schaltflächen, die ganz praktisch sind. Ein Klick beispielsweise auf die Schaltfläche **Name** sortiert die Spalte alphabetisch.

Abbildung 2.47 Das Dialogfeld »Details auswählen«

Unter Windows 7 bietet die Pfeilschaltfläche neben der Spaltenbezeichnung zusätzlich die Möglichkeit, die Einträge je nach dem Datentyp der Spalte nach verschiedenen Kriterien zu filtern, etwa nach Buchstaben- und Zahlengruppen, nach Zeit- oder Datumsbereichen oder nach inhaltlichen Kriterien, etwa dem Datentyp.

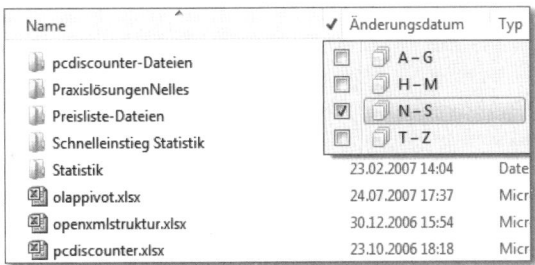

Abbildung 2.48 Gruppieren eines Ordners

Markierungen

Unter Windows 7 können den Dokumenten auch kategorisierende Markierungen oder Tags zugeordnet werden, die dann in einer eigenen Spalte angezeigt und als Auswahlkriterium verwendet werden können. In der folgenden Abbildung sind etwa mehrere Arbeitsmappen mit dem Stichwort *Beispieldatei* markiert. Dies kann im Dialog **Speichern unter** geschehen, wie oben bereits beschrieben.

Diese Mappen können dann sehr einfach als Gruppe zusammengestellt werden, indem aus dem Kontextmenü der Spaltenzeichnung **Markierungen** die gewünschte Markierung abgehakt wird. Dann werden auch nur die Dateien gelistet, die die entsprechende Markierung mitbringen. Das Markieren ist eine einfache Art, auch nachträglich Ordnung in größere Dokumentbestände zu bringen.

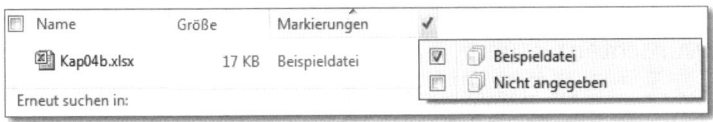

Abbildung 2.49 Ordnen mit Markierungen

Wenn Sie immer die zuletzt geänderten Dateien zuerst sehen wollen, klicken Sie unter Windows 7 auf **Änderungsdatum**, unter Windows XP auf **Geändert am**, und sortieren mit absteigender Reihenfolge, sodass immer die jüngste Datei oben erscheint.

Ist von einer Spalte zu wenig sichtbar, setzen Sie den Mauszeiger auf den rechten Rand des Spaltenkopfs und verschieben ihn nach Bedarf. An der linken unteren Ecke kann das Dialogfeld durch Ziehen mit der Maus ausgeweitet werden, um mehr Elemente sichtbar zu machen oder um vor dem Öffnen eine brauchbare Vorschau zu erreichen. Die gewählte Größe bleibt auch beim nächsten Zugriff auf das Dialogfeld erhalten.

Abbildung 2.50 Einige extra große Symbole für Arbeitsmappen

Die Anzeige der bisher in dem Ordner existierenden Dateien hilft Ihnen bei der Vergabe des Dateinamens. Da ja jede Datei einen eigenen Namen benötigt, vermeiden Sie so, einen Namen zu wählen, der schon existiert. Die Anzeige hilft aber auch, Namen zu vermeiden, die vorhandenen Namen sehr ähnlich sind und damit das Wiederfinden erschweren.

Natürlich besteht auch die Möglichkeit, absichtlich einen schon vorhandenen Namen zu wählen, wenn der bisherige Inhalt dieser Datei überschrieben werden soll. In diesem Fall wird der ausgewählte Name in das Feld **Dateiname** übernommen. Excel fragt dann sicherheitshalber noch einmal nach, ob Sie das auch wirklich wollen. Sollen Namen durchnummeriert werden, können Sie aber auch den jeweils letzten Namen in einer Reihe über das Listenfeld zu **Dateiname** auswählen und dann die Ziffer ändern, anstatt den Namen jedes Mal komplett einzugeben.

2.7.4 Auswahl des gewünschten Ordners

Was ist nun, wenn im Dialogfeld zunächst nicht der gewünschte Zielordner angeboten wird? Unter Windows 7 können hier die kleinen Dreiecksschaltflächen in dem ersten Listenfeld verwendet werden. Die erste Schaltfläche links bietet einen schnellen Zugriff auf den Desktop, den Computer insgesamt, das Netzwerk und andere, häufig verwendete Ressourcen.

Abbildung 2.51 Schnellauswahl des Speicherorts

Enthält die darüber ausgewählte Ebene weitere Unterebenen, werden diese jeweils mit der folgenden Dreiecksschaltfläche aufgelistet. Diese Vorgehensweise erlaubt einen schnellen Wechsel zwischen verschiedenen Ordnern und ergänzt so die Navigationsmöglichkeiten, die die beiden Pfeilschaltflächen links oben anbieten, die ja immer nur einen Schritt vorwärts oder zurück führen. Bereits besuchte Ordner bietet die Liste zu der kleinen Schaltfläche rechts neben dem Vorwärts-Pfeil an.

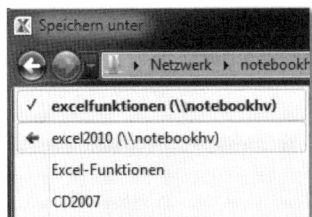

Abbildung 2.52 Liste der zuletzt benutzten Ordner

Die Dreiecksschaltfläche am Ende des Listenfeldes öffnet die Liste der zuletzt verwendeten Pfade. Daneben befindet sich eine Schaltfläche, mit der die Ansicht zu dem ausgewählten Pfad bei Bedarf aktualisiert werden kann. Dies ist beispielsweise notwendig, wenn inzwischen von einer anderen Anwendung aus oder über einen Netzzugriff eine Datei eingefügt oder verändert worden ist.

Abbildung 2.53 Die Liste verwendeter Pfade und das Aktualisieren-Feld

2.7.5 Schneller Zugriff über Linkfavoriten

Die Suche nach dem richtigen Ablageort kann mit Links im Navigationsfenster des Dialogs verkürzt werden. Dieses können Sie unter Windows 7 über die Schaltfläche **Organisieren** und die Option **Layout** ein- und ausblenden.

Die Liste der Favoriten wird per Klick auf das kleine Dreieck vor dem Namen geöffnet; ein Klick auf die Bezeichnung **Favoriten** öffnet den Linkfavoritenordner, in dem die entsprechenden Verknüpfungen angezeigt werden. Die Bezeichnung bietet aber auch ein Kontextmenü an. Mit dem Befehl **Aktuellen Ort zu Favoriten hinzufügen** wird der gerade ausgewählte Ordner in die Linkliste aufgenommen.

Wenn Sie einen bestimmten Ordner in diese Liste einfügen wollen, können Sie ihn aber auch direkt im Dialogfeld auswählen und mit der Maus in das Fenster mit den Linkfavoriten oder in die Favoritenliste im Navigationsfenster ziehen.

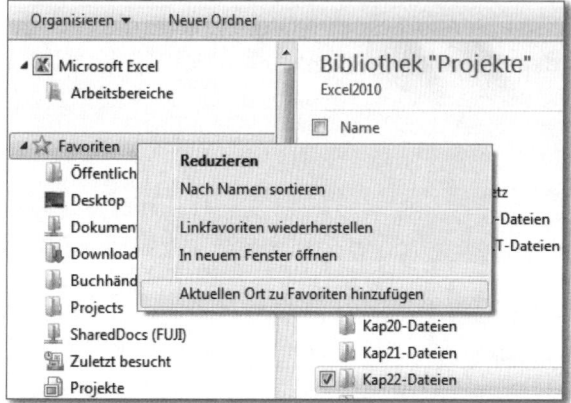

Abbildung 2.54 Navigationsfenster mit einigen Links

... oder über die Ordnerleiste

Unter Windows XP bietet der Dialog stattdessen eine spezielle Ordnerleiste für den Schnellzugriff an. Das Symbol **Zuletzt verwendet** öffnet einen speziellen Ordner gleichen Namens, der Verknüpfungen zu den zuletzt benutzten Ordnern oder Dateien enthält. Dieser Ordner wird automatisch von den Office-Anwendungen angelegt und verwaltet. Sie finden ihn benutzerbezogen unter ...*Anwendungsdaten\Microsoft\Office*.

Ein weiteres Symbol der Ordnerleiste führt direkt in den Ordner *Eigene Dateien*, den Office als Standardordner für die Dokumente eines Benutzers vorgibt.

Das Symbol **Desktop** listet die Symbole auf dem Desktop auf. Dateien direkt auf dem Desktop zu speichern kann für Vorgänge, die besonders aktuell sind, ganz hilfreich sein oder auch für Dateien, die nur vorübergehend benötigt werden.

Wenn Sie die Anordnung und Zusammenstellung der Ordnerleiste ändern wollen, klicken Sie die Symbole mit rechts an, und nutzen Sie die Optionen des Kontextmenüs, um Symbole zu löschen, nach oben oder unten zu verschieben oder um die Anzeige zu verkleinern, damit Sie mehr Schaltflächen im Griff haben.

Wenn Sie einen bestimmten Ordner in diese Leiste einfügen wollen, wählen Sie ihn im Dialogfeld aus und nutzen **Extras ▶ Zu meiner Umgebung hinzufügen**. Excel legt in der Ordnerleiste für diesen Ordner eine eigene Schaltfläche an.

2.7.6 Neue Ordner unter Windows 7 anlegen

1 Sorgen Sie zunächst dafür, dass im Dialogfeld das Laufwerk sowie der Ordner angezeigt werden, in dem der neue Ordner eingefügt werden soll.

2 Benutzen Sie die Schaltfläche **Neuer Ordner**.

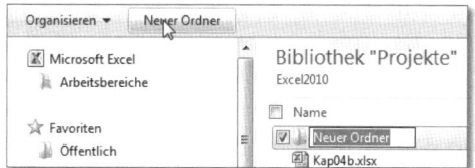

3 Überschreiben Sie den eingeblendeten Dummy-Namen.

4 Per Mausklick wird der neue Ordner anschließend als aktueller Ordner übernommen und kann sogleich zum Speichern genutzt werden.

2.7.7 Neue Ordner unter Windows XP anlegen

1 Sorgen Sie zunächst dafür, dass im Dialogfeld das Laufwerk oder der Ordner angezeigt wird, in dem der neue Ordner eingefügt werden soll.

2 Benutzen Sie das Symbol **Neuen Ordner erstellen**.

3 Im Dialogfeld **Neuer Ordner** muss dann nur noch der Name des neuen Ordners eingegeben werden.

4 Der neue Ordner wird anschließend in **Speichern in** übernommen, kann also gleich genutzt werden.

Welche Ordner auf einem System sinnvoll sind, hängt natürlich ganz davon ab, was Sie vorhaben. Auf jeden Fall sollten Sie Dokumente nicht mit Programmen vermischen. Meist ist es angebracht, eigene Ordner für unterschiedliche Arbeitsbereiche anzulegen und insbesondere Privates und Geschäftliches zu trennen.

2.7.8 Dateiname und Dateityp

Wenn der Ablageort geklärt ist, muss der Name des Dokuments festgelegt werden. Jedes Dokument braucht einen Namen, über den es möglichst gut wiedererkannt werden kann. Das ist gar nicht so einfach, wenn bedacht wird, welche Datenberge inzwischen auf einem gewöhnlichen Laufwerk untergebracht werden können. Sie dürfen durchaus auch längere Dateinamen verwenden, sogar solche mit Leerzeichen dazwischen.

Zur Not darf der Name bis zu 255 Zeichen verbrauchen, aber Übertreibungen sind ja bekanntlich selten gut. Im Textfeld **Dateiname** erscheint bei neuen und noch leeren Arbeitsmappen zunächst der vorläufige Standardname. Sie sollten diesen durch einen möglichst klaren und eindeutigen Namen ersetzen. Den jeweiligen Dateityp fügt das Programm automatisch an, wenn Sie ihn nicht eintragen.

Unter **Dateityp** muss normalerweise nichts geändert werden. Nur wenn Sie die Daten in einem anderen Datenformat als bisher abspeichern wollen, damit die Daten von einem anderen Programm weiterverarbeitet werden können, öffnen Sie das einzeilige Listenfeld, und wählen Sie das gewünschte Format. Die Typenbezeichnung erscheint dann automatisch auch im Namenfeld.

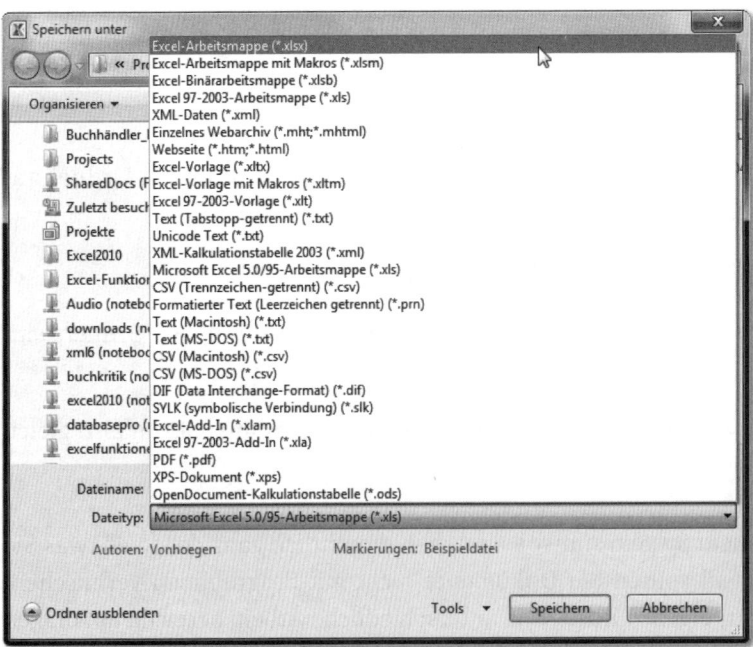

Abbildung 2.55 Liste der möglichen Dateitypen unter Windows 7

Wenn Sie Ihre Eintragungen in dem Dialogfeld mit **Speichern** bestätigen, wird die Datei mit dem von Ihnen vergebenen Namen im ausgewählten Ordner gespeichert. Die Datei bleibt aber auf dem Bildschirm, sodass Sie daran weiterarbeiten können.

2.7 Umgang mit Dokumenten

2.7.9 Metadaten zu einer Datei eintragen

Unter Windows 7 kann eine Reihe von Metadaten zu einem Dokument direkt im Dialog **Speichern unter** eingegeben werden: die Namen der Autoren, ein Titel, Markierungen oder ein Thema.

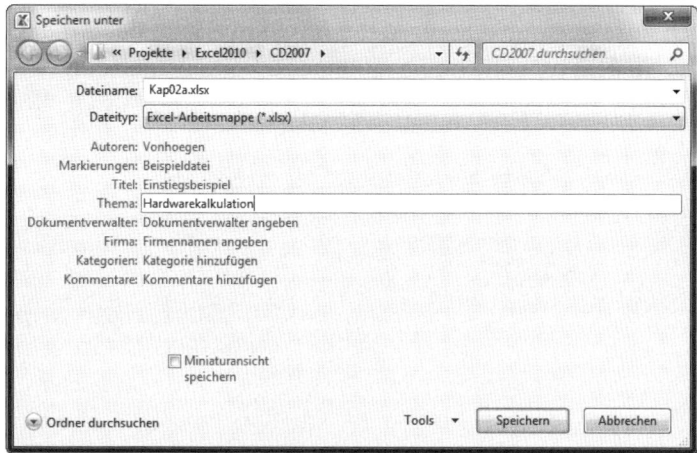

Abbildung 2.56 Metadaten direkt im Dialog eingeben

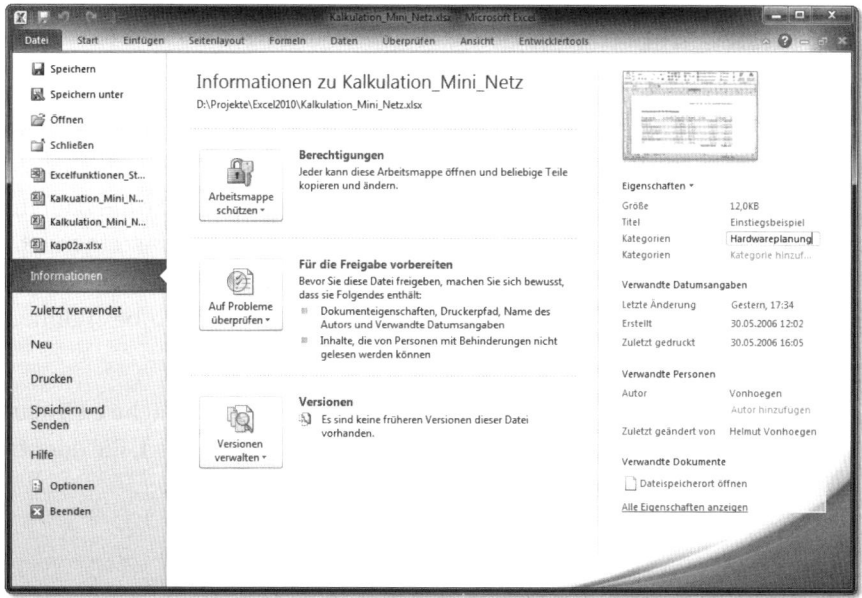

Abbildung 2.57 Die Schaltfläche »Eigenschaften« auf der Seite »Informationen«

Die Eingabefelder bieten Eingabeaufforderungen an, die Sie einfach anklicken und überschreiben können. Alternativ dazu können Sie unter Windows 7 innerhalb der Dokumentbearbeitung auch das Register **Datei** öffnen und den Befehl **Informationen** aufrufen. Im rechten Teil der Registerkarte wird dann die Schaltfläche **Eigenschaften** mit einem kleinen Menü angeboten.

Der Befehl **Dokumentbereich anzeigen** aus diesem Menü öffnet oberhalb des Arbeitsmappenfensters ein Formular, in dem typische Informationen zu Dokumenten eingetragen werden können.

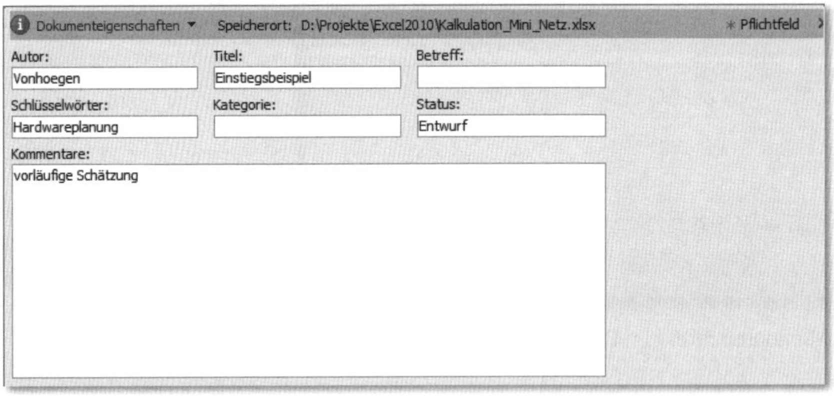

Abbildung 2.58 Eingabe von Metadaten zum Dokument

Die Eintragungen zu **Betreff**, **Schlüsselwörter**, **Kategorie** und **Status** sind hilfreich, um die Übersicht über Ihre Dateien zu behalten. Außerdem lassen sich hier Kommentare zu dem Dokument eintragen. Es liegt natürlich ganz bei Ihnen, in welchem Umfang Sie diese Möglichkeit nutzen wollen. Der Aufwand lohnt sich in dem Maße, wie die Zahl Ihrer Dateien wächst. Das gilt insbesondere auch, wenn Dateien an andere weitergereicht oder im Team bearbeitet werden. Die Eigenschaften der Datei und die von Ihnen eingegebenen Zusatzinformationen können z. B. für eine gezielte Suche nach bestimmten Dateien eingesetzt werden.

Reicht das angebotene Formular nicht aus, kann über die Dreiecksschaltfläche zu **Dokumenteigenschaften** die Option **Erweiterte Eigenschaften** aufgerufen werden, die das bereits in den früheren Versionen verwendete Dialogfeld **Eigenschaften** öffnet.

2.7 Umgang mit Dokumenten

Abbildung 2.59 Das Register »Zusammenfassung«, das den Inhalt und die Herkunft des Dokuments kennzeichnet

Die Einträge auf der Registerkarte **Zusammenfassung** sind hauptsächlich dazu gedacht, den Urheber des Dokuments festzuhalten und die Themen und Stichwörter, die den Inhalt des Dokuments ausmachen.

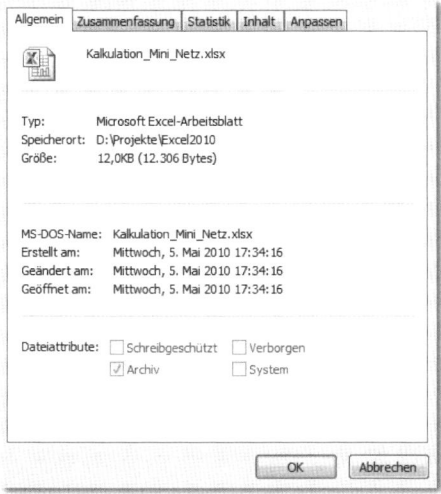

Abbildung 2.60 Die Registerkarte »Allgemein«

Auf der Registerkarte **Allgemein** finden Sie die genauen Informationen über den Dateityp, den Pfad, die Größe und die Änderungsdaten. Außerdem werden hier Dateiattribute wie **Schreibgeschützt**, **Verborgen** etc. angezeigt. Ändern können Sie diese Eigenschaften hier allerdings nicht, dazu müssen Sie das entsprechende Dialogfeld **Eigenschaften** im Windows Explorer oder in den Dialogen **Öffnen** oder **Speichern unter** benutzen, wenn die Datei dort ausgewählt ist.

Abbildung 2.61 Die Registerkarte »Statistik«

Unter **Statistik** wird notiert, wann zuletzt geändert und sogar, wann die Datei gedruckt wurde, sodass Sie beispielsweise prüfen können, ob ein Ausdruck dem letzten Stand entspricht oder nicht.

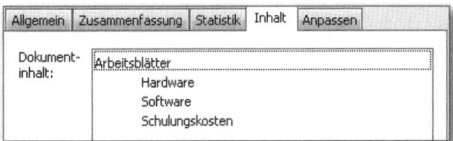

Abbildung 2.62 Die Registerkarte »Inhalt«

Unter **Inhalt** wird eine Art Inhaltsverzeichnis für die Datei angeboten, das die Namen der Tabellenblätter auflistet.

Abbildung 2.63 Die Registerkarte »Anpassen«

Ganz spezielle Möglichkeiten bietet die Registerkarte **Anpassen**. Hier können bestimmte, immer wiederkehrende Einträge und der dazugehörige Datentyp ausgewählt werden, beispielsweise der Name der zuständigen Abteilung. Sie können hier dem Dokument auch eine Dokumentnummer geben, z. B. ein Aktenzeichen. Die verschiedenen Eingaben erscheinen dann zeilenweise in dem kleinen Eigenschaftenfenster.

Mappen nach Bearbeiternamen gruppieren

Es ist auch möglich, die Einträge mit benannten Zelleinträgen in einer Excel-Arbeitsmappe zu verknüpfen. Später kann dann beispielsweise gezielt nach Arbeitsmappen gesucht werden, für die eine bestimmte Person zuständig ist – vorausgesetzt, in allen Dokumenten ist wie folgt verfahren worden:

1 Legen Sie in einer benannten Zelle den Namen der Person ab, die ein Dokument bearbeiten soll.

2 Im Dialogfeld **Eigenschaften** wählen Sie unter **Anpassen** und **Name** den Eintrag **Bearbeitet von** und haken dann das Kästchen bei **Verknüpfung zum Inhalt** ab. Beachten Sie, dass diese Option nur aktiv ist, wenn in dem Dokument auch tatsächlich Bereichsnamen existieren.

3 Wählen Sie aus der Liste bei **Quelle** den Namen des Bereichs aus, und klicken Sie auf **Hinzufügen**.

Die Eigenschaften, die in diesem Dialogfeld angezeigt oder gesetzt werden, können bei anderer Gelegenheit wiederum als Suchkriterium im Dialogfeld **Öffnen** verwendet werden.

2.7.10 Zuletzt verwendete Dateien öffnen

Wenn Sie die Arbeit an einem Dokument wiederaufnehmen oder die Informationen darin ansehen wollen, muss die Datei zunächst wieder geladen werden. Es gibt zahlreiche Möglichkeiten, eine zuletzt bearbeitete Datei zu öffnen. So werden, wie schon oben erwähnt, im Startmenü von Windows 7 unter **Zuletzt verwendet** die zuletzt bearbeiteten Dateien angeboten. Ein Klick auf einen bestimmten Dateinamen startet das dazugehörige Programm und öffnet die gewählte Datei. Ist das Excel-Symbol in die Taskleiste eingefügt, bietet über die rechte Maustaste die Sprungliste die zuletzt verwendeten Arbeitsmappen an, wie in Abschnitt 2.4.2, »Starten mit einem vorhandenen Dokument«, bereits angesprochen.

2.7.11 Neue Arbeitsmappen anlegen

Soll eine neue Mappe angelegt werden, öffnen Sie die Registerkarte **Datei,** und benutzen Sie die Schaltfläche **Neu**. Im mittleren Bereich des Fensters werden neben einer Schaltfläche **Leere Arbeitsmappe** auch zahlreiche Vorlagen angeboten und mit **Neu aus vorhandenem** auch die Erstellung einer Arbeitsmappe, die als Ausgangspunkt eine bereits vorhandene Mappe verwendet.

Ist **Leere Arbeitsmappe** ausgewählt, klicken Sie auf die Schaltfläche **Erstellen,** um mit der Arbeit an der Mappe zu beginnen. Excel vergibt einen Standardmappennamen, den Sie möglichst gleich über den Dialog **Speichern unter** überschreiben sollten.

Die Schaltfläche **Neu aus vorhandenem** öffnet zunächst den Dialog **Neu aus vorhandener Arbeitsmappe**. Dort öffnen Sie die gewünschte Originalarbeitsmappe mit **Neu erstellen**. Excel erzeugt eine Kopie des Originals. An den Dateinamen wird eine Zahl angehängt.

Die Schaltflächen **Beispielvorlagen** und **Zuletzt verwendete Vorlagen** blenden Listen der entsprechenden Vorlagen ein. Mit den kleinen Pfeiltasten wechseln Sie zwischen den Ebenen. Für eine markierte Vorlage wird im rechten Teil des Fensters eine Vorschau angezeigt.

Über **Meine Vorlagen** wird der Dialog **Neu** mit dem Register **Persönliche Vorlagen** angeboten, die mit dem Dateityp *.XLTX* in dem speziellen Ordner **Vorlagen** gespeichert sind.

Schließlich finden Sie einen Direktzugang zu der Vorlagenbibliothek, die Microsoft unter *Office.com* zur Verfügung stellt. Von dort lassen sich die Vorlagen herunterladen.

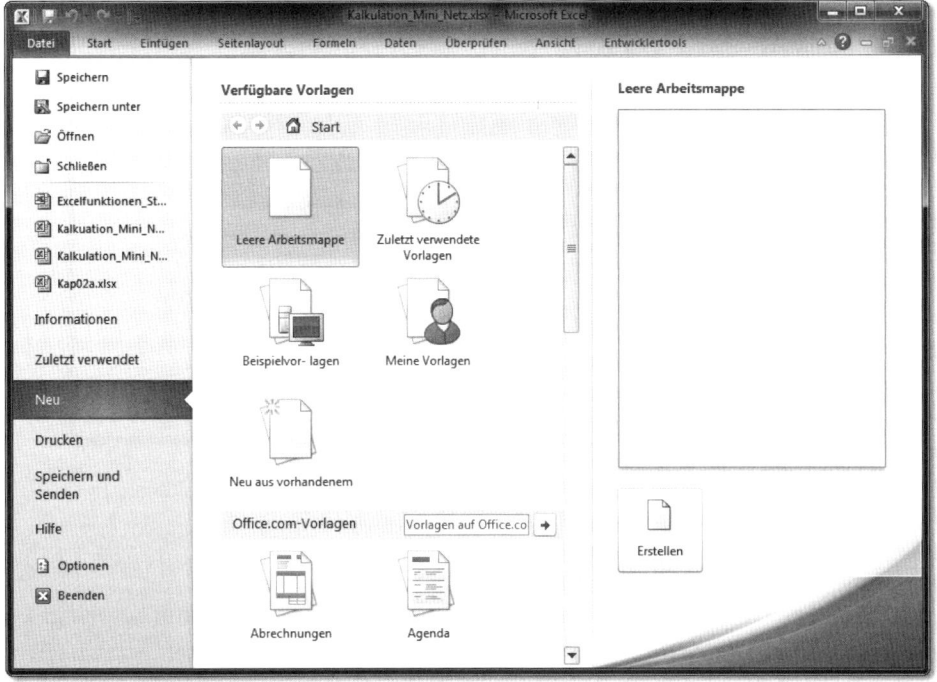

Abbildung 2.64 Das Angebot an Vorlagen

2.7.12 Der Dialog »Datei öffnen«

Wird die Datei nicht bereits im Register **Datei** angeboten, steht Ihnen dort der Befehl **Öffnen** zur Verfügung, der das entsprechende Dialogfeld aufruft.

Was jeweils in dem großen Listenfeld angezeigt wird, bestimmen Sie wieder über die Schaltfläche **Ansicht ändern**, die schon für das Dialogfeld **Speichern unter** beschrieben wurde.

Vor dem Öffnen einer Arbeitsmappe kann es sinnvoll sein, erst mal einen Blick auf den Inhalt zu werfen. Unter Windows 7 hilft hier die Ansicht **Extra große Symbole**, vorausgesetzt, es sind beim Abspeichern Vorschaugrafiken erzeugt worden. Es ist also nicht unbedingt nötig, eine Datei gleich zu öffnen, um nachzusehen, ob sie die gesuchten Daten enthält.

2 Basiswissen für die Arbeit in Excel 2010

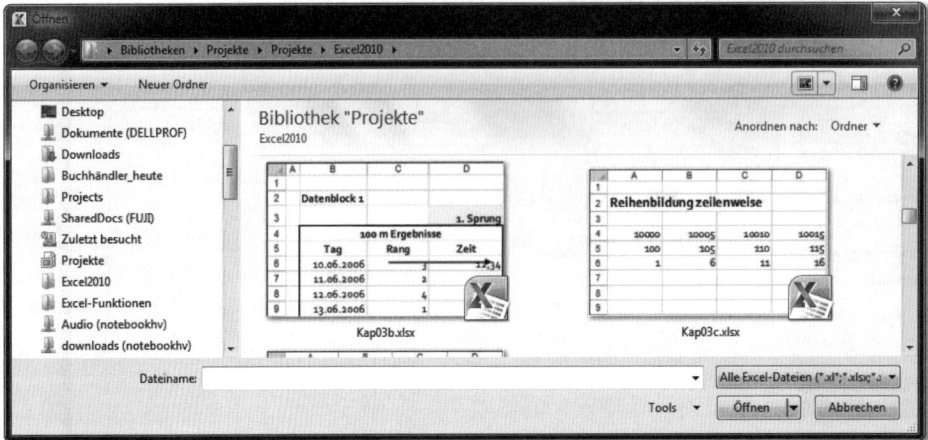

Abbildung 2.65 Das Dialogfeld »Öffnen« mit extra großen Symbolen

> **Nachfrage beim Öffnen einer Datei**
>
> Sie werden beim Öffnen einer Datei darauf hingewiesen, dass die Datei bereits geöffnet ist und Sie, wenn Sie fortfahren, alle Änderungen an der schon geöffneten Datei verlieren. In der Regel sollten Sie das Öffnen mit **Nein** stoppen. Es kommt allerdings auch vor, dass das Überschreiben von Änderungen gerade gewünscht ist, etwa wenn Sie versucht haben, eine Arbeitsmappe anders zu formatieren und mit dem Ergebnis nicht zufrieden sind.

2.7.13 Mehrere Dateien gleichzeitig öffnen

Soll eine Gruppe von Dateien gleichzeitig geöffnet werden, markieren Sie zunächst die erste Datei und dann bei gedrückter ⇧-Taste die letzte Datei in der Gruppe. Um einzelne Dateien hinzuzufügen oder wieder aus der Auswahl herauszunehmen, halten Sie beim Auswählen Strg gedrückt. Anschließend klicken Sie auf **Öffnen**.

Wenn Sie bei den Ordneroptionen im Windows Explorer auf der Registerkarte **Allgemein** auf **Öffnen durch einfachen Klick** umgestellt haben, werden die Dateien durch Berühren mit dem Mauszeiger zum Öffnen ausgewählt. Auch hier kann die Mehrfachauswahl mit der ⇧ - oder Strg -Taste gesteuert werden.

Sie können den Namen der Datei auch direkt in dem Textfeld **Dateiname** eingeben und dann mit **Öffnen** bestätigen. Das Listenfeld ist aktiviert, wenn Sie das Dialogfeld öffnen.

2.7.14 Dateien mit Suchschablonen finden

Statt des vollständigen Namens können Sie auch mit einem Teil des Namens, also mit einer Suchschablone, zum Zuge kommen. Auch mehrere Suchschablonen sind erlaubt, getrennt durch Semikola. Statt einen Namen oder eine Suchschablone einzutragen, kann häufig auch aus der Liste ausgewählt werden, die mit einem Klick auf das Pfeilfeld geöffnet wird. Diese Liste enthält die zuletzt verwendeten Namen und Suchschablonen. Um z. B. alle Dateien des Ordners, die mit dem Buchstaben »M« anfangen, zu sehen, geben Sie

m*

ein, und bestätigen Sie Ihre Eingabe mit ⏎ . Die Auswahl erscheint im Listenfeld.

Sie können mit den üblichen Jokerzeichen arbeiten. *Akte?.xlsx* listet die Dateien *Akte1.xlsx, Akte2.xlsx* ... auf.

2.7.15 Suchen über das Suchfeld

Statt über Jokerzeichen kann unter Windows 7 auch direkt über das Suchfeld in der rechten Ecke des Dialogfeldes mit einer Teilzeichenkette gesucht werden.

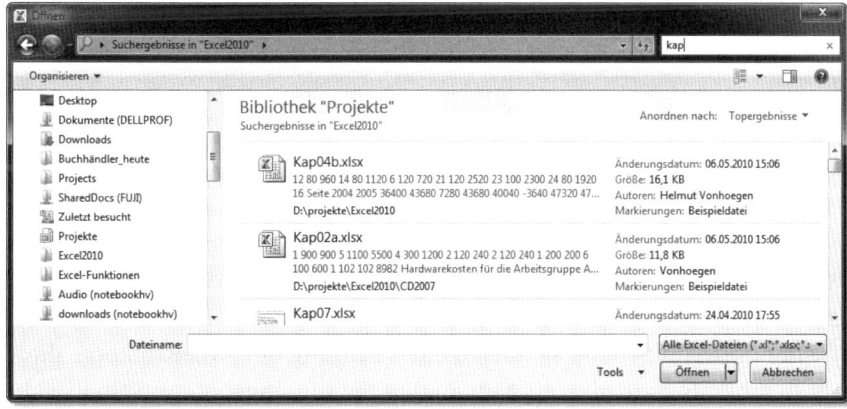

Abbildung 2.66 Suche mit einer Teilzeichenkette

2.7.16 Fertige Dokumente schreibgeschützt öffnen

Bei manchen Dateien ist es von vornherein sinnvoll, sie nur zum Lesen zu öffnen. Eine Datei mit endgültigen Daten sollte in der Regel nicht mehr verändert werden. Hier kann dann im Dialogfeld **Öffnen** gleich mit dem Befehl **Schreibgeschützt öffnen** gearbeitet werden, der angeboten wird, wenn Sie den Pfeil bei der Schaltfläche **Öffnen** anklicken. In dem Fall entfällt auch die Abfrage des Kennworts für den Schreibzugriff, sofern die Datei gesperrt worden ist. Mit dem Schreibschutz verhindern Sie, dass Sie durch einen Bedienungsfehler irrtümlich an der Originaldatei etwas ändern. Wenn Sie Änderungen an der geöffneten Datei vornehmen, können Sie diese nur unter einem neuen Namen speichern.

Über das Menü **Öffnen** kann die Datei auch gleich als Kopie geöffnet werden. In der Titelleiste erscheint dann *Kopie von* … In diesem Fall bleibt die Originaldatei in jedem Fall unverändert.

Eine neue Option in Excel 2010 ist **In geschützter Ansicht öffnen**. Damit ist ein spezieller Modus gemeint, der verwendet werden kann, um mit Dateien umzugehen, die eventuell Sicherheitsrisiken enthalten könnten. Über **Datei ▸ Optionen ▸ Sicherheitscenter** und die Schaltfläche **Sicherheitscenter** wird ein Dialog aufgerufen, in dem unter **Geschützte Ansicht** bestimmt werden kann, für welche Dokumenttypen die geschützte Ansicht generell aktiviert werden soll.

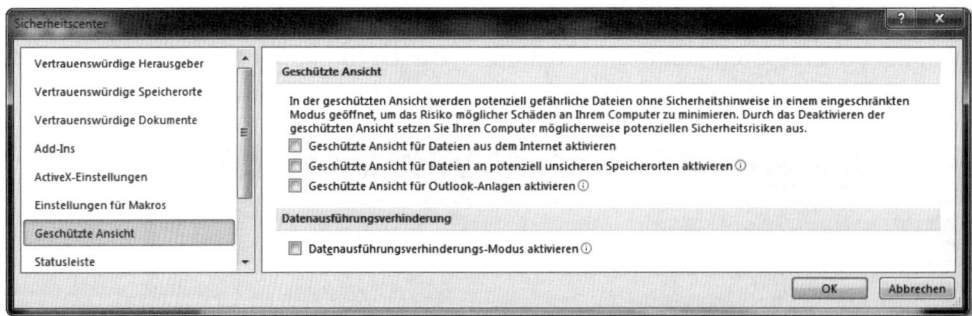

Abbildung 2.67 Optionen für die geschützte Ansicht

Das können beispielsweise Arbeitsmappen sein, die aus dem Internet heruntergeladen wurden oder aus Speicherorten in einem lokalen Netz stammen, die nicht bereits als sicher eingestuft sind. Entscheiden Sie sich nach einer Prüfung der Arbeitsmappe, diese für die normale Bearbeitung zuzulassen, verwenden Sie die angebotene Schaltfläche **Bearbeitung aktivieren**.

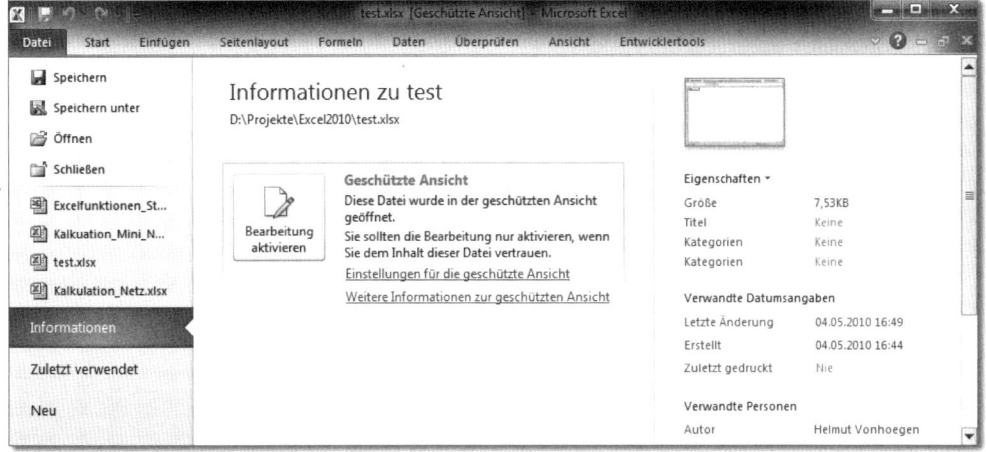

Abbildung 2.68 Schaltfläche zur Aktivierung der Bearbeitung

Auswahl des Ordners

Befindet sich Ihre Datei in einem anderen als dem gerade angezeigten Ordner oder sogar auf einem anderen Laufwerk, müssen Sie zunächst das Laufwerk bzw. den Ordner auswählen, in dem Ihre Datei angesiedelt ist. Hier stehen wieder die Symbole zur Verfügung, die schon für das Dialogfeld **Speichern unter** beschrieben worden sind.

2.7.17 Dateiverwaltung vor Ort

In die Dialogfelder **Speichern unter** und **Öffnen** sind eine ganze Reihe von Grundfunktionen zur Dateiverwaltung eingebaut, die ansonsten über den Windows Explorer zur Verfügung stehen. Wenn Sie eine markierte Datei oder Dateiauswahl mit rechts anklicken, wird Ihnen ein umfangreiches Kontextmenü angeboten. Sind Tools wie WinZip oder Norton Antivirus installiert, ist dieses Menü entsprechend erweitert.

Sie können beispielsweise eine Datei sofort ausdrucken, ohne sie erst im Programmfenster öffnen zu müssen. Mit **Senden an** kann die Datei schnell in einen komprimierten Ordner, eine CD oder einen USB-Stick kopiert oder auch direkt als E-Mail versendet werden. Praktisch ist auch die Möglichkeit, eine Datei in den Ordner **Dokumente** zu verschieben oder eine Verknüpfung auf den Desktop zu legen.

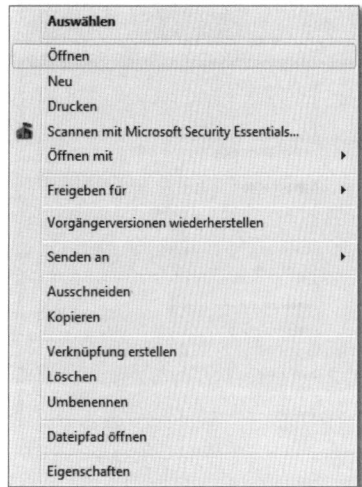

Abbildung 2.69 Kontextmenü zur Dateiauswahl

Sie können hier auch Dateien löschen. Sie werden zur Sicherheit gefragt, ob Sie die Datei in den Papierkorb verschieben wollen. Der Papierkorb ist das Sicherheitsnetz beim Löschen, falls er nicht über das Register **Eigenschaften** außer Kraft gesetzt worden ist. Erst wenn die Datei auch aus dem Papierkorb gelöscht ist, existiert sie nicht mehr (wenn es auch Tools gibt, die selbst in diesem Fall möglicherweise noch helfen können).

Wenn Sie eine Datei irrtümlich in den Papierkorb geschoben haben, klicken Sie den Papierkorb mit der rechten Maustaste an, und benutzen Sie **Öffnen**. Markieren Sie die jeweilige Datei, und wählen Sie **Element wiederherstellen**.

Dateinamen ändern

Sie können eine Datei an Ort und Stelle umbenennen, wenn sich herausstellt, dass der bisherige Name nicht mehr sinnvoll ist. Benutzen Sie über das Kontextmenü die Option **Umbenennen**, und ändern Sie den Namen. Beenden Sie die Änderung mit ⏎.

2.7.18 Speichern kompletter Arbeitssituationen

Zusätzlich zur Sicherung einzelner Dateien erlaubt Ihnen Excel 2010 auch die Sicherung der aktuellen Situation in der Arbeitssitzung in einer Arbeitsbereichsdatei. Verwenden Sie dazu den Befehl **Ansicht ▸ Fenster ▸ Aufgabenbereich speichern**. Das Dialogfeld entspricht dem von **Datei ▸ Speichern unter**, nur wird unter Dateityp diesmal **Arbeitsbereiche (*.xlw)** angeboten. Excel schlägt als Vorgabe den Namen *resume* vor.

Tatsächlich wird dabei aber nur gespeichert, welche Arbeitsmappen geöffnet sind, ihre Größe, Anordnung und Position und welche sonstigen Einstellungen für die verschiedenen Fenster gewählt worden sind. Die Dateien sind also klein, sie enthalten nur Verweise auf die Arbeitsmappen.

Das Speichern des Arbeitsbereichs ist sinnvoll am Ende einer Arbeitssitzung oder zu Beginn einer Arbeitspause. Wenn Sie die Arbeit wieder fortsetzen wollen, öffnen Sie die Datei erneut, am einfachsten direkt aus der Datenliste im Office-Menü. Sie haben auf diese Weise die Gewissheit, dass Sie mit derselben Arbeitssituation weiterarbeiten können. Sie haben außerdem den Vorteil, dass alle Arbeitsmappen, die Sie für Ihre Arbeit benötigen, auf einen Streich wieder zur Verfügung stehen.

Um keine Missverständnisse aufkommen zu lassen, soll aber auch noch einmal betont werden, dass die Speicherung in Aufgabenbereichsdateien nur eine zusätzliche Möglichkeit, aber keine Notwendigkeit ist.

2.7.19 Optionen für die Sicherheit: Kennwortschutz und Verschlüsselung

Wenn Ihre Dokumente personenbezogene oder aus anderen Gründen kritische Daten enthalten, sollten Sie die Möglichkeiten nutzen, um Dateien vor unbefugtem Zugriff oder unbefugter Veränderung zu schützen.

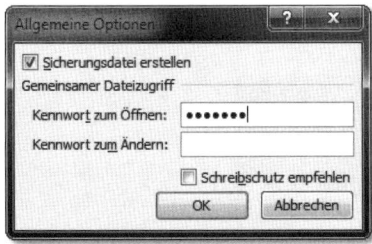

Abbildung 2.70 Vergabe von Kennwörtern vor dem Speichern

Für komplette Dateien bietet Excel im Dialogfeld **Speichern unter** über die Schaltfläche **Tools** Maßnahmen für den Schutz Ihrer Daten an. Das Dialogfeld zu **Allgemeine Optionen** erlaubt es, gleich zwei Kennwörter zu vergeben.

Zugangsschutz

Das **Kennwort zum Öffnen** sperrt überhaupt den Zugang zu einer Arbeitsmappe. Nur wer das hier eingegebene Kennwort beim Öffnen der Datei korrekt eingibt, hat eine Chance, auf die Daten zuzugreifen. Geben Sie eine Zeichenfolge von maximal 15 Zeichen ein. Alle Zeichen, auch Leerzeichen, sind erlaubt. Wenn Sie allerdings Groß- und Kleinbuchstaben mischen, müssen Sie sich die genaue Schreibweise merken, weil Excel bei der Wiedereingabe des Kennworts eine exakte Übereinstimmung verlangt. Wenn Sie nur diese Sperre beim Öffnen der Datei errichten wollen, reicht es, das Kennwort mit **OK** zu bestätigen. Es muss dann zur Bestätigung noch einmal eingegeben werden.

Schreibschutz

Zusätzlich oder auch unabhängig von der Zugriffssperre für die ganze Arbeitsmappe kann unter **Kennwort zum Ändern** ein zweites Kennwort vergeben werden, mit dem die Datei nur gegen Veränderungen geschützt wird. Auch hier wird eine Kontrolleingabe verlangt.

Benutzen Sie nur das Schreibschutzkennwort, bedeutet dies, dass zwar jeder die Datei öffnen darf, Änderungen aber nur vornehmen kann, wer dieses Schreibschutzkennwort kennt. Ist das Schreibschutzkennwort beim Öffnen richtig eingegeben, wird der Schreibschutz aufgehoben. Im anderen Fall können Sie die Schaltfläche **Schreibschutz** benutzen. Die Datei erscheint im Fenster mit dem Namenszusatz **Schreibgeschützt**. Änderungen sind zwar möglich, aber wenn Sie **Speichern** benutzen, wird die Datei nicht gespeichert, sondern das Dialogfeld **Datei speichern unter** mit dem Dateinamen *Kopie von ...* angeboten, d. h., Sie können die geänderte Datei zwar unter einem anderen Namen abspeichern, die Originaldatei aber bleibt unverändert.

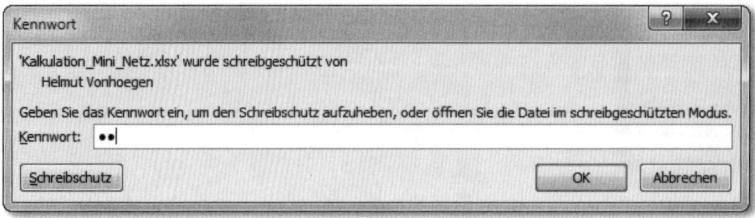

Abbildung 2.71 Abfrage bei Schreibschutz

Natürlich können Sie die beiden Kennwörter auch gleichzeitig verwenden, also sowohl vor das Öffnen als auch vor das Ändern eine Sperre setzen. Wenn Sie das Kontrollkästchen **Schreibschutz empfehlen** abhaken, erzeugt Excel beim Öffnen dieser Datei einen entsprechenden Hinweis, falls die Schaltfläche **Schreibschutz** nicht benutzt wurde. Alternativ kann im Dialog **Öffnen** auch die kleine Schaltfläche zum **Öffnen** benutzt werden und dann die Option **Schreibgeschützt öffnen**.

Kennwort vergessen?

Allen gut gemeinten Ermahnungen zum Trotz, Kennwörter sorgfältig und sicher aufzubewahren, kann es vorkommen, dass sie verloren gehen oder vergessen werden. Hier hilft dann zur Not der Einsatz von Spezialprogrammen, etwa dem Programm Office Key von Passware, das über *www.lostpassword.com* geordert werden kann.

Entfernen oder Ändern von Kennwörtern

Sollte sich ergeben, dass der Schutz einer Arbeitsmappe durch ein Kennwort nicht mehr notwendig ist, können Sie als derjenige, der das Kennwort kennt, diesen Schutz jederzeit aufheben. Löschen Sie den Eintrag im Dialogfeld mit `Entf`, und bestätigen Sie mit **OK**. Sie werden dann gefragt, ob Sie den alten Zustand der Datei überschreiben wollen, was Sie wiederum bestätigen. Anstatt das Kennwort zu entfernen, können Sie nach demselben Verfahren auch ein anderes Kennwort eingeben.

2.7.20 Automatische Sicherung und Wiederherstellung

Trotz aller Verbesserungen der Systemsicherheit kann es vorkommen, dass das Betriebssystem oder ein Programm abstürzt oder durch einen Stromausfall ein Abbruch erzwungen wird. Normalerweise würden im Fall eines Abbruchs alle Änderungen an einer Arbeitsmappe verloren gehen, die nach der letzten ordentlichen Speicherung vorgenommen wurden.

Um die möglichen Verluste zu verringern, ist in Excel als Vorgabe die Funktion **AutoWiederherstellen** aktiviert. Sie ist kein Ersatz für das normale Speichern, sorgt aber dafür, dass die Informationen über Änderungen seit der letzten normalen Speicherung in bestimmten Intervallen automatisch auf dem Laufwerk zwischengelagert werden, um im Fehlerfall darauf zurückgreifen zu können und den potenziellen Datenverlust so gering wie möglich zu halten.

In Excel kann die automatische Zwischenspeicherung über **Datei ▸ Optionen** auf dem Register **Speichern** unter **AutoWiederherstellen-Informationen speichern alle … Minuten** an- bzw. abgeschaltet werden.

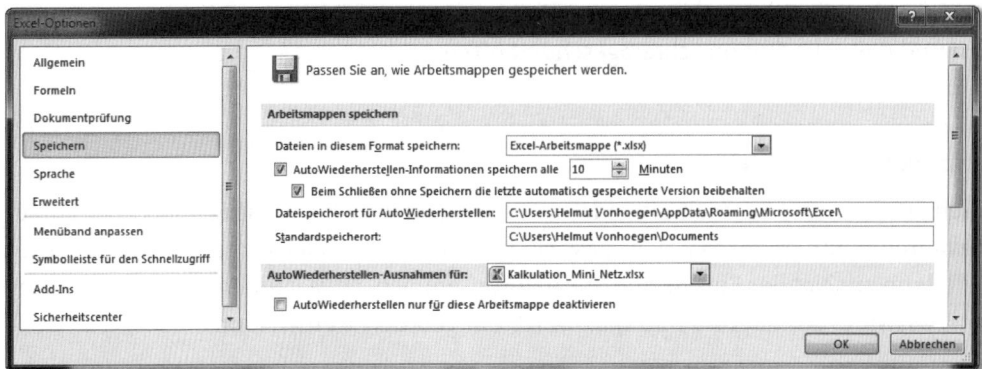

Abbildung 2.72 Optionen für »AutoWiederherstellen« in Excel

Vorgegeben ist jeweils ein Sicherungsintervall von 10 Minuten, was bei umfangreicher Dateneingabe durchaus zu lang sein kann. Wählen Sie hier den Wert, der zu Ihrer Arbeitsweise am besten passt. Zusätzlich kann dort noch ein spezieller Ordner für die Sicherungen angegeben werden. Außerdem sollte noch die Option **Beim Schließen ohne Speichern die letzte automatisch gespeicherte Version beibehalten** aktiviert bleiben.

Sollten Sie es einmal mit einer Arbeitsmappe zu tun haben, bei der die automatische Wiederherstellung nicht erwünscht ist, kann diese Mappe unter **AutoWiederherstellen-Ausnahmen für** ausgewählt und die Wiederherstellung gezielt für diese Mappe deaktiviert werden.

Getrennt davon ist im Dialog noch der Standardspeicherort vorgegeben, unter Windows 7 ist dies beispielsweise *C:\Users\<Benutzername>\Documents*, unter Windows XP *C:\Dokumente und Einstellungen\<Benutzername>\Eigene Dateien*.

Außerdem kann das Dateiformat, das als Standard gelten soll, unter **Dateien in diesem Format speichern** bei Bedarf geändert werden.

Wird das Programm im Fall einer unplanmäßigen Beendigung erneut geöffnet, erscheint automatisch das Aufgabenbereichsfenster **Dokumentwiederherstellung** mit einer Liste der verfügbaren Dateien. Für jede Datei wird eine Schaltfläche mit einem kleinen Menü angeboten, um die Datei entweder zur Ansicht zu öffnen oder eventuell unter einem neuen Namen zu speichern. Dateien, die nicht mehr benötigt werden, können auch gleich gelöscht werden. Sind Reparaturen an der Datei vorgenommen worden, können sie angezeigt werden.

Abbildung 2.73 Menü zu einer wiederhergestellten Datei

Wird neben der als Original gekennzeichneten Datei noch eine als **Wiederhergestellt** bezeichnete Datei angeboten, ist es in der Regel sinnvoll, die wiederhergestellte Version zu öffnen bzw. zu speichern, denn sie enthält einen neueren Stand als die Originalversion. Wenn Sie in Eile sind, können Sie auch zunächst mal alle Versionen unter unterschiedlichen Namen speichern, um sie später in Ruhe zu vergleichen.

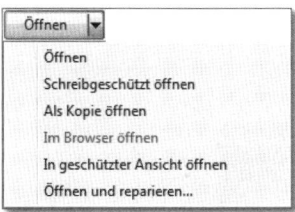

Abbildung 2.74 Menü der Schaltfläche »Öffnen«

Die Reparatur einer Datei kann auch über den Dialog **Öffnen** angestoßen werden. Wenn Sie die Vermutung haben, dass eine Datei nicht korrekt abgespeichert wurde, sollten Sie im Dialog **Öffnen** den kleinen Pfeil am rechten Rand der Schaltfläche **Öffnen** anklicken und dort die Option **Öffnen und reparieren** auswählen.

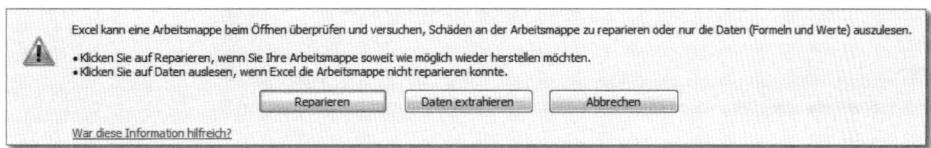

Abbildung 2.75 Wiederherstellungsalternativen

In Excel haben Sie dann die Wahl, eine Reparatur zu versuchen oder wenigstens die Daten und Formeln aus der Datei auszulesen. Im zweiten Fall müssen Sie noch angeben, wie Excel verfahren soll, wenn bestimmte Bezüge in einer Formel, z. B. auf benannte Zellbereiche, nicht wiederhergestellt werden können. **In Werte umwandeln** rettet dann wenigstens den aktuellen Wert der Zelle, ansonsten wird versucht, die Formeln wiederherzustellen.

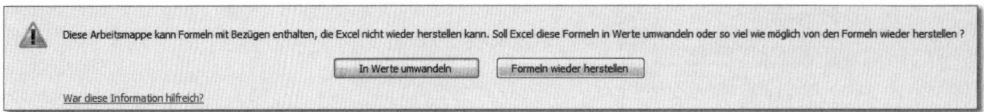

Abbildung 2.76 Optionen beim Extrahieren

Excel legt eine Protokolldatei im XML-Format über die Reparaturen an und zeigt einen Link dorthin im Dialog **Reparaturen in...** an.

2.7.21 Versionsverwaltung

Ganz neu in Excel 2010 ist die Möglichkeit, mehrere Versionen einer Arbeitsmappe zu handhaben. Diese Versionen entstehen automatisch, solange die vorhin beschriebene automatische Zwischenspeicherung im Dialog **Excel-Optionen** aktiviert ist. Gibt es zu einer geöffneten Datei mehrere Versionen, wird auf dem Register **Datei** unter **Informationen** die Liste der Versionen angezeigt.

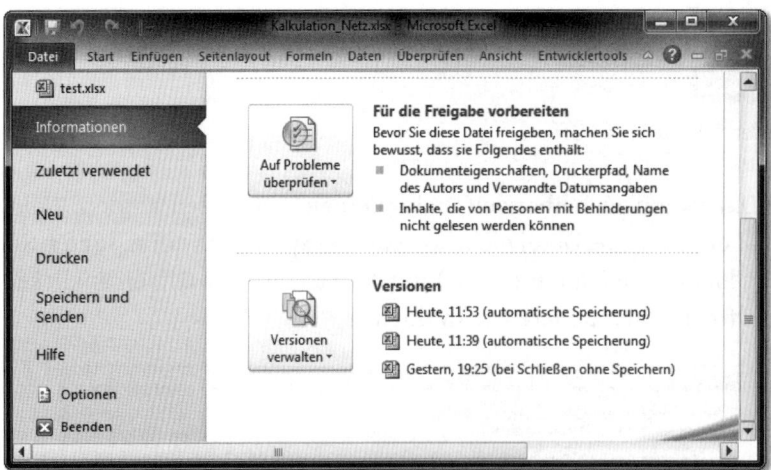

Abbildung 2.77 Angebot mehrerer Versionen einer Arbeitsmappe

Handelt es sich nicht um die neueste Version, erscheint über der Arbeitsmappe eine entsprechende Hinweisleiste, die die Schaltfläche **Wiederherstellen** anbietet. Außerdem wird die Datei zunächst nur schreibgeschützt geöffnet.

Abbildung 2.78 Hinweis zu einer Version

Auf dem Register **Datei** erscheint ebenfalls ein solcher Hinweis. Auch die Schaltfläche **Versionen verwalten** bietet dann die Option **Wiederherstellen** an.

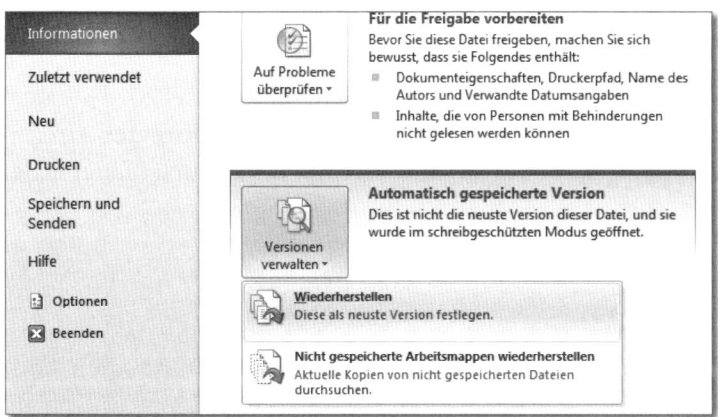

Abbildung 2.79 Optionen zu einer Version

Wiederherstellen heißt in diesem Fall, dass die ausgewählte Version als aktuelle Version festgelegt wird. Zur Sicherheit erfolgt noch einmal eine Nachfrage, ob tatsächlich die bisher zuletzt gespeicherte Version mit der ausgewählten Version überschrieben werden soll. Wollen Sie auf die ältere Version zurückgehen, brauchen Sie dies hier nur zu bestätigen.

Die zweite Option der Schaltfläche **Versionen verwalten** ist **Nicht gespeicherte Arbeitsmappen wiederherstellen**. Sie blendet den Dialog **Öffnen** mit dem Ordner *UnsavedFiles* ein. Hier sind alle Dateien aufgelistet, die bei vorhergehenden Schließvorgängen in Excel nicht gesichert worden sind, falls es solche Mappen gibt. Dies geschieht aber nur, solange über **Datei ▸ Optionen** unter **Speichern** auch die Option **Beim Schließen ohne Speichern die letzte automatisch gespeicherte Version beibehalten** aktiviert bleibt. Der Ordner enthält die Dateien jeweils in dem Zustand der letzten automatischen Sicherung. Dabei wird übrigens das binäre Datenformat verwendet. Wird eine dieser Dateien geöffnet, erscheint der folgende Balken über der Arbeitsmappe.

Abbildung 2.80 Hinweis beim Öffnen einer nicht gespeicherten Datei

Mit der Schaltfläche **Speichern unter** lässt sich dann das Speichern sofort nachholen.

Die Versionen in der Versionsliste bleiben erhalten, bis sie explizit gelöscht werden (maximal vier Tage). Dazu wird **Diese Version löschen** im Kontextmenü eines Versionslinks angeboten.

2.7.22 Sicherheitscenter

Maßnahmen, die eine höhere Sicherheit gewährleisten sollen, sind in Excel 2010 in einem Sicherheitscenter gebündelt, das über **Datei ▸ Optionen ▸ Sicherheitscenter** erreicht wird. Die Schaltfläche **Einstellungen für das Sicherheitscenter** öffnet ein umfangreiches Dialogfeld dafür.

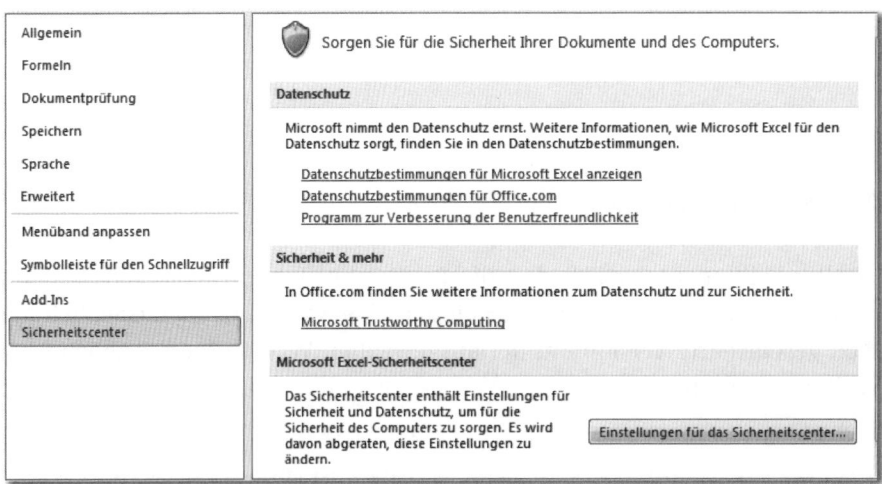

Abbildung 2.81 Dialog des Sicherheitscenters

Die Liste der vertrauenswürdigen Herausgeber von Komponenten, die normalerweise über das Register **Inhalte** im Dialog **Internetoptionen** im Internet Explorer gepflegt wird, kann über das Register **Vertrauenswürdige Herausgeber** eingesehen werden. Hier angezeigte Herausgeber können für Excel auch entfernt werden. Das gilt beispielsweise für Komponenten, die per E-Mail angeboten werden. Solange die Komponente über eine gültige und aktuelle Signatur verfügt, gilt sie als vertrauenswürdig, wenn nicht, können Sie ad hoc entscheiden, ob Sie trotzdem damit arbeiten wollen.

2.7 Umgang mit Dokumenten

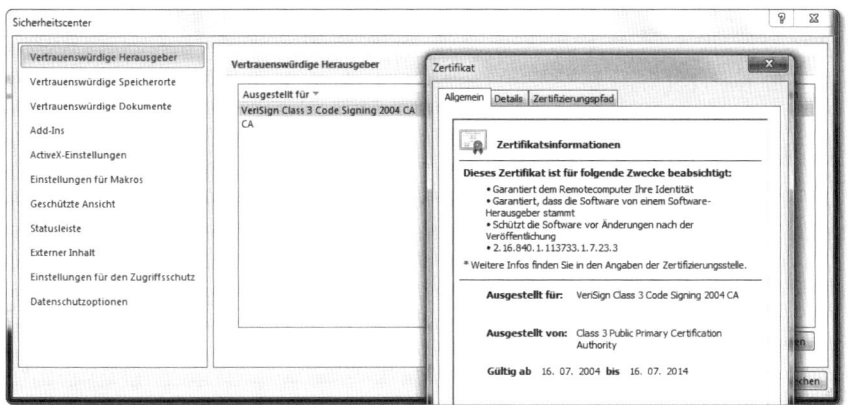

Abbildung 2.82 Zertifikat eines Herausgebers

Um Ausnahmen von den innerhalb des Dialogs festgelegten Sicherheitsrichtlinien zuzulassen, bietet der Dialog über das Register **Vertrauenswürdige Speicherorte** die Möglichkeit, bestimmte Pfade festzulegen, die als sichere Speicherorte eingestuft werden sollen. Dies ist in erster Linie von Bedeutung, wenn Sie mit Arbeitsmappen arbeiten, die Makros oder ActiveX-Steuerelemente enthalten. Über die Schaltfläche **Neuen Speicherort hinzufügen** können entsprechende Pfade angegeben werden. Einige sichere Speicherorte werden vorgegeben, etwa der Ordner für die Vorlagen und der Startordner *XLStart*.

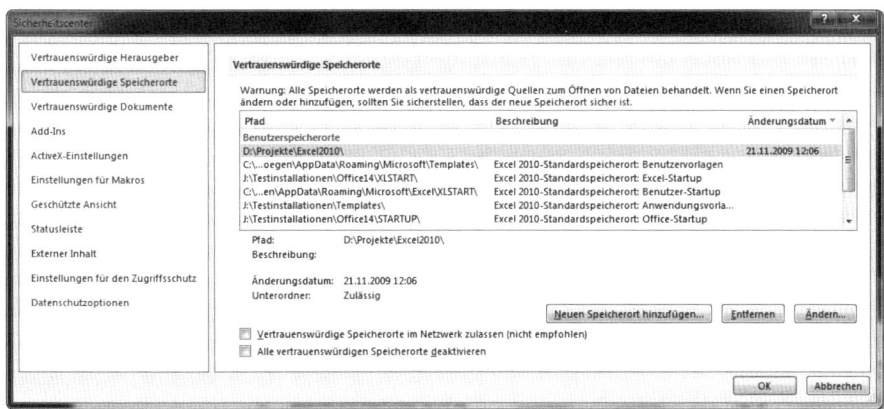

Abbildung 2.83 Wahl der sicheren Speicherorte

Eine ähnliche Regelung ist über **Vertrauenswürdige Dokumente** auch in Bezug auf einzelne Dokumente möglich. Wird ein Dokument, das Makros enthält, geöffnet, erscheint zunächst eine Sicherheitswarnung auf einem Balken über der Bearbeitungsleiste mit dem Hinweis, dass die Makros deaktiviert wurden.

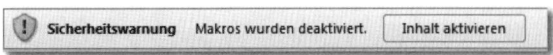

Abbildung 2.84 Warnhinweis bei Makros

Wenn Sie die Schaltfläche **Inhalt aktivieren** verwenden, weil Sie die Datei als unbedenklich einstufen, wird das Dokument anschließend in die Liste der vertrauenswürdigen Dokumente aufgenommen. Beim nächsten Öffnen erfolgt keine Nachfrage mehr.

Abbildung 2.85 Freigabe für eine Sitzung

Auch auf dem Register **Datei** erscheint unter **Informationen** eine solche Warnung. Die Schaltfläche **Inhalt aktivieren** erlaubt über **Erweiterte Optionen** zusätzlich die Möglichkeit, die Makros einer Datei nur für eine bestimmte Sitzung zu aktivieren.

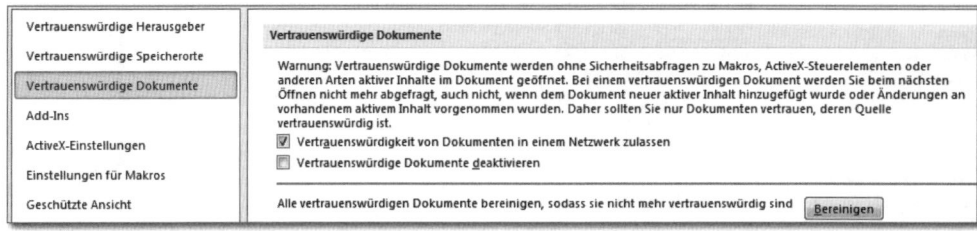

Abbildung 2.86 Einstellungen zu Dokumenten

Diese Liste der vertrauenswürdigen Dokumente lässt sich hier über die Schaltfläche **Bereinigen** komplett löschen. Alternativ kann aber auch die Option **vertrauenswürdige Dokumente deaktivieren** verwendet werden. Dann werden die Sicherheitswarnungen auf jeden Fall angezeigt.

Das Register **Add-Ins** erlaubt es, nicht signierte Add-Ins zu blockieren oder auch gleich alle Add-Ins zu deaktivieren.

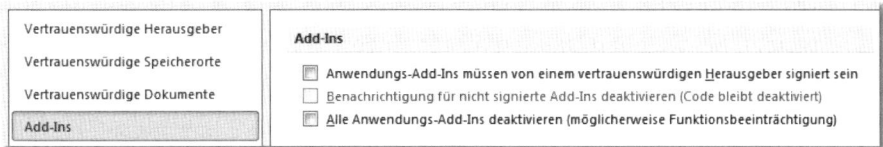

Abbildung 2.87 Einstellungen zu Add-Ins

Falls Dokumente ActiveX-Steuerelemente enthalten, greifen die Einstellungen auf dem Register **ActiveX-Einstellungen**.

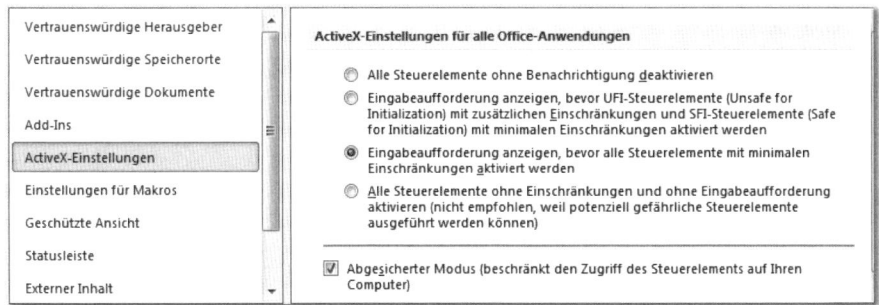

Abbildung 2.88 Einstellungen zu ActiveX-Steuerelementen

Über das Register **Einstellungen für Makros** kann eine automatische oder manuelle Deaktivierung festgelegt werden. Signierte Makros können von der Deaktivierung ausgenommen werden.

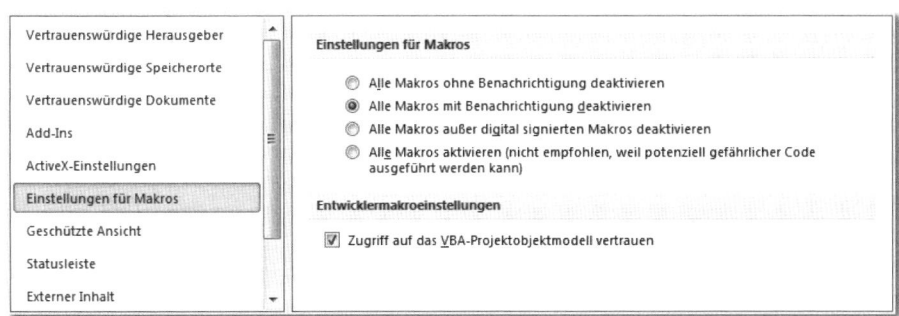

Abbildung 2.89 Einstellungen zu Makros

Die Option **Zugriff auf das VBA-Projektobjektmodell vertrauen** erlaubt es, mit VBA-Code automatische Abläufe von Excel-Anwendungen zu programmieren und dabei das Objektmodell zu nutzen. Soll verhindert werden, dass solcher Code auf dem System ausgeführt werden kann, muss diese Option deaktiviert werden.

Die Option **Geschützte Ansicht** ist oben schon angesprochen worden. Mit den vier Optionen wird festgelegt, bei welchen Dateien dieser eingeschränkte Modus aktiviert sein soll. Zusätzlich lässt sich an dieser Stelle der **Datenausführungsverhinderungs-Modus** aktivieren. Diese zusätzliche Sicherheitsfunktion überprüft die Ausführung von Programmen darauf, ob sie auf Speicherbereiche sauber zugreifen. Versucht ein Programm unerlaubte Zugriffe, wird die Ausführung gestoppt. Unter **Statusleiste** lassen sich Meldungen zu gesperrten Inhalten verhindern.

Auf dem Register **Externer Inhalt** sind Einstellungen zur Behandlung von Datenverbindungen für den Zugriff auf externe Datenquellen und von Verknüpfungen zwischen Arbeitsmappen möglich.

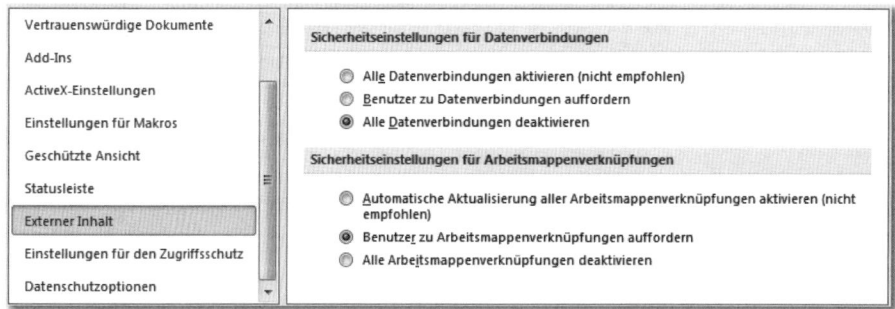

Abbildung 2.90 Einstellungen zu »Externer Inhalt«

Wenn Sie für bestimmte Dateitypen grundsätzliche Einschränkungen festlegen wollen, benutzen Sie das Register **Einstellungen für den Zugriffsschutz**. Vorgegeben ist beispielsweise, dass ältere Dateiformate wie Excel 4 nur zunächst immer in geschützter Ansicht geöffnet werden.

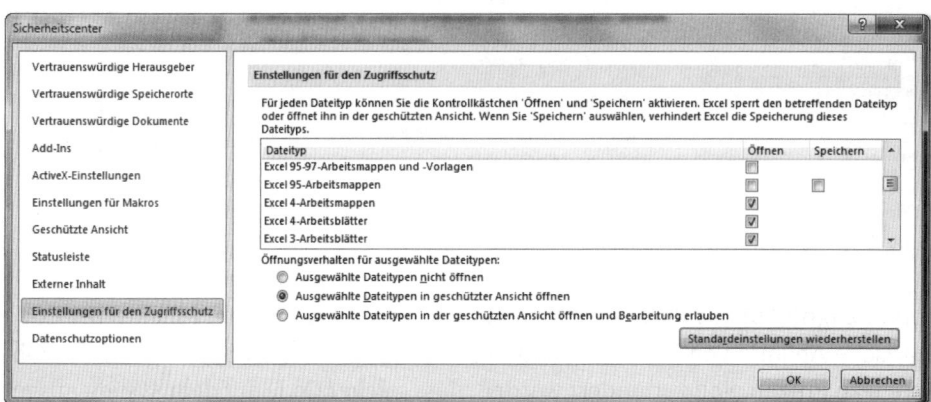

Abbildung 2.91 Zugriffsschutz für bestimmte Dateiformate

Schließlich lassen sich unter **Datenschutzoptionen** noch eine Reihe von Festlegungen treffen, die den Datenaustausch mit Microsoft *Office.com* betreffen. Hier geht es hauptsächlich um Fragen des Vertrauens. Wer eher vorsichtig ist, kann auch alle Optionen abwählen. Außerdem lassen sich über die beiden Schaltflächen noch Sprachrichtungen für die Übersetzungsfunktion und Nachschlagewerke aus- oder abwählen.

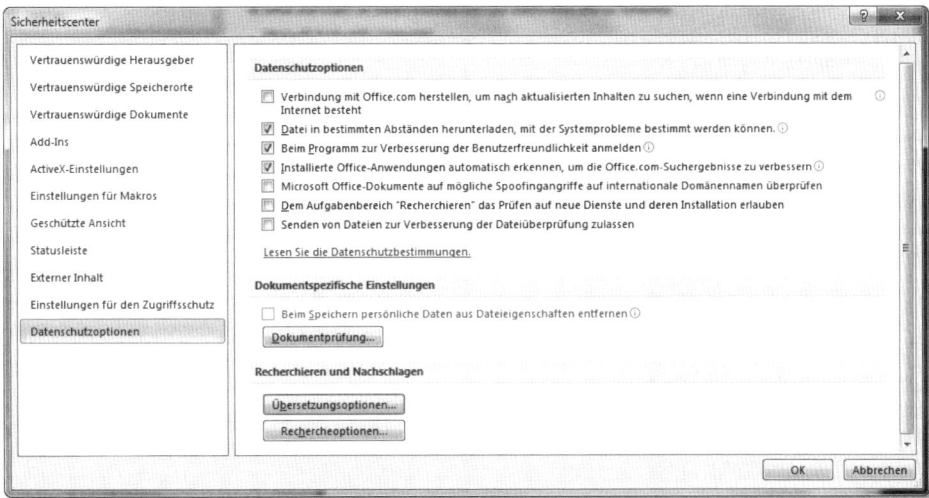

Abbildung 2.92 Optionen zum Datenaustausch mit Microsoft

2.7.23 Recherchen – lokal und im Web

Eine praktische Funktion in allen Office 2010-Anwendungen ist der eingebaute Zugriff auf Nachschlagewerke. Über das Register **Überprüfen** stehen in den Gruppen **Dokumentprüfung** und **Sprache** Schaltflächen für **Recherchieren**, **Thesaurus** und **Übersetzen** zur Verfügung. Jedes Mal wird dabei der Aufgabenbereich **Recherchieren** geöffnet.

Noch schneller geht dies, wenn Sie bei gedrückter Alt -Taste in Excel eine Zelle anklicken. In beiden Fällen wird das aktuell markierte Wort gleich als Suchbegriff übernommen. Wenn Sie beispielsweise eine Alternative zu dem Wort *Position* suchen, zeigt der Aufgabenbereich sofort die Varianten an, die das Programm in den gerade ausgewählten Nachschlagewerken findet. Das Kontextmenü jeder angezeigten Variante bietet den Befehl **Einfügen** an, um das ausgewählte Original sofort zu ersetzen.

2 Basiswissen für die Arbeit in Excel 2010

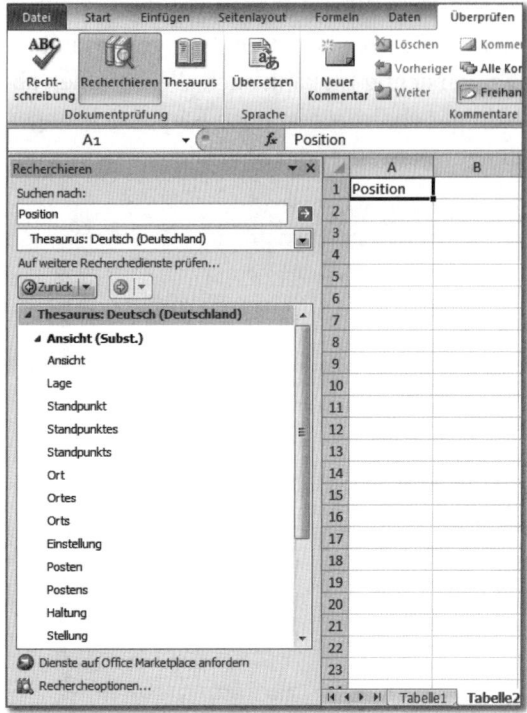

Abbildung 2.93 Der Aufgabenbereich »Recherchieren« mit Alternativen zu einem Suchwort

Über **Rechercheoptionen** können verschiedene Nachschlagewerke aktiviert werden. Anstatt nach Wortalternativen zu suchen, lassen sich auch Übersetzungen in andere Sprachen anfordern, vorausgesetzt, die entsprechenden Wörterbücher sind installiert.

Abbildung 2.94 Übersetzung eines ausgewählten Wortes

2.8 Besonderheiten der 64-Bit-Version

Da die Zahl der Systeme, die ein 64-Bit-Betriebssystem nutzen, ständig zunimmt, hat sich Microsoft entschlossen, auch eine 64-Bit-Version von Excel 2010 anzubieten, die die Möglichkeiten eines solchen Systems voll ausnutzen kann. Wenn Sie ein 64-Bit-Betriebssystem einsetzen, haben Sie die Wahl, Excel in der bisherigen 32-Bit-Version zu nutzen oder auch bei der Anwendung auf 64-Bit umzusteigen.

2.8.1 Vorteile von 64-Bit für Excel

Da 64-Bit-Lösungen einen wesentlich größeren Speicherraum anbieten können, auch über die 4-GB-Grenze hinaus, ergibt sich die Möglichkeit, Arbeitsmappen von gigantischer Größe in den Hauptspeicher zu laden und mit den entsprechenden Datenmengen dennoch flüssig zu arbeiten. Weniger bedeutend sind – wie man hört – die Geschwindigkeitsvorteile.

2.8.2 Was zu beachten ist

Im Prinzip macht es keinen Unterschied, ob eine Arbeitsmappe von einer 32-Bit-Version bearbeitet wird oder von einer 64-Bit-Version. Der reibungslose Austausch stößt nur da zwangsläufig an eine Grenze, wo Sie tatsächlich Arbeitsmappen in einer Größe anlegen, die nur von der 64-Bit-Version bearbeitet werden können. Da schon die 32-Bit-Version inzwischen sehr große Dateien erlaubt, wird dies nicht unbedingt häufig der Fall sein.

Des Weiteren ist zu beachten, dass VBA-Lösungen, die für 32-Bit entwickelt wurden, nicht in allen Fällen ohne Anpassungen in der 64-Bit-Version laufen. Auch wenn Sie in Ihren eigenen Lösungen ActiveX-Steuerelemente, COM-Add-Ins oder XLLs verwenden, werden spezielle 64-Bit-Versionen dieser Komponenten benötigt. Microsoft stellt deshalb ein spezielles SDK für diese Version zur Verfügung. Dabei werden als neue Möglichkeit insbesondere asynchrone UDFs angeboten.

Asynchronous UDFs sind benutzerdefinierte Funktionen (user-defined functions), die einen asynchronen Prozess starten, bei dem das Ergebnis nicht sofort geliefert werden muss. Ist das Ergebnis schließlich verfügbar, wird es durch eine Call-Back-Funktion an Excel zurückgegeben. Auf diese Weise lassen sich beispielsweise verschiedene externe Quellen gleichzeitig abfragen.

2.9 Hilfe in Excel 2010

Programme wie Excel 2010 erfordern wegen ihrer Komplexität und Funktionsfülle leicht zugängliche Unterstützungsfunktionen. Dabei haben Sie die Wahl, ob Sie sich auf die lokal verfügbare Hilfe beschränken oder die Erweiterungen nutzen wollen, die über *Office.com* zur Verfügung stehen. Sie können das Menü zu der Schaltfläche zum Verbindungsstatus unten rechts verwenden, um die Hilfequelle auszuwählen.

Abbildung 2.95 Wahl der Hilfsquellen – online oder offline

Wenn Sie die Option **Inhalt nur auf diesem Computer anzeigen** aktivieren, hat das den Vorteil, dass beispielsweise zu einer Funktion im Dialog **Funktion einfügen** sofort der entsprechende Text angezeigt wird, während Sie sich bei der Online-Hilfe erst durch einige Listen durchhangeln müssen. Andererseits sind die Online-Hilfsangebote teilweise umfangreicher.

Auch wenn Sie die Hilfe grundsätzlich offline nutzen wollen, können Sie in einer Arbeitssitzung bei Bedarf zu *Office.com* wechseln, um etwas nachzusehen, was Sie lokal nicht finden. Dies kann im Hilfefenster über das Menü zu der Schaltfläche **Suchen** jederzeit gewählt werden.

Die Schaltfläche mit dem Fragezeichen oder F1 öffnen das Excel-Hilfe-Fenster. Unter der Titelleiste ist ein Eingabefeld eingerichtet, um direkt Fragen einzugeben. Das Listenfeld behält die zuletzt gestellten Fragen, sodass sie leicht erneut ausgesucht werden können. Wenn Sie beispielsweise eingeben: *Mittelwert berechnen*, erhalten Sie den Hinweis auf die Funktion, die dafür verwendet werden kann, und auf Funktionen im Umkreis des Themas.

2.9 Hilfe in Excel 2010

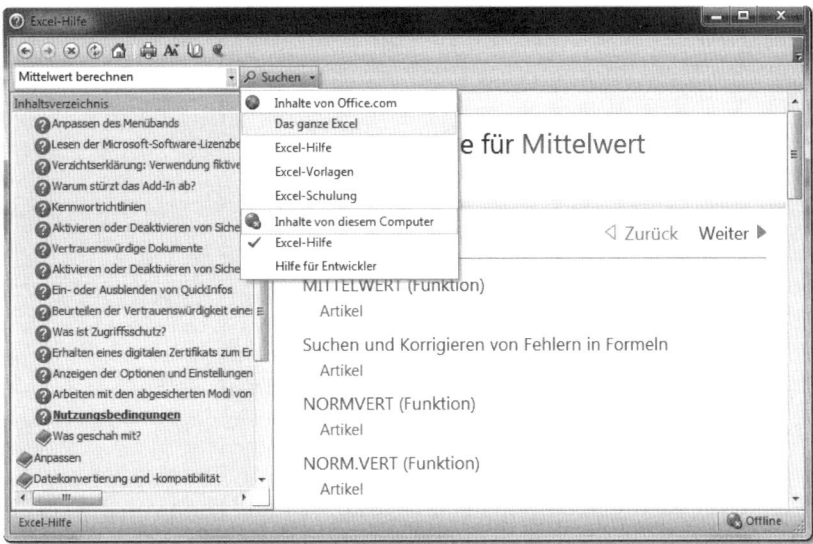

Abbildung 2.96 Anfrage im Excel-Hilfe-Fenster

Außerdem werden über **Datei ▸ Hilfe** noch Zugänge zu Tools und Anleitungen aus dem Netz angeboten.

Zugang zu den Hilfethemen

Das Fenster **Excel-Hilfe** bietet eine Symbolleiste für die Navigation innerhalb der Hilfethemen. Das Buchsymbol blendet das **Inhaltsverzeichnis** ein bzw. aus, das zu allen Themen führt, die die Anwendung betreffen. Die Hauptthemen sind in einem großen Listenfeld zusammengestellt. Wird vor dem Eintrag ein Buchsymbol angezeigt, können Sie es anklicken, um die darin enthaltenen Themen zu finden. Ein erneuter Klick schließt die Themengruppe wieder. Wird dagegen ein Thema mit einem Fragezeichensymbol per Mausklick ausgewählt, werden die dazugehörigen Informationen im rechten Teil des Fensters angezeigt. Es kann praktisch sein, das Anwendungs- und das Hilfefenster mit dem Kontextmenübefehl **Fenster nebeneinander anzeigen**, den die Taskleiste anbietet, parallel anzuzeigen. Wollen Sie die Hilfetexte lieber auf Papier studieren, müssen Sie nur das Symbol **Drucken** anklicken.

Wenn Sie Texte herauskopieren wollen, können Sie den betreffenden Abschnitt mit der Maus markieren. Über einen rechten Mausklick steht dann der Befehl **Kopieren** zur Verfügung. Sie können auch den Befehl **Alles markieren** benutzen, wenn ein kompletter Text übernommen werden soll.

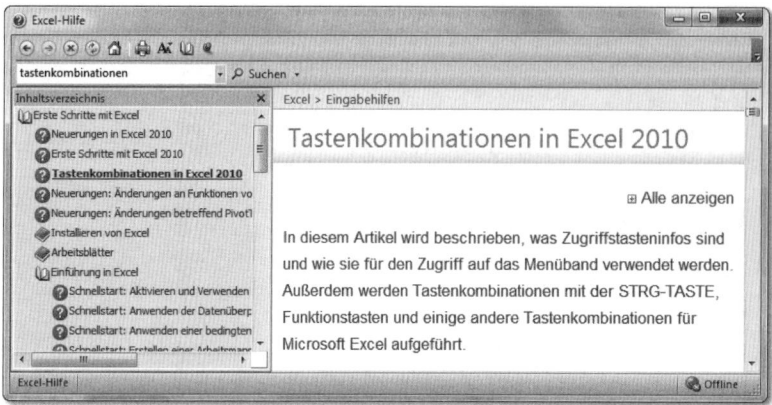

Abbildung 2.97 Hilfefenster zum Thema Tastenkombinationen

So wird der angezeigte Hilfetext in die Zwischenablage kopiert und kann von dort in einen Text, eine Tabelle oder in ein Codefenster übernommen werden. Das ist z. B. sehr praktisch, wenn Sie Beispiele für Funktionen ausprobieren wollen.

Die Hilfetexte enthalten Links zu verwandten Themen oder zu näheren Erläuterungen einzelner Punkte. Mit den beiden Pfeiltasten können Sie den Weg Ihrer Hilfesuche jederzeit beliebig weit zurückverfolgen oder wieder vorwärts gehen.

Wenn Sie in einem Dialogfeld die Taste [F1] benutzen oder – falls vorhanden – auf das kleine Fragezeichen in der Titelleiste klicken, werden gezielt Informationen zu den entsprechenden Funktionen angeboten.

Wenn die Antworten auf der Basis der lokal vorhandenen Hilfedateien nicht ausreichen, bietet das Hilfefenster über das Menü zur Schaltfläche **Suchen** die Ausweitung auf die Online-Hilfe von Microsoft an, falls eine Online-Verbindung verfügbar ist. Zusätzlich werden hier noch eine Reihe weiterer Ressourcen, insbesondere Vorlagen und Clips angeboten.

Abbildung 2.98 Online-Informationen zu Office

3 Aufbau von Kalkulationstabellen

Dieses Kapitel zeigt Ihnen zunächst, wie Sie den Aufbau einer Tabelle zur Lösung einer bestimmten Aufgabenstellung am besten festlegen können. Als Beispiel wird dabei eine Einnahmen-Ausgaben-Rechnung zur Kontrolle Ihrer Finanzen verwendet. Anschließend wird gezeigt, wie Sie am effektivsten Ihre Daten eingeben können. Schließlich werden alle Basisoperationen behandelt, die für die Handhabung von Tabellen wesentlich sind.

3.1 Planung und Design von Kalkulationsmodellen

Programme wie Excel verführen ein wenig dazu, nach dem Start gleich mit dem Eintragen von Beschriftungen und Daten loszulegen. Oft kommt dann eine Tabelle heraus, die bei näherem Hinsehen doch nicht überzeugt. Dann sind Umstellungen – Verschiebung von Spalten oder Zeilen, Einfügung vergessener Rubriken etc. – notwendig. Obwohl sich solche Korrekturen in Excel relativ leicht erledigen lassen, ist es in der Regel doch effektiver, ein paar Dinge vorher zu klären. Das kann z. B. auf einem eigenen Blatt in der Arbeitsmappe geschehen, das zur Dokumentation des Kalkulationsmodells verwendet wird.

3.1.1 Was beim Tabellenaufbau zu beachten ist

Die Überlegungen, die vor dem Eintippen von Daten in eine Tabelle ratsam sind, betreffen meist die folgenden Fragestellungen, oder wenigstens einen Teil davon:

- Welchen Zweck hat die Tabelle? Welche Informationen soll sie liefern? Für welche Entscheidung?
- Welche Daten müssen für den angegebenen Zweck bereitgestellt werden?
- Auf welche Informationen soll die Aufmerksamkeit gelenkt werden?
- Wer gibt die Daten ein, wer wertet sie aus?
- Welche Daten werden manuell eingegeben? Welche Daten werden aus vorhandenen Datenbeständen übernommen? Gibt es Verknüpfungen zu anderen Tabellen?
- Um welche Zeiträume, Gebiete, Gegenstände oder Personen geht es in der Tabelle?

- Wie lange sind die Daten gültig? Welche Daten sind statisch, welche ändern sich in welchem Rhythmus?
- Welche Genauigkeit ist notwendig, welche realisierbar?
- Welche Berechnungen sind vorgesehen?
- Wie wird die Korrektheit der Daten und Berechnungen gewährleistet?
- Welche Daten werden grafisch ausgewertet?
- Wie werden die Daten publiziert, in welcher Form und für wen?

Tabellen werden in der Regel eingesetzt, um bestimmte Tatbestände, Zusammenhänge und Entwicklungen in einer geordneten Form darzustellen. Eine Tabelle sollte die Informationen enthalten, die dafür notwendig sind. Für die Einnahmen-Ausgaben-Rechnung bedeutet dies, es müssen alle Einnahmen- und Ausgaben-Posten aufgeführt werden, damit die Situation korrekt wiedergegeben wird.

Überflüssige Daten sollten erst gar nicht in die Tabelle aufgenommen werden, weil sie die Übersicht erschweren. Oft ist es besser, Daten auf mehrere Tabellen aufzuteilen, als das gesamte Material zu einem Thema in eine Tabelle zu pressen.

Bei der Tabelle für die Einnahmen und Ausgaben könnten z. B. die Beträge für die einzelnen Versicherungen auch einzeln aufgeführt werden. Das würde die Sache in diesem Fall aber eher unübersichtlicher machen. Ein gesondertes Blatt für die Versicherungsbeträge ist hier also sinnvoller. Um im Bedarfsfall schnell auf diese Tabelle zugreifen zu können, kann z. B. mit einem Hyperlink gearbeitet werden, der von der einen Tabelle in die andere führt.

3.1.2 Beschriftungen, Werte, Berechnungsvorschriften

In den meisten Fällen besteht der Inhalt einer Tabelle aus drei wesentlichen Bestandteilen:

- Beschriftungen für die benutzten Spalten und Zeilen
- Werte
- Berechnungsvorschriften (Formeln)

Häufig entsprechen diesen auch drei Phasen in der Entwicklung einer Tabelle. Erst wird mit den Beschriftungen die Struktur der Tabelle festgelegt, dann werden die Werte – das Zahlenmaterial für die Berechnungen – eingegeben. Schließlich werden die Formeln konstruiert. Bei Formularen, die erst später ausgefüllt werden sollen, können die Formeln auch vorher eingetragen werden. Es ist dann aber oft sinnvoll, die Formeln mit ein paar Testwerten zu prüfen, die dann anschließend gelöscht werden können.

Beschriftungsregeln

Die Beschriftung von Tabellen sollte einigen Leitlinien folgen, um Übersichtlichkeit zu gewährleisten:

- Der zeitliche, räumliche, sachliche oder personale Geltungsbereich sollte eindeutig erkennbar sein.
- Die Spaltenbeschriftungen sollten so knapp wie möglich gehalten sein, damit viele Datenspalten im Fenster sichtbar bleiben. Dinge, die zusammengehören, sollten nebeneinander geordnet werden. Quersummen sollten einheitlich jeweils hinter oder vor den Wertespalten platziert werden.
- Die Zeilenbeschriftungen sollten möglichst eine einheitliche Zeilenhöhe haben, um nicht Dinge hervorzuheben, die nicht hervorgehoben werden sollen.
- Wenn möglich, sollten große Tabellen eher in die Länge wachsen als in die Breite. Benutzen Sie die Elemente zur Spaltenbeschriftung, deren Anzahl kleiner ist.
- Sollen Summen gebildet werden, ist es günstiger, die Werte senkrecht anzuordnen. Quersummen sollten möglichst nur mit einer übersichtlichen Zahl von Werten gebildet werden.

3.1.3 Struktur einer Einnahmen-Ausgaben-Tabelle festlegen

Die Struktur einer Tabelle wird in der Regel durch die Unterscheidungsmerkmale bestimmt, die für die betreffenden Daten gelten.

Beschriftungen

Für die Einnahmen-Ausgaben-Rechnung ist eine zweiteilige Tabelle sinnvoll. Auf der einen Seite werden die Einnahmen zusammengestellt, auf der anderen Seite die Ausgaben. Es ist ganz praktisch, hier mit Einzügen zu arbeiten, um die übergeordneten Beschriftungen und solche für die einzelnen Einkommensarten etwas voneinander abzuheben.

Bei den Ausgaben ist eine brauchbare Einteilung in der Regel etwas schwieriger als bei den Einnahmen. Es kommt darauf an, eine Einteilung nach Ausgabearten zu finden, sodass sich die Ausgabebeträge eindeutig zuordnen lassen. Die abgebildete Lösung ist natürlich nur ein Vorschlag.

3 Aufbau von Kalkulationstabellen

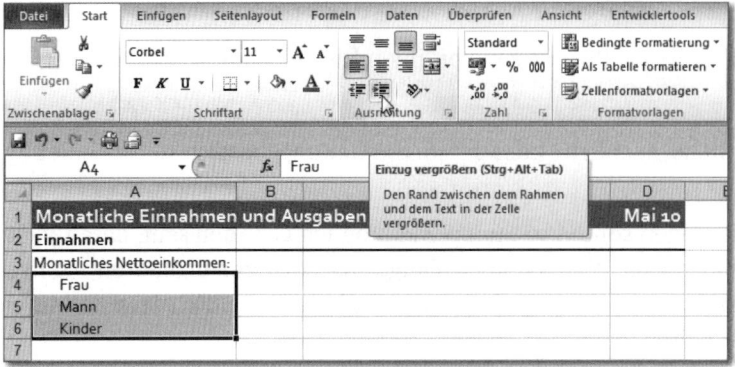

Abbildung 3.1 Beschriftungen für die Einnahmen

	A	B	C	D
1	Monatliche Einnahmen und Ausgaben			Mai 10
2	Einnahmen		Ausgaben	
3	Monatliches Nettoeinkommen:		Miete und sonstige Wohnungsausgaben	
4	Frau		Aufwendungen für Auto	
5	Mann		Aufwendungen für öffentliche Verkehrsmittel	
6	Kinder		Versicherungsbeiträge	
7			Vertraglich festgelegte Sparraten	
8			Zins- und Tilgungsraten	
9			Ausgaben für die Haushaltsführung	
10	Weitere regelmäßige Einkünfte:		Aufwendungen für die Kinder	
11	Kindergeld		Aufwendungen für private Anschaffungen	
12	Kapitalerträge		Aufwendungen für den Urlaub	
13			Aufwendungen für Information, Bildung etc.	
14			Aufwendungen für die Gesundheit und Sport	
15			Aufwendungen für Unterhaltung	
16			Spenden	
17			Sonstige Ausgaben	
18	Gesamteinnahmen		Gesamtausgaben	

Abbildung 3.2 Die fertig beschriftete Tabelle

Berechnungsvorschrift festlegen

Gerechnet werden muss in dieser Tabelle nicht viel. Es müssen nur jeweils die beiden Spalten für die Einnahmen und die Ausgaben zusammengerechnet werden.

Wenn die Eingabe der Beschriftungen abgeschlossen ist, können die Formeln eingetragen werden:

1 Setzen Sie den Mauszeiger auf die Zelle B18.

2 Klicken Sie auf das Summensymbol auf der Registerkarte **Start** in der Gruppe **Bearbeiten**. Da Excel in diesem Fall wegen der noch leeren Zellen den zu summierenden

Bereich nicht automatisch erkennen kann, müssen Sie mit der Maus über den Bereich B3 bis B17 ziehen und die Formel mit ↵ bestätigen.

3 Verfahren Sie für die Zelle D18 entsprechend.

... und die Werte einfügen

Wenn Sie die Tabelle in diesem Zustand als Vorlage abspeichern, können Sie das Formular jederzeit benutzen, um Ihre monatlichen Kosten zu berechnen.

	A	B	C	D
1	Monatliche Einnahmen und Ausgaben			Mai 10
2	Einnahmen		Ausgaben	
3	Monatliches Nettoeinkommen:		Miete und sonstige Wohnungsausgaben	900
4	Frau	2000	Aufwendungen für Auto	500
5	Mann	2800	Aufwendungen für öffentliche Verkehrsmittel	250
6	Kinder	500	Versicherungsbeiträge	600
7			Vertraglich festgelegte Sparraten	200
8			Zins- und Tilgungsraten	340
9			Ausgaben für die Haushaltsführung	1200
10	Weitere regelmäßige Einkünfte:		Aufwendungen für die Kinder	500
11	Kindergeld	154	Aufwendungen für private Anschaffungen	300
12	Kapitalerträge	900	Aufwendungen für den Urlaub	
13			Aufwendungen für Information, Bildung etc.	400
14			Aufwendungen für die Gesundheit und Sport	200
15			Aufwendungen für Unterhaltung	300
16			Spenden	100
17			Sonstige Ausgaben	
18	Gesamteinnahmen	6354	Gesamtausgaben	5790

Abbildung 3.3 Ausgefüllte Einnahmen-Ausgaben-Rechnung

Wenn Sie die Berechnung nicht nur einmal, sondern jeden Monat anstellen wollen, sollten Sie das erste Blatt einfach immer wieder kopieren, wenn ein neuer Monat abgeschlossen ist, und in Zelle D1 den jeweiligen Monat eintragen. Klicken Sie dazu das Register des Blatts mit der rechten Maustaste an, und wählen Sie **Verschieben ▸ Kopieren**. Klicken Sie **Kopie erstellen** an und unter **Einfügen vor** das nächste Tabellenblatt.

Bei Blättern, die monatlich ausgefüllt werden, sollten Sie die Register jeweils mit den Monatsnamen beschriften. Klicken Sie doppelt auf das Register, und tragen Sie den Monatsnamen ein.

3.2 Navigation und Bereichsauswahl

Sowohl bei der Eingabe von Daten und Formeln als auch bei der Gestaltung und Bearbeitung von Zellen, Zellbereichen und Objekten gilt in Excel immer die Reihenfolge: erst auswählen, dann handeln. Die Auswahl von Zellen, Zellbereichen und Blättern oder von anderen Objekten gehört deshalb zu den häufigsten Arbeitsschritten. Sie sparen viel Zeit, wenn Sie die verschiedenen Auswahlmethoden blind beherrschen und in jeder Situation die effektivste Methode anwenden. Das gilt insbesondere bei großen Tabellen, von denen im Bildschirmfenster immer nur ein kleiner Ausschnitt sichtbar ist.

Die Auswahl kann mit der Maus oder der Tastatur erfolgen. Was günstiger ist, hängt von den Umständen ab. Es ist oft praktisch, die erste Zelle, in die etwas eingetragen werden soll, per Mausklick zu wählen und die Nachbarzellen dann mit den Richtungstasten.

3.2.1 Blattwahl und Gruppenbearbeitung

Angenommen, Sie haben die Einnahmen-Ausgaben-Rechnung aus dem letzten Abschnitt für mehrere Monate durchgeführt. Um die Daten für Mai zu sehen, reicht ein Klick auf das Register des entsprechenden Blatts. Per Tastatur kann mit [Strg] + [Bild↓] bzw. [Strg] + [Bild↑] zu dem gewünschten Blatt gewechselt werden.

Sollen mehrere Blätter einheitlich formatiert oder gemeinsam ausgedruckt werden, können sie gleichzeitig ausgewählt werden. Handelt es sich um benachbarte Blätter, klicken Sie zunächst auf das erste Register der Gruppe und dann mit gedrückter [⇧]-Taste auf das letzte Register der Gruppe. Um einzelne Blätter hinzuzufügen oder aus der Gruppe herauszunehmen, verwenden Sie die Taste [Strg] und einen Klick auf das Register. Das gerade aktive Blatt lässt sich allerdings nicht aus der Gruppe herausnehmen! Die Register der anderen Blätter der ausgewählten Blattgruppe haben ebenfalls einen helleren Hintergrund, aber keine fette Schrift, das aktive Blatt in der Gruppe zeigt den Namen dagegen in fetter Schrift. Im Titel der Arbeitsmappe erscheint der Zusatz [Gruppe].

Dieser Gruppenmodus kann auch benutzt werden, um in einem Zug alle Blätter mit einer gemeinsamen Titelzeile zu versehen. Jede Eingabe in eine Zelle eines Blatts, das zu einer Gruppe gehört, erscheint an derselben Stelle auf den anderen Blättern der Gruppe.

Ein Klick auf ein Register außerhalb der Gruppe hebt die Mehrfachauswahl wieder auf. Um alle Blätter gleichzeitig auszuwählen, klicken Sie mit rechts in ein Register und dann auf **Alle Blätter auswählen**. Die Option **Gruppierung aufheben** kehrt die Auswahl wieder um.

3.2.2 Zellen mit der Maus auswählen

Solange eine Zelle im Fenster sichtbar ist, genügt ein Mausklick für die Auswahl. Etwas mehr Mühe bereitet die Auswahl von Zellen, die von der aktuellen Position des Zellzeigers weit entfernt sind. Hier helfen die Bildlaufleisten, mit denen der Bildschirmausschnitt zunächst verschoben werden kann, um dann die sichtbar gewordene Zelle auszuwählen.

Beim Ziehen des vertikalen Bildlaufbalkens wird der Bildausschnitt sofort zeilenweise verschoben, bei der horizontalen Bildlaufleiste gilt Entsprechendes für die Spalten. Wenn Sie gleichzeitig die Umschalttaste gedrückt halten, wird der Bildwechsel beschleunigt.

Ein Klick auf die Pfeile in der Bildlaufleiste versetzt das Fenster um eine Zeile oder Spalte, wenn Sie die Taste gedrückt halten, ist der Wechsel kontinuierlich. Ein Klick unter- oder oberhalb der Bildlaufleiste verschiebt den Ausschnitt jeweils in der Größenordnung des aktuellen Fensters.

Zellbereiche in einem Blatt

Um Zellbereiche auszuwählen, ziehen Sie mit gedrückter linker Maustaste über den gewünschten Bereich. Die Richtung spielt keine Rolle. Die Zelle, bei der Sie den Mauszeiger zum Ziehen aufsetzen, ist in jedem Fall die aktive Zelle des Bereichs. Soll der Bereich über den aktuell sichtbaren Ausschnitt hinaus erweitert werden, setzen Sie beim Ziehen den Mauszeiger auf den Rand der jeweiligen Bildlaufleiste, bis der vorgesehene Tabellenbereich sichtbar wird. Lassen Sie die Maustaste los, wenn die richtige Position erreicht ist. Ein Zähler in der rechten unteren Ecke hilft, den Bereich korrekt zu bestimmen. Wenn Sie zu weit geraten, ziehen Sie die Maus einfach ein Stück in die entgegengesetzte Richtung.

Wenn ein großer Bereich mit der Maus markiert werden soll, ist eine andere Technik allerdings meist effektiver. Sie klicken zunächst die erste Eckzelle des Bereichs an und halten dann beim Anklicken der gegenüberliegenden Eckzelle gleichzeitig die ⇧-Taste gedrückt. Ist die Markierung nicht ganz korrekt, klicken Sie erneut mit gedrückter ⇧-Taste auf die richtige Stelle. Diese Technik ist insbesondere bei Bereichen sinnvoll, bei denen Sie, um die letzte Zelle sichtbar zu machen, zunächst mit den Bildlaufleisten den Bildausschnitt verschieben müssen.

Haben Sie einen Bereich ausgewählt, der nicht korrekt ist, hebt jeder Klick auf eine einzelne Zelle den Bereich wieder auf. Dagegen hebt die Ausführung eines Befehls, der den Bereich betrifft, die Auswahl nicht auf, sodass dieselbe Auswahl für mehrere Befehle benutzt werden kann.

Auswahl von Zeilen und Spalten

Eine komplette Spalte oder Zeile kann einfach mit einem Klick auf den Spalten- bzw. Zeilenkopf ausgewählt werden. Um mehrere Zeilen oder Spalten gleichzeitig zu markieren, ziehen Sie über die Zeilen- bzw. Spaltenköpfe. Die Anzahl der markierten Elemente wird zur besseren Orientierung immer angezeigt.

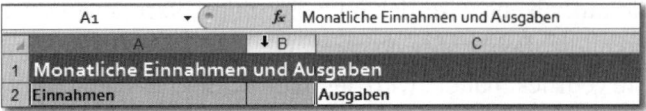

Abbildung 3.4 Auswahl der zwei Einnahmenspalten

Um die gesamte Tabelle auf einen Schlag auszuwählen, klicken Sie auf das Feld **Alles auswählen** in der linken oberen Ecke, in der sich die Leisten der Spalten- und Zeilenköpfe kreuzen.

Mehrfachauswahl

Zwar muss ein Bereich immer die Form eines Rechtecks haben, doch Excel erlaubt die Kombination mehrerer Rechtecke zu einer Mehrfachauswahl. So können auch nicht benachbarte Zellen markiert werden, etwa um sie einheitlich zu formatieren. Die Bereiche dürfen sich sogar überschneiden.

Wenn Sie z. B. die beiden Zahlenspalten in der Einnahmen-Ausgaben-Rechnung mit einer anderen Farbe hinterlegen wollen, verfahren Sie folgendermaßen:

Der erste Bereich in Spalte B wird wie gewohnt durch Ziehen mit der Maus definiert. Um die Ausgabenwerte mit zu markieren, muss dann während des Ziehens zusätzlich die `Strg`-Taste gedrückt werden. Die aktive Zelle liegt dabei immer in dem zuletzt markierten Bereich.

	A	B	C	D
1	Monatliche Einnahmen und Ausgaben			Mai 10
2	Einnahmen		Ausgaben	
3	Monatliches Nettoeinkommen:		Miete und sonstige Wohnungsausgaben	900
4	Frau	2000	Aufwendungen für Auto	500
5	Mann	2800	Aufwendungen für öffentliche Verkehrsmittel	250
6	Kinder	500	Versicherungsbeiträge	600
7			Vertraglich festgelegte Sparraten	200
8			Zins- und Tilgungsraten	340
9			Ausgaben für die Haushaltsführung	1200
10	Weitere regelmäßige Einkünfte:		Aufwendungen für die Kinder	500
11	Kindergeld	154	Aufwendungen für private Anschaffungen	300
12	Kapitalerträge	900	Aufwendungen für den Urlaub	
13			Aufwendungen für Information, Bildung etc.	400
14			Aufwendungen für die Gesundheit und Sport	200
15			Aufwendungen für Unterhaltung	300
16			Spenden	100
17			Sonstige Ausgaben	
18	Gesamteinnahmen	6354	Gesamtausgaben	5790

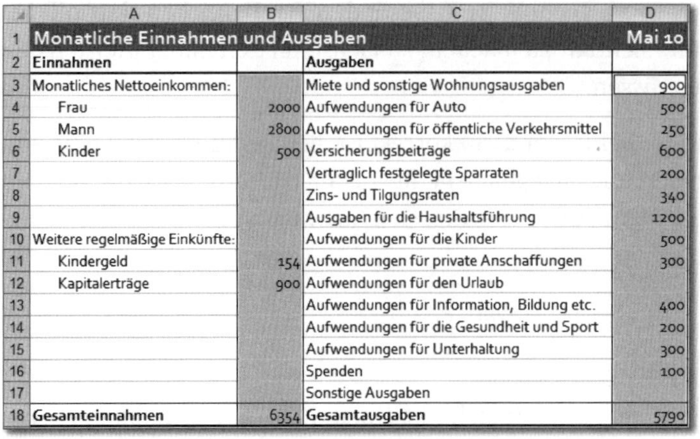

Abbildung 3.5 Die beiden markierten Zahlenspalten

Sollen komplette Spalten oder Zeilen in eine Mehrfachauswahl aufgenommen werden, muss beim Klicken auf die Spalten- oder Zeilenköpfe ebenfalls gleichzeitig `Strg` gedrückt werden.

Bewegen innerhalb eines Bereichs

Manchmal ist es vorteilhaft, für die Eingabe von Daten nicht einzelne Zellen, sondern einen Zellbereich zu markieren. Dabei muss aber beachtet werden, dass die Richtungstasten dann nicht zum Abschluss der Dateneingabe benutzt werden dürfen, weil die Richtungstaste die Bereichsauswahl aufhebt. Die Maus dürfen Sie ebenfalls innerhalb eines markierten Bereichs nicht benutzen, ein Mausklick würde die bisherige Auswahl ja auch wieder aufheben. Es gelten folgende Tastenfunktionen:

Tastenkombination	Wirkung
`↵`	Zelle nach unten
`⇧` + `↵`	Zelle nach oben
`⇥`	Zelle nach rechts
`⇧` + `⇥`	Zelle nach links

Alle Tastenfunktionen im Bereich arbeiten kreisförmig, d. h., nach der letzten Zelle rechts unten folgt wieder die erste Zelle links oben.

Datenblöcke nutzen

Wenn in einem Arbeitsblatt mehrere Tabellen als Datenblöcke angelegt sind, entstehen zusätzliche Möglichkeiten. Datenblöcke sind geschlossene Zellbereiche, die keine leeren Zellen enthalten. Wenn der Rahmen einer aktiven Zelle an einer Seite doppelt angeklickt wird, springt die Zellmarkierung in die Richtung der benutzten Seite, entweder bis zum Ende des Datenblocks, zu dem die Zelle gehört, oder vor den nächsten in der Richtung existierenden Datenblock. Das ist nützlich, wenn Tabellen nebeneinander oder untereinander angeordnet sind, getrennt jeweils durch leere Spalten oder Zeilen.

Auf diese Weise kann in sehr breiten Tabellen auch schnell von der Zeilenbeschriftung ganz links zu einer Spalte mit den Quersummen ganz rechts gesprungen werden. In Kombination mit der `⇧`-Taste bewirkt der Doppelklick auf den Markierungsrahmen, dass ein Bereich bis zum Ende des Blocks oder bis vor den nächsten Block ausgedehnt wird. Eine lange Spalte, die ohne Leerzellen, also ganz mit Daten gefüllt ist, kann auf diese Weise sehr schnell markiert werden.

3 Aufbau von Kalkulationstabellen

	A	B	C	D	E	F	G	H
1								
2		Datenblock 1				Datenblock 2		
3				1. Sprung	2. Sprung			3. Sprung
4		100 m Ergebnisse				200 m Ergebnisse		
5		Tag	Rang	Zeit		Tag	Rang	Zeit
6		10.06.2006	3	12,34		10.06.1996	2	22,83
7		11.06.2006	2	12,45		11.06.1996	4	23,03
8		12.06.2006	4	12,23		12.06.1996	1	22,63
9		13.06.2006	1	12,10		13.06.1996	2	22,39
10		14.06.2006	2	11,90		14.06.1996	4	22,02
11		15.06.2006	4	11,80		15.06.1996	2	21,83
12		16.06.2006	2	12,20		16.06.1996	1	22,57
13		17.06.2006	1	12,30		17.06.1996	3	22,76
14		18.06.2006	3	11,90		18.06.1996	4	22,02
15		19.06.2006	4	11,80		19.06.1996	3	21,83
16		20.06.2006	3	12,00		20.06.1996	2	22,20
17		21.06.2006	2	12,20		21.06.1996	2	22,57
18		Durchschnitt	2,58	12,10		Durchschnitt	2,50	22,39

Abbildung 3.6 Sprünge bei Datenblöcken

Sie klicken die oberste Zelle an und klicken doppelt auf den unteren Rahmen der Zellmarkierung, wobei Sie die ⇧-Taste gedrückt halten. Um parallele Spalten mit einzubeziehen, reicht ein weiterer Doppelklick bei gedrückter ⇧-Taste auf den rechten Rahmen der Bereichsmarkierung.

3.2.3 Bewegen und Auswählen mit der Tastatur

Für die Zellauswahl mit der Tastatur sind die Richtungstasten ←, ↓, ↑ und → zuständig. Ein Anschlag versetzt den Zellzeiger jeweils um eine Spalte oder Zeile. Wenn Sie eine Richtungstaste festhalten, rollt das Bild kontinuierlich nach rechts oder links, nach oben oder unten. Bei größeren Bewegungen sind Tastenkombinationen günstiger. Um einen Zellbereich auszuwählen, können Sie die ⇧-Taste gedrückt halten und den Markierungsrahmen mit den Richtungstasten ausdehnen. Die folgende Tabelle zeigt die Tastenfunktionen für Bewegen und Auswählen.

Bewegen in der Tabelle

Tastenkombination	Wirkung
→ oder ⇥	Spalte nach rechts
← oder ⇧ + ⇥	Spalte nach links

3.2 Navigation und Bereichsauswahl

Tastenkombination	Wirkung
↓	Zeile nach unten
↑	Zeile nach oben
Pos1	Sprung zum Zeilenanfang
Strg + Pos1	Sprung zum Tabellenanfang
Strg + Ende	Sprung an das Ende des benutzten Tabellenbereichs
Bild↓	ein Fenster nach unten
Bild↑	ein Fenster nach oben
Strg + Bild↓	Sprung zum nächsten Blatt
Strg + Bild↑	Sprung zum vorherigen Blatt
Strg + Löschen	Macht die aktive Zelle wieder sichtbar, wenn der Ausschnitt vorher mit einer Bildlaufleiste oder mit der Taste Rollen verschoben worden ist.
Strg + ↑	Sprung in der Spalte nach oben zum Anfang eines Datenblocks bzw. zum Ende des nächsten Datenblocks
Strg + ↓	Sprung in der Spalte nach unten zum Ende eines Datenblocks bzw. zum Anfang des nächsten Datenblocks
Strg + ←	Sprung in der Zeile nach links zum Anfang eines Datenblocks bzw. zum Ende des nächsten Datenblocks
Strg + →	Sprung in der Zeile nach rechts zum Ende eines Datenblocks bzw. zum Anfang des nächsten Datenblocks

> **TIPP**
>
> **Wenn die Bewegung im Blatt zu langsam wird**
>
> Wenn Sie eine große Tabelle mit vielen Diagrammen und sonstigen grafischen Objekten haben, kann das Bewegen in der Tabelle träge sein. Sie können den Bildlauf beschleunigen, wenn Sie unter **Excel-Optionen ▶ Erweitert ▶ Optionen für diese Arbeitsmappe** die Einstellung **Objekte anzeigen als: Nichts (Objekte ausblenden)** wählen.

Bereichsmarkierung

Tastenkombination	Wirkung
⇧ +Richtungstaste	Ausweiten der Auswahl um eine Zeile oder Spalte

Tastenkombination	Wirkung
⇧ + Pos1	Ausweiten der Auswahl bis zum Zeilenanfang
⇧ + Leertaste	Auswählen der ganzen Zeile
Strg + Leertaste	Auswählen der ganzen Spalte
Strg + ⇧ + Pos1	Ausweiten der Auswahl bis zum Tabellenanfang
Strg + ⇧ + Ende	Ausweiten der Auswahl bis an das Tabellenende
Strg + ⇧ + Leertaste	Auswählen der ganzen Tabelle
⇧ + Bild↓	Ausweiten der Auswahl um ein Fenster nach unten
⇧ + Bild↑	Ausweiten der Auswahl um ein Fenster nach oben
Strg + ⇧ + Richtungstaste	Ausweiten der Auswahl zum Ende/Anfang des Blocks in die Richtung der jeweiligen Taste bzw. zum Anfang/Ende des nächsten Datenblocks
Strg + *	Markiert den ganzen Datenblock, in dem sich die aktive Zelle befindet; anstelle der letzten Tastenkombination kann auch das Symbol mit den vier Pfeilen (**Aktuellen Bereich markieren**) benutzt werden.
⇧ + Löschen	Reduzieren der Auswahl auf die aktive Zelle

Tasten im Modus »Beenden«

Ähnlich wie Tastenkombinationen für die Bewegung und Auswahl bei Datenblöcken wirken einige Tasten, wenn mit der Ende -Taste der Modus **Beenden** eingeschaltet wird, was in der Statuszeile angezeigt wird. Dabei muss die Ende -Taste nicht festgehalten werden. Der Modus wird anschließend sofort wieder aufgehoben.

Tastenkombination	Wirkung
Ende	Ein- oder Ausschalten des Modus **Beenden**
Ende + Richtungstaste	Sprung in Spalte oder Zeile zum Ende bzw. zum Anfang eines Datenblocks
Ende + Pos1	Sprung an das Tabellenende
Ende + ↵	Sprung zur letzten Zelle in der aktuellen Zeile
Ende + ⇧ + Richtungstaste	Ausweiten der Auswahl bis an das Ende bzw. den Anfang eines Datenblocks entsprechend der jeweiligen Richtungstaste

Tastenkombination	Wirkung
`Ende` + `⇧` + `Pos1`	Ausweiten der Auswahl bis an das Tabellenende
`Ende` + `⇧` + `↵`	Ausweiten der Auswahl bis zur letzten Zelle in der aktuellen Zeile

Dabei bedeutet Tabellenende die Zelle, in der sich die unterste Zeile und die am weitesten rechts liegende Spalte, die beide noch Werte oder Formate enthalten, kreuzen.

Tasten im Rollen-Modus

Mit der Taste `Rollen` lässt sich der Bildlauf-Feststellmodus ein- und ausschalten. In diesem Modus – in der Statusleiste wird **Rollen** angezeigt – haben die in der Tabelle gezeigten Tasten eine andere als die gewöhnliche Funktion.

Tastenkombination	Wirkung
Richtungstasten	Verschieben des Fensterausschnitts um eine Spalte oder Zeile, wobei aber die Stellung der aktiven Zelle nicht verändert wird
`Pos1`	Bewegen zur linken oberen Zelle im Fenster
`Ende`	Bewegen zur rechten unteren Zelle im Fenster
`⇧` + `Pos1`	Ausweiten der Auswahl bis zur linken oberen Zelle im Fenster
`⇧` + `Ende`	Ausweiten der Auswahl bis zur rechten unteren Zelle im Fenster

Mehrfachbereiche per Tastatur auswählen

Um mit der Tastatur mehrere Tabellenbereiche gleichzeitig auszuwählen, verfahren Sie beim ersten Bereich wie gewohnt und markieren mit `⇧` und den Richtungstasten. Bevor Sie einen weiteren Bereich hinzufügen können, müssen Sie nun den letzten Bereich »einfrieren«, damit er durch die nächste Bereichsmarkierung nicht aufgehoben wird. Das geschieht durch die Tastenkombination `⇧` + `F8`. In der Statusleiste erscheint die Anzeige **Zur Auswahl hinzufügen**.

Bereiche erweitern mit F8

Anstatt einen Bereich durch Ziehen mit der Maus oder mit einer Tastenkombination zu definieren, kann das Programm zunächst mit F8 in den Erweiterungsmodus versetzt werden. Als Hinweis erscheint in der Statuszeile **Auswahl erweitern**. Dann bewirkt ein Klick mit der Maus, dass ein Bereich definiert wird, der von der bisher aktiven Zelle bis zu der angeklickten Zelle reicht. Der Bereich kann mit einem weiteren Mausklick so lange korrigiert werden, bis er stimmt. Dann schalten Sie mit F8 den Erweiterungsmodus wieder aus. Auch mit den Richtungstasten kann im Erweiterungsmodus ein Bereich definiert werden.

Auswahl über das Namenfeld

Wenn Sie die Adresse einer weiter entfernten Zelle kennen, die ausgewählt werden soll, können Sie mit dem Namenfeld in der Bearbeitungsleiste oder mit dem Befehl **Start ▸ Bearbeiten ▸ Suchen und Auswählen ▸ Gehe zu** oder schneller noch mit F5 arbeiten.

Um beispielsweise mithilfe des Namenfeldes zur Zelle F400 zu springen, klicken Sie auf den Pfeil neben dem Namenfeld. Sie brauchen nur die Zelladresse F400 einzutragen und mit ↵ zu bestätigen. Sie können auch eine Bereichsadresse wie F200:G400 eintragen, um den entsprechenden Bereich zu markieren.

Hat ein Bereich bereits einen Namen, reicht ein Klick auf diesen Namen in der Namenliste, um ihn auszuwählen. Die Liste enthält nicht nur die Namen des gerade aktiven Blatts, sondern alle Namen in der Arbeitsmappe.

Das Namenfeld kann auch umgekehrt zum Benennen eines Bereichs benutzt werden. Dazu muss der Bereich zunächst markiert werden. Dann klicken Sie auf den Pfeil, tragen den Namen ein und bestätigen mit ↵. Auf die Arbeit mit benannten Bereichen wird in Kapitel 4, »Entwicklung von Berechnungen mit Formeln«, noch ausführlich eingegangen.

Der Befehl »Gehe zu« oder F5

Ähnlich wie mithilfe des Namenfeldes lässt sich mit dem Befehl **Start ▸ Bearbeiten ▸ Suchen und Auswählen ▸ Gehe zu** arbeiten. Excel bietet ein kleines Dialogfeld an, in dem unter **Verweis** die Adresse der Zelle eingetragen werden kann, die zur aktiven Zelle werden soll. Auch Adressen von Zellen in anderen geöffneten Arbeitsmappen können angegeben werden, wenn der komplette Dateiname in eckigen Klammern davor gesetzt wird.

Statt einer Zelladresse kann auch der Name einer Zelle oder eines Bereichs ausgewählt werden, wenn die Zielzelle oder der Bereich, dem sie angehört, vorher mit einem Namen belegt worden ist. Wenn Sie den Befehl einmal benutzt haben, notiert sich Excel 2010 in der Namenliste jeweils an der ersten Stelle die Adresse der letzten aktiven Zelle, also die Absprungadresse. Das hilft Ihnen, zu der Absprungstelle auch wieder schnell zurückzukommen. Sie brauchen nur [F5] und [↵] zu drücken. Sie können auf diese Weise auch sehr einfach zwischen zwei weit entfernten Zellbereichen hin- und herspringen.

Abbildung 3.7 Dialogfeld »Gehe zu«

Der Befehl **Gehe zu** kann auch verwendet werden, um einen Bereich zu markieren. Wenn Sie z. B. unter **Verweis** A1:Z300 eintragen, wird der entsprechende Bereich markiert. Sie können auch zuerst den Zellzeiger auf A1 setzen, [F5] drücken und dann die Eingabe Z300 mit [⇧]+**OK** oder [⇧]+[↵] bestätigen. Auch Mehrfachbereiche lassen sich hier eintragen, indem Sie die einzelnen Bereichsadressen jeweils durch ein Semikolon trennen.

3.2.4 Markierung bestimmter Inhalte

In manchen Situationen ist es wünschenswert, Zellen auszuwählen, die bestimmte gemeinsame Eigenschaften haben. Wenn Sie z. B. in einem großen Tabellenbereich die Zellen aufspüren wollen, in die noch keine Daten eingetragen worden sind, etwa weil die entsprechenden Werte noch fehlen, können Sie den Bereich zunächst insgesamt markieren und dann – etwa mit [F5] – das Dialogfeld **Gehe zu** öffnen. Die Schaltfläche **Inhalte** liefert ein Dialogfeld, in dem Sie die Option **Leerzellen** auswählen, um alle Zellen im Bereich zu markieren, in die noch nichts eingetragen wurde.

Mit dieser Funktion können Sie entweder die ganze Tabelle, eine Auswahl von Tabellenblättern oder einen markierten Tabellenbereich durchsuchen, und zwar nach verschiedenen Kriterien, von denen aber jeweils nur eines angewendet werden kann. Die Fundstellen werden als Bereich oder Mehrfachbereich markiert. Sind mehrere Blätter ausgewählt, ist die Funktion allerdings nur sinnvoll, wenn die Blätter im Gruppenmodus angelegt worden sind. Das Programm markiert auf jedem der Blätter dieselben Zellen, abhängig von der Situation in dem aktiven Blatt.

3 Aufbau von Kalkulationstabellen

Abbildung 3.8 Dialogfeld »Inhalte auswählen«

Als Kriterien können ausgewählt werden:

- **Kommentare**
- **Konstanten**
- **Formeln**

Bei Konstanten oder Formeln können vier mögliche Datentypen abgehakt werden: **Zahlen**, **Text**, **Wahrheitswerte** und **Fehler**.

- **Leerzellen**: Dies sind die leeren Zellen innerhalb des benutzten Arbeitsblattbereichs.
- **Aktueller Bereich**: Markiert den Zellblock, in dem sich die aktuelle Zelle befindet.
- **Aktuelles Array**: Markiert die gesamte Matrix, in der sich die aktuelle Zelle befindet.
- **Objekte**: Markiert alle Objekte der Datei, vorausgesetzt, die Objekte sind nicht vorher mit **Überprüfen ▸ Änderungen ▸ Blatt schützen** und Abwahl der Option **Objekte bearbeiten** geschützt worden.
- **Zeilenunterschiede**: Diese Option liefert in einem vorher markierten Bereich von Datenzeilen die Zellen, deren Inhalt von der zeilenweise entsprechenden Zelle der Vergleichsspalte abweicht. Die Vergleichsspalte ist die Spalte, in die Sie die aktive Zelle setzen. Mit dieser Funktion können Spalten miteinander verglichen werden.
- **Spaltenunterschiede**: Diese Option liefert in einem vorher markierten Bereich von Datenspalten die Zellen, deren Inhalt von der spaltenweise entsprechenden Zelle der Vergleichszeile abweicht.
- **Vorgängerzellen**: Markiert die Zellen, auf die sich die vorher ausgewählten Formeln beziehen. Die Suche kann auf alle Ebenen ausgedehnt oder auf die direkt vorrangigen Zellen eingeschränkt werden.

- **Nachfolgerzellen**: Markiert die Zellen, deren Formeln durch die vorher ausgewählten Zellen beeinflusst werden. Die Suche kann auf alle Ebenen ausgedehnt oder auf die direkt abhängigen Zellen eingeschränkt werden.
- **Letzte Zelle**: Markiert die Zelle, in der sich die unterste Zeile und die am weitesten rechts liegende Spalte kreuzen, die beide noch Inhalte oder Formate enthalten.
- **Nur sichtbare Zellen**: Schließt ausgeblendete Zellen aus einer Markierung aus. Wenn Sie einen Bereich markieren, werden eventuell verborgene Zellen normalerweise ebenfalls markiert (nur beim Drucken werden die verborgenen Zellen des Druckbereichs automatisch ausgelassen).
- **Bedingte Formate**: Markiert die Zellen, für die bedingte Formate vergeben worden sind.
- **Datenüberprüfung**: Markiert Zellen, für die bestimmte Gültigkeitsregeln festgelegt worden sind. Sollen alle Zellen markiert werden, wählen Sie die Option **Alle**, sollen nur die Zellen markiert werden, für die dieselbe Regel gilt wie für die gerade markierte Zelle, benutzen Sie die Option **Gleiche**.

3.3 Effektive Dateneingabe und Datenänderung

Mit der Bewegung des Zellzeigers kontrollieren Sie, wo Sie Daten oder Formeln im Zellraster eingeben. Das Zellraster hilft Ihnen dabei, Ihre Daten sinnvoll zu ordnen. In diesem Abschnitt geht es darum, wie die verschiedenen Typen von Daten in ein Arbeitsblatt eingetragen werden, und wie der Zellinhalt, wenn notwendig, geändert werden kann.

Wenn Sie in eine Zelle etwas eintragen, prüft Excel, was es mit den eingegebenen Zeichen anfangen kann. Das Programm entscheidet, ob die Eingabe als numerischer Wert, als Zeichenfolge oder als Formel verstanden werden kann.

3.3.1 Texte und Zeichenfolgen

Alle Eingaben, die Excel nicht als numerischen Wert oder Formel interpretieren kann, behandelt das Programm als Zeichenfolge. Sie darf beliebige Zeichen enthalten und bis zu 32.767 Zeichen lang sein. Jedes Zeichen kann dabei individuell formatiert werden, während Zahlen immer einheitlich formatiert werden. Soll eine Zahl als Zeichenfolge behandelt werden, muss Excel ausdrücklich dazu angewiesen werden. Das kann auf zweierlei Weise geschehen:

- Sie formatieren den Zellbereich mit dem Format **Text**. Dies kann in Excel 2010 sowohl vor als auch nach der Eingabe geschehen.
- Sie setzen vor die Ziffern ein einfaches Anführungszeichen. Dieses Zeichen wird in der Zelle nicht angezeigt.

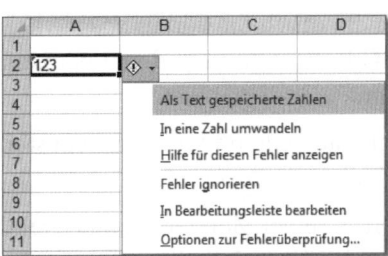

Abbildung 3.9 Menü zu einem Hinweis

Excel 2010 blendet in diesem Fall zunächst einen Fehlerhinweis ein, falls die Fehlerprüfung nicht abgeschaltet ist. Wenn Sie das Menü per Mausklick öffnen, können Sie die Option **Fehler ignorieren** verwenden oder über **Optionen zur Fehlerüberprüfung** die Regel **Zahlen, die als Text formatiert sind...** gleich abwählen, dann erscheint dieser Hinweis in Zukunft nicht mehr.

Umbruch in der Zelle

Beschriftungen erfordern häufig längere Eingaben, um den Inhalt eindeutig zu kennzeichnen. Hier hilft die Möglichkeit, den Text innerhalb der Zelle zu umbrechen. Das ist möglich mit dem Symbol **Start ▸ Ausrichtung ▸ Zeilenumbruch**.

Excel hantiert mit dem Zeilenumbruch allerdings etwas brutal. Ein Wort, das nicht mehr in die Spalte passt, wird einfach zerschnitten, ohne Trennstrich und Beachtung von Trennregeln. Sie können versuchen, durch Verbreiterung der Spalte ein besseres Ergebnis zu erreichen. Dabei wird allerdings die Zeilenhöhe nicht automatisch angepasst. Dann sollten Sie die untere Begrenzung des Zeilenkopfes doppelt anklicken. Wenn Sie dagegen den Text nachträglich so kürzen, dass er weniger Zeilen benötigt, wird die Zeilenhöhe automatisch angepasst.

Sie können den Umbruch aber auch von Hand steuern. Drücken Sie bei der Dateneingabe dort, wo eine neue Zeile beginnen soll, [Alt] + [↵]. Excel schaltet für diese Zelle den Zeilenumbruch von selbst ein.

Eine andere Möglichkeit ist, bei der Eingabe Trennvorschläge zu machen. Wenn Sie z. B. *Vorjahresmenge...* eingeben, trennt Excel an dieser Stelle, wenn Sie den Umbruch einschalten. Dieses Verfahren ist allerdings möglichst zu vermeiden, wenn Sie für die Dateneingabe die in Kapitel 17, »Informationen als Tabellen ordnen und verwalten«, beschriebene Maskenfunktion nutzen wollen. Denn in dem Fall würden diese Trennzeichen in den Feldbezeichnungen der Maske mit auftauchen.

Eingaben übernehmen – AutoVervollständigen

Manchmal kommen bestimmte Eingaben in einer Spalte mehrfach vor, etwa die Namen von Produktgruppen oder Lieferanten in einer Artikelliste. Um Ihnen hier zu helfen, merkt sich Excel pro Spalte die bereits vorhandenen Eingaben. Gibt es z. B. bereits den Produktgruppennamen *Rollo*, schlägt Excel beim nächsten *R* die Vervollständigung zu *Rollo* vor. Es spielt keine Rolle, ob die Zelle, in die Sie etwas eintippen, über, unter oder zwischen den bisherigen Beschriftungen in der Spalte liegt. Da der Vorschlag markiert ist, löscht jeder neue Anschlag alle markierten Zeichen. Wenn Sie den Vorschlag also nicht gebrauchen können, werden Sie nicht aufgehalten. Soll ein Teil der angebotenen Zeichen übernommen werden, sollten Sie die restlichen Zeichen in der Bearbeitungsleiste anfügen. Klicken Sie dazu an die Stelle, ab der der Eintrag anders aussieht.

	A	B	C	J
1				
2	Artikelnummer	Bezeichnung	Warengruppe	
3	5222	Rollo XXs	Rollo	
4	5667	Markise Luxor	Marki	
5	6578	Jalousie Louise	Jalou	
6	6666	Rollo Top	Rollo	
7	7774	Jalousie Vvxx		

Abbildung 3.10 Beispiel für Eingabevorschlag

Sie können dieses Verhalten auch abschalten, wenn Sie über **Excel-Optionen** auf dem Register **Erweitert** unter **Bearbeitungsoptionen** die Option **AutoVervollständigen für Zellwerte aktivieren** abwählen.

	A	B	C	J
1				
2	Artikelnummer	Bezeichnung	Warengruppe	
3	5222	Rollo XXs	Rollo	
4	5667	Markise Luxor	Marki	
5	6578	Jalousie Louise	Jalou	
6	6666	Rollo Top		
7	7774	Jalousie Vvxx	Jalou	
8	7777	Jalousie Ccxs	Marki	
9	7778	Jalousie Ccxx	Rollo	
			Warengruppe	

Abbildung 3.11 Anzeige einer Auswahlliste für eine Spalte

Wenn Sie in einer Spalte wiederholt dieselben Beschriftungen verwenden wollen, gibt es auch noch einen anderen Weg, sich Tipparbeit zu ersparen. Wenn Sie eine Zelle, die direkt unter bereits ausgefüllten Zellen in einer Spalte liegt, mit der rechten Maustaste anklicken, können Sie vorhandene Einträge über den Befehl **Dropdown-Auswahlliste** übernehmen.

3.3.2 Eingabe von Zahlen

Während Texte in einem Kalkulationsprogramm oft hauptsächlich für Beschriftungen eingesetzt werden, liefern die Zahlen das Futter für die Rechenarbeit. Für die Zahleneingabe sollten ein paar Regeln beachtet werden:

- Werte gleichen Typs sollten gleich formatiert werden.
- Wo es auf Dezimalstellen nicht ankommt, sollten sie weggelassen werden, damit die Tabelle übersichtlicher wird.
- Fehlen Werte zunächst, sollte festgelegt werden, ob die Zelle leer bleibt, ob eine Null eingetragen wird oder die Funktion NV(), die dann mit #NV anzeigt, dass der Wert noch nicht vorhanden ist.

Sie können Ziffern und bestimmte Sonderzeichen verwenden: Plus- oder Minuszeichen, Dezimalzeichen, Tausenderabtrennung, Schrägstriche, Klammern, Prozentzeichen, E bzw. e für die wissenschaftliche Schreibweise und Währungszeichen wie € oder $. Werden ausschließlich Ziffern eingegeben, wird die Eingabe als Vorgabe rechtsbündig ausgerichtet. Kommen neben Zahlen noch Sonderzeichen vor, prüft Excel, ob die Eingabe einem der gültigen Zahlenformate entspricht. Ist das der Fall, wird die Eingabe als Zahl ausgegeben.

3.3.3 Eingabe- und Ausgabeformat

Bei neuen Arbeitsblättern arbeitet Excel 2010 bei Zahlen zunächst mit dem sogenannten Standardformat. Dabei handelt es sich gewissermaßen um ein Minimalformat, das automatisch vergeben wird, bevor speziellere Zahlenformate gewählt werden. Auf dieses Standardformat werden Zahlen auch zurückgesetzt, wenn Sie in einem Zellbereich das Format löschen.

Sie haben aber schon bei der Dateneingabe die Möglichkeit, über dieses Minimalformat hinauszugehen. Entspricht die Eingabe einem gültigen Zahlenformat, wird dieses Format für die Zelle festgelegt und die eingegebene Zahl entsprechend angezeigt. Das gilt so lange, bis der Zelle ein anderes Format zugewiesen wird. Wenn Sie also z. B. in B1

```
1.000.000
```

eingeben, wird die Zahl genauso angezeigt, weil die Tausenderabtrennung ein gültiges Zahlenformat ist. Die Zelle erhält durch die Dateneingabe ein fixes Zahlenformat. Sie merken dies, wenn Sie den Wert in Zelle B1 mit

```
2000000
```

überschreiben, ohne Punkte für die Tausenderabtrennung zu benutzen. In der Zelle erscheint:

2.000.000

Auf diese Weise können Sie also mit dem ersten Eintrag in eine Zelle das Zahlenformat festlegen. Wenn Sie allerdings eine Spalte von 400 Zahlen eingeben sollen, wäre es überflüssige Arbeit, die Zeichen für Tausenderabtrennung und Währungszeichen immer mit einzugeben. Da ist es praktischer, schon vor oder nach der Eingabe ein Format festzulegen, das diese Zeichen automatisch erzeugt, und nur die nackten Zahlen einzutippen. Von diesen Möglichkeiten der Zahlenformatierung handelt ausführlich Abschnitt 5.1, »Wahl des Zahlenformats«.

Excel 2010 bietet noch eine weitere Alternative. Wenn Sie in der ersten Zelle einer Spalte das Format durch die Eingabe vorgeben, können Sie mit der Maus das Ausfüllkästchen bis ans Ende der Spalte ziehen. Klicken Sie dann auf die Schaltfläche **Auto-Ausfülloptionen**, und nehmen Sie aus dem Menü, das das kleine Dreieck öffnet, die Option **Nur Formate ausfüllen**. Die zunächst angezeigten Zahlenkopien verschwinden wieder, aber die Zellen haben nun das Format der ersten Zelle.

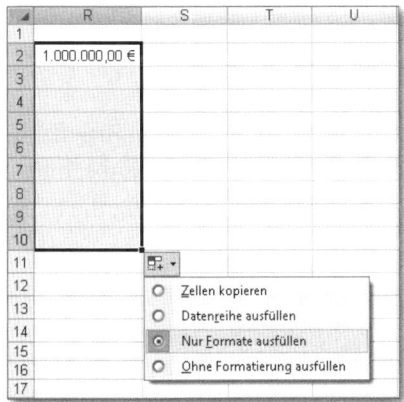

Abbildung 3.12 Ausdehnen einer Bereichsformatierung mit dem Ausfüllkästchen

Zahlengröße und Spaltenbreite

Ist die eingegebene Zahl größer als die Spaltenbreite, lässt Excel, solange das Standardformat nicht durch ein anderes Format ersetzt ist, zunächst Dezimalstellen weg. Hilft auch dies nicht, wird die wissenschaftliche Schreibweise mit Exponent benutzt, z. B. 3,45E+12.

Bei allen anderen Zahlenformaten erweitert Excel 2010 automatisch die Spalte, wenn zu wenig Platz ist. Dieses freundliche Verhalten gilt aber nur, wenn die Spaltenbreite nicht bereits manuell verändert worden ist. Ist die Spaltenbreite vorher verändert worden, gibt Excel, wie aus den früheren Versionen bekannt, anstelle der Zahl, die nicht in die Spalte passt, eine Reihe von #-Zeichen aus. Immerhin zeigt Excel den Wert an, wenn der Mauszeiger eine solche Zelle berührt. In einem solchen Fall sollte entweder die Spaltenbreite angepasst oder ein günstigeres Format gewählt werden.

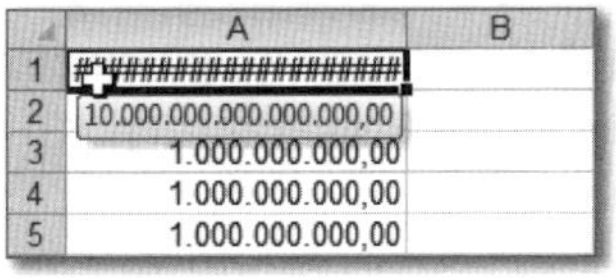

Abbildung 3.13 Zu große Werte in einer Spalte

Ist es nicht möglich, für die eingegebenen Zeichen ein gültiges Zahlenformat zu finden, wird die Eingabe einfach als Zeichenfolge eingestuft und dementsprechend zunächst linksbündig in der Zelle ausgegeben. Wenn Sie z. B. bei der Eingabe eines Datums irrtümlich 13.13.03 eingeben, wird dies einfach als Text gewertet.

3.3.4 Brüche, führende Nullen, Datum und Uhrzeit

Wenn Sie sich über unterschiedlich angezeigte Ergebnisse von eingegebenen Bruchzahlen oder Zahlen mit führenden Nullen wundern, helfen Ihnen die folgenden Abschnitte weiter: Es liegt an den Eingabeformaten und der Interpretation von Eingaben, die Excel vornimmt.

Eingabe von Brüchen

Etwas eigentümlich ist die Art und Weise, wie Excel auf die Eingabe von Brüchen reagiert. Wenn Sie z. B. 1/3 eintippen, zeigt die Zelle 01.Mrz an.

4/100 wird dagegen einfach als Text interpretiert, weil dieser Eintrag nicht in ein gültiges Datum umgesetzt werden kann, aber auch keine Formel ist, da das Gleichheitszeichen am Anfang fehlt.

Dagegen wird 2 3/4 anstandslos angenommen und als Wert von 2,75 verstanden, wie die Anzeige in der Bearbeitungsleiste zeigt.

Um zu erreichen, dass auch Brüche ohne vorhergehende Ganzzahl eingetippt werden können, muss eine Null vorangestellt werden. 0 1/3 ergibt das gewünschte Ergebnis 1/3. Die andere Möglichkeit ist, den Bereich vorher mit dem einstelligen Bruchformat zu formatieren.

Eingabe führender Nullen

Eine kleine Hürde errichtet Excel auch bei der Eingabe von Zahlen, die mit Nullen beginnen. Normalerweise schneidet Excel führende Nullen nämlich rigoros ab. Aus 007 wird schlicht 7, sowohl in der Zelle als auch in der Bearbeitungsleiste, d. h., die Eingabe wird auf ihren numerischen Wert reduziert.

Nun sind aber gerade bei Nummerierungssystemen – typische Beispiele dafür sind Kundennummern, Artikelnummern oder Belegnummern – oft führende Nullen erwünscht. Eine Lösung des Problems wäre, die »Zahl« als Text einzugeben, wie im letzten Abschnitt behandelt. Damit hat die Zahl aber ihren Zahlencharakter verloren. Das wäre bei Belegnummern aber nachteilig, weil diese ja oft hochgezählt werden sollen.

Wenn die Zahl als Zahl mit führenden Nullen eingegeben werden soll, kann ein spezielles Format definiert werden. Dies ist möglich, wenn Sie über **Start ▶ Zahl** die Liste zu **Zahlenformat** öffnen und die Option **Mehr...** nutzen. In der Kategorie **Benutzerdefiniert** unter **Zahlen** kann ein Zahlenmuster mit so vielen Nullen eingegeben werden, wie die entsprechende Nummer Stellen hat.

Eingabe mit fixen Dezimalstellen

Wenn in einer Arbeitsmappe ausschließlich Zahlen mit immer der gleichen Anzahl von Nachkommastellen vorkommen, kann eine Funktion genutzt werden, die die Eingabe des Kommas überflüssig macht. Am besten verwenden Sie dabei zur Eingabe der Zahlen den Zahlenblock. Drücken Sie dazu auf die Num-Taste. Wählen Sie unter **Excel-Optionen** das Register **Erweitert**, und haken Sie das Kästchen **Dezimalkomma automatisch einfügen** ab. Stellen Sie z. B. 2 als **Stellenanzahl** ein. Nun werden die letzten zwei Stellen jeder Zahl automatisch als Dezimalstellen betrachtet und das Komma automatisch gesetzt. Auch eine Null vor dem Komma muss nicht mehr eingegeben werden. Da diese Einstellung für die gesamte Arbeitsmappe gilt, sollten Sie die Bereiche, die nicht mit Nachkommastellen eingegeben werden sollen, etwa Absatzzahlen, vor der Eingabe mit einem passenden Zahlenformat belegen und zwei Nullen am Ende eingeben.

Eingabe von Datum und Uhrzeit

Excel betrachtet Datum und Uhrzeit als numerische Werte. Das hat den großen Vorteil, dass z. B. die Frage, welches Datum 20 Tage nach dem Tagesdatum liegt, durch eine einfache Addition geklärt werden kann. Datums- und Zeitwerte können entweder über Datums- und Zeitfunktionen, also über Formeln, in eine Zelle eingetragen werden oder direkt als Konstanten. Für die Eingabe eines Datums als Konstante sind verschiedene Eingabeformate erlaubt, je nach den gewählten Ländereinstellungen:

```
12-10-09
12/10/09
12.12.94
12.12.2008
12.Dezember 2008
12/10
12-10
12-Jan-09
4-Feb
Jan-08
4-Februar
```

sind alles gültige Eingabeformate. Das Standardausgabeformat hängt wiederum von den Ländereinstellungen ab. Diese können über die Systemsteuerung von Windows geändert werden. Unvollständige Datumsangaben ergänzt Excel automatisch. Fehlt das Jahr, wird das aktuelle Jahr ergänzt. Fehlt der Tag, wird der Monatserste genommen. Das vollständige Datum wird jeweils in der Bearbeitungsleiste angezeigt und ist Grundlage eventueller Berechnungen.

Zeitangaben können in einem der folgenden Formate eingegeben werden:

```
10:30      10:30 PM
10:30 am   10:30:30
```

Wird PM/AM weggelassen, nimmt Excel AM an. Kleinbuchstaben werden in Großbuchstaben umgewandelt. In der Bearbeitungsleiste erscheint die Zeit immer in der 24-Stunden-Schreibweise. 7:12 PM erscheint dort als 19:12:00.

Das aktuelle Datum und die Uhrzeit kann mit [Strg]+[.] bzw. [Strg]+[:] übernommen werden. Zeit und Datum können auch hintereinander in einer Zelle eingegeben werden, müssen dann aber durch ein Leerzeichen getrennt werden.

> **Seriennummern für Datum und Zeit**
>
> Excel speichert Eingaben, die es als Datums- oder Zeitwerte erkennt, intern in Form einer Seriennummer, mit der die Anzahl der Tage seit dem 1.1.1900 – oder alternativ dem 1.1.1904 – gezählt werden.
>
> Die Zeit wird über die Dezimalstellen der Seriennummer festgehalten. 12 Uhr entspricht dabei 0,5. Die Seriennummer wird sichtbar, wenn Sie das Format löschen.

Eingabesteuerung

Vorgabe ist, dass der Zellzeiger nach Bestätigung mit ⏎ auf die darunterliegende Zelle rückt. Das gilt nicht, wenn Sie die Dateneingabe mit einem Klick auf das Symbol **Eingeben** in der Bearbeitungsleiste abschließen. Das Vorrücken des Zellzeigers kann über **Excel-Optionen** auch abgeschaltet oder umdirigiert werden, wie in Kapitel 2, »Basiswissen für die Arbeit mit Excel 2010«, beschrieben.

3.3.5 Inhalte ändern, suchen und löschen

Jeder Eintrag kann wieder überschrieben werden, solange Sie das Arbeitsblatt nicht gegen nachträgliche Veränderungen sperren. Um eine falsche oder nicht mehr aktuelle Zahl zu ersetzen, wählen Sie die Zelle aus, tippen die neue Zahl ein und bestätigen sie. Bei längeren Eingaben, wie Beschriftungen oder auch bei Formeln, wäre es dagegen nicht effektiv, wegen eines Tippfehlers oder einer kleinen Änderung den Zellinhalt neu einzutragen. Hier ist eine Überarbeitung effektiver.

Bearbeiten in der Zelle

Excel 2010 stellt es Ihnen frei, den Zellinhalt direkt in der Zelle zu bearbeiten oder in der Bearbeitungsleiste. Um den Zellinhalt direkt in der Zelle zu bearbeiten, klicken Sie doppelt auf die entsprechende Zelle oder drücken Sie F2 . Das Programm wechselt in den Bearbeitungsmodus.

Bei Formeln wird statt des Ergebnisses die Formel angezeigt. Ein blinkender Strich zeigt die Einfügestelle an. Mit einem Mausklick oder den Richtungstasten kann die Einfügestelle versetzt werden. Quittiert wird die Korrektur in der Zelle mit einem Klick auf eine andere Zelle oder mit ⏎ .

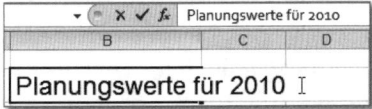

Abbildung 3.14 Zum Bearbeiten geöffnete Zelle

... oder in der Bearbeitungsleiste

Um den Zellinhalt in der Bearbeitungsleiste zu bearbeiten, wählen Sie die Zelle zunächst aus, damit der Zellinhalt in der Bearbeitungsleiste angezeigt wird. Wenn Sie eine bestimmte Stelle ändern wollen, klicken Sie gleich auf diese Stelle in der Bearbeitungsleiste.

Mit der Maus können Sie Zeichen, die Sie durch andere ersetzen wollen, durch Ziehen markieren. Ganze Wörter oder Argumente in einer Formel können per Doppelklick markiert werden. Wenn Sie die ⇧-Taste festhalten, können Sie eine Markierung auch bis zu der Stelle erweitern, an die Sie den Mauszeiger setzen. Das nächste eingegebene Zeichen ersetzt dann jeweils die markierten Zeichen. Weitere Zeichen werden an der Stelle eingefügt. Das Programm arbeitet also normalerweise im Einfügemodus.

Sie können aber auch die Einfügestelle auf das erste Zeichen setzen, das überschrieben werden soll, und dann mit Einfg den Überschreibmodus einschalten. Die Einfügestelle wird durch einen dickeren Strich angezeigt. Sind die Zeichen überschrieben, schalten Sie mit Einfg wieder in den Einfügemodus zurück.

Tastenfunktionen zur Zellbearbeitung

Tastenkombination	Wirkung
Pos1	Springt zum Anfang des Eintrags.
Ende	Springt zum Ende des Eintrags.
Strg + →	Springt ein Wort oder Argument nach rechts.
Strg + ←	Springt ein Wort oder Argument nach links.
⇧ + →	Erweitert die Markierung um ein Zeichen nach rechts.
⇧ + ←	Erweitert die Markierung um ein Zeichen nach links.
Strg + ⇧ + →	Erweitert die Markierung um ein Wort oder Argument nach rechts.
Strg + ⇧ + ←	Erweitert die Markierung um ein Wort oder Argument nach links.

3.3 Effektive Dateneingabe und Datenänderung

Tastenkombination	Wirkung
Strg + ⇧ + Pos1	Erweitert die Markierung bis zum Anfang des Eintrags.
Strg + ⇧ + Ende	Erweitert die Markierung bis zum Ende des Eintrags.
Strg + ⇧ + A	Einfügen der Argumente bei einer Funktion. Kann benutzt werden, wenn die erste Klammer hinter dem Funktionsnamen eingegeben ist.
Entf	Löscht markierte Zeichen oder das Zeichen rechts von der Einfügemarke.
Löschen	Löscht markierte Zeichen oder das Zeichen links von der Einfügemarke.
Strg + Entf	Löscht ab Einfügemarke oder Markierung bis zum Ende des Eintrags.
Strg + C	Kopiert die markierten Zeichen in die Zwischenablage.
Strg + X	Schneidet die markierten Zeichen aus und versetzt sie in die Zwischenablage.
Strg + V	Fügt die Daten aus der Zwischenablage an der Einfügestelle oder anstelle der markierten Zeichen ein.

Ausgeschnittene oder kopierte Zeichenfolgen können eine markierte Zeichenfolge ersetzen, aber auch in eine andere Zelle oder in die Bearbeitungsleiste einer anderen Zelle eingefügt werden.

Wenn Sie längere Texte oder komplizierte Formeln bearbeiten, sollten Sie auch die Bearbeitungsbefehle nutzen, die Excel anbietet. Die Befehle **Ausschneiden**, **Kopieren**, **Einfügen** und **Löschen** stehen auch in der Bearbeitungsleiste und bei der direkten Zellbearbeitung zur Verfügung.

Suchen von Zeichen oder Zahlen

In älteren Versionen war die Funktion zum Suchen und Ersetzen nur von begrenztem Nutzen. In Excel 2010 können nicht nur Zahlen und Zeichenketten, sondern auch Formate gesucht oder ersetzt werden, um z. B. Zellen, bei denen die Jahreszahlen nur zweistellig angezeigt werden, mit kompletten Jahreszahlen auszustatten.

Das Dialogfeld wird auf dem Register **Start** in der Gruppe **Bearbeiten** mit **Suchen und Auswählen** und den Optionen **Suchen** oder **Ersetzen** geöffnet. Es liefert mit der Schaltfläche **Optionen** eine zusätzliche Schaltfläche **Format**, deren Pfeil ein kleines Menü öffnet.

Die erste Option öffnet ein Dialogfeld **Format suchen**, das dem für Zellformate entspricht.

Besonders praktisch ist die zweite Option **Format von Zelle wählen**, die Sie immer dann einsetzen können, wenn Sie nach Zellen suchen, die einem in der Mappe vorhandenen Format entsprechen. Die Musterzelle mit dem fraglichen Format lässt sich dann per Mauszeiger auswählen. Soll die Suche nach Formaten beendet werden, um wieder nur nach inhaltlichen Kriterien zu suchen, wird die Option **Löschen: Format suchen** benutzt.

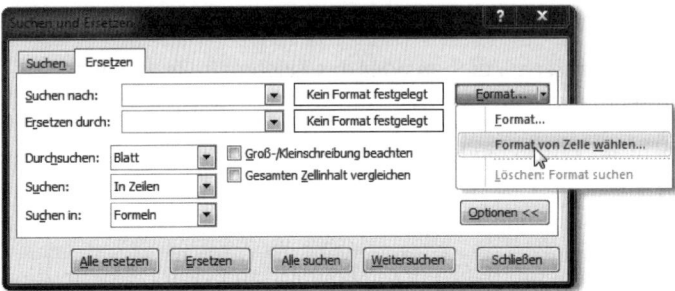

Abbildung 3.15 Optionen beim Suchen und Ersetzen

Die Suche nach Zahlen und Zeichenketten lässt sich bei Bedarf mit der entsprechenden Option bei **Suchen** auf die gesamte Arbeitsmappe ausdehnen, ist also nicht auf das Blatt begrenzt. Mit der Liste darunter kann festgelegt werden, ob die Suche zeilenweise oder spaltenweise stattfinden soll. Außerdem kann die Suche auf Formeln, Werte oder Kommentare beschränkt werden.

Abbildung 3.16 Tabelle der Fundstellen

Wenn Sie auf dem Register **Suchen** die Schaltfläche **Alle suchen** verwenden, werden alle Fundstellen in einer Tabelle aufgelistet. Die einzelnen Tabellenzeilen lassen sich zum Ansteuern der Stellen per Mausklick benutzen.

Um das Dialogfeld **Suchen** schnell zu öffnen, können Sie auch die Tastenkombination ⌈Strg⌉ + ⌈F⌉ verwenden. Besonders praktisch ist auch ⌈⇧⌉ + ⌈F4⌉, um noch einmal mit demselben Suchbegriff vorwärts, und ⌈Strg⌉ + ⌈⇧⌉ + ⌈F4⌉, um rückwärts zu suchen. Dabei wird das Dialogfeld nicht geöffnet.

Das Menü der Schaltfläche **Suchen und Auswählen** bietet auch Optionen an, um direkt Zellen mit Formeln, Konstanten, bedingten Formaten oder Kommentaren zu markieren.

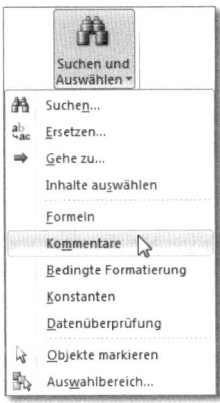

Abbildung 3.17 Menü der Schaltfläche »Suchen und Auswählen«

3.3.6 Löschmethoden

Unter dem Begriff *Löschen* kann in Bezug auf die Eigenschaften einer Zelle oder eines Zellbereichs dreierlei verstanden werden:

- Löschen des Zellinhalts
- Löschen des Zellformats
- Löschen von Kommentaren

Davon muss das Entfernen von Zellen unterschieden werden, das ebenfalls als Löschen bezeichnet wird. Dies wird weiter unten behandelt.

Wird der Inhalt einer Zelle gelöscht, ist die Zelle leer. Diese Banalität muss hier deshalb betont werden, weil eine Zelle manchmal zwar leer aussieht, aber nicht leer ist. Das kann vorkommen, wenn eine Zelle Leerzeichen enthält. Wenn Sie die Zelle doppelt anklicken, steht die Einfügestelle nicht ganz links, sondern rechts vom letzten Leerzeichen. Solche übersehenen Leerzeichen können z. B. beim Abfragen von Tabellen Verwirrung stiften.

Das Löschen des Zellformats wiederum bedeutet nicht, dass die Zelle anschließend überhaupt keine Formateigenschaften mehr hat. Die Zelle wird lediglich auf das Standardformat zurückgesetzt. Wenn Sie also z. B. eine bestimmte Schrift gewählt haben, wird die Zelle wieder auf die Standardschriftart zurückgesetzt. Entsprechendes gilt für das Zahlenformat.

Die Taste `Entf` löscht nur den Zellinhalt. Die Formatierung der Zelle bleibt davon unberührt. Wenn Sie Zellinhalte in einer Zelle oder einen Bereich mit der Maus löschen wollen, müssen Sie diese nur markieren und dann das Ausfüllkästchen so weit nach innen ziehen, bis der gesamte Bereich durch das Raster überstrichen wird. Wenn Sie loslassen, ist der markierte Bereich gelöscht.

Wollen Sie ganze Spalten oder Zeilen löschen, markieren Sie die Spalten oder Zeilen, indem Sie die Spalten- bzw. Zeilenköpfe anklicken. Sollen mehrere Spalten oder Zeilen gelöscht werden, ziehen Sie mit der Maus über die entsprechenden Spalten- oder Zeilenköpfe. Ziehen Sie dann das Ausfüllkästchen nach innen. Wenn Sie loslassen, sind die Inhalte der Spalten oder Zeilen gelöscht. Merken Sie beim Ziehen in den ausgewählten Bereich, dass Sie den falschen Bereich markiert haben, ziehen Sie den Mauszeiger einfach wieder bis zum Ausfüllkästchen zurück und lassen die Maustaste los.

Sollen mit dem Inhalt zugleich die Formatierung und eventuelle Kommentare gelöscht werden, müssen Sie beim Ziehen des Ausfüllkästchens gleichzeitig `Strg` gedrückt halten. In diesem Fall erscheint neben dem Fadenkreuz noch ein Pluszeichen.

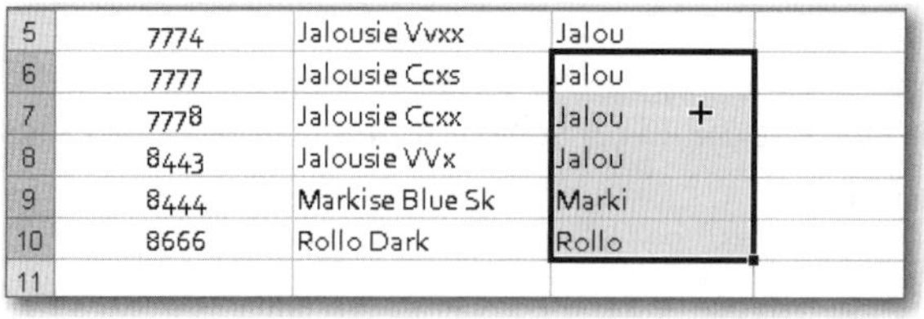

Abbildung 3.18 Löschen eines Bereichs mit dem Ausfüllkästchen

Löschen großer Bereiche

Die Methode mit dem Ausfüllkästchen ist praktisch bei einzelnen Zellen oder kleinen Bereichen. Bei großen Bereichen ist es einfacher, zunächst den Bereich zu markieren und anschließend mit `Entf` oder **Start ▶ Bearbeiten ▶ Löschen** zu arbeiten.

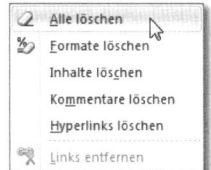

Abbildung 3.19 Menü der Schaltfläche »Löschen«"

Der Befehl öffnet ein Menü, in dem Sie bestimmen können, was gelöscht werden soll: alles, nur die Formatierung, nur der Zellinhalt, nur Hyperlinks oder nur die Kommentare. Über das Kontextmenü zu einem Bereich können Sie auch den Befehl **Inhalte löschen** verwenden. Alle beschriebenen Löschvorgänge lassen sich mit der Schaltfläche **Rückgängig** wieder ungeschehen machen, falls Sie den falschen Bereich erwischt haben.

3.3.7 Rechtschreibprüfung und AutoKorrektur

Eine Tabelle oder ein Diagramm können noch so elegant formatiert sein, wenn sich in den Texten Rechtschreibfehler eingenistet haben, ist es immer ärgerlich. Fehler in der Schreibweise können aber auch zu falschen Informationen führen, etwa wenn bei einer Bestellung eine Bezeichnung für ein Produkt nicht stimmt.

Prüfung mit Wörterbüchern

Excel 2010 bietet Wörterbücher für verschiedene Sprachen an, sodass Sie ohne Probleme auch Arbeitsmappen mit englischen, französischen oder spanischen Beschriftungen prüfen können. Wenn Sie zur Prüfung einer Arbeitsmappe oder eines markierten Bereichs das Wörterbuch einer anderen Sprache verwenden wollen, wählen Sie im Dialogfeld **Rechtschreibung** die gewünschte Sprache aus der Liste bei **Wörterbuchsprache** aus.

Da die Wörterbücher aber weder alle möglichen Wortkombinationen noch die Spezialausdrücke Ihres Arbeitsbereichs – Fachausdrücke, Produktnamen, Abkürzungen, Firmennamen oder Kundennamen – kennen können, besteht gleichzeitig die Möglichkeit, sich zusätzliche eigene Wörterbücher (Benutzerwörterbücher) anzulegen. Diese können dann jeweils zur Prüfung der Schreibweise mit herangezogen werden. Ausgeschlossen von der Prüfung sind geschützte Dokumente, Formeln und Texte, die Ergebnis einer Formel sind.

Um Texte noch in der Bearbeitungsleiste bzw. der zur Bearbeitung geöffneten Zelle zu prüfen, haben Sie zwei Möglichkeiten: Wollen Sie ein bestimmtes Wort oder nur einen Teil des Zellinhalts prüfen lassen, müssen Sie diese zunächst markieren. Soll der gesamte Zellinhalt geprüft werden, können Sie gleich die Rechtschreibprüfung aufrufen. Am schnellsten geht das mit F7 oder dem Symbol **ABC** aus der Gruppe **Überprüfen ▸ Dokumentprüfung**. Im Tabellenblatt prüft Excel jeweils ab der Position der aktiven Zelle. Ist vorher ein Bereich markiert, wird nur der Bereich geprüft. Findet Excel keinen Fehler, erhalten Sie nur die Bestätigung, dass die Prüfung abgeschlossen ist.

Sollte der Fehlerteufel zugeschlagen haben, öffnet Excel das schon angesprochene Dialogfeld **Rechtschreibung**. Sofern möglich, gibt Excel unter **Vorschläge** Korrekturmöglichkeiten vor, die mit **Ändern** übernommen werden. Werden keine oder keine verwertbaren Vorschläge angeboten, können Sie den korrekten Wert im ersten Textfeld eintragen und mit **Ändern** übernehmen. Mit **Immer ändern** erreichen Sie, dass der Fehler beim nächsten Vorkommen automatisch korrigiert wird.

Abbildung 3.20 Änderungsvorschläge im Dialog der Rechtschreibprüfung

Solange der Dialog geöffnet ist, kann eine solche Korrektur mit der Schaltfläche **Rückgängig** auch wieder zurückgenommen werden. Wird nach dem Schließen des Dialogs die Schaltfläche **Rückgängig** aus der Schnellzugriffsleiste benutzt, werden dagegen alle Korrekturen, die innerhalb des Dialogs vorgenommen wurden, wieder zurückgenommen.

Ist das Wort richtig geschrieben, obwohl es nicht im Wörterbuch oder Benutzerwörterbuch steht, können Sie **Einmal ignorieren** anklicken. Excel belässt das Wort, wie es ist, und sucht den nächsten Fehler. **Alle ignorieren** belässt auch alle weiteren Vorkommen dieses Wortes unverändert. Dazu verwaltet das Programm eine entsprechende Liste.

Die andere Möglichkeit ist, das monierte Wort mit **Zum Wörterbuch hinzufügen** in eines der Benutzerwörterbücher aufzunehmen. Wenn Sie nicht mit dem vorgegebenen Standardbenutzerwörterbuch *CUSTOM.DIC* arbeiten wollen, benutzen Sie zunächst die Schaltfläche **Optionen**. Diese führt in den Dialog **Excel-Optionen**, in dem Sie auf dem Register **Dokumentprüfung** neben einer Reihe von Einstellungen für die Rechtschreibprüfung eine Schaltfläche **Benutzerwörterbücher** finden.

Wählen Sie hier das gewünschte Wörterbuch aus der Liste aus. Ist das Wörterbuch noch nicht in der Liste angezeigt, klicken Sie auf **Hinzufügen**, und geben Sie den Pfad des Wörterbuches an. Um ein ganz neues Wörterbuch anzulegen, benutzen Sie die Schaltfläche **Neu**, und geben Sie einen passenden Namen an.

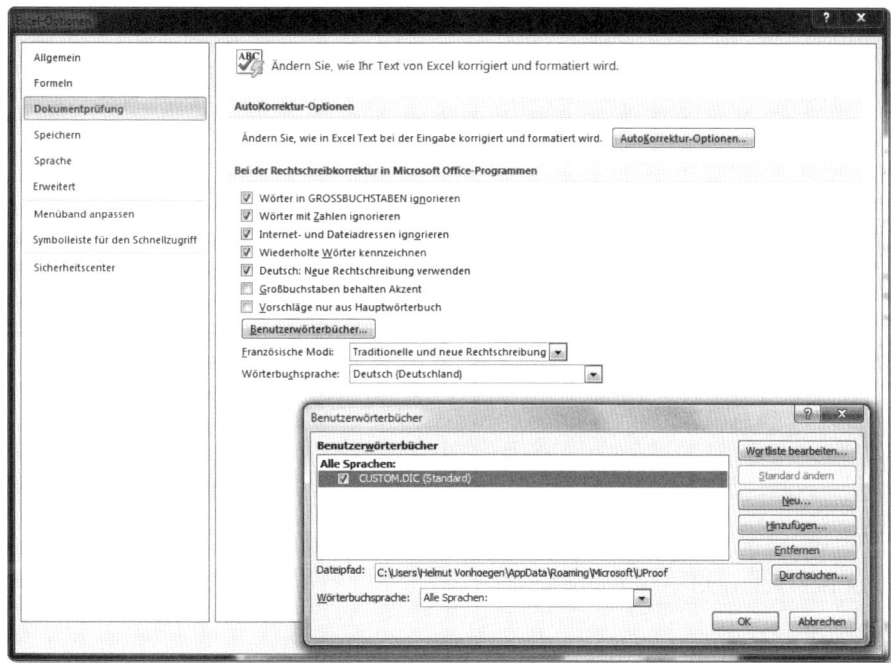

Abbildung 3.21 Einstellungen zur Dokumentprüfung

Soll die Wortliste eines der Benutzerwörterbücher an dieser Stelle bearbeitet werden, markieren Sie zunächst das entsprechende Benutzerwörterbuch, und benutzen dann **Wortliste bearbeiten**.

Die Schaltfläche **AutoKorrektur** im Dialog **Rechtschreibung** erlaubt außerdem, das falsche und das richtige Wort auch in die Liste einzufügen, die die gleich thematisierte Funktion **AutoKorrektur** benutzt. Immer wenn Sie in Zukunft das Wort falsch eintippen, wird es automatisch durch das richtige ersetzt.

3.3.8 Eingaben automatisch ersetzen

Die Rechtschreibprüfung wird ergänzt durch die gerade angesprochene Funktion **AutoKorrektur**. Damit werden Fehler schon beim Eintippen abgefangen und automatisch korrigiert. Wer z. B. statt *Firma* irrtümlich *Frima* eintippt, erhält beim Verlassen der Zelle trotzdem *Firma*. Die Autokorrektur kann auch benutzt werden, um für häufig vorkommende lange Einträge Kürzel zu verwenden. Wenn Sie z. B. in Ihren Tabellen häufiger den Eintrag *Finanzkasse* benötigen, geht es auch mit dem Kürzel *FK*. Was jeweils wodurch ersetzt werden soll, lässt sich über das Dialogfeld **AutoKorrektur** festlegen. Es wird erreicht über **Datei ▸ Optionen ▸ Dokumentprüfung** und die Schaltfläche **AutoKorrektur-Optionen**.

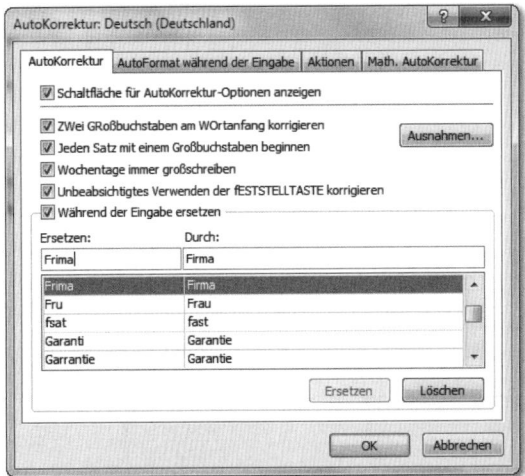

Abbildung 3.22 Das Dialogfeld »AutoKorrektur«

Dort wird eine Liste geführt, die schon eine Reihe von Einträgen mit häufig vorkommenden Fehlern und Kürzeln enthält. Außerdem werden als Vorgabe einige Standardfehler korrigiert, wie etwa zwei Großbuchstaben am Wortanfang. Da das in Abkürzungen aber vorkommen kann, lassen sich über die Schaltfläche **Ausnahmen** entsprechende Zeichenfolgen ablegen.

AutoKorrektur ist auch für die Eingabe von Sonderzeichen praktisch. Wenn Sie z. B. öfter das Zeichen für den japanischen Yen benötigen, können Sie im Dialogfeld **AutoKorrektur** unter **Ersetzen** beispielsweise *yy* eingeben und unter **Durch** die Tastenkombination ⎡Alt⎤ + ⎡0⎤, ⎡1⎤, ⎡6⎤, ⎡5⎤.

Mathematische AutoKorrektur

Neu in diesem Dialog ist ein Register **Math. AutoKorrektur**. Hier sind bereits eine ganze Reihe von Paaren mit Ersatzzeichenfolgen vorgegeben, die zum Einfügen von mathematischen Symbolen verwendet werden können, etwa \varphi für das Zeichen φ.

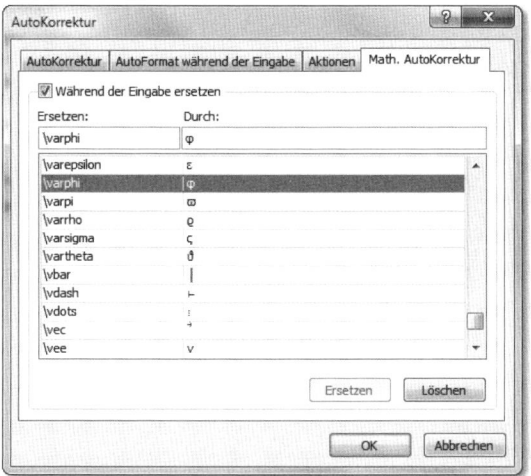

Abbildung 3.23 Ersatzzeichenfolgen für mathematische Symbole

3.3.9 Aktionen

Eine Erweiterung der Funktion **AutoKorrektur** sind die sogenannten Aktionen, die in den bisherigen Versionen noch als Smarttags bezeichnet wurden. Sie werden über das Register **Aktionen** im Dialog **AutoKorrektur** verwaltet. Ist die Funktion **Zusätzliche Aktionen im Kontextmenü** aktiviert, wird beispielsweise bei der Eingabe eines Datums eine kleine Schaltfläche eingeblendet, falls unter **Verfügbare Aktionen** die Option **Datum (XML)** ausgewählt ist. Wenn Sie den Pfeil anklicken, erscheint ein Menü, das eine Verbindung mit der entsprechenden Outlook-Funktion herstellt, um zu diesem Datum einen Termin in den Kalender einzutragen oder mit einer anderen Person zu vereinbaren, ohne die Arbeit an Ihrem Kalkulationsblatt verlassen zu müssen. Voraussetzung ist natürlich, dass Outlook installiert ist.

Die Verknüpfung bestimmter erkennbarer Inhalte mit automatisierten Programmfunktionen ist ein möglicher Erweiterungsmechanismus für Excel-Anwendungen. Wenn über das Web weitere Angebote verfügbar sind, können Sie über die Schaltfläche **Weitere Aktionen** darauf zugreifen.

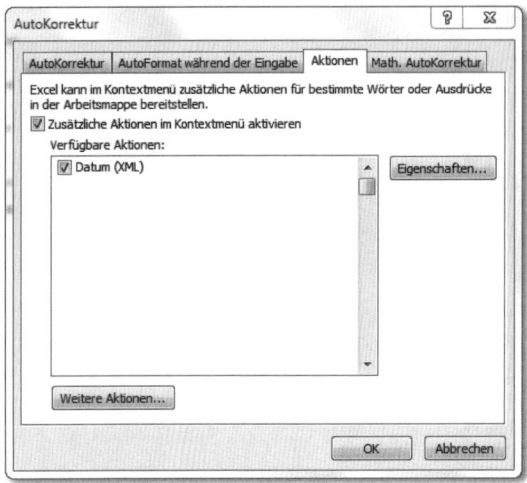

Abbildung 3.24 Optionen zu Aktionen

3.4 Daten automatisch erzeugen

Überall, wo ein Zellbereich mit Daten gefüllt werden soll, die eine erkennbare Reihe bilden, lässt sich die Dateneingabe automatisieren. Reihen vereinfachen die Beschriftung von Zeilen und Spalten und die fortlaufende Nummerierung, z. B. von Artikeln oder Lagerplätzen. Auch wenn Sie Testdaten für Planspiele oder den Test von Formeln oder Makros brauchen, kann die Ausfüllfunktion viel Zeit sparen.

Zwei Methoden stehen zur Verfügung, die Arbeit mit dem Ausfüllkästchen und der Befehl **Start ▸ Bearbeiten ▸ Füllbereich**. Die Schaltfläche öffnet ein Menü mit mehreren Optionen zur Reihenbildung.

Abbildung 3.25 Menü der Schaltfläche »Füllbereich«

Bei kleinen Reihen kommen Sie mit der Maus schnell zum Ziel, bei großen Reihen gibt der Befehl mehr Kontrolle über die Reihenbildung.

3.4.1 Datenreihen mit dem Ausfüllkästchen

Eine häufig benötigte Datenreihe sind Quartalsbezeichnungen. Hier ist das Ausfüllkästchen ganz praktisch:

1 Sie geben die Bezeichnung für das Quartal ein, mit dem die Reihe beginnen soll – es muss nicht das erste Quartal sein.

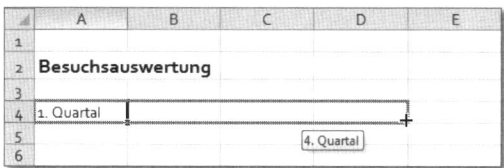

2 Sie setzen den Mauszeiger genau auf das Ausfüllkästchen.

3 Mit gedrückter linker Maustaste wird der Hilfsrahmen, der dann erscheint, entweder innerhalb der Zeile nach rechts oder auch nach links oder innerhalb der Spalte nach unten oder oben ausgedehnt. Zur Kontrolle wird immer angezeigt, welches Quartal gerade erreicht wurde.

4 Ist eine Reihe zu lang geraten, können Sie das Ausfüllkästchen so weit in die entgegengesetzte Richtung ziehen, bis die überflüssigen Zellen wieder gelöscht sind.

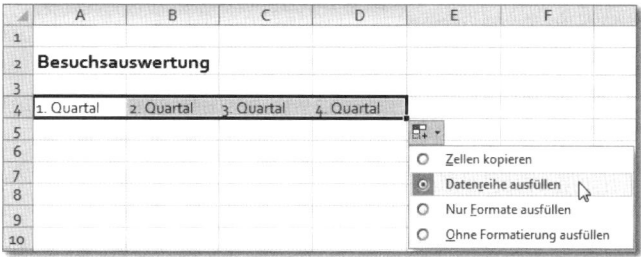

5 Wird die Maustaste wieder losgelassen, ist der mit dem Hilfsrahmen ausgewählte Bereich ausgefüllt.

Excel 2010 blendet normalerweise die Schaltfläche **Auto-Ausfülloptionen** ein. Ein Klick öffnet ein Menü, in dem Sie beispielsweise wählen können, dass im Ausnahmefall die Formate der Ausgangszelle nicht mit übernommen werden. Im Normalfall überträgt Excel beim Ausfüllen auch die Formatierung der Ausgangszelle auf die neuen Zellen.

Was die Reihenbildung liefert, hängt vom Inhalt der zunächst markierten Ausgangszelle(n) ab. Das Programm prüft, ob sich daraus eine fortlaufende Reihe erzeugen lässt oder nicht. Wenn nicht, werden die Zellinhalte nur kopiert. Wenn Sie verhindern wollen, dass Excel eine mögliche Reihe erzeugt, müssen Sie beim Ziehen `Strg` gedrückt halten. Dann werden nur Kopien geliefert. Oder Sie benutzen die Option **Zellen kopieren** über die Schaltfläche **Auto-Ausfülloptionen**. Damit kann eine Reihe auch nachträglich in eine Folge von Kopien verwandelt werden und umgekehrt. Die Schaltfläche wird übrigens erst bei der nächsten Dateneingabe oder beim nächsten Speichern wieder ausgeblendet.

3.4.2 Reihen oder Kopien?

Steht in der Ausgangszelle ein Name wie *Müller*, erzeugt das Ziehen des Ausfüllkästchens lauter *Müller*-Zellen. Schreiben Sie dagegen in die erste Zelle *Haus 1*, unterstellt das Programm, dass Sie eine Reihe von Häusern durchnummerieren wollen, also *Haus 1*, *Haus 2*, *Haus 3*. Dabei spielt es keine Rolle, wo die Zählnummer steht, ob am Anfang des Zelleintrags oder am Ende. Am Anfang muss sie allerdings durch ein Leerzeichen vom Text getrennt sein. Dabei kann hinter der Nummer noch ein Punkt stehen. Ein Eintrag wie *1.Tag* ergibt allerdings immer nur *1.Tag*, während *1. Tag* oder auch *1 MByte* eine durchnummerierte Reihe ergibt. Außerdem kann *1er* benutzt werden, um eine Ordinalzahlenreihe zu erzeugen.

Soll eine fortlaufende Nummerierung erzeugt werden, reicht es aus, in die erste Zelle 1 oder eine andere Startzahl einzugeben. Allerdings muss dann über **Auto-Ausfülloptionen** die Option **Datenreihe ausfüllen** gewählt werden, weil Excel die Zahl sonst nur kopiert. Alternativ können Sie auch beim Ziehen die `Strg`-Taste gedrückt halten. Wenn die Aufeinanderfolge nicht in Einer-Schritten erfolgen soll, ist es notwendig, zunächst zwei Zellen auszufüllen und zu markieren. Die erste Zelle enthält den Ausgangswert und die zweite Zelle den nächsten Wert, sodass das Programm den Schrittwert (**Inkrement**) erkennen kann.

3.4.3 Aufsteigende und absteigende Reihen

Das Ausfüllkästchen kann in die rechten oder in die unteren Nachbarzellen gezogen werden, um aufsteigende Reihen zu erzeugen. Wird das Ausfüllkästchen dagegen zu den linken oder den oberen Nachbarzellen gezogen, werden absteigende Reihen erzeugt. Dabei muss unbedingt über den zunächst markierten Bereich hinausgezogen werden, weil dieser sonst gelöscht wird!

3.4.4 Zeitreihen

Zeitreihen können linear wie beim Datum oder kreisförmig wie bei der Uhrzeit oder bei Wochentagen oder Monatsreihen sein. Die Abstände werden entweder nach dem ersten Wert automatisch in Einer-Schritten oder durch den Inhalt einer zweiten Zelle bestimmt.

Hier einige Beispiele:

Anfangswerte	Fortsetzung der Reihe
8:15	9:15 10:15 11:15
Di	Mi Do Fr Sa So Mo Di
Montag	Dienstag Mittwoch Donnerstag
1. Mai 15. Mai	29. Mai 12. Jun 26. Jun 10. Jul
Januar	Februar März April
Mai 03 Sept 03	Jan 04 Mai 04 Sep 04
1. Quartal	2. Quartal 3. Quartal

Quartal kann ausgeschrieben oder abgekürzt werden: *Qrtl* oder *Q*. Monatsnamen und Tagesnamen können ausgeschrieben oder auf drei bzw. zwei Buchstaben abgekürzt werden.

3.4.5 Arithmetische Reihen

Arithmetische Reihen sind Reihen mit konstantem Abstand. Um sie mit der Maus zu erzeugen, müssen zwei Zellen markiert sein, die den ersten und den zweiten Wert der Reihe enthalten.

Anfangswerte	Fortsetzung der Reihe
4 7	10 13 16 19
1.	2. 3. 4.
6 3	0 –3 –6
1,2 1,6	2 2,4 2,8
1er	2er 3er 4er
1er 5er	9er 13er 17er

3.4.6 Geometrische Reihen

Bei geometrischen Reihen wird jeweils der vorhergehende Wert mit einem konstanten Faktor multipliziert. Diese Reihen können allerdings nur über das Dialogfeld **Reihe** erzeugt werden, das mit **Start ▸ Bearbeiten ▸ Füllbereich ▸ Reihe** geöffnet wird. Die hier angebotenen Optionen entsprechen ansonsten den Operationen mit dem Ausfüllkästchen.

Anfangswerte	Fortsetzung der Reihe
2 (Inkrement 2)	4 8 16
3 (Inkrement 5)	3 15 75

Ist eine Datenreihe zu lang geraten, können Sie die Reihe auswählen und dann das Ausfüllkästchen so weit nach innen ziehen, bis die überflüssigen Glieder der Reihe mit dem grauen Raster bedeckt sind. Wenn Sie loslassen, sind diese Zellen gelöscht. Um die Reihe zu erweitern, ziehen Sie das Ausfüllkästchen einfach erneut in die entsprechende Richtung.

3.4.7 Trendanalyse mit der Maus

Das Ausfüllkästchen ermöglicht sogar eine einfache Trendanalyse. Sie können z. B. in einer Spalte Besucherzahlen der letzten sechs Monate eingeben, die sechs Zellen markieren und dann das Ausfüllkästchen um weitere sechs Zellen nach unten ziehen. Sie erhalten eine arithmetische Trendberechnung für das zweite Halbjahr nach der Methode der kleinsten Quadrate. Die Ausgangswerte bleiben dabei unverändert. Die Abbildung zeigt ein Beispiel mit einem Flächendiagramm, das die Zahlenreihe auswertet.

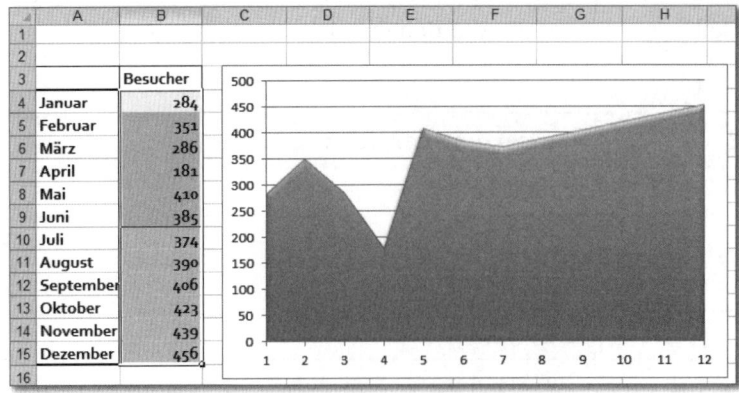

Abbildung 3.26 Lineare Trendanalyse von Besucherzahlen

3.4.8 Spezielle Optionen des Kontextmenüs

Benötigen Sie eine Liste von Wochentagen, können Sie das Ausfüllkästchen auch mit der gedrückten rechten Maustaste ziehen. Wenn Sie die Taste loslassen, bietet das Kontextmenü die Option **Wochentage ausfüllen** an, die automatisch nur die Werktage aufreiht.

Abbildung 3.27 Kontextmenü zum Ausfüllkästchen

Bei Zahlenwerten können hier neben arithmetischen Trends auch exponentielle Wachstumstrends berechnet werden, wobei auch in diesem Fall die Ausgangswerte nicht verändert werden.

3.4.9 Reihenbildung im Dialog

Der Dialog zu **Start ▸ Bearbeiten ▸ Füllbereich ▸ Reihe** bietet noch einige zusätzliche Möglichkeiten. Allerdings ist das Verfahren etwas anders. Zwei Varianten stehen zur Wahl:

1. Sie markieren vor Aufruf des Befehls den kompletten Bereich, der gefüllt werden soll, einschließlich der Startzelle. Dabei können auch mehrere Zellen gleichzeitig als Startzellen eingesetzt werden, wie die folgende Abbildung zeigt.

3 Aufbau von Kalkulationstabellen

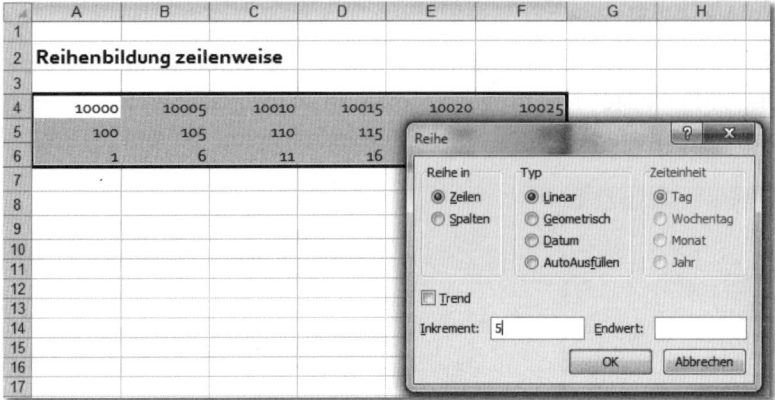

2 Sie wählen nur die Ausgangszelle(n) und steuern die Ausdehnung der Datenreihe über den Endwert im Dialogfeld.

Wenn Sie nur die Ausgangszelle(n) ausgewählt haben, wählen Sie unter **Reihe in** aus, ob die Reihe in der Zeile, d. h. nach rechts, oder in der Spalte, also nach unten, gebildet werden soll.

In der zweiten Optionsgruppe wird der Typ der Datenreihe ausgewählt. Excel gibt den Typ aufgrund der markierten Startzelle vor.

- **Linear**: Der unter **Inkrement** eingegebene Schrittwert wird jeweils auf den letzten Wert aufaddiert. Ist das Kontrollkästchen **Trend** abgehakt, wird der Schrittwert unter **Inkrement** ignoriert und ein linearer Trend berechnet. Im Unterschied zur entsprechenden Mausfunktion werden hierbei die Ausgangswerte überschrieben.

- **Geometrisch**: Multipliziert den letzten Wert jeweils mit dem Schrittwert. Ist das Kontrollkästchen **Trend** abgehakt, wird der Schrittwert ignoriert und ein geometrischer Trend berechnet. Die Ausgangswerte werden überschrieben.

- **Datum**: Wenn diese Einstellung gewählt ist, kann unter **Zeiteinheit** die Einheit gewählt werden, die für die Reihe benutzt werden soll. Der Schrittwert bezieht sich dann auf diese Einheit.

- **AutoAusfüllen**: Bei dieser Einstellung werden **Inkrement** und **Endwert** ignoriert. Diese Einstellung setzt voraus, dass der komplette Bereich für die Reihe vorher markiert ist und die Art der Reihe durch die Werte in den Ausgangszellen erkennbar ist. Diese Einstellung entspricht dem, was Sie mit dem Ziehen des Ausfüllkästchens erreichen.

Außer bei der Option **AutoAusfüllen** und bei der Einstellung **Trend** können Sie unter **Inkrement** den Schrittwert für eine Datenreihe eingeben. **Endwert** muss nur eingegeben werden, wenn Sie nicht den kompletten Bereich für die Reihe markieren. Mit dem Endwert können Sie exakt angeben, bei welchem Wert die Reihe aufhören soll. Der Wert muss in einem Format eingegeben werden, der dem Typ der Reihe entspricht, bei Zeitwerten also das Datum oder die Uhrzeit in einem der gültigen Formate.

3.4.10 Selbst definierte Listen

Zusätzlich zu den bisher beschriebenen Datenreihen lassen sich auch Datenreihen erzeugen, die ganz unabhängig von numerischen Reihen oder Zeitreihen sind. Das kann z. B. die Liste der Filialen oder Abteilungen einer Firma sein oder eine Aufstellung über Produktgruppen.

Definition einer Liste von Niederlassungen

Um beispielsweise die Orte verschiedener Niederlassungen als Datenreihe zu definieren, verfahren Sie folgendermaßen:

1 Wählen Sie im Dialog **Excel-Optionen** auf dem Register **Erweitert** unter **Allgemein** die Schaltfläche **Benutzerdefinierte Listen bearbeiten**.

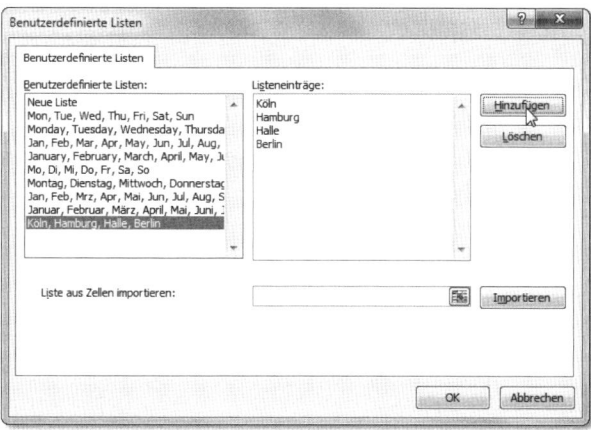

2 Sie können die Liste hier entweder direkt eintragen oder aus einer Spalte oder Zeile eines Arbeitsblatts importieren. Wählen Sie zunächst im linken Feld die Position **Neue Liste**.

3 Wenn Sie die Liste manuell eintragen wollen, schreiben Sie die einzelnen Werte unter **Listeneinträge** untereinander. Schließen Sie jeden Eintrag mit ⏎ ab. Bei umfangreichen Listen oder wenn Sie Werte aus vorhandenen Tabellen übernehmen können, ist es praktischer, die Listeneinträge zu importieren. Wählen Sie unter **Liste aus Zellen importieren** den entsprechenden Bereich, und klicken Sie auf **Importieren**.

Um eine selbst definierte Liste im Arbeitsblatt zu verwenden, müssen Sie nur einen gültigen Eintrag aus der Liste in die erste Zelle des Bereichs eintragen, der gefüllt werden soll. Wenn Sie dann das Ausfüllkästchen nach rechts oder nach unten ziehen, erscheinen die übrigen Einträge aus der Liste. Die Listen arbeiten kreisförmig. Anstatt mit der Maus zu arbeiten, können Sie auch den zu füllenden Bereich markieren und dann **Start ▸ Bearbeiten ▸ Füllbereich ▸ Reihe** mit der Option **AutoAusfüllen** benutzen.

3.5 Prüfung der Dateneingabe

Die Dateneingabe in eine Zelle erfolgt zunächst ohne jede Kontrolle über den Datentyp, den Wert oder die Länge der Eingabe, es sei denn, die Eingabe wird über Makros gesteuert. Excel 2010 bietet aber die Möglichkeit, auch ohne Programmierung Regeln für Daten festzulegen, die in bestimmten Zellbereichen erlaubt sind.

3.5.1 Gültigkeitsregeln für eine Preisspalte

Um beispielsweise bei einer Preisliste auszuschließen, dass irrtümlich ein negativer Preis eingegeben wird oder durch einen doppelten Tastenanschlag ein Preis, der über dem des teuersten Artikels liegt, können folgende Regeln festgelegt werden (angenommen, der teuerste Artikel kostet weniger als 300 €):

1 Markieren Sie den Zellbereich, für den Gültigkeitsregeln gelten sollen.

2 Wählen Sie auf der Registerkarte **Daten** in der Gruppe **Datentools** die Schaltfläche **Datenüberprüfung**. Im Register **Einstellungen** wählen Sie unter **Zulassen** den Listeneintrag **Dezimal** und unter **Daten** den Eintrag **zwischen**.

3 Unter **Minimum** kann dann *0* und unter **Maximum** *300* eingetragen werden.

4 Es ist sinnvoll, das Kontrollkästchen **Leere Zellen ignorieren** abzuhaken, damit der Fall, dass der Preis noch nicht eingegeben worden ist, nicht zu einer Fehlermeldung führt.

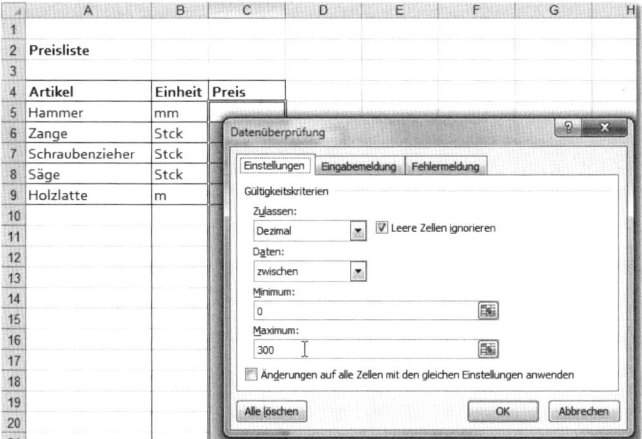

5 Im Registerblatt **Eingabemeldung** kann zusätzlich noch ein Hinweis eingetragen werden, der angezeigt wird, wenn eine der Zellen ausgewählt ist. Lassen Sie dazu das Kontrollfeld bei **Eingabemeldung anzeigen, wenn Zelle ausgewählt wird** abgehakt.

6 Geben Sie nun eine Titelzeile, etwa *Preiseingabe*, und den Text der Eingabemeldung ein.

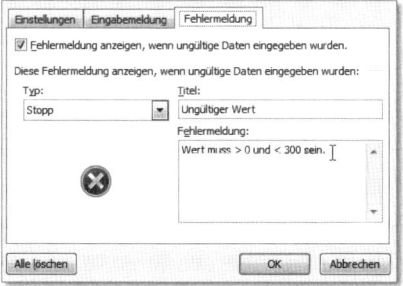

7 Schließlich sollte auf dem Registerblatt **Fehlermeldung** ein entsprechender Text eingetragen werden, der Hinweise bei Fehleingaben gibt.

8 Unter **Typ** wird das Merkzeichen ausgewählt, mit dem die Fehlermeldung beginnt. Das ist nicht nur eine optische Wahl, sondern damit entscheiden Sie, wie sich Excel im Fehlerfall verhält. Wenn Sie die Option **Stopp** wählen, wird verhindert, dass die falsche Eingabe in die Zelle eingetragen wird. Sie müssen die Eingabe wiederholen oder abbrechen. Bei den Optionen **Warnung** oder **Information**, kann die falsche Eingabe wahlweise zugelassen oder abgelehnt werden.

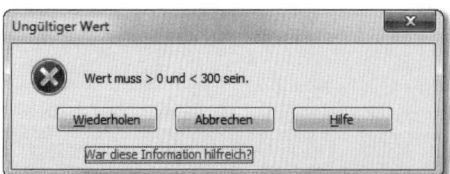

Wird nun eine solche Zelle ausgewählt, erscheint zunächst die festgelegte Eingabeaufforderung, und zwar in Form eines Kommentars.

Wird nun beispielsweise ein zu hoher Preis eingegeben, erscheint die vorher definierte Fehlermeldung.

Abbildung 3.28 Fehlermeldung bei falscher Eingabe

3.5.2 Markieren falscher Daten

Wenn Sie »ungültige« Daten über die Optionen **Warnung** oder **Information** zugelassen haben, bietet Ihnen das Menü zu der Schaltfläche **Start ▶ Datentools ▶ Datenüberprüfung** die Option **Ungültige Daten einkreisen**, mit der die entsprechenden Zellen später rot markiert werden können. Mit der Option darunter – **Gültigkeitskreise löschen** – kann die Fehlerkennzeichnung wieder gelöscht werden.

Gültigkeitsregeln können auch für Zellen festgelegt werden, die nicht zur Eingabe, sondern zur Berechnung verwendet werden. Überschreitet der berechnete Wert etwa ein bestimmtes Maximum, wird die Zelle bei der Überprüfung rot eingekreist.

3.5 Prüfung der Dateneingabe

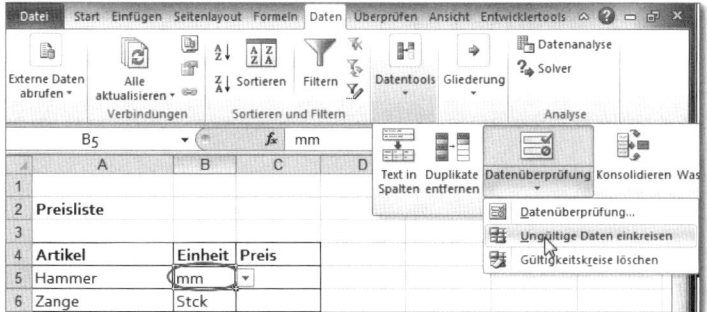

Abbildung 3.29 Markierte ungültige Daten

3.5.3 Eingabelisten

Zur Datenüberprüfung lassen sich auch Listen verwenden, aus denen die möglichen Eingaben ohne Eintippen übernommen werden können. Wenn Sie in der Preisliste als Gebindeeinheit nur *m*, *cm* und *Stck* zulassen, können Sie auf dem Register **Einstellungen** unter **Zulassen** den Eintrag **Liste** benutzen.

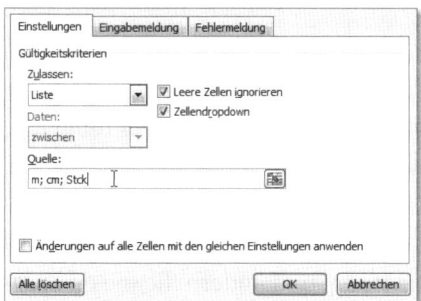

Abbildung 3.30 Eintrag einer Liste erlaubter Werte

Die Liste selbst kann unter **Quelle** eingetragen werden: *m; cm; Stck* – das genügt in diesem Fall. Statt des Eintrags der möglichen Werte kann auch ein Verweis auf einen Zellbereich verwendet werden, in dem sich eine entsprechende Liste befindet. Am besten verwenden Sie den Namen eines benannten Bereichs, damit der Bezug bei einer Vergrößerung der Liste nicht neu eingetragen werden muss.

Wird eine Zelle ausgewählt, für die eine solche Gültigkeitsregel festgelegt ist, erscheint eine kleine Schaltfläche, mit der die Liste der möglichen Einträge geöffnet werden kann. Es reicht dann ein Klick auf den gewünschten Eintrag, um ihn zu übernehmen. Voraussetzung ist allerdings, dass auf der Registerkarte **Einstellungen** die Option **Zellendropdown** abgehakt bleibt.

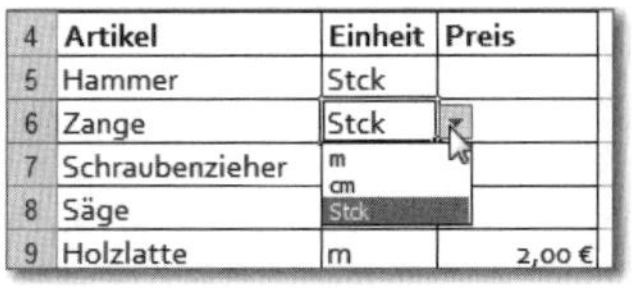

Abbildung 3.31 Markierte Zelle mit geöffneter Liste

3.5.4 Prüfungen per Formel

Zusätzlich zur Einschränkung der Eingaben auf bestimmte Werte, Datumsangaben oder Zeitangaben gibt es auch die Möglichkeit, Formeln zur Prüfung auf Gültigkeit zu verwenden. Wenn Sie beispielsweise die Eingabe von Werten über einen variierbaren Grenzwert in einer anderen Spalte kontrollieren wollen, können Sie die Zelle mit diesem Grenzwert entsprechend benennen und auf dem Register **Einstellungen** unter **Zulassen** die Option **Benutzerdefiniert** wählen. Unter **Formel** kann dann beispielsweise =A3 < Grenzwert eingetragen werden, falls die Spalte ab A3 beginnt. Für den Fall der Grenzüberschreitung geben Sie unter **Fehlermeldung** einen passenden Hinweis wie *Wert zu hoch* ein, um eine Neueingabe zu veranlassen.

Regeln ändern oder löschen

Soll eine Gültigkeitsregel geändert werden, ist es nicht nötig, zunächst wieder alle Zellen zu markieren, für die die bisherige Gültigkeitsregel gilt.

1 Es reicht, wenn Sie eine davon betroffene Zelle auswählen.

2 Wählen Sie wieder **Start ▸ Datentools ▸ Datenprüfung**, und ändern Sie die entsprechenden Einträge im Dialogfeld.

3 Haken Sie das Kontrollkästchen bei **Änderungen auf alle Zellen mit den gleichen Einstellungen anwenden** ab.

Excel überträgt die neue Regel auf alle Zellen, für die die alte Regel galt. Sollen Regeln ganz gelöscht werden, klicken Sie im Dialogfeld auf die Schaltfläche **Alle löschen**.

Regeln übertragen

Wenn Sie eine Gültigkeitsregel auf weitere Bereiche ausdehnen wollen, markieren Sie die Zellen, für die die Regel bisher galt, und zusätzlich die Zellen, auf die die Regel ausgedehnt werden soll. Wenn Sie dann erneut **Datenüberprüfung** verwenden, werden Sie gefragt, ob Sie die Gültigkeitsprüfung auf die neuen Zellen ausdehnen wollen. Antworten Sie mit **Ja**, und bestätigen Sie nur noch die Daten im Dialogfeld. Auch mit dem Ausfüllkästchen kann eine Gültigkeitsregel auf benachbarte Zellen ausgeweitet werden.

3.6 Tabellen neu organisieren und umbauen

Im Gegensatz zu Zeichen, die Sie auf ein Blatt Papier schreiben, »kleben« die Zeichen im Tabellenblatt nicht an der Zelle fest. Sie brauchen weder Schere noch Klebstoff, um den Aufbau einer Tabelle zu ändern.

3.6.1 Tabellenbereiche umordnen oder kopieren

Um Beschriftungen, Werte oder Formeln neu anzuordnen, bietet Excel die Operation **Verschieben** an. Die Daten werden an der alten Position gelöscht und erscheinen an der neuen.

Ebenso fundamental für die Arbeit in einem Arbeitsblatt ist die Operation **Kopieren**. Sie kann immer angewendet werden, wenn Daten an mehreren Stellen benötigt werden, insbesondere jedoch, um aus einer Formel strukturgleiche Formeln zu erzeugen. Das Kopieren lohnt sich oft auch, wenn die Kopie nachträglich noch etwas überarbeitet werden muss.

Sowohl beim **Verschieben** als auch beim **Kopieren** werden normalerweise neben dem Zellinhalt auch das Format der betroffenen Zellen und eventuell vorhandene Kommentare mitgenommen. Beim Kopieren ist es aber ebenso möglich, Inhalt, Format und Kommentare getrennt zu behandeln.

Zelleinträge verschieben

Die einfachste Methode, Inhalt und Format einer Zelle oder eines markierten Bereichs an eine andere Position zu verschieben, ist das Drag & Drop.

1 Setzen Sie den Zellzeiger auf den Markierungsrahmen, sodass er die Form eines Pfeils mit einem Pfeilkreuz annimmt.

2 Drücken Sie die linke Maustaste und ziehen den Rahmen an die Zielposition. Zur Kontrolle erscheint immer die gerade erreichte Zelladresse.

3 An der Zielposition lassen Sie die Maustaste los.

3 Aufbau von Kalkulationstabellen

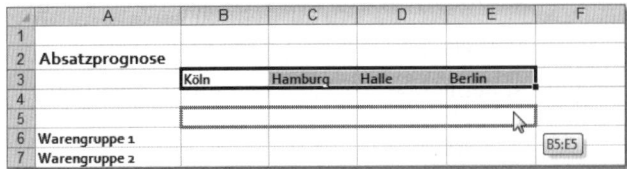

Abbildung 3.32 Verschieben von Beschriftungen

Wenn Sie über den Fensterrand hinausziehen, rollt das Fenster in die entsprechende Richtung. Auch ganze Zeilen oder Spalten lassen sich mit dieser fixen Methode verschieben. Sie müssen dafür nur die entsprechenden Zeilen- oder Spaltenköpfe markieren und den Rahmen ziehen. Auf diese Weise kann etwa die Reihenfolge der Spalten in einer Tabelle in wenigen Sekunden geändert werden. Befinden sich an der Zielposition bereits Daten, fragt Excel vorsichtshalber nach, ob diese Zellen überschrieben werden sollen.

Versetzen und einfügen

Wenn Sie Zellinhalte an einen Ort verschieben wollen, an dem für diese Zellinhalte durch das Einfügen neuer Zellen erst Platz geschaffen werden muss, können Sie auch diese Operation mit der Maus in einem Zug ausführen.

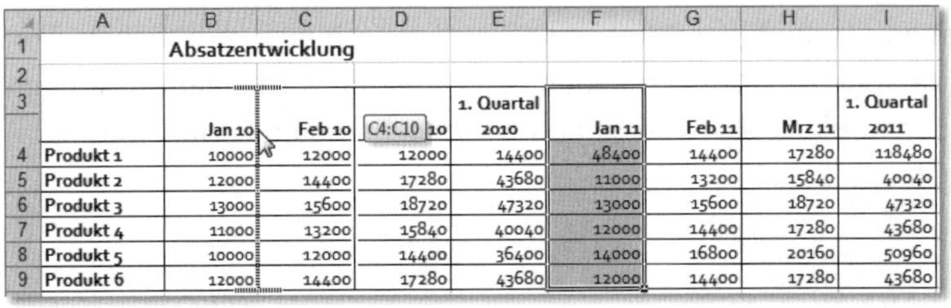

Abbildung 3.33 Versetzen und einfügen

Angenommen, Sie haben eine Tabelle, in der die Werte für das erste Quartal für zwei Jahre zunächst als Block nebeneinanderstehen. Zum besseren Vergleich sollen die Spalten so umgeordnet werden, dass die Werte für den Vergleichsmonat nebeneinanderstehen.

1 Um dies zu erreichen, markieren Sie jeweils die Monatsspalte, die verschoben werden soll.

2 Setzen Sie den Zellzeiger auf den Markierungsrand, halten Sie die ⇧-Taste gedrückt, und ziehen Sie mit dem Mauszeiger an die Zielposition.

3 Am Mauszeiger erscheint ein I-Baum, den Sie genau auf die Spaltenlinie setzen müssen, an der die Zellen eingefügt werden sollen.

3.6 Tabellen neu organisieren und umbauen

4 Sobald Sie die Maustaste loslassen, werden die Daten am Ursprungsort entfernt und erscheinen im Einfügebereich. Die bisherigen Daten werden nach rechts versetzt.

Verschieben auf andere Blätter oder Mappen

Um einen Bereich auf ein anderes Blatt zu verschieben, verfahren Sie folgendermaßen:

1 Markieren Sie den Bereich.

2 Halten Sie die [Alt]-Taste gedrückt, und ziehen Sie den Bereich am Rahmen in das Register des Blatts, das den Bereich aufnehmen soll.

3 Das Blatt wird zum aktiven Blatt, und Sie können den markierten Bereich dorthin bewegen, wo er abgelegt werden soll.

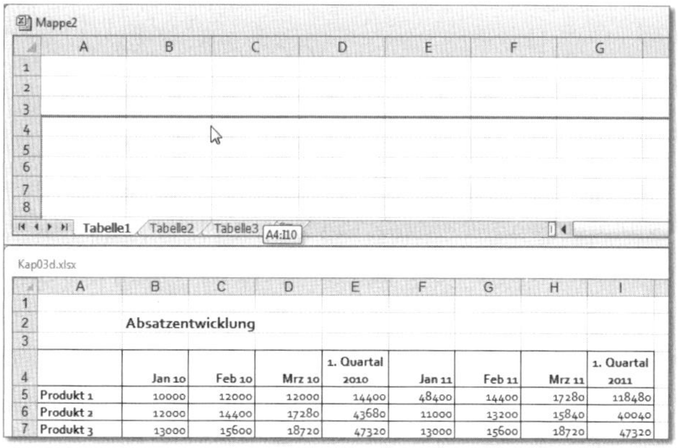

Abbildung 3.34 Ziehen aus einer Mappe in die andere

Das Verschieben von Zellen mit der Maus ist in Excel 2010 nicht auf das aktive Arbeitsblatt beschränkt. Um einen Bereich aus einer Arbeitsmappe in eine andere zu ziehen, sollten Sie die Fenster der beiden Mappen so anordnen, dass Teile beider Mappen sichtbar sind. Soll der Bereich verschoben werden, können Sie den markierten Zellbereich am Rahmen direkt in die andere Arbeitsmappe ziehen.

Verschieben über die Zwischenablage

Bei großen Bereichen ist es meist praktischer, sie mit **Ausschneiden** und **Einfügen** zu verschieben. Diese beiden Befehle benutzen die Zwischenablage von Windows. Am schnellsten geht das mit dem Symbol **Ausschneiden** und dem Symbol **Einfügen** in der Gruppe **Start ▸ Zwischenablage** oder mit [Strg]+[X] und [Strg]+[V]:

1 Markieren Sie den Zellbereich, der verschoben werden soll, und benutzen Sie **Ausschneiden**. Excel kopiert die markierten Daten in die Zwischenablage und umgibt die Markierung mit einem Laufrahmen.

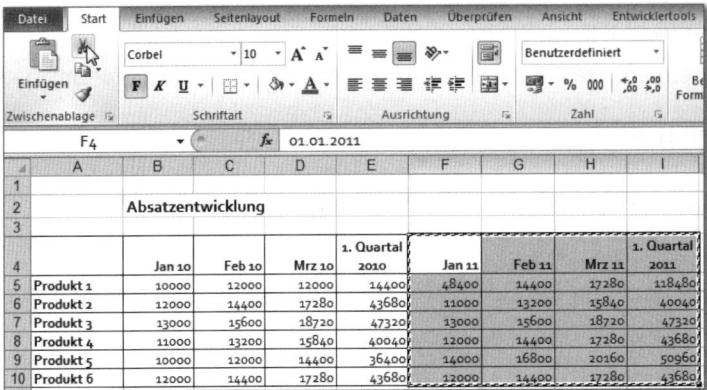

2 Wählen Sie die linke obere Zelle des Einfügebereichs oder den gesamten Einfügebereich. Auch Überschneidungen mit dem Quellbereich sind erlaubt, wenn als Ziel die Eckzelle oder ein gleich großer Bereich angegeben wird. Liegt der Zielbereich auf einem anderen Blatt, wählen Sie vorher das jeweilige Blattregister. Liegt er in einer anderen Datei, wählen Sie das entsprechende Fenster. Sie können Ihre Auswahl so lange korrigieren, bis sie stimmt. Wenn Sie den Vorgang abbrechen wollen, drücken Sie Esc.

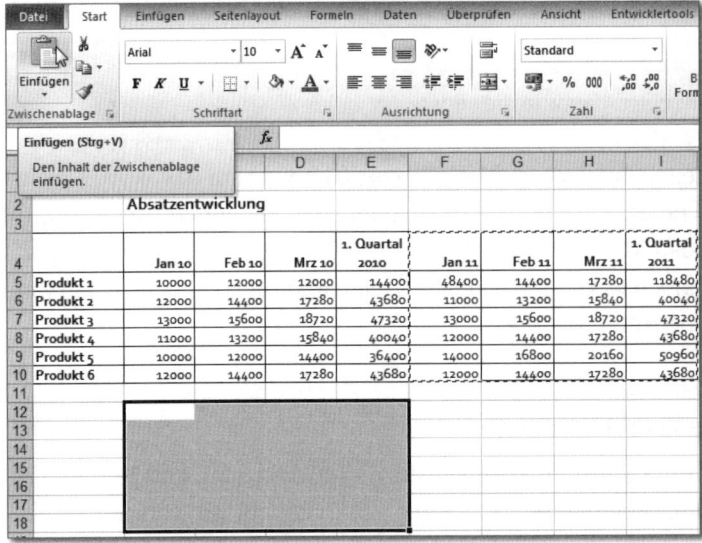

3.6 Tabellen neu organisieren und umbauen

3 Schließen Sie die Verschiebung mit **Einfügen** oder mit ⏎ ab.

Muss am Einfügebereich erst Platz geschaffen werden, klicken Sie den Zielbereich mit rechts an und benutzen **Ausgeschnittene Zellen einfügen**. Dieser Befehl wird nur angeboten, wenn sich ausgeschnittene Daten in der Zwischenablage befinden. Wenn es mehr als eine Möglichkeit zum Einfügen gibt, erscheint ein kleines Dialogfeld.

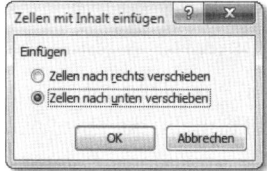

Abbildung 3.35 Dialogfeld »Zellen mit Inhalt einfügen«

Dann können Sie entscheiden, ob die bisherigen Zellinhalte an der Einfügestelle nach rechts oder nach unten verschoben werden sollen.

Verschieben mit der Tastatur

Wer die Maus nicht einsetzt, kann auch per Tastatur verschieben. Sie markieren den Bereich und verwenden ⇧ + Entf . Anschließend setzen Sie die aktive Zelle auf die linke obere Ecke des Einfügebereichs. Nun müssen Sie nur noch mit ⏎ bestätigen.

Kopieren in Nachbarzellen

Für das Kopieren von Zellen gibt es verschiedene Verfahren. Es kommt oft vor, dass ein Wert oder eine Formel in die angrenzenden Zellen kopiert werden muss. Das Kopieren mithilfe des Ausfüllkästchens ist schon angesprochen worden. Sie können auch die Symbole für den **Füllbereich** aus der Gruppe **Start ▸ Bearbeiten** verwenden. In diesem Fall markieren Sie erst den Bereich mit den zu kopierenden Inhalten und den Zielbereich als Block und benutzen dann aus dem Menü **Füllbereich** das Symbol mit der passenden Kopierrichtung.

Soll ein einzelner Zellwert nur in die rechts daneben- oder darunterliegende Zelle kopiert werden, genügt es, erst die leere Zielzelle auszuwählen und dann das entsprechende Pfeilsymbol zu verwenden.

Um mit der Maus zu kopieren, wählen Sie die Zelle aus, die kopiert werden soll, und ziehen dann das Ausfüllkästchen über die Zellen in der Zeile oder der Spalte, die mit Kopien gefüllt werden sollen. Ebenso können Sie mehrere Zellen gleichzeitig kopieren, die in einer Zeile oder Spalte oder einem Zellbereich liegen.

Abbildung 3.36 Füllbereichssymbole in der Gruppe »Bearbeiten«

Im Abschnitt über Datenreihen ist bereits beschrieben worden, dass Excel beim Ziehen des Ausfüllkästchens gleichsam darauf lauert, ob es einen Anlass findet, eine Reihe zu bilden. Wo das nicht möglich ist, wird einfach kopiert. Das ist der Fall bei Formeln, bei einzelnen Zahlen und bei Texten, sofern sie über keinen Zähler am Anfang oder am Ende verfügen.

Aber selbst wenn eine Reihenbildung möglich ist, können Sie mithilfe der Auto-Ausfülloption **Zellen kopieren** auch nachträglich noch erreichen, dass nur kopiert wird. Alternativ dazu kann beim Ziehen die ⌜Strg⌝-Taste festgehalten werden.

Beschriftungsblock wiederholen

Ein Beispiel dafür ist, wenn Sie einen Block von nummerierten Beschriftungen wiederholen wollen, etwa um zunächst die Umsätze für vier Filialen und dann die Kosten und die Gewinne für dieselben Filialen aufzuführen. Die Abbildung zeigt den markierten Bereich und das Ergebnis, wenn Sie mit **Zellen kopieren** arbeiten.

Abbildung 3.37 Kopie statt Reihe

Kopieren mit Blick auf die Nachbarspalte

Für das Kopieren von Formeln ist die Möglichkeit besonders interessant, den Inhalt einer Zelle so weit nach unten zu kopieren, wie die linke oder die rechte Nachbarspalte reicht. Typisches Beispiel sind Quersummen wie in der folgenden Abbildung.

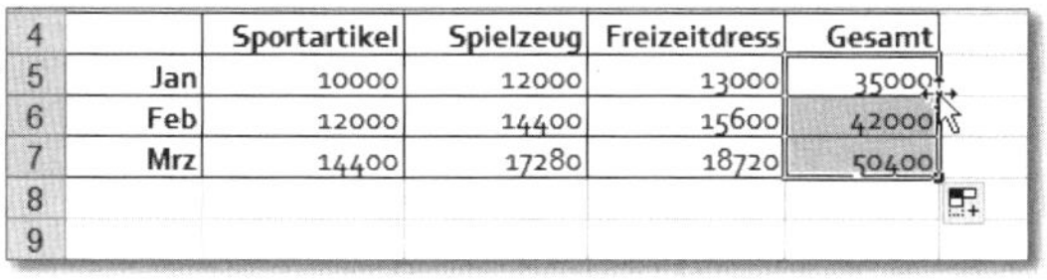

Abbildung 3.38 Erste Quersumme per Doppelklick kopieren

Hier sollen die Werte von drei Monaten addiert werden. Entwickeln Sie die erste Formel, und lassen Sie die Zelle markiert. Klicken Sie doppelt auf das Ausfüllkästchen. Die Formel wird so weit nach unten kopiert, wie Werte in der Spalte D vorhanden sind.

Kopieren in nicht angrenzende Zellen

Sollen Daten in nicht angrenzende Zellen kopiert werden, kann innerhalb des Arbeitsblatts ebenfalls mit der Maus gearbeitet werden. Sie markieren die Originalzellen und ziehen den Rahmen, wobei Sie gleichzeitig die [Strg]-Taste gedrückt halten. Sobald Sie loslassen, erscheint die Kopie am neuen Ort. Überragt der Zielbereich den Bildschirmausschnitt, ziehen Sie ein wenig über die Bildlaufleiste hinaus. Der Bildschirmausschnitt wird so lange verschoben, bis Sie die Maustaste loslassen.

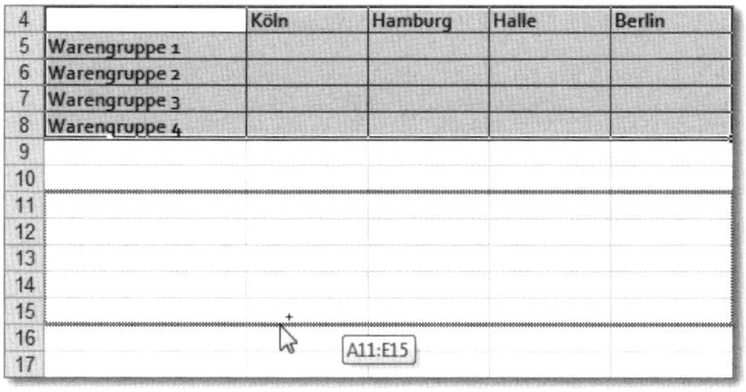

Abbildung 3.39 Kopieren von Beschriftungen

Kopieren und einfügen

Normalerweise wird beim Kopieren der Zielbereich durch die Kopie überschrieben. Es ist auch möglich, vorher Platz für die Kopie zu schaffen. Halten Sie beim Ziehen des Bereichsrahmens gleichzeitig die beiden Tasten ⇧ und Strg fest. Der Mauszeiger erscheint als I-Baum. Sie müssen diesen I-Baum genau zwischen die Spalten bzw. Zeilen setzen, wo die neuen Zellen eingefügt und mit den Daten aus dem Quellbereich gefüllt werden sollen. Steht der I-Baum auf einer Spaltenlinie, werden die bisherigen Daten nach rechts verschoben, steht er auf einer Zeilenlinie, werden sie nach unten verschoben.

Kopieren auf andere Blätter oder Mappen

Auch das Kopieren von Zellen mit der Maus ist in Excel 2010 nicht auf das aktive Arbeitsblatt beschränkt. Um einen Bereich auf ein anderes Blatt zu kopieren, verfahren Sie folgendermaßen:

1 Markieren Sie den Bereich.

2 Halten Sie die Alt -Taste und zusätzlich die Strg -Taste gedrückt, und ziehen Sie den Bereich am Rahmen in das Register des Blatts, das die Kopie des Bereichs aufnehmen soll.

3 Das Blatt wird zum aktiven Blatt und Sie können den markierten Bereich dorthin bewegen, wohin er kopiert werden soll.

Um einen Bereich aus einer Arbeitsmappe in eine andere zu kopieren, können Sie direkt den markierten Zellbereich am Rahmen in die andere Arbeitsmappe ziehen. Sie müssen dabei nur Strg gedrückt halten.

> **TIPP**
>
> **Drag & Drop abschalten**
> Über **Datei ▸ Optionen ▸ Erweitert** kann die Option **Ausfüllkästchen und Drag & Drop von Zellen aktivieren** auch abgeschaltet werden. Das ist sinnvoll, wenn Sie z. B. verhindern wollen, dass unerfahrene Leute in fertigen Arbeitsmappen herumexperimentieren.

3.6.2 Kopieren über die Zwischenablage

Wie beim Verschieben kann auch beim Kopieren der Weg über die Zwischenablage gewählt werden. Normalerweise kombinieren Sie dabei die Symbole **Kopieren** und **Einfügen** aus der Gruppe **Start ▸ Zwischenablage** oder benutzen die Tastenkombinationen Strg + C und Strg + V .

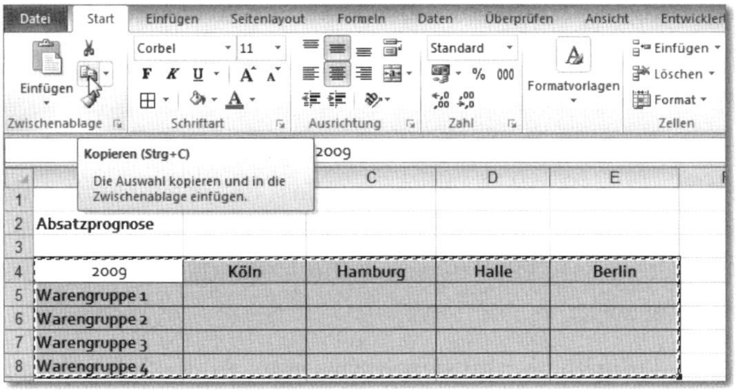

3.6 Tabellen neu organisieren und umbauen

Abbildung 3.40 Kopieren der Auswahl in die Zwischenablage

Das Symbol **Einfügen** verfügt im unteren Teil über eine zusätzliche Schaltfläche, die in Excel 2010 ein umfangreiches Menü mit visuellen Einfügeoptionen öffnet. Das Besondere daran ist, dass die Symbole für die verschiedenen Optionen nicht nur optisch andeuten, welche Einfügeoperation angeboten wird, an der Einfügestelle wird auch eine Vorschau des Ergebnisses angezeigt.

Sie fahren mit dem Mauszeiger über die verschiedenen Symbole und können in Ruhe prüfen, welches Einfügeergebnis am besten passt. Erst wenn Sie ein Symbol anklicken, wird das Einfügen abgeschlossen. Am Ende des Zielbereichs erscheint dann noch einmal ein Symbol, das dieselben Einfügeoptionen anbietet, sodass der Vorgang nachträglich noch einmal korrigiert werden kann, falls versehentlich die falsche Option gewählt wurde.

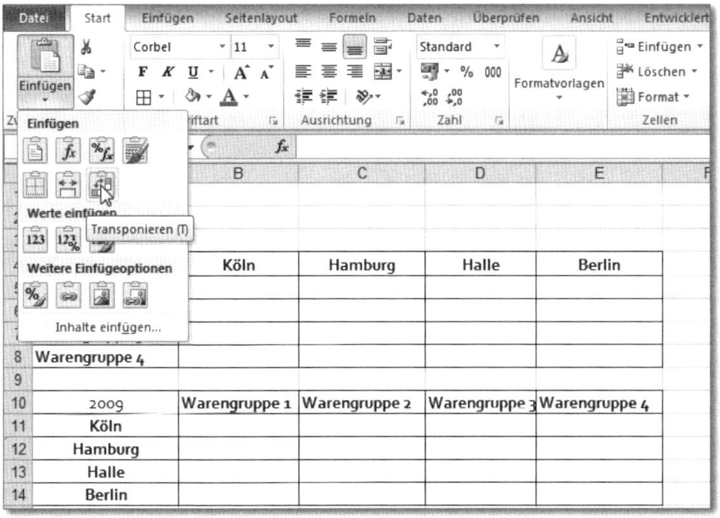

Abbildung 3.41 Vorschau zur Option »Transponieren«

Das erste Symbol unter **Einfügen** fügt die kopierten Zellen komplett ein, das zweite Symbol übernimmt nur die Formeln, das dritte Formeln und Zahlenformate, das vierte sorgt dafür, dass die ursprüngliche Formatierung beibehalten wird.

In der zweiten Zeile wird ein Symbol angeboten, das vorhandene Rahmenlinien im Quellbereich nicht übernimmt, ein Symbol, das dafür sorgt, dass die Spaltenbreite aus dem Quellbereich auch in den Zielbereich übernommen wird und schließlich ein Symbol, das die Tabelle »kippt« (Spalten und Zeilen tauschen ihren Platz), wie es die Vorschau in der vorherigen Abbildung zeigt.

Die zweite Gruppe ist mit **Werte einfügen** überschrieben. Das erste Symbol übernimmt nur die Werte in den Zielbereich. Das ist praktisch, wenn Sie anstelle von Formeln nur die Werte kopieren wollen. Das zweite Symbol übernimmt zusätzlich zu den Werten auch das Zahlenformat aus dem Quellbereich, das dritte Symbol übernimmt die komplette Formatierung des Quellbereichs.

Die dritte Gruppe **Weitere Einfügeoptionen** bietet zunächst ein Symbol an, mit dem nur die Formatierung übernommen wird. Das zweite Symbol bewirkt eine Verknüpfung zwischen Quell- und Zielbereich, sodass Änderungen im Quellbereich auch im Zielbereich übernommen werden. Dieses Thema wird in Kapitel 4, »Mit Formeln arbeiten«, noch im Detail behandelt. Das dritte Symbol macht ein Snapshot aus dem kopierten Bereich und fügt diesen als grafisches Objekt in die Tabelle ein, das vierte Symbol sorgt für ein verknüpftes Abbild des Quellbereichs. Dieses Thema wird uns in Kapitel 11, »Tabellenblätter grafisch aufbereiten«, beschäftigen. Angehängt ist noch die Option **Inhalte einfügen**, die einige der beschriebenen Optionen im Dialogfeld anbietet.

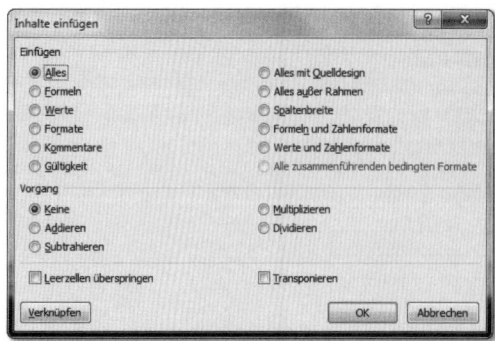

Abbildung 3.42 Der Dialog »Inhalte einfügen«

Zusätzlich sind über diesen Dialog noch ein paar Operationen möglich, die manchmal ganz hilfreich sein können, etwa die Anwendung von Rechenoperationen auf alle Zellen eines Bereichs. Darauf wird in Kapitel 6, »Auswertung und Was-wäre-wenn-Analyse«, noch eingegangen.

Mehrfach aus der Zwischenablage einfügen

Die Kopie über die Zwischenablage erlaubt auch, die dort zwischengespeicherten Daten nacheinander an beliebig vielen Stellen einzufügen. Die Abfolge der Schritte ist dabei folgende:

1 Sie markieren die Zelle oder den Zellbereich, der kopiert werden soll.

2 Mit **Kopieren** kopiert Excel die markierten Daten in die Zwischenablage und umgibt die Markierung mit einem Laufrahmen.

3 Wählen Sie die linke obere Zelle des Einfügebereichs oder den gesamten Einfügebereich. Liegt dieser auf einem anderen Blatt, wählen Sie vorher das entsprechende Blattregister. Liegt er in einer anderen Datei, wählen Sie das jeweilige Fenster. Sie können Ihre Auswahl so lange verändern, bis sie korrekt ist. Wenn Sie den Vorgang abbrechen wollen, drücken Sie ⌜Esc⌝.

4 Kopieren Sie die Daten aus der Zwischenablage per Klick auf die Schaltfläche **Einfügen**, also ohne das Menü der Schaltfläche zu öffnen. Excel fügt den Zellbereich aus der Zwischenablage komplett ein, bietet aber wieder am Ende des Einfügebereichs die Schaltfläche **Einfügeoptionen** an. Ein Klick öffnet das Menü, um die Art des Kopierens zu bestimmen.

5 Wünschen Sie eine weitere Kopie, wählen Sie den nächsten Zielbereich und fügen die Daten dort ein, ansonsten schließen Sie mit ⌐↵⌐ ab.

Über **Datei ▸ Optionen ▸ Erweitert** können die Optionsschaltflächen, die beim Ausschneiden, Kopieren und Einfügen von Daten oder Zellen angeboten werden, auch abgeschaltet werden.

Wenn als Zielbereich nicht nur eine Zelle, sondern ein Bereich angegeben wird, hängt das Verhalten von Excel davon ab, wie der Originalbereich aussieht. Die folgende Abbildung zeigt einige Beispiele.

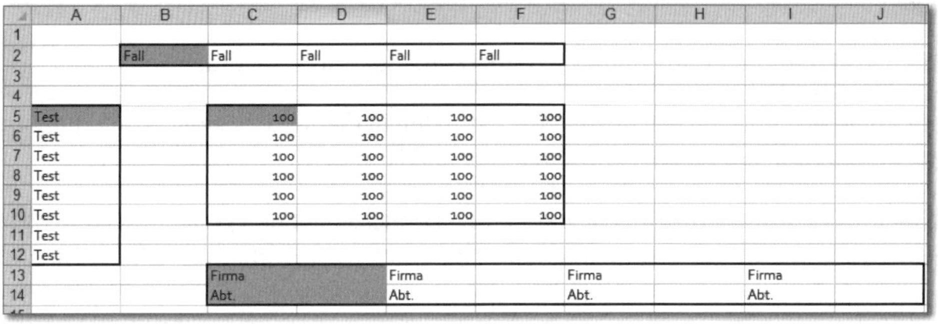

Abbildung 3.43 Original und Kopie(n)

Wenn der Ausgangsbereich mehr als eine Zelle umfasst, muss der Zielbereich eine der folgenden Bedingungen erfüllen:

- Als Zielbereich wird nur die linke obere Eckzelle angegeben. Bei einspaltigen Ausgangsbereichen sind auch mehrere Startzellen in einer Zeile erlaubt, bei einzeiligen Ausgangsbereichen mehrere Startzellen in einer Spalte.
- Die Anzahl der Zeilen ist gleich.
- Die Anzahl der Spalten ist gleich.
- Der Zielbereich ist genauso groß wie der Ausgangsbereich.
- Der Zielbereich ist so groß, dass er mehrfach durch den Ausgangsbereich gefüllt werden kann.

Wenn keine dieser Bedingungen erfüllt ist, erhalten Sie eine Fehlermeldung und sollten den Zielbereich korrigieren.

Beim Einfügen Platz schaffen

Enthält der Zielbereich bereits Daten, können die Daten an der Einfügestelle nach rechts oder nach unten verschoben werden. Verwenden Sie dazu statt des Befehls **Einfügen** den Befehl **Kopierte Zellen** aus dem Kontextmenü des Zielbereichs. In dem kleinen Dialogfeld wählen Sie, wohin die an der Einfügestelle vorhandenen Daten gerückt werden sollen, nach rechts oder nach unten.

Kopieren von Mehrfachbereichen

Während der Befehl **Ausschneiden** für Mehrfachbereiche nicht zur Verfügung steht, können solche Bereiche durchaus über die Zwischenablage kopiert werden. Allerdings besteht eine Einschränkung: Die einzelnen Teile des Mehrfachbereichs müssen eine gemeinsame Dimension haben – entweder die Breite oder die Höhe – und parallel zueinander sein, also bei gleicher Höhe in derselben Zeile oder bei gleicher Breite in derselben Spalte beginnen. Die Abbildung zeigt ein Beispiel.

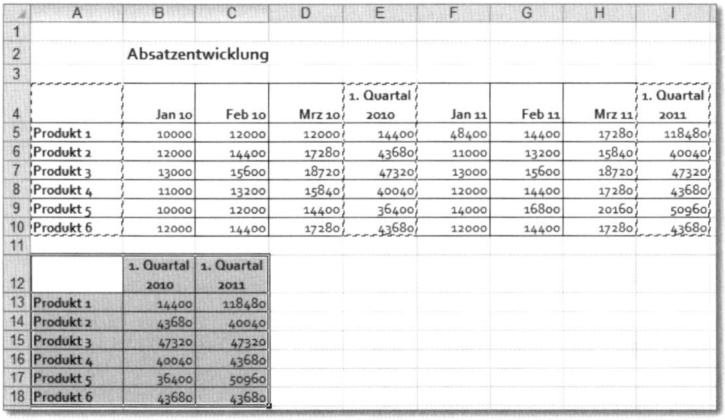

	A	B	C	D	E	F	G	H	I
1									
2		Absatzentwicklung							
3									
4		Jan 10	Feb 10	Mrz 10	1. Quartal 2010	Jan 11	Feb 11	Mrz 11	1. Quartal 2011
5	Produkt 1	10000	12000	12000	14400	48400	14400	17280	118480
6	Produkt 2	12000	14400	17280	43680	11000	13200	15840	40040
7	Produkt 3	13000	15600	18720	47320	13000	15600	18720	47320
8	Produkt 4	11000	13200	15840	40040	12000	14400	17280	43680
9	Produkt 5	10000	12000	14400	36400	14000	16800	20160	50960
10	Produkt 6	12000	14400	17280	43680	12000	14400	17280	43680
11									
12		1. Quartal 2010	1. Quartal 2011						
13	Produkt 1	14400	118480						
14	Produkt 2	43680	40040						
15	Produkt 3	47320	47320						
16	Produkt 4	40040	43680						
17	Produkt 5	36400	50960						
18	Produkt 6	43680	43680						

Abbildung 3.44 Kopieren bei Mehrfachauswahl

Beim Einfügen werden die Teilbereiche nebeneinander oder untereinander eingefügt.

Kopieren in mehrere Blätter

Eine spezielle Möglichkeit des Kopierens existiert, wenn mehrere Blätter gleichzeitig ausgewählt sind. Dann kann ein markierter Bereich im aktiven Blatt gleichzeitig in die entsprechenden Bereiche der anderen ausgewählten Blätter kopiert werden. Stellen Sie zunächst die Blätter zusammen, die zu der Blattgruppe gehören. Wählen Sie dann den Zellbereich, der kopiert werden soll. Kopieren Sie ihn in die Zwischenablage. Nun müssen Sie nur noch den Befehl **Start ▸ Bearbeiten ▸ Füllbereich ▸ Über Arbeitsblätter** aufrufen. In dem kleinen Dialogfeld kann gewählt werden, was kopiert werden soll: der Zellinhalt, das Format oder beides.

Verschieben und kopieren mit dem Kontextmenü

Die bisher beschriebenen Möglichkeiten, zu verschieben, zu kopieren und einzufügen, werden auch über die Kontextmenüs der betroffenen Zellbereiche angeboten.

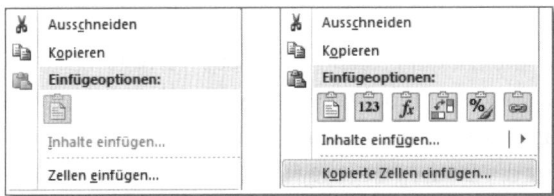

Abbildung 3.45 Kontextmenüs des Quell- und des Zielbereichs

Das Menü zu dem markierten Quellbereich deaktiviert die Befehle zum Einfügen. Das Menü zu einem Zielbereich enthält die visuellen Einfügeoptionen und bietet zusätzlich die schon angesprochene Option **Kopierte Zellen einfügen**.

Ergänzend steht noch ein erweitertes Kontextmenü zur Verfügung. Um dieses Menü zu nutzen, markieren Sie die Zellen, die Sie verschieben oder kopieren wollen. Setzen Sie den Zellzeiger auf den Rahmen, und ziehen Sie mit gedrückter rechter Maustaste den Hilfsrahmen an die Zielposition. Dort erscheint das folgende Menü aus Abbildung 3.46.

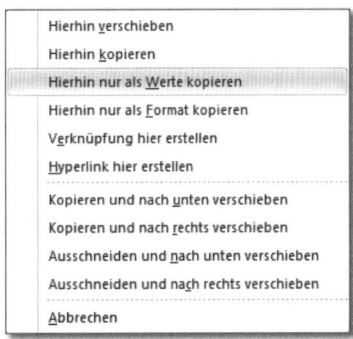

Abbildung 3.46 Kontextmenü für Verschieben und Kopieren

3.6.3 Mehrere Bereiche gleichzeitig kopieren

Eine große Arbeitserleichterung beim Aufbau von Kalkulationsmodellen ist die erweiterte Office-Zwischenablage, die bis zu 24 Elemente zwischenspeichern kann. Sie ergänzt die Zwischenablage von Windows, die immer nur ein Element aufnimmt.

Wenn Sie den Aufgabenbereich **Zwischenablage** eingeblendet lassen – ein Klick auf den Dialogfeldstarter in der rechten unteren Ecke der Gruppe **Zwischenablage** blendet ihn ein –, werden alle Elemente, die Sie nacheinander kopieren oder ausschneiden, dort aufgelistet.

3.6 Tabellen neu organisieren und umbauen

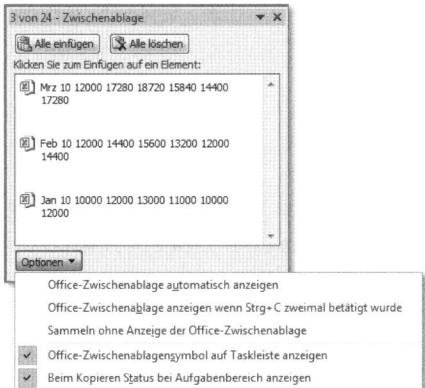

Abbildung 3.47 Der Aufgabenbereich »Zwischenablage« mit seinen Optionen

Sie können das Fenster über die Schaltfläche **Optionen** im Aufgabenbereich auch mit der Option **Sammeln ohne Anzeige...** ausblenden und die Sammlung der Kopien über ein Symbol in der Taskleiste verfolgen. Ein Klick auf das Symbol öffnet den Aufgabenbereich erneut.

Abbildung 3.48 Symbol der erweiterten Zwischenablage in der Taskleiste

Angenommen, Sie wollen Spalten aus einer Tabelle kopieren und an anderer Stelle als Spaltenblock zusammenfügen. Verfahren Sie folgendermaßen:

1 Markieren Sie nacheinander die Spalten, und verwenden Sie jedes Mal den Befehl **Kopieren**.

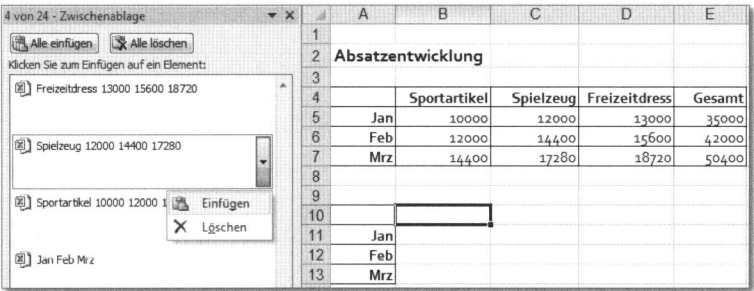

2 Wenn Sie den Befehl **Kopieren** mehr als einmal verwenden, blendet Excel je nach der über die Schaltfläche **Optionen** gewählten Einstellung automatisch den Aufgabenbereich **Zwischenablage** ein. Der zeigt die aktuellen Elemente der Office-Zwischenablage mit den ersten Daten des Ausschnitts an und für jedes Element ein kleines Menü.

3 Klicken Sie die Zelle an, in die das erste Element eingefügt werden soll, und klicken Sie dann auf das Element. Verfahren Sie mit den anderen Elementen entsprechend.

4 Zum Abschluss ist es sinnvoll, die Office-Zwischenablage mit der Schaltfläche **Alle löschen** ganz zu bereinigen, um für die nächsten Vorgänge eine saubere Ausgangsposition zu schaffen.

Einzelne Elemente können über das kleine Menü gelöscht werden, das die Schaltfläche am rechten Rand öffnet. Wenn die Zwischenablage bereits 24 Stücke enthält, wird das bisher erste Element durch das neue Element ersetzt. Die Schaltfläche **Alle einfügen** kann verwendet werden, um verschiedene zwischengespeicherte Stücke an einem neuen Ort zusammenzufügen. Excel fügt die Zellbereiche untereinander ein, sodass eventuell eine Nachbearbeitung nötig ist.

3.6.4 Kopieren von Formaten

Es ist schon angesprochen worden, dass beim Kopieren von Zellbereichen der Inhalt und das Format getrennt behandelt werden können. Normalerweise kopiert Excel Inhalt und Format gleichzeitig, und das ist in den meisten Fällen auch sinnvoll. Manchmal ist es aber praktisch, ein Format getrennt zu kopieren, entweder auf Zellen, die noch leer sind, also vor der Dateneingabe, oder auf Zellen, die bereits gefüllt sind.

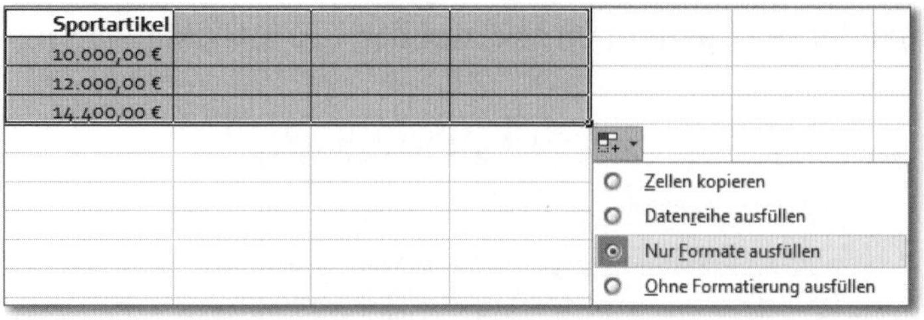

Abbildung 3.49 Kopieren von Formaten

Angenommen, Sie wollen eine Tabelle um drei Spalten erweitern und dabei das Format der bisher letzten Spalte übernehmen. Dann können Sie diese Spalte markieren und das Ausfüllkästchen so viele Spalten nach rechts ziehen, bis alle Spalten eingeschlossen sind, die dieses Format erhalten sollen. Wenn Sie die Maustaste loslassen, benutzen Sie über die Schaltfläche **Auto-Ausfülloptionen** die Option **Nur Formate ausfüllen**. Beim Einfügen von Zeilen werden entsprechende Optionen angeboten.

Mit Formaten malen

Eine bevorzugte Möglichkeit, Formate an beliebige Stellen zu kopieren, bietet die Schaltfläche mit dem Pinsel, die Sie in der Gruppe **Start ▸ Zwischenablage** unter dem Namen **Format übertragen** finden. Wenn Sie diese Schaltfläche anklicken, kann das Format der aktiven Zelle auf die nächste Zelle oder den Zellbereich übertragen werden, den Sie auswählen. Der Zellzeiger verwandelt sich so lange in ein Kreuz mit einem Pinsel. Wenn Sie das Symbol doppelt anklicken, können Sie den Formatpinsel sogar mehrfach verwenden, und zwar so lange, bis Sie das Symbol erneut anklicken. Wenn Sie häufig mit diesem Symbol arbeiten, ist es ratsam, es über sein Kontextmenü in die Symbolleiste für den Schnellzugriff einzufügen.

Abbildung 3.50 Formatieren mit dem Pinselsymbol

3.6.5 Transponieren beim Kopieren

Eine spezielle Art des Kopierens von Daten ist das Transponieren, das oben schon kurz angesprochen wurde. Dabei werden Daten, die bisher in Spalten angeordnet waren, auf Zeilen verteilt, Daten aus Zeilen dagegen auf Spalten. Auf diese Weise kann eine Tabelle gewissermaßen gekippt oder gedreht werden. Der Drehpunkt ist jeweils die linke obere Ecke des Bereichs. Zwar stellt Excel 2010 mit dem Pivot-Tabellen-Assistenten umfangreiche Möglichkeiten zur Verfügung, Tabellen umzuordnen, aber die Option **Transponieren** hat damit doch nicht ihre Bedeutung verloren. Wenn eine Tabelle z. B. zu sehr in die Breite gewachsen ist, kann sie auf diese Weise sehr einfach umgestülpt werden.

Um Ihnen die Funktion an einem Beispiel zu verdeutlichen, wird eine einfache Quartalsauswertung verwendet. Dabei sind die Quartalszahlen zunächst in Zeilen angeordnet, während die Daten für eine Warengruppe jeweils in einer Spalte zusammengestellt sind. Es ist möglich, diese Anordnung zu kippen, sodass die Werte pro Quartal spaltenweise angeordnet werden:

1 Markieren Sie den gesamten Tabellenbereich, und kopieren Sie ihn in die Zwischenablage.

2 Nun müssen Sie nur die Eckzelle der neuen Tabelle markieren und die Option **Transponieren** aus dem Menü der Schaltfläche **Einfügen** aufrufen.

3 Heben Sie mit `Esc` die Auswahl des Ursprungsbereichs wieder auf.

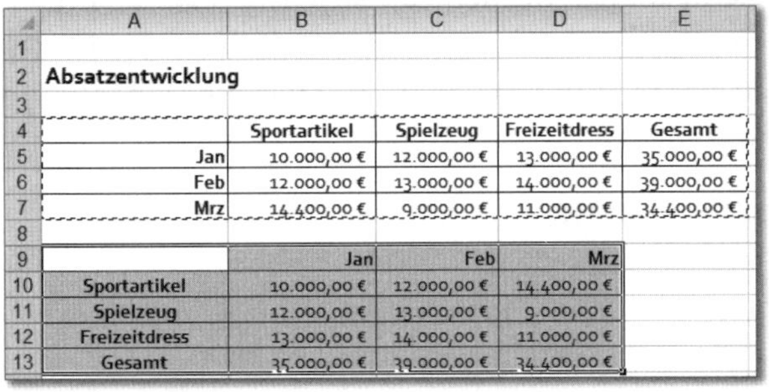

	A	B	C	D	E
1					
2	Absatzentwicklung				
3					
4		Sportartikel	Spielzeug	Freizeitdress	Gesamt
5	Jan	10.000,00 €	12.000,00 €	13.000,00 €	35.000,00 €
6	Feb	12.000,00 €	13.000,00 €	14.000,00 €	39.000,00 €
7	Mrz	14.400,00 €	9.000,00 €	11.000,00 €	34.400,00 €
8					
9		Jan	Feb	Mrz	
10	Sportartikel	10.000,00 €	12.000,00 €	14.400,00 €	
11	Spielzeug	12.000,00 €	13.000,00 €	9.000,00 €	
12	Freizeitdress	13.000,00 €	14.000,00 €	11.000,00 €	
13	Gesamt	35.000,00 €	39.000,00 €	34.400,00 €	

Abbildung 3.51 Transportierte Tabelle (unten)

3.6.6 Löschen und Einfügen von Zellen

Es ist nicht nur möglich, Inhalt und Format einer Zelle zu löschen, sondern auch die Zelle selbst. Allerdings ist diese Ausdrucksweise nicht präzise, denn in Wirklichkeit werden nur die Inhalte der umliegenden Zellen so verschoben, dass die durch das Löschen entstandene Lücke geschlossen wird. Wenn Sie in dem abgebildeten Beispiel die Zelle B3 löschen, verhält sich Excel aber zunächst so, als ob es B3 nicht mehr gäbe. Die Formel in C3, die sich bisher auf B3 bezog, verliert eben diesen Bezug und reagiert mit der Fehlermeldung `#Bezug!`. Die Zelle wird mit einem entsprechenden Fehlerhinweis versehen.

Gemeint ist also damit, dass der bisherige Bezug zerstört ist, denn wenn Sie den Bezug auf B3 erneut eingeben, arbeitet die Formel wieder korrekt.

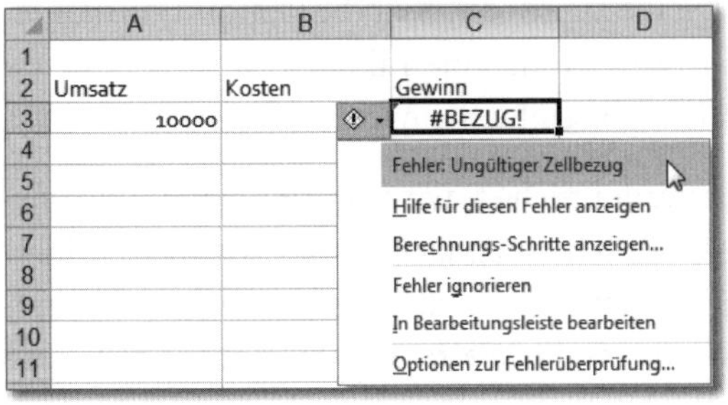

Abbildung 3.52 Hinweis nach dem Verlust eines Bezuges

Wird eine Spalte gelöscht, werden alle rechts liegenden Spalten um eine Spalte nach links verschoben. Für Zeilen gilt Entsprechendes, die tiefer liegenden Zeilen werden nach oben verschoben.

Auch beim Löschen von Zellen können Sie mit der Maus arbeiten. Sie markieren den Bereich der Zellen, die gelöscht werden sollen. Dann setzen Sie den Mauszeiger auf das Ausfüllkästchen und halten die ⇧-Taste gedrückt. Der Mauszeiger verwandelt sich in einen Doppelpfeil mit zwei Querstrichen. Nun ziehen Sie mit dem Mauszeiger so weit in die Markierung hinein, bis der ganze Bereich mit dem Raster gefüllt ist. Achten Sie dabei auf die Richtung, in die Sie ziehen. Wenn Sie von unten nach oben ziehen, werden die Zellen unterhalb der Markierung nach oben verschoben. Ziehen Sie dagegen nach links, werden die Zellen rechts von dem markierten Bereich nach links verschoben!

Auch ganze Zeilen oder Spalten lassen sich auf diese Weise löschen. Wählen Sie dazu die Zeilen- oder Spaltenköpfe aus und ziehen Sie bei gedrückter ⇧-Taste das Ausfüllkästchen in die Markierung hinein.

Löschbefehl für Zellen

Statt mit der Maus kann auch mit dem Befehl **Start ▸ Zellen ▸ Löschen ▸ Zellen löschen** gearbeitet werden. In jedem Fall markieren Sie zunächst den Bereich. Der Befehl **Zellen löschen** öffnet ein Dialogfeld, in dem Sie entscheiden können, ob die umliegenden Zellen nach links oder nach oben verschoben werden sollen. Außerdem können Sie auch die von der Markierung berührten Zeilen oder Spalten komplett löschen. Das geht allerdings schneller, wenn Sie dazu die Zeilen- oder Spaltenköpfe markieren und dann den Befehl aufrufen. In diesem Fall entfällt die Nachfrage über das Dialogfeld.

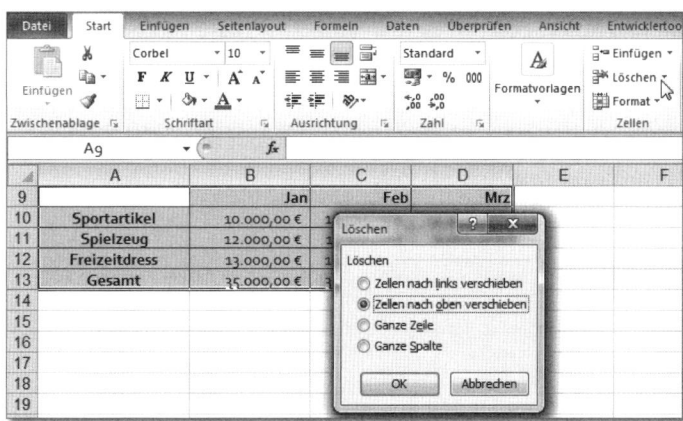

Abbildung 3.53 Löschen von Zellbereichen

Einfügen von Zellen

Ganz ähnlich wie das Löschen von Zellen mit der Maus funktioniert auch das Einfügen von Zellen, Zeilen und Spalten. Der Unterschied ist eigentlich nur, dass der Mauszeiger aus dem markierten Bereich herausgezogen wird. Angenommen, Sie geben Werte in einer Spalte ein und entdecken nach einigen Eingaben, dass Sie irrtümlich einen Wert vergessen haben. Die folgenden Werte stehen also alle eine Zelle zu hoch. Sie können den letzten richtigen Wert markieren und dann das Ausfüllkästchen mit gedrückter ⇧-Taste eine Zelle nach unten ziehen.

Abbildung 3.54 Einfügen von Zellen per Maus

Der Mauszeiger verwandelt sich dabei in einen Doppelpfeil mit zwei Querlinien. Sobald Sie die Maustaste loslassen, finden Sie unter der zunächst markierten Zelle eine leere Zelle. Die anderen Zellen in der Spalte sind alle um eine Zelle nach unten versetzt. Natürlich können Sie auch mehrere Zellen einfügen, indem Sie entsprechend viele Zellen nach unten ziehen. Ebenso können Sie leere Zellen rechts von der markierten Zelle schaffen.

Zusätzliche Zeilen und Spalten

Das naheliegende Verfahren für das Einfügen von ganzen Zeilen und Spalten benutzt wie das Löschen von Zeilen und Spalten die Zeilen- bzw. Spaltenköpfe. Markieren Sie die Zeile, unter der Zeilen eingefügt werden sollen, oder die Spalte, neben der Sie nach rechts Spalten einfügen wollen. Ziehen Sie mit gedrückter ⇧-Taste das Ausfüllkästchen nach unten oder nach rechts. Dehnen Sie den Rahmen auf mehrere Zeilen oder Spalten aus, wenn Sie mehrere Zeilen oder Spalten einfügen wollen. Excel überträgt als Vorgabe beim Einfügen die Formatierung der markierten Zellen auf die neuen Zellen.

Abbildung 3.55 Kontextmenü beim Einfügen von Zeilen

3.6 Tabellen neu organisieren und umbauen

Nach dem Einfügen erscheint die Schaltfläche **Einfügeoptionen**, über deren Menü Sie entscheiden können, ob das Format für die neuen Zellen von den darüberliegenden oder den darunterliegenden übernommen werden oder ob es ganz gelöscht werden soll.

Natürlich stehen auch Befehle, Symbole und Tastenkombinationen zum Einfügen zur Verfügung. Im Unterschied zum Einfügen mit der Maus, bei dem Sie immer zunächst die Zelle markieren, unter der oder rechts von der eingefügt werden soll, markieren Sie hier zunächst exakt den Zellbereich, der für neue Zellen freigemacht werden soll. Wenn Sie dann **Start ▸ Zellen ▸ Einfügen ▸ Zellen einfügen** wählen, erscheint ein kleines Dialogfeld.

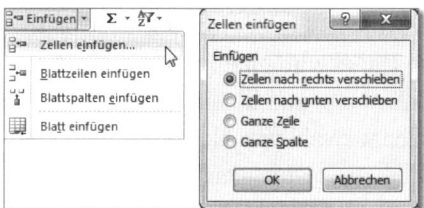

Abbildung 3.56 Dialogfeld »Zellen einfügen«

Den gleichen Dialog öffnet auch die Tastenkombination [Strg]+[+]. Entscheiden Sie hier, ob die bisherigen Zellen an der Einfügestelle nach rechts oder nach unten verschoben werden sollen.

Die Optionen **Ganze Zeile** bzw. **Ganze Spalte** fügen komplette Zeilen oder Spalten an der Einfügestelle ein. Stattdessen können Sie auch Zeilen- oder Spaltenköpfe auswählen und dann über das Kontextmenü den Befehl **Zellen Einfügen**. Wie beim Löschen von Zeilen und Spalten muss auch beim Einfügen beachtet werden, welche Auswirkungen dieses auf gerade verdeckte Tabellenteile hat. Die Wirkung auf Formeln ist dagegen in der Regel gutartig. Bereichsadressen werden automatisch angepasst. Sind mehrere Blätter ausgewählt, werden Zellen in allen ausgewählten Blättern eingefügt.

3.6.7 Spaltenbreite und Zeilenhöhe anpassen

Excel legt neue Arbeitsblätter immer mit einer vorgegebenen Spaltenbreite an. Wenn diese Spaltenbreite nicht ausreicht, können Sie die Breite einzelner Spalten oder Spaltengruppen ändern oder die Breite aller Spalten gleichzeitig. Außerdem lässt sich die Standardbreite ändern, sodass alle Spalten, deren Breite bisher nicht geändert worden ist, eine andere Standardbreite erhalten. Schließlich können Sie es auch Excel selbst überlassen, die Breite der ausgewählten Spalten zu optimieren. Dabei richtet sich das Programm nach dem längsten Eintrag, der sich in der Spalte befindet.

Außerdem lässt sich die Änderung der Spaltenbreite auch dazu nutzen, um Spalten vorübergehend auszublenden. Dabei wird die Spaltenbreite auf Null gesetzt. Ausblenden ist harmloser als Löschen, weil Excel die Daten behält und auch wieder einblenden kann. Um für einzelne oder auch mehrere Spalten die Breite zu verändern, reicht es aus, wenn jeweils eine Zelle pro Spalte in einer beliebigen Zeile markiert wird. Sie können aber auch die Spaltenköpfe auswählen.

Ändern mit der Maus

Das schnelle, aber ungenauere Verfahren besteht darin, die rechte Begrenzung des Spaltenkopfes mit der Maus nach rechts oder links zu ziehen. Dabei wird eine Hilfslinie zur Orientierung gezogen, mit der Sie prüfen können, ob die Zellinhalte nun hineinpassen. Wenn Sie mehrere Spalten markiert haben – auch eine Mehrfachauswahl von nicht zusammenhängenden Spalten ist hier erlaubt –, werden alle ausgewählten Spalten gleichmäßig verändert.

Um alle Spalten auf einen Schlag zu verändern, können Sie das Feld **Alles Auswählen** anklicken. Ziehen Sie dann den Rand eines beliebigen Spaltenkopfes. Alle Spalten erhalten dieselbe Breite, egal welche Breite vorher eingestellt war.

Der Befehl »Format«

Wenn Sie exakte Breiten sicherstellen wollen, ist es ratsam, mit dem Befehl **Start ▸ Zellen ▸ Format** und der Option **Spaltenbreite** zu arbeiten. Hier können Sie einen Wert zwischen 0 und 255 eintragen, um die Anzahl der Zeichen zu bestimmen, die in die Spalte passen sollen. Dieser Wert bezieht sich jeweils auf die gewählte Standardschriftart und -größe. Sie dürfen auch mit Nachkommastellen arbeiten. Der Befehl **Format ▸ Standardbreite** kann für zwei verschiedene Dinge genutzt werden. Zum einen können Sie damit die Breite von Spalten, die schon einmal geändert worden sind, auf die Standardbreite oder auch auf eine neue Standardbreite zurücksetzen. Dazu müssen diese Spalten in die Spaltenauswahl eingeschlossen werden.

Werden bisher geänderte Spalten dagegen nicht ausgewählt, sondern eine beliebige andere Spalte, kann zum anderen erreicht werden, dass alle Spalten, die bisher noch nicht in der Breite geändert worden sind, an eine neue Standardbreite angepasst werden, während die anderen unverändert bleiben. Soll die optimale Spaltenbreite eingestellt werden, klicken Sie doppelt auf den rechten Rand des Spaltenkopfes. Das entspricht dem Befehl **Format ▸ Spaltenbreite automatisch anpassen**. Beachten Sie, dass dieses Verfahren zu unerwünschten Ergebnissen führt, wenn in der Spalte Überschriften vorkommen, die länger sind als alle sonstigen Einträge.

3.6 Tabellen neu organisieren und umbauen

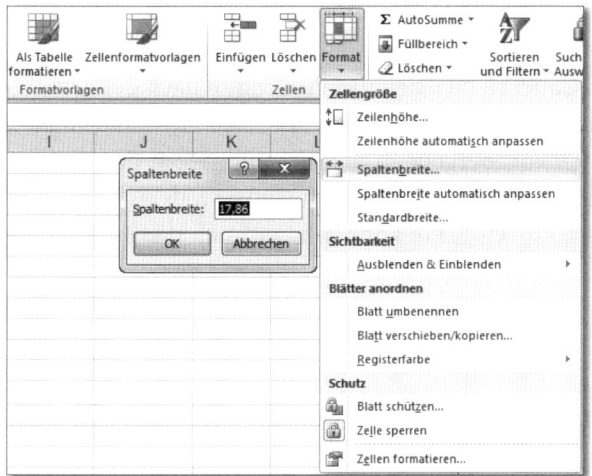

Abbildung 3.57 Ändern der Spaltenbreite über den Befehl »Format«

In solch einer Situation ist es meist besser, die Überschrift in die Nachbarzelle hineinragen zu lassen und die Spaltenbreite manuell einzustellen.

Spalten ausblenden und einblenden

Wenn bestimmte Spalten für eine Fragestellung nicht wichtig sind oder wenn bestimmte Leute Daten in einer Spalte nicht sehen sollen, können diese Spalten ausgeblendet werden. Um Spalten für Anzeige und Druck zu verbergen, ziehen Sie den Spaltenkopfrand so weit nach links, bis die Spalte verschwunden ist. Eine etwas dickere Linie zwischen den Spaltenköpfen kennzeichnet die Stelle.

Statt des Ziehens mit der Maus kann auch das Kontextmenü benutzt werden. Wenn Sie markierte Spaltenköpfe mit der rechten Maustaste anklicken, erscheint ein Menü mit dem Befehl **Ausblenden**. Sind zwei Spaltenköpfe markiert, zwischen denen sich ausgeblendete Spalten befinden, können diese über das Kontextmenü auch wieder eingeblendet werden. Entsprechende Befehle finden Sie auch über **Start ▸ Zellen ▸ Format ▸ Ausblenden & Einblenden**.

Ändern der Zeilenhöhe

Excel benutzt als Standardzeilenhöhe die Höhe, die notwendig ist, um die gewählte Standardschriftart in dem gewählten Grad unterzubringen. Wird in einer Zeile eine größere Schrift verwendet, wird die Zeilenhöhe automatisch angepasst. Wird die Schrift wieder verkleinert, wird die Zeile auf die Standardhöhe zurückgesetzt.

Sie können die Höhe einzelner Zeilen oder Zeilengruppen oder die Höhe aller Zeilen gleichzeitig ändern. Zudem können Sie es auch Excel selbst überlassen, die Höhe der ausgewählten Zeilen zu optimieren. Dabei richtet sich das Programm nach der größten Schrift, die sich in der jeweiligen Zeile befindet. Schließlich lässt sich die Änderung der Zeilenhöhe auch benutzen, um Zeilen vorübergehend auszublenden. Um für einzelne oder auch mehrere Zeilen die Höhe zu verändern, genügt es, wenn jeweils eine Zelle pro Zeile in einer beliebigen Spalte markiert wird. Sie können aber auch die Zeilenköpfe auswählen.

... mit der Maus

Das schnellste Verfahren besteht darin, die untere Begrenzung des Zeilenkopfes mit der Maus nach oben oder unten zu ziehen. Dabei wird die jeweils erreichte Punkt- und Pixelanzahl angezeigt. Wenn Sie mehrere Zeilen markiert haben – auch eine Mehrfachauswahl von nicht zusammenhängenden Zeilen ist hier erlaubt –, werden alle ausgewählten Zeilen gleichmäßig verändert. Um alle Zeilen zu verändern, können Sie das Feld **Alles Auswählen** anklicken.

... Start ▸ Zellen ▸ Format ▸ Zeilenhöhe

Wenn Sie einheitliche Höhen sicherstellen wollen, ist es ratsam, mit dem Befehl **Start ▸ Zellen ▸ Format ▸ Zeilenhöhe** zu arbeiten. Hier können Sie Werte zwischen 0 und 409 Punkt eintragen. Punkt ist die Maßeinheit, die ja auch für die Schriftgröße verwendet wird. Soll die optimale Zeilenhöhe eingestellt werden, klicken Sie doppelt auf den unteren Rand des Zeilenkopfes. Das entspricht dem Befehl ... **Format ▸ Zeilenhöhe automatisch anpassen**.

Ausblenden und einblenden von Zeilen

Wie Spalten können auch Zeilen ausgeblendet werden. Um Zeilen zu verbergen, ziehen Sie den unteren Zeilenkopfrand so weit nach oben, bis die Zeile verschwunden ist. Eine etwas dickere Linie zwischen den Zeilenköpfen kennzeichnet jeweils die Stellen, wo etwas ausgeblendet worden ist.

Statt des Ziehens mit der Maus kann auch das Kontextmenü zum Ausblenden benutzt werden. Wenn Sie markierte Zeilenköpfe mit der rechten Maustaste anklicken, erscheint ein Menü mit dem Befehl **Ausblenden**. Sind zwei Zeilenköpfe markiert, zwischen denen sich ausgeblendete Zeilen befinden, können diese über das Kontextmenü eingeblendet werden.

3.7 Effektiver Umgang mit Arbeitsmappen

Damit die Arbeitsmappe als Arbeitserleichterung und Ordnungsfaktor zur Geltung kommt, sollte eine klare Abfolge der Blätter gewählt werden. Das mag eine zeitliche Reihenfolge sein, etwa Kostenblätter für jeden Monat, eine räumliche Einteilung, nach Abteilungen oder Vertriebsgebieten, oder eine personelle oder sachliche Anordnung. Mehrere übersichtliche Mappen sind sicher einer »unordentlichen« Riesenmappe vorzuziehen. Andererseits sollten Tabellen, die über Formeln verknüpft sind, möglichst in einer Mappe zusammengefasst werden.

Arbeitsmappen als Organisationsmittel

Einer der Vorteile von Arbeitsmappen ist, dass von der Sache her zusammengehörende Dokumente nicht einzeln geladen werden müssen. Arbeitsmappen sind auch für die Weitergabe von Dokumenten vorteilhaft. Es ist wesentlich einfacher, anderen Personen eine Arbeitsmappe zu übergeben als eine Reihe von separaten Dateien. Ein weiteres Plus der Mappen ist, dass sie die Gruppenbearbeitung von Tabellen erlauben. Ein einheitliches Tabellenlayout für mehrere Tabellen einer Mappe kann so leicht hergestellt und durchgehalten werden.

Arbeitsmappen können auf unterschiedliche Weise entstehen. Sie können entweder gleich am Anfang eine bestimmte Zahl von Blättern erzeugen oder die Mappe allmählich durch Hinzufügen einzelner Blätter wachsen lassen. Außerdem lassen sich jederzeit Blätter aus anderen Arbeitsmappen einfügen, im Original durch Verschieben von einer Mappe zur anderen oder als Kopie.

Hinzufügen von Blättern

Wenn die in der Arbeitsmappe vorhandenen Blätter nicht ausreichen, können Sie jederzeit neue Blätter hinzufügen. Solange Sie normale Tabellenblätter jeweils am Ende der Mappe anfügen wollen, kann dazu einfach das immer zuletzt angebotene Register **Tabellenblatt einfügen** angeklickt werden.

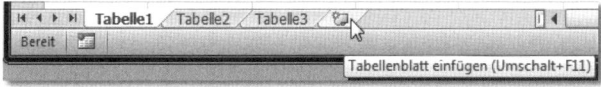

Abbildung 3.58 Register für neues Tabellenblatt

Statt des Registers können Sie auch der Befehl **Start ▸ Zellen ▸ Einfügen ▸ Blatt einfügen** verwenden. Soll ein Blatt zwischen bestehenden Blättern eingefügt oder ein anderer Blatttyp verwendet werden, aktivieren Sie das Blatt, vor dem das neue Blatt eingefügt werden soll, mit der rechten Maustaste. Wählen Sie im Kontextmenü **Einfügen**.

Abbildung 3.59 Dialog für neue Blätter

Für ein neues Tabellenblatt wählen Sie **Tabellenblatt**. Auch Diagramme können als separate Blätter eingefügt werden. Wenn Sie vorher Daten für das Diagramm markieren, wird das Diagramm sofort auf dem neuen Blatt ausgegeben und kann anschließend mit den im Menüband eingeblendeten Werkzeugen bearbeitet werden.

Abbildung 3.60 Neues Blatt auf der Basis einer online verfügbaren Vorlage

Das Dialogfeld bietet auch Vorlagen an. Auf diesem Weg kann z. B. ein Bestellformular eingefügt werden, das als Vorlage vorliegt. Über die Schaltfläche **Vorlagen auf Office.com** steht auch das Vorlagenangebot von Microsoft zur Verfügung. Die vorherige Abbildung zeigt als Beispiel eine Vorlage für ein Abrechnungsformular, das heruntergeladen und direkt in eine Mappe übernommen werden kann.

Verbergen von Arbeitsmappen oder Blättern

Sowohl ganze Arbeitsmappen als auch Blätter in einer Arbeitsmappe lassen sich während der Sitzung ausblenden. Sie sind dann zwar weiter im Hauptspeicher vorhanden, sodass Makros darin weiter benutzt werden können. Auch Formelbezüge auf verborgene Tabellen arbeiten anstandslos weiter. Nur manuelle Änderungen sind nicht möglich, solange die Dokumente ausgeblendet sind.

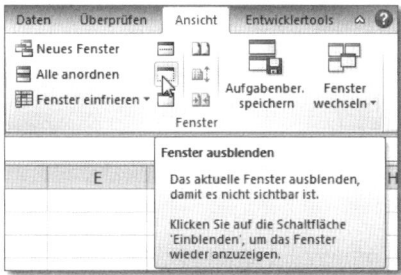

Abbildung 3.61 Das Symbol »Fenster ausblenden«

Das Ausblenden von ganzen Arbeitsmappen verbessert die Übersichtlichkeit im Arbeitsbereich, weil weniger Fenster gleichzeitig angezeigt werden. Um eine Arbeitsmappe auszublenden, wählen Sie **Ansicht ▸ Fenster ▸ Fenster ausblenden**. Sind im Arbeitsbereich ausgeblendete Arbeitsmappen vorhanden, können Sie über das Symbol **Ansicht ▸ Fenster ▸ Fenster einblenden** ein Dialogfeld öffnen, in dem dann eine Liste der ausgeblendeten Arbeitsmappen zur Auswahl angeboten wird. Die verborgenen Arbeitsmappen können darüber einzeln wieder eingeblendet werden.

Abbildung 3.62 Einblenden verborgener Arbeitsmappen

Verborgene Blätter sind ganz praktisch, um darauf bestimmte benannte Konstanten abzulegen, auf die sich Formeln in den sichtbaren Blättern beziehen, etwa Mehrwertsteuersätze oder Umrechnungskurse. Um ein Blatt oder eine Auswahl von Blättern zu verbergen, wählen Sie die entsprechenden Blätter aus, und rufen Sie über das Kontextmenü der ausgewählten Register den Befehl **Ausblenden** auf. Einblenden lassen sich verborgene Blätter nur einzeln. Wählen Sie dazu im Kontextmenü eines beliebigen Blattregisters den Befehl **Einblenden,** und markieren Sie im Dialogfeld das jeweilige Blatt. Entsprechende Befehle finden Sie auch unter **Start ▸ Zellen ▸ Format ▸ Ausblenden & Einblenden.**

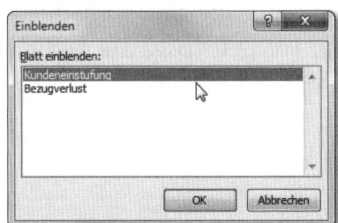

Abbildung 3.63 Wiedereinblenden verborgener Blätter

Überflüssige Blätter löschen

Wenn einzelne Blätter nicht mehr benötigt werden, können sie jederzeit gelöscht werden. Beachten Sie beim Löschen von Blättern, dass dadurch Zellbezüge in Formeln anderer Blätter zerstört werden können. Sie sollten nur Blätter löschen, auf die sich keine Formeln in der übrigen Arbeitsmappe beziehen.

1 Aktivieren Sie das Blatt, oder wählen Sie die Blätter aus, die gelöscht werden sollen.

2 Wählen Sie aus dem Kontextmenü **Löschen** oder auf dem Register **Start** den Befehl **Zellen ▸ Löschen ▸ Blatt löschen.**

3 Vor dem tatsächlichen Löschen werden Sie, falls die Blätter Daten enthalten, noch einmal darauf hingewiesen, dass die Löschung endgültig ist. Klicken Sie auf **Abbrechen**, wenn Sie irrtümlich das falsche Blatt ausgewählt haben.

Reihenfolge der Blätter ändern

Wenn Sie die Blätter anders anordnen wollen, ziehen Sie die Blattregister einfach mit der Maus dorthin, wo sie erscheinen sollen. Das gilt sowohl für ein einzelnes Blatt als auch für eine Gruppe ausgewählter Blätter. Der Mauszeiger verwandelt sich dabei in ein kleines Blatt oder einen kleinen Blätterstapel. Ein kleines Dreieck zeigt die Stelle an, wo die Blätter eingereiht werden. Sind mehrere nicht benachbarte Blätter ausgewählt, werden die Blätter an der neuen Stelle hintereinander eingereiht.

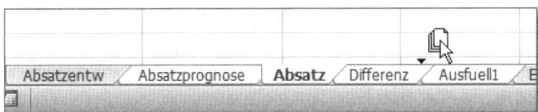

Abbildung 3.64 Verschieben eines Stapels von Blättern

Blätter kopieren

Oft ist es sinnvoll, eine Tabelle in der Arbeitsmappe zu kopieren, z. B., wenn sie ein Formular enthält, das mehrfach benutzt werden kann. Wählen Sie wieder zunächst das Blatt oder die Blätter aus. Ziehen Sie mit gleichzeitig gedrückter Strg -Taste die Auswahl an die Stelle, an der die Kopie erscheinen soll. Excel fügt automatisch Indexnummern hinter den Namen der neuen Blätter ein, damit keine Doppelnamen in der Mappe entstehen. Am besten ersetzen Sie diese gleich durch die passenden Namen.

Abbildung 3.65 Dialogfeld für das Kopieren oder Verschieben von Blättern

Für das Versetzen oder Kopieren von Blättern können Sie auch im Kontextmenü eines Registers **Verschieben oder kopieren** aufrufen oder über **Start ▶ Zellen ▶ Format** den Befehl **Blatt verschieben/kopieren**. Im Dialogfeld lässt sich unter **Einfügen vor** auswählen, an welcher Stelle die Kopie eingefügt werden soll. Soll eine Kopie erstellt werden, haken Sie **Kopie erstellen** ab. Über das Listenfeld können auch andere Arbeitsmappen oder eine neue Arbeitsmappe als Ziel ausgewählt werden.

3 Aufbau von Kalkulationstabellen

> **TIPP**
>
> **Schnelles Umordnen zwischen Mappen**
> Sie haben eine ganze Reihe von Arbeitsmappen angelegt, aber die Ordnung gefällt Ihnen nicht mehr. Viele Blätter sind in der falschen Mappe. Am besten laden Sie zwei oder mehr Mappen und benutzen dann **Ansicht ▸ Fenster ▸ Alle anordnen**, damit die Register aller Mappen greifbar sind. Dann können Sie die Register einfach jeweils mit der Maus in die Mappe ziehen, in die die Blätter gehören.

3.7.1 Übersicht in großen Tabellen

Wenn Sie eine Tabelle auf dem Papier und eine Tabelle auf einem Bildschirm vergleichen, hat das Papier einen Vorteil, der am Bildschirm bisher nur schwer wettgemacht werden konnte. Beim Betrachten einer großen Tabelle kann der Blick in Bruchteilen von Sekunden zu einer beliebigen Stelle wandern. Am Bildschirm dagegen muss häufig der Bildschirmausschnitt über die Gesamttabelle geschoben werden. Trotz Bildlaufleisten, Mausbewegungen und einigen Tastenkombinationen ist das insbesondere bei kleinen Monitoren immer eine eher lästige Angelegenheit.

Zoomen

Eine mögliche Abhilfe bietet die Funktion **Zoom**, für die ein spezieller Slider am rechten unteren Fensterrand zur Verfügung steht. Durch Ziehen oder per Klick auf die Plus- oder Minus-Symbole wird innerhalb des Fensters das Liniengitter samt Inhalt gleichmäßig vergrößert oder verkleinert. Ein Klick auf die Prozentanzeige öffnet außerdem das Dialogfeld **Zoom**.

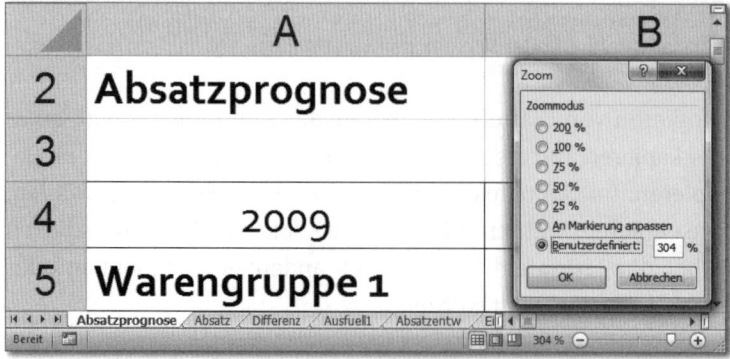

Abbildung 3.66 Zoom-Slider und passendes Dialogfeld

Der Dialog kann auch über den Befehl **Ansicht ▶ Zoom** geöffnet werden. Excel stellt darin verschiedene Vergrößerungs- bzw. Verkleinerungsstufen zur Auswahl.

Außerdem kann mit der Option **An Markierung anpassen** ein vorher ausgewählter Bereich so verändert werden, dass er den gesamten Bereich des aktiven Fensters einnimmt. Schließlich ist auch eine stufenlose Veränderung möglich. Unter **Benutzerdefiniert** lassen sich Prozentsätze zwischen 10 und 400 % von der Originalgröße einstellen.

Schließlich lässt sich noch das Rad der Maus zum Zoomen verwenden, vorausgesetzt, über **Datei ▶ Optionen ▶ Erweitert** ist unter **Bearbeitungsoptionen** die Option **Beim Rollen mit IntelliMouse zoomen** aktiviert.

Ist die Tabelle gezoomt, kann sie weiter ganz normal bearbeitet werden. Auf den Ausdruck der Tabelle hat die Funktion keinen Einfluss, die Skalierung des Ausdrucks wird mithilfe der Einstellungen unter **Datei ▶ Drucken** oder der Optionen im Dialogfeld **Seite einrichten** erreicht.

Fixieren von Beschriftungen

Bei großen Tabellenblättern kann zum Problem werden, dass Sie im Fenster die Beschriftungen der Spalten und Zeilen nicht sehen, wenn Sie den Bildausschnitt verschieben. Hier hilft die Fixierung der Beschriftungen. In dem folgenden Beispiel sollen die erste Spalte und die ersten vier Zeilen fixiert werden.

Setzen Sie den Zellzeiger in die Zelle B5, also rechts neben die Spalte(n) und/oder unter die Zeile(n), die sichtbar bleiben sollen, wenn das Fenster verschoben wird. Wählen Sie dann den Befehl **Ansicht ▶ Fenster ▶ Fenster einfrieren ▶ Fenster einfrieren**.

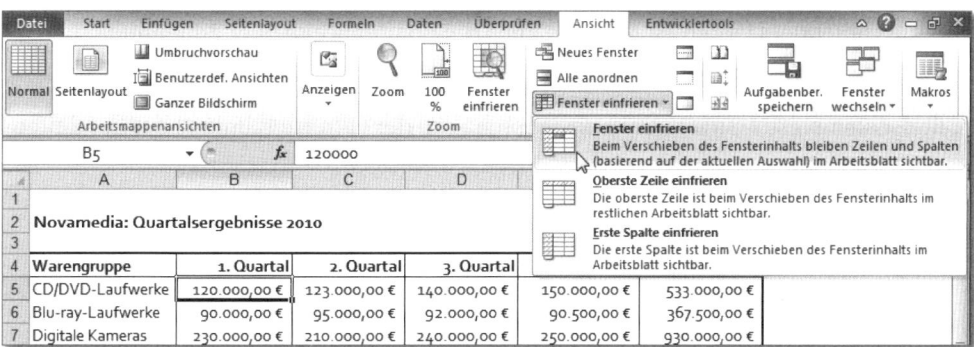

Abbildung 3.67 Fixieren von Tabellenbeschriftungen

Die Schaltfläche bietet eine Liste an, in der auch die Möglichkeit angeboten wird, jeweils nur die oberste Zeile oder die erste Spalte zu fixieren.

Die Fixierung kann immer nur einmal pro Tabellenblatt eingesetzt werden. Wenn Sie also zwei oder mehrere große Tabellen verwenden, spricht alles dafür, diese auf mehrere Blätter zu verteilen.

Die fixierten Bereiche können weiter mit dem Zellzeiger angefahren werden, wenn etwas geändert werden soll. Um die Fixierung wieder aufzuheben, wählen Sie **Ansicht ▸ Fenster ▸ Fenster einfrieren ▸ Fixierung aufheben**. Beachten Sie, dass die Fixierung von Spalten oder Zeilen keinen Einfluss auf den Ausdruck hat. Wenn Sie einen ähnlichen Effekt beim Druck erreichen wollen, müssen Sie über **Seitenlayout ▸ Seite einrichten ▸ Drucktitel** entsprechende Einstellungen für Wiederholungszeilen oder -spalten festlegen.

3.7.2 Ansichten einer Tabelle definieren

Eine Tabelle kann Daten enthalten, die für verschiedene Adressaten gedacht sind. Nicht jeder braucht die gleiche Zusammenstellung der Daten bzw. nicht jeder soll sie erhalten. In einer Liste mit Einkaufs- und Verkaufspreisen sollen z. B. in dem einen Fall die Einkaufspreise, im anderen Fall die Verkaufspreise verdeckt bleiben, wenn eine Liste gedruckt wird. Bei Tabellen können die Daten nach unterschiedlichen Kriterien gefiltert werden, wie in Kapitel 17, »Informationen als Tabellen ordnen und verwalten«, und 18, »Datenabfragen und Datenauszüge«, beschrieben wird. Jedes Abfrageergebnis kann als separate Ansicht auf eine bestimmte Tabelle festgehalten und wieder aufgerufen werden, ohne die Filterbefehle jedes Mal neu eingeben zu müssen.

Für jede benannte Ansicht können unterschiedliche Spalten oder Zeilen des Arbeitsblatts ausgeblendet werden. Sie können auch die Spaltenbreite oder Zeilenhöhe für jede Ansicht anders gestalten. Weitere Dinge, die Sie bestimmen können:

- Bildschirmeinstellungen, etwa das Ausschalten der Gitternetzlinien oder der Seitenumbruchlinien
- markierte Zellen
- Fenstergröße und -position
- Fensterausschnitte
- fixierte Zeilen und Spalten
- Filtereinstellungen bei Datenlisten
- Festlegung eines Druckbereichs oder andere Druckeinstellungen

Definition einer Ansicht

Wie kann eine Ansicht definiert werden?

1 Aktivieren Sie das Tabellenblatt, für das Sie eine Ansicht bestimmen wollen (Ansichten für Gruppen von Blättern sind nicht möglich).

2 Wählen Sie die Anzeige- und Druckeinstellungen, die Sie für diese Ansicht benutzen wollen.

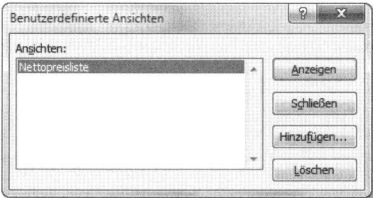

3 Benutzen Sie dann das Symbol **Ansicht ▸ Arbeitsmappenansichten ▸ Benutzerdef. Ansichten**. Das Dialogfeld zeigt links ein Fenster, in dem – wenn vorhanden – bereits definierte Ansichten angezeigt werden. Die Schaltfläche **Hinzufügen** führt zu einem weiteren Dialogfeld.

4 Geben Sie einen Namen für die aktuelle Ansicht an. Bezeichnungen aus mehreren Wörtern sind erlaubt.

5 Zusätzlich können Sie zwei Kontrollkästchen bei Bedarf abhaken bzw. abgehakt lassen, die festlegen, ob die in der aktuellen Ansicht enthaltenen Druckeinstellungen bzw. Ausblendungen von Zeilen/Spalten und Filtereinstellungen mit gespeichert werden sollen.

Sobald eine Ansicht definiert ist, kann sie jederzeit wieder angezeigt werden. Markieren Sie dazu im Dialogfeld unter **Ansichten** den entsprechenden Namen, und wählen Sie **Anzeigen**. Wenn Sie mit Ansichten arbeiten, ist es in der Regel sinnvoll, zunächst auch die »Normalansicht« der Tabelle als eine der möglichen Ansichten zu definieren.

3.7.3 Kommentare

Je umfangreicher ein Kalkulationsmodell, desto notwendiger wird ein gewisses Maß an Dokumentation. Sie sollte sicherstellen, dass immer ersichtlich bleibt, auf welche Weise Rechenergebnisse erzeugt werden. Das hilft Ihnen bei der Pflege des Modells. Noch dringender sind solche Erläuterungen für andere Personen, die mit Ihrem Modell arbeiten oder es weiterentwickeln sollen. Bedacht werden müssen auch Vorschriften, die die Prüfbarkeit von Berechnungen betreffen, etwa in der Buchhaltung.

Wenn Sie sich angewöhnen, wichtige Tabellenbereiche mit selbsterklärenden Namen zu belegen und auch in den Formeln mit Bereichsnamen zu arbeiten, dokumentiert sich eine Arbeitsmappe in einem bestimmten Umfang selbst. Reicht dies nicht aus, sollten Sie die notwendigen Informationen über die gesamte Tabelle, über bestimmte Berechnungsmethoden, Hinweise zur Datenpflege und -aktualisierung usw. in einer leicht zugänglichen Form der Tabelle hinzufügen.

Textpassagen und Textfelder

Excel bietet dafür eine ganze Reihe von Möglichkeiten. Eine naheliegende Form sind erläuternde Textpassagen in freien Zellbereichen oder auch auf einem eigenen Blatt in der Arbeitsmappe. Da eine Zelle über 30.000 Zeichen aufnehmen kann und zudem Zellen zusammengefasst werden können, lassen sich erläuternde Texte im Tabellenblatt leicht einfügen. Die Abbildung zeigt eine Textpassage neben einer Tabelle, für die ein Zellblock zu einer Zelle zusammengefasst wurde.

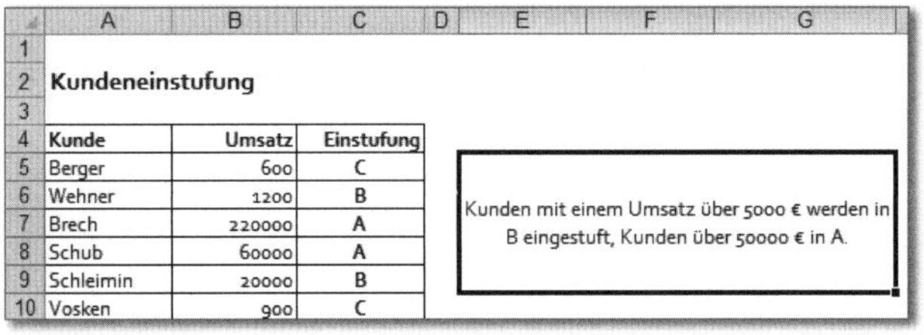

Abbildung 3.68 Text in einer erweiterten Zelle

Für kleinere Texte lässt sich auch ein Textfeld verwenden, das Sie mit dem Symbol **Textfeld** aus der Gruppe **Einfügen ▶ Text** erzeugen. Wenn Sie das Symbol anklicken, können Sie die Lage und Größe des Textfeldes durch Ziehen mit der Maus bestimmen. Wird die Maustaste losgelassen, kann der Text direkt in das Feld eingetragen werden. Der Text wird automatisch innerhalb des festgelegten Rahmens umbrochen. Ein Klick auf eine Zelle außerhalb des Textfeldes beendet die Texteingabe.

Abbildung 3.69 Aufziehen eines Textfeldes

Solche Textfelder haben den Vorteil, dass sie unabhängig von den Daten in der Tabelle hin- und hergeschoben werden können. Wenn ein solches Textfeld z. B. bestimmte Hinweise für die Bearbeitung der Tabelle enthält, etwa Vorschriften für die korrekte Dateneingabe, kann der Text an jede beliebige Stelle des Arbeitsblatts gezogen werden, an der Sie gerade Daten bearbeiten wollen.

Arbeit mit Kommentaren

Bezogen auf einzelne Zellen sind Kommentare ideale Mittel der Selbsterklärung einer Tabelle. Kommentare, die zu einer Zelle angelegt worden sind, werden normalerweise angezeigt, wenn sich der Mauszeiger über der betreffenden Zelle befindet. Hier ein kleines Beispiel zu der Einnahmen-Ausgaben-Rechnung aus Abschnitt 3.1, »Planung und Design von Kalkulationsmodellen«.

Insbesondere wenn andere Personen Daten erfassen sollen, aber auch, wenn bei der Eingabe bestimmte Dinge beachtet werden müssen, ist ein Kommentar das Mittel der Wahl. Wenn Sie einen Hinweis zu einer Zelle, etwa »Dieser Wert wird von der Buchhaltung zur Verfügung gestellt« aufzeichnen, wird der Satz sofort angezeigt, wenn der Zellzeiger die Zelle berührt. Wenn Sie die Eingabe bestimmter Werte in einer Zelle kontrollieren wollen, sollten Sie allerdings besser mit den in Abschnitt 3.5, »Prüfung der Dateneingabe«, beschriebenen Gültigkeitsregeln arbeiten.

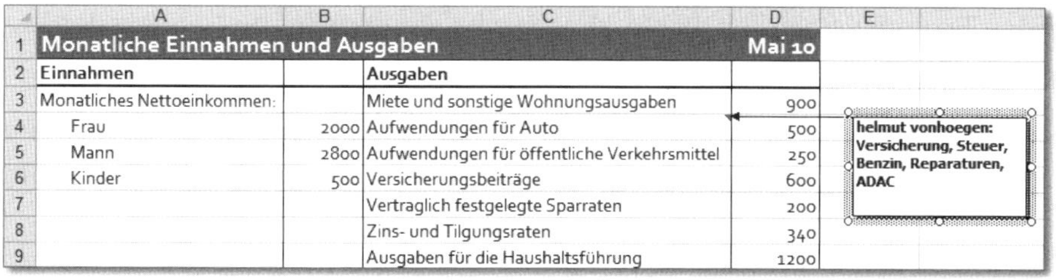

	A	B	C	D	E
1	Monatliche Einnahmen und Ausgaben			Mai 10	
2	Einnahmen		Ausgaben		
3	Monatliches Nettoeinkommen:		Miete und sonstige Wohnungsausgaben	900	
4	Frau	2000	Aufwendungen für Auto	500	
5	Mann	2800	Aufwendungen für öffentliche Verkehrsmittel	250	
6	Kinder	500	Versicherungsbeiträge	600	
7			Vertraglich festgelegte Sparraten	200	
8			Zins- und Tilgungsraten	340	
9			Ausgaben für die Haushaltsführung	1200	

Abbildung 3.70 Kommentar zur erforderlichen Eingabe

Natürlich lässt sich das auch unterbinden, wenn Sie diese Hinweise nicht mehr benötigen. Über **Datei ▸ Optionen ▸ Erweitert** muss dazu unter **Anzeige** nur die Option **Keine Kommentare und Indikatoren** gewählt werden. Sie können hier aber auch umgekehrt festlegen, dass die Kommentare immer angezeigt werden, also auch, wenn der Zellzeiger an einer ganz anderen Stelle steht. Das ist entsprechend die Option **Kommentare und Indikatoren**.

Kommentare eingegeben

1 Wählen Sie erst die Zelle, zu der Sie etwas notieren wollen. (Ist ein Bereich markiert, wird der Kommentarindikator immer an die erste Zelle geheftet.)

2 Wählen Sie **Überprüfen ▸ Kommentare ▸ Neuer Kommentar**.

3 Excel öffnet ein Textfeld und setzt den Namen des Benutzers an den Anfang. Das ist insbesondere bei Teamarbeit an Tabellen praktisch.

4 Nun können Sie Ihre Anmerkung zu der Zelle, der Formel etc. direkt vor Ort eintragen. Schließen Sie den Kommentar durch Klick außerhalb des Feldes ab.

Muss etwas korrigiert werden, klicken Sie die kommentierte Zelle mit rechts an, und öffnen Sie mit **Kommentar bearbeiten** das Kommentarfeld erneut. Klicken Sie die Textstelle, an der etwas eingefügt werden soll, direkt an, oder markieren Sie durch Ziehen mit der Maus eine Stelle, die ersetzt werden soll. Wenn Sie nur die Textbearbeitung beenden wollen, klicken Sie mit rechts zum Abschluss in das Kommentarfeld und benutzen **Textbearbeitung beenden**. Dann bleibt das Kommentarfeld weiter markiert.

Soll das Kommentarfeld etwas von der Zelle weggeschoben werden, ziehen Sie den Rahmen in die gewünschte Richtung. Der Pfeil zu dem kleinen roten Dreieck wird entsprechend verlängert. Um das Kommentarfeld zu vergrößern oder zu verkleinern, reicht das Ziehen an den Markierungen im Rahmen. Um die Schrift anders zu formatieren, markieren Sie den Text oder einen Teil davon, klicken wieder mit rechts und wählen den Befehl **Kommentar formatieren**, der dann angeboten wird.

Um bequem mit Kommentaren zu arbeiten, bietet die Gruppe **Überprüfen ▸ Kommentare** eine Reihe von Symbolen, etwa um vorhandene Kommentare bequem anzusteuern, um sie zu überarbeiten oder auch zu löschen.

Abbildung 3.71 Die Gruppe »Kommentare«

Wenn Sie mit einem Tablet-PC arbeiten, lässt sich in der Gruppe **Kommentare** auch die Schaltfläche **Freihandanmerkungen anzeigen** nutzen.

Kommentare können mit den Tabellendaten ausgedruckt werden. Wählen Sie im Dialogfeld **Seite einrichten** die Registerkarte **Blatt**, und wählen Sie unter **Drucken ▸ Kommentare**, ob die Kommentare, wenn überhaupt, jeweils am Ende des Blatts gedruckt werden sollen oder so, wie sie auch auf dem Blatt angezeigt werden.

4 Mit Formeln arbeiten

Der Einsatz von Excel lohnt sich zwar schon, wenn es nur darum geht, Informationen in ordentlicher Form zusammenzustellen, denn gerade die tabellarische Anordnung ist für die übersichtliche Darstellung von Daten gut geeignet. Ob Sie nun eine Checkliste für eine Dienstreise, einen Terminkalender für ein Projekt oder einen Stellenplan für eine Abteilung brauchen, all diese Aufgaben lassen sich in einem Arbeitsblatt effektiv erledigen. So richtig zum Zuge kommen die Fähigkeiten von Excel aber erst, wenn Sie Excel für sich rechnen lassen. Das geschieht in erster Linie durch die Eingabe von Formeln.

4.1 Der Aufbau von Formeln

Bevor auf die Konstruktion von Formeln im Detail eingegangen wird, soll an dieser Stelle zunächst noch auf eine Funktion von Excel 2010 hingewiesen werden, die Ihnen Rechenergebnisse ohne Formeln anbietet.

4.1.1 Schnelle Summen mit AutoBerechnung

Wenn Sie sofort wissen wollen, welchen Gesamtbetrag eine Gruppe von Werten ergibt, können Sie auch ganz ohne Formeln ans Ziel kommen. Sobald Sie mehr als eine Zelle markieren, gibt Ihnen Excel unaufgefordert Werte wie den **Mittelwert**, die **Anzahl** und die **Summe** dieser Werte in der Statusleiste aus. Das funktioniert nicht nur bei geschlossenen Zellblöcken, sondern auch, wenn Sie nicht zusammenhängende Zellen markieren. Das erspart in vielen Fällen den Zugriff auf den Taschenrechner.

Abbildung 4.1 Auswertungen markierter Zellen in der Statusleiste und Wahl der Berechnungsart

Statt der vorgegebenen Auswertungen kann über das Menü **Statusleiste anpassen** auch ein anderes Ergebnis errechnet werden. Dazu müssen Sie den Ergebnisbereich in der Statusleiste nur mit der rechten Maustaste anklicken und die gewünschte Berechnungsart auswählen.

4.1.2 Die Rolle der Formeln

Eine Formel ist in Excel so etwas wie ein Dauerauftrag an das Programm. Mit einer Formel bestimmen Sie, dass Excel immer wieder bestimmte Dinge erledigt. Das kann beispielsweise eine Rechenvorschrift sein, wie »Bilde die Summe einer Zahlenkolonne« oder »Multipliziere den Betrag mit dem Faktor 1,19«, oder aber eine Anweisung, wie »Setze eine Bezeichnung aus den aktuellen Werten von zwei Zellen zusammen«.

Ist die entsprechende Formel einmal gebildet, vielleicht am Anfang durchaus mit gewissen Mühen, steht sie anschließend gleichsam auf Abruf zur Verfügung. Ändern sich die Zahlen in der Kolonne oder der Betrag oder eine der Zeichenketten, liefern die Formeln sofort wieder das aktuelle Ergebnis.

Formelketten

Material für Formeln können dabei nicht nur Zahlen und Zeichenfolgen, sondern auch selbst wiederum andere Formeln sein. Das heißt beispielsweise, mit dem Ergebnis einer Formel in der Zelle B12 wird in der Zelle F18 weitergerechnet. Die Zelle F18 ihrerseits gibt ihr Ergebnis an eine Formel in der Zelle H15 weiter. Auf diese Weise entstehen regelrechte Formelketten.

Je länger eine solche Kette ist, desto größer ist allerdings auch die Möglichkeit, dass die Übersicht darüber, wie im Arbeitsblatt gerechnet wird, verloren geht. Über Maßnahmen, damit umzugehen, soll später noch gesprochen werden.

4.1.3 Formeltypen

Normalerweise liefert eine Formel nur einen Wert für die Zelle, in die sie eingetragen ist. Eine spezielle Variante sind Matrixformeln, die Werte für mehrere Zellen berechnen bzw. Wertegruppen gleichzeitig auswerten können.

Excel 2010 kennt verschiedene Typen von Formeln:

- **Arithmetische Formeln** enthalten Konstanten, Zellbezüge und arithmetische Operatoren (+ − * / ^). Diese Formeln errechnen das Ergebnis und zeigen es in der Zelle an, die die Formel enthält. Beispiele für arithmetische Formeln:
    ```
    =B7+C7
    =8000 * 1,19
    =C5/5
    ```

- **Zeichenfolgen-Formeln** erlauben die Verknüpfung von zwei oder mehreren Zeichenfolgen mit dem &-Operator. Beispiele für solche Textverkettungen:
    ```
    ="Audio"&2006
    ="Farbe "&H4
    ="Margo "&"Lewin"
    ```

- **Logische Formeln** enthalten Vergleiche zwischen Konstanten oder Zellbezügen mithilfe von Vergleichsoperatoren. Formeln wie =Z8 > H5 ergeben den Wert WAHR, wenn die darin formulierte Beziehung der beiden Zellwerte tatsächlich wahr ist; wenn nicht, liefert eine solche Formel den Wert FALSCH. Der angezeigte Wert WAHR hat gleichzeitig den numerischen Wert 1, der Wert FALSCH den numerischen Wert 0 (=WAHR + 1 ergibt also 2!).

- **Formeln, die Funktionen enthalten**, z. B. die Summenfunktion:
    ```
    =Summe(F1:F30)
    ```

4.1.4 Datentypen

Die verschiedenen Typen können in einer Formel auch gemischt auftreten. Dabei muss aber beachtet werden, dass die Ergebnisse der verschiedenen Teile einer Formel Daten liefern, die vom Typ her verträglich sind.

Eine Funktion, die eine Zeichenfolge zum Ergebnis hat, kann nicht multipliziert werden. Das macht auch wenig Sinn. Dagegen lässt der &-Operator auch Zahlen als Operanden zu, wandelt sie aber automatisch in Zeichenfolgen um.

```
=1111&2222
```

ergibt die Zeichenfolge 11112222.

4.1.5 Operatoren und ihre Priorität

Die einfachsten Formeln, die in einer Zelle abgelegt werden können, sind Formeln, in denen Zahlen mit den Operatoren der Grundrechenarten verknüpft werden. Die Schreibweise entspricht, abgesehen von dem vorangestellten Gleichheitszeichen, dem gewohnten Bild:

```
=13+25-5
=25*4/3
=3^2
```

Anstelle von Zahlen, also von Konstanten, können Variable in die Formeln eingeführt werden. In der Algebra werden für Variable bekanntlich Buchstaben benutzt. Wenn Sie mit Excel 2010 arbeiten, dienen die Zell- oder Bereichsadressen dazu, Variable in eine Formel einzubeziehen.

Die Operatoren in einer Formel werden entsprechend ihrer Priorität behandelt. Die folgende Liste zeigt die Rangfolge der Priorität. Die höchste Priorität ist 1.

4.1.6 Tabelle der Operatoren

Operator	Beispiel	Bedeutung	Priorität
Bezugsoperatoren			
:	B3:B7	Bereich	1
leer	B3:E8 C4:F12	Schnittmenge	2
;	B3:B12;C3:C12	Verbindung	3
Arithmetische Operatoren			
–	-(5*2)	Vorzeichen	4
%	10 %	Prozent	5
^	5^2	Potenzierung	6
*	5*6	Multiplikation	7
/	6/3	Division	7
+	7+4	Addition	8
–	4-2	Subtraktion	8

Operator	Beispiel	Bedeutung	Priorität
Verkettungsoperator			
&	B2&B3	Textverkettung	9
Vergleichsoperatoren			
=	B5=B7	gleich	10
<>	B5<>B7	ungleich	10
>	B5>B7	größer als	10
<	B5<B7	kleiner als	10
<=	B5<=B7	kleiner oder gleich	10
>=	B5>=B7	größer oder gleich	10

Die Priorität bestimmt die Reihenfolge, in der Excel die Operatoren auswertet. Nehmen Sie das folgende Beispiel: Ein numerischer Ausdruck lautet:

```
=5+6*3-7
```

Würde das Programm schlicht von links nach rechts vorgehen, ergäbe sich

```
5+6   = 11
11*3  = 33
33-7  = 26
```

Tatsächlich aber führt Excel 2010 korrekterweise zunächst die Multiplikation durch, die Priorität vor der Addition und Subtraktion hat:

```
6*3     = 18
5+18-7  = 16
```

Die Operation mit der höheren Priorität wird also zuerst ausgeführt. Bei Operatoren derselben Priorität wird von links nach rechts gearbeitet. Soll die Rangfolge der Prioritäten unterlaufen werden, kann wie üblich mit Klammern gearbeitet werden. Bei

```
=(5*6)*(3-7)
```

wird zunächst das Innere der beiden Klammern berechnet. Das ergibt:

```
=30*-4
=-120
```

4.1.7 Addition und Subtraktion

Die folgende Liste zeigt einige Beispiele für korrekt eingegebene Formeln, um Ihnen die Schreibweise zu demonstrieren. Wie Sie sehen, können auch Datumswerte als Operanden in den Berechnungen verwendet werden:

```
=12+27
=-15+33
=C17+F18-J21
=B14
=$B16-$C$16
=-(B13+B14+C17)
=SUMME(B12:F12)+1000
=SUMME(B12:B17)+SUMME(C12:C19)
=DATUM(12;12;01)+90
=SUMME00+SUMME01
```

Das letzte Beispiel verwendet Bereichsnamen. Es ist allerdings nur dann zulässig, wenn mit den beiden Namen jeweils nur eine Zelle benannt wird. Ist ein Bereich aus mehreren Zellen benannt, liefert die Formel die Fehlermeldung #WERT!.

4.1.8 Multiplikation und Division

Bei der Multiplikation und Division muss beachtet werden, wie sich das Ergebnis in Bezug auf die Dezimalstellen verhält. Bei der Multiplikation addieren sich die Nachkommastellen:

```
=33,33*33,33 ergibt 1110,8889
=33,33*33,33*33,33 ergibt 37025,927037
```

Wird die Darstellung des Ergebnisses durch die Zellformatierung auf zwei Dezimalstellen reduziert, erscheint zwar in der Zelle ein gerundeter Wert, im Beispiel also 1.110,89 bzw. 37.025,93; intern bleibt aber das genauere Ergebnis gespeichert. Wird auf diese Zelle in einer anderen Formel Bezug genommen, rechnet diese Formel mit den vier bzw. sechs Dezimalstellen weiter. Werden solche Werte dann erneut multipliziert, kann es zu deutlichen Differenzen kommen, je nachdem, ob mit den intern gespeicherten Werten weitergerechnet wird oder mit gerundeten Werten. Die nächste Abbildung zeigt ein kleines Beispiel.

4.1 Der Aufbau von Formeln

	A	B	C	D	E	F
1						
2		Beispiel für Rundungsdifferenzen:				
3						
4		Formel:	Ergebnis:	gerundet:		
5						
6		=12,13*12,6	152,838	152,84	=C11*17	10598,71
7		=13,87*32,77	454,5199	454,52	=D11*17	10598,82
8		=3,66*2,66	9,7356	9,74		
9		=2,12*3	6,36	6,36		
10						
11		=SUMME(C7:C10)	623,4535	623,46		
12						

Abbildung 4.2 Beispiel für Rundungsdifferenzen

In der Spalte D sind die Ergebnisse der benachbarten Spalte C mit der Funktion RUNDEN() bearbeitet worden. In F6 ist das nicht gerundete Gesamtergebnis mit 17 multipliziert, in F7 das gerundete Gesamtergebnis. Die Differenz ist deutlich.

Division durch Null abfangen

Bei der Division ist die Anzahl der Dezimalstellen, die der Quotient erhält, ganz unterschiedlich. Hier kommt zu dem bei der Multiplikation angesprochenen Rundungsproblem ein weiteres hinzu, das unbedingt beachtet werden muss: Die Division durch Null ist nicht erlaubt.

Solange der Divisor direkt eingegeben wird, lässt sich dieser Fehler relativ leicht vermeiden. Was aber, wenn der Divisor eine Zelladresse oder eine Funktion ist, deren Ergebnis unvorhersehbar ist, wenn also der Divisor eine Variable, eine Unbekannte ist. Für diesen Fall muss Vorsorge getroffen werden.

Der Fall, dass ein Divisor mit dem Wert 0 verwendet wird, sollte unterbunden werden. Das ist möglich mit der Funktion WENN(). Dem Programm kann damit erklärt werden, was anstelle einer Division zu geschehen hat, wenn der Divisor tatsächlich den Wert 0 annehmen sollte. Das kann etwa so aussehen:

```
=WENN(B3<>0;RUNDEN(A3/B3;2);"")
```

Wenn der Wert der Zelle B3 ungleich 0 ist, wird die Division A3/B3 durchgeführt; ist B3 aber tatsächlich gleich 0, findet die Division erst gar nicht statt, die Zelle bleibt leer. Stattdessen könnte auch ein entsprechender Hinweis ausgegeben werden.

4.1.9 Texte verketten

Gelegentlich ist es sinnvoll, eine Zeichenfolge in einer Zelle durch eine Formel zu erzeugen, die verschiedene Zeichen oder Zeichenfolgen verknüpft. Angenommen, Sie wollen Artikelnummern um zwei Zeichen erweitern, die die Warengruppe beinhalten. Wenn Sie in die Zelle C9

```
=C5&C8
```

eintragen, wird der Inhalt von Zelle C5 mit dem Inhalt von Zelle C8 verkettet. Wenn C5 das Warengruppenkennzeichen *PX* enthält und C8 die Artikelnummer *3370086*, ist das Ergebnis in Zelle C9 *PX3370086*. Es macht übrigens nichts aus, wenn die Artikelnummer in C8 als Zahl und nicht als Zeichenfolge eingetragen worden ist. Der Operator wandelt die Zahl automatisch in eine Zeichenfolge um.

Anschließend können Sie diese Formel noch in ihr Ergebnis verwandeln. Kopieren Sie die Zellen in die Zwischenablage, und fügen Sie sie an derselben Stelle wieder ein, indem Sie über das Kontextmenü **Inhalte einfügen** aufrufen und die Option **Werte** verwenden. Wollen Sie zwischen den beiden Textelementen ein Leerzeichen sehen, schreiben Sie:

```
=C5&" "&C8
```

Vergessen Sie nicht, die Formel mit dem Gleichheitszeichen zu beginnen, damit Excel 2010 überhaupt merkt, dass es eine Formel berechnen soll. Wenn Sie nur

```
C5&C8
```

in die Zelle schreiben, nimmt Excel die Eintragung als ganz normalen Text.

4.1.10 Tests mit logischen Formeln

Logische Formeln werden benutzt, um zu prüfen, ob bestimmte Tatsachen oder Bedingungen gegeben sind oder nicht. Wenn Sie die Entscheidung über eine Investition z. B. davon abhängig machen wollen, ob sich die Kosten innerhalb von fünf Jahren amortisiert haben, können Sie diese Bedingung als logische Formel formulieren:

```
=Kosten < Ersparnisse
```

Voraussetzung ist, dass Sie die Zelle, die die Kosten summiert, mit dem Namen *Kosten* belegt haben und die Zelle, die die Summe der Ersparnisse der letzten fünf Jahre enthält, mit dem Namen *Ersparnisse*. Wenn Sie eine solche Formel eintragen, vergleicht Excel die Werte der beiden Zellen. Ist die Bedingung erfüllt, sind also die Kosten kleiner als die Summe der Ersparnisse, zeigt die Zelle den Wert WAHR. Trotz der Anzeige des Wortes

WAHR hat die Zelle zugleich den numerischen Wert 1. Ist das Ergebnis nicht so günstig, sind die Kosten also noch nicht gedeckt, erscheint in der Zelle FALSCH. Das entspricht dem numerischen Wert 0.

Das ist ganz praktisch für Prüfsummen. Wenn Sie z. B. in drei Zellen untereinander Bedingungen in Form von logischen Formeln ablegen, können Sie sehr einfach prüfen, ob alle Bedingungen erfüllt sind. Sie addieren einfach die Wahrheitswerte. Ist das Ergebnis =3, sind alle Bedingungen erfüllt. Logische Formeln kennen also nur zwei mögliche Ergebnisse: WAHR oder FALSCH (in der Abbildung werden die logischen Formeln zur Dokumentation in Spalte D zusätzlich als Text angezeigt).

	A	B	C	D	E
1					
2	Beispiel für logische Werte				
3					
4	Gewicht in kg:	120	WAHR	=B4>80	
5	tgl. Zigarettenkonsum	40	WAHR	=B5>5	
6	tgl. Bierkonsum in l	3	WAHR	=B6>0,5	
7			3	Hochgradig gefährdet	

Abbildung 4.3 Logische Werte lassen sich auch addieren.

Eine logische Formel kann nicht nur eine Bedingung enthalten, sondern auch mehrere gleichzeitig. Diese Bedingungen können entweder alternativ oder additiv formuliert werden.

4.1.11 Funktionen

Funktionen sind spezielle Ausdrücke, die entweder direkt als Formel oder als Teil einer Formel verwendet werden können. Auch wenn eine Formel nur aus einer Funktion besteht, muss sie wie üblich mit einem Gleichheitszeichen beginnen. Im zweiten Fall werden die Funktionen mithilfe von Operatoren mit den anderen Teilen einer Formel verknüpft.

Die folgenden Formeln

```
=A3-SUMME(A10:A20)
=B4/RUNDEN(C6;2)
```

sind gültige Ausdrücke, während in dem nächsten Beispiel ein Operator fehlt:

```
=MITTELWERT(kosten)G6
```

Funktionen ersetzen z. T. komplexe Berechnungen, wobei Sie sich um die Art und Weise der Berechnung aber nicht zu kümmern brauchen. Sie füttern die Funktionen nur mit den notwendigen Argumenten, den Rest erledigt das Programm. Bis zu 255 Argumente sind bei einer Funktion möglich.

Funktionen können auch geschachtelt werden, d. h., das Argument einer Funktion kann selbst wieder eine Funktion sein. Eine Verschachtelungstiefe von bis zu 64 Ebenen ist erlaubt. In Kapitel 16, »Tabellenfunktionen«, finden Sie eine Referenz aller Funktionen, die Excel anbietet.

4.2 Eingabe von Formeln und Funktionen

Um fehlerfreie Formeln zu produzieren, sind einige Regeln zu beachten:

- Das erste Zeichen einer Formel ist immer das Gleichheitszeichen. Es ist zwar erlaubt, stattdessen mit einem Plus- oder Minuszeichen zu beginnen, aber Excel setzt automatisch ein Gleichheitszeichen an die erste Stelle; das Pluszeichen wird sogar ganz ignoriert.
- Zeichenfolgen müssen in doppelte Anführungszeichen gesetzt werden.
- Formeln können zwar durch Leerzeichen lesbarer gemacht werden, ein Leerzeichen darf aber nicht zwischen dem Funktionsnamen und der ersten Klammer erscheinen.

Excel 2010 erleichtert die Eingabe umfangreicher Formeln dadurch, dass die Bearbeitungsleiste automatisch um die dafür benötigten Zeilen erweitert wird. Mithilfe der Schaltfläche mit der Pfeilspitze am rechten Ende können diese zusätzlichen Zeilen aus- und eingeblendet werden. Außerdem kann der untere Rand der Bearbeitungsleiste mit der Maus nach unten gezogen werden, um Platz zu schaffen. Doppelklick auf diesen Rand reduziert die Bearbeitungsleiste auf die tatsächlich benötigten Zeilen.

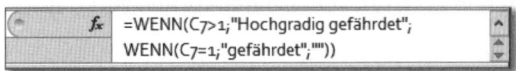

Abbildung 4.4 Erweiterte Bearbeitungsleiste mit umfangreicher Formel

Um sehr lange Formeln übersichtlicher zu gestalten, können Sie außerdem mit ⎡Alt⎤ + ⎡↵⎤ Zeilenschaltungen erzeugen.

4.2.1 Konstanten in Formeln

Wenn Zahlen in einer Formel als Konstanten vorkommen, müssen Sie beachten, dass – im Unterschied zur direkten Eingabe von Zahlen in eine Zelle – die Klammern für negative Zahlen, die Punkte für die Tausenderabtrennung oder Währungszeichen nicht erlaubt sind. Dagegen kann das Prozentzeichen als Prozentoperator benutzt werden.

```
=A1*10%
```

liefert als Ergebnis 10 % von dem Wert in Zelle A1.

Ein Datum oder eine Zeitangabe kann in einer Formel über eine entsprechende Funktion erzeugt oder als Konstante eingegeben werden. Im zweiten Fall müssen Sie die Werte aber in doppelte Anführungszeichen setzen.

```
="6/10/10"+100
```

liefert etwa ein Datum, 100 Tage nach dem 6.10.10.

Da die obige Eingabe eine nur zweistellige Jahreszahl enthält, bietet Excel 2010 in diesem Fall sofort eine Schaltfläche mit einem Menü an, das Sie auf diese Tatsache hinweist und Ihnen erlaubt, die Jahreszahl in eine vierstellige Zahl umzuwandeln und dabei eindeutig einem Jahrhundert zuzuordnen.

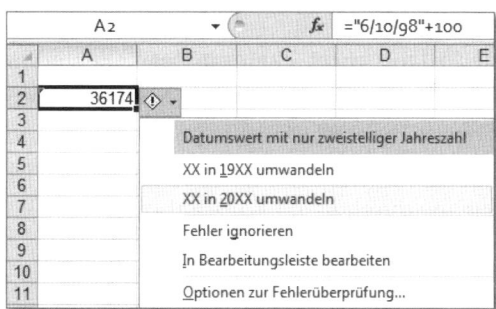

Abbildung 4.5 Kontextmenü zu einer zweistelligen Jahreszahl

Textkonstanten müssen in einer Formel immer in doppelten Anführungszeichen eingegeben werden. Wenn Sie allerdings den Dialog **Funktion einfügen** benutzen, werden die Anführungszeichen automatisch gesetzt, falls Sie eine Zeichenfolge in ein Argumentfeld eintragen. Bei einer Textverknüpfung mit dem &-Operator können auch Zahlen mit einem Text verknüpft werden:

```
="Gründungsjahr " & 2004
```

ist eine erlaubte Schreibweise und ergibt Gründungsjahr 2004 in der Zelle.

4.2.2 Eingabe von Bezügen

Bezüge in einer Formel können entweder manuell eingegeben werden oder durch Markierung der Zelle oder des Bereichs, sei es mit der Maus oder mit der Tastatur. Im zweiten Fall schaltet Excel automatisch in den Modus **Zeigen**, wie in der Statuszeile angezeigt. In diesem Modus können Sie so lange auswählen, bis Sie den nächsten Operator eintragen.

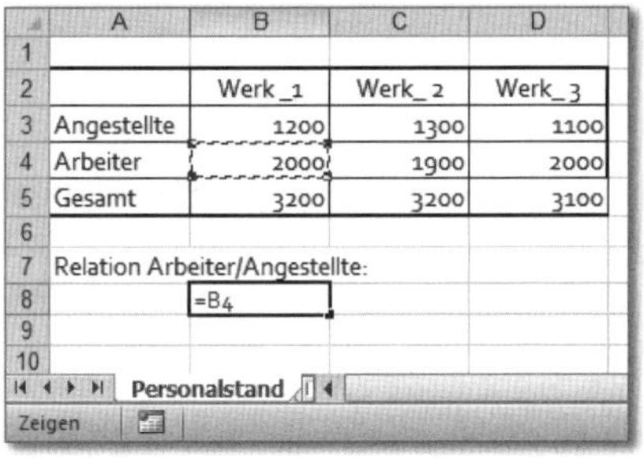

Abbildung 4.6 Zeigen auf einen Bereich bei der Formeleingabe

Nehmen Sie als Beispiel folgende Formel für die Berechnung einer einfachen Relation:

=B4/B3

Wenn Sie bei der Eingabe den Modus **Zeigen** ausnutzen wollen, müssen Sie zunächst das Gleichheitszeichen eingeben. Dann können Sie mit der Maus die Zelle B4 anklicken. Das Programm wechselt in den Modus **Zeigen**. Die Zelladresse erscheint in der Zelle und in der Bearbeitungsleiste. Wenn Sie irrtümlich die falsche Zelle ausgewählt haben, wählen Sie noch einmal. Tippen Sie dann das Divisionszeichen. Klicken Sie anschließend die Zelle B3 an. Bestätigen Sie die Formel mit dem Häkchen in der Bearbeitungsleiste. Ist die Formel misslungen, verwerfen Sie die Eingabe durch einen Klick auf die Schaltfläche **Abbrechen** mit dem schrägen Andreaskreuz.

Die Technik mit der Tastatur ist ähnlich. Geben Sie ein Gleichheitszeichen ein. Sobald Sie irgendeine Richtungstaste drücken, wechselt das Programm in den Modus **Zeigen**. Markieren Sie mit den Richtungstasten die Zelle B4. Geben Sie das Divisionszeichen ein usw. Quittieren Sie die fertige Formel mit ⏎. Ist die Formel nicht in Ordnung, brechen Sie die Eingabe mit Esc ab.

Beachten Sie dabei, dass Sie, solange Sie sich im Modus **Zeigen** befinden, die Formeleingabe weder mit den Richtungstasten noch per Mausklick auf eine andere Zelle beenden können, wie es bei der Eingabe von Werten der Fall ist. Nur wenn eine Formel mit einer schließenden Klammer endet, lässt sie sich per Mausklick oder mit den Richtungstasten abschließen, da die Eingabe der Klammer automatisch wieder in den Modus **Eingeben** schaltet.

4.2.3 Bereichsangaben

Wenn Sie einen Bereichsbezug als Argument in einer Formel benötigen, haben Sie zwei Möglichkeiten: Ist der Bereich nicht benannt, können Sie zunächst so vorgehen wie bei der Eingabe des Zellbezugs. Anstatt mit der Maus aber nur eine Zelle anzuklicken, markieren Sie durch Ziehen der Maus den Bereich, den Sie benutzen wollen.

Wenn Sie mit der Tastatur arbeiten, müssen Sie zunächst wieder eine Richtungstaste anschlagen, um in den Modus **Zeigen** zu gelangen. Markieren Sie zunächst die Zelle, in der der Bereich beginnen soll. Halten Sie dann die ⇧-Taste gedrückt, während Sie den Bereich mit den Richtungstasten markieren. Beenden Sie die Bereichsmarkierung mit der ↵-Taste. Soll die Formel dagegen noch fortgesetzt werden, beenden Sie die Bereichsmarkierung mit einer schließenden Klammer oder einem Operator.

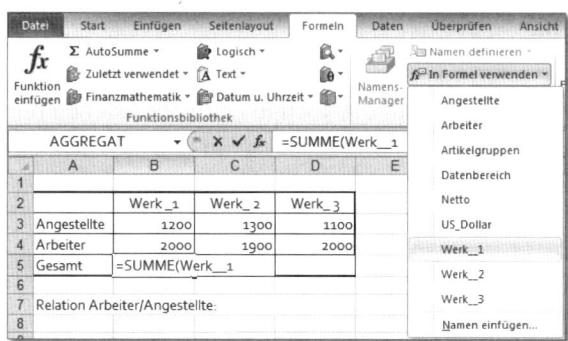

Abbildung 4.7 Einfügen eines Bereichsnamens

Wenn ein Bereich benannt ist, tippen Sie beispielsweise zunächst

=SUMME(

ein. Nun können Sie den gewünschten Bereichsnamen, z. B. *Werk_1*, über **Formeln ▸ Definierte Namen ▸ In Formeln verwenden** auswählen oder mit F3 einfügen. Die F3-Taste öffnet das Dialogfeld **Namen einfügen**, wo Sie den vorgesehenen Namen doppelt anklicken. Sie können die Formel quittieren. Die letzte Klammer wird automatisch gesetzt. Dies gilt allerdings nur, wenn nicht mehr als eine schließende Klammer vorkommt, wenn die Formel also nur aus einer Funktion besteht.

Excel bietet noch eine weitere Unterstützung für Bereichsnamen an, wenn Sie eine Formel eingeben. Sobald Sie den ersten Buchstaben des Namens eingeben, werden die möglichen Namen zu diesem Anfangsbuchstaben in der Funktionenliste mit angeboten, wie die nächste Abbildung zeigt. Per Doppelklick wird der Name in die Formel übernommen.

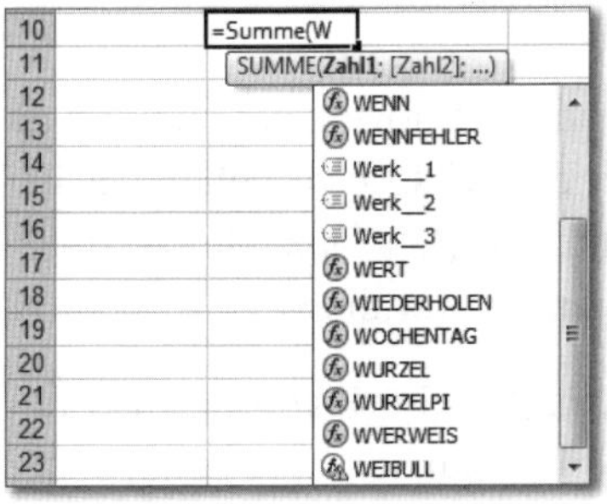

4 Mit Formeln arbeiten

Abbildung 4.8 Unterstützung bei der manuellen Angabe von Bereichsnamen

4.2.4 Tipps zur Eingabe von Bezügen

Bezieht sich ein Argument auf eine Zelle oder einen Zellbereich, der weit von der Formelzelle entfernt ist, benutzen Sie am besten die Bildlaufleisten, um den Fensterausschnitt entsprechend zu verschieben, klicken dann auf die dortige Zelle oder ziehen mit der Maus über den gewünschten Bereich. Sobald die Formel abgeschlossen ist, rückt die Zelle, die die Formel enthält, wieder ins Bild.

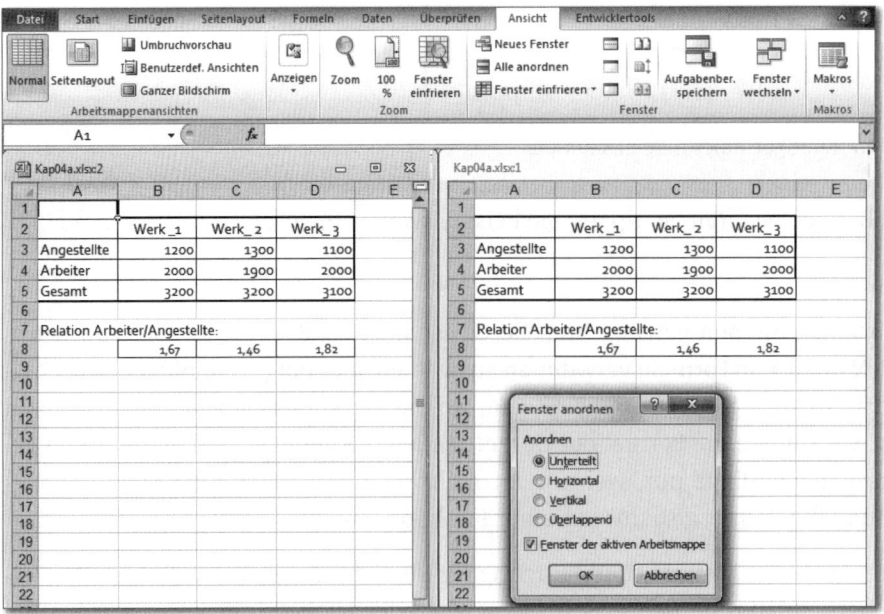

Abbildung 4.9 Arbeitsmappe mit zwei Fenstern

Liegen mehrere Zellbezüge in einem entfernten Tabellenbereich, können Sie auch vor der Formeleingabe das Fenster so teilen, dass dieser Bereich sichtbar ist. Benutzen Sie die beiden kleinen Bildteiler in der Bildlaufleiste. Wollen Sie mehrere Bereiche der Tabelle gleichzeitig sehen, können Sie mit **Ansicht ▸ Fenster ▸ Neues Fenster** auch entsprechend viele zusätzliche Fenster der aktiven Datei erzeugen und diese mit **Fenster ▸ Alle anordnen ▸ Unterteilt** so anordnen, dass die verschiedenen Bereiche sichtbar sind. Dazu sollte **Fenster der aktiven Arbeitsmappe** abgehakt werden, damit die gesamte Arbeitsfläche ausgenutzt wird. Andere Dateien werden dabei verdeckt.

Bezüge auf andere Blätter

Sollen sich Formeln auf andere Blätter innerhalb derselben Arbeitsmappe beziehen, muss jeweils vor die Bereichsadressen oder -namen der Blattname gesetzt werden, getrennt durch ein Ausrufezeichen. Wenn Sie im Modus **Zeigen** zunächst das Blatt und dann den jeweiligen Bereich auswählen, wird der Blattname automatisch in die Formel übernommen.

Eine spezielle Möglichkeit der Arbeitsmappen sind 3D-Formeln. Denken Sie an eine Tabelle, die die Ergebnisse von vier gleich strukturierten Tabellen zusammenfasst, etwa die Produktionsergebnisse von vier Werken. Diese vier Tabellen folgen in der Mappe direkt aufeinander und sind vom Inhalt her so aufgebaut, dass sie deckungsgleich sind. Das Ergebnis von Artikel A für den Monat Januar steht also in allen vier Tabellen an der gleichen Blattadresse. Unter diesen Voraussetzungen kann eine fünfte Tabelle angelegt werden, die die Ergebnisse der vier Werke zusammenfasst. Auch diese Tabelle hat den gleichen Aufbau wie die anderen Tabellen.

In dieser zusammenfassenden Tabelle kann dann mit einer Summenformel operiert werden, die mit einem dreidimensionalen Bereich arbeitet, etwa: »Summiere die Werte, die in den vier Tabellen jeweils in der Zelle B7 stehen.« Die Schreibweise lautet:

```
=SUMME(Werk1:Werk4!B7)
```

Diese Formel können Sie in alle Zellen kopieren, die Sie für das Gesamtergebnis der vier Werke benötigen. Wenn Sie einen 3D-Bezug durch Zeigen mit der Maus eingeben wollen, müssen Sie zunächst die Blätter auswählen und dann die Zelle oder den Bereich. Klicken Sie auf das Register des ersten Blatts, das zu dem Bereich gehören soll, dann mit gedrückter ⇧-Taste auf das letzte Blatt des Bereichs. Danach markieren Sie die Zelle oder den Bereich.

Excel passt 3D-Bezüge automatisch an, wenn aus dem Bereich Blätter gelöscht oder auch wenn neue Blätter in den Bereich eingefügt werden. Werden Blätter aus dem Bereich heraus verschoben oder wird die ganze Blattgruppe verschoben, werden die Bezüge ebenfalls angepasst. Wird das letzte Blatt der Gruppe weiter nach rechts versetzt, werden die Blätter dazwischen in den Bereich mit aufgenommen. Entsprechendes gilt, wenn das erste Blatt weiter zurückversetzt wird.

Eingabe externer Bezüge

Bezieht sich eine Formel auf Werte in einer anderen Arbeitsmappe, ist es in der Regel am besten, diese Tabelle ebenfalls zu öffnen. Um in einer Formel dann auf Zellen dieser zweiten Tabelle Bezug zu nehmen, müssen Sie zwischen den Fenstern wechseln. Das geht am einfachsten, wenn Sie beide Fenster mit **Ansicht ▶ Fenster ▶ Alle anordnen** gleichzeitig sichtbar machen. Dann können Sie während der Eingabe in der Bearbeitungsleiste das andere Fenster aktivieren und die Zellbezüge markieren.

Wenn Sie in einer Tabelle eine Formel entwickeln, die sich auf Daten aus einer anderen Arbeitsmappe bezieht, gilt folgende Schreibweise:

`=[MAPPE1]Tabelle1!$E$2`

Der Mappenname muss also in eckigen Klammern eingeschlossen sein. Der Name des Tabellenblatts wird mit einem Ausrufezeichen von der Zelladresse oder einem Bereichsnamen abgetrennt.

4.2.5 Hilfe bei der Eingabe von Funktionen

Das Programm Excel verlangt bei der Benutzung von Funktionen die exakte Beachtung der vorgeschriebenen Schreibweise. Nicht von Belang ist, ob Groß- oder Kleinbuchstaben verwendet werden. Angesichts von über 300 Funktionen, die Excel 2010 für Tabellenformeln bereitstellt, ist es eine Notwendigkeit, die Eingabe dieser Funktionen durch das Programm zu unterstützen. Niemand kann sich all diese Funktionen und schon gar nicht die oft zahlreichen Argumente dieser Funktionen merken. Damit Sie nicht ständig nachsehen müssen, welche Argumente eine bestimmte Funktion braucht, hilft Ihnen Excel 2010 entweder mit direkt eingeblendeten QuickInfos oder mit dem Dialog **Funktion einfügen**.

In der Hilfe finden Sie zudem jeweils ein fertiges Beispiel, das Sie sich zum Ausprobieren der Funktion auch leicht in das Arbeitsblatt kopieren können. Dazu müssen Sie die dafür angebotene Tabelle – ohne Spalten- und Zeilenköpfe – nur mit der Maus markieren und dann mit `Strg`+`C` und `Strg`+`V` an die gewünschte Stelle des Arbeitsblatts übertragen.

4.2 Eingabe von Formeln und Funktionen

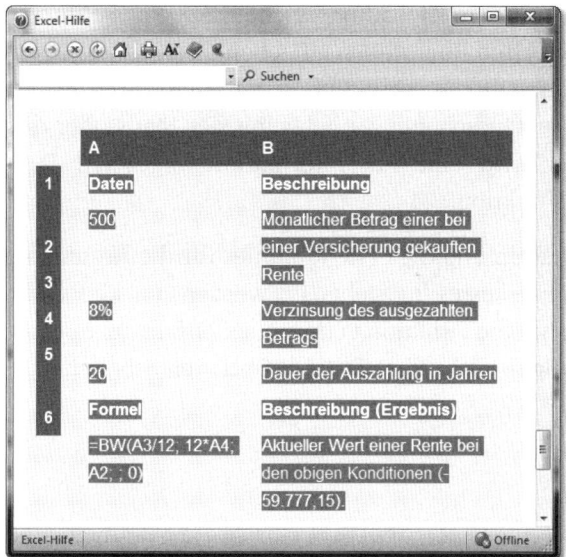

Abbildung 4.10 Markieren eines Funktionsbeispiels in der Hilfe

Sie haben mehrere Möglichkeiten, eine Funktion in eine Formel einzubauen, und bei jeder dieser Optionen hilft Ihnen Excel in der einen oder der anderen Form.

4.2.6 Manuelle Eingabe von Funktionen

Wenn Sie sich gut mit den Funktionen auskennen, können Sie die Funktionen direkt in die Zelle eintragen. Excel 2010 unterstützt Sie dabei mit der Funktion **AutoVervollständigen-Formel**, sofern diese über **Datei ▸ Optionen ▸ Formeln** nicht unter **Arbeiten mit Formeln** abgeschaltet ist. Bei Bedarf kann die Funktion aber auch im Bearbeitungsmodus mit [ALT] + [↓] ein- und ausgeschaltet werden.

Abbildung 4.11 Auflistung möglicher Funktionen bei der Eingabe

Die manuelle Eingabe beginnt immer mit dem Gleichheitszeichen. Sobald Sie in eine Zelle ein Gleichheitszeichen und einen ersten Buchstaben eingeben, listet Excel die mit diesem Zeichen beginnenden Funktionen zur Auswahl auf. Jeder weitere Buchstabe, den Sie eingeben, filtert die Auswahl entsprechend. Zu jeder mit der Maus oder den Richtungstasten markierten Funktion wird eine Kurzinformation angezeigt. Doppelklick übernimmt eine ausgewählte Funktion.

Sobald der komplette Name einer Funktion und die erste Klammer für die Argumente direkt in der Zelle oder in der Bearbeitungsleiste eingegeben ist, werden QuickInfos eingeblendet, die zeigen, welche Argumente die Funktion verlangt, jedenfalls solange die Option **Quickinfos zu Funktionen anzeigen** nicht über **Datei ▸ Optionen ▸ Erweitert ▸ Anzeige** abgeschaltet ist.

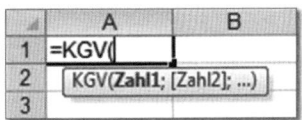

Abbildung 4.12 QuickInfos zur Funktion KGV()

Werden zu einer Funktion bestimmte Werte als Argumente erwartet, werden diese ebenfalls angeboten. Die neue Funktion AGGREGAT() erwartet beispielsweise bestimmte Zahlencodes für das erste Argument. Die möglichen Codes und ihre Bedeutung werden als Liste angeboten.

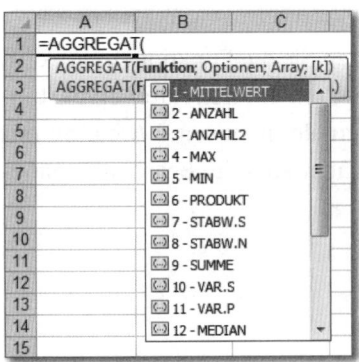

Abbildung 4.13 Angebotene Codes für das erste Argument der Funktion AGGREGAT()

Die einzelnen Elemente in der QuickInfo arbeiten übrigens wie Hyperlinks. Wenn Sie einen Platzhalter für ein Argument nachträglich anklicken, wird das Argument in der Formel ausgewählt und kann, falls nötig, korrigiert werden. Klicken Sie dagegen auf den Funktionsnamen, wird ohne alle Umstände sofort die Hilfe zu dieser Funktion eingeblendet. Dies gilt allerdings nur, wenn im Hilfe-Fenster der Verbindungsstatus **Offline** eingeschaltet ist, wie in Kapitel 2, »Basiswissen für die Arbeit mit Excel 2010«, beschrieben.

Für den schnellen Zugriff auf bestimmte Funktionen stellt Excel 2010 außerdem in der Gruppe **Formeln ▸ Funktionsbibliothek** für die wichtigsten Funktionskategorien eigene Symbole zur Verfügung, die entsprechende Funktionslisten zur Auswahl stellen, wie die folgende Abbildung zeigt.

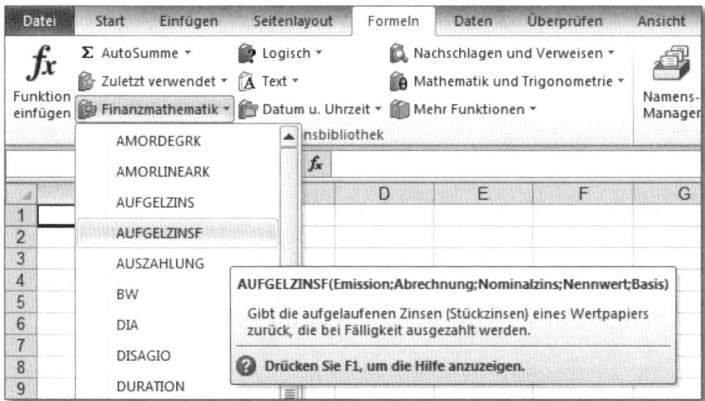

Abbildung 4.14 Das Angebot der Funktionsbibliothek

Ein Klick auf eine der Funktionen fügt diese in die aktuelle Zelle ein und öffnet das im nächsten Abschnitt beschriebene Dialogfeld für die Eingabe der Funktionsargumente.

4.2.7 Formeleingabe mit dem Dialog »Funktion einfügen«

Anstatt Funktionen direkt in eine Zelle einzutragen, können Sie auch mit dem Dialog **Funktion einfügen** arbeiten. Markieren Sie erst die Zelle, und klicken Sie in der Bearbeitungsleiste auf das Symbol **fx**. Das Gleichheitszeichen wird dann von Excel automatisch an den Anfang der Formel gesetzt. Oder wählen Sie den Befehl **Formeln ▸ Funktion einfügen** oder ⇧ + F3 .

Was nützen Funktionen, wenn niemand weiß, welche für ein konkretes Problem die Lösung anbietet? Welche Funktion kann z. B. eingesetzt werden, um Barwertberechnungen durchzuführen? Wenn Sie das Dialogfeld **Funktion einfügen** öffnen, wird Ihnen deshalb zuerst die Option **Funktion suchen** angeboten. Geben Sie etwa *Barwert berechnen* ein, und klicken Sie auf **OK**. Excel stellt Ihnen unter der Kategorie **Empfohlen** die für Barwertberechnungen verwendbaren Funktionen zur Verfügung.

4 Mit Formeln arbeiten

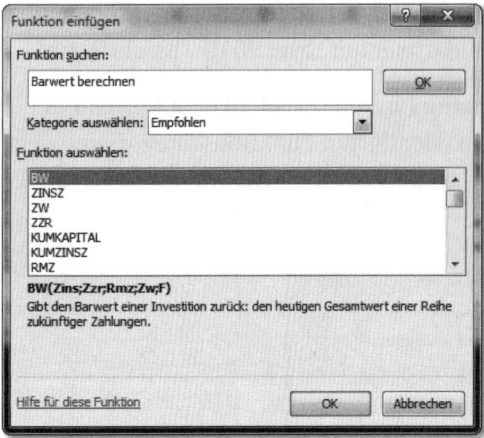

Abbildung 4.15 Suche nach Funktionen für einen speziellen Zweck

Wissen Sie schon, welche Funktion Sie benötigen, etwa die Funktion ZINS(), wählen Sie erst die Kategorie **Finanzmathematik** aus, zu der diese Funktion gehört.

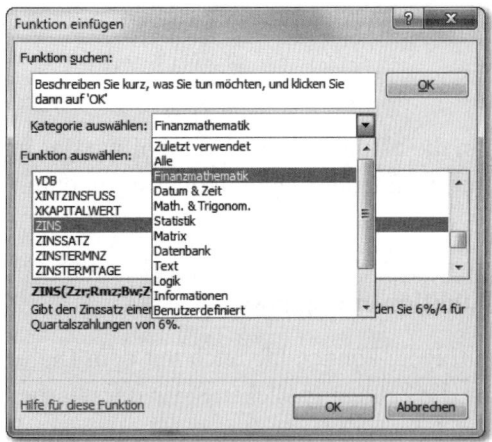

Abbildung 4.16 Liste der Kategorien

Im nächsten Schritt wählen Sie dann die Funktion selbst. Um in der Liste der Funktionen zu blättern, können Sie mit den Bildlaufleisten arbeiten. Meist hilft es, den Anfangsbuchstaben der Funktion einzutippen, um das Auffinden zu beschleunigen, falls die Liste länger ist.

Wenn Sie unsicher sind, an welcher Stelle die Funktion eingeordnet ist, wählen Sie einfach **Alle**. Wird eine Funktion mit einem Klick oder der Richtungstaste markiert, erscheint unten eine kurze Erklärung und die Syntax der Funktion. Wenn die richtige

4.2 Eingabe von Formeln und Funktionen

Funktion markiert ist, benutzen Sie die Schaltfläche **OK** oder einen Doppelklick, um in das Dialogfeld **Funktionsargumente** zu gelangen.

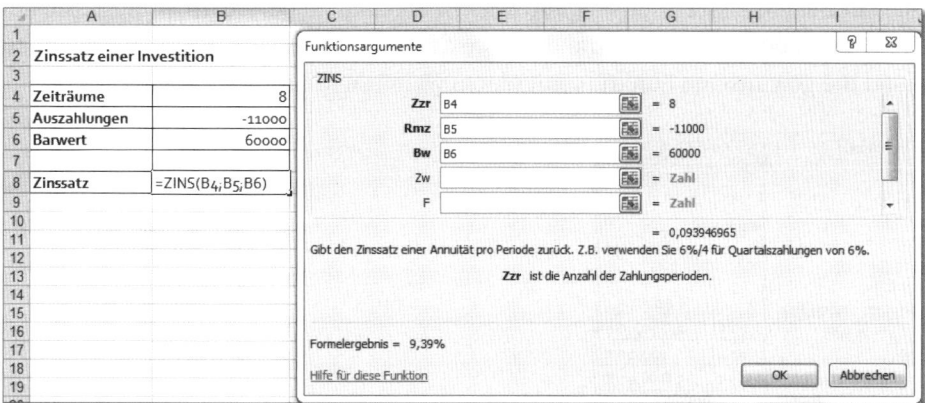

Abbildung 4.17 Dialog für die Argumente, die die Funktion benötigt

In diesem Dialog ist für jedes Argument ein Eingabefeld vorgesehen. Wenn die Einfügestelle in einem Feld steht, erhalten Sie Hinweise, welche Art von Daten benötigt wird. Obligatorische Argumente sind fett formatiert. Eventuell müssen Argumente mit der Bildlaufleiste sichtbar gemacht werden.

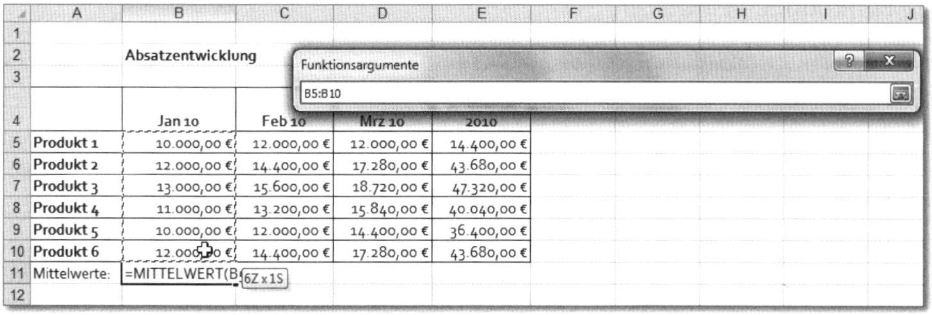

Abbildung 4.18 Markieren eines Bereichs für ein Funktionsargument

Um Bezüge auf Bereiche einzugeben, können Sie auf die kleine Schaltfläche klicken, die das Dialogfeld vorübergehend einschrumpft. Markieren Sie den Bereich, und klicken Sie dann wieder auf das kleine Symbol am Ende des Eingabefeldes. Noch bequemer ist es, wenn Sie das Dialogfeld etwas zur Seite schieben können und dann einfach jeweils den Bereich im Arbeitsblatt markieren, der die benötigten Werte enthält.

Während der Eingabe wird das erwartete Formelergebnis angezeigt, soweit das möglich ist, sodass Sie fehlerhafte Eingaben oft schon im Dialog erkennen können.

4 Mit Formeln arbeiten

Verwenden häufig benutzter Funktionen

Wenn es um eine immer wieder verwendete Funktion geht, geben Sie in der betreffenden Zelle ein Gleichheitszeichen ein, und klicken Sie dann in der Bearbeitungsleiste auf den Pfeil neben dem Namenfeld, um die Liste der zuletzt verwendeten Funktionen zu öffnen und die gewünschte Funktion mit einem weiteren Mausklick auszuwählen.

Abbildung 4.19 Liste der zuletzt benutzten Funktionen

4.2.8 Funktionen bearbeiten

Wenn Sie das Funktionssymbol und dann eine Funktion in einer Formel anklicken, können die Argumente im entsprechenden Dialog geändert werden. Enthält die Formel mehrere Funktionen, markieren Sie sie einfach nacheinander per Mausklick. Benötigen Sie eine Funktion an einer bestimmten Stelle innerhalb einer Formel, benutzen Sie die Schaltfläche **Funktion einfügen** erneut.

Wenn Sie eine Formel haben, in der eine oder mehrere Funktionen mit anderen Operatoren gemischt sind, erscheint ein verkürztes Dialogfeld **Funktionsargumente**, das nur das Gesamtergebnis der Formel ausgibt, solange keine Funktion markiert ist.

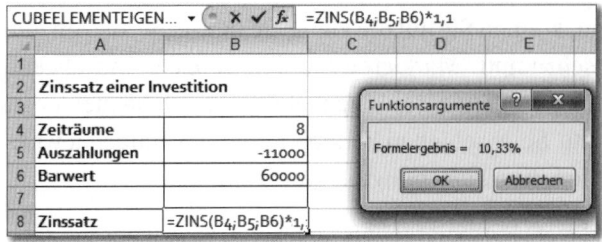

Abbildung 4.20 Verkürztes Dialogfeld

4.2.9 Verschachtelte Funktionen

Der Dialog **Funktion einfügen** unterstützt Sie insbesondere auch bei der Eingabe verschachtelter Funktionen, bei denen normalerweise die Fehleranfälligkeit am höchsten ist. Es kann nämlich schnell geschehen, dass bei der manuellen Eingabe solch komplexer Formeln ein Argument oder eine Klammer vergessen wird.

Das Verfahren soll hier am Beispiel einer verschachtelten Funktion WENN() vorgeführt werden. Angenommen, Sie wollen Ihre Kunden in drei Gruppen einteilen, je nach der Höhe des Umsatzes:

- Kleinkunden mit einem Umsatz bis 1.000 €
- Mittelkunden mit einem Umsatz bis 50.000 €
- Großkunden mit einem Umsatz über 50.000 €

In der Spalte neben den Umsätzen soll jeweils ein Kennzeichen für die Einstufung abgelegt werden. Das kann mit einer Funktion WENN() geschehen.

1 Klicken Sie auf das Symbol **Funktion einfügen**, und wählen Sie aus der Kategorie **Logik** die Funktion WENN(). Klicken Sie auf **OK**. Im ersten Argumentfeld **Prüfung** wählen Sie zunächst die Zelle B5 mit dem ersten Umsatzwert aus und geben dann *>1000* ein.
Diese Bedingung fängt die Kleinkunden ab. Hinter dem Eingabefeld können Sie gleich sehen, ob die Bedingung bei dem ausgewählten Umsatz erfüllt ist oder nicht. =FALSCH heißt, die Bedingung ist im ersten Fall nicht erfüllt.

2 Klicken Sie dann das Feld **Dann_Wert** an, oder drücken Sie ⇥. Wenn die erste Bedingung erfüllt ist, soll eine zweite Bedingung geprüft werden. Also muss bei dem zweiten Argument wieder eine Funktion WENN() eingefügt werden.

3 Klicken Sie auf die Schaltfläche **WENN** im Namenfeld der Bearbeitungsleiste, die nach der ersten Verwendung der Funktion WENN() automatisch angeboten wird. Es erscheint wieder das Dialogfeld für die Eingabe der drei Argumente für eine Funktion WENN().

4 Tragen Sie die zweite Bedingung ein: *B5>=50000*.

4 Mit Formeln arbeiten

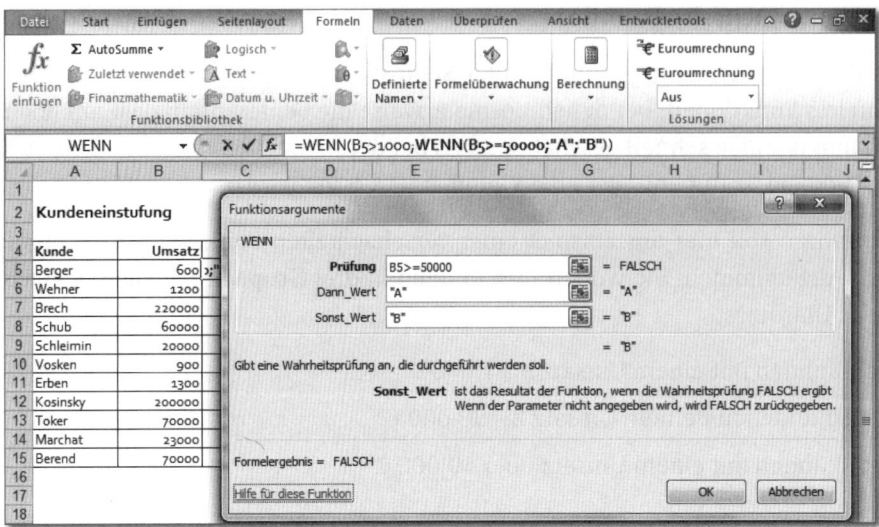

5 Geben Sie nun im Feld **Dann_Wert** den Buchstaben *A* ein. Anführungszeichen sind nicht notwendig, im Gegensatz zur manuellen Eingabe einer Funktion direkt in der Bearbeitungsleiste.

6 Im Feld **Sonst_Wert** tragen Sie den Buchstaben *B* ein.

7 Klicken Sie dann auf das erste WENN in der Bearbeitungsleiste, erscheint wieder das Dialogfeld der übergeordneten Funktion. Geben Sie hier als **Sonst_Wert** den Buchstaben *C* ein, und bestätigen Sie mit **OK** oder ⏎.

Damit ist die Formel fertig und muss nur noch in die anderen Zellen kopiert werden.

Auch wenn Sie in einer fertigen Funktion nachträglich ein Argument durch eine Funktion ersetzen wollen, können Sie mit dem Funktionssymbol arbeiten. Angenommen, die Formel sieht bisher folgendermaßen aus:

```
=SUMME(B3;B7;B12;B14)
```

Nun wollen Sie den Wert des zweiten Arguments durch eine Funktion ersetzen, die diesen Wert berechnet. Wählen Sie die Zelle aus, und klicken Sie doppelt auf das Argument in der Bearbeitungsleiste, das Sie durch eine Funktion ersetzen wollen.

Klicken Sie dann auf den Pfeil der Funktionsliste in der Bearbeitungsleiste. Ist die gewünschte Funktion in der Liste enthalten, wählen Sie sie aus und geben die Argumente wie gewohnt ein. Ist die Funktion nicht enthalten, wählen Sie zunächst **Weitere Funktionen** und dann die gewünschte Funktion im Dialogfeld **Funktion einfügen**.

Hinweise zur Summenfunktion

Bei der wahrscheinlich am häufigsten benutzten Funktion, der Summenfunktion, nimmt Ihnen das Summensymbol in der Gruppe **Start ▸ Bearbeiten** oder die Tastenkombination [Alt]+[=] fast die ganze Arbeit ab. Die Funktion des Symbols ist noch um einige einfache statistische Funktionen erweitert worden. Wenn Sie statt der Summe eine andere Berechnung vornehmen wollen, können Sie ähnlich verfahren. Mit einem Klick auf den Pfeil neben dem Symbol erreichen Sie etwa die Funktion MITTELWERT() oder können sich die Werte **Minimum/Maximum** ausgeben lassen.

Abbildung 4.21 Menü der Summenschaltfläche

Wenn Sie in einer Spalte einen zusammenhängenden Zahlenbereich eingegeben haben, genügt es, wenn Sie den Zellzeiger in eine beliebige Zelle unterhalb dieses Bereichs setzen und das Symbol doppelt anklicken. Es ist gleichgültig, wie viele leere Zellen dazwischen liegen. Das Programm summiert nur den Bereich, der Zahlen enthält.

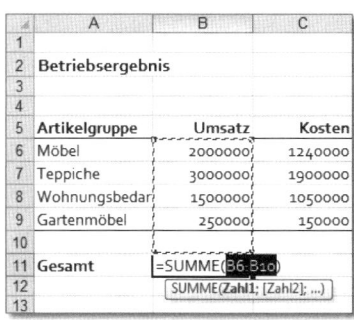

Abbildung 4.22 Markierter Bereich für die Funktion SUMME()

Entsprechendes gilt für einen Wertebereich in einer Zeile. Hier müssen Sie nur den Zellzeiger in eine Zelle rechts von diesem Bereich setzen, um die entsprechende Summenfunktion zu erhalten.

Haben Sie eine Zelle markiert, die sowohl einen Bereich von Werten über sich als auch einen Bereich von Werten links neben sich hat, wird der Bereich addiert, der näher ist (also weniger leere Zellen zwischen sich und der Formelzelle hat)! Sind die Abstände gleich, wird der Spaltenbereich addiert, weil Excel annimmt, dass die Spaltensumme wahrscheinlich eher Ihren Absichten entspricht.

Sie müssen allerdings beachten, dass das Programm nicht erkennen kann, ob eine Zahl zu Beginn eines Bereichs in Wirklichkeit eine Jahreszahl ist, die als Beschriftung der Spalte oder Zeile dienen soll.

Wenn dagegen eine Zeile oder Spalte bereits eine Summenformel enthält, werden nur die Zellen bis zu dieser Formel berücksichtigt. Falls Sie den Bereich, den Excel beim Klick auf das Summensymbol vorschlägt, nicht gebrauchen können, ziehen Sie einfach mit der Maus über den Zellbereich, der stattdessen verwendet werden soll.

Zeilen- und Spaltensumme gleichzeitig bilden

Es ist schon angesprochen worden, dass Sie mithilfe des Summensymbols mehrere Formeln gleichzeitig eintragen können. Besonders effektiv ist, dass bei einem geschlossenen Datenblock die Zeilen- und Spaltensummen auch gleichzeitig gebildet werden können. Die Abbildung zeigt ein Beispiel.

	A	B	C	D	E
1					
2	Absatzentwicklung				
3					
4		Sportartikel	Spielzeug	Freizeitdress	Gesamt
5	Jan	10.000,00 €	12.000,00 €	13.000,00 €	35.000,00 €
6	Feb	12.000,00 €	14.400,00 €	15.600,00 €	42.000,00 €
7	Mrz	14.400,00 €	17.280,00 €	18.720,00 €	50.400,00 €
8	Gesamt	36.400,00 €	43.680,00 €	47.320,00 €	127.400,00 €

Abbildung 4.23 Bildung von Quer- und Spaltensummen in einem Zug

Sie markieren in diesem Fall den gesamten Zahlenbereich einschließlich der Zellen, die die Summenformeln aufnehmen sollen. Anschließend klicken Sie auf das Summensymbol.

4.2.10 Bildung von Gesamtsummen

Eine weitere Spezialität des Summensymbols ist, dass bei einer Tabelle, die mehrere Gruppen von Werten in einer Spalte enthält, Zwischensummen gezogen werden können. Um nun diese Zwischensummen zu einer Gesamtsumme zusammenzufassen, müssen Sie nur die Zelle markieren, die die Gesamtsumme aufnehmen soll. Ein Doppelklick auf das Summensymbol liefert das Gesamtergebnis.

	A	B	C	D
1				
2	Wochenergebnisse			
3				
4	Mo	120		
5	Di	130		
6	Mi	110		
7	Do	130		
8	Fr	140		
9	1. Woche	630		
10	Mo	120		
11	Di	130		
12	Mi	110		
13	Do	130		
14	Fr	140		
15	2. Woche	630		
16		=SUMME(B15;B9)		
17		SUMME(Zahl1; [Zahl2]; [Zahl3]; ...)		
18				

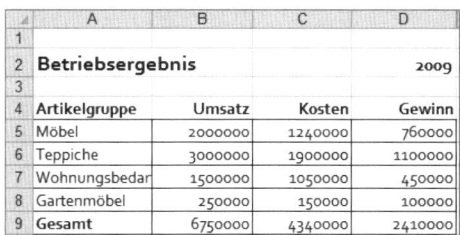

Abbildung 4.24 Zwischensummen ziehen mit dem Summensymbol

4.3 Relative und absolute Bezüge

Um die Art und Weise, wie Excel mit Formeln arbeitet, etwas näher kennenzulernen, soll zunächst ein einfaches Beispiel im Detail behandelt werden: In der folgenden Tabelle sind die Umsätze und die Kosten einer Firma für verschiedene Artikelgruppen zusammengestellt.

	A	B	C	D
1				
2	**Betriebsergebnis**			**2009**
3				
4	**Artikelgruppe**	**Umsatz**	**Kosten**	**Gewinn**
5	Möbel	2000000	1240000	760000
6	Teppiche	3000000	1900000	1100000
7	Wohnungsbedar	1500000	1050000	450000
8	Gartenmöbel	250000	150000	100000
9	**Gesamt**	6750000	4340000	2410000

Abbildung 4.25 Umsätze und Kosten für verschiedene Artikelgruppen

4.3.1 Arbeit mit relativen Bezügen

In dieser Tabelle sind zwei Berechnungen erforderlich, die Bildung von Gesamtsummen für die Spalten und die Berechnung des Rohgewinns durch Abzug der Kosten vom Umsatz.

Anstatt in einer Formel die Zahlen direkt einzugeben, arbeiten Sie mit den Adressen der Zellen. Auf den Inhalt der Zellen wird dabei über die Angabe ihrer Adressen Bezug genommen. Eine Formel holt sich dann jedes Mal den Wert, der unter dieser Adresse abgelegt ist. Anstelle von Konstanten benutzen Sie also Variable.

Bildung der Gesamtsummen

Für die Bildung der Gesamtsummen bietet Excel die schon angesprochene Funktion SUMME(). Diese Funktion ist in der Lage, alle numerischen Werte in einem angegebenen Bereich von Zellen zu addieren. Excel muss dafür nur wissen, wie groß der Bereich ist. Der Bereich muss der Funktion als Bereichsadresse übergeben werden. Eine Bereichsadresse ist eine Angabe in der Art »Von – Bis«. Der Bereich wird also definiert über die Adresse der Zelle, mit der der Bereich beginnt, und die Adresse der Zelle, mit der der Bereich endet, getrennt durch einen Doppelpunkt. Wenn Sie in der Beispieltabelle die Zelle B9 auswählen, könnten Sie

```
=SUMME(B5:B8)
```

eintragen. Wie oben beschrieben ist es in diesem Fall aber praktischer, das Summensymbol doppelt anzuklicken. Statt die Summe für jede Spalte einzeln zu bilden, können Sie die Sache auch in einem Zug erledigen: Ziehen Sie mit gedrückter linker Maustaste über die Zellen B9 bis D9. Klicken Sie doppelt auf das Summensymbol.

Berechnung des Gewinns

Um den Rohgewinn zu ermitteln, werden einfach vom Umsatz die Kosten abgezogen. Die Formel für die erste Zeile ist:

```
=B5-C5
```

Zelle D5 liefert das verlangte Ergebnis. Wenn die Zelle D5 noch markiert ist, müssen Sie nur das Ausfüllkästchen doppelt anklicken, um die Formeln für die anderen Artikelgruppen zu erzeugen. Statt des Doppelklicks kann das Ausfüllkästchen auch mit der Maus nach unten gezogen werden. Der Doppelklick ist aber insbesondere bei langen Spalten praktischer.

Wenn Sie den Mauszeiger auf eine der neuen Formeln setzen, sehen Sie, dass Excel bei den verwendeten Zelladressen jedes Mal die Zeilennummer geändert hat. Beim Kopieren werden die Adressen der Umsatz- und Kosten-Zellen also nicht als fixe Adressen behandelt, sondern sinngemäß angepasst.

Diese Anpassung ist meist erwünscht, aber nicht immer. Wenn Sie z. B. den Prozentsatz einzelner Artikelgruppen am Gesamtgewinn berechnen wollen, würde diese Anpassung zu Fehlern führen. Excel 2010 unterscheidet deshalb grundsätzlich zwei verschiedene Bezugsarten: relative und absolute Bezüge. Abgeleitet davon sind die Mischbezüge, bei denen ein Teil des Bezugs relativ, ein anderer absolut ist.

Was heißt relativ?

Bei einem relativen Bezug notiert Excel intern die Position der Zelle, auf die Bezug genommen wird, in der Form, dass die relative Entfernung von der Zelle gemessen wird, die den Bezug enthält. Nehmen Sie noch einmal die erste Gewinnformel in der Zelle D5:

```
=B5-C5
```

Excel übersetzt diese Formel in folgende Anweisung: »Ziehe von dem Wert in der Zelle, die zwei Zellen weiter links liegt, den Wert ab, der eine Zelle weiter links liegt.« Wenn Sie diese Formel nach unten kopieren, kann diese Beschreibung der Rechenaufgabe unverändert bleiben, nur bezieht sie sich nun auf die Zellen B6 und C6 etc. Wenn Sie einen relativen Bezug verwenden, weisen Sie also Excel an, diesen Bezug automatisch zu verändern, wenn die Formel an eine andere Stelle versetzt oder kopiert wird.

4.3.2 Absolute und gemischte Bezüge

Bei einem absoluten Bezug auf eine Zelle dagegen ist immer genau diese Zelle gemeint und keine andere. Wenn Sie einen absoluten Bezug verwenden, bestimmen Sie, dass der Bezug beim Kopieren und Versetzen nicht verändert werden darf, sodass er sich immer auf dieselbe Zelle bezieht. Relative und absolute Bezüge können in einer Adresse auch gemischt werden. Gemischte oder teilabsolute Bezüge werden beim Kopieren folgendermaßen behandelt: Der absolute Teil des Bezugs bleibt unverändert, der relative Teil des Bezugs wird angepasst.

Mögliche Bezugsarten

Bezug	Bedeutung
B2	Ist ein relativer Bezug auf die Zelle B2.
$B$2	Ist ein absoluter Bezug auf die Zelle B2.

Bezug	Bedeutung
$B2	Ist ein gemischter Bezug, bei dem der Bezug auf die Spalte absolut gesetzt ist, während der Bezug auf die Zeile relativ bleibt.
B$2	Ist ein gemischter Bezug, bei dem der Bezug auf die Zeile absolut gesetzt ist, während der Bezug auf die Spalte relativ bleibt.

Wann welche Bezugsart?

Der relative Bezug ist für Excel der Normalfall. Jeder einfache Zellbezug mithilfe der Zelladressen ist ein relativer Bezug. Dagegen werden bei Bezügen auf benannte Bereiche grundsätzlich absolute Bezüge verwendet. Wird der benannte Bereich durch Löschen von Zeilen oder Spalten oder durch Einfügen von Zeilen oder Spalten verkleinert oder vergrößert, werden die Bereichsadressen aber automatisch angepasst. Wird ein benannter Bereich verschoben, werden die Bezüge ebenfalls automatisch angepasst.

Wann ist es notwendig, mit absoluten oder gemischten Bezügen zu arbeiten? Der Fall der Prozentrechnung wurde schon angesprochen. Wenn Sie in unserem Beispiel in Zelle E5 die Formel

`=B5/B9`

eingeben, um den Anteil des Gruppenumsatzes am Gesamtumsatz zu berechnen, erhalten Sie zunächst ein durchaus brauchbares Ergebnis. Klicken Sie in der Gruppe **Start ▸ Zahl** auf das Symbol **Prozentformat**, um die Prozentdarstellung zu erreichen.

Ein Problem tritt erst auf, wenn Sie per Doppelklick auf das Ausfüllkästchen versuchen, die Formel nach unten zu kopieren. Excel gibt statt der Ergebnisse Fehlerwerte aus. Wenn Sie den Zellzeiger auf die Zelle E6 setzen, erscheint eine Schaltfläche, die zunächst einen Hinweis auf den Fehler gibt.

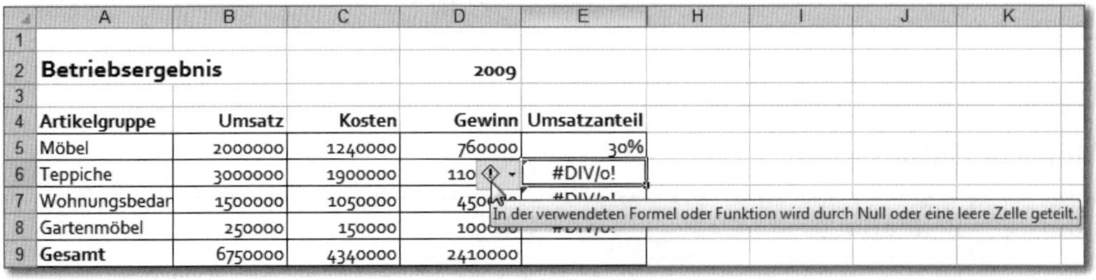

Abbildung 4.26 Fehlermeldungen in kopierten Formeln

Wenn Sie die Schaltfläche anklicken, werden Ihnen verschiedene Optionen angeboten, auf den Fehler zu reagieren oder genauere Informationen dazu einzuholen.

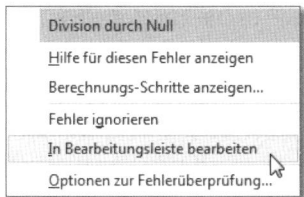

Abbildung 4.27 Menü zur Fehlermeldung

Wenn Sie die Option **In Bearbeitungsleiste bearbeiten** wählen, wird der Fehler sofort erkennbar.

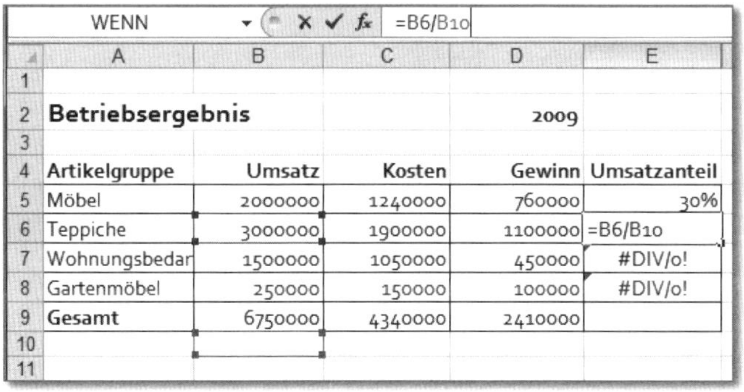

Abbildung 4.28 Fehler im Bezug der Formel

Die Formel bezieht sich zwar zunächst korrekt auf die zweite Artikelgruppe, dann aber nicht auf das Gesamtergebnis in B9, sondern auf die nächste Zelle B10, die leer ist. Leere Zellen behandelt Excel aber als Zellen mit dem Wert Null. Die Tatsache, dass auch der Bezug auf das Gesamtergebnis als relativer Bezug eingegeben worden ist, führt deshalb zu dem Fehlerwert #DIV/0!, da ja eine Division durch Null nach Adam Riese nicht erlaubt ist. Um den Fehler zu beheben, muss deshalb in allen Formeln der Bezug auf das Gesamtergebnis absolut gesetzt werden. Nur dann lässt sich die Formel kopieren.

Bezugsart ändern

1 Klicken Sie doppelt auf die Zelle E5 und dann doppelt auf die Adresse B9.

2 Mit ⌨F4⌨ können Sie den Bezug in einen absoluten Bezug verwandeln.

3 Mit =B5/$B$9 erhalten Sie eine Formel, die nun ohne Probleme bis zur Zelle E9 kopiert werden kann.

4 Klicken Sie doppelt auf das Ausfüllkästchen, oder ziehen Sie es bis zur Zelle E9.

Natürlich können Sie die Dollarzeichen auch manuell eintippen, aber es ist bequemer, dafür die Taste F4 zu verwenden. Dabei ist es egal, ob die Einfügestelle direkt vor oder direkt hinter dem Bezug steht oder ob der Bezug insgesamt mit Doppelklick markiert ist. Wenn Sie F4 mehrfach drücken, wird zwischen den möglichen Bezugsarten kreisförmig gewechselt.

	A	B	C	D	E
1					
2	Betriebsergebnis			2009	
3					
4	Artikelgruppe	Umsatz	Kosten	Gewinn	Umsatzanteil
5	Möbel	2000000	1240000	760000	30%
6	Teppiche	3000000	1900000	1100000	44%
7	Wohnungsbedar	1500000	1050000	450000	22%
8	Gartenmöbel	250000	150000	100000	4%
9	Gesamt	6750000	4340000	2410000	100%

Abbildung 4.29 Die Tabelle mit der korrigierten Prozentformel

4.3.3 Teilabsolute Bezüge

In diesem Beispiel ist der Bezug auf die Zelle, die das Gesamtergebnis enthält, zunächst ganz absolut gesetzt worden. Es hätte auch ausgereicht, nur die Zeilennummer absolut zu setzen, da die Spaltenbezeichnung beim Kopieren gleich geblieben ist. Die Adresse

=B$9

ist ein teilabsoluter Bezug. Angenommen, Sie wollen nicht nur die Prozentanteile in Bezug auf den Umsatz, sondern auch in Bezug auf die Kosten und den Gewinn ermitteln:

1 Geben Sie dazu in Zelle E5 die Formel *=B5/B$9* ein.

2 Diese Formel lässt sich ohne weitere Änderungen auf den Bereich E5:G9 kopieren. Klicken Sie dazu auf das Symbol **Kopieren**.

3 Markieren Sie E5 bis G9.

4 Klicken Sie auf das Symbol **Einfügen**.

4.3 Relative und absolute Bezüge

	A	B	C	D	E	F	G
1							
2	Betriebsergebnis			2009			
3							
4	Artikelgruppe	Umsatz	Kosten	Gewinn	Umsatzanteil	Kostenanteil	Gewinnanteil
5	Möbel	2000000	1240000	760000	30%	29%	32%
6	Teppiche	3000000	1900000	1100000	44%	44%	46%
7	Wohnungsbedar	1500000	1050000	450000	22%	24%	19%
8	Gartenmöbel	250000	150000	100000	4%	3%	4%
9	Gesamt	6750000	4340000	2410000	100%	100%	100%

Abbildung 4.30 Anteil der Artikelgruppen an den Gesamtergebnissen

Das Ergebnis zeigt die Anteile der Artikelgruppen an den verschiedenen Gesamtergebnissen. Dadurch dass in der Formel die Spaltenbuchstaben relativ benutzt werden, lässt sich die Formel in E5 gleich auf alle drei Spalten kopieren. An diesem Beispiel können Sie auch sehen, dass Sie ohne Weiteres eine Zelle auf einen ganzen Bereich kopieren können, wobei die Originalzelle auf sich selbst kopiert wird.

4.3.4 Aufsummierung durch Mischbezüge

Durch eine geschickte Mischung von Bereichsbezügen können z. B. Aufsummierungen vorgenommen werden. Hier das einfache Beispiel einer Wochenauswertung mit einer Spalte von Quersummen, die jeweils die Vortagsergebnisse mit enthalten. Die erste Quersumme in der Zelle G5 enthält die Formel

=SUMME($B$5:F5)

Mit dem ersten Argument wird ein fixer Ausgangspunkt gesetzt. Sie können diese Formeln nach unten kopieren. In der Zelle G6 steht dann die Formel

=SUMME($B$5:F6)

die das aufgelaufene Ergebnis für beide Zeilen liefert.

	A	B	C	D	E	F	G
1							
2	Wochenergebnis						
3							
4		Sorte 1	Sorte 2	Sorte 3	Sorte 4	Sorte 5	aufgelaufenes Gesamtergebnis
5	Montag	200	300	250	340	230	1320
6	Dienstag	200	300	250	340	230	2640
7	Mittwoch	200	300	250	340	230	3960
8	Donnerstag	200	300	250	340	230	5280
9	Freitag	200	300	250	340	230	6600

G9 — fx =SUMME($B$5:F9)

Abbildung 4.31 Beispiel für Aufsummierung

4.3.5 Verknüpfte Bereiche und Schnittmengen

Excel 2010 kann Bereichsbezüge auch verknüpfen bzw. Schnittmengen von Bereichen bearbeiten. Die Bereichsverknüpfung erfolgt mit dem Semikolon. In der Formel

=SUMME(B4:B12;C4:C12)

wird die Gesamtsumme der beiden Zeilen geliefert.

Um die Schnittmenge zweier Bereiche für eine Formel zu erhalten, kann mit dem Schnittmengenoperator, dem Leerzeichen, gearbeitet werden. Die Abbildung zeigt ein Beispiel für die Verwendung einer Schnittmenge. Die Schnittmenge ist durch eine andere Farbe hervorgehoben, die Bereiche durch einen Rahmen.

Schnittmengenbezüge sind interessant, wenn auf Teilmengen in einer Tabelle zugegriffen werden soll. Die Arbeit mit Schnittmengen ist besonders effektiv, wenn die Bereiche selbst vorher benannt wurden. Darauf wird im folgenden Kapitel noch näher eingegangen.

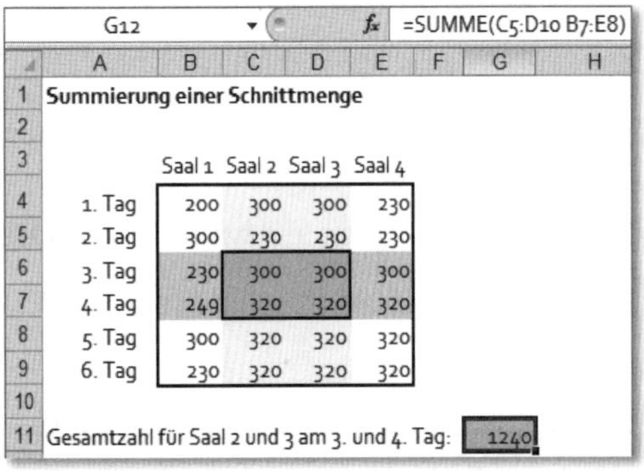

Abbildung 4.32 Beispiel für die Summierung einer Schnittmenge

Statt der in der Abbildung verwendeten Formel könnte auch eine Formel benutzt werden, die nur die Zeilennummern und die Spaltenbeschriftungen verwendet. Der Bereich wäre dann die Schnittmenge zweier kompletter Spalten und Zeilen.

=Summe(C:D 7:8)

liefert dasselbe Ergebnis wie die abgebildete Formel.

4.4 Beschreibende Bereichsnamen

Der Bezug auf Zellen und Bereiche kann nicht nur über Adressen sichergestellt werden. Zellen und Bereiche lassen sich auch benennen, sodass der Bezug über den zugewiesenen Namen erfolgen kann. Eine Spezialität von Excel, die hier ebenfalls beschrieben werden soll, ist, dass auch Formeln und Werte, die nicht in eine Zelle eingetragen sind, mit einem Namen verknüpft werden können.

4.4.1 Vorteile von Bereichsnamen

Die Verwendung solcher Namen ist zwar nicht unbedingt notwendig, aber sie macht die Arbeit mit Excel wesentlich komfortabler, zumal sich Namen auch besser verstehen und merken lassen als abstrakte Adressen. Schließlich werden bei vielen Operationen Bereiche angesprochen oder müssen Bereiche definiert werden: beim Gestalten des Arbeitsblatts, beim Kopieren oder Verschieben von Daten, beim Drucken, beim Aufbau von Diagrammen. Die meisten Formeln verwenden Bezüge auf Bereiche als Argument.

Wiederverwendbarkeit

Der erste Vorteil von Namen ist, dass sie immer wieder verwendet werden können. Ist ein Bereich einmal mit einem Namen belegt, kann der Bereich immer wieder über diesen Namen angesprochen werden, ohne jedes Mal die Adressen angeben oder markieren zu müssen.

Zwar ist bei kleinen Tabellen die Markierung von Bereichen mit der Maus oder den Richtungstasten nur eine Sache von Sekunden. Das sieht bei einem Bereich, der über mehrere Bildschirmseiten reicht, aber schon anders aus. Wenn Sie in der rechten unteren Ecke angekommen sind, haben Sie alle anderen Ecken des Bereichs aus den Augen verloren. Vielleicht sind Sie inzwischen unsicher, ob Sie den Bereich in der richtigen Zelle begonnen haben. Kurzum, Sie sind ganz froh, wenn der Bereich schließlich nach allen Seiten korrekt bestimmt ist. Da ist es sicher einfacher, einen einmal definierten Bereich aus einer Namenliste aufzurufen. Bei jedem Befehl, der Bereichsangaben erfordert, können Sie anstelle von Adressen den Bereichsnamen angeben. Dasselbe gilt für Bereiche in Formeln.

Verständlichkeit

Solange Sie einfache Summenformeln verwenden, die direkt unter der addierten Kolonne stehen, ist leicht zu überblicken, was in einer Formel errechnet wird. Das ändert sich aber schon dann, wenn an einer ganz anderen Stelle des Arbeitsblatts mit dem Ergebnis dieser Formel weitergerechnet werden soll. Dann steht dort vielleicht

```
=G20*1,05
```

Wofür aber steht der Wert in der Zelle G20? Haben Sie die Zelle G20 aber mit dem Namen *Gewinn2009* benannt, lautet die Formel: =Gewinn2009*1,05

Bei dieser Formel wissen Sie und auch jede andere Person, die mit dem Arbeitsblatt arbeiten soll, worum es geht.

Oder vergleichen Sie die beiden folgenden Formelpaare:

```
=J50-M50-P50
=Umsatz-Materialkosten-Personalkosten
```

und

```
=WENN(SUMME(F5:F50)>(SUMME(E5:E50)*1,10);"Ziel erreicht";"")
=WENN(Gewinn2008>(Gewinn2007*1,10);"Ziel erreicht";"")
```

Zweifelsfrei ist die zweite Version der Formel die verständlichere. Noch viel notwendiger werden solche benannten Bereiche, wenn Sie mit mehrstufigen Verweisen arbeiten. Dieser Vorteil kommt besonders auch bei Bezügen auf Bereiche in anderen Arbeitsmappen zum Tragen, wo Sie ja nicht gleich sehen können, was etwa unter B10:B30 abgelegt ist.

Flexibilität

Wird ein Bereichsname in verschiedenen Formeln verwendet, muss nicht jede Formel einzeln angefasst werden, wenn sich die Adressen des Bereichs ändern. In vielen Fällen wird die Bereichsänderung sogar automatisch vorgenommen, etwa wenn in einem definierten Bereich eine Zeile eingefügt oder gelöscht wird.

Ähnliches gilt, wenn ein Wert, z. B. ein bestimmter Umrechnungsfaktor oder ein Steuersatz, als benannter Wert definiert wird. Formeln, die den Namen benutzen, müssen nicht geändert werden, wenn dem Namen ein anderer Wert zugewiesen wird. Denken Sie etwa an die berüchtigten Mehrwertsteuer-Erhöhungen.

Werden Formeln selbst mit einem Namen verknüpft, gilt Entsprechendes. Alle Zellen, die den Namen direkt oder als Teil einer Formel verwenden, müssen nicht geändert werden, wenn die benannte Formel selbst korrigiert wird.

Leichtere Navigation

Eine ebenso praktische Sache ist, dass Sie benannte Zellen und Bereiche direkt über den Namen auswählen können. Am schnellsten gelingt dies über die Namenliste in der Bearbeitungsleiste.

Auch mit dem Befehl **Start ▸ Bearbeiten ▸ Suchen und Auswählen ▸ Gehe zu** oder mit ⌈Strg⌉+⌈G⌉ oder ⌈F5⌉ erhalten Sie die Liste der definierten Namen. Diese Technik erspart gerade bei großen Arbeitsblättern oft mühseliges Herumsuchen.

4.4.2 Geltungsbereich – Mappe oder Blatt?

Normalerweise kann eine Liste von Namen pro Arbeitsmappe verwendet werden. Jeder Name muss dabei eindeutig sein. Im Namenfeld werden alle Namen angezeigt, die in der Mappe vorkommen, egal in welchem Blatt der benannte Bereich liegt.

Es ist aber auch möglich, Namen zu vergeben, die nur für das einzelne Blatt gelten, für das sie definiert sind. Das ist dann vorteilhaft, wenn etwa in mehreren Blättern derselbe Name für einen gleichartigen Wert verwendet werden soll, etwa *Gesamtpersonal*. Dazu muss jeweils der Befehl **Formeln ▸ Definierte Namen ▸ Namen definieren** aufgerufen werden. Im Dialog wird unter **Bereich** die Vorgabe **Arbeitsmappe** durch den Namen des jeweiligen Blatts ersetzt, der über das Listenfeld ausgewählt werden kann.

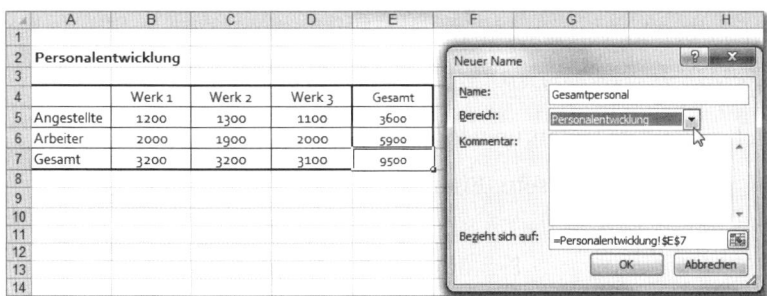

Abbildung 4.33 Definition eines blattspezifischen Namens

Um solche Namen in Formeln zu verwenden, muss der Blattname getrennt durch ein Ausrufezeichen vor den eigentlichen Namen gesetzt werden – etwa *Personalentwicklung!Gesamtpersonal*. Im Namenfeld erscheint der blattspezifische Name nur, wenn das entsprechende Blatt aktiviert ist.

Wird ein blattspezifischer Name in einer Formel dieses Blatts verwendet, kann der Blattname weggelassen werden. Existiert der Name *Gesamtpersonal* auch für die ganze Mappe, wird er in diesem Blatt ignoriert.

Nimmt dagegen eine Formel eines anderen Blatts Bezug auf den blattspezifischen Namen, muss der qualifizierte Name – also mit dem vorgesetzten Blattnamen – angegeben werden.

4.4.3 Namensgebung

Das Programm kennt verschiedene Weisen, Namen zu vergeben:

- Mithilfe des Namenfeldes in der Bearbeitungsleiste kann die aktuelle Markierung in der Tabelle direkt benannt werden.
- Mit dem Befehl **Formeln ▶ Definierte Namen ▶ Namen definieren** können Namen für Zellen, Bereiche, Werte oder Formeln vergeben werden.
- Mit dem Befehl **Formeln ▶ Definierte Namen ▶ Aus Auswahl erstellen** können Zellen oder Zellbereiche mit Namen verknüpft werden, die im Arbeitsblatt bereits als Beschriftung eingetragen sind. Voraussetzung ist, dass die Zelle mit dem Namen an die Zelle oder den Zellbereich angrenzt, der benannt werden soll.
- Schließlich können Namen über den Befehl **Formeln ▶ Definierte Namen ▶ Namens-Manager** vergeben werden.

Syntaxregeln für Namen

Einige Regeln müssen Sie bei der Vergabe von Bereichsnamen beachten:

- Bereichsnamen können bis zu 255 Zeichen enthalten.
- Groß- und Kleinschreibung ist bedeutungslos.
- Das erste Zeichen darf keine Zahl sein. Erlaubt sind Buchstaben und die Zeichen Unterstrich (_) und Schrägstrich (\).
- Sonderzeichen wie ! { + * − / @ < > & # dürfen nicht benutzt werden.
- Leerzeichen, Doppelpunkt und Semikolon sind nicht erlaubt, weil diese Zeichen ja als Bereichsoperatoren benutzt werden. Verwenden Sie zur Trennung den Unterstrich (_) oder den Punkt.
- Bereichsnamen dürfen nicht wie mögliche Zelladressen lauten. B10 oder AA3 ist also nicht zulässig.
- Die Zeichen C oder c bzw. R oder r dürfen nicht als Namen verwendet werden, sie sind intern als Kurzform für die Auswahl der aktuellen Spalte oder Zeile reserviert.

> **HINWEIS**
>
> **Groß- und Kleinschreibung**
> Obwohl die Groß- und Kleinschreibung bei Formelbezügen nicht beachtet wird, ist es doch sinnvoll, sie zu verwenden. Wird der Name dann nur mit Kleinbuchstaben in einer Formel eingegeben, wandelt Excel ihn entsprechend um, wenn der Name korrekt ist. Geschieht das nicht, hat sich vielleicht ein Tippfehler eingeschlichen.

4.4 Beschreibende Bereichsnamen

4.4.4 Bereichsnamen festlegen

Der schnellste Weg, einen Namen für eine Zelle oder einen Bereich zu vergeben, führt über das Namenfeld in der Bearbeitungsleiste:

1 Sie markieren den Zellbereich und klicken auf das Namenfeld.

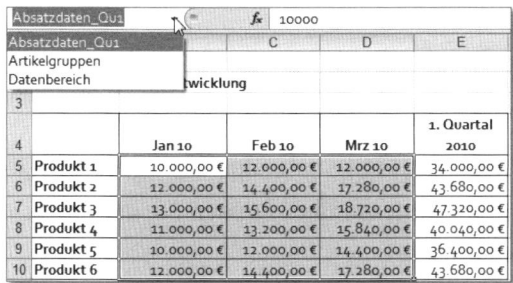

2 Sie geben den Namen ein und bestätigen mit ⏎.

3 Beim nächsten Öffnen der Namenliste wird der neue Name mit angeboten. Ein Klick auf den Namen wählt den Bereich aus.

4.4.5 Namen definieren

Etwas mehr Kontrolle bietet der Befehl **Namen definieren** aus der Gruppe **Formeln ▸ Definierte Namen**:

1 Wenn Sie einzelne Zellbereiche benennen wollen, ist es am besten, diese zunächst zu markieren.

2 Klicken Sie auf die Schaltfläche **Namen definieren**.

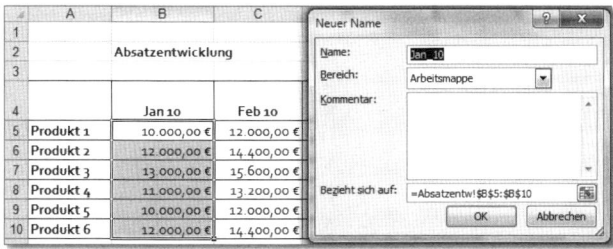

3 Grenzt die aktive Zelle des markierten Bereichs an eine Zelle mit einer Beschriftung, wird diese im Namenfeld vorgegeben, wenn der Bereich Zahlen enthält, ansonsten wird der Inhalt der aktiven Zelle vorgeschlagen. Wollen Sie einen neuen Namen vergeben, tragen Sie ihn direkt unter **Name** ein.

4 Unter **Bereich** kann die Vorgabe **Arbeitsmappe** übernommen werden, wenn der Name innerhalb der Arbeitsmappe eindeutig ist.

5 Wenn der richtige Bezug unter **Bezieht sich auf** schon markiert ist, können Sie mit **OK** oder mit der ⏎-Taste quittieren. Excel schreibt den Bezug automatisch mit absoluten Adressen (relative Adressen bei benannten Bereichen sind zwar möglich, aber in der Regel wenig sinnvoll).

Ansonsten können Sie den Bezug korrigieren oder neu eingeben. Der Bezug muss mit einem Gleichheitszeichen beginnen. Auch Mehrfachbereiche können benannt werden. Die einzelnen Bereichsadressen werden dabei durch ein Semikolon getrennt. Soll die Schnittmenge zwischen zwei Bereichen benannt werden, müssen Sie ein Leerzeichen zwischen die beiden Bereichsadressen setzen.

4.4.6 Namens-Management

Um den Einsatz umfangreicher Namenlisten zu vereinfachen, verfügt Excel 2010 über einen **Namens-Manager**, der über die gleichnamige Schaltfläche in der Gruppe **Formeln ▸ Definierte Namen** aufgerufen wird. Der Dialog gibt eine übersichtliche Anzeige der vorhandenen Namen und ist mit dem oben verwendeten Dialogfeld für die Namensdefinition verknüpft, das über die Schaltflächen **Neu** oder **Bearbeiten** erreicht wird. Zum Entfernen überflüssig gewordener Namen wird die Schaltfläche **Löschen** verwendet.

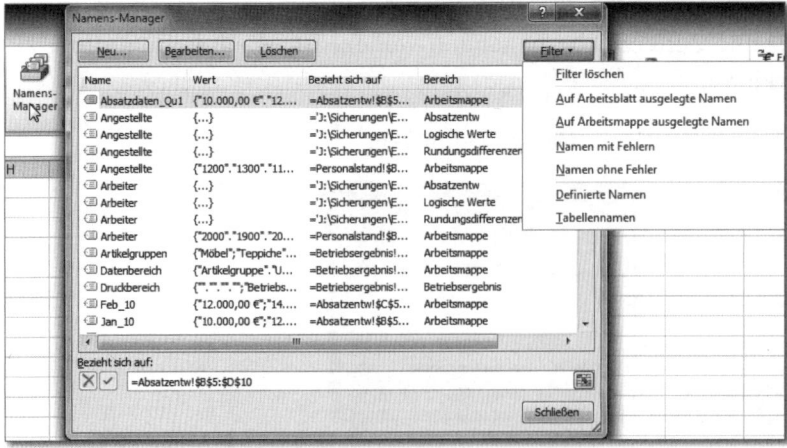

Abbildung 4.34 Verwaltung umfangreicher Namensvergaben mit dem Namens-Manager

Interessant ist hier insbesondere die Filterfunktion, die verschiedene Auswahlmöglichkeiten anbietet, etwa die Einschränkung auf blattbezogene Namen.

4.4.7 Benannte Formeln definieren

Das Verfahren, eine Formel mit einem Namen zu verknüpfen, ähnelt der Vergabe von Zell- und Bereichsnamen. Excel speichert die Definition zwar zusammen mit der Arbeitsmappe, aber nicht in einer Zelle. Die Formel wird direkt im Dialogfeld eingetragen, in dem der Name definiert wird, und zwar anstelle eines Bereichsbezugs.

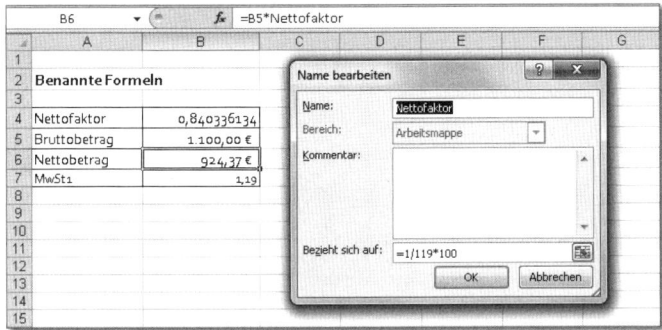

Abbildung 4.35 Beispiel für eine benannte Formel

Angenommen, Sie müssen häufiger von Bruttobeträgen auf den Nettobetrag zurückrechnen. Wählen Sie den Befehl **Namen definieren**. Tragen Sie unter **Name** etwa *Nettofaktor* ein. Die Formel für die Umrechnung kann dann in dem Feld **Bezieht sich auf** eingetragen werden:

```
=1/119*100
```

Enthält nun z. B. B5 den Bruttobetrag einer Rechnung, liefert

```
=B5*Nettofaktor
```

dann den Nettobetrag.

Benannte Werte oder Textelemente

Sie können auch bestimmte Werte oder Textkonstanten mit einem Namen belegen. Um beispielsweise den Mehrwertsteuersatz abzulegen, geben Sie im Bezugsfeld einfach

```
=19%
```

ein. Wenn der Wert mit MWST1 benannt ist, geben Sie in einer Formel zur Berechnung der Mehrwertsteuer für einen Betrag in B10 nur

```
=B10 * MWST1
```

ein.

Wenn Sie eine Textkonstante unter **Bezieht sich auf** eintragen, muss sie in Anführungszeichen eingeschlossen werden. Wenn Sie etwa unter dem Namen *Firma* den kompletten Firmennamen ablegen, liefert Ihnen der Eintrag =Firma in einer Zelle den entsprechenden Namen.

Sowohl benannte Formeln als auch benannte Konstanten werden bei der Formeleingabe mit in der Funktionsliste angeboten, wie die folgende Abbildung zeigt.

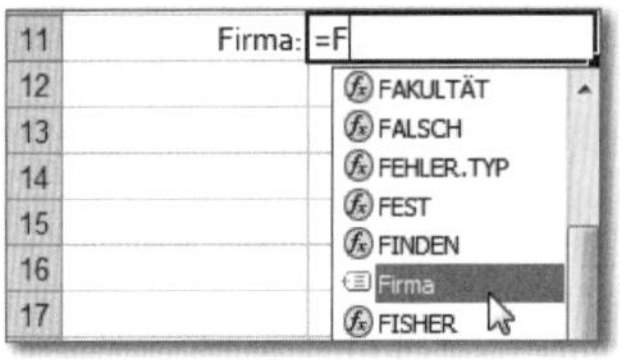

Abbildung 4.36 Eine benannte Konstante in der Funktionenliste

4.4.8 Übernahme von Namen aus Beschriftungen

Bei gleichmäßig aufgebauten Tabellen mit fertiger Spalten- und Zeilenbeschriftung können Namen für die Wertespalten und -zeilen auch automatisch erzeugt werden. Excel übernimmt einfach die vorhandenen Beschriftungen als Namen. Dabei werden die Namen an die oben beschriebenen Regeln angepasst. Ist das erste Zeichen eine Zahl, wird ein Unterstrich davor gesetzt. Auch Leerzeichen und Semikola werden durch Unterstriche ersetzt. Datumswerte werden in Zeichenfolgen verwandelt, wobei das gegebene Format verwendet wird.

Die Zellen, die benannt werden sollen, können über oder unter den Zellen mit der Beschriftung liegen oder rechts oder links neben diesen Zellen. Zellbereiche sind hier immer Zellgruppen in einer Zeile oder in einer Spalte. Wie Excel sich bei diesem Verfahren verhält, zeigt das folgende Beispiel einer Personalübersicht.

Abbildung 4.37 Übernahme bestehender Beschriftungen als Bereichsnamen

Um hier zu einer korrekten Übernahme der Namen zu kommen, muss zunächst der Bereich A4 bis D6 markiert werden. Die Zeile mit den Gesamtsummen wird erst einmal ausgelassen, damit im nächsten Schritt die Namen für die Spaltenwerte in den Summenformeln verwendet werden können. Dann kann **Formeln ▸ Definierte Namen ▸ Aus Auswahl erstellen** aufgerufen oder `Strg` + `⇧` + `F3` gedrückt werden.

Sie finden vier Kontrollkästchen, von denen die beiden ersten abgehakt sind, aufgrund der Situation in dem vorher ausgewählten Bereich. Die oberste Zeile und die linke Spalte sollen die Namen liefern. Sie müssen deshalb hier nichts ändern. Wenn Sie quittieren, erzeugt Excel benannte Bereiche, zwei Zeilenbereiche und drei Spaltenbereiche. Die folgende Liste zeigt die Bereichsdefinitionen im Namens-Manager. Wie Sie sehen können, hat Excel automatisch *Werk 1* in *Werk_1* umgesetzt.

Name	Wert	Bezieht sich auf	Bereich
Angestellte	{"1200"."1300"."11...	=Personalentwicklu...	Arbeitsmappe
Arbeiter	{"2000"."1900"."20...	=Personalentwicklu...	Arbeitsmappe
Werk_1	{"1200";"2000"}	=Personalentwicklu...	Arbeitsmappe
Werk_2	{"1300";"1900"}	=Personalentwicklu...	Arbeitsmappe
Werk_3	{"1100";"2000"}	=Personalentwicklu...	Arbeitsmappe

Abbildung 4.38 Liste der Bereichsdefinitionen

Sie können die Bereiche nun sehr schnell über das Namenfeld auswählen. Mit `F5` können Sie auch gezielt eine Zelle als Schnittmenge zweier Bereiche auswählen. Wählen Sie den Namen des ersten Bereichs aus, und setzen Sie getrennt durch ein Leerzeichen den Namen des zweiten Bereichs dahinter. *Angestellte Werk_2* wählt dann genau die Zahl der Angestellten in Werk 2 aus.

4.4.9 Anwenden von Namen in Formeln

Wenn Sie Bereiche benennen, werden die Bezüge auf diese Bereiche in schon vorhandenen Formeln nicht automatisch ersetzt. Dies muss vielmehr ausdrücklich mit dem Befehl **Namen übernehmen** geschehen, der als zweite Option zu der Schaltfläche **Formeln ▸ Definierte Namen ▸ Namen definieren** angeboten wird.

Welche Namen in den Formeln verwendet werden sollen, können Sie durch Anklicken mit der Maus auswählen. Die Auswahl hat auch Auswirkungen auf Formeln, die Sie später eingeben. Excel ersetzt eine passende Bereichsmarkierung automatisch durch den Bereichsnamen.

4 Mit Formeln arbeiten

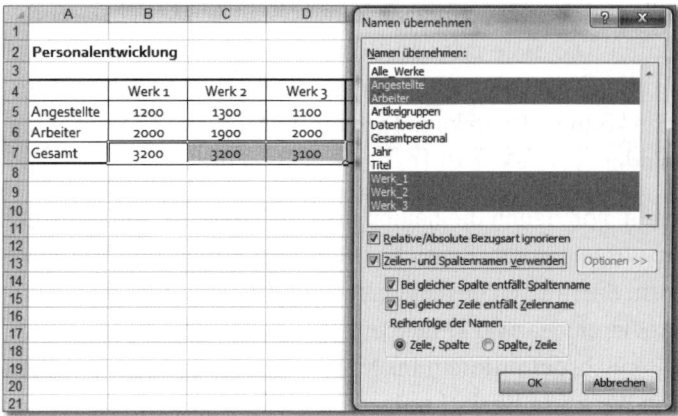

Abbildung 4.39 Dialogfeld »Namen übernehmen«

Im Dialog oben sind die Namen *Angestellte* und *Arbeiter* mit ausgewählt. Wenn Sie jetzt eine Quersumme für Zeile 5 und 6 eingeben, werden *Angestellte* und *Arbeiter* als Bereichsnamen in die Formel übernommen. Allerdings müssen Sie in diesem Fall beachten, dass die Bereichsnamen absolute Adressen sind. Die Quersumme für Angestellte lässt sich also nicht mehr einfach in die nächste Zeile kopieren. Es ist deshalb besser, auch die Quersummen zuerst mit Zelladressen anzulegen und zu kopieren und erst dann die Namen zu übernehmen.

Wie sich Excel bei der Anwendung der Namen im Detail verhalten soll, kann über **Optionen** gesteuert werden. Das Kontrollkästchen **Relative/Absolute Bezugsart ignorieren** sollte in der Regel aktiviert sein. Damit wird erreicht, dass ein Bezug auf einen Bereich unabhängig von der in der Formel verwendeten Bezugsart ersetzt wird. Ist die Option abgewählt, werden nur absolute Zellbezüge durch die Bereichsnamen ersetzt.

Wird beim Anwenden der Namen das Kontrollkästchen **Zeilen- und Spaltennamen verwenden** abgehakt, kann festgelegt werden, ob in Formeln, die Schnittmengen von Bereichen auswerten, bei Bezügen innerhalb einer Spalte oder innerhalb einer Zeile die entsprechenden Namen entfallen können, um die Formulierung der Formel zu vereinfachen. Außerdem kann festgelegt werden, ob bei Bezügen, bei denen Spalte und Zeile angegeben werden müssen, erst die Zeile oder erst die Spalte angegeben wird.

Wenn Sie beispielsweise die Relation Angestellte/Arbeiter pro Werk berechnen wollen, reicht es aus, in Zelle B9 die Formel

```
=Angestellte/Arbeiter
```

anstelle von

```
=Angestellte Werk_1/Arbeiter Werk1
```

einzutragen, da ja die Spaltenbezeichnung bei beiden Bezügen gleich ist. Die verkürzte Formel hat außerdem den Vorteil, dass Sie sich ohne Änderung auf die Zellen C9 und D9 kopieren lässt, was bei der zweiten Formel nicht möglich ist.

Korrektur von Namensdefinitionen

Wenn Sie die Definition eines Namens korrigieren wollen, weil sich der Aufbau Ihres Blatts verändert hat, verwenden Sie den Namens-Manager, und markieren Sie in der Namenliste den entsprechenden Namen. Über die Schaltfläche **Bearbeiten** verändern Sie dann die Bereichsadressen. Bei solchen Änderungen sollten Sie allerdings prüfen, ob und inwiefern davon Formeln betroffen sind, die sich bereits auf diesen Bereich beziehen. Das Programm passt die Formeln automatisch an die neuen Adressen des Bereichs an. Wenn das Ihren Wünschen entspricht, haben Sie keine weitere Arbeit.

Falls Sie während der Entwicklung eines komplexen Arbeitsblatts merken, dass bestimmte Namen, die Sie bisher benutzt haben, missverständlich oder nicht eindeutig genug sind, können Sie die Namen jederzeit über den Namens-Manager ändern, ohne die Bezüge neu definieren zu müssen. Wählen Sie im Dialogfeld dazu zunächst den alten Namen aus, und korrigieren Sie ihn über die Schaltfläche **Bearbeiten**. Die Bezugsadressen werden übernommen.

> **Überflüssige Namen löschen!**
> Bereiche, die nur irrtümlich angelegt wurden oder durch einen Umbau des Blatts überflüssig geworden sind, sollten Sie möglichst umgehend löschen. Verschieben Sie diese Aktion nicht auf irgendwann, denn dann haben Sie vielleicht schon vergessen, welche Bereiche gelöscht werden dürfen.

Sie können einem Bereich auch mehrere Namen geben, wenn dadurch die Logik Ihrer Formeln deutlicher wird. Es kann z. B. sein, dass für eine Formel ein Wert aus einer benannten Zelle einen Minimalwert darstellt, für eine zweite Formel aber einen Maximalwert.

Formeln mit noch nicht definierten Namen

Bei der Bildung von Formeln ist es durchaus möglich, schon Namen zu verwenden, die noch nicht definiert sind. Der Name erscheint in der Zelle und der Bearbeitungsleiste, die Zelle liefert aber noch den Fehlerwert #NAME?. Sobald der Name dann festgelegt ist, verschwindet dieser Wert, und die Formel arbeitet korrekt. Das hat auch den Vorteil, dass der Name der Formel nicht mehr ausdrücklich über den Dialog **Namen übernehmen** zugeordnet werden muss.

Einfügen von Namen in eine Formel

Soll ein Name bei der Eingabe einer Formel oder im Dialog **Funktionsargumente** eingefügt werden, können Sie den Namen entweder direkt an der Einfügestelle einfügen oder ein vorher markiertes Argument durch einen Namen ersetzen. Verwenden Sie F3 oder den Befehl **Formeln ▸ In Formeln verwenden** und den gewünschten Namen.

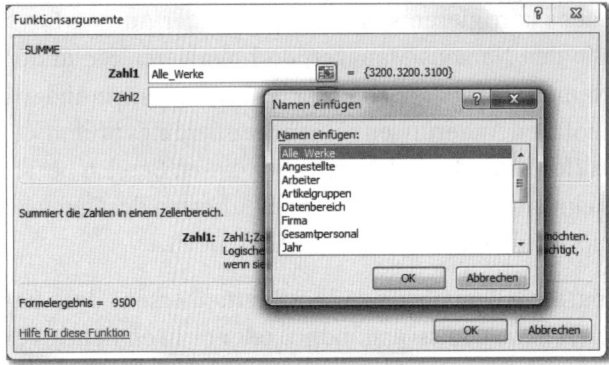

Abbildung 4.40 Übernahme eines Namens als Argument für eine Funktion

Bereichsnamen dokumentieren

Wenn Sie mit sehr vielen Bereichsnamen arbeiten, ist es manchmal sinnvoll, sich eine Liste der Namen und der Bereichsadressen zu ziehen. Das erleichtert den Überblick. Insbesondere bei der Entwicklung größerer Makros ist dies praktisch. Dazu finden Sie die Schaltfläche **Liste einfügen** im Dialogfeld des Befehls **Formeln ▸ In Formeln verwenden ▸ Namen einfügen**. Markieren Sie vorher die Zelle, in der die Liste beginnen soll.

12	Alle_Werke	=Personalentwicklung!$B$7:$D$7
13	Angestellte	=Personalentwicklung!$B$5:$D$5
14	Arbeiter	=Personalentwicklung!$B$6:$D$6
15	Artikelgruppen	=Betriebsergebnis!$A$5:$A$8
16	Datenbereich	=Betriebsergebnis!$A$4:$D$9
17	Firma	="Helmut Vonhoegen"
18	Gesamtpersonal	=Personalentwicklung!$E$7
19	Jahr	=Betriebsergebnis!$E$2
20	MwSt1	=1,19
21	Nettofaktor	=1/119*100
22	Titel	=Betriebsergebnis!$A$2:$E$2
23	Werk_1	=Personalentwicklung!$B$5:$B$6
24	Werk_2	=Personalentwicklung!$C$5:$C$6
25	Werk_3	=Personalentwicklung!$D$5:$D$6

Abbildung 4.41 Liste von Bereichsnamen

Am besten legen Sie diese Liste in ein eigenes Blatt oder sogar in ein eigenes Fenster, sodass Sie bei der Entwicklung Ihrer Formeln besser kontrollieren können, ob Sie den richtigen Bereich ausgesucht haben.

> **Keine Bezüge auf Beschriftungen mehr**
>
> Anstelle der ausdrücklichen Vergabe von Namen bot die Version Excel 2003 auch die Möglichkeit, Namen von Zeilen- oder Spaltenbeschriftungen direkt in Formeln zu verwenden. Diese Option wird in Excel 2010 nicht mehr unterstützt. Beim Laden älterer Arbeitsmappen, die mit dieser Variante gearbeitet haben, erhalten Sie den Hinweis, dass die entsprechenden Bezüge in Formeln durch normale Zellbezüge ersetzt werden, wenn Sie die Arbeitsmappe laden.

4.5 Matrixformeln

Durch eine einfache Formel wie etwa =B2*B3 wird eine Operation ausgelöst, bei der ein einzelner Wert, der in einer Zelle abgelegt ist, mit einem einzelnen Wert aus einer anderen Zelle multipliziert wird und das Ergebnis wiederum in einer einzelnen Zelle erscheint.

Excel erlaubt darüber hinaus aber auch, als Argument einer Formel gleich mehrere Werte zu benutzen. Auch als Ergebnis einer Formel können gleich mehrere Werte produziert werden. Dies ist z. B. bei bestimmten Funktionen der Fall. In beiden Fällen sind diese Werte in einer bestimmten Form angeordnet, die Matrix genannt wird.

4.5.1 Matrixbereiche in Excel

Die einfachste Vorstellung ist diejenige von einem geschlossenen Bereich von Zellen, die Werte enthalten. Die kleinste Matrix bestünde aus zwei neben- oder untereinanderliegenden Wertezellen. Die Größe nach oben ist nur durch den vorhandenen Speicher begrenzt.

Eine Matrix ist immer ein rechteckiger Zellbereich, in dem jede Zelle einen Wert enthält. Eine Matrix entspricht also, sofern es sich bei den Werten um numerische Werte handelt, dem, was auch in der Algebra »Matrix« genannt wird. Ein einfaches Beispiel ist das folgende Zahlenschema aus zwei Zeilen und drei Spalten.

23	26	65
16	10	45

Die Besonderheit, die zu beachten ist, besteht darin, dass Excel eine Matrix als eine Einheit behandelt, bei der die einzelnen Elemente in verschiedener Hinsicht auch nicht gesondert behandelt werden dürfen. Soll eine Matrix als Argument in einer Formel verwendet werden, bestehen zwei Möglichkeiten:

Die erste Möglichkeit ist, in der Formel den Bezug auf einen rechteckigen Zellbereich einzugeben, der die Werte der Matrix enthält. Nehmen Sie als Beispiel die Funktion INDEX(), die als erstes Argument eine Matrix erwartet.

=INDEX(B4:D6;2;2)

In dieser Formel ist die Matrix durch eine einfache Zellbereichsangabe definiert.

Die zweite Möglichkeit ist eine Matrixkonstante. Die kleine Matrix oben ist ein Beispiel einer solchen Matrixkonstante. Die Schreibweise innerhalb einer Formel sieht folgendermaßen aus: Die gesamte Matrix wird in geschweifte Klammern gesetzt. Bei Matrixkonstanten muss dies manuell geschehen. Die einzelnen Werte einer Zeile werden jeweils durch einen Punkt getrennt, die Zeilen dagegen durch ein Semikolon. Das oben angeführte Zahlenschema sieht in der Bearbeitungsleiste dann so aus:

{23.26.65;16.10.45}

Das Beispiel ist eine 2x3-Matrix, d. h., sie besteht aus zwei Zeilen und drei Spalten. Dabei werden die Daten zeilenweise angegeben.

Eine Matrixkonstante muss immer aus gleich langen Zeilen bzw. Spalten bestehen. Der Ausdruck

{1.2.3;1.2}

ist deshalb nicht erlaubt, da die zweite Zeile nur zwei Werte enthält, die erste dagegen drei.

Matrixkonstanten können nicht nur Zahlen, sondern auch Texte, Wahrheitswerte oder Fehlerwerte enthalten. Dabei muss das Format der Eingabe beachtet werden. Texte müssen immer in Anführungszeichen gesetzt werden. Bei Zahlen ist die Eingabe der Tausenderabtrennung durch einen Punkt nicht erlaubt, da der Punkt an dieser Stelle ja zur Trennung der einzelnen Elemente der Matrix benutzt wird. Auch Währungszeichen, Klammern und Prozentzeichen sind nicht erlaubt.

Formeln können nicht Element einer Matrixkonstante sein, auch wenn sie selbst nur aus Konstanten bestehen:

{4+12.4.67}

ist deshalb kein erlaubter Ausdruck.

Die verschiedenen Datentypen können in einer Matrix durchaus gemischt werden, wenn der Datentyp zu den entsprechenden Operatoren oder Funktionen passt. Einzelne Zellbezüge oder Bereichsnamen können nicht Bestandteil einer Matrixkonstante sein.

```
{4.B3.16}
```

ist also nicht erlaubt.

4.5.2 Mit Matrixformeln arbeiten

Neben Matrixbereichen und Matrixkonstanten, die als Argumente oder Ergebnisse von Formeln erscheinen, können auch spezielle Matrix- oder Arrayformeln verwendet werden. Diese Formeln enthalten dann ihrerseits Matrixbereiche oder auch Matrixkonstanten als Argumente.

Bei Excel wird unterschieden zwischen Einzelwertformeln und Matrixformeln. Eine Einzelwertformel liefert einen bestimmten Wert aufgrund der Werte der Zellen, auf die die Formel Bezug nimmt. Eine Matrixformel dagegen kann verschiedene Ergebnisse für eine vorher markierte Matrix »gleichzeitig« liefern. Wie ist das zu verstehen?

Die folgende Abbildung zeigt ein einfaches Beispiel. Die Anzahl der Übernachtungen in der Spalte C soll jeweils mit dem entsprechenden Zimmerpreis multipliziert werden. Anstatt die Werte einzeln zu multiplizieren, werden einfach die beiden Zellbereiche in Spalte C und D miteinander multipliziert. Die Formel in der markierten Matrix muss nur einmal eingegeben werden und wird dann praktisch automatisch auf alle Zellen der Matrix kopiert. Die in der Formel bestimmten Operationen werden dabei jeweils mit den entsprechenden Daten ausgeführt.

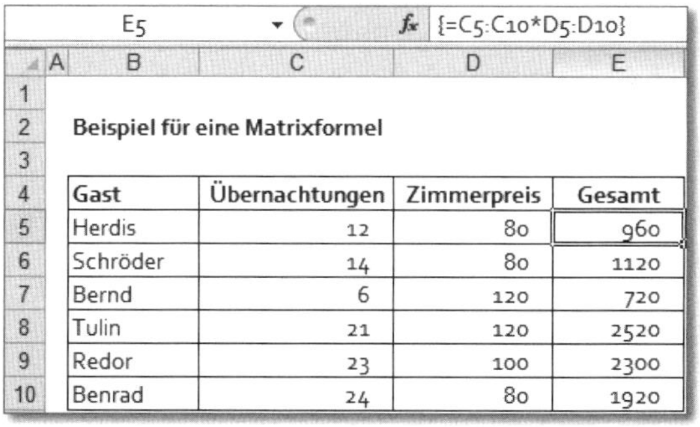

E5 | {=C5:C10*D5:D10}

Beispiel für eine Matrixformel

Gast	Übernachtungen	Zimmerpreis	Gesamt
Herdis	12	80	960
Schröder	14	80	1120
Bernd	6	120	720
Tulin	21	120	2520
Redor	23	100	2300
Benrad	24	80	1920

Abbildung 4.42 Beispiel für eine Matrixformel

Matrixformeln sind also eine Arbeitserleichterung für den Fall, dass bestimmte Formeln wiederholt verwendet werden sollen. Anstelle einer Matrixformel könnten Sie auch mehrere Einzelwertformeln durch Kopieren erzeugen. Doch abgesehen von dem größeren Aufwand besteht hier auch der Nachteil, dass eine Gruppe von Einzelwertformeln mehr Speicher benötigt als die entsprechende Matrixformel. Auch eine spätere Änderung ist einfacher, wenn Sie eine Matrixformel verwenden können, weil eben nur eine Formel geändert werden muss.

Eingabe einer Matrixformel

Die Vorgehensweise, um eine Formel als Matrixformel einzugeben, soll an dem folgenden Beispiel demonstriert werden:

1 Der erste Schritt ist die Markierung der Matrix, die die Ergebnisse der Matrixformel aufnehmen soll. In der Abbildung ist das der Zellbereich D5:D7. Dieser Schritt ist ganz entscheidend, denn wenn Sie nur eine Zelle markieren, liefert die Matrixformel auch nur ein einziges Ergebnis. Die Größe dieser Ergebnismatrix sollte in der Regel exakt so groß sein, dass die Matrixformel alle Ergebnisse erzeugen kann, die durch die Wertegruppe(n), auf die sich die Formel bezieht, möglich sind. Ist die Ergebnismatrix kleiner, werden mögliche Ergebnisse »unterschlagen«, ist sie dagegen größer, erscheint in den überzähligen Zellen der Wert NV als Hinweis darauf, dass für diesen Fall keine Werte vorliegen, mit denen die Formel arbeiten kann.

2 Der zweite Schritt ist die Eingabe der Formel in eine der Zellen der Ergebnismatrix. Dabei spielt es keine Rolle, in welche dieser Zellen die Formel eingetragen wird. Die Formel kann wie jede Einzelwertformel Konstanten, Operatoren, Zellbezüge und Funktionen enthalten. Die Besonderheit besteht darin, dass in der Formel Bezug auf Wertegruppen genommen wird, die in der Matrixformel dann zeilen- oder spaltenweise ausgewertet werden.

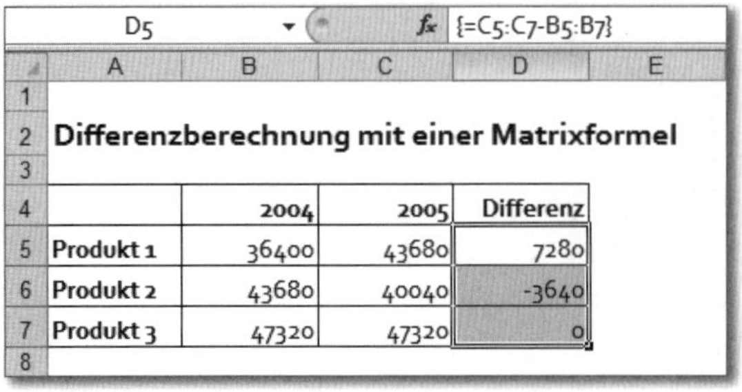
D5 {=C5:C7-B5:B7}

Differenzberechnung mit einer Matrixformel

	2004	2005	Differenz
Produkt 1	36400	43680	7280
Produkt 2	43680	40040	-3640
Produkt 3	47320	47320	0

Abbildung 4.43 Differenzberechnung mit einer Matrixformel

Im Beispiel werden die Werte aus der Spalte für 2005 von der Spalte der Werte für 2004 abgezogen. Die Formel lautet also:

{=C5:C7-B5:B7}

Die geschweiften Klammern, die die gesamte Formel einschließen und sie damit als Matrixformel kennzeichnen, dürfen allerdings nicht manuell eingegeben werden. Sie werden automatisch erzeugt, wenn die Formel korrekt quittiert wird. Dies geschieht in diesem Fall nicht wie bei den Einzelwertformeln durch einen Klick auf das Häkchen oder durch [↵]. Um Excel zu veranlassen, eine Formel als Matrixformel zu behandeln, muss die Formel mit der Tastenkombination [Strg]+[⇧]+[↵] abgeschlossen werden. (Wenn Sie die Klammern manuell eingeben, werden sie als Textzeichen interpretiert!)

Wenn Sie nur [⇧]+[↵] verwenden, wird die Formel als normale Einzelwertformel in die aktive Zelle gesetzt. Drücken Sie dagegen nur [Strg]+[↵], wird die Formel als Einzelwertformel in alle ausgewählten Zellen gesetzt.

Wenn Sie sich die Ergebnisspalte anschauen, können Sie feststellen, dass Excel in jede Zelle dieselbe Formel gesetzt hat. Trotzdem sind die Ergebnisse verschieden. Die Matrixformel bewirkt nämlich, um beim Beispiel zu bleiben, dass in der ersten Ergebniszelle D5 die Differenz C5-B5 berechnet wird, in D6 aber C6-B6 usw.

Das gewählte Beispiel setzt also zwei gleich große Zellbereiche miteinander in Beziehung und erzeugt eine entsprechend große Ergebnismatrix.

4.5.3 Vereinfachung von Berechnungen

Das folgende Beispiel ist etwas komplexer. Es zeigt, dass Matrixformeln auch dazu benutzt werden können, um ein Tabellenmodell zu vereinfachen. Das ist möglich, indem in der Formel Rechenschritte zusammengefasst werden, die normalerweise über Zwischenergebnisse berechnet werden müssten.

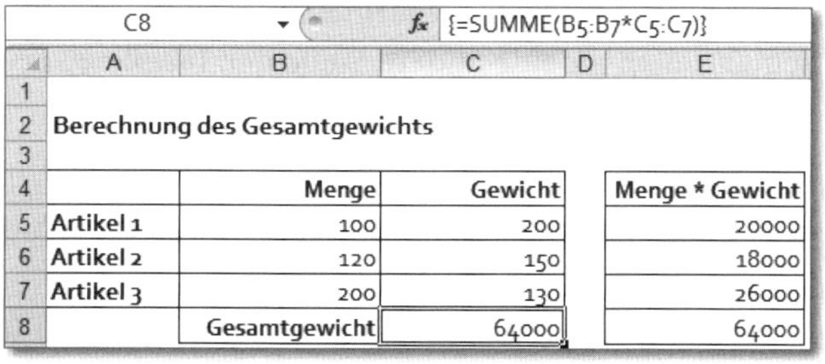

	A	B	C	D	E
1					
2	Berechnung des Gesamtgewichts				
3					
4		Menge	Gewicht		Menge * Gewicht
5	Artikel 1	100	200		20000
6	Artikel 2	120	150		18000
7	Artikel 3	200	130		26000
8		Gesamtgewicht	64000		64000

C8: {=SUMME(B5:B7*C5:C7)}

Abbildung 4.44 Gewichtsberechnung

Soll z. B. das Gesamtgewicht einer Ladung berechnet werden, ist der übliche Weg, das jeweilige Gewicht der verschiedenen Artikel mit der Stückzahl zu multiplizieren und dann die Ergebnisse zu addieren, wie in der Spalte E zu sehen ist.

Wird dagegen mit einer Matrixformel gearbeitet, ist es nicht erforderlich, die Ergebnisse der Multiplikation in der Tabelle darzustellen. Die Formel

```
{=SUMME(B5:B7*C5:C7)}
```

speichert die Zwischenergebnisse intern und gibt nur das Gesamtergebnis in der Zelle C8 aus. Auf die Zwischenergebnisse kann also auch nicht zugegriffen werden. Diese Vorgehensweise ist allerdings nur dann sinnvoll, wenn diese Zwischenergebnisse nicht für andere Berechnungen von Belang sind. Außerdem muss beachtet werden, dass ein Kalkulationsmodell auch überprüfbar bleiben muss.

4.5.4 Ändern einer Matrixformel

Wollen Sie eine Matrixformel ändern, können Sie eine beliebige Formelzelle in der Matrix auswählen. Sobald Sie die Bearbeitungsleiste aktivieren, verschwinden dort die geschweiften Klammern. Wenn die Änderungen an der Formel abgeschlossen sind, muss die Formel erneut mit [Strg] + [⇧] + [↵] quittiert werden. Daraufhin werden alle zur Matrix gehörenden Formeln geändert.

Dieser Abschluss ist unbedingt notwendig, sonst erhalten Sie die Fehlermeldung, dass ein Teil einer Matrix nicht geändert werden kann. Das hat seinen Grund darin, dass Excel eine solche Formelmatrix als eine Einheit betrachtet. Es ist also nicht möglich, einzelne Elemente einer Matrix gesondert zu bearbeiten. Ausgenommen von dieser Regel sind alle Operationen, die nur die Gestaltung betreffen.

Alle inhaltlichen Veränderungen betreffen aber immer die gesamte Matrix. Deshalb können einzelne Zellen auch nicht gelöscht oder verschoben werden. Nur die komplette Matrix kann gelöscht oder verschoben werden. Auch das Einfügen von Zellen in eine Matrix, die mit Matrixformeln belegt ist, führt zu einer Fehlermeldung. Dagegen ist es durchaus möglich, den Inhalt einzelner Zellen an eine andere Stelle der Tabelle zu kopieren. Die Bezüge werden dabei automatisch angepasst.

Wenn es gewünscht ist, Matrixformeln in Einzelwerte – also in ihr jeweiliges Ergebnis – zu verwandeln, muss zunächst die gesamte Matrix markiert werden. Mit dem Befehl **Start ▸ Zwischenablage ▸ Kopieren** bringen Sie die Daten in die Zwischenablage, und fügen Sie anschließend an derselben Stelle mit **Start ▸ Zwischenablage ▸ Einfügen ▸ Inhalte einfügen** und der Option **Werte** wieder ein. Die Formeln werden durch ihr Ergebnis überschrieben.

> **TIPP**
>
> **Markierung eines Matrixbereichs**
> Um einen Matrixbereich vollständig zu markieren, genügt es, eine Zelle des Bereichs zu wählen und dann `Strg` + `/` zu drücken. Diese Tastenkombination entspricht der Option **Aktuelles Array** in dem Dialogfeld **Inhalte auswählen** des Befehls **Gehe zu**.

4.6 Qualität sichern und Fehler vermeiden

Dieser Abschnitt geht zunächst auf einige Qualitätsmerkmale ein, die beim Aufbau von Kalkulationsmodellen im Blick bleiben sollten, und stellt verschiedene Instrumente vor, die Excel anbietet, um Fehler zu finden und zu vermeiden.

Überprüfbarkeit

Bei der Fülle an Befehlen und Funktionen lässt sich von niemandem voraussagen, welche Ideen Anwender zur Lösung ihrer Aufgaben entwickeln. Generell kann allerdings gefordert werden, dass die Art und Weise, wie in einem Arbeitsblatt bestimmte Resultate produziert werden, nachvollziehbar und damit überprüfbar bleibt.

Ein Formelsystem, das der Entwickler selbst nach einem halben Jahr nicht mehr durchschaut, ist sicher nicht wünschenswert. Aber auch andere Benutzer einer Tabelle, z. B. die vorgesetzte Stelle oder die Kollegen, die im Urlaub die Arbeit übernehmen sollen, haben ein Recht auf Durchblick. Bei Tabellen, die steuerrelevante Daten enthalten, müssen zudem die entsprechenden Vorschriften beachtet werden.

Die Möglichkeit, Zellinhalte zu kommentieren, kann genutzt werden, wenn komplexe Berechnungen notwendig sind. Oft ist es auch sinnvoll, direkte Hinweise in der Tabelle abzulegen. Anstatt z. B. einen bestimmten Umrechnungsfaktor in irgendeiner Zelle gleichsam wortlos zu platzieren, sollte davor oder darüber wenigstens der Name des Faktors angegeben werden. Sonst könnte vielleicht jemand auf die Idee kommen, die herrenlos in der Tabelle auftauchende Zahl als überflüssig zu löschen, worauf dann im Extremfall möglicherweise ganze Formelsysteme kollabieren.

Flexibilität

Neben der Übersichtlichkeit spielt der Grundsatz der Flexibilität eine wichtige Rolle. Anstatt z. B. in den Formeln eines Rechnungsformulars mit einem konstanten Mehrwertsteuersatz zu rechnen, ist es sinnvoller, mit der Adresse einer Zelle zu arbeiten, die den aktuellen Mehrwertsteuersatz enthält. Ändert sich dieser, müssen nicht alle Formeln geändert werden, die diesen Wert benutzen, sondern nur eine Zelle.

Fehlerfreiheit

Das entscheidende Qualitätskriterium bei einer Kalkulationstabelle ist die Fehlerfreiheit. Dies betrifft einerseits die Korrektheit der Daten, die in ein Modell einfließen, insbesondere aber die Frage, ob die verwendeten Formeln und Funktionen richtig arbeiten und einwandfreie Ergebnisse liefern.

4.6.1 Fehler in Formeln vermeiden

Gerade in puncto Fehlervermeidung haben sich die Entwickler besonders angestrengt. Die Instrumente zur Fehlerprüfung sind immer wieder erweitert worden und geben dem Anwender eine größere Sicherheit, zu korrekten Ergebnissen zu gelangen.

Es gibt ganz unterschiedliche Arten von Fehlern, die bei der Arbeit mit Formeln vorkommen. Die unangenehmste Art ist sicher die der logischen Fehler, weil Excel solchen Fehlern von sich aus nichts entgegenzusetzen hat. Wenn Sie z. B. in einer Bedingung `UND(PLZ<50000; PLZ>60000)` eintragen statt `UND(PLZ> 49999; PLZ<60000)`, wird Excel daran nichts auszusetzen haben, aber Sie wundern sich dann vielleicht, warum das Programm dazu keine Daten findet.

Fehler bei der Formeleingabe

Günstiger ist die Situation, wenn Sie die vorgeschriebene Schreibweise von Formeln nicht beachten. Excel bietet in vielen Fällen die automatische Korrektur von Fehlern bei der Formeleingabe an. Wenn Sie z. B. einen Ausdruck mit einer öffnenden Klammer eingeben und dann die abschließende Klammer vergessen, schlägt Excel eine Korrektur mit einer schließenden Klammer vor. Sie können den Vorschlag annehmen oder ablehnen, falls eine Klammer an der falschen Stelle steht. Die Abbildung zeigt ein kleines Beispiel. Wird der Korrekturvorschlag nicht angenommen, folgt eine ausführlichere Beschreibung des Fehlers.

4.6 Qualität sichern und Fehler vermeiden

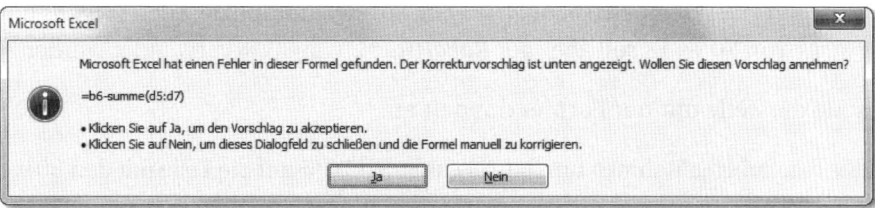

Abbildung 4.45 Korrekturvorschlag nach einem Fehler in einer Formel

Für ein gutes Dutzend von immer wieder vorkommenden Fehlern bietet Excel solche Korrekturvorschläge an. Das gilt z. B., wenn Sie bei Zelladressen die Zeilennummer vor den Spaltenbuchstaben setzen und etwa statt *B6* den Wert *6B* eingeben. Auch Leerzeichen an der falschen Stelle werden erkannt, z. B. zwischen Funktionsnamen und erster Klammer, ebenso fehlende Anführungszeichen oder Doppelpunkte an der falschen Stelle.

Zwar kann Excel in einfachen Fällen für fehlende Klammern brauchbare Korrekturvorschläge machen, nicht aber da, wo es mehrere Möglichkeiten gibt, die Klammer zu setzen. Um Ihnen bei der Suche nach der Stelle, an der eine Klammer fehlt oder zu viel ist, zu helfen, zeigt Excel zusammengehörende Klammerpaare vorübergehend in Fettschrift an, wenn Sie mit den Richtungstasten darüberstreichen. Wird etwa eine öffnende Klammer nicht fett angezeigt, heißt das, es fehlt die entsprechende schließende Klammer. Außerdem werden Klammerpaare unterschiedlich eingefärbt, wenn die Zelle zum Bearbeiten geöffnet ist.

Korrektur von Bezügen mit der Maus

Bezieht sich eine Formel auf eine falsche Zelle oder einen falschen Zellbereich, lassen sich die Bezüge nachträglich mit der Maus ändern. Klicken Sie doppelt auf die Formelzelle. Excel ordnet den verschiedenen Zell- oder Bereichsbezügen, die in der Formel verwendet werden, unterschiedliche Farben zu. Die entsprechenden Zellen und Bereiche werden in der Tabelle selbst mit entsprechend farbigen Rahmen gekennzeichnet. Diese Markierungen lassen sich mit der Maus bewegen, sodass ein falscher Zellbezug oder eine falsche Bereichsangabe für eine Summenformel durch Ziehen und Verschieben korrigiert werden kann.

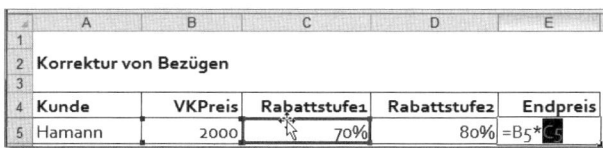

Abbildung 4.46 Markierte Zellbezüge bei der Formelbearbeitung

4 Mit Formeln arbeiten

Die Abbildung zeigt zwei kleine Beispiele: Die erste Formel multipliziert den *VKPreis* mit dem *Rabattsatz 1* von 70 %. Es soll aber der *Rabattsatz 2* von 80 % verwendet werden.

1 Klicken Sie die Zelle mit der Formel doppelt an.

2 Ziehen Sie den farbigen Rahmen um die Zelle mit den 70 % auf die Zelle mit den 80 %.

3 Beenden Sie die Korrektur mit ⏎.

	A	B	C	D	E	F	G
1							
2	Wochenergebnis						
3							
4		Sorte 1	Sorte 2	Sorte 3	Sorte 4	Sorte 5	aufgelaufenes Gesamtergebnis
5	Montag	200	300	250	340	230	=SUMME($B$5:E5)
6	Dienstag	200	300	250	340	230	
7	Mittwoch	200	300	250	340	230	3960
8	Donnerstag	200	300	250	340	230	5280
9	Freitag	200	300	250	340	230	6600

Abbildung 4.47 Korrektur eines Bereichs durch Ziehen mit der Maus

Zweites Beispiel: Sie haben eine Quersumme für eine Zeile gebildet und der Bereich ist nicht korrekt. Es sind nicht alle Zellen in den Bereich aufgenommen worden, der summiert werden soll.

1 Klicken Sie die Zelle mit der Summenformel doppelt an.

2 Setzen Sie den Mauszeiger auf die Markierung in der rechten unteren Ecke der farbigen Bereichsmarkierung.

3 Ziehen Sie das Kästchen so weit nach rechts, bis alle Zellen eingeschlossen sind, die summiert werden sollen.

4.6.2 Syntaxprüfung

Wenn Sie eine Formel eingeben, prüft Excel automatisch, ob die Formel von der Syntax her korrekt ist, bevor das Ergebnis in der Zelle akzeptiert wird. Ist z. B. bei der Funktion GDA() ein Argument vergessen worden, erscheint die Fehlermeldung, dass Argumente fehlen. Quittieren Sie die Meldung, verbleibt das Programm in der Bearbeitungsleiste und markiert die Stelle, wo der Fehler liegt.

Durch die schon angesprochenen QuickInfos, die bei der Bearbeitung von Funktionen normalerweise eingeblendet werden, ist die Kontrolle über die Argumente der Funktion einfach. Wenn Sie den Mauszeiger auf ein Argument in einer Funktion setzen oder die Einfügestelle mit den Pfeiltasten bewegen, wird immer der Platzhalter in der **QuickInfo** angezeigt, dem das berührte Argument entspricht.

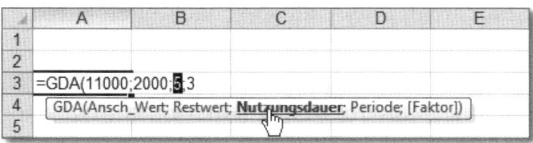

Abbildung 4.48 Kontrolle der Argumente mithilfe der QuickInfos

Geben Sie irrtümlich ein Argument zu viel ein, erhalten Sie eine entsprechende Meldung, und Sie werden nicht wieder aus der Bearbeitungsleiste losgelassen.

Die Syntaxprüfung überlisten

Trotz aller Hilfen kann es bei komplexen Formeln, insbesondere bei verschachtelten Funktionen, dazu kommen, dass Sie den Fehler im Augenblick partout nicht entdecken können. Da Excel Sie aber nicht aus der Bearbeitungsleiste freilässt, solange Sie nicht [Esc] drücken und in Kauf nehmen, den gesamten Eintrag zu verlieren, sollten Sie Excel überlisten. Gehen Sie mit [Pos1] an den Anfang des Eintrags, und tippen Sie ein einfaches Anführungszeichen ein. Dadurch wandeln Sie die Formel in einen Texteintrag um, der in der Zelle angezeigt wird. Nun haben Sie wenigstens die Chance, sich eine Denkpause zu gönnen, oder Zeit zur Beratung mit einem hilfsbereiten Kollegen – die soll es ja geben. Wenn Sie die Lösung kennen, müssen Sie nur das Anführungszeichen und den Fehler entfernen.

Typische Syntaxfehler

Es gibt Fehler, die sehr häufig auftreten und die wir hier aufführen wollen, damit Sie sie von vornherein vermeiden können:

- Der Funktionsname ist nicht korrekt geschrieben.
- Die Formel enthält Leerzeichen an Stellen, an denen sie nicht erlaubt sind. Zwischen dem Funktionsnamen und der ersten Klammer darf kein Leerzeichen stehen. Sonst sind Leerzeichen erlaubt.
- Ein logischer Ausdruck ist unvollständig. Es ist z. B. nicht erlaubt, einen Vergleich wie

    =UND(B1>C1;>D1)

    zu schreiben; Sie müssen

    =UND(B1>C1;B1>D1)

    schreiben, weil sonst der zweite Teil des Vergleichs kein gültiger logischer Ausdruck ist.

- Die Anzahl der Argumente für eine Funktion stimmt nicht, es sind zu wenige oder zu viele Argumente.
- Ein Argumenttrennzeichen fehlt zwischen zwei Argumenten.
- Eine Klammer fehlt. Der letzte Fehler taucht vor allem bei verschachtelten Funktionen häufig auf.

Diese Fehler lassen sich weitgehend vermeiden, wenn der Dialog **Funktion einfügen** zur Eingabe verwendet wird.

4.6.3 Fehler durch Werte

Excel kann neben den Syntaxfehlern auch Fehler finden, die mit den Werten bzw. Argumenten zu tun haben, mit denen die Formel arbeiten soll. Sind diese für die Formel nicht brauchbar, wird in der Zelle ein Fehlerwert ausgegeben. Excel gibt Ihnen gleich einen erläuternden Hinweis, wenn Sie den Mauszeiger auf die eingeblendete Hinweis-Schaltfläche rücken. In der abgebildeten Formel wird z. B. ein nicht definierter Name verwendet.

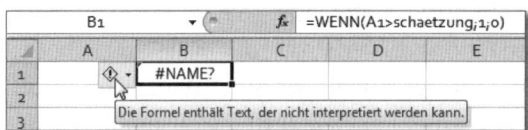

Abbildung 4.49 Hinweis zum Fehlerwert #Name?

In der folgenden Liste sind die Fehlerwerte und ihre Bedeutung zusammengestellt.

Fehlerwert	Bedeutung
#BEZUG!	Die Formel bezieht sich auf eine gelöschte Zelle. Erscheint auch bei externen Bezügen, wenn die externe Datei nicht auffindbar ist.
#DIV/0!	In der Formel wird versucht, durch Null zu teilen.
#NV	Der erwartete Wert ist nicht vorhanden.
#NAME?	Der in der Formel verwendete Name ist bisher nicht definiert worden.
#NULL!	Versuch, die Schnittmenge zweier Bereiche, die sich nicht schneiden, mit dem Schnittmengenoperator (Leerzeichen) zu bestimmen
#WERT!	Ein Argument oder Operand hat den falschen Datentyp.
#ZAHL!	Tritt auf, wenn ein Schätzwert in einer Funktion, die einen solchen Wert erwartet, unbrauchbar ist.

4.6.4 Fehlerüberprüfung im Hintergrund

Seit Excel 2002 ist eine automatische Fehlerüberprüfung eingebaut, die im Hintergrund abläuft und über das Register **Formeln** im Dialog **Excel-Optionen** gesteuert und bei Bedarf auch deaktiviert werden kann.

Unter **Regeln für die Fehlerüberprüfung** können Sie festlegen, in welchen Fällen die Fehlerüberprüfung den Fehlerindikator einblenden soll. Die Überprüfung kann nicht nur auf Fehlerwerte in einer Zelle reagieren, sondern auch bei Formeln mit Eigenschaften warnen, die vermuten lassen, dass etwas nicht in Ordnung sein könnte. Das gilt z. B. für Summenformeln, die sich nicht auf alle Zellen im Bereich darüber beziehen. Wählen Sie selbst, wie streng die Prüfung sein soll. Stimmen Sie die Kriterien auch auf Ihre Arbeitsweise ab. Wenn Sie z. B. immer zuerst die Formeln entwickeln, bevor Sie Werte eingeben, sollten Sie das Kriterium **Formeln, die sich auf leere Zellen beziehen** abwählen.

Abbildung 4.50 Einstellungen für die Fehlerüberprüfung

Solange die Fehlerüberprüfung im Hintergrund aktiviert ist, erscheinen bei einer Zelle, die einen Fehlerwert liefert oder eine der hier abgehakten Bedingungen erfüllt, kleine, farbige Fehlerindikatoren. Die Farbe dafür kann über die Schaltfläche unter **Fehlerüberprüfung** ausgewählt werden. Wird die Zelle markiert, erscheint ein Fehlersymbol. Wird es vom Mauszeiger berührt, finden Sie einen Hinweis auf den Fehler und über den Pfeil ein Menü für mögliche Reaktionen auf ihn.

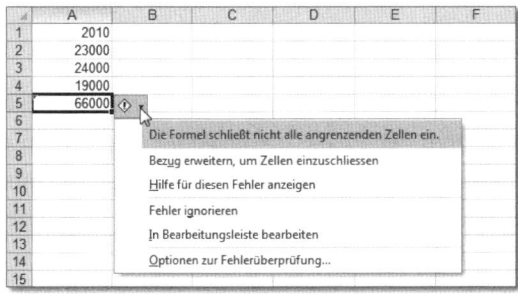

Abbildung 4.51 Optionen beim Auftauchen eines Regelverstoßes

Die erste Zeile enthält immer eine kurze Problembeschreibung. Mithilfe **für diesen Fehler anzeigen** finden Sie Details zu dem monierten Tatbestand. Wenn möglich, wird eine Option angeboten, mit der der Fehler direkt korrigiert werden kann. In der vorherigen Abbildung wird z. B. angeboten, den Bezug des Bereichs der Summenfunktion zu erweitern.

Das Beispiel in der Abbildung ist aber zugleich ein Fall von falschem Alarm. Die Warnung bezieht sich darauf, dass die Zelle mit der Jahreszahl nicht mit in den Summenbereich aufgenommen wird. Da Excel die Bedeutung der Zahl als Jahreszahl nicht automatisch erkennen kann, kommt es zur Warnung. In diesem Fall können Sie mit der Option **Fehler ignorieren** den Fehlerhinweis abschalten. Mit der Schaltfläche **Ignorierte Fehler zurücksetzen** unter **Fehlerüberprüfung** im Dialog **Excel-Optionen** lässt sich das auch wieder rückgängig machen.

Wenn Sie das Problem vermeiden wollen, sollten Sie die Zelle mit der Jahreszahl als Spaltenüberschrift mit einem benutzerdefinierten Datumsformat belegen, das nur die Jahreszahl anzeigt. In diesem Fall wird Excel den Bereich für eine Summenfunktion automatisch so bestimmen, dass die Jahreszahl ausgenommen wird.

4.6.5 Formelüberwachung

Für die Kontrolle von Formeln stellt Excel 2010 neben der gerade beschriebenen Hintergrundüberprüfung noch eine ganze Reihe von Werkzeugen zur Verfügung, die auf dem Register **Formeln** in der Gruppe **Formelüberwachung** zusammengestellt sind.

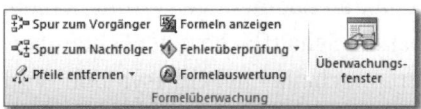

Abbildung 4.52 Werkzeuge für die Kontrolle von Formeln

Manuelle Fehlerprüfung

Die Fehlerüberprüfung kann hier für jedes Arbeitsblatt auch manuell über die Schaltfläche **Fehlerüberprüfung** aufgerufen werden, unabhängig davon, ob die Fehlerüberprüfung im Hintergrund aktiviert ist oder nicht. Mit **Weiter** und **Zurück** lassen sich die Zellen mit Fehlerwerten oder Warnindikatoren einzeln ansteuern, der Dialog zeigt dann jeweils eine kurze Beschreibung des Fehlers und bietet Schaltflächen für das weitere Vorgehen an.

4.6 Qualität sichern und Fehler vermeiden

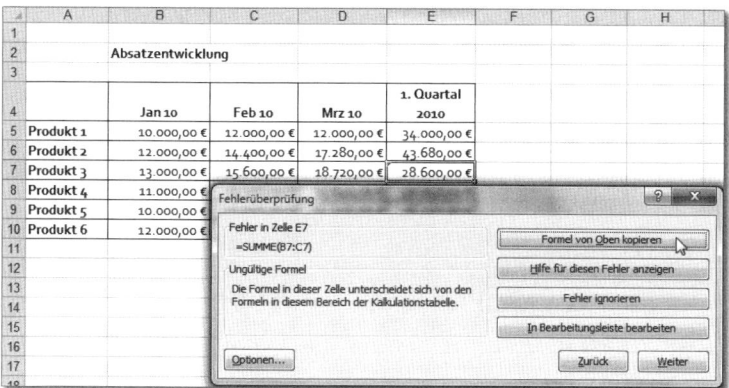

Abbildung 4.53 Fehler schrittweise im Blatt überprüfen

Spuren verfolgen

Am unangenehmsten sind Fehler, die nicht auffallen, beispielsweise logische Fehler oder Bezüge auf die falsche Zelle. Wenn ein Kalkulationsmodell wächst, wenn mit den Ergebnissen von Formeln in anderen Formeln weitergerechnet wird, kann manchmal die Übersicht verloren gehen. Hier helfen Schaltflächen, die vorübergehend optische Verknüpfungen zwischen Zellbereichen erzeugen.

Wollen Sie prüfen, von welchen Zellen eine gerade ausgewählte Formel abhängig ist, klicken Sie in der Gruppe **Formelüberwachung** das Symbol **Spur zum Vorgänger** an. Excel macht die Verbindungen zwischen Zellen mit Pfeilen sichtbar. Das Pfeilende wird jeweils durch einen Punkt gekennzeichnet. Hat der Vorgänger selbst noch einen Vorgänger, klicken Sie erneut auf das Symbol oder wiederholen den Befehl. Sie können dieses Verfahren für mehrere Zellen wiederholen. Es hilft aber nichts, einen Bereich von Zellen zu markieren; die Überwachung arbeitet immer nur für die aktive Zelle.

Wenn Sie alle Vorgängerzellen ab Pfeilende markieren wollen, klicken Sie doppelt auf den Spurpfeil. Ein erneuter Doppelklick markiert wieder die Zelle an der Pfeilspitze. Das ist praktisch, wenn Pfeilspitze und Pfeilende weit auseinanderliegen.

Wenn Sie eine Zelle mit einem Fehlerwert auswählen, können Sie in dem Menü der Schaltfläche **Fehlerüberprüfung** die Option **Spur zum Fehler** verwenden, um die Zellen zu finden, die für den Fehler verantwortlich sein können.

4 Mit Formeln arbeiten

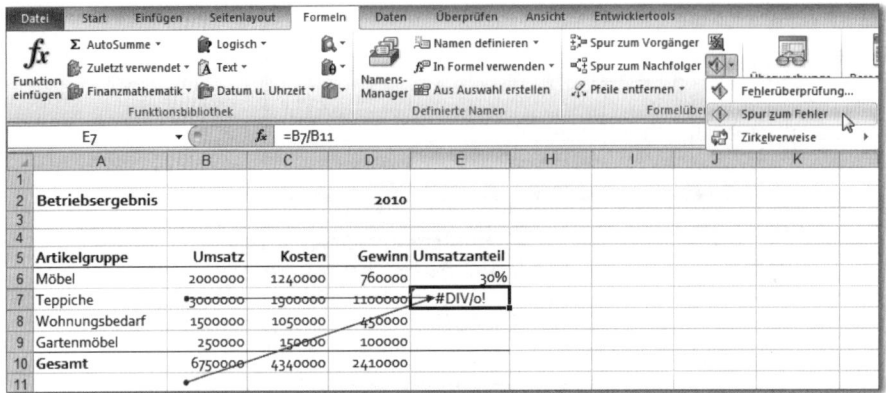

Abbildung 4.54 Anzeige der Zellen, von denen die Formel in F6 abhängig ist

Wollen Sie umgekehrt wissen, auf welche Zellen die markierte Zelle Einfluss hat, klicken Sie auf das Symbol **Spur zum Nachfolger**.

Etwas anders sieht es aus, wenn eine Spur in ein anderes Tabellenblatt oder in eine andere Arbeitsmappe führt (dafür muss diese Mappe ebenfalls geöffnet sein). In beiden Fällen wird ein Pfeil zu oder von einem kleinen Tabellenmuster angezeigt. Wenn Sie den Pfeil doppelt anklicken, erscheint das Dialogfeld **Gehe zu** mit der Adresse der Nachfolger- bzw. Vorgängerzelle. Ein Doppelklick auf diese Adresse führt zu der entsprechenden Zelle.

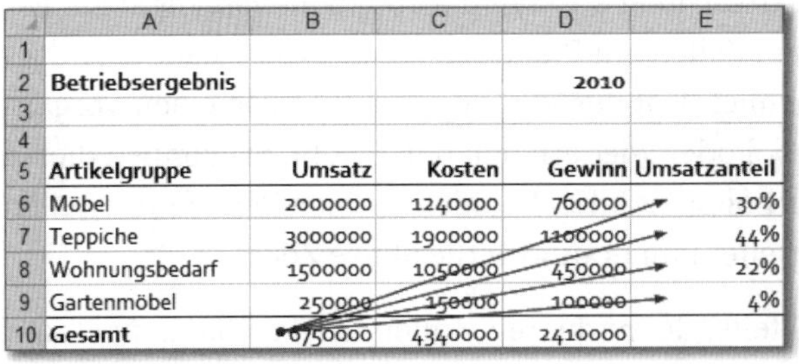

Abbildung 4.55 Anzeige der Zellen, die von B10 beeinflusst werden

Spuren entfernen

Werden die Spurpfeile nicht mehr benötigt, können sie über die Schaltfläche **Pfeile entfernen** in der Gruppe **Formelüberwachung** entfernt werden. Anstatt alle Pfeile gleichzeitig zu entfernen, können die beiden Spurtypen auch getrennt über das Menü der Schaltfläche entfernt werden.

4.6.6 Werteprüfung im Überwachungsfenster

In Excel 2010 gibt es auch ein Überwachungsfenster, in dem gezielt die Entwicklung der Werte ausgewählter Zellen verfolgt werden kann. Es wird über die Schaltfläche **Formeln** ▶ **Formelüberwachung** ▶ **Überwachungsfenster** eingeblendet. Zunächst lassen sich dann über die dortige Schaltfläche **Überwachung hinzufügen** beliebige Zellen oder Zellbereiche auswählen, deren jeweils aktuelle Werte im Überwachungsfenster kontrolliert werden sollen.

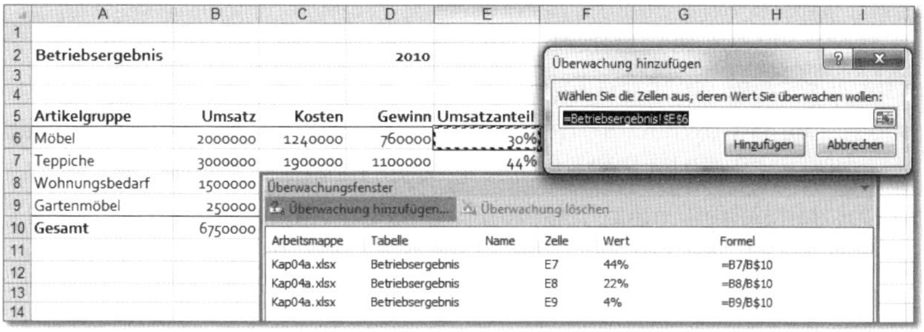

Abbildung 4.56 Werteprüfung im Überwachungsfenster

Jede Änderung von Werten wird anschließend sofort in diesem Fenster angezeigt. Das ist insbesondere dann vorteilhaft, wenn Zellen überprüft werden, die im Arbeitsblatt selbst weit auseinanderliegen oder auf verschiedenen Blättern. Ein Doppelklick auf einen Listeneintrag markiert sofort die betreffende Zelle.

4.6.7 Zirkuläre Formeln

Unterstützt werden Sie von Excel auch, wenn eine Formel zirkulär ist. Hier ein einfaches Beispiel. In der Zelle B10 ist folgende Funktion eingetragen:

=SUMME(B5:B10)

Die Zelle B10, die die Summe anzeigen soll, gehört selbst zu der Kolonne, die summiert wird. Wenn Sie versuchen, die Summenformel zu bestätigen, erhalten Sie die in der folgenden Abbildung gezeigte Fehlermeldung.

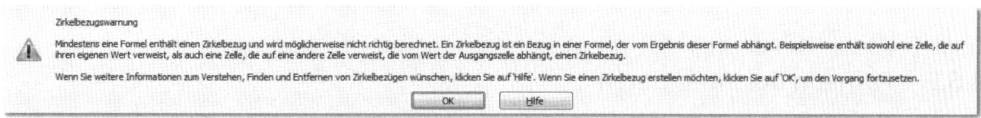

Abbildung 4.57 Fehlermeldung bei Zirkelbezug

In der Statusleiste wird die Zelle angezeigt, die den Zirkelbezug verursacht. Die Zelle, die die zirkuläre Formel enthält, wird auf den Wert Null gesetzt. Auf den Umgang mit zirkulären Formeln wird in Abschnitt 4.9, »Kontrolle der Neuberechnung«, noch näher eingegangen.

4.6.8 Formeln schrittweise prüfen

Angenommen, Sie haben eine komplizierte Formel eingegeben und bekommen auch keine Fehlermeldung angezeigt, aber das Ergebnis kann trotzdem nicht stimmen. Wie ist der Fehler zu finden? Eine Möglichkeit, den Fehler einzukreisen, besteht darin, sich für einzelne Teile der Formel jeweils das Ergebnis anzeigen zu lassen. Markieren Sie mit der Maus oder Tastatur den betreffenden Teil der Formel, und benutzen Sie dann [F9]. Excel zeigt das Ergebnis für diesen Teil der Formel an. Benutzen Sie [Esc], um die Formel wieder in den alten Zustand zu versetzen.

Excel 2010 bietet alternativ dazu den Befehl **Formelauswertung**, den Sie über **Formeln ▸ Formelüberwachung** erreichen. Im Dialog wird die vorher markierte Formel angezeigt. Mit der Schaltfläche **Auswerten** lässt sich der jeweils unterstrichene Teil einer Formel berechnen. **Einzelschritt** zeigt den Wert der markierten Stelle, **Prozedurschritt** setzt diesen Wert in die Formel ein. Die Formel in der Zelle selbst bleibt bei dieser Prüfung aber im Unterschied zu dem Verfahren mit [F9] unverändert.

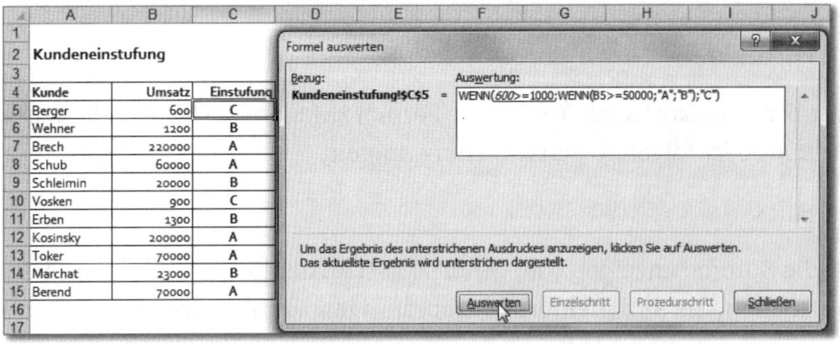

Abbildung 4.58 Eine verschachtelte Funktion schrittweise auswerten

4.6.9 Formeln dokumentieren

Als eine schöne Zugabe, die insbesondere für die Dokumentation oder für die Ausbildung interessant ist, stellt Excel 2010 einen ausgewachsenen Editor für mathematische Formeln zur Verfügung. Über **Einfügen ▸ Symbole ▸ Formel** werden spezielle **Formeltools** eingeblendet. Sie bieten neben zahlreichen mathematischen Symbolen in der

Gruppe **Strukturen** auch bereits verschiedene Paletten mit Formelskeletten an, um das Editieren komplexer Formeln zu erleichtern.

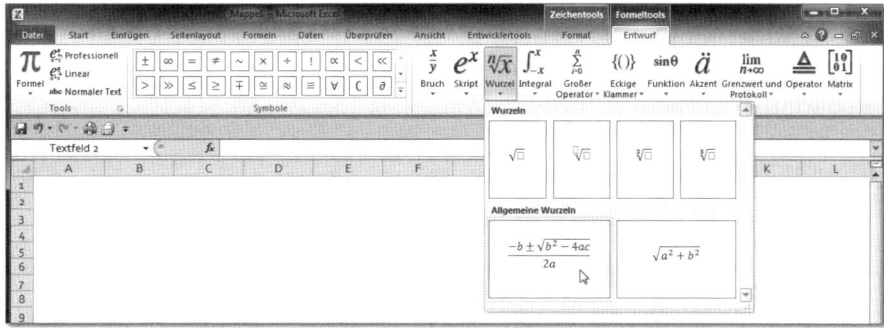

Abbildung 4.59 Formeltools mit einer Palette zu einer Struktur

Ist eine Formel oder ein Teil darin ausgewählt, stehen dafür auch die **Zeichentools** über das Register **Format** zur Verfügung, um die Darstellung ansprechend zu gestalten. Excel verwendet Textfelder für die Darstellung solcher Formeln.

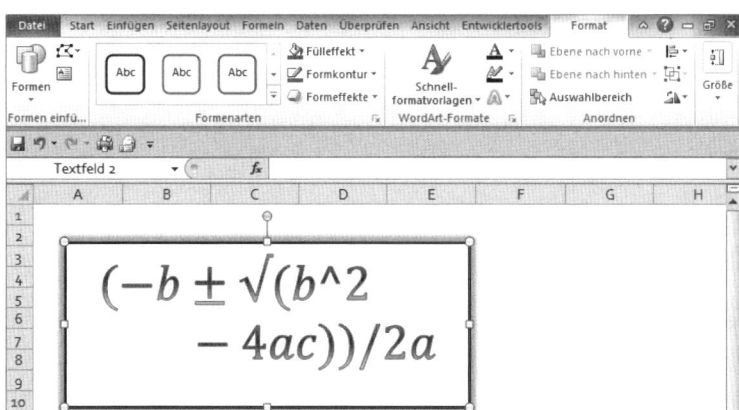

Abbildung 4.60 Formatierte Formel

4.7 Tabellen mit Formeln verknüpfen

Eine Formel kann sich nicht nur auf Zellen im selben Tabellenblatt oder auf ein anderes Tabellenblatt in derselben Arbeitsmappe beziehen. Auch Bezüge auf Werte in anderen Arbeitsmappen sind möglich. Auf solche externen Bezüge ist schon bei der Behandlung der Eingabe der verschiedenen Bezugsarten in Abschnitt 4.3, »Relative und absolute Bezüge«, kurz hingewiesen worden.

Der Bezug kann einfach sein, indem der Wert einer Zelle direkt in eine andere Zelle übernommen wird, etwa:

=[QUELL.xlsx]Tabelle1!$G$10

Der Wert kann aber auch als Operand in einer Formel oder als Argument in einer Funktion eingesetzt werden wie bei:

=[QUELL.xlsx]Tabelle1!$G$10*MWST

4.7.1 Schreibweise externer Bezüge

Der Bezug auf Zellbereiche in einer anderen Datei kann dadurch hergestellt werden, dass den üblichen Adressen mit dem Blattnamen und den Spalten- und Zeilenangaben der Name der anderen Datei vorgesetzt wird. Dieser Name muss, um ihn von einem Blattnamen zu unterscheiden, in eckige Klammern gesetzt werden. Der Blattname wiederum ist durch ein Ausrufezeichen von dem restlichen Teil des Bezugs getrennt. Die Schreibweise bei Bereichen ist vereinfacht, der Dateiname und der Blattname müssen nur einmal eingegeben werden.

=SUMME([QUELL.xlsx]Tabelle1!$G$10:$G$20)

ist eine gültige Summenformel. Liegt die Quellarbeitsmappe in einem anderen Ordner oder sogar auf einem anderen Laufwerk, müssen die Laufwerkbezeichnung und der Ordnername ebenfalls angegeben werden:

=SUMME('D:\EXTAB\[QUELL.xlsx]Tabelle1!$G$10:$G$20)

Einfacher ist die Formeleingabe auch im Fall der Verknüpfung von Dateien, wenn Sie mit benannten Bereichen arbeiten. Sobald Sie bei der Formeleingabe die andere Arbeitsmappe aktiviert haben, können Sie dort das Namenfeld oder F3 benutzen, um den entsprechenden Namen einzufügen.

Verknüpfen durch Kopieren

Einfache externe Bezüge können Sie auch durch Kopieren über die Zwischenablage erzeugen. Wechseln Sie dazu in die Quellarbeitsmappe. Markieren Sie die Zelle oder den Bereich der Zellen, die als Quelldaten verwendet werden sollen, und kopieren Sie diese in die Zwischenablage. Wechseln Sie in die abhängige Arbeitsmappe, und markieren Sie die Zelle oder den Bereich, in der oder in dem die Quelldaten erscheinen sollen. Verwenden Sie aus dem Menü der Schaltfläche **Einfügen** den Befehl **Verknüpfung einfügen**.

4.7.2 Einsatz externer Bezüge

Die Notwendigkeit, in Excel mit solchen externen Bezügen zu arbeiten, ist durch die Möglichkeit, mit umfangreichen Arbeitsmappen zu arbeiten, sicher geringer geworden. In sehr vielen Fällen können ja die Tabellen, die sich über Formeln aufeinander beziehen, gleich in einer Arbeitsmappe zusammengefasst werden. Sie sollten diesen Weg schon deswegen vorziehen, weil innerhalb der Arbeitsmappe die Kontrolle über die korrekte Arbeit der Formeln einfacher ist.

Dennoch kann es immer wieder Situationen geben, in denen es sinnvoll und erforderlich ist, sich in Formeln auf Werte aus anderen Arbeitsmappen zu beziehen. Das gilt insbesondere dann, wenn bestimmte Konstanten in ganz verschiedenen Arbeitsmappen benutzt werden. Natürlich wäre es möglich, diese Werte jeweils in die verschiedenen Mappen zu kopieren. Wenn sich diese Werte aber ändern, muss gewährleistet sein, dass sie in allen Mappen gleichzeitig geändert werden. Das ist durch einen externen Bezug bequemer zu gewährleisten.

Beispiel Wechselkurse

Nehmen Sie als Beispiel eine Tabelle, in der täglich die Daten verschiedener Wechselkurse gepflegt werden. Auf diese Tabelle beziehen sich mehrere Arbeitsmappen, die aufgrund dieser Kurse Preisberechnungen anstellen. Die Arbeitsmappe mit den Wechselkursen stellt in diesem Zusammenhang die Quellarbeitsmappe dar, die anderen Mappen, die sich über externe Bezüge auf die Quellarbeitsmappe beziehen, sind in diesem Sinne abhängige Arbeitsmappen. Die Ergebnisse ihrer Formeln sind von den Wertveränderungen in der Quellarbeitsmappe abhängig. Zwar ist es bei der Eingabe der Bezüge sehr praktisch, wenn beide Seiten der Verknüpfung im Arbeitsbereich geöffnet sind, aber notwendig ist es nicht. Die Quellarbeitsmappe muss nicht geöffnet sein, um die Verbindung herstellen zu können.

Die Abbildung zeigt einen kleinen Auszug aus der Wechselkurstabelle und ein Beispiel für eine Preiskalkulation, die sich auf diese Quelldaten bezieht.

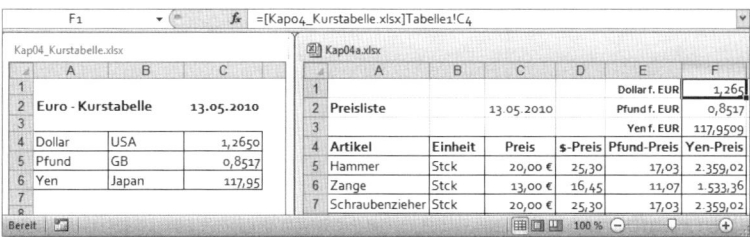

Abbildung 4.61 Verknüpfung zweier Tabellen

Ändert sich nun beispielsweise der Dollarkurs, muss nur die Wechselkurstabelle geändert werden.

Es ist sinnvoll, zunächst die Tabelle mit den Kursen anzulegen und diese abzuspeichern, sodass sie ihren endgültigen Namen erhält. Dann können Sie in den anderen Arbeitsmappen die Bezüge auf diese Quelldatei herstellen. Wenn Sie diese Reihenfolge nicht einhalten, sondern versuchen, eine abhängige Mappe zu speichern, bevor die Quellarbeitsmappe gespeichert ist, werden Sie gefragt, ob Sie die Tabelle mit Bezügen zu nicht gespeicherten Dateien speichern wollen.

Das aber ist keineswegs zu empfehlen. Excel würde den vorläufigen Standardnamen *Mappe(n)* in die Formel eintragen. Da aber in der Regel diese Standardnamen ersetzt werden, wenn eine Tabelle abgespeichert wird, geht in diesem Fall der Bezug verloren, da eine Datei mit diesem Standardnamen ja anschließend nicht mehr existiert. Wenn Sie dann später die abhängige Datei wieder öffnen, erhalten Sie ein Dialogfeld mit dem Titel **Datei nicht gefunden**.

Verknüpfungen reparieren

Erst wenn Sie mit **Daten ▸ Verbindungen ▸ Verknüpfungen bearbeiten** eine gebrochene Verbindung wieder in einen ordnungsgemäßen Zustand bringen, zeigen auch die Formeln wieder den korrekten Bezug an.

Dazu wählen Sie zunächst die Zeile mit der Verknüpfung aus und benutzen dann die Schaltfläche **Quelle ändern**. Wenn Sie die richtige Datei im Dialogfeld **Quelle ändern** bestimmen, wird wieder eine entsprechende Verbindung aufgebaut und der Bezug in der Formel korrigiert. In diesem Fall wird der Bezug also quasi umgeleitet. Diese Umständlichkeit vermeiden Sie, wenn Sie immer erst die Quelldatei abspeichern.

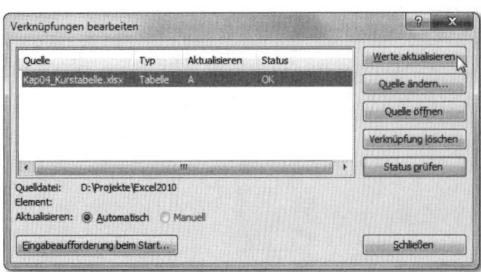

Abbildung 4.62 Dialogfeld »Verknüpfungen bearbeiten«

Im Dialog **Verknüpfungen bearbeiten** gibt es auch eine Schaltfläche **Status prüfen**, mit der Sie den Zustand der Verknüpfungen jederzeit checken können, ohne die Quelldateien zu öffnen.

Aktualisierung

Sobald eine abhängige Arbeitsmappe mit den Verknüpfungsformeln abgespeichert ist, besteht eine feste Verbindung zur Quellarbeitsmappe. Wenn in der Quellarbeitsmappe eine Position geändert wird, auf die sich eine Formel in der abhängigen Arbeitsmappe bezieht, ändert sich normalerweise auch der Wert in der abhängigen Arbeitsmappe. Wenn sie nicht gleichzeitig geöffnet ist, geschieht dies allerdings erst in dem Augenblick, in dem die abhängige Arbeitsmappe erneut geöffnet wird.

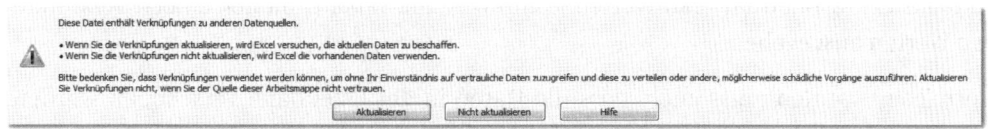

Abbildung 4.63 Abfrage beim Öffnen einer verknüpften Datei

Wird nur die abhängige Tabelle geöffnet, erscheint unter Umständen die Abfrage, ob die Änderungen aktualisiert werden sollen. Diese Frage sollten Sie normalerweise mit **Aktualisieren** beantworten, denn dann übernimmt die abhängige Mappe Änderungen aus der Quellarbeitsmappe, die darin in der Zwischenzeit vorgenommen wurden.

Über die Schaltfläche **Eingabeaufforderung beim Start** im Dialog **Verknüpfungen bearbeiten** können Sie das Verhalten von Excel in diesem Punkt steuern. Mit der ersten Option **Benutzer entscheidet, ob eine Warnung angezeigt wird** erreichen Sie die angesprochene Abfrage beim Öffnen der Datei. Wenn Sie sicher sind, dass Sie die aktuellen Quelldaten immer übernehmen wollen, können Sie die dritte Option **Keine Warnung anzeigen und Verknüpfung aktualisieren** wählen. Soll grundsätzlich nur eine manuelle Aktualisierung durchgeführt werden, können Sie die zweite Option wählen.

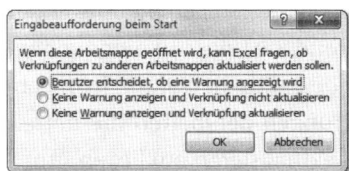

Abbildung 4.64 Optionen für das Öffnen verknüpfter Arbeitsmappen

Verknüpfungen sind zerbrechlich

So reizvoll diese technischen Möglichkeiten sind: Sie tun gut daran, die organisatorischen Konsequenzen solcher Verknüpfungen sorgfältig abzuwägen und zu klären. Wenn z. B. jemand auf die Idee kommt, den Namen einer Quellarbeitsmappe zu ändern, verliert die Formel in der abhängigen Arbeitsmappe ihren Bezug. Das Problem, dass die vorrangige Datei nicht mehr gefunden wird, kann natürlich auch dann entstehen, wenn eine Datei auf der Festplatte in einen anderen Ordner oder auf ein anderes Laufwerk verschoben wird. In diesem Fall können Sie so verfahren wie eben beschrieben und die Verknüpfung auf die andere Datei umleiten.

Vorsicht ist auch geboten, wenn Dateien, die solche externen Bezüge enthalten, auf einen anderen Computer kopiert werden. Wird nur die abhängige Tabelle kopiert, ist der Bezug natürlich nicht mehr herzustellen. In diesem Fall sollten Sie die Frage nach der Aktualisierung mit **Nein** beantworten. Dann wird die Tabelle mit den zuletzt verwendeten Werten ausgegeben.

Vermieden werden muss auch, dass die Daten in der Quelldatei verschoben werden, wenn die abhängigen Arbeitsmappen nicht geöffnet sind. Dann bezieht sich eine Formel möglicherweise auf den ganz falschen Wert. Sind alle betroffenen Dateien geöffnet, ist es dagegen kein Problem, Daten in der Quelldatei zu verschieben. Die Bezüge in den abhängigen Arbeitsmappen werden automatisch angepasst.

Das Problem kann am besten dadurch vermieden werden, dass externe Bezüge immer auf benannte Bereiche in der Quelldatei hergestellt werden. Da Excel die Adressen benannter Zellen und Bereiche auch beim Einfügen und Löschen automatisch anpasst, bezieht sich die abhängige Tabelle immer auf die richtige Stelle in der Quellarbeitsmappe. Wenn es Probleme mit einem externen Bezug gibt, können Sie die Quelldatei über **Daten ▶ Verknüpfungen bearbeiten** erreichen. Markieren Sie die betreffende Verknüpfung und wählen Sie **Quelle öffnen**.

Manuell aktualisieren

Wenn Sie in einem Netz arbeiten, kann es auch vorkommen, dass verschiedene Anwender Änderungen an einer Quellarbeitsmappe vornehmen, während Sie selbst an einer abhängigen Datei arbeiten. In einer solchen Situation können Sie den aktuellen Stand in die abhängige Datei übernehmen, wenn Sie im Dialog **Verknüpfungen bearbeiten** die betreffende Verknüpfung markieren und die Schaltfläche **Werte aktualisieren** anklicken. Auch Mehrfachmarkierungen sind möglich, wenn Sie die ⇧-Taste gedrückt halten.

Auflösen einer Verknüpfung

Wenn eine Verknüpfung nicht mehr notwendig ist, z. B., weil keine Änderung der Daten mehr zu erwarten ist, können Sie den aktuellen Wert in der abhängigen Datei einfrieren und die Verbindung quasi kappen. Handelt es sich um einen einfachen Bezug, erreichen Sie das dadurch, dass Sie die Zelle mit **Start ▶ Kopieren** in die Zwischenablage bringen und dann mit **Start ▸ Einfügen ▸ Inhalte einfügen** und der Option **Werte** den Bezug mit seinem aktuellen Ergebnis überschreiben.

Ist der externe Bezug nur Teil einer Formel, können Sie so vorgehen: Markieren Sie den Bezug in der Formel, und drücken Sie F9 . Excel ersetzt den Bezug durch sein Ergebnis.

4.8 Auswirkungen der Zellbearbeitung auf Formeln

Bei der Behandlung der verschiedenen Bezugsarten ist bereits kurz angesprochen worden, was geschieht, wenn Formeln kopiert oder versetzt werden. An dieser Stelle soll das Thema etwas vertieft werden, damit Sie Klarheit haben, wie sich Excel in diesen Fällen verhält.

Verschieben

Angenommen, in Zelle G5 steht die Formel =B5-C5. Wenn Sie die Formel in die Zelle K5 verschieben, ändert sich an der Formel überhaupt nichts. In K5 steht =B5-C5. Das gilt natürlich auch bei absoluten Bezügen. Bei einer Matrixformel kann allerdings immer nur die ganze Matrix verschoben werden.

Wird nicht die Formel verschoben, sondern eine Zelle, auf die sich eine Formel bezieht, wird die Formel dagegen angepasst. Wenn Sie also den Inhalt von C5 zu D5 verschieben, steht in K5 anschließend die Formel =B5-D5. Das gilt auch, wenn die Formel absolute Bezüge verwendet.

Kopieren

Beim Kopieren von Formeln hängen die Folgen davon ab, welche Bezüge Sie verwendet haben. Wird bei dem obigen Beispiel die Formel =B5-C5 von G5 nach G6 kopiert, wird sie angepasst und =B6-C6 berechnet. Sind die Bezüge dagegen absolut, steht auch in Zelle G6 die Formel =$B$5-$C$5. Bei Matrixformeln lassen sich auch einzelne Zellen der Matrix kopieren.

Einfügen

Beim Einfügen müssen zwei Fälle unterschieden werden. Im ersten Fall wird eine Zelle, auf die sich eine Formel bezieht, durch das Einfügen von Zellen, Spalten oder Zeilen verschoben. Wird beispielsweise zwischen Spalte B und Spalte C eine neue Spalte eingefügt, wird die Formel =B5-C5 verändert in =B5-D5. Das gilt auch bei absoluten Bezügen.

Der zweite Fall ist, dass durch das Einfügen von Zellen, Spalten oder Zeilen ein Bereichsbezug verändert wird. Das gilt auch für benannte Bereiche. Angenommen, in Zelle B10 steht =SUMME(B5:B9). Sie fügen bei Zeile 7 zwei Zeilen ein. Die Formel wird automatisch auf =SUMME(B5:B11) erweitert. Wird dagegen bei Zeile 5 – also vor dem Bereich – eine Zeile eingefügt, gehört sie nicht zum summierten Bereich, die Formel lautet =SUMME(B6:B12). Wird die letzte Zelle des Bereichs markiert und eine Zeile eingefügt, verschiebt Excel die bisher letzte Zeile um eine Zeile nach unten. Aus =SUMME(B5:B12) wird =SUMME(B5:B13).

Der Haken an der Sache ist, dass dadurch die Reihenfolge in dem Bereich möglicherweise nicht mehr der entspricht, die Sie haben wollen. Lässt sich das nicht durch eine Sortierung regeln, ist es besser, die neue Zeile vor der Zeile einzufügen, die die Summenformel enthält, und die Bereichsdefinition in der Formel zu korrigieren. Das oben Gesagte gilt auch für benannte Bereiche.

Spezialfall Matrix

Bei Matrixformeln gilt die Einschränkung, dass in die Ergebnismatrix keine Zellen eingefügt werden können. Wenn Sie es versuchen, erhalten Sie eine Fehlermeldung. Ist es notwendig, muss die Matrixformel für den neuen Bereich neu eingegeben werden. Handelt es sich um eine komplizierte Formel, können Sie einen kleinen Trick anwenden. Klicken Sie doppelt auf die erste Formel. Markieren Sie den ganzen Eintrag und kopieren Sie ihn in die Zwischenablage. Brechen Sie die Bearbeitung mit `Esc` ab. Markieren Sie mit `Strg` + `/` die Ergebnismatrix und löschen Sie diese. Markieren Sie die neue Ergebnismatrix. Klicken Sie doppelt auf die aktive Zelle und verwenden Sie **Bearbeiten ▶ Einfügen**, um die alte Formel einzutragen. Nun müssen in der Regel die Bereiche für die Argumente bzw. Operanden korrigiert werden. Markieren Sie diese per Doppelklick, und markieren Sie die neuen Bereiche. Schließen Sie mit `Strg` + `⇧` + `↵` ab.

Löschen

Wird der Inhalt einer Zelle gelöscht, auf die sich eine Formel bezieht, wird die leere Zelle in der Formel so gewertet, als ob Sie den Wert 0 eingetragen hätten. Zu einem Problem wird das nur dann, wenn die Zelle den Wert für einen Operanden oder für ein Argument liefert, bei dem der Wert Null nicht zugelassen ist. Ein Beispiel ist die Division durch Null oder das Argument Tag oder Monat bei der Funktion DATUM(). In diesen Fällen liefert die Formel einen Fehlerwert.

Entfernen von Zellen

Wird nicht der Inhalt einer Zelle, sondern die Zelle selbst entfernt, verliert eine Formel, die sich auf diese einzelne Zelle bezieht, eben diesen Bezug und reagiert mit der Fehlermeldung #Bezug!. Dann muss die Formel manuell korrigiert werden. Wird eine Zelle entfernt, auf die sich eine Matrixformel bezieht, erscheint #NV.

Anders ist die Situation, wenn die entfernte Zelle zu einem Bereich gehört, der Werte für ein Argument einer Formel liefert. Nehmen Sie als Beispiel wieder eine einfache Summenformel wie =SUMME(B2:B12). Wird eine der Zellen entfernt, wird die Formel in jedem Fall korrekt angepasst.

Wird eine Zelle entfernt, die eine Formel enthält, hat dies nur dann fehlerhafte Auswirkungen, wenn sich eine andere Formel auf diese Formel bezogen hat. Auch dann erscheint dort der Fehlerwert #BEZUG!. Zellen, die zu einer Ergebnismatrix gehören, können nicht einzeln entfernt werden.

4.9 Kontrolle der Neuberechnung

Normalerweise berechnet Excel 2010 unaufgefordert alle die Formeln neu durch, die von der Neueingabe oder Änderung von Werten oder Formeln oder von neuen Namensfestlegungen betroffen sind. Formeln, die nicht von einer Änderung berührt sind, werden auch nicht neu berechnet.

Berechnungsoptionen

Alle Optionen, die die Berechnungsmethode von Excel 2010 beeinflussen, sind auf dem Register **Formeln** zusammengestellt, die der Befehl **Datei ▸ Optionen** anbietet.

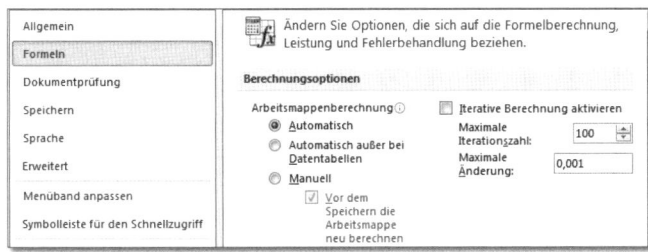

Abbildung 4.65 Wahl der Berechnungsoptionen

Unter **Arbeitsmappenberechnung** besteht hauptsächlich die Wahl zwischen **Automatisch** und **Manuell**. Diese Einstellung gilt immer so lange, bis sie geändert wird. Die automatische Neuberechnung ist in Excel 2010 zwar auf die Zellen beschränkt, die von einer Datenänderung berührt werden, dennoch kann es bei großen Arbeitsmappen sinnvoll sein, die automatische Neuberechnung auszuschalten, damit nicht bei jeder eingegebenen Zahl nachgerechnet wird.

Die Option **Automatisch außer bei Datentabellen** ist dazu gedacht, umfangreiche Datentabellen aus der automatischen Berechnung herauszunehmen.

Eine manuelle Neuberechnung wird eingeschaltet mit der Option **Manuell**. Dabei wird das Kontrollkästchen **Vor dem Speichern die Arbeitsmappe neu berechnen** automatisch aktiviert. Es gibt auch meist keinen Grund, daran etwas zu ändern, weil damit wenigstens garantiert ist, dass die Datei immer vollständig durchgerechnet ist, wenn sie abgespeichert wird. Wenn Sie allerdings an einer großen Arbeitsmappe arbeiten und häufiger zwischendurch abspeichern, kann es doch angenehmer sein, das Kontrollkästchen leer zu lassen.

Für den schnellen Wechsel zwischen den Berechnungsverfahren kann auch das Menü der Schaltfläche **Berechnungsoptionen** in der Gruppe **Formel ▸ Berechnung** benutzt werden.

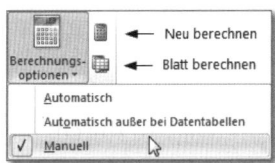

Abbildung 4.66 Berechnungsoptionen

Ist die manuelle Neuberechnung eingeschaltet, wird die Neuberechnung der gerade offenen Arbeitsmappen mit F9 oder Klick auf das Symbol **Neu berechnen** in der Gruppe **Formeln ▸ Berechnung** gestartet. Soll nur das aktive Arbeitsblatt neu berechnet werden, kann auch die Schaltfläche **Blatt berechnen** angeklickt oder die Tastenkombination ⇧ + F9 gedrückt werden.

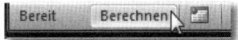

Abbildung 4.67 Hinweis auf ausstehende Neuberechnung

Sobald in der Arbeitsmappe ein Wert eingegeben wird, der eine Formel betrifft, erscheint in der Statusleiste die Aufforderung: **Berechnen**. Ein Klick auf diese Schaltfläche startet ebenfalls die Neuberechnung.

> **HINWEIS**
>
> **Berechnung aktualisieren**
>
> Insbesondere vor dem Drucken einer Tabelle oder der Anzeige einer Grafik sollten Sie darauf achten, dass das Blatt vorher durchgerechnet wird, weil Sie sonst eventuell falsche Ergebnisse zu Papier oder zur Darstellung bringen.

Kontrolle iterativer Berechnungen

Iterative Berechnungen sind wiederholte Berechnungen, die mit Zirkelbezügen arbeiten. Von Zirkelbezügen wird bei Excel gesprochen, wenn z. B. in einer Formel in der Zelle C7 ein Operand oder ein Argument C7 auftaucht. Die Formel bezieht sich also in diesem Fall auf sich selbst, die Berechnung läuft sozusagen im Kreis.

Solche Zirkelbezüge können irrtümlich – durch die Markierung der falschen Zelle – entstehen. Dann sind sie natürlich unerwünscht. Sie können aber auch bewusst eingesetzt werden, um bestimmte Berechnungsprobleme zu lösen. Das gilt z. B. für Gleichungen, bei denen nur Näherungswerte errechnet werden können. Hier wird angenommen, dass durch Wiederholung der Berechnung allmählich eine Annäherung an einen Wert erfolgt, der sich auch bei erneuter Neuberechnung nicht mehr oder nicht mehr wesentlich verändert. Die Abbildung zeigt ein einfaches Beispiel aus der Kostenrechnung.

In der betrieblichen Kostenstellenrechnung kann es zu einer wechselseitigen Entlastung der verschiedenen Vorkostenstellen kommen. Die Vorkostenstelle A übernimmt einen Prozentsatz der Kosten der Vorkostenstelle B, während umgekehrt die Vorkostenstelle B einen bestimmten Prozentsatz der Vorkostenstelle A übernimmt. Dies wird als ständige Umlage bezeichnet.

	A	B	C	D	E	F	G
1	Iterative Berechnung: Beispiel Kostenrechnung						
2							
3				Vorkostenstelle A		Vorkostenstelle B	
4				Umlage		Umlage	
5				von Kstst. B		von Kstst. A	
6	Primäre Kosten			2000		4000	
7	Umlage 1 von A				20	400	
8		B	5	200			
9	Umlage 2 von A				20	40	
10		B	5	200			
11	Umlage 3 von A				20	4	
12		B	5	2			
13	Primäre und sekundäre Kosten			2222		4444	
14							
15				=D6+(5%*F13)		=F6+(20%*D13)	
16							
17	Vorkostenstelle B übernimmt jeweils 20% der Kosten von Vorkostenstelle A						
18	Vorkostenstelle A übernimmt jeweils 5 % von Vorkostenstelle B						

Abbildung 4.68 Iterative Umlageberechnung

In der Abbildung ist die schrittweise Berechnung dieser ständigen Umlage an einem kleinen Beispiel demonstriert. Die etwas mühsame Hilfsrechnung von Umlage zu Umlage, bis nichts mehr umzulegen ist, kann ersetzt werden durch zwei Formeln, die Zirkelbezüge verwenden. Die Formel in D13 lautet:

```
=D6+(5%*F13)
```

während die Formel in F13

```
=F6+(20%*D13)
```

heißt. Das entspricht den Gleichungen

```
D13=D6+(5%*(F6+(20%*D13)))
F13=F6+(20%*(D6+(5%*F13)))
```

wobei D13 und F13 jeweils auf beiden Seiten des Gleichheitszeichens auftauchen. Die Formeln in D13 und F13 beziehen sich also praktisch auf sich selbst, denn D13 bezieht sich auf F13, das sich aber wiederum auf D13 bezieht. Für F13 gilt das Gleiche.

Anzahl der Wiederholungen und minimale Abweichung

Wenn in einer Tabelle Zirkelbezüge vorkommen sollen, haben Sie die Möglichkeit, das Verhalten von Excel zu steuern. Wird im Dialog **Excel-Optionen** auf dem Register **Formeln** unter **Berechnungsoptionen** das Kontrollkästchen **Iterative Berechnung aktivieren** abgehakt, ist eine wiederholte Berechnung zugelassen.

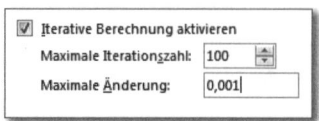

Abbildung 4.69 Optionen zur iterativen Berechnung

Dabei kann die maximale Anzahl der Wiederholungen bestimmt werden. Excel gibt unter **Maximale Iterationszahl** den Wert 100 vor. Die Berechnung wird also spätestens nach der 100sten Wiederholung gestoppt und das erreichte Ergebnis angezeigt. In der Statusleiste wird angezeigt, wie viele Iterationen schon durchlaufen sind.

Der zweite Wert, mit dem die iterative Berechnung gesteuert werden kann, ist **Maximale Änderung**. Die Vorgabe ist 0,001. Damit ist gemeint, dass die Berechnung dann nicht mehr wiederholt wird, wenn die verschiedenen Berechnungen zu Ergebnissen führen, deren Differenz kleiner ist als der Änderungshöchstwert. Das ist wichtig, wenn es sich um die Berechnung eines Näherungswertes handelt.

Welcher Wert hier der richtige ist, hängt natürlich von der Dimension ab, die das erwartete Ergebnis hat. Erwarten Sie z. B. Werte mit sechs Nachkommastellen, ist 0,001 ein zu grobes Maß.

Multithreading

Im Dialog **Excel-Optionen** wird unter **Erweitert** in der Gruppe **Formeln** noch die Option **Multithread-Berechnung aktivieren** angeboten. Bei komplexen Berechnungen, beispielsweise für umfangreiche Pivot-Tabellen, lässt sich durch ein paralleles Arbeiten eine höhere Geschwindigkeit erreichen. Wenn Sie mit mehreren Prozessoren auf Ihrem System arbeiten, lässt sich angeben, wie viele davon für diese Funktion verwendet werden sollen.

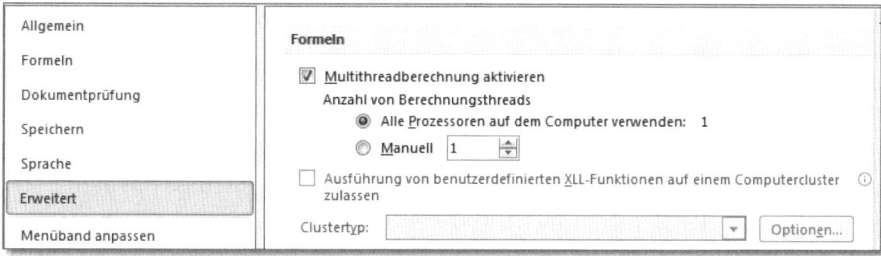

Abbildung 4.70 Optionen zur Parallelbearbeitung

Optionen für die Arbeitsmappe

Während sich die bisher behandelten Optionen auf das Verhalten in der gesamten Arbeitssitzung beziehen, können Sie im Dialog **Excel-Optionen** unter **Erweitert** auch Berechnungsoptionen für einzelne Arbeitsmappen festlegen. Die unter **Beim Berechnen dieser Arbeitsmappe** angeordneten Optionen werden auch mit der Mappe gespeichert.

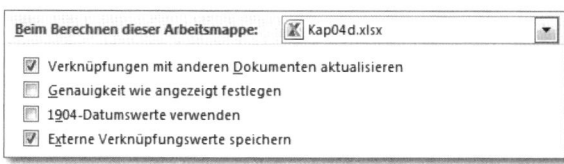

Abbildung 4.71 Optionen für die aktuelle Arbeitsmappe

Wird **Verknüpfungen mit anderen Dokumenten aktualisieren** abgehakt, werden Bezüge auf Daten aus anderen Windows-Anwendungen, etwa Tabellen aus einem Word-Dokument, bei der Neuberechnung aktualisiert. Im anderen Fall wird mit den Werten gerechnet, die die fremde Anwendung zuletzt bereitgestellt hat.

Interessant für die praktische Arbeit ist insbesondere die Option **Genauigkeit wie angezeigt festlegen**, die normalerweise nicht ausgewählt ist. Wird die Option gewählt, ersetzt Excel in der betreffenden Arbeitsmappe die intern gespeicherten Werte durch die angezeigten Werte.

Was ist damit gemeint? Wenn eine Formel ein Ergebnis mit sieben Dezimalstellen berechnet und Sie die Anzeige mit zwei Dezimalstellen formatieren, rechnet Excel normalerweise dennoch mit den sieben Dezimalstellen weiter, wenn sich eine andere Formel auf diesen Wert bezieht. Die Option **Genauigkeit wie angezeigt festlegen** dagegen ersetzt die intern gespeicherten Werte durch die formatierten Werte. Am Ende hat der Wert also tatsächlich nur noch zwei Dezimalstellen. Da diese Umwandlung ziemlich gravierend ist, werden Sie mit der Meldung **Daten verlieren damit endgültig an Genauigkeit** um Bestätigung gebeten. Beachten Sie, dass die Option immer für die gesamte Arbeitsmappe gilt.

Die Wahl der Option **1904-Datumswerte verwenden** bedeutet, dass die Datumsseriennummer, die für die Datumsberechnung verwendet wird, nicht mit der Zahl 1 für den 1.1.1900, sondern der Zahl 0 für den 1.1.1904 beginnt. Dieses Datumssystem wird auf dem Apple Macintosh verwendet. Apple vermied damit das Problem, dass das Jahr 1900 kein Schaltjahr war. Bei der Berechnung ab 1900 wurde dies ignoriert, weshalb das Datum 29.2.1900 fälschlicherweise akzeptiert wird. Wer häufig Arbeitsmappen zwischen Mac und PC austauscht, kann auf diese Option zurückgreifen. Beachten Sie aber, dass ein nachträglicher Wechsel für bereits eingetragene Datumswerte in einer Arbeitsmappe zu einer entsprechenden Verschiebung um 1462 Tage führt, sodass Korrekturen durch Addieren oder Subtrahieren mit diesem Wert notwendig werden. Am besten verwenden Sie dazu die Funktion **Einfügen ▸ Inhalte einfügen ▸ Addieren** oder **Subtrahieren**.

Wenn Sie **Externe Verknüpfungswerte speichern** abgehakt lassen, speichert Excel Kopien der Werte aus anderen Arbeitsmappen, mit denen die aktive Arbeitsmappe verknüpft ist, in einem Zwischenspeicher, um z. B. die Berechnung von Formeln mit diesen Werten zu beschleunigen. Ist der verknüpfte Quelldatenbereich sehr groß, kann das eine Menge Speicherplatz verbrauchen. Deshalb haben Sie die Möglichkeit, dieses Verhalten von Excel zu unterbinden.

5 Tabellenblätter gestalten

Die Ansprüche, die über die Forderung nach Korrektheit der Daten und Formeln hinaus an die Gestaltung von Tabellenblättern gestellt werden, sind sehr unterschiedlich. Tabellen, die nur intern verwendet werden, sind in puncto Formatierung nicht so kritisch wie etwa ein Angebot an einen Kunden oder ein Bericht für die Führungsetage. In jedem Fall sollte der Aufwand für die Gestaltung in einer vernünftigen Relation zur Verwendung der Tabelle stehen. Berücksichtigt werden muss auch die Frage, in welcher Form die Ergebnisse vorgelegt werden. Ein Ausdruck auf Papier erlaubt z. B. andere Schriftgrößen als eine Bildschirm-Show, die an die Wand projiziert wird. Soll ein Angebot im Internet publiziert werden, sind wieder andere Anforderungen zu beachten, z. B. die Barrierefreiheit.

Was aus einer ungeschminkten Tabelle mit etwas Format-Make-up werden kann, zeigen die beiden folgenden Abbildungen.

	A	B	C	D	E	F	G
1							
2		Novamedia: Quartalsergebnisse 2009					
3							
4	Warengruppe	1. Quartal	2. Quartal	3. Quartal	4. Quartal	Gesamt	
5	CD-ROM-Laufwerke	120000	123000	140000	150000	533000	
6	Soundkarten	90000	95000	92000	90500	367500	
7	Scanner	145000	149000	155000	165000	614000	
8	Videorecorder	156000	159000	166000	176000	657000	
9	Camcorder	230000	210000	220000	230000	890000	
10	Videokarten	134000	120000	136000	140000	530000	
11		875000	856000	909000	951500	3591500	
12							

Abbildung 5.1 Tabelle vor der Formatierung

	A	B	C	D	E	F	G
1							
2		**Novamedia: Quartalsergebnisse 2009**					
3							
4	Warengruppe	1. Quartal	2. Quartal	3. Quartal	4. Quartal	Gesamt	
5	CD-ROM-Laufwerke	120.000,00 €	123.000,00 €	140.000,00 €	150.000,00 €	533.000,00 €	
6	Soundkarten	90.000,00 €	95.000,00 €	92.000,00 €	90.500,00 €	367.500,00 €	
7	Scanner	145.000,00 €	149.000,00 €	155.000,00 €	165.000,00 €	614.000,00 €	
8	Videorecorder	156.000,00 €	159.000,00 €	166.000,00 €	176.000,00 €	657.000,00 €	
9	Camcorder	230.000,00 €	210.000,00 €	220.000,00 €	230.000,00 €	890.000,00 €	
10	Videokarten	134.000,00 €	120.000,00 €	136.000,00 €	140.000,00 €	530.000,00 €	
11		875.000,00 €	856.000,00 €	909.000,00 €	951.500,00 €	3.591.500,00 €	
12							

Abbildung 5.2 Nach ein paar Minuten Arbeit

Natürlich geht es hier immer auch um Fragen des Geschmacks, über die bekanntlich selten Einigkeit zu erzielen ist. Bei einem professionellen Design wird aber in der Regel versucht, den Inhalt der Tabelle zu stützen und die Informationen gut lesbar und übersichtlich zu präsentieren. Die Gestaltung sollte erkennen lassen, was zusammengehört und was getrennt zu betrachten ist. Die wesentlichen Informationen sollten in den Blick gerückt werden, besonders auffällige Ergebnisse ins Auge fallen, damit sie nicht übersehen werden.

Es macht zudem immer einen guten Eindruck, wenn Ihre Tabellenblätter ein einheitliches und damit auch wiedererkennbares Design haben. Das kann durch Formatvorlagen und Designs erreicht werden, die in diesem Kapitel noch ausführlich behandelt werden. Die neue Version bringt hier noch einmal eine ganze Reihe neuer Möglichkeiten, das Aussehen der erzeugten Dokumente zu beeinflussen. Ein weiterer Weg sind Mustervorlagen, die bereits in Kapitel 2, »Basiswissen für die Arbeit mit Excel 2010«, vorgestellt wurden.

Formate für Zellen und Zellbereiche

Abgesehen von der Spaltenbreite und der Zeilenhöhe sind die außergewöhnlich vielfältigen Gestaltungsmöglichkeiten in Excel hauptsächlich auf die Zellen oder Zellbereiche bezogen. Zum Format einer Zelle gehören all die Eigenschaften, die unabhängig vom Inhalt der Zelle sind. Dabei geht es um folgende Fragen:

- Wie sollen Werte dargestellt werden?
- Wie wird der Zellinhalt in der Zelle ausgerichtet?
- Wie soll die Schrift aussehen?
- Soll die Zelle durch Linien oder Rahmen hervorgehoben werden?
- Welche Farbe und welches Muster sollen für den Zellhintergrund verwendet werden?
- Soll die Zelle gegen Veränderungen geschützt werden?

Formatierungswerkzeuge

Die Basiswerkzeuge für die Formatierung von Zellbereichen sind auf dem Register **Start** in den benachbarten Gruppen **Schriftart**, **Ausrichtung**, **Zahl**, **Formatvorlagen** und **Zellen** zusammengestellt.

Die ersten drei Gruppen bieten in der rechten unteren Ecke außerdem Dialogfeldstarter an, die jeweils unterschiedliche Register des Dialogs **Zellen formatieren** öffnen, der über den gleichnamigen Befehl auch über das Kontextmenü jedes Zellbereichs erreicht werden kann. Hier finden Sie zur Beantwortung jeder der oben aufgelisteten Fragen eine eigene Registerkarte.

Abbildung 5.3 Basiswerkzeuge für die Formatierung auf dem Register »Start«

Das Kontextmenü von Zellbereichen wurde außerdem um eine Zusammenstellung der am häufigsten benötigten Formatierungssymbole erweitert.

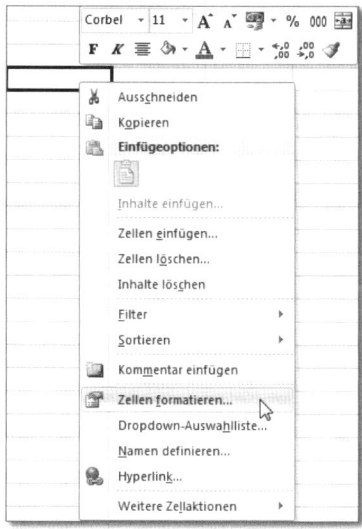

Abbildung 5.4 Erweitertes Kontextmenü zu Zellbereichen

Wer nicht mit der Maus arbeiten will, kann auch eine ganze Reihe von Tastenkombinationen bei der Formatierung von Zellen einsetzen. Sie werden angezeigt, wenn der Mauszeiger das entsprechende Symbol berührt.

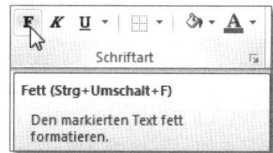

Abbildung 5.5 Tastenkombination zu einem Formatierungssymbol

5.1 Wahl des Zahlenformats

Das Zahlenformat bestimmt die Art und Weise, wie der in die Zelle eingetragene Wert dargestellt wird. Bei numerischen Werten betrifft das insbesondere die Frage, ob und mit wie vielen Dezimalstellen eine Zahl ausgegeben werden soll. Hier sind zwei verschiedene Anforderungen gestellt.

Übersichtlichkeit und Genauigkeit

Einmal sollen Zahlenwerte übersichtlich und gut lesbar sein. Eine Zahlenkolonne mit unterschiedlicher Anzahl von Dezimalstellen ist meist ziemlich verwirrend. Sehr große Zahlen sind ohne eine Aufteilung in Zifferngruppen schwer zu überblicken.

Die andere Anforderung ist die der Genauigkeit. Wenn es um Rechnungsbeträge geht, muss in der Regel mit zwei Dezimalstellen gearbeitet werden. Bei einer Umsatzstatistik aber können die Stellen hinter dem Komma weggelassen werden, vielleicht reicht es sogar, mit Tausendern zu arbeiten. Eine Formel liefert Ihnen eventuell Ergebnisse mit einer unvorhersehbaren Anzahl von Dezimalstellen. Wie soll Excel damit verfahren? Soll das Ergebnis auf eine bestimmte Stellenanzahl gerundet werden?

Über das Format kann auch die Frage geregelt werden, wie negative Zahlen erscheinen. Neben Minuszeichen und Klammern können solche Werte etwa auch durch eine rote Textfarbe erkennbar werden. Wenn Sie sich hier für eine spezielle Formatierung entscheiden, sollte sie natürlich möglichst einheitlich in allen Tabellen durchgehalten werden.

Vorgegebene und selbst definierte Formate

Excel bietet Ihnen eine große Zahl von eingebauten Zahlenformaten an, die unter verschiedenen Kategorien gruppiert sind. Wenn dieses Angebot für Ihren Bedarf nicht ausreicht, können Sie jederzeit eigene Formate hinzufügen. Die Formate werden mithilfe bestimmter Codezeichen festgelegt, die weiter unten beschrieben werden.

Arbeitsweise des Standardformats

Solange Sie am Format von Zellen in einem neuen Tabellenblatt nichts ändern, verwendet Excel ein Standardformat, das Zahlen je nach den Umständen unterschiedlich darstellt, das Zahlenformat also noch nicht fixiert. Bei diesem Format können bis zu elf Stellen angezeigt werden. Führende Nullen vor dem Komma (mit Ausnahme der direkt vor dem Komma stehenden Null) und nachfolgende Nullen hinter dem Komma werden weggelassen. Aus der Eingabe *01,30* wird also in der Anzeige 1,3. Ist die Spaltenbreite für einen Wert zu gering, werden zunächst eventuelle Dezimalstellen weggelassen, wobei automatisch gerundet wird. Hilft auch das nicht oder hat die Zahl mehr als elf Stellen, wird die eingegebene Zahl im wissenschaftlichen Format, also in Exponentialschreibweise – 6,3333E+33 – ausgegeben, wobei die Mantisse mit der jeweils notwendigen Anzahl von Dezimalstellen angezeigt wird, der Exponent mit mindestens zwei Stellen.

Eingabeformat bestimmt Ausgabeformat

Eine Besonderheit dieses allgemeinen Formats ist schon angesprochen worden. Durch die Art der Eingabe können Sie erreichen, dass das Standardformat automatisch durch ein anderes Format ersetzt wird. Die Tabelle zeigt einige Beispiele.

Eingabe	Ausgabe	Benutztes Format
12000€	12.000 €	Währung mit Euro-Symbol
€12000	€ 12.000	Währung mit Euro-Symbol
12.000,33	12.000,33	Zahl
12,25 %	12,25 %	Prozent
133E+02	1,33E+04	Wissenschaft
7.3.04	07.03.2004	Datum
1/3	01.März	Datum
6:30	06:30	Uhrzeit
0 1/3	1/3	Bruch

Sie haben also die Möglichkeit, durch die Art der Eingabe das Format der Zelle zu bestimmen. Die Fixierung des Formats über die Art und Weise, wie die Daten eingegeben werden, ist in vielen Fällen ein durchaus gangbarer Weg, da er spezielle Befehle für die Formatierung überflüssig macht. Sie können z. B. so vorgehen, dass Sie die erste Zelle einer Spalte durch die Eingabe eines Euro-Betrags mit zwei Nachkommastellen im Format festlegen und dann dieses Format nach unten kopieren.

Das geht ziemlich gut, wenn Sie aus der Gruppe **Start ▶ Zwischenablage** das Symbol **Format übertragen** – das Symbol mit dem Pinsel – benutzen. Wenn die erste Zelle markiert ist, klicken Sie auf das Symbol **Format übertragen** und klicken dann den entsprechenden Spaltenkopf an oder ziehen mit dem Pinsel über den jeweiligen Spaltenbereich. Für die gängigsten Formate im kommerziellen Bereich genügt dieses Verfahren vollkommen.

5.1.1 Formatsymbole

Für die gebräuchlichsten Zahlenformate stellt Excel 2010 in der Gruppe **Start ▸ Zahl** eine Formatpalette und eine Reihe von Schaltflächen zur Verfügung. Das Listenfeld der Palette zeigt jeweils das Format der aktuellen Zelle an. Die Palette enthält zahlreiche Formate aus den verschiedenen Kategorien, die einem vorher ausgewählten Zellbereich einfach per Klick zugeordnet werden.

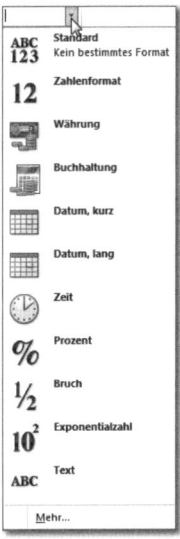

Abbildung 5.6 Palette für gängige Zahlenformate

Die angesprochenen Schaltflächen werden ebenfalls in der Minisymbolleiste des Kontextmenüs zu einem Zellbereich angeboten. Auch einige Tastenkombinationen sind für Zahlenformate einsetzbar, wie die folgende Tabelle zeigt.

Symbol	Tastenkombination	Format
	Strg + $	Währungsformat
%	Strg + %	Prozentformat
000	Strg + !	1.000,00
–	Strg + &	Standardformat
–	Strg + §	Datumsformat TT.MMM JJ
		Dezimalstelle hinzufügen
		eine Dezimalstelle weniger

5.1 Wahl des Zahlenformats

Das Währungssymbol bietet über die Pfeilschaltfläche ein Menü an, das den schnellen Wechsel zwischen verschiedenen Währungsformaten unterstützt.

5.1.2 Definition eines bestimmten Zahlenformats

Mehr Kontrolle über die Formatierung haben Sie über das Dialogfeld **Zellen formatieren**, das auch mit [Strg]+[1] geöffnet wird. Dabei spielt es keine Rolle, ob die Zellen vor oder nach der Eingabe von Daten formatiert werden.

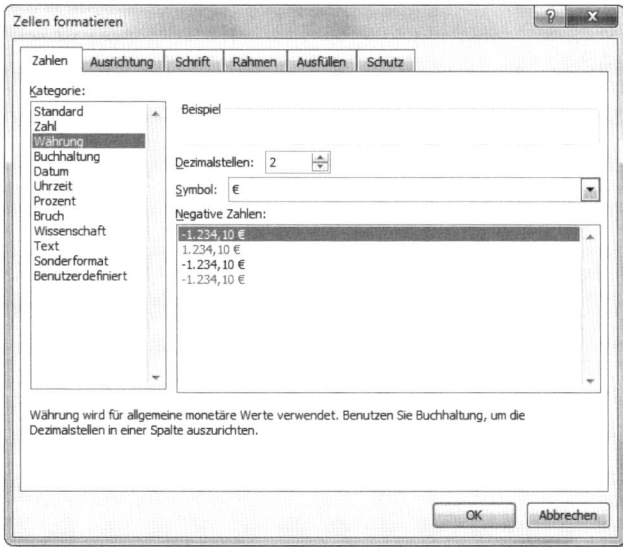

Abbildung 5.7 Das Dialogfeld »Zellen formatieren« mit dem Register »Zahlen«

> **TIPP**
>
> **Falsche Formate wieder loswerden**
>
> Sie haben sich beim Eingeben einer Zahl vertippt und statt des Kommas einen Punkt eingegeben. Statt *12,12* steht da jetzt *12. Dez*. Wenn Sie die Zahl nun richtig eingeben, wird dagegen *12. Jan.* und in der Bearbeitungszeile das Jahr *1900* angezeigt.
>
> Das Problem ist, dass Sie durch die erste Eingabe das Standardformat der Zelle durch ein Datumsformat ersetzt haben. Die zweite Eingabe versucht Excel dann auch als Datum zu verstehen, kann aber nur die 12 vor dem Komma »verstehen«. Wenn Sie die Zelle auswählen und **Start ▸ Bearbeiten ▸ Löschen ▸ Formate löschen** benutzen oder das Zahlenformat noch einmal über ein Formatsymbol zuordnen, zeigt Excel *12,12* wieder richtig an.

Es ist allerdings oft vorteilhaft, einen Zellbereich schon vor der Dateneingabe zu formatieren, weil dann die Daten gleich so angezeigt werden, wie Sie sie letztlich sehen wollen. Es kann auch sinnvoll sein, zunächst für das gesamte Tabellenblatt ein Hauptformat zu bestimmen und dann die davon abweichenden Bereiche gesondert zu formatieren. Dazu können Sie das Feld **Alles Auswählen** benutzen.

Zahlenformat für einen Zellbereich

Angenommen, Sie wollen in einer Tabelle mit statistischen Auswertungen Zahlen mit der Tausenderabtrennung, aber ohne Nachkommastellen anzeigen lassen:

1 Wählen Sie zunächst den Zellbereich aus. Sollen mehrere Blätter gleich formatiert werden, sollten Sie zunächst die Gruppe der Blätter zusammenstellen und dann im aktiven Blatt die Bereiche markieren.

2 Öffnen Sie das Dialogfeld **Zellen formatieren**.

3 Auf dem Register **Zahlen** gibt Excel zunächst das aktuelle Format der aktiven Zelle vor, es sei denn, Sie haben einen Bereich ausgewählt, in dem unterschiedliche Formate verwendet werden. Dann wird kein Format markiert.

4 Wählen Sie zunächst unter **Kategorie** den Eintrag **Zahl**. Wie Sie sehen, können bei den Formaten der Kategorie **Zahl** die verschiedenen Elemente des Formats einzeln ausgewählt werden.

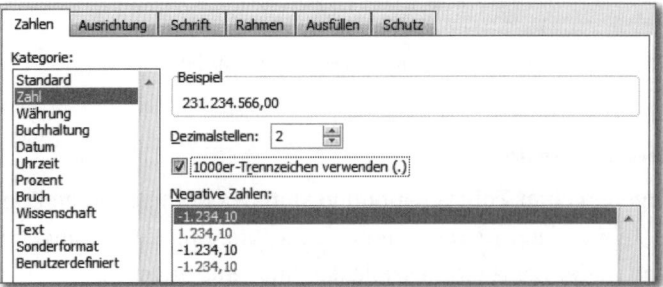

5 Setzen Sie in diesem Fall mit den kleinen Schaltflächen die Anzahl der Dezimalstellen auf Null.

6 Das Häkchen bei **1000er-Trennzeichen verwenden** kann übernommen werden.

7 Was die Darstellung der negativen Zahlen angeht, wählen Sie aus der kleinen Liste die gewünschte Einstellung.

5.1 Wahl des Zahlenformats

8 Wenn das unter **Beispiel** angezeigte Format Ihren Wünschen entspricht, bestätigen Sie mit **OK**.

> **Auf das Standardformat zurücksetzen**
> Soll ein Format auf das Standardformat zurückgesetzt werden, können Sie im Dialogfeld unter **Kategorie ▸ Standard** auswählen. Auch wenn Sie das Format einer Zelle löschen, wird das Standardformat wieder eingestellt, allerdings nicht nur für das Zahlenformat, sondern auch für die anderen Formateigenschaften der Zelle, wie Schrift, Farbe etc.

5.1.3 Internationale Währungsformate

Bereits seit Excel 97 ist es kein Problem mehr, in einem Tabellenblatt mit unterschiedlichen Währungen zu operieren. Unter der Kategorie **Währung** und **Buchhaltung** werden Zahlenformate mit Währungszeichen angeboten. Diese Formate verwenden gleichzeitig das Tausendertrennzeichen. In der Liste für das Währungssymbol werden zahlreiche Währungszeichen zur Auswahl gestellt. Es ist also kein Umstand, in einer Spalte Euro-Beträge anzuzeigen, in der nächsten australische Dollars, britische Pfund oder isländische Kronen.

	Euro	Dollar	Pfund
Artikel 1	50,00 €	$52,63	£22,73
Artikel 2	75,00 €	$78,95	£34,09
Artikel 3	100,00 €	$105,26	£45,45
Artikel 4	125,00 €	$131,58	£56,82
Artikel 5	150,00 €	$157,89	£68,18
Artikel 6	175,00 €	$184,21	£79,55

Abbildung 5.8 Tabelle mit unterschiedlichen Währungsformaten

Zahlenformate speziell für die buchhalterische Dateneingabe, z. B. für Bilanzen und Journale, werden unter **Buchhaltung** angeboten. Bei diesen Formaten werden Nullwerte mit einem Bindestrich dargestellt. Die Zahlen werden so ausgerichtet, dass bei gleicher Anzahl von Dezimalstellen das Komma immer an derselben Stelle steht, egal ob Währungssymbole angezeigt werden oder nicht. Das Minuszeichen bei negativen Werten wird linksbündig dargestellt.

In der folgenden Abbildung sehen Sie die Wirkung einiger dieser Formate.

	A	B	C	D
2	**Beipiele für Zahlenformate**			
4	Kategorie	Eingabe	Ausgabe	Formatcodes
5	Zahl	12000,25	12.000,25	#.##0,00
6		-2390	-2.390,00	
7		0	0,00	
9	Währung	12000,25	12.000,00 €	#.##0,00 €;-#.##0,00 €
10		-2390	-2.390 €	
11		0	0 €	
13	Buchhaltung	12000,25	12.000,00 €	_-*#.##0,00 €_-;-*#.##0,00 €_-;_-*"-" €_-;_-@_-
14		-2390	- 2.390 €	
15		0	- €	

Abbildung 5.9 Verschiedene Zahlenformate und die entsprechenden Formatcodes

Für Prozentzahlen kann in der Kategorie **Prozent** die Anzahl der Dezimalstellen eingestellt werden.

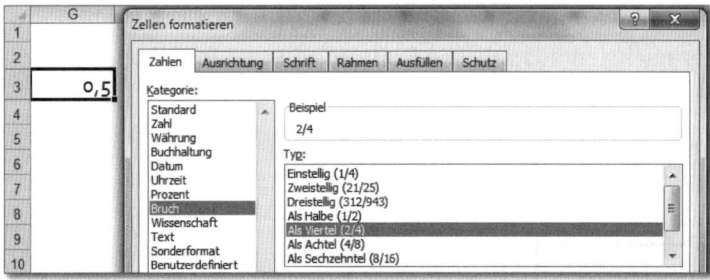

Abbildung 5.10 Bruchformate

Unter **Bruch** gibt es zahlreiche Formatangebote. Wenn Sie das Format **Einstellig** einem Zellbereich schon vor der Dateneingabe zuordnen, können Sie beispielsweise *1/4* eingeben, ohne dass Excel daraus ein Datum macht. Es ist dann nicht notwendig, *0 ¼* einzugeben. Bei den anderen Beispielen wird die Zahl in der Zelle jeweils auf- oder abgerundet, um die Anzahl der Viertel oder Zehntel etc. anzuzeigen.

Unter **Wissenschaft** steht das Exponentialformat zur Verfügung, wobei die Anzahl der Dezimalstellen in der Mantisse frei gewählt werden kann. Bei diesem Format wird die Zahl jeweils als Produkt einer Zahl mit einer Zehnerpotenz dargestellt. Diese Darstellungsform ist insbesondere für sehr große oder sehr kleine Zahlen geeignet, wie sie im technisch-wissenschaftlichen Bereich häufig vorkommen.

5.1.4 Datums- und Zeitformate

Neben den Zahlenformaten bietet Excel zahlreiche Formate für die Anzeige von Datums- und Zeitangaben an. Auf internationale Formate aus vielen Ländern können Sie zugreifen, wenn Sie über das Listenfeld **Gebietsschema** eine entsprechende Einstellung wählen. Sehr praktisch ist auch das lange Datumsformat, bei dem gleich der Name des Tages vor dem Datum ausgegeben wird, was die Erstellung von Zeitplänen sehr erleichtert. Die Abbildung zeigt die integrierten Formate.

Welches Ausgabeformat von Excel automatisch benutzt wird, ist von den mit **Systemsteuerung** gewählten Ländereinstellungen abhängig. Wenn Sie z. B. dort auf der Registerkarte **Datum** das kurze Datumsformat TT.MM.JJJJ auswählen, wird eine zweistellige Jahreszahl automatisch vierstellig ausgegeben.

Abbildung 5.11 Ein besonders praktisches Datumsformat mit dem Wochentag

5.1.5 Text- und Sonderformate

Ein spezielles Format ist das Format **Text**. Wenn Sie einen leeren Zellbereich mit diesem Format belegen, werden auch alle Zahlen, die Sie anschließend eingeben, von Excel als Zeichenfolgen behandelt und entsprechend linksbündig ausgerichtet. Diese Verfahrensweise ist praktisch, wenn Sie z. B. Codenummern, Kundennummern, Telefonnummern etc. eingeben wollen.

Ganz hilfreich ist eine Reihe von Sonderformaten, wie sie für Postleitzahlen, ISBN oder Versicherungsnummern benötigt werden. Auch hier sind Formate für bestimmte Länder verfügbar, die Sie über **Gebietsschema** auswählen können.

5.1.6 Selbst definierte Formate

Wenn die integrierten Zahlenformate nicht ausreichen, können Sie das Dialogfeld **Zellen formatieren** nutzen, um eigene Formate zu definieren. Eine Formatbeschreibung kann aus bis zu vier Bestandteilen bestehen, die jeweils durch Semikola getrennt werden:

```
positives Format; negatives Format; Nullformat; Textformat
```

Enthält ein Zahlenformat nur drei Bestandteile, bedeutet dies, dass es kein spezielles Textformat gibt. Enthält die Zelle Text, wird er ganz normal als Text ausgegeben. Enthält ein Zahlenformat nur zwei Bestandteile, gilt das erste für positives Format und Nullformat, das zweite für negatives Format. Ist nur ein Bestandteil gegeben, gilt dies für positives Format, negatives Format und Nullformat.

Solche »benutzerdefinierten« Formate können anhand eines vorhandenen Formats oder von Hand gestaltet werden. Angenommen, Sie wollen sechsstellige Belegnummern verwenden, die führende Nullen anzeigen. Sie können folgendermaßen verfahren:

1 Markieren Sie den Zellbereich.

2 Wählen Sie im Dialogfeld **Zellen formatieren** unter **Kategorie** den Eintrag **Benutzerdefiniert**.

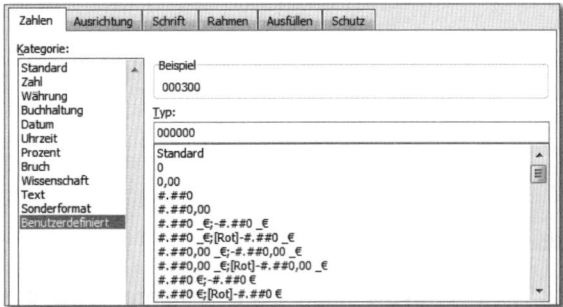

3 In dem Listenfeld werden Ihnen Formatmuster angeboten, die Sie als Ausgangsmaterial für das eigene Format verwenden können. Klicken Sie den Eintrag mit der Null an.

4 Ergänzen Sie in dem Eingabefeld **Typ** die restlichen fünf Nullen, und bestätigen Sie mit **OK**.

Wenn Sie das einmal definierte Format erneut auf eine Zelle anwenden wollen, wiederholen Sie die Schritte 1 und 2. Wählen Sie dann aus der Liste das neue Format. Excel zeigt es immer am Ende der Liste an. Benutzerdefinierte Formate können jederzeit wieder gelöscht werden. Markieren Sie dazu das Format in der Liste, und klicken Sie auf die Schaltfläche **Löschen**.

5.1.7 Formatcodes

Für die Darstellung der Zahlenformate verwendet Excel 2010 bestimmte Codezeichen, die in der folgenden Liste zusammengestellt sind. Dabei wird mit den verschiedenen Platzhaltern für Ziffern gesteuert, wie viele Dezimalstellen angezeigt werden. Excel erlaubt maximal 15 Dezimalstellen. Auch die Behandlung führender oder nachfolgender Nullen wird mithilfe dieser Codezeichen geregelt. Vorzeichen können vor oder hinter die Zahl gesetzt werden. Excel zeigt normalerweise nur negative Vorzeichen an. Das Pluszeichen muss also ausdrücklich in das Formatmuster eingefügt werden, wenn es angezeigt werden soll.

Formatcode	Bedeutung
Standard	Anzeige im Standardformat
kein Eintrag	Daten werden nicht angezeigt – Beispiel: ;;;. Die Daten werden in keinem Fall angezeigt. Dieses Format kann zum Verbergen von Daten genutzt werden.
#	Platzhalter für eine Ziffer. Führende Nullen vor und nachfolgende Nullen hinter dem Komma werden nicht angezeigt. Excel rundet auf die angegebenen Dezimalstellen. Sind vor dem Komma mehr Ziffern vorhanden als #-Zeichen, werden sie angezeigt.
0 (Null)	Platzhalter für eine Ziffer einschließlich führender Nullen vor und nachfolgender Nullen hinter dem Komma. Hat die Zahl weniger Ziffern als das Format, werden Nullen dafür angezeigt.
?	Platzhalter für eine Ziffer; führende Nullen vor und nachfolgende Nullen hinter dem Komma werden als Leerzeichen ausgegeben. Hat die Zahl weniger Ziffern als das Format, werden Leerzeichen dafür eingesetzt. Gewährleistet wird damit, dass in einer Zahlenkolonne das Komma immer an derselben Stelle steht, auch wenn unterschiedliche Dezimalstellen angezeigt werden. Das gilt auch für Brüche.
Komma	Dezimalzeichen
%	Prozentzeichen; Excel multipliziert den Wert mit 100 und fügt das Prozentzeichen hinzu.
Punkt	Tausendertrennzeichen; kann auch benutzt werden, um eine Zahl auf Tausender, Millionen etc. zu normieren. (#.. zeigt z. B. nur die Millionen an.)

Formatcode	Bedeutung
E- E+ e- e+	Wissenschaftliches Zahlenformat; die Anzahl der Nullen bzw. #-Zeichen zur Rechten legt die Anzahl der Stellen im Exponenten fest. E- oder e- zeigt nur das Minuszeichen an, E+ oder e+ beide Vorzeichen des Exponenten.
€ $ - + / ( ) : Leerzeichen	Anzeige des betreffenden Zeichens. Sollen andere Zeichen angezeigt werden, setzen Sie sie in doppelte Anführungszeichen oder setzen \ davor. Der Bindestrich kann z. B. als Trennzeichen verwendet werden. Beispiel: ##-###-##
*	Füllt die Zelle nach links mit dem unmittelbar folgenden Zeichen auf. ** kann z. B. als Sperrzeichen bei der Scheckausfüllung verwendet werden.
Unterstrich	Fügt eine Leerstelle von der Breite des nächsten Zeichens ein. _) kann z. B. benutzt werden, um positive Zahlen genau unter negative Zahlen zu setzen, die in Klammern angezeigt werden.
"Text"	Der Text innerhalb der Anführungszeichen wird angezeigt. Das erlaubt Ihnen z. B., die Maßeinheit direkt hinter eine Zahl zu setzen. Beispiel: #0,00 "qm".
@	Platzhalter für eine beliebig lange Zeichenfolge
M oder MM	Monatszahl ohne oder mit führenden Nullen (3 oder 03)
MMM	abgekürzter Monatsname (Jan, Feb etc.)
MMMM	ausgeschriebener Monatsname
MMMMM	Monatsname mit einem Buchstaben
T oder TT	Tag als Zahl ohne oder mit führenden Nullen (9 oder 09)
TTT	abgekürzter Tagesname (Sa, So)
TTTT	ausgeschriebener Tagesname
JJ oder JJJJ	zweistellige oder vierstellige Jahreszahl (93 oder 1993)
h oder hh	Stundenzahl ohne oder mit führenden Nullen (3 oder 03); wird im 12-Stunden-Format angezeigt, wenn das Format auch AM oder PM enthält.
m oder mm	Minutenzahl ohne oder mit führenden Nullen (3 oder 03); muss auf h oder hh folgen, wird sonst als Monatszahl interpretiert.
s oder ss	Sekundenzahl ohne oder mit führenden Nullen (3 oder 03)

Formatcode	Bedeutung
[ ]	Erlaubt Zeitformate mit mehr als 24 Stunden bzw. mehr als 60 Minuten oder Sekunden. Dabei muss jeweils der äußerste linke Teil des Zeitformats in eckige Klammern gesetzt werden, z. B. [H]:mm:ss. Dieses Format erlaubt die Summierung von mehrtägigen Zeiträumen im Stundenformat. Werden Zahlen ohne Formatzeichen eingegeben, ergeben sie ein Vielfaches von 24 Stunden. Drei ergibt z. B. 72:00:00.
AM/am/A/a PM/pm/P/p	Bewirkt, dass die Uhrzeit im 12-Stunden-Format angezeigt wird: AM, am, A oder a für die Zeit bis Mittag (ante meridiem = vormittags), PM, pm, P oder p für die Zeit bis Mitternacht (post meridiem = nachmittags). Ohne Angabe wird die Zeit im 24-Stunden-Format angezeigt.
[Farbe]	Die folgenden Zeichen werden in der angegebenen Farbe angezeigt. Möglich sind die Einträge SCHWARZ, BLAU, ZYAN, GRÜN, MAGENTA, ROT, WEISS, GELB oder FARBE n, wobei n für eine Zahl zwischen 0 und 56 steht und die Nummer der Farbe aus der Farbpalette angibt, die Excel verwendet.
[Bedingung Wert]	Kann für bedingte Formate genutzt werden. Als Bedingung kann einer der folgenden Operatoren eingegeben werden: <, >, =, >=, <=, <>. Wert steht für eine beliebige Zahl. Ein Beispiel wäre [>1000]: Das anschließend beschriebene Format wird verwendet, wenn die Zelle die Bedingung erfüllt, also größer 1.000 ist.

Die folgenden Abbildungen zeigen eine Reihe von Formaten und ihre Wirkung.

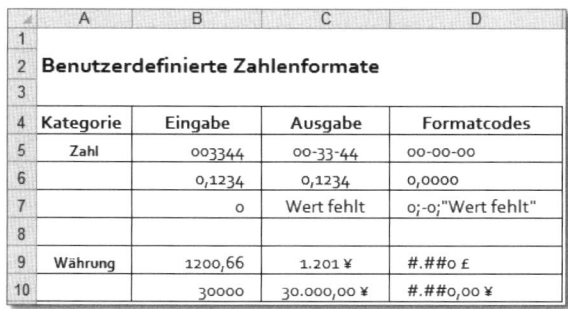

Abbildung 5.12 Benutzerdefinierte Zahlenformate

5 Tabellenblätter gestalten

	A	B	C	D
2	Benutzerdefinierte Datums- und Zeitformate			
4	Kategorie	Eingabe	Ausgabe	Formatcodes
5	Datum	08.12.1994	Donnerstag 8. Dez 1994	TTTT T.MMM JJJJ
6		08.12.1994	Dezember 1994	MMMM JJJJ
7		08.12.1994	Donnerstag	TTTT
8				
9				
10	Zeit	12:30:10	Samstag 12:30	TTTT h:mm
11		12:30:10	Beginn: 12:30	"Beginn:" h:mm
12		12:30:10	12 Stunden 30 Minuten	[h] "Stunden" mm "Minuten"

Abbildung 5.13 Benutzerdefinierte Datums- und Zeitformate

	A	B	C	D
2	Bedingte Formate und Formate mit Zusatztext			
4	Kategorie	Eingabe	Ausgabe	Formatcodes
5	Datum	08.01.1995	Frist überschritten 08.01.95	[>31.12.94] "Frist überschritten" TT.MM.JJ
6				
7	Zahl	1200	1200 qm	0 "qm"
8		1000	Startwert: 1000	"Startwert:" 0
9		900	Unzulässiger Wert	[>1000] "Unzulässiger Wert"; 0

Abbildung 5.14 Bedingte Formate und Formate mit Zusatztext

> **TIPP**
>
> **Probleme mit der Zeitrechnung**
>
> Sie wollen verschiedene Zeiten zusammenrechnen und geben immer die Stunden und Minuten ein. Wenn Sie die Summe bilden, kommt ein unsinniger Wert heraus. Was ist zu tun? Normalerweise versteht Excel eine Angabe wie 15:30 als Zeitangabe – »es ist 15:30 Uhr« – und nicht als Angabe über eine verflossene Zeit. Wenn Sie 15:30 und 13:30 addieren, zeigt Excel deshalb 5:00, also wieder die Uhrzeit an. Sie können aber Excel veranlassen, Zeitsummen ordentlich auszugeben, wenn Sie ein spezielles Format verwenden. Geben Sie im Dialogfeld **Zellen formatieren** unter der Kategorie **Benutzerdefiniert** das Format [hh]:mm ein. Dann kommt bei unserem Beispiel 29:00 heraus, es wird also die Gesamtzahl der Stunden und Minuten angegeben.

5.1.8 Das Problem mit den Nullen

Bei Tabellen, die erst innerhalb größerer Zeiträume mit Daten gefüllt werden, stellt sich häufig das Problem der Nullwerte. Sollen Formeln Nullwerte anzeigen, andere Zeichen oder gar nichts? Sie haben verschiedene Möglichkeiten:

Sie können für die gesamte Arbeitsmappe die Anzeige der Nullwerte unterdrücken. Dazu finden Sie über **Datei ▸ Optionen** unter **Erweitert ▸ Optionen für dieses Arbeitsblatt anzeigen** die Option **In Zellen mit Nullwert eine Null anzeigen**. Wird das Häkchen gelöscht, werden Nullwerte nicht angezeigt.

Die zweite Möglichkeit ist, ein Format zu definieren, bei dem die Nullwerte unterdrückt oder etwa durch einen Bindestrich ersetzt werden. Beispiel: `0,00;-0,00;;` oder `0,00;-0,00;"-"`. Die zweite Methode erlaubt Ihnen differenziertere Lösungen. Das Format kann etwa auf bestimmte Formeln beschränkt werden. Für Formeln, bei denen es gerade interessant ist, ob sie Null ergeben, etwa bei Prüfwerten, kann dann ein anderes Format gewählt werden.

Die dritte Möglichkeit ist, in die Zellen, für die noch die Werte fehlen, die Funktion `=NV()` einzutragen. In der Zelle erscheint `#NV`, auch die Formeln, die sich auf diese Zellen beziehen, liefern den Wert `#NV` als Hinweis auf fehlende Werte.

Schließlich können Sie die Anzeige von Nullwerten natürlich auch über Formeln abfangen.

`=WENN(SUMME(A3:E3) <> 0;SUMME(A3:E3);"")`

zeigt beispielsweise in Zelle F3 die Quersumme nur dann an, wenn sie ungleich Null ist.

5.1.9 Euro-Formate

Seit dem 1.1.2002 hat der Euro die nationalen Währungen im Euro-Raum abgelöst. Zur Kennzeichnung der Währung kann sowohl die Buchstabenfolge EUR als auch das Euro-Symbol, das von der Europäischen Kommission bestimmt worden ist, verwendet werden.

Das Euro-Symbol € ist ein relativ neues Zeichen, daher existiert es auf den älteren Tastaturen nicht. In Deutschland und den meisten europäischen Ländern wurde dafür die Tastenkombination AltGr + E festgelegt. Die neueren Tastaturen zeigen das Zeichen deshalb auf der E-Taste an. Wenn die AltGr-Taste fehlt, kann die rechte Alt-Taste verwendet werden. Am unbequemsten ist die Eingabe über Alt + 0, 1, 2, 8 im numerischen Ziffernblock.

Eine zweite Frage ist es, ob die auf dem Computer verwendeten Schriften das Zeichen enthalten. Bei den jüngeren Windows-Versionen verfügen die Fonts in der Regel über das Euro-Symbol. Wenn die Darstellung des Euro-Symbols am Bildschirm gesichert ist, bleibt immer noch zu prüfen, was Ihr Drucker daraus macht. Bei den TrueType-Schriften ist das normalerweise kein Problem.

Schwieriger ist die Situation, wenn der Drucker mit eigenen eingebauten Schriften arbeitet. Dann sind Sie darauf angewiesen, dass der Druckerhersteller entsprechende Updates zur Verfügung gestellt hat. Falls der Drucker das Zeichen nicht kennt, wird stattdessen ein Kästchen gedruckt. Wenn eine Schrift, die Sie für Ihre Tabelle verwenden wollen, noch kein Euro-Zeichen enthält, bleibt immerhin die allerdings etwas umständliche Möglichkeit, für das Euro-Zeichen einen anderen Zeichensatz zu verwenden, der das Zeichen bereits enthält. Oder Sie verwenden EUR als Währungskennzeichen.

Zahlenformate mit dem Euro

In Excel 2010 haben Sie – wie bereits beschrieben – die Möglichkeit, Zahlen so zu formatieren, dass das Währungszeichen automatisch vor oder hinter dem Betrag angezeigt wird. Auf der Registerkarte **Zahlen** finden Sie in dem Listenfeld **Symbol** sowohl eine Option für die Anzeige **€ Betrag** als auch **Betrag €**. Auch die Zeichenfolge **EUR** kann hier eingestellt werden. Sie können über die Regions- und Sprachoptionen in der Systemsteuerung vorgeben, welche Variante als Standardwährungszeichen verwendet wird.

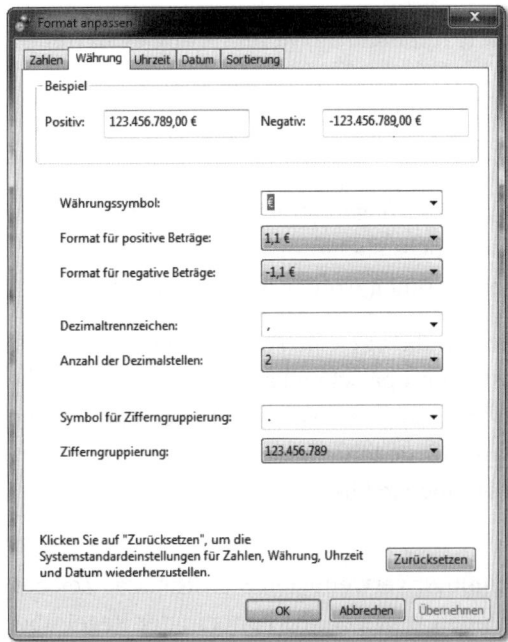

Abbildung 5.15 Einstellung des Standardwährungszeichens

Freundlicherweise akzeptiert Excel außerdem das Euro-Zeichen bei der Dateneingabe auch dann als gültiges Währungszeichen, wenn der Euro – wie etwa in der Schweiz – nicht als Standardwährungszeichen über die Ländereinstellungen vorgegeben ist. Wenn Sie in eine Zelle *1000 €* eintippen, nimmt Excel dies als einen korrekten Betrag in der Währung Euro, wohingegen eine Eingabe mit dem Dollar-Zeichen – *1000 $* – einfach nur als Text interpretiert wird. Bei Dollar-Beträgen geben Sie also nur die »nackten« Beträge ein und formatieren die Zellen vorher oder nachher mit dem entsprechenden Währungsformat.

Hinweise zur Umstellung

Mit dem Wechsel des Währungszeichens von DEM in EUR ist die Umstellung natürlich nicht erledigt, der Umrechnungskurs muss ja berücksichtigt werden. Der Fall, dass das gelegentlich vergessen wird oder dass bei bestimmten Beträgen Unsicherheit besteht, ob es sich noch um DEM- oder schon um Euro-Beträge handelt, wird in der Zeit des Übergangs nicht selten gewesen sein. Deshalb ist es ratsam, auf eine entsprechende Formatierung der betroffenen Tabellen zu achten. Sobald eine Spalte für bestimmte Beträge in einem Tabellenblatt eingerichtet ist, sollte sofort über die Beschriftung oder/und Formatierung geklärt werden, ob es sich um DEM- oder Euro-Beträge handelt.

Bei älteren Tabellen ist es möglicherweise sinnvoll, Zahlenwerte nachträglich über die Beschriftung oder Formatierung eindeutig einer Währung zuzuordnen. Einige Arbeit kann insbesondere bei Tabellen auf Sie zukommen, in denen etwa Umsatzwerte für mehrere Jahre miteinander verglichen werden. Da kann es sinnvoll sein, die älteren DEM-Beträge rückwirkend in Euro umzurechnen, um einfacher vergleichen zu können. Achten Sie auch auf die Beschriftung zugeordneter Diagramme.

Erfreulicherweise bieten die Suchfunktionen von Excel 2010 die Möglichkeit, gezielt ein bestimmtes Währungsformat zu suchen, was für mögliche Umstellungen natürlich vorteilhaft ist. Die schematische Umrechnung von DEM in Euro lässt sich relativ leicht bewerkstelligen. Festgesetzt wurde der Kurs:

```
1 Euro = 1,95583 DEM
```

Erst wenn mit diesem exakten Kurs mit fünf Nachkommastellen umgerechnet worden ist, darf das Ergebnis kaufmännisch gerundet werden. Beachten Sie unbedingt, dass der »umgedrehte« Kurs – 1 DEM = 0,51129 Euro – nicht zum Berechnen verwendet werden darf.

Eine Möglichkeit ist es, den Umrechnungsfaktor 1,95583 in einer Zelle abzulegen und sich in Formeln darauf zu beziehen. Eine andere Erleichterung wäre, eine eigene Funktion zu schreiben, die die Umrechnung vornimmt. Ein Beispiel finden Sie in Abschnitt 23.5, »Routineaufgaben mit Makros automatisieren«.

Soll eine Zahlenkolonne, die DEM-Beträge enthält, direkt in Euro-Beträge umgewandelt werden, können Sie auch folgendermaßen verfahren:

1 Sie legen den Umrechnungsfaktor in einer Zelle ab, markieren diese Zelle und benutzen **Start ▸ Zwischenablage ▸ Kopieren**.

2 Markieren Sie dann die Spalte mit den bisherigen DEM-Beträgen.

3 Benutzen Sie **Start ▸ Zwischenablage ▸ Einfügen ▸ Inhalte einfügen** und die Option **Dividieren**.

4 Wenn die Spalte bisher mit dem Währungsformat DEM formatiert war, ändern Sie das Format in das Euro-Format und ändern eventuell auch die Beschriftung der Spalte.

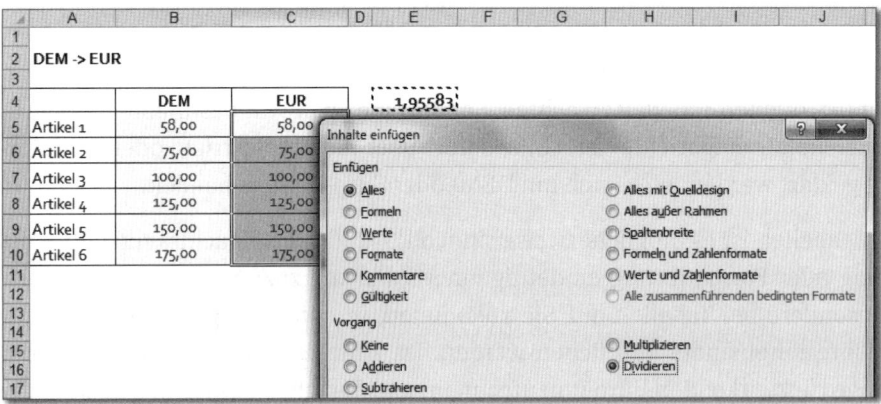

Abbildung 5.16 Umrechnen beim Kopieren

Umrechnungshilfen mit den Eurowährungstools

Excel 2010 stellt als Add-In noch spezielle **Eurowährungstools** zur Verfügung, die in dem Dialog **Excel-Optionen** über **Add-Ins** bei Bedarf nachgeladen werden können. Stellen Sie unter **Verwalten** die Listenoption **Excel-Add-Ins** ein und benutzen Sie **Gehe zu**, um das Add-In zu aktivieren. Dieses Tool stellt im Register **Formeln** eine zusätzliche Gruppe **Lösungen** bereit.

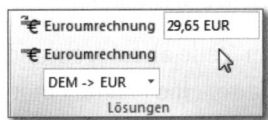

Abbildung 5.17 Symbole der Eurowährungstools

Darin ist nicht nur ein einfaches Schaltflächensymbol für die Formatierung mit dem Euro-Symbol enthalten. Ein weiteres Tool ist das Listenfeld **Eurowährungssymbole**, das zum Umrechnen markierter Zellwerte verwendet werden kann. Wählen Sie dazu aus dem Listenfeld zunächst die Richtung der Umrechnung, etwa **DEM -> EUR**.

Wenn Sie eine Zelle mit einem DEM-Betrag auswählen, erscheint im Ausgabefeld der berechnete Euro-Betrag. Wird ein Bereich von DEM-Beträgen markiert, erscheint die Summe in Euro. Wenn Sie den Betrag mit rechts anklicken, können Sie ihn kopieren und dann in eine andere Zelle einfügen.

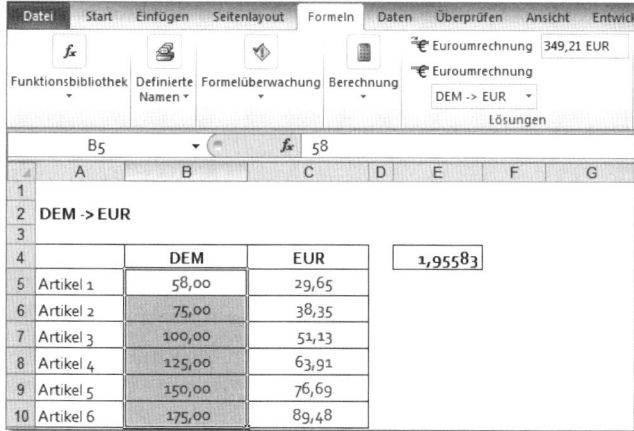

Abbildung 5.18 Umrechnen mit der Euroumrechnung-Symbolleiste

Abbildung 5.19 Umrechnen von Währungsdaten

Dritter Bestandteil des Add-Ins ist der Befehl **Euroumrechnung**. Mit diesem Werkzeug lassen sich Daten aus einem Tabellenbereich zwischen beliebigen Währungen aus dem Euro-Raum umrechnen. Die Ergebnisse werden dann in einem anderen Tabellenbereich abgelegt. Dabei kann das Ausgabeformat gleich mit angegeben werden (die direkte Ersetzung des alten Bereichs wird allerdings nicht zugelassen).

Über die Schaltfläche **Weitere** lässt sich die Art der Umrechnung noch genauer festlegen. Unter **Umrechnungsoptionen** kann z. B. eine Rundung der jeweiligen Euro-Zwischenwerte auf drei Stellen festgelegt werden.

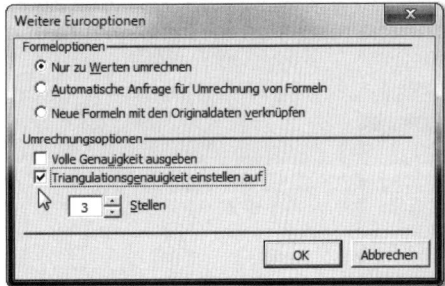

Abbildung 5.20 Zusätzliche Optionen für die Umrechnung

Enthält der markierte Ausgangsbereich auch Formeln, haben Sie nach dem **OK** noch die Wahl, im Zielbereich nur die berechneten Werte abzulegen, die Originalformel zu übernehmen – mit angepassten relativen Adressen – oder eine mit den Originaldaten verknüpfte Formel zu erzeugen, die die Funktion EUROCONVERT() verwendet. Sie können die Formelzielzelle auch leer lassen oder manuell eine neue Formel einsetzen.

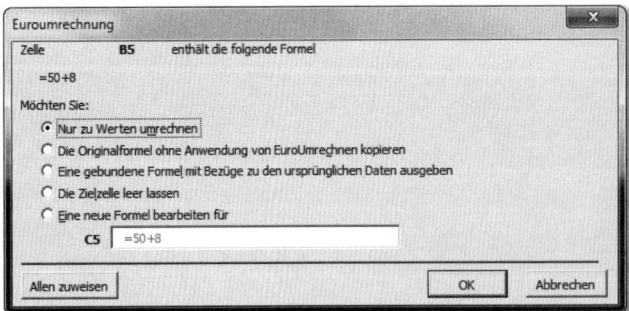

Abbildung 5.21 Optionen für die Übernahme von Formeln

Die Funktion EUROCONVERT()

Die schon angesprochene Tabellenfunktion EUROCONVERT() kann auch direkt in einer Zellformel eingesetzt werden, wenn das Add-In geladen ist. In dieser mächtigen Funktion sind die fixierten Kursrelationen der einzelnen nationalen Währungen zum Euro enthalten, Sie geben die Währungen an, die jeweils Quelle und Ziel darstellen. Die Funktion hat fünf Argumente:

1. Der Betrag, der umgerechnet werden soll.

2. Die Quell-Währung, angegeben durch den entsprechenden ISO-Code, z. B. DEM für DM.

3. Die Ziel-Währung, wieder angegeben im ISO-Code, z. B. EUR für Euro oder BEF für belgische Francs.

4. Die Festlegung, ob die Berechnung exakt oder mit Rundung erfolgen soll. WAHR bedeutet: keine Rundung, FALSCH bedeutet: Verwendung der währungsspezifischen Rundungsregeln. Letzteres ist die Vorgabe, wenn das Argument nicht angegeben wird.

5. Die Anzahl der Dezimalstellen, die für den Euro-Zwischenwert berechnet werden, wenn zwischen zwei nationalen Währungen umgerechnet wird. Werte 3 sind erlaubt. Wird kein Wert angegeben, wird das Zwischenergebnis nicht gerundet.

Hier einige Beispiele:

=EUROCONVERT(1000;"DEM";"EUR")

ergibt: 511,29 €

=EUROCONVERT(1000;"DEM";"FRF";FALSCH;3)

ergibt: 3353,86 FRF

=EUROCONVERT(1000;"DEM";"FRF";WAHR;3)

ergibt: 3353,855664 FRF

Die folgende Tabelle zeigt die ISO-Währungsbezeichnungen.

Währungsbezeichnung	Bedeutung
BEF	Belgischer Franc
LUF	Luxemburgischer Franc
DEM	Deutsche Mark
ESP	Spanische Peseta
IEP	Irisches Pfund
ITL	Italienische Lira

Währungsbezeichnung	Bedeutung
NLG	Niederländischer Gulden
ATS	Österreichischer Schilling
PTE	Portugiesischer Escudo
FIM	Finnische Markka
EUR	Euro

5.1.10 Jahreszahlen

Das Jahr 2000 wurde für Computer bekanntlich zu einem Problem, weil wir uns angewöhnt haben, bei den Jahreszahlen die Jahrhunderte wegzulassen. Eine Eingabe wie 12.10.97 wurde von uns gewohnheitsmäßig als ein Datum im Jahr 1997 behandelt.

Niemand hatte sich viele Gedanken darüber gemacht, bis die Jahrtausendwende näher rückte. Inzwischen ist der Übergang einigermaßen überstanden, die Kassandra-Rufe sind, von einigen kleineren Pannen abgesehen, nicht zur Wirklichkeit geworden.

Der sicherste Weg für die Zukunft wäre natürlich, mit der eingefleischten Gewohnheit aufzuhören und immer die komplette Jahreszahl einzugeben. Aber das ist nicht ganz ohne Mühen. Eventuell müssen Tabellenspalten verbreitert werden, um das Datum voll anzeigen zu können. Wo die Dateneingabe über Dialogfelder von Makros gesteuert werden, müssen die Felder erweitert werden etc.

Excel 2010 erleichtert Ihnen den Schritt zur Nutzung vierstelliger Jahreszahlen durch das Angebot von zusätzlichen Datumsformaten mit der vollständigen Jahreszahl über das Dialogfeld **Zellen formatieren**. Ein Format gibt die Eingabe mit Tageszahl, Monatszahl und kompletter Jahreszahl aus – etwa 7.9.1999, andere benutzen die komplette oder die abgekürzte Monatsbezeichnung, beispielsweise 7. Sep. 1999. Auch ein Format mit vorgesetztem Tagesnamen ist direkt verfügbar.

Interpretation unvollständiger Jahreszahlen

Damit auch weiterhin »unvollständige« Jahreszahlen vernünftig verarbeitet werden, bietet Ihnen Excel 2010 zwei Vorgehensweisen an. Wenn Sie in einer Zelle ein Datum ohne die Jahrhundertangabe eingeben, verhält sich Excel 2010 im Standardverfahren folgendermaßen: Eine Eingabe wie *12.10.07* wird als 12.10.2007 verstanden. Dieses Verhalten gilt für alle Jahreszahlen von 00 bis 29.

Geben Sie eine Zahl zwischen 30 und 99 an, vermutet Excel, dass das 20. Jahrhundert gemeint ist, und setzt die 19 als Jahrhundertzahl davor. Die Eingabe *12.10.33* wird also als 12.10.1933 verwendet.

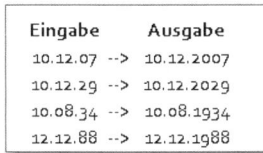

Abbildung 5.22 Beispiele für die Ausgabe unvollständiger Jahreszahlen

Excel zeigt die komplette Jahreszahl in der Bearbeitungsleiste automatisch an, wenn die Zelle ausgewählt wird. Wenn Sie eine Zelle nachträglich umformatieren, sodass die Jahreszahl tatsächlich vierstellig angezeigt wird, können Sie das Ergebnis ebenfalls prüfen. Intern speichert Excel also immer die komplette Jahreszahl.

Benötigen Sie aus irgendeinem Grund ein Datum aus dem Jahr 1904, etwa das Geburtsdatum Ihrer Großmutter, können Sie das Datum vierstellig eingeben, auch wenn die Zelle nur für eine zweistellige Jahreszahl formatiert ist.

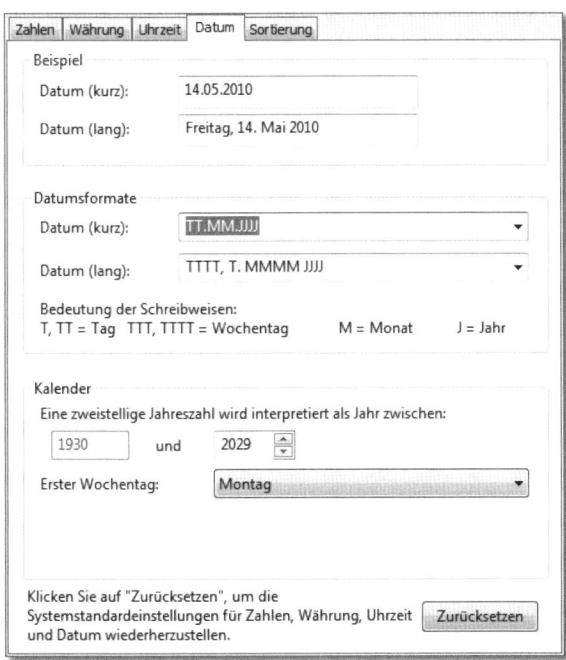

Abbildung 5.23 Zeitfenster im Ausnahmefall verschieben

Unter den Windows-Versionen ab 98 kann das oben beschriebene Zeitfenster von 100 Jahren auch verschoben werden. Über **Systemsteuerung** und **Region und Sprache** finden Sie eine Registerkarte **Datum** mit einer entsprechenden Option in der Gruppe **Kalender**. Sie könnten beispielsweise eine Einstellung von 1940 bis 2039 wählen. Dann würde Excel die Eingabe von 12.10.33 in das 21. Jahrhundert verlegen. Eine solche Verschiebung des Zeitfensters sollte aber nur vorgenommen werden, wenn es dafür gute Gründe gibt. Falls es z. B. darum geht, häufig Geburtsdaten aus dem Anfang des 20. Jahrhunderts korrekt zu verarbeiten, kann es sinnvoll sein, das Zeitfenster zurückzusetzen, damit die Eingabe *15* als 1915 und nicht als 2015 verstanden wird. Wichtig ist dann insbesondere, dass in einer Firma alle Geräte mit einem einheitlichen Zeitfenster arbeiten.

Sie können auf dieser Registerkarte auch dafür sorgen, dass ein mit zwei Stellen eingegebenes Jahr automatisch mit vier Ziffern angezeigt wird, zumindest als Standardanzeige. Eine nachträgliche Verkürzung über ein entsprechendes Format ist damit allerdings nicht ausgeschlossen. Wählen Sie dazu unter **Kurzes Datum** eine Einstellung wie TT.MM.JJJJ.

Wenn Sie nachträglich in einer Arbeitsmappe Zellen aufspüren wollen, die mit zweistelligen Jahreszahlen arbeiten, können Sie auch die **Fehlerüberprüfung** verwenden, die in Abschnitt 4.6, »Qualität sichern und Fehler vermeiden«, beschrieben ist. Haken Sie dazu über **Datei ▸ Optionen ▸ Formeln** unter **Regeln für die Fehlerüberprüfung** die Regel **Zellen, die zweistellige Jahreszahlen enthalten** ab.

Besonderheiten der Datumsfunktion

Anders als bei der direkten Eingabe eines Datums in eine Zelle verhält sich Excel 2010, wenn das Datum durch eine Datumsfunktion erzeugt wird. Wird bei `=DATUM(Jahr; Monat; Tag)` das Jahr nur mit zwei Stellen eingegeben, ergänzt Excel nicht nach der oben beschriebenen Zeitfensterregel, sondern addiert immer 1900 dazu. Das gilt für alle Eingaben für das Jahr, die von 0 bis 1899 reichen. Das Datum 10.10.2000 kann also durch `=DATUM(100; 10; 10)` angegeben werden.

Ein Datum für 2000 und darüber kann aber auch mit einer vierstelligen Jahreszahl eingegeben werden. Alle vierstelligen Eingaben von 1900 bis 9999 werden so verarbeitet. Wird das 1904-Datumssystem verwendet, gilt Entsprechendes für Zahlen von 4 bis 1899 und 1904 bis 9999.

Für den Anwender ist dieses abweichende Verhalten sicher gewöhnungsbedürftig, die Funktion bietet Ihnen aber eine größere Flexibilität für Datumsberechnungen über größere Zeiträume hinweg.

Beachten Sie, dass es noch eine ganze Reihe von Funktionen in Excel gibt, die ein Datum als Argument verlangen. Ist dieses Argument als Datum in einer Zelle abgelegt, gilt auch hier die Fensterregel. Wird das Argument mit der Datumsfunktion erzeugt, gilt das zuletzt beschriebene Verhalten.

Datumsberechnungen in Makros

Ein besonderes Problem stellen selbst gestrickte Datumsberechnungen in Makros dar. Wo dabei Datumsfunktionen von Excel benutzt wurden, lassen sich die betreffenden Stellen durch Suchoperationen nach den Funktionsnamen noch leicht aufspüren. Schwieriger ist es, wenn Berechnungen unabhängig von diesen Funktionen vorgenommen wurden. Wenn z. B. die beiden letzten Stellen der Jahreszahl einfach als Zahl in einer Zelle abgelegt werden, kann das Aufaddieren auf diese Zahl zu unerwünschten Ergebnissen führen, falls die Jahrtausendwende dabei überschritten wird. Besondere Vorsicht ist geboten, wenn die Jahreszahl nur als Zeichenkette vorliegt.

Während Excel bei Variablen vom Typ **Date** Jahreszahlen auch dann vierstellig speichert, wenn nur die beiden letzten Stellen eingegeben werden, sind Jahreszahlen, die als Textvariable eingegeben oder durch Zeichenkettenfunktionen aus einer Zeichenkette herausgezogen werden, unsichere Kandidaten für eine eindeutige Interpretation, sofern nur zwei Stellen vorhanden sind. Oft wird z. B. in einer Bestellnummer das Datum als Teil einer Zeichenkette verwendet. Setzen Makros hier mit Berechnungen auf, etwa um zu prüfen, wann ein Kunde zum letzten Mal bestellt hat, tun Sie gut daran, das Ergebnis zu prüfen.

Schwierigkeiten bereiten auch selbst programmierte Schaltjahrberechnungen in Makros, die beispielsweise nicht die Ausnahmeregelung für das Jahr 2000 – ein Schaltjahr – berücksichtigen. Es kann also durchaus notwendig sein, alle Berechnungen in vorhandenen Makros, die mit Jahreszahlen zu tun haben, durchzuchecken.

5.2 Schriftgestaltung und Ausrichtung

Große Bedeutung für ein ansprechendes Aussehen Ihrer Tabellen hat die Art und Weise, wie Sie die Schrift einsetzen und wie Sie die Zellinhalte innerhalb der Zellstruktur ausrichten. Dabei geht es zum einen um die gute Lesbarkeit der Daten in den Tabellenspalten und zum anderen um eine ansprechende Gestaltung der Überschriften und Beschriftungen.

5.2.1 Wahl der passenden Schriften

Wenn von der Schrift für eine Zelle die Rede ist, werden drei Eigenschaften unterschieden: die Schriftart, die Größe der Schrift, also der Schriftgrad, und schließlich der Schriftschnitt, der z. B. aus einer Kombination verschiedener Schriftattribute wie fett und kursiv bestehen kann.

Schriftart

Die Zahl der Schriftarten, die auf einem Computer eingesetzt werden können, ist inzwischen fast unüberschaubar geworden. Die Wahl der Schriftart sollte mit dem Inhalt des Dokuments zumindest verträglich sein. Kalligraphische Schriften wie ZurichCalligraphic eignen sich sicher für eine Einladung zu einer Geburtstagsparty – für Excel durchaus eine leicht lösbare Aufgabe –, bei einer Gewinn- und Verlustrechnung wirkt eine so schöne Schrift dagegen eher deplatziert. Wenig erfreulich wirkt meist auch, wenn Sie zu viele Schriftarten in einem Blatt mischen. Meist reichen zwei verschiedene Schriftarten völlig aus, zumal Sie ja noch die Möglichkeit haben, die Schriftgrade oder -schnitte zu variieren.

Die Schriftarten lassen sich in zwei große Gruppen einteilen:

- Schriften mit Serifen
- Schriften ohne Serifen

Serifen sind die kleinen Abschlussstriche am Kopf oder am Fuß eines Buchstabens, entstanden übrigens aus dem Meißelschlag bei der Herstellung römischer Steinschriften. Wenn Sie diesbezüglich einmal einen Blick in eine Zeitschrift oder in dieses Buch werfen, werden Sie feststellen, dass in den meisten Fällen für die Textpassagen eine Serifenschrift, wie z. B. Times Roman, verwendet wird. Überschriften dagegen erscheinen häufig in einer serifenlosen Schrift wie Helvetica. Die Serifenschrift ist bei längeren Textpassagen angenehmer zu lesen, weil sie den Augen Hilfestellung beim Erkennen der Buchstaben gibt. Das große I und das kleine l sind z. B. in einer Serifenschrift besser zu unterscheiden. Serifenlose Überschriften wirken dagegen meist klarer und weiträumiger. Auch für Zahlenkolonnen ist die serifenlose Schrift meist vorzuziehen.

Schriftgrad

Der Schriftgrad wird üblicherweise in Punkt gemessen. 8 Punkt sind eine ziemlich kleine Schrift. Für Zahlenkolonnen sind 10 Punkt meist angemessen. Wenn Sie Tabellen an die Wand projizieren wollen, ist es besser, 12 oder 14 Punkt zu verwenden. Für die Beschriftung von Zeilen und Spalten können auch bis zu 12 Punkt verwendet werden, wenn dadurch nicht zu viel Platz für die Tabelle verloren geht. Tabellenüberschriften oder Diagrammtitel vertragen auch 14 Punkt oder noch größere Schriften. Eine schöne Überschrift ist immer ein guter Blickfang.

Schriftschnitt

Schriftattribute wie **Fett**, **Kursiv**, **Unterstrichen** können zwar beliebig gemischt werden, aber auch hier führt der sparsame Gebrauch der verschiedenen Möglichkeiten meist zu geschmackvolleren Lösungen. Vor allem sollten solche Hervorhebungen nicht ohne Grund verwendet werden, und wenn sie verwendet werden, dann möglichst einheitlich. Wenn Sie z. B. Gesamtsummen doppelt unterstreichen, sollte das durchgängig in der gesamten Arbeitsmappe erfolgen. Dabei können Formatvorlagen helfen, die weiter unten behandelt werden.

Verändern der Standardschriftart

Excel 2010 gibt zunächst eine **Schriftart für Textkörper** – Calibri – mit einem Schriftgrad von 11 Punkt und eine **Schriftart für Überschriften** – Cambria – vor. Diese Vorgabe kann über **Datei ▸ Optionen ▸ Allgemein** unter **Folgende Schriftart verwenden** geändert werden. Öffnen Sie dazu das Listenfeld, und wählen Sie die gewünschte Schriftart. Die Größe der Schrift wird unter **Schriftgrad** festgelegt. Diese Veränderung wird allerdings erst wirksam, wenn Sie Excel neu starten. Für dieses Buch wurde meist mit der Schrift Corbel gearbeitet, die insbesondere die Lesbarkeit und Unterscheidbarkeit von Zahlen verbessert.

Abbildung 5.24 Wahl der Standardschriftart

Die Gruppe »Schriftart«

Soll die Schrift für einen Zellbereich ausgewählt werden, markieren Sie die betreffenden Zellen, und verwenden auf dem Register **Start** die Schaltflächen und Listenfelder, die in der Gruppe **Schriftart** zusammengestellt sind.

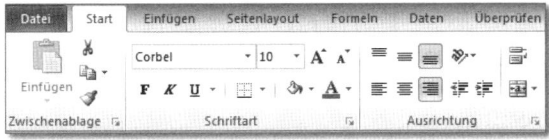

Abbildung 5.25 Die Gruppe »Schriftart«

In den Listenfeldern für Schriftart und Schriftgrad wird immer die aktuelle Eigenschaft der gerade aktiven Zelle angezeigt. Wird die Liste der Schriftarten geöffnet, werden die Schriftartenbezeichnungen gleich in der jeweiligen Schriftart angezeigt. Aber nicht nur dies, die markierte Zelle übernimmt jeweils die Schriftart der Schrift, die der Mauszeiger in der Liste berührt, wie die folgende Abbildung zeigt. Auf diese Weise lässt sich die gewünschte Schrift einfach durch Ausprobieren leicht finden.

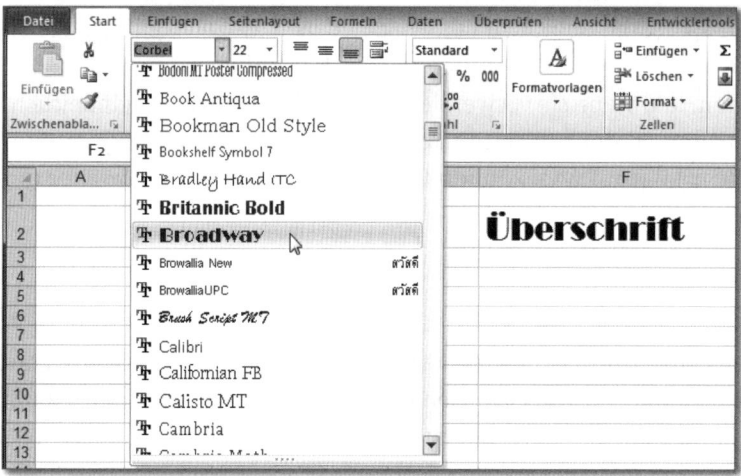

Abbildung 5.26 Zellen probeweise umformatieren

Die Liste kann mit dem Anfasser am unteren Rand verkürzt oder verlängert werden. Die probeweise Präsentation der Schriftart vor der abschließenden Zuweisung per Mausklick ist normalerweise eingeschaltet und gehört zu der Funktion **Livevorschau**, die auch für zahlreiche andere Formatierungsfunktionen gilt. Auch bei der Auswahl des Schriftgrads hilft die Livevorschau, die optimale Größe zu finden. Sie kann bei Bedarf im Dialog **Excel-Optionen** unter **Allgemein** abgeschaltet werden.

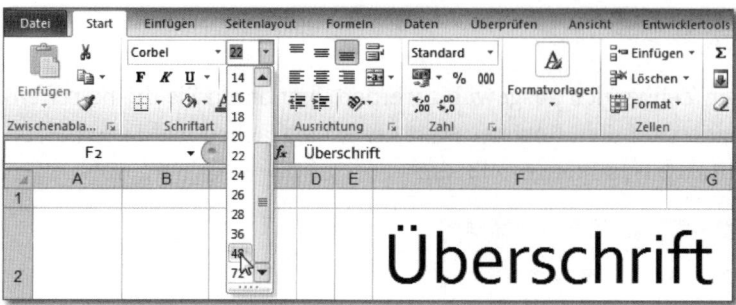

Abbildung 5.27 Listenfeld mit verschiedenen Schriftgraden

Alternativ lässt sich der optimale Schriftgrad auch mithilfe der beiden Schaltfläche ansteuern, die den aktuellen Schriftgrad jeweils stufenweise nach oben oder unten verändern. Die anderen Schaltflächen in der mittleren Zeile dienen der Schriftgestaltung.

Symbol	Funktion
F	Fett
K	Kursiv
U ▾	Unterstreichen, Doppelt unterstrichen

Die Symbole für diese Schriftattribute sind Schalter. Wird eine Zelle fett geschrieben, erscheint das Symbol für **Fett** mit einem andersfarbigen Hintergrund, wenn die Zelle ausgewählt wird. Klicken Sie das Symbol noch einmal an, wird die fette Darstellung der Schrift wieder aufgehoben. Für einige Schriftattribute können auch Tastenkombinationen verwendet werden:.

Tastenkombination	Wirkung
Strg + 2	Schaltet **Fett** ein/aus.
Strg + 3	Schaltet **Kursiv** ein/aus.
Strg + 4	Schaltet **Unterstreichen** ein/aus.
Strg + 5	Schaltet **Durchgestrichen** ein/aus.

Schriftfarbe

Das Symbol **Schriftfarbe** ist mit einer Farbpalette verknüpft, die über den Pfeil geöffnet wird. Wenn Sie nur für einen Bereich eine Farbe vergeben wollen, können Sie gleich auf das gewünschte Farbmuster klicken. Die Schrift im markierten Bereich wird eingefärbt, und die Schaltfläche selbst übernimmt ebenfalls die gewählte Farbe. Wenn Sie also anschließend einen anderen Zellbereich markieren, müssen Sie nur noch den linken Teil der Schaltfläche anklicken.

Eine ähnliche Palette bietet auch die Schaltfläche **Füllfarbe** an, die weiter unten noch näher beschrieben wird. Auch auf die hier angesiedelte Schaltfläche für Rahmenlinien soll weiter unten eingegangen werden.

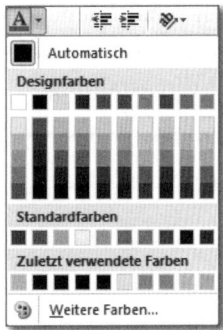

Abbildung 5.28 Farbpalette für die Schriftfarbe

Schriftregister

Außer diesen Werkzeugen aus der Gruppe **Schriftart** steht Ihnen über den Dialogfeldstarter der Gruppe für diesen Zweck noch die Registerkarte **Schrift** im Dialog **Zellen formatieren** zur Verfügung.

Sie können die Schrifteigenschaften eingeben oder aus den Listenfeldern auswählen. Beim **Schriftgrad** können auch Bruchteile wie 10,5 eingegeben werden. Wenn Sie unter **Schriftart**, **Schriftschnitt** und **Schriftgrad** die gewünschten Eigenschaften der Schrift für die markierten Zellen auswählen, erhalten Sie unter **Vorschau** jeweils ein Schriftmuster.

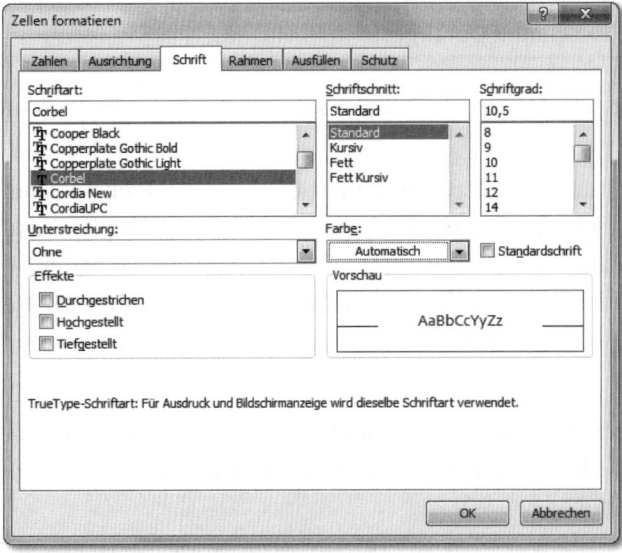

Abbildung 5.29 Die Registerkarte »Schrift« im Dialog »Zellen formatieren«

> **Änderungsvorschläge markieren**
> Die Option **Durchgestrichen** ist ganz nützlich, wenn Tabellenblätter von mehreren Mitarbeitern bearbeitet werden. Sie können auf diese Weise vorschlagen, dass bestimmte Texte oder Werte gestrichen werden, ohne die Daten gleich löschen zu müssen. Wird der Vorschlag verworfen, kann das Attribut wieder gelöscht werden.

In dem Feld **Unterstreichung** können zusätzlich verschiedene Formen der Unterstreichung gewählt werden. Soll die Farbe des Textes geändert werden, öffnen Sie mit Klick auf den Pfeil zu **Farbe** die Liste der Farbmuster. Unter **Effekte** können Sie noch wählen, ob der Text durchgestrichen, hochgestellt oder tiefgestellt erscheinen soll. Wird das Kästchen bei **Standardschrift** abgehakt, wird der ausgewählte Bereich wieder auf die aktuelle Standardschriftart zurückgesetzt.

Wenn Sie eine Zellauswahl mit der rechten Maus anklicken, gelangen Sie auch über **Zellen formatieren** in das Dialogfeld. Häufig reicht es aber aus, im Kontextmenü mit den Schaltflächen der schon angesprochenen Minisymbolleiste zu arbeiten, die im linken Teil ebenfalls die wichtigsten Schriftwerkzeuge anbietet.

Wollen Sie vorweg für das gesamte Tabellenblatt eine Hauptschrift festlegen, können Sie auch mit dem Feld **Alles Auswählen** zunächst das gesamte Blatt auswählen.

Gestaltung einzelner Buchstaben in einer Zelle

Es ist schon erwähnt worden, dass Sie die Schrift nicht nur für eine ganze Zelle, sondern auch für einzelne Zeichen eines Zelleintrags ändern können. Soll z. B. der erste Buchstabe einer Überschrift noch einmal besonders hervorgehoben werden, können Sie dieses Zeichen direkt in der Zelle oder in der Bearbeitungsleiste markieren und dann mit einem der Schriftsymbole oder mit dem Dialogfeld **Zellen formatieren** arbeiten. Zu einer Zeichenauswahl wird auch die Minisymbolleiste eingeblendet. Ähnlich verfahren Sie bei Diagrammbeschriftungen.

Abbildung 5.30 Einzelne Zeichen in einer Zelle formatieren

> **HINWEIS**
>
> **Tücken der Gruppenbearbeitung**
>
> Sie haben mehrere Blätter markiert, um ihnen eine einheitliche Schrift zuzuweisen. Anschließend haben Sie in der Überschrift des ersten Blatts einen kleinen Fehler entdeckt und ihn korrigiert. Zu Ihrem Schreck bemerken Sie nun, dass alle Blätter dieselbe Überschrift haben. Sie haben vergessen, nach dem Formatieren der Blattgruppe den Gruppenmodus wieder auszuschalten. Der Gruppenmodus wird in der Titelleiste angezeigt. Es reicht zum Aufheben der Klick auf ein einzelnes Register außerhalb der Gruppe. Gehören alle Blätter zur Gruppe, klicken Sie ein Register mit der rechten Maustaste an, und benutzen Sie **Gruppierung aufheben**.

5.2.2 Beschriftungen und Zellwerte ausrichten

Solange Sie nichts anderes bestimmen, richtet Excel 2010 Texte am linken Rand der Zelle, also linksbündig, Zahlen dagegen rechtsbündig aus. Logische Werte wie WAHR und FALSCH oder Fehlerwerte werden als Vorgabe in die Mitte der Zelle gesetzt, also zentriert. Wie das Ergebnis einer Formel ausgerichtet wird, hängt von dem Datentyp ab, den sie als Ergebnis liefert.

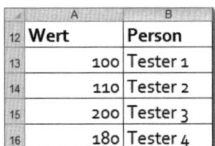

Abbildung 5.31 Hier ist eine Änderung der Ausrichtung ratsam.

In vielen Fällen ist die Vorgabeausrichtung nicht befriedigend. Wenn z. B. eine Textspalte rechts von einer Zahlenspalte steht, klebt der Text an den Zahlen. Wenn die Spaltenüberschrift linksbündig, die Zahlen aber rechtsbündig stehen, macht es oft einen ziemlich ungeordneten Eindruck.

Eine entsprechende Anpassung der Ausrichtung trägt wesentlich dazu bei, die Tabelle übersichtlich zu gestalten. Um die Ausrichtung eines Zellbereichs zu ändern, muss wie immer zunächst markiert werden, was verändert werden soll. Für die gängigsten Optionen stehen auf dem Register **Start** in der Gruppe **Ausrichtung** zahlreiche Symbole zur Verfügung.

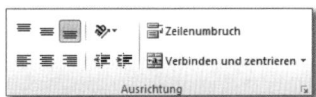

Abbildung 5.32 Die Gruppe »Ausrichtung«

Die obere Symbolreihe enthält Schaltflächen für die vertikale Ausrichtung der Zellinhalte; daneben gibt es noch ein Symbol **Ausrichtung** mit einem eigenen Menü. Zuletzt ist in der Reihe ein Symbol **Zeilenumbruch** zu finden, das verwendet werden kann, wenn die Zelle mit mehrzeiligen Beschriftungen gefüllt werden soll.

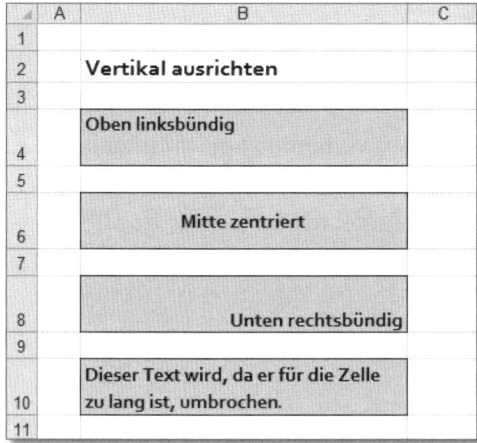

Abbildung 5.33 Beispiele für die vertikale Ausrichtung

Die untere Reihe in der Gruppe **Ausrichtung** enthält die am meisten benötigten Symbole für die horizontale Ausrichtung. Hier kann **linksbündig**, **zentriert** oder **rechtsbündig** gewählt werden. Beachten Sie, dass Texte, die länger sind als die Spaltenbreite, bei rechtsbündiger Ausrichtung die linken Nachbarzellen überlappen, sofern diese leer sind, bei linksbündigen Texten werden die rechten Nachbarzellen überlappt, bei zentrierter Anordnung die Zellen rechts und links. Daneben sind zwei Symbole für die schrittweise Verkleinerung oder Vergrößerung von Einzügen zu finden. Dazu gleich mehr.

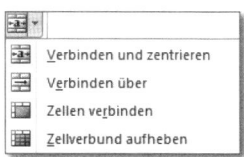

Abbildung 5.34 Menü der Schaltfläche »Verbinden und zentrieren«

Die letzte Schaltfläche in dieser Reihe bietet ein Menü mit verschiedenen Befehlen für die Zusammenfassung von Zellen an. Die erste Option ist **Verbinden und zentrieren**. Dazu gleich ein Beispiel.

Überschriften über mehrere Spalten zentrieren

Bei Tabellenüberschriften mit zahlreichen Spalten besteht oft der Wunsch, die Überschrift genau in der Mitte der Tabelle zu platzieren:

1 Geben Sie den Titel in die am weitesten links liegende Spalte ein.

2 Markieren Sie dann von dieser Zelle aus einen Bereich, der bis zur letzten verwendeten Spalte der Tabelle reicht.

3 Benutzen Sie unter **Start ▸ Ausrichtung** die Option **Verbinden und zentrieren**.

Die Voraussetzung dafür, dass Sie das gewünschte Ergebnis erreichen, ist allerdings, dass die Zellen, auf die die Zellmarkierung ausgedehnt wurde, leer sind bzw. bleiben.

Das Register »Ausrichtung«

Noch mehr Variationen erlaubt die Registerkarte **Ausrichtung** im Dialog **Zellen formatieren**, die auch hier über den Dialogfeldstarter der Gruppe geöffnet werden kann.

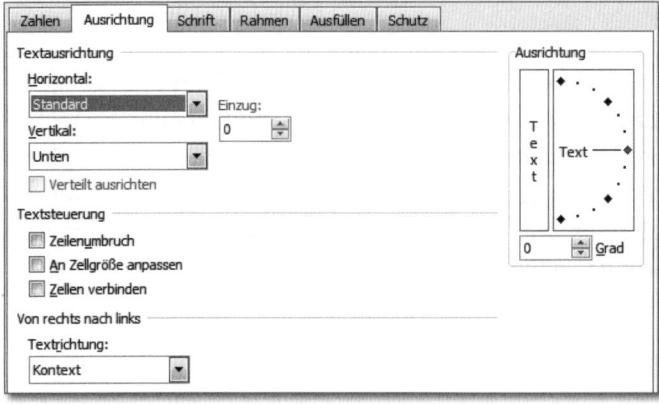

Abbildung 5.35 Das Register »Ausrichtung« im Dialog »Zellen formatieren«

Das Dialogfeld bietet unter **Textausrichtung** separate Einstellungen für die horizontale und für die vertikale Anordnung der Zellinhalte an. Bei **Horizontal** kann neben der oben beschriebenen Standardeinstellung wieder **Links**, **Zentriert** oder **Rechts** gewählt werden. Die Option **Blocksatz** führt dazu, dass der Text bündig nach beiden Seiten angeordnet wird.

Die Option **Ausfüllen** bewirkt, dass die Zelle mit der eingegebenen Zeichenfolge ganz ausgefüllt wird, d. h., die Zeichenfolge wird so oft wiederholt, bis nichts mehr hinein passt. Sie kann z. B. verwendet werden, um Zellen mit *** aufzufüllen.

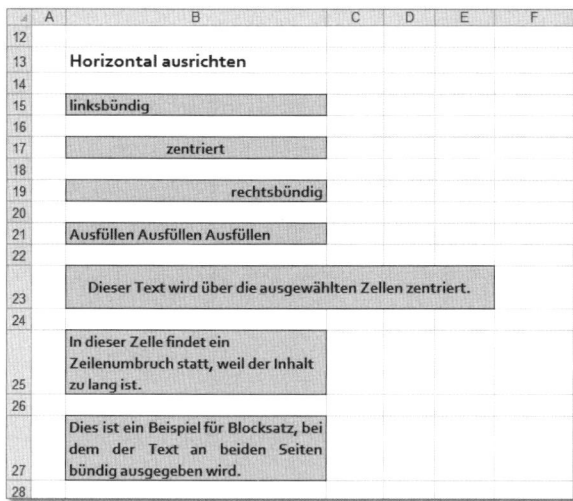

Abbildung 5.36 Beispiele für die horizontale Ausrichtung

Die Option **Über Auswahl zentrieren** setzt den Inhalt der ersten Zelle in einer Auswahl von beispielsweise drei Zellen in die Mitte, verbindet die Zellen aber nicht. Wird in eine Nachbarzelle anschließend etwas eingegeben, wird der Raum zwischen den beiden Einträgen aufgeteilt.

Seit Excel 2002 gibt es auch die Möglichkeit, für internationale Anwendungen die Textrichtung zu ändern, etwa für arabische Schriften.

Einzüge, um Beschriftungen zu gruppieren

Insbesondere bei Zeilenbeschriftungen ist es oft erwünscht, die Beschriftungen nach bestimmten Kategorien zu ordnen. Hier ist es praktisch, untergeordnete Kategorien durch Einrücken des Textes kenntlich zu machen. Das folgende Beispiel zeigt eine Aufstellung von Kostenarten.

Die Kosten sind in zwei Hauptgruppen gegliedert: Sach- und Personalkosten. Für die einzelnen Positionen jeder Gruppe wird ein Einzug verwendet. Auf der Registerkarte **Ausrichtung** ist dafür als Textausrichtung **Links** ausgewählt und bei **Einzug** der Wert 3 eingegeben worden. Anstelle des Dialogfeldes können auch die beiden Einzugssymbole in der Gruppe **Ausrichtung** benutzt werden; ein Klick verändert den Einzug jeweils um eine Stelle. So lässt sich leicht ausprobieren, bei welchem Einzug das Ergebnis optimal ist.

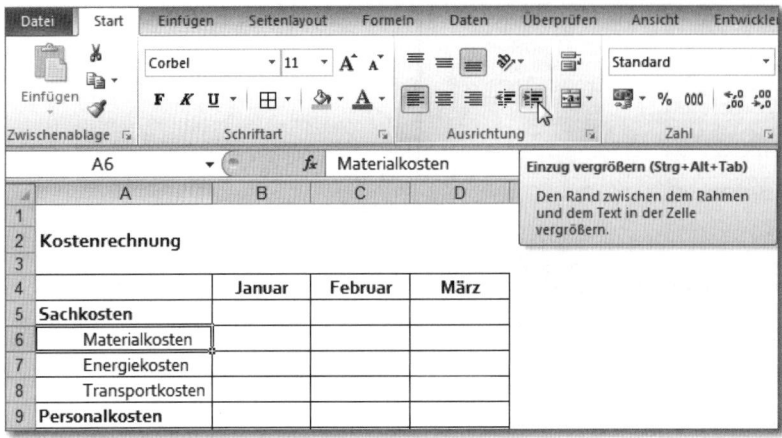

Abbildung 5.37 Zeilenbeschriftungen mit Einzügen ordnen

Längere Beschriftungen

Häufig sind die Daten in einer Spalte nur eine Stelle lang, etwa bei bestimmten Kennzeichen, die Spaltenbeschriftung aber ausführlich. Lässt sich eine längere Beschriftung nicht vermeiden, kann zusätzlich zur horizontalen Ausrichtung noch der Zeilenumbruch eingesetzt werden. Texte, die über die Spaltengrenze hinausragen, werden dann innerhalb der Zelle umbrochen. Die Zeilenhöhe wird automatisch angepasst.

Der Zeilenumbruch in dieser Art hat allerdings den Nachteil, dass immer die Höhe für die gesamte Zeile angepasst wird. Sind die Beschriftungen in den anderen Spalten wesentlich kürzer, kann es zu weniger schönen Ergebnissen kommen. Hier hilft dann eventuell eine Veränderung der vertikalen Anordnung des Textes in den betreffenden Zellen. In dem folgenden Beispiel etwa sind die kürzeren Beschriftungen vertikal mittig ausgerichtet.

	A	B	C	D
1				
2	Code der Test-person	Test1	Test2	Test3
3	123	1,836	2,320	4,018
4	124	4,633	1,173	0,349
5	125	0,821	1,382	4,224
6	126	4,386	3,801	2,631

Abbildung 5.38 Kombination von Zeilenumbruch und vertikaler Ausrichtung

Schräge oder senkrechte Beschriftungen

Eine andere Lösung für längere Beschriftung ist eine schräge oder auch senkrechte Anordnung. Die schräge Anordnung ist die bevorzugte Lösung bei schmalen Spalten. Die folgende Tabelle zeigt, wie auch schmale Spalten mit längeren Beschriftungen versehen werden können.

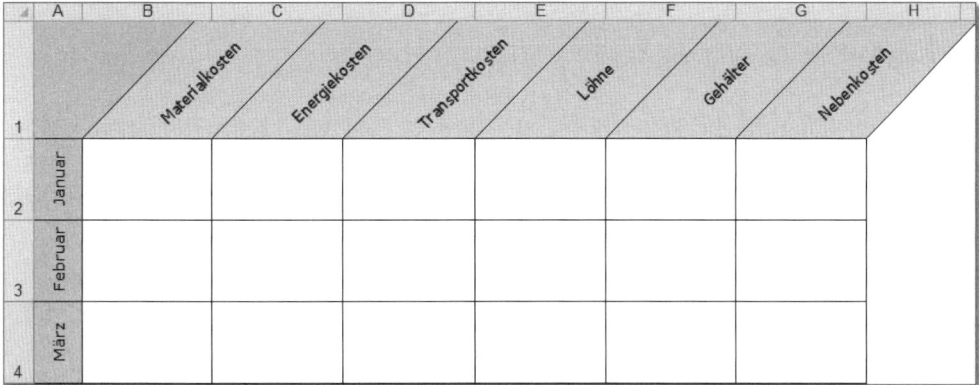

Abbildung 5.39 Tabelle mit vertikalen und schrägen Beschriftungen

Wenn die Beschriftungen markiert sind, bietet das Menü des Symbols **Ausrichtung** Optionen an, um die Texte im Uhrzeigersinn oder gegen den Uhrzeigersinn zu drehen, vertikal anzuordnen oder ganz nach oben oder unten zu drehen. Auch senkrechte Beschriftungen von Tabellenbereichen sind möglich.

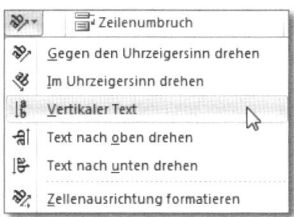

Abbildung 5.40 Optionen der Schaltfläche »Ausrichtung«

Wird **Vertikaler Text** ausgewählt, erscheint der Text Buchstabe für Buchstabe von oben nach unten. Wird der Text nach oben gedreht, erscheint der Text von unten nach oben ausgerichtet, wird er nach unten gedreht, verläuft der Text von oben nach unten. Wenn Sie bisher waagerechte Texte senkrecht ausrichten, passt Excel die Zeilenhöhe automatisch an den längsten Eintrag an, die Spaltenbreite bleibt dagegen zunächst unverändert.

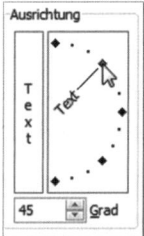

Abbildung 5.41 Schräge Ausrichtung mit der Maus

Feinere Einstellungsmöglichkeiten bietet auch hier das Dialogfeld **Zellen formatieren**. Wählen Sie dazu auf dem Register **Ausrichtung** unter **Ausrichtung** den gewünschten Winkel. Sie können den roten Punkt in dem Halbkreis mit der Maus ziehen oder eine Stelle in dem Halbkreis anklicken oder auch einen Wert unter **Grad** eingeben oder einstellen.

Zellen für längere Texte zusammenfassen

So wie sich bei Zeilenbeschriftungen Gruppen durch Einzüge herstellen lassen, können bei den Spaltenbeschriftungen Gruppen sehr schön durch das Zusammenfassen von Zellen geschaffen werden. In der folgenden Tabelle ist ein Teil der Beschriftung für einen Betriebsabrechnungsbogen zu sehen. Darin sind die Fertigungsstellen zunächst unterteilt nach Fertigungshauptstellen und Fertigungshilfsstellen. Darunter liegen dann jeweils die Bezeichnungen der einzelnen Stellen selbst als Spaltenbeschriftungen. In diesem Fall können Sie folgendermaßen vorgehen:

1 Markieren Sie in der Zeile über den **Fertigungshauptstellen** so viele Zellen, wie Hauptstellen angelegt sind.

2 Klicken Sie in der Gruppe **Ausrichtung** auf das Symbol **Verbinden und zentrieren**. Alle markierten Zellen werden zu einer Zelle zusammengefasst. Die Adresse wird von der ersten Zelle übernommen. Tragen Sie *Fertigungshauptstellen* ein.

3 Entsprechend verfahren Sie mit den Zellen über den Beschriftungen der Fertigungshilfsstellen. Tragen Sie in die zusammengefasste Zelle *Fertigungshilfsstellen* ein.

4 Noch eine Zeile darüber markieren Sie jetzt alle Zellen über den Haupt- und Hilfsstellen und fassen sie zu einer einzigen Zelle zusammen. Tragen Sie *Fertigungsstellen* ein.

Solche zusammengefassten Zellen sind sehr praktisch, wenn Sie einen Tabellentitel oder auch einen längeren Text in einer Tabelle ablegen wollen. Möchten Sie die Zusammenfassung der Zellen wieder aufheben, benutzen Sie die Option **Zellverbund aufheben**, die das Menü der Schaltfläche **Verbinden und zentrieren** anbietet.

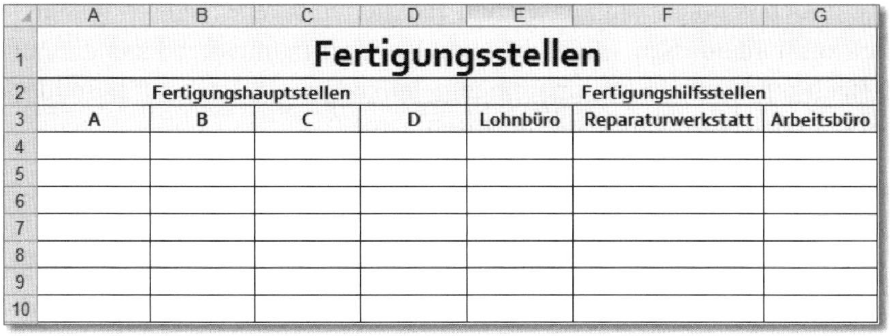

	A	B	C	D	E	F	G
1	Fertigungsstellen						
2	Fertigungshauptstellen				Fertigungshilfsstellen		
3	A	B	C	D	Lohnbüro	Reparaturwerkstatt	Arbeitsbüro
4							
5							
6							
7							
8							
9							
10							

Abbildung 5.42 Tabellentitel und Text mit zusammengefassten Zellen

Das Zusammenfassen von Zellen erleichtert die Gestaltung von Tabellen und Formularen in hohem Maße. Es gibt Ihnen größere Freiheit im Aufbau der Tabellen. Dabei behalten die zusammengefassten Zellen ansonsten alle Eigenschaften einer »normalen« Zelle. Sie werden über eine Zelladresse angesprochen, können kopiert und verschoben werden usw. Auch das Ausfüllkästchen kann weiter zum Erzeugen von Reihen oder Kopien eingesetzt werden.

Automatische Anpassung der Schriftgröße

Noch eine weitere Möglichkeit bietet Excel 2010 an, um die Beschriftungen oder auch Werte passend in die Tabelle einzufügen. Sie können festlegen, dass in einer Zelle die Schrift automatisch kleiner ausgegeben wird, wenn der Zellinhalt durch eine Korrektur umfangreicher wird, ohne dass der zugeordnete Schriftgrad tatsächlich geändert werden muss. Haken Sie dazu auf dem Register **Ausrichtung** unter **Textsteuerung** das Kontrollkästchen **An Zellgröße anpassen** ab.

Wird in eine der so formatierten Zellen etwas eingetragen, was nicht in die Zelle passt, gibt Excel den Zellinhalt in einer kleineren Schrift aus, sodass alle Daten angezeigt werden können. Dieser Zelleigenschaft sind natürlich Grenzen gesetzt. Wird der Zellinhalt zu umfangreich, hört die Schrift auf, lesbar zu bleiben. Dann müssen Sie andere Maßnahmen treffen.

5.3 Rahmen und Muster

Linien und Rahmen sowie Farben und Muster für den Zellhintergrund sind bewährte Mittel, Ihre Tabellen übersichtlich zu gestalten. Linien sind z. B. gut geeignet, um Summenzeilen von den summierten Zahlenkolonnen zu trennen oder auch die Beschriftungen von den Bereichen, in die die Daten eingegeben werden.

Mit Rahmen lassen sich in einem umfangreichen Tabellenblatt verschiedene Teilbereiche übersichtlich zusammenfassen. Mit Farben und Hintergrundmustern kann die Aufmerksamkeit gezielt auf wichtige Informationen gelenkt werden, etwa auf besonders herausragende oder auch besonders kritische Werte.

Vor allem, wenn Sie im Fenster oder auch nur für den Ausdruck die Gitternetzlinien ausblenden wollen, sollten Sie diese Mittel einsetzen, um den gesamten Aufbau der Tabelle übersichtlich zu strukturieren und nicht zuletzt auch, um einen gefälligen Gesamteindruck der Arbeit hervorzurufen. Das gilt im Besonderen für Formulare, die öfter verwendet werden, wie Rechnungsformulare, Lieferscheine, Bestellformulare etc.

Ein chaotisches Tabellenblatt dagegen macht nicht nur einen schlechten Eindruck und verärgert vielleicht den Empfänger. Möglicherweise werden auch entscheidende Informationen einfach übersehen. Nicht jeder hat ja die Zeit, eine Tabelle von der ersten bis zur letzten Zeile durchzusehen.

Palette der Rahmenlinien

Wenn Sie eine Zelle oder einen Bereich markiert haben, den Sie mit Linien oder Rahmen versehen wollen, haben Sie mehrere Möglichkeiten.

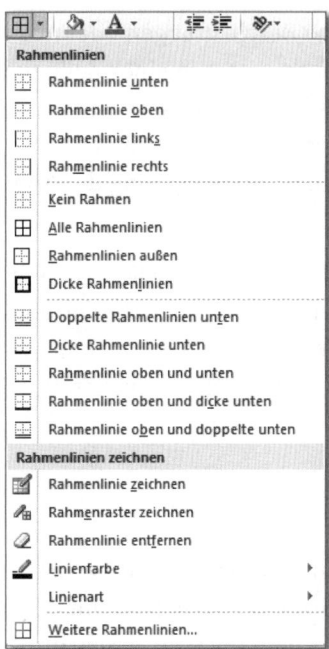

Abbildung 5.43 Umfangreiche Rahmenlinienpalette

5.3 Rahmen und Muster

Wer mit der Maus arbeitet, kann das Rahmenlinien-Symbol aus der Gruppe **Start ▸ Schriftart** einsetzen, das ähnlich genutzt werden kann, wie es oben am Beispiel des Symbols für **Schriftfarbe** beschrieben wurde. Sie haben die Wahl zwischen zwölf vorgegebenen Rahmenlinien. Beachten Sie, dass sich bis auf die Option **Alle Rahmenlinien**, die alle Zellen eines ausgewählten Zellbereichs betreffen, alle anderen Optionen jeweils auf den Zellbereich als Ganzen beziehen. Um einen Zellbereich von anderen Bereichen abzutrennen, kann so beispielsweise eine dicke Rahmenlinie darum gezeichnet werden, wie in der folgenden Abbildung zu sehen.

	Euro	Dollar	Pfund
4			
5 Artikel 1	50,00 €	$52,63	£22,73
6 Artikel 2	75,00 €	$78,95	£34,09
7 Artikel 3	100,00 €	$105,26	£45,45
8 Artikel 4	125,00 €	$131,58	£56,82
9 Artikel 5	150,00 €	$157,89	£68,18
10 Artikel 6	175,00 €	$184,21	£79,55

Abbildung 5.44 Zellbereich mit dicker Rahmenlinie außen

Um alle Rahmenlinien für einen markierten Bereich wieder zu entfernen, wählen Sie **Kein Rahmen**.

Die Option **Weitere Rahmenlinien** öffnet in diesem Fall das Register **Rahmen** im Dialog **Zellen formatieren**.

Die Registerkarte »Rahmen«

Die Vergabe von Rahmen und Linien mithilfe des Dialogfeldes **Zellen formatieren** ist etwas weniger elegant, weil dabei immer nur eine Auswahl für den gerade markierten Bereich getroffen werden kann. Dafür aber haben Sie auf der Registerkarte **Rahmen** mehr Auswahlmöglichkeiten. So sind hier auch diagonale Linien möglich, etwa um einen Bereich für einen späteren Löschvorgang zu markieren.

1 Markieren Sie die Zelle oder den Zellbereich, der gerahmt oder mit Linien versehen werden soll.

2 Zunächst können Sie auf der Registerkarte **Rahmen** eine Voreinstellung wählen, die dann anschließend verfeinert werden kann. Wenn Sie **Außen** anklicken, wird der markierte Zellbereich insgesamt mit einem Rahmen versehen. **Innen** dagegen sorgt für ein Linienraster innerhalb des markierten Bereichs. Mit **Keine** werden alle eventuell schon vorhandenen Rahmen wieder gelöscht. **Außen** und **Innen** können gleichzeitig benutzt werden.

5 Tabellenblätter gestalten

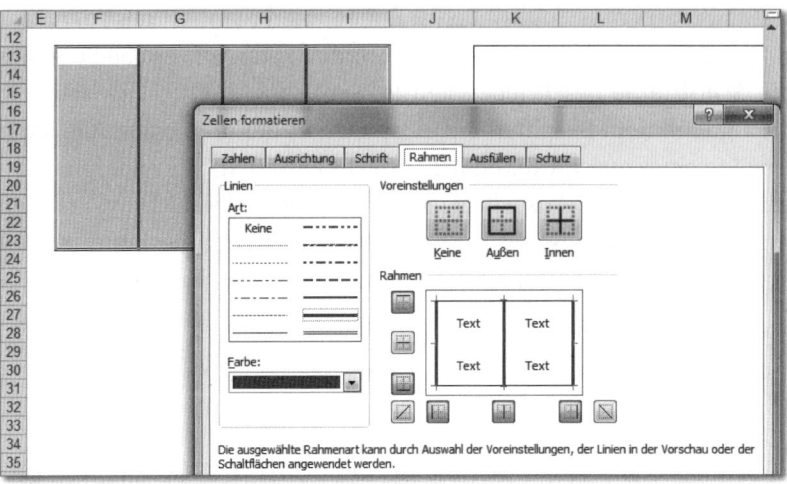

Abbildung 5.45 Die Registerkarte »Rahmen«

3 Im Feld **Rahmen** wird das Ergebnis der Voreinstellung angezeigt. Jede der Linien im Feld **Rahmen** kann anschließend per Mausklick entfernt werden. Fehlende Linien können wieder per Klick in das Rahmenfeld oder auf eines der Symbole um das Feld herum eingefügt werden.

4 Sollen unterschiedliche Linienarten und Linienfarben benutzt werden, wählen Sie erst per Mausklick im rechten Feld eines der Linienmuster aus und unter **Farbe** eines der Farbmuster. Alle Linien, die anschließend eingefügt werden, entsprechen so lange der ausgewählten Linienart und -farbe, bis Sie eine andere Auswahl treffen.

Sie können die Optionen beliebig kombinieren. Zum Beispiel ist es möglich, jede Zelle im Bereich mit einem dünnen Strich unten zu versehen, die Spalten aber mit fetten Strichen zu trennen.

5.3.1 Rahmen zeichnen

Statt die Zellen zuerst zu markieren und dann zu umrahmen, können Sie auch eines der beiden Zeichenwerkzeuge verwenden, das die Rahmenlinienpalette im unteren Teil anbietet. In der Palette lässt sich die Art und Farbe der Linien über Auswahllisten vorher bestimmen. Zum Zeichnen stehen die beiden Optionen **Rahmenlinie zeichnen** und **Rahmenraster zeichnen** zur Verfügung.

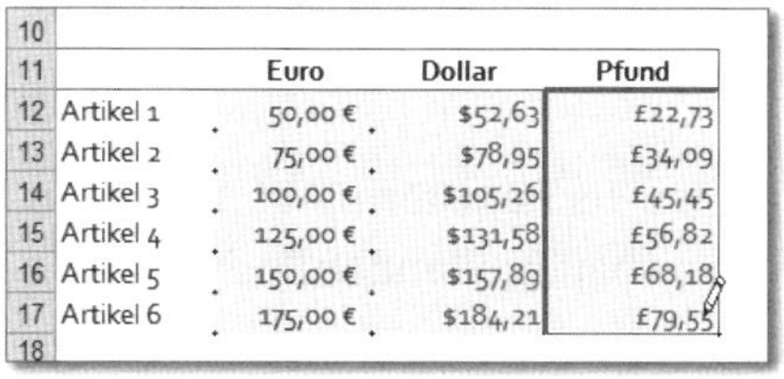

5.3 Rahmen und Muster

Abbildung 5.46 Einrahmen der Preistabelle mit dem Zeichenstift für Rahmenlinien

Im ersten Fall wird ein Rahmen um den anschließend mit dem Zeichenstift aufgezogenen Bereich gezogen, im zweiten Fall wird auf den ausgewählten Bereich ein komplettes Zellraster gelegt. Der Zeichenvorgang wird abgeschlossen mit einem erneuten Klick auf das Rahmenliniensymbol.

Für nachträgliche Korrekturen wird in der Palette ein Radiergummi-Symbol angeboten, das die Löschfunktion aktiviert. Mit der Maus lassen sich dann falsch platzierte Rahmen oder Raster leicht entfernen. Erst eine andere Auswahl in der Palette deaktiviert die Löschfunktion.

5.3.2 Farben und Füllmuster

Für die Gestaltung des Zellhintergrundes mit Farben wird in der Gruppe **Start ▸ Schriftart** die Schaltfläche **Füllfarbe** angeboten, die auch für das Einfärben von grafischen Objekten verwendet werden kann. Die Palette, die ein Klick auf den kleinen Pfeil öffnet, bietet eine Vorauswahl von Farben, ähnlich wie die schon behandelte Palette zur Schriftfarbe.

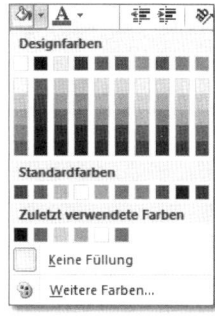

Abbildung 5.47 Palette zum Symbol »Füllfarbe«

Dabei wird unterschieden zwischen **Designfarben** und **Standardfarben**. Die Designfarben sind aufeinander abgestimmte Farbgruppen, die über die später noch behandelte Schaltfläche **Designfarben** in der Gruppe **Seitenlayout ▸ Designs** gepflegt werden. Die Standardfarben sind Farbvorgaben von Excel, die beispielsweise auch bei der Einfärbung von Diagrammen bevorzugt verwendet werden, wenn die Farben nicht vom Benutzer zugewiesen werden.

Die Schaltfläche **Weitere Farben** öffnet einen Dialog mit zwei Registern. Auf dem Register **Standard** kann bei Bedarf ein Austausch der vorgegebenen Standardfarben vorgenommen werden.

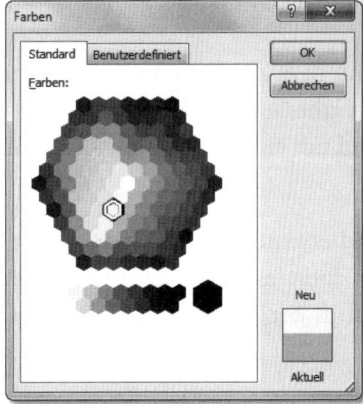

Abbildung 5.48 Austausch einer Standardfarbe

Reicht dieses Farbangebot nicht aus, kann auf dem Register **Benutzerdefiniert** eine eigene Farbe aus den Grundfarben zusammengemischt werden. In dem großen Farbfeld können Sie nun entweder ganz zielsicher eine bestimmte Stelle anklicken oder mit dem Mauszeiger in dem Feld herumziehen, bis das kleine Monitorfenster darunter unter **Neu** die gewünschte Farbe anzeigt. Ebenso lässt sich in dem schmalen Streifen verfahren, der Helligkeitsleiste, die immer verschiedene Beimischungen von Weiß bzw. Schwarz zu der im linken Feld ausgewählten Farbe anzeigt.

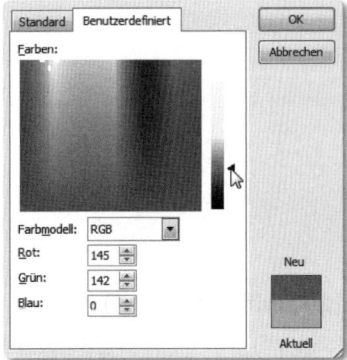

Abbildung 5.49 Mischen benutzerdefinierter Farben

Alternativ zum Ziehen und Klicken in den Farbfeldern lassen sich auch die Zahlenwerte einstellen, die für die beiden von Excel unterstützten Farbsysteme gültig sind. Das Farbsystem HSL arbeitet mit den drei Faktoren **Farbton**, **Sättigung** und **Intensität**, das RGB-System mit der Mischung der Farben **Rot**, **Grün** und **Blau**. Beide Systeme können unabhängig voneinander benutzt werden. In der Palette tauchen eigene Farben unter der Rubrik **Zuletzt verwendete Farben** auf, sodass Sie leicht darauf zurückgreifen können.

	A	B	C	D
11		Euro	Dollar	Pfund
12	Artikel 1	50,00 €	$52,63	£22,73
13	Artikel 2	75,00 €	$78,95	£34,09
14	Artikel 3	100,00 €	$105,26	£45,45
15	Artikel 4	125,00 €	$131,58	£56,82
16	Artikel 5	150,00 €	$157,89	£68,18
17	Artikel 6	175,00 €	$184,21	£79,55

Abbildung 5.50 Unterschiedlich eingefärbte Spalten für bessere Lesbarkeit

Wenn Sie z. B. Spalten mehr voneinander abheben oder eine Spalte mit besonders vorzüglichen Ergebnissen herausheben wollen, steht dem nichts im Wege. Markieren Sie die Spalte, und klicken Sie auf den Pfeil des Symbols. Wählen Sie eine Farbe aus der Palette. Mit einem Klick auf **Keine Füllung** kann die Hintergrundfarbe wieder gelöscht werden.

Die Registerkarte »Ausfüllen«

Die Einfärbung der Zellen kann auch über die Registerkarte **Ausfüllen** im Dialog **Zellen formatieren** vorgenommen werden. Dabei kann unter **Hintergrundfarbe** aus derselben Palette ausgewählt werden wie bei der Schaltfläche **Füllfarbe**.

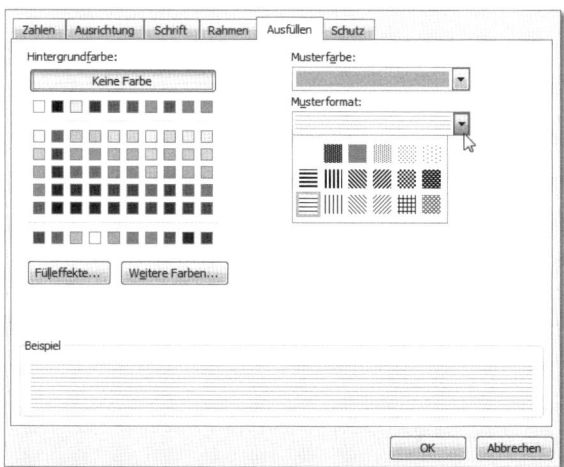

Abbildung 5.51 Die Registerkarte »Ausfüllen«

Zusätzlich lassen sich im Listenfeld **Musterformat** auch Schraffuren für die markierten Zellen wählen, die auf den jeweiligen Hintergrund gelegt werden. Über **Musterfarbe** kann eine bestimmte Farbe für die Schraffur ausgewählt werden. Es ist also beispielsweise möglich, auf einen grauen Hintergrund ein beiges Linienmuster zu legen, um eine Titelzeile hervorzuheben.

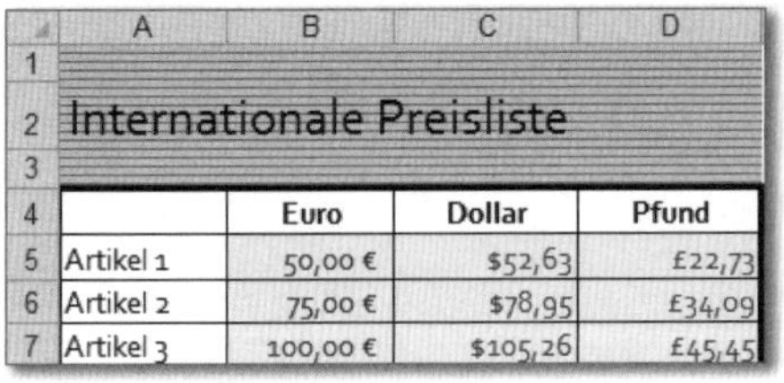

	A	B	C	D
1				
2	Internationale Preisliste			
3				
4		Euro	Dollar	Pfund
5	Artikel 1	50,00 €	$52,63	£22,73
6	Artikel 2	75,00 €	$78,95	£34,09
7	Artikel 3	100,00 €	$105,26	£45,45

Abbildung 5.52 Titelzeile mit Hintergrundfarbe und Schraffur

Weniger ist oft mehr

Mit den Farben in einem Tabellenblatt verhält es sich ähnlich wie mit den Schriften. Die Leichtigkeit, mit der Zellen angemalt werden können, führt manchmal in Versuchung, zu viel des Guten zu tun. Mehr als drei oder vier Farben auf einem einzigen Blatt machen das Bild unruhig, verwirren das Publikum und ermüden schnell die Augen.

Bei solchen Farbmustern stellt sich natürlich immer auch die Frage, wie der entsprechende Bereich im Druck erscheinen wird. Deshalb sollten Sie am Anfang ein wenig experimentieren, um die Kombinationen herauszufinden, die wirklich brauchbar sind. Schließlich sollen die Daten ja noch lesbar bleiben.

5.3.3 Farben als Organisationsmittel

Farben und Muster können auch ohne Daten für viele Zwecke gut eingesetzt werden. Für die Urlaubsplanung einer Abteilung oder einer kleinen Firma können mithilfe solcher Muster z. B. sehr leicht Übersichten erzeugt werden. Die Abbildung zeigt ein Beispiel. Hier ein Tipp, wie so ein Plan ausgefüllt werden kann: Legen Sie in einer Zelle – in der Abbildung ist es A15 – ein Farbmuster ab. Soll nun ein mehrtägiger Urlaub eingetragen werden, klicken Sie auf diese Farbzelle und anschließend auf das Symbol **Format übertragen.** Ziehen Sie mit dem Pinsel über die entsprechenden Tage.

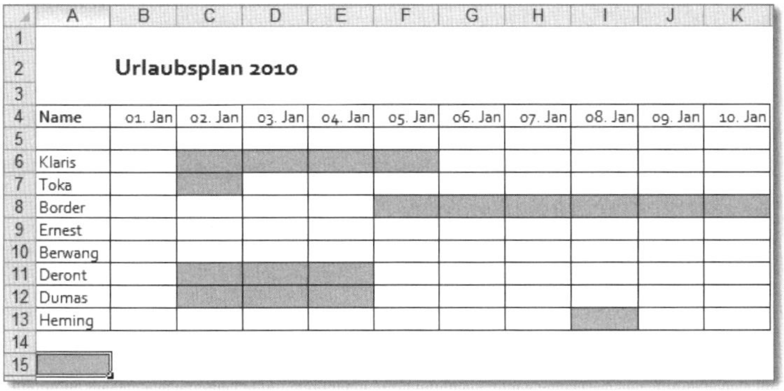

5.3 Rahmen und Muster

Abbildung 5.53 Urlaubsplanung

5.3.4 Bildhintergründe

Mit dem Befehl **Seitenlayout ▸ Seite einrichten ▸ Hintergrund** lassen sich Bilder als Hintergrund unter das Zahlenwerk einer Tabelle legen. Der Befehl öffnet ein Dialogfeld, in dem Sie eine Grafikdatei auswählen können. Alle üblichen Dateitypen werden unterstützt. Excel kachelt das gesamte Tabellenblatt mit dem gewählten Bild aus. Auf diese Art lassen sich beispielsweise Abbildungen von Papierstrukturen, dekorative Texturen oder auch Fotos als Hintergrund benutzen.

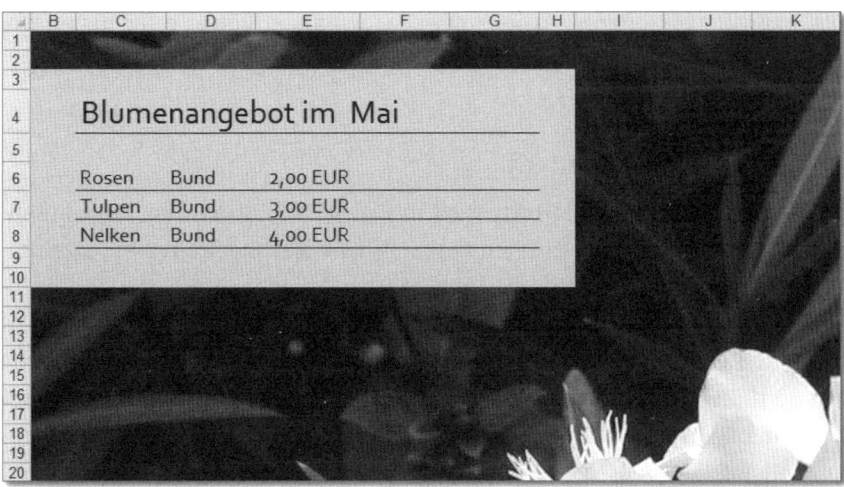

Abbildung 5.54 Bilderhintergrund für eine Tabelle

Wenn Sie den Hintergrund wieder entfernen wollen, wählen Sie an derselben Stelle den Befehl **Hintergrund löschen**.

5.4 Blätter und Mappen schützen

Da in Excel die Veränderungssperre für Zellen als eine Eigenschaft gesehen wird, die zum Format der Zelle gehört, soll diese Frage auch hier in diesem Zusammenhang behandelt werden. Das schließt übrigens ein, dass auch beim Kopieren oder Verschieben von Zellen diese Eigenschaften mit übertragen werden.

Normalerweise können alle Beschriftungen, Zahlen und Formeln in einer geöffneten Arbeitsmappe jederzeit geändert werden. Das kann absichtlich geschehen, sei es von befugten oder unbefugten Personen, die z. B. Werte manipulieren. Das kann aber auch unabsichtlich geschehen. Eine komplizierte Formel ist sehr schnell durch eine Zahl überschrieben, wenn Sie sich bei der Auswahl der Zelle irren. Diese Gefahr besteht umso mehr, wenn Personen Daten in Tabellenblätter eintragen, die die Arbeitsmappe nicht selbst entwickelt haben oder sich mit Excel nicht sonderlich gut auskennen.

Excel 2010 weist Sie übrigens durch einen Warnhinweis auf Zellen hin, die Formeln enthalten und nicht gegen Veränderungen gesperrt sind, solange über **Datei ▸ Optionen ▸ Formeln** unter **Regeln für die Fehlerüberprüfung** die Regel **Nicht gesperrte Zellen, die Formeln enthalten** aktiviert ist.

Wenn die Struktur einer Tabelle feststeht, die Formeln ausgetestet sind, bestimmte Daten endgültig feststehen, wie etwa die abschließenden Werte für ein Jahr oder einen Monat, dann spricht viel dafür, die betreffenden Zellen gegen weitere Veränderungen zu sperren. Das kann für eine ganze Arbeitsmappe, für ganze Blätter oder für ausgewählte Bereiche von Tabellenblättern geschehen.

Änderungen freigeben oder verhindern

Der Schutz von einzelnen Tabellenblättern wird in Excel 2010 durch das Zusammenspiel von zwei Befehlen erreicht, die eine unterschiedliche Reichweite haben. Der umfassendere Befehl **Blatt schützen** ist in der Gruppe **Start ▸ Zellen** im Menü der Schaltfläche **Format** und als eigene Schaltfläche unter **Überprüfen** in der Gruppe **Änderungen** zu finden. Der zweite Befehl **Zelle sperren** ist ebenfalls im Menü der Schaltfläche **Zellen ▸ Format** zu finden. Außerdem kann dafür im Dialog **Zellen formatieren** das Register **Schutz** und die Option **Gesperrt** verwendet werden. Als Vorgabe setzt Excel zunächst bei allen Zellen die Formateigenschaft **Gesperrt**. Diese Eigenschaft wird aber erst wirksam, wenn Sie zusätzlich den Befehl **Blatt schützen** verwenden.

Die Registerkarte **Schutz** kann auch dazu verwendet werden, um die Anzeige von Formeln in der Bearbeitungszeile zu unterbinden. Haken Sie dafür **Ausgeblendet** ab. Wenn Sie verhindern wollen, dass Ihre möglicherweise sehr komplexen Formeln von Unbefug-

5.4 Blätter und Mappen schützen

ten abgeschrieben werden, können Sie mit dieser Option arbeiten. Für bestimmte Bereiche ist allerdings auch die Nachprüfbarkeit Ihrer Berechnungen gefordert, denken Sie z. B. an die Buchhaltung.

Auch diese Option wird erst wirksam, wenn das Blatt anschließend mit **Blatt schützen** gesperrt wird.

Abbildung 5.55 Das Dialogfeld »Blatt schützen«

Um den Schutz einzuschalten, lassen Sie im Dialog die Option **Arbeitsblatt und Inhalt gesperrter Zellen schützen** ausgewählt. Wenn Sie verhindern wollen, dass eine andere Person diese Änderungssperre mit dem dann an derselben Stelle angebotenen Befehl **Blattschutz aufheben** einfach wieder durchbricht, können Sie ein Kennwort vergeben.

Wie streng die Veränderungssperre aussehen soll, können Sie durch An- oder Abwahl der im Listenfeld aufgeführten Optionen regeln. Wenn Sie z. B. erlauben wollen, dass die Tabelle anders formatiert wird, haken Sie **Zellen formatieren** ab. Die Schutzfunktionen können also sehr fein auf eine bestimmte Situation abgestimmt werden. Die Befehle für Optionen, die Sie unterbinden, werden für dieses Blatt jeweils abgeblendet.

Soll eine ganze Arbeitsmappe geschützt werden, wählen Sie in der Gruppe **Überprüfen ▸ Änderungen** die Option **Arbeitsmappe schützen**. Diese Schaltfläche öffnet das Dialogfeld **Struktur und Fenster schützen**.

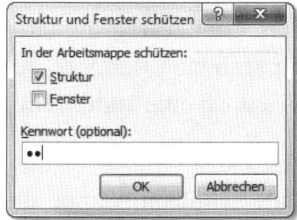

Abbildung 5.56 Das Dialogfeld »Arbeitsmappe schützen«

Zum einen wird mit einem Häkchen bei **Struktur** verhindert, dass in der Mappe Blätter verschoben, eingefügt oder gelöscht werden können. Zum anderen kann mit dem Häkchen bei **Fenster** die Veränderung der Position und der Größe des Fensters unterbunden werden. Aus der Titelleiste verschwinden dann die entsprechenden Schaltflächen, der Befehl **Ansicht ▶ Fenster ▶ Neues Fenster** ist ebenfalls gesperrt. Das Arbeitsmappen-Fenster wird auch durch den Befehl **Fenster ▶ Alle anordnen** nicht mehr beeinflusst.

Eingabebereiche freigeben

Eine komplette Veränderungssperre für ganze Blätter ist immer dann sinnvoll, wenn der endgültige Inhalt feststeht. Eine Statistik über die Vorjahresergebnisse etwa wird normalerweise nicht mehr geändert. Sollen dagegen in bestimmten Bereichen eines Tabellenblatts noch Daten eingegeben werden, können wenigstens die Formeln und Beschriftungen und die Werte, die nicht mehr verändert werden sollen, wie Konstanten oder Vergleichswerte aus dem Vorjahr oder Vormonat, geschützt werden.

Um dies zu erreichen, müssen Sie zunächst die vorgegebene Veränderungssperre bei den Zellen aufheben, die noch verändert werden dürfen. Um auf ein Beispiel aus Kapitel 3, »Aufbau von Kalkulationstabellen«, zurückzukommen: In der Quartalsabrechnung ist es sinnvoll, die Zellen in dem Bereich B5 bis E10 für Veränderungen freizugeben und alles andere zu sperren.

1 Markieren Sie alle Zellen, die verändert werden dürfen, hier also B5:E10.

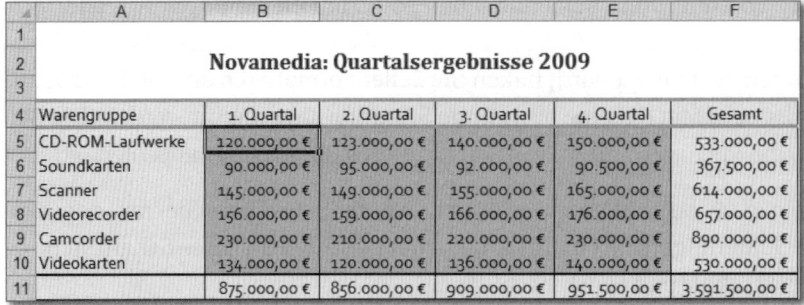

2 Benutzen Sie im Kontextmenü den Befehl **Zellen formatieren**. Auf der Registerkarte **Schutz** löschen Sie das Häkchen bei **Gesperrt**. Um die freigegebenen Bereiche optisch kenntlich zu machen, können Sie der Markierung gleich noch eine andere Hintergrund- oder Textfarbe geben.

3 Wählen Sie anschließend **Überprüfen ▶ Änderungen ▶ Blatt schützen**, damit die Sperre der restlichen Tabellenteile (Formeln und Beschriftungen) eingeschaltet wird.

Wird für den Abschluss von Eingaben in den freigegebenen Bereich immer die ⇥-Taste benutzt, bewegt sich der Zellzeiger automatisch nur in dem freigegebenen Bereich. Dieses Verhalten kann z. B. sehr gut dazu genutzt werden, um Eingabeformulare aufzubauen.

Differenzierter Bereichsschutz

Excel 2010 bietet auch die Möglichkeit, gezielt einzelnen Benutzern Rechte zur Bearbeitung bestimmter Bereiche einer Arbeitsmappe einzuräumen. In unserem Beispiel wäre es machbar, nur den Verantwortlichen für bestimmte Warengruppen zu erlauben, die Werte einzugeben. Um verschiedenen Gruppen Zugriff auf die sie betreffenden Teile einer Arbeitsmappe zu geben, benutzen Sie **Überprüfen ▸ Änderungen ▸ Benutzer dürfen Bereiche bearbeiten**.

Abbildung 5.57 Benutzerrechte für einzelne Bereiche festlegen

Dabei wird davon ausgegangen, dass die betreffenden Bereiche wie vorgegeben gesperrt sind. Der Blattschutz darf aber noch nicht eingeschaltet sein. Über die Schaltfläche **Neu** können dann einzelne Bereiche mit einem Namen versehen, markiert und mit einem Kennwort ausgestattet werden, das die Änderungssperre aufheben kann.

Abbildung 5.58 Einen Bereich mit einem Kennwort schützen

Das jeweilige Kennwort muss den Berechtigten natürlich mitgeteilt werden. Zudem können über die Schaltfläche **Berechtigungen** Benutzer oder auch ganze Gruppen ausgewählt werden, die ausgewählte Bereiche auch ohne Kennwort bearbeiten dürfen.

Ist der Blattschutz eingeschaltet, wird die Person, die in einem für sie reservierten Bereich etwas eingeben will, zunächst aufgefordert, das für den Bereich festgelegte Kennwort einzugeben, es sei denn, sie hat die Berechtigung, diesen Bereich ohne Kennwort zu editieren.

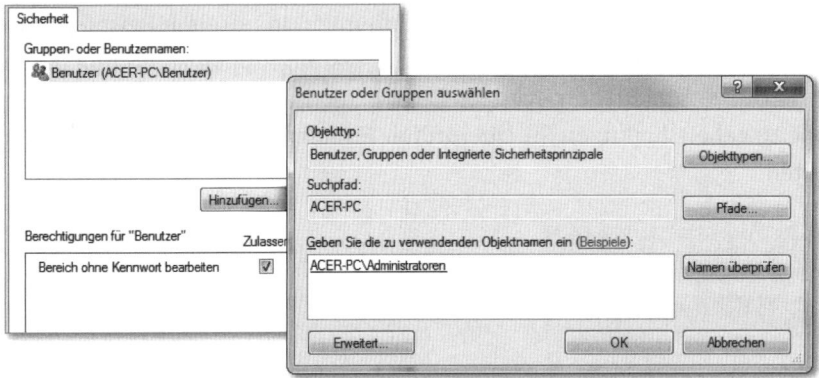

Abbildung 5.59 Vergabe von Berechtigungen an bevorzugte Benutzer

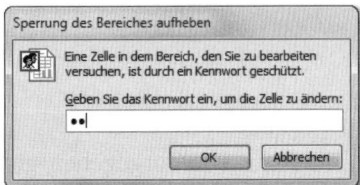

Abbildung 5.60 Zugang zu einem geschützten Bereich über ein Kennwort

5.5 Einheitliche Gestaltung mit Formatvorlagen

Es kann dauern, bis eine geschmackvolle Gestaltung eines Tabellenblatts perfekt ist. Oft stellt sich erst allmählich heraus, welche Art der Formatierung überzeugt. Damit Sie nicht immer wieder von vorn anfangen müssen, haben Sie verschiedene Möglichkeiten, einmal zusammengestellte Formate zu übertragen. Das reicht vom einfachen Kopieren von Formaten bis zur Arbeit mit Formatvorlagen, mit denen sich dieser Abschnitt hauptsächlich befassen wird.

5.5.1 Formate kopieren

Bei der Behandlung der Funktionen **Kopieren** und **Ausfüllen** ist schon darauf hingewiesen worden, dass Excel normalerweise mit dem Zellinhalt auch das Format in die jeweiligen Zielbereiche überträgt. Soll das Format einer Zelle unabhängig vom Inhalt auf andere Zellen übertragen werden, können Sie im Menü von **Start ▸ Einfügen** unter **Weitere Einfügeoptionen** das Symbol **Formatierung** verwenden. Dieses wird auch über das Kontextmenü im Zielbereich unter **Einfügeoptionen** angeboten. Statt mit den Symbolen lässt sich auch mit Tastenkombinationen arbeiten: [Strg]+[⇧]+[C] kopiert nur das Format einer Markierung, [Strg]+[⇧]+[V] fügt nur die Formatierung im Zielbereich ein.

Sehr praktisch ist auch das Symbol **Format übertragen**. Dieses Verfahren ist beim Thema Zahlenformat schon kurz angesprochen worden. Wenn Sie das Symbol anklicken, verwandelt sich der Zellzeiger in einen Pinsel. Alle Zellen, über die Sie mit diesem Pinsel ziehen, werden so formatiert wie die aktive Zelle. Wenn Sie das Symbol doppelt anklicken, können Sie so lange verschiedene Zellbereiche formatieren, bis Sie das Symbol erneut anklicken. Beachten Sie aber, dass dabei immer alle Formateigenschaften übertragen werden, die für die Ausgangszelle aktuell festgelegt sind.

Die Abbildung zeigt, wie die Formatierung eines ganzen Tabellenbereichs an anderer Stelle übernommen werden kann.

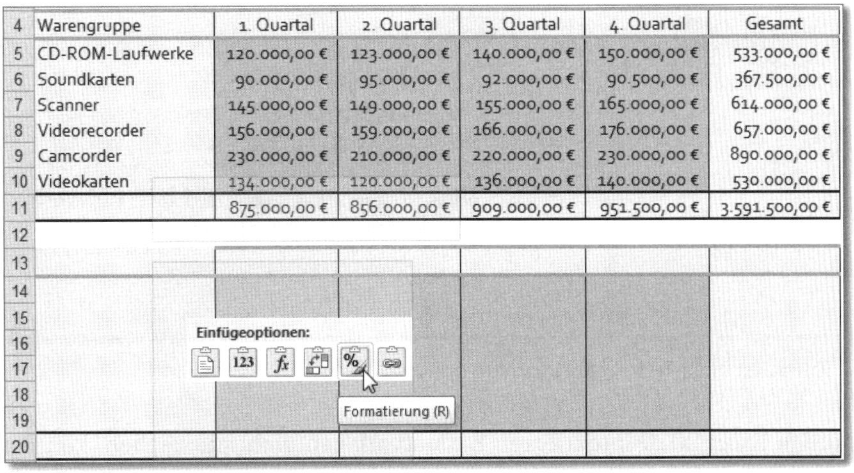

4	Warengruppe	1. Quartal	2. Quartal	3. Quartal	4. Quartal	Gesamt
5	CD-ROM-Laufwerke	120.000,00 €	123.000,00 €	140.000,00 €	150.000,00 €	533.000,00 €
6	Soundkarten	90.000,00 €	95.000,00 €	92.000,00 €	90.500,00 €	367.500,00 €
7	Scanner	145.000,00 €	149.000,00 €	155.000,00 €	165.000,00 €	614.000,00 €
8	Videorecorder	156.000,00 €	159.000,00 €	166.000,00 €	176.000,00 €	657.000,00 €
9	Camcorder	230.000,00 €	210.000,00 €	220.000,00 €	230.000,00 €	890.000,00 €
10	Videokarten	134.000,00 €	120.000,00 €	136.000,00 €	140.000,00 €	530.000,00 €
11		875.000,00 €	856.000,00 €	909.000,00 €	951.500,00 €	3.591.500,00 €
12						
13						
14						
15						
16						
17						
18						
19						
20						

Abbildung 5.61 Übernahme der Formatierung aus einem ausgefüllten Tabellenbereich

5.5.2 Wiederverwendbare Formatvorlagen

Noch effizientere Möglichkeiten, bestimmte Formatmuster immer wieder zu verwenden, bietet die Arbeit mit Formatvorlagen. Wollen Sie alle Formatierungsmöglichkeiten für einzelne Zellen oder Zellbereiche nutzen, kann das ganz schön aufwendig werden. Zellformatvorlagen bündeln gleich mehrere Formateigenschaften und können dann in einem Zug zugewiesen werden.

Excel 2010 kommt Ihnen hier mit einer großen Palette von Zellformaten für verschiedene Zwecke entgegen, die über **Start ▸ Formatvorlagen** und die Schaltfläche **Zellenformatvorlagen** geöffnet wird. Um einzelne Formate daraus einem markierten Zellbereich zuzuweisen, reicht ein Mausklick auf das gewünschte Formatmuster. Solange Sie mit der Maus die Muster nur berühren, wird in dem markierten Bereich jeweils eine Vorschau angezeigt (falls das nicht der Fall ist, wurde die **Livevorschau** über **Datei ▸ Optionen ▸ Allgemein** abgeschaltet).

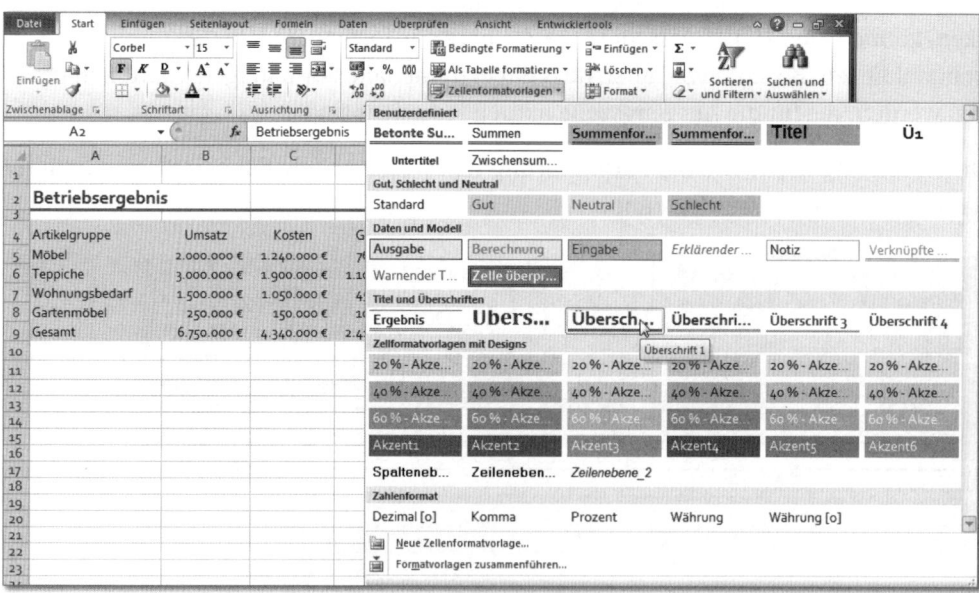

Abbildung 5.62 Zuweisen integrierter Zellenformatvorlagen

Wenn Ihnen die in Excel 2010 integrierten Formatvorlagen nicht ausreichen, können Sie das Angebot durch eigene Vorlagen ergänzen. Wenn Sie z. B. eine Summenzelle immer doppelt unterstrichen, in einer fetten Schrift und einer bestimmten Hintergrundfarbe gestaltet sehen wollen, sind das normalerweise drei einzelne Schritte, wobei Sie jedes Mal verschiedene Formatierungssymbole nacheinander einsetzen oder durch verschiedene Registerkarten hindurchgehen.

5.5 Einheitliche Gestaltung mit Formatvorlagen

Wenn ein solches Spezialformat für Summenzellen aber für eine Zelle festgelegt ist, kann daraus ganz einfach eine eigene Formatvorlage für die Arbeitsmappe definiert werden. Solche Formatvorlagen können dann auch in andere Arbeitsmappen übernommen werden.

Definition über eine Musterzelle

Das einfachste Verfahren, um beispielsweise für eine solche Summenzelle eine Formatvorlage zu definieren, verwendet eine Musterzelle:

1 Weisen Sie zunächst der Musterzelle manuell alle Formateigenschaften zu, die für die Formatvorlage gebraucht werden.

2 Ist das geschehen, markieren Sie die Musterzelle, wählen **Start ▸ Formatvorlagen ▸ Zellenformatvorlagen** und klicken unten in der Palette auf **Neue Zellenformatvorlage**.

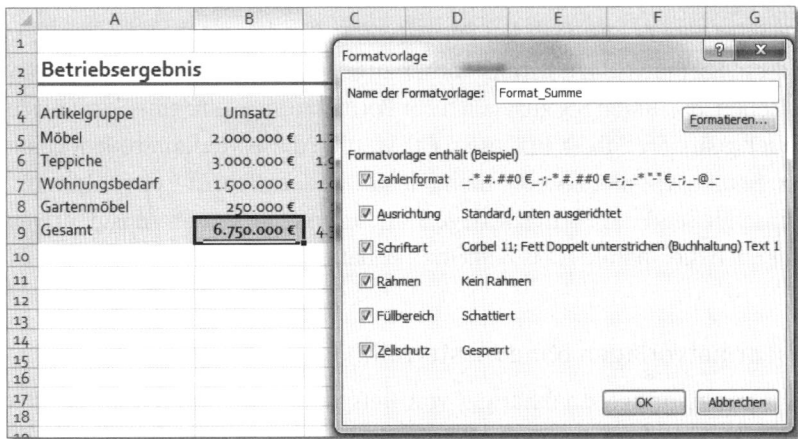

3 Tragen Sie unter **Name der Formatvorlage** den Namen *Summenformat* ein. Wenn Sie mit **OK** bestätigen, ordnet Excel diesem Namen alle Formatmerkmale der aktiven Zelle zu.

Das neue Format wird sofort in die oben abgebildete Palette unter der Rubrik **Benutzerdefiniert** übernommen und kann wie alle anderen Vorlagen einem markierten Zellbereich per Mausklick zugewiesen werden.

Wie das Dialogfeld zeigt, können in einer Formatvorlage zahlreiche Formatierungsmerkmale zusammengefasst werden, sodass die Gestaltung eines Zellbereichs in Bezug auf all diese verschiedenen Dinge in einem Zug geändert werden kann. Außerdem helfen Ihnen solche Formatvorlagen, Ihren Arbeitsmappen ein einheitliches Design zu geben.

Ändern bestehender Formatvorlagen

Angenommen, Sie wollen die Formatvorlage **Standard** ändern, weil Ihnen die Schrift nicht gefällt, und außerdem soll die Tabelle ein graues Muster erhalten. Soll eine bestehende Formatvorlage geändert werden, können Sie in der Palette das entsprechende Formatmuster mit rechts anklicken und über das Kontextmenü die Bearbeitungsoption aufrufen. Das Dialogfeld **Formatvorlage** wird geöffnet und der Name der Standardvorlage angezeigt. Über die Schaltfläche **Formatieren** erreichen Sie den Dialog **Zellen formatieren**, in dem Sie die gewünschten Merkmale auswählen können.

Wenn Sie bisher in dieser Arbeitsmappe keine Änderungen an Schrift und Muster irgendwelcher Zellen vorgenommen haben, erscheint die gesamte Arbeitsmappe mit grauem Zellhintergrund, und alle schon eingegebenen Daten werden in der neuen Schrift angezeigt. Nur Zellen, bei denen Sie beispielsweise die Farbe des Musters schon vorher geändert haben, behalten diese Farbe. Wollen Sie auch für diese Zellen die graue Farbe, können Sie das Standardformat über die Palette erneut zuweisen.

Jede Änderung einer bereits bestehenden Formatvorlage ändert auch das Aussehen aller Zellen, denen diese Formatvorlage bereits vorher zugewiesen worden ist. Ausgenommen sind allerdings Zellen, bei denen Sie zusätzlich zur Formatvorlage einzelne Formatierungsmerkmale manuell geändert haben. In diesem Fall werden diese Merkmale nicht geändert. Wenn Sie also z. B. in den Spalten A bis Z manuell eine andere Schrift – etwa Helvetica fett – wählen und anschließend die Formatvorlage **Standard** um ein graues Muster erweitern, erscheinen zwar auch die Spalten A bis Z in Grau, behalten aber die fette Helvetica.

Festlegen von Formatvorlagen ohne Musterzelle

Wenn Sie eine Formatvorlage unabhängig von Beispielzellen definieren oder ändern wollen, benutzen Sie ebenfalls das Dialogfeld **Formatvorlage**:

1 Tragen Sie den Namen der Formatvorlage ein.

2 Ist ein neuer Name eingetragen, werden zunächst unter **Formatvorlage enthält** die Formatmerkmale der aktiven Zelle angezeigt. Sie können hier nun die Dimensionen des Formats abhaken, die in der neuen Formatvorlage festgelegt werden sollen, bei den anderen Dimensionen lassen Sie das Häkchen weg oder löschen es.

3 Die Auswahl der Formatmerkmale selbst erfolgt über die Schaltfläche **Formatieren**. Sie wählen auf den verschiedenen Registerkarten die Kombination von Formatierungen aus, die in der Formatvorlage zusammengefasst werden sollen. Wird das Dialogfeld schließlich mit **OK** bestätigt, können Sie Ihre Auswahl noch einmal in dem ersten Dialogfeld kontrollieren.

4 Schließen Sie mit **OK** ab, erscheint die neue Vorlage in der Palette **Zellenformatvorlagen**.

Soll eine Formatvorlage aus einer schon bestehenden Vorlage abgeleitet werden, können Sie im Kontextmenü zu dem entsprechenden Formatmuster auch den Befehl **Duplizieren** verwenden. In diesem Fall wird im Dialog **Formatvorlage** an den Originalnamen zunächst ein Zähler angehängt. Ersetzen Sie den Eintrag einfach mit dem gewünschten neuen Namen.

Überlagern von Formatvorlagen

Es ist ohne Weiteres möglich, auf eine Zelle mehrere Formatvorlagen anzuwenden. Das geschieht sogar immer dann, wenn Sie anstelle des vorgegebenen Standardformats eine der anderen vorgegebenen Zahlenformatvorlagen verwenden. Da diese Formate nur das Zahlenformat festlegen, wird auch nur dieses geändert. Andere Merkmale – Schriftart, Rahmenlinien etc. – bleiben erhalten. Ein neues Format ändert also immer nur die Merkmale, die in diesem Format tatsächlich definiert sind. Wird der Standard nachträglich geändert, behält eine doppelt formatierte Zelle, etwa mit den Formatvorlagen **Standard** und **Prozent**, allerdings die Einstellungen der alten Standarddefinition. Das Programm verhält sich hier also anders, als wenn Sie Zellen, die mit einer Formatvorlage belegt sind, zusätzlich manuell formatieren.

Löschen von Formatvorlagen

Wenn Sie eine der definierten Formatvorlagen nicht oder nicht mehr verwenden wollen, können Sie diese löschen. Das hält die Liste übersichtlich. Verwenden Sie im Kontextmenü zu dem Formatmuster den Befehl **Zellen löschen**. Normalerweise ist es natürlich nicht sinnvoll, solche Vorlagen zu löschen, die im Arbeitsblatt noch verwendet werden. Geschieht dies irrtümlich, werden die Zellen, denen bisher die Formatvorlage zugewiesen war, wieder auf das Standardformat zurückgesetzt.

5.5.3 Formatvorlagen in andere Arbeitsmappen übernehmen

Änderungen an Formatvorlagen oder die Definition neuer Formatvorlagen gelten normalerweise nur für die aktuelle Arbeitsmappe. Das Bedürfnis, bestimmte Gestaltungsvarianten zu verwenden, beschränkt sich aber meist nicht auf eine Datei. Wenn Sie einmal Gefallen an einer bestimmten Kombination von Schriften, Farben und Mustern gefunden haben, wollen Sie diese immer wieder verwenden. Um dies zu erreichen, gibt es hauptsächlich zwei Möglichkeiten:

- Übernahme von Formatvorlagen aus einer anderen Arbeitsmappe
- Vererbung von Formatvorlagen mithilfe von Mustervorlagen

Die erste Methode besteht darin, Formatvorlagen aus einer bestehenden Arbeitsmappe in die aktuelle Arbeitsmappe zu übernehmen. Dabei müssen beide Mappen geöffnet sein. Wählen Sie dann in der Arbeitsmappe, die als Empfänger auftritt, den Befehl **Start ▸ Formatvorlagen ▸ Zellenformatvorlagen** und in der Palette die Option **Formatvorlagen zusammenführen**.

Wählen Sie im Dialogfeld den Namen der Arbeitsmappe aus, die die begehrten Formatvorlagen liefern soll. Wenn Sie bestätigen, prüft Excel zunächst, ob es Namensübereinstimmungen zwischen den in beiden Arbeitsmappen definierten Formatvorlagen gibt. Das Programm vergleicht die Namen der in beiden Tabellen definierten Formatvorlagen. Enthält die ausgewählte Arbeitsmappe nur Formatnamen, die in der aktiven Arbeitsmappe nicht vorkommen, ist die Sache problemlos. Diese Formate werden in die aktive Arbeitsmappe übertragen und können dann wie üblich benutzt werden.

Abbildung 5.63 Das Dialogfeld »Formatvorlagen zusammenführen«

In der Regel kommen in beiden Mappen aber wenigstens einige gleichnamige Formatvorlagen vor, wie eben das Standardformat. Deshalb verhält sich Excel vorsichtig und fragt erst einmal nach, ob Formatvorlagen mit gleichem Namen zusammengeführt werden sollen. Antworten Sie mit **Ja**, werden die Formate der aktiven Arbeitsmappe durch die Formate der anderen Arbeitsmappe ersetzt, bei **Nein** dagegen bleiben die eigenen Definitionen bei den gleichnamigen Vorlagen erhalten, und nur die anderen Vorlagen werden übernommen. Diese Methode des Zusammenführens von Arbeitsmappe zu Arbeitsmappe ist am ehesten dann sinnvoll, wenn es sich um sehr spezielle Formatierungen handelt, die nur für einen Teil Ihrer Arbeitsmappen verwendet werden.

Der Komfort automatischer Mustervorlagen

Die zweite oben angesprochene Methode, Formate zu übernehmen, ist wirkungsvoller, wenn Sie generell mit bestimmten Formatvorlagen arbeiten wollen. Dazu sollten Sie eine automatische Mustervorlage anlegen. Dafür muss eine Vorlage mit dem Namen *Mappe* in dem Startverzeichnis *XLSTART* abgelegt werden. Die Festlegungen in dieser Mappe ersetzen dann die Vorgaben, die Excel sonst verwendet, wenn Sie eine neue Arbeitsmappe öffnen. Folglich stehen Ihnen diese Formatvorlagen bei allen neuen Tabellen zur Verfügung.

Sie können aber auch mit verschiedenen Mustervorlagen mit unterschiedlich zusammengestellten Formatvorlagen arbeiten. Definieren Sie die nötigen Formatvorlagen in Mustervorlagen, die Sie dann in dem Vorlagen-Ordner ablegen, wie in Kapitel 2, »Basiswissen für die Arbeit mit Excel 2010«, erläutert.

5.6 Tabellenformatvorlagen

Wer sich nicht auf die Formatierung einzelner Teile seiner Tabelle einlassen will, kann auch Excel die Arbeit des Formatierens überlassen. Das Programm bietet eine automatische Formatierung aller Tabellen an, die einigermaßen regelmäßig aufgebaut sind. Diese Funktion geht von der Tatsache aus, dass die meisten Tabellen eine ähnliche Grundstruktur haben, und bietet für solche Tabellen eine Anzahl fertiger Tabellenmuster.

Tabelle mit Spalten- und Zeilenauswertung			
Name	1. Halbjahr	2. Halbjahr	Gesamt
Karol	30000	32000	62000
Bernd	35000	34000	69000
Gangus	32000	34000	66000
Gesamt	97000	100000	197000

Datenliste mit Überschriftenzeile		
Name	Telefon	Ort
Karol	0221 36 78 89	Köln
Bernd	0211 23 34 65	Düsseldorf
Gangus	030 76 56 78	Berlin
Kern	030 87 89 89	Berlin

Abbildung 5.64 Typische Tabellenstrukturen

Wie in dem Beispiel in der Abbildung haben viele Tabellen einen Tabellenkopf, der aus einer oder mehreren Beschriftungszeile(n) besteht, und eine oder mehrere Beschriftungsspalte(n) links von den eigentlichen Tabellendaten. Werden die Daten durch Berechnungen zusammengefasst, erscheint am unteren Rand der Tabelle eine Zeile mit den errechneten Werten, häufig auch noch eine Spalte rechts vom Zahlenblock, z. B. mit einer Quersumme. Manchmal enthält eine Zeile oder Spalte aber auch komplexere Berechnungen, die sich auf Werte in den oberen/unteren Zeilen oder den links/rechts gelegenen Spalten beziehen.

Ein anderer Grundtyp von Tabellen sind die Datenlisten. Diese Tabellen haben – wie das rechte Beispiel in der Abbildung zeigt – nur eine Überschriftenzeile im Kopf und darunter eine Anzahl von Datensätzen.

Vorgabe eines Tabellenformats

Wenn Sie einen noch leeren Zellbereich vorweg mit einem Tabellenformat ausstatten wollen, etwa als Orientierungshilfe für die spätere Dateneingabe, können Sie folgendermaßen verfahren:

1 Markieren Sie den für die Tabelle vorgesehenen Zellbereich.

2 Benutzen Sie auf dem Register **Start** in der Gruppe **Formatvorlagen** die Schaltfläche **Als Tabelle formatieren**, die die Palette der Tabellenformatvorlagen öffnet.

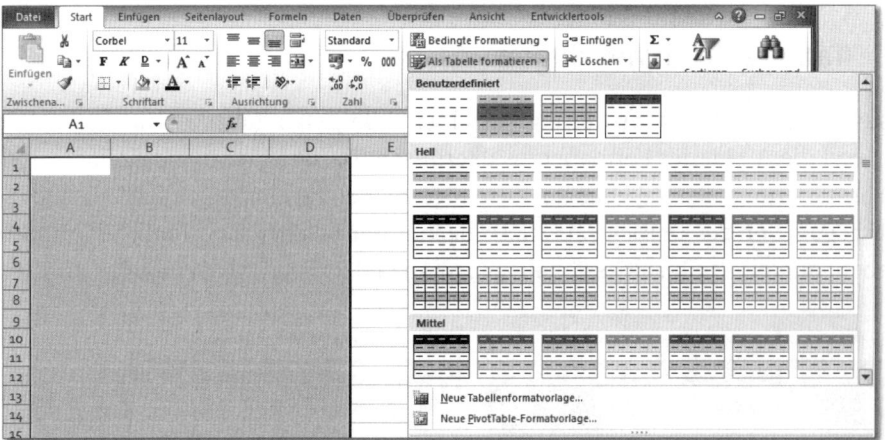

3 Wählen Sie das gewünschte Tabellenformat mit einem Klick aus.

4 Das Programm erwartet eine Bestätigung für den markierten Bereich.

5 Das Format wird dem leeren Bereich zugewiesen, der dann mit Inhalt gefüllt werden kann.

Mit dieser Zuweisung wird der Zellbereich gleichzeitig zu einem Tabellenbereich. Die Tabellentools, die Excel 2010 für solche Bereiche bereitstellt, werden eingeblendet. Dazu wird das Register **Entwurf** eingefügt mit mehreren Gruppen, insbesondere den **Optionen für Tabellenformat**, die im nächsten Abschnitt behandelt werden.

Zuweisen eines Tabellenformats

Soll einer schon vorhandenen Tabelle ein Tabellenformat zugewiesen werden, ist die Vorgehensweise ähnlich. Um der schon einmal verwendeten Tabelle zur Gewinnermittlung beispielsweise ein vordefiniertes Tabellenformat zuzuweisen, können Sie wie folgt verfahren.

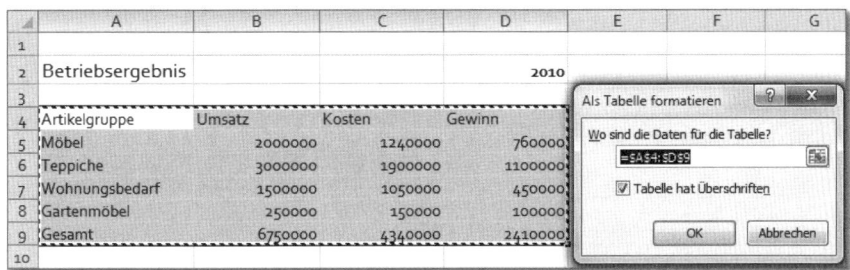

1 Wenn Sie diese Tabelle mit einem Tabellenmuster formatieren wollen, müssen Sie zunächst nichts weiter tun, als eine beliebige Zelle in der Tabelle auszuwählen.

2 Wählen Sie in der Palette der Tabellenformatvorlagen das gewünschte Format aus.

3 Excel versucht, den korrekten Tabellenbereich zu »erraten«, und markiert ihn mit einem Laufrahmen. Über das Dialogfeld **Als Tabelle formatieren** können Sie bei Bedarf den Bereich noch einmal korrigieren und angeben, dass der Bereich eine Kopfzeile mit Überschriften hat. Ist der Dialog bestätigt, wird das ausgewählte Format dem Bereich zugewiesen.

4 Auf dem dann eingeblendeten Register **Entwurf** kann die Formatierung noch verbessert werden. Soll beispielsweise die Beschriftungsspalte hervorgehoben werden, haken Sie in der Gruppe **Optionen für Tabellenformat** die Option **Erste Spalte** ab. Entsprechend kann für die Gewinnspalte die Option **Letzte Spalte** gewählt werden. Die Option **Verbundene Zeilen** sorgt dafür, dass die Zeilen paarweise anders formatiert werden. Entsprechendes kann auch für die Spalten bestimmt werden.

5 Wenn das durch die Wahl der Optionen geänderte Format nicht gefällt, kann noch einmal die Palette über die Schaltfläche **Schnellformatvorlagen** geöffnet werden, die dann jeweils auch zahlreiche Muster für die aktuell gewählten Optionen anbietet. Ist genügend Platz, wird statt der Schaltfläche ein Musterstreifen angezeigt, der sich mit der Schaltfläche unten rechts für **Weitere** aufklappen lässt.

Wollen Sie einer so formatierten Tabelle später eine andere Tabellenvorlage zuweisen, bietet Excel, sobald eine Zelle des Tabellenbereichs markiert ist, sofort die Registerkarte **Entwurf** an.

5 Tabellenblätter gestalten

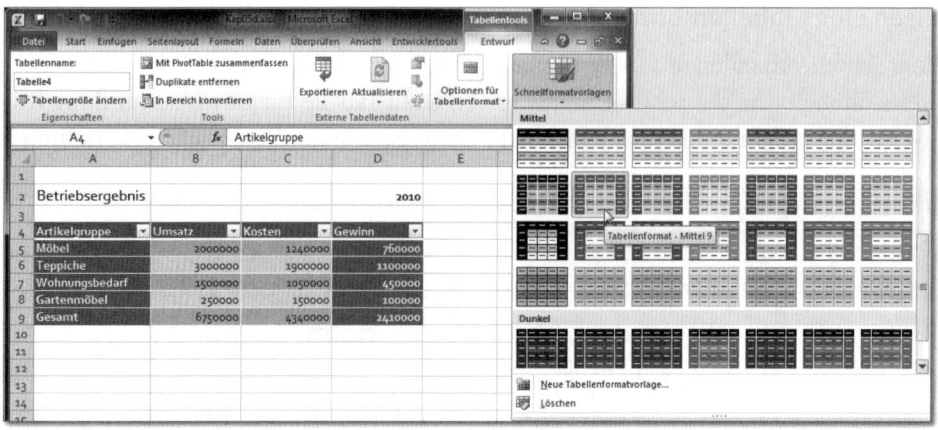

Abbildung 5.65 Die automatisch formatierte Tabelle und das Register »Entwurf«

Die automatisch formatierte Tabelle lässt sich wie jede andere Tabelle nachbearbeiten, wenn einzelne Formatmerkmale Ihnen nicht gefallen. Zum Beispiel kann es sein, dass Excel die erste Spalte zu breit ausgibt, wenn Sie eine längere Überschrift mit in den Tabellenbereich einfügen.

Entwurf eines Tabellenformats

Zwar enthält die Palette **Tabellenformatvorlagen** zahlreiche Varianten, aber die vorgeschlagenen Formate müssen durchaus nicht Ihrem Geschmack entsprechen. Deshalb bietet die Palette am Ende die Option **Neue Tabellenformatvorlage** an. Sie öffnet den Dialog **Schnellformatvorlage für neue Tabelle**. Geben Sie zuerst einen passenden Namen für das Tabellenformat ein, der später beim Berühren des Musters angezeigt wird.

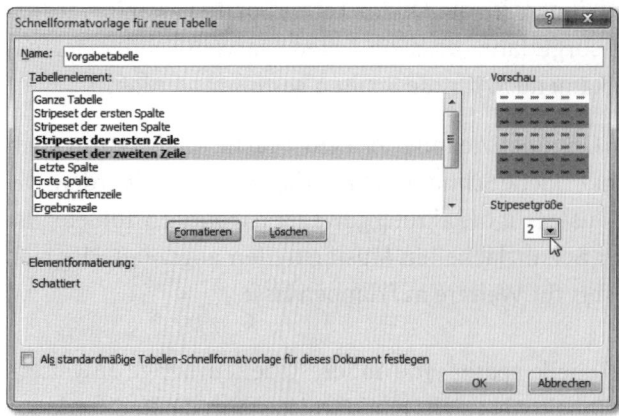

Abbildung 5.66 Entwurf eigener Tabellenformate

5.6 Tabellenformatvorlagen

In dem Listenfeld werden nun die verschiedenen Tabellenelemente angeboten, für die Formate bestimmt werden können. Wählen Sie nacheinander die Tabellenelemente aus, deren Format Sie fixieren wollen, und benutzen Sie dann jeweils die Schaltfläche **Formatieren**, die den Dialog **Zellen formatieren** öffnet.

Festgelegt werden können für jede Komponente:

- Zahlenformat
- Rahmenart
- Schriftart
- Muster
- Ausrichtung
- Spaltenbreite und Zeilenhöhe

Bei den Stripeset-Elementen können Sie zusätzlich noch die Streifengröße über das kleine Listenfeld auswählen. Wenn Sie beispielsweise jeweils zwei Zeilen gleich formatieren wollen, benutzen Sie für **Stripeset der ersten Zeile** und **Stripeset der zweiten Zeile** jeweils **Stripesetgröße 2**, weisen aber den beiden Tabellenelementen über die Schaltfläche **Formatieren** unterschiedliche Hintergrundfarben zu.

Über die letzte Option des Dialogs kann die Vorlage bei Bedarf als Vorgabe für die Tabellenformatierung bestimmt werden. Ist die Definition abgeschlossen, erscheint ein Formatmuster in der Vorlagenpalette unter der Rubrik **Benutzerdefiniert**.

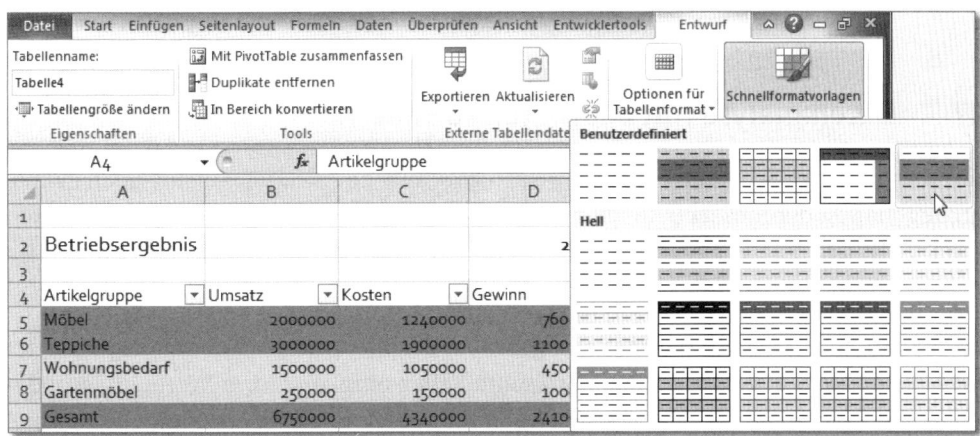

Abbildung 5.67 Eigene Tabellenvorlage in der Palette

Statt eigene Formate völlig neu zu entwerfen, können Sie auch integrierte Formate duplizieren und dann nach Bedarf modifizieren. Das Kontextmenü zu einem Formatmuster in der Tabelle blendet bei den integrierten Mustern anders als bei den benutzerdefinierten die Bearbeitungsoption ab, erlaubt aber die Erstellung eines Duplikats. Das Kontextmenü bietet außerdem die Möglichkeit, wahlweise bei der Zuweisung zu einem Tabellenbereich die bestehenden Formate zu löschen oder sie beizubehalten.

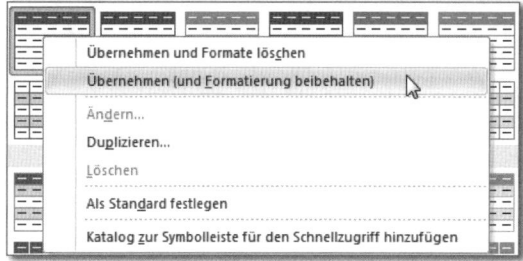

Abbildung 5.68 Kontextmenü zu einem Tabellenformat

Löschen von Tabellenformaten

Soll ein Tabellenformat komplett gelöscht werden, setzen Sie den Mauszeiger in die Tabelle und benutzen über **Entwurf ▸ Tabellenformatvorlagen** in der Palette die Option **Löschen**. Trotz der Löschung des Formats bleibt der Tabellenbereich aber als Excel-Tabelle bestehen, wird also nicht wieder in einen normalen Zellenbereich konvertiert. Dies geschieht erst, wenn Sie **Entwurf ▸ Tools ▸ In Bereich konvertieren** verwenden.

5.7 Datenanalyse mit bedingten Formaten

Einer der Bereiche, in denen Excel 2010 auch gegenüber der letzten Version noch einmal zugelegt hat, ist der Einsatz bedingter Formate. Das betrifft den Einsatz von Datenbalken und Farbskalen, die um einige Varianten erweitert wurden. Die Palette der Symbolsätze wurde in Gruppen eingeteilt und erweitert.

Die Schaltfläche **Bedingte Formatierung** in der Gruppe **Start ▸ Formatvorlagen** bietet die verschiedenen Paletten an, um bestimmte Zellen aufgrund ihrer Werte in besonderer Weise hervorzuheben. Die folgende Abbildung zeigt zunächst ein einfaches Beispiel für den Einsatz von Datenbalken, Farbskalen und Symbolsätzen.

5.7 Datenanalyse mit bedingten Formaten

	A	B	C	D	E
1					
2			Datenbalken ⇩	Farbskala ⇩	Symbole ⇩
3					
4		Warengruppe	2006	2007	2008
5		CD-ROM-Laufwerke	120000	132000	108000
6		Soundkarten	90000	99000	144000
7		Scanner	145000	159500	160800
8		Videorecorder	156000	171600	174000
9		Camcorder	230000	253000	187200
10		Videokarten	134000	147400	276000

Abbildung 5.69 Varianten für bedingte Formatierung

Datenbalken

Die erste Variante, die mit **Datenbalken** bezeichnet wird, verwendet eine Visualisierung der Wertgrößen, die dem Einsatz von Balkendiagrammen ähnlich ist. Den in einer Spalte vorhandenen Werten werden gleichfarbige Balken hinterlegt, die die jeweilige Spaltenbreite der jeweiligen Größe entsprechend aufteilen. Das Verfahren ist sehr einfach:

1 Markieren Sie zunächst den Bereich der betreffenden Werte.

2 Mit **Start ▸ Formatvorlagen ▸ Bedingte Formatierung** öffnen Sie die Palette der bedingten Formate.

3 Ein Klick auf die Option **Datenbalken** öffnet eine Palette mit sechs Farbmustern für eine einfarbige Füllung und ebenso vielen für eine graduelle Füllung, also für Farbverläufe.

4 Wählen Sie die gewünschte Farbe per Mausklick aus.

Die Spalte wird sofort in der gewählten Farbe formatiert. Jede Änderung von Werten in einer Spalte führt sofort zu einer entsprechenden Anpassung der Farbbalken. Änderungen der Spaltenbreite werden ebenfalls automatisch berücksichtigt. Es ist auch kein Problem, dem Zellbereich nachträglich noch eine andere Hintergrundfarbe zuzuweisen. Allerdings sollte nicht unbedingt eine zu ähnliche Hintergrundfarbe gewählt werden. Auch die nachträgliche Zuweisung eines Tabellenformats ist kompatibel mit den bedingten Formaten.

Die bedingte Formatierung arbeitet mit Regeln, die die Anwendung der gewählten Formatoptionen steuern. Bei der Variante mit den Datenbalken wird die Regel weitgehend vorgegeben, sie kann aber über die Option **Weitere Regeln** aus der Unterpalette mit den Farbmustern bei Bedarf auch modifiziert werden.

Abbildung 5.70 Dialog für die Regeldefinition

Im ersten Listenfeld werden verschiedene Regeltypen präsentiert, zu denen im unteren Teil dann unterschiedliche Steuerelemente zur Bearbeitung der Regelbeschreibung angeboten werden. Die einfachste Variante ist, dass alle Zellen eines Bereichs auf der Basis ihrer Werte formatiert werden. Über die Felder **Typ** und **Wert** unter **Minimum** und **Maximum** kann die vorgegebene Verteilung der Balkenlängen auf den Zellbereich bei Bedarf geändert werden. Beispielsweise ist es möglich, den kürzesten Balken nicht auf **Typ: Prozent** und **Wert: 0** einzustellen, sondern auf den Wert 20. Dadurch werden die Balken verkürzt, es entspricht also einer Änderung der Skalierung in einem Diagramm.

5.7 Datenanalyse mit bedingten Formaten

Über das Listenfeld **Farbe** lassen sich beliebige Farben auswählen, Ihre Wahl ist also nicht auf die angebotenen Farbmuster beschränkt. Die Rahmen der Balken lassen sich separat einfärben. Es ist hier übrigens auch möglich, mit der Option **Nur Balken anzeigen** die Werte in der Spalte ganz auszublenden. Die Schaltfläche **Negativer Wert und Achse** öffnet einen Dialog, in dem die Balken für negative Werte mit einer eigenen Farbe gekennzeichnet werden können.

Abbildung 5.71 Optionen für negative Werte

Unter **Achseneinstellung** lässt sich der Nullpunkt beispielsweise in die Zellmitte setzen. Bei der Option **Automatisch** hängt die Position des Nullpunktes von der Größe der negativen Werte ab. Es ist aber auch möglich, positive und negative Werte in derselben Richtung anzuzeigen. Dann sollte allerdings der Unterschied über die Farben angezeigt werden.

Farbskalen

Bei der Besprechung der Füllfarben ist schon angedeutet worden, dass es manchmal sinnvoll ist, besonders auffällige Werte in einer Tabelle durch einen farbigen Hintergrund hervorzuheben. In dieselbe Richtung gehen die Möglichkeiten, die Ihnen das bedingte Zahlenformat **Farbskalen** liefert. Angenommen, Sie wollen bei der Auswertung eines Tests bestimmte Höchst- und Tiefstwerte sofort erkennen.

1 Markieren Sie zunächst den Bereich der betreffenden Testwerte.

2 Benutzen Sie über **Start ▸ Formatvorlagen ▸ Bedingte Formatierung** die Option **Farbskalen**, und wählen Sie statt eines vorgegebenen Farbmusters **Weitere Regeln**.

5 Tabellenblätter gestalten

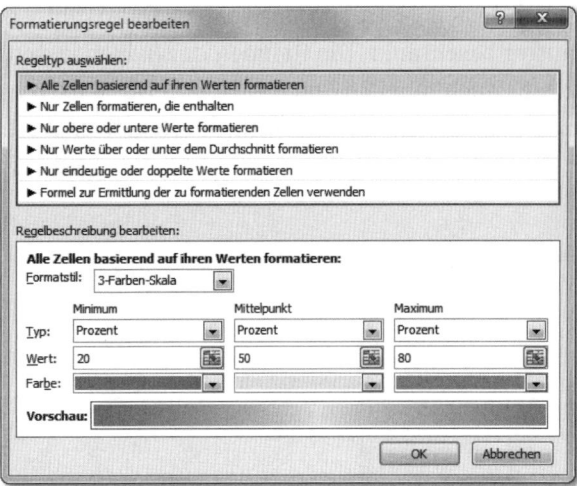

3 Im ersten Listenfeld übernehmen Sie den ersten Regeltyp.

4 Unter **Formatstil** wählen Sie **3-Farben-Skala**, sodass Steuerelemente für **Minimum**, **Mittelpunkt** und **Maximum** eingeblendet werden.

5 Wählen Sie beispielsweise unter **Typ** die Option **Prozent**, um die prozentuale Verteilung zu verdeutlichen. Geben Sie entsprechende Werte in den drei Feldern ein.

6 Die vorgegebenen Farben lassen sich über die Paletten der drei Listenfelder bei Bedarf ändern.

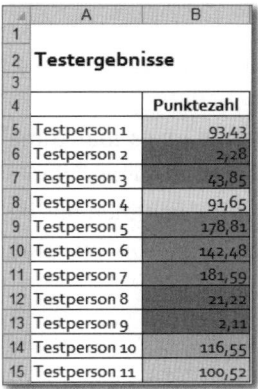

Abbildung 5.72 Testergebnis mit bedingten Formaten

Jedes bedingte Format wird nur so lange angezeigt, wie die in der zugrunde liegenden Regel bestimmte Bedingung erfüllt ist. Ändert sich der Wert, wird die Bedingung erneut geprüft.

5.7.1 Symbolsätze

Häufig ist es wünschenswert, dass in einer Tabelle bestimmte kritische Werte möglichst sofort ins Auge fallen. Eine Möglichkeit dafür ist der Einsatz von Symbolen über bedingte Formate. In dem folgenden Beispiel werden 8-Stunden-Mittelwerte der Ozonbelastung aufgelistet. Die Werte, die die Alarmschwelle von 240 µg/m³ und die Informationsschwelle von 180 µg/m³ überschreiten, sollen hervorgehoben werden. Eine Lösung sind hier Ampelsymbole:

1 Markieren Sie den Bereich der Mittelwerte.

2 Benutzen Sie über **Start ▸ Formatvorlagen ▸ Bedingte Formatierung** die Option **Symbolsätze** und **Weitere Regeln**.

3 Wählen Sie unter **Symbolart** die Variante mit der 3er-Ampel, und benutzen Sie die Schaltfläche **Symbolreihenfolge umkehren**, da ja diesmal die hohen Werte als kritisch gekennzeichnet werden sollen.

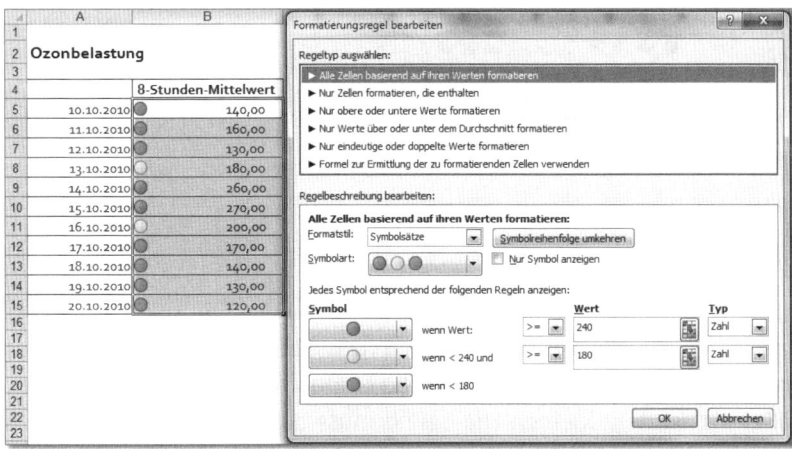

4 Nun kann zu dem roten Symbol als Wert der Grenzwert 240 eingegeben werden, für die gelbe Ampel der Grenzwert 180.

Excel 2010 hat das Angebot von solchen Symbolsätzen noch weiter ausgebaut. Das Menü bietet jetzt vier Gruppen von Symbolsätzen an. Unter **Direktional** finden Sie Symbole, mit denen Veränderungen gegenüber Vergleichswerten in dem jeweils ausgewählten Zellbereich gekennzeichnet werden können. Unter **Formen** werden verschiedene Grundformen wie Kreise, Dreiecke und Vierecke angeboten. **Indikatoren** sind praktisch, um kritische Werte von akzeptierten Werten zu unterscheiden. Die letzte Gruppe **Bewertungen** stellt mehrere Möglichkeiten zur Verfügung, Werteunterschiede in einfacher Form zu visualisieren.

5 Tabellenblätter gestalten

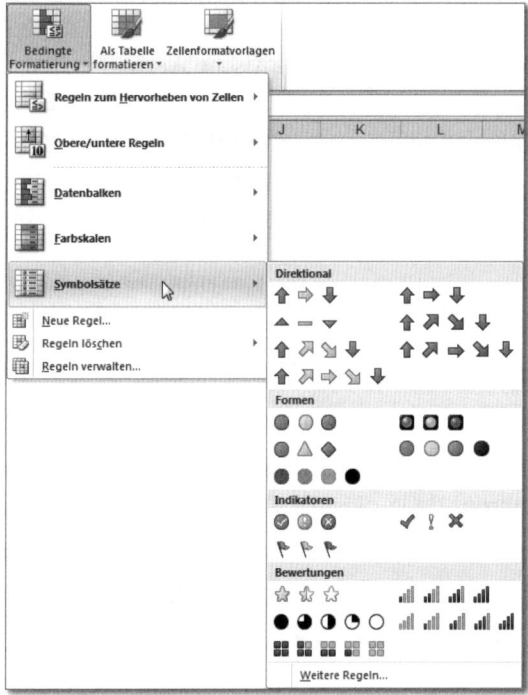

Abbildung 5.73 Das erweiterte Angebot an Symbolsätzen

Einfache Vergleichsregeln

Die Palette der bedingten Formate enthält noch eine Reihe von Optionen für einfachere Lösungen. Wenn Sie beispielsweise nur Werte hervorheben wollen, die ein bestimmtes Limit überschreiten, wählen Sie in der Palette die Option **regeln zum Hervorheben von Zellen** und **Größer als**. In dem kleinen Dialogfeld muss dann nur noch der Grenzwert eingegeben und die gewünschte Formatierung gewählt werden.

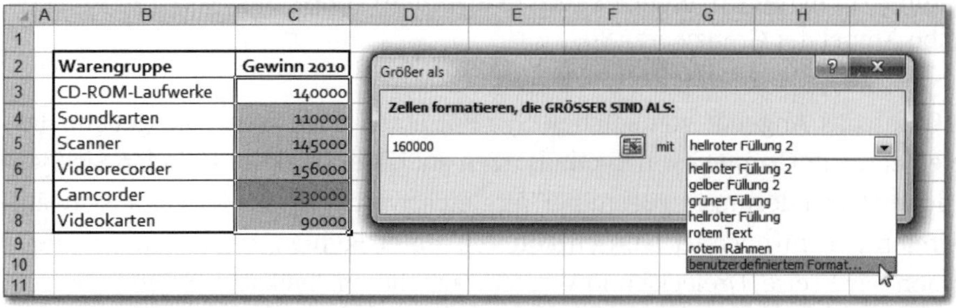

Abbildung 5.74 Hervorheben von Werten über einem Limit

Sollen dagegen doppelte Werte in einer Spalte schnell gefunden werden, kann hier gleich die Option **Doppelte Werte** gewählt werden.

Die Palettenoption **Obere/untere Regeln** bietet verschiedene Auswahlkriterien, etwa **Obere 10 %** oder **Unter dem Durchschnitt**. Auch hier kann das kleine Dialogfeld meist einfach bestätigt werden, es sei denn, es ist eine andere Markierungsfarbe erwünscht.

5.7.2 Komplexere Regeln

Über die Option **Neue Regeln** lassen sich auch komplexere Regeln festlegen, die andere als die bisher verwendeten Regeltypen nutzen. Soll beispielsweise die Formatierung nicht auf der Basis fest stehender Werte erfolgen, können auch logische Formeln in den Regeln verwendet werden.

Soll beispielsweise ein Gewinnwert in einer Tabelle hervorgehoben werden, wenn er den Vorjahreswert übersteigt, markieren Sie in der Tabelle zunächst nur eine Zelle – im Beispiel ist es D3 – und wählen dazu im Dialog **Neue Formatierungsregel** unter **Regeltyp auswählen** die Zeile **Formel zur Ermittlung der zu formatierenden Zellen verwenden**.

Nun kann im ersten Textfeld entweder die logische Formel oder ein Verweis auf eine solche Formel eingegeben werden. Hier soll einfach =D3>C3 eingesetzt werden.

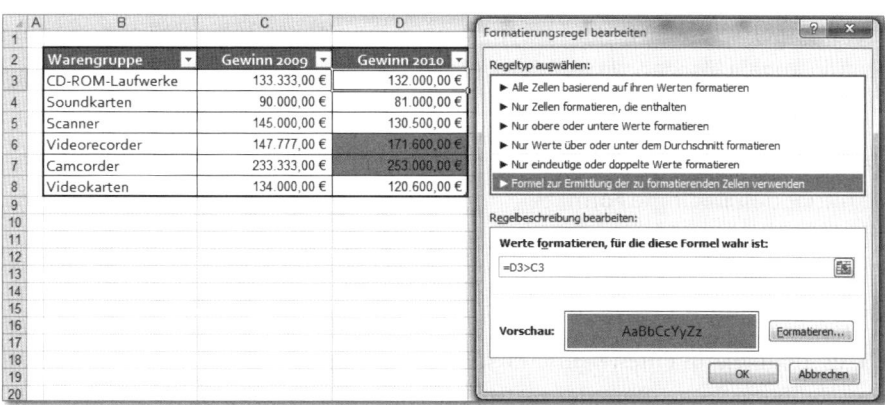

Abbildung 5.75 Beispiel für eine Regel mit logischer Formel

Die Formatierung wird in diesem Fall nicht vorgegeben, sondern über die Schaltfläche **Formatieren** festgelegt. Ist die Definition der Regel abgeschlossen, übertragen Sie das Format mit dem Formatpinsel auf den Rest der Spalte und erhalten das gewünschte Ergebnis.

Regelverwaltung

Da sich in einer Arbeitsmappe eine ganze Reihe von bedingten Formaten ansammeln können, stellt Excel 2010 in dem Menü der Schaltfläche **Bedingte Formatierung** über die Option **Regeln verwalten** noch ein bequemes Tool zur Verfügung, mit dem alle aktuell verwendeten Regeln aufgelistet und bei Bedarf bearbeitet werden können.

Abbildung 5.76 Regelverwaltung

Soll eine Regel bearbeitet werden, markieren Sie den Eintrag in der Liste und benutzen die Schaltfläche **Regel bearbeiten**. Mit **Regel löschen** kann eine Regel wieder entfernt werden.

Um eine bedingte Formatierung für einen markierten Zellbereich, für das gesamte Blatt oder für eine markierte Tabelle zu entfernen, kann in der Palette **Bedingte Formatierung** auch die Option **Regeln löschen** verwendet werden.

Sind Sie unsicher, welcher Zellbereich bedingte Formate enthält, nutzen Sie den Befehl **Start ▶ Bearbeiten ▶ Suchen und Auswählen ▶ Gehe zu** und die Schaltfläche **Inhalte**. Wählen Sie die Option **Bedingte Formate**.

Überlagern von bedingten Formaten

Es ist durchaus möglich, für einen Zellbereich mehrere Regeln zu definieren. Die Formatierung eines Zellbereichs als Datenleiste und die Anzeige von Symbolen für bestimmte Werte in diesem Bereich führt zu keinem Konflikt, weil beide Formatierungsmerkmale ohne Weiteres kombiniert werden können.

Allerdings kann es auch Fälle geben, bei denen zwei Regeln für einen Bereich nicht verträglich sind. Wenn beispielsweise Regel 1 verlangt, dass die Schrift einer Zelle rot formatiert wird, Regel 2 aber für dieselbe Zelle eine grüne Schrift vorgibt, muss die Entscheidung durch die Rangfolge der Regeln getroffen werden.

Warengruppe	Gewinn 2009	Gewinn 2010
CD-ROM-Laufwerke	133.333,00 €	132.000,00 €
Soundkarten	90.000,00 €	81.000,00 €
Scanner	145.000,00 €	130.500,00 €
Videorecorder	147.777,00 €	171.600,00 €
Camcorder	233.333,00 €	253.000,00 €
Videokarten	134.000,00 €	120.600,00 €

Abbildung 5.77 Kombination von zwei bedingten Formaten

Diese Rangfolge ergibt sich zunächst einfach aus der zeitlichen Abfolge der Regelerstellung. Sie wird im Dialog des Regelmanagers in Form der Regelliste angezeigt. Soll eine Regel vorrangig behandelt werden, kann sie im Dialog ausgewählt und mit der Pfeilschaltfläche nach oben gerückt werden.

Außerdem ist es möglich, Regeln außer Kraft zu setzen, ohne sie zu löschen. Dazu wird einfach die Option **Anhalten** abgehakt. Dies ist sinnvoll, wenn die Arbeitsmappe in ein älteres Format konvertiert werden soll, das noch nicht die parallele Anwendung von mehr als einer Regel unterstützt.

HINWEIS

Übertragung von bedingten Formaten

Wie alle anderen Formate können auch bedingte Formate mit dem Format-Pinsel oder durch Ziehen des Ausfüllkästchens auf andere Zellen übertragen werden.

5.8 Mehr Übersicht durch Gliederungsebenen

In Anlehnung an Gliederungen, wie sie beim Schreiben von Texten benutzt werden, bietet Excel auch für Tabellen eine Gliederungsfunktion. Worum geht es dabei? Häufig sind Tabellen so aufgebaut, dass in bestimmten Zeilen oder Spalten Informationen zusammengefasst werden, die in benachbarten Zeilen oder Spalten im Detail vorliegen.

Filialabrechnung für 2009 - Umsätze in Tausend EUR

Filiale	Jan	Feb	Mär	Apr	Mai	Jun	Jul	Aug	Sep	Okt	Nov	Dez	Gesamt
A	120	120	110	120	120	120	140	120	120	130	130	120	1470
B	120	130	120	120	130	120	120	120	110	110	120	120	1440
C	120	90	120	50	120	90	120	120	120	120	120	120	1310

Abbildung 5.78 Beispiel mit einer Gliederungsebene

5 Tabellenblätter gestalten

Ein einfaches Beispiel ist eine Serie von 12 Monatsspalten, deren Werte in einer Jahresspalte zusammengefasst werden. Diese Tabelle enthält eine Hierarchie aus zwei Ebenen, die Monatsebene und die Jahresebene. Die Gliederungsfunktion erlaubt, bei Bedarf die einzelnen Monatsspalten auszublenden, sodass nur die Jahreswerte angezeigt werden. Dazu muss nur das Symbol mit dem Minuszeichen angeklickt werden.

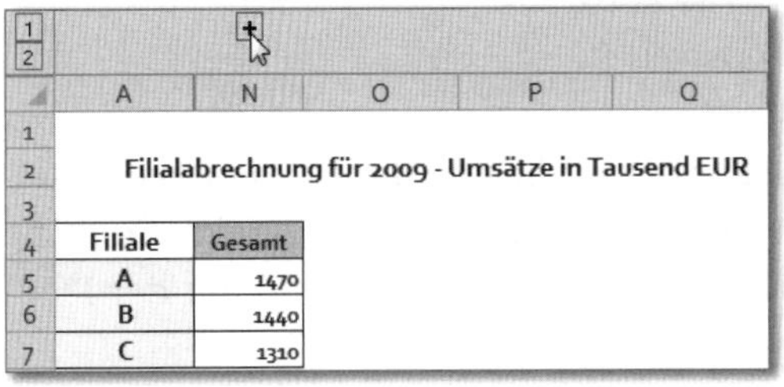

Abbildung 5.79 Komprimierte Darstellung

Das Beispiel lässt sich leicht ausbauen, indem etwa noch Spalten für die Quartalsergebnisse eingefügt werden. In diesem Fall arbeitet die Tabelle mit drei Ebenen. Der Benutzer kann entscheiden, ob er alle Ebenen, nur die Quartalswerte und die Jahreswerte oder nur die Jahreswerte sehen oder ausdrucken will.

Werden solche Tabellen für mehrere Filialen einer Handelskette in einem Tabellenblatt untereinander angelegt, sind auch zeilenweise Zusammenfassungen möglich. Angenommen, es wird zwischen vier Vertriebsgebieten unterschieden, dann können die Ergebnisse der Filialen erst nach Gebieten zusammengefasst und schließlich als Gesamtergebnis dargestellt werden. Die folgende Abbildung zeigt die Gesamttabelle.

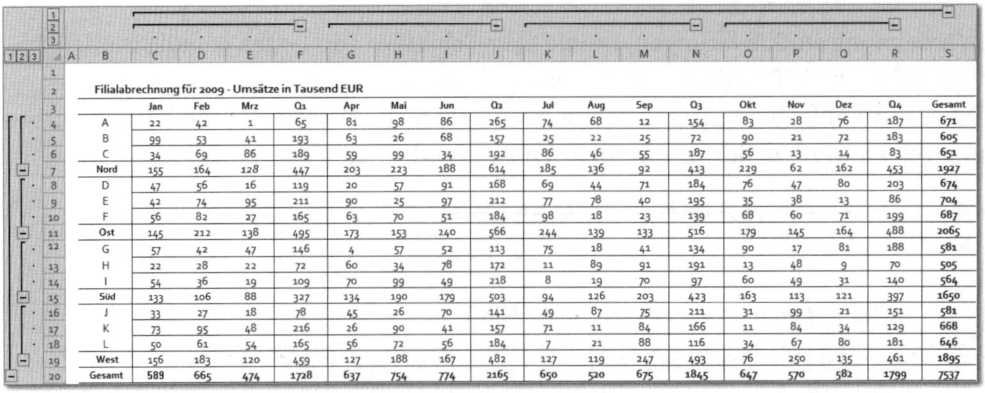

	A	B	C	D	E	F	G	H	I	J	K	L	M	N	O	P	Q	R	S
1		Filialabrechnung für 2009 - Umsätze in Tausend EUR																	
2			Jan	Feb	Mrz	Q1	Apr	Mai	Jun	Q2	Jul	Aug	Sep	Q3	Okt	Nov	Dez	Q4	Gesamt
3		A	22	42	1	65	81	98	86	265	74	68	12	154	83	28	76	187	671
4		B	99	53	41	193	63	26	68	157	25	22	25	72	90	21	72	183	605
5		C	34	69	86	189	59	99	34	192	86	46	55	187	56	13	14	83	651
6	Nord		155	164	128	447	203	223	188	614	185	136	92	413	229	62	162	453	1927
7		D	47	56	16	119	20	57	91	168	69	44	71	184	76	47	80	203	674
8		E	42	74	95	211	90	25	97	212	77	78	40	195	35	38	13	86	704
9		F	56	82	27	165	63	70	51	184	98	18	23	139	68	60	71	199	687
10	Ost		145	212	138	495	173	153	240	566	244	139	133	516	179	145	164	488	2065
11		G	57	42	47	146	4	57	52	113	75	18	41	134	90	17	81	188	581
12		H	22	28	22	72	60	34	78	172	11	89	91	191	13	48	9	70	505
13		I	54	36	19	109	70	99	49	218	8	19	70	97	60	49	31	140	564
14	Süd		133	106	88	327	134	190	179	503	94	126	203	423	163	113	121	397	1650
15		J	33	27	18	78	45	26	70	141	49	87	75	211	31	99	21	151	581
16		K	73	95	48	216	26	90	41	157	71	11	84	166	11	84	34	129	668
17		L	50	61	54	165	56	72	56	184	7	21	88	116	34	67	80	181	646
18	West		156	183	120	459	127	188	167	482	127	119	247	493	76	250	135	461	1895
19	Gesamt		589	665	474	1728	637	754	774	2165	650	520	675	1845	647	570	582	1799	7537

Abbildung 5.80 Gesamttabelle mit allen Gliederungsebenen

Damit auf allen Gliederungsebenen ein ordentliches Ergebnis erreicht werden kann, ist einige Sorgfalt bei der Verteilung der Beschriftungen notwendig, sodass auf jeder Ebene klar erkennbar bleibt, worauf sich die Daten beziehen und welche Daten in einer Formel zusammengefasst werden. Am besten prüfen Sie jede Ebene einzeln.

Steuerung der Gliederungsfunktion

Excel erlaubt eine automatische und eine manuelle Gliederung. Die automatische Gliederung lässt sich anwenden, wenn die Tabellenstruktur es zulässt. Enthält das Tabellenblatt nichts als die gliederbare Tabelle, spielt es keine Rolle, wo der Zellzeiger steht. Soll dagegen nur ein bestimmter Bereich gegliedert werden, muss zunächst der gesamte Bereich der gliederbaren Daten markiert werden.

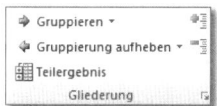

Abbildung 5.81 Die Gruppe »Gliederung« auf dem Register »Daten«

Benutzen Sie dann auf dem Register **Daten** in der Gruppe **Gliederung** die Option **Auto-Gliederung** im Menü der Schaltfläche **Gruppieren**.

Sie können die Art und Weise, wie Excel bei der automatischen Gliederung verfährt, in einem bestimmten Umfang über den Dialog **Einstellungen** steuern, den Sie per Klick auf den Dialogfeldstarter der Gruppe **Gliederung** erreichen. Das ist allerdings nur notwendig, wenn Sie von den dort abgehakten Standardeinstellungen abweichen wollen.

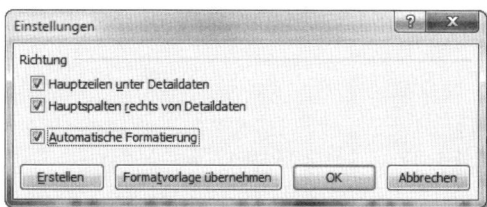

Abbildung 5.82 Einstellungen für die Gliederungsfunktion

Unter **Richtung** ist hier als Vorgabe abgehakt: **Hauptzeilen unter Detaildaten**. Das entspricht einem Tabellenaufbau, bei dem Kolonnensummen unter den Zahlenkolonnen stehen. Erscheint die Summe ausnahmsweise über der Zahlenkolonne, muss das Feld leer bleiben. Vorgabe ist auch **Hauptspalten rechts von Detaildaten**. Formeln wie Quersummen stehen normalerweise rechts von den addierten Werten. Soll die Formelspalte dagegen links von den Wertespalten stehen, muss das Häkchen gelöscht werden.

Das Kontrollfeld **Automatische Formatierung** bewirkt, dass Excel die verschiedenen Gliederungsebenen mit vordefinierten Formatvorlagen versieht. **Spaltenebene_1** ist z. B. die Formatvorlage für die nächsthöhere Ebene über den eigentlichen Daten. Das Format gilt jeweils für komplette Spalten oder Zeilen. Wenn Sie das Feld nicht abhaken, können Sie auch später die Formatvorlagen noch zuweisen. Dazu müssen Sie entweder den gesamten gegliederten Bereich oder eine Ebene innerhalb der Gliederung markieren, erneut den Dialog **Einstellungen** aufrufen und **Formatvorlage übernehmen** auswählen. In beiden Fällen stehen die speziellen Formatvorlagen, die Excel dabei verwendet, für eine weitere Bearbeitung in der Palette der Zellenformatvorlagen zur Verfügung.

Die Gliederung wird mit den getroffenen Einstellungen ausgeführt, wenn Sie die Schaltfläche **Erstellen** anklicken. Existiert bereits eine Gliederung, werden Sie gefragt, ob Sie die bestehende Gliederung ändern wollen.

Ebenen aus- oder einblenden

Abgesehen von dem Fall, dass unter **Datei ▸ Optionen ▸ Erweitert** unter **Optionen für dieses Arbeitsblatt anzeigen** das Feld **Gliederungssymbole anzeigen, wenn eine Gliederung angewendet wurde** nicht abgehakt ist, erkennen Sie das Ergebnis der Gliederung an den speziellen Gliederungssymbolen, die dann über der Tabelle und/oder links von der Tabelle eingeblendet werden.

Mit diesen kleinen Schaltflächen können Sie zwischen den verschiedenen Gliederungsebenen umschalten. Dazu dienen die kleinen Zahlensymbole, die für die unterschiedlichen Zeilen- bzw. Spaltenebenen angezeigt werden. An der Anzahl dieser Symbole ist gleich zu sehen, wie viele Ebenen benutzt werden. Das Symbol mit der höchsten Zahl zeigt immer alle Ebenen an, das Symbol mit der 1 zeigt die Daten in der größtmöglichen Komprimierung.

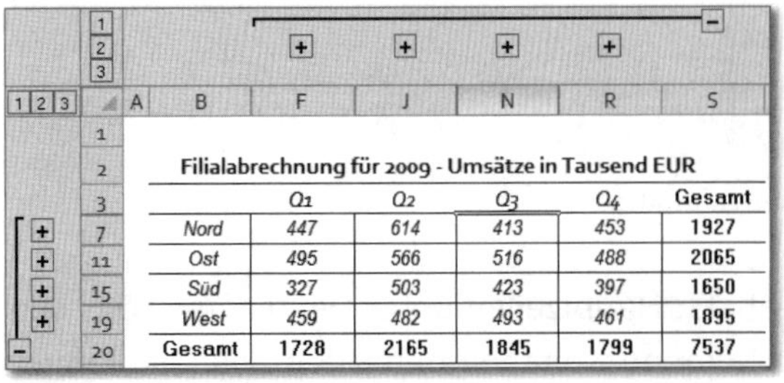

Filialabrechnung für 2009 - Umsätze in Tausend EUR

	Q1	Q2	Q3	Q4	Gesamt
Nord	447	614	413	453	1927
Ost	495	566	516	488	2065
Süd	327	503	423	397	1650
West	459	482	493	461	1895
Gesamt	1728	2165	1845	1799	7537

Abbildung 5.83 Gliederungsebene 2 der Gesamttabelle

Während die Zahlensymbole immer komplette Ebenen ein- bzw. ausblenden, lässt sich mit den Plus- und Minussymbolen auch ein Teil einer Ebene ein- bzw. ausblenden. Wenn z. B.

die Quartalsspalten vom Vorjahr und die Quartalsspalten vom laufenden Jahr als Gruppe nebeneinander stehen, können die Vorjahresdaten auf das Gesamtergebnis reduziert werden, während für das aktuelle Jahr die einzelnen Quartalszahlen angezeigt werden.

> **Einschränkungen, die zu beachten sind**
>
> Die automatische Gliederung ist nur unter folgenden Voraussetzungen anwendbar:
>
> - Die Tabelle enthält Formeln mit Bezügen auf Zellen in derselben Spalte oder in derselben Zeile.
> - Die Bezüge sind einheitlich und gehen nur in eine Richtung.
>
> Wenn Sie versuchen, eine Tabelle automatisch zu gliedern, die nur Texte und Konstanten, aber keine Formeln enthält, erhalten Sie die Fehlermeldung **Gliederung kann nicht erstellt werden**. In einem solchen Fall können Sie nur manuell gliedern. Wichtig ist vor allem der zweite Punkt. Es ist nicht möglich, die automatische Gliederung anzuwenden, wenn sich eine Additionsformel z. B. auf eine Zelle weiter links und gleichzeitig auf eine Zelle weiter rechts bezieht.

Auswertung gegliederter Tabellen

Ein Vorteil der Gliederungsfunktion liegt auch darin, dass jede Gliederungsebene zur Basis weiterer Verarbeitungsschritte gemacht werden kann. Das gilt vor allem für die Bildung von Diagrammen. Angewendet auf unser Beispiel kann etwa ein Diagramm mit den Quartalsergebnissen produziert werden.

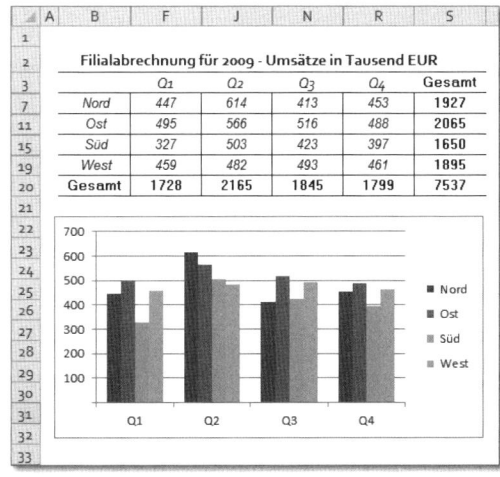

Abbildung 5.84 Diagramm aus Quartalsergebnissen

Excel erlaubt insgesamt acht Gliederungsebenen in beide Richtungen, also spalten- und zeilenweise. Eine Gliederung kann aber für jede Tabelle nur einmal installiert werden. Es können also nicht mehrere Teiltabellen mit je eigener Gliederung in einem Tabellenblatt vorkommen.

Teilergebnisse erzeugen

In den oben gezeigten Beispielen sind die höherrangigen Ebenen durch Summenformeln erzeugt worden. Excel bietet in der Gruppe **Gliederung** noch ein Symbol **Teilergebnis** an, mit dem automatisch Zwischenergebnisse in einer Liste erzeugt und mit der automatischen Gliederung verknüpft werden können. Das Symbol öffnet dazu einen Dialog, in dem die Art der Zusammenfassung festgelegt werden kann. In dem folgenden Beispiel sind für drei Tage jeweils mehrere Werte eingetragen, die zusammengefasst werden sollen.

Es genügt, den Mauszeiger irgendwo in die Tabelle zu setzen, bevor **Teilergebnis** aufgerufen wird. Zunächst muss festgelegt werden, welche Spalte das Gruppierungskriterium enthält, hier ist es die Datumsspalte. Im zweiten Listenfeld wird die Art der Zusammenfassung ausgewählt, im dritten die Spalten, die zusammengefasst werden sollen. Wird der Dialog quittiert, erstellt Excel nicht nur die gewünschten Teilergebnisse, sondern fügt auch eine automatische Gliederung ein.

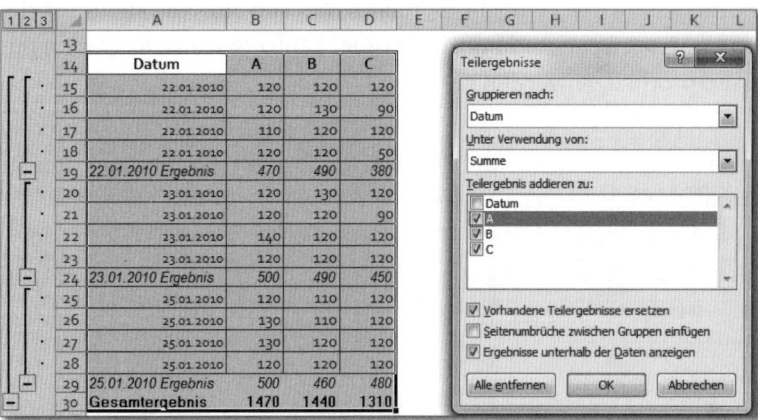

Abbildung 5.85 Generieren von Teilergebnissen

Gliederungen anpassen

Es ist jederzeit möglich, die Gliederung einer bestehenden Tabelle anzupassen, wenn die Tabelle inzwischen um weitere Spalten und/oder Zeilen erweitert wurde. Wenn Sie den neuen Gesamtbereich der Tabelle markieren und den Befehl **AutoGliederung** erneut verwenden, werden Sie gefragt, ob Sie die bestehende Gliederung ändern wollen. Wenn Sie dies bestätigen, wird die alte Gliederung durch die neue ersetzt.

Um eine Gliederung aus einer Tabelle wieder zu entfernen, wählen Sie in der Gruppe **Daten ▸ Gliederung** die Option **Gliederung entfernen** aus dem Menü von **Gruppierung aufheben**.

Manuelle Gliederung

Eine manuelle Gliederung können Sie ausführen, wenn die Bedingungen für eine automatische Gliederung nicht erfüllt sind. Nehmen Sie als Beispiel ein Tabellenblatt, in dem einige kurze Tabellen untereinander angelegt sind. Zwischen den Tabellen sind jeweils längere Texte eingefügt, die Erläuterungen zu diesen Tabellen enthalten.

Diese Texte sollen bei Bedarf ausgeblendet werden können. In diesem Fall stellen die Tabellen die übergeordnete Ebene dar, die Texte die untergeordnete. Da bei dieser Funktion eine Mehrfachauswahl nicht erlaubt ist, müssen Sie jeden der Textbereiche zunächst markieren und dann den Befehl **Daten ▸ Gliederung ▸ Gruppieren** verwenden.

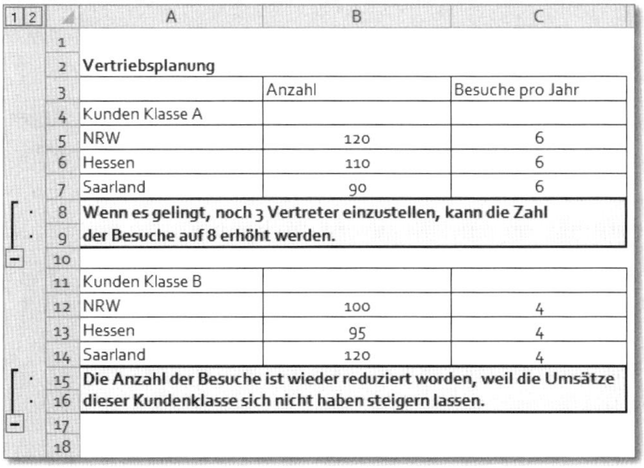

	A	B	C
1			
2	**Vertriebsplanung**		
3		Anzahl	Besuche pro Jahr
4	Kunden Klasse A		
5	NRW	120	6
6	Hessen	110	6
7	Saarland	90	6
8	**Wenn es gelingt, noch 3 Vertreter einzustellen, kann die Zahl**		
9	**der Besuche auf 8 erhöht werden.**		
10			
11	Kunden Klasse B		
12	NRW	100	4
13	Hessen	95	4
14	Saarland	120	4
15	**Die Anzahl der Besuche ist wieder reduziert worden, weil die Umsätze**		
16	**dieser Kundenklasse sich nicht haben steigern lassen.**		
17			
18			

Abbildung 5.86 Beispiel für eine manuelle Gliederung

In einem kleinen Dialogfeld entscheiden Sie, ob in dem markierten Bereich die Zeilen oder die Spalten gruppiert werden sollen, falls nicht komplette Zeilen oder Spalten markiert sind. Der Befehl **Daten ▸ Gliederung ▸ Gruppierung aufheben** entfernt die Gruppierungen in dem markierten Bereich wieder. Mit einem Klick auf das Symbol für Ebene 1 können Sie nun bei Bedarf die Texte ausblenden, sodass nur noch die Tabellen sichtbar sind.

Gliederungen kopieren

Wenn Sie eine gegliederte Tabelle in eine andere Datei kopieren, können Sie, wenn Sie wollen, die Gliederung mit kopieren. Dazu müssen Sie nur das Feld **Alles Auswählen** in der linken oberen Ecke anklicken, bevor Sie **Kopieren** verwenden. Auch in dem Tabellenblatt, in das Sie die gegliederte Tabelle kopieren wollen, müssen Sie dann das Feld **Alles Auswählen** anklicken. Wenn Sie anschließend **Einfügen** verwenden, wird die Tabelle samt Gliederung eingefügt. Wollen Sie dagegen nur die Daten kopieren, müssen Sie in der Tabelle den entsprechenden Bereich markieren. In diesem Fall wird die Gliederung nicht in eine andere Tabelle kopiert.

5.9 Dateneingabe über Steuerelemente

Eine spezielle Form der Gestaltung Ihrer Tabellen ist die Arbeit mit Bedienungselementen, wie sie normalerweise in Dialogfeldern verwendet werden. Das betrifft nicht nur Schaltflächen zum Start von Makros, wie sie in Abschnitt 23.2, »Makros in den Arbeitsablauf einbinden«, behandelt werden. Auch Listenfelder, Bildlaufleisten oder Drehfelder können in Tabellenblättern nützlich sein, um die Dateneingabe zu vereinfachen und Fehleingaben zu verhindern.

Datenauswahl über ein Kombinationsfeld

Ein Listenfeld in einer Tabelle kann benutzt werden, um eine bestimmte Position aus einer Liste auszuwählen. Der Übersichtlichkeit halber soll hier eine einfache Liste mit Monatsnamen verwendet werden. Um diese Liste mit einem Kombinationsfeld zu verknüpfen, müssen Sie zunächst dafür sorgen, dass das Register **Entwicklertools** eingeblendet ist. Dies geschieht über **Datei ▸ Optionen ▸ Menüband anpassen**. Im Fenster rechts wird unter **Hauptregisterkarten** das Register **Entwicklertools** zum Abhaken angeboten.

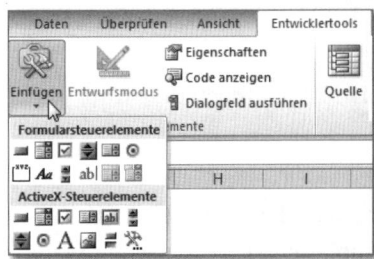

1 Klicken Sie auf dem Register **Entwicklertools** in der Gruppe **Steuerelemente** auf das Symbol **Einfügen**. Im dazugehörigen Menü klicken Sie im Bereich **Formularsteuerelemente** das Symbol für ein Kombinationsfeld an.

2 Ziehen Sie mit der Maus im Tabellenblatt ein Rechteck für das Kombinationsfeld auf.

3 Klicken Sie anschließend in der Gruppe **Steuerelemente** auf das Symbol **Eigenschaften**. Das Element muss dafür markiert sein!

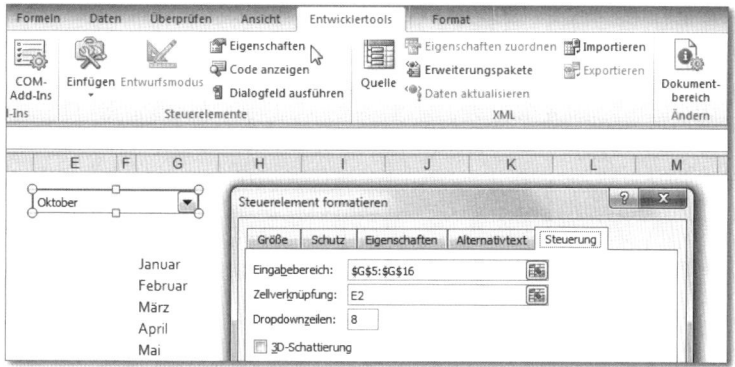

4 Geben Sie auf der Registerkarte **Steuerung** als **Eingabebereich** den Bereich ein, der die Monatsnamen enthält.

5 Geben Sie unter **Zellverknüpfung** die Adresse einer Zelle ein, in der das Ergebnis der Listenauswahl erscheinen soll. In dieser Zelle erscheint dann aber lediglich die Nummer der gewählten Position.

6 Mit einem kleinen Trick kann aus dieser Nummer aber leicht der Monatsname für eine andere Zelle gewonnen werden. In der Abbildung ist als Ausgabebereich eine Zelle gewählt, die hinter dem Kombinationsfeld liegt, also unsichtbar bleibt.

7 In der Zelle, in der der ausgewählte Monatsname erscheinen soll – hier ist es A4 –, kann dann mit der Funktion

```
=INDEX(Matrix; Zeile; Spalte)
```

gearbeitet werden. Hierbei wird für `Matrix` der Listenbereich mit den Monatsnamen angegeben, für `Zeile` die Adresse der Zelle der Ausgabenverknüpfung und für `Spalte` der Wert 1, weil die Monatsspalte ja einspaltig ist. In diesem Fall heißt die Funktion also:

```
=INDEX(G5:G16;E2;1)
```

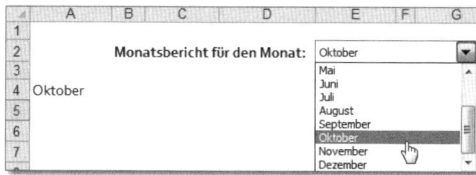

Abbildung 5.87 Tabelle mit Kombinationsfeld

Bildlaufleiste und Drehfeld

Mit den Elementen **Bildlaufleiste** und **Drehfeld** werden zwei Elemente zur Verfügung gestellt, die direkt Zahlen ausgeben, wobei sich der Zahlenbereich und die Schrittweite frei definieren lassen.

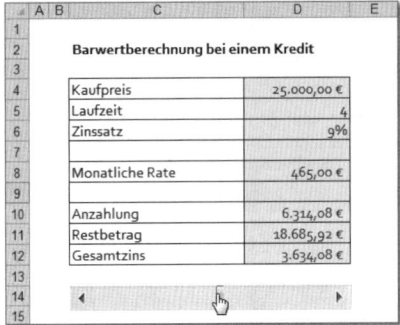

Abbildung 5.88 Barwertberechnung mit Bildlaufleiste

Ein Listenbereich steht bei diesen beiden Elementen naturgemäß nicht zur Verfügung, wohl aber die **Zellverknüpfung**: Sie können den mit diesen Elementen gewählten Wert direkt einer Zelle zuordnen.

Zur Demonstration dient hier eine Barwertberechnung, bei der verschiedene Werte für die monatliche Rate getestet werden sollen. **Minimalwert** und **Maximalwert** können unter **Steuerung** eingetragen werden, ebenso die **Schrittweite**.

Sinnvolle Anwendungen ergeben sich für einfache Was-wäre-wenn-Analysen, für Diagramme, bei denen Sie die Werte über **Drehfeld** oder **Bildlaufleiste** einstellen können und dergleichen mehr.

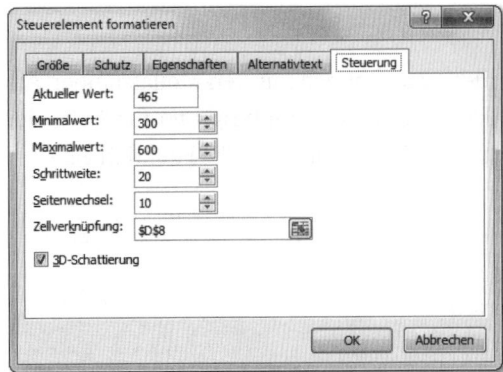

Abbildung 5.89 Steuerung der Bildlaufleiste für die Ratenwerte

6 Auswertung und Was-wäre-wenn-Analyse

Wenn ein Kalkulationsmodell mit Daten und Formeln erst einmal aufgebaut ist, kann es immer wieder benutzt werden. Ein Modell für einen Wochenbericht kann jedes Mal mit neuen Daten gefüllt werden. Sie müssen nur die Wochennummer wechseln. Die Formeln von Excel liefern Ihnen die Berechnungen für die neuen Daten.

Formeln sind aber nicht der einzige Weg, um Excel zu veranlassen, Daten für Sie zu berechnen und auszuwerten. Das Programm stellt Ihnen darüber hinaus komplexe Werkzeuge zur Verfügung, um bereits vorhandene Daten und Modelle zu analysieren. Diese Möglichkeiten werden in den beiden folgenden Kapiteln anhand von praktischen Beispielen vorgestellt.

6.1 Berechnungen ohne Formeln

Zunächst soll noch kurz auf eine relativ einfache Möglichkeit eingegangen werden, mit vorhandenen Daten Berechnungen anzustellen, ohne dazu Formeln eingeben zu müssen. Die eine Möglichkeit betrifft hauptsächlich die Multiplikation einer Zahlenkolonne mit einem oder mehreren Faktoren. Die andere Möglichkeit betrifft die Addition, Subtraktion etc. von kompletten Zellbereichen.

Multiplikation einer Preisspalte mit einem Prozentsatz

Angenommen, in einer Tabelle existiert eine Spalte mit den Verkaufspreisen einer Reihe von Artikeln. Sie entschließen sich, zum Monatswechsel Ihre Verkaufspreise um generell 3 % zu senken. In diesem Fall ist es natürlich nicht notwendig, die Verkaufspreise neu einzugeben. Es ist auch nicht notwendig, dafür Formeln zu entwickeln, was ja möglich wäre.

Sie können folgendermaßen verfahren:

1 Sie tragen den Faktor für die Preissenkung in eine freie Zelle ein. Im Beispiel soll der Preis auf 97 % des bisherigen Preises gesenkt werden, also tragen Sie 97 % oder 0,97 ein.

2 Sie kopieren den Wert der Zelle mit **Start ▸ Zwischenablage ▸ Kopieren** in die Zwischenablage.

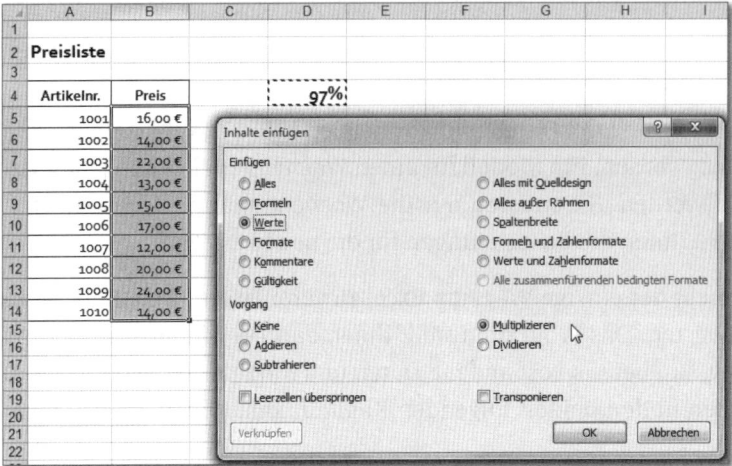

3 Sie markieren die Spalte mit den bisherigen Verkaufspreisen.

4 Sie wählen den Befehl **Start ▸ Zwischenablage ▸ Einfügen ▸ Inhalte einfügen**. Unter **Einfügen** wählen Sie **Werte** und unter **Vorgang** die Option **Multiplizieren**. Sie bestätigen mit **OK**.

Excel multipliziert jeden der bisherigen Verkaufspreise mit dem markierten Faktor und gibt das Ergebnis als Wert in der Zelle aus. Anschließend kann die Zelle mit dem Prozentsatz wieder gelöscht werden.

Anstelle einer Multiplikation kann auch **Addieren**, **Subtrahieren** oder **Dividieren** gewählt werden. Anstatt alle Werte im Zielbereich mit demselben Wert neu zu berechnen, wie das in diesem Beispiel geschieht, können Sie natürlich auch mit verschiedenen Werten arbeiten. In diesem Fall müssen der in die Zwischenablage kopierte Bereich und der Zielbereich aber entweder genau gleich groß sein oder der Quellbereich muss mehrfach in den Zielbereich passen.

Hat der Quellbereich z. B. zwei Zellen in einer Spalte, der Zielbereich jedoch 20 Zellen, wird bei der Multiplikation immer abwechselnd mit der ersten und mit der zweiten Zelle aus dem Quellbereich multipliziert. Hat der Zielbereich dagegen 21 Zellen, erhalten Sie den Hinweis, dass der Zielbereich nicht passt.

Zusammenfassen von Bereichen

In den meisten Fällen wird diese Funktion aber angewendet, um zwei gleich große Bereiche miteinander zu verrechnen. Wenn Sie z. B. zwei Zahlenkolonnen zusammenfassen wollen, ohne Formeln benutzen zu müssen, addieren Sie die Kolonne B auf die Kolonne A und löschen anschließend die Kolonne B. Die Funktion kann selbstverständlich auch mit Daten aus verschiedenen Arbeitsblättern oder Arbeitsmappen arbeiten.

6.2 Ergebnisse konsolidieren

Eine praktische Form, Daten aus verschiedenen Bereichen zusammenzufassen, bietet die Funktion **Konsolidieren**. Obwohl diese Funktion durch die Berechnungsmöglichkeiten, die sich aus der dreidimensionalen Struktur der Arbeitsmappen ergeben, etwas an Gewicht verloren hat, bietet sie immer noch interessante Möglichkeiten, Daten aus verschiedenen Quellen zusammenzuführen und auszuwerten. Hinzu kommt, dass Konsolidierungsbereiche auch als Ausgangsmaterial für Pivot-Tabellen benutzt werden können. Dies wird in Kapitel 20, »Arbeit mit externen Daten«, beschrieben.

6.2.1 Konsolidieren nach Position oder Beschriftung

Excel 2010 kennt zwei verschiedene Methoden, Daten zu konsolidieren. Entweder orientiert sich die Funktion an der Position der Daten in den Quelldateien oder an deren Beschriftung. Im ersten Fall müssen die Quellbereiche auf allen Blättern jeweils genau an derselben Stelle stehen, im zweiten Fall können die Quellbereiche auch an ganz unterschiedlichen Stellen in den Quelldateien vorkommen.

Angenommen, Sie erhalten an jedem Monatsende von drei Werken Arbeitsmappen, in denen die Monatsdaten auf verschiedenen Blättern zusammengestellt sind. Jede Mappe enthält u. a. einen einheitlich strukturierten Tabellenbereich mit einer Übersicht über die Produktion in den verschiedenen Produktgruppen. Sie wollen die drei Einzelergebnisse nun in einer neuen Arbeitsmappe zu einem Gesamtergebnis zusammenfassen.

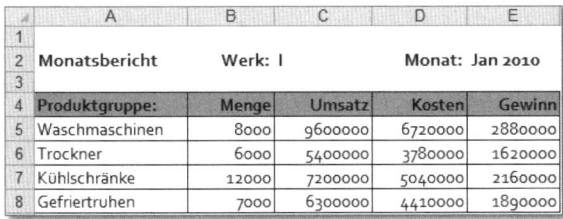

Abbildung 6.1 Ergebnisblatt eines Werks

Natürlich wäre es denkbar, die verschiedenen Blätter, die diese Bereiche enthalten, zunächst in einer Arbeitsmappe zusammenzufassen, aber möglicherweise wird das nicht gewünscht. Es kann ja z. B. sein, dass diese Blätter noch viele andere Daten enthalten, die an dieser Stelle nicht interessieren.

Ereignisse konsolidieren – Festlegen des Zielbereichs

Der erste Schritt, um die Ergebnisse der drei Werke zu konsolidieren, ist nun die Festlegung eines Zielbereichs, in dem die Daten zusammengefasst werden. Obwohl es möglich ist, dass sich die Quellbereiche und der Zielbereich für die Konsolidierung in derselben Arbeitsmappe befinden, soll in diesem Beispiel davon ausgegangen werden, dass dies nicht der Fall ist.

1 Zunächst sollten Sie deshalb eine neue Arbeitsmappe öffnen und ein Tabellenblatt auswählen.

2 Es ist eine gute Gewohnheit, über den Doppelklick auf das Blattregister gleich einen entsprechenden Namen für das Blatt zu vergeben.

3 Der nächste Schritt ist eine entsprechende Beschriftung des Blatts. Es bietet sich an, die Beschriftung eines der Quellbereiche hier an genau dieselbe Stelle zu kopieren und so weit anzupassen, wie es notwendig ist.

Da hier zunächst die Konsolidierungsmethode beschrieben werden soll, die sich an der Position der Daten orientiert, muss darauf geachtet werden, dass sich die Zelladressen mit der entsprechenden Beschriftung decken. Die Menge der verkauften Waschmaschinen z. B. soll immer in der Zelle B5 erscheinen.

4 Ist dieser Schritt abgeschlossen, können Sie den Bereich markieren, in dem die zusammengefassten Daten erscheinen sollen. Es genügt, wenn Sie die erste Zelle des Bereichs auswählen, also hier B5.

5 Benutzen Sie nun auf dem Register **Daten** in der Gruppe **Datentools** das Symbol **Konsolidieren**.

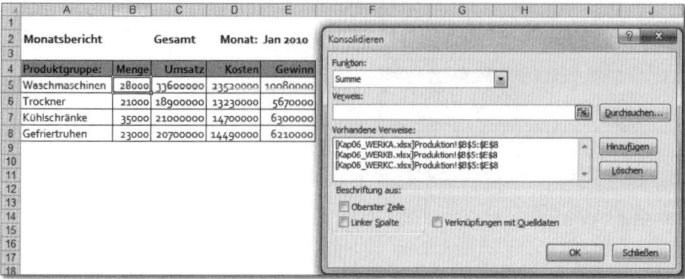

6 In dem Feld **Funktion** wird als Vorgabe **Summe** angezeigt, es wird also angenommen, dass die Werte aus den verschiedenen Bereichen addiert werden. Wenn Sie auf den Pfeil klicken, werden Ihnen auch andere Möglichkeiten angeboten, die Daten auszuwerten, bis hin zu einfachen statistischen Analysen wie Standardabweichung und Varianz. In diesem Beispiel ist **Summe** die richtige Funktion.

7 Excel erwartet nun von Ihnen Einträge in dem Feld **Verweis**. Wie ausführlich die Verweisangabe sein muss, hängt davon ab, wo sich die Quelldaten befinden. Stehen sie auf demselben Tabellenblatt wie der Zielbereich, reichen einfache Zellbezüge. Stehen sie auf einem anderen Tabellenblatt derselben Mappe, muss der Blattname vor die Zelladresse gesetzt werden. Bei Verweisen auf andere Mappen ist die Angabe des Dateinamens notwendig. Befindet sich die Mappe nicht im Standardordner, muss auch der komplette Pfad eingetragen werden.

In diesem Beispiel wird der Verweis zu anderen Arbeitsmappen hergestellt, also muss der Dateiname in eckigen Klammern und der Blattname mit einem Ausrufezeichen vor die Bereichsadresse gesetzt werden.

```
[Kap06_WERKA.XLS]Produktion!$B$5:$E$8
```

wäre ein korrekter Verweis. Ist der Verweis eingegeben oder markiert, benutzen Sie die Schaltfläche **Hinzufügen**. Der eingegebene Bezug erscheint in der Liste **Vorhandene Verweise**. Verfahren Sie mit den anderen Verweisen entsprechend.

8 Schließen Sie den Vorgang dann mit **OK** ab. Excel berechnet die Gesamtwerte für alle drei Werke und gibt sie als Werte im Zielbereich aus.

> **TIPP**
>
> **Besser mit Bereichsnamen**
> Eleganter als die Eingabe von Bereichsverweisen ist natürlich auch hier die Verwendung von Bereichsnamen. Das setzt voraus, dass die Quellbereiche in allen Fällen mit demselben Namen belegt worden sind.

Insgesamt dürfen bei einer solchen Konsolidierung bis zu 255 Quellbereiche angegeben werden. Es ist dabei nicht notwendig, dass die Arbeitsmappen geöffnet sind, jedoch vorteilhaft, weil Sie die Bezüge auf andere geöffnete Arbeitsmappen durch Markieren mit der Maus herstellen können und nicht manuell eingeben müssen. Das ist ja nicht nur etwas mühsam, es ist auch fehleranfälliger. Vermeiden sollten Sie dagegen den Bezug auf geöffnete Dateien, die noch nicht gespeichert sind, weil hier der endgültige Dateiname ja noch nicht feststeht.

Wenn Sie den Namen oder den Ordner der Quelldatei nicht wissen, können Sie über die Schaltfläche **Durchsuchen** das Dialogfeld **Durchsuchen** öffnen, um Ihre Daten zu finden.

6.2.2 Konsolidieren nach Rubrik

Wenn die Quelldaten nicht immer an derselben Stelle in einem Blatt stehen oder wenn nicht alle Quellbereiche alle Positionen enthalten, können Sie die zweite Methode anwenden, die Konsolidierung nach Rubrik. Um bei dem oben behandelten Beispiel zu bleiben, wäre es für Excel kein Problem, wenn eines der Werke die Ergebnisdaten nicht in dem Bereich A4 bis E8 einträgt, sondern in A104 bis E108. Es würde Excel auch nichts ausmachen, wenn ein Werk z. B. keine Kühlschränke produziert und eine entsprechende Zeile fehlt.

Bei dieser Methode ist es nicht erforderlich, die Beschriftungen im Zielbereich manuell einzugeben. Sie werden aus den Quellbereichen übernommen und entsprechend zusammengestellt.

1 Markieren Sie die linke obere Eckzelle des Zielbereichs (die Beschriftungszeile mitgerechnet).

2 Benutzen Sie in der Gruppe **Daten ▸ Datentools** das Symbol **Konsolidieren**.

3 Geben Sie unter **Verweis** die verschiedenen Quellbereiche unter Einschluss der Beschriftungen an und verwenden Sie jedes Mal **Hinzufügen**.

4 Um Excel zu veranlassen, die Methode mit den Rubriken zu benutzen, geben Sie unter **Beschriftung aus** an, woher die Beschriftungen übernommen werden. In diesem Fall können beide Kontrollkästchen abgehakt werden.

5 Wenn Sie mit **OK** bestätigen, kopiert Excel die Beschriftungen an die angegebene Stelle im Zielbereich und konsolidiert die Daten dort.

Bearbeiten einer Konsolidierung

Die Daten über eine Konsolidierung werden mit der Arbeitsmappe gespeichert, die den Zielbereich enthält. Die Zusammenfassung der Werte kann also jederzeit wiederholt werden, falls sich die Quelldaten geändert haben. Wenn es nötig ist, kann auch die Zusammenstellung der Quellbereiche jederzeit verändert werden.

1 Wählen Sie den Zielbereich. Rufen Sie erneut das Dialogfeld **Konsolidieren** auf.

2 Um noch weitere Quellbereiche hinzuzufügen, geben Sie unter **Verweis** den neuen Bereich ein, wählen **Hinzufügen** und veranlassen mit **OK** eine Neuberechnung.

3 Um einen Quellbereich aus der Berechnung herauszunehmen, wählen Sie ihn unter **Vorhandene Verweise** aus und klicken auf **Löschen**.

4 Soll der markierte Verweis nur geändert werden, dann korrigieren Sie die Adresse unter **Verweis**.

Herstellen von Verknüpfungen zu den Quellbereichen

Normalerweise übernimmt Excel für die Konsolidierung die Daten aus den Quellbereichen mit den aktuellen Werten, berechnet das Ergebnis und gibt die Werte im Zielbereich aus. Damit ist der Vorgang abgeschlossen. Ändern sich die Werte in den Quellbereichen, muss also die Konsolidierung mit unveränderten Angaben im Dialogfeld wiederholt werden, um den aktuellen Stand zu gewährleisten.

Sollen die Werte im Zielbereich automatisch geändert werden, wenn sich die Daten in einem der Quellbereiche ändern, müssen Sie das Kästchen **Verknüpfungen mit Quelldaten** abhaken. Ist das geschehen, werden die Daten in der Arbeitsmappe immer auf den neuesten Stand gebracht, wenn die Mappe geöffnet wird. Im Zielbereich finden Sie dann anstelle der konstanten Werte externe Bezüge auf die einzelnen Zellen in den Quellbereichen.

Excel fügt für jeden Quellbereich neue Zeilen/Spalten ein sowie Formeln, die die Daten dann zusammenfassen, entsprechend der Funktion, die im Dialogfeld gewählt worden ist. Die Tabelle wird automatisch gegliedert und zunächst mit der höchstmöglichen Komprimierung angezeigt. Sie können mit den Gliederungssymbolen aber alle Detaildaten im Zielbereich sichtbar machen.

	A	B	C	D	E
2	Monatsbericht		Gesamt	Monat: Jan 2010	
4	Produktgruppe:	Menge	Umsatz	Kosten	Gewinn
5		8000	9600000	6720000	2880000
6		10000	12000000	8400000	3600000
7		10000	12000000	8400000	3600000
8	Waschmaschinen	28000	33600000	23520000	10080000
12	Trockner	21000	18900000	13230000	5670000
16	Kühlschränke	35000	21000000	14700000	6300000
20	Gefriertruhen	23000	20700000	14490000	6210000

Abbildung 6.2 Verknüpfte Konsolidierung

6.3 Add-In für statistische Datenanalyse

Für die statistische Analyse von Daten in einer Tabelle stehen nicht nur die zahlreichen statistischen Tabellenfunktionen zur Verfügung, die in Kapitel 16, »Tabellenfunktionen«, vorgestellt werden. Als Zusatzprogramm kann außerdem ein umfangreiches Analysewerkzeug eingesetzt werden, das die statistische Auswertung vorgegebener Daten vereinfacht. Wenn Sie das Add-In **Analyse-Funktionen** installiert und über **Datei ▸ Optionen ▸ Add-Ins** in die Liste der Zusatzprogramme eingefügt haben, die Excel bereitstellt, erscheint dafür auf dem Register **Daten** eine zusätzliche Gruppe **Analyse** mit der Schaltfläche **Datenanalyse**.

Bevor Sie eine der zahlreichen Optionen dieses Befehls verwenden können, müssen die Daten, die analysiert werden sollen, in einem Tabellenblatt so angeordnet werden, dass die gewählte Analyse-Funktion damit arbeiten kann. Wie die Daten für eine bestimmte Funktion vorliegen müssen, hängt von der jeweiligen Funktion ab. Es würde den Rahmen dieses Buches sprengen, auf die einzelnen Funktionen des Pakets einzugehen. Deshalb hier nur ein Beispiel: die Erstellung eines Histogramms. Diese spezielle Form des Diagramms wird gerne eingesetzt, um Häufigkeitsverteilungen darzustellen. Detaillierte Informationen zum Thema Analyse-Funktionen finden Sie in: Helmut Vonhoegen, *Excel 2010. Formeln und Funktionen*, Vierfarben Verlag.

Ein Histogramm für die Verteilung von Abweichungen

Eine typische Anwendung für ein Histogramm ist die Darstellung der Häufigkeitsverteilung der Abweichungen von einem bestimmten Standardwert. Denken Sie an eine Tabelle, in der für eine Stichprobe von 500 Personen der Prozentsatz der Abweichung vom Normalgewicht eingetragen ist.

1 Die Funktion erwartet in der Tabelle einen Eingabebereich, der nur aus numerischen Daten bestehen darf, abgesehen von der Beschriftung der Spalten bzw. Zeilen. Die Daten können in Spalten oder in Zeilen angeordnet werden.

2 Zusätzlich zum Eingabebereich kann noch ein Klassenbereich angelegt werden. Hier werden Grenzwerte eingetragen, die den Umfang der einzelnen Klassen definieren. Die Grenzwerte müssen in aufsteigender Reihenfolge angegeben werden. Sind ein oder mehrere Grenzwerte vorhanden, ermittelt Excel jeweils die Anzahl der Fälle, die unter die verschiedenen Klassen fallen. Dabei werden die Werte bis zur untersten Klassengrenze und die Werte über der obersten Klassengrenze jeweils zusammengefasst. Wird kein Klassenbereich verwendet, teilt Excel die gesamte Spannweite der Daten selbstständig in gleich breite Abschnitte auf.

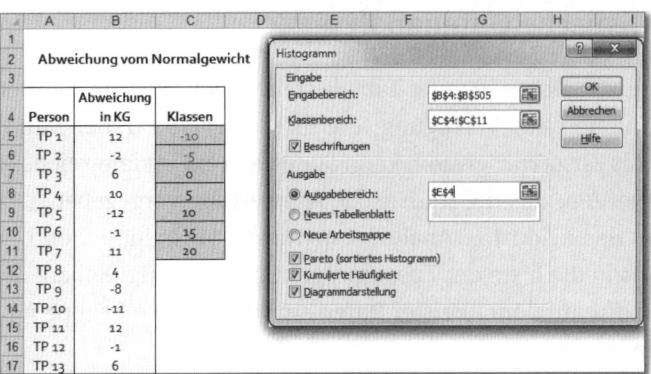

3 Sind diese Vorbereitungen getroffen, können Sie den Befehl **Datenanalyse** aufrufen.

4 Wählen Sie die Analyse-Funktion, die auf die im Tabellenblatt angeordneten Daten angewendet werden soll, in diesem Fall also **Histogramm**.

5 Geben Sie im Dialog **Histogramm** unter **Eingabebereich** den Bezug auf den Bereich ein, der ausgewertet werden soll. Schließen Sie die Zelle mit der Beschriftung mit ein.

6 Unter **Klassenbereich** bestimmen Sie den Bereich mit den Grenzwerten. Auch hier schließen Sie die Zelle mit der Beschriftung mit ein.

7 Das Kontrollkästchen **Beschriftungen** sollte aktiviert werden, damit die Beschriftungen in der Auswertung übernommen werden. Ist das nicht der Fall, werden Vorgabebeschriftungen erstellt.

8 Dann müssen Sie unter **Ausgabebereich** die obere linke Eckzelle des Bereichs angeben, in dem die Ergebnisse der Analyse dargestellt werden sollen. Ist der Bereich nicht leer, erhalten Sie eine Warnung, bevor die Daten dort eingefügt werden. Mit der Option **Neues Tabellenblatt** kann die Ausgabe auch in ein neues Blatt gelenkt werden. Die Daten werden dann dort ab der Zelle A1 eingetragen. Sie können in dem Eingabefeld gleich schon den Namen des Blatts mit eingeben. Es ist auch möglich, eine **Neue Arbeitsmappe** als Ziel der Auswertung zu bestimmen.

9 Mit einem Häkchen bei **Pareto** kann erreicht werden, dass die Ergebnisse mit absteigender Häufigkeitsfolge sortiert dargestellt werden. Sonst verwendet die Funktion die aufsteigende Häufigkeitsfolge. Zusätzlich kann noch **Kumulierte Häufigkeit** gewählt werden. Dann liefert die Funktion eine zusätzliche Spalte mit den kumulierten Häufigkeiten und fügt dafür im Histogramm selbst eine entsprechende Kurve ein. Ob direkt ein Diagramm zu den Ergebnissen geplottet werden soll, legen Sie durch ein Häkchen bei **Diagrammdarstellung** fest.

10 Wenn Sie die Angaben bestätigen, wird zunächst eine Häufigkeitstabelle erstellt und dazu das Diagramm.

Klassen	Häufigkeit	Kumuliert %
-10	72	14,40%
-5	80	30,40%
0	82	46,80%
5	75	61,80%
10	89	79,60%
15	87	97,00%
20	15	100,00%
und größer	0	100,00%

Abbildung 6.3 Verteilung der Häufigkeit

Das Diagramm sieht noch etwas stärker wie ein Histogramm aus, wenn Sie die Abstände zwischen den Säulen auf null setzen. Klicken Sie dazu auf das Diagramm und dann eine der Säulen mit der rechten Maustaste an. Wählen Sie **Datenreihen formatieren** und dann **Reihenoptionen**.

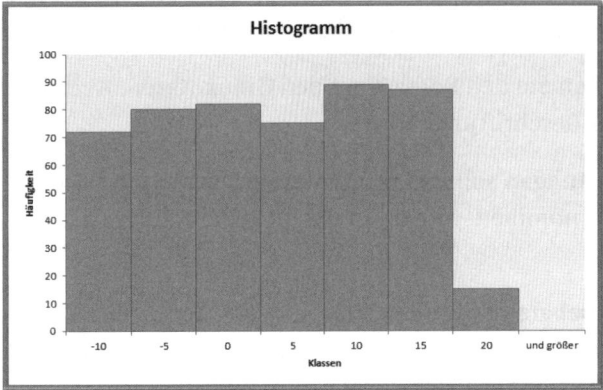

Abbildung 6.4 Histogramm in leicht überarbeiteter Form

6.4 Was wäre, wenn …

Sensitivitätsanalysen untersuchen, wie empfindlich eine Situation auf Änderungen von Faktoren reagiert, die diese Situation beeinflussen. Excel stellt Ihnen zwei verschiedene Versionen solcher Was-wäre-wenn-Analysen zur Verfügung. Sie unterscheiden sich im Kern durch die Anzahl der Variablen, die zugelassen sind. In der ersten Version kann nur ein Wert variiert werden, in der zweiten zwei.

Die unterschiedliche Anzahl der Variablen hat aber gleichzeitig Folgen für die Anordnung der Daten, die in die Berechnung eingehen. Sie ist bei den beiden Versionen unterschiedlich. Zudem ist die Anzahl der Formeln, die ausgewertet werden können, von der Zahl der Variablen abhängig. Nur die Version mit einer Variable kann gleichzeitig mehrere Formeln auswerten.

6.4.1 Datentabelle mit einer Variable

Zunächst ein einfaches Beispiel. In der Abbildung finden Sie eine kleine Anwendung mit einer Barwertfunktion. Die Fragestellung könnte lauten: Wie viel muss am 1.1.2010 auf der Bank eingezahlt werden, um nach Ablauf von drei Jahren den Betrag zu erhalten, der drei jährlichen Einzahlungen von 40.000 € entspricht? Der Zinssatz beträgt 3 %.

	A	B	C
1			
2	**Berechnung des Barwerts**		
3			
4	Einzahlungen	40000	
5	Perioden	3	
6	Zinssatz	3%	
7	Barwert		- 113.144,45 €
8	andere Zinssätze:	3,25%	
9		3,50%	
10		3,75%	
11		4,00%	
12		4,25%	
13		4,50%	
14		4,75%	
15		5,00%	
16		5,25%	

Abbildung 6.5 Vorbereitung der Barwertberechnung als Mehrfachoperation

Die Formel mit der Funktion `BW()` in Zelle C7 enthält keinen konstanten Zinssatz, sondern die Adresse der Zelle B6. Dort sind zunächst 3 % eingetragen.

1 Um nun die Wirkung anderer Zinssätze beobachten zu können, wird in einer freien Spalte eine Reihe von Zinsvarianten eingetragen. Dies ist in der abgebildeten Tabelle in der Spalte B geschehen. Die Beschriftung *andere Zinssätze* weist darauf hin, wozu die Werte gedacht sind. Die alternativen Werte müssen untereinander und in einer Spalte eingetragen werden. Die Reihenfolge ist nicht vorgeschrieben, aber eine auf- oder absteigende Reihenfolge macht das Ergebnis übersichtlicher.

2 Der nächste Schritt der Vorbereitung betrifft die Formel, die mit den alternativen Werten gefüttert werden soll. In diesem Beispiel ist es die Barwertfunktion. Diese Formel muss in der Zeile eingetragen werden, die direkt über der ersten Zeile liegt, die alternative Werte enthält. Sie muss aber um mindestens eine Spalte nach rechts versetzt werden, weil das Programm die neu errechneten Werte direkt unter dieser Formel ablegen wird. In der Abbildung ist deshalb die Zelle C7 der richtige Ort für die Formel.

3 Im nächsten Schritt muss der Bereich markiert werden, der für die Datentabelle benutzt werden soll (in früheren Versionen wurde hier der Begriff *Mehrfachoperation* verwendet). In der Abbildung ist dieser Bereich zur besseren Verdeutlichung mit einem Muster gekennzeichnet. Der Bereich wird bestimmt durch die Spalte mit den alternativen Werten und durch die Zeile, die die Formel oder die Formeln enthält, die der Befehl mehrfach durchrechnen soll. Im Unterschied zu einer normalen Formel wird das Ergebnis bei dieser Operation eben nicht in der Zelle angezeigt, die die Formeln enthält, sondern in einer fortlaufenden Reihe von Zellen.

4 Nun kann aus der Gruppe **Datentools** auf dem Register **Daten** über das Menü der Schaltfläche **Was-wäre-wenn-Analyse** der Befehl **Datentabelle** aufgerufen werden. In dem kleinen Dialogfeld wird in diesem Beispiel die Eingabe der Zelladresse für den

Zinssatz, also B6, erwartet. Das ist die Eingabezelle, in die die verschiedenen Zinssätze nacheinander »eingeschoben« werden, um die Barwertformel jedes Mal neu zu berechnen. Da die alternativen Werte für den Zinssatz in einer Spalte angeordnet sind, muss die Adresse *$B$6* in dem Feld **Werte aus Spalte** eingetragen werden. Wären die alternativen Zinssätze nur in einer Zeile angeordnet – etwa D6 bis L6 –, müssten Sie die Zelladresse in dem Feld **Werte aus Zeile** eintragen.

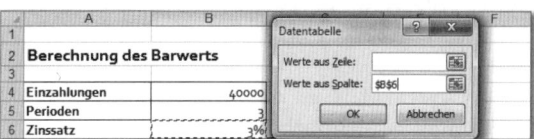

5 Wenn Sie die Eingaben im Dialogfeld bestätigen, rechnet Excel 2010 für alle alternativen Zinssätze die Barwertformel durch und stellt die Ergebnisse in der Spalte unter der Formel zur Verfügung.

Abbildung 6.6 Berechnete Alternativen

Die Tabelle kann folgendermaßen gelesen werden: Der alternative Zinssatz von 4 % würde einen Barwert von 111.003 € ergeben, der alternative Zinssatz von 5 % einen Barwert von 108.929 € usw. Die Originalformel in Zelle B8 und der ursprünglich angenommene Zinssatz von 3 % in Zelle B8 bleiben von dieser Operation unberührt.

Wenn Sie sich die Zelle C8 ansehen, werden Sie in der Bearbeitungsleiste eine Matrixformel mit der Funktion Mehrfachoperation() finden. Die Zellen, die die Ergebnisse der Mehrfachoperation anzeigen, bilden eine Ergebnismatrix. Es gelten also auch die Besonderheiten, die in Abschnitt 4.5, »Matrixformeln«, beschrieben wurden. Einzelne Zellen dieses Bereichs können also nicht geändert oder gelöscht werden.

Dagegen können die eingegebenen anderen Zinssätze beliebig verändert werden. Wenn Sie auch die anderen Argumente der Barwertfunktion durch Zellbezüge festgelegt haben, können Sie nun auch andere Werte für die Anzahl der Perioden oder die regelmäßigen Zahlungen ausprobieren. Die gesamte Tabelle der Mehrfachoperation wird jedes Mal neu durchgerechnet.

Auswertung mehrerer Formeln

Im letzten Beispiel ist nur eine einzige Formel mit alternativen Werten durchgespielt worden. Solange Sie mit einer einzigen Variable arbeiten, können Sie aber, wie schon erwähnt, auch das Verhalten mehrerer Formeln gleichzeitig beobachten. Zum Beispiel könnten Sie zusätzlich den Barwert berechnen lassen für den Fall, dass die Einzahlungen schon am Anfang der Periode fällig sind. Die Formel muss dazu nur um das Argument für die Fälligkeit erweitert werden. In diesem Fall muss als Bereich für die Mehrfachoperation B7 bis D16 markiert werden.

D7 =BW(B6;B5;B4;;1)

	A	B	C	D
1				
2	Berechnung des Barwerts			
3				
4	Einzahlungen	40000		
5	Perioden	3		
6	Zinssatz	3%		
7	Barwert		- 113.144,45 €	- 116.538,79 €
8	andere Zinssätze:	3,25%	- 112.602,80 €	- 116.262,39 €
9		3,50%	- 112.065,48 €	- 115.987,77 €
10		3,75%	- 111.532,44 €	- 115.714,91 €
11		4,00%	- 111.003,64 €	- 115.443,79 €
12		4,25%	- 110.479,03 €	- 115.174,39 €
13		4,50%	- 109.958,57 €	- 114.906,71 €
14		4,75%	- 109.442,22 €	- 114.640,72 €
15		5,00%	- 108.929,92 €	- 114.376,42 €
16		5,25%	- 108.421,64 €	- 114.113,78 €

Abbildung 6.7 Vorschüssige und nachschüssige Barwertberechnung

6.4.2 Mehrfachoperation mit zwei Variablen

Die zweite Version der Mehrfachoperation lässt zwei Variable, also zwei »Eingabezellen« zu, kann aber nur jeweils eine Formel auswerten. Der Aufbau des Tabellenbereichs ist ein wenig anders als bei der ersten Version. Die Formel wird in die bisher leere, linke obere Eckzelle des für die Mehrfachoperation markierten Tabellenbereichs eingetragen.

Die alternativen Werte für die erste Variable werden wie gehabt in der linken Spalte des Tabellenbereichs eingepflegt. Die Werte für die zweite Variable dagegen werden in der ersten Zeile eingegeben, beginnend mit der Zelle rechts neben der Formelzelle. Dort, wo in der ersten Version die Formeln standen, müssen bei dieser Version also die Werte für die zweite Variable stehen.

Beispiel Ratenberechnung

Ein Blick auf die folgende Abbildung zeigt den Aufbau dieses speziellen Tabellenbereichs. Als Beispiel soll wieder eine Finanzfunktion dienen. Eine Ratenberechnung arbeitet mit drei Argumenten, einem Kapitalbetrag, z. B. einem Darlehen, einem Zinssatz und der Anzahl der Perioden. Variiert werden sollen das Darlehen und der Zinssatz.

Die Werte für die erste Variable, das Darlehen, sind in der Spalte B eingetragen, die Werte für die zweite Variable, also Zinssatz, in der Zeile 7. Der Bezug auf die Ratenformel steht in der linken oberen Eckzelle des Tabellenbereichs, also in B7.

Wieder können Sie zunächst den Tabellenbereich markieren, von B7 bis G11. Rufen Sie den Befehl **Datentabelle** auf. Diesmal müssen beide Eingabefelder ausgefüllt werden. Bei **Werte aus Zeile** geben Sie die Adresse der Zelle an, die den Zinssatz, also B4, bei **Werte aus Spalte** die Adresse B5, die den Wert für das Darlehen enthält.

Der Befehl liefert eine Tabelle von Werten, die Sie lesen können wie ein xy-Diagramm. Um die Rate für das Darlehen von 13.000 € zu finden, die bei einem Zinssatz von 7 % zu zahlen ist, können Sie zunächst die Zeile aufsuchen, die mit 13 000 beginnt, und dann so viele Zellen nach rechts gehen, bis Sie in der Spalte angekommen sind, über der 7 % steht. Diese Zelle enthält die entsprechende Rate.

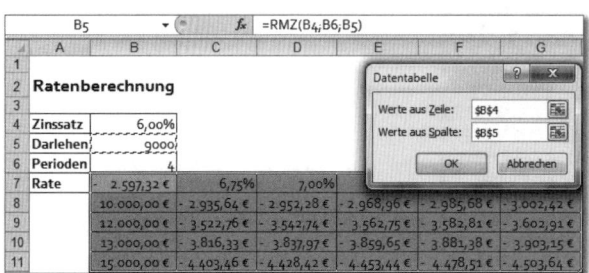

Abbildung 6.8 Ratenberechnung mit zwei Variablen

> **TIPP**
>
> **Umwandlung in Werte**
>
> Wenn die Mehrfachoperation ihre Werte geliefert hat, kann es praktisch sein, die Matrixformeln des Ergebnisbereichs in konstante Werte umzuwandeln. Das erreichen Sie, wenn Sie die Ergebnismatrix insgesamt markieren, z. B. mit [Strg]+[/], die Daten in die Zwischenablage kopieren und dann mit **Inhalte einfügen** und der Option **Werte** auf sich selbst kopieren. Excel markiert automatisch den gesamten Bereich der Mehrfachoperation. Wenn Sie die Ausgangsformel(n) beibehalten wollen, markieren Sie nur die Zellen, die die Matrixformeln enthalten!

6.5 Planspiele mit Szenarios

Die im letzten Abschnitt behandelten Mehrfachoperationen liefern ganz brauchbare Ergebnisse, solange es um ein oder zwei Werte geht, die veränderbar sind. In vielen Fällen reicht das aber nicht aus. Eine leistungsfähigere Lösung für Was-wäre-wenn-Analysen stellt Excel mit dem Szenario-Manager zur Verfügung. Insbesondere die Zahl der Variablen ist hier wesentlich größer – bis zu 32 sind möglich.

6.5.1 Wozu Szenarios gut sind

Unter einem Szenario wird in Excel so etwas wie ein Planspiel verstanden, mit dem das Zusammenwirken verschiedener Faktoren auf eine bestimmte Situation abgeschätzt werden soll. Meist geht es darum, sich durch den Vergleich verschiedener Szenarios an eine Lösung für ein Problem heranzutasten.

Zugrunde liegt oft eine Fragestellung, die mit den Mitteln eines oder mehrerer Szenarios geklärt werden soll. Wie würde sich voraussichtlich der Umsatz steigern lassen, wenn zwei neue Filialen eröffnet werden mit je vier Verkäufern und einer Verkaufsfläche von je 100 qm, vorausgesetzt, dass der Umsatz pro Verkäufer und pro qm Verkaufsfläche etwa dem in den bisherigen Filialen entspricht? Würde eine größere Filiale mit sechs Verkäufern und 170 qm Verkaufsfläche nicht mehr bringen? Wie würden sich die Lagerkosten für die zehn wichtigsten Rohstoffe verändern, wenn der Bestellturnus und die Bestellmenge verändert werden? Das wären zwei kleine Beispiele von Fragestellungen für Szenarios.

Bezogen auf ein Kalkulationsmodell in Excel bedeutet ein Szenario, dass das Modell mit einem bestimmten Satz von veränderlichen Werten durchgespielt wird. Szenario A arbeitet mit dem Wertesatz 1, Szenario B mit dem Wertesatz 2 usw.

Nun könnten Sie solche Szenarios natürlich dadurch erstellen, dass Sie in ein bestehendes Modell zunächst eine bestimmte Gruppe von Werten eingeben, das Modell unter dem Namen *Plan1* abspeichern, dann eine neue Gruppe von Werten für dieselben Zellen eintragen, das Modell unter dem Namen *Plan2* abspeichern usw. Dieses Verfahren wäre durchaus gangbar, aber sehr aufwendig. Sie verbrauchen viel Speicherplatz, die Dateien müssen jedes Mal einzeln geladen werden und der Vergleich der Ergebnisse ist schwierig bis umständlich. Etwas besser wäre die Lösung, in einer Arbeitsmappe verschiedene gleichförmige Tabellen anzulegen und jedes Mal verschiedene Werte einzutragen. Aber auch dann ist der Vergleich der Alternativen mühsam.

Genau hier springt der Szenario-Manager ein und erlaubt Ihnen, ein Tabellenmodell mit zahlreichen Varianten auf einfache Weise zu verwalten und die unterschiedlichen Auswirkungen der verschiedenen Annahmen in Form eines zusammenfassenden Berichts zu vergleichen.

Es bringt allerdings wenig, die Funktion einzusetzen, wenn das Tabellenmodell nur aus einer Beschriftungsspalte und einer Spalte mit Werten und Formeln besteht. In diesem Fall ist es sinnvoller, Planungsalternativen gleich in den benachbarten Spalten aufzuführen. Sie haben dann sofort einen guten Überblick über die verschiedenen Berechnungsvarianten. Die Arbeit mit dem Szenario-Manager wird, anders gesagt, umso interessanter, je komplexer das Tabellenmodell ist, das den verschiedenen Szenarios zugrunde liegt.

6.5.2 Planungsalternativen für einen Werbeetat

Die Arbeitsweise des Szenario-Managers soll hier dennoch an einem einfachen Beispiel vorgeführt werden, damit Sie die Dinge innerhalb der Abbildungen überblicken können. Es geht um ein Beispiel zur Planung von Werbeetats. In der Tabelle werden die Kosten für die verschiedenen Werbemittel zusammengestellt, die bei verschiedenen Produkten eingesetzt werden sollen. Den Kosten sollen verschiedene Planzahlen für den Absatz der Produkte gegenübergestellt werden, um die Werbekosten pro Verkaufseinheit zu berechnen.

Zunächst muss das Tabellenmodell mit allen Formeln komplett aufgebaut werden. Sie können mit Testdaten arbeiten oder gleich die Werte für das erste Szenario eingeben. Es reicht aber auch, zunächst nur die Formeln einzugeben.

	A	B	C	D
2	**Werbeetatplan für 2011**			
4	Werbemedien	Produkt 1	Produkt 2	Produkt 3
5	Anzeigen in Tageszeitungen	35000	37000	22000
6	Internetwerbung	40000	33000	27000
7	Fernsehwerbung	100000	90000	120000
8	Plakatwerbung	12000	13000	11000
9	Postwurfsendungen	10000	12000	12000
10	Gesamt	197000	185000	192000
11	Geplanter Absatz	35000	30000	33000
12	Werbekosten pro Verkaufseinheit	5,63	6,17	5,82

Abbildung 6.9 Planung eines Werbeetats

Welche Faktoren verändern sich?

Ist das Modell einmal aufgebaut, folgt die Überlegung, welche Werte des Modells in den verschiedenen Szenarios überhaupt zur Disposition stehen und welche nicht. Das hängt natürlich ganz von der Situation ab, die das Modell beschreibt. Oft gibt es in einem solchen Modell Werte, die von vornherein feststehen und nicht verändert werden können.

Bei anderen Werten dagegen besteht Spielraum für Veränderungen, zumindest innerhalb einer bestimmten Bandbreite.

In diesem Beispiel könnte z. B. die Anzahl der Anzeigen in den Tageszeitungen mal höher, mal niedriger angesetzt werden. Beim geplanten Absatz schwanken die Annahmen vielleicht zwischen optimistischen und pessimistischen Zahlen. Zusätzlich soll noch ein mittlerer Wert ausprobiert werden.

Veränderbare Zellen und Ergebniszellen

In der Terminologie von Excel sind die Zellen, die Werte enthalten, die variiert werden sollen, die veränderbaren Zellen. Die Werte in diesen Zellen sind zugleich unabhängige Werte, d. h. solche, die nicht von anderen Werten abhängig sind. In den veränderbaren Zellen stehen also normalerweise keine Formeln. Ist das doch einmal der Fall, gibt Excel eine Warnung aus; die Formel wird bei der Anzeige des Szenarios durch ihr Ergebnis überschrieben (und damit zerstört).

Die nächste Frage ist, welche Daten aufgrund der im Modell eingebauten Formeln von den Veränderungen berührt werden und welche nicht. Die von den Werten in den veränderbaren Zellen betroffenen Zellen sind die möglichen Ergebniszellen des Szenarios, also die Werte, die beobachtet werden.

In unserem Beispiel sollen unterschiedlich hohe Beträge für die Anzeigen in den Tageszeitungen und unterschiedliche Schätzungen über den Absatz in die veränderbaren Zellen eingetragen werden. Als Ergebniszellen sind die Zellen mit dem Gesamtwerbeetat für ein Produkt interessant und diejenigen mit den Werbekosten pro Verkaufseinheit.

Unbedingt empfehlenswert: Bereichsnamen

Nach diesen Vorbereitungen könnten Sie nun eigentlich schon den **Szenario-Manager** aufrufen. Doch obwohl es auch ohne geht, ist die Verwendung von Namen für die Zellen, die im Szenario verändert werden sollen, und für die Ergebniszellen eigentlich ein Muss. Und dies aus zwei Gründen:

- Mithilfe dieser Namen erstellt Excel eine kleine Dateneingabemaske für die Eingabe der Werte in die veränderbaren Zellen. Fehlen die Namen, werden im Dialogfeld nur die abstrakten Zelladressen angezeigt.
- Die festgelegten Namen werden automatisch in die Berichte übernommen, in denen die Ergebnisse der verschiedenen Szenarios verglichen werden. Dadurch werden diese Berichte eigentlich erst lesbar.

Was die Namen selbst angeht, sollten Sie beachten, dass Sie zwar auch längere Namen verwenden können, Excel in den Dialogfeldern für die Dateneingabe aber nur die ersten 16 Zeichen der Namen verwendet. Der Name sollte also, auch wenn er länger ist, schon mit den ersten 16 Zeichen eindeutig sein. Machen Sie sich also einmal die Mühe, die betreffenden Zellen mit Namen zu belegen. Die ganze weitere Arbeit mit den Szenarios wird dadurch wesentlich einfacher und übersichtlicher.

6.5.3 Definition eines Szenarios

Wenn diese Vorbereitungen so weit abgeschlossen sind, kann mit der eigentlichen Definition der Szenarios begonnen werden:

1 Wählen Sie aus der Gruppe **Datentools** auf dem Register **Daten** über das Menü der Schaltfläche **Was-wäre-wenn-Analyse** den Befehl **Szenario-Manager**. Das erste Dialogfeld gibt Ihnen zunächst die Information, dass für dieses Tabellenblatt noch kein Szenario festgelegt worden ist. Klicken Sie die Schaltfläche **Hinzufügen** an.

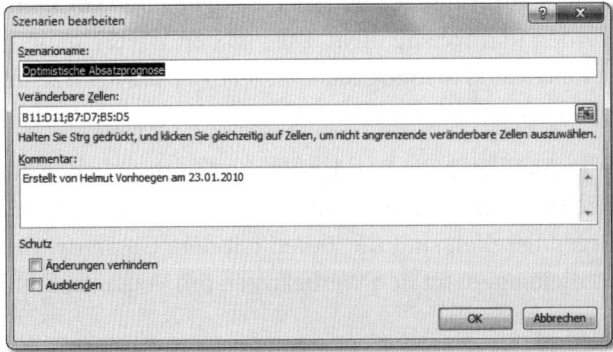

2 Excel verwaltet die verschiedenen Szenarios mithilfe von Namen. Deshalb erwartet das Programm zunächst einen Namen für jedes Szenario. Hier ist es sinnvoll, einen Namen zu verwenden, der das Szenario möglichst deutlich charakterisiert. Das erleichtert später das Auffinden der Daten, die mit dem Namen verknüpft sind. Rein formale Namen wie *Version_1* und *Version_2* sind zwar nicht verboten, aber unpraktisch, weil Sie in der Regel schnell vergessen, welche Art von Annahme sich dahinter verbirgt. Es lohnt sich also, ein wenig Sorgfalt auf die Vergabe der Namen zu verwenden, insbesondere je mehr die Anzahl der Szenarios anwächst. In diesem Beispiel könnte etwa das erste Szenario den Namen *Optimistische Absatzprognose* erhalten, wenn Sie entsprechende Absatzzahlen eingeben wollen.

3 Im zweiten Eingabefeld werden die Bezüge oder die Namen der Zellen angefordert, deren Werte für jedes Szenario neu eingegeben werden sollen. Excel zeigt zunächst die Adresse oder den Namen der Zelle an, die augenblicklich markiert ist. Es ist deshalb, wie in den meisten Fällen, nicht ungeschickt, schon vor Aufruf des Befehls die erste veränderbare Zelle oder den Zellbereich zu markieren. Das kann auch eine Mehrfachauswahl sein. Ansonsten geben Sie die Bezüge oder Namen unter **Veränderbare Zellen** nacheinander ein, getrennt jeweils durch Semikola. Liegen Zellen in einem Bereich zusammen, geben Sie die Bereichsbezüge ein. Natürlich können Sie die Bezüge auch im Tabellenblatt markieren. Drücken Sie ab dem zweiten Bezug jeweils gleichzeitig die [Strg]-Taste, dann setzt Excel das Semikolon automatisch. Bezüge auf andere Blätter sind hier allerdings nicht erlaubt. Namen können mit [F3] eingefügt werden.

4 Unter **Kommentar** erscheinen automatisch Ihr Name und das Datum der Erstellung des Szenarios. Wenn Sie den Kommentar ergänzen wollen, klicken Sie direkt in das Textfeld und tragen Ihre Anmerkungen ein.

5 Unter **Schutz** kann noch das Kästchen **Änderungen verhindern** abgehakt werden. Damit erreichen Sie, dass auch dieses Szenario nicht geändert werden kann, vorausgesetzt, die Datei wird anschließend insgesamt mit **Überprüfen ▸ Blatt schützen** gegen Änderungen gesperrt. Sie können hier für jedes Szenario unterschiedlich verfahren, also z. B. die wahrscheinlichste Variante gegen Veränderung schützen, die anderen Varianten aber für andere Zahlen freigeben.

6 Wenn Sie das Kontrollfeld **Ausblenden** abhaken, wird das aktuelle Szenario in der Liste im ersten Dialogfeld erst gar nicht mehr aufgeführt, wenn die Datei insgesamt geschützt worden ist. Diese Variante bleibt dann für Unbefugte unsichtbar.

7 Wenn Sie das Dialogfeld schließlich mit **OK** bestätigen, erscheint ein weiteres Dialogfeld mit einer Eingabemaske für die veränderbaren Zellen, die Sie angegeben haben. Sind die Zellen vorher benannt worden, erscheinen hier die Zellnamen vor den entsprechenden Eingabefeldern. Wenn Sie bei der Anlage der Tabelle bereits die Werte für das erste Szenario eingegeben haben, werden diese Werte hier angezeigt und können einfach quittiert werden. Sofern weitere Szenarios eingegeben werden sollen, quittieren Sie mit **Hinzufügen**, ansonsten mit **OK**.

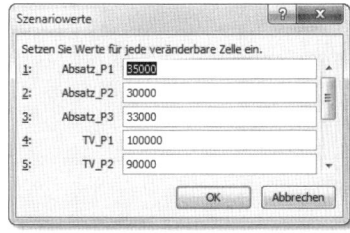

6 Auswertung und Was-wäre-wenn-Analyse

8 Im ersten Fall speichert Excel die eingegebenen Werte und bietet erneut das Dialogfeld **Szenario hinzufügen** an. Sie können den Namen für das nächste Szenario eingeben. In unserem Beispiel wäre etwa *Pessimistische Absatzprognose* denkbar. Die Bezüge der veränderbaren Zellen müssen natürlich nicht geändert werden, wenn das zweite Szenario sich auf dieselben veränderbaren Werte beziehen soll. Es ist aber auch möglich, Szenarios zu einem Tabellenblatt mit unterschiedlichen veränderbaren Zellen anzulegen.

9 Kommentieren Sie das neue Szenario bei Bedarf, und bestätigen Sie schließlich das Dialogfeld. Wieder wird die Maske mit den Feldern für die veränderlichen Zellen angeboten. Ist schließlich auch das letzte Szenario eingegeben, führt Excel Sie zurück in das erste Dialogfeld, in dem Sie jetzt die Namen aller definierten Szenarios finden.

> **HINWEIS**
>
> **Formeln statt fester Beträge**
>
> In die Eingabefelder können nicht nur konstante Werte, sondern auch Formeln eingetragen werden. Wenn z. B. zunächst der Wert 22000 angezeigt wird, können Sie mit der Eingabe von =22000 * 1,05 eine 5 %ige Erhöhung des bisherigen Werts erreichen.

Anzeige der einzelnen Szenarios

Wenn Sie sehen wollen, welche Ergebnisse ein bestimmtes Szenario in der Tabelle liefert, wählen Sie den Namen des Szenarios aus der Liste, und klicken Sie auf **Anzeigen**. Noch schneller geht es mit einem Doppelklick auf den Namen. Das Dialogfeld bleibt geöffnet, bis Sie **Schließen** benutzen.

Der **Szenario-Manager** erzeugt mit jedem Satz von den Werten, die Sie für das Szenario eingegeben haben, eine neue Version der Tabelle. Alle Formeln werden jedes Mal neu durchgerechnet. Sie können prüfen, wie sich die verschiedenen Annahmen über den Absatz auf die Werbekosten pro Produkt auswirken. Das zuletzt angezeigte Szenario bleibt in der Tabelle sichtbar, wenn Sie das Dialogfeld schließen.

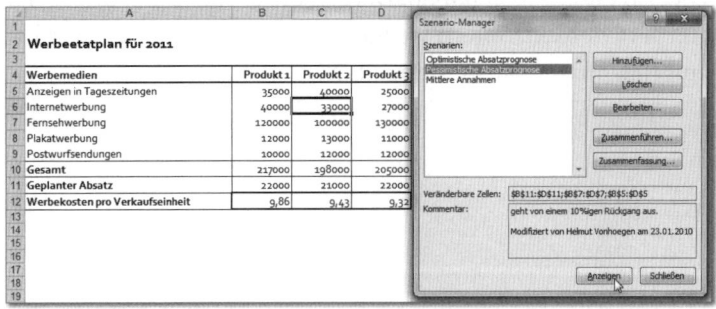

Abbildung 6.10 Anzeige eines bestimmten Szenarios

6.5 Planspiele mit Szenarios

Für den schnellen Wechsel zwischen den verschiedenen Szenarios lohnt es sich auch, in die Schnellzugriffsleiste den Befehl **Szenario** einzufügen. Die entsprechende Schaltfläche bietet dann die Liste der Szenario-Namen an.

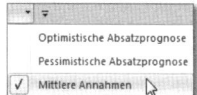

Abbildung 6.11 Wahl der Szenarios über die Schnellzugriffsleiste

6.5.4 Bearbeiten von Szenarios

Einmal definierte Szenarios können jederzeit geändert werden, es sei denn, ihre Veränderung ist gesperrt. Wenn sich die Preise für die Anzeigen einer Tageszeitung ändern, ist es nicht erforderlich, ein neues Szenario anzulegen. Sie korrigieren nur das Szenario, das von dieser Änderung betroffen ist.

1 Wählen Sie im Dialogfeld **Szenario-Manager** den Namen des entsprechenden Szenarios aus, und klicken Sie auf **Bearbeiten**.

2 Wenn es notwendig ist, können Sie im nächsten Dialogfeld auch den Namen des Szenarios, die Bezüge der veränderbaren Zellen und auch den Kommentar ändern. Sind in diesem Dialogfeld dagegen keine Änderungen erforderlich, können Sie das Dialogfeld gleich mit **OK** bestätigen.

3 Sollen für die veränderbaren Zellen andere Werte eingegeben werden, tragen Sie sie im folgenden Dialogfeld ein und bestätigen mit **OK**.

Excel notiert regelmäßig bei jeder Änderung automatisch das Datum und auch den Namen der Person, die die Änderung vorgenommen hat. Das Programm führt also eine Art Journal über alle Szenarios zu einem Tabellenblatt.

Löschen von Szenarios

Wenn Sie einzelne Szenarios löschen wollen, z. B., weil die darin formulierte Alternative sich als indiskutabel herausgestellt hat, markieren Sie den Namen, und verwenden Sie **Löschen**. Auf diese Weise können Sie den Kreis der Alternativen schrittweise auf diejenigen einschränken, die für Sie wirklich von Interesse sind.

Wenn Sie alle Szenarios zu einer Tabelle löschen, müssen Sie beachten, dass dann die Tabelle die Werte des zuletzt angezeigten Szenarios behält. Beachten Sie auch, dass sich diese Löschbefehle nicht rückgängig machen lassen.

Unterstützung von Arbeitsgruppen

Angenommen, an der Planung des Werbeetats sind mehrere Personen beteiligt. Jede bastelt an ihrem eigenen PC an der optimalen Lösung. Egal, ob die Arbeitsplätze nun durch ein Netz verknüpft sind oder ob der Datenaustausch noch per Datenträger läuft, es ist ohne Weiteres möglich, die verschiedenen Gedankengebäude unter ein Dach zu bringen.

Das ist natürlich nur sinnvoll, wenn die anderen Personen mit Tabellenblättern arbeiten, die wenigstens im Wesentlichen denselben Aufbau haben wie er in der Arbeitsmappe gegeben ist, in der schließlich alle Vorschläge gesammelt werden sollen. Hier das Verfahren für die Zusammenführung verschiedener Planungsalternativen:

1. Wenn Sie Vorschläge aus einer anderen Arbeitsmappe in das eigene Modell übernehmen wollen, muss die Arbeitsmappe, aus der die Daten übernommen werden sollen, in der Sitzung geöffnet werden.

2. Die Arbeitsmappe, die die Vorschläge übernehmen soll, muss die aktive Mappe sein. Klicken Sie dann im Dialogfeld **Szenario-Manager** die Schaltfläche **Zusammenführen** an.

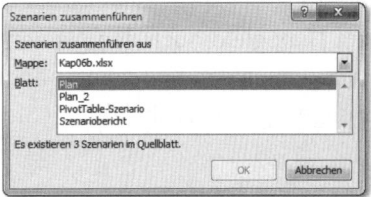

3. Unter **Mappe** wählen Sie die Arbeitsmappe aus, aus der die Daten für Szenarios zur aktiven Arbeitsmappe übernommen werden sollen. Unter **Blatt** wählen Sie das Tabellenblatt aus dieser Mappe, das die Werte enthält. Es ist auch möglich, Szenarios zusammenzuführen, die zwar in derselben Arbeitsmappe, aber auf verschiedenen Blättern definiert worden sind.

Kommt es beim Zusammenführen zu Kollisionen, die die Namen der Szenarios betreffen, hängt Excel automatisch als Unterscheidungsmerkmal den Namen des Erstellers an den Namen des zusammengeführten Szenarios an oder das Datum oder eine Zählnummer.

6.5.5 Zusammenfassende Berichte

Excel zeigt im Arbeitsblatt immer nur eine Variante der Daten an, die Sie für ein Kalkulationsmodell zusammengestellt haben. Um die Ergebnisse der verschiedenen Szena-

6.5 Planspiele mit Szenarios

rios zu vergleichen, können zusammenfassende Berichte angefordert werden. Benutzen Sie dazu im Dialogfeld des Szenario-Managers die Schaltfläche **Zusammenfassung**.

In dem kleinen Dialog **Szenariobericht** können Sie zunächst die Art des Berichts bestimmen. **Szenariobericht** bedeutet, dass eine normale Tabelle mit den zusammengefassten Ergebnissen erzeugt wird. Für diese Tabelle wird in der aktiven Arbeitsmappe ein Tabellenblatt eingefügt, und zwar vor dem Blatt, das das Tabellenmodell enthält. Die Tabelle wird automatisch gegliedert und die Gliederungssymbole werden eingeblendet.

Die andere Möglichkeit ist, dieselben Daten gleich in einer Pivot-Tabelle auszugeben. Sie erhalten in diesem Fall eine interaktive Tabelle in einem neuen Blatt vor dem aktiven Tabellenblatt. Auf diese Weise haben Sie die Möglichkeit, die Daten des Berichts umzustellen und neu zu ordnen, wie es eben mit Pivot-Tabellen möglich ist. Diese werden in Kapitel 20, »Arbeit mit externen Daten«, beschrieben. Excel vergibt für beide Berichtstypen Standardnamen auf den Blattregistern.

Abbildung 6.12 Das Dialogfeld »Szenariobericht«

Vergleich der Szenarios

Hauptsächlicher Zweck des Szenarioberichts ist es, Ihnen darzustellen, wie sich die unterschiedlichen Annahmen für das Modell auf die dort berechneten Ergebnisse auswirken. Welche Ergebnisse im Bericht erscheinen sollen, können Sie im Feld **Ergebniszellen** festlegen. Wenn Sie mehr als eine Ergebniszelle verwenden wollen, müssen Sie wieder mit [Strg] und der Maus oder mit dem Semikolon arbeiten.

Es ist allerdings bei der Szenariozusammenfassung ebenso möglich, keine Ergebniszellen anzugeben. Dann werden nur die Werte für die veränderbaren Zellen zusammengestellt. (Beim Pivot-Tabellenbericht müssen die Ergebniszellen dagegen angegeben werden, sonst erhalten Sie eine Fehlermeldung.)

Die beiden folgenden Abbildungen zeigen Beispiele für die beiden Berichtstypen. Wie Sie sehen können, übernimmt Excel die Zellnamen, die vorher bestimmt wurden, sodass Sie sofort die Bedeutung der einzelnen Werte erkennen.

Szenariobericht	Aktuelle Werte:	Optimistische Absatzprognose	Pessimistische Absatzprognose	Mittlere Annahmen
Veränderbare Zellen:				
Absatz_P1	35000	35000	22000	26000
Absatz_P2	30000	30000	21000	26000
Absatz_P3	33000	33000	22000	27000
TV_P1	100000	100000	120000	110000
TV_P2	90000	90000	100000	100000
TV_P3	120000	120000	130000	120000
AnzeigenTZ_P1	35000	35000	35000	35000
AnzeigenTZ_P2	37000	37000	40000	36000
AnzeigenTZ_P3	22000	22000	25000	23000
Ergebniszellen:				
Wkosten_P1	5,63	5,63	9,86	7,96
Wkosten_P2	6,17	6,17	9,43	7,46
Wkosten_P3	5,82	5,82	9,32	7,15

Hinweis: Die Aktuelle Wertespalte repräsentiert die Werte der veränderbaren Zellen zum Zeitpunkt, als der Szenariobericht erstellt wurde. Veränderbare Zellen für Szenarien sind in grau hervorgehoben.

Abbildung 6.13 Szenariobericht

Excel schreibt den Namen des Urhebers und das Erstellungs- bzw. Änderungsdatum in den Kopf des Übersichtsberichts. Das ist sehr hilfreich, wenn mehrere Personen in einem Netz an dem Projekt beteiligt sind. In der Abbildung sind diese Daten über das Gliederungssymbol ausgeblendet.

Natürlich lässt sich diese Tabelle wie jede andere Tabelle weiterbearbeiten. Hier wurde z. B. ein Zeilenumbruch für die langen Beschriftungen eingefügt.

Pivot-Tabelle aus Szenarien

Wird die zweite Berichtsform gewählt, werden in einer Pivot-Tabelle die Plandaten verschiedener Autoren jeweils zu getrennten Seiten zusammengefasst. Wenn Sie den Pfeil in der ersten Zeile anklicken, können Sie auswählen, wessen Vorschläge jeweils angezeigt werden sollen. **Alle** zeigt die Daten für alle an der Planung beteiligten Personen auf einmal.

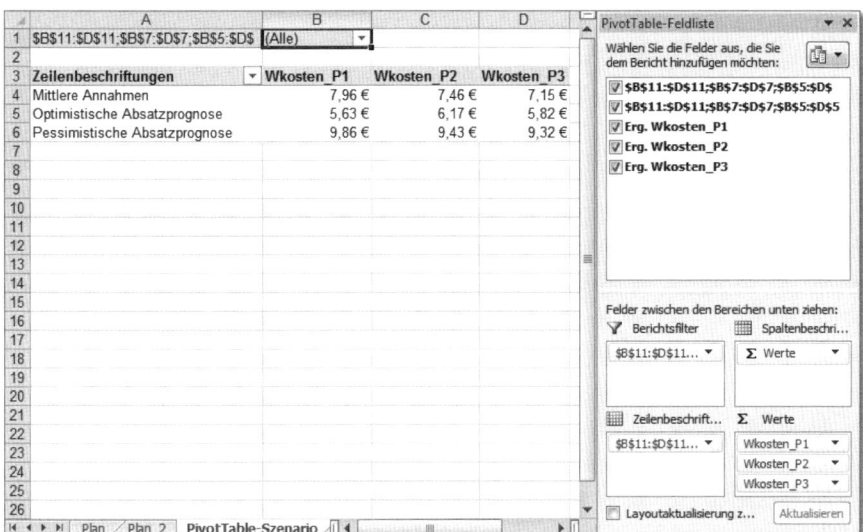

Abbildung 6.14 Leicht überarbeiteter Pivot-Tabellenbericht

Für jeden Satz veränderbarer Zellen wird in der Pivot-Tabelle eine eigene Schaltfläche angelegt. Die Beschriftung kann beliebig geändert werden. Meist ist es nötig, die Tabelle noch etwas nachzuformatieren, um eine passable Darstellung zu erreichen, etwa durch das Abschneiden überflüssiger Nachkommastellen.

7 Optimierung

Mit der Zielwertsuche und dem Solver stellt Excel zwei Werkzeuge zur Verfügung, die beide bestimmte Werte suchen. Bei der Zielwertsuche können Sie angeben, zu welchem Resultat eine in eine Zelle eingetragene Formel führen soll, und Excel zurückrechnen lassen, welchen Wert eine bestimmte Vorgängerzelle annehmen muss, damit dieser Zielwert erreicht wird.

Beim Solver sind die Möglichkeiten wesentlich umfangreicher: Sie haben zwar auch hier eine Zelle für einen Zielwert, Sie können aber nicht nur einen festen Zielwert angeben, sondern auch festlegen, dass der Zielwert ein Maximum oder ein Minimum erreichen soll. Sie können damit Modelle aufbauen, mit denen beispielsweise berechnet wird, unter welchen Bedingungen der optimale Gewinn erreicht wird, oder Modelle, bei denen die geringste Abfallmenge das Ziel ist.

Bei solchen Modellen können typischerweise eine Reihe von Nebenbedingungen formuliert werden, die bei der Verfolgung des Ziels eingehalten werden müssen, etwa dass bestimmte Werte sich innerhalb eines bestimmten Bereichs bewegen müssen.

7.1 Zielwertsuche

Bei dem, was Excel als Zielwertsuche anbietet, handelt es sich mathematisch gesehen um die Lösung einer Gleichung mit einer Unbekannten. Nun sind im Prinzip ja alle Rechenaufgaben Gleichungen mit einer Unbekannten, auch wenn dies nicht weiter auffällt: Das Ergebnis ist unbekannt.

Nehmen Sie etwa die Aufgabe, den Zins, den ein bestimmter Betrag nach einer bestimmten Zeit ergibt, auszurechnen, wobei der Betrag, der Zinssatz und die Laufzeit gegeben sind. Dies Problem wird mit der Formel gelöst:

```
Zins = Betrag * Zinssatz * Jahre
```

Zins ist hierbei die Unbekannte dieser Gleichung, die anderen Ausdrücke sind bekannt. Ohne PC würden Sie ein derartiges Problem mit dem Taschenrechner bearbeiten oder auf dem Papier rechnen. Mit der gleichen Formel kann gearbeitet werden, wenn sich die Fragestellung verändert. Ist z. B. bekannt, wie hoch der Zins sein soll und welcher Betrag für wie viele Jahre zur Verfügung steht, und ist gefragt, wie hoch dann der Zinssatz sein soll, dann muss die Gleichung nach dem Zinssatz umgestellt werden:

```
Zinssatz = Zins / (Betrag * Jahre)
```

Bei so einfachen Gleichungen ist das auch keine Schwierigkeit; bei etwas komplizierteren Angelegenheiten kann das aber schon zu einer aufwendigen und auch fehleranfälligen Aufgabe werden.

Auf diese Weise könnten Sie auch innerhalb von Excel vorgehen. Dabei würden zwei Probleme auftauchen. Zum einen müssten Sie auf die eingebauten Tabellenfunktionen von Excel verzichten, da diese Funktionen ja nicht einfach umgestellt werden können. Zum anderen müssten Sie die Gleichung von Hand umstellen (dazu muss aber das mathematische Verfahren bekannt sein), da Excel keine Methode bietet, um Gleichungen umzustellen. Diese ganze Mühe lässt sich mit der Zielwertsuche vermeiden.

Bestimmung einer maximalen Kredithöhe

Bei der Zielwertsuche rechnet Excel mit den eingebauten Funktionen, stellt aber nicht mehr die Aufgabe, aus den vorgegebenen Werten das Ergebnis zu berechnen, sondern gibt das Ergebnis vor und probiert aus, wie groß für das gewünschte Ergebnis einer der anderen Werte werden muss.

Dazu ein typisches Beispiel aus der Finanzmathematik. Angenommen, Sie wollen einen größeren Kredit aufnehmen und ihn im Laufe von 20 Jahren abbezahlen. Für die monatliche Abzahlung (Tilgung + Zinsen) stehen 1.000 € zur Verfügung, die Bankzinsen für einen Kredit liegen bei 6,7 %. Diese Aufgabe wird mit der Tabellenfunktion für den Barwert BW() gelöst:

```
= BW(6,7%/12;20*12;-1000)
```

Die Funktion liefert einen Wert von 132.031,63 €, Sie können sich also einen Kredit in dieser Höhe leisten. Nun stellen Sie aber fest, dass Sie mit diesem Kredit nicht auskommen. Sie benötigen beispielsweise 150.000 Euro. Da die Bank über den Zinssatz mit sich nicht verhandeln lässt, gibt es nur zwei Möglichkeiten: Entweder muss die Laufzeit verlängert oder der jährlich bezahlte Betrag erhöht werden.

Um Ihnen die Möglichkeiten der Zielwertsuche zu zeigen, finden Sie in der nächsten Abbildung eine Tabelle, in der die Berechnung zunächst einfach zweimal kopiert worden ist, um die beiden anderen Fragen zu beantworten.

Die Überschriften für die Berechnung sind entsprechend angepasst. Um die monatlich erforderliche Zahlung für den 150.000 €-Kredit zu ermitteln, wird der Zellzeiger auf die Ergebniszelle (im Beispiel D12) gesetzt. Dann kann mit **Daten ▸ Datentools ▸ Was-wäre-wenn-Analyse ▸ Zielwertsuche** der Rechenprozess gestartet werden.

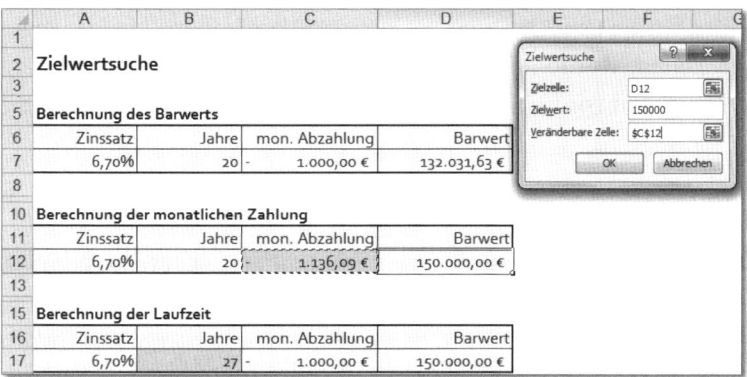

Abbildung 7.1 Zielwertsuche für ein Kreditproblem

Die Zielzelle ist schon richtig angegeben, als Zielwert wird *150000* eingetragen. Die veränderbare Zelle ist die mit der monatlichen Zahlung (im Beispiel C12). Ein Klick auf **OK** führt zu einem Dialogfeld, in dem Excel meldet, dass es das Problem gelöst hat. Ein weiteres **OK** trägt den Zielwert und den gesuchten Jahresbetrag in die Tabelle ein.

Auf die gleiche Weise lässt sich ermitteln, wie der Kredit durch eine Verlängerung der Laufzeit zu finanzieren wäre. Als Zielwert wird wieder *150000* eingetragen, die veränderbare Zelle ist diesmal die Zelle mit der Zahl der Jahre (im Beispiel B17).

Der Versuch, auf die gleiche Weise zu ermitteln, ob durch längere Abzahlung auch ein Kredit von 250.000 € zu finanzieren wäre, führt zu einer Meldung, dass ... **u. U. eine nicht zulässige Lösung gefunden** wurde.

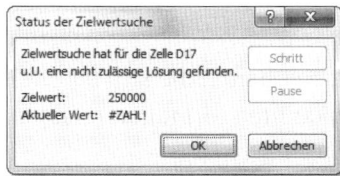

Abbildung 7.2 Meldung einer unbrauchbaren Lösung

Das liegt einfach daran, dass der Kredit so nicht finanzierbar wäre, da ja bei 250.000 € die monatlichen Zinsen schon über 1.000 € liegen, also für eine Tilgung gar nichts übrig bleiben würde.

7.2 Lösungen mit dem Solver suchen

Bei der Zielwertsuche handelte es sich um ein sehr einfaches Problem. Von der Tabelle aus gesehen stand in einer Zelle eine Formel, deren Resultat den Zielwert bildete. Diese Formel konnte sich auf beliebig viele andere Zellen beziehen, die ihrerseits wieder abhängig von anderen Zellen waren usw. Der Wert einer dieser Vorgängerzellen, der sogenannten veränderbaren Zellen, wurde dann bei der Zielwertsuche so verändert, dass der gewünschte Zielwert erreicht wird.

Erweiterte Optionen des Solvers

Ganz ähnlich funktioniert der Solver, nur mit wesentlich umfangreicheren Optionen. Wieder lässt sich ein Zielwert festlegen, nur dass diesmal der Zielwert nicht nur ein bestimmter fester Wert sein kann, sondern auch ein Maximal- oder Minimalwert. Statt einer einzelnen veränderbaren Zelle können jetzt mehrere Zellen festgelegt werden. Der Solver ist ein Add-In zu Excel, steht also nur dann zur Verfügung, wenn er in die Liste der Add-Ins aufgenommen wurde.

Für Excel 2010 wurde der Solver von der Firma Frontline Systems (*www.solver.com*) komplett überarbeitet, um bessere und genauere Ergebnisse zu ermöglichen. Auch die Dialoge wurden etwas verändert. Außerdem wurde ein neues »Evolutionary-Modul« hinzugefügt, das genetische Algorithmen verwendet und Kalkulationsmodelle mit beliebigen Excel-Funktionen handhaben kann. Neue Optionen für die globale Optimierung, verbesserte Methoden für lineare und nicht-lineare Aufgabenstellungen und zusätzliche Berichte gehören zu den Verbesserungen. Das neue Add-In steht übrigens auch für die 64-Bit-Version von Excel 2010 zur Verfügung, was bei sehr komplexen Lösungsversuchen in puncto Rechengeschwindigkeit natürlich Vorteile verspricht.

7.2.1 Zur Arbeitsweise des Solvers

Mathematisch gesehen werden mit dem Solver Probleme bearbeitet, die sich als Gleichungen bzw. als Gleichungssysteme mit mehreren Unbekannten formulieren lassen, wobei auch sogenannte Ungleichungen erlaubt sind.

Hier ein kleines Beispiel, wie es aus der Schulmathematik vertraut ist:

```
3*ux + 4*uy + 2*uz = 57
2*ux - 4*uy + 3*uz = 18
ux   + 8*uy - 3*uz = 15
```

Bei diesem Beispiel handelt es sich um ein lineares Gleichungssystem, wobei ux, uy und uz die drei Unbekannten sind. Der Solver kann aber auch mit nichtlinearen Gleichungssystemen umgehen.

Eine derartige Aufgabe ist von Hand so zu lösen, dass zunächst eine Gleichung nach einer Unbekannten aufgelöst wird, das Ergebnis in die nächste Gleichung eingesetzt wird usw., bis Sie eine Gleichung mit nur einer Unbekannten erhalten, die dann nach dieser aufgelöst werden kann. Analog werden dann die anderen Unbekannten ermittelt. In einer Tabelle könnte das Problem wie in der Abbildung formuliert werden.

	A	B	C	D	E
2	Gleichungen mit mehreren Unbekannten				
5		ux	uy		uz
6		3	6		12
8	Gleichung 1:	3*ux+4*uy+2*uz		=	57
9	Gleichung 2:	2*ux-4*uy+3*uz		=	18
10	Gleichung 3:	ux+8*uy-3*uz		=	15

Abbildung 7.3 Ein Problem für den Solver

Den Solver einsetzen

Um eine Aufgabe mithilfe des Solvers zu lösen, gehen Sie wie folgt vor:

1 Für jede Unbekannte wird eine Zelle verwendet, in die zunächst ein beliebiger Vorgabewert eingetragen wird. Am besten verwenden Sie die Namen der Unbekannten als Beschriftung und als Zellenname über **Formeln ▸ Definierte Namen ▸ Aus Auswahl erstellen**.

2 Die drei Gleichungen werden in drei Zellen eingetragen – E8 bis E10 –, wobei die Ergebnisse natürlich nicht mit den Ausgangsgleichungen übereinstimmen, da für die Unbekannten ja ganz willkürliche Werte eingegeben wurden. In der Abbildung werden die Gleichungen zur Verdeutlichung in der Spalte B zusätzlich als Text angezeigt.

3 Setzen Sie nun den Zellzeiger in die Zelle mit der ersten Gleichung (E8), und rufen Sie mit **Daten ▸ Analyse ▸ Solver** den Solver auf; das Dialogfeld **Solver-Parameter** wird geöffnet.

7 Optimierung

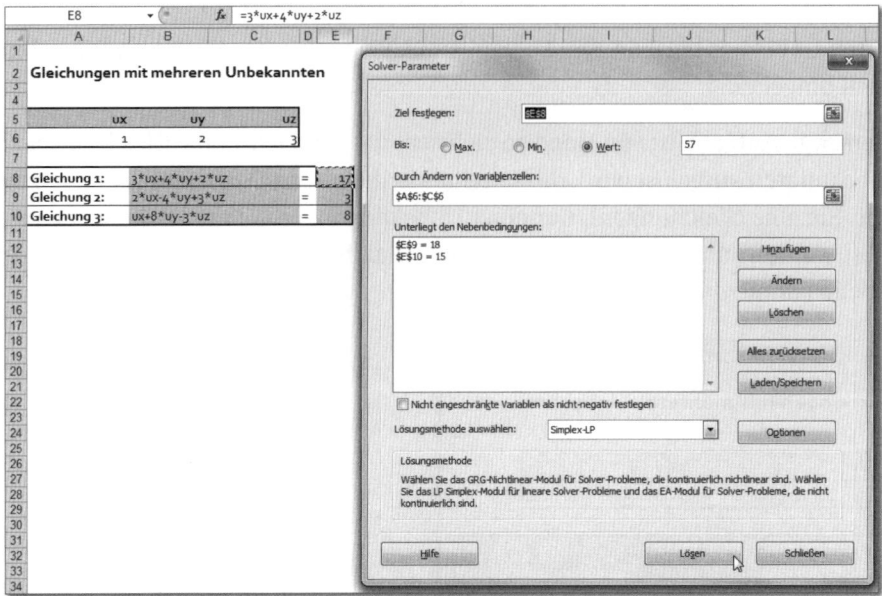

4 Unter **Ziel festlegen** geben Sie zunächst die Zielzelle an, die in diesem Fall mit $E$8 durch die Zellmarkierung vorgegeben ist.

5 Unter **Bis** wählen Sie die Option **Wert**, und in dem Eingabefeld geben Sie *57* ein, das ist der Wert, der als Ergebnis der ersten Gleichung in der Zelle E8 stehen muss, wenn für die drei Unbekannten die richtigen Werte gefunden sind.

6 In dem Eingabefeld **Durch Ändern von Variablenzellen** wählen Sie als veränderbare Zellen $A$6:$C$6, also die drei Zellen, in denen die Werte für die Unbekannten stehen (im Moment noch die willkürlich eingesetzten Werte).

7 In dem Feld **Unterliegt den Nebenbedingungen** werden die zusätzlichen Bedingungen zusammengestellt, die ebenfalls erfüllt werden sollen. Über die Schaltfläche **Hinzufügen** werden dazu die beiden anderen Bestimmungsgleichungen eingetragen: $E$9 = 18 und $E$10 = 15.

8 Unter **Lösungsmethode auswählen** wählen Sie **Simplex-LP** aus, das Modul für lineare Solver-Probleme, da es sich ja in diesem Fall um ein lineares Gleichungssystem handelt. Ein Klick auf die Schaltfläche **Lösen** setzt den Solver in Gang. Excel variiert die Werte der veränderbaren Zellen so lange, bis ein Ergebnis erzielt wird, das den vorgegebenen Bedingungen entspricht. Als Werte für die drei Unbekannten kommen schließlich völlig korrekt 3, 6 und 12 heraus.

7.2 Lösungen mit dem Solver suchen

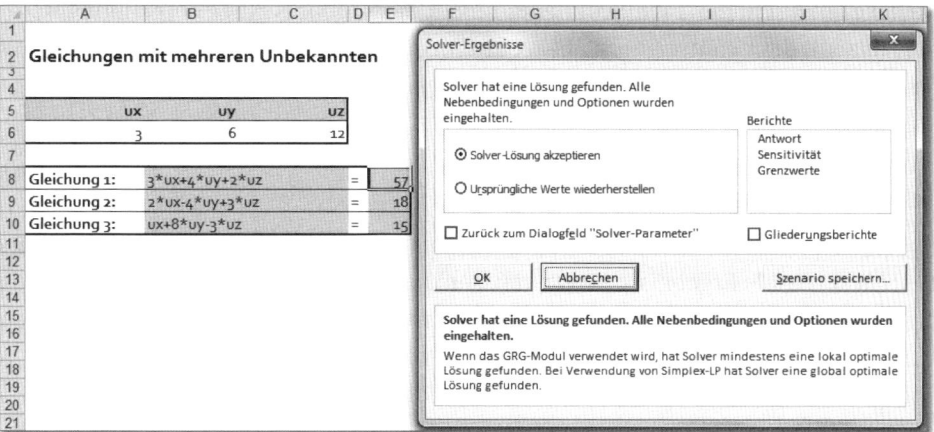

9 Der Solver meldet in dem Dialog **Solver-Ergebnisse**, dass er eine Lösung gefunden hat und zeigt sie im Tabellenblatt an. Mit der Option **Solver-Lösung akzeptieren** wird diese Lösung übernommen. Ansonsten wählen Sie **Ursprüngliche Werte wiederherstellen**.

Zusätzlich können noch weitere Nebenbedingungen formuliert werden, die von der gesuchten Lösung eingehalten werden sollen. Damit lässt sich eine Vielzahl von Problemen rechnerisch lösen, die ohne dieses Werkzeug einen sehr großen mathematischen Aufwand erfordern würden.

Bestimmung von Zielwert und Nebenbedingungen

Das eigentliche Problem bei der Arbeit mit dem Solver besteht darin, einen Zusammenhang so zu formulieren und aufzubereiten, dass er dem Solver zur Lösung angeboten werden kann.

Zielwert

Der einfachste Punkt ist die Bestimmung des Zielwertes. Hier handelt es sich einfach darum, festzulegen, was bei der ganzen Geschichte rauskommen soll. Um noch einmal das bei der Zielwertsuche verwendete Beispiel aufzugreifen: Der Zielwert ist hier die Höhe des Kredits. Bei anderen Fragestellungen kann der Zielwert ein Maximum sein (wie erziele ich unter gegebenen Vorbedingungen den maximalen Gewinn) oder ein Minimum (wie komme ich zum geringsten Aufwand).

7 Optimierung

Da der Zielwert in der Tabelle ohnehin immer das Ergebnis einer Berechnung ist, in der die Zelle mit dem Zielwert steht, also eine Formel, kann deshalb allenfalls die Formulierung der Berechnung Schwierigkeiten bereiten.

Nebenbedingungen

Etwas komplizierter verhält es sich mit den Nebenbedingungen. Um zu vermeiden, dass der Solver triviale Ergebnisse liefert, müssen die Nebenbedingungen möglichst vollständig definiert werden. Sonst kann es leicht passieren, dass der Solver nach längeren Berechnungen ein Ergebnis liefert, das entweder von vornherein klar war oder aber völlig unrealistisch ist oder auch zu einer Fehlermeldung führt.

Wenn Sie z. B. in dem oben verwendeten Beispiel für die Zielwertsuche die Frage stellen, wie hoch der Kredit bei monatlichen Zahlungen von 1.000 € maximal sein könnte, wenn Sie eine längere Laufzeit wählen, dann kommt der Solver zu dem Ergebnis, dass eine unendliche Laufzeit zu einem maximalen Kredit führt. Da *Unendlich* als Zahl bei Excel nicht vorkommt, wird die Laufzeit einfach so lange vergrößert, bis Excel an seine Rechengrenze stößt.

7.2.2 Beispiel Materialkostenoptimierung

Als praktisches Beispiel für die Arbeit mit dem Solver soll hier eine Aufgabe verwendet werden, die Sie von Hand mit den Mitteln der Differentialrechnung bearbeiten müssten. Es handelt sich um ein Verpackungsproblem: Es sollen Konservendosen hergestellt werden, die ein vorgegebenes Volumen (z. B. 1.000 ml) haben, wobei der Materialaufwand (und damit auch die Materialkosten) so gering wie möglich sein sollen.

Das Volumen einer Konservendose wird berechnet, indem die Grundfläche (das ist ein Kreis) mit der Höhe der Dose multipliziert wird. Die Grundfläche selbst wird als Kreisfläche berechnet. Also gilt:

```
Vol = r^2 * PI * h
```

Der Materialverbrauch für eine derartige Dose setzt sich aus der Bodenfläche, dem Mantel und dem Deckel zusammen. Der Boden und der Deckel werden jeweils als Kreis (`r^2 * PI`) gerechnet, der Mantel hat dann als Fläche den Umfang der Dose (`2 * r * PI`) multipliziert mit der Höhe. Der Materialverbrauch ist demnach:

```
Fläche = 2 * r^2 * PI + 2 * r * PI * h
```

Die Schritte zur Lösung des Verpackungsproblems

Auch dieses Problem können Sie mit dem Solver lösen, nachdem Sie einige Vorbereitungen getroffen haben:

1 Um das Problem zu bearbeiten, wird eine Tabelle aufgebaut, in der die Berechnung des Materials und des Dosenvolumens zunächst mit ganz willkürlichen Zahlen vorgenommen wird.

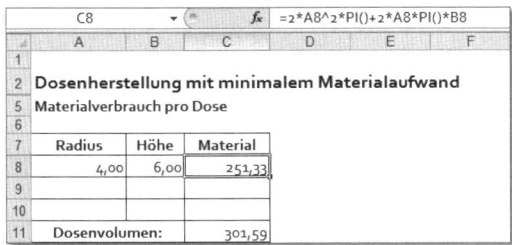

2 In die Zellen für den Materialverbrauch und für das Volumen werden die entsprechenden Formeln eingetragen (die verwendeten Zelladressen sind natürlich von der Anordnung in der Tabelle abhängig):

```
C8:  =2 * A8 ^ 2 * PI() + 2 * A8 * PI() * B8
C11: =A8 ^ 2 * PI() * B8
```

Mit den willkürlich eingetragenen Werten für den Radius und die Höhe der Dose liefern die Formeln zunächst ebenso willkürliche Werte für den Materialverbrauch und das Volumen. Werden die Dosenmaße in cm angegeben, ergibt sich der Materialverbrauch in cm^2 und das Volumen in ml.

3 Nach diesen Vorbereitungen können Sie den Solver mit **Daten ▸ Analyse ▸ Solver** aufrufen. Wurde der Solver schon einmal in dem aktuellen Tabellenblatt benutzt, dann hat er noch die alten Einträge gespeichert. Dies ist sehr nützlich, wenn Sie an einem angefangenen Problem weiterarbeiten wollen, etwa, den Zielwert zu ändern oder weitere Nebenbedingungen zu formulieren. Soll dagegen ein neues Problem behandelt werden, empfiehlt es sich, nach Aufruf des Solvers zunächst **Alles zurücksetzen** anzuklicken, um die alten Einträge insgesamt zu entfernen. Auch ist es sinnvoll, vor dem Aufruf des Solvers bereits den Zellzeiger in die Zelle mit dem Zielwert zu setzen (im Beispiel die Zelle mit dem Materialverbrauch: C8), da Sie so einen Eintrag sparen.

4 Wenn beim Aufruf des Solvers die Zelladresse für **Ziel festlegen** schon markiert ist, kann sie einfach übernommen werden. Unter **Bis** muss in diesem Beispiel die Option **Min** (für Minimum) gewählt werden, da es ja darum geht, die Lösung mit dem geringsten Materialverbrauch zu finden.

5 Die veränderbaren Zellen sind in diesem Fall die beiden Zellen, in denen der Radius und die Höhe stehen. Im Beispiel sind die veränderbaren Zellen in einem zusammenhängenden Bereich angeordnet. Das muss nicht zwangsläufig der Fall sein. Liegen die veränderbaren Zellen nicht in einem zusammenhängenden Bereich, dann müssen die einzelnen Zellen oder Bereiche durch Semikola getrennt werden. Am einfachsten lassen sie sich durch Markieren in der Tabelle übernehmen, wobei zusätzliche Zellen oder Bereiche mit gedrückter ⌈Strg⌉-Taste markiert werden.

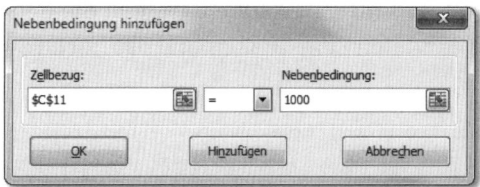

6 In diesem Beispiel gibt es nur eine einzige, aber entscheidende Nebenbedingung: Das Volumen der Dose soll 1.000 ml betragen. Ohne diese Bedingung würde sich der Solver in negative Werte für den Materialbedarf verlieren. Nach Anklicken von **Hinzufügen** wird das Dialogfeld für die Nebenbedingungen geöffnet. Als **Zellbezug** wird die Zelle mit dem Dosenvolumen eingetragen (am besten wieder durch Markieren in der Tabelle). Als Wert muss dann unter **Nebenbedingung** 1000 angegeben werden. In dem kleinen Listenfeld für den Vergleichsoperator wird = ausgewählt, da das Volumen ja genau diesen Wert erreichen soll. Sollten weitere Nebenbedingungen hinzukommen, was im aktuellen Beispiel nicht der Fall ist, dann genügt ein Klick auf **Hinzufügen**, um die aktuelle Bedingung zu übernehmen und gleich zur Definition der nächsten Nebenbedingung zu gehen.

7 Sobald der Eintrag der Nebenbedingungen abgeschlossen ist – durch Anklicken von **OK** –, wählen Sie im Dialogfeld des Solvers als Lösungsmethode **GRG-Nichtlinear** aus und klicken die Schaltfläche **Lösen** an.

8 Nach einiger Rechenarbeit liefert der Solver das gewünschte Ergebnis, wobei unter Umständen in der Statuszeile eine Anzahl von Zwischenergebnissen angezeigt wird.

Als Ergebnis werden ein Radius von ca. 5,42 und eine Höhe von ca. 10,84 ausgegeben, was der Berechnung mit den Mitteln der Differentialrechnung sehr genau entspricht (danach muss die Höhe doppelt so groß sein wie der Radius).

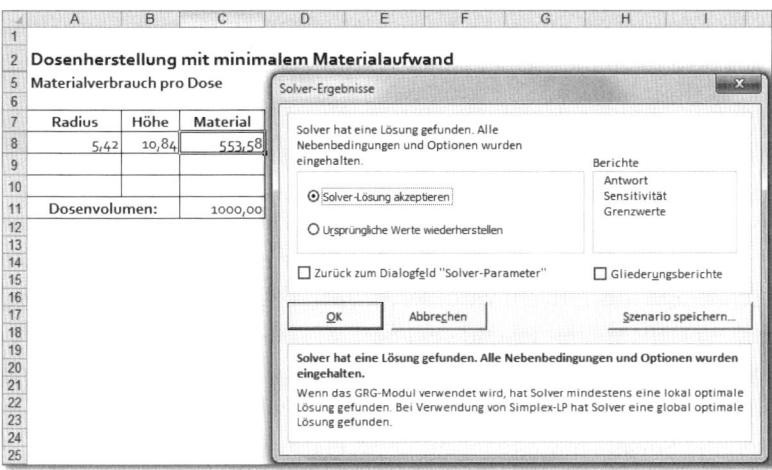

9 Sie können sich entscheiden, ob Sie das Ergebnis in das Arbeitsblatt übernehmen wollen oder nicht.

> **Speichern Sie Ihre Werte als Szenario**
> Wenn der Solver für ein Problem verschiedene Lösungen anbietet, ist es sehr praktisch, die verschiedenen Werte jeweils als Szenario zu speichern. Nutzen Sie dafür die gleich benannte Schaltfläche im Dialogfeld **Solver-Ergebnisse**. Sie müssen dazu nur noch einen Szenario-Namen vergeben.

Hinweise zu den Lösungsmethoden

Wie schon angesprochen, bietet der Solver in Excel 2010 im Dialog **Solver-Parameter** die Wahl zwischen mehreren Lösungsmethoden, deren Unterschiede hier wenigstens kurz gekennzeichnet werden sollen.

Simplex-LP ist die Lösungsmethode für lineare Optimierungen. Wenn die zu berechnenden Zusammenhänge linear sind (von den veränderbaren Zellen werden keine miteinander multipliziert oder dividiert, es werden keine Potenzen, Wurzeln oder Funktionen wie Sinus, Logarithmus etc. verwendet), dann ist dies die richtige Methode. Verwenden Sie sie nur, wenn Sie sich wirklich sicher sind, dass ausschließlich lineare Zusammenhänge vorliegen.

GRG-Nichtlinear ist die Lösungsmethode für kontinuierliche nichtlineare Optimierungen.

EA (Evolutionärer Algorithmus) ist eine Lösungsmethode für nicht-kontinuierliche Optimierungen, die sich an der biologischen Evolution und an Modellen für die Beschreibung der Veränderung des Erbgutes orientiert. Dabei werden wiederholt Lösungsvorschläge generiert, die sich schrittweise immer besser an die gewünschten Zielwerte anpassen.

Weitere Optionen und Einstellungen

Die bis jetzt beschriebene Vorgehensweise ist bei allen Problemen sinnvoll, die keine besonders komplexen Berechnungen erfordern. Es kann aber durchaus sein, dass so noch nicht das gewünschte Ergebnis erreicht wird, sei es, dass die Rechenzeit nicht ausreicht, sei es, dass das Ergebnis nicht hinreichend genau ist. In solchen Fällen müssen die Vorgaben für den Solver geändert werden. Hierzu wird im Dialogfeld **Solver-Parameter** die Schaltfläche **Optionen** angeklickt. Damit wird ein weiteres Dialogfeld eingeblendet, in dem sich die Arbeit des Solvers in weitem Umfang beeinflussen lässt.

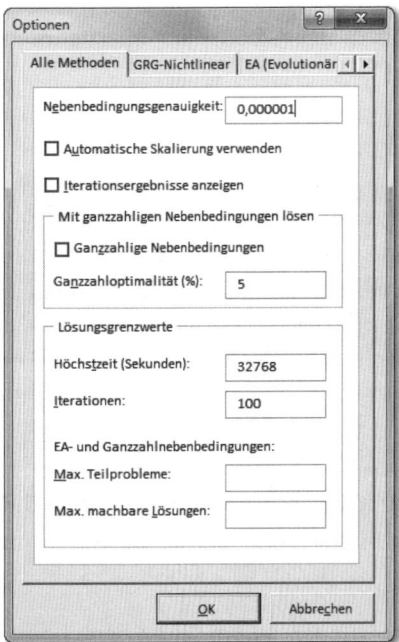

Abbildung 7.4 Solver-Optionen

Um zu verstehen, welchen Einfluss die hier vorgenommenen Einstellungen auf die Arbeit des Solvers haben, müssen Sie wenigstens einen groben Eindruck von seiner Vorgehensweise haben. Mit dem Solver wird einfach »ausprobiert«, welche Werte in den veränderbaren Zellen stehen müssen, damit das gewünschte Ergebnis in der Zielzelle herauskommt. Hierzu verändert der Solver die Werte in den veränderbaren Zellen der Reihe nach schrittweise und vergleicht dann, ob der Wert der Zielzelle dadurch dem erwünschten Ergebnis näher kommt. Zusätzlich wird kontrolliert, ob die Nebenbedingungen erfüllt sind. Dieser Vorgang wiederholt sich so oft, bis entweder ein Ergebnis erreicht, die voreingestellte Zeit abgelaufen oder die Zahl der Iterationen (Wiederholungen) ausgeschöpft ist.

Der Dialog **Optionen** bietet drei Register an, zwei spezielle Register für die Methoden **GRG-Nichtlinear** und **EA (Evolutionärer Algorithmus)** und ein Register **Alle Methoden** mit allgemeinen Einstellungen.

Die erste der allgemeinen Einstellungen ist die **Nebenbedingungsgenauigkeit**. Sie legt fest, bei welcher Genauigkeit der Solver eine Bedingung als erfüllt betrachtet. Je größer die vorgegebene Genauigkeit ist (je kleiner also der angegebene Wert), umso länger wird der Solver benötigen.

Die Option **Automatische Skalierung verwenden** ist zu empfehlen, wenn in einer Berechnung gleichzeitig sehr große und sehr kleine Zahlen vorkommen. Der Solver bringt dann die Zahlen intern in eine vergleichbare Größenordnung und rechnet am Ende die Ergebnisse zurück. So lässt sich unter Umständen die Genauigkeit erhöhen.

Mit der Option **Iterationsergebnisse anzeigen** erreichen Sie, dass der Solver nach jedem »Ausprobieren« das Ergebnis anzeigt. Das kann bei komplexen und langwierigen Berechnungen sinnvoll sein, da sich dann verfolgen lässt, wie der Solver arbeitet.

Wird die Option **Ganzzahlige Nebenbedingungen** aktiviert, kann noch ein Prozentsatz für die **Ganzzahloptimalität** angegeben werden. Werden Nebenbedingungen formuliert, die ganzzahlige Werte bei den veränderbaren Zellen fordern, kann die Rechenzeit erheblich zunehmen. Durch Erhöhung der Toleranz lässt sich die verbrauchte Zeit wieder vermindern, wobei allerdings auch höhere Abweichungen in Kauf zu nehmen sind.

Die untere Optionengruppe auf dem Register betrifft die Lösungsgrenzwerte, die die Arbeit des Solvers beeinflussen. Unter **Höchstzeit** lässt sich die Zeit limitieren, die dem Solver insgesamt für die Lösung einer Aufgabe zur Verfügung stehen soll. Sie wird in Sekunden angegeben. Die Zahl der Wiederholung von Lösungsversuchen kann unter **Iterationen** limitiert werden. Schließlich kann für EA- und Ganzzahlnebenbedingungen noch die maximale Anzahl der Teilprobleme und der machbaren Lösungen festgelegt werden.

7 Optimierung

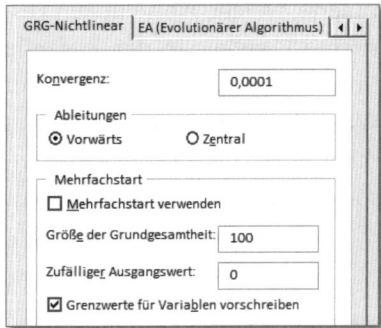

Abbildung 7.5 Spezielle Optionen für die Methode GRG-Nichtlinear

Auf dem Register **GRG-Nichtlinear** kann für nichtlineare Aufgaben unter **Konvergenz** eine Bruchzahl zwischen 0 und 1 angegeben werden. Unterschreitet die relative Änderung in der Zielzelle bei den letzten fünf Iterationen diesen Wert, stoppt der Solver.

Unter **Ableitungen** wird bestimmt, ob bei der Einschätzung von partiellen Ableitungen mit Vorwärtsdifferenzen oder mit zentralen Differenzen gearbeitet wird. Zentrale Differenzen können ausprobiert werden, wenn Werte in der Nähe eines Grenzwertes stark schwanken und der Solver die Meldung ausgibt, er könne das Ergebnis nicht weiter verbessern.

In der Gruppe **Mehrfachstart** kann die Option **Mehrfachstart verwenden** aktiviert werden. Außerdem sind Angaben zu **Größe der Grundgesamtheit** und **Zufälliger Anfangswert** möglich. Die Option **Grenzwerte für Variablen vorschreiben** kann aktiviert werden.

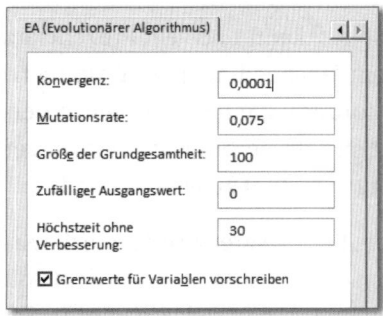

Abbildung 7.6 Optionen für die Methode EA

Das Register **EA (Evolutionärer Algorithmus)** bietet ebenfalls ein Eingabefeld für **Konvergenz** an. Weitere Werte sind die **Mutationsrate**, die **Größe der Grundgesamtheit**, ein **Zufälliger Ausgangswert** und die **Höchstzeit ohne Verbesserung**. Die Option **Grenzwerte für Variablen vorschreiben** kann auch bei dieser Methode genutzt werden.

In vielen Fällen lässt sich das Ergebnis des Solvers auch ohne Veränderungen bei den Einstellungen verbessern. Das lässt sich besonders dadurch erreichen, dass Sie schon vor Aufruf des Solvers versuchen, durch ein paar Tests die Ausgangswerte möglichst günstig zu wählen.

7.2.3 Auswertung der Ergebnisse und Berichte

Nach Abschluss der Arbeit mit dem Solver erfolgt – wie schon erwähnt – eine Meldung, dass der Solver eine Lösung gefunden hat, oder eine Meldung, dass dies nicht gelungen ist. Zusätzlich können Sie die Arbeit des Solvers noch in mehreren Berichten dokumentieren. Mehr als ein Bericht lässt sich dabei mit [Strg] +Mausklick markieren. Der Anwortbericht fasst die Ergebnisse in einer übersichtlichen Tabelle zusammen. Hierbei werden sowohl die Ausgangswerte als auch die vom Solver gefundenen Werte angegeben.

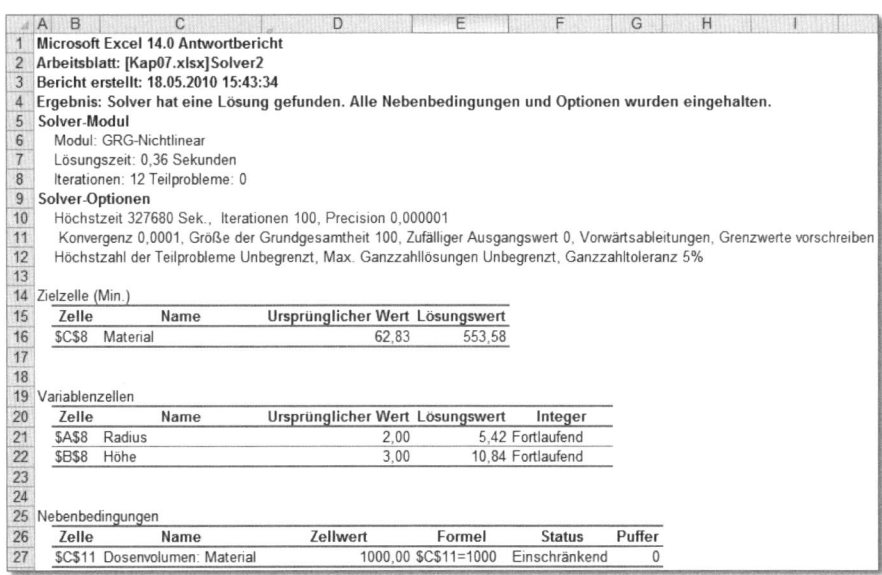

Abbildung 7.7 Antwortbericht

Die beiden anderen Berichte, der Sensitivitäts- und der Grenzwertbericht, geben Auskunft über die Arbeitsweise, die vom Solver angewandt wurde. Interessant sind diese Berichte in erster Linie, wenn die Ergebnisse nicht völlig befriedigend sind. Sie können dann Ausgangspunkt für andere Formulierungen des Problems sein. Bei der EA-Methode steht noch ein Grundgesamtheits-Bericht zur Verfügung, der statistische Werte zu den Variablen liefert.

7 Optimierung

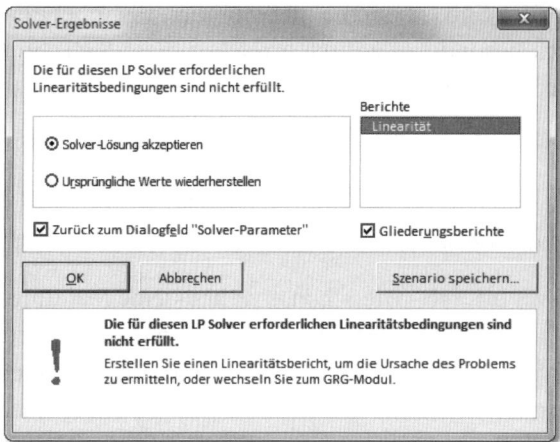

Abbildung 7.8 Angebot eines Berichts über die Linearität

Wird die lineare Simplex-LP-Methode in einem Fall angewendet, der sich nicht linear lösen lässt, hilft ein dann angebotener Linearitätsbericht, die Formeln zu finden, die nicht linear sind.

7.2.4 Weiterführende Hinweise

Das oben vorgestellte Beispiel hat die Eigenschaft, dass es auf Anhieb ein brauchbares Ergebnis liefert. Das sollte wohl bei einem in einem Buch beschriebenen Beispiel auch so sein, ist aber leider in der praktischen Arbeit nicht immer der Fall. Im günstigsten Fall kann das daran liegen, dass bei der Formulierung des Problems Fehler gemacht wurden. Dann lassen sich die Schwierigkeiten nach einigen Versuchen lösen.

Problematischer wird es, wenn die Aufgabe selbst Ursache der Schwierigkeiten ist. Dies kann der Fall sein, wenn es mehrere Lösungen gibt, die unterschiedlich brauchbar sind, oder wenn die mathematischen Zusammenhänge so sind, dass der Solver aufgrund seiner Arbeitsweise mit der Aufgabe nicht zurechtkommt. Da es schlechterdings unmöglich ist, alle denkbaren Varianten hier aufzuführen, sollen hier an einem Beispiel aus der Mathematik wenigstens einige Möglichkeiten demonstriert werden.

Ausgangspunkt soll eine mathematische Funktion sein, bei der die Ergebnisse von vornherein klar sind. Gewählt wurde

```
y=x+x*SIN(3*x)
```

Wird diese Funktion grafisch dargestellt, erhalten Sie für den Bereich von x = -10 bis x = 10 folgendes Bild:

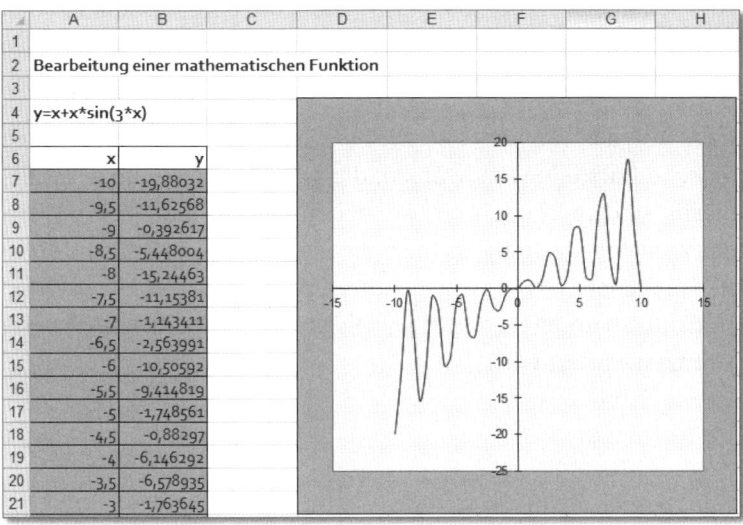

Abbildung 7.9 Eine periodische Funktion als Aufgabe für den Solver

Vergleichbare Ausgangslagen können sich bei allen möglichen Problemen ergeben, wobei vergleichbar nicht unbedingt periodisch heißen muss, jedoch ein Problem, das keinen ganz regelmäßigen Verlauf hat. Angenommen, Sie wollen mit dem Solver hier den x-Wert finden, bei dem der y-Wert sein Maximum erreicht.

Die Vorarbeiten sind inzwischen schon vertraut. In eine Zelle (die spätere veränderbare Zelle) kommt ein beliebiger x-Wert (z. B. 1), in eine zweite Zelle die für die Berechnung des y-Wertes erforderliche Formel. Der Solver liefert nach Aufruf einen x-Wert von 0,79 und einen y-Wert von 1,34. Ein Blick auf die grafische Darstellung hilft zu klären, wie der Solver gearbeitet hat. Er hat zunächst festgestellt, dass y mit größer werdendem x kleiner wird, mit kleiner werdendem x aber größer. Also setzt der Solver die Suche in diese Richtung fort und findet, dass mit x = 0,79 ein Maximalwert erreicht ist, der mit weiter kleiner werdendem x wieder kleiner wird. Damit ist für den Solver das Problem gelöst.

Beginnen Sie dagegen die Suche mit x = 7, erhalten Sie gleich ein ganz anderes Ergebnis: x liegt jetzt bei 6,84 und y bei 13,64. Auch hier hat der Solver wieder bis zum nächsten Maximum gesucht und dann die Suche eingestellt.

Geeignete Startwerte helfen dem Solver

Bei allen derartigen Problemen gibt es zwei Möglichkeiten. Entweder Sie beginnen die Suche mit einem Wert, der schon fast als optimal gelten kann, oder Sie formulieren den Bereich, in dem der Solver suchen soll, als Nebenbedingung. Leider ist es nicht möglich, den Solver bei einer Aufgabe, die mehrere Lösungen kennt, gleich alle suchen zu lassen.

Häufig hilft es auch, für die Aufgabe zunächst – so wie es im vorliegenden Beispiel auch geschehen ist – eine grafische Darstellung zu wählen, die schon Anhaltspunkte für die Lösung gibt. Geeignet hierfür sind xy-Diagramme, wobei der Zielwert immer als y-Wert, die Werte, von denen der Zielwert abhängig ist (also die veränderbaren Zellen), als x-Wert(e) gewählt werden. Hängt der Zielwert von mehreren Werten ab, dann werden Sie am besten mit mehreren Grafiken arbeiten, wobei jeweils nur einer der Ausgangswerte innerhalb akzeptabler Grenzen variiert wird.

8 Daten grafisch präsentieren

Das hervorragende Instrument, um Zahlenmaterial auf seinen Kern zu konzentrieren, ist die Übersetzung in eine grafische Präsentation. Was die Zahlen zu sagen haben, kann im Diagramm auf einen Blick erfasst werden. Excel war für diese Aufgabe schon immer gut gerüstet.

Die neue Version bringt noch einmal eine beträchtliche Erweiterung, was die auswertbaren Datenpunkte in einem Diagramm betrifft. Die Schranke von 32.000 Datenpunkten pro Datenreihe eines 2D-Diagramms ist aufgehoben, ebenso die Schranke von 256.000 Datenpunkten für alle Datenreihen zusammen. Die Zahl der möglichen Datenpunkte wird jetzt nur noch durch den verfügbaren Hauptspeicher begrenzt. Neu ist auch, dass die Minisymbolleiste nun in den Kontextmenüs zu allen Diagrammobjekten angeboten wird, nicht nur zu Elementen, die Texte enthalten. Darin ist auch ein Listenfeld für die Auswahl der verschiedenen Diagrammelemente enthalten. Um die Dialoge für die Formatierung von Diagrammelementen zu öffnen, reicht jetzt ein Doppelklick auf das jeweilige Element. Die Dialoge selbst wurden um zahlreiche Optionen erweitert.

Außerdem gibt es nun endlich auch die Möglichkeit, Arbeiten an einem Diagramm als Makro aufzuzeichnen, was in Kapitel 23, »Routineaufgaben mit Makros automatisieren«, an einem Beispiel noch gezeigt werden wird.

Die wichtigsten Werkzeuge für die grafische Auswertung werden in den beiden folgenden Abschnitten beschrieben. Der darauf folgende Abschnitt behandelt die Gestaltung freier grafischer Objekte, mit denen Sie Ihre Dokumente anreichern können. Dazu gehören beispielsweise Organigramme oder Bilder, die über digitale Geräte direkt in eine Arbeitsmappe eingefügt werden können.

8.1 Grafische Auswertung mit Diagrammen

Es ist sehr einfach, in Excel aus einer Tabelle ein Diagramm zu erzeugen: Der umzusetzende Datenbereich wird in der Tabelle markiert, und mit ein paar Mausklicks wird daraus ein Diagramm. Beachtet werden muss aber, dass nicht jeder Diagrammtyp für jeden Zweck geeignet ist. Diagramme, die der Umsetzung von Zahlenwerten dienen, sind aus einer Anzahl von Elementen zusammengesetzt, die zunächst kurz vorgestellt werden sollen. Dabei müssen nicht zwangsläufig alle Elemente in jedem Diagramm Verwendung finden.

Die Elemente von Diagrammen

Als äußeren Bezugsrahmen verwenden die meisten Diagramme das kartesische Koordinatensystem. Die beiden Geraden werden als *Achsen* bezeichnet, die horizontale als *x-Achse* und die vertikale als *y-Achse*. Diese Achsen werden als Skalen für die Darstellung von Werten benutzt, wobei üblicherweise die x-Achse für die unabhängige Variable und die y-Achse für die abhängige Variable dient. An diese Konventionen hält sich im Großen und Ganzen auch Excel, wobei die x-Achse auch als *Rubriken-* oder *Kategorienachse* und die y-Achse als *Größen-* oder *Werteachse* bezeichnet wird.

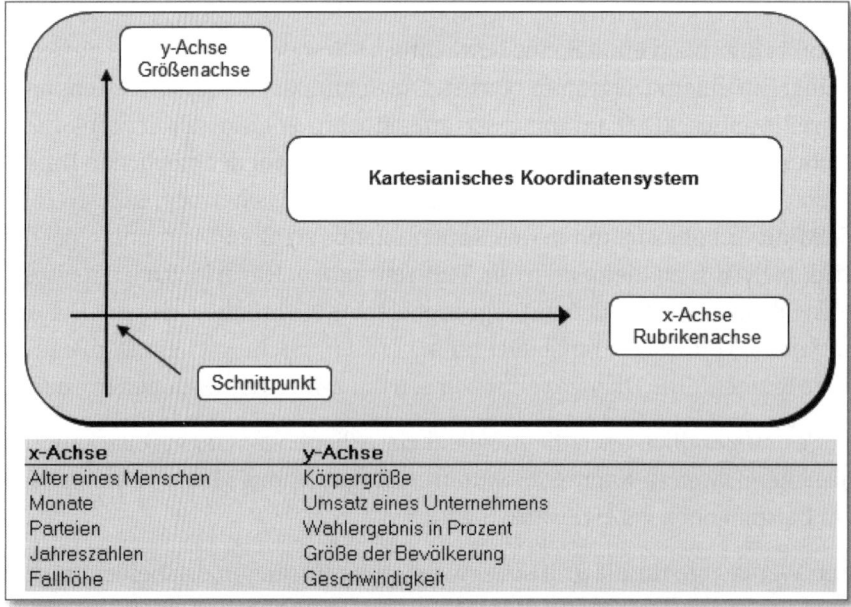

Abbildung 8.1 Beispiele für die Belegung der x- und y-Achse

Diese Bezeichnungsweise deutet schon an, an welcher Stelle Excel von dieser Konvention abweicht: Bei Balkendiagrammen (waagerechte Balken, deren Länge für die Größe der Daten steht) ist die Rubrikenachse (x-Achse) senkrecht, die Größenachse (y-Achse) waagerecht angeordnet.

Zu den beiden Achsen (x und y) kommt in dreidimensionalen Diagrammen noch eine dritte hinzu, die nach der allgemeinen Konvention als *z-Achse* oder *Tiefen-* bzw. *Reihenachse* bezeichnet wird.

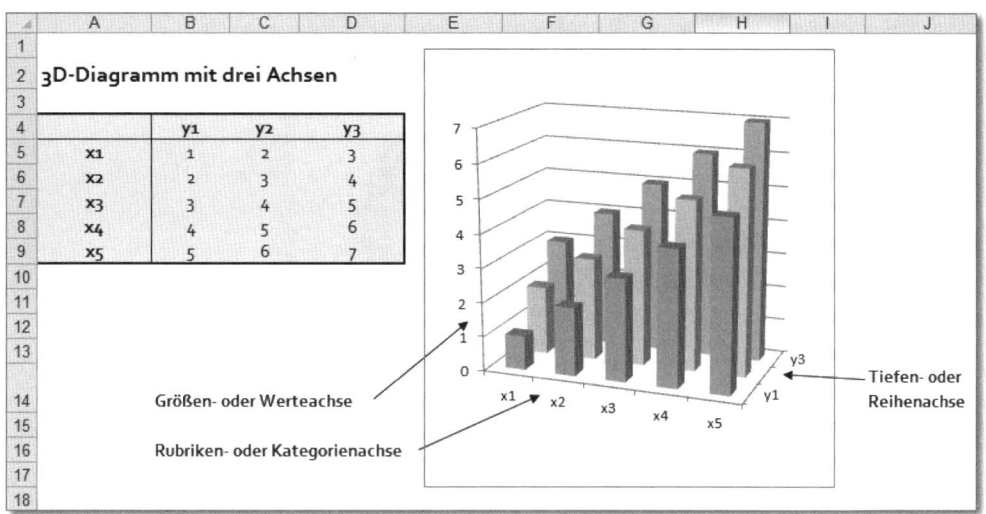

Abbildung 8.2 Drei Achsen im 3D-Diagramm

Achsenskalierung

Die Skalierung der Achsen **wird** meist durch eine Unterteilung der Achsen mittels Strichen und Teilstrichen und durch eine Beschriftung deutlich gemacht. Dies ist natürlich nur sinnvoll, wenn es sich tatsächlich um numerische Achsen handelt. Bei dem oben gezeigten 3D-Säulendiagramm ist beispielsweise lediglich die z-Achse numerisch unterteilt. Die meisten Diagrammtypen in Excel verfügen nur über eine einzige wirklich numerische Achse.

Nicht rechtwinklige Koordinatensysteme

Neben den rechtwinkligen Koordinatensystemen finden auch noch zwei andere Koordinatensysteme Verwendung. Das eine wird bei Kreisdiagrammen (oft auch Tortendiagramme genannt) und Ringdiagrammen (gestaffelte Kreisdiagramme) verwendet. Hier wird statt der Rubrikenachse ein Kreis eingesetzt – der im Gegensatz zu einer Achse keinen Anfangspunkt hat. An die Stelle der Größenachse tritt dann der Winkel im Kreis, sodass den verschiedenen Datengrößen unterschiedliche Winkelgrößen entsprechen.

Ein anderes Koordinatensystem verwenden Netzdiagramme. Hier werden die Rubriken wieder kreisförmig angeordnet. Für jede Rubrik wird eine eigene Größenachse erstellt, auf der der jeweilige Datenpunkt oder die Datenpunkte markiert werden.

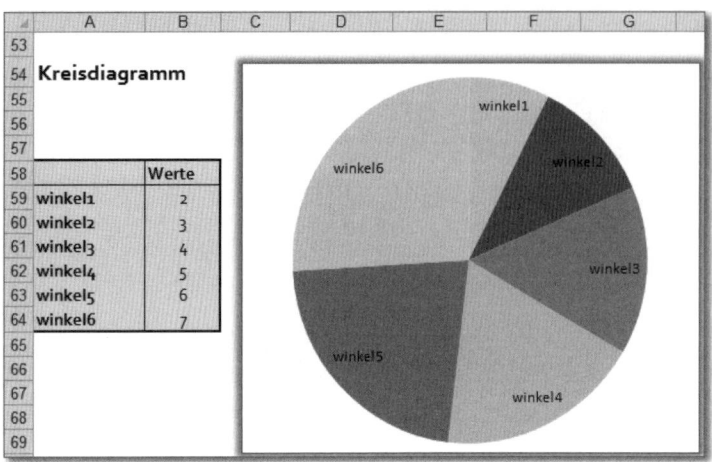

Abbildung 8.3 Im Kreisdiagramm vertreten Winkel die Größenachse.

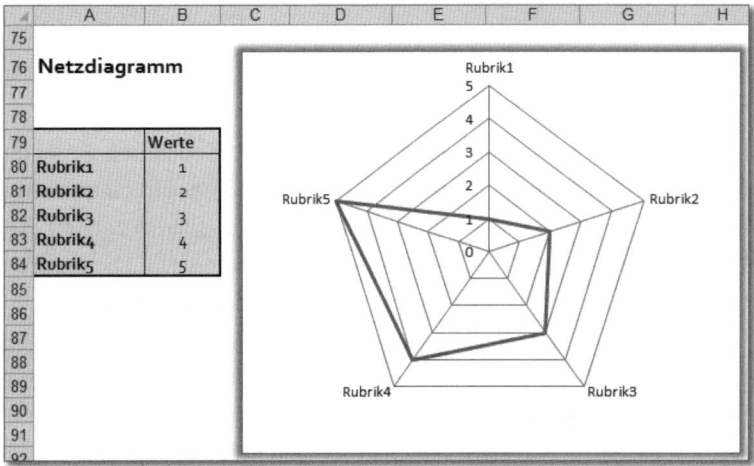

Abbildung 8.4 Im Netzdiagramm wird für jede Rubrik eine eigene Größenachse errichtet.

Datenreihen und Datenpunkte

Das Koordinatensystem liefert den Bezugsrahmen, in dem die Daten einer Tabelle grafisch repräsentiert werden. Die Daten selbst werden im einfachsten Fall durch Datenpunkte dargestellt, an deren Stelle je nach Diagrammtyp Säulen, Balken, Flächen, Linien etc. treten können. In Excel wird deshalb eine Säule oder ein Balken ebenfalls – es sollte Sie nicht verwirren – als Datenpunkt bezeichnet.

Die Daten, die zusammengehören, bilden jeweils eine Datenreihe. Eine Datenreihe besteht entweder aus Werten, die in einer Spalte, oder aus Werten, die in einer Zeile der Tabelle zusammengestellt sind. Excel erlaubt es, maximal 255 Datenreihen in einem Diagramm auszugeben. Die Begrenzung auf 32.000 Datenpunkte pro Datenreihe, die noch für Excel 2007 galt, ist wie anfangs schon erwähnt, aufgehoben worden.

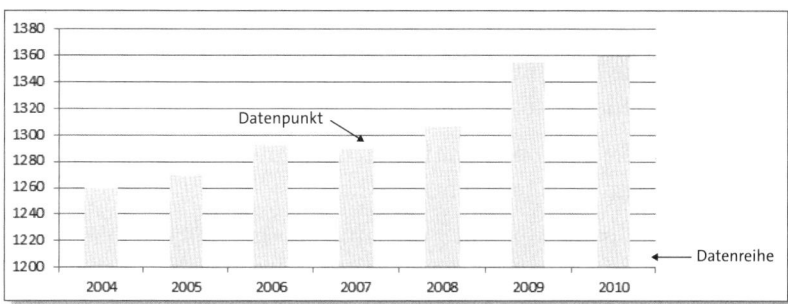

Abbildung 8.5 Datenreihen und Datenpunkte in einem Diagramm

Zusätzliche Elemente eines Diagramms

Ein Koordinatensystem mit Datenreihen und Datenpunkten ist jedoch nur die Mindestausstattung für ein Diagramm. Ein derartiges Diagramm ist noch nicht besonders aussagekräftig, es sei denn, der Betrachter weiß bereits, worum es sich bei dem Diagramm handelt.

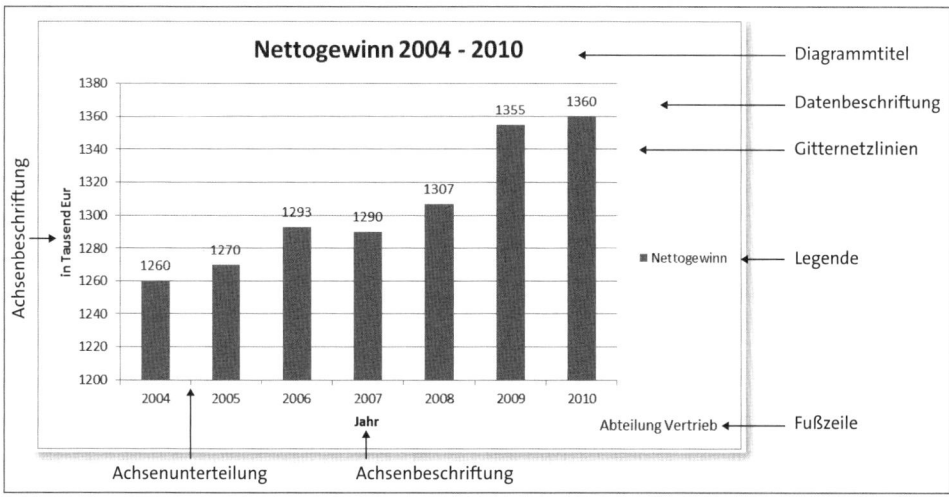

Abbildung 8.6 Zusätzliche Elemente in einem Diagramm

Um ein Diagramm wirklich in eine aussagekräftige bildliche Darstellung zu verwandeln, sind insbesondere Beschriftungen notwendig, damit klar wird, was beispielsweise eine Säule oder ein Balken überhaupt darstellen sollen.

- **Achsenbeschriftungen**: Machen deutlich, was in welchen Einheiten mit den Achsen gemeint ist.
- **Achsenunterteilungen**: Machen die Werte auf den Achsen überschaubar.
- **Gitternetzlinien**: Ein Gitter aus Linien auf der Zeichnungsfläche, das es gestattet, die Werte aus dem Diagramm genauer abzulesen.
- **Legenden**: Geben an, wofür die einzelnen grafischen Elemente des Diagramms (Balken, Säulen, Linien, Kreissegmente etc.) stehen.
- **Diagrammtitel**: Beschreiben in kurzer und prägnanter Form, was das Diagramm aussagen soll.
- **Fußzeilen**: Geben Auskunft über die Herkunft des Materials (Quellenangabe), enthalten zusätzliche Erläuterungen usw.

8.2 Diagrammtypen in Excel

Das Umsetzen numerischer Daten in ein Diagramm macht einige Überlegungen erforderlich, welcher Diagrammtyp für welche Art von Daten verwendet werden kann. Ausführlich wird diese Frage im nächsten Abschnitt behandelt, in dem die von Excel bereitgestellten Diagrammtypen im Detail besprochen werden. Hier trotzdem einige Überlegungen vorweg, die die Orientierung erleichtern sollen. In der täglichen Praxis und auch in den Medien sind hauptsächlich zwei Basistypen in Gebrauch: zum einen Diagramme mit rechtwinkligem Koordinatensystem, also Diagramme mit zwei Achsen, zum anderen Anteilsdiagramme, meist in Form von Kreisdiagrammen.

Diagramme mit rechtwinkligem Koordinatensystem

Unter die Diagramme mit rechtwinkligem Koordinatensystem fällt die große Mehrzahl der Diagramme (Balken, Säulen, Linien, Flächen). Fast alle Daten lassen sich in einer der hier von Excel bereitgestellten Formen darstellen, was aber die Auswahl oft nicht leicht macht. Sie lassen sich danach unterteilen, ob die x-Achse numerisch unterteilt ist oder nicht.

Diskrete oder kontinuierliche Unterteilungen

Eine numerische Unterteilung kann zeitlich sein (Jahreszahlen, Monatszahlen etc.), es kommen aber – besonders im naturwissenschaftlichen Bereich – auch viele andere Teilungen vor. Des Weiteren kann die numerische Unterteilung diskret oder kontinuierlich sein. Wenn Sie etwa Jahresumsätze grafisch darstellen, dann verwenden Sie diskrete Werte, nämlich die Jahreszahlen. Die Darstellung der Durchbiegung eines Trägers in Abhängigkeit von seiner Länge dagegen bietet stetige Werte auf der x-Achse: die Länge.

Auch wenn die Übergänge fließend erscheinen – die Jahre sind unterteilbar, die Durchbiegung wurde vielleicht nur 10-cm-weise, also für diskrete Werte gemessen –, gibt es tatsächlich einen wesentlichen Unterschied: Bei kontinuierlichen Werten lassen sich Zwischenwerte anhand der Grafik interpolieren, bei diskreten Werten würde die Interpolation entweder falsch oder ergäbe keinen Sinn. So lässt sich aus einem Balkendiagramm mit den jährlichen Umsätzen eines Unternehmens eben nicht entnehmen, dass der Umsatz im Dezember niedriger war als im Januar. Es kann gerade das Gegenteil der Fall sein.

... Diagramme mit nichtnumerischer x-Achse

Nichtnumerische Einteilungen der x-Achse kommen ebenfalls häufig vor. Wieder einige Beispiele: Der Umsatz eines Unternehmens in verschiedenen Regionen; die Produktivität in unterschiedlichen Branchen; die Lebenserwartung nach Regionen.

Speziell Diagramme mit nichtnumerischer x-Achse verlangen einige Aufmerksamkeit beim Erfassen und Bearbeiten der Daten. Hier soll ein Beispiel genügen: Erfasst worden sind Daten von verschiedenen Städten. Die Daten liegen zunächst in alphabetischer Reihenfolge der Städte vor. Erst die nach den Zahlen sortierten Daten liefern ein durchschaubares aussagekräftiges Diagramm.

Abbildung 8.7 Nur vernünftig sortierte Daten liefern brauchbare Diagramme, ...

8 Daten grafisch präsentieren

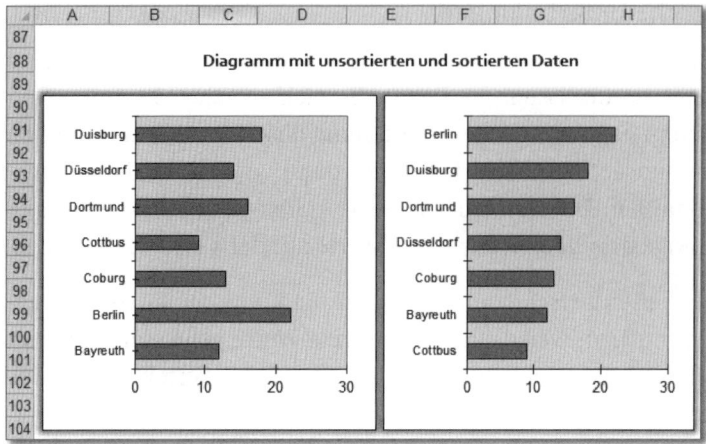

Abbildung 8.8 ... wie hier zu sehen.

Diagramme ohne rechtwinkliges Koordinatensystem

Die gebräuchlichsten Diagramme ohne rechtwinkliges Koordinatensystem sind die Kreisdiagramme, die häufig auch als Anteilsdiagramme bezeichnet werden. Diesen Namen verdanken sie dem Umstand, dass immer ein vollständiger Kreis zur Verfügung steht, der anteilig nach den vorliegenden Werten aufgeteilt wird.

Hierdurch sind Kreisdiagramme besonders geeignet für alle Daten, bei denen sich die einzelnen Daten zu einer Gesamtheit summieren. Das bekannteste Beispiel hierfür ist die grafische Darstellung der Prozentanteile von Parteien bei Wahlen. Sollen mehrere Datenreihen miteinander verglichen werden, bietet sich neben verschiedenen Kreisdiagrammen auch das Ringdiagramm an, das mehrere Anteilsdiagramme in konzentrischen Ringen anordnet.

8.3 Von der Tabelle zum Diagramm

Als erstes Beispiel für die Entwicklung eines Diagramms soll die Quartalsauswertung dienen, die bereits in Kapitel 3, »Aufbau von Kalkulationstabellen«, benutzt wurde. In einem Säulendiagramm sollen die Quartalsergebnisse der einzelnen Produkte miteinander verglichen werden. Das Jahresgesamtergebnis pro Produkt soll dabei nicht mit in die Grafik aufgenommen werden, denn diese Werte würden das Bild verzerren.

Säulendiagramm – erster Versuch

Um die Umsatztabelle grafisch umzusetzen, sollten Sie zunächst den Datenbereich markieren, der in der Grafik ausgewertet werden soll. So wie die Tabelle aufgebaut ist, bietet sich der Bereich von A4 bis E10 an. Dieser Bereich umfasst nicht nur die Umsatzwerte für die einzelnen Quartale, sondern auch die Spalte mit den Warengruppenbezeichnungen, die für die Beschriftung der x-Achse benötigt werden, und die Zeile mit den Quartalsbeschriftungen, die als Legende dienen können.

	A	B	C	D	E	F
1						
2		Novamedia: Quartalsergebnisse 2009				
3						
4	Warengruppe	1. Quartal	2. Quartal	3. Quartal	4. Quartal	Gesamt
5	CD-ROM-Laufwerke	120.000,00 €	123.000,00 €	140.000,00 €	150.000,00 €	533.000,00 €
6	Soundkarten	90.000,00 €	95.000,00 €	92.000,00 €	90.500,00 €	367.500,00 €
7	Scanner	145.000,00 €	149.000,00 €	155.000,00 €	165.000,00 €	614.000,00 €
8	Videorecorder	156.000,00 €	159.000,00 €	166.000,00 €	176.000,00 €	657.000,00 €
9	Camcorder	230.000,00 €	210.000,00 €	220.000,00 €	230.000,00 €	890.000,00 €
10	Videokarten	134.000,00 €	120.000,00 €	136.000,00 €	140.000,00 €	530.000,00 €
11		875.000,00 €	856.000,00 €	909.000,00 €	951.500,00 €	3.591.500,00 €

Abbildung 8.9 Der Bereich, der grafisch ausgewertet werden soll

Vermeiden Sie, in den markierten Bereich zusätzlich eine Zeile mit einem Diagrammtitel einzubeziehen. Excel würde versuchen, diese Zeile für Legendentexte oder Rubriken zu verwenden.

Abbildung 8.10 Diagrammwerkzeuge in der Gruppe »Diagramme«

Die Basiswerkzeuge, um aus einer Tabelle ein Diagramm zu erzeugen, finden Sie auf der Registerkarte **Einfügen** in der Gruppe **Diagramme**. Hier werden Symbole für die gängigsten Diagrammtypen angeboten. Um ein Säulendiagramm zu zeichnen, klicken Sie in diesem Fall auf die Schaltfläche **Säule**, die eine Palette von entsprechenden Diagrammtypen öffnet.

Auswahl des Diagrammtyps

In der Palette sind verschiedene Typen von Säulendiagrammen zusammengestellt. Die letzte Option **Alle Diagrammtypen** öffnet dagegen den Dialog **Diagramm einfügen**, in dem gleich alle Typen angeboten werden (dieser Dialog wird auch angeboten, wenn Sie auf den Dialogfeldstarter der Gruppe klicken).

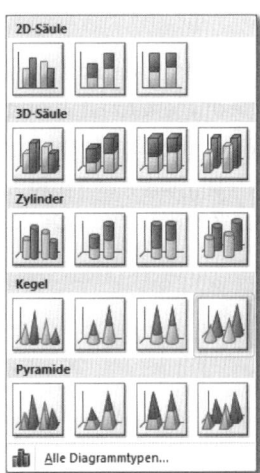

Abbildung 8.11 Palette der Säulendiagramme

Im vorliegenden Beispiel soll zunächst ein einfaches 2D-Säulen-Diagramm gewählt werden, und zwar gleich das erste in der Palette. Der Typ lässt sich auch ohne Weiteres verändern, wenn das Diagramm fertig ist.

Ist das gewünschte Diagrammmuster angeklickt, wird im Tabellenblatt sofort ein der Tabelle entsprechendes Diagramm gezeichnet. Wenn die Größe nicht gefällt, kann das Diagramm an den Rahmenanfassern angepasst werden. Die Abbildung zeigt das von Excel 2010 erzeugte Standarddiagramm.

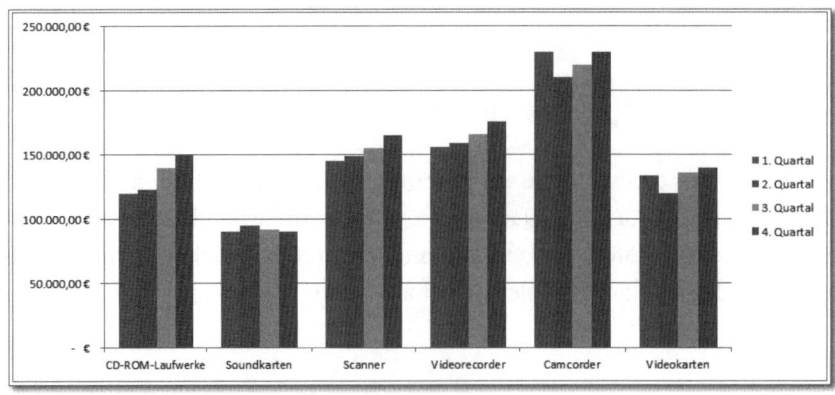

Abbildung 8.12 Standarddiagramm

Vorgegebene Belegung der Achsen

Excel geht bei diesem Verfahren von folgender Annahme aus: Wenn in der markierten Tabelle mehr Zeilen als Spalten vorhanden sind, nimmt Excel an, dass die erste Spalte die Rubriken für die x-Achse enthält und die Datenreihen dazu in den Spalten daneben angeordnet sind. Im anderen Fall schlägt Excel die Verwendung der ersten Zeile für die Rubriken vor.

Im Fall der Quartalsauswertung kann die Vorgabe übernommen werden. Im Beispiel sind die Daten so angeordnet, dass die Umsätze für jedes Quartal untereinander stehen, also in einer Spalte, die Umsätze der einzelnen Warengruppen dagegen nebeneinander in einer Zeile. Sollen im Diagramm die Umsätze der einzelnen Warengruppen übers Jahr dargestellt und verglichen werden, dann ist die beschriebene Vorgabe die richtige Wahl. Sie führt dazu, dass im Diagramm jedes Quartal eine eigene Farbe bzw. ein eigenes Muster erhält, sodass die Daten für jedes Quartal optisch erkennbar sind.

Übersicht über die Werkzeuge zur Diagrammgestaltung

Falls Sie an dieser Stelle den in früheren Versionen angebotenen Diagramm-Assistenten suchen – es gibt ihn nicht mehr. Alle Detailarbeit an Diagrammen wird nun über die **Diagrammtools** erledigt, die auf drei Registerkarten verteilt sind. Diese Register werden nur eingeblendet, wenn ein Diagramm ausgewählt ist.

Das Register **Entwurf** enthält fünf Gruppen, die damit zu tun haben, die Daten für das Diagramm festzulegen, den Diagrammtyp zu bestimmen, Diagrammlayouts und Diagrammformatvorlagen zuzuordnen und den Ort des Diagramms festzulegen. Die Abbildung zeigt die Gruppen in komprimierter Form, der besseren Übersicht wegen.

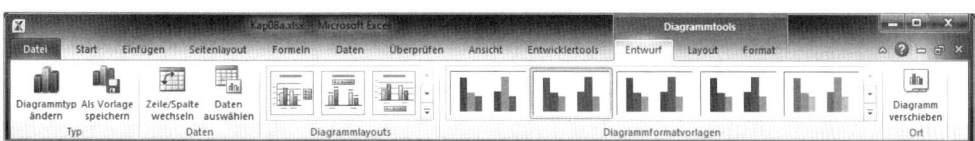

Abbildung 8.13 Gruppen des Registers »Entwurf«

Auf dem Register **Layout** werden sieben Gruppen angeboten, die insbesondere mit der Beschriftung des Diagramms, mit der Skalierung der Achsen und dem Einfügen von Trendlinien und Fehlerindikatoren zu tun haben. Die erste Gruppe **Aktuelle Auswahl** erlaubt es, über ein Listenfeld gezielt die einzelnen Komponenten eines Diagramms auszuwählen, um dann bestimmte Formatierungen dafür vorzunehmen.

Abbildung 8.14 Gruppen des Registers »Layout«

Diese erste Gruppe wird auf dem Register **Format** noch einmal wiederholt. Ansonsten enthält das Register noch vier Gruppen, die der Auswahl bestimmter Formen, etwa Rahmen für die Legende oder den Titel, und damit zusammenhängender Effekte, dem Einfügen von WordArt-Formaten und der Anordnung und Größenbestimmung grafischer Elemente im Diagramm dienen.

Abbildung 8.15 Gruppen des Registers »Format«

Korrektur des Tabellenbereichs

Sollte sich nach der ersten Ausgabe des Diagramms herausstellen, dass der zugrunde gelegte Tabellenbereich nicht dem Zweck des Diagramms entspricht, ist eine nachträgliche Korrektur über das Register **Entwurf** möglich.

Abbildung 8.16 Die Gruppe »Daten«

Die Gruppe **Daten** enthält eine Schaltfläche **Daten auswählen**, die den Dialog **Datenquelle auswählen** öffnet. Im ersten Eingabefeld wird der aktuell ausgewählte **Diagrammdatenbereich** mit absoluten Adressen angegeben. Sie haben hier die Chance, den Bereich noch einmal zu korrigieren, wenn Sie vorher einen Fehler gemacht haben oder wenn der Bereich erweitert oder verkleinert werden soll. Ziehen Sie einfach mit der Maus über den richtigen Bereich. Wenn das Dialogfeld im Weg ist, klicken Sie auf das Symbol **Dialog reduzieren**.

8.3 Von der Tabelle zum Diagramm

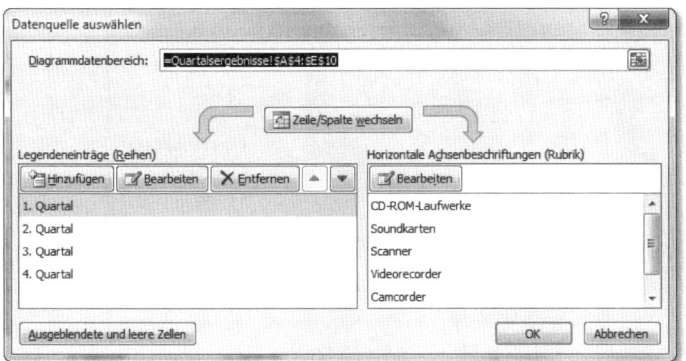

Abbildung 8.17 Bearbeiten der Datenquelle

Wenn Sie Bereiche markieren wollen, die keinen geschlossenen Block bilden, benutzen Sie wie üblich die Strg-Taste, um die weiteren Teile zu markieren.

Statt den Diagrammdatenbereich insgesamt als Block zu korrigieren, können bei Bedarf auch einzelne Reihen aus dem markierten Datenbereich herausgenommen oder fehlende Reihen hinzugefügt werden. Um etwa die Daten für das 4. Quartal aus dem Diagramm herauszunehmen, wählen Sie unter **Legendeneinträge** die entsprechende Position aus und benutzen die Schaltfläche **Entfernen**. Soll eine Reihe hinzugefügt werden, klicken Sie auf die Schaltfläche **Hinzufügen** und markieren in der Tabelle den Bereich, der die Zelle mit dem Namen und die Zellen mit den Werten umschließt. Über die Schaltfläche **Bearbeiten** lassen sich außerdem sowohl bei den Einträgen für die Legende als auch für die Rubriken die Bereichsangaben korrigieren.

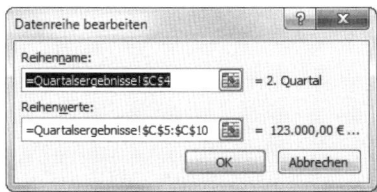

Abbildung 8.18 Bearbeiten einer Datenreihe

Die Schaltfläche **Zeile/Spalte wechseln** entspricht der Schaltfläche, die auch direkt aus der Gruppe **Daten** benutzt werden kann. Sie vertauscht die Zuordnung der Tabellenbereiche zu den beiden Achsen. Im vorliegenden Beispiel würde sich ein Diagramm ergeben, in dem die x-Achse nach Quartalen aufgeteilt ist.

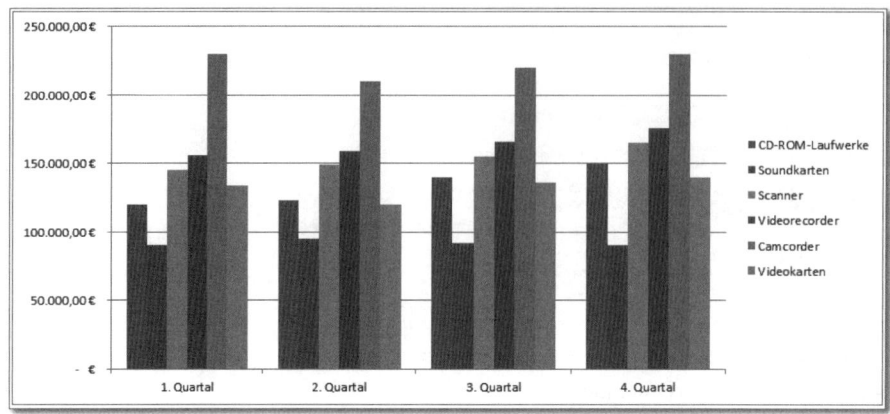

Abbildung 8.19 Diagramm nach dem Wechsel der Achsenbelegung

Titel, Legenden und weitere Optionen

Das automatisch generierte Diagramm kann noch einige Ergänzungen vertragen, insbesondere in puncto Beschriftung. So fehlt bisher ein Diagrammtitel. Auf dem Register **Layout** stehen in der Gruppe **Beschriftungen** dafür zahlreiche Optionen zur Verfügung.

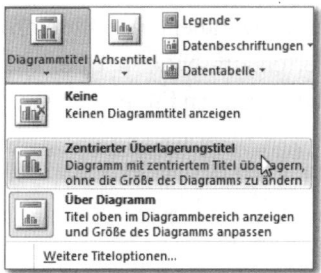

Abbildung 8.20 Titel- und andere Beschriftungsoptionen

Zunächst lässt sich auswählen, ob der Titel über dem Diagramm zentriert – das ist die Option **Zentrierter Überlagerungstitel** – oder mit **Über Diagramm** innerhalb des Diagrammbereichs eingefügt wird, wobei die Größe der Zeichnungsfläche verändert wird. In beiden Fällen wird ein leeres Textfeld eingefügt, in das der Titel eingetragen wird. Das Feld kann mit der Maus verschoben werden. **Weitere Titeloptionen** öffnet einen Dialog, in dem der Titel formatiert werden kann.

Während durch die Auswahl des Diagrammdatenbereichs schon festgelegt worden ist, woher die Legendentexte stammen, öffnet die Schaltfläche **Legende** eine Palette mit zahlreichen Positionen, die die Legende einnehmen kann.

8.3 Von der Tabelle zum Diagramm

Abbildung 8.21 Optionen für Legenden

Legenden sind immer dann notwendig, wenn – wie hier – mehrere Datenreihen vorhanden sind. Der Text einer Legende kann übrigens nicht direkt im Diagramm geändert werden, sondern nur in der Zelle, von der er übernommen wird.

Bei 3D-Diagrammen kann die zu einer Datenreihe gehörende Beschriftung auch als Achsenbeschriftung verwendet werden. Es ist dann sinnvoll, zu entscheiden, ob eine Legende oder eine Achsenbeschriftung verwendet werden soll, denn beides ist im Allgemeinen nicht hilfreich und würde das Diagramm überladen. Bei langen Beschriftungen der Datenreihen ist es meist günstiger, mit Legenden zu arbeiten.

Ort des Diagramms festlegen

Anstatt ein Diagramm direkt in demselben Tabellenblatt abzulegen, in dem sich auch die zugrunde liegende Tabelle befindet, haben Sie auch die Möglichkeit, das Diagramm auf einem eigenen Blatt oder auch in ein anderes Tabellenblatt einzufügen. Dazu wird auf dem Register **Entwurf** in der Gruppe **Ort** das Symbol **Diagramm verschieben** angeboten. Im ersten Fall sollten Sie dem Diagrammblatt gleich einen passenden Namen geben und die Vorgabe überschreiben. Im zweiten Fall können Sie das Tabellenblatt aus dem Listenfeld auswählen.

Haben Sie sich für ein eigenes Diagrammblatt entschieden, füllt das Diagramm das Fenster der Arbeitsmappe in der gerade gegebenen Größe aus. Noch schneller entsteht ein Diagramm auf einem eigenen Blatt, wenn Sie zu einem markierten Bereich mit Tabellendaten die Taste F11 drücken. Dann werden die ausgewählten Daten sofort auf einem Diagrammblatt ausgegeben, und zwar mit dem Diagrammtyp, der aktuell als Standarddiagrammtyp eingestellt ist.

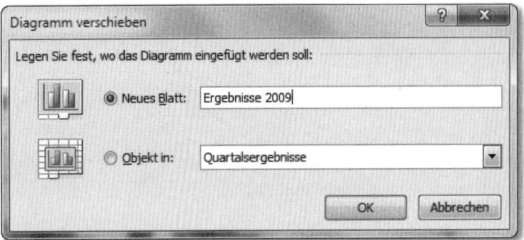

Abbildung 8.22 Entscheidung über die Platzierung des Diagramms

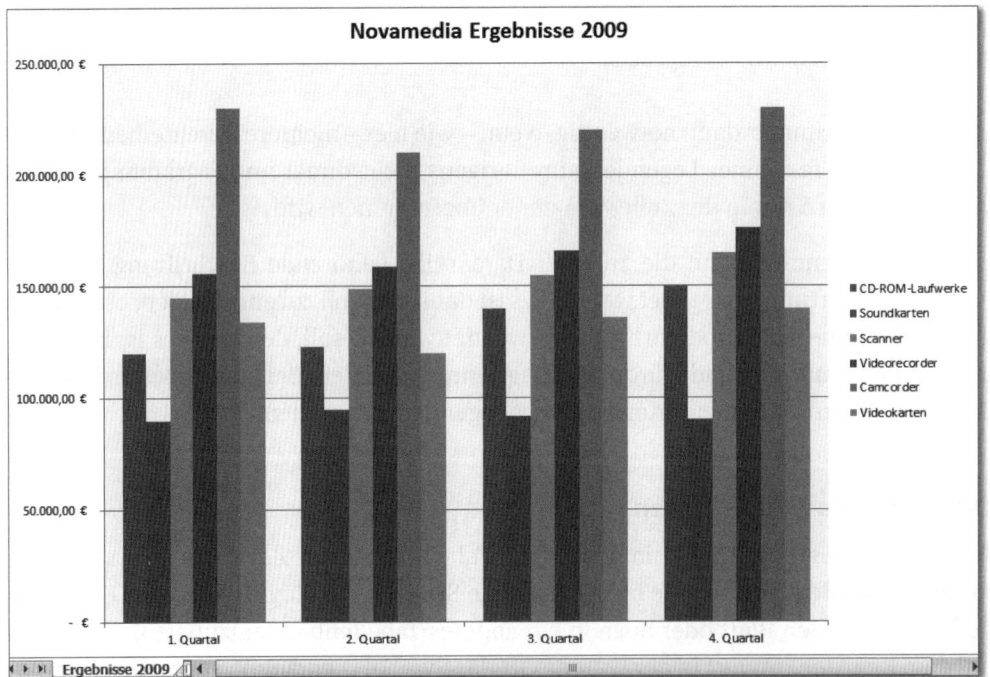

Abbildung 8.23 Beteiltes Säulendiagramm auf einem eigenen Diagrammblatt

Ist als Ort für das Diagramm ein Tabellenblatt ausgewählt, wird das Diagramm zunächst in die Mitte des aktuellen Fensters gesetzt und kann dann leicht mit der Maus an die gewünschte Stelle gezogen werden. Soll die Größe des Diagramms geändert werden, müssen Sie nur die schwarzen Markierungen am Rand entsprechend mit der Maus ziehen. Sie werden angezeigt, wenn Sie das Diagramm anklicken. Für proportionale Größenänderungen ziehen Sie an den Eckmarkierungen.

8.4 Zur Verknüpfung von Tabelle und Diagramm

Wenn Sie ein im Tabellenblatt eingebettetes Diagramm per Mausklick auswählen, werden die Tabellendaten, die in das Diagramm einfließen, durch unterschiedlich farbige Rahmen gekennzeichnet.

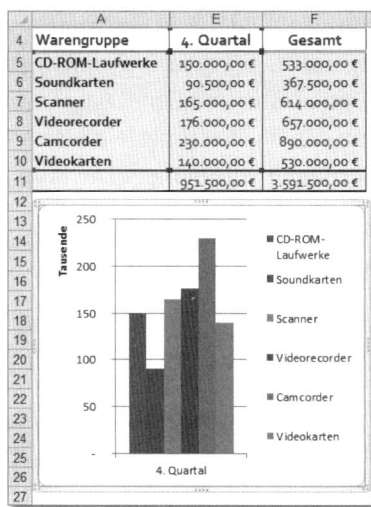

Abbildung 8.24 Das ausgewählte Diagramm und die markierten Tabellendaten

Wird eine bestimmte Datenreihe im Diagramm mit der Maus berührt, erscheinen Angaben, welche Reihe, welcher Datenpunkt und welcher Wert gerade ausgewählt ist.

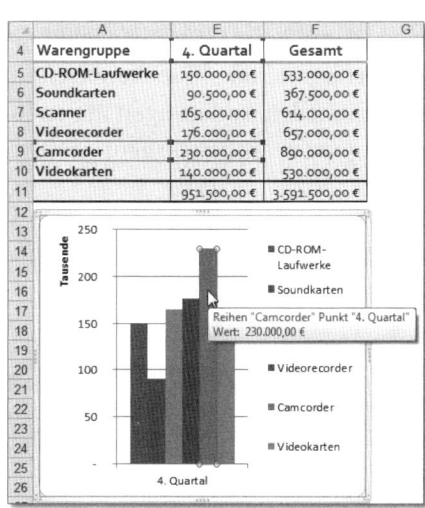

Abbildung 8.25 Eine ausgewählte Datenreihe mit dem Wert des Datenpunktes

Im Tabellenbereich wird die Datenreihe markiert, die Sie im Diagramm anklicken. Auf diese Weise bleibt die Beziehung zwischen Tabelle und Diagramm jederzeit transparent. Immer wenn die Daten in der Tabelle geändert werden, wird das Diagramm sofort an den neuen Stand angepasst.

Die Grundbeziehung zwischen einer Tabelle und dem zugehörigen Diagramm ist die, dass das Diagramm die jeweils vorhandenen Zahlen grafisch abbildet. Die Verknüpfung wird technisch durch DATENREIHE()-Funktionen hergestellt, die wie die sonstigen Funktionen von Excel aufgebaut sind. Wenn Sie eine Datenreihe in einem Diagramm markieren, wird die zugehörige Funktion DATENREIHE() in der Bearbeitungsleiste sichtbar. Wenn Sie gern basteln, können Sie hier sogar Änderungen vornehmen. Die Funktion ist folgendermaßen aufgebaut:

```
=DATENREIHE(Reihennamen,Rubrikennamen,Werte,Druckordnung)
```

Die ersten drei Argumente bestehen aus den absoluten Adressen der jeweiligen Tabellenbereiche, das letzte Argument ist eine Zahl, die die Reihenfolge der Reihen steuert.

Etwas komplizierter ist die Situation, wenn Tabelle und Diagramm in verschiedenen Arbeitsmappen geführt werden, was ohne Weiteres möglich ist. Sie müssen dazu nur im Dialog **Datenquelle auswählen** die Daten in der entsprechenden Mappe markieren.

Ist für das Diagramm ein eigenes Blatt vorhanden, können Sie dieses insgesamt in eine andere Mappe verschieben oder kopieren. Wenn beide Fenster sichtbar sind, können Sie das Diagrammblatt sogar direkt an seinem Register mit der Maus hinüberziehen.

Werden Diagramm und Tabelle in dieser Weise getrennt, wird die Verknüpfung durch externe Bezüge hergestellt, wie Sie sie bereits kennengelernt haben. Solange beide Arbeitsmappen gleichzeitig geöffnet sind, schlagen Änderungen in der Tabelle gleich im Diagramm durch. Ist die Diagrammdatei nicht geöffnet, werden Änderungen in der Tabelle erst wirksam, wenn die Arbeitsmappe, die das Diagramm enthält, erneut geöffnet wird.

> **HINWEIS**
>
> **Organisation von Tabellen und Diagrammen**
> Die Verteilung von Tabelle und Diagramm auf verschiedene Arbeitsmappen kann z. B. dann sinnvoll sein, wenn Sie hauptsächlich mit den Tabellendaten arbeiten und nur ab und zu die dazugehörigen Diagramme benötigen und diese deshalb lieber alle in einer separaten Arbeitsmappe ablegen. Wenn viele Diagramme mit vielen Daten in ein Tabellenblatt eingebettet sind, gibt es u. U. Verzögerungen beim Blättern in den Tabellen.

Es ist in diesem Fall auch möglich, die Verbindung der beiden Arbeitsmappen zu kappen, ohne dass das Diagramm verschwindet. Wenn z. B. die Arbeitsmappe mit der Tabelle gelöscht wird, bleibt das Diagramm in der anderen Arbeitsmappe trotzdem erhalten. Das Diagramm gibt dann einfach die ursprünglichen Daten wieder.

Ein Diagramm in ein Bild umwandeln

Falls Sie Diagramme losgelöst von den Tabellendaten verwenden wollen, etwa für Präsentationen, können Sie die Diagramme auch in einfache grafische Objekte »einfrieren«. Dazu wird das Diagramm mit **Ausschneiden** in die Zwischenablage übernommen. Mit dem Befehl **Einfügen** und der Option **Grafik** wird das Diagramm in ein einfaches grafisches Objekt verwandelt. Das Ganze sieht immer noch aus wie ein Diagramm, ist aber nur noch ein Abbild davon. Eine Verknüpfung zu den Tabellendaten besteht nicht mehr.

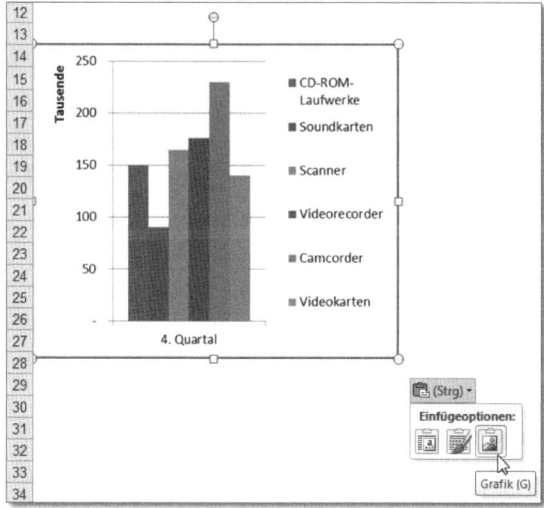

Abbildung 8.26 Einfügen einer Diagramm-Grafik

8.5 Diagramme optimieren

Das Aussehen der Diagramme, die mit einem der oben beschriebenen Verfahren erzeugt wurden, lässt häufig noch zu wünschen übrig. Die Überschrift kann zu groß oder zu klein sein, ebenso die Achsenbeschriftungen. Die Proportionen, die Excel automatisch erzeugt, können dem Darstellungszweck widersprechen usw. Excel hält hier aber eine Fülle an Möglichkeiten bereit, mit denen Sie das Diagramm fast beliebig gestalten und umgestalten können.

Um das Diagramm bearbeiten zu können, reicht ein einfacher Klick. Das gilt auch für die einzelnen Elemente. Sie müssen also nicht erst das ganze Diagramm markieren, um danach auf die einzelnen Elemente zuzugreifen.

Aktuelle Auswahl formatieren

Wie schon angesprochen, bieten sowohl das Register **Layout** als auch das Register **Format** die Gruppe **Aktuelle Auswahl** an, wenn das Diagramm oder ein Element darin ausgewählt ist. In dem Listenfeld werden dabei immer die gerade angeklickten Diagrammobjekte angezeigt. Klicken Sie auf den Diagrammbereich, steht dort eben **Diagrammbereich**, klicken Sie auf die Zeichnungsfläche, erscheint als Objektname **Zeichnungsfläche**.

Sie können aber auch umgekehrt vorgehen und das zu bearbeitende Objekt aus der Liste aussuchen. Soll beispielsweise die Reihe *Soundkarten* anders formatiert werden, öffnen Sie mit einem Klick auf den Pfeil das Listenfeld und wählen das Objekt aus. Dieses Verfahren ist vorzuziehen, wenn die Elemente sehr klein und mit der Maus nicht leicht zu treffen sind, z. B. bei schmalen Säulen in einem Diagramm mit vielen Datenreihen. Alternativ hilft hier aber auch, die Anzeige mit den Reglern am unteren Fensterrand zu zoomen.

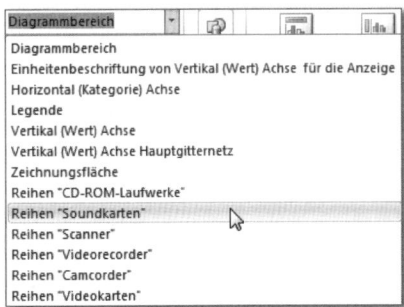

Abbildung 8.27 Objektauswahl im Diagramm über das Listenfeld

Die speziellen Befehle zur Gestaltung eines gerade ausgewählten Objekts werden immer sofort angeboten, wenn Sie unter dem Listenfeld auf **Auswahl formatieren** klicken.

Alle Formatierungsdialoge sind einheitlich gestaltet. Sie bieten verschiedene Seiten im linken Teil an, im rechten die Optionen dazu. Der schnellste Weg, diese Dialoge zu öffnen, ist in Excel 2010 nun allerdings der Doppelklick auf das Element, das formatiert werden soll.

Wenn Sie eine Reihe von Formatierungen vornehmen wollen, sollten Sie darauf achten, dass das Dialogfeld das Diagramm nicht verdeckt. Erstens werden sehr viele Einstellungen im Diagramm sofort angezeigt, noch bevor der Dialog mit **Schließen** quittiert wird.

8.5 Diagramme optimieren

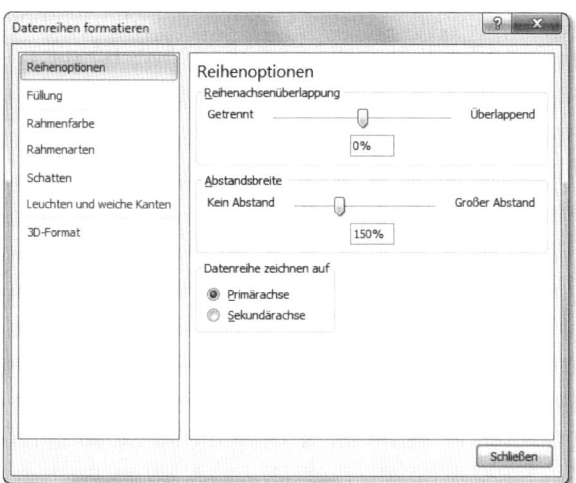

Abbildung 8.28 Formatierungsdialog für eine Datenreihe des Diagramms

Zweitens ist es möglich, den Dialog geöffnet zu lassen, wenn ein anderes als das zunächst ausgewählte Element formatiert werden soll. Sie können also beispielsweise zunächst die Zeichnungsfläche formatieren, dann die Achsen der Reihe nach anklicken, anschließend die Legende. Das Dialogfeld wird automatisch auf die neue Auswahl eingestellt.

Kontextmenüs

Das gesamte Diagramm und alle einzelnen Elemente, aus denen ein Diagramm besteht, lassen sich auch mit der rechten Maustaste anklicken. Dann werden entsprechende Kontextmenüs angeboten. Sie bieten jeweils zusätzlich zu den Formatierungsmöglichkeiten solche Befehle an, die mit dem gerade ausgewählten Objekt zu tun haben.

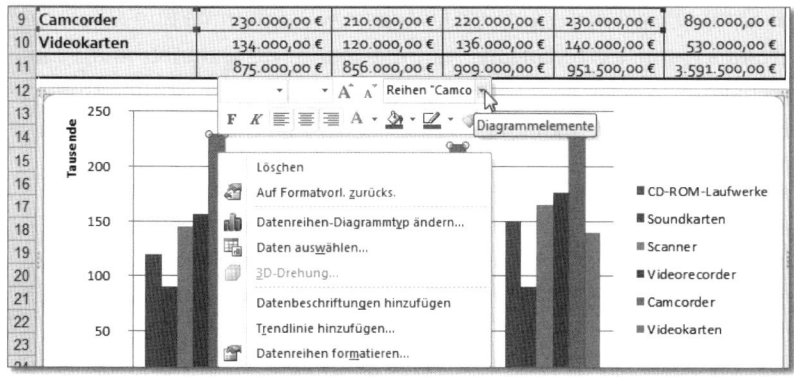

Abbildung 8.29 Kontextmenü zu einer Datenreihe

Das Listenfeld mit den Diagrammobjekten wird jetzt übrigens auch in der Minisymbolleiste angeboten, sodass Sie beispielsweise schnell nacheinander die Schrift für die Legende oder den Diagrammtitel darüber ändern oder bestimmten Elementen wie der Zeichenfläche eines 2D-Diagramms oder dem Boden oder den Wänden eines 3D-Diagramms andere Farben zuordnen können.

Direkte Bearbeitung mit der Maus

Viele Veränderungen lassen sich auch durch einfaches Ziehen mit der Maus vornehmen. Soll etwa einer der Titel oder die Legende verschoben werden, müssen Sie die Elemente nur anklicken und den Rahmen an die gewünschte Stelle ziehen. Ganz spezielle Möglichkeiten gelten hier für die Gestaltung von 3D-Diagrammen. Darauf wird weiter unten noch eingegangen.

Diagrammtypen mischen

Neben der Möglichkeit, insgesamt einen anderen Diagrammtyp für Ihr Diagramm zu wählen, können Sie auch – allerdings beschränkt auf 2D-Diagramme – Datenreihen unterschiedlich ausgeben. Von den zahlreichen Varianten, die sich hieraus ergeben, hier ein Beispiel:

Ein Säulendiagramm ist aus einer Tabelle erzeugt worden, die die Bestandsentwicklung eines Lagers darstellt. Es bietet sich an, den Bestand gegenüber den Zugängen und Abgängen besonders hervorzuheben.

1. Es genügt ein einfacher Klick auf eine der Säulen im Diagramm, die für den Bestand stehen, um diese Datenreihe zu markieren.

2. Ein Klick auf das Symbol **Linie** in der Gruppe **Einfügen ▸ Diagramme** und auf das gewünschte Diagrammtypmuster reicht aus, um die markierte Datenreihe als Linie auszugeben. Das hat den Vorteil, dass Sie dort zwischen den verschiedenen Untertypen des Liniendiagramms wählen können.

8.5 Diagramme optimieren

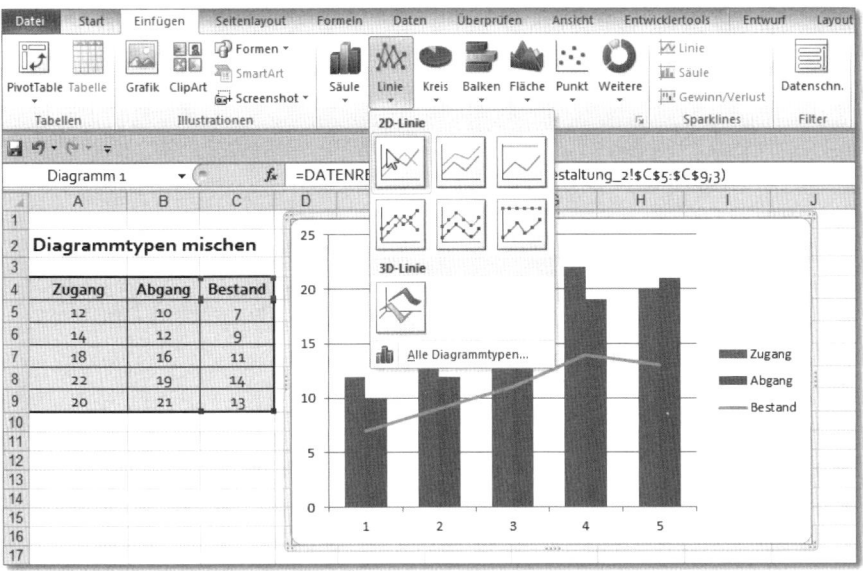

3 Nun ist zwar die Datenreihe mit dem Bestand wie gewünscht als Linie ausgegeben, aber sie ist optisch nicht sonderlich deutlich. Bleibt die Datenreihe markiert, kann über das Kontextmenü der Dialog **Datenreihen formatieren** geöffnet werden.

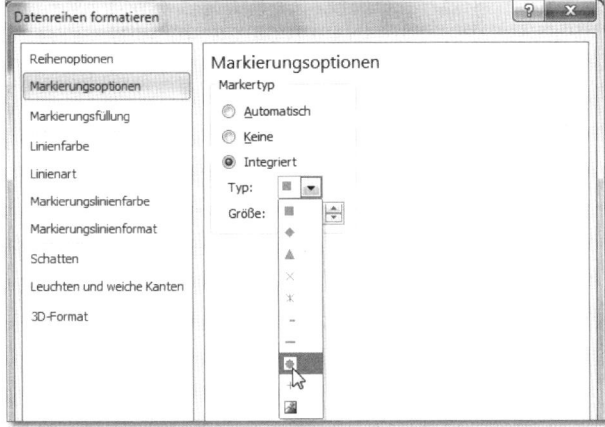

4 Zunächst lässt sich auf der Seite **Markierungsoptionen** unter **Typ** eine runde Datenpunkt-Markierung einstellen, deren Farbe auf der Seite **Markierungsfüllung** gewählt wird. Die aktuellen Einstellungen werden dabei immer sofort im Diagramm angezeigt, sodass Sie eine genaue Kontrolle behalten.

5 Wenn Sie dann noch die beiden anderen Balken über die Palette **Formenarten** auf dem Register **Format** mit farbigen Umrissen formatieren, ergibt sich eine deutlich bessere Darstellung der Bestandsentwicklung.

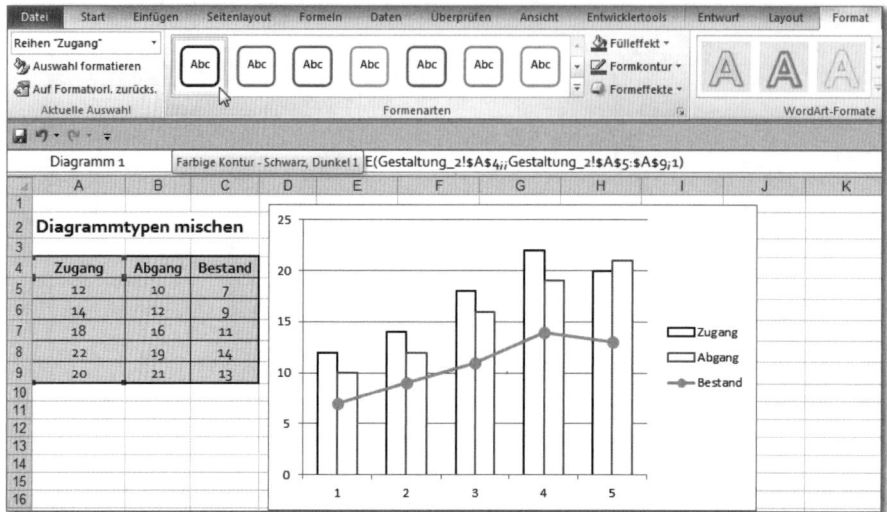

6 Noch weitere Verbesserungen lassen sich vornehmen. Wenn Sie die Zeichnungsfläche anklicken, kann auf dem Register **Format** ein Schatten über die Palette **Formeffekte** zugewiesen werden, die die Gruppe **Formenarten** anbietet.

7 Auch der Diagrammbereich insgesamt kann mit einem Formeffekt hervorgehoben werden. Klicken Sie an den Rand des Diagramms, und benutzen Sie aus der Palette **Fülleffekte** einen der angebotenen Farbverläufe.

8.5 Diagramme optimieren

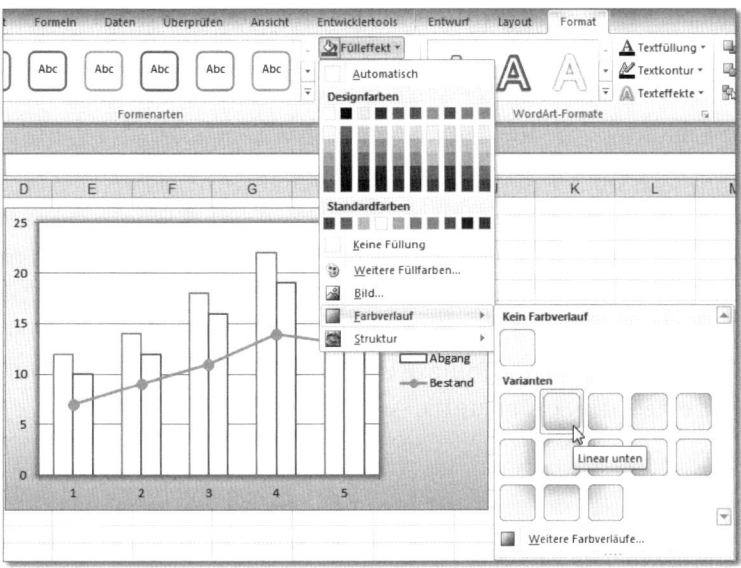

Abbildung 8.30 Farbverlauf im Diagrammbereich

Größe und Lage des Diagramms ändern

Wenn Sie mit der Größe und Lage des Diagramms nicht zufrieden sind, lässt sich mit der Maus schnell Abhilfe schaffen. Klicken Sie einfach auf eine freie Stelle des Diagramms, sodass der gesamte Diagrammbereich ausgewählt und markiert ist.

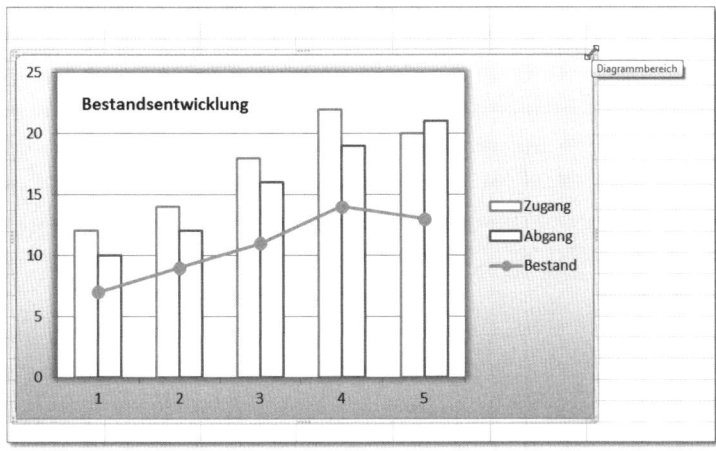

Abbildung 8.31 Das ausgewählte Diagramm mit den acht Anfassern

Das markierte Diagramm können Sie mit gedrückter linker Maustaste an jeden beliebigen Platz Ihrer Tabelle ziehen. Achten Sie darauf, dass der Mauszeiger nicht eines der Elemente innerhalb des Diagrammbereichs berührt, weil dieses sonst ausgewählt und eventuell verschoben würde.

Durch Ziehen an den Anfassern können Sie das Diagramm vergrößern oder verkleinern: Ziehen an einzelnen Seiten verändert Höhe oder Breite, an einer Ecke beides zugleich. Bei diesen Größenveränderungen haben Sie auch noch – ähnlich wie schon beim Markieren des Diagrammbereichs während des Erstellens eines Diagramms – die Möglichkeit, das Diagramm exakt in die Zeilen und Spalten einzupassen. Sie müssen beim Ziehen nur die Alt-Taste drücken. Sollen bei Größenänderungen die Proportionen erhalten bleiben, genügt es, beim Ziehen an einem der Eckpunkte die ⇧-Taste gedrückt zu halten.

Diagramme kopieren

Im ausgewählten Zustand können Sie ebenso eine Diagrammkopie mit der Maus erzeugen: Sobald Sie beim Ziehen die Strg-Taste gedrückt halten, wird der Mauszeiger mit einem kleinen Pluszeichen versehen, und das Diagramm wird nicht zu einem neuen Ort verlagert, sondern dahin kopiert. Auf diese Weise lässt sich ein Diagramm auch in eine andere geöffnete Arbeitsmappe kopieren, wenn deren Fenster sichtbar ist.

Größe und Lage von Diagramm-Elementen ändern

Dieselben Techniken stehen auch innerhalb des Diagramms zur Verfügung. Die Größe der Zeichenfläche lässt sich genauso verändern wie zuvor die Größe des gesamten Diagrammbereichs.

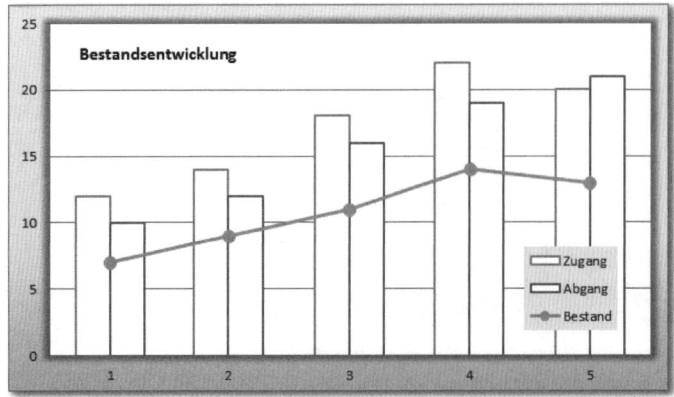

Abbildung 8.32 Legende innerhalb der Zeichnungsfläche

8.6 Diagramme gestalten

Auch Beschriftungen lassen sich mit der Maus genau dorthin verlagern, wo sie benötigt werden. Oft ist es z. B. sinnvoll, die Legende direkt in die Zeichnungsfläche hineinzuziehen. Dann kann die Zeichnungsfläche selbst vergrößert werden. Im Beispiel wurde der Legende übrigens noch eine Hintergrundfarbe verpasst.

Die Maus in der Torte

Bei Kreis- und Ringdiagrammen können Sie die Tortenstücke oder Ringteile alle oder einzeln direkt mit der Maus auseinanderziehen. Um ein einzelnes Stück zu markieren, genügt es hierbei, zunächst mit einem Klick alle zu markieren und dann mit einem weiteren Klick das gewünschte Stück.

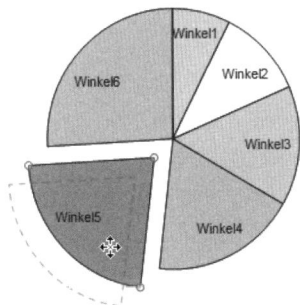

Abbildung 8.33 Herausziehen eines Tortenstücks mit der Maus

8.6 Diagramme gestalten

Die Fülle von Gestaltungsmöglichkeiten, die Excel für Diagramme bietet, lässt es geraten erscheinen, wenigstens eine allgemeine Übersicht über die verschiedenen Dialogfelder zu geben, die für die Gestaltung zur Verfügung stehen.

Veränderung des Diagrammtyps

Die gravierendste Änderung, die sich an einem Diagramm vornehmen lässt, ist wohl die Wahl eines anderen Diagrammtyps oder eines anderen Untertyps. Soll der Typ verändert werden, wählen Sie das Diagramm aus und benutzen auf dem Register **Entwurf** in der Gruppe **Typ** die Schaltfläche **Diagrammtyp ändern**. Derselbe Befehl wird auch im Kontextmenü des Diagramms und vieler seiner Komponenten angeboten.

Das so geöffnete Dialogfeld **Diagrammtyp ändern** entspricht abgesehen vom Titel dem oben schon erwähnten Dialogfeld **Diagramm einfügen**. Es zeigt im linken Bereich die verschiedenen Basistypen. Das rechte Feld enthält Muster aller Untertypen. Zu jedem ausgewählten Basistyp wird dann zunächst immer der erste Untertyp markiert.

Oberhalb der Basistypen wird im linken Feld noch ein Ordnersymbol **Vorlagen** angezeigt. Sind benutzerdefinierte Vorlagen bereits angelegt, werden sie im rechten Fenster angeboten. Zur Verwaltung der Vorlagen stellt der Dialog noch die Schaltfläche **Vorlagen verwalten** zur Verfügung. Sie öffnet den Ordner, in dem Excel die Vorlagen ablegt, sodass Sie dort Dateien umbenennen oder auch löschen können. Wie Vorlagen erstellt werden, wird im folgenden Abschnitt beschrieben.

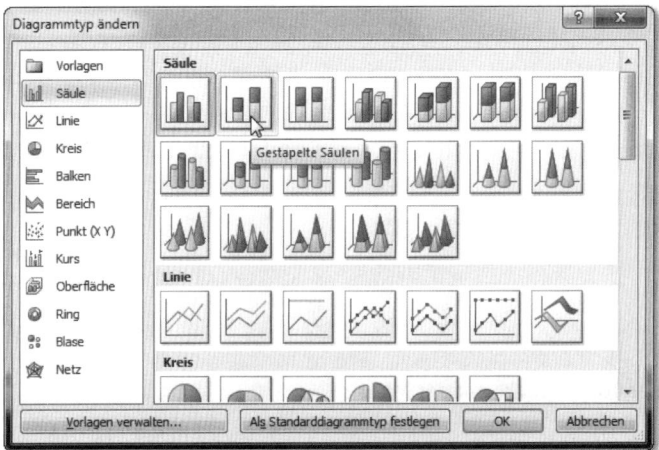

Abbildung 8.34 Das Dialogfeld »Diagrammtyp ändern«

Die Bedeutung der verschiedenen Untertypen wird weiter unten im Detail beschrieben. Im Dialog wird immer nur ein kurzer Hinweis gegeben, wenn die Maus ein Muster berührt.

Die Auswahl eines anderen Diagramm- bzw. Untertyps erfolgt am schnellsten per Doppelklick auf das entsprechende Muster. Ansonsten muss die Auswahl bestätigt werden.

Wenn Sie ein bestimmtes Muster als Vorgabe für die meisten Ihrer Diagramme verwenden wollen, können Sie die Auswahl mit der Schaltfläche **Als Standarddiagrammtyp festlegen** in den Rang einer solchen Vorgabe erheben. Jedes Mal, wenn der Dialog **Diagramm einfügen** geöffnet wird, ist dann das jeweilige Muster schon ausgewählt. Diese Einstellung gilt so lange, bis Sie einen anderen Standardtyp bestimmen.

8.6.1 Diagrammlayouts und Diagrammformatvorlagen

Mit den 73 vorgegebenen Diagramm- bzw. Untertypen ist das Angebot von Excel noch längst nicht ausgereizt. Wenn Sie sich für einen Diagrammtyp entschieden haben, stellt Ihnen Excel abgestimmt auf diesen Typ einerseits eine Reihe von Layouts, andererseits eine ganze Palette von Diagrammformatvorlagen zur Verfügung.

Während die Layouts die Anzahl und Anordnung der Diagrammelemente regeln, also etwa die Position der Legende, die Anzeige oder Nichtanzeige von Gitternetzlinien oder Datenbeschriftungen etc., geht es bei den Diagrammformatvorlagen um die Formatierung der Diagrammelemente, also insbesondere um die farbliche Gestaltung, um die Art der Säulen und Linien, die Einfärbung der Zeichenfläche und des Diagrammbereichs.

Die Palette der Layouts wird, wenn das Diagramm ausgewählt ist, auf dem Register **Entwurf** in der Gruppe **Diagrammlayouts** angeboten. Sie können mit der Bildlaufleiste die nicht sichtbaren Muster ansteuern oder mit der unteren Schaltfläche der Leiste die gesamte Palette öffnen.

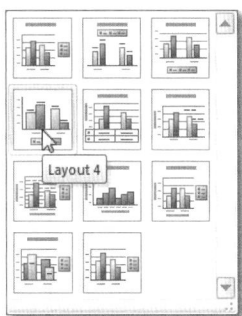

Abbildung 8.35 Palette der Diagrammlayouts

Ein Klick auf ein Muster ordnet das entsprechende Layout dem aktuellen Diagramm zu und sortiert die Elemente neu. Die folgende Abbildung zeigt etwa das erste und das dritte Layout für ein einfaches Säulendiagramm.

Eine Besonderheit im Layout 5 hingegen ist, dass die Datentabelle zum Diagramm noch einmal direkt unter dem Diagramm ausgegeben wird.

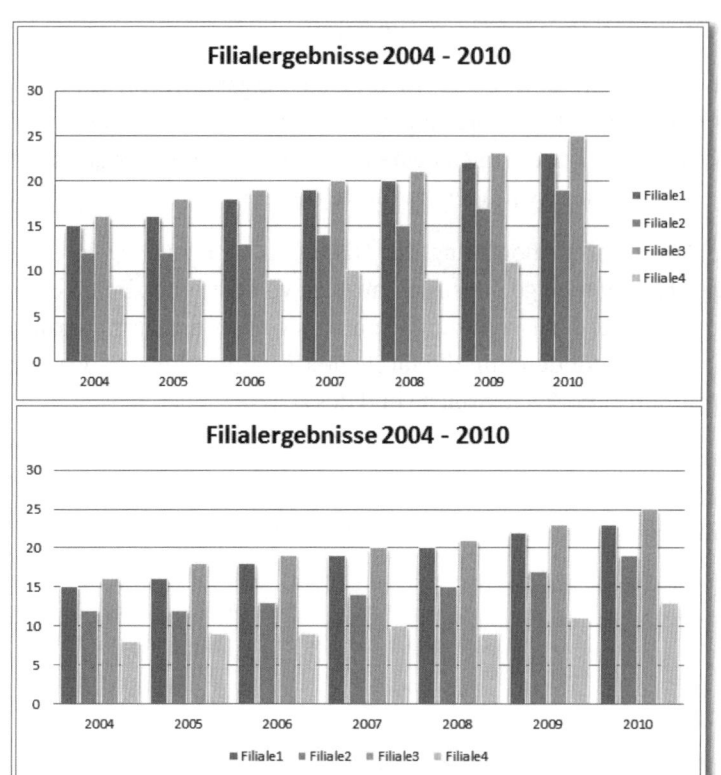

Abbildung 8.36 Säulendiagramm – einmal mit Layout 1, einmal mit Layout 3

Die Palette der Diagrammformatvorlagen auf dem Register **Entwurf** kann ebenfalls mit der Bildlaufleiste durchgesehen oder ganz geöffnet werden. Ein Klick auf ein Muster ordnet die entsprechende Formatierung dem ausgewählten Diagramm zu.

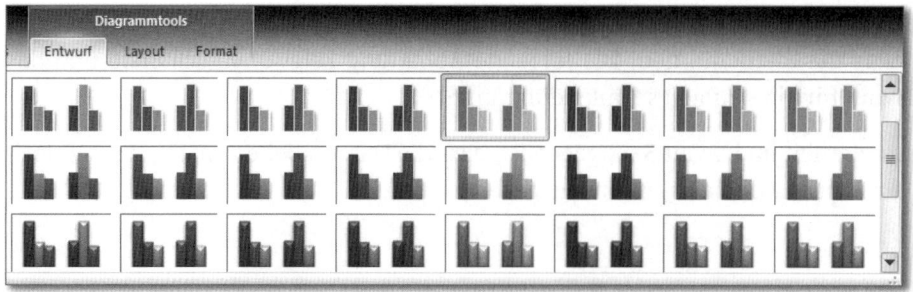

Abbildung 8.37 Palette der Diagrammformatvorlagen zu einem Säulendiagramm

8.6 Diagramme gestalten

Sie können verschiedene Muster in einer Reihe nacheinander anklicken, um die beste Farbgebung auszuprobieren. Seltsamerweise bietet Excel 2010 weder für die Diagrammlayouts noch für die Diagrammvorlagen eine Livevorschau an, wie es bei den Zellenformatvorlagen und den Tabellenformatvorlagen der Fall ist. Die folgende Abbildung zeigt ein Beispiel mit einem dunklen Diagrammbereich.

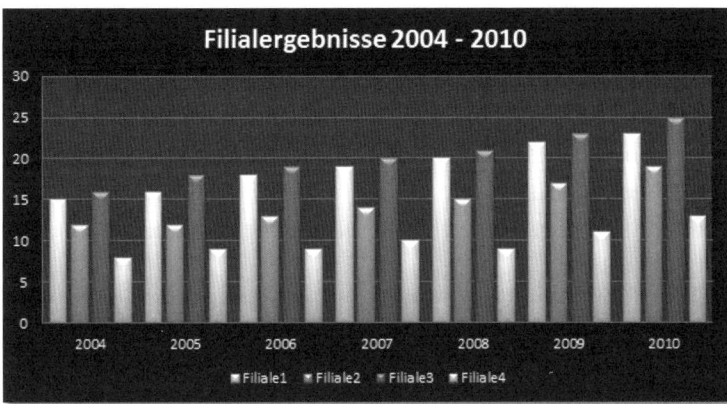

Abbildung 8.38 Beispiel für eine der integrierten Diagrammformatvorlagen

Häufig kann es ganz praktisch sein, einem Diagramm eines der vorgegebenen Formate zuzuordnen und nachträglich vielleicht eine bestimmte Eigenschaft zu ändern, in diesem Fall etwa die dunkle Füllfarbe für den Diagrammbereich durch eine hellere zu ersetzen.

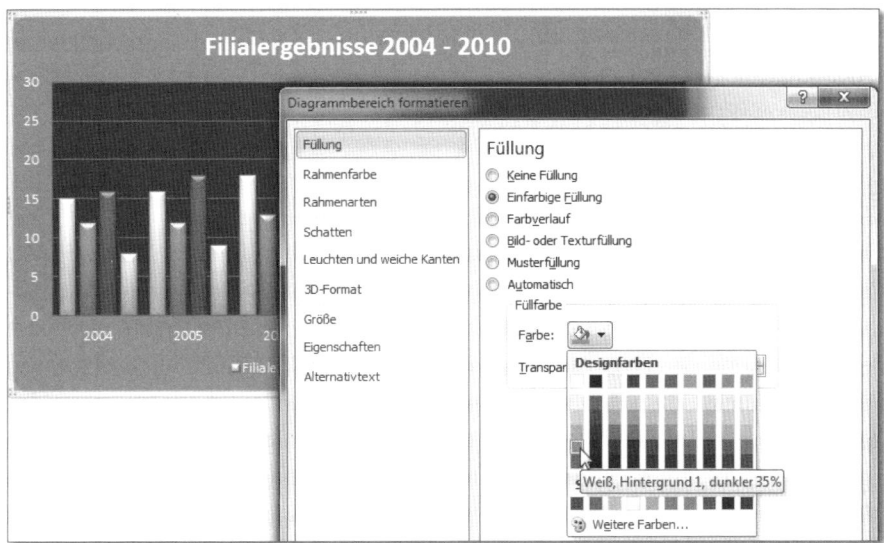

Abbildung 8.39 Detailänderung zu einer Diagrammformatvorlage

Gefällt das Ergebnis einer solchen Korrektur dann doch nicht, rufen Sie einfach über das Kontextmenü des Diagramms die Option **Auf Formatvorl. zurücks.** auf, die die vorgenommenen Änderungen wieder kassiert. Dieser Befehl wird auch in der Gruppe **Aktuelle Auswahl** angeboten.

Benutzerdefinierte Vorlagen

Wollen Sie dagegen diese farblich modifizierte Variante der integrierten Diagrammformatvorlage auch später noch verwenden, können Sie sie als benutzerdefinierte Vorlage speichern. Benutzen Sie dazu auf dem Register **Entwurf** in der Gruppe **Typ** die Schaltfläche **Als Vorlage speichern**. Geben Sie im Dialog einen passenden Namen für die Diagrammvorlagedatei an, in der Excel die ausgewählten Formateigenschaften ablegt. Dabei wird der Dateityp *.crtx* verwendet.

Die benutzerdefinierte Vorlage wird anschließend im Dialog **Diagramm einfügen** oder **Diagrammtyp ändern** unter **Vorlagen** angeboten.

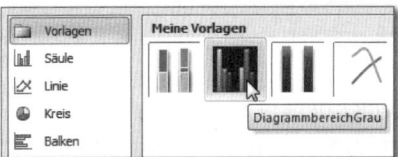

Abbildung 8.40 Die benutzerdefinierte Vorlage im Dialogfeld

In den folgenden Abschnitten wird noch eine ganze Reihe von Vorschlägen für eigene Diagrammtypen beschrieben.

8.6.2 Datenreihen anordnen

Es kommt häufig vor, dass die gegebene Anordnung von Spalten in einer Tabelle nicht zu optimalen Ergebnissen in einem Diagramm führt, das diesen Spaltenbereich auswertet. Wenn z. B. mitten zwischen oder hinter Spalten mit eher großen Werten eine Spalte mit eher kleinen Werten liegt, ist es optisch meist besser, erst die Säulen mit den großen Werten und danach die Säule mit den kleinen Werten im Diagramm auszugeben oder auch umgekehrt. Gerade bei 3D-Diagrammen kommt es häufig vor, dass Datenreihen einfach wegen ihrer Größe hinter anderen Reihen ganz oder teilweise verschwinden. Da kann hier Abhilfe geschaffen werden, indem eine nicht sichtbare Reihe einfach weiter vorn platziert wird. Die folgende Abbildung zeigt einen solchen Fall.

8.6 Diagramme gestalten

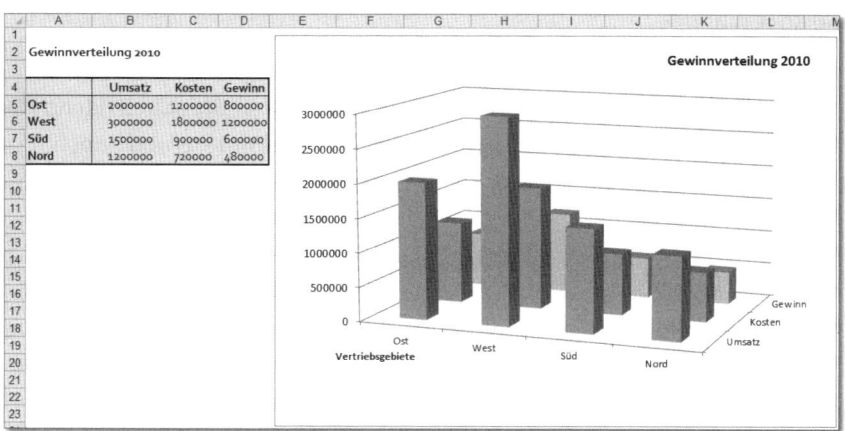

Abbildung 8.41 Ungünstige Anordnung der Säulen

Die Möglichkeit, die Datenreihen anders anzuordnen als in der Tabelle vorgegeben, finden Sie in dem schon beschriebenen Dialog **Datenquelle auswählen**, den die Schaltfläche **Daten ▶ Daten auswählen** auf dem Register **Entwurf** öffnet.

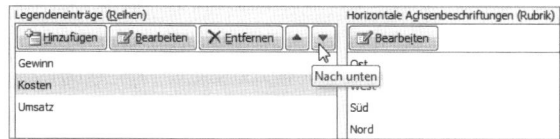

Abbildung 8.42 Ändern der Reihenanordnung im Dialog »Daten auswählen«

Wählen Sie jeweils die Datenreihe aus, die verrückt werden soll, und benutzen Sie eine der beiden Pfeilschaltflächen. Die folgende Abbildung zeigt den gewünschten Effekt.

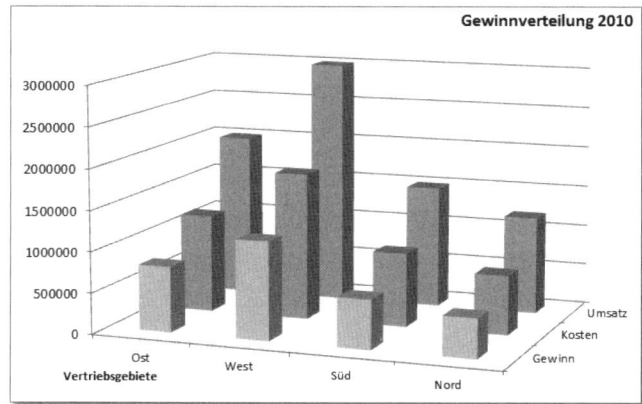

Abbildung 8.43 Verbesserte Anordnung der Reihen

Verändern des Blickwinkels

Bei 3D-Diagrammen ist es oft unumgänglich, durch Veränderung des Blickwinkels dafür zu sorgen, dass alle Daten sichtbar werden. Das können Sie über die Schaltfläche **3D-Drehung** erreichen, die auf dem Register **Layout** in der Gruppe **Hintergrund** angeboten wird. Sie öffnet den Dialog **Diagrammbereich formatieren** mit der entsprechenden Seite.

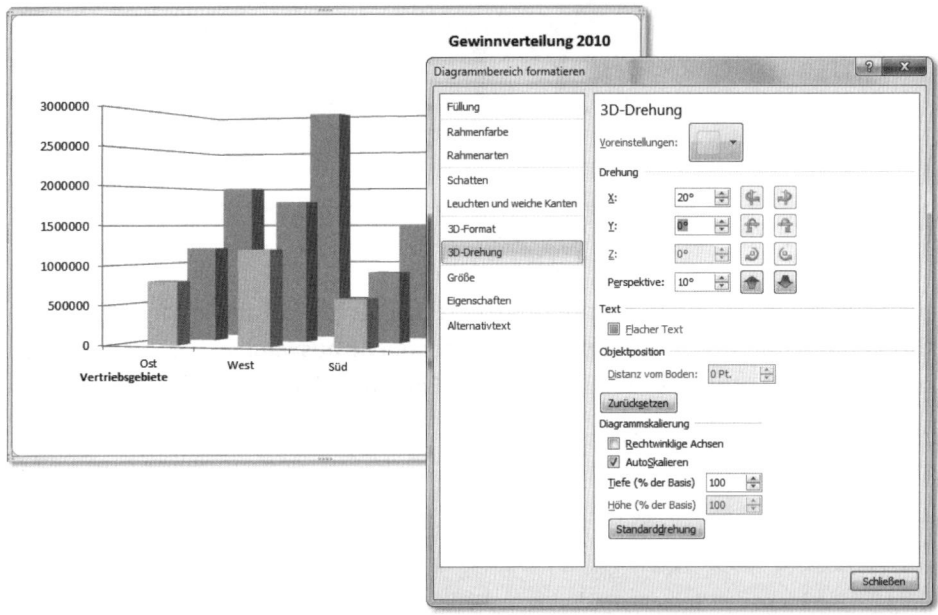

Abbildung 8.44 Veränderung des Blickwinkels

Unter **3D-Drehung** lassen sich für die einzelnen Achsen des Diagramms Winkelwerte angeben. Durch Verändern des Werts für **X** gehen Sie einmal rings um das Diagramm herum: Bei 0 stehen Sie davor, bei 360 sind Sie einmal gegen den Uhrzeigersinn ringsum gegangen.

Mit dem Wert für **Y** (von –90 bis +90 Grad) kann der Betrachter quasi wie in einem Halbkreis von unten nach oben um das Diagramm herumfahren (bei 0 Grad steht er auf einer Ebene mit dem Diagramm).

Je nach Diagrammtyp lässt sich noch die **Perspektive** einstellen. Mit einem Wert nahe Null erreichen Sie eine isometrische Darstellung, also ohne jegliche räumliche Verkürzung. Mit 100 wird das Maximum der räumlichen Verkürzung erreicht.

Statt Gradwerte einzugeben, können auch die paarweise angebotenen Schaltflächen genutzt werden. Die Veränderungen werden jeweils direkt im Diagramm angezeigt und können so leicht kontrolliert werden.

8.6 Diagramme gestalten

Formatoptionen für Datenreihen

Über die Seite **Reihenoptionen** im Dialogfeld **Datenreihen formatieren** erhalten Sie abhängig vom Diagrammtyp noch verschiedene Möglichkeiten, spezifische Werte einzustellen. Bei allen Arten von Säulen- oder Balkendiagrammen lassen sich hier u. a. die Überlappung der Elemente bzw. ihre Abstände voneinander einstellen, bei Kreisdiagrammen der Winkel des ersten Segments und bei Ringdiagrammen obendrein die Größe des inneren Ringes. Bei Liniendiagrammen können Sie noch Spannweiten und Bezugslinien hinzufügen oder unterschiedliche Farben für jeden Linienabschnitt zwischen zwei Datenpunkten.

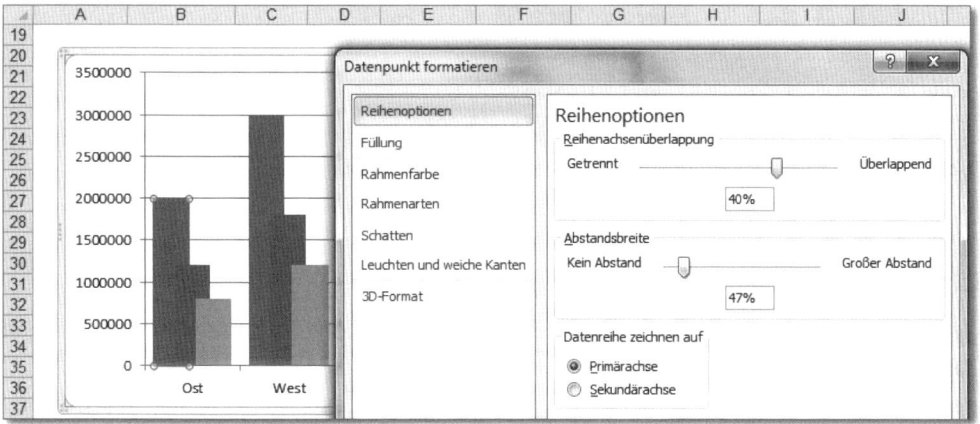

Abbildung 8.45 Das Überlappen von Säulen einstellen

Die Tabelle zum Diagramm mit ausgeben

Es ist häufig sinnvoll, an das Diagramm die zugrunde liegende Datentabelle anzuhängen, z. B. wenn ein Diagramm auf einem gesonderten Blatt an andere weitergegeben werden soll. Oben wurde schon ein vorgegebenes Layout erwähnt, das dies von sich aus erledigt. Unabhängig davon kann aber auch über das Register **Layout** in der Gruppe **Beschriftungen** die Schaltfläche **Datentabelle** benutzt werden, die zwei Optionen zur Verfügung stellt. Die Option **Datentabelle mit Legendensymbolen anzeigen** zeigt Farbsymbole der einzelnen Datenreihen in der Tabelle mit an, die Legende kann dann in der Regel ausgeblendet werden.

8 Daten grafisch präsentieren

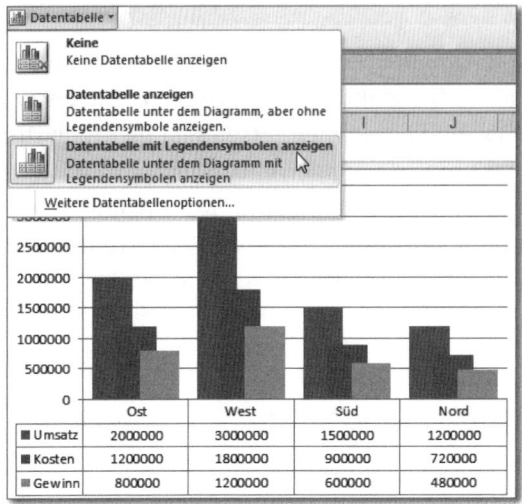

Abbildung 8.46 Einfügen einer Datentabelle mit Legendensymbolen

Schriften im Diagramm ändern

Wenn Sie den Diagrammbereich markieren, haben Sie neben den schon besprochenen Optionen für Muster und Rahmen auch die Möglichkeit, die Schrift für das gesamte Diagramm neu einzustellen. Wählen Sie dazu über das Kontextmenü die Option **Schriftart**. Auf dem Register **Zeichenabstand** kann zusätzlich der Zeichenabstand verringert werden, falls es Schwierigkeiten mit der Beschriftung gibt. Wird die Schrift für das gesamte Diagramm geändert, ist es in der Regel allerdings sinnvoll, den Schriftgrad für Titel und Achsenbeschriftungen separat zu ändern, um diese besser hervorzuheben.

Abbildung 8.47 Änderung der Schrift für das gesamte Diagramm

8.6.3 Einfügen und Formatieren von Beschriftungen

Fehlt eine Beschriftung, etwa ein Achsentitel, können Sie auf dem Register **Layout** die verschiedenen Schaltflächen aus der Gruppe **Beschriftungen** verwenden.

Abbildung 8.48 Schaltflächen für Beschriftungen auf dem Register »Layout«

Diese Beschriftungen werden zunächst an voreingestellten Orten mit Vorgabetexten und voreingestellten Schriftattributen eingefügt, doch Sie können leicht alles wieder ändern. Hierzu genügt es, das entsprechende Textelement doppelt anzuklicken. Nachdem es markiert ist, können Sie einfach losschreiben. Klicken Sie zum Abschluss außerhalb des Textrahmens. Bei längeren Texten können Sie mit ⏎ auch einen Zeilenumbruch erzwingen.

Variable Diagrammtitel

Es ist auch möglich, statt eines Textes einen Bezug auf eine Beschriftung in der Tabelle einzutragen. Geben Sie dazu in der Bearbeitungsleiste ein Gleichheitszeichen ein, und klicken Sie auf die Zelle, die den Text enthält. Nach ⏎ wird der Text in das Diagramm übernommen. Steht der Text z. B. in der Zelle A2 des Tabellenblatts *Gestaltung_1*, muss

```
=Gestaltung_1!$A$2
```

eingetragen sein. =A2 genügt nicht.

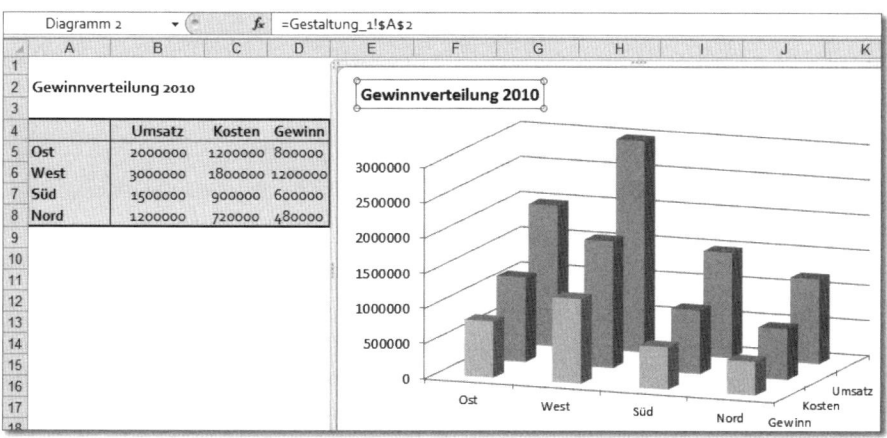

Abbildung 8.49 Übernahme eines Titels aus einer Zelle

Diese vielleicht etwas umständlich anmutende Technik hat den Vorteil, dass Sie auf diese Weise variable Beschriftungen erzeugen können. Wenn Sie z. B. eine Monatsauswertung jedes Mal neu als Diagramm ausgeben wollen, können Sie die Monatsbezeichnung automatisch in den Diagrammtitel übernehmen.

> **TIPP**
>
> **Diagrammunterschrift für professionelle Darstellungen**
> Bedauerlicherweise fehlt bei den vorgegebenen Texteinträgen immer noch eine Diagrammunterschrift (oft auch Fußnote genannt), die in professionellen Darstellungen unbedingt erforderlich ist: Im Allgemeinen werden hier die Quellenangaben, mitunter auch Anmerkungen zum Diagramm untergebracht. Da hilft die Möglichkeit, über das Symbol **Textfeld** aus der Gruppe **Layout ▸ Einfügen** ein eigenes Textfeld einzusetzen.

Füllung und Rahmen bei Beschriftungen

Für alle Beschriftungen existiert jeweils ein aus mehreren Seiten zusammengesetztes Dialogfeld, das Sie am schnellsten über das Kontextmenü des Textes erreichen, für einen Achsentitel etwa mit **Achsentitel formatieren**, für einen Diagrammtitel mit **Diagrammtitel formatieren**. Unter der Rubrik **Füllung** werden weitgehend dieselben Möglichkeiten angeboten wie für den Diagrammbereich oder die Zeichnungsfläche. Unter **Rahmen**, **Rahmenfarbe**, **Schatten** und **3D-Format** lassen sich zahlreiche Einstellungen wählen, um die Beschriftung wunschgemäß zu gestalten.

Wahl der Schrift

Für die Schriftgestaltung steht das oben schon abgebildete Dialogfeld **Schriftart** zur Verfügung, das aus den Formatierungsdialogen der Beschriftungen ausgegliedert ist und über das Kontextmenü mit der Option **Schriftart** erreicht werden kann.

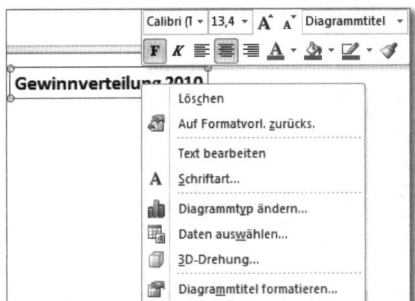

Abbildung 8.50 Formatierung von Texteinträgen

Für die gängigsten Schriftformatierungen reicht häufig auch schon die Minisymbolleiste oberhalb des Kontextmenüs. Hier lassen sich Schriftart, Schriftschnitt und Schriftgrad, Farbe und Unterstreichung etc. bestimmen.

Formatierung der Achsen

Die Achsen eines Diagramms sind nicht nur seine senkrechten und waagerechten Begrenzungen, sondern zugleich wesentliche Informationsträger. Sie bieten neben den Titeln, die kurz und prägnant ausdrücken sollten, was die Achsen bedeuten, auch noch eine Skalierung, mit der die Größenverhältnisse wiedergegeben werden, und eine Beschriftung, die angibt, was die einzelnen Teilstriche bedeuten.

Alle diese Einstellungen lassen sich wiederum mit einem aus mehreren Seiten bestehenden Dialogfeld **Achse formatieren** vornehmen. Sie erreichen es entweder durch Markieren der zu formatierenden Achse und **Auswahl formatieren** in der Gruppe **Aktuelle Auswahl**, über das Kontextmenü der Achse oder einfach per Doppelklick auf die Achse.

Für die Achsenbeschriftungen ist die Seite **Ausrichtung** von besonderem Interesse. Die für Tabellen beschriebene Möglichkeit, Texte schräg auszurichten, kann auch in Diagrammen verwendet werden. Das ist bei längeren Beschriftungen häufig sinnvoll. Excel zeigt die Rubriken, wenn möglich, zunächst horizontal an. Treten Überlappungen auf, werden die Rubriken schräg oder vertikal ausgegeben.

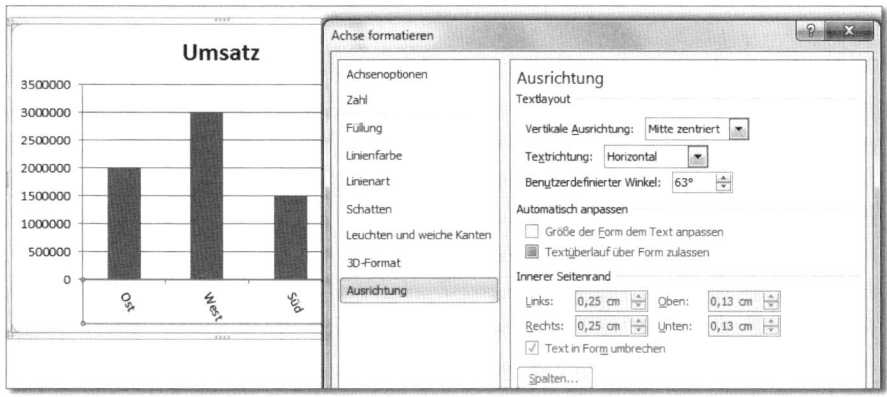

Abbildung 8.51 Schräge Rubriken festlegen

Für die Schrägstellung der Beschriftung wird unter **Benutzerdefinierter Winkel** ein entsprechender Wert eingestellt. Der Effekt kann gleich kontrolliert werden, wenn das Diagramm sichtbar bleibt. Außerdem finden Sie in dem Listenfeld zu **Textrichtung** zwei Winkelwerte, um die Texte senkrecht auszurichten.

8 Daten grafisch präsentieren

Auf der Seite **Achsenoptionen** lassen sich insbesondere Optionen zur Positionierung der Haupt- und Hilfsstriche und der Teilstrichbeschriftungen wählen. Über die Option **Kategorien in umgekehrter Reihenfolge** kann die Abfolge der Einträge umgedreht werden, was speziell bei Balkendiagrammen gelegentlich sinnvoll ist.

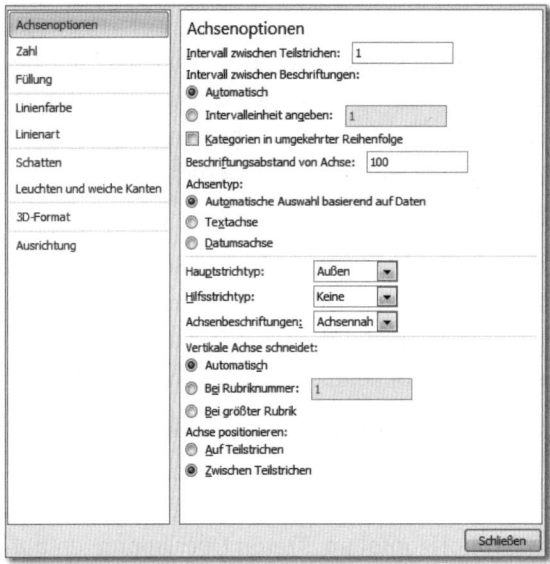

Abbildung 8.52 Die Seite »Achsenoptionen«

Achsenskalierung

Bei numerischen Achsen enthält die Seite **Achsenoptionen** vor allem die Einstellungen zur Skalierung der Achse.

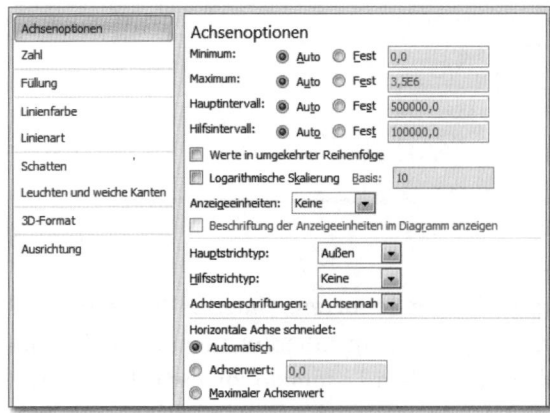

Abbildung 8.53 Skalierung einer Achse

Handelt es sich um eine Größenachse (bei xy-Diagrammen sind das beide Achsen, bei allen anderen immer eine Achse), dann liefert diese Seite alle Möglichkeiten, um die Anzahl der Teilstriche und damit die Anzahl der Beschriftungen an einer Achse individuell zu regeln. Durch geeignete Skalierung lässt sich hier das Diagramm erheblich durchschaubarer und genauer machen. So können Sie z. B. durch größere Hauptintervalle dafür sorgen, dass weniger Zahlen an der Größenachse stehen, oder durch kleinere Hilfsintervalle mehr Teilstriche zwischen den Hauptintervallen unterbringen.

Durch Vergrößern des Maximums wird gewährleistet, dass die Daten im Diagramm nicht bis ganz oben gehen, was das Diagramm etwas schöner macht. Schließlich können Sie durch Vergrößern des Minimums ein Diagramm quasi unten abschneiden, wodurch Größenunterschiede zwischen den einzelnen Datenpunkten deutlicher hervortreten. Mittels der Achsenskalierung lässt sich die Zahl der möglichen Diagrammvarianten erweitern. Das gilt insbesondere, wenn **Logarithmische Skalierung** abgehakt wird. Bei dieser Skalierung sind die Abstände zwischen 1 und 10 so groß wie auch die zwischen 10 und 100, 100 und 1.000 usw. Benutzt wird diese Skalierungsart häufig in naturwissenschaftlichen Darstellungen.

Achsenlinien

Für die Darstellung der Achsen stehen auf den Seiten **Linienart**, **Linienfarbe** und **Schatten** zahlreiche Gestaltungsoptionen zur Verfügung, die hier nicht alle im Detail vorgestellt werden sollen, weil sie weitgehend selbsterklärend angeboten werden. So kann beispielsweise die Größenachse durch eine Pfeillinie dargestellt werden, wie die folgende Abbildung zeigt.

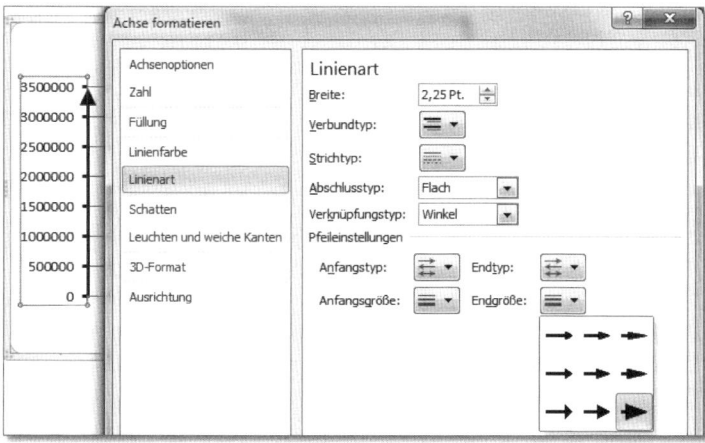

Abbildung 8.54 Anzeige der Größenachse als Pfeil

Wahl der Größeneinheit

Es gibt die Möglichkeit, die großen Werte in den Beschriftungen der Achse zu »verkleinern«. Dazu dient unter **Achsenoptionen** das Listenfeld **Anzeigeeinheiten**.

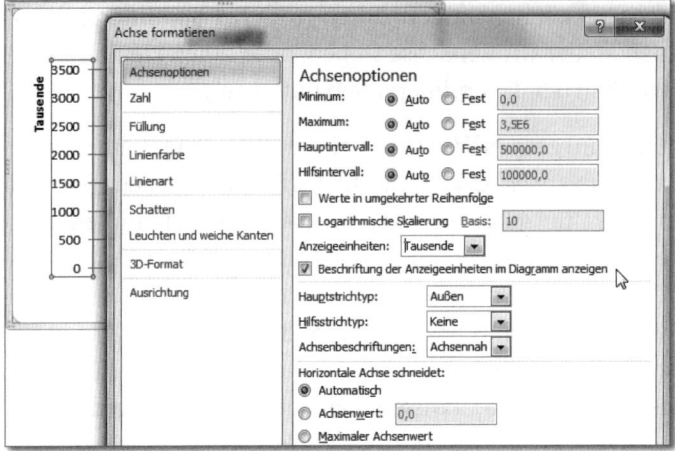

Abbildung 8.55 Wahl der Anzeigeeinheit auf der numerischen Achse

Wenn Sie beispielsweise nur Tausender oder Millionen angezeigt haben wollen, wählen Sie hier den entsprechenden Eintrag aus. Gleichzeitig können Sie abhaken, dass eine entsprechende Beschriftung angezeigt wird. Achten Sie darauf, dass die Zahlen entsprechend formatiert sind, wie es im nächsten Abschnitt beschrieben wird. Das Währungsformat muss in diesem Fall abgeschaltet werden, weil sonst aus 200.000 € scheinbar nur 200 € geworden sind.

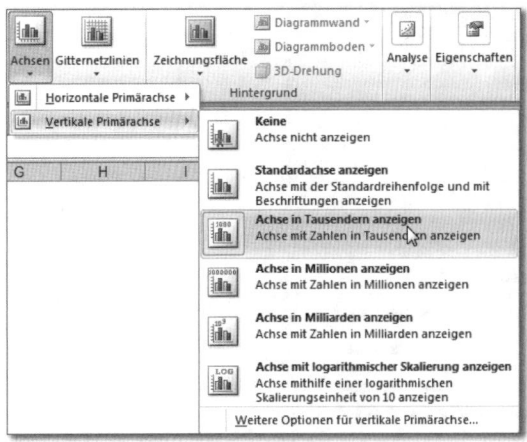

Abbildung 8.56 Wahl der Größen für die Größenachse

8.6 Diagramme gestalten

Die Wahl der Größeneinheit kann auch über die Palette vorgenommen werden, die in der Gruppe **Layout ▸ Achsen** über die Schaltfläche **Achsen** geöffnet wird.

Zahlenformate im Diagramm

Bei der Größenachse kann das **Zahlenformat** der angezeigten Werte über die Seite **Zahl** bestimmt werden.

Abbildung 8.57 Formatierung der Zahlen auf den Achsen

Hier ist insbesondere bei der Beschriftung mit Prozentangaben zu beachten, dass alle Zahlen mit 100 multipliziert werden. Das Kontrollkästchen **Mit Quelle verknüpft** bezieht sich hier übrigens nur auf das Format der Zahlen, nicht auf den Inhalt. Ist es abgehakt, wird das Format der Daten aus der Tabelle immer übernommen, im anderen Fall nicht. Die Formatierung der Zahlen im Diagramm kann dann unabhängig von dem Format der Zahlen in der Tabelle definiert werden, etwa um die Darstellung im Diagramm zu verbessern.

Bessere Lesbarkeit mit Gitternetzlinien

Unmittelbar mit den Achsen hängen auch die sogenannten Gitternetzlinien zusammen, bei denen die Teilstriche einer oder beider Achse(n) auf dem Hintergrund des Diagramms durchgezogen sind. Eine derartige Darstellung macht zwar das ganze Diagramm etwas »unruhiger«, lässt aber gleichzeitig ein genaueres Ablesen der Werte anhand der grafischen Darstellung zu. Alle hier angebotenen Einstellungen sind unmittelbar verknüpft mit den Einstellungen, die bei der Skalierung vorgenommen werden.

8 Daten grafisch präsentieren

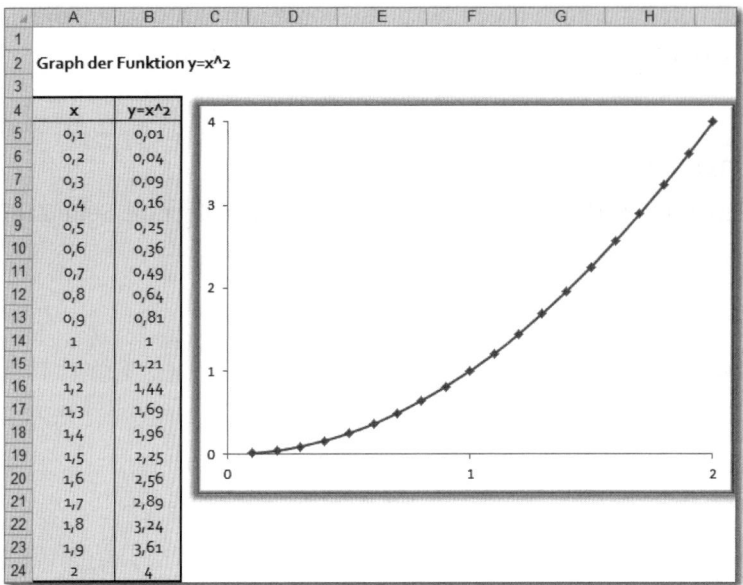

Abbildung 8.58 xy-Diagramm einer Funktion ohne Gitternetzlinien

Der abgebildete Graph der Funktion y=x^2 ist ohne Gitternetzlinien allenfalls zu illustrativen Zwecken zu gebrauchen. Das Diagramm kann aber leicht so gestaltet werden, dass es wie auf Millimeterpapier gezeichnet aussieht:

1 Nach der Erstellung des Diagramms kann über das Register **Layout** in der Gruppe **Achsen** die Schaltfläche **Gitternetzlinien** benutzt werden. Sie öffnet eine Palette, in der nacheinander für die horizontale und für die vertikale Achse die Option **Haupt- und Hilfsgitternetze** ausgewählt werden kann.

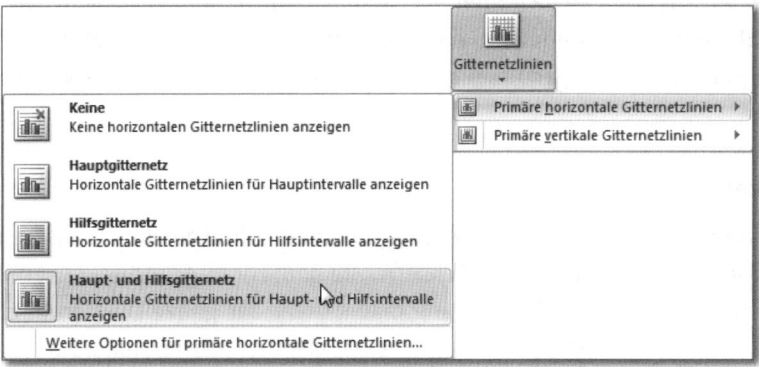

2 Die Skalierung im Dialogfeld **Achse formatieren** ist für die y-Achse auf einen Höchstwert von 4 und bei der x-Achse auf einen Höchstwert von 2 eingeschränkt. Außerdem werden die Hauptintervalle beider Achsen auf 1, die Hilfsintervalle auf 0,1 festgelegt.

3 Wenn die als Vorgabe eingefügten Gitternetzlinien noch zu dunkel sind und in dieser Dichte das ganze Diagramm stören, sollten Sie den Dialog für die Formatierung des Hauptgitternetzes öffnen und für die Linie eine hellere Farbe auswählen oder auch die Strichstärke verändern. Das Hilfsgitternetz kann dann ebenfalls angepasst werden. Zum Wechsel in den Dialog reicht jeweils das Anklicken einer der Linien.

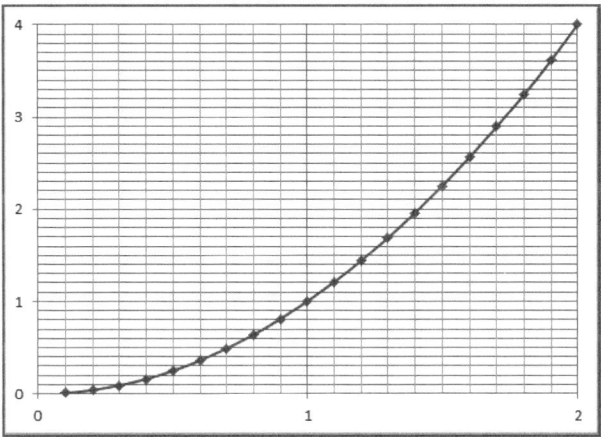

Abbildung 8.59 Diagramm auf Millimeterpapier

8.6.4 Datenreihen und Datenpunkte formatieren

Die Datenreihen werden, je nach Diagrammtyp, als Balken, Säulen, Flächen, Linien, Ringe, Blasen etc. abgebildet. Bei mehreren Datenreihen sind diese farblich gegeneinander abgesetzt. Excel bietet die Möglichkeit, jede Datenreihe, ja sogar jeden Datenpunkt einzeln zu gestalten. Eine Datenreihe kann per Klick auf einen beliebigen Datenpunkt der Reihe markiert werden, etwa eine Säule. Ein weiterer Klick markiert einen einzelnen Datenpunkt.

8 Daten grafisch präsentieren

> **TIPP**
>
> **Objektauswahl mit der Tastatur**
>
> Statt der Maus kann auch die Tastatur zum Markieren von Diagrammobjekten benutzt werden. Das ist bei Diagrammen mit vielen kleinen Elementen gar nicht so unpraktisch. Sie können die Pfeiltasten ↑ und ↓ verwenden, um zwischen den Datenreihen zu wechseln, → und ← für den Wechsel zwischen den einzelnen Datenpunkten innerhalb einer Datenreihe.

Statt Diagrammelemente mit der Maus oder der Tastatur auszuwählen, kann auch das Listenfeld in der Gruppe **Aktuelle Auswahl** oder in der Minisymbolleiste zu einem Kontextmenü verwendet werden. Sobald eine Datenreihe markiert ist, öffnet der Befehl **Auswahl formatieren** oder der entsprechende Kontextmenübefehl das zugehörige Dialogfeld **Datenreihen formatieren**.

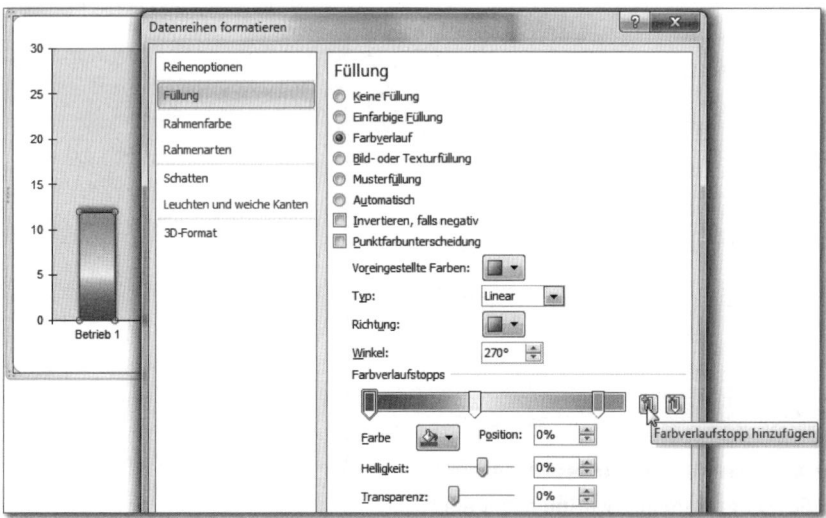

Abbildung 8.60 Formatieren einer Datenreihe mit einem Farbverlauf

Über **Füllung** kann die Einfärbung der Datenreihe festgelegt werden. Hier lassen sich wieder die Möglichkeiten ausreizen, die auch über die Schaltfläche **Fülleffekte** in der Gruppe **Format ▶ Formenarten** angeboten werden. Beispielsweise lassen sich über die Option **Farbverlauf** sogar mehrstufige Farbverläufe definieren, bei denen neben den verwendeten Farben auch die Richtung und eventuelle Winkel eingegeben werden können. Per Klick in das angezeigte Farbband oder mit der Schaltfläche **Farbverlaufstopp hinzufügen** werden verschiebbare Stoppsymbole eingefügt. Für jedes ausgewählte Stoppsymbol werden die gewünschten Farbeinstellungen mit den Steuerelementen darunter separat festgelegt.

Eine spezielle Option für negative Werte im Diagramm kann noch abgehakt werden: **Invertieren, falls negativ**. In dem Fall werden bei negativen Werten die jeweiligen Vordergrund- und Hintergrundfarben getauscht, um den negativen Wert hervorzuheben.

Bei Linien-, Netz- und xy-Diagrammen stehen unter **Linienart** und **Linienfarbe** zahlreiche Optionen für Strichfarbe und -stärke sowie für Form und Farbe der Datenpunkte zur Verfügung.

Die gesonderte Formatierung einzelner Datenreihen mit eigenen Farbmustern kann genutzt werden, um etwa eine bestimmte Produktgruppe in verschiedenen Diagrammen immer mit der gleichen Farbe zu belegen.

> **Wenn kein Farbdrucker vorhanden ist**
>
> Es hilft nicht viel, wenn die Diagramme am Bildschirm ganz gut aussehen, bei einem Schwarz-Weiß-Druck aber die Unterscheidung zwischen den Säulen kaum noch erkennbar ist. In diesem Fall sollten Sie den Datenreihen über die Seite **Füllung** und die Option **Musterfüllung** unterschiedliche Schraffierungen zuordnen. Dabei kann jeweils die Vorder- und Hintergrundfarbe ausgewählt werden.

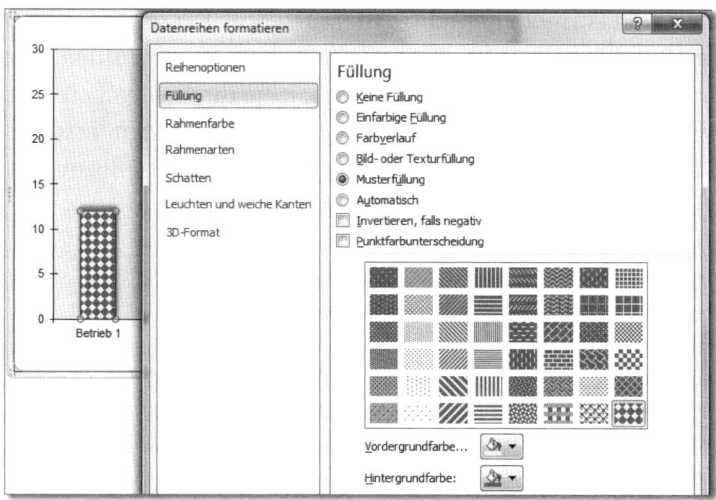

Abbildung 8.61 Palette für die Musterfüllung

Einzelne Werte hervorheben

Auch die gesonderte Formatierung eines einzelnen Datenpunktes macht in bestimmten Fällen Sinn. Soll etwa beim Vergleich verschiedener betriebswirtschaftlicher Kennziffern bei unterschiedlichen Betrieben in mehreren Diagrammen immer der eigene Betrieb besonders gekennzeichnet werden, lässt er sich auf diese Weise farblich von allen anderen abheben. Im Dialogfeld **Datenpunkt formatieren** finden Sie unter **Füllung** dieselben Optionen wie für die Datenreihe.

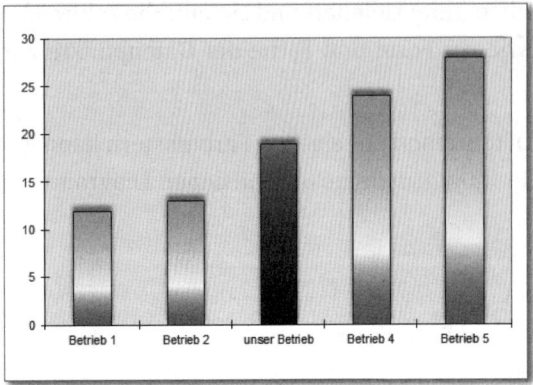

Abbildung 8.62 Hervorheben eines Datenpunktes

Leuchten und weiche Kanten

In Excel 2010 werden die beiden Formeffekte **Leuchten** und **weiche Kanten**, die bisher nur über das Register **Format** und die Schaltfläche **Formeffekte** angeboten wurden, nun auch in zahlreichen Formatierungsdialogen für Diagrammobjekte direkt angeboten, so auch für Datenreihen oder Datenpunkte. Mit den Einstellungen zu **Leuchten** lässt sich beispielsweise eine Art Glühen im Hintergrund eines Balkens imitieren, die Einstellungen zu **Weiche Kanten** betreffen die Kanten der Objekte selbst.

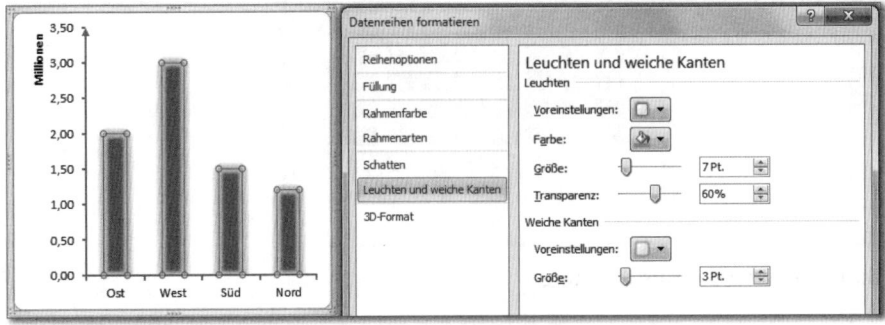

Abbildung 8.63 Leuchtende Balken mit weichen Kanten

Trendermittlung

Bei Daten, bei denen ein mathematischer Zusammenhang zu vermuten ist, kann Excel in ein Diagramm zusätzlich eine Trendberechnung einbauen. Bei dem im Folgenden abgebildeten Diagramm erscheint es offensichtlich, dass den Daten ein Trend innewohnt.

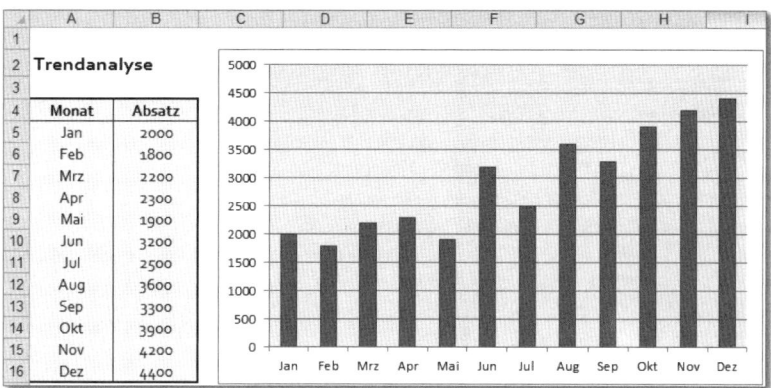

Abbildung 8.64 Tabelle und Diagramm als Ausgangspunkt für eine Trendanalyse

Sobald das Diagramm aktiviert und die Datenreihe markiert ist, kann über die Gruppe **Layout ▸ Analyse** die Palette **Trendlinie** geöffnet werden. Ein Klick auf eine der Optionen fügt eine entsprechende Linie in das Diagramm ein, die Option **Keine** entfernt eine bestehende Trendlinie.

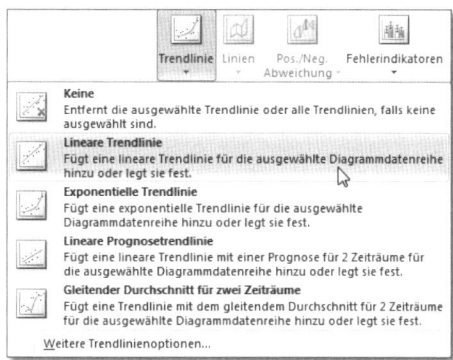

Abbildung 8.65 Palette der Trendlinien

Mehr Auswahlmöglichkeiten haben Sie, wenn Sie mit **Weitere Trendlinienoptionen** den Dialog **Trendlinie formatieren** öffnen, der natürlich auch nachträglich zur Änderung einer bereits eingefügten Linie verwendet werden kann, sobald sie ausgewählt wird. Neben den Optionen zu **Linienart** und **-farbe** finden Sie hier unter **Trendlinienoptionen** sechs verschiedene Regressionstypen.

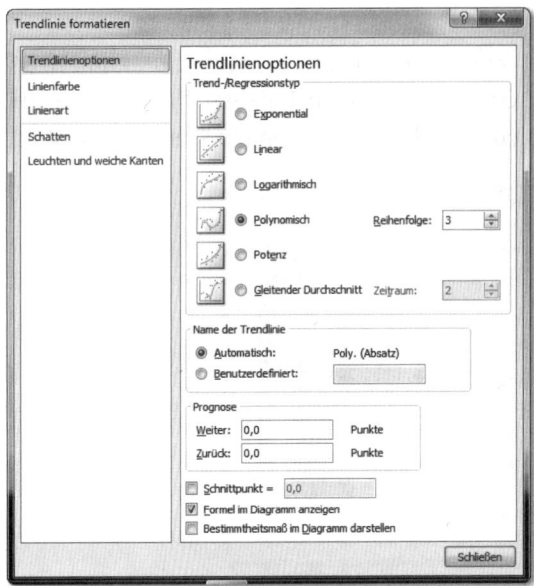

Abbildung 8.66 Auswahl des Regressionstyps

Da die Regressionsanalyse davon ausgeht, dass die Daten durch eine mathematische Funktion angenähert werden können, bietet Excel mehrere derartige Funktionen:

- **exponential:** y = a * e^(b*x)
  e steht hier für die Eulersche Zahl 2,71828..., die sich mit der Funktion =EXP(1) ermitteln lässt (vergleiche Tabellenfunktionen Mathematik).

- **linear:** y = m * x + b

- **logarithmisch:** y = a * LN(x) + b

- **polynomisch:** y = a * x^2 + b * x + c

  Bei dieser Option lässt sich unter **Reihenfolge** noch einstellen, mit welcher Potenz von x die Näherung anfängt: bei 2 mit x^2, bei 3 mit x^3. Maximum ist hier 6. Die Angleichung der Trendlinie wird im Allgemeinen mit der Erhöhung des Wertes unter **Reihenfolge** besser, die mathematische Aussagekraft lässt allerdings nach.

- **potenziell:** y = a * x^b

- **gleitender Durchschnitt**
  Hier wird der Trendwert jeweils aus der Durchschnittsbildung benachbarter Werte ermittelt. Die Zahl der verwendeten benachbarten Werte lässt sich über **Zeitraum** einstellen, wobei hier höhere Zahlen zu einer genaueren Angleichung führen.

8.6 Diagramme gestalten

Der Trendlinie kann im Dialog ein eigener Name gegeben werden. Außerdem können Sie die Anzahl der Punkte bestimmen, die von Excel entweder vorwärts oder rückwärts berücksichtigt werden sollen.

Zudem lassen sich die Gleichung, die Excel zur Berechnung verwendet, sowie das Bestimmtheitsmaß in das Diagramm einblenden. Informationen zum Bestimmtheitsmaß finden Sie bei den statistischen Tabellenfunktionen BESTIMMTHEITSMASS(), RGP() und RKP(). Auf diese Weise können Sie teilweise komplexe statistische Analysen durchführen, ohne selbst eine einzige statistische Funktion zu benutzen.

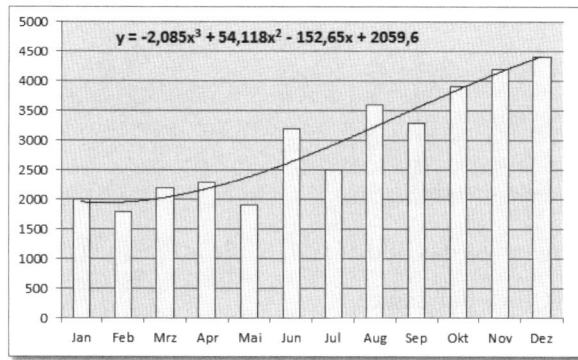

Abbildung 8.67 Regression – Polynomzug 3. Ordnung

Säulen aus Bildern

Sicher sind Ihnen aus den Medien Diagramme bekannt, bei denen statt der Säulen irgendwelche Bilder auftauchen. Mit Excel 2010 ist das eine Übung der einfachen Art. Hier nur ein Beispiel zu Autoverkaufszahlen:

1 Auf Basis der Tabelle wird zunächst ein Säulendiagramm erstellt und mit allen Beschriftungen etc. formatiert.

2 In den meisten Fällen ist es sinnvoll, über das Dialogfeld **Datenreihen formatieren** den Abstand zwischen den Säulen (oder Balken) zu verringern, sodass die entsprechenden Elemente breiter werden.

3 Anschließend wird über **Füllung** die Option **Bild- oder Texturfüllung** aktiviert. Über die Schaltfläche **Datei** kann die Bilddatei ausgewählt werden, die vorgesehen ist. Ist die Datei gefunden, wird sie im Diagramm bereits angezeigt.

8 Daten grafisch präsentieren

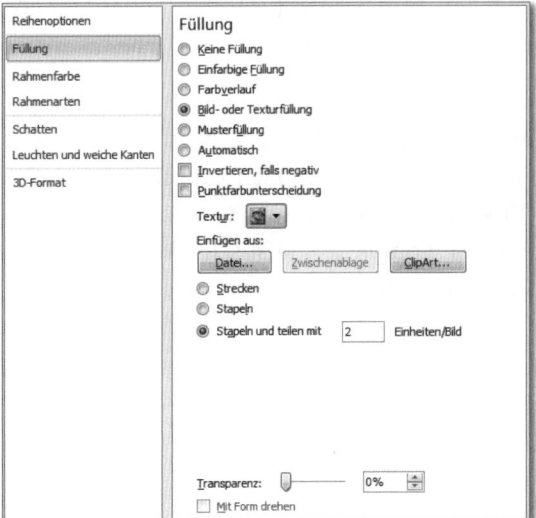

4 Nun haben Sie verschiedene Optionen, wie das Bild auf der Säule erscheinen soll.

- **Strecken** dehnt das Bild auf die Größe der Säule.
- **Stapeln** wiederholt das Bild so oft, bis die Säule ausgefüllt ist. Dabei wird die Originalgröße nicht verändert.
- **Stapeln und teilen mit** erlaubt es, unter **Einheiten/Bild** festzulegen, wie oft das Bild pro Einheit wiederholt wird. In diesem Fall wird es, wenn nötig, in der Größe geändert.

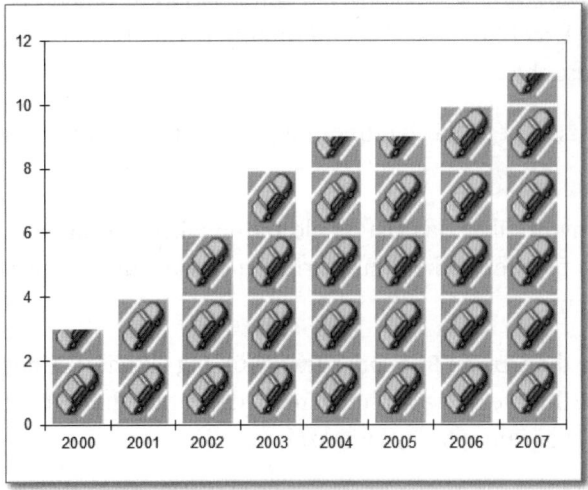

Abbildung 8.68 Diagramm mit eingefügter Grafik

8.6.5 Animierte Diagramme

Dass sich eingebettete Diagramme an jede Veränderung der ihnen zugrunde liegenden Daten anpassen, erlaubt es Ihnen, »animierte« Diagramme herzustellen, d. h. Diagramme, die wie ein kleiner Film ablaufen. Hier ein Beispiel aus der Mathematik: Die bekannte Funktion der Hypozykloide liefert zum Teil recht bizarre Figuren, die für den vorliegenden Zweck eindrucksvolle Resultate liefern. Ohne weitere mathematische Erklärungen hier die Konstruktion der Tabelle:

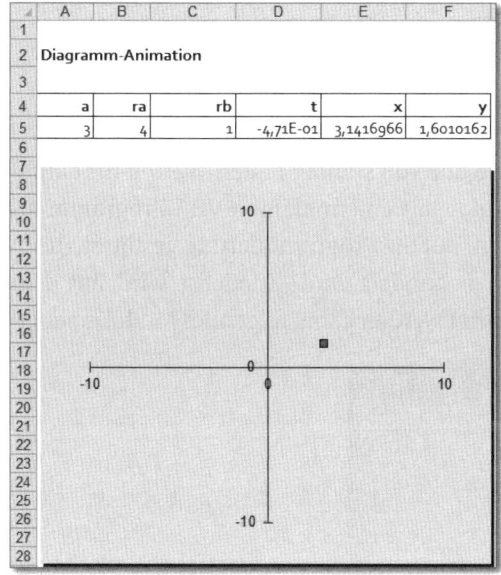

Abbildung 8.69 Tabelle und Diagramm zur Animation

In die erste Zeile kommen die Namen für die einzelnen Bestandteile der Funktion, in die zweite Zeile die Werte. Die Werte für die Zellen bis einschließlich t (dort steht der Wert für PI()) können Sie direkt so übernehmen, wie es die Abbildung zeigt.

Nach dem Markieren des gesamten Datenblocks (A4:F5) werden die Datenzellen mit dem Befehl **Formeln ▸ Definierte Namen ▸ Aus Auswahl erstellen** und der Option **Oberster Zeile** mit den für sie vorgesehenen Namen benannt, also mit »a«, »ra« usw. Das vereinfacht die Formeleingabe in die Zellen für x und y.

In die Zelle für den x-Wert kommt dann die Formel:

```
=(ra-rb)*COS(t)+a*COS(t*(ra-rb)/rb)
```

Die Formel für die Berechnung des y-Wertes sieht so aus:

```
=(ra-rb)*SIN(t)-a*SIN(t*(ra-rb)/rb)
```

8 Daten grafisch präsentieren

Wenn in der Zelle für t (D5) ein Wert mit ungefähr PI() eingetragen ist, dann muss, sofern die Formeln korrekt eingegeben sind, für x ein Wert um –6 und für y ein Wert um 0 stehen. Um das dazugehörige Diagramm zu erstellen, werden die beiden Zellen mit den Werten für x und y (E5:F5) markiert und ein xy-Diagramm gebildet.

Das Diagramm müsste jetzt ungefähr so aussehen wie in der Abbildung. Beide Achsen müssen von –10 Kleinstwert bis +10 Höchstwert skaliert sein. Wenn Sie jetzt in die Zelle für t (D5) nacheinander Werte eintragen, die zwischen –3,14 (-PI()) und +3,14 (+PI()) liegen, bewegt sich der Datenpunkt abhängig von den Werten für a, ra und rb in einer Bahn, die ellipsen-, blumen- oder sternförmig verlaufen kann.

Ein Makro zur Animation

Um eine Animation zu erreichen, muss die Eingabe von ständig neuen Werten für t automatisch erfolgen. Dies kann in Excel problemlos mit einem kleinen VBA-Programm erreicht werden. Es sei deshalb ein kleiner Vorgriff auf die Programmierung gestattet, die in Kapitel 24, »Visual Basic für Applikationen«, behandelt wird. Zunächst wird mit dem **Visual-Basic-Editor**, der über [Alt] + [F11] gestartet werden kann, folgendes Modul erzeugt:

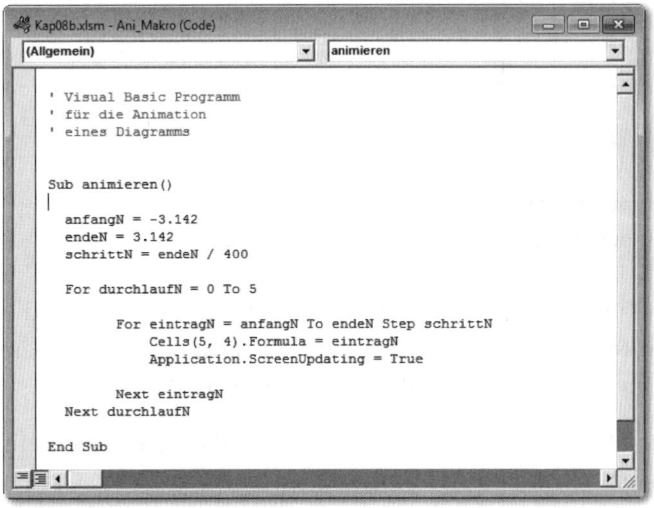

```
' Visual Basic Programm
' für die Animation
' eines Diagramms

Sub animieren()

    anfangN = -3.142
    endeN = 3.142
    schrittN = endeN / 400

    For durchlaufN = 0 To 5

        For eintragN = anfangN To endeN Step schrittN
            Cells(5, 4).Formula = eintragN
            Application.ScreenUpdating = True

        Next eintragN
    Next durchlaufN

End Sub
```

Abbildung 8.70 Programm für die Diagrammanimation

Nach der Rückkehr in die Tabelle wird der Zellzeiger auf die Zelle mit dem Wert für t gesetzt. Dann lässt sich das Makro über **Entwicklertools ▸ Code ▸ Makros** starten. Der Datenpunkt bewegt sich automatisch auf einer mehr oder weniger bizarren Bahn. Veränderungen der Werte für a, ra und rb haben Änderungen in der Form der Bahn zur Folge. Mit [Esc] kann das Programm abgebrochen werden.

9 Diagramme optimal einsetzen

Wer eine Tabelle in ein Diagramm umsetzen will, steht vor der Frage, welche der zahlreichen Diagrammtypen und welcher der zu jedem Typ gehörigen Untertypen für den gegebenen Zweck am besten geeignet ist. Dieses Kapitel will Ihnen bei der Lösung dieser Frage behilflich sein. Es gibt anhand von Musterbeispielen einen Überblick über die Fülle der Möglichkeiten und zeigt, für welche Art von Daten welcher Diagrammtyp am ehesten geeignet ist. Zusätzlich sollen noch spezifische Gestaltungsmöglichkeiten einzelner Diagrammtypen skizziert werden.

Auswahlkriterien für den Diagrammtyp

Bei der Suche nach einem geeigneten Diagramm gibt es ein paar Dinge zu beachten:

- Das Diagramm sollte überschaubarer sein als die zugehörige Tabelle. Dieser Zweck kann durch unnütze Überladung mit allerhand barocken Details verfehlt werden.
- Das Diagramm sollte die Daten korrekt wiedergeben. Skalierungstricks, die Unterschiede verschärfen oder verwischen, sollten vermieden werden. Im Ausnahmefall müssen sie erkennbar vermerkt werden.
- Besonders innerhalb einer Gesamtdarstellung sollten für gleiche Datentypen gleiche Diagrammtypen verwendet werden. Das dient der Klarheit.

Verstöße gegen diese Regeln sind leider an der Tagesordnung. Das fängt beim übermäßigen Gebrauch von 3D-Effekten an und hört damit auf, dass viele Diagramme maßstäblich so verzerrt sind, dass sie eigentlich nur noch aussagen, dass irgendetwas mehr wird oder weniger.

9.1 Standarddiagramme

Säulen- und Balkendiagramme sind die beiden Diagrammtypen, die in gedruckten Publikationen und im Fernsehen zumindest am häufigsten auftreten. Kreisdiagramme sind im Einsatz, wenn gezeigt werden soll, wie »der Kuchen geteilt wird«; denken Sie nur an die beliebten Parteien-Diagramme in den Wahlsendungen. Liniendiagramme werden vor allem verwendet, wenn eine größere Anzahl von Daten auszuwerten ist.

Säulen- und Balkendiagramme

Seine fast universelle Verwendbarkeit verdankt das Säulendiagramm der Tatsache, dass die einzelnen Säulen in der Wahrnehmung als diskrete, voneinander unabhängige Elemente erlebt werden. Kaum jemand kommt deshalb auf den Gedanken, aus der Höhe zweier nebeneinanderstehender Säulen auf irgendeinen Wert zwischen diesen beiden Säulen zu schließen. Sie stellen also tatsächlich nur und genau die Daten dar, die in der zugrunde liegenden Tabelle vorhanden sind. Da die waagerechte Achse traditionell besonders als Zeitachse verwendet wurde und wird, liegt die Nutzung für die Darstellung von Entwicklungen im weitesten Sinne nahe.

Welchen Eindruck ein solches Diagramm auf die Betrachter macht, wird allerdings entscheidend durch die Skalierung bestimmt, wie das folgende Beispiel deutlich zeigt. Dargestellt wird die zeitliche Entwicklung der Verschuldung eines (fiktiven) Staates.

Bei der logarithmischen Skala sieht der Schuldenanstieg längst nicht so dramatisch aus.

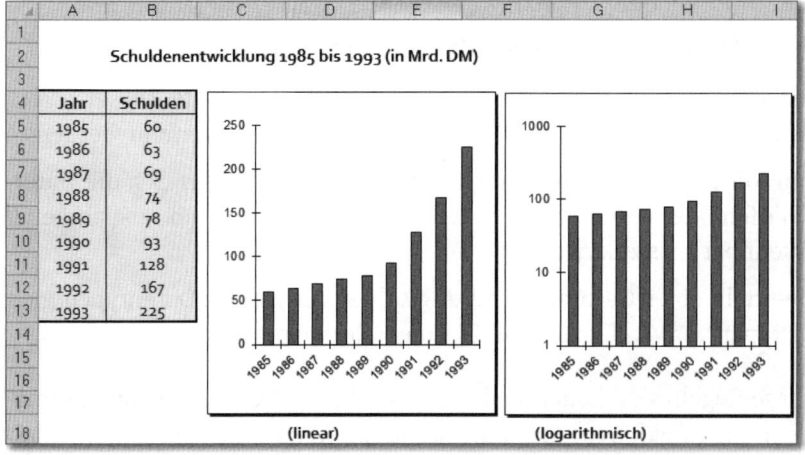

Abbildung 9.1 Schuldenentwicklung – mehr oder weniger dramatisch dargestellt

Säulenvarianten – neben- oder übereinander

Bei mehreren Datenreihen gibt es zwei verschiedene Möglichkeiten, die Daten in Säulen umzusetzen: Die den verschiedenen Daten entsprechenden Säulen können nebeneinander oder übereinander angeordnet werden. Letztere werden als gestapelte oder gestaffelte Säulen bezeichnet.

Bei dem ersten Untertyp **Gruppierte Säulen** werden die Säulen einer Säulengruppe jeweils in einer einheitlichen Farbe angezeigt. Untertyp 2 stapelt bei mehreren Datenreihen die einzelnen Säulen übereinander. Das ist sinnvoll, wenn die damit angezeigte Gesamtheit auch tatsächlich etwas bedeutet, etwa die Gesamtsumme der Schulden bei verschiedenen Schuldenarten.

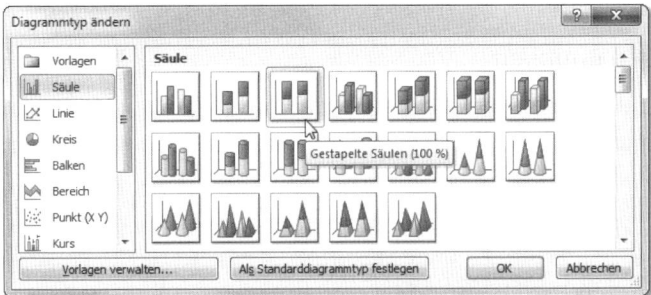

Abbildung 9.2 Untertypen für Säulendiagramme

Ebenfalls gestapelt sind die Säulen im Untertyp 3, wobei hier aber die Daten jeweils auf prozentuale Anteile umgerechnet werden. Das ist eine nützliche Diagrammform, wenn anteilmäßige Zusammensetzungen, für die Sie einzeln jeweils ein Kreisdiagramm wählen könnten, über mehrere Zeiträume oder Regionen oder dergleichen dokumentiert werden sollen. Als Beispiel mögen hier die Ergebnisse von früheren Bundestagswahlen dienen.

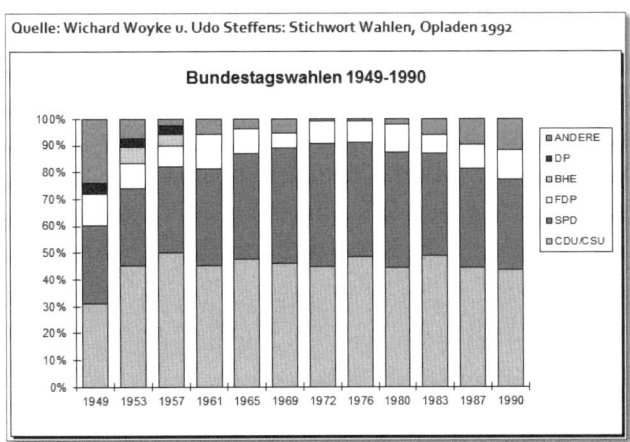

Abbildung 9.3 Wahlergebnisse – Säulendiagramm zur Darstellung von Anteilen

Derartiges Datenmaterial würde, wollten Sie es mit Kreisdiagrammen darstellen, zwölf Diagramme erfordern, als Ringdiagramm wäre es völlig unübersichtlich.

Die Untertypen 4 bis 6 entsprechen den Untertypen 1 bis 3, bis auf die dreidimensionale Darstellung der einzelnen Säulen. Nur der 7. Untertyp ist ein 3D-Diagramm im eigentlichen Sinne, das mit drei Achsen arbeitet. Dazu weiter unten mehr. Die restlichen Untertypen in dieser Gruppe sind nur Varianten, die anstelle von Säulen Zylinder, Kegel oder Pyramiden verwenden.

Balkendiagramme – bei langen Rubriken

Ganz ähnlich wie Säulendiagramme sind die Balkendiagramme aufgebaut, mit dem Unterschied, dass die Rubrikenachse hier senkrecht und die Größenachse waagerecht angeordnet ist.

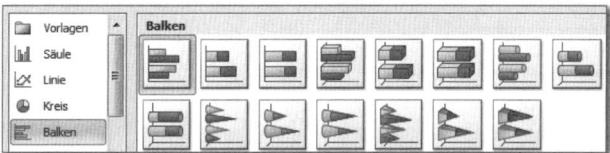

Abbildung 9.4 Untertypen des Balkendiagramms

Im Prinzip lassen sich alle Daten, die in einem Säulendiagramm dargestellt werden können, ebenso mit einem Balkendiagramm wiedergeben. Trotzdem sollten Sie generell darauf verzichten, Daten, bei denen die Rubrikenachse für eine zeitliche Abfolge steht, in ein Balkendiagramm umzusetzen. Dies würde der Assoziation widersprechen, die die waagerechte Achse mit zeitlichen Abläufen verbindet.

Dagegen ist das Balkendiagramm für alle diejenigen Fälle, in denen die Rubriken qualitative Merkmale sind, ganz vorzüglich geeignet. Obwohl auch in diesen Fällen ein Säulendiagramm möglich wäre, gibt es oft einen gewichtigen Grund, ein Balkendiagramm zu wählen: Gerade bei qualitativen Rubriken sind häufig die Rubrikenbezeichnungen ziemlich lang und lassen sich deshalb in einem Säulendiagramm nicht vernünftig abbilden.

Hier ein typisches Beispiel für ein Balkendiagramm: Abgebildet werden sollen die Durchschnittsverdienste von Männern und Frauen, aufgeschlüsselt nach der Stellung in der beruflichen Hierarchie. Wie immer bei qualitativen Rubriken ist es sinnvoll, sie nach einem Kriterium zu ordnen. Im vorliegenden Fall bietet sich der Rang in der beruflichen Hierarchie an. Wenn die Rubriken selbst keine bestimmte Ordnung nahe legen, sollte nach den Größen sortiert werden.

Bei den Balkendiagrammen sind die angebotenen Untertypen nahezu identisch mit denen des Säulendiagramms, nur dass eben die Rubrikenachse senkrecht und die Größenachse waagerecht angeordnet ist.

9.1 Standarddiagramme

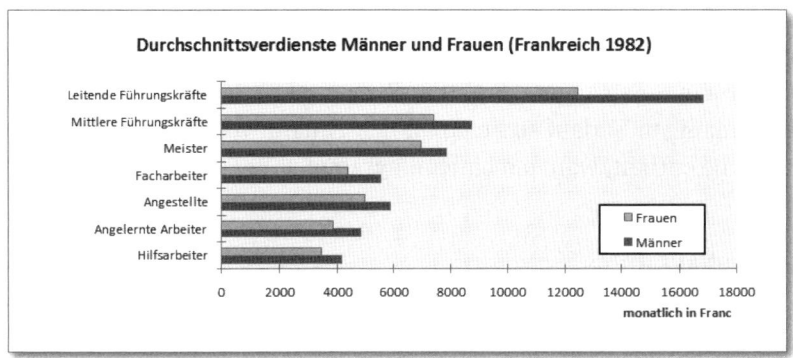

Abbildung 9.5 Balkendiagramm für qualitative Rubriken

Liniendiagramme – für Trends besonders geeignet

Diagramme, in denen der Datenverlauf durch eine Linie in einem rechtwinkligen Koordinatensystem wiedergegeben wird, sind sozusagen die Urform der Diagramme. Liniendiagramme haben den gewichtigen Vorteil, dass sich hier viel mehr Daten unterbringen lassen als in den Diagrammtypen, in denen die einzelnen Datenpunkte jeweils durch ein Platz greifendes grafisches Element (Balken, Säulen etc.) abgebildet werden.

Dies wird durch den Nachteil erkauft, dass die einzelnen Datenpunkte nicht so ins Auge fallen wie bei einer Säule oder einem Balken. Als Beispiel sei hier ein Diagramm vorgestellt, das die Entwicklung des Energieverbrauchs für die verschiedenen Energiearten zeigt.

Bei allen Diagrammformen, in denen die Daten durch eine Linie abgebildet werden, liegt es nahe, auf Daten zwischen den einzelnen Datenpunkten zu schließen (interpolieren), also auf Daten, die in der zugrunde liegenden Tabelle gar nicht vorhanden sind.

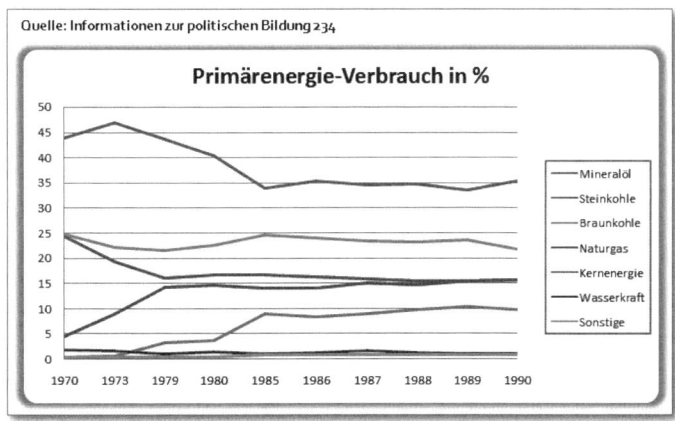

Abbildung 9.6 Liniendiagramm zum Energieverbrauch

Demnach sollten Liniendiagramme auch nur verwendet werden, wenn dieser Schluss tatsächlich erwünscht und gerechtfertigt ist. Obendrein sollte das Liniendiagramm nur dann benutzt werden, wenn die (waagerechte) Rubrikenachse für einen zeitlichen oder einen anderen größenmäßigen Verlauf steht. In all den Fällen, wo die Rubrikenachse rein qualitative Merkmale enthält, wäre ein Liniendiagramm völlig unangebracht.

Untertypen des Liniendiagramms

Beim Untertyp 1 werden Linien ohne Datenpunkte dargestellt, bei den Untertypen 2 und 3 handelt es sich um gestapelte bzw. auf 100 % bezogen gestapelte Linien, entsprechend den gestapelten Säulen. Die Untertypen 4 bis 6 entsprechen wieder den Typen 1 bis 3, nur werden zusätzlich die Datenpunkte angezeigt. Untertyp 7 gibt anstelle der Linien Bänder aus, die einen 3D-Effekt erzeugen.

Abbildung 9.7 Varianten zum Liniendiagramm

Kreisdiagramme – wenn es um Anteile geht

Kreis- oder Tortendiagramme sind die Standarddiagramme für alle Daten, bei denen die Zusammensetzung eines Ganzen dargestellt werden soll. Sie benötigen kein Koordinatenkreuz und unterscheiden sich von den bisher behandelten Diagrammen durch die ausschließliche Darstellung von Anteilen. Die Gesamtfläche des Kreises ist immer 100 %, die Flächen der Kreissektoren sind dabei das Maß für den prozentualen Anteil der Teilkomponenten an der Gesamtgröße.

In dem folgenden Diagramm, das die Anteile verschiedener Gruppen am deutsch-französischen Jugendaustausch (1983) darstellt, wäre eine Ordnung der Daten (z. B. nach der Größe des Anteils) eher unerwünscht, weil sie gleichzeitig eine Hierarchisierung nahe legen würde.

In allen Fällen, wo die Anteile am Ganzen in keine sinnvolle Reihenfolge gebracht werden können – sonst könnten gestapelte Balken oder Säulen gewählt werden –, ist das Kreisdiagramm die sinnvollste Möglichkeit der grafischen Darstellung. Wie bei allen anderen Diagrammen wird auch hier die Lesbarkeit durch zu viele Rubriken erschwert. Wenn mehrere Datenreihen auf diese Weise dargestellt werden sollen, lassen sich verschiedene Kreisdiagramme nebeneinanderstellen. Geeigneter ist dann aber oft das weiter unten dargestellte Ringdiagramm.

9.1 Standarddiagramme

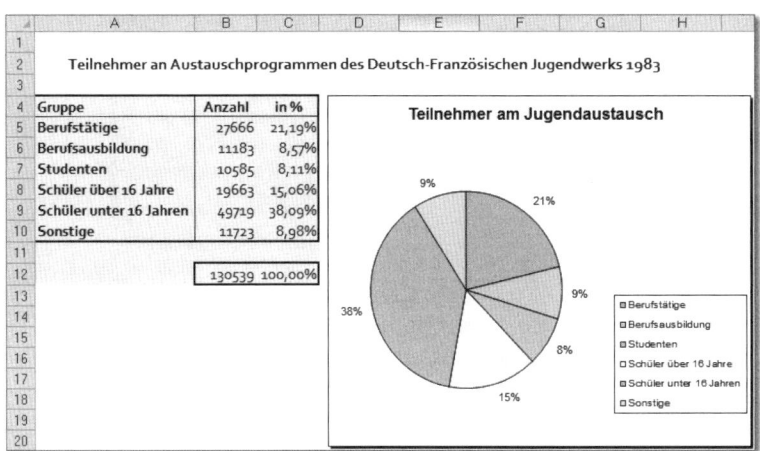

Abbildung 9.8 Darstellung der Anteile im Kreisdiagramm

Untertypen bei Kreisdiagrammen

Für das Kreisdiagramm werden sechs Untertypen angeboten. Bei den ersten drei bleiben die Kreissegmente zusammen, bei den Untertypen 4 und 5 werden sie ausgerückt. Bei den Untertypen 2 und 5 kommt lediglich ein 3D-Effekt hinzu.

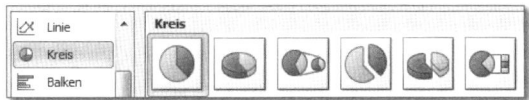

Abbildung 9.9 Untertypen beim Kreisdiagramm

Die Untertypen 3 und 6 sind für Fälle gedacht, in denen neben einigen größeren Anteilsstücken auch eine Reihe von kleinen Anteilsstücken darzustellen ist. Diese Kleinteile können dann einerseits zu einem Stück zusammengefasst werden, andererseits zusätzlich in einem kleineren Kreis wie bei 3 oder in einem Balkenblock dargestellt werden. Auf diese Weise kann etwa bei einer Wahlauswertung einerseits der Gesamtanteil der kleinen Parteien angezeigt werden, gleichzeitig aber die Verteilung innerhalb dieser Gruppe.

Welche Teile in dem zweiten Kreis erscheinen sollen, können Sie auf der Seite **Reihenoptionen** beim Formatieren der Datenreihe festlegen. Im Beispiel sind die letzten drei Werte der zweiten Zeichnungsfläche zugeordnet. Stattdessen könnte auch eine Aufteilung nach einem Prozentwert vorgenommen werden. Alle Werte unter dem ausgewählten Prozentwert werden dann in den zweiten Kreis eingefügt. Die Größe dieser zweiten Kreisfläche kann mit dem Schieberegler stufenlos eingestellt werden.

9 Diagramme optimal einsetzen

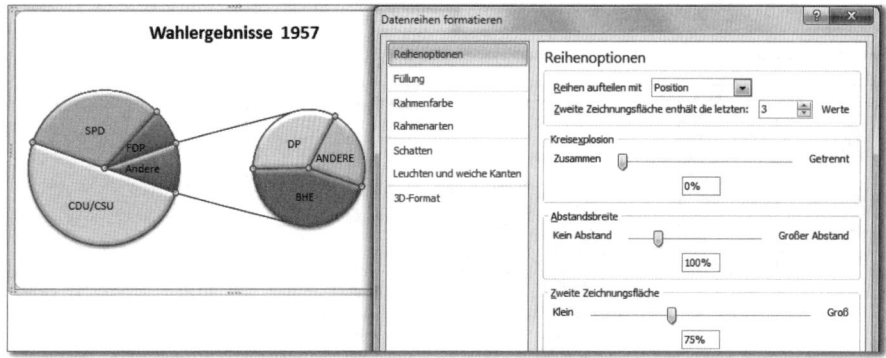

Abbildung 9.10 Beispiel für den Untertyp 3

Beschriftung bei Kreisdiagrammen

Ob ein Kreisdiagramm als gelungen angesehen wird, hängt stark von der Art der Datenbeschriftung ab. Diese kann über die Palette zu **Datenbeschriftungen** eingestellt werden, die in der Gruppe **Layout ▸ Beschriftungen** angeboten wird.

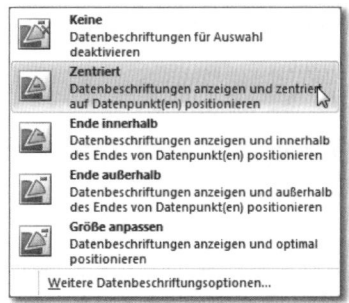

Abbildung 9.11 Palette zu Datenbeschriftungen bei Kreisdiagrammen

Während hier hauptsächlich Optionen zur Positionierung der Beschriftung wählbar sind, öffnet **Weitere Datenbeschriftungsoptionen** einen Dialog, in dem insbesondere auch der Inhalt der Beschriftung bestimmt werden kann.

Sie können wählen, ob zu den einzelnen Kreissegmenten der jeweilige Wert, der Datenreihen- oder der Rubrikenname oder der jeweilige Prozentsatz angezeigt werden soll. Unter **Beschriftungsposition** geben Sie an, wo die Beschriftung erscheinen soll. Ist eine Datenbeschriftung festgelegt, kann noch abgehakt werden, dass das Legendensymbol, also das kleine Farbmuster, neben die Beschriftung gesetzt wird. Außerdem lassen sich Führungslinien einblenden, die die Beschriftung mit dem Kreissegment verbinden, um die Zuordnung bei kleinen Segmenten zu erleichtern.

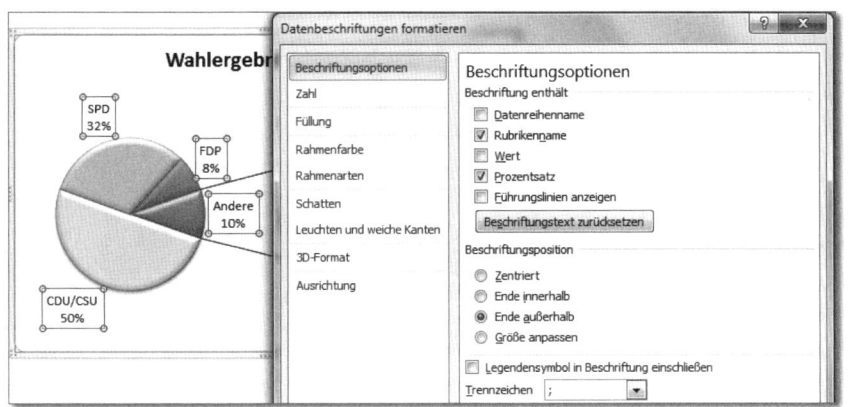

Abbildung 9.12 Optionen zu Datenbeschriftungen bei Kreisdiagrammen

9.2 Wertdifferenzierung mit Flächen- und Spannweitendiagrammen

Wenn es darum geht, die Entwicklung von Anteilsverteilungen oder von Wertdifferenzen darzustellen, können Flächendiagramme und Spannweitendiagramme gute Dienste leisten.

Flächendiagramme

Ein Flächendiagramm ist einem Liniendiagramm sehr ähnlich, bis auf den Unterschied, dass die Flächen zwischen den Linien farbig ausgefüllt sind. Dieser Diagrammtyp wird in Excel 2010 unter dem Diagrammtyp **Bereich** angeboten. Die Untertypen sind auch ähnlich. Beim ersten Untertyp überlagern sich die Flächen, beim zweiten sind sie gestapelt, beim dritten summieren sich die gestapelten Flächen immer zu 100 %.

Das folgende Beispiel zeigt die unterschiedliche Bodenzusammensetzung für verschiedene Tiefen. Da es sich bei den in der Tabelle vorliegenden Zahlen um Prozentwerte handelt, summieren sich die Flächen immer auf 100 %.

Der Untertyp 4 ist ein 3D-Flächendiagramm im echten Sinne, es werden also drei Achsen benötigt. Bei den Untertypen 5 bis 6 kommt lediglich ein 3D-Effekt hinzu. Sobald es sich bei der Rubrikenachse um eine zeitliche oder räumliche Abfolge handelt, ist das Flächendiagramm für die Darstellung gut geeignet.

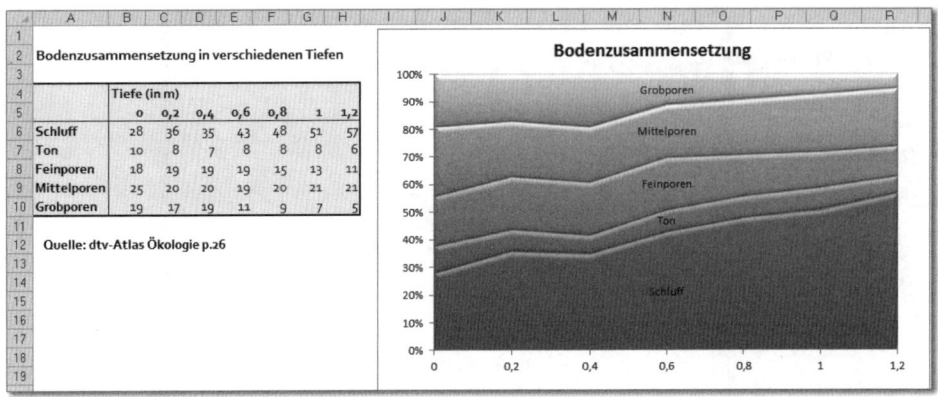

Abbildung 9.13 Darstellung der Bodenzusammensetzung durch ein Flächendiagramm

Abbildung 9.14 Untertypen des Flächendiagramms

Spannweitendiagramme – nicht nur für Kurse

Unter dem Namen **Kurs** stellt Excel einen Diagrammtyp zur Verfügung, bei dem die jeweils zusammengehörigen Werte mehrerer Datenreihen in Beziehung gesetzt werden. Hier handelt es sich um Spannweitendiagramme. Dass dieser Diagrammtyp nicht nur für die Darstellung von Kursentwicklungen an der Börse verwendet werden kann, zeigt folgendes Beispiel einer sich über eine Woche erstreckenden Temperaturmessung, bei der für jeden Tag die maximale, die minimale und die durchschnittliche Temperatur erfasst wurde.

Relativ häufig wird dieser Diagrammtyp für Börsendiagramme verwendet. Das sind Spannweitendiagramme, die drei bis fünf der folgenden Werte darstellen:

- Eröffnungskurs, also der Kurs bei Börseneröffnung
- Höchstwert, den der Kurs innerhalb eines vorgegebenen Zeitraums (z. B. eines Tages) angenommen hat
- Tiefstwert
- Schlusskurs, also den Kurs bei Börsenschluss
- Volumen, d.h. der Umfang, in dem Aktien gehandelt wurden

Dabei muss darauf geachtet werden, dass die Spalten in der Reihenfolge angeordnet werden, die dem gewählten Typ entspricht.

9.2 Wertdifferenzierung mit Flächen- und Spannweitendiagrammen

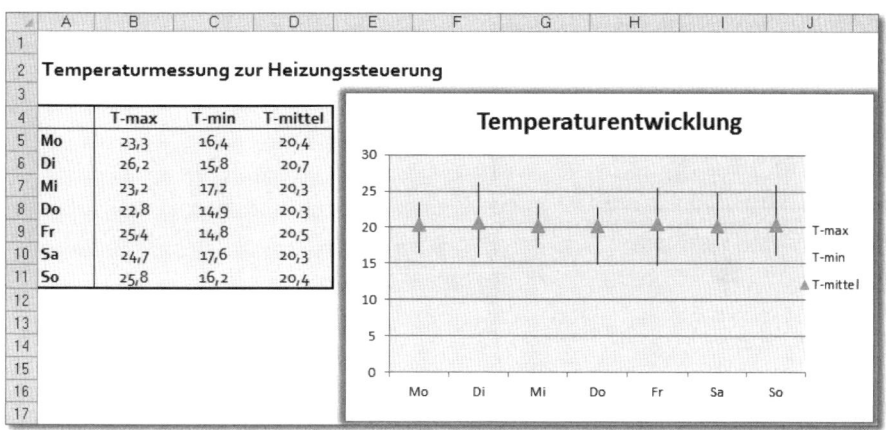

Abbildung 9.15 Spannweitendiagramm – verwandt für Temperaturschwankungen

Untertypen für drei bis fünf Datenreihen

Die Untertypen der Spannweitendiagramme unterscheiden sich darin, ob sie drei, vier oder gar fünf Datenreihen benötigen. Der erste Untertyp stellt den Höchst-, Tiefst- und Schlusskurs dar. Der zweite Untertyp gibt zusätzlich den Eröffnungskurs aus. Beim dritten Untertyp gibt die erste Datenreihe das Umsatzvolumen anstelle des Eröffnungskurses an, beim vierten Untertyp – **Volumen-Eröffnungs-Höchst-Tiefst-Schlusskurs** – sind fünf Datenreihen nötig.

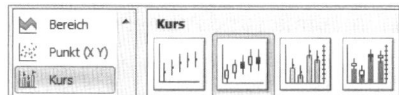

Abbildung 9.16 Untertypen des Spannweitendiagramms

Die Datenreihen müssen in der im Typnamen angegebenen Reihenfolge eingetragen werden. Bei der Abbildung der Daten im Diagramm wird bei den Untertypen 2 und 4 der Eröffnungs- und der Schlusswert zu einem Rechteck zusammengefasst, das weiß dargestellt wird, wenn der erste Wert niedriger ist als der zweite (wenn bei Aktien der Kurs also gestiegen ist). Ist der Schlusswert niedriger, wird das Rechteck dunkel ausgefüllt.

Die Höchst- und Tiefstwerte werden als senkrechte Striche oberhalb und unterhalb der Rechtecke angebracht, sodass die vier Werte jeweils recht anschaulich dargestellt werden.

Störend bei den Spannweitendiagrammen kann sein, dass die einzelnen Datenpunkte nicht gut sichtbar sind. Über die Formatierungsdialoge für die Spannweitenlinien und die Abweichungsbalken können Sie versuchen, eine deutlichere Darstellung zu erreichen.

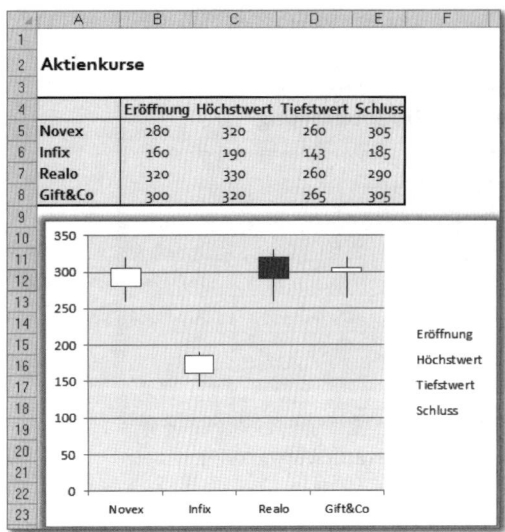

Abbildung 9.17 Entwicklung von Aktienkursen

9.3 Kombinationsdiagramme

In vielen Fällen ist es wünschenswert, in einem Diagramm mehrere Diagrammtypen zu kombinieren, um einen Zusammenhang zwischen Daten zu zeigen, die sehr unterschiedlich sind. Ein Beispiel für eine Kombination aus Säulen- und Liniendiagramm zeigt die folgende Abbildung. Zu sehen ist eine Darstellung von Einnahmen und Ausgaben und als zusätzliche, hervorgehobene Datenreihe das Gewinnergebnis (Einnahmen-Ausgaben).

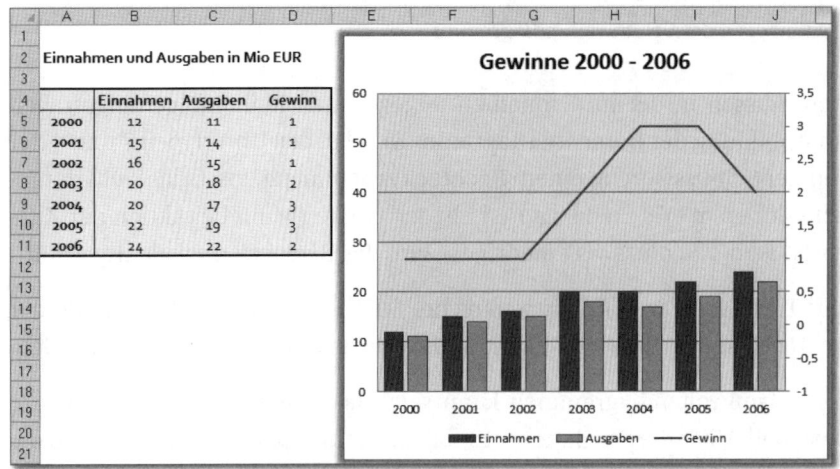

Abbildung 9.18 In einem Verbunddiagramm lässt sich eine Datenreihe hervorheben.

Dimensionsunterschiede ausgleichen

Oft besteht das Problem, dass in einem Diagramm Daten von sehr unterschiedlicher Art oder Größenordnung miteinander verglichen werden sollen. Wollen Sie z. B. die Gehaltsentwicklung von Managern eines Betriebs (in Hunderttausend € pro Jahr) mit der Gewinnentwicklung vergleichen (z. B. einige Millionen € pro Jahr), dann ist mit den einfachen Diagrammtypen nicht viel anzufangen. Ein Säulendiagramm etwa würde unter diesen Umständen eine Mischung aus sehr großen und sehr kleinen Säulen liefern.

Es kann aber auch sein, dass in einem Diagramm lediglich eine Datenreihe besonders hervorgehoben werden soll, die sich durchaus auch mit den übrigen Reihen zusammenfassen ließe. Die Lösung solcher Probleme kann dann in der Kombination von mehreren Diagrammtypen in einem Diagramm bestehen. Im Prinzip sind dabei zahlreiche Kombinationsmöglichkeiten zwischen Linien-, Säulen-, Flächen-, Blasen- und Spannweitendiagrammen denkbar. Ein erstes Beispiel dafür ist schon in Abschnitt 8.6, »Diagramme gestalten«, vorgeführt worden.

Eigene Verbundformate

Wenn spezielle Verbunddiagramme öfter benötigt werden, ist es sinnvoll, sie als benutzerdefinierte Typen zu entwickeln, sodass sie immer wieder verwendet werden können. Da fast jede Kombination von 2D-Diagrammen möglich ist – auch mehr als zwei verschiedene Typen lassen sich verbinden, nur Kombinationen von 2D- und 3D-Diagrammen sind nicht erlaubt –, soll hier nur die Methode kurz skizziert werden:

1 Das Diagramm wird zunächst beispielsweise als Säulendiagramm erstellt. Das hat den Vorteil, dass sich hier die einzelnen Datenreihen einfach markieren lassen. Lediglich in denjenigen Fällen, wo Sie eine Kombination von Spannweitendiagrammen mit anderen Diagrammformen erstellen wollen, ist als Ausgangspunkt ein Liniendiagramm günstiger.

2 Im aktivierten Diagramm wird eine Datenreihe markiert, die abweichend dargestellt werden soll. Verwenden Sie dann **Entwurf ▸ Typ ▸ Diagrammtyp ändern**, und wählen Sie im Dialogfeld für die markierte Datenreihe einen neuen Diagrammtyp bzw. Untertyp.

3 Über das Dialogfeld **Datenreihen formatieren** besteht auf der Seite **Reihenoptionen** zusätzlich die Möglichkeit, die Daten auf einer **Sekundärachse** abzubilden, also eine eigene Größenachse für sie zu wählen. Derselbe Vorgang lässt sich noch für andere Datenreihen wiederholen, sodass Kombinationen mehrerer Typen entstehen können.

4 Ist das Diagramm fertig formatiert, wählen Sie dann **Entwurf ▸ Typ ▸ Als Vorlage speichern** und speichern die Vorlage unter einem passenden Namen in dem von Excel verwalteten Vorlagenordner ab.

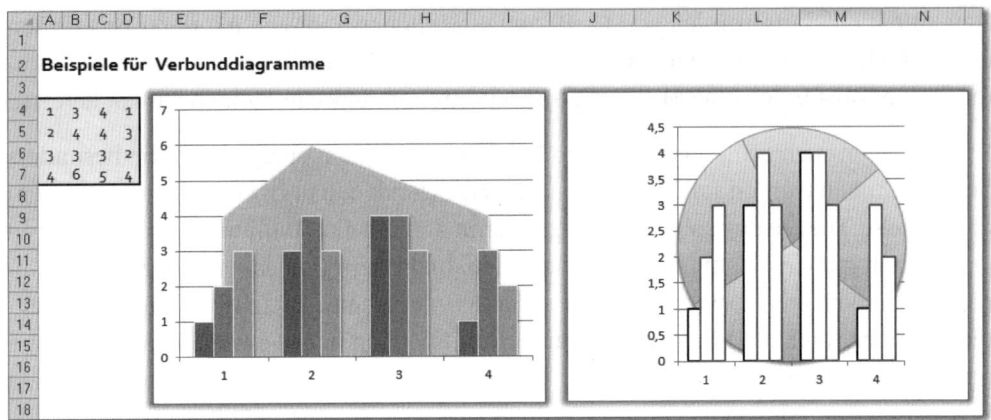

Abbildung 9.19 Beispiele für Verbunddiagramme

9.4 Mehrfachverteilung und Zyklen – Ring- und Netzdiagramme

Besondere Anforderungen sind an ein Diagramm gestellt, wenn es darum geht, nicht nur in einem einzigen Fall die Verteilung von Werten zu einem Ganzen darzustellen, sondern gleich in mehreren. Ähnliches gilt für die Darstellung von Werten, die sich in einer bestimmten Abfolge ändern.

Ringdiagramm zum Vergleich von Datengruppen

Das Ringdiagramm bildet quasi eine Kombination mehrerer Kreisdiagramme, die aber nicht nebeneinander, sondern ineinander angeordnet sind. Bei mehreren Datengruppen, die anteilsmäßig dargestellt werden sollen, gibt es in Excel einige Alternativen. Sie lassen sich als gestaffelte Säulen, Balken oder als gestapelte Flächen abbilden. Die Darstellung in mehreren Kreisdiagrammen ist ebenfalls ein gangbarer Weg, besonders wenn zwischen den verschiedenen Datenreihen keine Hierarchie beabsichtigt ist.

Sofern es sich nicht um allzu viele Datengruppen handelt, bietet sich das Ringdiagramm an, das aber durchaus eine Hierarchie setzt. Bei der konzentrischen Anordnung der Kreise sollte zumindest darauf geachtet werden, dass etwaige zeitliche Abfolgen so aufgenommen werden, dass die »früheren« Datengruppen innen sitzen, die »späteren« oder die

»wichtigeren« außen. Als **Legende** verfügt dieser Diagrammtyp über die Angaben für die einzelnen Ringsegmente. Das folgende Beispiel zeigt die Wahlergebnisse für drei Bundestagswahlen in einem. Das jüngste Ergebnis wird mit dem äußersten Ring dargestellt.

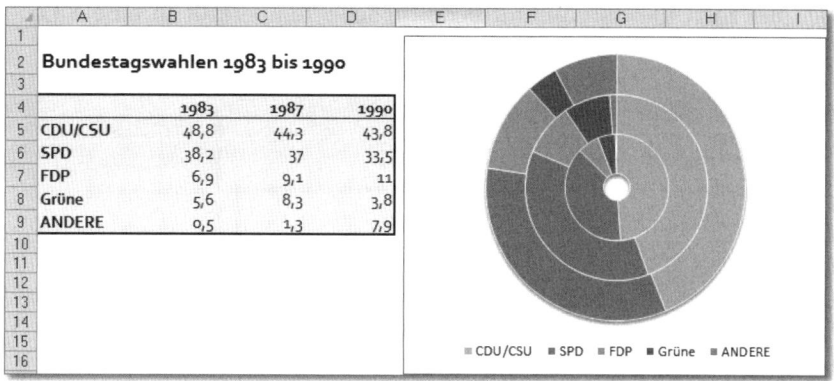

Abbildung 9.20 Ringdiagramm als Kombination mehrerer Kreisdiagramme

Bei den Ringdiagrammen werden nur zwei Untertypen angeboten, ohne oder mit Ausrückung der Ringsegmente. Bei den Ausrückungen ist hier, wie auch schon bei den Kreisdiagrammen, zu empfehlen, diese direkt im Diagramm mit der Maus vorzunehmen.

Häufig ist es sinnvoll, über **Datenreihen formatieren** auf der Seite **Reihenoptionen** die Innenringgröße zu verringern (der Minimalwert ist 10 %, der Maximalwert 90 %). Dadurch bleibt mehr Raum für die Darstellung der Daten. Außerdem können Sie hier durch eine Veränderung des Winkels für das erste Segment den Ring in eine beliebige Position drehen.

Netzdiagramme für Zyklen

Das Netzdiagramm ähnelt noch am ehesten einem Polarkoordinaten-Diagramm, allerdings mit drei Unterscheidungen:

- Der Winkel kann nicht direkt angegeben werden, sondern wird durch die Anzahl der Werte bestimmt.
- Die Richtung bzw. Reihenfolge richtet sich nach dem Uhrzeigersinn (bei Polarkoordinaten entgegen dem Uhrzeigersinn).
- Die Größenachsen dürfen auch negative Werte annehmen.

Anwendbar ist das Netzdiagramm für die Abbildung aller zyklischen Prozesse oder Daten. Das kann die Helligkeit in Abhängigkeit vom Winkel sein, die Temperatur oder die Niederschlagsmenge im Laufe eines Tages oder Jahres, die Wachstumsrate einer

Pflanze in einem Jahreszyklus usw. Im Prinzip ist es auch bei diesem Diagrammtyp möglich, mehrere Datenreihen zu verarbeiten, aber bei mehr als zwei oder drei Datenreihen wird das Diagramm ziemlich unübersichtlich.

Das (fiktive) Beispiel zeigt die durchschnittliche tägliche Temperatur in einem Land über die zwölf Monate eines Jahres.

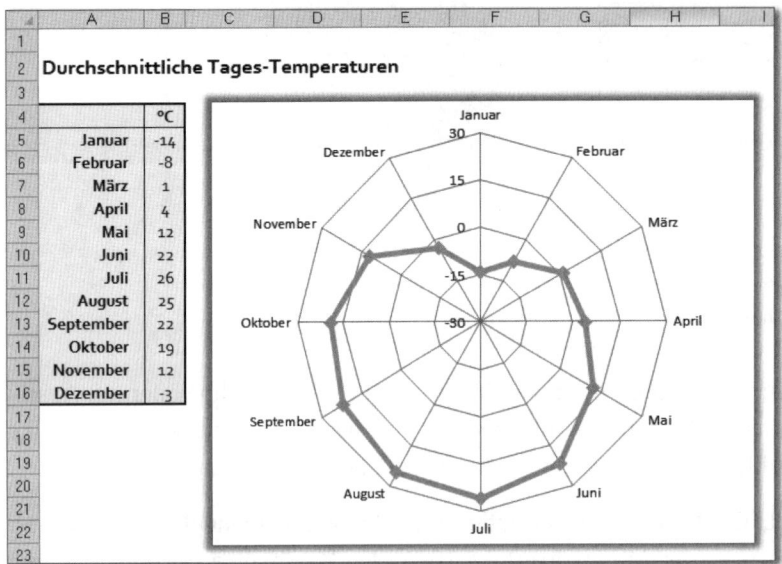

Abbildung 9.21 Netzdiagramm für die Darstellung von Temperaturzyklen

Die Untertypen des Netzdiagramms

An Untertypen bietet das Netzdiagramm eine Version ohne Datenpunkte, einen Untertyp mit Datenpunkten, wie in der obigen Beispielabbildung, und einen Untertyp, bei dem die Datenlinie flächig ausgefüllt ist.

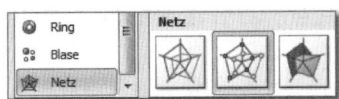

Abbildung 9.22 Untertypen des Netzdiagramms

Bei der Bearbeitung eines Netzdiagramms sind vor allem zwei Punkte relevant für eine gelungene Darstellung. Zum einen sollten die Datenlinie und die Datenpunkte so gewählt werden, dass sie in der Darstellung gut sichtbar sind, zum anderen bieten sich für die Formatierung der Achsen alle üblichen Möglichkeiten:

- Durch geschickte Skalierung kann dafür gesorgt werden, dass tatsächlich alle Werte gut ablesbar sind.
- Durch eine geeignete Wahl der Intervalle lässt sich gewährleisten, dass die Achsenbeschriftung nicht mit den Daten kollidiert.

9.5 Wertebeziehungen – xy-Diagramme und Blasendiagramme

Punkt- oder xy-Diagramme werden immer dann benötigt, wenn Werte für zwei numerische Achsen ausgewertet werden. Beispiele für die Anwendung von xy-Diagrammen finden sich zuhauf in Mathematikbüchern (Graphen zu Funktionen) und naturwissenschaftlichen Publikationen (Darstellung von Messreihen). Zur Demonstration hier die Darstellung des Graphen zur Funktion:

`y=WURZEL(x)`

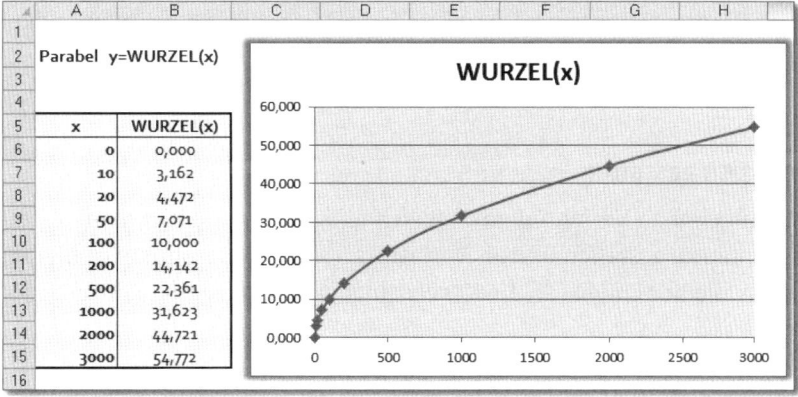

Abbildung 9.23 xy-Diagramm mit zwei numerischen Achsen

Die Datenpunkte sind in diesem Beispiel absichtlich beibehalten, um zu demonstrieren, dass die Abstände der einzelnen x-Werte unterschiedlich gewählt sind. Dies ist erforderlich, um zu verhindern, dass die Kurve im Bereich für kleine x-Werte zu ungenau wird. Wollten Sie dieselbe Kurve über ein Liniendiagramm herstellen, müssten Sie eine große Anzahl von x-Werten mit gleichen Abständen in eine Tabelle eintragen (0, 2, 4, ..., 800). Nur äußerlich gleicht das xy-Diagramm dem Liniendiagramm, die zweite numerische Achse macht den entscheidenden Unterschied.

Ein eher bescheidenes Angebot an Untertypen

Dafür, dass das xy-Diagramm als Diagrammtyp mit zwei numerischen Achsen für Darstellungen aus dem Bereich der exakten Wissenschaften geradezu unentbehrlich ist, hält Excel 2010 wie seine Vorgänger erstaunlich wenig Untertypen bereit.

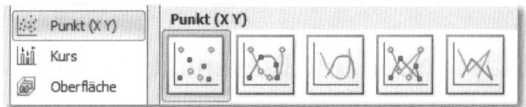

Abbildung 9.24 Untertypen des xy-Diagramms

Untertyp 1 enthält nur die Datenpunkte, Untertyp 2 auch eine verbindende Kurve auf der Basis von interpolierten Zwischenwerten. Bei Untertyp 3 wird ebenfalls mit interpolierten Zwischenwerten eine Kurve gezeichnet, die Datenpunkte werden aber weggelassen. Diese beiden Untertypen sind also insbesondere bei Graphen zu Funktionen brauchbar. Sie müssen hier nicht erst eine Unzahl von Werten generieren, um zu einer adäquaten Darstellung zu kommen. Bei den Untertypen 4 und 5 werden die vorhandenen Datenpunkte einfach durch Geraden verbunden, einmal mit und einmal ohne Datenpunkte.

Eigene Diagrammtypen gestalten

Um das mangelnde Angebot an Varianten auszugleichen, ist es gerade hier sinnvoll, eigene Diagrammvarianten zu gestalten und als Vorlagen zu sichern. Besonders ist hier an Untertypen zu denken, die nur Linien (an die Kurven angepasste und gerade durchgezogene) enthalten:

- mit Gitternetzlinien (für eine oder beide Achsen)
- mit logarithmischer Skalierung für eine oder beide Achsen mit und ohne Gitternetzlinien
- mit zwei Datenreihen, die gleich aussehen, für Funktionen mit positiven und negativen Werten

Soll etwa der oben gezeigte Graph WURZEL(X) korrekt dargestellt werden, müssen zwei Datenreihen erzeugt werden. Ist dann der Untertyp 3 ausgewählt, wird die Kurve für die negativen Werte in einer anderen Farbe ausgegeben. Wollen Sie eine einheitliche Kurve für den gesamten Graphen erreichen, muss anschließend von Hand über die Seite **Linienfarbe** für beide Datenreihen dasselbe Linienformat gewählt werden, um ein vernünftiges Bild zu erhalten.

9.5 Wertebeziehungen – xy-Diagramme und Blasendiagramme

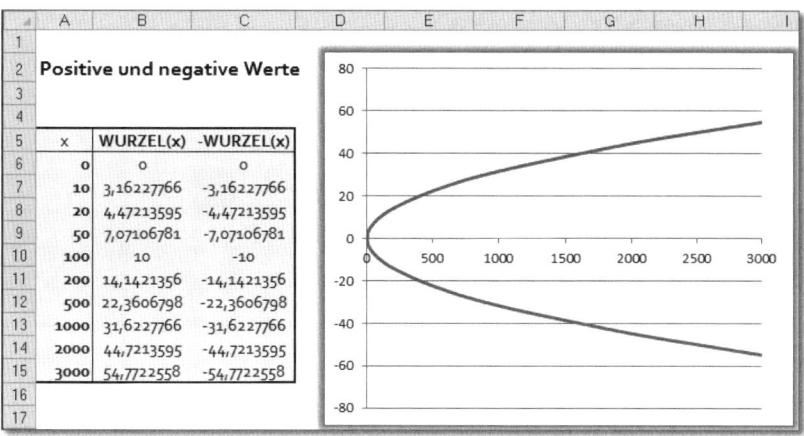

Abbildung 9.25 Funktionsgraph mit positiven und negativen Werten

Blasendiagramme als Variante von xy-Diagrammen

Blasendiagramme haben mit dem xy-Diagramm gemeinsam, dass mehr als eine numerische Wertereihe ausgewertet werden kann. In diesem Fall sind es sogar drei. Die Datenpunkte werden in Form von unterschiedlich großen Blasen dargestellt, und die Größe dieser Blasen wird jeweils durch den dritten Wert bestimmt. Dabei kann gewählt werden, ob der dritte Wert den Durchmesser oder das Volumen der Blase bestimmt. Solche Diagramme sind natürlich nur dann sinnvoll, wenn die Anzahl der Datenpunkte relativ klein bleibt, weil sonst die Aussage des Diagramms nicht mehr erkennbar ist.

Als Beispiel ist hier ein Diagramm abgebildet, das für ausgewählte Artikel die Artikelpreise auf der x-Achse und den Absatz auf der y-Achse darstellt. Gleichzeitig soll durch die Größe der Blase noch der Marktanteil der Artikel ausgewiesen werden.

Abbildung 9.26 Varianten des Blasendiagramms

Um das Diagramm zu erstellen, werden die drei Wertespalten markiert. Der zweite Untertyp sorgt dafür, dass die Blase mit einem 3D-Effekt dargestellt wird.

Im Dialog **Datenreihen formatieren** kann unter **Reihenoptionen** festgelegt werden, ob die in der Tabelle vorhandene Größe die Blasenfläche oder den Blasendurchmesser repräsentiert. Zudem kann angegeben werden, ob Blasen für negative Werte angezeigt werden.

9 Diagramme optimal einsetzen

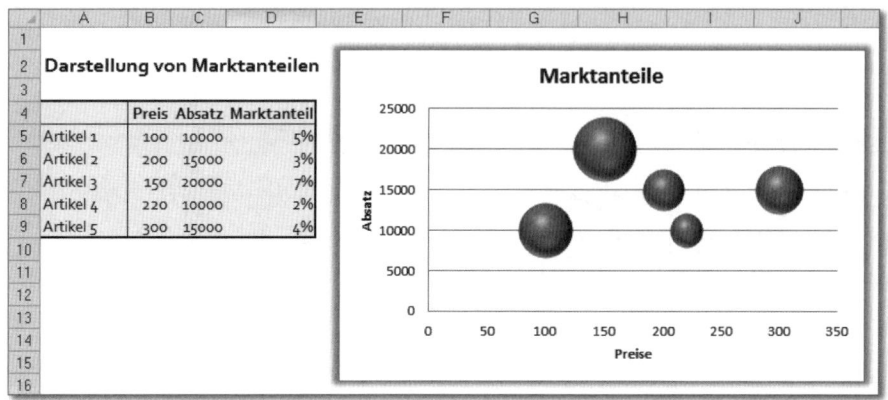

Abbildung 9.27 Die unterschiedlichen Marktanteile im Blasendiagramm

9.6   3D-Optik und echte 3D-Diagramme

Die Umwandlung eines zweidimensionalen Diagramms in ein Diagramm mit 3D-Effekt schafft manchmal einen zusätzlichen optischen Reiz. Dabei werden aber oft unerwünschte Nebeneffekte in Kauf genommen. Hier nur ein Beispiel: In einem Kreisdiagramm werden die Werte 1, 2, 4, 8 abgebildet, jeder Wert ist also doppelt so groß wie der vorhergehende. Im Kreisdiagramm verdoppeln sich demnach die Winkel der jeweiligen Kreisausschnitte (»Tortenstücke«). Im flächigen Diagramm ist durchaus noch zu erkennen, dass sich die Winkel verdoppeln, in der räumlichen Darstellung fällt das erheblich schwerer.

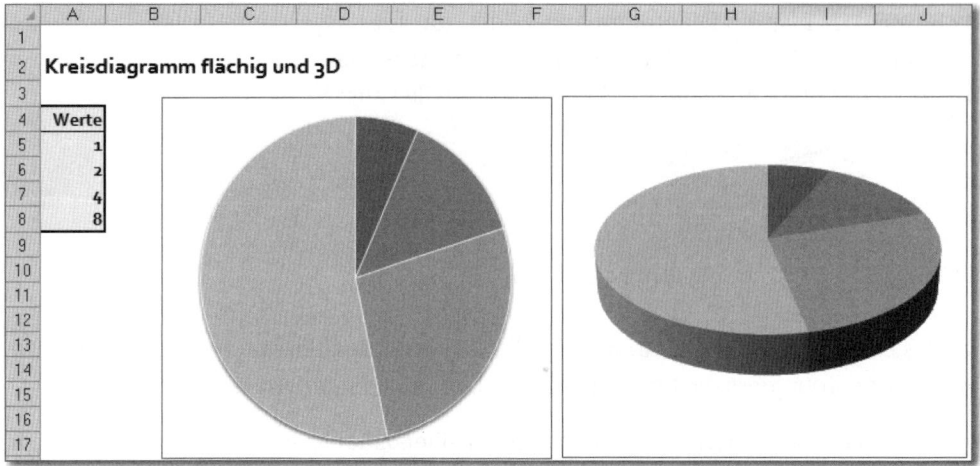

Abbildung 9.28 Größenverhältnisse mit und ohne 3D-Effekt

Echte und unechte 3D-Diagramme

Bei der Bezeichnung »3D ...« gehen die Dinge bei Excel leider etwas durcheinander. Ein wirklich dreidimensionales Diagramm ist ein Diagramm, das über drei Dimensionen verfügt: über Länge, Breite und Höhe oder, mathematisch ausgedrückt, über eine x-, eine y- und eine z-Achse. Das ist nur bei einem Teil der Diagrammtypen der Fall, die Excel »3D-Diagramme« nennt. Alle anderen sind nur wegen der Optik mit einem räumlichen Effekt versehen.

Die Diagrammtypen **Zylinder**, **Kegel** und **Pyramide** sind in der Mehrzahl ihrer Untertypen nur Varianten der entsprechenden Säulen- bzw. Balkendiagramme mit einem 3D-Effekt, aber auch in diesen drei Gruppen gibt es jeweils ein echtes 3D-Diagramm. Diese Typen sind sicher eine Bereicherung der Gestaltungsmöglichkeiten, bringen aber grundsätzlich nichts Neues, sodass hier auf eine gesonderte Behandlung verzichtet wird.

Entscheidend ist der Blickwinkel

Allen 3D-Diagrammen, seien sie nun echt oder unecht, ist gemeinsam, dass sich der Blickwinkel, aus dem sie zu sehen sind, frei wählen lässt. Ist der Diagrammbereich ausgewählt, kann über das Kontextmenü oder über **Layout ▸ Hintergrund** die Option **3D-Drehung** aufgerufen werden.

Wie oben schon beschrieben, lässt sich dann auf der Seite **3D-Drehung** mit den Einstellungen für die Achsen das Diagramm so bewegen, dass der Blickpunkt fast beliebig eingestellt werden kann. Außerdem kann auf derselben Seite unter **Diagrammskalierung** die **Tiefe** verändert werden, um den räumlichen Eindruck zu beeinflussen.

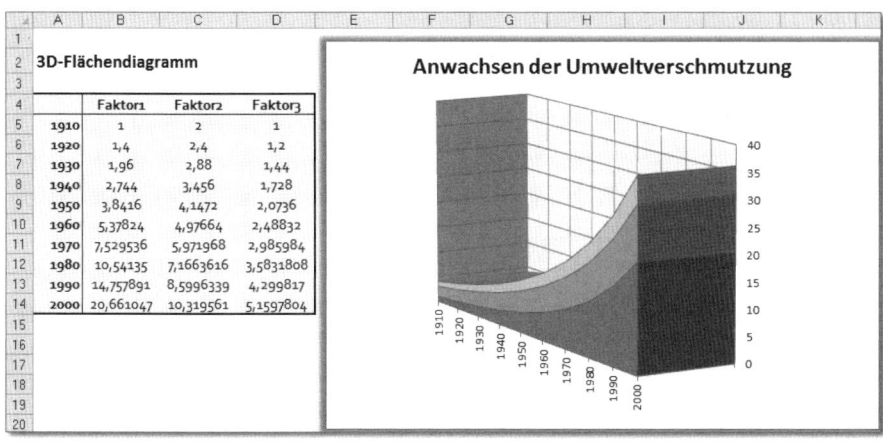

Abbildung 9.29 Die Perspektive betont die Tendenz.

Diese Tatsache rechtfertigt zumindest teilweise, dass Excel solche Diagramme unter den 3D-Diagrammen einordnet. Es wird hier zwar nichts bei der Darstellung sichtbar gemacht, was nicht auch ein normales zweidimensionales Diagramm leisten würde, bestimmte Erscheinungen lassen sich aber durchaus besser ins Bild rücken. Soll etwa eine bedrohliche Tendenz wie das Anwachsen der Umweltverschmutzung demonstriert werden, dann ist ein 3D-Flächendiagramm in geeigneter Perspektive schon sehr brauchbar.

Echte 3D-Diagramme

Wenn Daten nach mehr als zwei Dimensionen geordnet sind, ist zur grafischen Darstellung ein echtes 3D-Diagramm vonnöten. Im folgenden Beispiel wird die Entwicklung der Lebenserwartung für verschiedene Weltregionen und verschiedene Zeiträume dargestellt. Im Tabellenbereich sind in der ersten Zeile die Zeiträume und in der ersten Spalte die Regionen aufgeführt, die Werte für die drei Achsen sind zeilenweise angeordnet.

1 Nach Markierung des Tabellenbereichs A5:F9 wird zunächst der dreidimensionale Untertyp des Flächendiagramms ausgewählt.

2 Excel übernimmt als Vorgabe die angegebenen Zeiträume als Rubriken für die x-Achse und die Regionen als Beschriftungen für die Tiefenachsen.

3 Die Anzeige der Legende kann deshalb deaktiviert werden, weil die Legende durch die gleich lautenden Achsenbeschriftungen überflüssig wird.

4 Damit die Werte besser ablesbar sind, sollten über das Register **Layout** in der Gruppe **Achsen** die **Gitternetzlinien** für die **Tiefenachse** und für die **Rubrikenachse** eingeblendet werden.

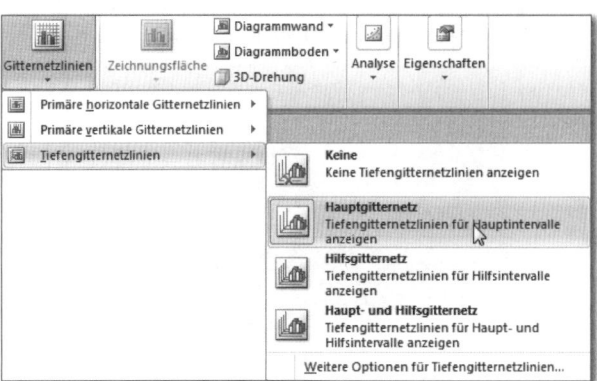

5 Wichtig ist nur noch ein Titel für das ganze Diagramm, aus dem hervorgeht, was überhaupt dargestellt wird.

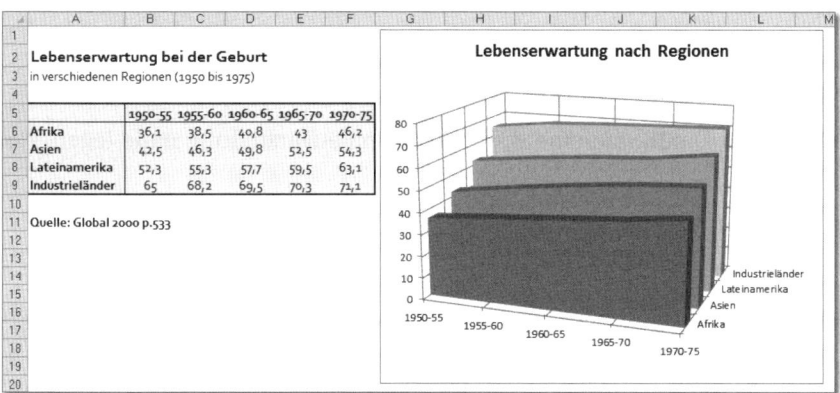

Abbildung 9.30 Lebenserwartung nach Regionen und Perioden, dargestellt durch ein 3D-Flächendiagramm

Hier käme natürlich auch jeder andere 3D-Typ in Frage. Die Abbildung macht übrigens deutlich, dass im 3D-Flächendiagramm (dasselbe gilt für das 3D-Liniendiagramm) eine der beiden Dimensionen des Diagrammbereichs eindeutig bevorzugt ist: Alle Daten einer Reihe (im Beispiel die Regionen) werden zu einem farblich und grafisch einheitlichen Block zusammengefasst. Sollte dieser Effekt unerwünscht sein, bietet sich ein 3D-Säulendiagramm an, bei dem im Nachhinein alle Datenreihen mit derselben Farbe versehen werden.

Diagramme mit drei Achsen

Für die Säulen-, Flächen- und Liniendiagramme und für die Diagrammtypen Zylinder, Kegel und Pyramide stellt Excel Formate bereit, bei denen es sich um echte 3D-Diagramme handelt, d. h. um Diagramme mit drei Achsen.

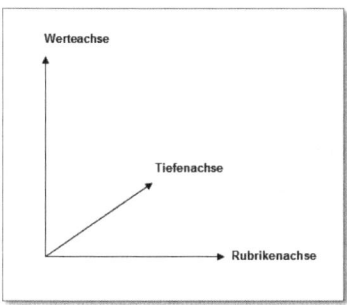

Abbildung 9.31 Achsen im 3D-Diagramm

9 Diagramme optimal einsetzen

Die Einträge für die Tiefen- oder Reihenachse und für die Rubriken- oder Kategorienachse lassen sich sowohl bei der Erstellung als auch bei der Bearbeitung des Diagramms vertauschen. Die Daten einer Reihe werden jeweils farblich zusammengefasst.

Anwendungsbeispiele für 3D-Diagramme

Es gibt eine Anzahl von Daten, die eine dreidimensionale Darstellung nahe legen. Als Beispiele seien genannt:

- Durchschnittliches Jahreseinkommen der Menschen, aufgegliedert nach dem Nord-Süd-Gefälle für die letzten zehn Jahre
- Verwaltungsaufwand in Betrieben, abhängig von der Betriebsgröße in den letzten Jahren
- Veränderung der Luftverschmutzung über die Jahre, aufgegliedert nach bestimmten Regionen

Die echten 3D-Untertypen

Zweifellos der wichtigste Untertyp ist das 3D-Säulendiagramm. Statt der Säulen können auch Zylinder, Kegel oder Pyramiden eingesetzt werden. Hinzu kommt das 3D-Liniendiagramm, bei dem die »Linien« durch Bänder im Raum ersetzt sind. Der Vorteil dieser Darstellung ist, dass sich auch Datenreihen sichtbar machen lassen, die in anderen 3D-Diagrammen kaum darstellbar wären, weil sich die Daten gegenseitig verdecken.

Die 3D-Flächendiagramme sind, ähnlich wie ihre zweidimensionalen Untertypen, Liniendiagramme, bei denen die Fläche unterhalb der Linien – genauer gesagt, der Raum unterhalb der Bänder – ausgefüllt ist.

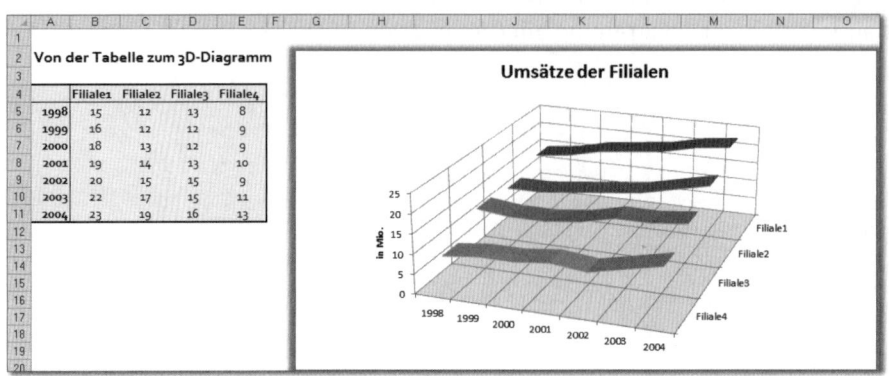

Abbildung 9.32 3D-Bänder im Raum

9.6 3D-Optik und echte 3D-Diagramme

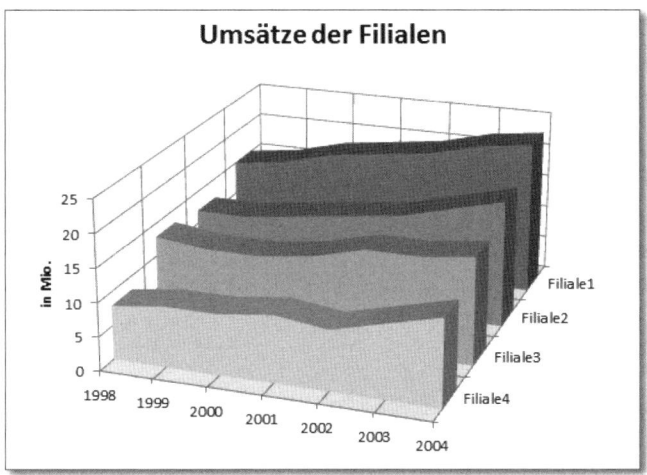

Abbildung 9.33 3D-Flächendiagramm

Ein 3D-Diagramm mit gleichberechtigten Reihen und Rubriken

Es ist schon angesprochen worden, dass bei den vorgegebenen 3D-Typen durch die Einfärbung bestimmte Dimensionen des Diagramms stärker betont erscheinen als andere. Das kann durch einen benutzerdefinierten Diagrammtyp für ein 3D-Säulendiagramm geändert werden, der über folgende Merkmale verfügt:

- Der Querschnitt der Säulen muss quadratisch sein.
- Die Abstände zwischen den Datenreihen und zwischen den Rubriken müssen gleich groß sein.
- Alle Säulen müssen eine einheitliche Farbe haben.

Während die beiden ersten Forderungen kein Problem bereiten, ist die letzte nicht ganz so einfach zu erfüllen. Dies liegt daran, dass sich die Farbe der einzelnen Säulengruppen nicht global festlegen lässt, sondern nur für jede Gruppe einzeln. Um ein 3D-Säulendiagramm in der angegebenen Weise zu formatieren, sind folgende Schritte notwendig:

1 Es wird eine Tabelle erzeugt, die mindestens so viele Datenreihen enthalten muss, wie später maximal benötigt werden könnten. Eine Tabelle mit zehn bis zwanzig Spalten müsste hinreichend sein. Pro Spalte genügen zwei Einträge. Die Werte lassen sich leicht mit dem Ausfüllkästchen erzeugen.

2 Von dieser Tabelle erstellen Sie über **Einfügen ▸ Diagramme ▸ Säule** ein 3D-Säulendiagramm.

9 Diagramme optimal einsetzen

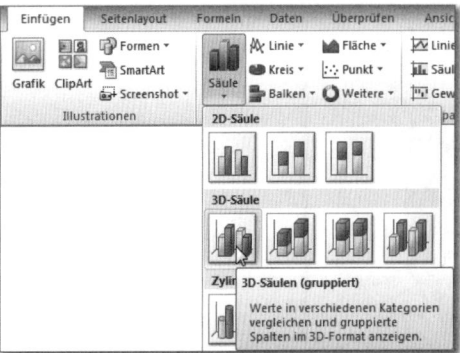

3 Über **Entwurf ▸ Daten** benutzen Sie die Schaltfläche **Zeile/Spalten wechseln**, um die Datenreihen nach Spalten anzuordnen.

4 In der Gruppe **Layout ▸ Beschriftungen** wählen Sie in der Palette zu **Legende** die Option **Keine**, um die als Vorgabe eingeblendete Legende zu entfernen.

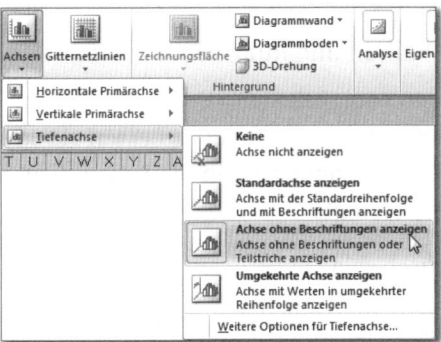

5 Nun sorgen Sie über **Layout ▸ Achsen** und die Schaltfläche **Achsen** dafür, dass die Tiefenachse ohne Beschriftungen angezeigt wird.

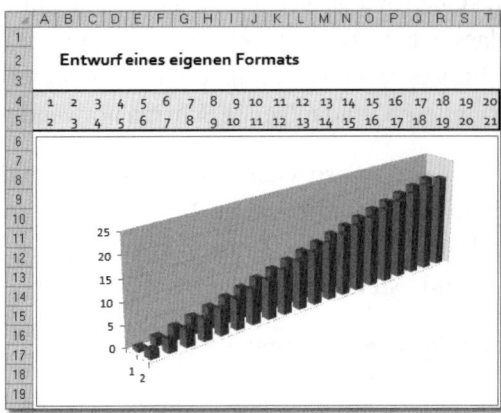

9.6 3D-Optik und echte 3D-Diagramme

6 Im Dialogfeld **Datenreihen formatieren** setzen Sie auf der Seite **Reihenoptionen** die Werte für **Abstandstiefe** und **Abstandsbreite** jeweils auf 100 %. Die Abstandsbreite ist die Distanz zwischen zwei Säulen einer Datenreihe, und die Tiefe schließlich beeinflusst am Ende den Querschnitt der einzelnen Säulen.

7 Über das Listenfeld **Layout ▸ Aktuelle Auswahl** können Sie nun noch den Diagrammboden, die Rückwand und die Seitenwand auswählen, um ihnen über den Formatierungsdialog eine bestimmte Einfärbung als Vorgabe zuzuordnen.

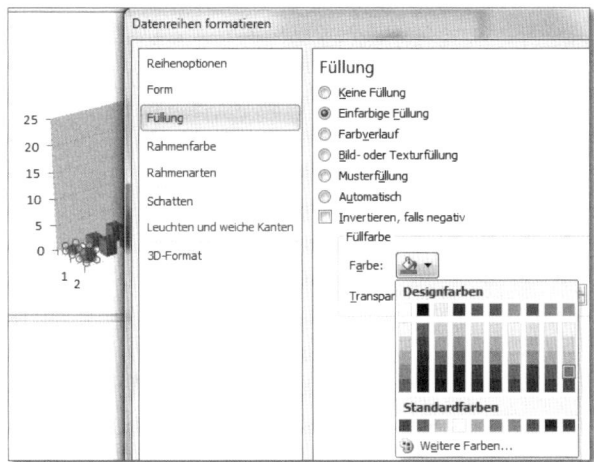

8 Jede einzelne Datenreihe versehen Sie nun mit einer einheitlichen Farbe. Hierzu müssen Sie jedes Säulenpaar einzeln markieren, wobei das Dialogfeld **Datenreihe formatieren** geöffnet bleibt. Auf der Seite **Füllung** wählen Sie die Option **Einfarbige Füllung** und legen die Farbe fest. Die ausgewählte Farbe bleibt voreingestellt, sodass sie bei der zweiten Reihe einfach übernommen werden kann. Statt über den Dialog kann das Einfärben in Excel 2010 jetzt auch über die Minisymbolleiste zum Kontextmenü der Datenreihen erfolgen.

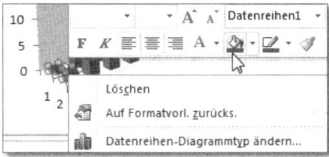

9 Abschließend speichern Sie das Diagramm als benutzerdefinierten Diagrammtyp über **Entwurf ▸ Typ** als Vorlage.

9 Diagramme optimal einsetzen

Soll das neue Format angewendet werden, markieren Sie Ihre Daten und wählen über den Dialog **Diagramm einfügen** unter **Vorlagen** den neuen benutzerdefinierten Diagrammtyp aus. Die folgende Abbildung zeigt ein kleines Beispiel.

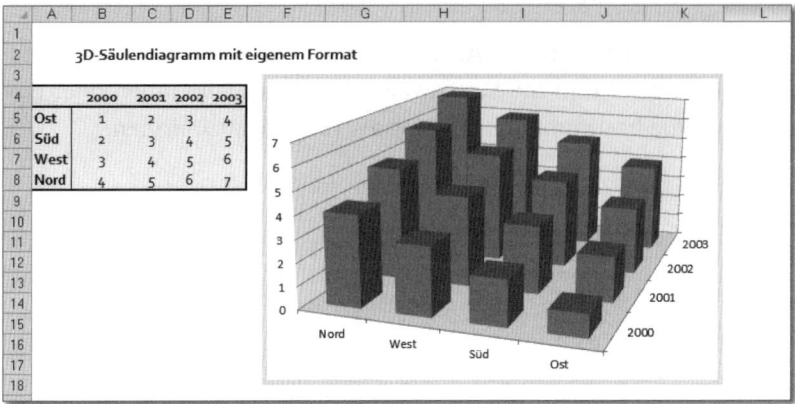

Abbildung 9.34 Ein Diagramm im neuen Format

9.7 3D-Oberflächendiagramme – für kontinuierliche Darstellungen

In allen Fällen, in denen die x- und y-Achsen bei einer 3D-Darstellung gleichwertig sind und gleichzeitig eine kontinuierliche Darstellung der Daten verlangt wird, ist das Oberflächendiagramm ein nahezu ideales Mittel. Dieses interessante 3D-Diagramm entspricht einem um eine Achse erweiterten Liniendiagramm, es kommt also dem, was aus der Mathematik als 3D-Diagramm bekannt ist, am nächsten. Als Beispiel dient zunächst ein Graph für eine bekannte mathematische Funktion.

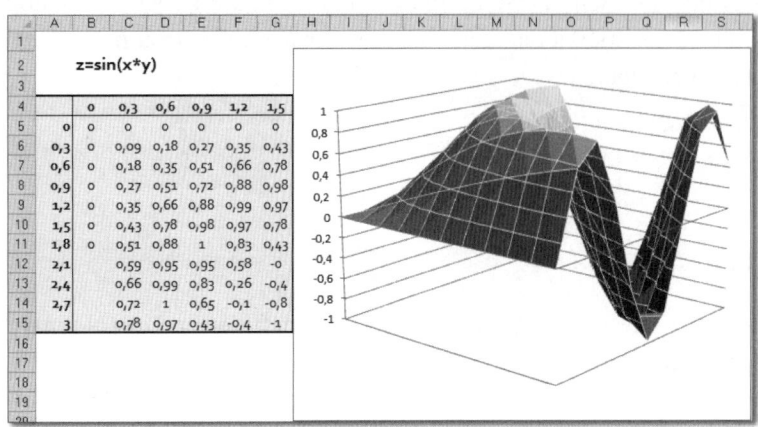

Abbildung 9.35 Graph zu einer dreidimensionalen Funktion

9.7 3D-Oberflächendiagramme – für kontinuierliche Darstellungen

Besonders reizvoll ist es, diesen Diagrammtyp, der »Berge« und »Täler« liefert, auch so einzusetzen: zur Darstellung geografischer Gegebenheiten. Hier ein kleines Beispiel, das allerdings einen gewissen Bearbeitungsaufwand erfordert. So muss für die vertikale Achse unter **Achsenoptionen** angegeben werden, dass die Bodenfläche nicht bei 0, sondern in diesem Fall bei 700 schneidet. Alle Wände müssen mit **Keine Füllung** ausgeblendet werden.

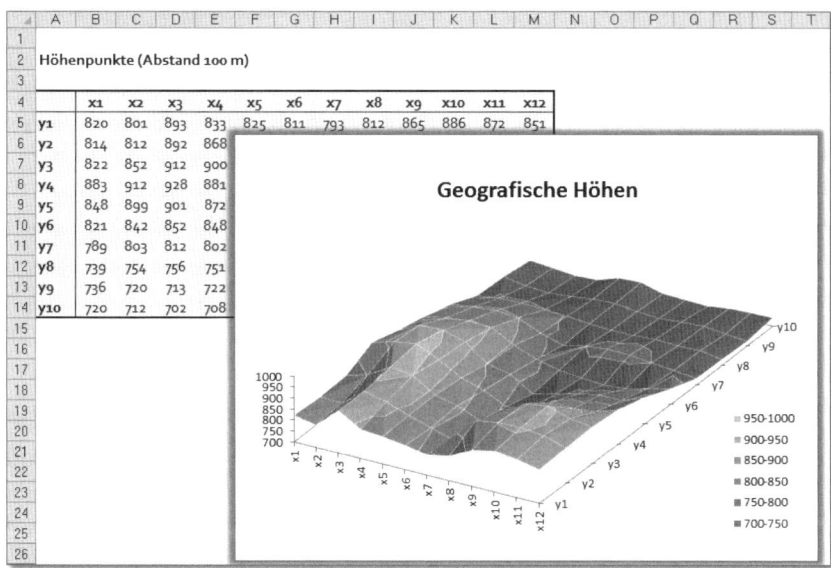

Abbildung 9.36 Landschaft als Oberflächendiagramm ...

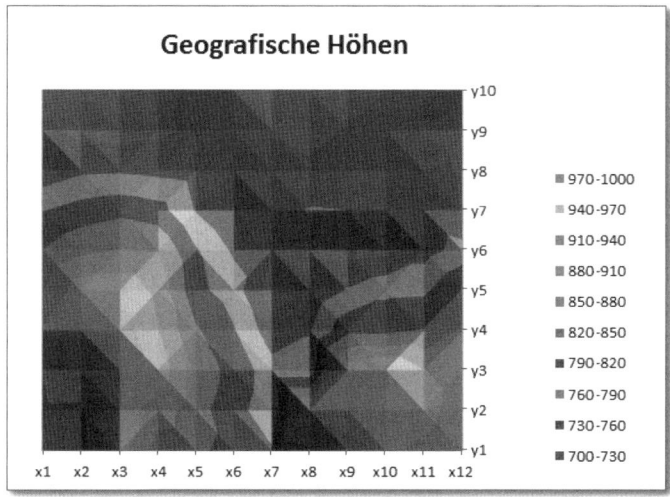

Abbildung 9.37 ... und aus der Vogelperspektive

Leider hat das 3D-Oberflächendiagramm mit dem Liniendiagramm gemeinsam, dass es nur über eine numerische Achse verfügt (die z- oder Größenachse), während die anderen beiden Achsen nicht numerisch sind. Diese Beschränkung lässt sich aber meist dadurch umgehen, dass die numerischen Werte für die x- und die y-Achse in gleichen Abständen gewählt werden.

Drahtmodell und Vogelperspektive

Das 3D-Oberflächendiagramm verfügt über vier Untertypen, die sich zum einen durch die Farbgebung, zum anderen durch die Perspektive unterscheiden.

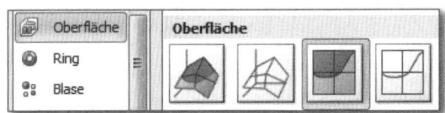

Abbildung 9.38 Untertypen zum Oberflächendiagramm

Bei den Untertypen 1 und 3 sind die verschiedenen Größen (Werte auf der Größenachse) farblich unterschieden, wobei für jedes Hauptintervall eine eigene Farbe gewählt wird. Bei den Untertypen 2 und 4 ist die Farbe aller Größen transparent, sodass sich ein Drahtmodell ergibt. Die Untertypen 1 und 2 sind 3D-Darstellungen, die Untertypen 3 und 4 Darstellungen aus der Vogelperspektive.

10 Datenvisualisierung mit Sparklines

Für die Visualisierung von Informationen gibt es mehrere Wege. Ganz neu in Excel 2010 sind die *Sparklines*, die »funkensprühenden« Linien, die auch als *Zahlenbilder* oder *Wortgrafiken* bezeichnet werden. Die eine wie die andere Bezeichnung deutet schon an, dass nicht so ganz klar ist, was das ist, irgendetwas, was mit einem Diagramm Ähnlichkeit hat, aber doch nicht so ein richtiges Diagramm ist. Als Erfinder wird Edward Tufte, ein Professor aus Yale, genannt, der Sparklines als »small, intense, simple datawords« bezeichnete. Das Motiv für seine Erfindung war, Daten innerhalb eines Satzes so zu visualisieren, dass der Bereich der Zeile möglichst nicht gesprengt werden muss. Wer die Ideen von Tufte näher kennenlernen will, findet unter *www.edwardtufte.com* ein Menge Material dazu.

10.1 Merkmale und Verwendungsmöglichkeiten

Sparklines sind eine Alternative zu ausgewachsenen Diagrammen, wenn es um eine kompakte Darstellung geht. Sie sind an der Vorstellung orientiert, dass der Text und die Daten, die den Bedeutungszusammenhang liefern und die Visualisierung der Daten möglichst eng verknüpft bleiben sollen. Hilfreich sind solche *datawords* hauptsächlich da, wo Zahlen vorhanden sind, die Entwicklungsreihen oder Trends darstellen. Ein ganz einfaches Beispiel ist eine Zeile wie die folgende:

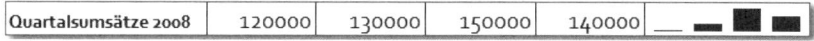

Abbildung 10.1 Datenzeile mit einer Sparkline

Die erste Zelle gibt an, worum es geht, die vier Zellen liefern die entsprechenden Daten und die Sparkline visualisiert diese Daten. Die Reihenfolge und Anordnung der drei Elemente lässt sich variieren, normalerweise sollten Beschriftung, Zahlen und Grafik aber nicht zu weit auseinandergerissen werden. Ändern sich die Zahlen, wird die Grafik wie üblich sofort angepasst. Beim Drucken werden die Sparklines wie Zellinhalte behandelt, also auf jeden Fall mitgedruckt.

Anders als Diagramme sind Sparklines keine grafischen Objekte, sie sind Inhalt einer Zelle, auch wenn dieser Inhalt in der Bearbeitungszeile nicht erscheint. Die Sparkline bildet den Hintergrund einer Zelle, es ist also möglich, in diese Zelle auch noch einen Text einzugeben, etwa um die Grafik zu beschriften. Zusätzlich darf aber auch noch ein anderer Hintergrund unter die Sparkline gelegt werden!

Die Bindung an die Zelle hat auch zur Folge, dass jede Änderung der Höhe oder Breite der Zelle sofort von der Sparkline mitgemacht wird. Außerdem lässt sich auch ein Zellverbund als Raum für eine Sparkline verwenden. Wenn Sie also mehrere Zellen mit dem Symbol **Verbinden und Zentrieren** zusammenfügen, wird eine Sparkline, die in der ersten Zelle angesiedelt ist, auf den ganzen Bereich ausgedehnt.

Wird eine Zelle mit einer Sparkline verschoben, ändern sich bei relativen Zellbezügen eben auch diese. Mit dem Ausfüllkästchen lässt sich ein Bereich mit Sparklines auch ausdehnen. Dabei ist es auch möglich, die Daten für diese Zellen erst später einzugeben.

Wozu lassen sich Sparklines verwenden? Typische Anwendungsbereiche sind Daten, die Entwicklungen anzeigen, saisonale Schwankungen oder Verteilungen im Zeitverlauf, beispielsweise:

- Kursentwicklungen
- Preisentwicklungen
- Umsatz-, Absatz- oder Gewinnentwicklungen
- Temperaturdaten im Zeitverlauf
- politische Verteilungen

Viele Anregungen finden Sie auch unter *www.sparkline.org*, der Site der Sparkline PHP Graphing Library.

> **TIPP**
>
> **Kopieren in Word**
> Wenn Sie eine Sparkline aus Excel in ein Word-Dokument kopieren wollen, muss sie als Grafik eingefügt werden.

10.2 Einfügen von Sparklines

Im Folgenden wird ein typisches Beispiel realisiert, die Darstellung von fiktiven Kurswerten über den Zeitraum einer Woche. Die erste Spalte enthält die Bezeichnung der Papiere, die folgenden Spalten jeweils die Tageskurse.

10.2 Einfügen von Sparklines

1 Zunächst markieren Sie den Zellbereich, der die Sparklines aufnehmen soll, im Beispiel ist es G5:G10.

2 Wählen Sie über **Einfügen ▸ Sparklines** das Symbol für **Linie**.

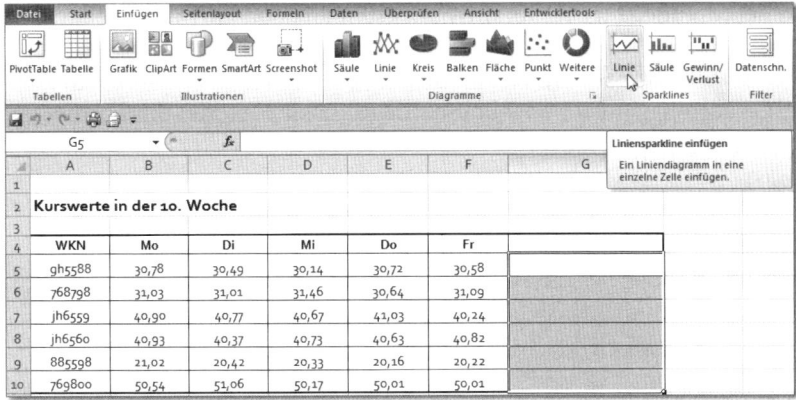

3 Im Dialog **Sparklines erstellen** geben Sie unter **Datenbereich** den Bereich der Kursdaten an, die als Sparklines visualisiert werden sollen. Ziehen Sie dazu über den Bereich B5 bis F10, oder wählen Sie über [F3] einen vorher benannten Bereich aus.

4 Da der Positionsbereich für die Sparklines durch die Auswahl in Schritt 1 bereits bestimmt ist, kann der Dialog quittiert werden.

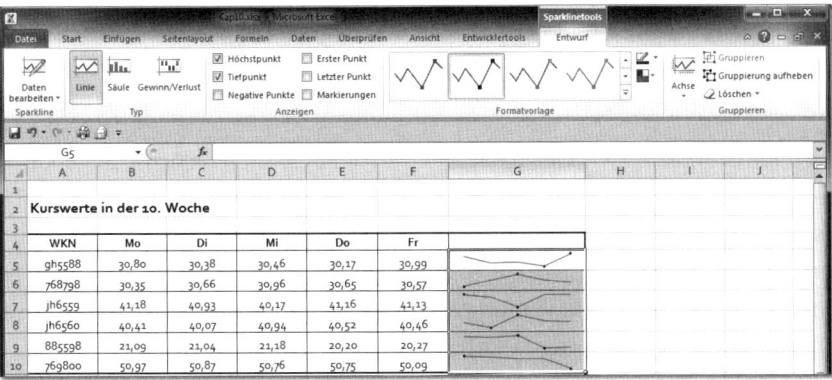

5 Excel 2010 bietet anschließend im Menüband das Register **Sparklinetools Entwurf** an. Hier werden unter **Anzeigen** verschiedene Optionen angeboten, um bestimmte Punkte – **Höchstpunkt, Tiefpunkt, Erster Punkt, Letzter Punkt** oder **Negative Punkte** – hervorzuheben. In diesem Fall ist es sinnvoll, zumindest den Höchstpunkt und den Tiefstpunkt hervorzuheben. Die Option **Markierungen** hebt alle Datenpunkte hervor.

6 Je nach der Wahl unter **Anzeigen** werden in der Gruppe **Formatvorlagen** unterschiedliche Gestaltungsmuster angeboten. Ein Mausklick ordnet das Format zu.

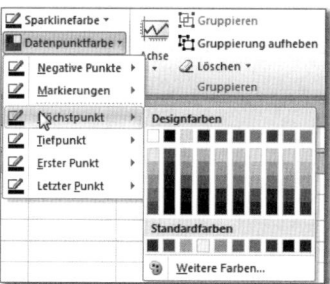

7 Alternativ oder ergänzend zu den Formaten einer gewählten Vorlage lassen sich über die Schaltflächen **Sparklinefarbe** und **Datenpunktfarbe** eigene Farben aus der Farbpalette auswählen. Bei den Datenpunkten geschieht dies separat für jeden Punkttyp, wobei die aktuelle Einstellung in dem Menü dieser Typen angezeigt wird.

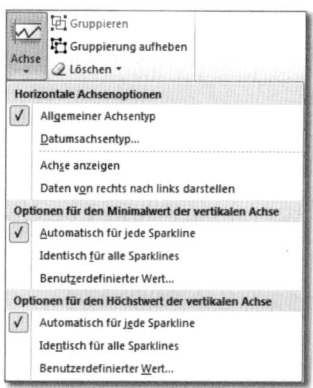

8 In der Gruppe **Gruppieren** wird noch ein Menü zu der Schaltfläche **Achse** angeboten, das Einstellungen für die Gestaltung der horizontalen und der vertikalen Achse anbietet. Hier lassen sich insbesondere die Minimal- und Höchstwerte der vertikalen Achse ändern, um eine andere Skalierung zu erreichen, etwa um die Unterschiede deutlicher zu machen. Wenn negative Werte vorkommen, lässt sich auch die horizontale Achse einblenden, um den Übergang zu den Werten unter Null deutlich zu machen.

9 Durch Veränderung der Spaltenbreite und der Zeilenhöhe kann die Zelle bei Bedarf in eine Größe gebracht werden, die die Diagrammlinien möglichst gut lesbar macht.

10.3 Darstellungsvarianten

Excel 2010 stellt drei Typen von Sparklines zur Verfügung, wobei es für jeden Typ wieder zahlreiche Formatvorlagen und Möglichkeiten gibt, wie er angepasst werden kann.

Linie

Der Typ **Linie** entspricht einem normalen Liniendiagramm aus den diskreten Werten des als Datenbasis angegebenen Zellbereichs, eingebettet in eine Zelle. Allerdings fehlen alle Details, die Achsen sind in der Regel nicht zu sehen, Legenden oder Betitelungen fehlen ebenfalls. Bei diesem Typ lassen sich durchaus auch größere Datenbereiche so visualisieren, dass die Aussage deutlich bleibt, insbesondere solange es hauptsächlich darum geht, den Gesamtverlauf zu überblicken oder gezielt markante Punkte zu erkennen.

Säulen

Beim Typ **Säule** wird ein einfaches Balkendiagramm ohne Beschriftungen erzeugt. Die negativen Werte werden von der gedachten Achse nach unten angezeigt. Bei Bedarf kann diese Achse in Form einer einfachen Linie auch eingeblendet werden. Dies geschieht über das Menü **Achse** in der Gruppe **Entwurf ▸ Gruppieren**.

Gewinn/Verlust

Beim Typ **Gewinn/Verlust** wird für jede Zelle im Datenbereich mit gleichbleibend großen Balken nur angezeigt, ob es sich um einen Gewinn oder um einen Verlust handelt. Die Verluste erscheinen unter der gedachten oder eingeblendeten Achse.

5	Quartalsumsätze 2008	120000	130000	150000	140000
6	Quartalsumsätze 2009	110000	120000	100000	-10000
7	Quartalsumsätze 2010	140000	130000	120000	129000

Abbildung 10.2 Kennzeichnung als Gewinn oder Verlust

Auf diese etwas grobe Weise können beispielsweise verschiedene Jahre im Vergleich gekennzeichnet werden. In der Abbildung wird der Gewinn oder Verlust pro Artikel angezeigt.

Hervorheben von Punkten

Durch die Wahl der Anzeigeoptionen in der Gruppe **Entwurf ▸ Anzeigen** lassen sich bestimmte Punkte farblich hervorheben, etwa die Höchst- und Tiefstpunkte oder auch die Start- und Endpunkte. Häufig ist es auch sinnvoll, die Punkte für negative Werte besonders zu kennzeichnen. Beim Typ **Linie** können auch alle Punkte über die Option **Markierungen** auf der Linie sichtbar gemacht werden. Bei dem Typ **Säulen** steht die Option **Markierungen** nicht zur Verfügung, das ist in diesem Fall auch nicht sinnvoll. Beim Typ **Säule** sorgt die Option **Negative Punkte** dafür, dass die negativen Balken in einer anderen Farbe angezeigt werden.

10.4 Bearbeiten von Sparklines

Wenn Sparklines in einem Arbeitsblatt eingefügt sind, lässt sich auch nachträglich fast alles wieder ändern. Dies betrifft den Typ, die Farbzuordnungen und die Handhabung der Achsen, die Gruppierung, aber natürlich auch die Zuordnung des Datenbereichs. Solange Sie den Gruppenmodus nicht abschalten, reicht es, bei einer Gruppe von Sparklines eine Zelle darin auszuwählen, um die ganze Gruppe mit auszuwählen. Die Wahl von Einstellungen wie einer anderen Formatvorlage betrifft dann jeweils automatisch die gesamte Gruppe.

10.4.1 Ändern des Typs

Wenn die Datenbasis es hergibt, lässt sich jederzeit zwischen den drei Typen wechseln. Wählen Sie eine Zelle in einer Gruppe oder eine Einzelzelle mit einer Sparkline aus, und wechseln Sie unter **Entwurf ▸ Typ** zu dem neuen Typ.

10.4.2 Zuordnen von Farben

Auf dem Register **Entwurf** werden in der Gruppe **Formatvorlage** jeweils 36 Vorlagen angeboten, die Sie entweder mithilfe der kleinen Bildlaufleiste oder per Klick auf die Schaltfläche unten rechts erreichen. Sie unterscheiden sich durch unterschiedliche Farbzusammenstellungen. Separat kann aber auch die Farbe der Linie oder der Balken und die einzelner Datenpunkte bestimmt werden. Diese Auswahl überschreibt jeweils die einzelne Vorgabe einer Formatvorlage.

10.4.3 Einstellungen zu den Achsen

Das schon angesprochene Menü zu der Schaltfläche **Achse** in der Gruppe Entwurf **Gruppieren** erlaubt nicht nur, die Achse einzublenden, sondern auch benutzerdefinierte Werte für den Mindest- und den Höchstwert der vertikalen Achse anzugeben. Auf diese Weise können Sie die Achse beispielsweise so skalieren, dass die Unterschiede zwischen den verschiedenen Werten für eine Sparkline am besten einschätzbar werden. Wenn beispielsweise alle Werte relativ hoch sind und nur leicht variieren, schneiden Sie mit einem bestimmten Mindestwert den unteren Teil der Balken ab, sodass die Differenzen mehr ins Auge springen.

Solange für beide Werte die Einstellung **Automatisch für jede Sparkline** gilt, wird die Skalierung für jede Zelle relativ zu den Werten vorgenommen, die für die Zelle gelten. Die Balken für die höchsten Werte in verschiedenen Sparklines sind dann jeweils gleich lang, obwohl die absoluten Werte ganz unterschiedlich sein können.

Die Einstellung **Identisch für alle Sparklines** dagegen sorgt dafür, dass beispielsweise die Länge der Balken die unterschiedlichen Werte für die verschiedenen Sparklines tatsächlich widerspiegeln.

Neben dem vorgegebenen **Allgemeinen Achsentyp** wird auch noch die Einstellung **Datumsachsentyp** angeboten. Im Dialog muss dazu der Zellbereich mit den Datumswerten angegeben werden. Diese Option ist sinnvoll, wenn die Daten über entsprechende Datumsangaben geordnet sind, die nicht regelmäßig aufeinanderfolgen. Das folgende Beispiel zeigt Werte von drei aufeinanderfolgenden Tagen und zwei Werte, die jeweils eine Woche später liegen. Die Sparkline bildet die Werte so ab, dass die Zeitproportionen berücksichtigt werden.

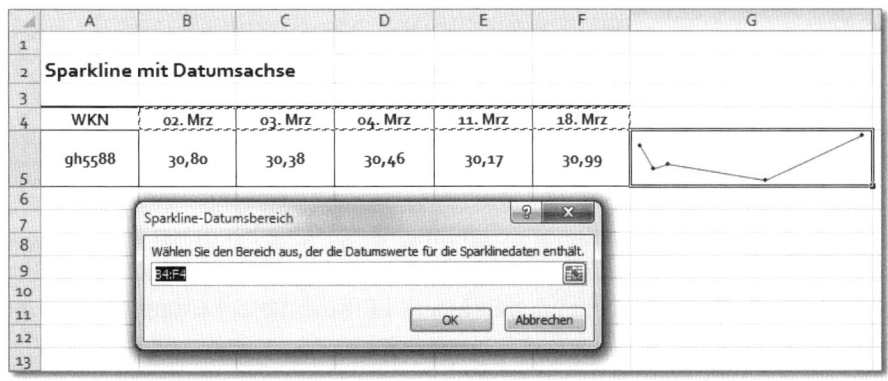

Abbildung 10.3 Sparkline mit Datumsachse

10.4.4 Behandlung leerer Zellen

Kommen im Datenbereich leere Zellen vor, lässt sich über **Entwurf ▸ Sparkline** das Menü **Daten bearbeiten** öffnen. Über die Option **Ausgeblendete und leere Zellen** bestimmen Sie, wie Excel verfahren soll. Es gibt die Möglichkeit, eine Lücke zu lassen, als Zellwert eine Null vorzugeben oder die Linie zwischen dem vorhergehenden und dem folgenden Wert einfach durchzuziehen, was allerdings bedeutet, dass ein Art »Zwischenwert« angenommen wird. Das muss aber der Realität überhaupt nicht entsprechen.

10.4.5 Gruppen- oder Einzelbehandlung

In den meisten Fällen werden Sparklines vermutlich gruppenweise verwendet. Wird beim Einfügen im Dialog **Sparklines erstellen** unter **Positionsbereich** ein Zellbereich angegeben, gruppiert Excel den entsprechenden Zellbereich automatisch. Das Anklicken einer Zelle in diesem Bereich wählt dann den gesamten Zellbereich aus. Nachfolgende Befehle beziehen sich in der Regel auf alle Sparklines in diesem Bereich, etwa Änderungen der Farben oder der Formatvorlage über das Register **Entwurf**. Auch Einstellungen zu den Achsen in der Gruppe **Gruppieren** gelten für alle Elemente der Gruppe.

Aufheben der Gruppierung

Alternativ lässt sich aber auch mit einzelnen Sparkline-Zellen arbeiten.

1. Soll für eine einzelne Zelle oder eine Reihe von Zellen der Gruppenmodus aufgehoben werden, markieren Sie die entsprechenden Zellen diesmal explizit, per Mausklick bzw. mit der Kombination `Strg` + Klick oder `⇧` + Klick. Soll die gesamte Gruppe aufgelöst werden, muss auch der gesamte Bereich markiert werden.

2. Benutzen Sie **Entwurf ▸ Gruppieren ▸ Gruppierung aufheben**.

3. Bearbeiten Sie die einzelnen Sparkline-Zellen anschließend unabhängig voneinander.

Beachten Sie, dass Excel nicht markierte Zellen in einer Gruppe bei dieser Aktion auch tatsächlich in einer Restgruppe belässt. Falls es notwendig wird, die vereinzelten Zellen später wieder zu einer Gruppe zusammenzufassen, hilft der Befehl **Gruppieren** in der gleichnamigen Gruppe.

Löschen von Sparklines

Zum Löschen stehen in der Gruppe **Gruppieren** zwei Befehle über das Löschsymbol zur Verfügung. **Ausgewählte Sparklines** kann verwendet werden, um vorher markierte Zellen zu löschen. Der Rest einer Gruppe bleibt in diesem Fall erhalten. Soll die ganze Gruppe gelöscht werden, reicht es wieder, eine Zelle darin auszuwählen und mit dem Befehl **Ausgewählte Sparklinegruppen löschen** zu arbeiten. Wie der Name schon andeutet, lassen sich dabei auch mehrere Gruppen gleichzeitig löschen. Um beispielsweise drei Spalten mit Sparklines zu löschen, müssen nur drei Zellen in einer Zeile darin markiert werden.

Datenquellen bearbeiten

Auch wenn nachträglich der Quelldatenbereich geändert werden soll, kann dies für eine einzelne Sparkline oder für eine Gruppe gemacht werden. Um die Korrektur für eine Gruppe vorzunehmen, muss nur eine beliebige Sparkline-Zelle darin ausgewählt sein. Über **Entwurf ▸ Daten bearbeiten ▸ Gruppenspeicherort und -daten bearbeiten** öffnen Sie den Dialog, in dem Sie sowohl den Datenbereich, als auch den Positionsbereich ändern können. Auf diese Weise lassen sich beispielsweise beide Bereiche ausdehnen oder auch verschieben.

Soll dagegen der Datenbereich nur für einzelne Sparklines geändert werden, wählen Sie diese zunächst aus und benutzen **Entwurf ▸ Daten bearbeiten ▸ Daten einer einzelnen Sparkline bearbeiten**. Im Dialog geben Sie den neuen Quellbereich an.

Alle in den letzten Abschnitten angesprochenen Befehle finden Sie auch in dem Kontextmenü zu Sparklines über die Option **Sparklines**.

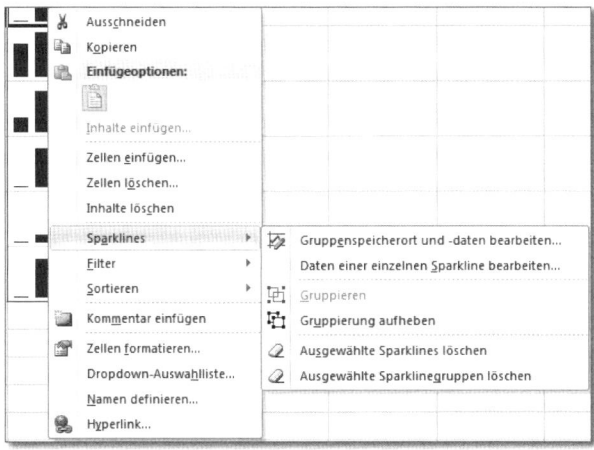

Abbildung 10.4 Kontextmenü zu einer Sparklines-Gruppe

11 Tabellenblätter grafisch aufbereiten

Zur Unterstützung von organisatorischen Maßnahmen, Planspielen und insbesondere zu Präsentationszwecken sind neben Diagrammen häufig auch Schaubilder, Skizzen, Logos, Abbildungen und dergleichen gefragt. Außerdem können grafische Objekte als Startfläche für Makros oder Hyperlinks benutzt werden. Falls Sie hierfür nicht mit einem gesonderten Programm arbeiten wollen, stellt Ihnen Excel 2010 dafür einfach zu handhabende, aber erstaunlich effektive Werkzeuge zur Verfügung. Ganz neu ist die Möglichkeit, Screenshots aus dem Programm heraus zu erstellen und in Arbeitsblätter einzufügen. Gleichzeitig wurde das Bearbeiten von Bildern so erweitert, dass die Grundfunktionen, die sonst in speziellen Fotobearbeitungsprogrammen üblich sind, direkt in Excel zur Verfügung stehen. Das geht bis hin zu künstlerischen Effekten wie Weichzeichnen, Strichzeichnungen oder dem Malen mit Wasserfarben. Die Ergebnisse, die auf diese Weise möglich sind, können sich durchaus sehen lassen.

Überblick über die grafischen Werkzeuge

Es gibt in Excel 2010 mehrere Möglichkeiten, über Diagramme und Sparklines hinaus grafische Objekte zu erzeugen. Alle Werkzeuge dazu werden über die Registerkarte **Einfügen** in den beiden Gruppen **Illustrationen** und **Text** angeboten.

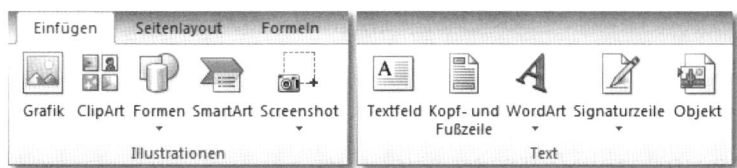

Abbildung 11.1 Die Gruppen »Illustrationen« und »Text« auf dem Register »Einfügen«

- Um eigene Zeichnungen, etwa ein Flussdiagramm, zu erstellen, können Sie die Palette **Formen** in der Gruppe **Illustrationen** verwenden, eine umfangreiche Zusammenstellung von grafischen Elementen. Für die Bearbeitung wird unter **Zeichentools** das Register **Format** angeboten, wenn das Objekt ausgewählt ist.

- Vorhandene grafische Objekte und Bilder können aus ClipArt-Sammlungen übernommen werden. Excel öffnet über die Schaltfläche **Illustrationen ▸ ClipArt** dafür einen speziellen Aufgabenbereich **ClipArt** und stellt dort über den Link **Auf Office.com weitersuchen** zusätzlich das Clip-Angebot aus dem Office-Portal von Microsoft zur Verfügung. Für die Bearbeitung wird unter **Bildtools** das Register **Format** angeboten, wenn ein solches Objekt ausgewählt ist.

- Fertige Grafiken lassen sich über die Schaltfläche **Illustrationen ▸ Grafik** aus vorhandenen Dateien einfügen und dann mit den Werkzeugen behandeln, die unter **Bildtools** auf dem Register **Format** angeboten werden, sobald das Objekt ausgewählt ist.

- Die Erstellung von Organigrammen und anderen schematischen Zeichnungen wird über die Schaltfläche **Illustrationen ▸ SmartArt** durch ein spezielles Dialogfeld unterstützt, das einen umfangreichen SmartArt-Katalog enthält. Für die Detailbearbeitung stehen die dann eingeblendeten **SmartArt-Tools** mit den Registerkarten **Entwurf** und **Format** zur Verfügung.

- Über die Schaltfläche **Illustrationen ▸ Screenshot ▸ Bildschirmausschnitt** lässt sich ein mit der Maus aufgezogener Bereich des Bildschirms in das Tabellenblatt einfügen. Die Bearbeitung erfolgt wieder unter **Bildtools** auf dem Register **Format**.

- Über die Palette der Schaltfläche **Text ▸ WordArt** lassen sich auf einfache Weise dekorative Schriftzüge als Überschriften oder Logos in eine Arbeitsmappe einbringen. Auch in diesem Fall wird für die Bearbeitung unter **Zeichentools** das Register **Format** angeboten.

Hinzu kommen noch die Möglichkeiten, über die Schaltfläche **Text ▸ Objekt** Grafiken oder Videos in Excel einzubetten oder die Arbeitsmappe mit solchen Objekten zu verknüpfen. Darauf wird in Kapitel 22, »Daten mit anderen Anwendungen austauschen«, noch eingegangen.

11.1 Vorgegebene und freie Formen zeichnen

Über **Einfügen ▸ Illustrationen ▸ Formen** wird eine umfangreiche Palette mit zahlreichen Werkzeugen zum Zeichnen bereitgestellt. An dem Anfasser unten rechts kann sie in Größe und Breite verändert werden. In der ersten Gruppe werden immer die zuletzt verwendeten Formen notiert, um den Zugriff darauf zu beschleunigen.

11.1 Vorgegebene und freie Formen zeichnen

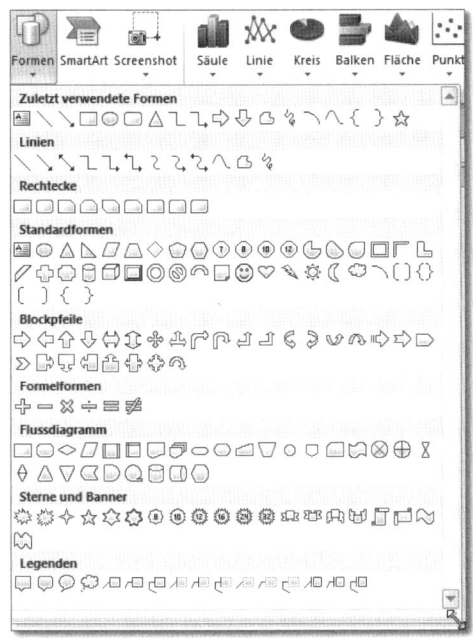

Abbildung 11.2 Formen-Palette

Zeichnen einer einfachen Form

Um nun beispielsweise im Arbeitsblatt ein Rechteck zu zeichnen, können Sie folgendermaßen verfahren:

1. Klicken Sie in der Palette der Schaltfläche **Formen** auf eines der **Rechtecke** in der Gruppe. Zum Zeichnen wird der Zellzeiger automatisch durch den Zeichencursor ersetzt und die Palette wieder ausgeblendet.

2. Positionieren Sie den kreuzförmigen Mauszeiger an die Stelle, an der die eine Ecke des Rechtecks liegen soll.

3 Ziehen Sie mit gedrückter Maustaste in Richtung der gegenüberliegenden Ecke, bis das Rechteck die gewünschte Größe erreicht hat. Loslassen der Maustaste beendet das Zeichnen.

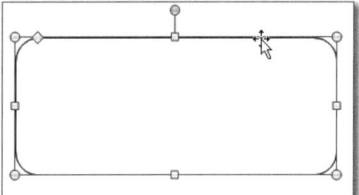

Das Objekt wird mit den Anfassern angezeigt, ist also für weitere Bearbeitung ausgewählt.

> **TIPP**
>
> **Werkzeuge mehrfach verwenden**
>
> Normalerweise wird ein Zeichenwerkzeug wieder »abgeschaltet«, wenn Sie die Maus loslassen. Wollen Sie aber z. B. mehrere Pfeile nacheinander zeichnen, sollten Sie das Pfeilsymbol zuerst mit rechts anklicken und die Option **Zeichenmodus sperren** nutzen. Es bleibt dann so lange aktiv, bis diese Option durch einen Klick auf die Pfeilschaltfläche wieder aufgehoben wird.

Das Verfahren für einen Kreis bzw. eine Ellipse ist entsprechend. Bei Linien und Pfeilen ziehen Sie mit der Maus vom Anfangs- zum Endpunkt. Die Pfeilspitze liegt als Vorgabe jeweils am Endpunkt. Quadrate und Kreise lassen sich erzeugen, wenn Sie beim Zeichnen eines Rechtecks bzw. einer Ellipse die ⇧-Taste gedrückt halten. Beim Zeichnen von Linien bewirkt die ⇧-Taste, dass nur Linien mit Winkeln, die ein Vielfaches von 15 Grad sind, gezeichnet werden. Wenn Sie beim Zeichnen mit den Werkzeugen **Rechteck** oder **Ellipse** während des Aufziehens die Strg-Taste gedrückt halten, wird das Objekt von seinem Mittelpunkt aus aufgezogen. Eine Kombination aus ⇧- und Strg-Taste führt zum Zeichnen eines Quadrats bzw. Kreises vom Mittelpunkt aus.

Anstatt ein Rechteck aufzuziehen, können Sie auch zunächst nur die Stelle anklicken, die die linke obere Ecke festlegt. Excel produziert dann eine vorgegebene Form des jeweiligen Objekttyps, die Rechteck-Funktion zeichnet z. B. ein Quadrat, die Ellipsen-Funktion einen Kreis. Die gewünschten Abmessungen legen Sie erst in der Nachbearbeitung fest.

Soll erreicht werden, dass der Cursor ausschließlich grafische Objekte und keine Zellen markiert, kann auf der Registerkarte **Start** in der Gruppe **Bearbeiten** unter **Suchen und Auswählen** die Option **Objekte markieren** aktiviert werden. Diese Einstellung bleibt dann aktiv, bis sie explizit wieder aufgehoben wird. Sie ist ganz hilfreich, wenn zahlreiche Objekte zu bearbeiten sind.

Kurven, Freihandformen und Skizzen

Insbesondere für freie Zeichnungen finden Sie in der **Formen**-Palette unter **Linien** drei Objekttypen, die hier etwas genauer behandelt werden sollen: **Kurven**, **Freihandformen** und **Skizzen**.

Alle drei Objekttypen sind Sonderformen von Bézierkurven. Damit lassen sich auf eine sehr einfache Weise Rundungen und Bögen exakt darstellen. Jede Kurve besteht aus einem oder mehreren Kurvensegmenten, die jeweils über einen Anfangs- und einen Endpunkt verfügen. Dabei ist der Endpunkt des ersten Kurvensegments gleichzeitig der Anfangspunkt des nächsten Kurvensegments. Die Verbindung zwischen den beiden Punkten ist entweder eine Gerade oder eine gekrümmte Linie. Die Krümmung der Linie hängt von der Lage der sogenannten Stützpunkte ab, die sich an jedem Kurvenpunkt befinden. Stellen Sie sich die Stützpunkte gewissermaßen mit magnetischer Anziehungskraft ausgestattet vor, die die Krümmung der Verbindungskurve wie ein metallisches Band zwischen Anfangs- und Endpunkt definiert.

Zeichnen einer Kurve

Bevor Sie mit dem Zeichnen beginnen, ist es meist sinnvoll, die Anzeige der Gitternetzlinien für das verwendete Arbeitsblatt abzuschalten. Benutzen Sie auf dem Register **Ansicht** in der Gruppe **Anzeigen** die entsprechende Option.

1 Aktivieren Sie über **Einfügen ▸ Illustrationen ▸ Formen** das Werkzeug **Kurve** in der Gruppe **Linien**. Klicken Sie mit dem Fadenkreuz an den Anfangspunkt der Kurve.

2 Setzen Sie den Scheitelpunkt für den ersten Bogen in der Figur, indem Sie mit der Maus an diese Stelle klicken.

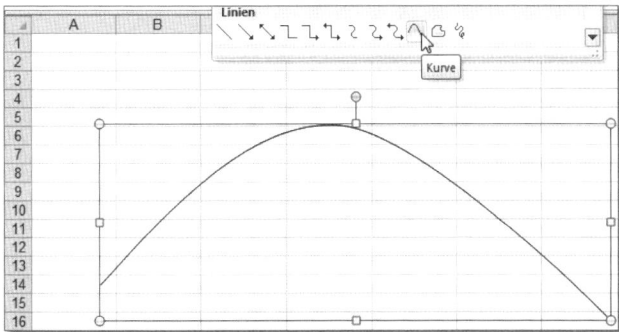

3 Setzen Sie alle weiteren Scheitelpunkte für die gewünschte Form. Das Programm gibt automatisch eine Krümmung für die Verbindung aufeinanderfolgender Kurvenpunkte vor.

4 Der letzte Kurvenpunkt wird mit einem Doppelklick gesetzt. Wenn Sie dabei auf den Anfangspunkt klicken, erhalten Sie eine geschlossene Form.

Zeichnen einer Freihandform

Mit der Funktion **Freihandform** lassen sich ganz einfach beliebige Polygone zeichnen:

1 Aktivieren Sie das Werkzeug **Freihandform** in der Gruppe **Linien**. Setzen Sie das Fadenkreuz an den Anfangspunkt für Ihre Freihandform.

2 Für eine gerade Verbindung zum nächsten Kurvenpunkt klicken Sie mit der Maus an den Anfangspunkt Ihrer Figur.

3 Wenn Sie die Maus verschieben, zieht Excel eine Linie vom Anfangspunkt bis zur Mausposition. Durch Klicken der Maus wird die Linie fixiert und mit dem Zeichnen des nächsten Linienzugs begonnen. Ein misslungenes Stück kann mit der [Löschen]-Taste wieder gelöst werden.

4 Für beliebig geformte Verbindungen von Kurvenpunkten halten Sie die Maustaste gedrückt und zeichnen mit dem Stift die gewünschte Linienführung.

5 Sobald Sie die Maustaste wieder loslassen, können Sie mit der Klick-Methode aus Schritt 3 die Kurve als Gerade fortsetzen.

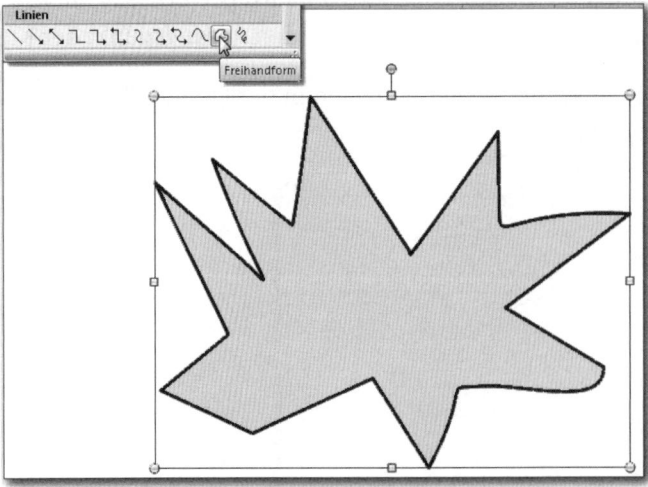

6 Der letzte Kurvenpunkt wird mit einem Doppelklick gesetzt oder entsteht durch das Schließen der Figur, wenn der Ausgangspunkt angeklickt wird.

11.1 Vorgegebene und freie Formen zeichnen

Skizzieren

1 Aktivieren Sie das Werkzeug **Skizze** in der Gruppe **Linien**. Setzen Sie das Fadenkreuz an den Anfangspunkt Ihrer Freihandform.

2 Halten Sie die Maustaste gedrückt, und zeichnen Sie mit dem Stift die gewünschte Linienführung.

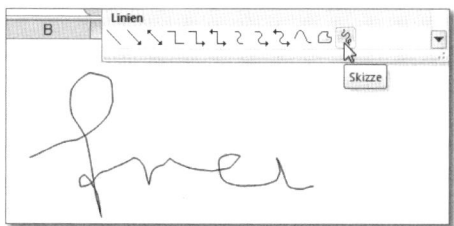

3 Sobald Sie die Maustaste wieder loslassen, ist das Objekt fertig gezeichnet. Wenn die Maus sich dabei über dem Anfangspunkt des Objektes befindet, entsteht eine geschlossene Form.

Ein Flussdiagramm anlegen

Besonders effektiv können Formen eingesetzt werden, wenn es darum geht, eine Zeichnung mit vorgefertigten Elementen zusammenzustellen. Ein typisches Beispiel ist ein Flussdiagramm für die Planung einer IT-Lösung:

1 Legen Sie die einzelnen Elemente für das Diagramm an. Dazu stehen die entsprechenden Symbole in der Palette **Formen** unter **Flussdiagramm** zur Verfügung. Die Bedeutung der einzelnen Elemente wird angezeigt, wenn Sie die Maus einen Moment daraufhalten. Sobald das erste Element gezeichnet ist, wird die Palette übrigens auch über die Gruppe **Formen einfügen** auf dem Register **Format** angeboten.

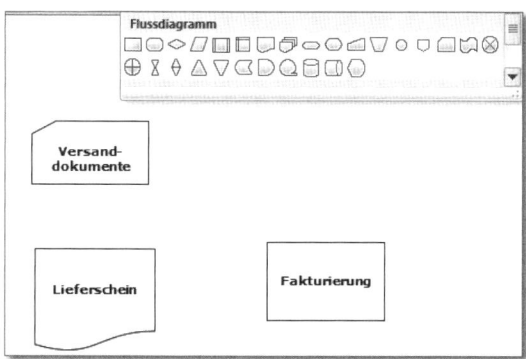

2 Um die Elemente zu beschriften, markieren Sie das Element mit der rechten Maustaste, und wählen Sie im Kontextmenü **Text bearbeiten**. Über die eingeblendete Minisymbolleiste können Sie vorweg noch Schriftart, -grad und -schnitt festlegen. Im Objekt blinkt der Texteingabecursor, und um das Objekt wird ein schraffierter Rahmen angezeigt. Geben Sie den gewünschten Text ein. Klicken Sie mit der Maus außerhalb des Objektes, um die Eingabe abzuschließen, oder benutzen Sie im Kontextmenü **Textbearbeitung beenden**.

3 Ziehen Sie mit der Maus ein Rechteck auf, das alle Objekte einschließt und sie auswählt (dazu muss die Option **Objekte auswählen** – wie oben beschrieben – eingeschaltet sein). Um alle Texte zu zentrieren, klicken Sie die Auswahl mit der rechten Maustaste an und benutzen die Schaltfläche **Zentriert**.

4 Um Verbindungslinien zwischen den Objekten einzufügen, wählen Sie aus der Gruppe **Linien** den Doppelpfeil als Verbindungslinientyp aus.

5 Bewegen Sie den Mauszeiger über das Objekt, das am Anfang der Verbindungslinie stehen soll. Die Anknüpfungspunkte erscheinen als kleine farbige Quadrate.

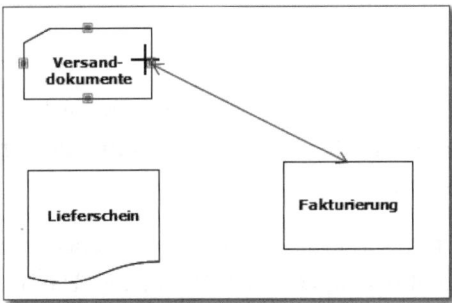

6 Klicken Sie mit der Maus auf den gewünschten Anknüpfungspunkt, und ziehen Sie die Maus zu dem Objekt, das am Ende der Verbindungslinie stehen soll. Auch hier erscheinen wieder alle Anknüpfungspunkte als kleine Quadrate. Eine blasser kolorierte Linie deutet den jeweiligen Verlauf der Verbindungslinie an. Sobald Sie auf einen Anknüpfungspunkt klicken, wird die Verbindungslinie gezogen.

Feinarbeit am Flussdiagramm

Nachdem Sie das Flussdiagramm angelegt haben, sind noch ein paar Schönheitskorrekturen nötig.

1 Verschieben Sie mit der Maus die einzelnen Objekte exakt an die gewünschte Position. Die Verbindungslinien werden dabei zusammen mit dem Objekt verschoben und angepasst.

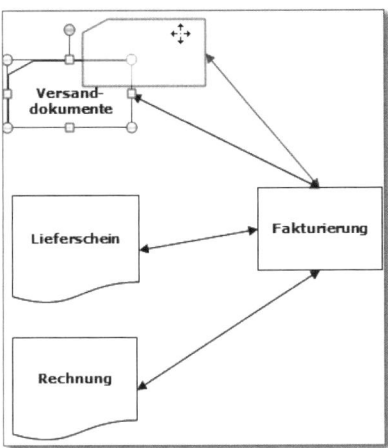

2 Bei Bedarf können Sie auch die Größe und die Proportion der Objekte durch Ziehen der Anfasser verändern. Außerdem können die Größenangaben auch akkurat über die beiden Listenfelder in der Gruppe **Größe** eingegeben oder ausgewählt werden, die auf dem Register **Format** angeboten wird, wenn ein grafisches Objekt ausgewählt ist.

3 Sollen Objekte in gleicher Höhe oder bündig zueinander angeordnet werden, markieren Sie die Objekte mit gedrückter Umschalttaste und benutzen auf der Registerkarte **Format** in der Gruppe **Anordnen** die Optionen unter **Ausrichten**.

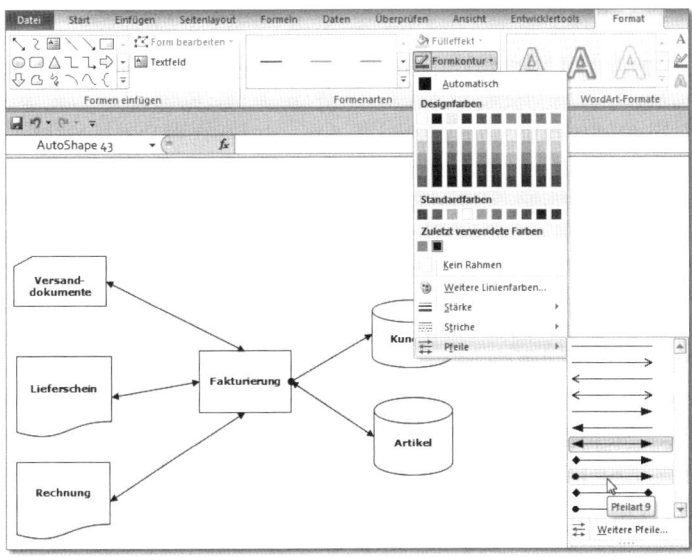

11 Tabellenblätter grafisch aufbereiten

4 Sollen Umriss- und Füllungsattribute für Objekte oder Verbindungslinien geändert werden, markieren Sie das betreffende Objekt und wählen die Attribute aus der Musterpalette in der Gruppe **Formenarten**. Reichen die vorgegebenen Muster nicht aus, können Sie über die Paletten zu **Fülleffekt**, **Formkontur** oder **Formeffekte** eigene Lösungen definieren. Die Abbildung zeigt z. B. die Auswahl von stärkeren Pfeilspitzen.

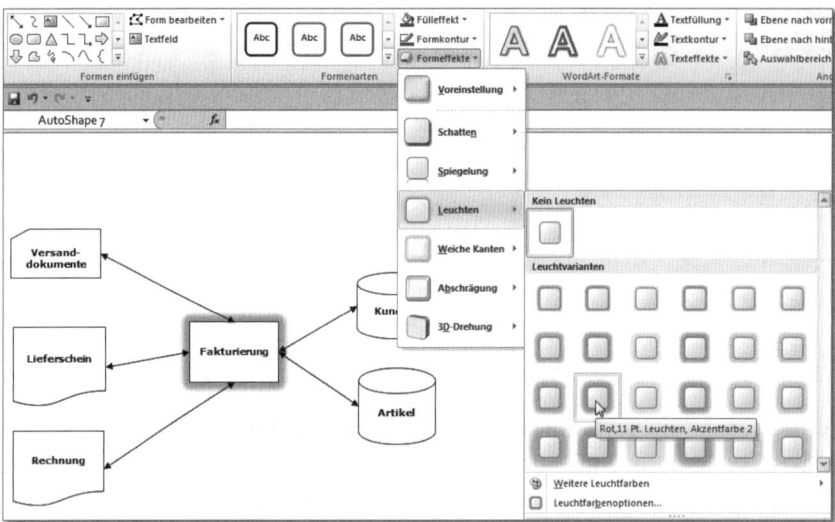

5 Über die Schaltfläche **Formeffekte** können den ausgewählten Objekten Schattierungen, Spiegelungen, weiche Kanten oder Beleuchtungseffekte zugefügt werden, die der Darstellung ein professionelles Aussehen verleihen.

11.2 Feinarbeit an grafischen Objekten

Nachdem Objekte in ein Blatt eingefügt worden sind, sind oft noch einige Nachbearbeitungsschritte notwendig, um das gewünschte Ergebnis zu erreichen. In den meisten Fällen hat z. B. ein durch einfaches Klicken eingefügtes Objekt nicht die gewünschten Abmessungen.

Größe, Proportion und Drehung ändern

Zweidimensionale Objekte erscheinen im Tabellenblatt mit acht Ziehpunkten und einem Drehpunkt, Linien mit zwei Ziehpunkten. Mit den Eckziehpunkten können Sie, wenn Sie gleichzeitig die ⇧-Taste gedrückt halten, die Größe des Objektes unter Beibehaltung der Proportionen ändern. Die Ziehpunkte auf den Seitenmitten erlauben das Dehnen oder

Stauchen. Drücken der ⟨Strg⟩-Taste führt zu einer entsprechenden Verschiebung des gegenüberliegenden Ziehpunktes bzw. der gegenüberliegenden Objektseite.

Steht der Mauszeiger auf dem grünen Drehpunkt, kann durch Ziehen mit der Maus das Objekt um seinen Mittelpunkt gedreht werden. Wenn Sie mehrere Objekte gleichzeitig auswählen, können Sie auch gleichzeitig gedreht werden. Bei gedrückter ⟨⇧⟩-Taste werden Winkelstufen von jeweils 15 Grad erzwungen, kombiniert mit der ⟨Strg⟩-Taste erfolgt die Drehung nicht um den Objektmittelpunkt, sondern um den Markierungspunkt, der dem angewählten diagonal gegenüberliegt.

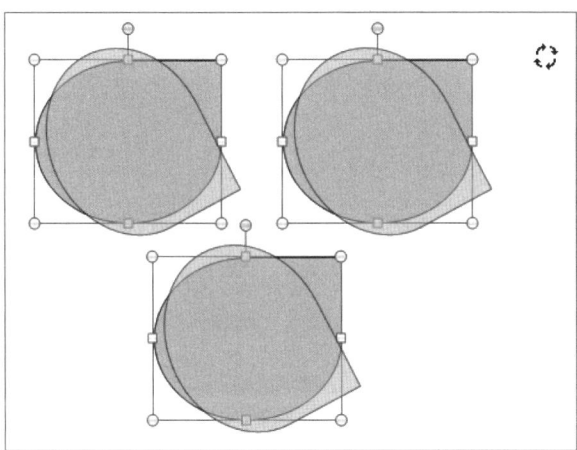

Abbildung 11.3 Gleichzeitiges Drehen mehrerer Objekte

Zum Drehen um 90 Grad und –90 Grad dienen die beiden Befehle **Rechtsdrehung 90 Grad** bzw. **Linksdrehung 90 Grad** aus dem Untermenü zu **Drehen** in der Gruppe **Anordnen**. Mit den beiden **Kippen**-Befehlen dort kann das Objekt auch um die horizontale bzw. vertikale Achse gespiegelt werden. Die Option **Weitere Drehungsoptionen** öffnet den Dialog **Form formatieren** mit der Seite **Größe**, auf der unter **Drehung** exakte Winkelangaben möglich sind.

Der Dialog »Form formatieren«

Der angesprochene Dialog kann auch direkt per Klick auf den Dialogfeldstarter in der Gruppe **Größe** geöffnet werden. Dort lassen sich auf der Seite **Größe** exakte Angaben zu Höhe und Breite machen. Unter **Skalierung** können Sie auch Prozentwerte auswählen, die auf die bisherige Größe bezogen sind.

Die Seite **Eigenschaften** bietet außerdem die Möglichkeit, das Objekt gegen Veränderungen zu sperren, wie es bereits für Zellbereiche beschrieben ist. Wird die Option **Gesperrt** aufgehoben, bleibt das Objekt auch nach der Aktivierung des Dateischutzes für die Bearbeitung zugänglich. Bei Textfeldern lässt sich zusätzlich auch der Text sperren. Beides wird erst wirksam, wenn das Blatt insgesamt geschützt wird.

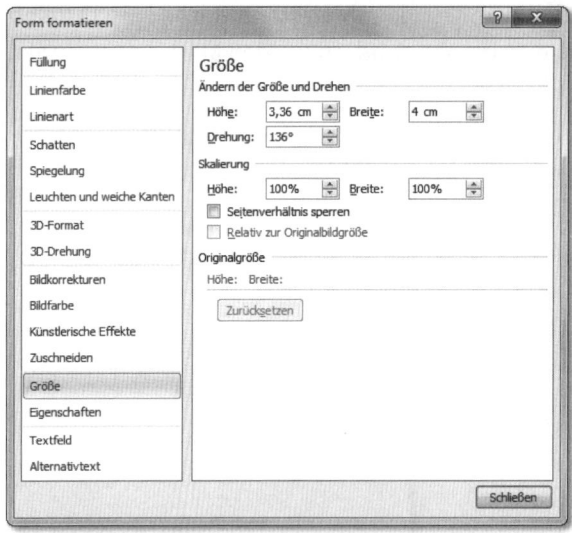

Abbildung 11.4 Die Seite »Größe« im Dialog »Form formatieren«

Unter **Objektpositionierung** wird hier außerdem die Beziehung zwischen einem grafischen Objekt und den Zellen des zugehörigen Tabellenblatts geregelt. Vorgabe ist die Option **Von Zellposition und -größe abhängig**. Werden die Zellen verlagert, wird das im Zellbereich vorkommende Objekt mitgenommen. Wird die Größe der Zellen verändert, ändert das Objekt seine Größe mit. **Nur von Zellposition abhängig** bedeutet, dass Größenänderungen an den Zellen keinen Einfluss auf das Objekt haben. Bei Ortsveränderungen wird das Objekt dagegen mitgenommen. Völlig unabhängig von der Tabelle ist das Objekt bei der Option **Von Zellposition und -größe unabhängig**.

Außerdem kann hier festgelegt werden, ob ein Objekt beim Drucken einer Tabelle mit gedruckt wird oder nicht. Diese Entscheidung ist wichtig bei Objekten, die nur innerhalb der Tabelle (etwa Textfelder als Hinweise oder Objekte zum Start von Makros) benötigt werden.

Ersatztexte für grafische Objekte

Bei allen grafischen Objekten bietet Excel im Dialogfeld **... formatieren** immer eine Seite **Alternativtext** an. Unter **Titel** und **Beschreibung** lassen sich Texte ablegen, die anstelle der Grafik angezeigt oder auch vorgelesen werden können, um Personen mit Sehbehinderungen über den Inhalt des Objektes zu informieren.

Abbildung 11.5 Texte abgelegen, die anstelle von Grafiken angeboten werden

Objekte verschieben oder kopieren

Um Objekte zu verschieben, setzen Sie den Pfeil exakt auf einen sichtbaren Teil des Objektes (Umriss oder Füllung). Der Mauszeiger erhält über einem Objekt zusätzlich an seiner Spitze einen Vierfachpfeil. Ziehen Sie mit gedrückter linker Maustaste das Objekt an die gewünschte Position. Wenn Sie gleichzeitig die `Strg`-Taste gedrückt halten, wird das Objekt kopiert.

Attribute für Objekte

Jedes Formobjekt hat neben seiner Form, die durch die Kontur, den Umriss, gegeben ist, weitere Eigenschaften: die Linienfarbe, die Linienart und die Füllung. All dies kann über die schon angesprochenen Auswahllisten in der Gruppe **Formenarten** verändert werden. Alternativ steht auch das Dialogfeld **Form formatieren** zur Verfügung, das über das Kontextmenü des Objektes mit dem gleichnamigen Befehl geöffnet werden kann. Stattdessen können Sie auch die Dialogfeldstarter in den Gruppen **Formarten** oder **Größe** anklicken.

11   Tabellenblätter grafisch aufbereiten

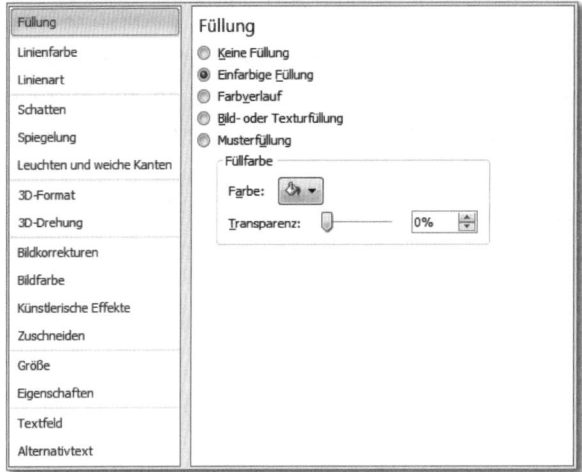

Abbildung 11.6 Formatdialog für eine Autoform

Umriss und Füllung

Für die Gestaltung der Umrisse und Füllungen steht zunächst die schon angesprochene Musterpalette in der Gruppe **Format ▸ Formenarten** zur Verfügung. Solange die Livevorschau aktiviert ist, werden die markierten Objekte jeweils in dem Design ausgegeben, das der Mauszeiger berührt. Ein Klick ordnet das ausgewählte Design zu.

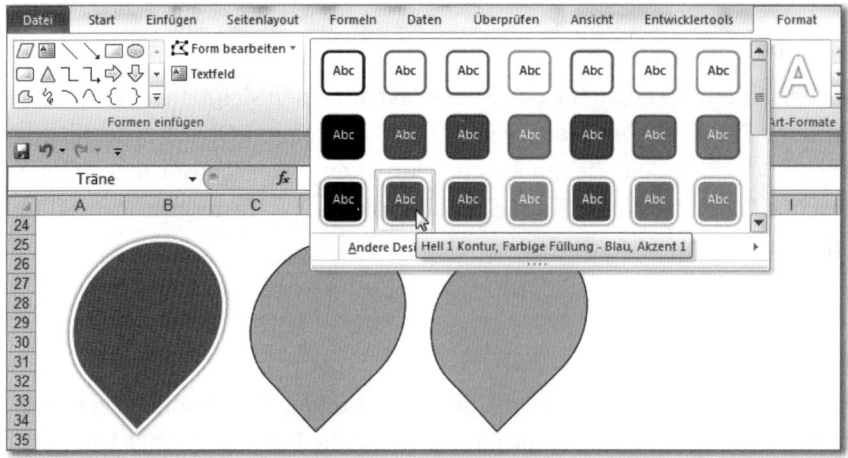

Abbildung 11.7 Palette der Designfüllungen für markierte Objekte

Genügen die Vorlagen nicht, kann die Zuweisung von Farben, Farbverläufen oder Texturen über die Palette **Fülleffekt** in der Gruppe **Formenarten** erfolgen.

11.2 Feinarbeit an grafischen Objekten

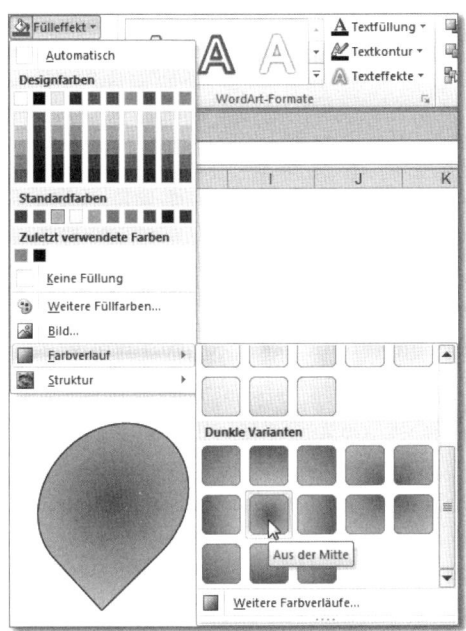

Abbildung 11.8 Palette der Fülleffekte

Reichen die angebotenen Farben nicht, können Sie über die Option **Weitere Füllfarben** den Dialog **Farben** erreichen, der die exakte Mischung eigener Farben unter Angabe der entsprechenden Rot-, Grün- und Blau-Anteile erlaubt.

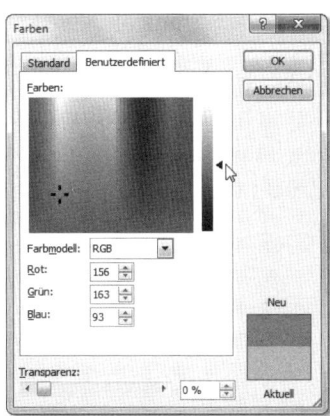

Abbildung 11.9 Benutzerdefinierte Farbauswahl

Außerdem können hier Transparenzgrade in Prozent angegeben werden. Die folgende Abbildung zeigt ein transparentes Objekt über einem anderen, dessen Farbe dann durchscheint.

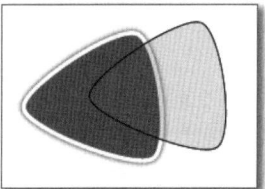

Abbildung 11.10 Rransparente Farbfüllung für das obere Objekt

Bei Flächen stehen außerdem über die Optionen **Bild**, **Farbverlauf** und **Struktur** die schon in Kapitel 9, »Diagramme optimal einsetzen«, gezeigten Fülleffekte zur Verfügung.

> **HINWEIS**
>
> **Grafische Formate kopieren**
>
> Wie bei Zellbereichen lässt sich auch bei ausgewählten grafischen Objekten die Formatierung mit dem Symbol **Format übertragen** auf andere Objekte ausweiten. Die Zuweisung erfolgt per Mausklick auf das Zielobjekt.

11.2.1 Bézierkurven bearbeiten

Die Objekte **Kurve**, **Freihandform** und **Skizze** können in ihrem Kurvenverlauf noch detaillierter verändert werden, als bisher beschrieben. Prinzipiell können Sie mit solchen Bézierkurven jede beliebige offene oder geschlossene Objektform erzeugen. Dazu muss auf der Registerkarte **Format** aus der Gruppe **Formen einfügen** unter **Form bearbeiten** der Befehl **Punkte bearbeiten** aufgerufen werden, der den Modus **Punktbearbeitung** aktiviert.

Dabei werden alle Punkte der vorher ausgewählten Bézierkurve sichtbar und veränderbar. Die für die Punktbearbeitung notwendigen Befehle finden sich nur in dem Kontextmenü, das während der Punktbearbeitung aufgerufen werden kann, indem über einem Punkt oder einem Kurvenabschnitt die rechte Maustaste gedrückt wird.

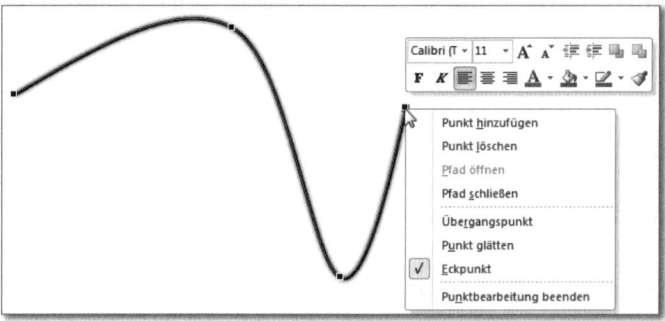

Abbildung 11.11 Kontextmenü der sichtbar gemachten Kurvenpunkte

1 Wählen Sie die zu bearbeitende Kurve oder Freihandform aus, und benutzen Sie den Befehl **Punkte bearbeiten**. Die Bézierkurve wird mit allen Punkten angezeigt, die den Kurvenverlauf definieren.

2 Mit gedrückter Maustaste können Sie jeden Punkt einzeln an eine neue Position verschieben. Dabei ändert sich die Krümmung der Verbindungslinien zu den benachbarten Punkten.

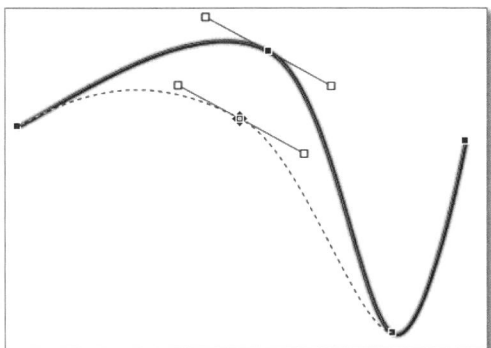

3 Wenn Sie den Mauszeiger über einen Kurvenabschnitt setzen und mit gedrückter Maustaste dort ziehen, wird ein neuer Punkt eingefügt und die Kurve entsprechend verändert.

4 Zum Löschen eines nicht benötigten Punkts klicken Sie diesen Punkt mit rechts an und wählen **Punkt löschen**.

Die unterschiedlichen Punktformen

Der Verlauf der Verbindungslinie zwischen zwei Punkten einer Kurve wird von Stützpunkten bestimmt. Stützpunkte können ebenfalls verschoben werden, sodass sich unterschiedliche Krümmungen ergeben. Die Stützpunkte und ihre Verbindungslinien zu den Punkten sind nur sichtbar, wenn ein Punkt durch Anklicken ausgewählt ist. Je nach Position der Stützpunkte relativ zueinander und relativ zum Punkt werden verschiedene Punktarten unterschieden. Jeder Punkt kann über das Kontextmenü in einen beliebigen anderen Punkt umgewandelt werden.

Übergangspunkte haben die Stützpunkte symmetrisch auf einer Tangente durch den Punkt angeordnet. Dabei haben beide Stützpunkte denselben Abstand zum Punkt. Wenn also ein Stützpunkt verschoben wird, verschiebt sich der andere entgegengesetzt. Die Krümmung ist rechts und links eines geraden Punktes gleich. Im Unterschied dazu können bei der Option **Punkt glätten** die Stützpunkte vom Punkt unterschiedlich entfernt sein.

11 Tabellenblätter grafisch aufbereiten

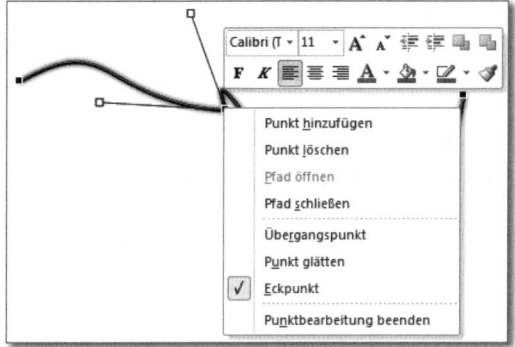

Abbildung 11.12 Kontextmenü zu einem ausgewählten Punkt

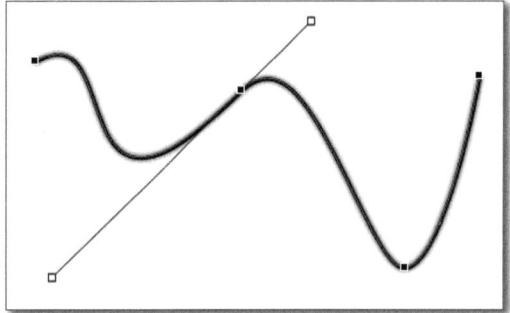

Abbildung 11.13 Geglätteter Punkt

Beim **Eckpunkt** sind die beiden Stützpunkte völlig unabhängig voneinander und stehen in einem beliebigen Winkel zueinander, sodass auch Spitzen gebildet werden können.

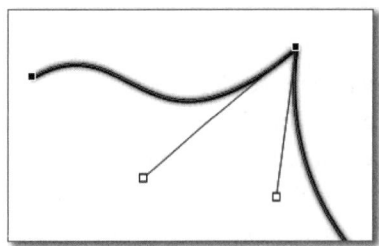

Abbildung 11.14 Eckpunkt mit Tangenten

Wenn die rechte Maustaste über einem Kurvenabschnitt gedrückt wird, erscheint ein anderes Kontextmenü. Mit **Gerader Abschnitt** kann eine gekrümmte Verbindungslinie in eine Gerade und umgekehrt mit **Gekrümmter Abschnitt** eine gerade Verbindungslinie in eine gekrümmte umgewandelt werden.

11.2 Feinarbeit an grafischen Objekten

Aus einer offenen Kurve kann mit **Pfad schließen** ganz einfach eine geschlossene erzeugt werden. Entsprechend kann mit **Pfad öffnen** eine geschlossene Kurve geöffnet werden. Dazu wird der Punkt aufgeteilt, an dem die Kurve bei ihrer Konstruktion geschlossen wurde.

11.2.2 Techniken für komplexe Zeichnungen

Komplexere Grafiken entstehen durch die Kombination mehrerer Objekte, die dann in der gewünschten Weise neben- oder auch übereinander ausgerichtet werden.

Reihenfolge

Alle Objekte werden zueinander in unterschiedlichen Ebenen angeordnet. Ein Objekt liegt über einem anderen Objekt, das wieder unter einem dritten liegt. Die Hierarchie wird zunächst einfach durch die Reihenfolge der Erstellung festgelegt. Sie kann über die Optionen in der Gruppe **Anordnen** auf der Registerkarte **Format** beliebig verändert werden. Markierte Objekte lassen sich mit **Eine Ebene nach vorne** oder **Eine Ebene nach hinten** jeweils um eine Ebene versetzen. Die beiden Schaltflächen bieten auch noch die Optionen **In den Vordergrund** und **In den Hintergrund** an.

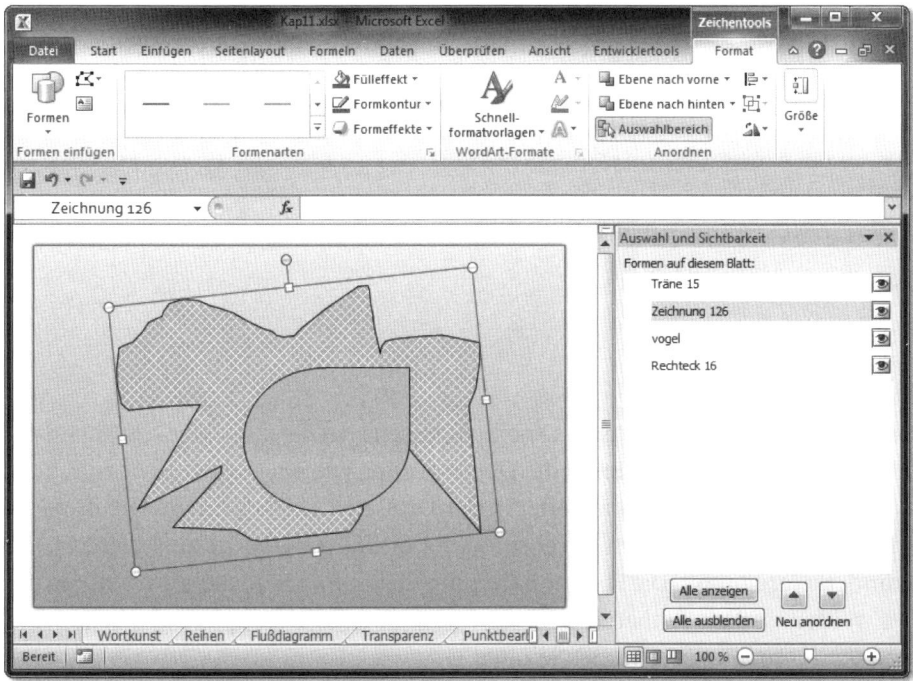

Abbildung 11.15 Reihenfolge der Ebenen

Sind umfangreichere Umordnungen notwendig, ist es sinnvoller, zunächst mit **Anordnen ▸ Auswahlbereich** den Arbeitsbereich **Auswahl und Sichtbarkeit** zu öffnen. Hier ist es möglich, markierte Formen mit den beiden Pfeiltasten in der Hierarchie neu einzuordnen. Außerdem lassen sich mithilfe der Augensymbole Objekte vorübergehend ausblenden.

Ausrichtung

Komplexere Grafiken erfordern ein genaues Ausrichten der Objekte untereinander und auf dem Tabellenblatt. Dafür stehen in der Gruppe **Anordnen** unter **Ausrichten** verschiedene Optionen zur Auswahl, falls mindestens zwei Objekte markiert sind. Die Befehle **Horizontal verteilen** bzw. **Vertikal verteilen** ordnen drei oder mehr Objekte so an, dass sie in der Horizontalen bzw. Vertikalen einen gleichmäßigen Abstand zueinander haben.

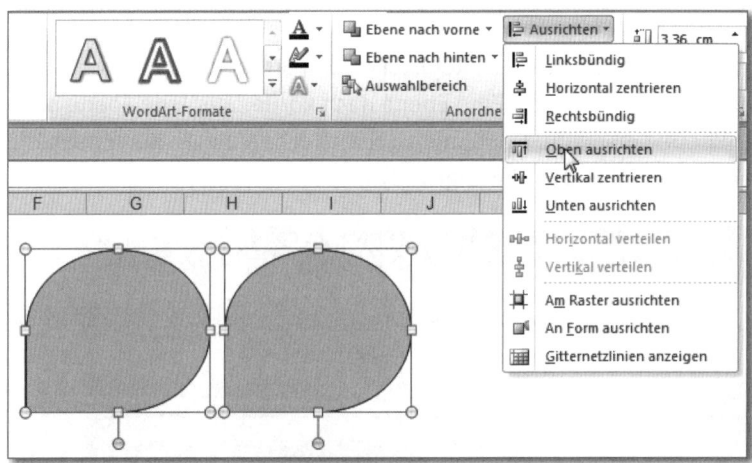

Abbildung 11.16 Ausrichten der Objekte

Gruppenobjekte

Besteht eine Zeichnung aus mehreren Objekten, lassen sich diese zu Objektgruppen zusammenfassen. Dann behandelt Excel die Objektgruppe wie ein Objekt. Es kann z. B. in einem Zug mit der Maus verschoben oder in der Größe geändert werden. Objekte sollten dann gruppiert werden, wenn die Position der einzelnen Objekte zueinander nicht mehr verändert werden soll. Die Funktion **Gruppieren** kann auch in mehreren Stufen angewendet werden, sodass Teilbereiche einer Grafik ebenfalls gruppiert und später Teil einer übergeordneten Gruppe werden können.

1 Markieren Sie alle Objekte, die Teil einer Gruppe werden sollen.

11.2 Feinarbeit an grafischen Objekten

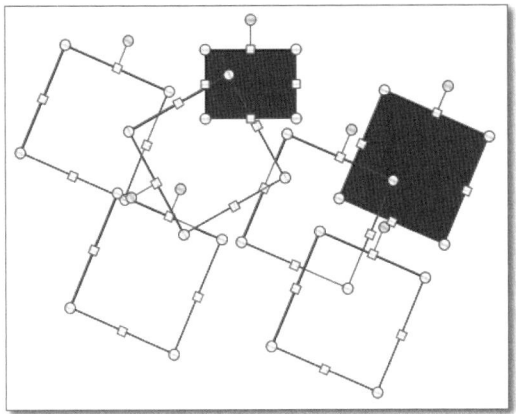

2 Wählen Sie aus der Gruppe **Anordnen** den Befehl **Gruppieren**. Anschließend erscheinen nur noch acht Ziehpunkte um alle Objekte zusammen.

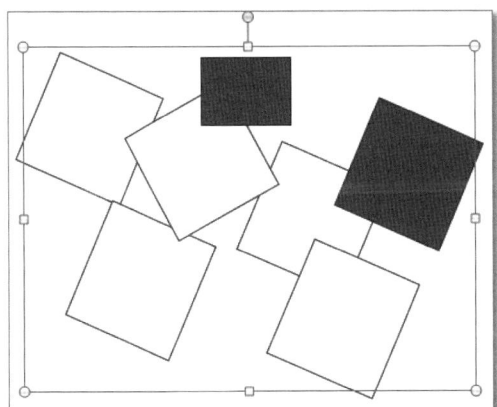

3 Wenn Sie doch noch ein einzelnes Objekt innerhalb der Gruppe verändern wollen, wählen Sie aus dem Menü zu **Gruppieren** den Befehl **Gruppierung aufheben**.

11.2.3 Formeffekte

Bei den meisten grafischen Objekten ist es möglich, sie mit einem Schatten, mit Spiegelungen, Leuchteffekten, weichen Kanten, Abschrägungen oder 3D-Effekten zu versehen. All diese Optionen werden über die schon angesprochene Schaltfläche **Formeffekte** in der Gruppe **Formarten** und über die Dialoge **Form formatieren** oder **Grafik formatieren** zugänglich. Hier ein Beispiel dazu:

1 Markieren Sie das betreffende Objekt. Öffnen Sie im Menü der Schaltfläche **Formeffekte** die Palette **Schatten**.

2 Wählen Sie per Mausklick ein passendes Schattenmuster.

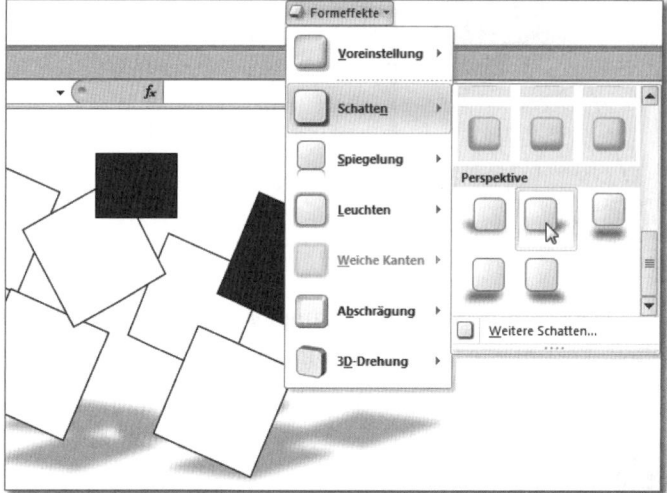

3 Reichen die vorgegebenen Muster nicht, öffnen Sie mit der Option **Weitere Schatten** das Dialogfeld **Form formatieren** mit der Seite **Schatten**. Hier lassen sich alle Parameter mit den kleinen Schiebereglern oder den Drehfeldern exakt einstellen.

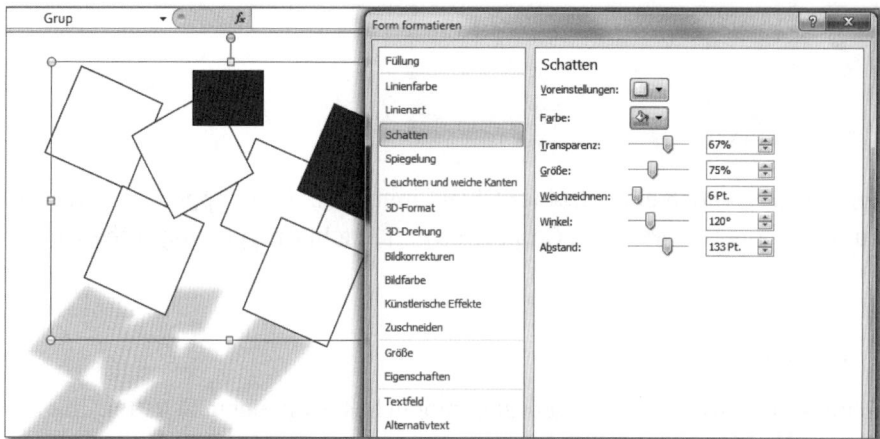

4 Verschieben Sie unter **Winkel** den Schatten so nach oben, unten, rechts oder links, dass Sie die gewünschte Schattenwirkung erzielen.

5 Über die Palette **Farbe** kann der Schatten auch eine andere Farbe erhalten.

6 Auch die **Transparenz** des Schattens lässt sich hier beliebig verändern.

Das Dialogfeld **Form formatieren** ist so eingerichtet, dass wechselweise beliebige Objekte markiert werden können, solange es geöffnet ist.

Statt eines Schattens kann auch ein Leuchteffekt verwendet werden, der das Objekt mit einer Art Aura umgibt. Zahlreiche Leuchtvarianten werden unter **Leuchten und weiche Kanten** angeboten; über **Farbe** kann dafür eine beliebige Farbe ausgewählt werden. Über die Muster unter **Weiche Kanten** lässt sich die Kontur der Form in unterschiedlichem Umfang auflösen. Ähnliche Effekte werden auch unter **Spiegelung** angeboten.

Dreidimensionale Effekte

Mit 3D-Effekten erhalten zweidimensionale Objekte eine dreidimensionale Wirkung. In dem Menü der Schaltfläche **Formeffekte** werden dazu Paletten unter **Abschrägung** und unter **3D-Drehung** angeboten. Die erste Palette betrifft die Gestaltung des Objektes selbst, die zweite seine Positionierung im Raum.

Über **Formeffekte ▸ Abschrägung** werden ein Dutzend vordefinierte 3D-Effekte angeboten.

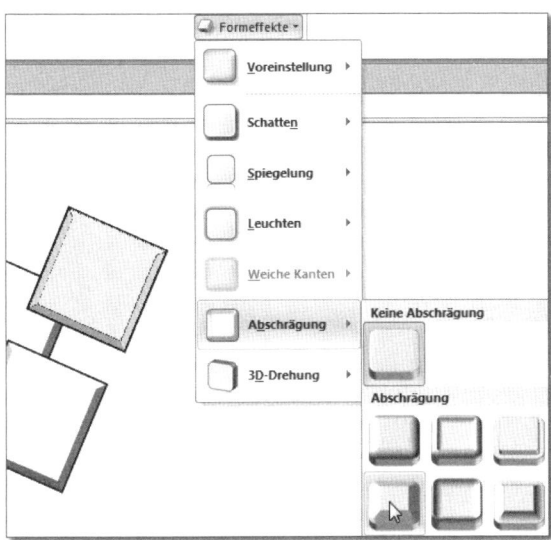

Abbildung 11.17 Beispiel für die Abschrägung eines Rechtecks

Über **Weitere 3D-Einstellungen** wird im Dialog **Form formatieren** die Seite **3D-Format** geöffnet, die noch mehr Gestaltungsspielraum bietet.

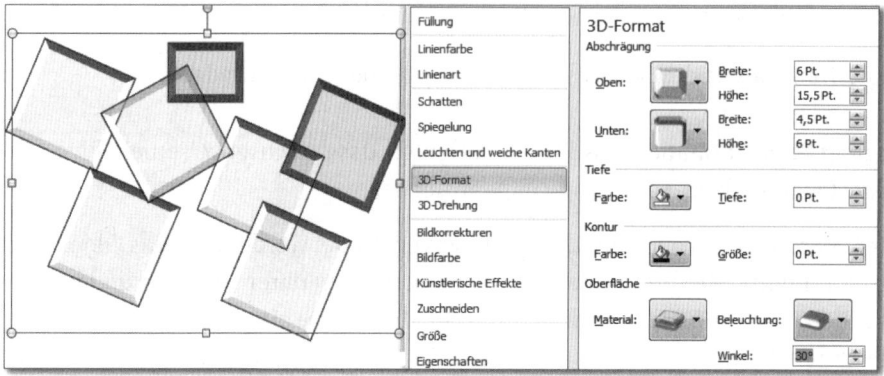

Abbildung 11.18 Die Seite »3D-Format«

Neben den Werten, die die Art der Abschrägung bestimmen, lassen sich unter **Material** und **Beleuchtung** auch bestimmte Oberflächeneffekte auswählen.

Unter **Formeffekte ▸ 3D-Drehung** werden zahlreiche Muster angeboten, wobei entweder eine perspektivische Projektion oder eine Parallelprojektion gewählt werden kann. Über **Weitere 3D-Einstellungen** stehen auch hier wieder detaillierte Einstellungsmöglichkeiten für die räumliche Ausrichtung zur Verfügung. Die benötigten Werte für die drei Achsen können entweder über die Drehfelder oder über die kleinen Schaltflächen bestimmt werden. Solange das Objekt in der Livevorschau dargestellt wird, lässt sich die Wirkung der Einstellungen sofort kontrollieren.

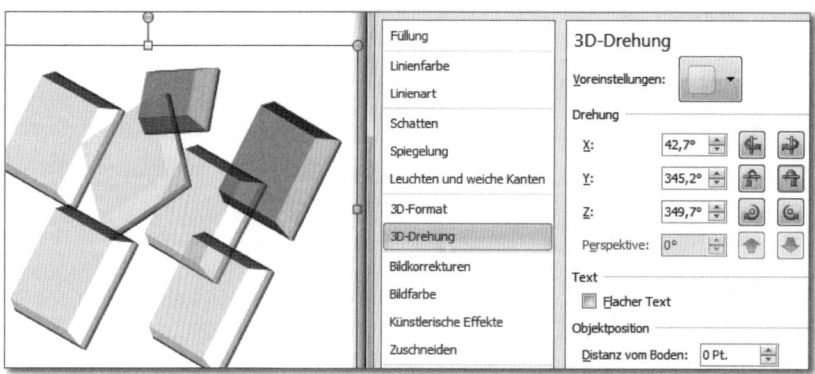

Abbildung 11.19 Wahl einer 3D-Darstellung des Objektes

Ist ein perspektivisches Muster ausgewählt, kann unter **Perspektive** das Blickfeld enger oder breiter eingestellt werden. Unter **Distanz vom Boden** lässt sich das Objekt bezogen auf eine virtuelle Grundposition heben oder senken, was beispielsweise für die Anzeige eines Schattens von Bedeutung ist.

11.2.4 Frei verschiebbare Textfelder

Oft sind bei Zeichnungen zusätzliche Texteinträge erwünscht. Dabei kann es sich um Beschriftungen handeln, aber auch um Texteinträge in Logos usw. Soll lediglich ein Textfeld eingefügt werden, ist es hinreichend, auf der Registerkarte **Einfügen** das Symbol **Textfeld** zu verwenden, ein Textfeld aufzuziehen und anschließend den Text einzugeben.

Der Text selbst kann, wenn er ganz oder teilweise markiert wird, mit den üblichen Formatierungswerkzeugen für die Textgestaltung bearbeitet werden. Das Textfeld insgesamt erlaubt viele der Gestaltungsoptionen, die generell für grafische Objekte zur Verfügung stehen, etwa die Spiegelung oder 3D-Drehungen. Einige spezielle Optionen stehen in dem Dialog **Texteffekte formatieren** auf der Seite **Textfeld** zur Verfügung, der über das Kontextmenü des Textfeldes erreicht werden kann.

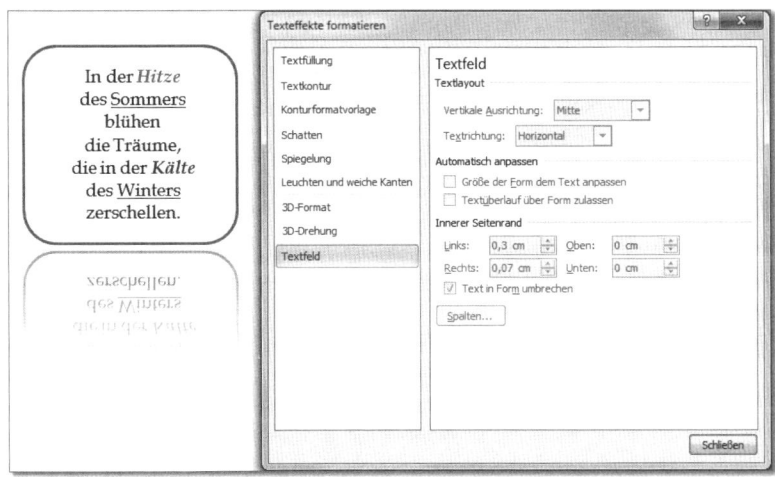

Abbildung 11.20 Ein gespiegeltes Textfeld und der Dialog »Texteffekte formatieren«

Hier kann z. B. festgelegt werden, dass die Größe des Feldes automatisch an die Textmenge angepasst wird. Auch die Ränder des Feldes lassen sich hier präzise einstellen.

> **Textfelder mit Zellinhalten verknüpfen**
>
> Anstatt in ein Textfeld Texte direkt einzugeben, können auch Bezüge auf den Inhalt einer Zelle eingegeben werden. Ziehen Sie dazu das Textfeld mit der Maus auf. Klicken Sie auf die Bearbeitungsleiste. Geben Sie das Gleichheitszeichen ein und anschließend die Adresse der Zelle, die den Text enthält. Auf diese Weise können u. a. variable Beschriftungen erzeugt werden, z. B. Beschriftungen, die jeweils den aktuellen Monatsnamen anzeigen.

11.2.5 Textdekor für Tabellen

Für Texte stehen zusätzliche Formate zur Verfügung, wenn sie als WordArt-Objekte angelegt werden. Mit solchen Schriftzügen können etwa die Titel von Tabellen repräsentativ gestaltet werden:

1 Klicken Sie auf der Registerkarte **Einfügen** auf das Symbol **WordArt** in der Gruppe **Text**.

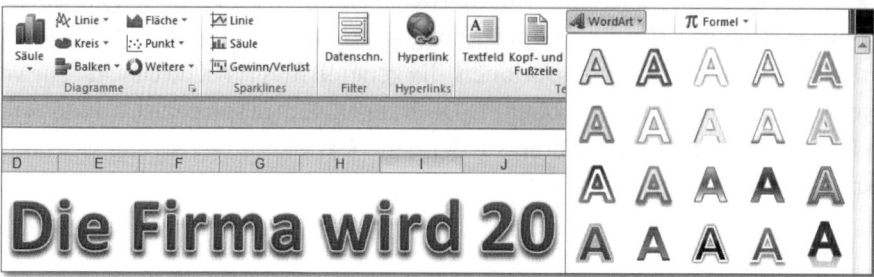

2 Die **WordArt**-Palette mit 30 unterschiedlichen zwei- oder dreidimensionalen grafischen Effekten für Text wird zur Auswahl gestellt. Klicken Sie auf das Muster, das Ihnen gefällt.

3 Im Arbeitsblatt wird zunächst ein Dummy-Text eingefügt, der mit dem gewünschten Text überschrieben werden kann.

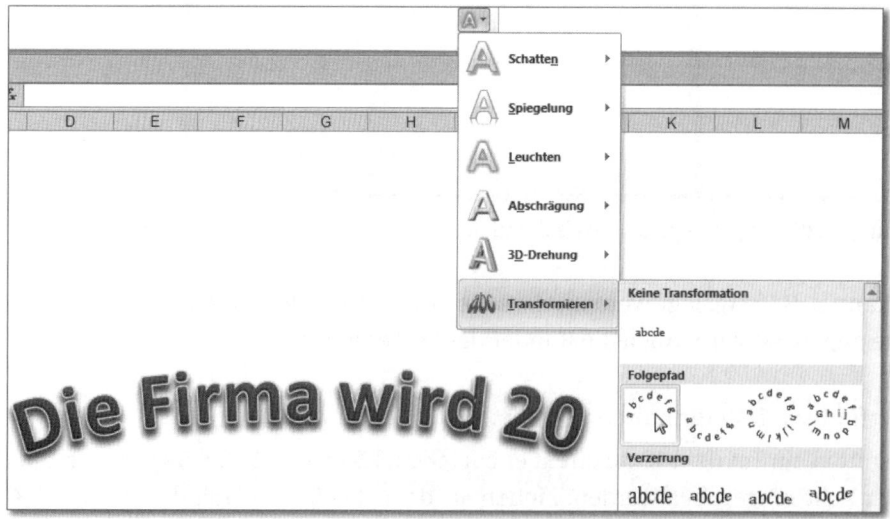

4 Solange das WordArt-Objekt ausgewählt ist, bleibt die Registerkarte **Format** eingeblendet, sodass Formate aus der Gruppe **WordArt-Formate** zugewiesen werden können. Hier sind insbesondere die **Transformationen** interessant, die in dem Menü zu **Texteffekte** angeboten werden.

WordArt-Objekte können wie jedes andere grafische Objekt verschoben, in der Größe verändert und gedreht werden. Der Effekt eines WordArt-Objektes kann jederzeit geändert werden. Dazu wird einfach ein anderer Effekt zugewiesen.

11.3 Organigramme im Schnellgang

Sie planen die Reorganisation einer Abteilung oder eines Betriebs. Excel liefert Ihnen dafür ein handliches Werkzeug. Mit dem Symbol **SmartArt** in der Gruppe **Einfügen ▸ Illustrationen** öffnen Sie einen Dialog, in dem Sie zunächst zwischen unterschiedlichen Grundformen für eine schematische Darstellung bestimmter Zusammenhänge auswählen können.

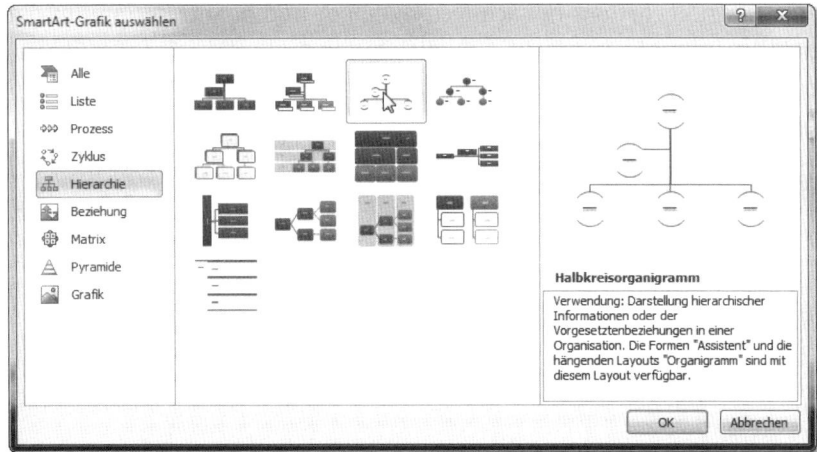

Abbildung 11.21 Wahl des Darstellungstyps

Wenn Sie sich unter **Hierarchie** für ein Organigramm entscheiden, legt Excel eine entsprechende Layout-Schablone an, in die Sie die Daten Ihrer Firma eintragen können. Für die Texteingabe kann ein separates Fenster genutzt werden, das sich mithilfe der kleinen Pfeile am linken Rand ein- und ausblenden lässt. Dies erleichtert die Beschriftung des Diagramms. Über das Kontextmenü eines Texteintrages stehen dort auch die üblichen Formatierungsmöglichkeiten zur Verfügung.

Für den Ausbau des Organigramms stehen zahlreiche Werkzeuge auf der Registerkarte **SmartArt-Tools ▸ Entwurf** bereit, die automatisch eingeblendet wird, wenn das Organigramm markiert ist.

11 Tabellenblätter grafisch aufbereiten

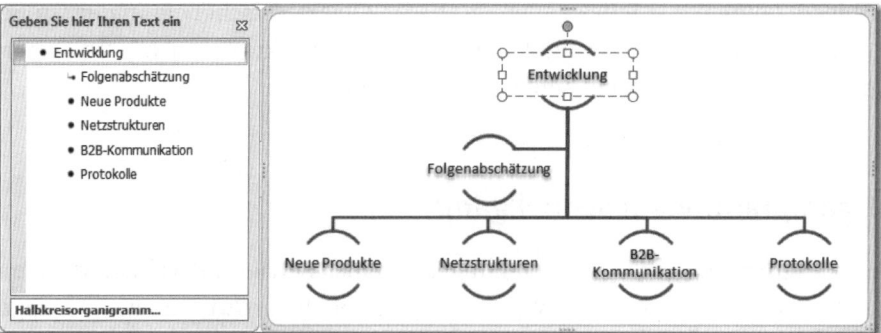

Abbildung 11.22 Ausfüllen der vorgegebenen Form

Um beispielsweise auf einer bestimmten Ebene der Hierarchie ein weiteres Element einzufügen, markieren Sie zunächst das benachbarte Element und benutzen dann in der Gruppe **Grafik erstellen** unter **Form hinzufügen** die Option **Form danach** (oder **davor**) **hinzufügen**. Eltern- oder Kindobjekte werden entsprechend mit **Form darüber** (oder **darunter**) **hinzufügen** eingebaut.

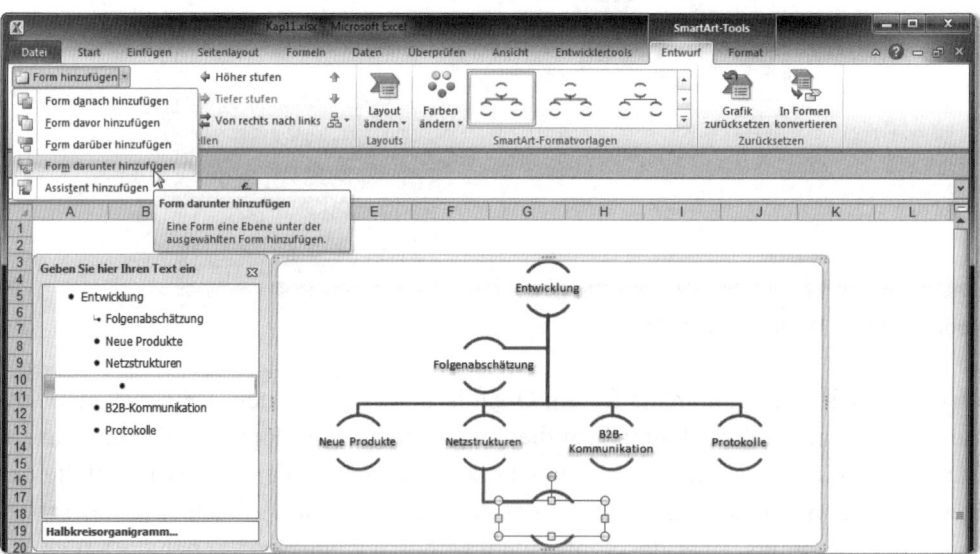

Abbildung 11.23 Erweitern des Organigramms

Gefällt Ihnen das Layout des Schemas nicht, können Sie in der Gruppe **Layouts** ein anderes Layoutmuster auswählen. Die Livevorschau zeigt das Schema mit dem neuen Muster an, wenn die Maus dieses berührt. Ein Klick ordnet das Layout zu.

Weitere Gestaltungsmöglichkeiten finden Sie in der Gruppe **SmartArt-Formatvorlagen**. Die Musterpalette bietet für das ausgewählte Layout jeweils zahlreiche 2D- oder auch 3D-Varianten. Über die Schaltfläche **Farben ändern** lassen sich außerdem noch andere Farben zuordnen.

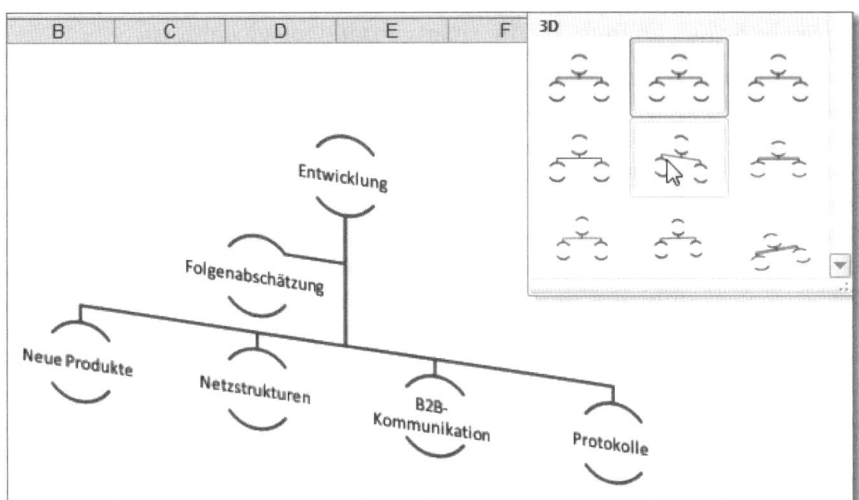

Abbildung 11.24 Wahl einer anderen Formatierung

Über das Register **Format** stehen darüber hinaus zahlreiche Möglichkeiten zur Verfügung, die einzelnen Elemente des Organigramms manuell zu formatieren.

11.4 Grafiken übernehmen und bearbeiten

Komplette Grafikdateien lassen sich direkt in ein Tabellenblatt oder ein Diagrammblatt einlesen. Es kann allerdings durchaus vorkommen, dass Excel eine Grafik nicht einlesen kann, obwohl der entsprechende Filter vorhanden ist. Das mag z. B. daran liegen, dass die Datei nicht korrekt abgespeichert wurde, etwa mit einem Dateityp, der nicht dem tatsächlichen Format entspricht. Schwierigkeiten können auch entstehen, wenn die Grafik mit älteren Versionen eines Programms erstellt wurde, die durch den Grafikfilter nicht mehr unterstützt werden. In solchen Fällen ist es ratsam, die Datei im Originalprogramm noch einmal abzuspeichern oder gegebenenfalls dort bereits in ein anderes Format zu konvertieren.

11 Tabellenblätter grafisch aufbereiten

1 Zum Einfügen einer Grafik als Datei wählen Sie auf der Registerkarte **Einfügen** unter **Illustrationen** den Befehl **Grafik**. Der Befehl öffnet zur Dateiauswahl den Dialog **Grafik einfügen**. Wählen Sie zunächst den Dateityp aus, damit die Dateien dieses Typs auch angeboten werden. Ist eine Datei ausgewählt, zeigt Excel – sofern die entsprechende **Ansicht** gewählt ist – ein verkleinertes Abbild der Datei, sodass Sie leicht prüfen können, ob die richtige Datei ausgewählt ist.

2 Sie können über das Menü der Schaltfläche **Einfügen** die Grafik entweder direkt in die Excel-Datei mit **Einfügen** übernehmen oder nur eine Verknüpfung zur Bilddatei herstellen. Ist das Dialogfeld so oder so quittiert, erscheint die ausgewählte Grafik in Ihrem Dokument.

3 Die Grafik kann wie gewohnt verschoben und in ihrer Größe verändert werden. Für eine weitere Bearbeitung stehen die Symbolgruppen auf der Registerkarte **Bildtools ▶ Format** zur Verfügung, deren Anwendung im nächsten Abschnitt beschrieben wird.

Im Kontextmenü der Grafik finden Sie auch einen Befehl **Bild ändern**, falls irrtümlich das falsche Bild eingefügt worden ist. Er öffnet erneut den Dialog **Grafik einfügen**.

11.4.1 Bildbearbeitung vor Ort

Damit Sie nicht für jede kleine Veränderung an einem Bild oder einer Grafik in ein spezielles Bildbearbeitungs- oder Grafikprogramm wechseln müssen, stellt Excel 2010 grundlegende Funktionen zur Bildbearbeitung zur Verfügung. Gegenüber der letzten Version ist hier sogar mächtig draufgepackt worden. Künstlerische Effekte wie Kreide-

11.4 Grafiken übernehmen und bearbeiten

skizzen oder Wasserfarben lassen sich einfach über eine Musterpalette auswählen. Neu ist auch die Möglichkeit, ein Bild nachträglich in ein SmartArt-Layout einzufügen. All dies wird auf der Registerkarte **Format** angeboten, wenn ein Bild ausgewählt ist. Neu ist vor allem die Palette **Künstlerische Effekte**, die über die entsprechende Schaltfläche in der Gruppe **Anpassen** geöffnet wird.

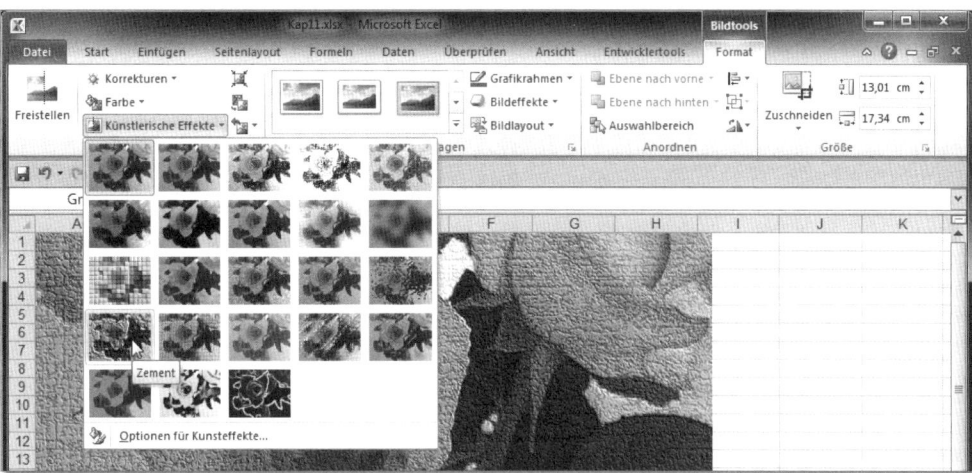

Abbildung 11.25 Bildtools auf dem Register »Format«

In der ersten Gruppe **Anpassen** wird jetzt eine Schaltfläche **Bild freistellen** angeboten, die ein eigenes Register **Freistellen** einblendet. Über die Schaltflächen in der Gruppe **Verfeinern** lassen sich durch entsprechendes Ziehen der Markierungen die Bereiche bestimmen, die aus dem Bild entfernt bzw. die behalten werden sollen.

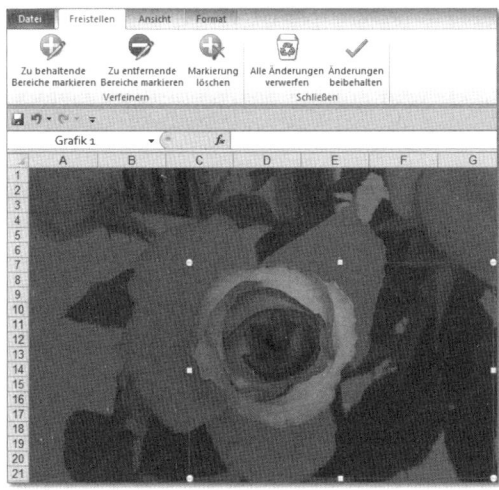

Abbildung 11.26 Tool zum Freistellen

Die Schaltfläche **Korrekturen** bietet für die Änderung von Helligkeit und Kontrast eine Palette mit gestuften Varianten. Sobald der Mauszeiger eine der Optionen berührt, kann der Effekt im Bild sofort kontrolliert werden. Ist eine andere Einstellung nötig, kann mit **Optionen für Bildkorrekturen** der Dialog **Grafik formatieren** geöffnet werden, der auf der Seite **Bildkorrekturen** auch stufenlose Änderungen erlaubt.

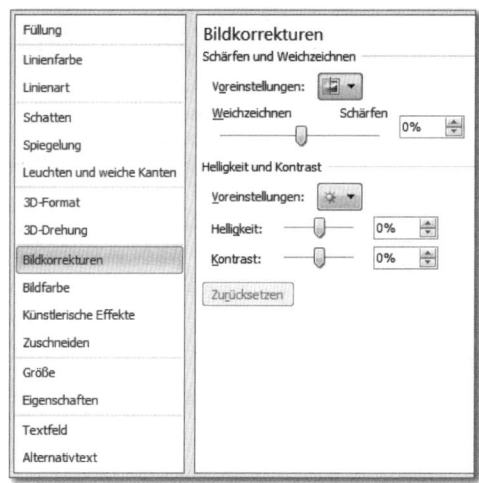

Abbildung 11.27 Der Dialog »Grafik formatieren« mit den Optionen für Bildkorrekturen

Die Schaltfläche **Farbe** ändert den Farbmodus des Bildes, wobei zahlreiche helle und dunkle Varianten als Muster angeboten werden. Das Muster mit dem Namen **Ausgeblichen** erlaubt beispielsweise eine Art Wasserzeicheneffekt. Mit der Option **Transparente Farbe bestimmen** kann eine anschließend mit dem Mauszeiger angeklickte Farbe transparent gesetzt werden. Das erlaubt es, z. B. einen einfarbigen Bildhintergrund durchsichtig zu machen und so den Bildinhalt quasi freizustellen.

Die schon angesprochenen künstlerischen Effekte werden über die Palette der gleichnamigen Schaltfläche offeriert. Auch hier funktioniert die Livevorschau.

Wenn Sie nur einen Ausschnitt des Bildes benötigen, können Sie hierzu das Werkzeug **Zuschneiden** in der Gruppe **Größe** verwenden. Mit dem Werkzeug lässt sich der Rahmen um das Bild an den acht Markierungen verkleinern und vergrößern. Die Schaltfläche bietet über ihr Menü auch die Option **Auf Form zuschneiden** an, um das Bild auf eine der Formen zu trimmen, die die Formenpalette anbietet. In der Gruppe **Größe** stehen außerdem Listenfelder zur Verfügung, um die Bildgröße exakt zu bestimmen.

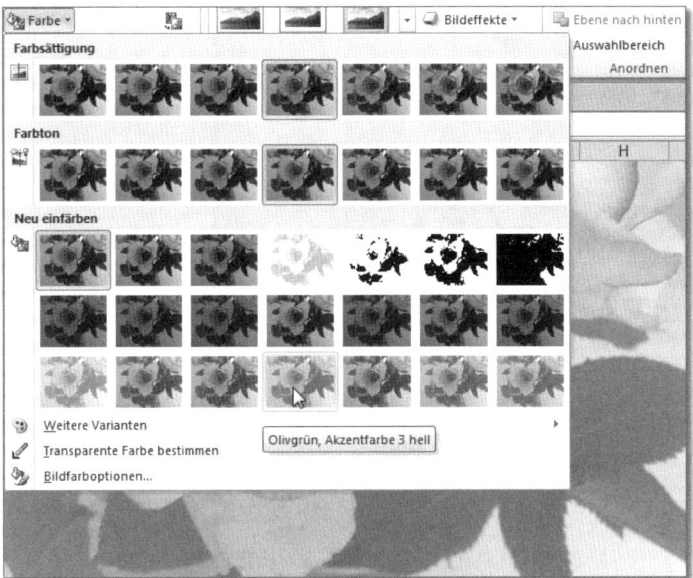

Abbildung 11.28 Palette für Farbkorrekturen

Die Optionen der Gruppe werden auch in der Minisymbolleiste angeboten, wenn das Kontextmenü zu einem Bildobjekt mit der rechten Maus geöffnet wird.

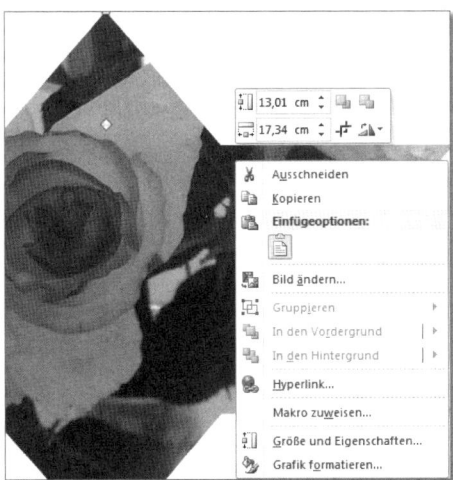

Abbildung 11.29 Kontextmenü zu einem Bild

Unter **Bildformatvorlagen** werden eine Reihe von mehr oder weniger sinnvollen Darstellungsformen und Einrahmungen des Bildes angeboten. Rahmen können auch über die Palette **Grafikrahmen** zugewiesen werden.

11 Tabellenblätter grafisch aufbereiten

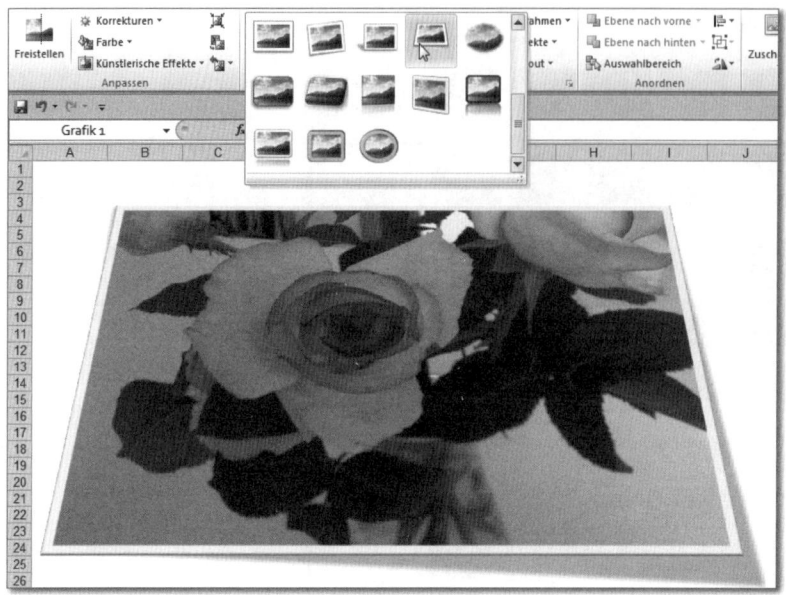

Abbildung 11.30 Bildformatvorlagen im Einsatz

Interessante Möglichkeiten bietet die Schaltfläche **Bildlayout**, die die Palette der **Smart-Art-Layouts** öffnet. Auf diesem Weg kann ein Bild in eines dieser Layouts eingefügt werden. Die folgende Abbildung zeigt als Beispiel, wie Bilder einer vertikalen Bildliste zugeordnet werden, die dann durch entsprechende Texte zu jedem Bild ergänzt werden kann. Über die Schaltfläche **Entwurf ▸ Form hinzufügen** lässt sich dann leicht ein neues Bild-/Text-Paar einfügen, wobei in dem Platzhalter für das Bild eine Schaltfläche zum Öffnen des Dialogs **Grafik einfügen** angeboten wird.

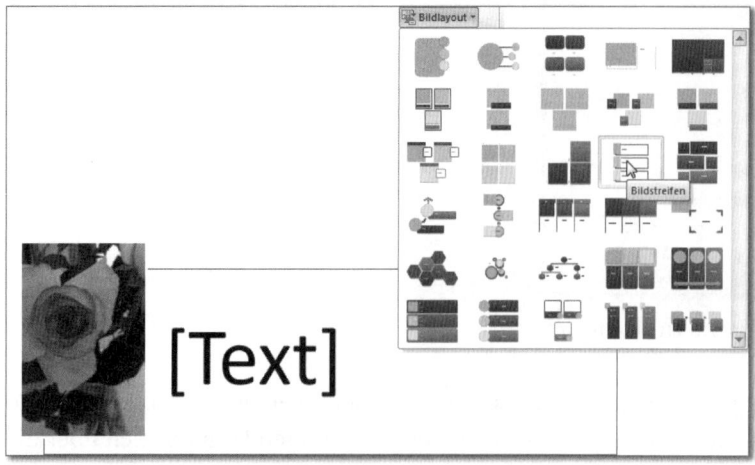

Abbildung 11.31 Praktisch für bebilderte Produktlisten

Die Optionen unter **Bildeffekte** entsprechen denen, die oben schon für grafische Objekte unter **Formeffekte** beschrieben wurden.

Um die Dateigröße zu minimieren, können Grafiken in Excel 2010 komprimiert werden, was schon in Kapitel 2, »Basiswissen für die Arbeit mit Excel 2010«, angesprochen wurde. Die Schaltfläche **Bilder komprimieren** in der Gruppe **Format ▸ Anpassen** erlaubt dazu unter **Zielausgabe** verschiedene Einstellungen für Druck, Bildschirmanzeige oder E-Mail-Versand.

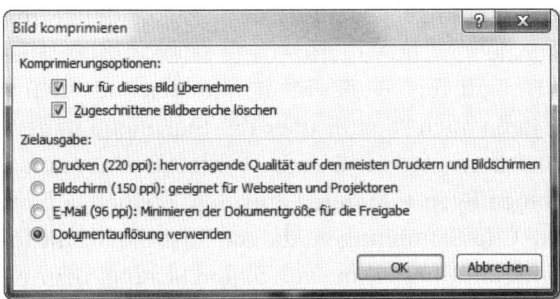

Abbildung 11.32 Speicherplatz sparen

Sollten Sie sich bei der Bildbearbeitung einmal verhaspelt haben, führt die Schaltfläche **Bild zurücksetzen** unter **Anpassen** wieder auf das Ausgangsbild zurück. Soll an der entsprechenden Stelle ein anderes Bild erscheinen, hilft die Schaltfläche **Bild ändern** in derselben Gruppe.

11.4.2 Einfügen von Screenshots

Eine ganz praktische Neuerung der Gruppe **Einfügen ▸ Illustrationen** bietet die Schaltfläche **Screenshot**. Sind andere Fenster geöffnet, werden diese als Bildquelle angeboten und nach dem Anklicken komplett an der aktuellen Position in das Tabellenblatt eingefügt.

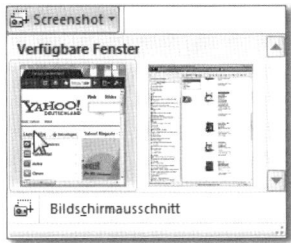

Abbildung 11.33 Menü der Schaltfläche »Screenshot«

Über die Option **Bildschirmausschnitt** wird das Excel-Fenster vorübergehend ausgeblendet, sodass durch Aufziehen mit der Maus ein beliebiger Bildschirmausschnitt geschossen werden kann. Beim Loslassen der Maustaste erscheint der Ausschnitt als Bildobjekt im Tabellenblatt und kann wie alle anderen Bildobjekte behandelt werden.

11.5 Einsatz von Clips

Das Programm stellt eine umfangreiche Sammlung fertiger Grafiken, Bilder, Klänge und Videos zur Verfügung, die über einen speziellen Clip Organizer verwaltet werden. Dieser Clip Organizer unterstützt auch das Hinzufügen eigener Mediendateien und den Import von ClipArts aus dem Internet. Er kann auch separat über das Startmenü in dem Menü **Microsoft Office 2010-Tools** aufgerufen werden. Dieses Werkzeug übernimmt, wenn Sie **Datei ▸ Clips zum Organizer hinzufügen ▸ Manuell** aufrufen, Medien von Ihren Laufwerken in thematisch geordnete Clip-Sammlungen, die Sie über die Schaltfläche **Hinzufügen zu** festlegen. Auch die direkte Übernahme von einem Scanner oder einer Digitalkamera ist hier möglich.

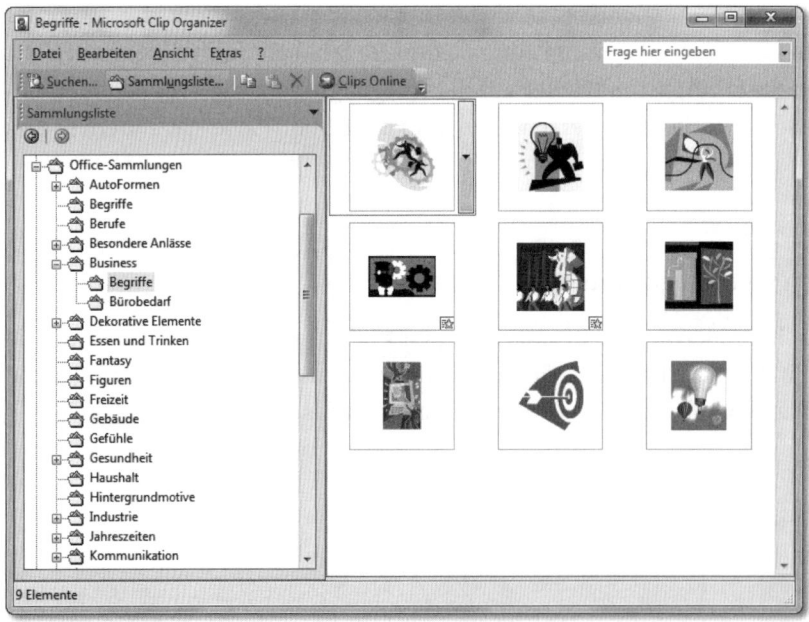

Abbildung 11.34 Clip-Organizer 2010

Wenn Sie in Excel 2010 die Funktion **Einfügen ▸ Illustrationen ▸ ClipArt** aufrufen, blendet das Programm den Aufgabenbereich **ClipArt** ein.

Einfügen eines Clips in ein Tabellenblatt

Sind Ihre Mediendateien zu einer Clip-Sammlung organisiert, haben Sie einen schnellen Zugriff auf die einzelnen Clips über den Aufgabenbereich, den Excel für Clips zur Verfügung stellt. Hier das Verfahren für die Übernahme einer Abbildung.

1 Markieren Sie die Zelle, an der der Clip eingefügt werden soll.

2 Wählen Sie **Einfügen ▸ Illustrationen ▸ ClipArt**. Excel bietet eine Suchfunktion an, um den benötigten Clip zu finden. Wenn Sie beispielsweise die in Kapitel 2, »Basiswissen für die Arbeit mit Excel 2010«, entwickelte Tabelle für das Netz aus Notebooks etwas illustrieren wollen, können Sie unter **Suchen nach** den Suchbegriff *Notebook* ausprobieren.

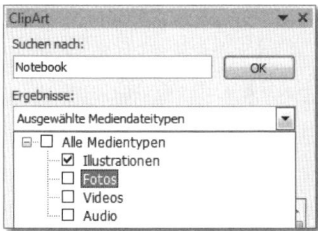

3 Über das Listenfeld zu **Ergebnisse** geben Sie vor, ob Sie Illustrationen, Fotos, Videos oder Sounds suchen. **OK** startet die Durchsicht der markierten Medientypen.

4 Hat die Suche Erfolg, finden Sie die Ergebnisse im Fenster des Aufgabenbereichs, ansonsten können Sie eine neue Suchanfrage formulieren.

5 Es genügt dann ein Mausklick auf das Miniaturbild, um die Abbildung in die Tabelle zu übernehmen. Sie können das Bild mit der Maus an die gewünschte Stelle ziehen. Excel blendet bei Zeichnungen die Registerkarte **Zeichentools ▸ Format** ein, bei Fotos die Registerkarte **Bildtools ▸ Format**, wenn Sie den Clip anklicken, sodass Sie die Grafik wie üblich bearbeiten können.

Die Schaltfläche am rechten Rand eines Clips im Aufgabenbereich bietet ein Kontextmenü, das Ihnen z. B. erlaubt, die Schlüsselwörter, die einem Clip zugeordnet sind, zu bearbeiten, wenn sie nicht brauchbar sind.

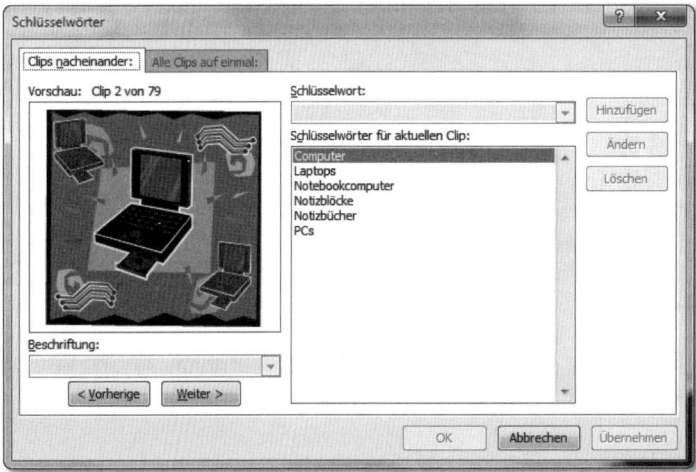

Abbildung 11.35 Schlüsselwörter bearbeiten

Clips aus dem Internet

Besonders attraktiv ist auch die Möglichkeit, Clips aus dem Internet zu übernehmen. Wird die Schaltfläche **Auf Office.com weitersuchen** angeklickt, erreichen Sie das reichhaltige ClipArt- und Medien-Angebot. Sie können dort wieder mit einem Schlüsselwort in der passenden Kategorie suchen und aus den angebotenen Clips auswählen. Dazu haken Sie jeweils die Clips ab, die Sie in den Auswahlkorb übernehmen wollen. Anschließend klicken Sie auf den Link **herunterladen**. Alternativ können auch einzelne Clips in die Zwischenablage kopiert und von dort gleich eingefügt werden.

Abbildung 11.36 Das Angebot von Office.com

11.6 Schnappschüsse von Tabellen

Eine spezielle Methode, grafische Objekte zu erstellen, soll zum Schluss kurz angesprochen werden. Dabei werden Abbildungen von vorher markierten Tabellenbereichen hergestellt, die als grafische Objekte behandelt werden. Das Objekt bleibt über eine Formel mit dem Tabellenbereich verknüpft.

1 Markieren Sie den Tabellenbereich, der fotografiert werden soll.

2 Kopieren Sie die Markierung in die Zwischenablage.

3 Klicken Sie auf die Zelle in dem Blatt, in der das Foto abgelegt werden soll.

4 Benutzen Sie aus der Gruppe **Start ▶ Zwischenablage** in dem Menü der Schaltfläche **Einfügen** die Option **Weitere Einfügeoptionen ▶ Verknüpfte Grafik**. Nun stehen alle Optionen zur Verfügung, die bei grafischen Objekten angeboten werden.

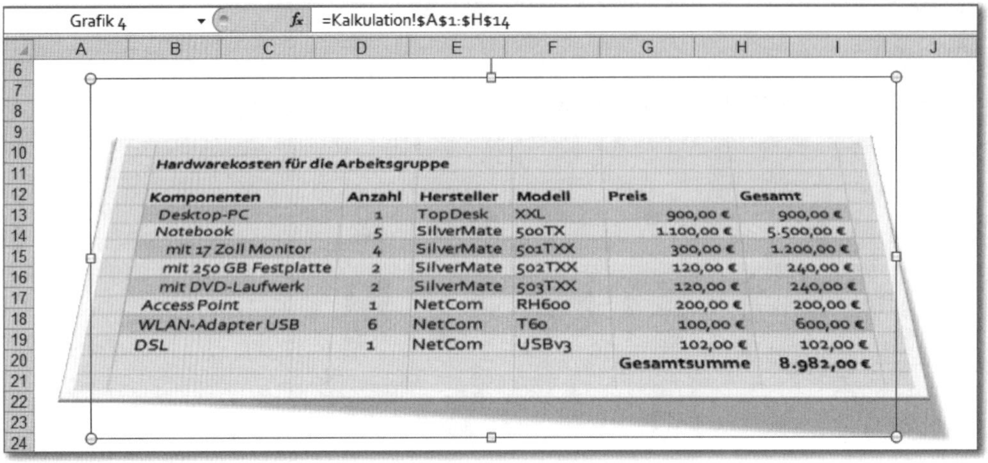

Abbildung 11.37 Foto einer Tabelle mit Verknüpfungsformel

Excel zeigt in der Bearbeitungsleiste eine Formel mit dem Tabellenbereich an, wenn das neue Objekt ausgewählt wird. Es handelt sich also um eine Verknüpfung. Eine ganz hübsche Anwendung dieser Möglichkeit besteht z. B. darin, sich von den wichtigsten Arbeitsmappen, die täglich verwendet werden, kleine Auszüge auf ein Blatt zu kopieren. Ein Doppelklick auf den Auszug öffnet jeweils die zugehörige Arbeitsmappe.

Solche Tabellenfotos können auch genutzt werden, um wichtige Daten aus verschiedenen Tabellen auf einem Blatt zusammenzuziehen, sodass sie mit einem Blick überprüft werden können.

12 Dokumente für die Veröffentlichung vorbereiten

Wenn eine Arbeitsmappe nicht nur für die eigene Verwendung vorgesehen ist, gibt es eine Reihe von Maßnahmen, um eine Verteilung des Dokuments vorzubereiten. Zum einen lassen sich bestimmte Metadaten mit dem Dokument verknüpfen, die eine ordnungsgemäße Ablage und ein schnelles Finden gewährleisten. Dies wurde bereits in Abschnitt 2.7, »Umgang mit Dokumenten«, behandelt.

Andererseits kann es auch erwünscht sein, bestimmte Daten oder Metadaten vor der Verbreitung des Dokuments wieder zu entfernen. Bei brisanten Informationen wird es möglicherweise sinnvoll sein, sie nur verschlüsselt abzuspeichern, um einen unbefugten Zugriff zu verhindern. Eine weitere Absicherung kann eine digitale Signatur sein, mit deren Hilfe sichergestellt wird, dass das Dokument auf seinem Weg zu anderen Nutzern nicht manipuliert oder beschädigt wurde.

Insbesondere wenn mehrere Personen an der Abfassung eines Dokuments beteiligt waren, ist es praktisch, den Abschluss der Arbeit explizit festzustellen und die beteiligten Personen darüber zu benachrichtigen.

Sollen Daten mit Anwendern älterer Excel-Versionen ausgetauscht werden, ist es sinnvoll, die Kompatibilität der Arbeitsmappe zu diesen Versionen vor der Weitergabe zu prüfen.

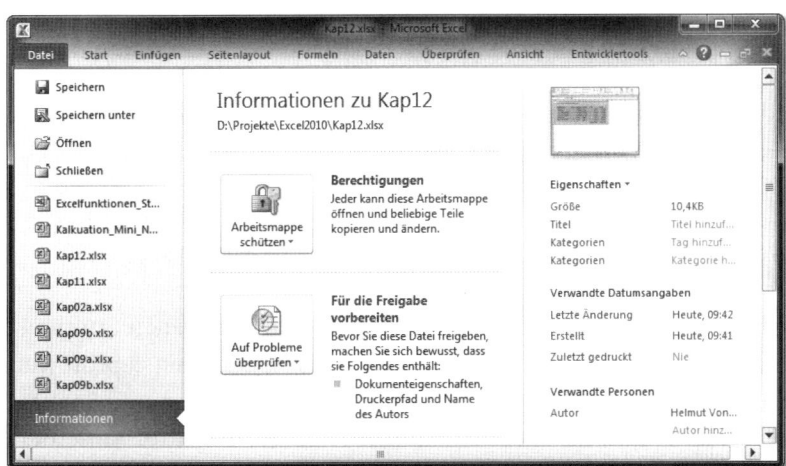

Abbildung 12.1 Optionen für die Vorbereitung der Dokumentverteilung

Alle hier kurz angedeuteten Maßnahmen werden in Excel 2010 über **Datei ▶ Informationen** angeboten. Unter dem Titel **Für die Freigabe vorbereiten** wird dort die Schaltfläche **Auf Probleme überprüfen** angeboten.

12.1 Dokumentinspektion

Bevor Dokumente weitergegeben werden, ist es unter Umständen ratsam, bestimmte Dinge zu prüfen, die für die weitere Verwendung des Dokuments von Belang sind. Bei der Beschäftigung mit einer Arbeitsmappe werden häufig Informationen abgelegt, die für die endgültige Version des Dokuments nicht erwünscht sind. Vielleicht testen Sie auf einem Blatt Formeln, das sie später ausblenden. Eventuell benutzen Sie Daten in einer Spalte, die Sie anschließend ebenfalls ausblenden. Auch Kommentare und Anmerkungen können Dinge enthalten, die für die Veröffentlichung nicht gedacht oder geeignet sind, etwa: »Hier hat Erna wieder Mist gebaut.«

Excel 2010 stellt einen Dokumentinspektor zur Verfügung, der für die aktuelle Arbeitsmappe das Vorhandensein solcher Elemente prüfen kann. Er wird aufgerufen über **Datei ▶ Informationen ▶ Auf Probleme überprüfen**.

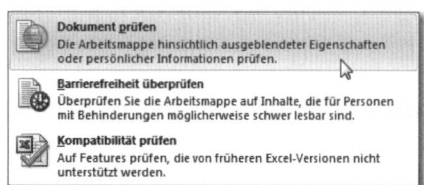

Abbildung 12.2 Menü der Schaltfläche »Auf Probleme überprüfen«

Das Menü zu dieser Schaltfläche bietet als erste Option **Dokument prüfen** an. Bevor der Dialog geöffnet wird, prüft Excel automatisch, ob die Arbeitsmappe noch nicht gespeicherte Änderungen enthält und bringt eine entsprechende Meldung, falls dies der Fall ist. Sie sollten dann mit **Ja** das Speichern bestätigen.

Dokumentprüfung

Im Dialog **Dokumentprüfung** lassen sich dann eine Reihe von vorgegebenen Prüfpunkten aus- oder abwählen. Haken Sie die Elemente ab, deren Vorhandensein geprüft werden soll, etwa überflüssig gewordene Kommentare, ausgeblendete Zeilen und Spalten, ausgeblendete Arbeitsblätter oder als nicht sichtbar formatierte Objekte. Außerdem kann auf ausgeblendete Metadaten und persönliche Informationen, auf Kopf- und Fußzeilen und auf benutzerdefinierte XML-Daten geprüft werden.

12.1 Dokumentinspektion

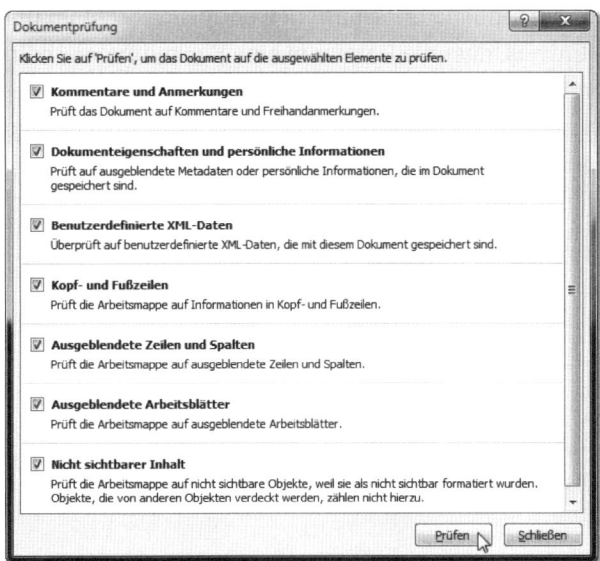

Abbildung 12.3 Dialog des Dokumentinspektors

Benutzen Sie die Schaltfläche **Prüfen**, um den Vorgang zu starten. Wird eines der ausgewählten Elemente gefunden, erfolgt ein – allerdings meist pauschaler – Hinweis. Dazu wird jeweils eine Schaltfläche zum Entfernen der betreffenden Elemente angeboten.

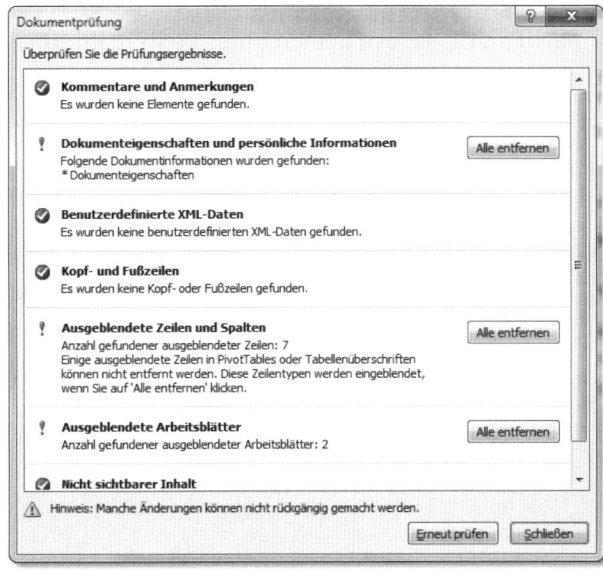

Abbildung 12.4 Meldung des Dokumentinspektors

Werden Dokumenteigenschaften und persönliche Informationen entfernt, erscheint unter **Für die Freigabe vorbereiten** ein Hinweis, dass die Datei nun eine Einstellung enthält, die beim Speichern die betreffenden Daten automatisch entfernt. Zur Korrektur dieser Einstellung für zukünftige Speicherungen der Datei wird zugleich der Link **Speicherung dieser Informationen in der Datei zulassen** angeboten. Ansonsten kann die Entfernung der Metadaten sofort im rechten Teil des Registers **Datei** geprüft werden.

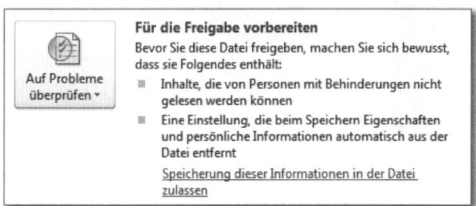

Abbildung 12.5 Hinweis zum Status der Datei

Barrierefreiheit

Die zweite Option der Schaltfläche **Auf Probleme überprüfen** erlaubt die Prüfung des Dokuments auf Barrierefreiheit. Um Rücksicht auf Personen mit Behinderungen zu nehmen, lassen sich beispielsweise zu grafischen Objekten, Diagrammen oder auch Pivot-Tabellen alternative Texte in der Arbeitsmappe ablegen. Im Arbeitsbereich wird zunächst ein Aufgabenbereich **Zugriffsprüfung** eingeblendet, der alle kritischen Objekte in der Mappe auflistet. Ist ein Element darin markiert, erscheinen unter **Weitere Informationen** Hinweise, wo solche vorlesbaren Texte abgelegt werden können.

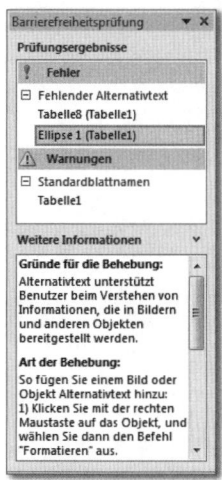

Abbildung 12.6 Der Aufgabenbereich »Barrierefreiheitsprüfung«

Prüfen auf Kompatibilität

Falls Sie Arbeitsmappen in einem älteren Dateiformat weitergeben wollen, sollte vor dem Speichern geprüft werden, ob es Kompatibilitätsprobleme mit den in der Mappe verwendeten Formatierungen und Funktionen gibt. Verwenden Sie dazu mit **Kompatibilität prüfen** die dritte Option der Schaltfläche **Datei ▸ Informationen ▸ Auf Probleme prüfen**.

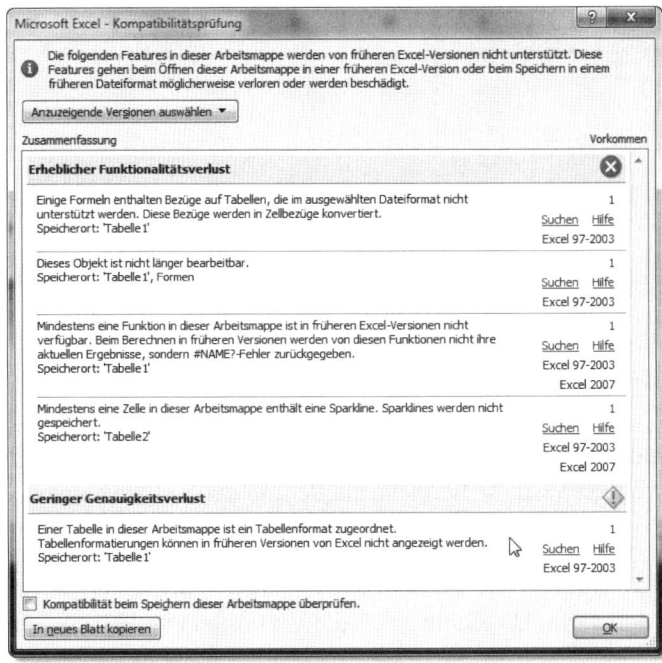

Abbildung 12.7 Ergebnisse einer Kompatibilitätsprüfung

Im Dialog kann über die Schaltfläche **Anzuzeigende Versionen auswählen** das Zielformat bestimmt werden. Im Folgenden werden alle Probleme aufgelistet und gewichtet, die gefunden werden. Enthält die Arbeitsmappe beispielsweise eine der neuen statistischen Funktionen, erhalten Sie unter dem Titel **Erheblicher Funktionalitätsverlust** entsprechende Hinweise. Der Link **Suchen** führt jeweils direkt zu der betroffenen Stelle, der Link **Hilfe** liefert Hinweise, wie mit dem Problem verfahren werden kann. Typisches Beispiel sind auch die neuen Sparklines, die von den Vorgängerversionen noch nicht unterstützt wurden.

Andere Kompatibilitätsprobleme werden in der Gruppe **Geringerer Genauigkeitsverlust** eingeordnet, so etwa, wenn Formate einer Pivot-Tabelle verwendet werden, die die älteren Versionen nicht anbieten. In solchen Fällen werden die Formate durch ähnliche ersetzt, wenn die Mappe gespeichert wird.

Kapazitätsprobleme

Ein spezielles Problem entsteht, wenn Sie mit sehr großen Tabellen arbeiten, die die Kapazität einer älteren Excel-Version überschreiten. Excel 2003 erlaubte beispielsweise nur 256 Spalten und 65.536 Zeilen pro Blatt. Wird eine größere Datei in der älteren Version gespeichert, werden die überschüssigen Zeilen und Spalten nicht gespeichert.

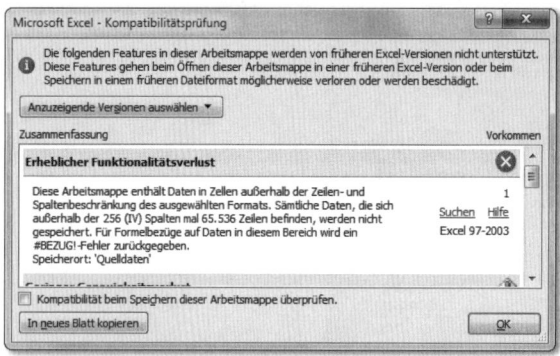

Abbildung 12.8 Meldung von Kapazitätsproblemen

Entdeckt die Kompatibilitätsprüfung nun vorher solche Zellbereiche, die die alte Zeilen-/Spalten-Grenze überschreiten, können Sie diese Bereiche mit dem zu der Meldung angebotenen Link **Suchen** markieren und gegebenenfalls Teile davon auf ein anderes Blatt kopieren.

Eine zweite Schranke in älteren Versionen ist die Zahl der Zellblöcke, die Excel gleichzeitig in den Hauptspeicher laden kann. Die Grenze für alle Versionen vor 2010 waren maximal 64.000 Zellblöcke (CLBs) pro Arbeitsmappe, wobei ein Zellblock 16 ausgefüllte Zellen enthält. In Excel 2010 ist die Zahl der Zellblöcke nur durch den vorhandenen Arbeitsspeicher begrenzt. Geht eine Arbeitsmappe über die Grenze von 64.000 Zellblöcken hinaus, kann sie von älteren Excel-Versionen nicht geöffnet werden. Sie sollte dann zunächst auf kleinere Portionen verteilt werden.

Formelgrenzwerte

Ein weiterer Grenzwert in älteren Versionen betrifft die Größe der Formeln. Excel 2010 lässt Formeln mit maximal 8.192 Zeichen zu, wobei 1.014 Operanden vorkommen dürfen, ältere Versionen erlauben nur 1.024 Zeichen und maximal 40 Operanden.

Werden in Formeln Funktionen geschachtelt, sind jetzt bis zu 64 Ebenen erlaubt, früher waren es nur sieben. Zahlreiche Funktionen wie SUMME(), MITTELWERT() etc. erlauben seit Excel 2007 maximal 255 Argumente, die älteren Versionen lassen bei diesen Funktionen aber nur 30 Argumente zu.

12.1 Dokumentinspektion

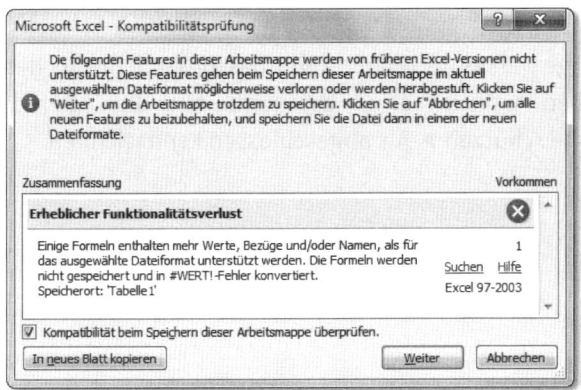

Abbildung 12.9 Probleme mit Formeln

Werden Formeln, die die Möglichkeiten der älteren Version überschreiten, bei der Prüfung entdeckt, kann wieder der Link **Suchen** verwendet werden, um die entsprechenden Zellen zu finden und unter Umständen zu ändern. Wird die Datei trotzdem in dem älteren Format gespeichert, geben die betreffenden Formeln den Fehler #WERT! aus.

Eine genaue Liste der Merkmale, die in älteren Versionen nicht unterstützt werden, finden Sie in der Hilfe, wenn Sie einen Suchlauf mit dem Begriff *Kompatibilität* starten.

Prüfbericht

Über die Schaltfläche **In neues Blatt kopieren** kann bei Bedarf ein Prüfbericht in einem eigenen Arbeitsblatt abgelegt werden. Soll die Arbeitsmappe bei jedem Speichern überprüft werden, aktivieren Sie die Einstellung **Kompatibilität beim Speichern dieser Arbeitsmappe überprüfen**. Wird eine Arbeitsmappe im Dateiformat Excel 97–2003 geöffnet, arbeitet Excel generell im Kompatibilitätsmodus. Dann ist diese Einstellung automatisch aktiviert.

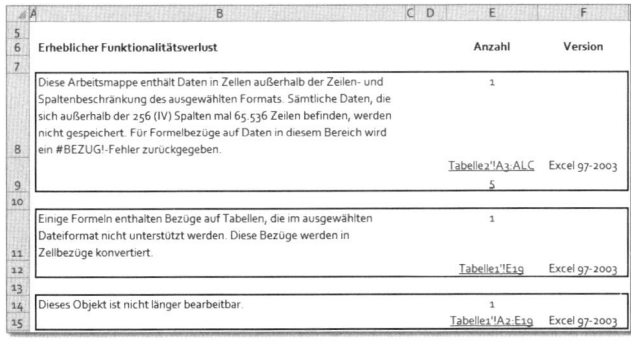

Abbildung 12.10 Auszug aus einem Kompatibilitätsbericht

Dokumente abschließen

Hat eine Arbeitsmappe ihre endgültige Version erreicht, kann das Dokument mit der Statuseigenschaft **Endgültig** versehen werden. Dies geschieht mit dem Befehl **Datei ▸ Informationen ▸ Arbeitsmappe schützen ▸ Als abgeschlossen kennzeichnen**.

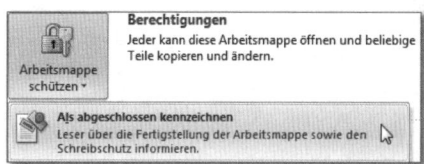

Abbildung 12.11 Abschließen einer Datei

Der Schritt muss durch den Anwender zunächst bestätigt werden. Die Folge ist, dass für diese Arbeitsmappe jede weitere Eingabe, die Bearbeitungsbefehle und die Rechtschreibprüfungsmarkierungen deaktiviert werden. Alle entsprechenden Schaltflächen im Menüband stehen dann nicht mehr zur Verfügung. Die Datei wird gleichzeitig als schreibgeschützt angezeigt.

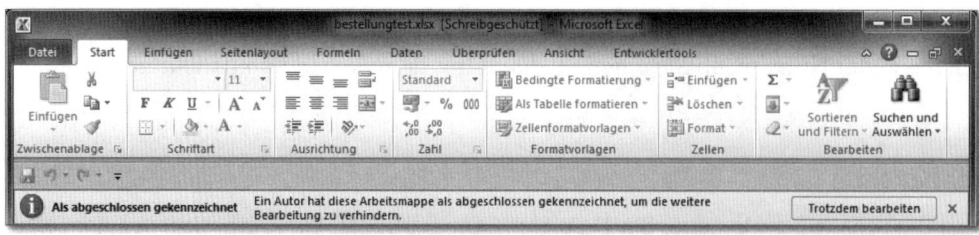

Abbildung 12.12 Hinweis zu einer abgeschlossenen Datei

Wird die Datei geöffnet, erscheint eine Meldungszeile unter dem Menüband mit dem Hinweis **Als abgeschlossen gekennzeichnet** und einer Schaltfläche **Trotzdem bearbeiten**, mit der die Bearbeitungssperre bei Bedarf auch wieder aufgehoben werden kann. Denselben Effekt hat es auch, wenn der Befehl **Arbeitsmappe schützen ▸ Als abgeschlossen kennzeichnen** einfach noch einmal aufgerufen wird.

12.2 Dokumente verschlüsseln

Eine mögliche Maßnahme, um die Integrität einer Arbeitsmappe sicherzustellen, ist die Verschlüsselung. Sie kann über **Datei ▸ Informationen ▸ Arbeitsmappe schützen ▸ Mit Kennwort verschlüsseln** in Gang gesetzt werden. Der Dialog fordert ein Kennwort zur Absicherung des Zugangs zur Arbeitsmappe an, das wie üblich nochmals bestätigt werden muss. Die Verschlüsselung ist gegenüber dem einfachen Zugangsschutz durch ein Kennwort, der bereits in Kapitel 2, »Basiswissen für die Arbeit mit Excel 2010«, beschrieben wurde, eine zusätzliche Absicherung.

Abbildung 12.13 Verschlüsselung einer Arbeitsmappe

Die Verschlüsselung verhindert auch, dass das ZIP-Paket, in dem die Arbeitsmappe gespeichert wird, geöffnet werden kann. Soll die Verschlüsselung aufgehoben werden, wird der Verschlüsselungsbefehl erneut aufgerufen und das Dialogfeld mit einem leeren Kennwortfeld quittiert.

Im Menü der Schaltfläche **Arbeitsmappe schützen** finden Sie auch noch die Optionen **Aktuelle Tabelle schützen** und **Arbeitsmappenstruktur schützen**. Sie entsprechen den Optionen **Blatt schützen** und **Arbeitsmappe schützen** aus der Gruppe **Überprüfen ▸ Änderungen**, die bereits in Kapitel 5 behandelt wurden.

12.3 Berechtigungen einschränken

Eine weitere Möglichkeit des Datenschutzes ist die Einschränkung der Berechtigungen, die den Umgang mit einer Arbeitsmappe betreffen. Es ist möglich, bestimmten Personen zwar das Lesen, aber nicht das Ändern von Tabellen zu erlauben. Auch das Drucken oder Kopieren kann erlaubt oder verweigert werden. Damit dies funktionieren kann, ist eine Verwaltung der Berechtigten und ihrer Berechtigungen erforderlich. Excel 2010 ermöglicht dies über die Kooperation mit einer Informationsrechte-Verwaltung auf einem Windows-Server oder online über einen kostenlosen IRM-Dienst, den Microsoft zur Verfügung stellt. In diesem Fall ist eine Windows Live ID erforderlich. Die erste Einrichtung erfolgt über **Datei ▸ Informationen ▸ Arbeitsmappe schützen ▸ Berechtigung nach Personen einschränken ▸ Anmeldeinformationen verwalten**.

12   Dokumente für die Veröffentlichung vorbereiten

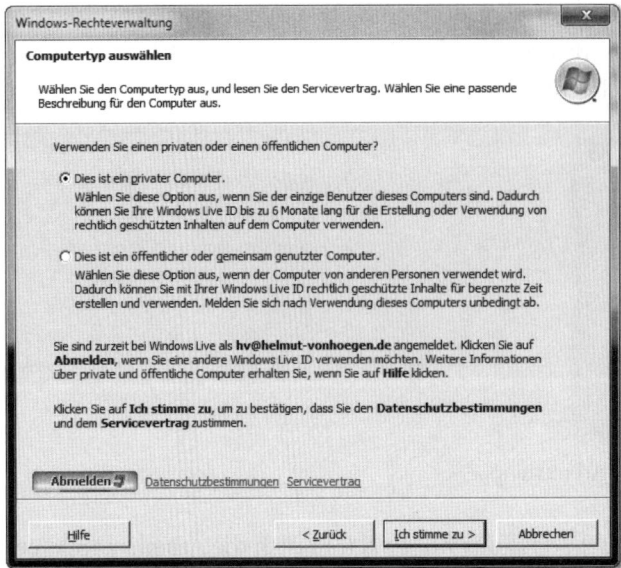

Abbildung 12.14 Konfigurieren der Rechteverwaltung

Wenn eine der beiden Möglichkeiten zur Verfügung steht, lässt sich über **Arbeitsmappe schützen ▸ Berechtigung nach Personen einschränken ▸ Eingeschränkter Zugriff** die Definition der Berechtigungen in Gang setzen. In den beiden Listenfeldern lassen sich E-Mail-Adressen von Personen eintragen – getrennt durch Semikola –, denen entweder nur das Lesen oder auch das Ändern der Arbeitsmappe erlaubt wird.

Abbildung 12.15 Zuordnen der Berechtigungen zu bestimmten Personen

Über die Schaltfläche **Weitere Optionen** lassen sich noch genauere Festlegungen treffen.

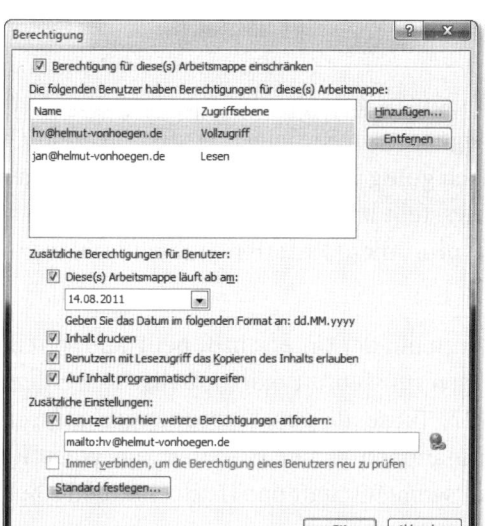

Abbildung 12.16 Details zu den Berechtigungen

Es ist auch möglich, die Berechtigungen zeitlich einzuschränken. Sind für eine Mappe Einschränkungen vergeben, erscheint in der Statusleiste ein Hinweis darauf, dass für das Dokument eine Berechtigungsrichtlinie existiert. Ein Klick darauf öffnet den Dialog **Berechtigung**.

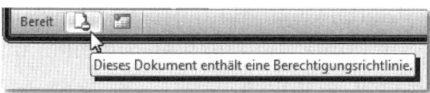

Abbildung 12.17 Hinweis auf Berechtigungsrichtlinie

Alle Einschränkungen lassen sich mit **Berechtigung nach Personen einschränken ▸ Uneingeschränkter Zugriff** wieder aufheben.

12.4 Dokumente signieren

Damit andere Personen oder Stellen sich auf die Echtheit und Unversehrtheit Ihrer Dokumente verlassen können, bietet Excel an, diese Dokumente zu signieren. Digitale Signaturen sind spezielle Authentifizierungsmarken, die durch Verschlüsselungsalgorithmen erzeugt und an das Dokument angehängt werden. Sie sollen außerdem bestätigen, dass das Dokument tatsächlich von der Person oder Stelle stammt, auf deren Namen die Signatur eingetragen ist, und dass das signierte Dokument auf dem Weg zum Empfänger nicht verändert wurde.

Die Signatur wird dem Dokument deshalb erst dann beigefügt, wenn die endgültige Version des Dokuments gespeichert ist. Das der Signatur zugeordnete Zertifikat ist zeitlich befristet, es ist also jeweils zu prüfen, ob es noch gültig ist. Außerdem kommt es immer darauf an, ob die Stelle, die das Zertifikat ausgestellt hat, als vertrauenswürdiger Herausgeber eingestuft werden kann. Excel 2010 prüft diese Kriterien automatisch, wenn Signaturen zum Einsatz kommen.

Die rechtliche Gleichstellung digitaler Signaturen mit der Unterschrift per Hand ist teilweise noch strittig, die gesetzlichen Grundlagen müssen oft erst aktualisiert werden. Das Signaturgesetz gilt zwar bereits seit 1997, Tausende von Verordnungen müssen aber noch angepasst werden. Aktuelle Informationen finden Sie über die Webseite *www.where2sign.de*, die von T7 e. V., der Arbeitsgemeinschaft der Trustcenterbetreiber, angeboten wird.

Eine digitale Unterschrift setzt voraus, dass Sie über entsprechende Zertifikate verfügen. Signaturen können entweder von kommerziellen Zertifizierungsstellen wie Verisign erworben oder in einem Firmennetz intern generiert werden, z. B. mithilfe eines Microsoft Certificate Servers.

Zum Testen des Verfahrens lässt sich eine eigene Signatur erstellen, die allerdings nur auf dem jeweiligen Rechner Geltung hat. Benutzen Sie dazu im Register **Datei ▸ Informationen ▸ Arbeitsmappe schützen ▸ Digitale Signatur hinzufügen**. Bestätigen Sie zunächst die allgemeinen Hinweise zu Signaturen, und wählen Sie dann im Dialog **Digitale ID anfordern** die Option **Eigene digitale ID erstellen**.

Abbildung 12.18 Eigene digitale ID erstellen

Geben Sie die angeforderten Daten ein, und benutzen Sie **Erstellen**. Dann wird das Dialogfeld **Signieren** angezeigt. Um später eine Arbeitsmappe mit der eingerichteten Signatur zu sichern, müssen Sie das fertige Dokument zunächst abspeichern. Benutzen Sie dann wieder **Vorbereiten ▶ Digitale Signatur hinzufügen**. Nun wird gleich das Dialogfeld **Signieren** angezeigt, in dem Sie noch den Zweck der Signierung angeben können. Klicken Sie auf **Signieren**, und bestätigen Sie noch einmal die Signatur.

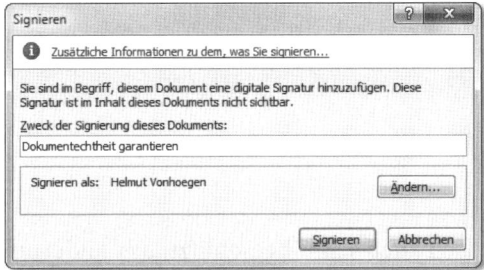

Abbildung 12.19 Signieren des aktuellen Dokuments

Excel 2010 kennzeichnet die Arbeitsmappe in diesem Fall automatisch als abgeschlossen. In der Statusleiste erscheint ein Signatursymbol, das zum Aus- und Einblenden des Aufgabenbereichs **Signaturen** verwendet werden kann. Details zu einer aufgelisteten Signatur lassen sich über das Kontextmenü einsehen.

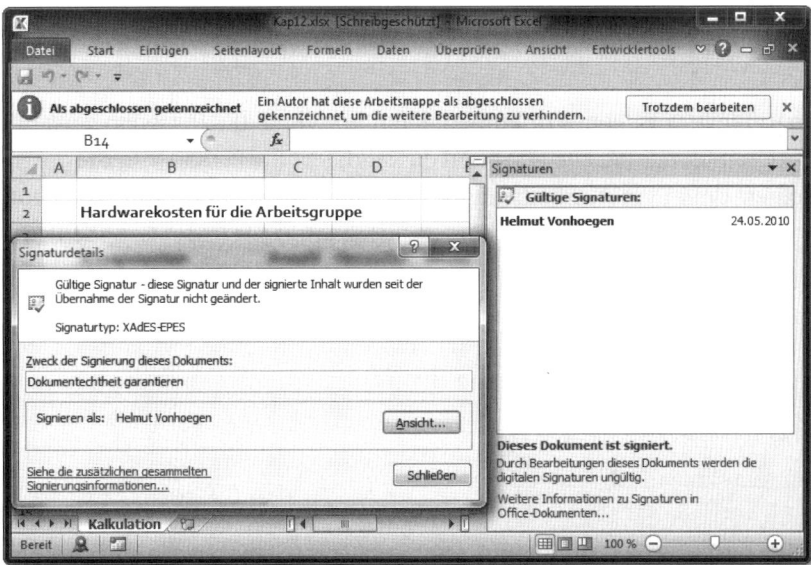

Abbildung 12.20 Details zu einer Signatur im Aufgabenbereich »Signaturen«

Über die Schaltfläche **Ansicht** werden weitere Daten zur Signatur angezeigt, insbesondere die Daten zur Dauer der Gültigkeit.

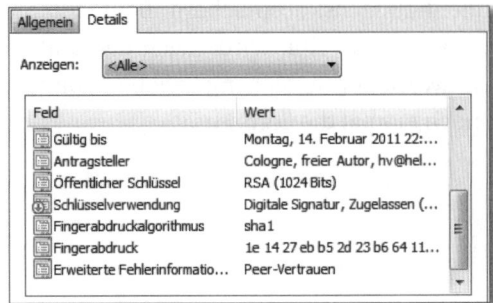

Abbildung 12.21 Daten zur Signatur

Wenn Sie eine Datei signieren, ist sie automatisch auch schreibgeschützt, um Änderungen daran zu verhindern. Soll die Signatur wieder entfernt werden, hilft hier die Option **Signatur entfernen** im Kontextmenü der Signaturzeile. Wird die Schaltfläche **Trotzdem bearbeiten** angeklickt, geschieht dies automatisch.

Sichtbare Signaturzeilen

Neben solchen in der Arbeitsmappe ansonsten unsichtbaren Signaturen können Arbeitsmappen auch mit sichtbaren Signaturzeilen versehen werden, um Ihre Vertrauenswürdigkeit abzusichern.

Ein mit einer Signaturzeile versehenes Dokument kann jeweils an die Personen versandt werden, die es signieren sollen. Welche Personen das sind, legt die Person fest, die die Signaturzeile einrichtet. Um in einer Arbeitsmappe eine Signaturzeile einzufügen, benutzen Sie auf der Registerkarte **Einfügen** die Schaltfläche **Signaturzeile** in der Gruppe **Text**.

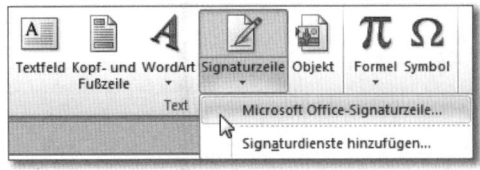

Abbildung 12.22 Einfügen sichtbarer Signaturen

Das Menü zur Pfeilschaltfläche bietet die Option **Microsoft Office-Signaturzeile** an. Sie öffnet das Dialogfeld **Signatureinrichtung**, in dem zunächst vom Autor des Dokuments angegeben werden kann, wer das Dokument signieren soll – also Name, Position und E-Mail-Adresse des vorgeschlagenen Signierers. Zusätzlich kann noch eine Anweisung beigegeben werden, worauf der Signierer oder die Signiererin zu achten haben. Diese wird in dem Dialog ange-

12.4 Dokumente signieren

zeigt, mit dem die Signatur schließlich vorgenommen wird. Den Signierern mag auch noch das Recht eingeräumt werden, Kommentare zu ihrer Signatur hinzuzufügen. Die Option **Signaturdatum in der Signaturzeile anzeigen** sollte in der Regel aktiviert bleiben.

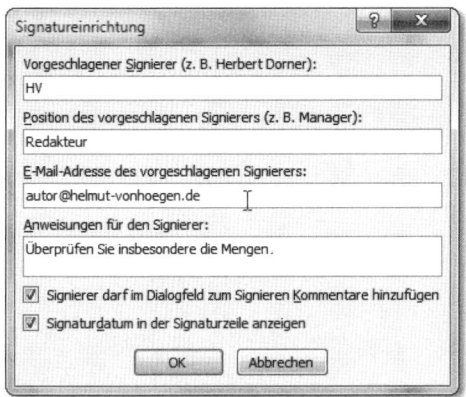

Abbildung 12.23 Dialog zum Einrichten einer Signatur

Der Befehl fügt ein Signaturfeld in die Arbeitsmappe ein, das technisch ein grafisches Objekt ist, allerdings sind viele Eigenschaften nicht verfügbar. Es kann, solange die Signatur noch nicht vollzogen ist, mit der Maus an eine beliebige Stelle des Arbeitsblatts gezogen werden.

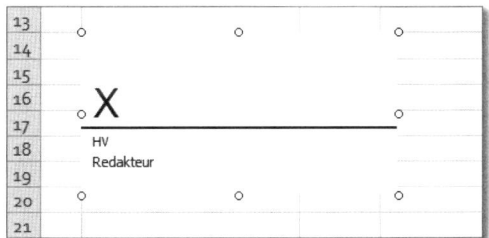

Abbildung 12.24 Signaturzeile im Arbeitsblatt

Die Person, die durch die Signaturzeile zum Signieren aufgefordert wird, muss nun nur doppelt auf die Signaturzeile klicken, um das Dokument digital zu signieren. Dazu öffnet sich der Dialog **Signieren**. Nun kann die verlangte Unterschrift entweder über die Tastatur oder bei einem Tablet-PC mit dem Stift eingetragen werden. Alternativ kann auch ein Bild mit der vorher aufgezeichneten Unterschrift eingefügt werden. Dazu dient der Link **Bild auswählen**.

Soll eine andere Person unterschreiben, die ebenfalls berechtigt ist, wird die Schaltfläche **Ändern** benutzt, um ein anderes Zertifikat auszuwählen.

12 Dokumente für die Veröffentlichung vorbereiten

Abbildung 12.25 Der Dialog »Signieren«

Die Schaltfläche **Signieren** fügt die Signatur in der Signaturzeile im Tabellenblatt ein.

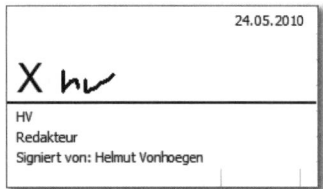

Abbildung 12.26 Signatur in der Signaturzeile

Das signierte Dokument ist ab diesem Punkt schreibgeschützt, um Änderungen am Inhalt des Dokuments zu verhindern.

Sollen mehrere Personen unterschreiben, fügen Sie entsprechend viele Signaturzeilen an der passenden Stelle ein, die durch die Cursorposition bestimmt wird. Ist ein Dokument in der einen oder anderen Weise signiert, wird in der Statuszeile ein Signatursymbol angeboten, das den Aufgabenbereich **Signaturen** ein- und ausblendet.

Zusätzlich zur sichtbaren Signatur kann immer auch, wie oben beschrieben, eine nicht sichtbare digitale Signatur hinzugefügt werden, um die Identität des Signierers zu verifizieren.

13   Arbeitsmappen veröffentlichen

Dieses Kapitel behandelt die Fragen, die mit der Veröffentlichung Ihrer Tabellen und Diagramme zusammenhängen, sei es per Ausdruck, per E-Mail oder Fax. Beim Druck geht es vor allem darum, wie Sie Ihre Tabellen am besten auf den Seiten unterbringen. Beim Versand per E-Mail sind insbesondere die Funktionen interessant, die die gemeinsame Arbeit an Tabellen und die Überprüfung und Freigabe von Kalkulationsmodellen unterstützen. Außerdem wird der Versand als PDF- oder als XPS-Kopie beschrieben.

13.1   Vorbereitung von Arbeitsblättern zum Druck

Die ständige Speicherung von Daten im Computer, die Vernetzung der Computer und die enormen Möglichkeiten der Datenübertragung über die weltweiten Telekommunikationseinrichtungen haben zwar einerseits die Notwendigkeit reduziert, Daten in Papierform auszutauschen, andererseits haben aber dieselben technischen Entwicklungen auch zu einem viel größeren Umschlag von Daten geführt. Faktisch ist deshalb der Papierausstoß von PCs eher gewachsen. Wichtige E-Mails werden häufig ebenfalls ausgedruckt.

Zugleich sind die Qualitätsansprüche an die Papierausgabe von Daten wesentlich gestiegen. Zahlenwüsten und -sümpfe auf gestreiftem Endlospapier, wie sie vor Jahren üblich waren, lassen heute beim Empfänger solcher Dokumente keine Freude mehr aufkommen.

Was auf dem Bildschirm zu sehen ist, lässt sich nicht ohne Weiteres eins zu eins auf Papier übertragen. Beim Drucken von Tabellenblättern oder ganzen Arbeitsmappen sind daher regelmäßig ein paar Dinge zu berücksichtigen, die mit der Umsetzung von der Bildschirm- zur Papierausgabe zu tun haben:

- Der Bildschirm zeigt die Daten in Fenstern an, die ein anderes Format haben als Papier. Außerdem kann der Fensterausschnitt frei verschoben werden.
- Am Bildschirm können Beschriftungszeilen für lange Tabellen fixiert werden, auf dem Papier ist meist auf jeder Seite eine Beschriftungszeile notwendig.
- Die Farben, die Ihre Tabellen und Diagramme schmücken, sind nicht identisch mit den Farben, die Ihr Drucker erzeugen kann. Wenn Sie keinen Farbdrucker haben, ist zu prüfen, wie die Farben in Grautöne umgesetzt oder durch Raster ersetzt werden können, um z. B. die Säulen eines Diagramms unterscheidbar wiederzugeben.

- Wenn etwas zu Papier gebracht werden soll, sind deshalb meist eine Reihe von Entscheidungen fällig:
    - Was soll gedruckt werden?
    - Wie soll das Layout der Druckseiten aussehen?
    - Auf welchem Drucker soll mit welchen Einstellungen gedruckt werden?

Am Beispiel einer mehrseitigen Artikelliste wollen wir die einzelnen Schritte und die verschiedenen Gestaltungsmöglichkeiten zeigen.

	A	B	C	D	E	F	G
1							
2	Artikel für den Hausbedarf						
3							
4	Warengruppe	Artikelnummer	Artikelbezeichnung	Preis	Umsatz Vorjahr	Umsatz lfd. Jahr	Lagerort
5	15	0007	SZ28 HOLZSTANGE SCHWARZ	6,50	364,35	4888,77	2202
6	15	0010	SZ28 HOLZSTANGE NAT.ROH	4,95	606,35	505,39	2207
7	15	0020	SZ28 HOLZSTANGE	4,95	9479,56	514,05	2203
8	15	0022	SZ28 HOLZSTANGE	5,05	3095,42	197,05	2217
9	15	0029	SZ28 HOLZSTANGE KIRSCHB	4,95	5362,32	131,63	2217
10	15	0030	SZ28 HOLZSTANGE EICHE	4,95	8737,54	484,08	2214
11	15	0039	SZ28 HOLZSTANGE H.EICHE	4,95	6934,48	369,82	2215
12	15	0040	SZ28 HOLZSTANGE NUSSB.	4,95	5510,94	146,24	2216
13	15	0047	SZ28 RING + HAKEN BRAUN	0,00	0,00	0,00	9999
14	15	0060	SZ28 HOLZSTANGE WEISS	6,50	12169,87	661,27	2204
15	15	0070	SZ28 RING+HAKEN SCHWARZ	0,23	2455,45	1071	0482

Abbildung 13.1 Beispiel einer mehrseitigen Tabelle

Festlegen des Druckumfangs

Zunächst sollte geklärt werden, was überhaupt gedruckt werden soll. Es gibt dazu in Excel 2010 verschiedene Wege. Prinzipiell können Sie es entweder Excel selbst überlassen, auszuwählen, was von den einzelnen Blättern gedruckt wird, oder Sie legen den Druckbereich ausdrücklich fest.

Automatische Auswahl

Wenn Sie einfach dem Programm die Auswahl des Druckbereichs überlassen, druckt Excel von einem Blatt immer den gesamten Bereich, der Daten oder Objekte enthält. Genauer gesagt: Die Zelle, die in der untersten Zeile und in der am weitesten rechts liegenden Spalte noch Daten oder Objekte enthält, entscheidet über die Anzahl der Zeilen und Spalten, die ausgedruckt werden.

Die automatische Auswahl der zu druckenden Daten kann sich auf das aktive Blatt, eine Gruppe von ausgewählten Blättern oder auf die gesamte Arbeitsmappe beziehen. Um die Artikelliste komplett zu drucken, muss in diesem Fall nur das Blatt mit der Liste vorher aktiviert werden, da der Druck der aktuellen Blattauswahl voreingestellt ist.

Wenn Sie Excel die Auswahl überlassen, sind allerdings Überraschungen nicht ausgeschlossen. Haben Sie z. B. einmal in einem entfernten Tabellenbereich eine kleine Zwischenberechnung eingetragen und vergessen, diese vor dem Druck wieder zu löschen, kann es sein, dass Excel einen unnötig großen Bereich druckt. Das gilt auch, wenn Sie irgendwo eine Zelle oder einen Bereich mit einem Hintergrundmuster formatieren!

Auswahl durch Markierung

Während für den Druck der kompletten Liste die Auswahl des Blatts genügt, muss zum Druck eines Teils der Liste der Druckbereich genau festgelegt werden. Sollen z. B. nur die ersten 20 Artikel auf dem Papier erscheinen, haben Sie wieder zwei Möglichkeiten.

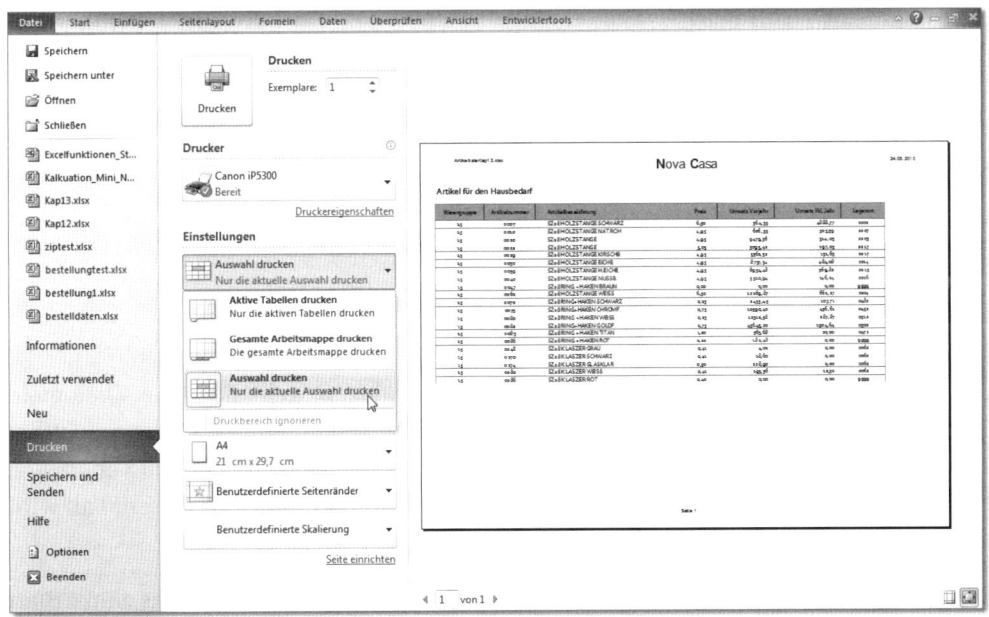

Abbildung 13.2 Vorschau auf den Druck eines Tabellenausschnitts

Am einfachsten ist es, den Bereich vor Aufruf des Befehls **Drucken** über das Register **Datei** zu markieren und dann aus dem ersten Auswahlmenü unter **Einstellungen** die Option **Auswahl drucken** zu wählen. Dabei sind natürlich auch Mehrfachmarkierungen oder Markierungen für eine vorher ausgewählte Gruppe von Blättern möglich. Die Teilbereiche werden dabei jeweils auf separate Seiten gedruckt.

Festlegen eines Druckbereichs

Die zweite Möglichkeit besteht darin, ausdrücklich einen Druckbereich für ein Tabellenblatt zu definieren. Diesem Bereich wird von Excel automatisch der Name *Druckbereich* zugewiesen, er kann also auch unter diesem Namen angesprochen werden.

Um einen solchen Druckbereich zu bestimmen, verfahren Sie folgendermaßen: Markieren Sie den Bereich, der für den Ausdruck vorgesehen ist. Es reicht aus, eine Gruppe von Spalten oder Zeilen zu markieren, leere Zellen werden beim Druck ignoriert. Verwenden Sie auf dem Register **Seitenlayout** in der Gruppe **Seite einrichten** die Option **Druckbereich festlegen**, die die Schaltfläche **Druckbereich** anbietet. Excel benennt den markierten Bereich mit *Druckbereich*, wie im Namenfeld zu sehen ist. Dieser Name kann für jedes Blatt gesondert vergeben werden. Der Druckbereich ist wie alle Bereiche dynamisch; werden nachträglich Zeilen oder Spalten innerhalb des Bereichs eingefügt, wird die Bereichsdefinition angepasst.

Abbildung 13.3 Die Gruppe »Seite einrichten« mit der Schaltfläche »Druckbereich«

Die alternative Methode, einen Druckbereich festzulegen, geht über das Dialogfeld **Seite einrichten**, das über den Dialogfeldstarter der gleichnamigen Gruppe geöffnet werden kann. Auf der Registerkarte **Blatt** kann unter **Druckbereich** der Bezug oder auch ein Name für den Bereich eingetragen oder markiert werden. Auch in diesem Fall wird der Name *Druckbereich* zugeordnet.

Soll der Druckbereich aufgehoben werden, damit beispielsweise wieder das ganze Blatt gedruckt wird, nehmen Sie den Befehl **Druckbereich aufheben** im Menü der Schaltfläche **Druckbereich**.

Die Verwendung eines benannten Druckbereichs hat den Vorteil, dass Sie wiederholt denselben Auszug aus einem Tabellenblatt oder auch dieselben Auszüge aus mehreren Tabellenblättern drucken können, ohne die Bereiche jeweils neu markieren zu müssen.

Ist im Register **Datei** unter **Drucken** die Option **Auswahl drucken** gewählt, wird ein eventuell vorher definierter Druckbereich ignoriert. Bei den anderen Optionen an dieser Stelle wird für das Blatt, für das ein Druckbereich bestimmt ist, jeweils nur der Druckbereich ausgedruckt.

Wird die aktuelle Markierung gedruckt oder ein definierter Druckbereich, kann es allerdings zu einem Problem kommen bei Zellen, die längere Texte enthalten. Am Bildschirm reichen diese Texte in die benachbarten Zellen hinein. Sind diese benachbarten Zellen leer, ist das kein Problem. Im Druck aber werden diese Zeichen, die in andere Zellen geraten, abgeschnitten, es sei denn, der Druckbereich bzw. die aktuelle Markierung umfasst auch die Zellen, die der längere Text überlappt. Achten Sie also darauf, dass Sie die Bereiche entsprechend auswählen.

Seitengestaltung

Wenn eine größere Liste zu Papier gebracht werden soll, stellt sich die Frage, wie die Daten am besten auf die Seiten verteilt werden. Sie können das zwar ganz dem Programm überlassen, aber die Ergebnisse sind dann nicht immer befriedigend. Es ist also die Frage, wie das Programm die große Tabelle zerschneidet und wie dies beeinflusst werden kann. Das betrifft zunächst die Entscheidung über den Seitenumbruch, der automatisch oder manuell erfolgen kann.

Automatischer Seitenumbruch

Wenn, wie bei der Artikelliste, der zu druckende Tabellenbereich nicht auf eine Seite passt, führt das Programm normalerweise automatisch einen Seitenumbruch durch. Dies geschieht spalten- und zeilenweise. Wenn also eine oder mehrere Spalten nicht mehr auf die Seite passen, werden diese Spalten auf eigene Seiten gedruckt. Ist die maximale Zeilenzahl erreicht, die auf eine Seite passt, wird ebenfalls eine neue Seite begonnen.

Wie dieser automatische Umbruch im Ergebnis aussieht, hängt von den Einstellungen ab, die Sie bei der Auswahl des Druckers und beim Einrichten der Seite wählen. Doch dazu mehr in den folgenden Abschnitten.

Der automatische Seitenumbruch wird durch eine mit kurzen Strichen gestrichelte Linie angezeigt, es sei denn, Sie blenden die Anzeige über **Datei ▶ Optionen ▶ Erweitert ▶ Optionen für dieses Arbeitsblatt** aus.

Manueller Seitenumbruch

Sie können den Seitenumbruch aber auch manuell festlegen. Das ist nützlich, wenn sonst durch den automatischen Umbruch Tabellenspalten getrennt würden, die sachlich zusammengehören. Dieser manuelle Seitenumbruch setzt den automatischen Seitenumbruch außer Kraft. Er wird ebenfalls durch eine gestrichelte Linie mit etwas längeren Strichen gekennzeichnet. Dazu steht auf dem Register **Seitenlayout** in der Gruppe **Seite**

einrichten unter **Umbrüche** die Option **Seitenumbruch einfügen** zur Verfügung. Bei diesem Befehl legen Sie durch die aktuelle Cursorposition fest, ab welcher Spalte und ab welcher Zeile eine neue Seite beginnen soll.

Bevor Sie den Befehl verwenden, sollten Sie überlegen, ob der manuelle Seitenumbruch für mehrere Blätter in der Arbeitsmappe gelten soll oder nur für das aktuelle Blatt. Im ersten Fall wählen Sie zunächst die Blattregister aus, die zu der Gruppe gehören sollen.

Wenn Sie z. B. festlegen wollen, dass mit der Spalte F jeweils neue Seiten beginnen sollen, setzen Sie den Zellzeiger in die Zelle F1, oder klicken Sie auf den Spaltenkopf von F. Wählen Sie dann den Befehl **Seitenumbruch einfügen**. Soll mit der Spalte L erneut mit neuen Seiten begonnen werden, verfahren Sie entsprechend.

Soll ab der Zeile 50 eine neue Seite begonnen werden, setzen Sie den Zellzeiger in die Zelle A50, oder klicken Sie auf den Spaltenkopf der Zeile 50. Die folgende Abbildung zeigt in einer verkleinerten Darstellung, wie viele Seiten mithilfe dieser drei Schritte zustande kommen.

Sie können auch gleichzeitig die horizontale und vertikale Trennlinie für Seitenwechsel festlegen, wenn Sie den Zellzeiger vorher an die Stelle setzen, an der sich die beiden Trennlinien kreuzen sollen.

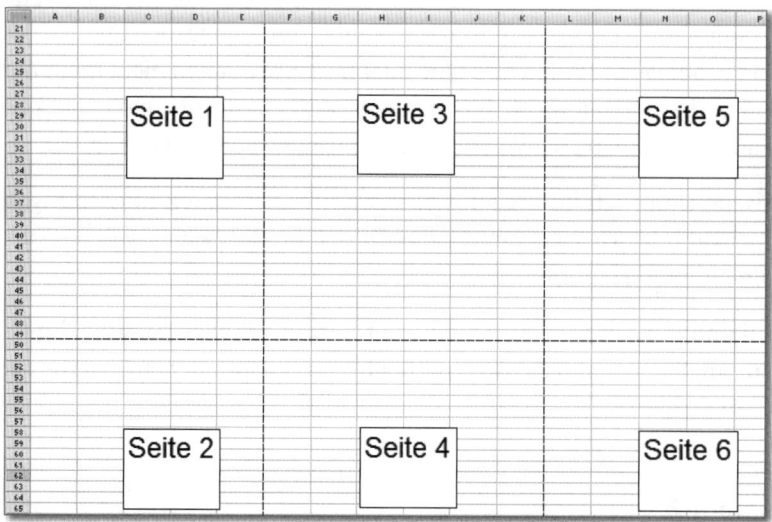

Abbildung 13.4 Manuell aufgeteilte Seiten

Wollen Sie einen bestimmten Seitenumbruch wieder aufheben, müssen Sie den Zellzeiger jeweils rechts neben bzw. unter die betreffende gestrichelte Linie setzen. Berührt die ausgewählte Zelle eine Umbruchlinie, kann im Menü **Umbrüche** der Befehl **Seitenumbruch aufheben** verwendet werden. Um alle manuellen Seitenwechsel auf einen Schlag wieder zu entfernen, wählen Sie hier den Befehl **Alle Seitenumbrüche zurücksetzen**.

Am besten kontrollieren Sie vor dem Druck über **Datei ▸ Drucken** in der dort angezeigten Seitenvorschau oder über **Ansicht ▸ Seitenlayout**, ob die manuellen Seitenumbrüche das gewünschte Ergebnis erzielen. Dazu später mehr. Weiter unten wird außerdem beschrieben, wie die Seitenaufteilung auch in der speziellen Seitenumbruchvorschau kontrolliert und noch einmal korrigiert werden kann.

Gestaltung des Seitenlayouts

Wenn klar ist, was zu drucken ist, bleibt die Frage, wie die Druckseiten aussehen sollen. Dabei geht es insbesondere auch darum, wie viele Daten auf eine Seite passen. Je mehr Daten auf einer Seite in einer guten Form untergebracht werden können, desto geringer ist der Verbrauch an Papier etc. Es macht einen bedeutenden Unterschied, ob Sie für ein Dokument, das mit 500 Exemplaren gedruckt werden soll, jeweils zwei oder aber sechs Seiten verbrauchen, bloß weil eine Spalte und einige Zeilen über die ersten zwei Seiten hinausragen.

Mehr Daten auf einer Seite unterbringen

Nun gibt es verschiedene Methoden, den Seitenbedarf zu beeinflussen. Da die Zeilenhöhe in der Tabelle durch die verwendete Schriftgröße bestimmt wird, führt die Verwendung einer kleineren Schrift dazu, dass mehr Zeilen auf die Seite passen. Wenn z. B. als Standardschriftgröße nicht 10, sondern nur 9 Punkt verwendet wird, passen statt 56 schon 60 Zeilen auf eine DIN-A4-Seite. Bei einer 8-Punkt-Schrift sogar 64 Zeilen. Auch die Anzahl der Spalten kann durch die kleinere Schrift vergrößert werden.

Ein weiterer Faktor ist die Wahl einer optimalen Spaltenbreite für alle Spalten. Schließlich kann Platz für Daten auch dadurch gewonnen werden, dass die vorgegebenen Ränder etwas schmaler gewählt werden. Eine ganz andere Methode, um mehr Daten auf einer Seite unterzubringen, ist die Skalierung, die in einem der folgenden Abschnitte beschrieben wird.

Optionen für das Layout der Seite

Excel 2010 stellt für die Gestaltung des Seitenlayouts nicht nur ein komplettes Register **Seitenlayout** mit fünf Gruppen zur Verfügung, sondern auch die schon angesprochene Ansicht **Seitenlayout**, die über die gleichnamige Schaltfläche in der Gruppe **Ansicht ▸ Arbeitsmappenansichten** erreicht wird.

Abbildung 13.5 Das Register »Seitenlayout«

Die Dialogfeldstarter der Gruppen **Seite einrichten**, **An Format anpassen** und **Blattoptionen** führen allesamt auf verschiedene Register im Dialogfeld **Seite einrichten**. Einige Schaltflächen in den Gruppen bieten Paletten für die schnelle Auswahl von Optionen an, andere öffnen ebenfalls Register des Dialogfelds. Welche Optionen in dem Dialogfeld zur Verfügung stehen, hängt auch davon ab, welche Art von Blatt aktiviert ist. Wird ein Diagrammblatt ausgewählt, ist die Registerkarte **Blatt** durch **Diagramm** ersetzt. Außerdem hängen bestimmte Optionen von dem gewählten Drucker ab, denn nicht alle Drucker verfügen über die gleichen Leistungsmerkmale.

Seitenlayoutansicht

Es ist meist sinnvoll, die Seitenlayoutansicht zu aktivieren, bevor Sie mit den Optionen in der Gruppe **Seitenlayout ▸ Seite einrichten** arbeiten, weil Sie dort die Wirkung bestimmter Einstellungen sofort kontrollieren können. Diese Ansicht wird über die Schaltfläche **Seitenlayout** in der Gruppe **Ansicht ▸ Arbeitsmappenansichten** eingeschaltet. Schneller noch geht es über das Symbol **Seitenlayout** in der Statusleiste.

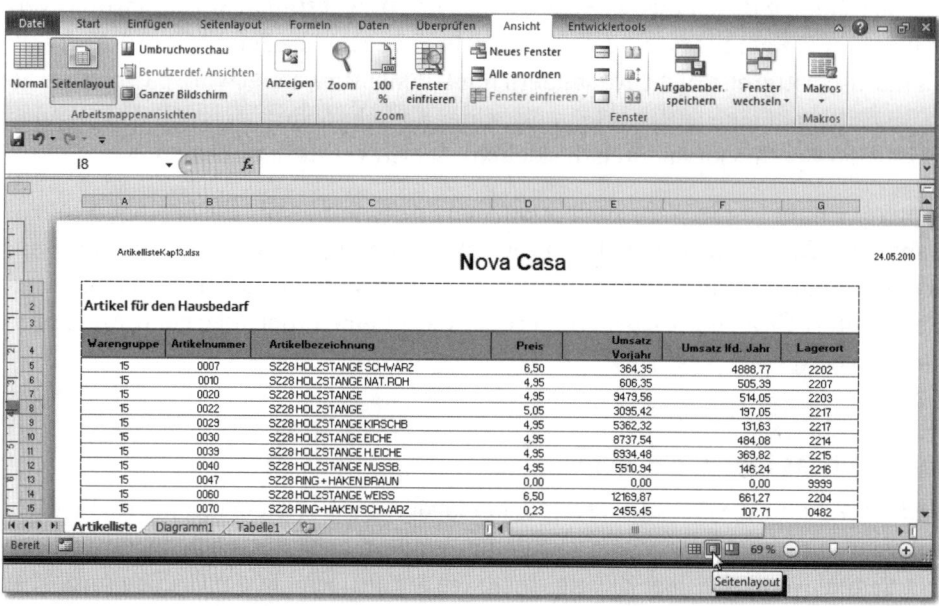

Abbildung 13.6 Tabelle in der Layoutansicht

Die in dieser Ansicht eingeblendeten Lineale helfen bei einer genauen Platzierung von Objekten auf den jeweiligen Seiten. Die Maßeinheit entspricht als Vorgabe den regionalen Einstellungen des Rechners. Sie wird über **Datei** ▸ **Optionen** unter **Erweitert** ▸ **Anzeige** ▸ **Linealeinheiten** geändert. In dieser Ansicht kann auch die Seitenaufteilung ganz gut geprüft werden, insbesondere in Kombination mit den Zoom-Optionen in der Statuszeile.

Wahl des Papierformats und des Druckformats

Wie viele Daten aufs Papier gebracht werden können, hängt natürlich insbesondere davon ab, welches Papierformat Sie verwenden und in welchem Druckformat die Daten auf diesem Papier gedruckt werden. Für die Wahl des Papierformats finden Sie in der Gruppe **Seitenlayout** ▸ **Seite einrichten** die Schaltfläche **Größe**, die eine Palette mit zahlreichen marktgängigen Formaten öffnet.

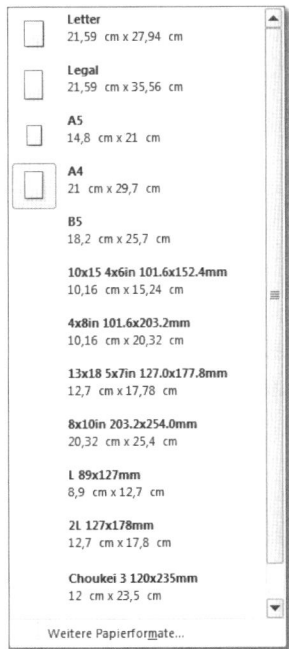

Abbildung 13.7 Auswahl des Papierformats

Um das Druckformat zu wählen, können Sie die Schaltfläche **Seite einrichten** ▸ **Ausrichtung** anklicken, die die Wahl zwischen **Hochformat** und **Querformat** erlaubt.

13 Arbeitsmappen veröffentlichen

Wenn Sie das Dialogfeld öffnen, wählen Sie unter **Papierformat** die passende Einstellung aus und bestimmen unter **Ausrichtung**, ob die Seite im **Hochformat** oder im **Querformat** gedruckt werden soll.

Die dritte Möglichkeit ist, über **Datei ▸ Drucken** in der dort angezeigten vierten Auswahlliste unter **Einstellungen** das Format zu wählen.

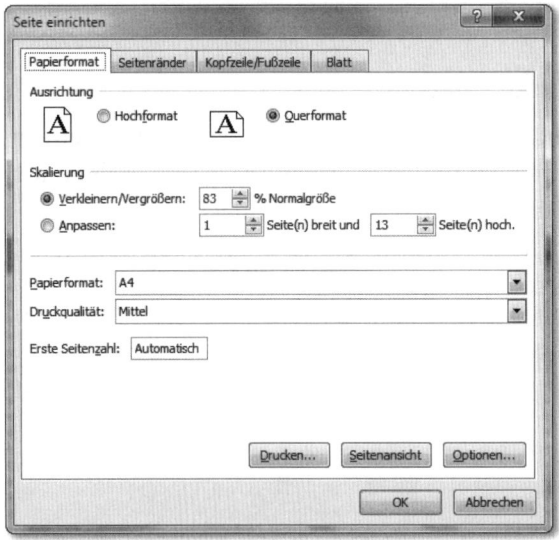

Abbildung 13.8 Das Dialogfeld »Seite einrichten«

Bei der Artikelliste spricht alles für das Querformat, denn im Querformat können je nach Spaltenbreite vielleicht vier bis sechs Spalten mehr nebeneinander ausgedruckt werden. Beachten Sie, dass eine Umstellung des Formats über dieses Dialogfeld nur diesen einen Druckauftrag betrifft.

Skalierung

Wird die Artikelliste im Querformat gedruckt, passen zwar wesentlich mehr Spalten nebeneinander als im Hochformat, die letzte Spalte würde aber unter Umständen immer noch neue Seiten erfordern. Neue Seiten wegen einer Spalte wären aber ziemlich ärgerlich. Um dem zu begegnen, finden Sie in der Gruppe **Seitenlayout ▸ Format anpassen** zwei Listenfelder für die **Breite** und die **Höhe** der Seite und ein Drehfeld, in dem ein Prozentsatz für die Skalierung der Seite eingestellt werden kann. Über die Listenfelder kann festgelegt werden, auf wie viele Seiten in der Breite und/oder in der Höhe der gesamte Druckbereich gedruckt werden soll.

13.1 Vorbereitung von Arbeitsblättern zum Druck

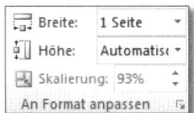

Abbildung 13.9 Optionen für die Skalierung

Wenn Sie z. B. feststellen, dass beim normalen Ausdruck 28 Seiten produziert würden, weil eben eine Spalte nicht mehr auf die ersten 14 Seiten passt, können Sie Excel mit der **Breite 1 Seite** veranlassen, die Daten so weit zu verkleinern, dass die Tabelle in der Breite gerade auf eine Seite passt. Der Prozentsatz für die damit verbundene Skalierung wird in dem dann abgeblendeten Drehfeld angezeigt. Entsprechendes könnte auch für die Höhe des Ausdrucks festgelegt werden, etwa um zu verhindern, dass eine oder zwei Zeilen am Ende noch eine zusätzliche Seite erfordern. Mit der Einstellung **Breite: 1 Seite**, **Höhe: 13 Seiten** benötigen Sie beispielsweise statt 2 x 14 = 28 Seiten nur noch 1 x 13 = 13 Seiten. Das ist also eine beträchtliche Ersparnis.

Die Alternative dazu ist, über das Drehfeld für **Skalierung** direkt eine bestimmte Verkleinerung oder auch Vergrößerung einzustellen. In diesem Fall müssen die beiden Listenfelder auf **Automatisch** eingestellt sein.

Ein paar vorgegebene Skalierungsstufen sind auch über **Datei ▸ Drucken** in der dort angezeigten letzten Auswahlliste unter **Einstellungen** zu finden.

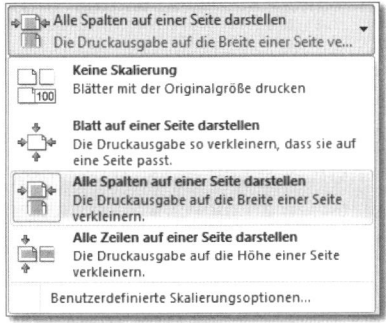

Abbildung 13.10 Vorgaben für die Skalierung

Ähnliche Einstellungen können im Dialogfeld **Seite einrichten** über die Registerkarte **Papierformat** unter **Skalierung** vorgenommen werden:

- **Verkleinern/Vergrößern:** Wenn Sie diese Option wählen, können Sie im benachbarten Textfeld einen Prozentsatz eingeben, der das Maß der Verkleinerung oder Vergrößerung bestimmt. Dabei wird die Originalgröße als 100 % angenommen. Werte zwischen 10 und 400 sind erlaubt.

- **Anpassen:** Bei dieser Option kann festgelegt werden, auf wie viele Seiten in der Breite und in der Höhe der gesamte Druckbereich gedruckt werden soll.

Weitere Optionen zur Seitengestaltung

Die Registerkarte **Papierformat** erlaubt unter **Druckqualität** die Auswahl verschiedener Qualitätsstufen, die sich auf die Auflösung beziehen, mit der die Seite gedruckt werden soll. Die Anzahl der Punkte pro Zoll (dpi = *dots per inch*) ist ein Maß für die Qualität des Ausdrucks. Ein höherer dpi-Wert verbessert die Qualität, verlangsamt aber den Ausdruck deutlich, weil der Drucker ja wesentlich mehr Punkte ansteuern muss.

Außerdem kann unter **Erste Seitenzahl** eine Anfangszahl für die Seitennummerierung eingegeben werden. **Automatisch** bedeutet, dass mit der Seitennummer 1 begonnen wird bzw. mit der entsprechenden Seitenzahl, wenn Sie den Druck nicht am Anfang des Dokuments starten. Soll mit einer höheren Zahl begonnen werden, überschreiben Sie einfach diesen Eintrag.

Kolumnentitel und Zeilenbeschriftung

Bei einer langen Liste wie der Artikelliste stellt sich das Problem, wie die Spalten auf der zweiten und den folgenden Seiten beschriftet werden sollen. Bei Listen, die noch über wesentlich mehr Spalten verfügen und in zwei oder drei Bahnen gedruckt werden müssen, fehlen ab der zweiten Bahn die Zeilenbeschriftungen.

Vor einem ähnlichen Problem stehen Sie, wenn Sie nur die fünfte bis neunte Spalte einer Tabelle drucken wollen. In diesem Fall fehlen die Zeilenbeschriftungen ganz. Bevor Sie aber beginnen, die Seiten mit Klebstoff aneinander zu heften, sehen Sie sich die Möglichkeit an, die Excel 2010 Ihnen hier als Alternative bietet. In all diesen Fällen sollten Sie die Option **Seitenlayout ▶ Seite einrichten ▶ Drucktitel** nutzen, die im Dialogfeld die Registerkarte **Blatt** anbietet.

Zwei Eingabefelder stehen zur Verfügung. Im Feld **Wiederholungszeilen oben** können Sie festlegen, welche Zeilen mit Spaltenbeschriftungen auf jeder Seite mit gedruckt werden sollen. Wird nur eine Zeile benutzt, reicht wieder die Adresse einer Zelle, die in dieser Zeile liegt. Bei mehrzeiligen Beschriftungen geben Sie einen Bereich von Zellen an. Im Beispiel der Artikelliste können die Zellen A1 bis A4 oder auch nur die Zelle A4 markiert werden.

13.1 Vorbereitung von Arbeitsblättern zum Druck

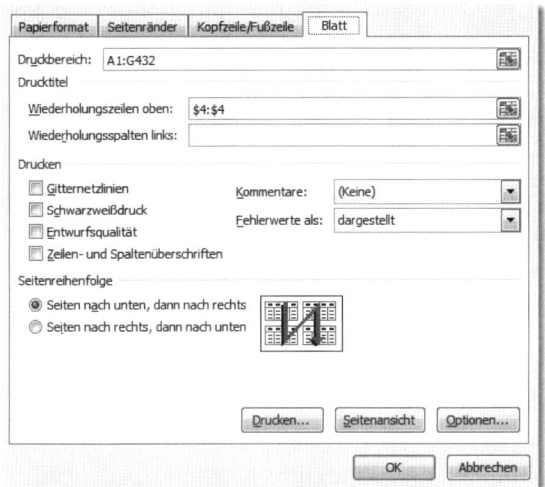

Abbildung 13.11 Registerkarte »Blatt«

Für eventuelle Zeilenbeschriftungen tragen Sie unter **Wiederholungsspalten links** die entsprechende Spalte oder die Spalten ein.

Das Programm setzt immer nur die Beschriftungen ein, die es benötigt. Ist der Druckbereich z. B. F10:J20, werden auch nur die Rubriken der Spalten F bis J verwendet und die Zeilenbeschriftungen der Zeilen 10 bis 20.

Sollten Sie die Kolumnentitel und Zeilenbeschriftungen wieder ausschalten wollen, müssen Sie die Eintragungen in den beiden Textfeldern löschen.

Ein- und ausblenden von Tabellenelementen

Unter **Drucken** kann auf dem Register **Blatt** Einfluss darauf genommen werden, welche Elemente des Tabellenblatts mit gedruckt werden und welche nicht:

- **Gitternetzlinien**: Schaltet den Druck von Gitternetzlinien an oder aus. Diese Einstellung ist unabhängig von der Bildschirmanzeige.

- **Kommentare**: Für Kommentare gibt es eine Auswahlliste, ob und wo die Kommentare gedruckt werden sollen. Sie können am Ende des Blatts oder so, wie am Bildschirm angezeigt, ausgegeben werden.

- **Zeilen- und Spaltenüberschriften**: Schaltet den Druck von Zeilen- und Spaltenköpfen an oder aus.

- **Fehlerwerte als**: Diese Option in Excel 2010 erlaubt Ihnen beispielsweise festzulegen, dass Fehlerwerte im Druck durch leere Zellen ersetzt werden.

Der Druck der Gitternetzlinien und der Überschriften für Spalten und Zeilen lässt sich auch über **Seitenlayout ▸ Blattoptionen** ein- und ausschalten.

Druckqualität

Zwei weitere Einstellungen beeinflussen die Druckqualität. **Schwarz-Weiß-Druck** schaltet den Schwarz-Weiß-Druck von Zellen und Zeichenobjekten ein und aus. Das bedeutet, dass bei farbig gestalteten Tabellen alle Vordergrundfarben außer Weiß in Schwarz und alle Hintergrundfarben außer Schwarz in Weiß ausgedruckt werden.

Die Option ist also eine Alternative zum Druck von Grauabstufungen auf einem Schwarz-Weiß-Drucker. Bei Farbdruckern kann sie verwendet werden, um den Druck zu beschleunigen, etwa bei Entwürfen. Wird das Kästchen bei **Entwurfsqualität** abgehakt, wird die Tabelle ohne eingebettete Diagramme und Grafiken und ohne Gitternetzlinien gedruckt.

Senkrechte oder waagerechte Seitenbahnen

Besteht ein Druckauftrag aus mehreren Seiten, steht zur Entscheidung, in welcher Reihenfolge die Seiten gedruckt werden. Dazu gibt es unter **Seitenreihenfolge** zwei Optionen, deren Wirkung durch ein kleines Tabellenmuster veranschaulicht wird. Normalerweise druckt Excel zunächst die Seiten, die in der Tabelle untereinanderliegen, und fängt dann in der nächsten Bahn wieder oben an. Das entspricht der Option **Seiten nach unten, dann nach rechts**. Alternativ dazu kann bestimmt werden, dass zunächst die nebeneinanderliegenden Seiten gedruckt werden und erst danach in der Bahn darunter fortgefahren wird. Welche Reihenfolge sinnvoll ist, hängt vom Aufbau der Tabelle ab. Haben Sie z. B. mehrere Tabellen untereinander gesetzt, die eine Seite lang, aber mehrere Seiten breit sind, sollten Sie die zweite Methode wählen.

Druck von Diagrammblättern

Während beim Druck von Diagrammblättern die Optionen für die Seitenreihenfolge und die Skalierung im oben beschriebenen Sinn nicht verwendet werden können, stehen auf der Registerkarte **Diagramm** nur die zwei Optionen **Entwurfsqualität** und **Schwarz-Weiß-Druck** zur Verfügung.

13.1.1 Kopf- und Fußzeilen

Eine Kopfzeile ist ein zusätzlicher Text, der auf jeder Seite erscheint, die von dem Druckbereich gedruckt wird. Sie kennen das aus Büchern oder Zeitschriften, in denen die Kopf-

13.1 Vorbereitung von Arbeitsblättern zum Druck

zeile oft die Kapitelüberschrift und die Seitenzahl enthält. Die Fußzeile erscheint ebenfalls auf jeder Seite, nur eben unter dem, was vom Tabellenblatt auf die Seite gedruckt wird. Für ein Tabellenblatt kann jeweils eine Kopf- bzw. Fußzeile festgelegt werden.

Für die Gestaltung der Kopf- und Fußzeilen bietet Ihnen Excel 2010 ein aus den früheren Versionen übernommenes Verfahren und ein bequemeres Verfahren über das Menüband an.

... per Dialog

Wenn Sie im Dialog **Seite einrichten** auf dem Register **Kopfzeile/Fußzeile** den jeweiligen Pfeil in den Feldern **Kopfzeile** oder **Fußzeile** anklicken, werden Ihnen einige Angebote gemacht, die für viele Situationen brauchbar sind. In dem Feld darüber wird angezeigt, wie die ausgewählte Zeile aussehen wird.

Von Bedeutung sind auch die vier Optionen im unteren Teil des Dialogs. Wird **Unterschiedl. gerade und ungerade Seiten** aktiviert, kann eine zweite Variante der Kopf- bzw. Fußzeile gewählt werden. Die Option **Unterschiedliche erste Seite** bewirkt, dass für diese Seite keine Kopf- oder Fußzeile ausgegeben wird. Die Optionen **Mit Dokument skalieren** sorgt dafür, dass die Zeilen bei der Skalierung des Blatts berücksichtigt werden. **An Seitenrändern ausrichten** sorgt dafür, dass beispielsweise eine Randvergrößerung für die Seite auch für die Kopf- und Fußzeile gilt.

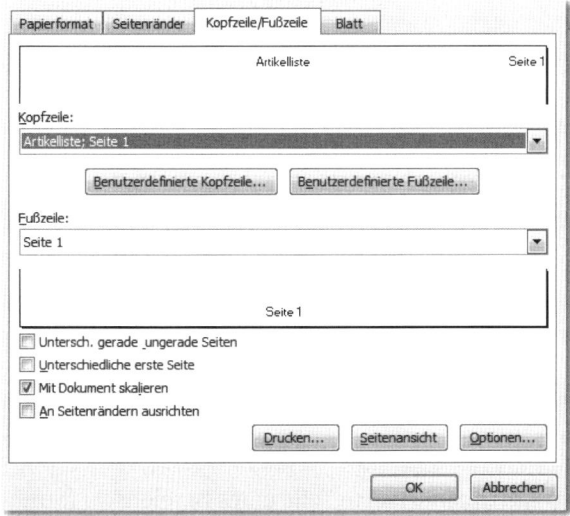

Abbildung 13.12 Die Registerkarte »Kopfzeile/Fußzeile«

Wenn Ihnen die angebotenen »Konfektionsanzüge« nicht gefallen, wählen Sie die Schaltflächen **Benutzerdefinierte Kopfzeile** bzw. **Benutzerdefinierte Fußzeile**, um die gewählten Vorgaben zu bearbeiten oder die Zeilen ganz neu einzugeben. Jede der Zeilen hat drei Bereiche, die getrennt bearbeitet werden können. Um in einem Bereich etwas einzutragen, klicken Sie auf den Bereich. Ein senkrechter Strich markiert die Einfügestelle. Auch mehrzeilige Einträge sind erlaubt. Drücken Sie ⇧+↵, um eine neue Zeile zu erreichen.

> **TIPP**
>
> **Kopf- und Fußzeilen bei Einzelblättern**
>
> Beim Druck einzelner Blätter oder Formulare – z. B. beim Druck eines Bestellformulars – sollten Sie darauf achten, dass keine überflüssigen Dinge mit gedruckt werden. Ein Einzelblatt kommt ohne Seitennummer aus. Löschen Sie alle Elemente, die Sie nicht benötigen. Wählen Sie aus der Liste die Einstellung **(keine)**.

Für bestimmte Elemente stehen Ihnen einige Symbole zur Verfügung, die entsprechende Codes in den Bereich eintragen. Das Symbol **Grafik formatieren** kann nur verwendet werden, wenn eine Grafik eingefügt worden ist.

Symbol	Bedeutung	Code
A	Textformatierung	###
	Seitenzahl	&[Seite]
	Gesamtseitenzahl	&[Seiten]
	aktuelles Datum	&[Datum]
	aktuelle Uhrzeit	&[Zeit]
	Pfad und Datei	&[Pfad]&[Datei]
	Name der aktiven Datei	&[Datei]
	Name des Blatts	&[Register]
	Bild einfügen	&[Grafik]
	Grafik formatieren	###

Das Symbol mit dem **A** steht zur Verfügung, um markierte Teile eines Bereichs zu formatieren. Es öffnet das Dialogfeld **Schrift**. Sie können also einzelne Wörter oder Zeichen in der Kopf- oder Fußzeile unterstreichen oder fett drucken, wie Sie es gerade benötigen.

Beachten Sie aber, dass bei mehrzeiligen Einträgen die Seitenränder und der Abstand vom Blattrand entsprechend eingestellt werden müssen, damit sich die Daten nicht überlappen.

Kopf- und Fußzeilentools

Die Ansicht **Seitenlayout** bietet, wie angesprochen, inzwischen eine bequemere Alternative für die Gestaltung der Kopf- und Fußzeilen. Sie nutzt das Menüband. Wenn Sie eine Tabelle zunächst in der Ansicht **Normal** bearbeiten und über **Einfügen ▸ Text ▸ Kopf- und Fußzeile** aufrufen, schaltet Excel automatisch in die Ansicht **Seitenlayout**. Wird in dieser Ansicht **Einfügen ▸ Text ▸ Kopf- und Fußzeile** verwendet, blendet Excel 2010 die **Kopf- und Fußzeilentools** mit dem Register **Entwurf** ein, mit vier Gruppen, die speziell für die Gestaltung der Kopf- und Fußzeilen vorgesehen sind.

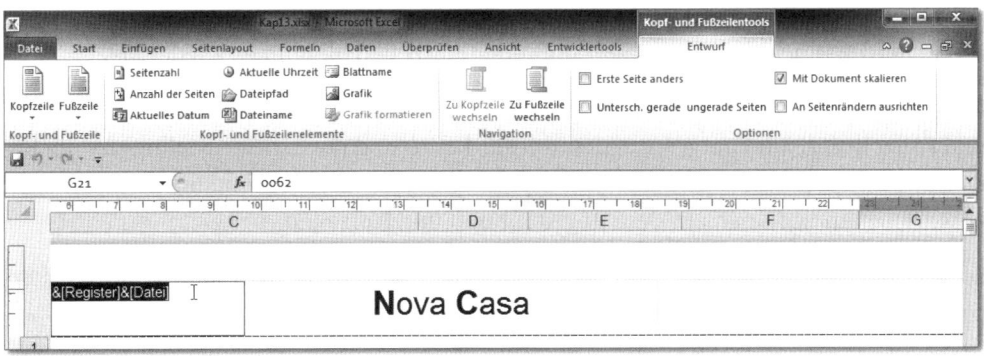

Abbildung 13.13 Das Register »Kopf- und Fußzeilentools«

Nun lassen sich in der Seitenlayoutansicht die oben beschriebenen Elemente, aus denen eine Kopf- oder Fußzeile zusammengesetzt werden kann, mithilfe der Symbole in der Gruppe **Kopf- und Fußzeilenelemente** direkt eingeben. Dafür werden jeweils drei Eingabebereiche über und unter dem Tabellenraster angeboten. Wenn Sie per Mausklick die Einfügestelle in einen der Bereiche setzen, fügt ein Klick auf eines der Elementsymbole selbiges an der gewählten Stelle ein.

Die Schaltflächen zu Kopf- und Fußzeilen erzeugen die gleichen Codes wie der oben beschriebene Dialog. Diese Codes können in den Eingabefeldern auch manuell bearbeitet werden. Die vorgegebenen Kopf- oder Fußzeilen lassen sich über die Menüs der Schaltflächen in der Gruppe **Kopf- und Fußzeile** einfügen.

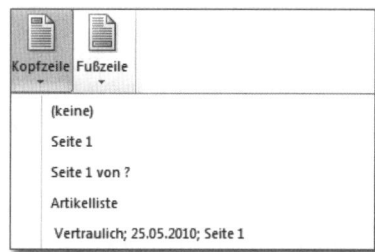

Abbildung 13.14 Menü einer vorgegebenen Kopfzeile

Excel 2010 erlaubt auch das Einfügen von Grafiken, etwa von Logos. Wenn Sie diese Option über die Schaltfläche **Grafik** nutzen, können Sie anschließend über das Symbol **Grafik formatieren** den gleichnamigen Dialog öffnen, um die Abbildung passend einzurichten.

Sobald eines der Kopf- oder Fußzeilenfelder markiert ist, wird das Register **Entwurf** eingeblendet, ein Klick außerhalb der Kopf- oder Fußzeilen blendet es wieder aus.

Neben den beiden Schaltflächen in der Gruppe **Navigation**, mit denen zwischen Kopf- und Fußzeile hin- und hergesprungen werden kann, sind noch die Einstellungen von Bedeutung, die in der Gruppe **Optionen** zusammengestellt sind. Sie entsprechen den oben beschriebenen Optionen auf dem Register **Kopf- und Fußzeilen**.

Die folgende Abbildung zeigt ein Beispiel für die Kopfzeile der Artikelliste und das Ergebnis in der Seitenansicht.

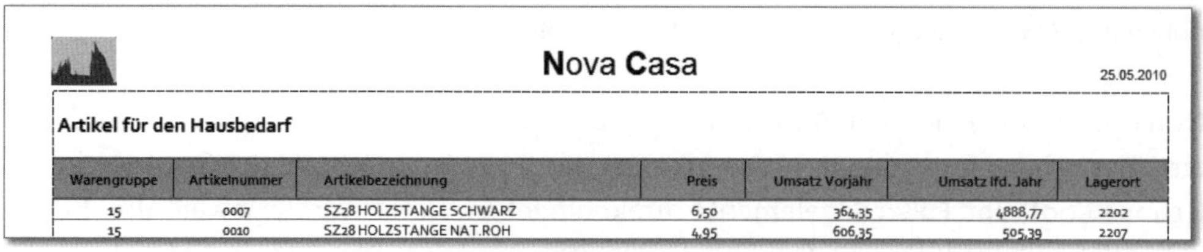

Abbildung 13.15 Kopfzeile für die Artikelliste

Bestimmung der Ränder

Als Vorgabe lässt Excel beim Drucken an jeder Seite oben und unten etwa 1,9 cm und links und rechts etwa 1,8 cm Rand. Wenn Sie eine Kopfzeile verwenden, wird sie innerhalb dieses Randes gedruckt; die Vorgabe liegt bei 0,8 cm Abstand vom oberen Seitenrand. Entsprechendes gilt für die Fußzeile.

13.1 Vorbereitung von Arbeitsblättern zum Druck

Falls die Vorgabe für einen Druckauftrag nicht geeignet ist, stehen noch einige alternative Vorgaben zur Verfügung, die über die Schaltfläche **Seitenränder** in der Gruppe **Seitenlayout ▸ Seite einrichten** ausgewählt werden können. Diese Palette wird auch über **Datei ▸ Drucken** unter **Einstellungen** angeboten.

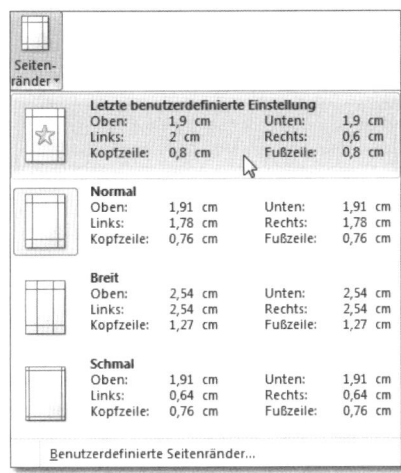

Abbildung 13.16 Palette der Seitenränder

Die Optionen **Normal**, **Breit** und **Schmal** geben Randstellungen für alle Seiten vor, die aufeinander abgestimmt sind. Sie sollten deshalb prüfen, ob sie nicht für viele Ihrer Druckaufträge verwendbar sind. Benötigen Sie andere Einstellungen, öffnen Sie über die Option **Benutzerdefinierte Seitenränder** das Register **Seitenränder** im Dialog **Seite einrichten** und legen die gewünschten Werte im Einzelnen fest. Die auf diese Weise zuletzt definierte Seitenrandeinstellung wird automatisch in die Randpalette als erste Position übernommen, sodass sie jederzeit wieder verwendet werden kann.

Wenn Sie beispielsweise einen breiteren linken Rand einstellen, um die Tabelle besser lochen zu können, und gleichzeitig linksbündige Teile in der Kopf- oder Fußzeile haben, ändert Excel 2010 auch die Randstellung für die Kopf- und Fußzeilen entsprechend.

Alle sechs Randeinstellungen können auf der Registerkarte **Seitenränder** durch Eintragen von Zentimeterangaben oder durch Auswahl mit den kleinen Schaltflächen neu eingestellt werden. Auf der Registerkarte finden Sie eine schematische Darstellung, in der immer die Linie markiert wird, die Sie gerade verändern. Wenn Sie z. B. nur eine schmale Tabelle drucken, lässt sich die Tabelle durch Vergrößerung des linken Randes in die Mitte des Blatts bringen.

13 Arbeitsmappen veröffentlichen

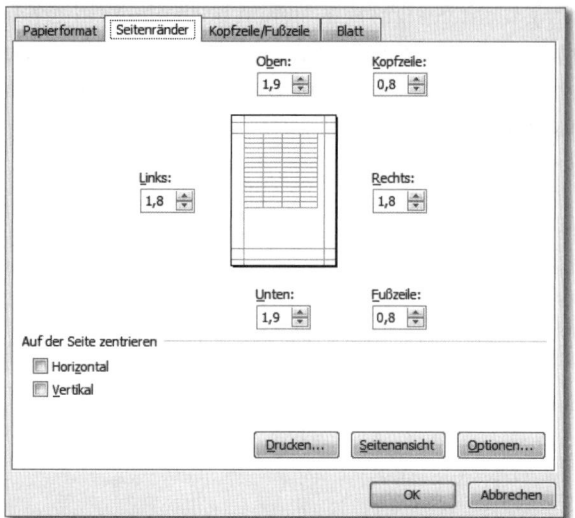

Abbildung 13.17 Die Registerkarte »Seitenränder«

> **HINWEIS**
>
> **Überlappung vermeiden**
>
> Achten Sie bei den Werten für **Kopfzeile** bzw. **Fußzeile** darauf, dass die eingegebenen Werte zu den Werten für **Oben** bzw. **Unten** passen, damit es nicht zu einer Überlappung kommt.

Sollen möglichst viele Spalten auf ein Blatt, werden Sie die Ränder vielleicht enger setzen wollen. Beachten Sie dabei aber, dass solche Papiere meist in irgendeinem Aktenordner abgeheftet werden. Ein genügender Lochrand ist deshalb erforderlich, damit beim Ablegen keine Daten verloren gehen. Soll Platz für Bemerkungen frei gelassen werden, können Sie einen breiteren rechten Rand wählen.

Unter **Auf der Seite zentrieren** lässt sich die Platzierung des gedruckten Bereichs innerhalb der Ränder beeinflussen. Normalerweise wird der Druckbereich direkt an den linken und den oberen Rand gerückt. Wird die Seite durch den zu druckenden Bereich nicht ganz ausgefüllt, lässt er sich sowohl horizontal als auch vertikal zentrieren.

Interaktive Kontrolle der Seitenaufteilung

Für diesen Zweck steht Ihnen in Excel noch ein weiteres Mittel zur Verfügung, um bei mehrseitigen Druckausgaben zu einem wunschgemäßen Ergebnis zu kommen. Das Register **Ansicht** enthält in der Gruppe **Arbeitsmappenansichten** dazu noch die Schaltflä-

13.1 Vorbereitung von Arbeitsblättern zum Druck

che **Umbruchvorschau**. Dabei wird das Tabellenblatt so ausgegeben, dass Seitenaufteilung und Seitennummerierung gut überblickt werden können. In der Regel wird die Tabelle um einiges verkleinert. Die sonst eher zarten Seitenumbruchlinien sind durch dickere ersetzt.

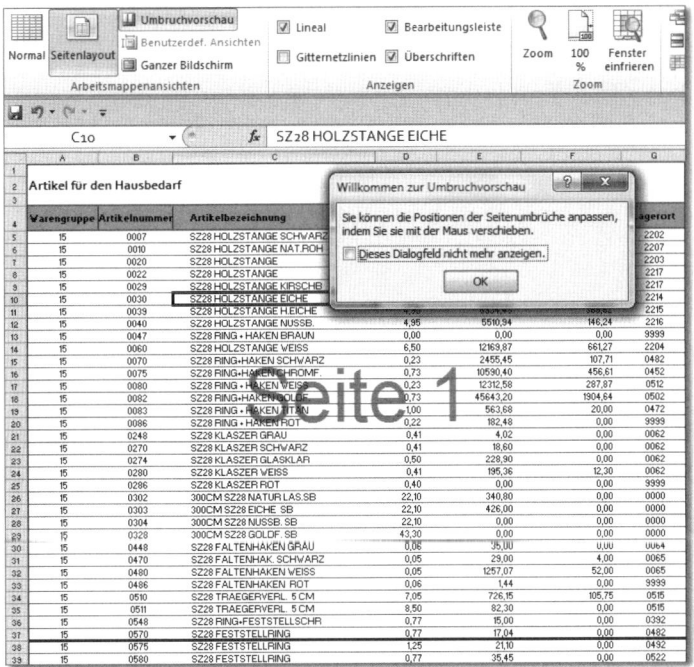

Abbildung 13.18 Tabellenblatt in der Umbruchvorschau

Diese Seitenumbruchlinien lassen sich nun direkt mit der Maus verschieben, sodass Sie die Spalten- und Zeilenverteilung ändern können. Auf diese Weise lässt sich schnell eine Seitenaufteilung korrigieren, bei der etwa ein oder zwei Zeilen einer Tabelle in die nächste Seite hineinreichen. Excel skaliert die einzelnen Seiten automatisch so, dass die ausgewählten Bereiche jeweils auf die Seite passen. Fehlende Seitenumbrüche können wie oben bereits beschrieben eingefügt, überflüssige entfernt werden. Die Seitenverteilung bezieht sich dabei immer entweder auf das gesamte Tabellenblatt oder nur auf den vorher ausgewählten Druckbereich.

Da in dieser Ansicht auch die normalen Kopier- und Verschiebefunktionen arbeiten, lassen sich Zellbereiche auch noch an eine andere Stelle rücken, um eine bessere Seitenaufteilung zu erreichen. Wird eine beliebige Zelle mit der rechten Maustaste angeklickt, erscheint in dieser Ansicht ein spezielles Kontextmenü mit all den Befehlen, die mit dem Seitenumbruch und der Festlegung des Druckbereichs zu tun haben.

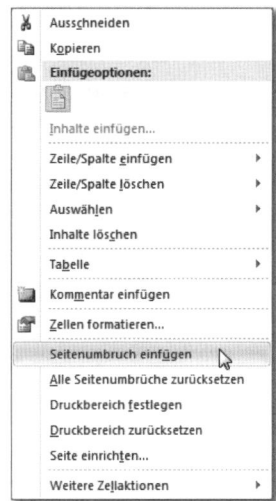

Abbildung 13.19 Kontextmenü einer Zelle in der Seitenumbruchvorschau

Um die Seitenumbruchvorschau wieder zu verlassen, verwenden Sie eine der anderen Ansichtsschaltflächen in der Gruppe **Ansicht ▸ Arbeitsmappenansichten** oder bequemer noch die Ansichtssymbole in der Statusleiste.

13.1.2 Prüfung des Layouts in der Seitenansicht

Die Fülle an Gestaltungsmöglichkeiten, die Excel Ihnen anbietet, legt es nahe, insbesondere in der ersten Zeit, in der Sie mit dem Programm arbeiten, ein wenig zu experimentieren, z. B. um die Schriftarten und -grade herauszufinden, die Ihrem Geschmack am meisten entsprechen. Damit es dabei nun nicht zu einer Überflutung Ihres Papierkorbs kommt, stellt das Programm eine weitere Kontrolle des zu erwartenden Druckergebnisses bereit. Die **Seitenansicht** zeigt Ihnen am Bildschirm etwas verkleinert, aber in den Proportionen übereinstimmend, wie die Seiten eines zum Druck bestimmten Bereichs aussehen werden. Hier können Sie dann kontrollieren, wie die Seitenränder passen, ob die Kopf- und Fußzeilen korrekt sind, ob die Seitennummerierung stimmt und wie die verschiedenen Schriftarten und -grade harmonieren.

Die **Seitenansicht** wird über **Datei ▸ Drucken** auf dem Register **Datei** eingeblendet oder direkt mit `Strg`+`F2` aufgerufen. Die Funktion übernimmt dabei jeweils entweder die vorgegebenen oder die aktuell ausgewählten Einstellungen zur Seiteneinrichtung. Mit den kleinen Schaltflächen am unteren Rand können Sie zwischen den Seiten wechseln.

13.1 Vorbereitung von Arbeitsblättern zum Druck

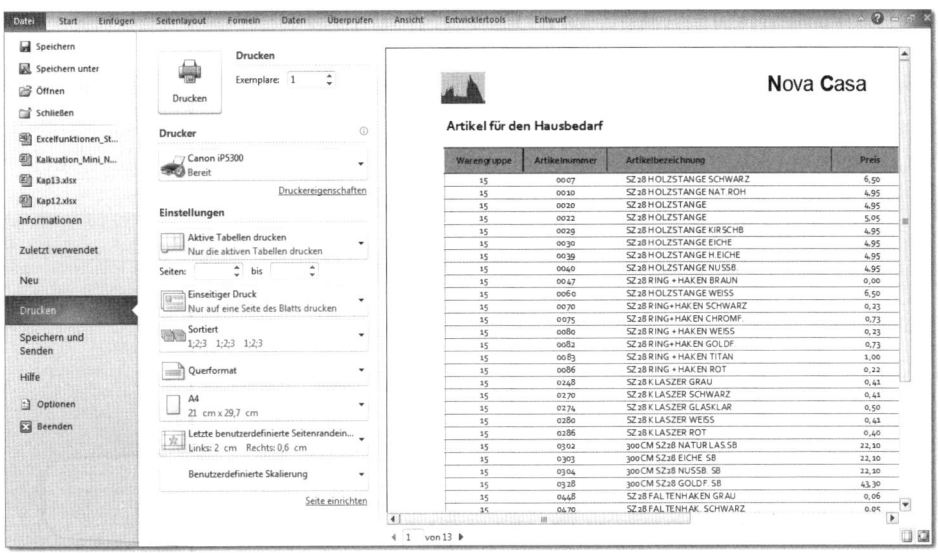

Abbildung 13.20 Seitenansicht auf dem Register »Datei«

Layouten mit der Maus

Praktische Möglichkeiten erlaubt die Schaltfläche **Seitenränder anzeigen**. Damit lassen sich Randmarkierungen ein- und ausblenden, die mit der Maus verschoben werden können. Sie stehen für die unterschiedlichen Randeinstellungen und für die Breite der verschiedenen Spalten. Auf diese Weise können falsche Randeinstellungen per Sichtprüfung korrigiert werden.

Wird die Breite einer Spalte verändert, gilt dies nicht nur für den Ausdruck, die Einstellung wird in die Arbeitsmappe übernommen.

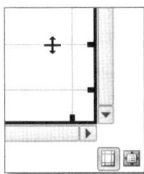

Abbildung 13.21 Ändern der Seitenränder mit der Maus

Mit der zweiten Schaltfläche **Auf Seite zoomen** kann das Bild vergrößert werden, um Details zu prüfen. Ist das Layout schließlich in Ordnung, kann mit der Schaltfläche **Drucken** gleich der Druck gestartet werden.

13.2 Druckerauswahl und Druckereinstellungen

Je nachdem, wie viele Drucker Sie unter Windows installiert haben, können Sie über das Auswahlmenü **Drucker** zwischen verschiedenen Ausgabegeräten wählen. Suchen Sie den Drucker aus, den Sie verwenden wollen. Angezeigt werden hier alle Drucker und auch alle sonstigen Ausgabegeräte, die unter Windows installiert sind, z. B. Druckserver, der Microsoft XPS Document Writer oder Faxgeräte.

Abbildung 13.22 Auswahl des Ausgabegerätes

Um die Arbeitsweise eines Druckers zu beeinflussen, wählen Sie den Link **Druckereigenschaften**. Sie erhalten das gleiche Dialogfeld, das auch die Schaltfläche **Optionen** im Dialogfeld **Seite einrichten** öffnet. Wie dieses Dialogfeld aussieht, hängt nun allerdings ganz von dem ausgewählten Drucker ab. In der Regel können Sie hier mindestens die Grafikauflösung, die Papiergröße, die Papierzufuhr und das Format ändern. Die folgende Abbildung zeigt ein Beispiel. Beachten Sie, dass die Wahl des Formats in diesem Dialogfeld bedeutet, dass das Vorgabeformat für diesen Drucker vorübergehend – also nur für diesen Druckauftrag – geändert wird.

Die Qualitätseinstellungen betreffen die Frage, mit wie vielen Punkten pro Zoll eine Grafik aufs Papier gebracht wird. Je höher die Anzahl der Punkte, desto feiner das Bild, desto weniger Treppen in einer Kurve oder einem Kreis. Der Druck dauert bei einer hohen Auflösung dann aber auch etwas länger, weil der Drucker ja wesentlich mehr zu tun hat. Sie sollten hier danach entscheiden, wie hoch Ihre Qualitätsansprüche oder die Ansprüche der Personen sind, denen Sie Ihre Diagramme vorlegen. Am besten testen Sie die verschiedenen Versionen einmal, um einen Vergleich zu haben.

13.2 Druckerauswahl und Druckereinstellungen

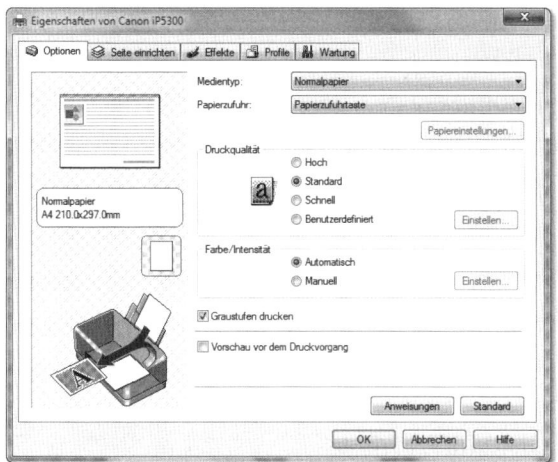

Abbildung 13.23 Einstellungsmöglichkeiten eines Druckers

Schnelldruck und Drucken mit Optionen

Die vielen Einstellungsmöglichkeiten, die in den letzten Abschnitten beschrieben worden sind, mögen vielleicht den Eindruck erwecken, dass die Vorbereitung zum Druck eine komplizierte Angelegenheit ist. Nun ist es aber in vielen Fällen so, dass die Voreinstellungen, die Excel ohne Ihr Zutun setzt, völlig ausreichen. Das gilt insbesondere bei kleineren Tabellen, bei denen kein Seitenumbruch notwendig ist. Bei großen Druckaufgaben lohnt es sich allerdings, vor dem Druck einige Anstrengungen aufzuwenden, um schon mit dem ersten Ausdruck ein optimales Ergebnis zu erreichen.

> **Mustervorlage mit Einstellungen für den Ausdruck**
> Wollen Sie bei verschiedenen Arbeitsmappen mit denselben Einstellungen arbeiten, können Sie die Einstellungen in einer Mustervorlage speichern.

Excel speichert die Einstellungen, die Sie für eine Arbeitsmappe bzw. für jedes einzelne Blatt einer Mappe gesondert treffen können, mit der Arbeitsmappe ab. Wird eine neue Mappe eröffnet, werden wieder die Standardeinstellungen verwendet.

Drucken im Schnellverfahren

Um eine kleine Tabelle ganz schnell zu Papier zu bringen, müssen Sie nur über **Datei ▸ Drucken** die Schaltfläche **Drucken** anklicken. Excel druckt dann ohne weitere Nachfrage und verwendet dabei die aktuell für die Arbeitsmappe gültigen Einstellungen. Das sind entweder die Standardeinstellungen oder die Einstellungen, die Sie inzwischen für diese Arbeitsmappe vergeben haben.

Meist lohnt es sich auch, den Befehl **Schnelldruck** über das Kontextmenü in die Schnellzugriffsleiste einzufügen, sodass der Befehl mit einem Klick aufgerufen werden kann.

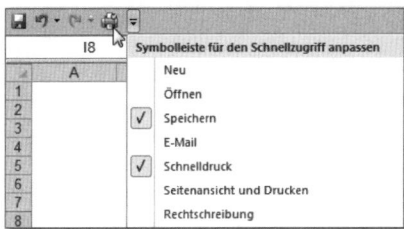

Abbildung 13.24 Einfügen der Schnelldruckoption in die Zugriffsleiste

Auswahl der Druckoptionen

Mehr Kontrolle über den Druck haben Sie, wenn Sie auf dem Register **Datei** den Befehl **Drucken** aufrufen. Unter **Einstellungen** ist normalerweise die Option **Aktive Tabellen drucken** vorgegeben, d. h., so lange nicht ausdrücklich mehrere Blätter ausgewählt sind, wird immer nur das gerade ausgewählte Blatt gedruckt. Soll die komplette Arbeitsmappe gedruckt werden, wählen Sie **Gesamte Arbeitsmappe drucken**. Auf die Option **Auswahl drucken** wurde oben schon eingegangen.

Abbildung 13.25 Auswahl des Druckauftrags

13.2 Druckerauswahl und Druckereinstellungen

Bei Bedarf kann mit der Option **Druckbereich ignorieren** dafür gesorgt werden, dass definierte Druckbereiche für den aktuellen Druckvorgang nicht beachtet werden. Die Druckbereiche stehen aber weiter zur Verfügung. Sollen gleich mehrere Exemplare gedruckt werden, kann noch der Zähler unter **Exemplare** hochgesetzt werden.

Ist ein Druck über mehrere Seiten zu erwarten, besteht unter **Einstellungen** auch die Möglichkeit, über die Drehfelder eine bestimmte Auswahl von Seiten anzugeben. Geben Sie unter **Seiten** zuerst die Seitenzahl der ersten Seite an. Soll ab dieser Seite bis zum Ende gedruckt werden, kann das Feld **bis** leer bleiben, ansonsten geben Sie die Nummer der letzten Seite an, die noch gedruckt werden soll.

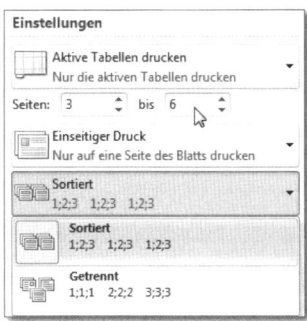

Abbildung 13.26 Wahl des Druckumfangs und der Reihenfolge

Wenn mehr als eine mehrseitige Kopie gedruckt werden soll, stehen unter **Einstellungen** auch noch die Optionen **Sortiert** und **Getrennt** zur Verfügung. **Sortiert** bedeutet, dass immer erst ein Exemplar fertig gedruckt wird, bevor das nächste angefangen wird. Bei der Einstellung **Getrennt** dagegen wird von jeder einzelnen Seite erst immer die gewünschte Anzahl gedruckt. Die Exemplare müssen also später manuell in der richtigen Reihenfolge zusammengelegt werden.

Die weiteren Schaltflächen unter Einstellungen erlauben den Wechsel zwischen Hoch- und Querformat, das Papierformat, die Randeinstellungen und die Skalierung, also alles Einstellungen, die auch über das Register **Seitenlayout** vorgenommen werden können und dort auch schon beschrieben wurden. Der Vorteil, diese Einstellungen hier vorzunehmen, liegt allerdings darin, dass die Druckvorschau immer sofort angepasst wird, und Sie das Ergebnis ganz gut kontrollieren können. Sind schließlich alle Einstellungen gewählt, starten Sie den Druck mit der Schaltfläche **Drucken**.

Abbildung 13.27 Die Schaltfläche »Drucken« auf dem Register »Datei«

13.3 Tabellen als E-Mail versenden

E-Mails sind inzwischen die am meisten etablierte Form des elektronischen Informationsaustauschs. Wenn Sie eine Arbeitsmappe als Anhang einer E-Mail verschicken wollen, muss entweder Outlook oder ein anderes dafür verwendbares E-Mail-Programm installiert sein. Über **Speichern und Senden** auf dem Register **Datei** steht der Befehl **Per E-Mail senden** zur Verfügung. Dieser Befehl blendet auf dem Register mehrere Schaltflächen für verschiedene Varianten des Versands ein.

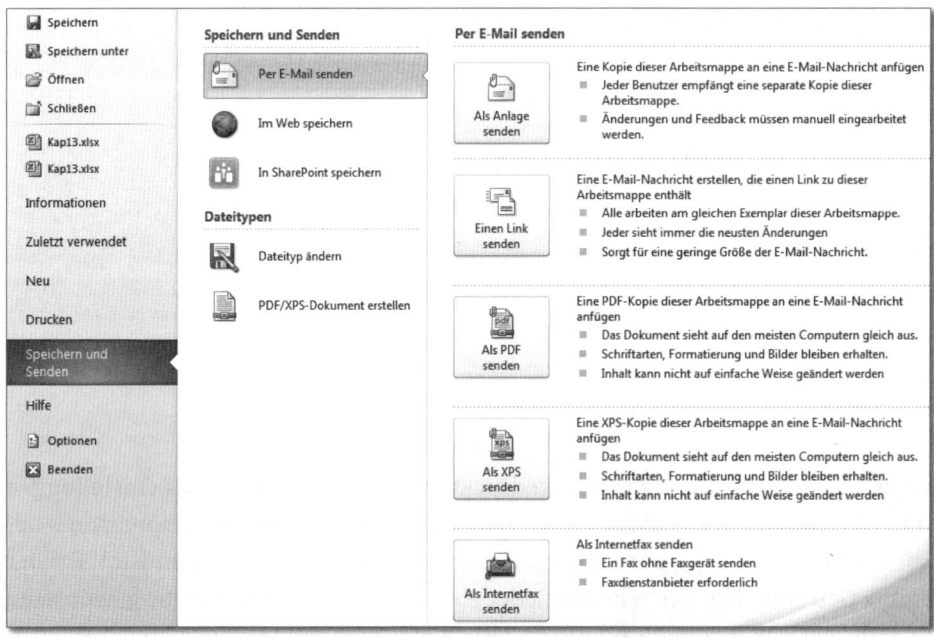

Abbildung 13.28 Optionen für den E-Mail-Versand

Die erste Schaltfläche **Als Anlage senden** erlaubt es, eine Kopie der gerade aktiven Arbeitsmappe als Anlage an eine noch leere E-Mail anzuhängen. Dabei wird das auf dem System installierte E-Mail-Programm aufgerufen und ein Fenster für eine neue E-Mail geöffnet, in dem die Arbeitsmappe bereits als Anlage eingefügt ist.

Die zweite Schaltfläche **Einen Link senden** wird nur aktiviert, wenn die Arbeitsmappe an einem freigegebenen Speicherort, beispielsweise im Internet mit **Im Web speichern** bereitgestellt wird. Sie bewirkt, dass nicht eine Kopie der Arbeitsmappe, sondern nur ein Link darauf an den Empfänger geschickt wird. Im auf dem System installierten E-Mail-Programm wird ein Fenster für eine neue E-Mail geöffnet, in dem der Link zur Arbeitsmappe bereits im Text eingefügt ist. Der Empfänger kann dann diesen Link benutzen, um sich eine Kopie auf sein lokales System zu ziehen.

13.3 Tabellen als E-Mail versenden

Abbildung 13.29 Link zu einer freigegebenen Arbeitsmappe auf Skydrive

Die Schaltfläche **Als PDF senden** schickt eine Kopie der Arbeitsmappe über das Standard-E-Mail-Programm als Anlage im PDF-Format. Es findet also vor dem Versand eine Transformation in PDF statt.

Ähnlich vollzieht sich das, was über die Schaltfläche **Als XPS senden** angestoßen wird. Die Arbeitsmappe wird in das XPS-Format kopiert – Microsofts Alternative zu PDF – und per E-Mail verschickt.

Der Versand als Internetfax ist möglich, wenn Sie sich bei einem der Faxdienste anmelden, die unter *Office.com* angeboten werden.

Blatt-Versand

Die in früheren Versionen angebotene Möglichkeit, ein Tabellenblatt oder eine Auswahl aus einem Tabellenblatt direkt als Inhalt einer E-Mail – also nicht als Anlage – zu versenden, steht innerhalb des Registers **Datei** nicht direkt zur Verfügung. Die Schaltfläche für diese Funktion – **An E-Mail-Empfänger senden** – kann aber über **Datei ▸ Optionen ▸ Symbolleiste für den Schnellzugriff** in eben diese Leiste eingefügt werden. Wählen Sie unter **Befehle auswählen** die Option **Alle Befehle**, um die etwas versteckte Option zur Leiste hinzuzufügen.

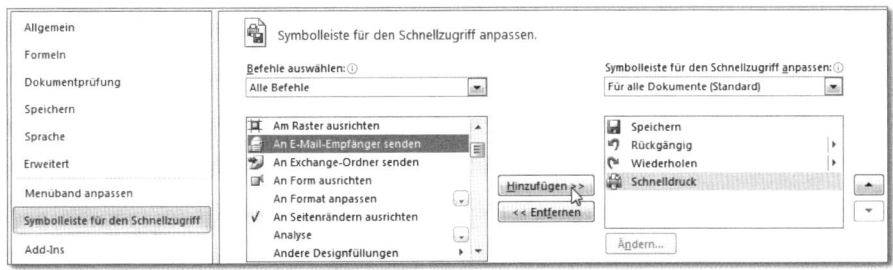

Abbildung 13.30 Einfügen des Befehls »An E-Mail-Empfänger senden« in die Schnellzugriffsleiste

Ist ein Tabellenblatt oder eine Tabelle in einem Tabellenblatt ausgewählt, bietet diese Schaltfläche einen kleinen Dialog, in dem Sie entscheiden können, ob die Auswahl als Textkörper der E-Mail oder als Anlage versandt werden soll.

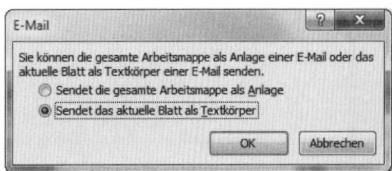

Abbildung 13.31 Zwei Möglichkeiten beim E-Mail-Versand

Im Excel-Fenster erscheint eine Eingabemaske für die Kopfdaten einer E-Mail mit Feldern für die E-Mail-Adresse, für eventuelle Kopien an andere Personen, für den Betreff. Zusätzlich gibt es noch das Feld **Einleitung**, in das Sie ein paar Zeilen zu der Tabelle unterbringen können, die ja die eigentliche Nachricht, den Body, der E-Mail darstellt.

Geben Sie die Kopfdaten der E-Mail ein. In diesem Fall ist das aktuelle Excel-Arbeitsblatt oder der Auszug daraus die Nachricht, die elektronisch verschickt werden soll. Wenn Sie zusätzlich noch eine Datei an die Nachricht hängen wollen, klicken Sie über das Symbol mit der Büroklammer die Option **Datei** an und wählen die Datei aus dem Dialogfeld **Datei einfügen** aus.

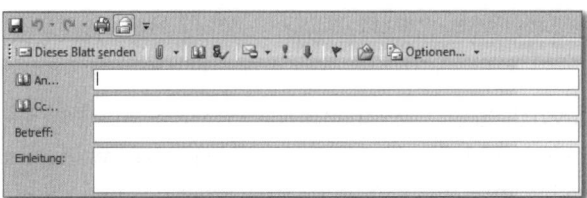

Abbildung 13.32 Eingabe der Kopfdaten

Wenn Sie vorher einen Tabellenbereich ausgewählt haben, starten Sie den Versand mit der Schaltfläche **Aktuelle Auswahl senden**, die in der eingeblendeten E-Mail-Symbolleiste angeboten wird. Ist ein ganzes Blatt ausgewählt, erscheint an derselben Stelle die Schaltfläche **Dieses Blatt Senden**.

Die Maske für die E-Mail-Kopfdaten wird automatisch wieder entfernt. Die Nachricht wird in den Postausgang des aktuell verwendeten Mail-Programms gestellt.

Excel verwendet für diese Form des Versands das HTML-Format, das die Originalformatierung des Arbeitsblatts weitgehend in die E-Mail übertragen kann. Das Format erlaubt Ihnen zudem, auch Grafiken oder Multimediaobjekte in das Arbeitsblatt einzufügen. Der Empfänger hat davon allerdings nur etwas, wenn sein E-Mail-Programm ebenfalls das HTML-Format beherrscht oder zulässt. Ansonsten erhält er nur die Daten der Tabelle als unformatierten Text.

13.4 Erstellen einer PDF-/XPS-Kopie

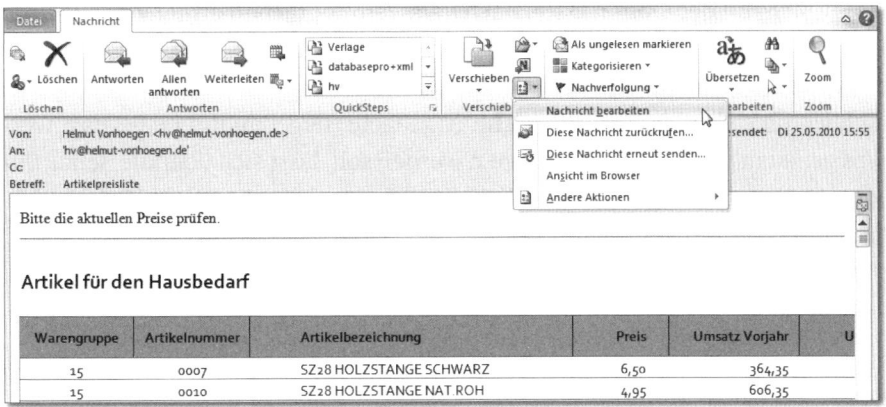

Abbildung 13.33 E-Mail mit Tabellendaten als Inhalt

Der Empfänger kann, wenn er selbst Excel 2010 installiert hat, die eingegangene Tabelle seinerseits bearbeiten. Dazu wird ihm in Outlook 2010 in der Gruppe **Verschieben** unter **Weitere Verschiebeaktionen** die Option **Nachricht bearbeiten** angeboten. Anschließend stehen innerhalb des Fensters die Register von Excel für die Bearbeitung der Tabelle zur Verfügung. Die bearbeitete Tabelle kann dann wieder zurückgeschickt oder weitergeleitet werden.

13.4 Erstellen einer PDF-/XPS-Kopie

Anstatt eine Arbeitsmappe als Kopie im Format PDF oder XPS gleich per E-Mail zu verschicken, können Sie über **Datei ▸ Speichern und Senden** unter **Dateitypen** auch erst einmal lokal solche Kopien erzeugen, etwa um sie später in einer Webseite zum Download anzubieten. Dazu wird der gemeinsame Befehl **PDF/XPS-Dokument erstellen** verwendet, der dann noch mal eine gleich benannte Schaltfläche anbietet. Die Vorgehensweise unterscheidet sich für die beiden konkurrierenden Dateiformate nur dadurch, dass für PDF im Dialog **Als PDF oder XPS veröffentlichen** der Dateityp **PDF**, für XPS eben **XPS** vorgegeben wird.

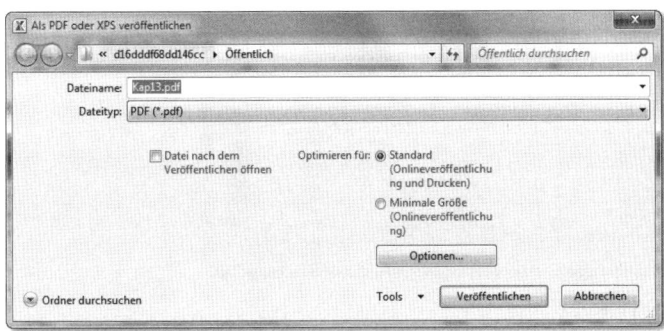

Abbildung 13.34 Der gemeinsame Dialog für PDF und XPS

13 Arbeitsmappen veröffentlichen

Zusätzlich lässt sich mit der Option **Datei nach dem Veröffentlichen öffnen** die erzeugte Kopie in dem entsprechenden Reader oder Viewer aufrufen. Außerdem kann unter **Optimieren** entweder **Standard** und **Minimale Größe** gewählt werden. Die zweite Option ist hauptsächlich für die Onlineveröffentlichung gedacht, falls Bandbreite gespart werden soll. Was genau in die Kopie übernommen werden soll, lässt sich über die Schaltfläche **Optionen** noch näher angeben. Bei PDF wird hier auch die Option ISO 19005-1-kompatibel (PDF/A) angeboten.

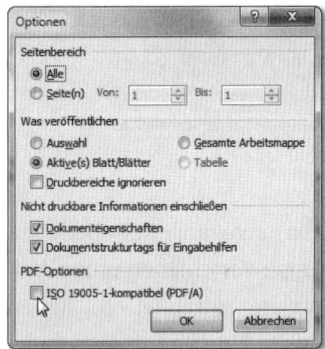

Abbildung 13.35 Optionen zu PDF

Bei XPS wird noch die Option **Eingeschränkte Berechtigungen in XPS beibehalten** angeboten, falls die Arbeitsmappe Festlegungen zu den Berechtigungen enthält, wie im letzten Kapitel beschrieben.

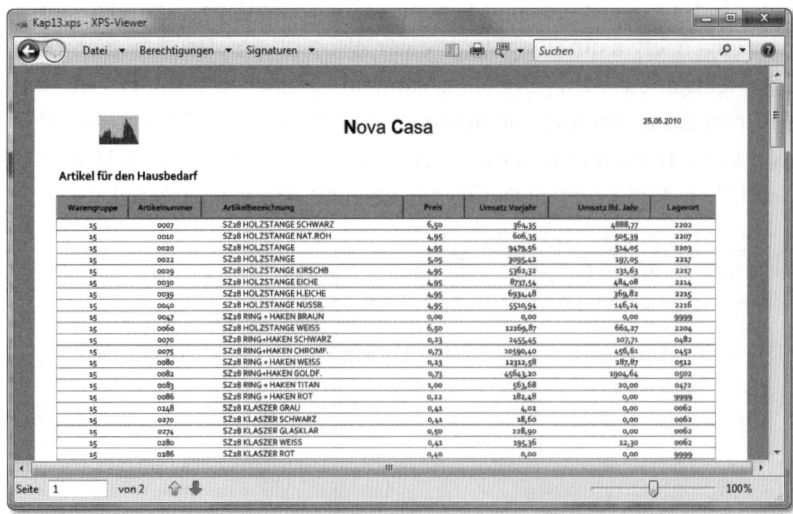

Abbildung 13.36 XPS-Kopie im XPS-Viewer

14 Excel-Daten im Web

Das Web hat den weltweiten Zugriff auf Informationen wesentlich vereinfacht und gleichzeitig Standards durchgesetzt, die unabhängig von Plattformen und Betriebssystemen sind. Die Idee, die Methoden des Internets auf den Informationsaustausch innerhalb kleinerer Netze, beispielsweise dem einer Firma, eines Instituts oder einer Organisation, zu übertragen, lag deshalb auf der Hand. Lokale Netze verwandeln sich immer häufiger in Intranets, und damit verändert sich die Art und Weise, wie Informationen ausgetauscht und wie Kooperationen organisiert werden.

Einbindung in Internet und Intranet

Excels Einbindung in Internet und Intranet findet in zwei Richtungen statt. Excel ist einmal ein Werkzeug, das Stoff für das firmeninterne Intranet und das weltweite Internet liefern kann. Und umgekehrt: Von Excel kann direkt auf die Daten in beiden Netzen zugegriffen werden. Informationen aus Webseiten lassen sich in Excel direkt einlesen und weiteranalysieren, sofern sie in Tabellenform angeboten werden. Dieses Thema wird in Abschnitt 20.4, »Direkte Abfragen im Internet«, behandelt.

Excel kann automatisch aus einem Arbeitsblatt oder einer ganzen Arbeitsmappe Webseiten erzeugen. Der dafür benötigte HTML-Quellcode wird ohne Zutun des Benutzers erzeugt; dieser muss nicht einmal wissen, was das ist. Daten im XML-Format können sowohl eingelesen als auch erzeugt werden; dies wird in Abschnitt 14.4, »Verarbeiten von XML-Daten«, beschrieben.

Die Technik, Dokumente über Hyperlinks zu verknüpfen, ist auf alle Office-Dokumente anwendbar. Aus einer Arbeitsmappe kann über einen solchen Link also kurz eine Seite im Internet oder eine andere Excel-Tabelle inspiziert werden, um dann wieder zur aktuellen Tabelle zurückzuspringen. So entsteht zunehmend eine Situation, in der es keinen Unterschied mehr macht, ob ein Dokument auf Ihrem PC, auf den Servern im Firmennetz oder auf einem Webserver irgendwo auf der Welt gespeichert ist.

HTML als alternatives Dateiformat

Excel gehört zu den Programmen, die zum täglichen Werkzeug von Millionen von Menschen gehören. Ist es möglich, damit Dokumente nicht nur aufs Papier, sondern auch ins

Web zu bringen, ist viel gewonnen. Zwar werden die großen Inhaltsanbieter für ihre Webauftritte weiterhin auf Spezialisten setzen, die die Webprogrammierung mit HTML, CSS und den verschiedenen Skriptsprachen ausreizen, aber insbesondere in den firmeninternen Intranets reichen die vorgegebenen Gestaltungsmöglichkeiten der Office-Anwendungen in vielen Fällen aus.

14.1 Von Excel zu HTML und zurück

Wenn eine Excel-Datei in HTML übersetzt wird, entsteht eine Textdatei, die die Daten aus den Zellen und zahlreiche sogenannte *markup tags* enthält, Marken mit Anweisungen, wo und wie die Inhalte auf der Seite platziert werden sollen. Daher ja auch der Name *HyperText Markup Language*, kurz HTML. Enthält eine solche Marke eine Formatanweisung, die beispielsweise ein bestimmter Browser nicht versteht, wird die Anweisung in der Regel ignoriert, ansonsten kann die Seite aber angesehen werden. Das Format ist in dieser Hinsicht also ziemlich »gutmütig«, im Unterschied zu XML, wovon in Abschnitt 14.4 noch die Rede sein wird.

Als Erweiterung der Gestaltungsmöglichkeiten für Webseiten, etwa was die Schrift oder die Anzeige von Tabellen und Abbildungen betrifft, wurden zusätzlich zum »reinen« HTML die Cascading Style Sheets, kurz CSS, entwickelt. Dabei geht es um separate Gruppen von Formatanweisungen für die Darstellung der unterschiedlichen Elemente auf einer Webseite, ähnlich den Formatvorlagen, wie sie in Excel definiert werden können. Das erlaubt, die Formatierung von der bloßen Information zu trennen, sodass sie schließlich auch unabhängig vom Inhalt geändert werden kann. Excel fügt solche Stylesheets entweder direkt in den generierten HTML-Code ein oder legt die Formatierungsanweisungen in separaten CSS-Dateien ab.

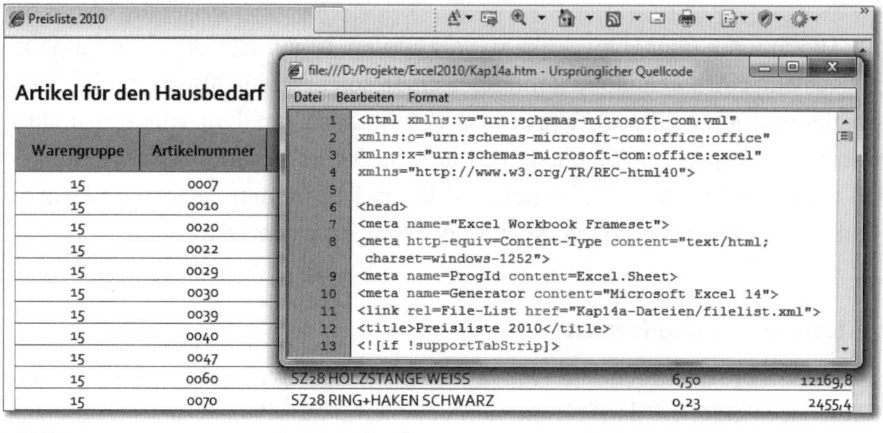

Abbildung 14.1 Auszug aus dem Quellcode einer in HTML übersetzten Tabelle

Verteilung der Komponenten

Wird eine einzige Excel-Tabelle als Webseite gespeichert, legt Excel auch nur eine Datei im HTML-Format an. Anders ist dies, wenn Sie eine ganze Arbeitsmappe mit mehreren Blättern oder eine Tabelle mit zusätzlichen Objekten wie Diagrammen und Grafiken in HTML übersetzen. In diesen Fällen legt Excel neben der Hauptdatei im HTML-Format noch eine Reihe von Hilfsdateien ab. Für diese wird normalerweise im Ordner der Hauptdatei ein Unterordner angelegt mit dem Namen der Hauptdatei, ergänzt durch den Zusatz *-Dateien*.

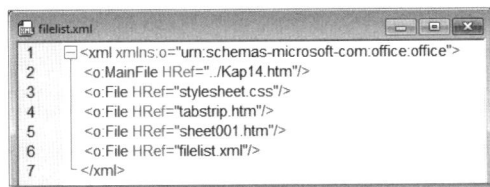

Abbildung 14.2 Der Ordner mit den Hilfsdateien

Ein solcher Ordner enthält immer eine Datei *filelist.xml*, worin im XML-Format alle Dateien des Ordners aufgelistet sind.

```
<xml xmlns:o="urn:schemas-microsoft-com:office:office">
  <o:MainFile HRef="../Kap14.htm"/>
  <o:File HRef="stylesheet.css"/>
  <o:File HRef="tabstrip.htm"/>
  <o:File HRef="sheet001.htm"/>
  <o:File HRef="filelist.xml"/>
</xml>
```

Abbildung 14.3 Beispiel für eine Dateienliste in XML

Ansonsten enthält der Ordner in dem hier beschriebenen Fall Dateien für die verschiedenen Tabellenblätter, wobei sich Excel selbst das günstigste Format zum Speichern aussucht. All diese Dateien sind mit der Hauptdatei verknüpft. Wenn Sie mal einen Blick in den Quellcode werfen wollen, den Excel bei der Übersetzung in HTML erzeugt hat, benutzen Sie im Internet Explorer den Befehl **Ansicht ▸ Quellcode**.

> **Vorsicht beim Verschieben**
> Die Aufsplittung eines Dokuments in verschiedene Dateien birgt natürlich immer die Gefahr, dass die Dateien aus irgendwelchen Gründen auseinandergerissen werden. Wenn Sie beispielsweise nur das Hauptdokument auf ein anderes Laufwerk oder einen anderen Ordner verschieben, ohne den Hilfsordner »mitzunehmen«, wird die oben beschriebene Excel-Seite im Web nur mit der Tabelle angezeigt; die Abbildungen fehlen dann.

Webarchive

Als Alternative zu dieser Aufteilung der Dateien können Sie in Excel 2010 auch das Format *.MHT* zum Speichern als MHTML-Dokument verwenden. Dieses Format fasst alle Dateien in einem Webarchiv zusammen, was insbesondere für den Transport an andere Orte praktisch ist. Der Internet Explorer kann diese Dateien direkt öffnen.

Bei einigen Funktionen ist allerdings keine Übersetzung in HTML möglich, z. B. bei Szenarien in Excel. Wenn Sie die Speicherung als Webseite ausführen, wird die Tabelle mit den Daten des aktuell ausgewählten Szenarios auf die Webseite gebracht.

Weboptionen

Wer Seiten ins Web stellt, sollte im Auge behalten, für wen diese Seiten gedacht sind. Nicht jeder verwendete Browser unterstützt etwa alle Optionen von Cascading Stylesheets oder bestimmte Erweiterungen von HTML. Es könnte einen Besucher Ihrer Webseite frustrieren, wenn er mit seinem Browser Elemente der Seite nicht sehen kann. Wer von möglichst vielen Menschen wahrgenommen werden will, sollte ihnen entgegenkommen. Innerhalb einer Firma, in der alle die gleichen Browser einsetzen, ist die Situation besser kontrollierbar.

Sie haben es in der Hand, das Ausmaß der Webfunktionen zu steuern. In Excel finden Sie dazu über **Datei ▸ Optionen** auf der Seite **Erweitert** unter **Allgemein** eine Schaltfläche für **Weboptionen**.

Abbildung 14.4 Die Registerkarte »Browser« im Dialog »Weboptionen«

Excel 2010 erleichtert die Abstimmung auf eine bestimmte Browser-Generation mit der Registerkarte **Browser**. Im ersten Listenfeld können Sie die Art des Browsers auswählen, der auf jeden Fall bedient werden soll. Wenn Sie eine ältere Generation wählen, schränken Sie die Gestaltungsmöglichkeiten auf der Webseite zwar ein, sichern aber ab, dass eine möglichst große Zahl von Besuchern Ihre Seite ohne Abstriche sehen kann.

Je nach Auswahl im Listenfeld sind dann unterschiedliche Optionen voreingestellt, die aber noch zusätzlich abgewählt werden können. Die zweite Option betrifft die Verwendung von CSS. Die neueren Browser unterstützen inzwischen CSS1 und CSS2. Leider ist die Formatbeschreibung zwischen den Browsern noch nicht völlig einheitlich, was zu unterschiedlichen Darstellungen führen kann. Mal ist ein Unterstrich sichtbar, mal nicht. Es ist deshalb sinnvoll, Webseiten, die weit verbreitet werden sollen, vorher auf unterschiedlichen Browsern zu testen.

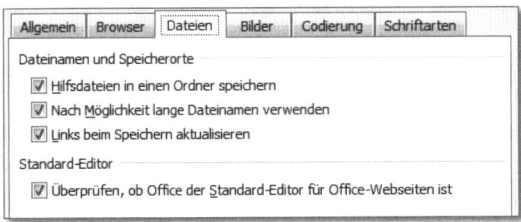

Abbildung 14.5 Speicherung der Hilfsdateien festlegen

Von Bedeutung für die Webübersetzung sind auch die Einstellungen auf der Registerkarte **Dateien**. Die erste Option **Hilfsdateien in einen Ordner speichern** ist normalerweise aktiviert und bewirkt die oben schon beschriebene Verteilung der Dateien bei der Erstellung von Webseiten mit mehreren Blättern, Grafiken, Diagrammen etc.

Wird das Häkchen dagegen gelöscht, werden auch die Hilfsdateien im selben Ordner gespeichert wie die Hauptdatei. Zu empfehlen ist das eigentlich nicht, weil Sie bei mehreren Webseiten dann schnell den Überblick verlieren, welche Hilfsdateien zu einer HTML-Datei gehören. Es kann aber sein, dass der Server Ihres Internet-Providers, auf dem Sie Ihre Webseiten speichern wollen, es nicht zulässt, dass neue Ordner angelegt werden. Dann sollten Sie die Option abwählen.

Außerdem kann auf dem Register **Bilder** die Auflösung des vorgesehenen Zielmonitors eingestellt werden, um die Webseite für bestimmte Monitorauflösungen zu optimieren.

Die Registerkarten **Codierung** und **Schriftarten** haben mit der Frage zu tun, ob Ihre Webseiten weltweit von möglichst vielen Menschen wahrgenommen werden können. Sie können hier die Codierung und die Standardschriftarten vorgeben, die für die erzeugten Webseiten verwendet werden sollen.

14.2 Daten für das Web bereitstellen

In diesem Abschnitt wird es zunächst darum gehen, möglichst einfach und umstandslos bestimmte Tabellen, Diagramme oder Listen im Web zu veröffentlichen. »Einfach« soll heißen, dass den Besuchern einer solchen Webseite die Daten aus den Excel-Arbeitsmappen als Information zum Ansehen zur Verfügung gestellt werden. Dieses Verfahren bietet sich insbesondere für den Informationsaustausch in einem firmeninternen Intranet an, bei dem es in erster Linie um die Daten geht und das Layout der Webseiten nachrangig ist. Weiter unten werden Sie sehen, dass Excel 2010 noch viel mehr kann, es bietet nämlich einen großen Teil seiner Funktionen auch zur aktiven Verwendung im Web an.

Daten von Excel ins Web bringen

Wenn es darum geht, von Excel aus Material auf eine Webseite zu bringen, stellt sich zunächst die Frage: Was soll auf die Webseite? Eine ganze Arbeitsmappe, nur ein einzelnes Arbeitsblatt oder einzelne Objekte aus einer Mappe, etwa ein Diagramm, eine gefilterte Tabelle oder ein markierter Zellenbereich? Alle notwendigen Einstellungen können über das Dialogfeld **Speichern unter** getroffen werden. Das Verfahren ist also in allen Fällen weitgehend einheitlich.

Zum Kennenlernen hier zunächst ein einfaches Beispiel: Zwei Preislisten sollen im Intranet einer Firma veröffentlicht werden. Dazu noch ein Diagramm, das die Umsatzentwicklung der betreffenden Produkte zeigt. Die Arbeitsmappe kann in diesem Fall komplett als Webseite veröffentlicht werden.

1 Legen Sie die Preislisten auf zwei Tabellenblättern an, die Umsatzzahlen auf einem dritten Blatt und das Diagramm dazu auf einem eigenen Blatt. Ändern Sie die Blattregister dem Inhalt entsprechend. Es ist meist sinnvoll, die Arbeitsmappe zunächst ganz normal als Excel-Datei abspeichern und eine Kopie davon im HTML-Format zu erzeugen.

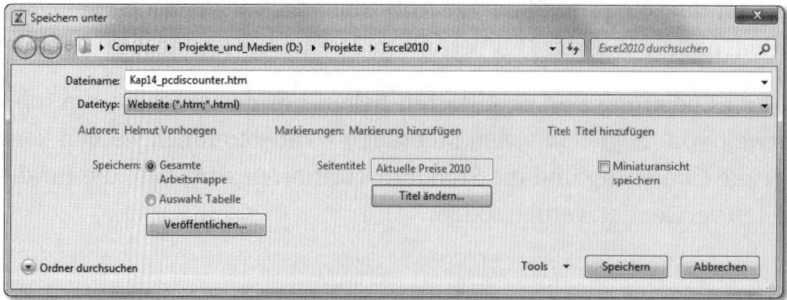

14.2 Daten für das Web bereitstellen

2 Benutzen Sie dazu über das Register **Datei** den Befehl **Speichern unter**. Geben Sie einen passenden Dateinamen ein, und wählen Sie unter **Dateityp** die Option **Webseite**.

3 Zunächst geben Sie an, dass die gesamte Arbeitsmappe gespeichert werden soll. Über die Schaltfläche **Titel ändern** können Sie noch den Seitentitel festlegen, unter dem die Webseite im Browser angezeigt wird.

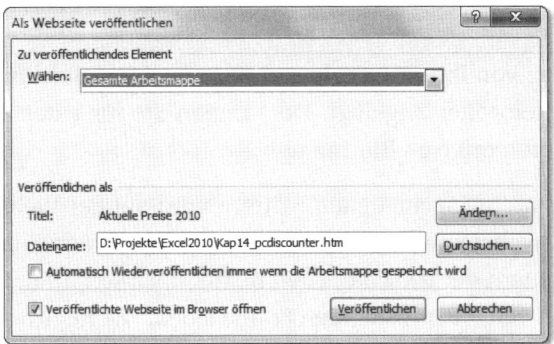

4 Setzen Sie mit der Schaltfläche **Veröffentlichen** die Übersetzung der Arbeitsmappe ins HTML-Format in Gang. Der Dialog **Als Webseite veröffentlichen** zeigt zur Kontrolle noch einmal die gewählten Daten an. Bleibt die Option **Veröffentlichte Webseite im Browser öffnen** ausgewählt, wird der Browser mit der neuen Seite geöffnet, sobald die Schaltfläche **Veröffentlichen** benutzt wird.

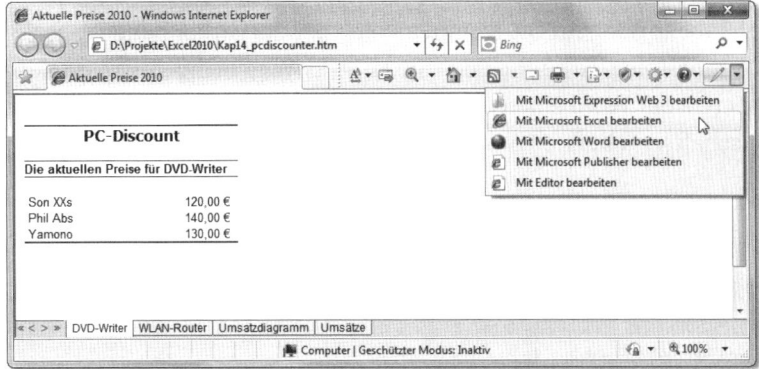

5 Wenn die Arbeitsmappe wie hier aus mehreren Blättern besteht und auch mehr als ein Blatt Daten enthält, werden auf der Webseite Pseudo-Blattregister mit den entsprechenden Blattnamen eingeblendet. Per Klick auf die Register können Sie die verschiedenen Blätter ansehen.

Die Webseite kann auch jederzeit vom Internet Explorer her erneut in Excel editiert werden. Die Schaltfläche **Bearbeiten** im Internet Explorer bietet Excel als Bearbeitungsprogramm an. (Im HTML-Code wird jedes Mal in einem <meta>-Tag notiert, aus welcher Office-Anwendung der Inhalt der Webseite stammt.) Die Webseite wird im Excel-Fenster zum Ändern bereitgestellt. Selbst wenn Sie die Seite nur ausdrucken, ist es vorteilhaft, das Excel-Fenster kurz zu öffnen, weil Sie dann die Kontrolle über den Ausdruck haben, den Excel zur Verfügung stellt.

Excel hat zu der HTM-Datei mit dem von Ihnen vergebenen Namen einen gleichnamigen Ordner in dem verwendeten Zielordner angelegt. Dort finden Sie für jedes Blatt eine eigene HTM-Datei mit durchnummerierten Blattnamen.

Die Struktur der Arbeitsmappe mit ihren verschiedenen Blättern wird auf der Webseite durch eine Frame-Struktur imitiert, wobei jeweils ein Blatt in einen der Frames geladen wird. Im HTML-Code wird das Ansteuern der verschiedenen Blätter über Script-Funktionen realisiert, die jeweils ein Blatt in den entsprechenden Frame laden. Die Register der Arbeitsmappe werden separat in der Datei *tabstrip.htm* in Form einer Tabelle abgelegt. Die Registerfarben lassen sich allerdings nicht automatisch in das Webformat übertragen.

Tabellen an bestehende Webseiten anhängen

Reine Tabellenseiten stellen im Internet nun allerdings eher die Ausnahme dar. Der Kunde will schon ein bisschen mehr als nackte Zahlen. Deshalb besteht auch die Möglichkeit, eine Excel-Tabelle oder ein Diagramm an eine bereits vorhandene Webseite anzuhängen. Wenn Sie beispielsweise Ihr Firmenprofil ins Web bringen wollen, können Sie dafür zunächst etwa mit Word eine Webseite anlegen und anschließend eine Tabelle mit den letzten Geschäftsergebnissen anhängen:

1 Speichern Sie zunächst die Word-Datei als Webseite ab und merken Sie sich den Namen der dabei angelegten HTM-Datei.

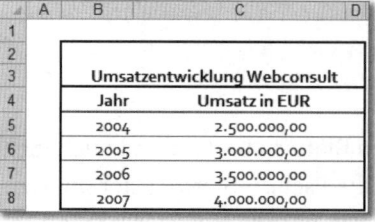

2 Entwickeln Sie das Arbeitsblatt mit den Geschäftsergebnissen und speichern Sie die Datei zunächst ganz normal als Excel-Datei ab.

14.2 Daten für das Web bereitstellen

3 Markieren Sie den Bereich, der die Tabelle mit den Geschäftsergebnissen enthält. Benutzen Sie nun wieder **Speichern unter** und den Dateityp **Webseite**. Klicken Sie unter **Speichern** den Tabellenbereich an, und benutzen Sie dann die Schaltfläche **Veröffentlichen**.

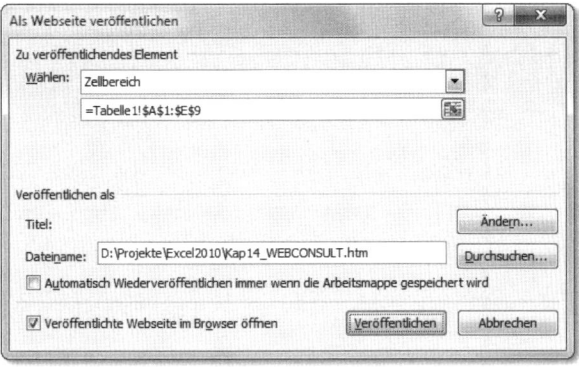

4 Im Dialogfeld übernehmen Sie die Auswahl der zu veröffentlichenden Elemente, also den markierten Zellbereich.

5 Unter **Dateiname** muss nun der Ordner oder Webordner und der Name der HTM-Datei eingegeben oder über **Durchsuchen** ausgewählt werden, an die die Excel-Tabelle angehängt werden soll.

6 Wollen Sie, dass alle Änderungen, die Sie später an der Arbeitsmappe vornehmen, erneut auch in der HTML-Datei erscheinen, aktivieren Sie noch **Automatisch wiederveröffentlichen immer wenn die Arbeitsmappe gespeichert wird**.

7 Wenn Sie das Ergebnis im Internet Explorer prüfen wollen, haken Sie **Veröffentlichte Webseite im Browser öffnen** ab. Klicken Sie dann auf die Schaltfläche **Veröffentlichen**.

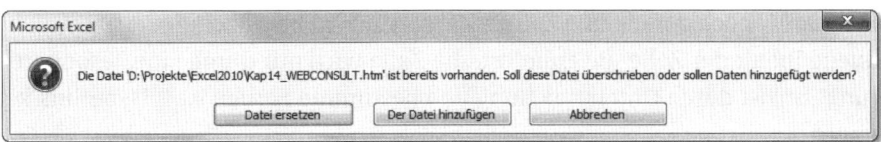

8 Da die als Speicherort angegebene Datei bereits existiert, erhalten Sie die Abfrage, ob die Datei überschrieben oder die neuen Daten hinzugefügt werden sollen. Klicken Sie auf **Der Datei hinzufügen**. Die Tabelle wird an die bestehende Webseite angehängt, und zwar zentriert.

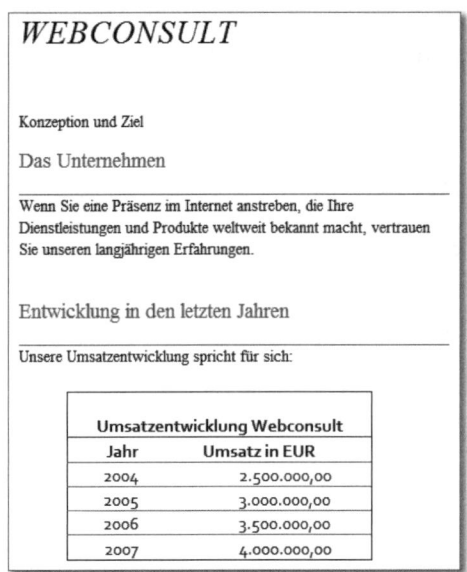

Abbildung 14.6 Die um eine Tabelle ergänzte Webseite

Beachten Sie, dass auf die beschriebene Weise immer nur einzelne Zellbereiche oder Blätter veröffentlicht werden können. Mehrfachauswahl ist nicht möglich. Wenn Sie verschiedene Tabellen einer Mappe auf eine Webseite bringen wollen, müssen Sie diese nacheinander veröffentlichen und jedes Mal an die bestehende Datei anhängen, wie beschrieben.

14.3 Dokumente mit Hyperlinks verknüpfen

Eine der Errungenschaften, die aus dem Web in die Office-Welt übernommen wurde, ist die Möglichkeit, Dokumente durch Hyperlinks zu vernetzen. Es gibt in Excel 2010 zwei verschiedene Möglichkeiten, eine Zelle als Hyperlink zu benutzen. Im ersten Fall bleibt der aktuelle Inhalt der Zelle unverändert, die Zelle wird nur durch eine besondere Formatierung – meist durch Unterstreichung und bestimmte Farben – als Hyperlink kenntlich gemacht.

Im anderen Fall wird eine Tabellenfunktion benutzt, um eine Hyperlink-Verbindung herzustellen. Das erlaubt Ihnen z. B. auch, bedingte Links zu erstellen, bei denen je nach Lage der Dinge mal zu der einen und mal zu der anderen Stelle gesprungen werden soll. Verknüpfungen können aber auch über grafische Objekte oder eingefügte Bilder hergestellt werden.

Absprung von einer Zelle

Um eine Zelle als Sprungbrett zu einer Webseite, einem anderen Dokument oder einer bestimmten Stelle in einem anderen Dokument oder in der eigenen Arbeitsmappe zu benutzen, verfahren Sie folgendermaßen:

1 Tragen Sie in der betreffenden Zelle einen entsprechenden Hinweis ein. Wenn das Sprungziel beispielsweise eine Webseite für Firmenanleihen ist, könnte in der Zelle *Firmenanleihen* stehen.

2 Lassen Sie die Zelle ausgewählt und klicken Sie auf das Symbol **Hyperlink** aus der Gruppe **Einfügen ▸ Hyperlinks**. Statt des Symbols kann auch [Strg]+[K] verwendet werden.

3 Das Dialogfeld wird mit der Auswahl **Link zu: Datei oder Webseite** geöffnet. Unter **Anzuzeigender Text:** übernimmt das Dialogfeld den Text, der aktuell in der Zelle steht. Über **QuickInfo** können Sie noch einen zusätzlichen Hinweis eintragen, der angezeigt wird, wenn die Zelle mit dem Mauszeiger berührt wird. Wenn Sie hier nichts eingeben, wird die Zieladresse angezeigt.

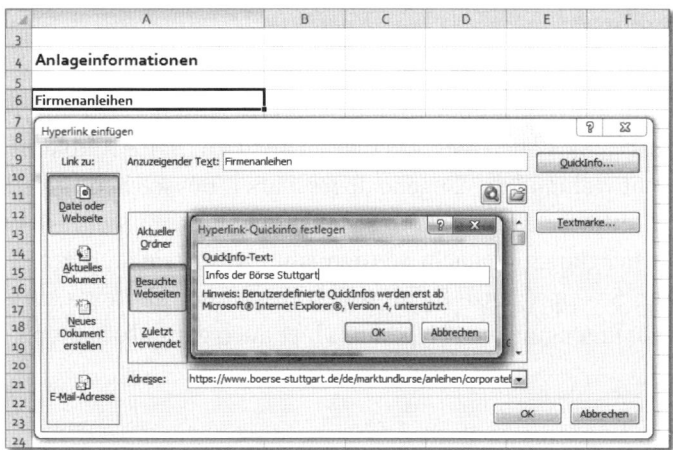

4 Geben Sie unter **Adresse** die gewünschte Webseite an, oder benutzen Sie die Schaltfläche **Web durchsuchen**, um die Seite direkt im Internet Explorer zu suchen. Falls die Adresse vorher schon einmal genutzt wurde oder gerade mehrere Seiten im Browser geöffnet sind, kann sie auch über die Schaltfläche **Besuchte Webseiten** oder **Zuletzt verwendet** aus der Liste ausgewählt werden. Ist die gewünschte Seite gerade im Browser sichtbar, sollten Sie die Adresse von dort übernehmen. Klicken Sie dazu einfach in das Adressfeld des Dialogs.

5 Wird der Eintrag mit **OK** bestätigt, erscheint der Inhalt der Zelle in der Formatierung, die augenblicklich für Hyperlink-Zellen eingestellt ist. Excel verwendet dafür eine spezielle Formatvorlage mit dem Namen **Hyperlink**.

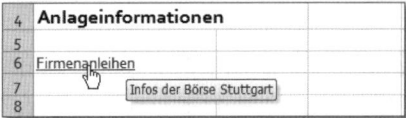

6 Berührt der Mauszeiger anschließend eine Hyperlink-Zelle, verwandelt er sich in eine kleine Hand. Ein Mausklick genügt, um zu dem angegebenen Ziel zu springen. Ist die Verbindung zum Internet schon vorher hergestellt, wird im Browser die entsprechende Seite direkt geöffnet. Im anderen Fall wird sofort versucht, die Verbindung zum Internet aufzubauen und die Seite zu finden.

Ist ein Hyperlink einmal angeklickt worden, ändert sich die Textfarbe der Link-Zelle, um Ihnen anzuzeigen, dass Sie diesen Link bereits benutzt haben.

Automatische Link-Erzeugung

Wenn Sie etwas eintragen, was Excel als Webadresse oder Netzwerkpfad erkennen kann, verwandelt das Programm die Eingabe automatisch in einen Hyperlink zu der angegebenen Adresse um, vorausgesetzt, Sie haben dieses Verhalten nicht im Dialog **AutoKorrektur** auf dem Register **Autoformat während der Eingabe** abgeschaltet. Bei solchen Hyperlinks bietet Excel eine kleine Schaltfläche mit **AutoKorrektur-Optionen** an, mit der die Hyperlink-Eigenschaft der Zelle rückgängig gemacht werden kann, wenn sie an dieser Stelle nicht gewünscht ist. Wollen Sie eine ganze Reihe von Adressen nur als Text eintragen, können Sie die automatische Erzeugung von Hyperlinks hier auch ganz abschalten.

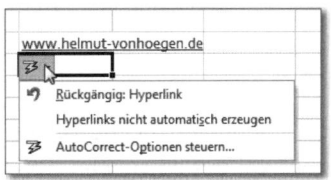

Abbildung 14.7 AutoKorrektur-Optionen zu einer Webadresse

Links zu Dokumenten

So wie Sie gezielt auf Webseiten zugreifen, können Sie auch mit den Arbeitsmappen verfahren. Sie können den Sprung zu einer bestimmten Mappe sogar noch zielgenauer betreiben, indem Sie direkt zu einer bestimmten Stelle, z. B. einem benannten Bereich dort springen. Entsprechendes gilt für Texte, hier können Sie direkt eine Textmarke anvisieren.

Auf diese Weise kann beispielsweise eine bestimmte zusammengehörende Gruppe von Arbeitsmappen in einen großen Hypertext verwandelt werden, der Ihnen von einer Stelle aus Zugang zu allen zugehörigen Arbeitsmappen gibt, und gleichzeitig können Sie noch beliebig viele Querverbindungen zwischen den Mappen aufbauen. Stehen die Verbindungen, können Sie die Namen und Pfade der verschiedenen Arbeitsmappen mehr oder weniger vergessen, da Sie ja nicht mehr den vergleichsweise mühevollen Weg über das Dialogfeld **Öffnen** gehen müssen.

Ein Hyperdokument aus Arbeitsmappen

Zur Anregung ein kleines Beispiel: Angenommen, die tägliche Arbeit wird hauptsächlich mithilfe einiger großer Arbeitsmappen erledigt. Um per Mausklick zwischen den Mappen wechseln zu können, legen Sie ein Arbeitsblatt an, das Hyperlinks zu allen Mappen enthält, also eine Art Inhaltsverzeichnis über die Grenzen der einzelnen Mappen hinweg:

1 Legen Sie zunächst alle Arbeitsmappen an, die Sie verknüpfen wollen. Sollen Verknüpfungen zu bestimmten Bereichen aufgebaut werden, benennen Sie diese Bereiche mit passenden Namen.

2 Erstellen Sie ein Blatt in einer eigenen Arbeitsmappe, das die Titel der anderen Mappen auflistet.

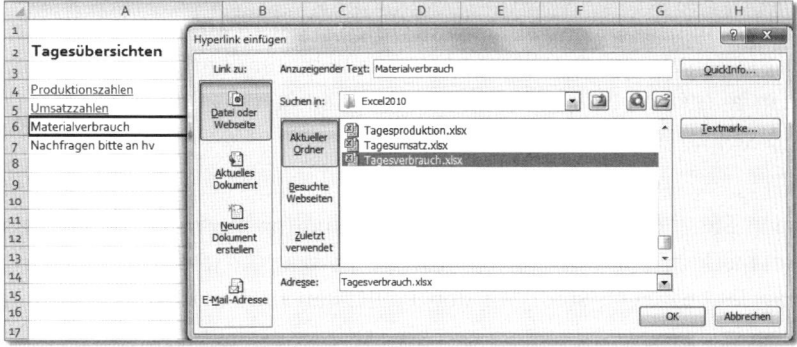

3 Wählen Sie jede der Titelzellen einzeln an und fügen Sie Hyperlinks zu einer der Mappen bzw. zu bestimmten Bereichen in den Mappen ein. Im Dialogfeld **Hyperlink einfügen** können Sie das Listenfeld **Suchen in** benutzen, um die Zieldateien zu finden und auszuwählen.

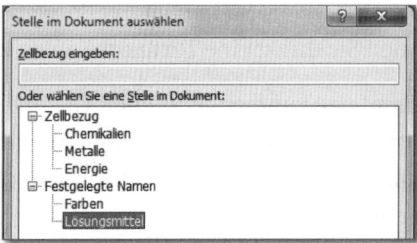

4 Soll die Verknüpfung gezielt zu einem benannten Bereich hergestellt werden, benutzen Sie die Schaltfläche **Textmarke,** und wählen Sie unter **Festgelegte Namen** den gewünschten Zellbereichsnamen aus. Stattdessen können Sie auch unter **Zellbezug** den Namen des Blatts wählen. Werden die Namen nicht angezeigt, klicken Sie auf das Pluszeichen.

5 Sind alle Links fertig gestellt, sollten Sie die Datei noch einmal speichern. Nun lassen sich aus dem Inhaltsverzeichnis alle verknüpften Dateien aufrufen.

6 Um die Navigation zwischen verlinkten Dokumenten zu vereinfachen, sollten Sie in die Schnellzugriffsleiste die beiden Symbole **Zurück** und **Vorwärts** einblenden. Sie sind zu finden, wenn Sie im Dialog **Excel-Optionen ▶ Anpassen** unter **Befehle auswählen** die Option **Alle Befehle** nutzen. Der Rücksprung kann dann jedes Mal mit dem Pfeil **Zurück** erfolgen.

> **HINWEIS**
>
> **Links zu Textmarken**
> Soll eine Verknüpfung zu einer Textmarke in einem Word-Dokument erstellt werden, müssen Sie den Namen der Textmarke manuell hinter dem Dateinamen eintragen und ein #-Zeichen davor setzen. Die Word-Textmarke kann von Excel aus nicht über die Schaltfläche **Textmarke** gefunden werden.

Natürlich können Sie auch noch beliebige Querverbindungen zwischen den Mappen aufbauen. Excel merkt sich automatisch, auf welchem Weg Sie jeweils von einem zum anderen Sprungziel gegangen sind. Mit den Pfeiltasten finden Sie immer zum Ausgangspunkt zurück.

Auch Links innerhalb eines großen Tabellenblatts können sinnvoll sein. Wenn z. B. an einer bestimmten Stelle mit einer Summe gearbeitet wird, die in einem nicht sichtbaren Teil des Arbeitsblatts berechnet worden ist, hilft ein Hyperlink, schnell zu den Detaildaten dieses Punktes zu springen. Benutzen Sie in diesem Fall unter **Link zu:** die Schaltfläche **Aktuelles Dokument** und wählen Sie dann die gewünschten Zellbezüge oder Namen.

Downloads

Vielleicht wollen Sie zu einer komplexen Arbeitsmappe noch eine PDF oder eine ZIP-Datei liefern, die eine Beschreibung enthält, wie mit dem Kalkulationsmodell umgegangen werden soll? Auch hier hilft eine Hyperlink-Verknüpfung auf die jeweilige Datei. Wird der Link dann angeklickt, startet der Download automatisch.

E-Mail-Links

Wenn Sie eine Mappe an andere Personen weiterreichen, kann es sinnvoll sein, spezielle Links auf Ihre E-Mail-Adresse einzufügen. Wählen Sie dazu im Dialog zunächst die Schaltfläche **E-Mail-Adresse**, und ergänzen Sie dann im Adressfeld die Vorgabe **mailto:** mit der entsprechenden Adresse. Klickt der Betrachter der Mappe auf diese Zelle, wird sofort der Dialog für eine neue E-Mail an die gewählte Adresse geöffnet, falls ein E-Mail-Programm installiert ist.

Abbildung 14.8 Eingabe eines Links zu einer E-Mail-Adresse

Hyperlinks mithilfe der Tabellenfunktion

In Excel können Hyperlinks – wie bereits erwähnt – auch über eine Tabellenfunktion erstellt und gesteuert werden. Die Funktion HYPERLINK() wird in der üblichen Weise in eine Zelle eingefügt. Um den Hyperlink zu aktivieren, wird wie bei den anderen Hyperlinks die Zelle angeklickt. Die Funktion hat zwei Argumente. Das erste ist die Hyperlink-Adresse, zu der die Verbindung hergestellt werden soll. Zusätzlich kann noch angegeben werden, was in der Zelle selbst angezeigt wird, etwa ein hinweisender Text. Deshalb wird dieses Argument auch *Freundlicher_Name* genannt. Wird dieses Argument ausgelassen, erscheint in der Zelle einfach die angegebene Hyperlink-Adresse.

14 Excel-Daten im Web

Die Hyperlink-Adresse kann entweder direkt eingegeben werden, dann sind Anführungszeichen erforderlich, die aber automatisch hinzugefügt werden. Es ist auch der Bezug auf eine Zelle möglich, die die Adresse als Text enthält oder als Ergebnis einer Formel liefert. Kann das Hyperlink-Ziel aus irgendwelchen Gründen nicht gefunden werden, erscheint in der Zelle eine Fehlermeldung. Soll das Link-Ziel geändert werden, bearbeiten Sie die Formel wie üblich.

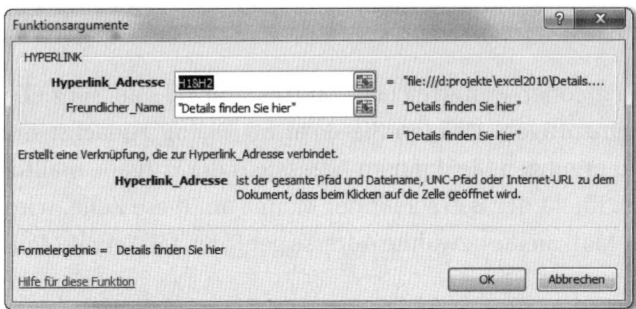

Abbildung 14.9 Beispiel für die Funktion HYPERLINK()

Der Vorteil der Funktion HYPERLINK() ist, dass auch variable Sprungziele verwendet werden können. Sie können beispielsweise in Zelle H1 den Namen eines Ordners und in Zelle H2 den Namen einer Datei ablegen, übrigens jeweils ohne Anführungszeichen. Dann kann beispielsweise in Zelle B3 folgende Hyperlink-Funktion eingetragen werden:

```
=HYPERLINK(H1&H2; "Details finden Sie hier")
```

Die Adresse wird also in diesem Fall aus zwei Textteilen zusammengesetzt. Der Vorteil: Unterstellt, Sie haben in der Arbeitsmappe eine ganze Reihe solcher Hyperlinks, die sich alle auf Dateien im selben Ordner beziehen. Nun ordnen Sie Ihre Festplatte neu oder kopieren die Dateien auf eine andere Festplatte. Sie brauchen nur den Eintrag in der Zelle H1 zu ändern, und schon sind die Verknüpfungen wiederhergestellt.

Bedingte Links: mal hierhin, mal dorthin

In den einleitenden Bemerkungen zu diesem Abschnitt wurde schon auf die Möglichkeit bedingter Hyperlinks hingewiesen. Angenommen, Sie kalkulieren ein Angebot mal für einen deutschen, mal für einen französischen Kunden. Die beiden Preislisten sind in separaten Tabellen gespeichert. Sie legen in der Tabelle für das Angebot in der Zelle K2 ein Kennzeichen ab, um die deutschen Angebote von den französischen zu unterscheiden. Dann kann in einer anderen Zelle eine Hyperlink-Formel zu den Preistabellen abhängig von diesem Kennzeichen eingegeben werden. Die Formel kann lauten:

```
=WENN(K2="Fr"; HYPERLINK("D:\Office\PLISTEFR.XLSX";"französische Preisliste");
HYPERLINK("D:\Office\PLISTEDE.XLSX";"deutsche Preisliste"))
```

Je nachdem, was in Zelle K2 steht, erscheint nicht nur ein anderer Text, beim Klick auf die Zelle wird auch eine andere Datei geöffnet.

Formatieren von Hyperlinks

Die Art und Weise, wie Hyperlinks im Tabellenblatt gekennzeichnet werden, kann für alle Hyperlinks in der aktuellen Arbeitsmappe gleichzeitig geändert werden. Excel benutzt hier spezielle Formatvorlagen für Hyperlinks und für schon einmal besuchte Hyperlinks. Diese Formatvorlagen erscheinen in der Liste der Formatvorlagen allerdings erst, wenn die Arbeitsmappe bereits Hyperlinks enthält bzw. wenn ein Hyperlink zum Sprung in ein anderes Dokument oder an eine andere Stelle und zum Rücksprung benutzt worden ist.

1 Wählen Sie mit den Pfeiltasten eine Hyperlink-Zelle aus, und benutzen Sie in der Gruppe **Start ▶ Formatvorlagen** die Schaltfläche **Zellformatvorlagen**.

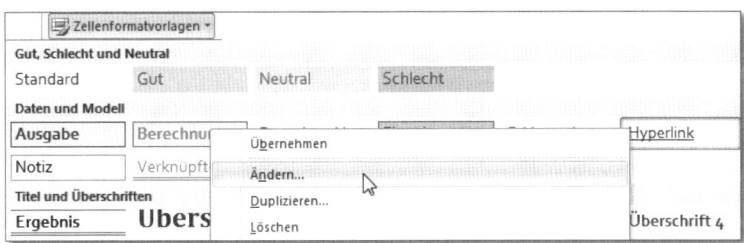

2 Ist der Hyperlink noch nicht benutzt worden, wird in der Palette das Formatmuster für **Hyperlink** markiert.

3 Benutzen Sie über das Kontextmenü dazu die Option **Ändern**, um beispielsweise andere Farben auszuwählen, die für alle noch nicht benutzten Links gelten sollen, oder um die Unterstreichung abzuschalten.

4 Um das Erscheinungsbild des Hyperlinks zu ändern, nachdem er angeklickt worden ist, wählen Sie die Formatvorlage **Besuchter Hyperlink** und verfahren entsprechend (auch dieser Eintrag erscheint erst, wenn ein Link schon einmal verwendet worden ist).

Die unterschiedlichen Farben der Hyperlinks erinnern Sie daran, welche Seiten und Dokumente Sie schon besichtigt haben. Die Farben sollten also so gewählt werden, dass sie sich deutlich unterscheiden.

Hyperlink von grafischem Objekt

Auch grafische Objekte im Tabellenblatt lassen sich als Sprungbrett zu Webseiten oder anderen Dokumenten benutzen. Hier ein kleines Beispiel für ein grafisches Objekt:

1 Zeichnen Sie mithilfe der Palette der Schaltfläche **Formen** in der Gruppe **Einfügen ▶ Illustrationen** einen Blockpfeil. Benutzen Sie aus dem Kontextmenü des Pfeils den Befehl **Text bearbeiten**, um den Pfeil zu beschriften.

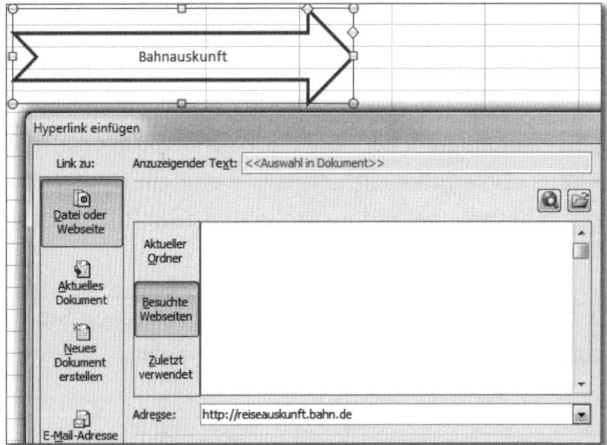

2 Lassen Sie das Objekt ausgewählt, sodass die Markierungen sichtbar sind, und klicken Sie auf das Symbol **Hyperlink**.

3 Geben Sie das Verknüpfungsziel wie oben beschrieben ein.

Hyperlinks ändern

Gelegentlich wird es notwendig sein, eine Hyperlink-Verknüpfung zu überarbeiten. Das gilt insbesondere, wenn beispielsweise die Datei, die als Sprungziel angegeben wurde, in ein anderes Verzeichnis verschoben oder umbenannt worden ist. Ein automatisches Ausführen solcher Änderungen wäre natürlich willkommen, ist aber leider nicht realisiert. Die Schritte zur Korrektur sind folgende:

1 Klicken Sie die Zelle oder das grafische Objekt, von der oder von dem aus Verknüpfungen erstellt wurden, mit der rechten Maustaste an.

2 Wählen Sie die Option **Hyperlink bearbeiten**.

3 Tragen Sie die neue Zieladresse ein.

Sollen Hyperlinks aus einer Arbeitsmappe entfernt werden, klicken Sie die Zelle oder das Objekt erneut mit der rechten Maustaste an und benutzen **Hyperlink entfernen**. Bei Zellen wird daraufhin der Link entfernt, ohne den Inhalt der Zelle zu löschen. Bei grafischen Objekten wird ebenfalls nur der zugeordnete Link entfernt. Wenn Sie dagegen bei einer markierten Hyperlink-Zelle oder einem grafischen Objekt [Entf] benutzen, wird der Link samt Zellinhalt gelöscht. Haben Sie einen Link irrtümlich gelöscht, benutzen Sie einfach die Schaltfläche **Rückgängig** in der Schnellzugriffsleiste.

14.4 Verarbeiten von XML-Daten

Wie schon in Kapitel 2, »Basiswissen für die Arbeit mit Excel 2010«, beschrieben, benutzt Excel 2010 als Standardformat für die Speicherung von Arbeitsmappen XML-Dokumente, die dem *Open XML*-Standard entsprechen. Darüber hinaus stellt Excel 2010 wie schon Excel 2003 und 2007 aber auch spezielle Tools für die Erzeugung und Verarbeitung von anderen XML-Dokumenten zur Verfügung, die beispielsweise durch benutzerdefinierte Schemas strukturiert sind.

Allerdings müssen Sie die entsprechenden Werkzeuge in der Menüleiste zunächst einblenden, um sie in Excel 2010 verwenden zu können. Die zugehörigen Befehle und Schaltflächen sind in die Registerkarte **Entwicklertools** integriert, und zwar in der Gruppe **XML**.

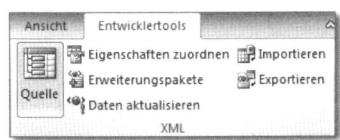

Abbildung 14.10 Die Gruppe »XML« auf dem Register »Entwicklertools«

Das Register wird eingeblendet, wenn Sie über **Datei ▸ Optionen** auf der Seite **Menüband anpassen** im rechten Fenster in der Liste der Hauptmenükarten die Option **Entwicklertools** abhaken.

Übernahme von XML-Daten

Excel 2010 unterstützt nicht nur Daten im XML-Format, sondern auch die Gültigkeitsprüfung solcher Daten durch vom Anwender definierte XML-Schemas. Ein XML-Schema ist selbst ein wohl geformtes XML-Dokument, das die Datenstruktur für eine ganze Klasse von XML-Dokumenten festlegt.

14 Excel-Daten im Web

Auf diese Weise wird es möglich, für die verschiedenen Anwendungsbereiche in einem Unternehmen verbindliche Datenstrukturen in Form entsprechender Vorlagen und Formulare durchzusetzen. Sie können ein solches Schema vorgeben oder durch Excel generieren lassen. Öffnet Excel eine XML-Datei, der ein Schema zugeordnet ist, benutzt das Programm automatisch dieses Schema, wenn es unter dem angegebenen Pfad zu finden ist.

Ist den eingelesenen Daten kein XML-Schema zugeordnet, versucht Excel selbst, aus dem aktuellen XML-Dokument ein passendes XML-Schema zu erzeugen. Dieses Verfahren ist allerdings nur bei einfachen Strukturen einigermaßen zuverlässig, weil ja nur die Strukturelemente beachtet werden können, die in dem einen Dokument vorhanden sind. Schemas legen aber in der Regel Einschränkungen für eine ganze Klasse von Dokumenten fest, die sich im Detail unterscheiden dürfen.

Wenn also beispielsweise für ein Element drei mögliche Werte erlaubt sind, kann dies Excel nicht aus einem Dokument ableiten, in dem nur einer dieser Werte verwendet wird. Deshalb sollte in der Regel mit explizit definierten XML-Schemas gearbeitet werden. Da es sich um Textdokumente handelt, reicht zur Not ein einfacher Texteditor.

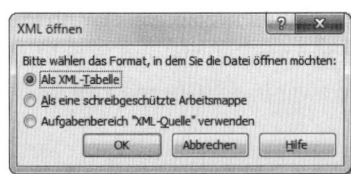

Abbildung 14.11 Optionen beim Öffnen eines XML-Dokuments

Excel kann ein wohlgeformtes XML-Dokument über den normalen **Öffnen**-Dialog direkt laden. Dabei werden zunächst folgende Optionen angeboten:

- Einlesen der Daten als XML-Tabelle
- Öffnen der Datei als schreibgeschützte Arbeitsmappe
- Verwenden der Daten für die Definition einer Datenstruktur im Aufgabenbereich **XML-Quelle**

Daten als XML-Tabelle übernehmen

Was geschieht, wenn die erste Option gewählt wird? Das folgende Listing zeigt ein kleines XML-Dokument mit Bestelldaten, deren Struktur durch das darin angegebene XML-Schema festgelegt ist:

```xml
<?xml version="1.0" encoding="ISO-8859-1"?>
<bestellformular nr="01000" datum="2009-11-01" bearb="Sylvia Kaily"
xmlns:xsi="http://www.w3.org/2001/XMLSchema-instance"
xsi:noNamespaceSchemaLocation="bestellung.xsd">
  <kunde>
    <name>Hanna Maier</name>
    <strasse>Oststrasse 12</strasse>
    <plz>40678</plz>
    <ort>Düsseldorf</ort>
  </kunde>
  <positionen>
    <position>
      <artikelnr>0045</artikelnr>
      <beschreibung>Rollo XBP 312</beschreibung>
      <gebinde>Stck</gebinde>
      <menge>5</menge>
      <europreis>50.00</europreis>
    </position>
    <position>
      <artikelnr>0046</artikelnr>
      <beschreibung>Rollo MMX</beschreibung>
      <gebinde>Stck</gebinde>
      <menge>4</menge>
      <europreis>40.00</europreis>
    </position>
  </positionen>
</bestellformular>
```

Das Schema definiert die erlaubten Elemente und Attribute, bestimmt, wie oft und in welcher Reihenfolge sie erscheinen und ob sie erforderlich oder optional sind. Das Schema sieht in diesem Fall so aus:

```xml
<?xml version="1.0" encoding="ISO-8859-1"?>
<xsd:schema xmlns:xsd="http://www.w3.org/2001/XMLSchema"
elementFormDefault="qualified">
  <xsd:element name="bestellformular" type="formular"/>
  <xsd:complexType name="formular">
    <xsd:sequence>
      <xsd:element name="kunde" type="kunde"/>
      <xsd:element name="positionen" type="positionen"/>
    </xsd:sequence>
    <xsd:attribute name="nr" type="xsd:short" use="required"/>
```

```xml
      <xsd:attribute name="datum" type="xsd:date" use="required"/>
      <xsd:attribute name="bearb" type="xsd:string" use="required"/>
   </xsd:complexType>
   <xsd:complexType name="kunde">
      <xsd:sequence>
        <xsd:element name="name" type="xsd:string"/>
        <xsd:element name="strasse" type="xsd:string"/>
        <xsd:element name="plz" type="xsd:int"/>
        <xsd:element name="ort" type="xsd:string"/>
      </xsd:sequence>
   </xsd:complexType>
   <xsd:complexType name="positionen">
      <xsd:sequence>
        <xsd:element name="position" minOccurs="0" maxOccurs="unbounded">
          <xsd:complexType>
            <xsd:sequence>
              <xsd:element name="artikelnr" type="xsd:string"/>
              <xsd:element name="beschreibung" type="xsd:string"/>
              <xsd:element name="gebinde" type="gb"/>
              <xsd:element name="menge" type="xsd:decimal"/>
              <xsd:element name="europreis" type="xsd:decimal"/>
            </xsd:sequence>
                </xsd:complexType>
        </xsd:element>
      </xsd:sequence>
   </xsd:complexType>
   <xsd:simpleType name="gb">
      <xsd:restriction base="xsd:string">
        <xsd:enumeration value="Stck"/>
        <xsd:enumeration value="kg"/>
        <xsd:enumeration value="cm"/>
      </xsd:restriction>
   </xsd:simpleType>
</xsd:schema>
```

Wird das XML-Dokument mit der Option **XML öffnen ▶ Als XML-Tabelle** geöffnet, erscheint im Tabellenblatt eine Tabelle, in der die drei Elementebenen des Originals zu einer zweidimensionalen Tabelle flach gedrückt werden.

	A	B	C	D	E	F	G	H	I	J	K	L
1	nr	datum	bearb	name	straße	plz	ort	artikelnr	beschreibung	gebinde	menge	europreis
2	1000	01.11.2007	Sylvia Kaily	Hanna Maier	Oststrasse 12	40678	Düsseldorf	0045	Rollo XBP 312	Stck	5	50
3	1000	01.11.2007	Sylvia Kaily	Hanna Maier	Oststrasse 12	40678	Düsseldorf	0046	Rollo MMX	Stck	4	40

Abbildung 14.12 Die aus dem XML-Dokument erzeugte Tabelle

Excel erzeugt für die eingelesenen Daten automatisch einen Tabellenbereich, wie er in Abschnitt 17.3, »Tabellenbereiche«, im Detail beschrieben wird. In den drei ersten Spalten sind die Attributwerte des Elements <bestellformular> in jeder Zeile abgelegt. Die Namen der Eltern-Elemente <kunde>, <positionen> und <position> erscheinen nicht in der Tabelle. Die Namen der untersten Kind-Elemente werden dagegen ebenfalls als Spaltenbeschriftungen verwendet, unter denen ihre Inhalte jeweils aufgelistet werden.

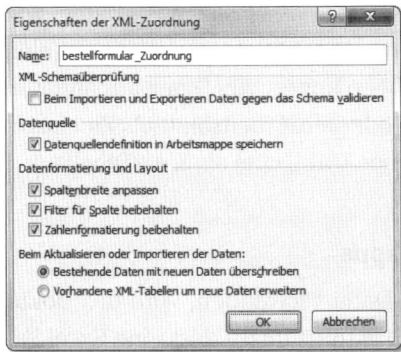

Abbildung 14.13 Dialog zur XML-Zuordnung

Zwischen dem XML-Dokument und der Tabelle wird eine Verknüpfung aufgebaut. Wie diese gehandhabt werden soll, kann über den Dialog **Eigenschaften der XML-Zuordnung** beeinflusst werden, der über **Eigenschaften zuordnen** in der Gruppe **Entwicklertools ▸ XML** erreicht wird. Hier legen Sie fest, ob beim Importieren oder Exportieren eine Gültigkeitsprüfung in Bezug auf das verwendete XML-Schema stattfinden soll oder die Daten nur auf Wohlgeformtheit geprüft werden. In der Regel sollte die Einstellung, dass die Datenquellendefinition, womit das Schema gemeint ist, mit der Datei gespeichert wird, beibehalten werden.

Neben einigen Optionen zur Formatierung kann hier insbesondere festgelegt werden, ob Daten, die neu in den Bereich der Tabelle importiert werden, die bestehenden Daten ersetzen oder ob sie angehängt werden. Die zweite Option wäre nötig, um beispielsweise weitere Bestellpositionen an die Liste anzuhängen.

Wenn sich an dem Original-XML-Dokument, das der Liste zugrunde liegt, etwas ändert, bringt der Befehl **Entwicklertools ▸ XML ▸ Daten aktualisieren** die Tabelle in Excel auf den neuesten Stand. Stattdessen kann auch der Kontextmenübefehl **XML ▸ XML-Daten aktualisieren** verwendet werden.

Wenn Sie nun versuchen sollten, die Daten in diesem Zustand mit dem entsprechenden Befehl in der Gruppe **XML** wieder in das XML-Format zu exportieren, moniert Excel allerdings, dass die Daten in dieser Form nicht exportierbar sind. Das liegt daran, dass die

Datenstruktur in eine zweidimensionale Tabelle zusammengedrückt wurde, weshalb die Attributwerte für das Element `<bestellformular>` hier mehrfach aufgeführt werden, so als handele es sich um ein wiederholtes Element. Sollen die Daten exportierbar bleiben, müssen die Attributwerte in einzelnen Zellen außerhalb der Liste abgelegt werden, so wie es weiter unten in dem Abschnitt zu der dritten Methode, dem Verknüpfen von Datenquelle und Tabelle, beschrieben wird.

Anstatt eine bestehende XML-Datei direkt in Excel zu öffnen, lassen sich XML-Daten, wie schon angesprochen, auch mit dem Befehl **Entwicklertools ▸ XML ▸ Importieren** in eine vorhandene Arbeitsmappe übernehmen. Ähnlich wie beim Import von Daten aus anderen Datenquellen lässt sich dabei ein bestimmter Bereich oder ein Arbeitsblatt als Ziel angeben. Ansonsten entspricht der Vorgang dem Öffnen einer XML-Datei als XML-Tabelle.

Öffnen der Datei als schreibgeschützte Arbeitsmappe

Wenn Sie die zweite Option zum Öffnen einer XML-Datei verwenden, wird das Dokument als schreibgeschützte Arbeitsmappe geöffnet. Das führt dazu, dass eine Excel-Tabelle erzeugt wird, deren Spalten automatisch mit XPath-Ausdrücken beschriftet sind, die auf der Basis der vorhandenen Element- und Attributnamen erzeugt werden. *XPath* ist eine spezielle Sprache für die Bildung von Ausdrücken, mit deren Hilfe Teile eines XML-Dokuments angesprochen werden können. Der Ausdruck */bestellformular/kunde/name* liefert beispielsweise den Namen des Kunden.

Es besteht bei dieser Vorgehensweise keine Verknüpfung zum Originaldokument. Die Hierarchie des XML-Dokuments wird auch hier in eine zweidimensionale Tabelle gepresst. Der Schreibschutz soll verhindern, dass die Daten in die Originaldatei zurückgeschrieben werden, wodurch die ursprüngliche Struktur verloren gehen würde. Die folgende Abbildung zeigt, wie dies im Falle der Bestelldaten aussieht.

	A	B	C	D	E	F	G	H
1	/bestellformular							
2	/@bearb	/@datum	/@nr	/@nr/#agg	/@xsi:noNamespaceSchemaLocation	/kunde/name	/kunde/ort	/kunde/plz
3	Sylvia Kaily	01.11.2009	1000	1000	bestellung.xsd	Hanna Maier	Düsseldorf	40678
4	Sylvia Kaily	01.11.2009	1000		bestellung.xsd	Hanna Maier	Düsseldorf	40678

Abbildung 14.14 XML-Daten schreibgeschützt eingelesen

Verwenden von Stylesheets

Interessanter ist das Einlesen der XML-Daten als schreibgeschützte Datei, wenn dabei Stylesheets genutzt werden, die für das XML-Dokument definiert sind. Ist einem XML-Dokument ein XSLT-Stylesheet zugewiesen, wird beim Öffnen angeboten, die Daten ohne Verwendung des Stylesheets einzulesen oder das Stylesheet zu verwenden bzw.

auszuwählen, wenn mehrere zugeordnet sind. Die Zuordnung findet im XML-Dokument mit einer Verarbeitungsanweisung wie

```
<?xml-stylesheet type="text/xsl" href="bestellform.xsl"?>
```

statt. Wird das Stylesheet nicht herangezogen, folgt die Abfrage entsprechend den beschriebenen drei Optionen.

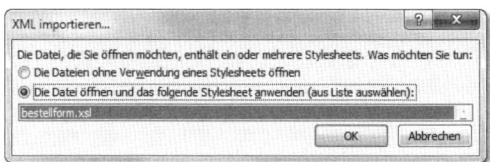

Abbildung 14.15 Auswahl eines Stylesheets vor dem Einlesen der XML-Daten

Dieses Stylesheet definiert mithilfe von XSLT- und HTML-Tags, wie die Daten ausgegeben werden sollen. Excel kann die Ausgabe im HTML-Format dann direkt in seine Zellstruktur einlesen, so dass Sie mit dem Ergebnis wie mit einem normalen Tabellenblatt weiterarbeiten können.

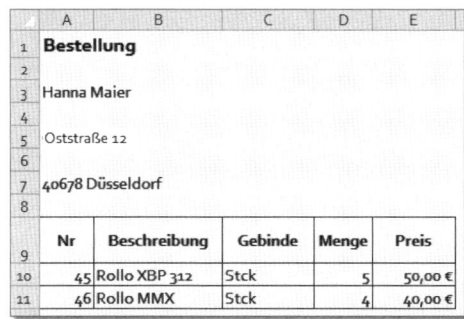

Abbildung 14.16 Ausgabe der Bestelldaten mithilfe eines XSLT-Stylesheets

Hier ein einfaches Beispiel für ein solches Stylesheet, das mithilfe von drei `<template>`-Elementen die Daten des XML-Dokuments ausgibt, wobei die Positionsdaten mithilfe einer Schleife in eine Tabelle eingelesen werden. Ohne weitere Kommentare hier die Quelldatei:

```
<?xml version="1.0" encoding="ISO-8859-1"?>
<xsl:stylesheet version="1.0" xmlns:xsl="http://www.w3.org/1999/XSL/Transform">
  <xsl:output method="html" encoding="ISO-8859-1"/>
  <xsl:decimal-format name="euro" decimal-separator="," grouping-separator="."/>
<xsl:template match="/">
```

```
        <html>
          <head>
            <title>Bestellung</title>
          </head>
          <body bgcolor="#C0C0C1">
            <h3>Bestellung</h3>
             <xsl:apply-templates select="//kunde"/>
             <table border="1" cellpadding="5" cellspacing="5">
             <xsl:apply-templates select="//positionen"/></table>
          </body>
        </html>
   </xsl:template>
<xsl:template match="kunde">
       <p><xsl:value-of select="name"/></p>
       <p><xsl:value-of select="strasse"/></p>
       <p><xsl:value-of select="plz"/><xsl:text> </xsl:text>
          <xsl:value-of select="ort"/> </p>
   </xsl:template>
<xsl:template match="positionen">
   <tr>
     <th>Nr</th>
     <th>Beschreibung</th>
     <th>Gebinde</th>
     <th>Menge</th>
     <th>Preis</th>
   </tr>
   <xsl:for-each select="position">
     <tr>
       <td><xsl:value-of select="artikelnr"/></td>
       <td><xsl:value-of select="beschreibung"/></td>
       <td><xsl:value-of select="gebinde"/></td>
       <td><xsl:value-of select="menge"/></td>
       <td><xsl:value-of
       select="format-number(europreis, '##.###,00 &#8364;', 'euro')"/></td></tr>
    </xsl:for-each>
</xsl:template>
</xsl:stylesheet>
```

Datenquelle und Tabelle verknüpfen

Die dritte Option beim Öffnen ist **Aufgabenbereich 'XML-Quelle' verwenden**. In diesem Fall übernimmt das Programm zunächst nur die Datenstruktur des XML-Dokuments in den Aufgabenbereich **XML-Quelle** und zeigt sie in Form eines Baumes an, wie er auch für die Ordnerstruktur im Explorer verwendet wird. Wie bereits erwähnt, kann diese Struktur über die dem XML-Dokument zugeordnete Schemadatei bestimmt oder von Excel generiert werden, wenn der Hinweis darauf bestätigt wird.

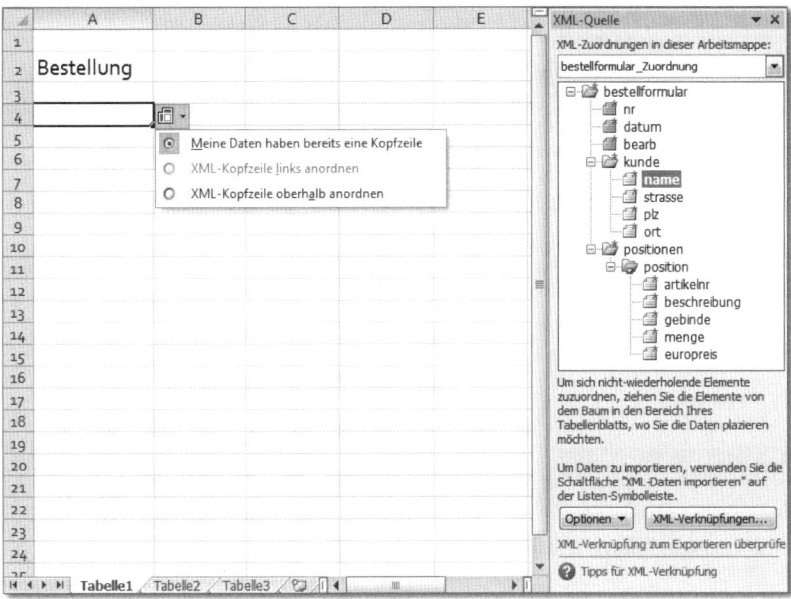

Abbildung 14.17 XML-Quelle im Aufgabenbereich und das Menü eines zugeordneten Zellbereichs

Werden in einer Tabelle Daten aus dem XML-Dokument benötigt, lassen sich die Datenobjekte aus dem Aufgabenbereich an die gewünschte Stelle in der Tabelle ziehen. Dabei kann die Reihenfolge frei gewählt werden. Excel unterscheidet zwischen Elementen, die wiederholt vorkommen, also in Tabellenform in die Tabelle eingefügt werden, und solchen, die nur einmal benötigt werden und deshalb in einzelne Zellen über oder neben einer Tabelle angeordnet werden.

Die Attribute zu dem Element `<bestellformular>` und die Kind-Elemente von `<kunde>` kommen jeweils nur einmal vor. Wenn Sie mit der Maus das Symbol aus dem Aufgabenbereich in das Tabellenblatt ziehen, erscheint eine Schaltfläche, die über ein kleines Menü anbietet, den Attributnamen als Beschriftung zu übernehmen oder eine eigene Beschriftung des Feldes zu verwenden.

Bei den sich wiederholenden Elementen wird dagegen automatisch ein Tabellenbereich erstellt, der die Element- und Attributnamen als Spaltenbezeichnungen setzt. In diesem Fall braucht nur mit der Maus das Symbol für `<position>` in den Tabellenbereich gezogen zu werden.

Abbildung 14.18 Einfügen von Elementen, die sich wiederholen

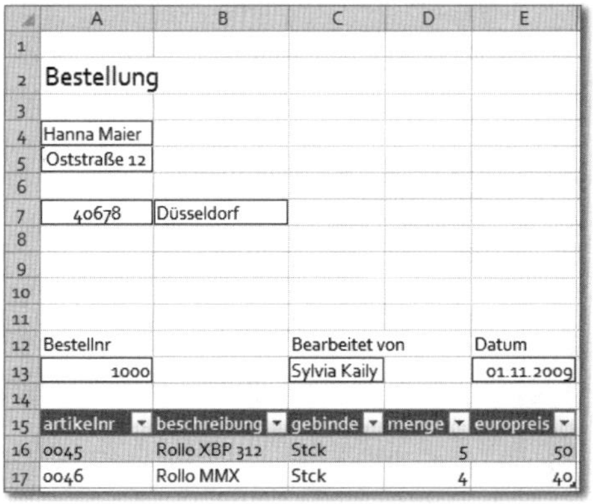

Abbildung 14.19 Das mit den Quelldaten gefüllte Formular

Die mit XML-Daten verknüpften Zellbereiche werden durch blaue Rahmen gekennzeichnet, die beim Ausdruck ignoriert werden. Mit **Entwicklertools ▸ XML ▸ Daten aktualisieren** werden dann die Daten für die ausgewählten Zellen aus der XML-Datei übernommen. Der Befehl ist aber nur aktiviert, wenn sich der Zellzeiger innerhalb eines verknüpften Zellbereichs befindet.

Für die verschiedenen Arbeitsplätze einer Firma lassen sich mithilfe von definierten XML-Schemas für die verschiedenen Geschäftsvorgänge so verbindliche Datenstrukturen vorgeben, die flexibel für ganz unterschiedliche Auswertungen eingesetzt werden können.

Abbildung 14.20 Dialog für die Verwaltung der XML-Zuordnungen

Über die Schaltfläche **XML-Verknüpfungen** im Aufgabenbereich **XML-Quelle** lassen sich über **Hinzufügen** auch mehrere Datenquellen für eine Arbeitsmappe heranziehen, wenn dies notwendig ist. Die Zuordnung zwischen der XML-Datenquelle und den Zellen des Tabellenblatts wird technisch über ein spezielles *Datamap*-Objekt realisiert, das auch über Makros gesteuert werden kann. Dabei werden für die Verknüpfung jeweils XPath-Ausdrücke verwendet, wie sie in XML-Anwendungen Standard sind.

Tabelle auf Basis eines eigenen Schemas

Professionelle Anwender, die eigene XML-Schemas etwa mit Visual Studio.NET oder anderen Werkzeugen entworfen haben, können diese Schemas auch direkt als Basis für Excel-Tabellen nutzen. Dazu wird ebenfalls der gerade angesprochene Dialog der Schaltfläche **XML-Verknüpfungen** im Aufgabenbereich **XML-Quelle** verwendet. Ist der Aufgabenbereich nicht eingeblendet, benutzen Sie in der Gruppe **XML** zunächst die Schaltfläche **Quelle**.

Über **Hinzufügen** kann jede brauchbare XML-Schemadatei ausgewählt werden, der Dateityp ist *.XSD*. (DTDs, die vor XML-Schemas zur Definition von Dokumentstrukturen verwendet wurden, werden hier nicht unterstützt.)

Enthält das Schema mehrere Elemente, die als Wurzel einer Hierarchie von Elementen verwendet werden können, wird zunächst ein Dialog **Mehrere Wurzeln** angeboten, um das zu verwendende Wurzelelement festzulegen.

Die entsprechende Struktur steht anschließend wieder für die bereits beschriebenen Drag & Drop-Verfahren zur Verfügung. Ist die Datenstruktur der Excel-Tabelle einmal zugeordnet, können jederzeit Daten importiert werden, die dieser Zuordnung entsprechen. In diesem Fall könnten XML-Daten zu einzelnen Bestellungen eingelesen werden.

Es ist auch möglich, nur untergeordnete Zweige einer Datenstruktur mit einem Tabellenblatt zu verknüpfen. Dann werden nur diese Elemente eingelesen. Auf diese Weise lassen sich leicht Auszüge aus größeren Quelldateien erzeugen.

Ist die Validierung der Quelldaten aktiviert, erscheinen entsprechende Fehlerhinweise, wenn beispielsweise in der XML-Datei ein Element enthalten ist, das im Schema nicht vorgesehen ist, oder umgekehrt, wenn ein vorgesehenes Element oder Attribut fehlt.

XML-Dokumente erzeugen

Die bisherigen Absätze haben das Einlesen von XML-Daten beschrieben. In der anderen Richtung werden ebenfalls mehrere Wege angeboten. Sollen Tabellendaten im XML-Format gespeichert werden, kann im Dialog **Speichern unter** der Dateityp **XML-Daten** ausgewählt werden. Das Programm gibt dann zunächst den Hinweis, dass bei dieser Art des Speicherns die Formateigenschaften und Objekte wie Bilder oder Zeichnungen im Zieldokument ignoriert werden. Alternativ kann auch der Befehl **Entwicklertools ▶ XML ▶ Exportieren** verwendet werden. Dabei wird der richtige Datentyp bereits vorgegeben.

Es ist sinnvoll, schon vor dem Speichern über den Link **XML-Verknüpfung zum Exportieren überprüfen** im Aufgabenbereich **XML-Quelle** zu testen, ob sich die im Tabellenblatt vorhandenen Daten überhaupt in das XML-Format exportieren lassen.

Einschränkungen

Die Integration von XML in Excel hat in der aktuellen Version allerdings noch Grenzen, die zu beachten sind. Das Programm kann nur relativ flache Elementhierarchien verarbeiten. Unterhalb des Wurzelelements sind höchstens noch zwei Ebenen möglich, wobei nur eine dieser Ebenen wiederholte Elemente enthalten kann. Dem entspricht die Struktur des Bestellformulars, das im Kopf ein paar Einzelinformationen enthält und dann eine Gruppe von Positionszeilen aus mehreren Elementen. Bei Rechnungen ist es ähnlich.

Wird dagegen versucht, mit einer Liste zu arbeiten, die selbst wiederum eine innere Liste enthält, etwa eine Struktur für eine Firma mit mehreren Niederlassungen, die wiederum jeweils mehrere Abteilungen mit mehreren Mitarbeitern darstellen soll, verweigert Excel den Export. Solche Daten können zwar eingelesen werden, sind dann aber nicht nach XML exportierbar, weil Listen in Excel nicht verschachtelt werden können. In solchen Situationen sollten Lösungen mit Word oder InfoPath versucht werden.

XML-Kalkulationstabellen 2003

Excel 2003 bot die Möglichkeit, eine Arbeitsmappe als *XML-Kalkulationstabelle* abzuspeichern. Dabei wurde ein spezielles XML Spreadsheet-Schema verwendet, das auch als *XMLSS* bezeichnet wird. Dieses Schema entspricht im Wesentlichen dem Schema, das bereits in der Excel 2002-Version für die Speicherung im XML-Format verwendet wurde. Für den Datenaustausch mit Anwendern der älteren Version kann dieses Dateiformat weiterhin unter dem Namen *XML-Kalkulationstabelle 2003* verwendet werden.

15   Gemeinsame Arbeit an Arbeitsmappen

Die Fähigkeit zur Kooperation gehört heute zu den Grundtugenden im Arbeitsleben. Viele Projekte erfordern ein Zusammenspiel verschiedener Personen. Der eine trägt die Daten für diesen Bereich zusammen, der andere für jenen. Ein dritter prüft, ob die Daten plausibel sind, um nur ein Beispiel zu nennen.

Wie alle Programme von Office 2010 bietet auch Excel 2010 gleich mehrere Möglichkeiten an, die gemeinsame Arbeit an einem Dokument zu unterstützen. In diesem Abschnitt wird zunächst die Teamarbeit im lokalen Netz vorgestellt. Im Anschluss daran wird kurz auf den Einsatz von SharePoint-Diensten eingegangen.

15.1   Teamarbeit in lokalen Netzen

Die Arbeitsmappen von Excel sind für Teamarbeit in einem lokalen Netzwerk gut gerüstet. Für jede Arbeitsmappe kann einzeln entschieden werden, in welchem Umfang andere Personen darauf zugreifen können, Zugriffsrechte lassen sich sogar auf ausgewählte Tabellenbereiche eingrenzen, wie bereits in Abschnitt 5.4, »Blätter und Mappen schützen«, beschrieben. Soll der andere die Daten nur ansehen dürfen? Soll er das Recht haben, Daten zu ändern? Was ist, wenn mehrere Personen unterschiedliche Änderungen für dieselben Zellen vornehmen wollen? Für all diese Fragen gibt es praktikable Lösungen.

Wenn Sie beispielsweise eine Arbeitsmappe zur Finanzplanung anlegen, können Sie entscheiden, ob die Arbeitsmappe für andere Personen freigegeben werden soll, etwa Mitarbeiter des Lohnbüros, die die Werte für die tatsächlichen Personalkosten eintragen oder prüfen sollen. Benutzen Sie dazu auf der Registerkarte **Überprüfen** in der Gruppe **Änderungen** den Befehl **Arbeitsmappe freigeben**. Haken Sie das erste Kontrollkästchen auf der Registerkarte **Status** ab. Damit geben Sie die Arbeitsmappe zur Bearbeitung durch mehrere Benutzer zur selben Zeit frei.

15 Gemeinsame Arbeit an Arbeitsmappen

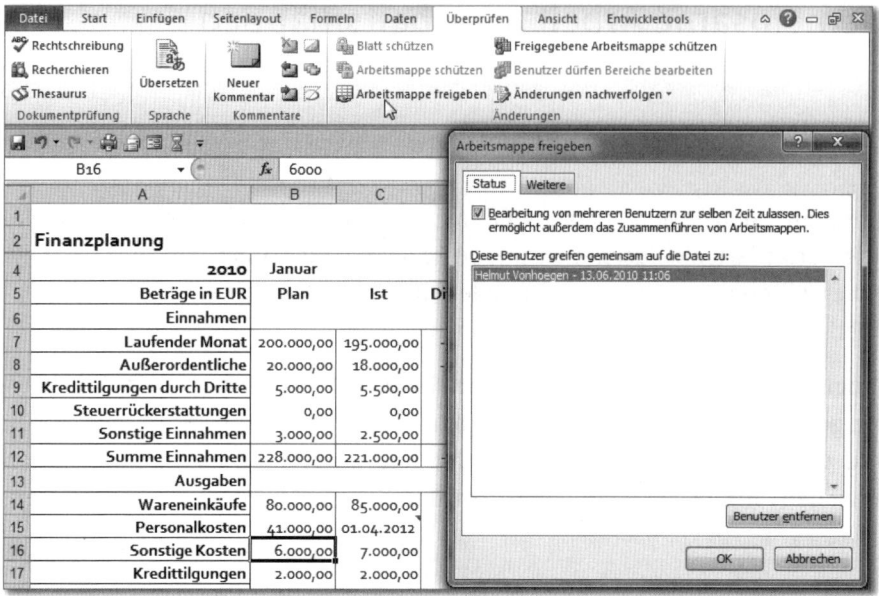

Abbildung 15.1 Die Registerkarte »Status« des Dialogfeldes für die Freigabe

Die genauen Regeln, wie das aussehen soll, lassen sich dann auf der zweiten Registerkarte einstellen. Sie können festlegen, ob ein Protokoll über den Änderungsverlauf geführt werden soll und wenn ja, für welchen Zeitraum. Sollen die Änderungen jeweils für den letzten Monat protokolliert werden, stellen Sie beispielsweise **30 Tage** ein. Mithilfe dieses Protokolls kann dann bei Bedarf rekonstruiert werden, wer wann welche Änderungen vorgenommen hat.

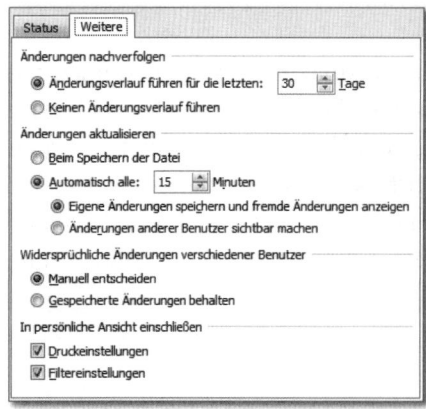

Abbildung 15.2 Einstellungsmöglichkeiten für die Freigabe von Arbeitsmappen im Netz

Die zweite Entscheidung betrifft die Frage, wie häufig Änderungen aktualisiert werden sollen. Sie können die Änderungen entweder erst beim Speichern der Arbeitsmappe zulassen oder bestimmte Zeitintervalle festlegen. Was günstiger ist, hängt davon ab, was mit der Arbeitsmappe gemacht wird. Kommt es darauf an, dass die Werte in der Mappe immer so aktuell wie möglich sind, und ändern sich diese Werte häufig, ist ein kurzes Intervall sinnvoll.

Wird ein Zeitintervall gewählt, haben Sie immer noch die Möglichkeit, Ihren eigenen Änderungen eine Vorzugsstellung zu geben. Wählen Sie dazu die Option **Eigene Änderungen speichern und fremde Änderungen anzeigen**. Ansonsten belassen Sie es bei der Einstellung **Änderungen anderer Benutzer sichtbar machen**.

Werden Änderungen von verschiedenen Seiten zugelassen, kann es natürlich vorkommen, dass zwei Personen auf dieselbe Zelle zugreifen. Beispielsweise gibt der Kollege Hans Personalkosten von 40 000 ein, obwohl doch die Kollegin Anneliese gerade ein korrigiertes Ergebnis von 41 000 eingetragen hat. Da muss natürlich verhindert werden, dass das korrekte Ergebnis wieder durch ein falsches überschrieben wird.

Kommt es zu solchen Kollisionen in Bezug auf einzelne Zellwerte, kann eine manuelle Entscheidung stattfinden. Es ist aber auch möglich, festzulegen, dass die von Ihnen selbst gespeicherten Änderungen den Vorzug erhalten. Schließlich kann noch bestimmt werden, dass jeder Benutzer der gemeinsamen Arbeitsmappe eigene Ansichten der Mappe mit eigenen Druckeinstellungen und/oder Sortier- und Filtereinstellungen festlegen kann.

Wird eine freigegebene Arbeitsmappe geöffnet, erscheint in der Titelleiste der Hinweis **Freigegeben**. Nun kann die gemeinsame Arbeit an der Arbeitsmappe stattfinden.

Änderungen sichtbar machen

Die Befehle **Änderungen nachverfolgen** und **Änderungen hervorheben** aus der Gruppe **Überprüfen Änderungen** können verwendet werden, um Änderungen direkt im Tabellenblatt sichtbar zu machen. Dieser Befehl schaltet die Freigabe automatisch mit ein und verwendet dabei die zuletzt gewählte Einstellung. Haken Sie, um Änderungen nachvollziehen zu können, **Änderungen während der Eingabe protokollieren** ab. Unter **Wann** lässt sich wählen, ob die Änderungen seit der letzten Speicherung oder seit einem bestimmten Datum oder alle noch nicht geprüften Änderungen angezeigt werden sollen. Ein genaues Datum kann eingegeben werden, wenn der Eintrag **Seit ...** verwendet wird.

15 Gemeinsame Arbeit an Arbeitsmappen

Soll die Prüfung auf die Änderung bestimmter Personen beschränkt werden, kann **Wer** abgehakt und eine entsprechende Wahl getroffen werden. Schließlich kann die Prüfung auch auf bestimmte Bereiche der Arbeitsmappe begrenzt werden. Dazu muss **Wo** abgehakt und ein oder mehrere Zellbereiche müssen angegeben werden. Die Anzeige der Änderungen kann direkt im betroffenen Tabellenblatt oder als Protokoll auf einem separaten Blatt geschehen. Voraussetzung beim Protokoll ist, dass die Änderungen gespeichert werden.

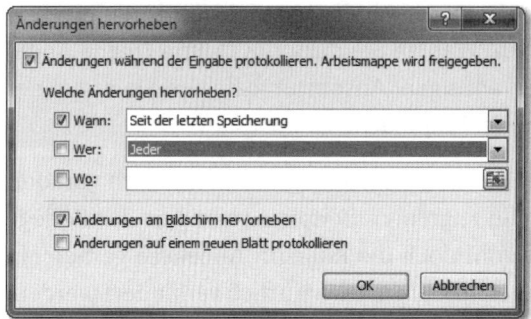

Abbildung 15.3 Das Dialogfeld »Änderungen hervorheben«

Die Änderungen werden am Bildschirm mit farbigen Zellrahmen markiert. Jeder Teilnehmer im Arbeitsteam hat seine eigene Farbe.

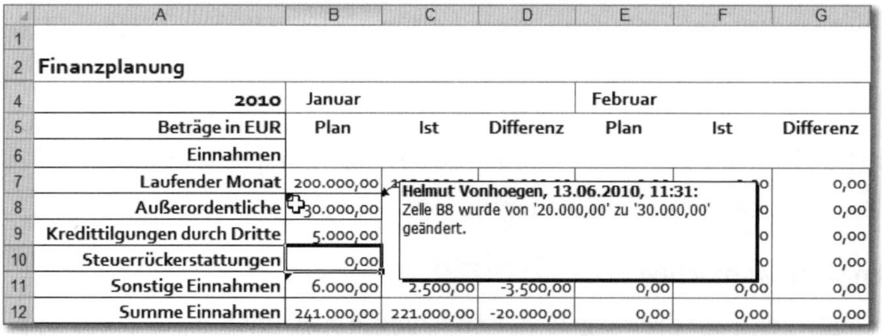

Abbildung 15.4 Tabelle mit markierter Änderung

Änderungen überprüfen

Haben Änderungen stattgefunden, können Sie überprüfen, ob die Änderungen akzeptiert werden sollen oder nicht. Dazu wird der Befehl **Überprüfen ▸ Änderungen ▸ Änderungen nachverfolgen** und **Änderungen annehmen/ablehnen** eingesetzt.

15.1 Teamarbeit in lokalen Netzen

Im Dialogfeld finden Sie wieder die gleichen Möglichkeiten, die zu prüfenden Änderungen nach Alter, Urheber oder Tabellenbereich einzugrenzen. Vorgegeben wird, dass die noch nicht geprüften Änderungen nun überprüft werden sollen. Wenn Sie mit **OK** bestätigen, erscheint das Dialogfeld, in dem die Entscheidung über Annahme oder Ablehnung der einzelnen Änderungen getroffen werden kann.

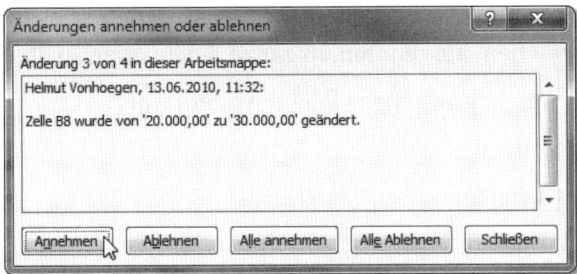

Abbildung 15.5 Entscheidung über Annahme oder Ablehnung einer Änderung

Sie können die Änderungen einzeln an- oder ablehnen oder gleich alle Änderungen annehmen oder verwerfen.

Freigabe am Einzelarbeitsplatz

Auch wenn Sie nicht in einem Netz arbeiten, kann es von Nutzen sein, mit der Freigabe der Arbeitsmappe zu arbeiten. Das gilt z. B. für den Fall, dass Sie bestimmte Änderungen protokollieren wollen, die Sie selbst im Laufe eines bestimmten Zeitraums an einem Kalkulationsmodell vornehmen.

Die andere Situation betrifft den Fall, dass Sie sich den Arbeitsplatz mit einer anderen Person teilen. Wenn sich diese andere Person über **Excel-Optionen ▸ Allgemein** dann jeweils mit ihrem Namen unter **Benutzername** einträgt, bevor sie mit der Arbeit beginnt, ist eine unterschiedliche Markierung der Änderungen sichergestellt. Im Protokoll werden die Änderungen der beiden Personen getrennt aufgeführt.

Einschränkungen bei freigegebenen Mappen

Einige der Möglichkeiten, die Excel normalerweise für die Arbeit mit einer Arbeitsmappe anbietet, sind bei freigegebenen Arbeitsmappen nicht verfügbar. Diese Dinge sollten deshalb vor der Freigabe erledigt werden.

Nicht möglich sind:

- Löschen von Blättern
- Zusammenfassen von Zellen
- Definition bedingter Formate
- Vergabe von Gültigkeitsregeln
- Einfügen und Löschen von Zellbereichen, ausgenommen ganze Zeilen oder Spalten
- Einfügen oder Ändern von Diagrammen, grafischen Objekten oder Hyperlinks
- Zeichnen mit den grafischen Werkzeugen
- Vergabe oder Änderung von Kennwörtern
- Nutzung oder Änderung von Szenarios
- Gruppierung und Gliederung
- Entwicklung von Tabellen und Pivot-Tabellen
- Änderungen an Menüs und Dialogfeldern
- Entwicklung neuer Makros (bestehende Makros können aber ausgeführt werden)

Wenn Sie eine Arbeitsmappe freigeben wollen, die bereits Tabellen oder XML-Zuordnungen enthält, erhalten Sie den Hinweis, dass die Arbeitsmappe nicht freigegeben werden kann. Tabellen sollten dann in normale Zellbereiche zurückverwandelt werden. XML-Zuordnungen müssen dagegen ganz entfernt werden.

Zusammenführen von Arbeitsmappen

Anstelle der direkten Freigabe zur gemeinsamen Arbeit an einer Mappe können auch Kopien einer Mappe beispielsweise an externe Stellen verteilt werden, die nicht über das Netz verbunden sind. Kommen die bearbeiteten Kopien an den Urheber zurück, bietet Excel noch ein einfaches Verfahren, um die Kopien mit dem Original abzugleichen und wiederum zu entscheiden, welche Änderungen übernommen werden sollen und welche nicht. Allerdings muss der entsprechende Befehl in Excel 2010 zunächst in die Schnellzugriffsleiste eingebunden werden. Benutzen Sie **Excel-Optionen** und **Symbolleiste für den Schnellzugriff**, und fügen Sie aus der Liste zu **Alle Befehle** die Option **Arbeitsmappen vergleichen und zusammenführen** hinzu.

1 Zunächst müssen Sie die Arbeitsmappe, die Daten aus externen Kopien übernehmen soll, freigeben.

2 Dann können von dieser freigegebenen Arbeitsmappe Kopien erzeugt werden. Wählen Sie dazu im Dialog **Öffnen** zunächst das Original aus. Klicken Sie auf den Pfeil bei der Schaltfläche **Öffnen**. Nehmen Sie die Option **Als Kopie öffnen**. Speichern Sie die Kopie. Auch diese Kopien sind freigegebene Dateien. Diese Kopien können Sie dann z. B. an Personen schicken, die keinen direkten Zugriff auf das Netz haben.

3 Kommen diese Kopien mit geänderten Daten zurück, sodass wieder auf sie zugegriffen werden kann, ist das Zusammenführen möglich.

4 Zunächst müssen Sie wieder die Originalarbeitsmappe öffnen und freigeben.

5 Dann können Sie den Befehl **Arbeitsmappen vergleichen und zusammenführen** aufrufen.

6 Im Dialogfeld können Sie nun die Arbeitsmappen auswählen, die mit der aktiven Arbeitsmappe verglichen werden sollen. Sobald Sie die Auswahl bestätigen, werden die Änderungen aus den Kopien in die Originalarbeitsmappe übertragen.

7 Mit **Änderungen nachverfolgen ▸ Änderungen annehmen ▸ ablehnen** können Sie dann die übernommenen Änderungen nochmals einzeln prüfen.

15.2 Kooperation über SharePoint-Dienste

Je mehr räumlich getrennte Benutzer gemeinsam an Dokumenten arbeiten, desto größer ist der Bedarf an komfortablen Kommunikationsmöglichkeiten und einem Dokumentenmanagement, das die Optionen des Webs effektiv nutzt. Es ist dabei für Mitglieder eines Teams sehr praktisch, über die gewohnte Browseroberfläche auf die für die gemeinsame Arbeit freigegebenen Dokumente zugreifen zu können. Microsoft Office 2010 bietet hierfür zwei Lösungen an, deren Möglichkeiten an dieser Stelle allerdings nur angedeutet werden können.

SharePoint Server 2010

Die erste dieser beiden Lösungen ist der kommerzielle *Microsoft SharePoint Server 2010*. Er ist insbesondere für den Einsatz in großen Unternehmen gedacht, um leistungsfähige Funktionen zur Verwaltung von Dokumenten im Rahmen von Webportalen mit integrierten Sicherungs- und Suchfunktionen anzubieten.

Gerade im Zusammenspiel mit Excel ergeben sich dabei umfangreiche Möglichkeiten, Berichte und Auswertungen zu generieren und in dynamischer Form zu präsentieren, beispielsweise in Dashboards, die alle wichtigen Daten zu einem Thema in einer übersichtlichen Form anbieten, wobei Tabellen und Diagramme parametergesteuert verknüpft werden können.

SharePoint Foundation 2010

Eine Alternative zur großen Server-Lösung ist der Einsatz der kostenlosen *SharePoint Foundation 2010*. Diese Komponente enthält eine abgespeckte Variante der Kernfunktionen des SharePoint Servers.

Beide Produkte erlauben es, Arbeitsbereiche und Dokumente zur wechselseitigen Ansicht und Bearbeitung untereinander freizugeben. Außerdem werden Blogs und Wikis unterstützt. Voraussetzung ist in beiden Fällen allerdings ein Windows Server 2008 SP2 oder R2, auf dem neben dem .NET-Framework die notwendigen Webserver-Komponenten eingerichtet sind, also der Internet Information Server mit ASP.NET-, SMTP- und WWW-Diensten.

Portale für die Zusammenarbeit

Beide Lösungen generieren innerhalb des Webservers weitgehend automatisch gestaltete Webportale zu den verwalteten Daten, wobei die verschiedenen Bereiche teilweise frei gestaltet werden können. Haupteinsatzgebiet sind firmeneigene Intranets.

Das Portal ist ein Verbund aus Webseiten, über deren Links Sie Dokumente komfortabel pflegen und verwalten, Aufgabenlisten pflegen oder Informationen suchen können. Durch das Ein- und Auschecken von Dokumenten wird jeweils sichergestellt, dass es nicht zu Änderungskollisionen kommt, wenn mehrere Personen ein Dokument bearbeiten. Die Teamwebsite verfügt über Navigationsleisten und stellt Ankündigungen, freigegebene Dokumente des Arbeitsbereichs, festgelegte Aufgaben, die Liste der Mitglieder sowie zugeordnete Hyperlinks übersichtlich zur Verfügung. Technisch wird die Website hauptsächlich mithilfe von Webparts realisiert; das sind anpassbare Steuerelemente, die mit ASP.NET erzeugt werden.

Bei beiden Verfahren werden die Dokumente bevorzugt über den Server verwaltet. Die einzelnen Teammitglieder arbeiten mit lokalen Kopien der Dokumente, eine Synchronisation sorgt jeweils für den notwendigen Abgleich. Teammitglieder können Dokumente, an denen sie interessiert sind, abonnieren und sich per E-Mail über die Änderungen informieren lassen. Als eine Art Zwischenlager für die Offline-Arbeit steht dabei außerdem noch der Sharepoint Workspace zur Verfügung, der im nächsten Abschnitt noch vorgestellt wird.

Eine Versionsverwaltung der Dokumente und eine Reihe von Sicherheitsfunktionen sind eingebaut. Dabei wird gewährleistet, dass Dokumente nur durch berechtigte Anwender genutzt werden. Der SharePoint Server unterstützt nicht nur eine Vielzahl unterschiedlicher Nutzer, sondern kann auch eine große Anzahl unterschiedlicher Teams verwalten. Diese Lösung ist also für den Einsatz in großen Firmen und Verwaltungen konzipiert. Sie erfordert den Einsatz der *Active Directory Services* (*ADS*). Dies kann im Rahmen dieses Buches nicht im Detail thematisiert werden.

Die kleinere Variante – SharePoint Foundation 2010 – bietet sich für kleine Netzwerke an, die in Arbeitsgruppen organisiert sind. Eine Domänenverwaltung ist hier nicht erforderlich. Allerdings muss beachtet werden, dass in jedem Fall ein 64-Bit-System als Basis benötigt wird, 32-Bit-Editionen gibt es nicht.

Beide Lösungen basieren auf dem .NET Framework und nutzen ASP.NET 2.0 sowie den SQL Server zur internen Datenverwaltung. Die freie Komponente tritt an die Stelle der älteren Windows SharePoint Services. Sie ist gut auf das Zusammenspiel mit Office 2010 abgestimmt und verwendet ebenfalls ein Menüband, also eine ähnliche Benutzeroberfläche, diesmal aber in der Browserumgebung. Die meisten aktuellen Browser werden dabei unterstützt.

Dokumente für ein Team bereitstellen

An dieser Stelle soll die Arbeit mit der frei verfügbaren SharePoint Foundation 2010 wenigstens kurz vorgestellt werden, um Ihnen einen Eindruck von der Arbeitsweise dieser Dienste zu geben. Wenn Sie die Komponente heruntergeladen haben, werden Sie in einem relativ einfachen Verfahren durch die Installation geleitet.

15 Gemeinsame Arbeit an Arbeitsmappen

Abbildung 15.6 Installationsmenü von SharePoint Foundation 2010

Wenn die Komponente auf einem Windows 2008 Server eingerichtet ist, können Arbeitsmappen direkt unter SharePoint Foundation 2010 gespeichert und von dort zur weiteren Bearbeitung von allen dazu Berechtigten geöffnet werden:

1 Öffnen Sie die Arbeitsmappe, die für Teamarbeit über SharePoint bereitgestellt werden soll. Benutzen Sie über das Register **Datei** den Befehl **Speichern und Senden ▸ In Sharepoint speichern**. Sind bereits entsprechende Speicherorte eingerichtet, werden unter **Aktueller Ort** bzw. unter **Zuletzt verwendete Speicherorte** entsprechende Links angeboten.

2 Diese Links öffnen den Dialog **Speichern unter** und zeigen bereits den genauen Pfad zu dem Bereich innerhalb der Website an. Dazu wird anstelle der sonst üblichen Ordnerpfade im Dateisystem eine entsprechende URL verwendet. Gibt es noch keine Speicherorte, öffnen Sie den Dialog über die Schaltfläche **Speichern unter** und geben die entsprechende URL manuell ein.

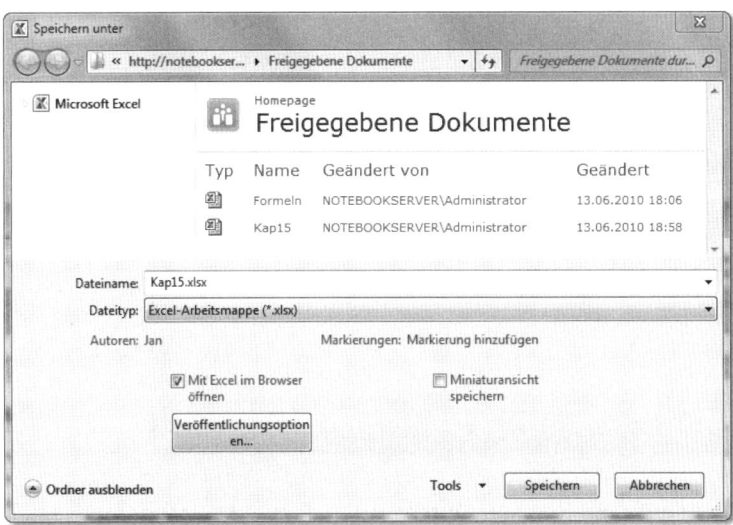

3 Für den Zugriff auf den Server melden Sie sich mit Ihren normalen Zugangsdaten an.

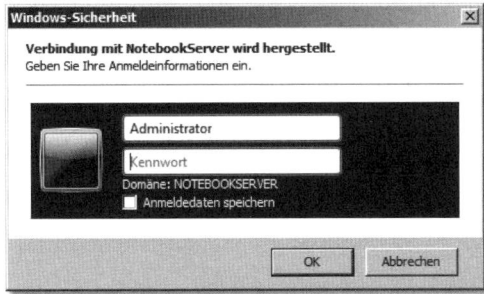

4 Die Datei erscheint auf der Teamwebsite in der über den Pfad ausgewählten Bibliothek.

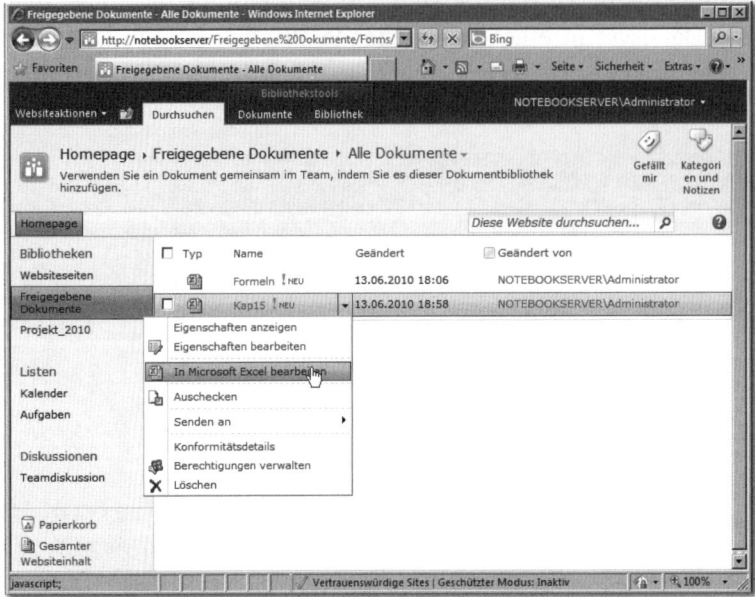

5 Wird das Dokument auf dem Register **Durchsuchen** abgehakt, erscheint es auch auf dem Register **Dokumente**, das ein Menüband für die Bearbeitung und Handhabung der Datei anbietet. Dieses Band ist Teil der **Bibliothekstools**, für die noch ein zweites Register **Bibliothek** bereitgestellt wird. Darüber wird die jeweilige Bibliothek gepflegt, zu der das Dokument gehört.

15.2 Kooperation über SharePoint-Dienste

6 Über die Schaltfläche **Verwalten** auf dem Register **Dokumente** wird die Möglichkeit angeboten, die Berechtigungen für den Umgang mit dem Dokument genau festzulegen. Die Option **Dokumentberechtigungen** blendet dazu die **Berechtigungstools** mit einem Menüband ein, das entsprechende Anpassungen erlaubt.

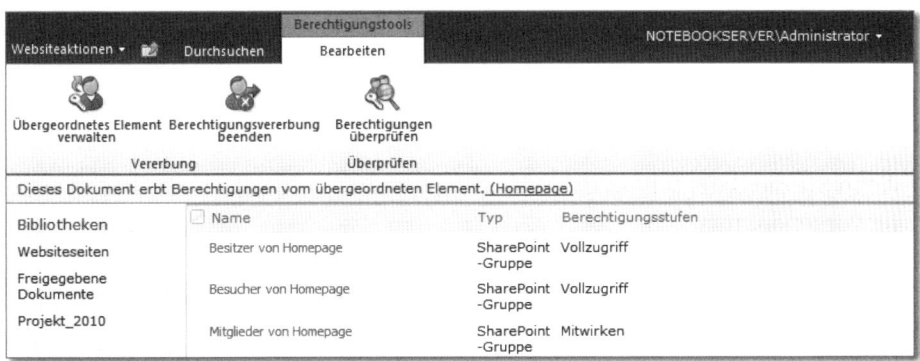

7 Wollen Sie nun eines der in der Bibliothek vorhandenen Dokumente exklusiv bearbeiten, wählen Sie in der Gruppe **Öffnen und auschecken** das Symbol **Auschecken**. Über die Schaltfläche **Dokument bearbeiten** wird die Arbeitsmappe in geschützter Ansicht in Excel geöffnet, wie in Kapitel 2, »Basiswissen für die Arbeit mit Excel 2010«, beschrieben. Das ist eine Vorsichtsmaßnahme, weil die Daten ja übers Netz geliefert werden. Mit **Bearbeiten aktivieren** können Sie in die normale Bearbeitung wechseln.

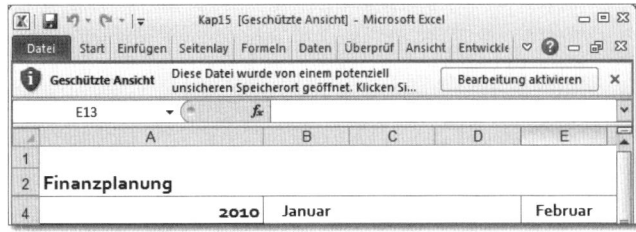

8 Ist die Bearbeitung abgeschlossen, geben Sie das Dokument über **Datei ▸ Informationen** und das Symbol **Einchecken** wieder für andere Teammitglieder frei. Es wird ein Dialog angeboten, in dem Sie einen Hinweis ablegen können, etwa zu Änderungen, die Sie vorgenommen haben oder die noch benötigt werden.

15 Gemeinsame Arbeit an Arbeitsmappen

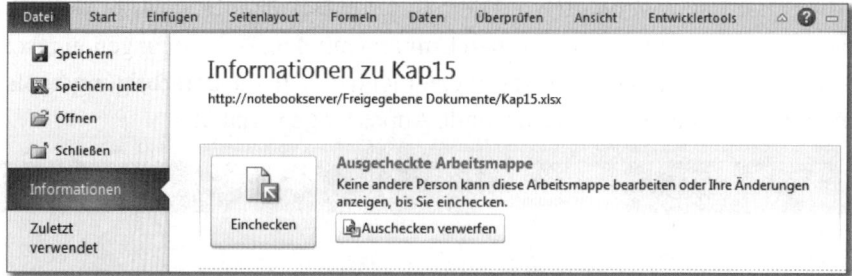

9 Wenn Sie die Datei schließlich in Excel speichern, wird sofort ein Upload zum Server vorgenommen.

Websiteaktionen

Neben der Dateibearbeitung lassen sich auf der Teamwebsite auch beliebige Listen führen und Aufgaben festlegen, die zu erledigen sind.

Über das Register **Websiteaktionen** wird ein umfangreiches Menü angeboten, das die benötigten Funktionen zur Verwaltung der Website zur Verfügung stellt.

Abbildung 15.7 Menü der Websiteaktionen

Seite bearbeiten erlaubt die Änderung der Zusammensetzung der Seite. Beispielsweise lassen sich weitere Webparts, Texte, Bilder oder Listen einfügen. Dazu wird unter **Seitentools** ein eigenes Menüband angeboten.

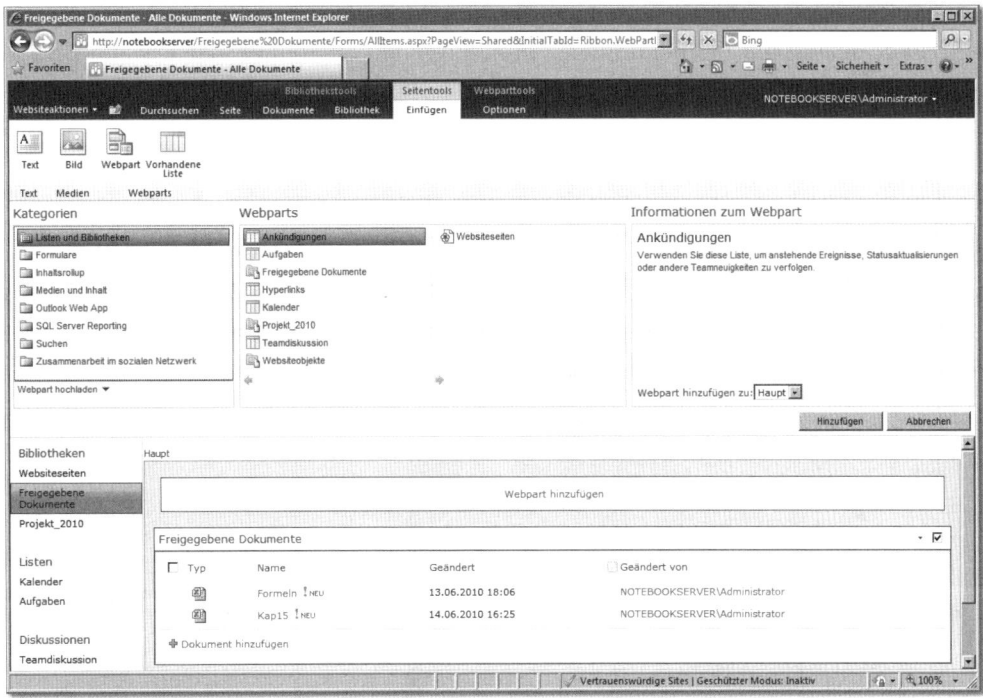

Abbildung 15.8 Zusammensetzung der Seite ändern

Neue Seite, **Neue Dokumentbibliothek**, **Neue Website** sind weitere Funktionen, um die Inhalte der Site aufzubereiten. Für die Gestaltung der Seiten im Detail wird außerdem der **SharePoint Designer** angeboten, ein komplettes Webdesign-Programm, das die Aufbereitung der HTML-Seiten und der verwendeten CSS-Stylesheets unterstützt.

Mit SharePoint Workspace synchronisieren ist eine Funktion, die die Seiteninhalte in den lokalen Zwischenspeicher kopiert und synchronisiert. Dazu gleich mehr.

15.3 SharePoint Workspace

Neu im Office 2010-Paket von Microsoft ist der SharePoint Workspace. Diese Komponente ersetzt Microsoft Office Groove 2007. SharePoint Workspace ist eine Art Zwischenlager, das Datenaustausch einerseits mit dem SharePoint Server oder der Share-

Point Foundation betreibt, andererseits mit den einzelnen Office-Anwendungen. Arbeitsgruppen können den Workspace nutzen, um auf möglichste einfache Weise gemeinsam an bestimmten Projekten zu arbeiten.

Das gilt insbesondere für die zunehmende Zahl der *mobile workers*, die daran interessiert sind, überall auf die benötigten Daten zugreifen zu können, auch wenn gerade keine Verbindung zum Server möglich ist. Kehren sie dann unter den Mantel des Servers zurück, erfolgt eine reibungslose Synchronisation. Der Zugriff auf den Workspace erfolgt über Benutzerkonten, die die normale Windows-Authentifizierung verwenden, Sie müssen sich also keine zusätzlichen Kennwörter merken.

Der SharePoint Workspace hat dafür eine eigene Benutzeroberfläche mit einem Menüband, das mehrere Register enthält. Über das Register **Start** und die Schaltfläche **Neu** lassen sich Arbeitsbereiche neu einrichten, in denen Kopien von Daten aus einer SharePoint-Website abgelegt werden können.

Abbildung 15.9 Startbereich in SharePoint Workspace

Im Dialog geben Sie die URL der Website an und können anschließend festlegen, welche Komponenten in den Workspace kopiert werden sollen. Anschließend werden die Daten heruntergeladen und im Workspace-Fenster angezeigt. Der Arbeitsbereich erscheint auch im Windows Explorer. Das Fenster mit dem Titel **Startbereich** gibt einen Überblick über den gesamten Workspace. Wird das Symbol eines Arbeitsbereichs doppelt angeklickt, steht ein Fenster mit den einzelnen Komponenten des ausgewählten Arbeitsbereichs zur Verfügung. Das Menüband wird um zahlreiche Optionen erweitert.

15.3 SharePoint Workspace

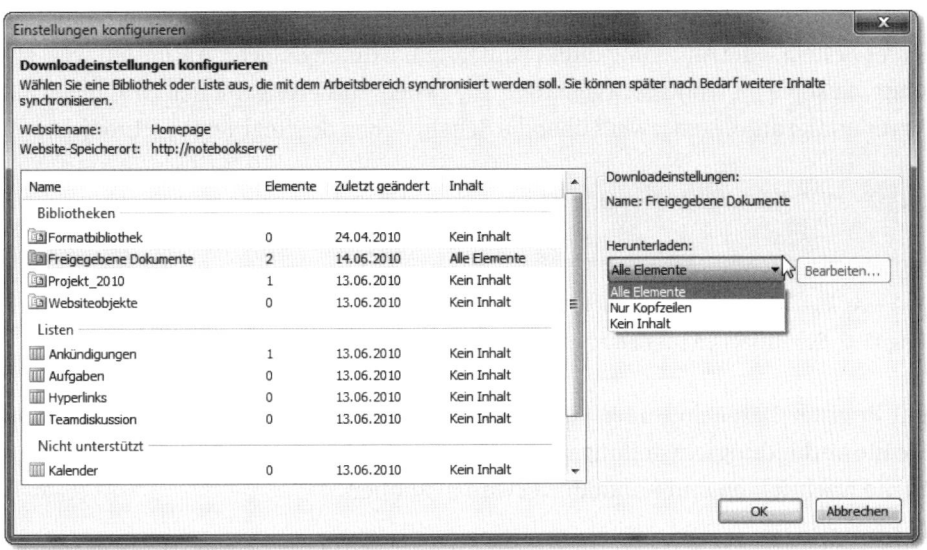

Abbildung 15.10 Festlegen der Downloadeinstellungen

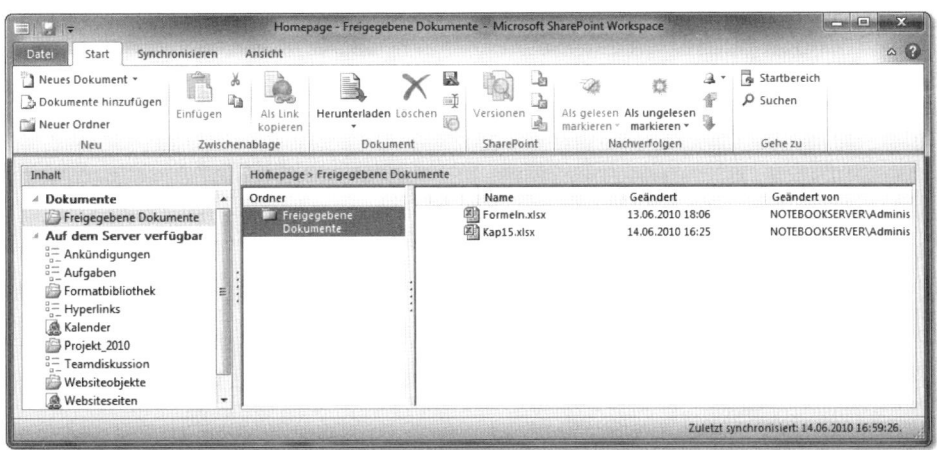

Abbildung 15.11 Ordner mit Arbeitsmappen im Workspace

Wollen Sie ein Dokument bearbeiten, können Sie es auswählen und über **Start ▸ SharePoint ▸ Auschecken** für einen exklusiven Zugriff sperren. Ein Doppelklick öffnet das Dokument in Excel 2010. Ist die Bearbeitung abgeschlossen, heben Sie mit **Einchecken** die Sperrung wieder auf. In dieser Gruppe wird auch eine Versionsverwaltung angeboten. Wenn Sie eine im Workspace angezeigte Excel-Datei doppelt anklicken, wird sie in Excel 2010 geöffnet.

Falls Sie Änderungen mit der Schaltfläche **Speichern** sichern, wird – wenn die Verbindung zum Server besteht – die Änderung direkt zum Original durchgereicht. Ansonsten wird zunächst nur die Kopie im Workspace geändert. Die Synchronisierung mit den Originalen auf dem Server erfolgt ansonsten jeweils über die Schaltflächen des Registers **Synchronisieren**.

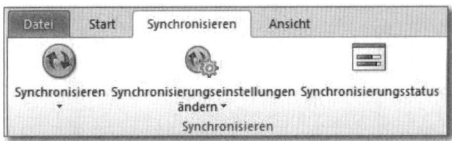

Abbildung 15.12 Schaltflächen für den Abgleich mit dem Server

Auf dem Register **Datei** sind über **Informationen** Schaltflächen erreichbar, mit deren Hilfe Sie die Verbindungseinstellungen, die Benachrichtigungen, die verwendeten Konten und die Nachrichten und Kontakte verwalten können.

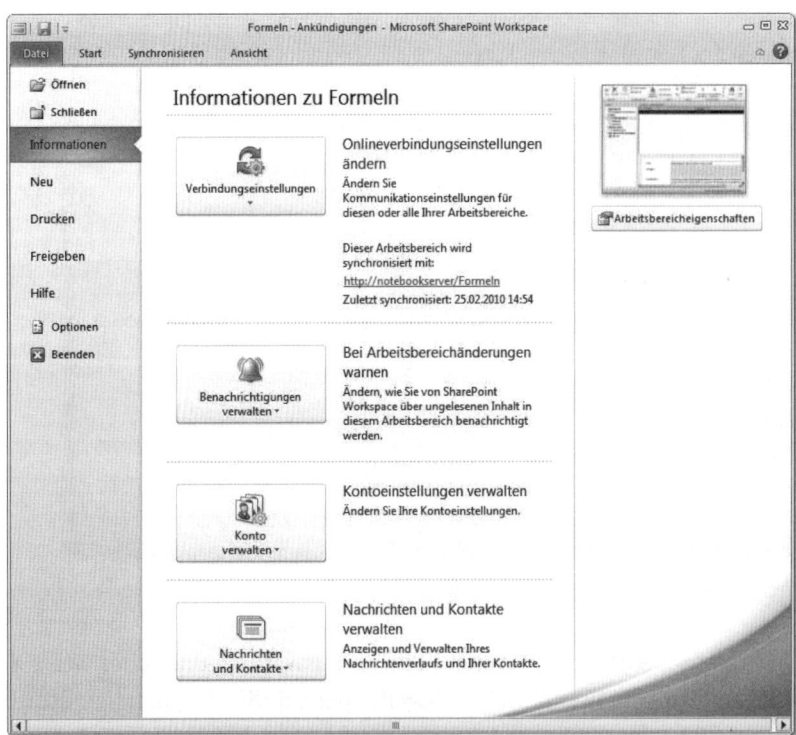

Abbildung 15.13 Backstage von SharePoint Workspace

Auch wenn Sie nicht mit SharePoint arbeiten, lässt sich übrigens über **Datei ▸ Neu** auch ein Workspace innerhalb des Dateisystems einrichten, der für Teamarbeit genutzt werden kann.

16   Tabellenfunktionen

Sie haben in den vergangenen Kapiteln schon eine Anzahl von Tabellenfunktionen kennengelernt, mit denen Sie Excel mitteilen, was es für Sie erledigen soll. Excel 2010 wartet mit einer überwältigenden Fülle derartiger Funktionen auf, die aus einem oder mehreren Werten neue Werte ermitteln, und das teilweise auf eine recht komplexe Weise. Dabei werden auch Funktionen sein, die, wenn sie nicht im Dialog **Funktion einfügen** aufgelistet sind, erst über **Datei ▸ Optionen ▸ Add-Ins** geladen werden müssen, damit sie Ihnen zur Verfügung stehen. Diese Funktionen werden dort als **Analyse-Funktionen** angeboten.

Eine Funktion ist eine Art Blackbox, bei der auf der einen Seite etwas eingegeben wird und auf der anderen Seite etwas herauskommt. Ohne dass der Anwender das oft sehr komplizierte Formelwerk für den Betrieb der Funktion kennen muss, wird ihm nach Eingabe der notwendigen Werte das Ergebnis der Operationen ausgegeben.

Jede Funktion liefert ein Ergebnis. Je nach Funktion kann dieses Ergebnis numerisch sein, also ein bestimmtes Rechenergebnis, eine Zeichenfolge, ein Text oder ein Wahrheitswert (WAHR oder FALSCH). Zuweilen ist das Ergebnis nicht nur ein Wert, sondern eine Matrix (Array) von Werten. Der Typ des Ergebnisses einer Funktion muss berücksichtigt werden, wenn in einer weiteren Formel auf diese Funktion Bezug genommen wird. Ansonsten kommt es eventuell zu einem Fehler, wenn die Datentypen nicht zusammenpassen.

16.1   Neue und geänderte Funktionen in Excel 2010

Anders als bei den letzten Updates von Excel sind mit der Version 2010 zahlreiche Änderungen an der Funktionsbibliothek vorgenommen worden. Die große Mehrzahl der Änderungen und Neuerungen betrifft dabei die Gruppe der statistischen Funktionen.

Qualifizierte Funktionsnamen

Insbesondere bei den statistischen Funktionen wurden zahlreiche Funktionsnamen geändert, um besser den in diesem Bereich üblichen Bezeichnungen zu entsprechen und die verschiedenen Funktionstypen gleichzeitig deutlicher zu kennzeichnen. Dabei wurden zusammengesetzte Namen eingeführt, bei denen die einzelnen Bestandteile durch Punkte getrennt sind.

Die Funktion FVERT() beispielsweise heißt jetzt F.VERT(). Das Suffix VERT kennzeichnet die Funktion als Verteilungsfunktion. Ähnlich wird das Suffix INV für inverse Funktionen verwendet: F.INV() ersetzt FINV(). Soll die Funktion nicht linksseitig, sondern rechtsseitig verwendet werden, wird noch ein zweites Suffix RE angehängt: F.VERT.RE() und F.INV.RE(). Die alte Funktion FVERT() wird also durch zwei Funktionen ersetzt, F.VERT() und F.VERT.RE(), wobei das Ergebnis von F.VERT.RE() dem Ergebnis der alten Funktion entspricht.

Die neuen Funktionen mit dem Suffix VERT haben jetzt alle ein zusätzliches Argument Kumuliert, dessen Wert den Typ der Funktion bestimmt: WAHR liefert einen Wert der Verteilungsfunktion, FALSCH einen Wert der Dichtefunktion. Die grafische Darstellung der Dichtefunktion zeigt die Wahrscheinlichkeit als Anteil der Fläche unter der Dichtekurve, die insgesamt immer als 1 gesetzt wird.

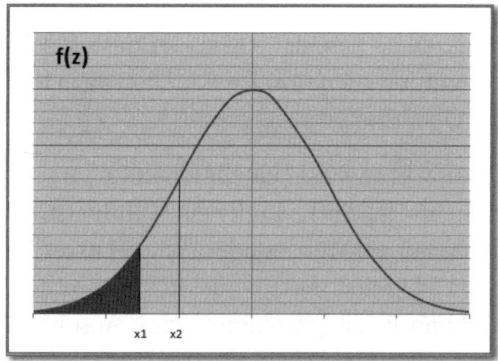

Abbildung 16.1 Wahrscheinlichkeit als Flächenanteil einer Verteilung

Bei zweiseitigen Funktionen wird 2S angehängt. Das Suffix P – für *Population*, beispielsweise in KOVARIANZ.P() – gibt an, dass sich die Funktion auf die Grundgesamtheit bezieht, Suffix S – für *sample* – wird für Funktionen verwendet, die sich auf eine Stichprobe beziehen. Einige der umbenannten Funktionen haben zugleich zusätzliche Parameter erhalten.

In der folgenden Tabelle sind die umbenannten und neu hinzugefügten statistischen Funktionen den alten Namen gegenübergestellt, die jetzt in der Kategorie **Kompatibilität** zusammengestellt sind.

Aktuelle Funktion	Kompatible Funktion
BETA.INV()	BETAINV()
BETA.VERT()	BETAVERT()
BINOM.INV()	KRITBINOM()

16.1 Neue und geänderte Funktionen in Excel 2010

Aktuelle Funktion	Kompatible Funktion
BINOM.VERT()	BINOMVERT()
CHIQU.INV()	CHIINV()
CHIQU.INV.RE()	CHIINV()
CHIQU.TEST()	CHITEST()
CHIQU.VERT()	CHIVERT()
CHIQU.VERT.RE()	CHIVERT()
EXPON.VERT()	EXPONVERT()
F.INV()	FINV()
F.INV.RE()	FINV()
F.TEST()	FTEST()
F.VERT()	FVERT()
F.VERT.RE()	FVERT()
G.TEST()	GTEST()
GAMMA.INV()	GAMMAINV()
GAMMA.VERT()	GAMMAVERT()
HYPGEOM.VERT()	HYPGEOMVERT()
KONFIDENZ.NORM()	KONFIDENZ()
KONFIDENZ.T()	KONFIDENZ()
KOVARIANZ.P()	KOVAR()
KOVARIANZ.S()	KOVAR()
LOGNORM.INV()	LOGINV()
LOGNORM.VERT()	LOGNORMVERT()
MODUS.EINF()	MODALWERT()
MODUS.VIELF()	MODALWERT()
NEGBINOM.VERT()	NEGBINOMVERT()
NORM.INV()	NORMINV()
NORM.S.INV()	STANDNORMINV()
NORM.S.VERT()	STANDNORMVERT()
NORM.VERT()	NORMVERT()
POISSON.VERT()	POISSON()

16 Tabellenfunktionen

Aktuelle Funktion	Kompatible Funktion
QUANTIL.EXKL()	QUANTIL()
QUANTIL.INKL()	QUANTIL()
QUANTILSRANG.EXKL()	QUANTILSRANG()
QUANTILSRANG.INKL()	QUANTILSRANG()
QUARTILE.EXKL()	QUARTILE()
QUARTILE.INKL()	QUARTILE()
RANG.GLEICH()	RANG()
STABW.N()	STABWN()
STABW.S()	STABW()
T.INV()	TINV()
T.INV.2S()	TINV()
T.TEST()	TTEST()
T.VERT()	TVERT()
T.VERT.2S()	TVERT()
T.VERT.RE()	TVERT()
VAR.P()	VARIANZEN()
VAR.S()	VARIANZ()
WEIBULL.VERT()	WEIBULL()

Funktionen für Kompatibilität

Damit es keine Probleme mit älteren Arbeitsmappen gibt, bleiben die »alten« Funktionen weiterhin verfügbar. Im Dialog **Funktion einfügen** sind diese Funktionen in der Kategorie **Kompatibilität** zu finden.

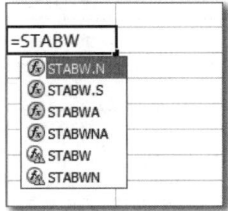

Abbildung 16.2 Hinweis auf veraltete Funktionen bei der Eingabe

16.1 Neue und geänderte Funktionen in Excel 2010

Wenn Sie Funktionen direkt einfügen und die Option **AutoVervollständigen-Formel** über **Datei ▸ Optionen ▸ Formeln** eingeschaltet lassen, werden die kompatiblen Funktionen jeweils mit einem Symbol angezeigt, das ein kleines Warnzeichen enthält.

Verbesserte Funktionen

Bei einigen Funktionen wurden die Algorithmen mit dem Ziel verändert, eine höhere Genauigkeit der Ergebnisse zu gewährleisten oder das Berechnungsverfahren zu beschleunigen. Das gilt z. B. für die mathematischen Funktionen ARCSINHYP(), MOD(), ZUFALLSZAHL(), ZWEIFAKULTÄT(), für einige der statistischen Verteilungsfunktionen, für die finanzmathematischen Funktionen KUMZINSZ() und KUMKAPITAL() und für die technischen Funktionen UMWANDELN(), GAUSSFEHLER() und GAUSSFKOMPL().

Neue Funktionen

Eine Reihe von Funktionen wurde ganz neu oder in einer neuen Variante eingefügt. Die folgende Tabelle gibt einen Überblick über neue Funktionen in Excel 2010. Diese Funktionen sind mit älteren Versionen von Excel nicht kompatibel. Falls Sie Arbeitsmappen an Arbeitsplätze weiterreichen wollen, die ältere Versionen verwenden, sollten Sie die in Kapitel 12, »Dokumente für die Veröffentlichung vorbereiten«, beschriebene Kompatibilitätsprüfung durchführen und unter Umständen Änderungen an den Berechnungsverfahren vornehmen.

Funktion	Zweck
NETTOARBEITSTAGE.INTL()	Liefert die Anzahl der Arbeitstage zwischen zwei Datumsangaben, wobei die Wochenendtage frei bestimmt werden können.
ARBEITSTAG.INTL()	Liefert das Datum eines Arbeitstages, das vor oder nach einer bestimmten Anzahl von Arbeitstagen liegt. Die Wochenendtage können frei bestimmt werden.
AGGREGAT()	Liefert verschiedene Formen der Zusammenfassung von Daten aus Datentabellen und Zellbereichen.
OBERGRENZE.GENAU()	Rundet eine Zahl auf die nächste Ganzzahl oder auf das kleinste Vielfache von Schritt auf.
UNTERGRENZE.GENAU()	Rundet eine Zahl auf die nächste Ganzzahl oder auf das kleinste Vielfache von Schritt ab.

Funktion	Zweck
CHIQU.VERT.RE()	Gibt die kumulative Beta-Wahrscheinlichkeitsdichtefunktion zurück.
CHIQU.INV()	Liefert die kumulative Beta-Wahrscheinlichkeitsdichtefunktion.
KONFIDENZ.T()	Liefert das Konfidenzintervall für den Erwartungswert einer Zufallsvariablen, wobei der Studentsche t-Test verwendet wird.
KOVARIANZ.S()	Liefert die Kovarianz einer Stichprobe.
F.VERT()	Liefert Werte für F-verteilte Zufallsvariable.
F.INV()	Liefert Quantile der F-Verteilung.
MODUS.VIELF()	Liefert ein vertikales Array der am häufigsten vorkommenden oder wiederholten Werte in einem Array oder Datenbereich.
QUANTIL.INKL()	Liefert das k-Quantil von Werten in einem Bereich, wobei k im Bereich von 0..1 einschließlich liegt.
QUANTILSRANG.INKL()	Liefert den prozentualen (0..1 einschließlich) Rang (Alpha) eines Wertes in einem Datenset.
QUARTILE.INKL()	Liefert die Quartile eines Datensets, basierend auf Perzentilwerten von 0..1 einschließlich.
RANG.MITTELW()	Liefert den Rang zurück, den eine Zahl in einer Liste von Zahlen einnimmt.
T.VERT()	Liefert die Wahrscheinlichkeit entsprechend der Studentschen t-Verteilung.
T.INV()	Liefert den t-Wert der Studentschen t-Verteilung.
GAUSSF.GENAU()	Liefert die Gaußsche Fehlerfunktion.
GAUSSKOMPLF.GENAU()	Liefert das Komplement der Gaußschen Fehlerfunktion.

16.2 Aufbau und Einsatz von Funktionen

Funktionen in Excel sind Anweisungen für Operationen, die das Programm für Sie durchführen soll. Tabellenfunktionen sind Operationen, die innerhalb einer Tabelle benutzt werden, wobei eine derartige Funktion entweder direkt in eine Tabelle eingetragen werden kann oder Bestandteil eines Makros ist, das bezogen auf eine Tabelle abgearbeitet wird.

16.2 Aufbau und Einsatz von Funktionen

Eine Funktion benutzt Werte, die als Argumente bereitgestellt werden, um aus ihnen andere Werte zu ermitteln. Dabei kann es sich um einfache oder komplexe Berechnungen handeln, aber auch um logische Analysen, die Zerlegung von Zeichenketten und dergleichen. Der generelle Aufbau einer Funktion ist

`FUNKTION(Wert...)`,

wobei für »Wert...« ein oder mehrere Argument(e) stehen können, die die Funktion benötigt.

Argumente für Funktionen

Bei einer Anzahl von Funktionen werden die Argumente noch unterteilt in solche, die erforderlich sind, und solche, die optional sind, also nicht zwangsläufig angegeben werden müssen. Das heißt aber nicht, dass die Funktion ohne die optionalen Argumente in jedem Fall arbeiten würde, sondern dass sie, wenn diese Argumente nicht angegeben werden, vordefinierte Werte für diese Argumente verwendet. Als Argumente einer Funktion kommen in Frage:

Argument	Bedeutung
Konstanten	Die Werte, mit denen eine Funktion arbeiten soll, werden direkt eingegeben. Wenn Sie z. B. in eine Zelle `=SUMME(18;15;3)` eintragen, erscheint in der Zelle das Ergebnis 36.
Bezüge auf Zellen oder Bereiche	Die Werte, mit denen die Funktion arbeiten soll, sind bereits in Zellen oder Bereichen der Tabelle enthalten oder sollen dort eingetragen werden.
Bereichsnamen	Angenommen, Sie haben in einer Tabelle in den Zellen B3 bis B15 die Umsätze für eine Anzahl von Produkten eingetragen und wollen jetzt die Summe dieser Einträge bilden. Wenn Sie dem Bereich B3:B15 etwa den Namen *Umsätze* gegeben haben, können Sie in das Feld, in dem die Summe stehen soll, einfach eintragen: `=SUMME(Umsätze)`. Ohne Namen müssten Sie schreiben: `=SUMME(B3:B15)`.
Funktionen	Schließlich können als Argumente in einer Funktion selbst wieder Funktionen verwendet werden, die ihrerseits diejenigen Werte liefern, mit denen die Funktion arbeiten soll. Ein einfaches Beispiel: `=SUMME(SUMME(2;4);SUMME(4;6))` führt zu dem Ergebnis 16.

Stehen für ein Argument nur bestimmte Werte zur Auswahl, bietet Excel diese bei der Eingabe in der Bearbeitungsleiste in Form von Auswahllisten an, sobald das Argument an der Reihe ist. Die Abbildung zeigt als Beispiel, welche Funktionen für das erste Argument der neuen Funktion AGGREGAT() angeboten werden, sobald die öffnende Klammer eingegeben ist.

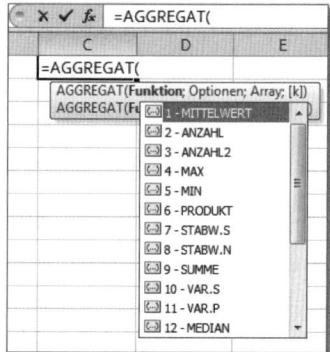

Abbildung 16.3 Angebot von Argumentwerten bei der Eingabe

Einige wenige Funktionen (z. B. PI(), HEUTE(), JETZT()) benötigen keine Argumente. Trotzdem müssen die Klammern immer mitgeschrieben werden, damit Excel die Funktion als solche erkennen kann.

Schreibweise

Bei den Funktionsbeschreibungen gibt es Folgendes zu beachten:

- Nach dem Funktionsnamen folgt die Darstellung der Syntax der Funktion, d. h. die Schreibweise der Funktion mit allen Argumenten in der vorgeschriebenen Reihenfolge. Dabei sind die obligatorischen Argumente jeweils fett formatiert.

- Folgen auf ein nicht verwendetes optionales Argument weitere Argumente, so ist für jedes ausgelassene Argument ein Semikolon zu setzen.

- Bei den Beispielen für die Funktionen werden häufig fixe Werte (Konstanten) als Argumente angegeben. Beim praktischen Gebrauch werden an ihrer Stelle im Allgemeinen Adressen oder Namen stehen.

Funktionen in Makros

Werden Tabellenfunktionen innerhalb von Makros aufgerufen, müssen Sie beachten, dass dabei jeweils die englischen Funktionsnamen verwendet werden müssen. Dabei werden im Funktionsnamen verwendete Punkte durch Unterstriche ersetzt. Mehr dazu in Kapitel 24, »Visual Basic für Applikationen«.

16.3 Finanzmathematische Funktionen

Funktion	Seite	Funktion	Seite
AMORDEGRK()	659	RENDITE()	671
AMORLINEARK()	659	RENDITEDIS()	671
AUFGELZINS()	660	RENDITEFÄLL()	672
AUFGELZINSF()	660	RMZ()	672
AUSZAHLUNG()	661	TBILLÄQUIV()	673
BW()	661	TBILLKURS()	673
DIA()	662	TBILLRENDITE()	673
DISAGIO()	662	UNREGER.KURS()	673
DURATION()	663	UNREGER.REND()	674
EFFEKTIV()	663	UNREGLE.KURS()	675
GDA()	664	UNREGLE.REND()	676
GDA2()	664	VDB()	676
IKV()	665	XINTZINSFUSS()	677
ISPMT()	665	XKAPITALWERT()	678
KAPZ()	666	ZINS()	678
KUMKAPITAL()	666	ZINSSATZ()	679
KUMZINSZ()	667	ZINSTERMNZ()	679
KURS()	667	ZINSTERMTAGE()	679
KURSDISAGIO()	668	ZINSTERMTAGNZ()	680
KURSFÄLLIG()	668	ZINSTERMTAGVA()	680
LIA()	669	ZINSTERMVZ()	680

16 Tabellenfunktionen

Funktion	Seite	Funktion	Seite
MDURATION()	669	ZINSTERMZAHL()	681
NBW()	669	ZINSZ()	681
NOMINAL()	670	ZW()	681
NOTIERUNGBRU()	670	ZW2()	682
NOTIERUNGDEZ()	670	ZZR()	682
QIKV()	671		

Neben einer Anzahl von Funktionen, die sich mit allgemeinen finanzmathematischen Themen beschäftigen, fallen vor allem drei große Gruppen von Funktionen ins Gewicht: Rentenberechnungen, Abschreibung und Wertpapiere.

Funktionen für die Rentenberechnung

Bei Renten geht es natürlich nicht um die sozialrechtlichen Versorgungsrenten, sondern um privatwirtschaftlich vereinbarte regelmäßige Zahlungen. Die einfachste und für das Verständnis dieser Funktionen durchschaubarste Form hierfür ist folgendes Modell: Sie zahlen auf der Bank eine bestimmte Summe an Geld ein, die dort nach einem vereinbarten Zinssatz verzinst wird. Die Bank zahlt Ihnen aus diesem Guthaben regelmäßig einen bestimmten Betrag (Rente), so lange, bis das Guthaben verbraucht ist.

Eine Anzahl von Argumenten taucht bei diesen Funktionen immer wieder auf, sodass es vernünftig scheint, diese zunächst im Zusammenhang zu besprechen.

Funktionsargument	Erklärung
Bw [Barwert]	Der gegenwärtige rechnerische Wert einer Reihe regelmäßiger, gleich bleibender Zahlungen, z. B. einer Rente.
Rmz [Ratenzahlung]	Regelmäßig zu leistende oder zu erhaltende Zahlungen.
Zins [Zinssatz]	Das ist der Zinssatz für einen Zahlungszeitraum. Er wird dezimal (z. B. 0,08) oder als % (z. B. 8 %) angegeben.
Zr [Zeitraum]	Die einzelne Zahlungsperiode im Gesamtzeitraum.
Zw [Zukunftswert]	Der zukünftige Wert einer Investition. Wird Zw als optionales Argument verwendet, wird es von Excel bei Nichteintrag mit 0 gesetzt.

Funktionsargument	Erklärung
Zzr [Zahlungszeiträume]	Anzahl der Zahlungsperioden. Es ist darauf zu achten, dass die Zzr mit den anderen Argumenten in den Einheiten übereinstimmen, d. h., dass einheitlich Jahre, Monate oder Tage in einer Funktion verwendet werden. Werden z. B. Monate verwendet, muss auch der Monatszins (Jahreszins * 12) eingesetzt werden.
	Beachten Sie hierbei bitte, dass in Deutschland das Zinsjahr in zwölf Zinsmonate mit jeweils 30 Tagen eingeteilt wird. In anderen Ländern gelten teilweise andere Regelungen.
F [Fälligkeit]	Das Argument F legt fest, ob die Berechnung für vorschüssige oder nachschüssige Rentenzahlungen etc. erfolgen soll. Wird F nicht oder mit 0 angegeben, wird die Funktion als nachschüssig berechnet, die Zahlungen erfolgen also am Ende der Periode. Wird F mit 1 angegeben, erfolgt die Berechnung für eine vorschüssige Rente.

Berechnung von Abschreibungen

Bei der Abschreibung geht es darum, dass eine Investition, z. B. in Maschinen, Fahrzeuge, Gebäude etc., in zweierlei Hinsicht betriebswirtschaftlich zu berücksichtigen ist. Zum einen ist es betriebsintern so, dass mit einer Anschaffung das Anlagevermögen zunächst um den Wert dieser Anschaffung vermehrt wird, dass aber der Wert dieser Anschaffung durch Abnutzung kontinuierlich sinkt, bis am Ende der Schrottwert übrig bleibt.

Zum anderen kann eine derartige Investition von der Steuer abgesetzt werden. Die einfachste Form ist hierbei, dass die Anschaffung in dem Jahr, in dem sie getätigt wird, in vollem Umfang steuerlich geltend gemacht wird – hierzu bedarf es natürlich keiner weiteren Berechnungen. Bei langlebigen Investitionen ist es dagegen üblich, die Abschreibung auf mehrere Jahre zu verteilen.

Hierfür gibt es verschiedene Verfahren. Das einfachste ist die lineare Abschreibung: Der abzuschreibende Betrag wird gleichmäßig auf den gesamten Abschreibungszeitraum verteilt. Die anderen Verfahren, für die Excel Funktionen zur Verfügung stellt, sind sogenannte degressive Abschreibungen: Der Abschreibungsbetrag sinkt von Jahr zu Jahr, sodass am Anfang ein großer Betrag abgeschrieben wird, in den folgenden Jahren wird der Betrag kontinuierlich kleiner. Auf die Frage, welche Methode im Einzelfall am sinnvollsten und welche aktuell steuerrechtlich zulässig ist, kann Excel 2010 natürlich keine Antwort geben.

Beispiel für die Berechnung der Abschreibung

In diesem Abschnitt wird ein Tabellenblatt aufgebaut, mit dessen Hilfe Sie die Abschreibungsrate für jedes Jahr der Nutzungsdauer für ein beliebiges Wirtschaftsgut mit den verschiedenen Abschreibungsmethoden berechnen können. Welche Steuermethode die aktuelle Steuergesetzgebung zulässt, muss allerdings immer erst geprüft werden, weil es hier in der letzten Zeit einige Veränderungen gegeben hat, insbesondere was die degressive Abschreibung betrifft.

In den Zellen C4 bis C7 werden zunächst die Daten abgelegt, die für die verschiedenen Funktionen als Argumente benötigt werden. In der Spalte B wird die lineare Abschreibung für jedes Jahr der Nutzungsdauer berechnet. Die Formel ist für alle Jahre gleich und arbeitet mit den absoluten Adressen der Zellen C4 bis C6:

=LIA($C$4; $C$5; $C$6)

Bei der geometrisch-degressiven Abschreibung ist die Formel etwas komplexer, damit sie nach unten kopiert werden kann:

=GDA($C$4; $C$5; $C$6; $C$6-($A$19-A10); $C$7)

Beachten Sie, dass der Bezug, der sich auf die Jahreszahl in der jeweiligen Zeile bezieht, relativ ist, während die anderen Bezüge alle absolut sind. Ähnlich wird auch bei der Formel für die digitale Abschreibung verfahren:

=DIA($C$4; $C$5; $C$6; $C$6-($A$19-A10))

Die Formel für die vierte Methode ist etwas komplizierter:

=VDB($C$4; $C$5; $C$6; $A10-$A$10; $A11-$A$10; $C$7; FALSCH)

Wenn Sie die Spalten C und E vergleichen, sehen Sie, dass die geometrisch-degressive Methode für die beiden letzten Jahre geringere Beträge ergibt als die lineare. In diesen Jahren ist also ein Wechsel zur linearen Methode bei den vorliegenden Zahlen sinnvoll.

Um das Modell an kürzere oder längere Nutzungsdauern anzupassen, brauchen Sie vor der Zeile mit den Summen nur entsprechend viele Zeilen einzufügen oder zu löschen und die Formeln, wenn nötig, einige Zeilen weiter nach unten zu kopieren. Statt Jahr 1, 2, 3 ... können Sie auch die Jahreszahlen verwenden. Die Formeln in Spalte E brauchen den Wert, der jetzt in Zelle A20 steht, also ein Jahr, das über das letzte Jahr des Abschreibungszeitraums hinausreicht.

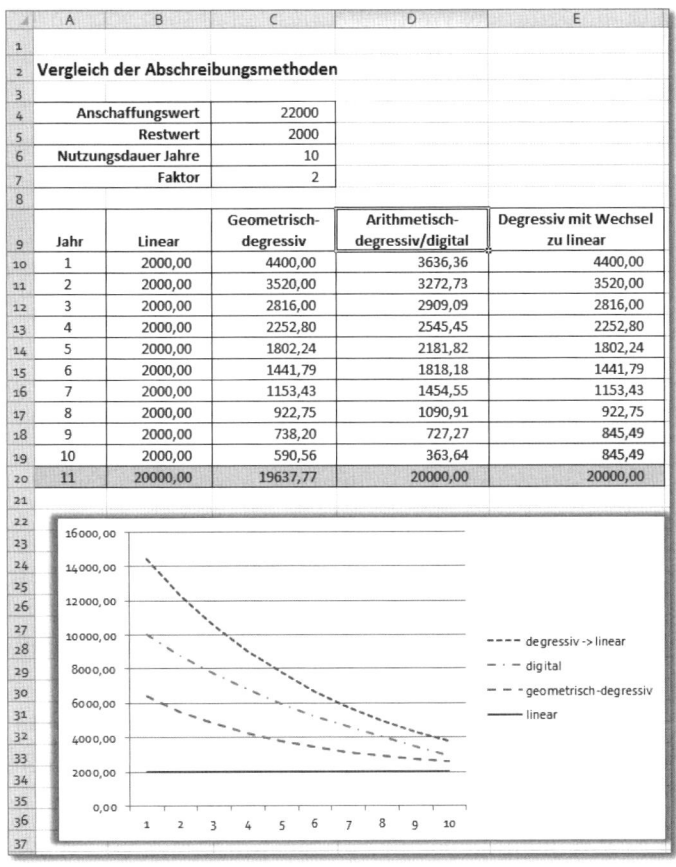

Abbildung 16.4 Wirkung der verschiedenen Abschreibungsmethoden

Funktionen für Wertpapierberechnungen

Eine große Gruppe von Funktionen kreist um fest verzinsliche und unverzinsliche Wertpapiere. Auch hierzu einige Bemerkungen.

Fest verzinsliche Wertpapiere sind Wertpapiere, die für einen bestimmten Zeitraum Gültigkeit haben und in dieser Zeit regelmäßig verzinst werden. Das können Sparbriefe, Schuldverschreibungen, private oder öffentliche Anleihen und Obligationen sein.

Unverzinsliche Wertpapiere sind solche, die zu einem bestimmten Kurs ausgegeben und später zu einem höheren Kurs wieder zurückgenommen werden. De facto könnte natürlich auch hier von einer Verzinsung gesprochen werden, da der Wert des Papiers ja um einen bestimmten Betrag steigt, der sich durchaus auf einen jährlichen prozentualen Steigerungsbetrag umrechnen ließe.

Ausgehend von dem Modell, dass ein derartiges Wertpapier (fest verzinslich oder unverzinslich) bei einem Geldinstitut erworben und später wieder veräußert wird, sind folgende Termine von zentraler Bedeutung:

- **Emission**: Der Ausgabetermin des Wertpapiers. Das ist der Termin, zu dem das Papier auf den Markt gebracht wird und ab dem sein Wertzuwachs bzw. seine Verzinsung läuft.
- **Abrechnung**: Der Termin, zu dem ein Käufer ein Wertpapier erwirbt. Dieser kann mit dem Emissionstermin zusammenfallen, es kann aber auch – und das ist für die Berechnungen natürlich der interessantere Fall – ein späterer Termin sein.
- **Fälligkeit**: Der Termin, zu dem die Bank das Wertpapier zurücknimmt und dem Eigentümer einen vorher vereinbarten Betrag dafür bezahlt.

Für Ausgabe und Rücknahme derartiger Wertpapiere gibt es mehrere Möglichkeiten:

- Die Papiere werden zum Nennwert verkauft. Anschließend werden für die Laufzeit regelmäßig Zinsen ausgeschüttet (üblich ist ein oder zwei Mal jährlich). Am Ende der Laufzeit wird das Papier zum Nennwert zurückgenommen. Bisweilen wird bei der Ausgabe noch ein Disagio vorgenommen, d. h., vom Nennwert wird ein bestimmter Prozentsatz (eventuell noch orientiert an der Laufzeit) abgezogen.
- Das Papier wird abgezinst verkauft, d. h. zum Nennwert, vermindert um den Betrag, der durch Zinsen während der Laufzeit hinzukommt, und ohne zwischenzeitliche Zinsausschüttungen am Ende der Laufzeit zum Nennwert zurückgenommen.
- Das Papier wird zum Nennwert verkauft und ohne zwischenzeitliche Zinsausschüttungen am Ende der Laufzeit aufgezinst, d. h. zum Nennwert, vermehrt um die aufgelaufenen Zinsen, zurückgenommen.

Die letzten beiden Methoden gelten sinngemäß so auch für unverzinsliche Papiere.

Da derartige Wertpapiere zum Teil auch während der Laufzeit gehandelt werden, stellt sich die Frage nach ihrem Augenblickswert (der Kurs, zu dem sie gehandelt werden können). Dieser Kurs sollte natürlich marktgerecht sein, d. h., ein potenzieller Käufer muss die Möglichkeit haben, zu überprüfen, ob sich die Investition in das betreffende Papier im Vergleich zu anderen möglichen Investitionen lohnt. Hierzu wird als Vergleichsgröße die Rendite eingeführt, also der effektive jährliche Gewinn in Prozent, bezogen auf den Kapitaleinsatz. Die Wahl dieser Größe ist auf eine Art willkürlich: Der Kurs wird auf der Grundlage der Rendite berechnet, die mit anderen Anlageformen erzielt werden könnte.

In einer Anzahl von Funktionen taucht das Argument Basis auf. Gemeint ist damit bei Zinsberechnungen die Zeitbasis, auf der gerechnet wird. Die angebotenen Optionen sehen Sie in der Tabelle.

Zeitbasis	Bedeutung
0	US-amerikanisches System: Die Monate werden mit 30 Tagen, das Jahr mit 360 Tagen gerechnet. Ein Enddatum zum 31. eines Monats wird, falls das Startdatum vor dem 30. eines Monats liegt, als 1. Tag des Folgemonats behandelt, sonst als 30. des Monats.
1	Die tatsächlichen Tage der Monate und die tatsächlichen Tage der Jahre werden gerechnet.
2	Die tatsächlichen Tage des Monats werden gerechnet, das Jahr mit 360 Tagen.
3	Die tatsächlichen Tage des Monats werden gerechnet, das Jahr mit 365 Tagen.
4	Europäisches System: Die Monate werden mit 30 Tagen, das Jahr mit 360 Tagen gerechnet. Fällt ein Start- oder Enddatum auf den 31. eines Monats, wird es als dreißigster Tag behandelt.

Verkauf eines fest verzinslichen Wertpapiers

Wenn Sie fest verzinsliche Wertpapiere besitzen und einen Teil davon zu einem bestimmten Termin verkaufen wollen, können Sie sich mithilfe der finanzmathematischen Funktionen selbst ausrechnen, was Sie ausgezahlt bekommen. Sie brauchen dazu natürlich die Angabe über den Kurs für den Abrechnungstermin, also den Tag, an dem verkauft werden soll. Aus der Abrechnung beim Kauf der Papiere können Sie die übrigen Daten entnehmen, die nötig sind: das Datum der Emission des Papiers, das Datum der Fälligkeit, den Nominalzinssatz, den Nennwert und die Anzahl der Zinstermine pro Jahr. Aus der Anzahl der Zinstermine ergibt sich der erste Zinstermin.

Excel braucht zusätzlich noch die Angabe über die Basis, auf der die Zinstage berechnet werden. Das ist hier immer der Wert 4, also 360 Tage pro Jahr, 30 Tage pro Monat. In der Zelle B13 wird der aktuelle Kurswert einfach mit

```
=Nennwert * Kurs/100
```

errechnet. Zusätzlich wird noch die Anzahl der Zinstage berechnet. Dafür kann die Formel

```
=ZINSTERMTAGVA(Abrechnungstermin; Faelligkeit; 1; 4)
```

verwendet werden. Das Ergebnis dient hier aber nur zur Information, für die Berechnung der inzwischen aufgelaufenen Zinsen wird dieser Wert nicht benötigt.

Neben dem Kurs spielt beim Verkauf der Betrag der aufgelaufenen Zinsen eine Rolle. Der kann in E6 mit der Funktion AUFGELZINS() berechnet werden. Die Formel lautet:

```
=AUFGELZINS(Emission; Erster_Zinstermin; Abrechnungstermin;
Nominalzins; Nennwert; Zinstermine_pro_Jahr;
Basis_für_Berechnung_der_Zinstage)
```

Nun kommen in der Regel aber noch ein paar Kosten hinzu: Als Provision berechnet die Bank beispielsweise 0,5 % des Nennwertes. Als Maklergebühr kommen noch 0,075 % des Nennwertes hinzu. Dann muss noch eine fixe Spesengebühr entrichtet werden. Der tatsächlich ausgezahlte Betrag ergibt sich aus dem Kurswert plus aufgelaufenen Zinsen, abzüglich der drei genannten Kosten-Posten.

Beachten Sie, dass bei ausländischen Papieren meist etwas andere Maklergebühren berechnet werden.

	A	B	C	D	E
2	Verkauf eines festverzinslichen Wertpapiers				
3					
4	Wertpapier:	Phantas			
5					
6	Emission	20.11.2005		Aufgelaufene Zinsen	257,83 €
7	Erster Zinstermin	20.11.2006		Provision	30,00 €
8	Faelligkeit	20.11.2015		Spesen	5,00 €
9	Abrechnungstermin	01.07.2006		Maklergebuehr	4,50 €
10	Nominalzins	7,0%			
11	Nennwert	6.000,00 €		Betrag (Haben)	6.200,33 €
12	Kurs	99,7			
13	Kurswert	5.982,00 €			
14	Zinstermine pro Jahr	1			
15	Basis für Berechnung der Zinstage	4			
16	Anzahl Zinstage	221			

Abbildung 16.5 Verkauf eines fest verzinslichen Wertpapiers

Berechnungen zu Ratenkrediten

An dieser Stelle werden Ihnen ausnahmsweise zwei zusätzliche Funktionen angeboten. Excel hat zwar einige Funktionen, mit denen sich Annuitätenkredite berechnen lassen, z. B. die Funktion RMZ() zur Berechnung der Rate. Auf die üblichen Ratenkredite für Verbraucher lassen sich diese aber nicht direkt anwenden.

Bei den klassischen Ratenkrediten, wie sie z. B. zur Finanzierung von Möbeln oder Autos benutzt werden, wurde häufig ein monatlicher Zinssatz angegeben. Die Zinsen wer-

16.3 Finanzmathematische Funktionen

den dabei für jeden Monat vom vollen Kreditbetrag gerechnet und sind Teil der Monatsrate. Der Monatszinssatz sieht dabei oft ziemlich klein aus, beispielsweise 0,34 %. Die effektive Jahresverzinsung ist aber in diesem Fall keineswegs – wie Sie vielleicht annehmen – 0,34 % * 12 = 4,14 %, sondern in Wirklichkeit 8,99 %, also mehr als das Doppelte. Die Kreditgeber sind allerdings inzwischen verpflichtet, bei Krediten über 500 € den effektiven Jahreszins anzugeben.

Mit den folgenden benutzerdefinierten Funktionen kann vom angegebenen Monatszins auf den effektiven Jahreszins und vom Jahreszins auf den Monatszins zurückgerechnet werden:

Die Funktion NOMRZINS() braucht drei Argumente: die Anzahl der Monatsraten, den Effektivzins und den Prozentsatz der Bearbeitungsgebühren.

Die Funktion EFFRZINS() verwendet entsprechend die Argumente Monatsraten, Monatszins und Prozentsatz der Bearbeitungsgebühren. Die Funktion ruft iterativ die Funktion NOMRZINS() mehrmals auf, bis ein brauchbares Ergebnis erreicht ist.

Um die Funktionen bequem handhaben zu können, sind die Zellen, die die Argumente liefern, entsprechend benannt worden. Die folgende Abbildung zeigt die Funktion NOMRZINS().

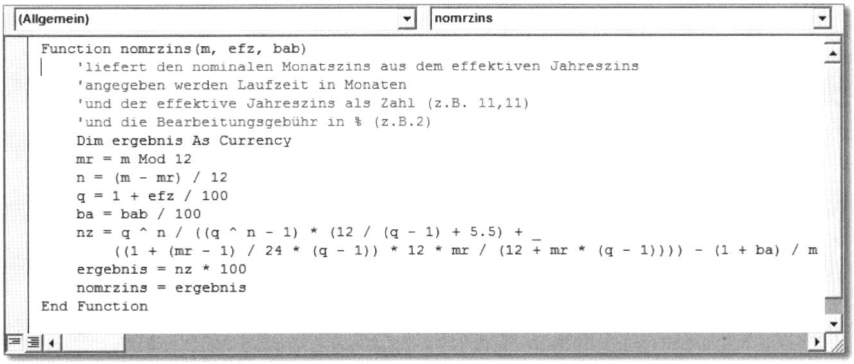

```
Function nomrzins(m, efz, bab)
    'liefert den nominalen Monatszins aus dem effektiven Jahreszins
    'angegeben werden Laufzeit in Monaten
    'und der effektive Jahreszins als Zahl (z.B. 11,11)
    'und die Bearbeitungsgebühr in % (z.B.2)
    Dim ergebnis As Currency
    mr = m Mod 12
    n = (m - mr) / 12
    q = 1 + efz / 100
    ba = bab / 100
    nz = q ^ n / ((q ^ n - 1) * (12 / (q - 1) + 5.5) + _
        ((1 + (mr - 1) / 24 * (q - 1)) * 12 * mr / (12 + mr * (q - 1)))) - (1 + ba) / m
    ergebnis = nz * 100
    nomrzins = ergebnis
End Function
```

Abbildung 16.6 Die Funktion NORMZINS()

Die nächste Abbildung zeigt die Funktion EFFRZINS().

```
Function effrzins(m, nz, bab)
    Dim erg As Currency
    Dim diff As Currency
    Dim versuch As Currency
    erg = nz * 12
    diff = -1
    While diff < 0
        versuch = nomrzins(m, erg, bab)
        diff = versuch - nz
        erg = erg + 1
    Wend
    erg = erg - 2
    diff = -1
    While diff < 0
        versuch = nomrzins(m, erg, bab)
        diff = versuch - nz
        erg = erg + 0.1
    Wend
    erg = erg - 0.2
    diff = -1
    While diff < 0
        versuch = nomrzins(m, erg, bab)
        diff = versuch - nz
        erg = erg + 0.01
    Wend
    erg = erg - 0.02
    diff = -1
    While diff < 0
        versuch = nomrzins(m, erg, bab)
        diff = versuch - nz
        erg = erg + 0.001
    Wend
    erg = erg - 0.002
    diff = -1
    While diff < 0
        versuch = nomrzins(m, erg, bab)
        diff = versuch - nz
        erg = erg + 0.0001
    Wend
    effrzins = erg - 0.0001
End Function
```

Abbildung 16.7 Die Funktion EFFRZINS()

Die anderen Berechnungen im Tabellenblatt sind sehr einfach. In Zelle B11 wird die Gesamtsumme der Zinsen berechnet. Die Formel ergibt sich aus dem, was oben gesagt ist:

= Kreditbetrag * Monate * Monatszins

Der Betrag der Bearbeitungsgebühr ist:

= Kreditbetrag * Gebühr_Prozentsatz

Die Gesamtbelastung ist die Summe aus Kreditbetrag, Zinsen und Bearbeitungsgebühr. Die Monatsrate kann einfach durch Division der Gesamtbelastung durch die Zahl der Monate errechnet werden. In der Praxis werden die Raten allerdings meist auf einen etwas glatteren Betrag gebracht, wobei die erste oder die letzte Rate dann etwas höher oder niedriger ist.

16.3 Finanzmathematische Funktionen

	A	B	C	D
1				
2	**Nominalzins und Effektivzins von Ratenkrediten**			
3				
4	Kreditbetrag	20000		
5	Laufzeit in Monaten	36	Bearbeitungsgebühr %-Satz	2
6	Wenn der Effektive Jahreszins angegeben ist:		Wenn der Nominalzins pro Monat angegeben ist:	
7	Effektiver Jahreszins	12,82	Nominalzins pro Monat	0,49
8				
9	Nominalzins pro Monat	0,49	Effektiver Jahreszins	12,82
10				
11	Zinsen	3528,00		
12	Bearbeitungsgebühr	400,00		
13	Gesamtbelastung	23928,00		
14	Rate	664,67		

Abbildung 16.8 Berechnung eines Ratenkredits

Referenz der finanzmathematischen Funktionen

AMORDEGRK()

Syntax:	AMORDEGRK(Ansch_Wert; Kaufdatum; Erster_Zinstermin; Restwert; Termin; Satz; Basis)
Beispiel:	=AMORDEGRK(10000; "1.7.1997"; "31.12.1997"; 2000; 1; 0,15; 1)
Ergebnis:	3.045

Liefert den Abschreibungsbetrag nach dem französischen Buchhaltungssystem. Die Argumente: Ansch_Wert sind die Kosten der Anschaffung, Kaufdatum ist das Datum der Anschaffung, Erster Zinstermin ist das Ende der ersten Periode, Restwert ist der verbleibende Wert nach Ablauf aller Abschreibungsperioden, Termin ist die Periode, für die der Betrag errechnet werden soll, Satz ist die Abschreibungsrate und Basis die verwendete Zeitbasis. Die Funktion ist der Funktion AMORLINEARK() ähnlich, arbeitet aber zusätzlich mit einem Abschreibungskoeffizienten, der von der Nutzungsdauer abhängig ist.

AMORLINEARK()

Syntax:	AMORLINEARK(Ansch_Wert; Kaufdatum; Erster_Zinstermin; Restwert; Termin; Satz; Basis)
Beispiel:	=AMORLINEARK(10000; "1.7.1997"; "31.12.1997"; 2000; 1; 0,15; 1)
Ergebnis:	1.500

Liefert den Abschreibungsbetrag nach dem französischen Buchhaltungssystem. Die Argumente sind: Kosten der Anschaffung, Datum der Anschaffung, Ende der ersten Periode, Restwert, die Periode, für die der Betrag errechnet werden soll, Abschreibungsrate und Zeitbasis.

AUFGELZINS()

Syntax:	AUFGELZINS(Emission; Erster_Zinstermin; Abrechnung; Satz; Nennwert; Häufigkeit; Basis; Berechnungsmethode)
Beispiel:	siehe Abbildung

Liefert für Wertpapiere die Summe der aufgelaufenen Zinsen für einen bestimmten Zeitraum bei periodischen Zahlungen. Dient dazu, den Tageswert von fest verzinslichen Papieren zu kalkulieren. Emission ist das Datum der Ausgabe des Wertpapiers (ab diesem Termin wird das Papier verzinst). Erster_Zinstermin ist der Termin, an dem zum ersten Mal Zinsen fällig sind. Mit Abrechnung wird der Stichtag angegeben, an dem das Papier den Besitzer wechselt.

Es folgen mit Satz der Zinssatz des Wertpapiers und der Nennwert (ohne Angabe wird 1.000 angesetzt). Mit Häufigkeit wird angegeben, wie oft die Zinsen im Jahr fällig werden (1, 2 oder 4). Basis gibt an, nach welchem Zeitsystem die Zinstage berechnet werden (vergleiche hierzu die Vorbemerkungen zu den Finanzfunktionen). Berechnungsmethode ist ein Wahrheitswert. Dabei bedeutet 1, dass die insgesamt für alle Zeiträume aufgelaufenen Zinsen ausgegeben werden, und 0 bewirkt, dass die Zinsen von Erster_Zinstermin bis zum Abrechnungstermin ausgegeben werden.

	A	B	C	D
1				
2	**Aufgelaufene Zinsen bei Wertpapieren**			
3				
4	Emission	01.01.2004	01.01.2004	01.01.2004
5	Erster_Zinstermin	01.01.2005	01.01.2005	01.01.2005
6	Abrechnung	03.08.2004	03.08.2004	03.08.2004
7	Zinssatz	8%	8%	8%
8	Nennwert	1000,00	1000,00	1000,00
9	Häufigkeit	1	2	4
10	Basis	1	1	1
11	Berechnungsmethode	1	1	0
12				
13	AUFGELZINS()	46,99 €	47,17 €	12,83 €

Abbildung 16.9 Berechnung aufgelaufener Zinsen

AUFGELZINSF()

Syntax:	AUFGELZINSF(Emission; Abrechnung; Nominalzins; Nennwert; Basis)
Beispiel:	siehe Abbildung zu AUFGELZINS()

16.3 Finanzmathematische Funktionen

Liefert für Wertpapiere die Summe der aufgelaufenen Zinsen für einen bestimmten Zeitraum bei einmaliger Zahlung zum Abrechnungstermin. Dient dazu, den Tageswert von fest verzinslichen Papieren zu kalkulieren.

Emission ist das Datum der Ausgabe des Wertpapiers (ab diesem Termin wird das Papier verzinst). Mit Abrechnung wird der Stichtag angegeben, für den die aufgelaufenen Zinsen berechnet werden sollen.

Nominalzins ist der Zinssatz des Wertpapiers und Nennwert der Nennwert des Papiers (ohne Angabe wird 1.000 angesetzt). Basis gibt an, nach welchem Zeitsystem die Zinstage berechnet werden.

AUSZAHLUNG()

Syntax:	AUSZAHLUNG(**Abrechnung**; **Fälligkeit**; **Anlage**; **Disagio**; Basis)
Beispiel:	=AUSZAHLUNG(DATWERT("25.02.94"); DATWERT("30.06.94"); 10000; 3,5%; 0)
Ergebnis:	10.123,02

Liefert den Auszahlungsbetrag, den Sie für eine Anlage in fest verzinslichen Wertpapieren zu einem bestimmten Zeitpunkt erhalten.

Mit Abrechnung wird der Zeitpunkt des Kaufs angegeben, mit Fälligkeit der Zeitpunkt, zu dem der Auszahlungsbetrag berechnet werden soll. Anlage ist die Summe, die beim Kauf investiert wird (die Funktion setzt voraus, dass der Gesamtbetrag in die Wertpapiere investiert wird). Disagio ist der prozentuale Abschlag, den Sie bei der Ausgabe erhalten (bei 5 % Disagio z. B. wird ein Wertpapier mit einem Nominalwert von 100 € für 95 € verkauft). Basis gibt an, nach welchem Zeitsystem die Zinstage berechnet werden.

BW()

Syntax:	BW(**Zins**; **Zzr**; **Rmz**; Zw; F)
Beispiel:	=BW(0,05; 20; 10000; ; 0)
Ergebnis:	-124.622 (um 20 Jahre lang jedes Jahr 10.000 € zu erhalten, müsste ich heute 124.622 € zu 5 % Zinsen auf der Bank einzahlen)

Die Funktion berechnet den Barwert einer Reihe von regelmäßigen Zahlungen. Das Ergebnis im Beispiel ist negativ, weil ja dieser Betrag zu zahlen wäre.

Mit Zins wird der Zinssatz pro Periode und mit Zzr die Zahl der Perioden angegeben. Außer dem Betrag, der periodisch zu zahlen ist – Rmz – oder auch der Ratenzahlung, können noch zwei optionale Argumente angegeben werden. Zw bedeutet den Zukunftswert, der nach der letzten Zahlung erreicht werden soll (im obigen Beispiel, wie viel Geld nach 20 Jahren auf der Bank übrig sein soll). Wird Zw nicht angegeben, so wird er als 0 angenommen.

Mit F wird angegeben, ob die Zahlungen nachschüssig (0 oder weggelassen) oder vorschüssig, also am Anfang der Periode erfolgen (1).

Grundlage der Funktion BW() ist die Formel Barwert = Rate*(q^Zzr-1)/ ((q^Zzr)*(q-1))

wobei mit q der Zinsfaktor gemeint ist (q = 1+(Zins/100)).

DIA()

Syntax:	DIA(Ansch_Wert; Restwert; Nutzungsdauer; Zr)
Beispiel:	=DIA(20000; 3500; 10; 4)
Ergebnis:	2.100

Die Funktion berechnet die Abschreibungsrate für einen bestimmten Abschreibungszeitraum nach der digitalen Methode.

Das Argument Ansch_Wert ist der Betrag, der für die Investition aufgewandt wurde. Restwert ist der Wert, den die Investition nach der Abschreibung noch hat. Nutzungsdauer entspricht der Anzahl von Zeiträumen bis zum Ende der Abschreibung. Zr ist der Zeitraum, für den die Abschreibung errechnet werden soll.

	A	B	C	D
1				
2	Digitale Abschreibung			
3				
4	Anschaffungskosten	22.000,00 €	22.000,00 €	22.000,00 €
5	Restwert	2.000,00 €	2.000,00 €	2.000,00 €
6	Nutzungsdauer in Jahren	3	3	3
7	Jahr	1	2	3
8				
9	DIA()	10.000,00 €	6.666,67 €	3.333,33 €
10				
11			Gesamt	20.000,00 €

Abbildung 16.10 Digitale Abschreibung

DISAGIO()

Syntax:	DISAGIO(Abrechnung; Fälligkeit; Kurs; Rückzahlung; Basis)
Beispiel:	=DISAGIO(DATWERT("02.02.2004"); DATWERT("06.08.2004"); 96; 100)
Ergebnis:	7,83 %

Berechnet das Disagio (Abschlag beim Handel mit einem Wertpapier).

Abrechnung ist der Kauftermin, Fälligkeit der Termin, zu dem das Papier abläuft. Kurs ist der Wert zum Kauftermin und Rückzahlung der Wert zum Fälligkeitstag. Basis gibt an, nach welchem Zeitsystem die Zinstage berechnet werden.

DURATION()

Syntax:	DURATION(**Abrechnung**; **Fälligkeit**; **Nominalzins**; **Rendite**; **Häufigkeit**; Basis)
Beispiel:	siehe Abbildung

Liefert die hypothetische Anlagedauer eines fest verzinslichen Wertpapiers in Jahren. Je niedriger die hypothetische Anlagedauer im Vergleich zur tatsächlichen ist, umso profitabler ist das Wertpapier.

Abrechnung ist der Kauftermin, Fälligkeit der Termin, zu dem das Papier fällig ist. Mit Nominalzins wird der Zinssatz angegeben, mit Rendite der tatsächlich erzielte Zinssatz (setzt sich zusammen aus dem Nominalzins und dem Gewinn aus der Differenz von Kauf- und Verkaufspreis). Häufigkeit ist die Zahl der Zinszahlungen im Jahr (1, 2, oder 4). Basis gibt an, nach welchem Zeitsystem die Zinstage berechnet werden (vergleiche auch MDURATION()).

	A	B	C	D	E	F
1						
2	Duration (hypothetische Anlagedauer)					
3						
4	Abrechnung	01.01.2004	01.01.2004	01.01.2004	01.01.2004	01.01.2004
5	Fälligkeit	01.01.2006	01.01.2006	01.01.2006	01.01.2006	01.01.2006
6	Nominalzins	6,00%	6,00%	6,00%	6,00%	6,00%
7	Rendite	10,00%	8,00%	6,00%	4,00%	2,00%
8	Häufigkeit	2	2	2	2	2
9	Basis	0	0	0	0	0
10						
11	DURATION()	1,91064	1,91248	1,91431	1,91611	1,91789
12	MDURATION()	1,81965	1,83893	1,85855	1,87854	1,89890

Abbildung 16.11 Hypothetische Anlagedauer

EFFEKTIV()

Syntax:	EFFEKTIV(**Nominalzins**; **Perioden**)
Beispiel:	=EFFEKTIV(8%; 12)
Ergebnis:	8,3 %

Liefert den effektiven Jahreszins für eine Anlage oder ein Darlehen.

Nominalzins ist der jährliche Nominalzins, Perioden die Zahl der jährlichen Zinszahlungen. Da bei mehreren jährlichen anteiligen Zinszahlungen ein Teil der Jahreszinsen praktisch vorweg gezahlt wird, erhöht sich der Effektivzins mit der Zahl der jährlichen Zinszahlungen.

GDA()

Syntax:	GDA(Ansch_Wert; Restwert; Nutzungsdauer; Periode; Faktor)
Beispiel:	=GDA(30000; 3000; 8; 3)
Ergebnis:	4.218,75

Die Funktion berechnet die Abschreibungsrate für einen bestimmten Abschreibungszeitraum nach der geometrisch-degressiven Methode.

Das Argument Ansch_Wert ist der Betrag, der für die Investition aufgewandt wurde. Restwert ist der Wert, den die Investition nach der Abschreibung noch hat. Nutzungsdauer entspricht der Anzahl von Zeiträumen bis zum Ende der Abschreibung. Periode ist der Zeitraum, für den die Abschreibung ermittelt werden soll. Mit Faktor wird die Stärke der Degressivität angegeben (ohne Angabe wird der Wert 2 angesetzt).

Der Buchwert kann mit dieser Methode nie auf 0 gehen, deshalb wird in der Praxis für spätere Perioden auf die lineare Abschreibung übergegangen.

	A	B	C	D	E	F	G	H	I	J	K
1											
2	**Geometrisch-degressive Abschreibung**										
3											
4	Anschaffungskosten	22.000 €	22.000 €	22.000 €	22.000 €	22.000 €	22.000 €	22.000 €	22.000 €	22.000 €	22.000 €
5	Restwert	2.000 €	2.000 €	2.000 €	2.000 €	2.000 €	2.000 €	2.000 €	2.000 €	2.000 €	2.000 €
6	Nutzungsdauer in Jahren	10	10	10	10	10	10	10	10	10	10
7	Jahr	1	2	3	4	5	6	7	8	9	10
8											
9	GDA()	4.400 €	3.520 €	2.816 €	2.253 €	1.802 €	1.442 €	1.153 €	923 €	738 €	591 €
10											
11	Gesamt	19.638 €									

Abbildung 16.12 Geometrisch-degressive Abschreibung

GDA2()

Syntax:	GDA2(Ansch_Wert; Restwert; Nutzungsdauer; Periode; Monate)
Beispiel:	=GDA2(30000; 3000; 8; 3; 6)
Ergebnis:	4.921,88

Die Funktion berechnet die Abschreibungsrate für einen bestimmten Abschreibungszeitraum nach der geometrisch-degressiven Methode (vergleiche GDA()).

Das Argument Ansch_Wert ist der Betrag, der für die Investition aufgewendet wurde. Restwert ist der Wert, den die Investition nach der Abschreibung noch hat. Nutzungsdauer entspricht der Anzahl von Zeiträumen bis zum Ende der Abschreibung. Periode ist der Zeitraum, für den der Abschreibungsbetrag ermittelt werden soll. Wird das optionale Argument Monate weggelassen, so wird es von Excel mit dem Wert 12 angenommen. Die Funktion liefert dann denselben Wert wie GDA(). Wenn Sie für Monate einen anderen Wert als 12 eintragen, wird die Abschreibung für die Anzahl der Monate im entsprechenden Jahr berechnet.

IKV()

Syntax:	IKV(**Werte**; Schätzwert)
Beispiel:	=IKV(A1:A6) für A1:A6 -20000; 8000; 6000; 5000; 5500; 3000
Ergebnis:	14 %

Die Funktion berechnet den internen Ertragszins einer Investition. Dadurch kann die Rentabilität einer Investition geprüft werden.

Das Argument Werte ist eine Matrix oder ein Bereich, der mindestens einen positiven und einen negativen Wert enthält. Der erste Wert stellt die getätigte Investition als Ausgabe dar, erscheint also negativ, die weiteren Zellen stellen die periodischen Rückflüsse dar.

Das optionale Argument Schätzwert sollte mit einem Wert belegt werden, der in einer Schätzung dem erwarteten Ergebnis schon möglichst nahe kommt. Wird er nicht eingetragen, so wird sein Wert von Excel mit 10 % angenommen.

ISPMT()

Syntax:	ISPMT(**Rate**; **Per**; **Nper**; **Pv**)
Beispiel:	=ISPMT(0,08; 3; 12; -50000)
Ergebnis:	3.000

Berechnet die Zinsen, die während eines bestimmten Jahresabschnittes gezahlt werden. Rate gibt den nachschüssigen Jahreszinssatz an, Per die Nummer der Periode, ab deren Ende bis zum Jahresende gerechnet werden soll. Nper ist die Zahl der Perioden, Pv ist der Gegenwartswert.

16 Tabellenfunktionen

KAPZ()

Syntax:	KAPZ(Zins; Zr; Zzr; Bw; Zw; F)
Beispiel:	=KAPZ(0,08; 3; 8; 50000; ;)
Ergebnis:	-5.482,94

Die Funktion berechnet den Tilgungsanteil für die Abzahlung eines Darlehens.

Das Darlehen wird in periodischen, gleich bleibenden Raten abbezahlt, deren Höhe mit RMZ() berechnet wird. Die Raten bestehen jeweils aus einem Zinsanteil (berechnet mit ZINSZ()) und einem Tilgungsanteil, um den sich die Gesamtschuld jeweils verringert.

	A	B	C	D	E	F	G	H	I	J	K
1											
2	Tilgung von Darlehen										
3											
4	Zins	8,00%	8,00%	8,00%	8,00%	8,00%	8,00%	8,00%	8,00%	8,00%	8,00%
5	Zr	1	2	3	4	5	6	7	8	9	10
6	Zzr	10	10	10	10	10	10	10	10	10	10
7	Bw	20.000 €	20.000 €	20.000 €	20.000 €	20.000 €	20.000 €	20.000 €	20.000 €	20.000 €	20.000 €
8											
9	KAPZ()	-1.380,59 €	-1.491,04 €	-1.610,32 €	-1.739,15 €	-1.878,28 €	-2.028,54 €	-2.190,82 €	-2.366,09 €	-2.555,38 €	-2.759,81 €
10	ZINSZ()	-1.600,00 €	-1.489,55 €	-1.370,27 €	-1.241,44 €	-1.102,31 €	-952,05 €	-789,77 €	-614,50 €	-425,21 €	-220,78 €
11	RMZ()	-2.980,59 €	-2.980,59 €	-2.980,59 €	-2.980,59 €	-2.980,59 €	-2.980,59 €	-2.980,59 €	-2.980,59 €	-2.980,59 €	-2.980,59 €
12											
13	Jährlichen Zahlungen (RMZ) = Tilgung (KAPZ) + Zinsen (ZINSZ)										

Abbildung 16.13 Tilgung von Darlehen

Die Argumente sind Zins (der konstante Zinssatz), Zr (der Zeitraum, für den die Zahlung berechnet werden soll), Zzr (die Anzahl der Abzahlungszeiträume) und Bw (der Barwert, bei einem Darlehen der Auszahlungsbetrag).

Als optionalen Wert außer F (Fälligkeit; 0 = nachschüssig, 1 = vorschüssig) können Sie noch Zw angeben (den Zukunftswert oder den Betrag, der am Ende der letzten Zahlung vorhanden sein soll).

KUMKAPITAL()

Syntax:	KUMKAPITAL(Zins; Zzr; Bw; Zeitraum_Anfang; Zeitraum_Ende; F)
Beispiel:	=KUMKAPITAL(6%; 12; 10000; 1; 2; 0)
Ergebnis:	-1.221,11

Berechnet den Betrag, der für die Tilgung eines Darlehens in einem bestimmten Zeitraum aufgebracht wird (nicht zu verwechseln mit den Zahlungsbeträgen).

Mit Zins wird der Zinssatz pro Zinszeitraum angegeben; mit Zzr die Anzahl der Zahlungsperioden, mit Bw der Barwert (ausgegebener Betrag) des Darlehens. Zeitraum_Anfang und Zeitraum_Ende sind die Nummern der beiden Zahlungsperioden, zwischen denen die Gesamttilgung berechnet werden soll. Mit F wird angeben, ob die Zahlungen vorschüssig (1) oder nachschüssig (0) erfolgen sollen.

Während mit KUMKAPITAL() der Tilgungsanteil berechnet wird, liefert die folgende Funktion KUMZINSZ() den Zinsanteil für den betreffenden Zeitraum. Beides zusammen ist der Betrag, der für den betreffenden Zeitraum insgesamt aufgebracht werden muss.

Analog verhalten sich die Funktionen KAPZ() und ZINSZ(), beide zusammen ergeben die RMZ().

KUMZINSZ()

Syntax:	KUMZINSZ(Zins; Zzr; Bw; Zeitraum_Anfang; Zeitraum_Ende; F)
Beispiel:	=KUMZINSZ(6%; 12; 10000; 1; 1; 0)
Ergebnis:	-600

Berechnet den Betrag, der für die Zinsen eines Darlehens in einem bestimmten Zeitraum aufgebracht wird (nicht zu verwechseln mit den Zahlungsbeträgen).

Die Argumente der Funktion sind identisch mit denen von KUMKAPITAL() (siehe entsprechenden Abschnitt, dort wird auch das Verhältnis der beiden Funktionen zueinander dargelegt).

KURS()

Syntax:	KURS(Abrechnung; Fälligkeit; Zins; Rendite; Rückzahlung; Häufigkeit; Basis)
Beispiel:	siehe Abbildung

Liefert den Kurswert eines fest verzinslichen Wertpapiers mit dem Nennwert 100 € abhängig von der anvisierten Rendite.

Abrechnung ist das Datum des Besitzwechsels; Fälligkeit das Fälligkeitsdatum des Wertpapiers. Mit Zins wird der Nominalzins angegeben, mit Rendite die jährliche Rendite, die das Papier bringen soll. Rückzahlung ist der Betrag, zu dem das Wertpapier zum Fälligkeitstermin ausbezahlt wird (bei Anleihen im Allgemeinen 100). Häufigkeit gibt an, wie oft die Zinsen im Jahr ausgeschüttet werden. Basis gibt an, nach welchem Zeitsystem die Zinstage berechnet werden.

	A	B
1		
2	Kurswert bei festverzinslichen Papieren	
3		
4	Abrechnung	03.01.2004
5	Fälligkeit	10.02.2006
6	Zins	6%
7	Rendite	10%
8	Rückzahlung	100
9	Häufigkeit	4
10	Basis	0
11		
12	KURS()	92,49 €

Abbildung 16.14 Kurswert von fest verzinslichen Papieren

KURSDISAGIO()

Syntax:	KURSDISAGIO(Abrechnung; **Fälligkeit**; **Disagio**; **Rückzahlung**; Basis)
Beispiel:	=KURSDISAGIO(DATWERT("1.3.2004"); DATWERT("2.10.2006"); 2%; 100; 0)
Ergebnis:	94,83

Berechnet den Ausgabekurs eines nicht verzinslichen Wertpapiers mit einem Nennwert von 100 €.

Abrechnung ist das Datum des Besitzwechsels, Fälligkeit der Fälligkeitstermin. Rückzahlung ist der Wert des Papiers zum Fälligkeitstermin. Disagio legt fest, mit welchem Abschlag (aufs Jahr gerechnet) das Papier verkauft werden soll. Basis gibt an, nach welchem Zeitsystem die Zinstage berechnet werden.

KURSFÄLLIG()

Syntax:	KURSFÄLLIG(Abrechnung; **Fälligkeit**; **Emission**; **Zins**; **Rendite**; Basis)
Beispiel:	=KURSFÄLLIG(DATWERT("6.5.2004"); DATWERT("31.12.2008"); DATWERT("1.1.2003"); 7,5%; 6%; 0)
Ergebnis:	103,25

Liefert den Kurswert eines fest verzinslichen Wertpapiers (Nennwert 100 €), bei dem die Zinsen zum Fälligkeitsdatum (mit der Rückzahlung) ausgezahlt werden.

Abrechnung ist das Datum des Besitzwechsels, Fälligkeit das Datum, zu dem das Wertpapier zurückgenommen wird. Emission ist das Ausgabedatum, ab dem die Zinsen laufen; Zins der jährliche Zinssatz.

16.3 Finanzmathematische Funktionen

Mit `Rendite` wird angegeben, wie viel das Wertpapier jährlich einbringen soll (in Prozent vom Kaufpreis). `Basis` gibt an, nach welchem Zeitsystem die Zinstage berechnet werden.

LIA()

Syntax:	LIA(`Ansch_Wert`; `Restwert`; `Nutzungsdauer`)
Beispiel:	=LIA(12000; 2000; 8)
Ergebnis:	1.250

Die Funktion berechnet die Abschreibungsrate für einen bestimmten Abschreibungszeitraum nach der linearen Methode (AFA). Bei dieser Methode wird über den gesamten Abschreibungszeitraum mit periodisch gleich bleibenden Beträgen abgeschrieben.

Das Argument `Ansch_Wert` ist der Betrag, der für die Investition aufgewendet wurde. `Restwert` ist der Wert, den die Investition nach der Abschreibung noch hat. `Nutzungsdauer` entspricht der Anzahl von Zeiträumen bis zum Ende der Abschreibung.

	A	B	C	D	E	F	G	H	I	J	K
1											
2	Lineare Abschreibung										
3											
4	Anschaffungskosten	22.000 €	22.000 €	22.000 €	22.000 €	22.000 €	22.000 €	22.000 €	22.000 €	22.000 €	22.000 €
5	Restwert	2.000 €	2.000 €	2.000 €	2.000 €	2.000 €	2.000 €	2.000 €	2.000 €	2.000 €	2.000 €
6	Nutzungsdauer in Jahren	10	10	10	10	10	10	10	10	10	10
7	Jahr	1	2	3	4	5	6	7	8	9	10
8											
9	LIA()	2.000 €	2.000 €	2.000 €	2.000 €	2.000 €	2.000 €	2.000 €	2.000 €	2.000 €	2.000 €
10											
11	Gesamt	20.000 €									

Abbildung 16.15 Lineare Abschreibung

MDURATION()

Syntax:	MDURATION(`Abrechnung`; `Fälligkeit`; `Coupon`; `Rendite`; `Häufigkeit`; `Basis`)
Beispiel:	siehe Abbildung zu DURATION()

Liefert die modifizierte Duration (liefert eine deutlichere Aussage als die Funktion DURATION()).

Zu den Argumenten vergleiche DURATION().

NBW()

Syntax:	NBW(`Zins`; `Wert1`; Wert2; ...)
Beispiel:	=NBW(0,09; -12000; 4000; 4000; 6000)
Ergebnis:	-303,17

Die Funktion berechnet den Nettokapitalwert periodischer Cashflows (Ein- oder Auszahlungen).

Mit Zins wird ein konstanter Zinssatz für den gesamten betrachteten Zeitraum angegeben. Wert1, Wert2, ... sind Zahlungen (Einzahlung positiv, Auszahlung negativ), die jeweils am Ende einer Periode erfolgen.

Ist das Ergebnis negativ, wäre es besser gewesen, das Geld zum angegebenen Zinssatz auf die Bank zu tragen.

NOMINAL()

Syntax:	NOMINAL(Effektiver_Zins; Perioden)
Beispiel:	=NOMINAL(6,3%; 4)
Ergebnis:	6,16 %

Berechnet den Nominalzins (Jahreszins auf den Nennwert). Die Funktion ist die Umkehrung der Funktion EFFEKTIV().

Mit Effektiver_Zins wird der tatsächlich erzielte Jahreszins angegeben; Perioden bezeichnet die Zahl der jährlichen Zinszahlungen. Bei einer jährlichen Zahlung sind Nominalzins und Effektivzins identisch.

NOTIERUNGBRU()

Syntax:	NOTIERUNGBRU(Zahl; Teiler)
Beispiel:	=NOTIERUNGBRU(1,2; 5)
Ergebnis:	1,1

Liefert eine als Bruch interpretierbare Darstellung einer Dezimalzahl. Die Funktion hilft beim Lesen amerikanischer Aktiennotierungen, die mit natürlichen Brüchen arbeiten.

Zahl gibt die umzuwandelnde Zahl an, Teiler den Nenner des Bruchs. Ist der Teiler wie im Beispiel 5, dann ist die Nachkommastelle des Ergebnisses zu lesen als 1/5.

NOTIERUNGDEZ()

Syntax:	NOTIERUNGDEZ(Zahl; Teiler)
Beispiel:	=NOTIERUNGDEZ(1,1; 5)
Ergebnis:	1,2

Konvertiert einen als Bruch interpretierten Ausdruck (ZAHL) in eine Dezimalzahl. Die Funktion ist die Umkehrung zu NOTIERUNGBRU() (siehe dort).

QIKV()

Syntax:	QIKV(**Werte**; **Investition**; **Reinvestition**)
Beispiel:	=QIKV(A1:A5; 8%; 11%) (für A1:A5 -85000; 21000; 24000; 28000; 35000)
Ergebnis:	9,98 %

Mit dieser Funktion bestimmen Sie die interne Ertragsrate einer Reihe von periodischen Cashflows, wobei positive und negative Cashflows mit unterschiedlichen Zinssätzen bewertet werden.

Drei Argumente müssen für die Funktion eingetragen werden: Werte ist eine Matrix oder ein Bezug auf Zellen, die die Werte von Abgängen und Eingängen enthalten. Es müssen mindestens ein negativer und ein positiver Wert vorhanden sein (positiv für Eingänge); der erste Betrag wird zumeist der Investition entsprechen und somit ein negativer Wert sein. Investition ist der Zinssatz für die Einzahlungen; Reinvestition ist der Zinssatz für reinvestierte Beträge.

RENDITE()

Syntax:	RENDITE(**Abrechnung**; **Fälligkeit**; **Zins**; **Kurs**; **Rückzahlung**; **Häufigkeit**; Basis)
Beispiel:	=RENDITE(DATWERT("3.4.2004"); DATWERT("1.6.2008"); 5%; 96; 100; 4; 4)
Ergebnis:	6,095 %

Berechnet die jährliche Rendite eines fest verzinslichen Wertpapiers, das periodisch Zinsen abwirft. Mit RENDITE() können Sie also die Rendite von Anleihen und Obligationen berechnen.

Abrechnung ist der Kauftermin, Fälligkeit der Rückzahlungstermin. Zins ist der Nominalzinssatz. Das Papier wurde zum Preis von Kurs erworben und wird zum Fälligkeitstermin zum Preis von Rückzahlung eingelöst. Häufigkeit ist die Anzahl der jährlichen Zinsausschüttungen. Basis gibt an, nach welchem Zeitsystem die Zinstage berechnet werden.

RENDITEDIS()

Syntax:	RENDITEDIS(**Abrechnung**; **Fälligkeit**; **Kurs**; **Rückzahlung**; Basis)
Beispiel:	=RENDITEDIS(DATWERT("3.4.2004"; "1.6.2008"; 88; 100; 4)
Ergebnis:	3,28 %

Berechnet die jährliche Rendite eines unverzinslichen Wertpapiers, das mit einem Disagio, also einem Abschlag, ausgegeben wird. Ein Beispiel sind die Finanzierungsschätze des Bundes.

Abrechnung ist der Kauftermin, Fälligkeit der Rückzahlungstermin. Das Papier wird zum Preis von Kurs erworben und zum Fälligkeitstermin zum Preis von Rückzahlung eingelöst. Basis gibt an, nach welchem Zeitsystem die Zinstage berechnet werden.

RENDITEFÄLL()

Syntax:	RENDITEFÄLL(**Abrechnung**; **Fälligkeit**; **Emission**; **Zins**; **Kurs**; Basis)
Beispiel:	=RENDITEFÄLL(DATWERT("3.4.2004"); DATWERT("1.6.2008"); DATWERT("1.6.2001"); 5%; 96; 4)
Ergebnis:	5,41 %

Berechnet im unterjährigen Bereich, also ohne Zinseszinseffekte, die jährliche Rendite eines fest verzinslichen Wertpapiers, dessen Zinsen nachschüssig zusammen mit der Rückzahlung zum Fälligkeitstermin ausgezahlt werden.

Abrechnung ist der Kauftermin und gleichzeitig der Zeitpunkt, für den die Rendite berechnet wird, Fälligkeit ist der Rückzahlungstermin. Emission ist der Ausgabetermin, ab dem die Verzinsung läuft. Zins ist der Nominalzins. Das Papier wurde zum Preis von Kurs am Abrechnungstermin erworben und wird zum Fälligkeitstermin zum Nennwert zusammen mit den aufgelaufenen Zinsen eingelöst. Basis gibt an, nach welchem Zeitsystem die Zinstage berechnet werden.

RMZ()

Syntax:	RMZ(**Zins**; **Zzr**; **Bw**; Zw; F)
Beispiel:	=RMZ(0,09/12; 18; 8000)
Ergebnis:	-476,78

Die Funktion liefert die kontinuierlichen Raten für eine Investition. Argumente sind Zins für den konstanten Nominalzinssatz, Zzr (die Zahlungszeiträume) und Bw (der Barwert, die Investition). Optional kann außer F (Fälligkeit; 0 für Ende der Perioden, 1 für Anfang) noch Zw (Zukunftswert) eingegeben werden. Ist Zw nicht angegeben, wird 0 angenommen. Ist Zw angegeben, kann Bw auch fehlen. Wird dagegen Bw nicht angegeben, muss Zw angegeben werden.

Vergleiche KAPZ().

TBILLÄQUIV()

Syntax:	TBILLÄQUIV(**Abrechnung**; **Fälligkeit**; **Abzinsungssatz**)
Beispiel:	=TBILLÄQUIV(DATWERT("3.4.2004"); DATWERT("12.10.2004"); 8%)
Ergebnis:	8,45 %

Rechnet die vorschüssige Verzinsung auf Basis von 360 Tagen für Schatzwechsel (Treasury Bill) in die für Anleihen übliche nachschüssige Verzinsung auf der Basis von 365 Tagen um.

Ein Schatzwechsel ist eine kurzfristige Schuldverschreibung, die zum Termin Abrechnung mit einem Abschlag von Abzinsungssatz (in Prozent auf ein Jahr umgerechnet) erworben wird und zum Termin Fälligkeit zum vollen Wert eingelöst wird. Abrechnung und Fälligkeit müssen im gleichen Jahr liegen.

TBILLKURS()

Syntax:	TBILLKURS(**Abrechnung**; **Fälligkeit**; **Abzinsungssatz**)
Beispiel:	=TBILLKURS(DATWERT("3.4.2004"); DATWERT("12.10.2004"); 8%)
Ergebnis:	95,73

Liefert den Ausgabekurs für einen Schatzwechsel, der einen Nominalwert (und damit Rückgabewert) von 100 € hat.

Zu den Argumenten vergleiche TBILLÄQUIV().

TBILLRENDITE()

Syntax:	TBILLRENDITE(**Abrechnung**; **Fälligkeit**; **Pr**)
Beispiel:	=TBILLRENDITE(DATWERT("3.4.2004"); DATWERT("12.10.2004"); 95)
Ergebnis:	9,87 %

Liefert die Rendite eines Schatzwechsels, der zu einem Ausgabekurs von Pr erworben wurde. Zu den Argumenten vergleiche TBILLÄQUIV().

UNREGER.KURS()

Syntax:	UNREGER.KURS(**Abrechnung**; **Fälligkeit**; **Emission**; **Erster_Zinstermin**; **Zins**; **Rendite**; **Rückzahlung**; **Häufigkeit**; Basis)
Beispiel:	siehe Abbildung

16 Tabellenfunktionen

Liefert den Kurswert eines fest verzinslichen Wertpapiers (Nennwert 100 €), bei dem die erste Zinsperiode kürzer oder länger als die nachfolgenden regelmäßigen Perioden ausfällt. Die Berechnung ist nur in dieser ersten Periode anwendbar.

Abrechnung ist der Kauftermin, für den der Kurs errechnet werden soll, Fälligkeit der Rückzahlungstermin. Emission ist der Ausgabetermin, ab dem die Zinsberechnung läuft. Der erste Termin für die regelmäßigen Zinszahlungen wird mit Erster_Zinstermin angegeben, der Nominalzins mit Zins.

	A	B
1		
2	Wertpapiere mit Fristen vor der ersten Zinszahlung	
3		
4	Abrechnung	11.11.2008
5	Fälligkeit	01.03.2021
6	Emission	15.10.2008
7	Erster Zins	01.03.2009
8	Zins	7,85%
9	*Rendite	6,25%
10	*Kurs	101
11	Rückzahlung	100
12	Häufigkeit	2
13	Basis	4
14		
15	UNREGER.KURS	113,60 €
16	UNREGER.REND	7,72%

Abbildung 16.16 Kurs und Rendite bei Papieren mit verzögerter erster Zinsausschüttung

Rendite ist die jährliche Rendite des Papiers; Rückzahlung der Betrag, der zum Fälligkeitstermin pro 100 € Nennwert ausbezahlt wird. Häufigkeit gibt an, wie oft im Jahr die Zinsen ausgeschüttet werden (1, 2 oder 4). Basis gibt an, nach welchem Zeitsystem die Zinstage berechnet werden.

Die angegebenen Termine müssen eine zeitliche Reihenfolge einhalten: Emission < Abrechnung < Erster_Zinstermin < Fälligkeit. Andernfalls gibt die Funktion eine Fehlermeldung aus.

Das in der Abbildung mit * gekennzeichnete Argument Kurs wird bei der folgenden Funktion UNREGER.REND() benötigt; das Argument Rendite nur bei der vorliegenden Funktion UNREGER.KURS().

UNREGER.REND()

Syntax:	UNREGER.REND(Abrechnung; Fälligkeit; Emission; Erster_Zinstermin; Zins; Kurs; Rückzahlung; Häufigkeit; Basis)
Beispiel:	siehe Abbildung zu UNREGER.KURS()

Liefert die Rendite eines fest verzinslichen Wertpapiers (Nennwert 100 €), bei dem die erste Zinsperiode kürzer oder länger als die nachfolgenden regelmäßigen Perioden ausfällt.

Kurs ist der Wert des Wertpapiers zum Abrechnungstermin. Zu den übrigen Argumenten vergleiche UNREGER.KURS().

UNREGLE.KURS()

Syntax:	UNREGLE.KURS(Abrechnung; Fälligkeit; Letzter_Zinstermin; Zins; Rendite; Rückzahlung; Häufigkeit; Basis)
Beispiel:	siehe Abbildung

Liefert den Kurswert eines fest verzinslichen Wertpapiers (Nennwert 100 €) in der letzten Zinsperiode, wenn deren Länge sich von den vorhergehenden regelmäßigen Perioden unterscheidet. Die Berechnung ist nur in dieser letzten Periode anwendbar.

Abrechnung ist der Kauftermin, Fälligkeit der Rückzahlungstermin. Letzter_Zinstermin ist der letzte Termin, zu dem noch die regelmäßigen Zinsen bezahlt werden. Dieser Termin muss vor dem Termin Abrechnung liegen. Der Nominalzins wird mit Zins angegeben.

Rendite ist die jährliche Rendite des Papiers, Rückzahlung der Betrag, der zum Fälligkeitstermin pro 100 € Nennwert ausbezahlt wird. Häufigkeit gibt an, wie oft im Jahr die Zinsen ausgeschüttet werden (1, 2 oder 4). Basis gibt an, nach welchem Zeitsystem die Zinstage berechnet werden. Die angegebenen Termine müssen eine zeitliche Reihenfolge einhalten: Letzter_Zinstermin liegt vor Abrechnung und diese vor Fälligkeit. Andernfalls gibt die Funktion eine Fehlermeldung aus.

	A	B
1		
2	Kurs/Rendite bei unregelmäßiger letzter Zinsperiode	
3		
4	Abrechnung	12.04.2004
5	Fälligkeit	01.12.2009
6	Letzter Zins	01.12.2003
7	Zins	6,5%
8	*Rendite	6%
9	*Kurs	102
10	Rückzahlung	100
11	Häufigkeit	1
12	Basis	0
13		
14	UNREGLE.KURS	101,51
15	UNREGLE.REND	5,89%

Abbildung 16.17 Kurs und Rendite für Wertpapiere mit begrenzter Zinsausschüttung

16 Tabellenfunktionen

Das in der Abbildung mit * gekennzeichnete Argument Kurs wird bei der folgenden Funktion UNREGLE.REND() benötigt; das Argument Rendite nur bei der vorliegenden Funktion UNREGLE.KURS().

UNREGLE.REND()

Syntax:	UNREGLE.REND(**Abrechnung**; **Fälligkeit**; **Letzter_Zinstermin**; **Zins**; **Kurs**; **Rückzahlung**; **Häufigkeit**; Basis)
Beispiel:	siehe Abbildung zu UNREGLE.KURS

Liefert die Rendite eines fest verzinslichen Wertpapiers in der letzten Zinsperiode, wenn deren Länge sich von den vorhergehenden regelmäßigen Perioden unterscheidet. Die Berechnung ist nur in dieser letzten Periode anwendbar.

Das Papier wird also nach dem letzten regelmäßigen Zinstermin und vor Fälligkeit zum Preis von Kurs gekauft. Zu den Argumenten vergleiche UNREGLE.KURS().

VDB()

Syntax:	VDB(**Ansch_Wert**; **Restwert**; **Nutzungsdauer**; **Anfang**; **Ende**; Faktor; Nicht_wechseln)
Beispiel:	=VDB(30000; 2000; 7; 0; 1)
Ergebnis:	4.000

Diese Funktion berechnet die Abschreibungsrate für einen bestimmten Abschreibungszeitraum nach der variabel-degressiven Methode. Sie ist eine Variation der geometrisch-degressiven Abschreibung und ermöglicht es, sobald die lineare Abschreibung höhere Abschreibungsbeträge liefert, in diese überzuwechseln.

Das Argument Ansch_Wert ist der Betrag, der für die Investition aufgewendet wurde. Restwert ist der Wert, den die Investition nach der Abschreibung noch hat. Nutzungsdauer entspricht der Anzahl von Zeiträumen bis zum Ende der Abschreibung. Mit Faktor wird die Stärke der Degressivität angegeben (ohne Angabe wird 2 angesetzt).

Anfang ist der Anfang der Periode, für die die Abschreibung berechnet werden soll, Ende der Endzeitpunkt. Soll z. B. die Abschreibung für das erste Jahr berechnet werden, dann wären 0 und 1 einzusetzen. Die Abschreibung kann so auch über mehrere Perioden berechnet werden.

Nicht_wechseln wird durch einen Wahrheitswert geschaltet. Wenn die nach der linearen Methode erzielten Abschreibungen höher liegen als bei der degressiven, wechselt die Funktion auf die lineare Abschreibung, falls Nicht_wechseln mit FALSCH belegt wird oder nicht angegeben ist. Ist das Argument mit WAHR belegt, so wird das Abschreibungsverfahren nicht geändert.

	A	B	C	D	E	F	G	H	I	J	K
1											
2	Variable Abschreibung										
3											
4	Anschaffungskosten	22.000 €	22.000 €	22.000 €	22.000 €	22.000 €	22.000 €	22.000 €	22.000 €	22.000 €	22.000 €
5	Restwert	2.000 €	2.000 €	2.000 €	2.000 €	2.000 €	2.000 €	2.000 €	2.000 €	2.000 €	2.000 €
6	Nutzungsdauer in Jahren	10	10	10	10	10	10	10	10	10	10
7	Anfang	0	1	2	3	4	5	6	7	8	9
8	Fertig stellen	1	2	3	4	5	6	7	8	9	10
9	Faktor	2	2	2	2	2	2	2	2	2	2
10	Nicht wechseln										
11											
12	VDB()	4.400 €	3.520 €	2.816 €	2.253 €	1.802 €	1.442 €	1.153 €	923 €	845 €	845 €
13											
14	Gesamt	20.000,00 €									

Abbildung 16.18 Variable Abschreibung

XINTZINSFUSS()

Syntax: XINTZINSFUSS(**Werte**; **Zeitpkte**; Schätzwert)

Beispiel: siehe Abbildung

Berechnet den internen Zinsfuß für eine Reihe von Zahlungen, die in unterschiedlicher Höhe zu nicht regelmäßigen Zeitpunkten erfolgen. Mit dieser Funktion lassen sich auch Investitionen und Cashflows überprüfen, die sonst sehr undurchschaubar bleiben.

Werte sind die Zahlungen, die erfolgen, wobei mindestens ein positiver und ein negativer Wert enthalten sein müssen. Zeitpkte sind die zu den Zahlungen gehörenden Zeitpunkte. Der erste Zeitpunkt ist der Beginn des Zahlungsplans, alle anderen müssen später liegen, brauchen aber nicht unbedingt in zeitlicher Reihenfolge angeordnet zu sein. Mit Schätzwert kann eine Vorgabe für den erwarteten internen Zinsfuß gemacht werden, ohne Angabe geht Excel von 10 % aus.

	A	B
1		
2	Interner Zinssatz und Kapitalwert	
3		
4	01.01.2004	-100000
5	01.02.2004	30000
6	01.06.2004	23000
7	15.09.2004	30000
8	18.12.2004	25000
9	Summe der Zahlungen	8000
10		
11	Schätzwert	14%
12		
13	XINTZINSFUSS()	15,83%
14	XKAPITALWERT()	949,11 €

Abbildung 16.19 Interner Zinsfuß und Kapitalwert bei unregelmäßigen Zahlungen

16 Tabellenfunktionen

XKAPITALWERT()

Syntax:	XKAPITALWERT(**Zins**; **Werte**; Zeitpkte)
Beispiel:	siehe Abbildung zu XINTZINSFUSS()

Berechnet den Nettokapitalwert für eine Reihe von Zahlungen, die in unterschiedlicher Höhe zu nicht regelmäßigen Zeitpunkten erfolgen. Mit dieser Funktion lassen sich auch Investitionen und Cashflows überprüfen, die sonst sehr undurchschaubar bleiben.

Zins gibt den Jahreszinssatz an, der in die Berechnung eingehen soll. Zu den übrigen Argumenten vergleiche XINTZINSFUSS().

ZINS()

Syntax:	ZINS(**Zzr**; **Rmz**; **Bw**; Zw; F; Schätzwert)
Beispiel:	=ZINS(8; -11000; 60000)
Ergebnis:	9 %

Diese Funktion berechnet den Zinssatz bei regelmäßigen Zahlungen. Sie kann für Zinseszinsrechnungen, aber auch für die Renten- und Tilgungsrechnung verwendet werden.

Zzr sind die Zahlungsperioden, über die die Zahlungen erfolgen. Soll die Funktion den monatlichen Zinssatz errechnen, muss der Jahreswert von Zzr mit 12 multipliziert werden. Rmz ist der über die Zahlungsperioden konstante regelmäßige Zahlungsbetrag (muss negativ sein, wenn er angegeben wird). Bw ist der Barwert, also der aktuelle Wert, z. B. eine anfängliche Einzahlung.

Wird Zw (Zukunftswert) nicht angegeben, so wird er von der Funktion als 0 angenommen. Mit F wird angegeben, ob die Zahlungen nachschüssig (0 oder weggelassen) oder vorschüssig, also am Anfang der Periode erfolgen (1). Es muss mindestens eines der beiden Argumente Rmz und Bw angegeben werden. Wenn für Rmz kein Wert angegeben wird, muss für Zw ein Wert angegeben werden.

	A	B	C	D
1				
2	Zinssatz pro Periode			
3				
4	Zzr	15	15	30
5	Rmz		-600,00 €	-1.000,00 €
6	Bw	-10.000,00 €	80.000,00 €	175.000,00 €
7	Zw	22.000,00 €		
8	F	0	1	0
9	Schätzwert			
10	ZINS()	5,40%	0,35%	0,46%
11	Jahreszins		4,26%	5,56%

Abbildung 16.20 Zinssatz bei regelmäßigen Zahlungen berechnen

Mit Schätzwert können Sie angeben, wie hoch Sie den Zins vermuten (das kann das Rechenverfahren verkürzen). Wenn Sie keinen Wert eingeben, wird er von der Funktion mit 10 % veranschlagt.

ZINSSATZ()

Syntax:	ZINSSATZ(**Abrechnung**; **Fälligkeit**; **Anlage**; **Rückzahlung**; Basis)
Beispiel:	=ZINSSATZ(DATWERT("1.4.2004"); DATWERT("19.9.2004"); 12000; 12600; 4)
Ergebnis:	10,71 %

Berechnet den (jährlichen) Zinssatz für eine Investition, bei der zwischen Abrechnung und Rückzahlung keine Zinsen ausgeschüttet werden. Bei der Investition handelt es sich nach der Terminologie der Argumente um den Kauf von Wertpapieren, die Funktion kann aber auf jede Situation angewendet werden, in der ein Betrag eingezahlt und ein anderer Betrag nach einer Frist zurückgezahlt wird.

Abrechnung ist der Kauftermin, Fälligkeit der Rücknahmetermin. Anlage ist der Betrag, der angelegt wurde, Rückzahlung der Betrag, der zum Fälligkeitstermin zurückgezahlt wird. Basis gibt an, nach welchem Zeitsystem die Zinstage berechnet werden.

ZINSTERMNZ()

Syntax:	ZINSTERMNZ(**Abrechnung**; **Fälligkeit**; **Häufigkeit**; Basis)
Beispiel:	=ZINSTERMNZ(DATWERT("1.4.2004"); DATWERT("19.9.2014"); 2; 4)
Ergebnis:	19.09.2004

Berechnet das Datum der ersten Zinsausschüttung nach dem Kauf eines verzinslichen Wertpapiers.

Abrechnung ist der Kauftermin, Fälligkeit der Rücknahmetermin. Häufigkeit ist die Zahl der jährlichen Zinsausschüttungen (1, 2 oder 4). Basis gibt an, nach welchem Zeitsystem die Zinstage berechnet werden.

ZINSTERMTAGE()

Syntax:	ZINSTERMTAGE(**Abrechnung**; **Fälligkeit**; **Häufigkeit**; Basis)
Beispiel:	=ZINSTERMTAGE(DATWERT("1.5.2004"); DATWERT("19.9.2004"); 2; 3)
Ergebnis:	182

Berechnet die Anzahl der Tage in derjenigen Zinsperiode, in die der Abrechnungszeitpunkt fällt.

Abrechnung ist der Kauftermin, Fälligkeit der Rücknahmetermin. Häufigkeit ist die Zahl der jährlichen Zinsausschüttungen (1, 2 oder 4). Basis gibt an, nach welchem Zeitsystem die Zinstage berechnet werden.

Die Funktion hat natürlich nur Sinn, wenn die Basis so gewählt ist, dass das Zinsjahr nicht mit 360 Tagen gerechnet wird (sonst kommt bei einer Häufigkeit von 4 immer 90 heraus) und wenn die Häufigkeit nicht mit 1 angesetzt ist (sonst kommt immer 360 bzw. 365 heraus).

ZINSTERMTAGNZ()

Syntax:	ZINSTERMTAGNZ(**Abrechnung**; **Fälligkeit**; **Häufigkeit**; Basis)
Beispiel:	=ZINSTERMTAGNZ(DATWERT("1.5.2004"); DATWERT("19.9.2004"); 4; 3)
Ergebnis:	49

Berechnet die Tage vom Kauftermin bis zum ersten Zinstermin.

Abrechnung ist der Kauftermin, Fälligkeit der Rücknahmetermin. Häufigkeit ist die Zahl der jährlichen Zinsausschüttungen (1, 2 oder 4). Basis gibt an, nach welchem Zeitsystem die Zinstage berechnet werden.

ZINSTERMTAGVA()

Syntax:	ZINSTERMTAGVA(**Abrechnung**; **Fälligkeit**; **Häufigkeit**; Basis)
Beispiel:	=ZINSTERMTAGVA(DATWERT("1.5.2004"); DATWERT("19.9.2004"); 4; 3)
Ergebnis:	43

Berechnet die Tage vom letzten Zinstermin vor der Abrechnung bis zur Abrechnung.

Abrechnung ist der Kauftermin, Fälligkeit der Rücknahmetermin. Häufigkeit ist die Zahl der jährlichen Zinsausschüttungen (1, 2 oder 4). Basis gibt an, nach welchem Zeitsystem die Zinstage berechnet werden.

ZINSTERMVZ()

Syntax:	ZINSTERMVZ(**Abrechnung**; **Fälligkeit**; **Häufigkeit**; Basis)
Beispiel:	=ZINSTERMVZ(DATWERT("1.5.2004"); DATWERT("19.9.2004"); 4; 3)
Ergebnis:	19.03.2004

Berechnet das Datum des letzten Zinstermins vor der Abrechnung.

Abrechnung ist der Kauftermin, Fälligkeit der Rücknahmetermin. Häufigkeit ist die Zahl der jährlichen Zinsausschüttungen (1, 2 oder 4). Basis gibt an, nach welchem Zeitsystem die Zinstage berechnet werden.

ZINSTERMZAHL()

Syntax:	ZINSTERMZAHL(**Abrechnung**; **Fälligkeit**; **Häufigkeit**; Basis)
Beispiel:	=ZINSTERMZAHL(DATWERT("1.5.2004"); DATWERT("19.9.2004"); 4; 3)
Ergebnis:	2

Berechnet die Zahl der Zinstermine zwischen dem Kaufdatum und dem Fälligkeitsdatum.

Abrechnung ist der Kauftermin, Fälligkeit der Rücknahmetermin. Häufigkeit ist die Zahl der jährlichen Zinsausschüttungen (1, 2 oder 4). Basis gibt an, nach welchem Zeitsystem die Zinstage berechnet werden.

ZINSZ()

Syntax:	ZINSZ(**Zins**; **Zr**; **Zzr**; **Bw**; Zw; F)
Beispiel:	=ZINSZ(8%; 5; 12; 8000)
Ergebnis:	-488,03

Die Funktion ermittelt den Zinsanteil für die Abzahlung eines Darlehens bei gleich bleibenden Zahlungen und bei gleich bleibendem Zinssatz (vergleiche KAPZ() und RMZ()).

Argumente sind Zins, Zzr (die Zahlungsperioden) und Bw (der Barwert, die Investition). Optional kann außer F (Fälligkeit; 0 für Ende der Perioden, 1 für Anfang) noch Zw (Zukunftswert) eingegeben werden. Vergleiche KAPZ().

ZW()

Syntax:	ZW(**Zins**; **Zzr**; **Rmz**; Bw; F)
Beispiel:	=ZW(7%; 8; 2400)
Ergebnis:	-24.623,53

Die Funktion liefert als Ergebnis den zukünftigen Wert auf der Grundlage gleicher Zahlungen zu gleichem Zinssatz über die angegebene Laufzeit.

Mit Zins wird der Zinssatz und mit Zzr werden die Zahlungsperioden (oder die Anzahl der Zahlungen) angegeben.

Außer dem Betrag, der periodisch zu zahlen ist (Rmz oder auch die Ratenzahlung), können noch zwei optionale Argumente angegeben werden. Bw ist der gegenwärtige Barwert (bei Einzahlungen auf der Bank etwa der gegenwärtige Kontostand). Wird Bw nicht angegeben, so wird er als 0 angenommen.

Mit F wird angegeben, ob die Zahlungen nachschüssig (0 oder weggelassen) oder vorschüssig, also am Anfang der Periode erfolgen (1).

ZW2()

Syntax:	ZW2(Kapital; Zinsen)
Beispiel:	siehe Abbildung

Berechnet den Endwert eines Kapitals, das über mehrere Jahre mit jährlich wechselnden Zinsen verzinst wird, wobei die Zinsen jedes Mal dem Kapital zugeschlagen werden, sodass Zinseszinsen anfallen.

Kapital ist das zum Anfang eingesetzte Kapital, Zinsen sind die jeweiligen Zinssätze, als Matrix oder Bereichsbezug angegeben. Implizit werden die Jahre aus der Zahl der eingegebenen Zinssätze errechnet.

	A	B	C	D
1				
2	Aufgezinstes Kapital bei wechselnden Zinsen			
3				
4	Jahreszinssätze		Anfangkapital	10000
5	3%	ZW2()	Endbetrag	12031
6	5%			
7	3%			
8	8%			

Abbildung 16.21 Verzinsung mit wechselnden Zinssätzen

ZZR()

Syntax:	ZZR(Zins; Rmz; Bw; Zw; F)
Beispiel:	=ZZR(5%; -1000; 10000)
Ergebnis:	14,2

Die Funktion berechnet die Zahl der Zahlungsperioden, z. B. zur Tilgung eines Darlehens, wenn die Zahlungen zu einem gleich bleibenden Zinssatz erfolgen.

Mit Zins und Rmz werden der Zinssatz und der Betrag der jeweiligen Zahlung angegeben. Bw ist der Betrag, der durch die Zahlungen erreicht werden soll (z. B. die Höhe des Darlehens). Zw steht für den Zukunftswert (welcher Betrag soll am Ende vorhanden sein). Mit F wird angegeben, ob die Zahlungen nachschüssig (0 oder weggelassen) oder vorschüssig, also am Anfang der Periode erfolgen (1).

16.4 Datums- und Zeitfunktionen

Funktion	Seite	Funktion	Seite
ARBEITSTAG()	697	MONAT()	701
ARBEITSTAG.INTL()	697	MONATSENDE()	701
BRTEILJAHRE()	698	NETTOARBEITSTAGE()	702
DATUM()	699	NETTOARBEITSTAGE.INTL()	702
DATWERT()	699	SEKUNDE()	702
EDATUM()	699	STUNDE()	702
HEUTE()	700	TAG()	703
JAHR()	700	TAGE360()	703
JETZT()	700	WOCHENTAG()	703
KALENDERWOCHE()	701	ZEIT()	704
MINUTE()	701	ZEITWERT()	704

Excel rechnet in den Datums- und Zeitfunktionen mit »seriellen Zahlen«, die in Excel als *Fortlaufende Zahl* bezeichnet werden. Alle Datumsangaben beziehen sich normalerweise auf den 1.1.1900, dieser Tag entspricht der seriellen Zahl 1, der darauffolgende Tag wird durch die serielle Zahl 2 repräsentiert usw., bis zur Zahl 2.958.465, die für den 31.12.9999 steht.

Alternativ kann noch eine andere Zählung der Datumswerte verwendet werden, die der auf dem Mac üblichen Zählung entspricht und die den Austausch von Arbeitsmappen mit dem Mac vereinfacht. Sie geht von dem Zeitpunkt 1.1.1904 als dem Tag 0 aus. In Excel können Sie eine Einstellung auf dieses Datumsformat über **Datei ▸ Optionen ▸ Erweitert ▸ Beim Berechnen dieser Arbeitsmappe** vornehmen, indem Sie **1904-Datumswerte verwenden** ankreuzen. Mit diesem späteren Einstieg in die Zählung hat Apple das Problem vermieden, dass das Jahr 1900 kein Schaltjahr war, was bei der Zählung ab 1.1.1900 unterstellt wird. Das falsche Datum 29.2.1900 kann bei dieser Zählung eingegeben werden, obwohl es diesen Tag nicht gegeben hat.

Die Verwendung der Zählung ab 1904 ist auch unter Windows nützlich, wenn mit negativen Werten für Zeiten gerechnet werden soll, wie weiter unten im Zusammenhang mit der Arbeitszeitberechnung noch gezeigt werden wird.

Uhrzeiten werden in Excel auch über die seriellen Zahlen dargestellt. Sie bilden ihren Dezimalteil, und zwar ist 0,00001 die erste Sekunde, 0,5 meint 12 Uhr mittags.

Einteilung und Verwendung der Zeitfunktionen

Durch die Umwandlung in serielle Zahlen kann mit Datums- und Zeitangaben sehr einfach gerechnet werden. Da diese sich nun intern als normale numerische Werte darstellen, können mit ihnen die üblichen Rechenoperationen vorgenommen werden, vornehmlich Subtraktionen und Additionen. Allerdings muss für den Benutzer nicht unbedingt sichtbar werden, dass die Datums- und Zeitfunktionen mit seriellen Zahlen rechnen, denn in der Ausgabe erscheint das Ergebnis zumeist in einem Datumsformat. Um die Ausgabe als serielle Zahl zu erreichen, braucht das Ergebnis allerdings nur in das Standard- oder Zahlformat überführt zu werden.

Beim Formatieren der Ergebnisse von Datums- und Zeitfunktionen sollte darauf geachtet werden, dass nicht aus Versehen ein unpassendes Format zugewiesen wird, das dem Datentyp des Ergebnisses nicht entspricht. So liefert beispielsweise die Formel =JAHR(HEUTE()) im Jahr 2010 das Ergebnis 2010 als Zahl. Wird diese Zelle dann irrtümlich mit einem Datumsformat belegt ist, erscheint beispielsweise ein Wert wie 02.07.1905.

Periodische Datumsreihen berechnen

Im folgenden Beispiel wird gezeigt, wie mit der Funktion DATUM() Datumsberechnungen vorgenommen werden können. Es sollen periodische Datumsreihen beliebiger Art berechnet werden. Sie müssen dazu nur ein Ausgangsdatum eingeben und das gewünschte Intervall in Tagen, Wochen oder Monaten. In der ersten Zeile der Tabelle mit den Datumsreihen wird einfach das Ausgangsdatum durch einen absoluten Bezug übernommen.

Die einzelnen Termine der Datumsreihe sind in Spalte A fortlaufend nummeriert. Auf diese Nummern nehmen die Formeln der Reihe Bezug. Die Nummerierung kann durch Ziehen des Ausfüllkästchens bei gedrückter Strg-Taste erzeugt werden.

In der zweiten Zeile werden Formeln verwendet, um jeweils den Zeitsprung zu berechnen. Diese Formeln müssen nur einmal eingegeben werden und können dann nach unten kopiert werden.

Die Formel für ein Tagesintervall lautet:

```
=DATUM(JAHR($A$6); MONAT($A$6); TAG($A$6)+(A10-1)*$B$6)
```

Vergessen Sie nicht, die absoluten Bezüge zu verwenden, wenn Sie das Beispiel nachvollziehen wollen.

Die Formeln für das Monatsintervall sind entsprechend. Es wird immer ein bestimmtes Vielfaches des angegebenen Intervalls auf den jeweiligen Bestandteil des Datums addiert.

Etwas mehr Aufwand macht das Wochenintervall:

```
=DATUM(JAHR($A$6); MONAT($A$6); TAG($A$6)+(A10-1)*$C$6*7)
```

	A	B	C	D
1				
2	Periodische Datumsreihen			
3				
4			Intervall	
5	Ausgangsdatum	in Tagen	in Wochen	in Monaten
6	31.05.2010	14	4	3
8	Termin			
9	1	31.05.2010	31.05.2010	31.05.2010
10	2	14.06.2010	28.06.2010	31.08.2010
11	3	28.06.2010	26.07.2010	01.12.2010
12	4	12.07.2010	23.08.2010	03.03.2011
13	5	26.07.2010	20.09.2010	31.05.2011
14	6	09.08.2010	18.10.2010	31.08.2011
15	7	23.08.2010	15.11.2010	01.12.2011
16	8	06.09.2010	13.12.2010	02.03.2012
17	9	20.09.2010	10.01.2011	31.05.2012
18	10	04.10.2010	07.02.2011	31.08.2012
19	11	18.10.2010	07.03.2011	01.12.2012
20	12	01.11.2010	04.04.2011	03.03.2013
21	13	15.11.2010	02.05.2011	31.05.2013
22	14	29.11.2010	30.05.2011	31.08.2013
23	15	13.12.2010	27.06.2011	01.12.2013
24	16	27.12.2010	25.07.2011	03.03.2014

Abbildung 16.22 Datumsreihen berechnen

Ist die Tabelle einmal aufgebaut, können Sie in den Zellen B6 bis D6 beliebige Werte für das Intervall eingeben und erhalten sofort die gewünschte Reihe.

Weltuhr im Tabellenblatt

Wer kennt nicht das Problem: Sie wollen Ihre Tante in Seattle anrufen, aber Sie wissen nicht, ob da drüben nicht gerade Schlafenszeit ist. Hier kann Excel mit einer Tabelle helfen, in der alle aktuellen Uhrzeiten der weltweiten Zeitzonen auf einen Blick angezeigt werden.

Für die Lösung dieser Aufgabenstellung gibt es in Excel eine ganze Reihe von mehr oder weniger anspruchsvollen Möglichkeiten. Hier wird ein Weg gezeigt, der fast ganz ohne Programmierung auskommt.

Der erste Schritt der Lösung besteht darin, eine Tabelle mit den Bezeichnungen zu den 24 Zeitzonen und den fünf Zwischenzonen anzulegen. Zu jeder dieser Zeitzonenbeschriftungen wird dann in einer benachbarten Spalte eine Formel abgelegt. Die Formel benutzt die Stunden und Minuten der aktuellen Systemzeit. Die Sekunden werden vernachlässigt. Die Formel für unsere eigene Zeitzone heißt:

```
=ZEIT(STUNDE(JETZT(); MINUTE(JETZT));)
```

Um für die anderen Zeitzonen die Differenz auszudrücken, muss diese Formel jedes Mal nur leicht modifiziert werden. Sie können die Formel also zunächst für die ganze Spalte kopieren und dann schrittweise ändern.

Die Formel für die nächste Zeitzone in Richtung Osten sieht so aus:

```
=ZEIT(STUNDE(JETZT())+1; MINUTE(JETZT());)
```

Es wird also einfach auf die Stundenzahl eine Stunde addiert. Die Tabelle zeigt einen Auszug der Zeitzonen.

Alaska	6:54
Pacific	7:54
Arizona, Mountain	8:54
Central	9:54
Eastern	10:54
Atlantic (Kanada)	11:54
Buenos Aires, Georgetown	12:54
Mittelatlantik	13:54
Azoren, Kapverden	14:54
London, Casablanca	15:54
Berlin, Paris, Rom	16:54
Osteuropa	17:54
Moskau, St. Petersburg	18:54
Wolgograd, Abu Dhabi	19:54
Karatschi, Taschkent	20:54
Almaty, Dakka	21:54
Bangkok, Hanoi	22:54

Bei der Formel für die nächste Zeitzone in Richtung Westen wird dagegen eine Stunde abgezogen:

```
=ZEIT(STUNDE(JETZT())-1; MINUTE(JETZT());)
```

Damit es nun aber nicht zu negativen Zeiten kommt, müssen die Formeln noch etwas erweitert werden, um solche Werte abzufangen:

`=ZEIT(WENN((STUNDE(JETZT())-1)<0; STUNDE(JETZT())-1+24; STUNDE(JETZT())-1; MINUTE(JETZT());)`

Etwas erweitert sind die Formeln für die Zwischenzonen, bei denen jeweils nur eine halbstündige Zeitverschiebung vorliegt. Die Formel für Kabul lautet beispielsweise:

`=ZEIT(STUNDE(JETZT())+3; MINUTE(JETZT())+30);)`

Sie belegen die ganze Spalte mit den Zeitformeln und dem Zeitformat *h:mm*.

Um die verschiedenen Zeiten der Weltuhr anzuzeigen, verwenden Sie eine entsprechende Anzahl von Textfeldern. Anstatt in die Textfelder Texte einzugeben, tragen Sie jeweils einen Zellbezug auf die Zelle ein, die die entsprechende Zeit liefert. In einem zweiten Textfeld geben Sie einen Bezug auf die Zelle ein, die die Zeitzonenbeschriftung enthält.

Am besten verfahren Sie dabei so, dass Sie die beiden Textfelder erst für eine Zeitzone anlegen und entsprechend formatieren. Wenn Sie dann die Textfelder kopieren und wieder einfügen, legt Excel die Kopie zunächst genau auf das Original. Sie können die Kopie dann mit der Maus wegziehen. Anschließend müssen Sie nur noch die Adresse derjenigen Zellen ändern, die die Zeitformel bzw. die Beschriftung enthalten.

Um die aktuelle Zeit abzufragen, könnte jedes Mal einfach F9 gedrückt werden. Um die Sache noch etwas freundlicher zu gestalten, ist noch ein Textfeld zum Anklicken eingefügt. Diesem Textfeld ist ein winziges Makro zugewiesen – benutzen Sie die rechte Maustaste und den Befehl **Zuweisen** dafür –, das nur den Befehl Calculate für eine Neuberechnung enthält.

```
Sub zeit()
    Calculate
End Sub
```

Wird anschließend das Textfeld Weltuhr angeklickt, zeigt Excel die aktuelle Zeit für alle Zeitzonen der Welt an.

Es wäre übrigens ziemlich einfach, das Blatt noch um eine Abfragemöglichkeit zu erweitern, um nicht nur jeweils die aktuelle Zeit, sondern auch für einen beliebigen Zeitpunkt hier die Zeiten in den anderen Zeitzonen zu erhalten. Sie müssten dann in den Formeln nur jeweils den Teil JETZT() durch den Namen einer Zelle ersetzen, in der Sie das über ein kleines Eingabefeld abgefragte Datum ablegen.

16 Tabellenfunktionen

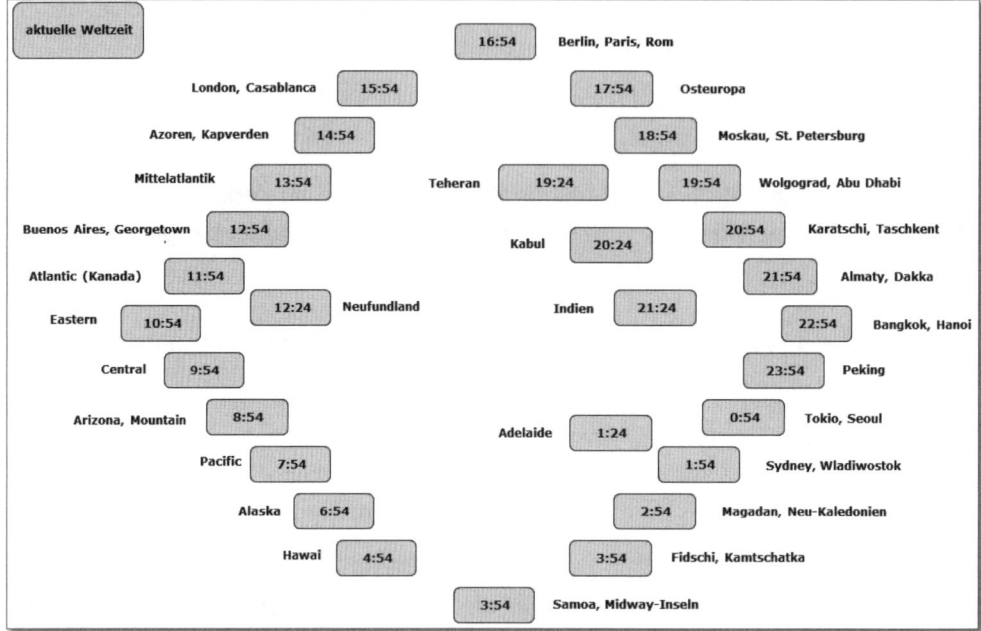

Abbildung 16.23 Weltuhr im Tabellenblatt

Periodische Zeitreihen berechnen

Im nächsten Beispiel werden, ähnlich wie oben im Beispiel über Datumsreihen, periodische Zeitreihen beliebiger Art berechnet. Sie geben eine Ausgangszeit ein und dann das gewünschte Intervall in Stunden, Minuten oder Sekunden. In der ersten Zeile der Tabelle mit den Zeitreihen wird einfach nur die Ausgangszeit durch einen absoluten Bezug übernommen. Die einzelnen Termine der Zeitreihe sind in Spalte A fortlaufend nummeriert. Auf diese Nummern nehmen die Formeln der Reihe Bezug. Die Nummerierung kann durch Ziehen des Ausfüllkästchens bei gedrückter Strg-Taste erzeugt werden.

In der zweiten Zeile werden Formeln verwendet, um jeweils den Zeitsprung zu berechnen. Diese Formeln müssen nur einmal eingegeben werden und können dann nach unten kopiert werden.

Die Formel für ein Stundenintervall lautet:

```
=ZEIT(STUNDE($A$6)+(A10-1)*$B$6; MINUTE($A$6); SEKUNDE($A$6))
```

Vergessen Sie nicht, die absoluten Bezüge zu verwenden, wenn Sie das Beispiel nachvollziehen wollen.

Die Formeln für das Minuten- bzw. Sekundenintervall lauten entsprechend. Es wird immer ein bestimmtes Vielfaches des angegebenen Intervalls auf den jeweiligen Bestandteil der Zeit addiert – hier auf die Minuten oder die Sekunden.

Ist die Tabelle einmal aufgebaut, können Sie in den Zellen B6 bis D6 beliebige Werte für das Intervall eingeben und erhalten sofort die gewünschte Reihe.

	A	B	C	D
1				
2	Periodische Zeitreihen			
3				
4			Intervall	
5	Ausgangszeit	in Stunden	in Minuten	in Sekunden
6	17:36:17	6	30	30
7				
8	Termin			
9	1	17:36:17	17:36:17	17:36:17
10	2	23:36:17	18:06:17	17:36:47
11	3	05:36:17	18:36:17	17:37:17
12	4	11:36:17	19:06:17	17:37:47
13	5	17:36:17	19:36:17	17:38:17
14	6	23:36:17	20:06:17	17:38:47
15	7	05:36:17	20:36:17	17:39:17
16	8	11:36:17	21:06:17	17:39:47
17	9	17:36:17	21:36:17	17:40:17
18	10	23:36:17	22:06:17	17:40:47
19	11	05:36:17	22:36:17	17:41:17
20	12	11:36:17	23:06:17	17:41:47
21	13	17:36:17	23:36:17	17:42:17
22	14	23:36:17	00:06:17	17:42:47
23	15	05:36:17	00:36:17	17:43:17
24	16	11:36:17	01:06:17	17:43:47

Abbildung 16.24 Zeitreihen berechnen

Arbeitszeitberechnung

Das folgende Beispiel behandelt die Frage, wie Zeiten zusammengerechnet werden können. Die Zeitfunktionen von Excel liefern ja normalerweise die Uhrzeit für einen bestimmten Zeitpunkt. Es ist aber kein Problem, Zeitdifferenzen zu ermitteln. Etwas trickreich ist das Zusammenziehen von Zeiten.

Eine kleine Tabelle wurde aufgebaut, um Arbeitszeiten für eine Woche einzutragen. Es werden immer der Beginn und das Ende der Arbeitszeit in den Spalten B und C eingegeben. Unterschieden werden drei verschiedene Arbeitszeiten: Normal-, Samstags- und Sonntagsarbeitszeit.

Um die Differenz zu ermitteln, kann wieder mit der Zeitfunktion gearbeitet werden. Die Formel für den ersten Tag lautet:

```
=ZEIT(STUNDE(C5-B5)-1; MINUTE(C5-B5);)
```

Mit –1 bei Stunden wird eine einstündige Pause berücksichtigt.

Wenn nun in der Tabelle die Summen für die drei Zeitarten gezogen werden, zeigt Excel bei normalem Datumsformat nicht die Zeitsummen an, sondern eine Uhrzeit. Das kann aber durch ein spezielles Format geändert werden. Markieren Sie den Bereich D5 bis F12, benutzen Sie im Dialog **Zellen formatieren** ▸ **Zahlen** die Kategorie **Benutzerdefiniert**. Geben Sie folgendes Format ein:

```
[h]:mm
```

Nun werden die Zeitsummen korrekt angezeigt.

	A	B	C	D	E	F
1						
2	Arbeitszeitberechnung				Woche:	33
3						
4		Beginn	Ende	Normale Arbeitszeit	Samstags-arbeit	Sonntags-arbeit
5	14.08.1995	8:40	16:30	6:50		
6	15.08.1995	8:30	16:30	7:00		
7	16.08.1995	12:30	21:30	8:00		
8	17.08.1995	14:30	21:30	6:00		
9	18.08.1995	8:30	16:30	7:00		
10	19.08.1995	8:30	12:30		4:00	
11	20.08.1995	8:30	10:30			2:00
12				10:50	4:00	2:00
13						
14		eine Stunde Pause				

Abbildung 16.25 Arbeitszeitrechnung mit falschen Summen

			Normale Arbeitszeit	Samstags-arbeit	Sonntags-arbeit
4	Beginn	Ende			
5	14.08.1995	8:40	16:30	6:50	
6	15.08.1995	8:30	16:30	7:00	
7	16.08.1995	12:30	21:30	8:00	
8	17.08.1995	14:30	21:30	6:00	
9	18.08.1995	8:30	16:30	7:00	
10	19.08.1995	8:30	12:30		4:00
11	20.08.1995	8:30	10:30			2:00
12				34:50	4:00	2:00

Abbildung 16.26 Arbeitszeitrechnung mit korrekten Zeitsummen

Tabellenblätter für Arbeitszeitberechnung

Zum Abschluss noch ein Beispiel, in dem ganz unterschiedliche Funktionen für die Berechnung von Arbeitszeiten genutzt werden, eine Aufgabe, die in der Regel mühsames Ermitteln von Über- und zu wenig geleisteten Stunden erfordert. Hier hilft ein geeignetes Tabellenblatt. In der hier vorgestellten Lösung erfahren Sie, wie Sie eine Anwendung er-

16.4 Datums- und Zeitfunktionen

stellen, in die Sie Datum, Arbeitsbeginn, -ende und Pausen eintragen, und schon zeigt Excel, ob Sie nachsitzen müssen oder früher nach Hause gehen dürfen. Wenn Sie an Wochenenden und an Feiertagen arbeiten sollten, werden diese Sonderschichten automatisch berücksichtigt und vom Programm gutgeschrieben. Damit auch mit negativen Zeitwerten gerechnet werden kann, wählen Sie die Registerkarte **Erweitert** unter **Excel-Optionen**. Aktivieren Sie das Kontrollkästchen **1904-Datumswerte verwenden**. Sie sollten dies möglichst vor der Eingabe von Datumswerten tun, weil bei nachträglicher Umstellung auf ein Datum immer 1.492 Tage aufaddiert werden. Das Datumsystem, das von 1.1.1900 rechnet, kann zwar auch negative Zeitwerte berechnen, ist aber nicht in der Lage, das Ergebnis in einem Zeitformat anzuzeigen, die Zelle wird mit #-Zeichen gefüllt.

Erfassen der Stammdaten

Beginnen Sie mit der Erstellung eines Stammdatenblatts. Dort werden folgende Informationen erfasst:

- Name, Personalnummer und Abteilung
- Stundenübertrag aus dem Vorjahr
- tägliche Arbeitszeit
- jährliche Feiertage

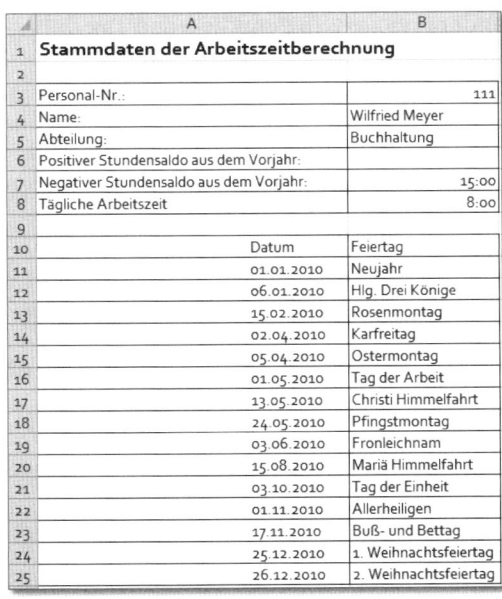

Abbildung 16.27 Stammdatenblatt für die Arbeitszeitberechnung

1 Legen Sie ein Arbeitsblatt an, wie in der Abbildung zu sehen.

2 Falls Sie einen positiven Überstundensaldo aus dem vergangenen Jahr haben, können Sie diesen in die Zelle B6 eintragen. Sollten Sie noch Minusstunden aus dem Vorjahr haben, erfassen Sie diese in Zelle B7.

3 In B8 geben Sie Ihre tägliche Arbeitszeit ein.

4 Damit die Feiertage später bei der Ermittlung der geleisteten Arbeitsstunden automatisch berücksichtigt werden, müssen auch diese in das Arbeitsblatt *Stammdaten* eingetragen werden. Geben Sie die Feiertage und die zugehörige Bezeichnung in den Bereich A10 bis B25 ein. Da in den einzelnen Bundesländern unterschiedliche Feiertagsregelungen gelten, können Ihre Eingaben unter Umständen von denen der Abbildung abweichen.

Markieren Sie den Bereich A11 bis A25, und weisen Sie diesem über **Formeln ▸ Definierte Namen ▸ Namen definieren** die Bezeichnung *Feiertage* zu. Vergeben Sie für die Zelle B8 den Namen *tägliche_Arbeitszeit*.

Monatskalender erstellen

Auf den einzelnen Monatsblättern werden die eigentlichen Berechnungen durchgeführt. Hierfür wird für jeden Monat ein Kalender angelegt, in dem für jeden Tag die Arbeitszeit festgelegt wird. Beginnen Sie mit dem Januar.

1 Erfassen Sie zunächst für den Monat Januar die Überschriften wie in der folgenden Abbildung.

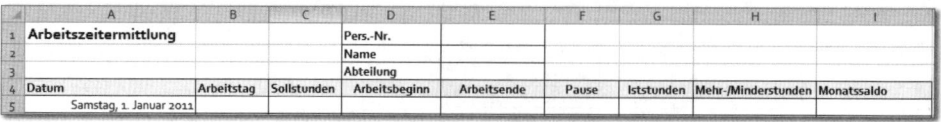

2 Sie benötigen für jeden Tag des Monats Januar eine eigene Zeile. Der erste Eintrag soll das Datum enthalten. Tippen Sie das Datum *01.01.2011* in die Zelle A5 ein.

3 Markieren Sie den Bereich A5 bis A35.

4 Benutzen Sie dann **Start ▸ Bearbeiten ▸ Füllbereich ▸ Reihe**.

16.4 Datums- und Zeitfunktionen

5 Im abgebildeten Dialogfeld sehen Sie, dass Excel von sich aus die korrekten Optionen, beispielsweise den Datumstyp, ausgewählt hat. Wenn Sie die Auswahl bestätigen, trägt Excel alle Datumsangaben für den Januar ein.

Arbeitstage und Arbeitszeiten berechnen

In Spalte B untersuchen Sie, ob es sich um einen Arbeitstag oder einen freien Tag handelt. Dies kann auf einfache Weise mithilfe der Funktion NETTOARBEITSTAGE() ermittelt werden, die zu den Analyse-Funktionen gehört. Für die Berechnung der Nettoarbeitstage werden die Feiertage des Abrechnungsjahres benötigt, die Sie bereits im Arbeitsblatt *Stammdaten* erfasst haben.

Die Funktion NETTOARBEITSTAGE() liefert die Anzahl ganzer Arbeitstage zwischen einem Anfangs- und Enddatum. Wochenenden werden automatisch abgezogen, ebenso die Tage, die als Feiertage bzw. Ferien angegeben werden.

Sollte die Funktion NETTOARBEITSTAGE() nicht zur Verfügung stehen, müssen Sie die Option **Analyse-Funktionen** im Dialog **Excel-Optionen ▶ Add-Ins** aktivieren.

Nettoarbeitstage ermitteln

1 Setzen Sie den Cursor in die Zelle B5, und benutzen Sie das Symbol **Funktion einfügen**.

2 Klicken Sie im Bereich **Kategorie** auf **Datum & Zeit**, und suchen Sie in der Liste die Funktion NETTOARBEITSTAGE().

3 Über einen Doppelklick auf den Eintrag **Nettoarbeitstage** gelangen Sie zur Auswahl der Funktionsargumente.

4 Geben Sie sowohl unter **Ausgangs-** als auch unter **Enddatum** A5 an. In das Feld **Freie_Tage** schreiben Sie *Feiertage*. Damit geben Sie Excel alle zuvor erfassten Feiertage an. Bestätigen Sie die Eingaben.

Wenn es sich um einen Arbeitstag handelt, gibt Excel die Ziffer 1 wieder, ansonsten erscheint in der Zelle eine Null. Die Null steht also für Samstage sowie Sonn- und Feiertage.

Ermitteln der Sollarbeitsstunden

Durch Auswertung der Ergebnisse in Spalte B können Sie jetzt leicht die Sollstunden der täglichen Arbeitszeit ermitteln. Wenn ein Arbeitstag vorliegt, soll die tägliche Arbeitszeit erscheinen. Ist dies nicht der Fall, beträgt die Anzahl der Sollstunden 0.

1 Wählen Sie die Zelle C5, und rufen Sie erneut **Funktion einfügen** auf.

2 Markieren Sie unter **Logik** den Eintrag **Wenn**.

3 Geben Sie unter **Prüfung** die Bedingung *B5=0* ein.

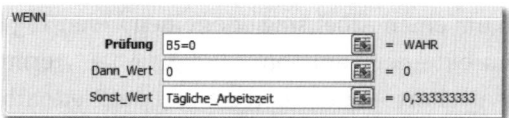

4 Unter **Dann_Wert** geben Sie »0« ein. Das ist der Wert, der angezeigt werden soll, wenn die Bedingung erfüllt ist.

5 Unter **Sonst_Wert** geben Sie *tägliche_Arbeitszeit* ein und schließen das Dialogfeld mit **OK**.

6 Markieren Sie die Zelle C5, und öffnen Sie das Dialogfeld **Zellen formatieren**. Aktivieren Sie die Registerkarte **Uhrzeit**, und weisen Sie der Zelle das benutzerdefiniert Format **hh:mm** zu.

Stundenermittlung

In den folgenden Spalten werden die Arbeitszeit sowie die Mehr- und Minderstunden ausgerechnet. Dazu müssen Sie die Anwesenheitszeit (Istzeit) und anschließend die täglichen Mehr- bzw. Minderstunden ermitteln. Danach wird dann der fortlaufende Gesamtsaldo aller Stundensalden berechnet.

Als Nächstes müssen die Formeln, die zur Ermittlung der Istzeiten und Stundensalden führen, eingegeben werden. Die Istzeit in der Zelle G5 ergibt sich durch die Formel

=WENN(ISTLEER(E5); 0; E5-D5-F5).

Mehr- und Minderstunden in Zelle H5 erhalten Sie durch die Formel

`=WENN(NICHT(ISTLEER(E5)); G5-C5; 0)`.

Mit der Funktion `ISTLEER()` prüfen Sie, ob in E5 ein Eintrag vorhanden ist. Eine Berechnung erfolgt demnach nur dann, wenn das Arbeitsende in E5 erfasst worden ist. Nur dann wird der Saldo zwischen Anfangs-, Endzeit und Pausen errechnet.

Der aktuelle Überstundensaldo ergibt sich aus dem Saldo des ersten Tages sowie den Mehr- oder Minderstunden aus dem vergangenen Jahr. Dabei greifen Sie auf Zelladressen des Blatts *Stammdaten* zu. Excel setzt dabei vor die Zelladresse den Blattnamen und trennt beide durch ein Ausrufezeichen.

Formeln für den Gesamtsaldo

Der Stundensaldo in Zelle I5 errechnet sich im Januar für den ersten Arbeitstag durch `=H5+Stammdaten!B6-Stammdaten!B7`. Der Überstundensaldo in I6 ergibt sich durch `=+H6+I5`, also den Stand des Vortages plus den aktuellen Tag.

Um das Blatt fertig zu stellen, weisen Sie den Zellen G5, H5, I5 und I6 das benutzerdefinierte Zahlenformat **[h]:mm;[Rot]-[h]:mm** zu, um negative Zahlen in roter Farbe mit einem Minuszeichen darzustellen. Kopieren Sie die Formeln der Spalten B bis H bis in die Zeile 35. Auch die Zelle I6 kopieren Sie bis in Zeile 35.

Name, Personal-Nr. und Abteilung anzeigen

Damit Name, Personal-Nr. und Abteilung auf den Monatsblättern erscheinen, geben Sie folgende Formeln ein:

- **D1:** `=Stammdaten!B3`
- **D2:** `=Stammdaten!B4`
- **D3:** `=Stammdaten!B5`

Da die Spalte B mit der Angabe der Nettoarbeitstage nur zu Hilfszwecken verwendet wurde, kann sie nachträglich auch ausgeblendet werden. Klicken Sie in den Spaltenkopf der Spalte B, um diese auszublenden. Wählen Sie aus dem Kontextmenü des Spaltenkopfes den Befehl **Ausblenden**. Die Spalte B wird nicht mehr angezeigt. In die Spalten D bis F werden später die täglichen Daten wie Ankunftszeit, Abgangszeit und Pausen eingetragen.

16 Tabellenfunktionen

Anlegen der anderen Monatsblätter

Jetzt können Sie die weiteren Monate anlegen. Damit Sie den Wust an Formeln und Formatierungen nicht mehrfach erfassen müssen, kopieren Sie das Arbeitsblatt *Januar*.

1 Klicken Sie mit der rechten Maustaste auf das Register des Blatts *Januar*.

2 Im Kontextmenü wählen Sie den Eintrag **Verschieben ▸ Kopieren**.

3 Im Dialogfeld aktivieren Sie das Kontrollkästchen **Kopie erstellen** und wählen unter **Einfügen vor** die Option **ans Ende stellen**. Sie erhalten ein Blatt mit dem Namen *Januar(2)*. Benennen Sie es nach einem Doppelklick in *Februar* um.

4 Ersetzen Sie die Januar-Datumswerte durch Februar-Werte. Denken Sie daran, dass der Februar in der Regel nur 28 Tage hat.

5 Der erste Überstundensaldo im Februar ergibt sich aus =Januar!I35+H5. Für die übrigen Monate sind die Formeln entsprechend anzupassen.

Arbeiten im fertigen Arbeitsblatt

In den fertigen Tabellenarbeitsblättern können Sie oder Ihre Mitarbeiter jetzt Ihre täglichen Arbeitszeiten zuzüglich Pausen eintragen. Sollten Sie einmal derartig im Stress sein, dass Sie bis Mitternacht arbeiten, tragen Sie *24:00* und nicht *0:00* ein, da Sie ansonsten Fehlwerte erhalten. Falls Sie einmal an Wochenenden oder Feiertagen arbeiten müssen, werden Ihnen diese Sonderschichten automatisch als positive Salden gutgeschrieben.

	A	B	C	D	E	F	G	H	I
1	Arbeitszeitermittlung			PersNr.		111			
2				Name	Wilfried Meyer				
3				Abteilung	Buchhaltung				
4	Datum	Arbeitstag	Sollstunden	Arbeitsbeginn	Arbeitsende	Pause	Iststunden	Mehr-/Minderstunden	Monatssaldo
5	Samstag, 1. Januar 2011	0	0:00	8:00	18:00	0:30	9:30	9:30	-5:30
6	Sonntag, 2. Januar 2011	0	0:00	8:00	18:00	0:30	9:30	9:30	4:00
7	Montag, 3. Januar 2011	1	8:00	10:00	20:00	0:30	9:30	1:30	5:30
8	Dienstag, 4. Januar 2011	1	8:00	9:00	18:15	1:00	8:15	0:15	5:45

Abbildung 16.28 Auszug aus einer ausgefüllten Monatstabelle

Referenz der Datums- und Zeitfunktionen

ARBEITSTAG()

Syntax:	ARBEITSTAG(**Ausgangsdatum**; **Tage**; Freie_Tage)
Beispiel:	=ARBEITSTAG(DATUM(2010;1;1); 20;D5:D7)
Ergebnis:	*3.02.2010*, wenn in *D5:D7* drei Datumswerte für freie Tage eingetragen sind

Liefert von einem Ausgangsdatum an gerechnet ein neues Datum, das sich um die mit Tage angegebene Zahl an Arbeitstagen und die mit Freie_Tage angegebene Zahl von freien Tagen vom Ausgangsdatum unterscheidet.

Ausgangsdatum kann im Datumsformat oder als serielle Zahl in der Bezugszelle stehen. Wird es direkt als Argument eingetragen, muss es als serielle Zahl oder mit der Funktion DATUM() oder DATWERT() eingegeben werden. Von diesem Datum (einschließlich) aus rechnet die Funktion die mit Tage angegebenen Arbeitstage sowie die als Freie_Tage bekannten Tage hinzu, ergänzt die in den Zeitraum fallenden Samstage und Sonntage und gibt das neue Datum aus. Das Argument Freie_Tage kann ein Bezug auf einen Zellbereich oder eine Matrix mit Datumswerten sein.

Werden negative Werte für Tage angegeben, rechnet die Funktion rückwärts.

ARBEITSTAG.INTL()

Syntax:	ARBEITSTAG.INTL(**Ausgangsdatum**; **Tage**; Wochenende; Freie_Tage)
Beispiel:	=ARBEITSTAG.INTL(DATUM(2010;1;1); 20;"0000011";D5:D7)
Ergebnis:	*3.02.2010*, wenn in D5:D7 drei Datumswerte für freie Tage eingetragen sind

Liefert von einem Ausgangsdatum aus gerechnet ein neues Datum, das sich um die mit Tage angegebene Zahl an Arbeitstagen, die Wochenendtage und die mit Freie_Tage angegebene Zahl von freien Tagen vom Ausgangsdatum unterscheidet. Die Funktion erweitert die Funktion ARBEITSTAG() um das Argument Wochenende, wobei beliebige Wochentage als Wochenende behandelt werden können. Mit Wochenendnummern wird angegeben, welche Tage als Wochenende genommen werden.

Nr.	Wochenendtage
1 (oder nicht angegeben)	Samstag, Sonntag
2	Sonntag, Montag
3	Montag, Dienstag
4	Dienstag, Mittwoch

16 Tabellenfunktionen

Nr.	Wochenendtage
5	Mittwoch, Donnerstag
6	Donnerstag, Freitag
7	Freitag, Samstag
11	Nur Sonntag
12	Nur Montag
13	Nur Dienstag
14	Nur Mittwoch
15	Nur Donnerstag
16	Nur Freitag
17	Nur Samstag

Statt der Nummern kann auch eine Zeichenfolge angegeben werden, bei der beginnend mit dem Montag 1 für Wochenendtage steht, 0 für Arbeitstage, etwa *0000011*.

BRTEILJAHRE()

Syntax:	BRTEILJAHRE(**Ausgangsdatum**; **Enddatum**; Basis)
Beispiel:	=BRTEILJAHRE(B5; B6; 4)
Ergebnis:	*0,50*, wenn in B5:B6 die Daten *01.07.2010* und *31.12.2010* stehen

Liefert für Zinsberechnungen die Zeitspanne zwischen Ausgangsdatum und Enddatum als Bruchteil von Jahren.

Mit Basis wird angegeben, wie das Jahr berechnet werden soll: 0 oder nicht angegeben (12 Monate mit 30 Tagen, USA); 1 (genau); 2 (Tage/360); 3 (Tage/365); 4 (Europa, 30/360). Vergleiche die Vorbemerkungen zu den Finanzfunktionen.

Die Unterschiede, die sich aus der Wahl von Basis ergeben, zeigt die folgende Abbildung.

	A	B	C	D	E	F	G
1							
2	**Jahresbruchteile**						
3							
4	Basis		0	1	2	3	4
5	Ausgangsdatum	01.07.2010					
6	Enddatum	31.12.2010					
7							
8		BRTEILJAHRE()	0,5000	0,5014	0,5083	0,5014	0,4972

Abbildung 16.29 Umrechnung in Jahresbruchteile

16.4 Datums- und Zeitfunktionen

DATUM()

Syntax:	DATUM(Jahr; Monat; Tag)
Beispiel:	=DATUM(2010; 1; 1)
Ergebnis:	01.01.2010

Die Funktion berechnet eine serielle Zahl für das eingegebene Datum, das im Zeitraum vom 1.1.1900 bis zum 31.12.2078 liegen darf. Die wiedergegebenen Werte liegen dann zwischen 1 und 65.380.

Die Werte für Monat und Tag dürfen auch größer als 12 bzw. 31 sein, die »überschüssigen« Monate oder Tage werden intern verrechnet.

Wie das Ergebnis der Funktion in der Zelle angezeigt wird, hängt vom Zahlenformat der Zelle ab. Ohne weitere Formatierung wird das Datumsformat verwendet.

DATWERT()

Syntax:	DATWERT(Datumstext)
Beispiel:	=DATWERT("1.Mai 1901")
Ergebnis:	487

Ein Datum lässt sich als Zeichenfolge eingeben, wenn diese in Anführungszeichen gesetzt wird. Die Funktion DATWERT() wandelt diese Zeichenfolge in eine serielle Zahl um. Die Zeichenfolge muss allerdings in einer Schreibweise eingegeben werden, die einem der gültigen Excel-Datumsformate entspricht.

Die zeitlichen Begrenzungen sind dieselben wie in der Funktion DATUM(). Diese Funktion eignet sich speziell für Importe, z. B. aus Textverarbeitungsprogrammen oder aus Programmen, die ein anderes Datumsformat verwenden.

EDATUM()

Syntax:	EDATUM(Ausgangsdatum; Monate)
Beispiel:	=EDATUM(A18; 35)
Ergebnis:	*01.12.2006*, wenn in A18 das Datum *01.01.2004* steht und die Ergebniszelle als Datum formatiert ist

Liefert ein um Monate vorwärts oder rückwärts verschobenes Datum.

HEUTE()

Syntax:	HEUTE()
Beispiel:	=HEUTE()
Ergebnis:	aktuelles Datum im Standarddatumsformat des Systems

Beim Aufruf der Funktion wird das Systemdatum aus der Computeruhr als Ergebnis geliefert. Die Funktion aktualisiert den ausgegebenen Wert jeweils bei Neuberechnung. Das kann ein durchaus unerwünschter Effekt sein. Vermeiden lässt sich die Neuberechnung, wenn nach Eingabe der Funktion F9 (Umwandeln in den Wert) gedrückt wird oder indem mit **Kopieren** und anschließend **Einfügen ▸ Werte** die Funktion durch ihr Ergebnis ersetzt wird.

JAHR()

Syntax:	JAHR(**Zahl**)
Beispiel:	=JAHR(39448)
Ergebnis:	2008

Wird als Argument eine Zahl, die einer Datumsseriennummer entspricht, eingefügt, so wird als Ergebnis das Jahr ausgegeben, das dieser Zahl entspricht. Ebenso kann als Argument auch Text verwendet werden, wenn er einem Excel-Datumsformat entspricht und in Anführungszeichen gesetzt ist.

JETZT()

Syntax:	JETZT()
Beispiel:	=JETZT()
Ergebnis:	z. B. *01.05.2010 12:37*

Diese Funktion liefert Datum und Uhrzeit aus der Systemuhr Ihres Computers. Sie aktualisiert den ausgegebenen Wert jeweils bei Neuberechnung. Das kann ein durchaus unerwünschter Effekt sein. Vermeiden lässt sich die Neuberechnung, wenn nach Eingabe der Funktion F9 (Umwandeln in den Wert) gedrückt wird oder indem mit **Kopieren** und anschließend **Einfügen ▸ Werte** die Funktion durch ihr Ergebnis ersetzt wird.

Verwenden können sie JETZT() für zeitliche Dokumentationen oder als Stoppuhr für Zeitabläufe. Obwohl die Funktion kein Argument verlangt, müssen die leeren Klammern mit angegeben werden.

KALENDERWOCHE()

Syntax:	KALENDERWOCHE(**Fortlaufende_Zahl**; Zahl_Typ)
Beispiel:	=KALENDERWOCHE(HEUTE(); 1)
Ergebnis:	z. B. 6 am 1.2.2010

Liefert für das mit Fortlaufende_Zahl angegebene Datum die entsprechende Kalenderwochenzahl. Zahl_Typ 1 gibt an, dass die Woche am Sonntag beginnt, 21 sorgt für eine ISO-konforme Berechnung mit dem Montag als ersten Wochentag.

MINUTE()

Syntax:	MINUTE(**Zahl**)
Beispiel:	=MINUTE(0,001)
Ergebnis:	1

Der Minutenanteil einer seriellen Zahl wird ausgegeben. Der Wert kann auch als Text eingegeben werden, dann muss er aber in Anführungszeichen und in einem Excel-Zeitformat erscheinen.

MONAT()

Syntax:	MONAT(**Zahl**)
Beispiel:	=Monat(34406)
Ergebnis:	3

Die Funktion gibt einen Wert von 1 bis 12 aus, der aus der seriellen Zahl für ein Datum den entsprechenden Monat ermittelt. Ebenso kann als Argument auch Text verwendet werden, wenn er einem Excel-Datumsformat entspricht und in Anführungszeichen gesetzt ist.

MONATSENDE()

Syntax:	MONATSENDE(**Ausgangsdatum**; **Monate**)
Beispiel:	=MONATSENDE(DATWERT("01.02.2010"; 3)
Ergebnis:	31.05.2010

Liefert den letzten Tag des Monats, in den das um Monate verschobene Datum fällt.

NETTOARBEITSTAGE()

Syntax:	NETTOARBEITSTAGE(**Ausgangsdatum**; **Enddatum**; Freie_Tage)
Beispiel:	=NETTOARBEITSTAGE(DATUM(2010;1;1);DATUM(2010; 1; 31))
Ergebnis:	21

Liefert die Anzahl der Arbeitstage zwischen den beiden Datumsangaben. Als Arbeitstage werden die Werktage (nicht Samstag und Sonntag) gezählt; mit Freie_Tage lassen sich zusätzlich Feiertage und Urlaubstage angeben, die abgezogen werden. Das Argument Freie_Tage kann ein Bezug auf einen Zellbereich oder eine Matrix mit Datumswerten sein.

NETTOARBEITSTAGE.INTL()

Syntax:	NETTOARBEITSTAGE.INTL(**Ausgangsdatum**; **Enddatum**; Wochenende; Freie_Tage)
Beispiel:	=NETTOARBEITSTAGE.INTL(DATUM(2010;1;1); DATUM(2010;1;31); 11)
Ergebnis:	26, da nur die Sonntage als Wochenendtage gezählt werden

Liefert die Zahl der Arbeitstage zwischen den beiden Datumsangaben. Die Funktion erweitert die Funktion NETTOARBEITSTAGE() um das Argument Wochenende, wobei beliebige Wochentage als Wochenende behandelt werden können. Mit Wochenendnummern wird angegeben, welche Tage als Wochenende gewertet werden. Statt der Nummern kann auch eine Zeichenfolge angegeben werden, bei der beginnend mit dem Montag 1 für Wochenendtage steht, 0 für Arbeitstage, etwa *0000011*. Siehe dazu die Funktion ARBEITSTAG.INTL().

SEKUNDE()

Syntax:	SEKUNDE(**Zahl**)
Beispiel:	=Sekunde(34240,60785)
Ergebnis:	18

Der Sekundenanteil einer Zeitseriennummer wird als eine Zahl von 0 bis 59 ausgegeben. Der Wert kann auch als Text eingegeben werden, dann muss er aber in Anführungszeichen und in einem Excel-Datumsformat erscheinen. Im Beispiel wird von der Funktion nur der Zeitanteil rechts vom Komma für die Sekundendarstellung verwendet.

STUNDE()

Syntax:	STUNDE(**Zahl**)
Beispiel:	=STUNDE(0,61692)
Ergebnis:	14

Die Funktion gibt einen Wert von 0 bis 23 aus, indem aus der seriellen Zahl für Datum und Zeit die entsprechende Stunde ermittelt wird. Ebenso kann als Argument auch Text verwendet werden, wenn er einem Excel-Datumsformat entspricht und in Anführungszeichen gesetzt ist.

TAG()

Syntax:	TAG(**Zahl**)
Beispiel:	=TAG(34240)
Ergebnis:	28

Die Funktion gibt einen Wert von 1 bis 31 aus, indem aus der seriellen Zahl für ein Datum der entsprechende Tag ermittelt wird. Ebenso kann als Argument auch Text verwendet werden, wenn er einem Excel-Datumsformat entspricht und in Anführungszeichen gesetzt ist.

TAGE360()

Syntax:	TAGE360(**Ausgangsdatum**; **Enddatum**; Methode)
Beispiel:	=TAGE360("28.02.1994"; "28.04.1994")
Ergebnis:	57

Die Funktion gibt die Anzahl der Tage an, die zwischen zwei verschiedenen Datumsangaben liegen. Grundlage dafür ist das Zinsjahr, die Einteilung des Jahres in 12 Monate zu 30 Tagen. Liegt das Enddatum kalendarisch vor dem Anfangsdatum, so wird das Ergebnis in negativer Form ausgegeben.

Das optionale Argument Methode schaltet einen Wahrheitswert. Mit WAHR oder nicht angegeben wird die amerikanische Methode für die Berechnung verwendet, mit FALSCH die europäische.

WOCHENTAG()

Syntax:	WOCHENTAG(**Zahl**; Typ)
Beispiel:	=WOCHENTAG(DATWERT("01.01.2010"); 2)
Ergebnis:	5

Das Ergebnis dieser Funktion ist eine Zahl von 1 bis 7. Jede Zahl stellt dabei die Nummer eines Wochentags dar. Ist für das optionale Argument Typ 1 angegeben oder fehlt das Argument, beginnt die Zählung am Sonntag mit 1. Mit Typ=2 beginnt die Zählung am Montag.

ZEIT()

Syntax:	ZEIT(Stunde; Minute; Sekunde)
Beispiel:	=ZEIT(1; 1; 1)
Ergebnis:	1:01 AM

Die Funktion liefert die Zeit, die durch die Werte für Stunde, Minute und Sekunde festgelegt wird.

ZEITWERT()

Syntax:	ZEITWERT(Zeit)
Beispiel:	=ZEITWERT("12:00:00")
Ergebnis:	0,5

Eine Zeitangabe lässt sich als Zeichenfolge eingeben, wenn diese in Anführungszeichen gesetzt ist. Die Funktion ZEITWERT() wandelt diese Zeichenfolge in eine serielle Zahl um. Die Zeichenfolge muss allerdings in einer Schreibweise eingegeben werden, die einem der gültigen Excel-Datumsformate entspricht. Diese Funktion eignet sich speziell für Importe, z. B. aus Textverarbeitungsprogrammen oder aus Programmen, die ein anderes Zeitformat verwenden.

16.5 Mathematische Funktionen

Funktion	Seite	Funktion	Seite
ABRUNDEN()	708	POLYNOMIAL()	719
ABS()	708	POTENZ()	720
AGGREGAT()	708	POTENZREIHE()	720
ARCCOS()	710	PRODUKT()	720
ARCCOSHYP()	711	QUADRATESUMME()	721
ARCSIN()	711	QUOTIENT()	721
ARCSINHYP()	711	REST()	721
ARCTAN()	711	RÖMISCH()	722
ARCTAN2()	712	RUNDEN()	722
ARCTANHYP()	712	SIN()	722
AUFRUNDEN()	712	SINHYP()	723

16.5 Mathematische Funktionen

Funktion	Seite	Funktion	Seite
BOGENMASS()	712	SUMME()	723
COS()	713	SUMMENPRODUKT()	724
COSHYP()	713	SUMMEWENN()	724
EXP()	713	SUMMEWENNS()	725
FAKULTÄT()	713	SUMMEX2MY2()	725
GANZZAHL()	714	SUMMEX2PY2()	726
GERADE()	714	SUMMEXMY2()	726
GGT()	714	TAN()	727
GRAD()	715	TANHYP()	727
KGV()	715	TEILERGEBNIS()	727
KOMBINATIONEN()	715	UNGERADE()	728
KÜRZEN()	716	UNTERGRENZE()	728
LN()	716	UNTERGRENZE.GENAU()	729
LOG()	716	VORZEICHEN()	729
LOG10()	717	VRUNDEN()	730
MDET()	717	WURZEL()	730
MINV()	718	WURZELPI()	730
MMULT()	718	ZUFALLSBEREICH()	730
OBERGRENZE()	718	ZUFALLSZAHL()	731
OBERGRENZE.GENAU()	719	ZWEIFAKULTÄT()	731
PI()	719		

Angesichts der Fülle an Funktionen aus den Bereichen von Mathematik und Trigonometrie seien einige Vorbemerkungen erlaubt.

Trigonometrische Funktionen

Die Winkelfunktionen, die nicht nur in der Geometrie, sondern auch in all jenen wissenschaftlichen Bereichen benötigt werden, die sich mit Schwingungen im weitesten Sinne (Schall, Licht, Elektrizität, Mechanik) befassen, verdanken sich ursprünglich Berechnungen am rechtwinkligen Dreieck.

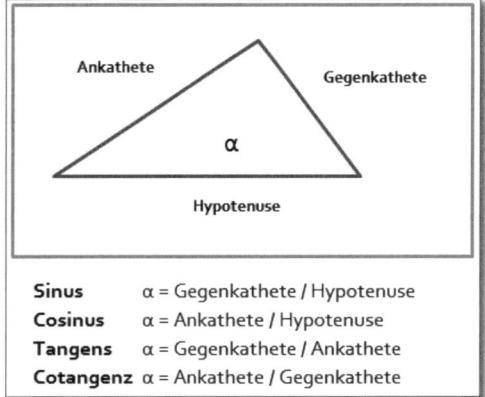

Abbildung 16.30 Trigonometrische Funktionen

Gearbeitet wird mit Winkelgrößen, die nicht in Grad, sondern in Bogenmaß angegeben sind. Als Bogenmaß eines Winkels wird die Länge des Kreisbogens bezeichnet, den der Winkel aus dem Einheitskreis (Kreis mit dem Radius 1) ausschneidet. Da der Umfang eines Kreises `2*r*PI` ist, beträgt der Umfang des Einheitskreises `2*PI`, das Bogenmaß des Winkels 360 Grad ist also `2*PI`.

Die Umrechnung von Grad in Bogenmaß ist demnach:

```
Grad = Bogenmaß*180/PI
Bogenmaß = Grad*PI/180
```

Die Winkelfunktionen geben die Verhältnisse bestimmter Seiten eines rechtwinkligen Dreiecks in Abhängigkeit von einem Winkel an:

```
SIN(x) = Gegenkathete/Hypothenuse
COS(x) = Ankathete/Hypothenuse
TAN(x) = Gegenkathete/Ankathete
COT(x) = Ankathete/Gegenkathete
```

Der Kotangens ist als Funktion in Excel nicht enthalten, da er der Kehrwert des Tangens ist:

```
COT(x) = 1/TAN(x)
```

Mit den jeweiligen Arkus-Funktionen wird ausgehend von einer Winkelfunktion der zugehörige Winkel im Bogenmaß (= Arcus) ermittelt. Es gilt also für alle Winkelfunktionen eine Beziehung nach dem Muster:

```
Wenn y = SIN(x) dann gilt ARCSIN(y) = x
```

Hyperbolische Funktionen

Die hyperbolischen Funktionen sind, trotz ihrer an Winkelfunktionen erinnernden Namen, keine eigentlichen Winkelfunktionen. Das wird schon daran deutlich, dass sie im Gegensatz zu Winkelfunktionen nicht periodisch verlaufen. Die Namensgebung rechtfertigt sich aber aus einer großen formalen Übereinstimmung bei den Beziehungen zwischen den einzelnen Funktionen sowie aus mathematischen Zusammenhängen zwischen beiden. Anwendung finden derartige Funktionen z. B. in einigen statistischen Näherungsverfahren, bei statischen Berechnungen und in der Analysis.

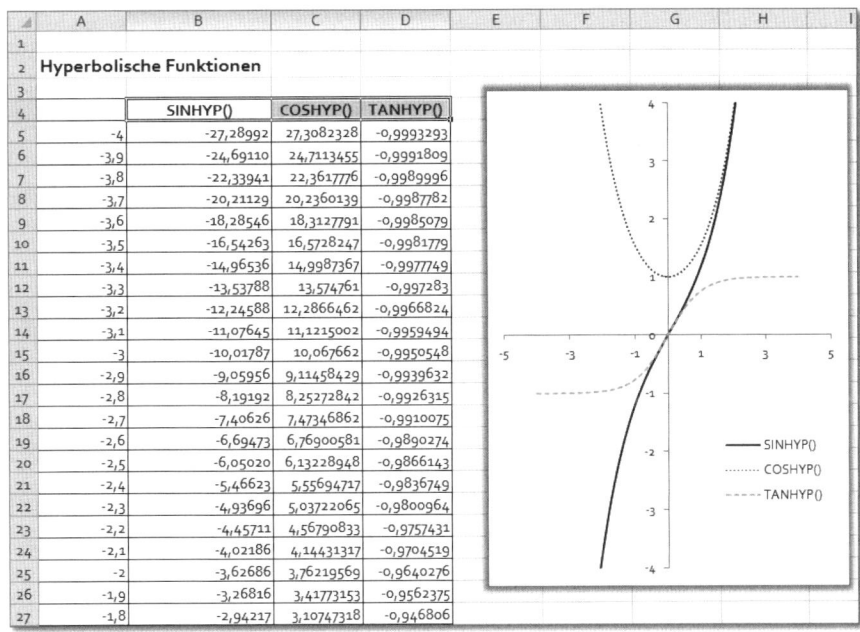

Abbildung 16.31 Hyperbolische Funktionen

Die Bezeichnung der inversen Funktionen (Area-Funktionen) mit ARC ... (analog zu den Arkus-Funktionen der Winkelfunktionen) ist allerdings sehr unglücklich: Die Area-Funktionen liefern keinen Winkel im Bogenmaß (Arcus), sondern in der geometrischen Deutung eine Fläche. Der Cotangens hyperbolicus ist in Excel nicht eigens als Funktion enthalten, da er der Kehrwert des Tangens hyperbolicus ist:

```
coth(x) = 1/tanh(x)
```

Für die Area-Funktionen gilt (analog zu den Winkelfunktionen) für alle hyperbolischen Funktionen eine Beziehung nach dem Muster:

```
Wenn y = SINHYP(x), dann gilt ARCSINHYP(y) = x
```

Referenz der mathematischen Funktionen

ABRUNDEN()

Syntax:	ABRUNDEN(**Zahl**; **Anzahl_Stellen**)
Beispiel:	=ABRUNDEN(-657,65; -1)
Ergebnis:	-650

Die Funktion rundet den mit Zahl angegebenen Wert in Richtung 0 auf dem Zahlenstrahl. Positive Zahlen werden also abgerundet, negative aufgerundet.

Mit dem Argument Anzahl_Stellen wird die Anzahl der Stellen angegeben, die beim Runden berücksichtigt wird. Ist Anzahl_Stellen gleich 1 oder größer, dann wird auf die entsprechende Anzahl Dezimalstellen abgeschnitten, ist es Null, werden die Dezimalstellen abgeschnitten, sodass die Ganzzahl übrig bleibt. Ist das Argument negativ, wird um die angegebenen Stellen nach links gerundet, und zwar so, dass sich die gerundete Zahl in Richtung Null bewegt.

ABS()

Syntax:	ABS(**Zahl**)
Beispiel:	=ABS(-8)
Ergebnis:	8

Diese Funktion eliminiert die Vorzeichen von Zahlenwerten. Ob ABS() auf Zahlen mit negativem oder positivem Vorzeichen angewendet wird, als Ergebnis wird der nicht negative Betrag dieser Zahlen geliefert (in mathematischer Schreibweise |x|).

AGGREGAT()

Syntax1:	AGGREGAT(**Funktion**; **Optionen**; **Bezug1**; Bezug2...)
Beispiel:	=AGGREGAT(1; 6; D4:E8)
Ergebnis:	Liefert den Mittelwert der Werte in D4:E8 und ignoriert den Fehlerwert in E6 (siehe Abbildung).
Syntax2:	AGGREGAT(**Funktion**; **Optionen**; **Array**; k)
Beispiel:	=AGGREGAT(14; 1; {120.290.120.450.290};2)
Ergebnis:	290

Die Funktion erlaubt es, Daten in Zellbereichen oder Matrizen auf unterschiedliche Weise auszuwerten. Die Art der Auswertung wird über den Wert für das Argument Funktion bestimmt.

16.5 Mathematische Funktionen

Nr.	Funktion
1	MITTELWERT
2	ANZAHL
3	ANZAHL2
4	MAX
5	MIN
6	PRODUKT
7	STABW.S
8	STABW.N
9	SUMME
10	VAR.S
11	VAR.P
12	MEDIAN
13	MODUS.EINF
14	KGRÖSSTE
15	KKLEINSTE
16	QUANTIL.INKL
17	QUARTILE.INKL
18	QUANTIL.EXKL
19	QUARTILE.EXKL

Das zweite Argument Optionen bestimmt, wie die Auswertung mit den verschachtelten Funktionen TEILERGEBNIS() oder AGGREGAT(), mit Fehlerwerten, ausgeblendeten Zellbereichen oder Leerwerten verfahren soll, die in dem auszuwertenden Datenbereich vorkommen können.

Option	Verhalten
0	verschachtelte Funktionen TEILERGEBNIS() und AGGREGAT() ignorieren
1	ausgeblendete Zellen, verschachtelte Funktionen TEILERGEBNIS() und AGGREGAT() ignorieren
2	Fehlerwerte, verschachtelte Funktionen TEILERGEBNIS() und AGGREGAT() ignorieren

Option	Verhalten
3	Fehlerwerte, ausgeblendete Zellen, verschachtelte Funktionen TEILERGEBNIS() und AGGREGAT() ignorieren
4	Leerwerte ignorieren
5	ausgeblendete Zellen ignorieren
6	Fehlerwerte ignorieren
5	ausgeblendete Zellen und Fehlerwerte ignorieren

In Syntax1 wird mit dem dritten Argument Bezug1 ein Bezug auf einen Zellbereich mit auszuwertenden Daten angegeben. Weitere Bezüge – bis zu 254 insgesamt – können folgen.

In Syntax2 werden die auszuwertenden Daten über das Argument Array bestimmt. Benötigt die mit Funktion gewählte Auswertung noch ein weiteres Element, wird dieses als Argument k angegeben. Im Beispiel wird die Funktion KKLEINSTE() verwendet, und mit k wird angegeben, dass der zweitkleinste Wert gesucht wird. Die Funktion kann insbesondere für bedingte Formatierungen von Bereichen genutzt werden, um zu verhindern, dass Zellen mit Fehlerwerten die Auswertung mit statistischen Funktionen blockieren.

	A	B	C	D	E
1					
2	**AGGREGAT()**				
3					
4	Wert	Formel		120	120
5	290,00	=AGGREGAT(14;6;{120.290.120.450.290};2)		290	290
6	#DIV/0!	=AGGREGAT(1; 1; D4:E8)		120	#DIV/0!
7	268,89	=AGGREGAT(1;6; D4:E8)		450	450
8				290	290

Abbildung 16.32 Beispiel für Auswertungen mit der Funktion AGGREGAT()

ARCCOS()

Syntax:	ARCCOS(**Zahl**)
Beispiel:	=ARCCOS(0,9)
Ergebnis:	0,451027

Die Funktion ARCCOS() ergibt zu dem gegebenen Kosinus eines Winkels den zugehörigen Winkel im Bogenmaß. Für Kosinuswerte zwischen −1 und 1 liegt der Winkel zwischen 0 und PI.

Soll der Winkel in Grad angegeben werden, müsste die Formel im Beispiel lauten:

`ARCCOS(0,9)*180/PI()`

Das Ergebnis ist dann 25,84 Grad.

ARCCOSHYP()

Syntax:	ARCCOSHYP(**Zahl**)
Beispiel:	=ARCCOSHYP(1)
Ergebnis:	0

Umkehrfunktion zu `COSHYP()`

ARCSIN()

Syntax:	ARCSIN(**Zahl**)
Beispiel:	=ARCSIN(0,5)
Ergebnis:	0,523599

`ARCSIN()` berechnet zu einem gegebenen Sinuswert den zugehörigen Winkel. Für Sinuswerte zwischen –1 und 1 liegt der Winkel zwischen –PI/2 und PI/2, d. h. zwischen –90 und 90 Grad.

ARCSINHYP()

Syntax:	ARCSINHYP(**Zahl**)
Beispiel:	=ARCSINHYP(2)
Ergebnis:	1,443635

Umkehrfunktion zu `SINHYP()`

ARCTAN()

Syntax:	ARCTAN(**Zahl**)
Beispiel:	=ARCTAN(0,3)
Ergebnis:	0,291457

Mit `ARCTAN()` wird zu dem gegebenen Tangens eines Winkels der Winkel selbst errechnet. Das Ergebnis im Bogenmaß liegen zwischen –PI/2 und PI/2.

ARCTAN2()

Syntax:	ARCTAN2(x_Koordinate; y_Koordinate)
Beispiel:	=ARCTAN2(4; -3)
Ergebnis:	-0,643501

Diese spezielle Form des Arkustangens gestattet es, bei einer Geraden, die durch den 0-Punkt eines Koordinatenkreuzes verläuft, direkt durch Angabe von x-Koordinate und y-Koordinate eines Punktes den Steigungswinkel der Geraden zu ermitteln. Das Ergebnis liegt zwischen PI und –PI (ausgenommen –PI).

ARCTANHYP()

Syntax:	ARCTANHYP(Zahl)
Beispiel:	=ARCTANHYP(0,5)
Ergebnis:	0,549306

Umkehrfunktion zu TANHYP(). Für Zahl sind nur Werte zwischen –1 und 1 möglich (ausgenommen –1 und 1).

AUFRUNDEN()

Syntax:	AUFRUNDEN(Zahl; Anzahl_Stellen)
Beispiel:	=AUFRUNDEN(2,356; 2)
Ergebnis:	2,36

Die Funktion rundet eine Zahl von der Null weg. Mit dem Argument Anzahl_Stellen wird die Anzahl der Stellen angegeben, die beim Runden berücksichtigt wird. Ist Anzahl_Stellen gleich 1 oder größer, dann wird auf die entsprechende Anzahl Dezimalstellen aufgerundet, ist das Argument gleich Null, wird auf die nächste Ganzzahl aufgerundet, ist es negativ, dann wird die entsprechende Ziffer links vom Dezimalzeichen aufgerundet.

BOGENMASS()

Syntax:	BOGENMASS(Winkel)
Beispiel:	=BOGENMASS(180)
Ergebnis:	3,14

Die Funktion wandelt den Gradwert des angegebenen Winkels in Bogenmaß um. Die Maßeinheit ist Radiant, abgekürzt rad. Da der Umfang eines Kreises 2*r*PI ist, beträgt der Umfang des Einheitskreises (mit r = 1) 2*PI, das Bogenmaß des Winkels 360 Grad ist also 2*PI.

COS()

Syntax:	COS(**Zahl**)
Beispiel:	=COS(PI()/6)
Ergebnis:	0,866025

Die Funktion berechnet den Kosinus eines Winkels (im Beispiel 30 Grad). Der Winkel wird im Bogenmaß angegeben. Das Ergebnis liegt zwischen −1 und 1.

COSHYP()

Syntax:	COSHYP(**Zahl**)
Beispiel:	=COSHYP(1,5)
Ergebnis:	2,352410

Die Funktion liefert den hyperbolischen Kosinus einer beliebigen reellen Zahl nach der Formel:

```
COSHYP(x) = (e^x+e^-x)/2
```

x liegt zwischen −unendlich und unendlich, COSHYP(x) zwischen 1 und unendlich.

EXP()

Syntax:	EXP(**Zahl**)
Beispiel:	=EXP(2)
Ergebnis:	7,3890561

Die Eulersche Zahl e (2,71828...) wird mit dem Wert von Zahl potenziert. Da e die Basis der natürlichen Logarithmen ist, ergibt EXP(1) den Wert von e (2,71828...). EXP(LN(x)) liefert den Wert x. EXP() ist die Umkehrfunktion von LN(). Die Funktion EXP() wird in erster Linie zur Beschreibung von Wachstumsfunktionen verwendet.

FAKULTÄT()

Syntax:	FAKULTÄT(**Zahl**)
Beispiel:	=FAKULTÄT(4)
Ergebnis:	24 (=1*2*3*4)

Die Fakultät einer Zahl (in der Mathematik geschrieben 3! für Fakultät von 3) ist das Produkt 1*2*3*4*...*Zahl. Anwendungsbereich ist die Kombinatorik, in der im weitesten Sinne die Frage gestellt wird, wie viele Möglichkeiten es gibt, Elemente aus einer

Menge zu kombinieren. Hier nur ein Beispiel: Wie viele Möglichkeiten gibt es, sechs verschiedene Zahlen von 49 im Lotto auszuwählen?

=FAKULTÄT(49)/((FAKULTÄT(6)*FAKULTÄT(49-6)))

Ergebnis: 13.983.816, d. h., es gibt über 13 Millionen Möglichkeiten, sechs Zahlen auf einem Lottoschein anzukreuzen, und so viele Kombinationen müssten durchgespielt werden, um ganz sicher »6 Richtige« im Lotto zu haben.

GANZZAHL()

Syntax:	GANZZAHL(**Zahl**)
Beispiel:	=GANZZAHL(5,7)
Ergebnis:	5

Mithilfe dieser Funktion wird der Wert des Argumentes Zahl auf die nächstkleinere ganze Zahl reduziert, die Nachkommastellen werden gleichsam abgeschnitten. Negative Zahlen werden von 0 weg, also zur nächsten kleineren Zahl gerundet. GANZZAHL(-5,7) ergibt also –6.

GERADE()

Syntax:	GERADE(**Zahl**)
Beispiel:	=GERADE(-3)
Ergebnis:	-4

Die Funktion rundet Zahlen zur nächsten geraden Ganzzahl weg von 0 und ist damit komplementär zur Funktion UNGERADE(). Wenn Zahl schon eine gerade ganze Zahl ist, dann wird dieser Wert wiedergegeben.

GGT()

Syntax:	GGT(**Zahl1**; Zahl2; ...)
Beispiel:	=GGT(56; 98)
Ergebnis:	14

Liefert den größten gemeinsamen Teiler von zwei oder mehreren ganzen Zahlen.

Ein gemeinsamer Teiler ist eine Zahl, durch die alle angegebenen Zahlen geteilt werden können, ohne dass ein Rest bleibt. Der größte gemeinsame Teiler ist die größte derartige Zahl.

GRAD()

Syntax:	GRAD(**Winkel**)
Beispiel:	=GRAD(PI()/3)
Ergebnis:	60

Die Funktion wandelt Winkelangaben im Bogenmaß (rad) in Grad-Angaben um. Für die Konversion gilt die Formel:

```
Grad=rad*360/(2*PI)
```

KGV()

Syntax:	KGV(**Zahl1**; Zahl2; ...)
Beispiel:	=KGV(3; 4; 5; 10)
Ergebnis:	60

Die Funktion liefert das kleinste gemeinsame Vielfache der angegebenen Werte. Bis zu 255 positive ganzzahlige Werte sind erlaubt (Nachkommastellen werden abgeschnitten). Das kleinste gemeinsame Vielfache ist die kleinste Zahl, die durch alle angegebenen Zahlen ohne Rest teilbar ist.

KOMBINATIONEN()

Syntax:	KOMBINATIONEN(**n**; **k**)
Beispiel:	=KOMBINATIONEN(7; 3)
Ergebnis:	35

Die Funktion gibt den Wert des Binomialkoeffizienten aus. KOMBINATIONEN() rechnet nach der Formel:

```
n!/(k!*(n-k)!)
```

Die Funktion beantwortet die Frage, wie viele Gruppen der Größe k aus n Elementen gebildet werden können, wenn die Reihenfolge keine Rolle spielt.

Werden keine ganzen Zahlen eingegeben, so werden die Nachkommastellen abgeschnitten, 5,856 ergibt also 5. Wenn Argumente kleiner Null eingegeben werden oder n kleiner als k sein sollte, wird eine Fehlermeldung ausgegeben.

Wenn Sie etwa berechnen wollen, wie viele Möglichkeiten es gibt, sechs Zahlen von 49 anzukreuzen, dann liefert KOMBINATIONEN(49;6) das Ergebnis 13.983.816 (vergleiche FAKULTÄT()).

KÜRZEN()

Syntax:	KÜRZEN(**Zahl**; Anzahl_Stellen)
Beispiel:	=KÜRZEN(5,7)
Ergebnis:	5

Ein numerischer Ausdruck wird auf die mit Anzahl_Stellen angegebenen Stellen verkürzt, d. h., die Stellen hinter dem Komma werden abgeschnitten. Wird Anzahl_Stellen nicht angegeben, so wird das Argument als 0 angenommen und der ganzzahlige Rest wiedergegeben. Dies gilt auch (im Gegensatz zu GANZZAHL()) bei negativen Zahlen: KÜRZEN(-5,7) ergibt –5.

LN()

Syntax:	LN(**Zahl**)
Beispiel:	=LN(10)
Ergebnis:	2,30258509

Die Funktion liefert dem natürlichen Logarithmus einer Zahl, d. h. denjenigen Wert, mit dem die Eulersche Zahl potenziert werden müsste, damit der mit Zahl angegebene Wert als Ergebnis herauskommt. Die Anwendung liegt ähnlich wie bei der Funktion EXP() im Bereich von Wachstumsprozessen in Naturwissenschaft und Technik.

LOG()

Syntax:	LOG(**Zahl**; Basis)
Beispiel:	=LOG(4; 2)
Ergebnis:	2

LOG() ist von allen Logarithmusfunktionen, die Excel bereitstellt, die allgemeinste. Sie gestattet es, den Logarithmus einer Zahl zu jeder beliebigen Basis zu ermitteln, wobei das Ergebnis immer derjenige Wert ist, mit dem die Basis potenziert werden müsste, um diese Zahl zu erhalten.

=LOG(Zahl; 2) ergibt den binären Logarithmus,
=LOG(Zahl; EXP(1)) ergibt den natürlichen Logarithmus,
=LOG(Zahl; 10) ergibt den dekadischen Logarithmus.

Wird auf die Angabe einer Basis verzichtet, dann nimmt Excel als Basis 10 an (das entspricht der folgenden Funktion LOG10()).

Zur Erinnerung hier einige der Rechenregeln, die für alle Logarithmen gelten:

`=LOG(a; a)=1`

Der Logarithmus der Basis ist 1. `=LOG(1)=0`

Unabhängig von der Basis ist der Logarithmus von 1 gleich 0.

`=LOG(a*b)=LOG(a)+LOG(b)`
`=LOG(a/b)=LOG(a)-LOG(b)`

Multiplikation und Division werden auf logarithmischer Ebene auf Addition und Subtraktion zurückgeführt.

`=LOG(a^n)=n*LOG(a)`

Potenzen werden auf logarithmischer Ebene auf Multiplikationen zurückgeführt.

LOG10()

Syntax:	LOG10(**Zahl**)
Beispiel:	=LOG10(4)
Ergebnis:	0,60205999

Die Funktion liefert den dekadischen Logarithmus einer Zahl, d. h. den Wert, mit dem 10 potenziert werden müsste, um diese Zahl zu erhalten. `=LOG10(100) = 2`

Das heißt, 10 muss zum Quadrat genommen werden, um 100 zu erhalten.

MDET()

Syntax:	MDET(**Matrix**)
Beispiel:	=MDET({2.3; 4.5})
Ergebnis:	-2

Die Funktion ermittelt die Determinante einer quadratischen Matrix. Sie wird benötigt bei der Lösung von linearen Gleichungen mit mehreren Unbekannten. Gleichungen dieser Art kommen u. a. im naturwissenschaftlich-technischen Bereich (z. B. Berechnung von Widerstandsnetzwerken) und in der Ökonomie (z. B. Optimierungsaufgaben, die von mehreren Faktoren abhängen) vor.

Die Lösung derartiger Gleichungssysteme ist »von Hand« eine äußerst zeitraubende Angelegenheit, über die Bildung von Determinanten dagegen einfacher erledigt. In Excel lassen sich derartige Aufgaben allerdings wesentlich schneller mit dem Solver bearbeiten.

MINV()

Syntax:	MINV(**Matrix**)
Beispiel:	=MINV({2.3; 4.5})
Ergebnis:	{-2,5.1,5;2.-1}

Die Funktion bildet die Inverse zu einer quadratischen Matrix, bei der also die Anzahl der Zeilen und Spalten gleich ist. Die Formel wird als Matrix-Formel für einen vorher markierten Zellbereich eingetragen, dessen Größe dem Quadrat der Matrix entspricht. Die Funktion findet Anwendung bei der Lösung von Gleichungssystemen mit mehreren Unbekannten (vergleiche MDET()).

MMULT()

Syntax:	MMULT(**Matrix1**; **Matrix2**)
Beispiel:	=MMULT({2.3; 4.5}; {6.7; 8.9})
Ergebnis:	{36.41;64.73}

Liefert das Produkt zweier Matrizen. Die Anzahl der Spalten von Matrix1 muss mit der Anzahl der Zeilen von Matrix2 übereinstimmen. Die Ergebnismatrix übernimmt die Anzahl der Zeilen von Matrix1 und die der Spalten von Matrix2.

OBERGRENZE()

Syntax:	OBERGRENZE(**Zahl**; Schritt)
Beispiel:	=OBERGRENZE(2,2434; 0,05)
Ergebnis:	2,25

Die Funktion rundet den mit Zahl angegebenen Wert auf das nächste Vielfache von Schritt auf und ist damit komplementär zu UNTERGRENZE().

Mit dem Wert 0,05 für Schritt kann z. B. bestimmt werden, dass die Hundertstelstelle beim Aufrunden immer nur eine 5 oder eine Null sein kann. Mit einem Wert 0,5 für Schritt wird dafür gesorgt, dass z. B. nicht mehr in Cent, sondern nur noch für 5-Cent-Stücke ausgepreist wird.

Aufrunden meint im Sinne dieser Funktion, dass immer von Null weg gerundet wird, z. B. wird OBERGRENZE(-4,2546;-0,5) zu –4,5. Bei unterschiedlichen Vorzeichen für Zahl und Schritt wird eine Fehlermeldung ausgegeben.

OBERGRENZE.GENAU()

Syntax:	OBERGRENZE.GENAU(**Zahl**; Schritt)
Beispiel:	=OBERGRENZE.GENAU(2,2434; -0,05)
Ergebnis:	2,25

Die Funktion rundet den mit Zahl angegebenen Wert auf das nächste Vielfache von Schritt auf und ist damit komplementär zu UNTERGRENZE.GENAU(). Fehlt der Wert für Schritt, wird 1 vorgegeben.

Mit dem Wert 0,05 für Schritt kann z. B. bestimmt werden, dass die Hundertstelstelle beim Aufrunden immer nur eine 5 oder eine 0 sein kann. Mit einem Wert 0,5 für Schritt wird dafür gesorgt, dass z. B. nicht mehr in Cent, sondern nur noch für 5-Cent-Stücke ausgepreist wird.

Bei dieser Variante sind auch unterschiedlichen Vorzeichen für Zahl und Schritt möglich, weil die Funktion immer mit dem Absolutwert von Schritt arbeitet, OBERGRENZE.GENAU(-4,2546; -0,5) liefert deshalb ebenso wie OBERGRENZE.GENAU(-4,2546; 0,5) als Ergebnis –4.

PI()

Syntax:	PI()
Beispiel:	=PI()
Ergebnis:	3,14159265358979

Die Funktion PI() liefert den numerischen Wert von PI. Neben der Umrechnung von Winkeln von Grad in Bogenmaß wird PI u. a. für Kreis- und Kugelberechnungen benötigt. Obwohl für PI als Verhältniszahl kein Argument angegeben wird, benötigt Excel die beiden Klammern hinter dem Funktionsnamen. Hier zur Erinnerung einige Berechnungen mit PI:

Kreisumfang: U=2*r*PI()
Kreisfläche: A=r^2*PI()
Kugeloberfläche: O=4*r^2*PI()
Kugelvolumen: V=4/3*r^3*PI()

POLYNOMIAL()

Syntax:	POLYNOMIAL(**Zahl1**; Zahl2; ...)
Beispiel:	=POLYNOMIAL(3; 4; 5)
Ergebnis:	27720

Liefert den Polynomialkoeffizienten einer Gruppe von Zahlen, also die Fakultät der Summe der Argumente – maximal 255 Werte – geteilt durch das Produkt der Fakultäten. Die Formel lautet:

`(Zahl1+Zahl2...)! / Zahl1!*Zahl2!...`

Die Funktion kann in der Kombinatorik verwendet werden, um zu bestimmen, wie viele verschiedene Gruppen sich aus Elementen bilden lassen, wenn die Reihenfolge zu beachten ist.

POTENZ()

Syntax:	POTENZ(**Zahl**; **Potenz**)
Beispiel:	=POTENZ(2; 10)
Ergebnis:	1024

Die Funktion gibt als Ergebnis die Potenzierung einer Zahl aus. Dabei wird dasselbe Rechenverfahren verwendet, das auch mit dem Operatorzeichen ^ zur Anwendung kommt. Statt `=4^2` kann also auch `=POTENZ(4;2)` eingegeben werden.

POTENZREIHE()

Syntax:	POTENZREIHE(**x**; **n**; **m**; **Koeffizienten**)
Beispiel:	=POTENZREIHE(3; 1; 1; {2; 3; 4})
Ergebnis:	141

Die Funktion erlaubt die Bildung von Potenzreihen. Sie liefert dabei die Summe von Potenzen der Zahl x. Dabei gibt n die Anfangspotenz an, m das Inkrement, um das n in jedem neuen Glied der Reihe vergrößert wird. Berechnet wird nach der Formel

`a1*x^n + a2*x^(n+m) + a3*x^(n+2m) ...`

wobei a1, a2, ... mit dem Argument Koeffizienten angegeben wird, als Matrix oder als Bereichsbezug. Die Zahl der hier eingetragenen Werte liefert zugleich die Zahl der Summanden in der Formel, also die Zahl der Glieder in der Reihe.

Mit dieser Funktion lassen sich gut Näherungsberechnungen für Funktionen durchführen.

PRODUKT()

Syntax:	PRODUKT(**Zahl1**; Zahl2; ...)
Beispiel:	=PRODUKT(4; 5; 6)
Ergebnis:	120

Die Argumente `Zahl1`, `Zahl2` bis `Zahl255` werden miteinander multipliziert. Wie unterschiedliche Datentypen bei der Funktion PRODUKT() behandelt werden, zeigt die folgende Abbildung.

	A	B	C	D	E	F
2	**Datentypen bei der Funktion PRODUKT()**					
4	Bereich1	Bereich2	A*B	PRODUKT(A;B)	PRODUKT(A:B)	Bereich1*Bereich2
5	2	5	10	10	10	10
6	4	4	16	16	16	16
7	abend	morgen	#WERT!	0	0	#WERT!
8	WAHR	FALSCH	0	0	0	0
9	3	apfel	#WERT!	3	3	#WERT!
10	WAHR	WAHR	1	0	0	1

Abbildung 16.33 Datentypen bei der Funktion PRODUKT()

QUADRATESUMME()

Syntax:	QUADRATESUMME(**Zahl1**; Zahl2; ...)
Beispiel:	=QUADRATESUMME(2; 3; 4)
Ergebnis:	29

Die Funktion berechnet die Summe der Quadrate der als Argument übergebenen Werte; bis zu 255 sind möglich. Statt einzelner Werte kann auch eine einzeilige Matrix oder ein Bezug darauf verwendet werden.

QUOTIENT()

Syntax:	QUOTIENT(**Zähler**; **Nenner**)
Beispiel:	=QUOTIENT(15; 6)
Ergebnis:	2

Liefert das ganzzahlige Ergebnis einer Division; der Rest wird weggelassen.

REST()

Syntax:	REST(**Zahl**; **Divisor**)
Beispiel:	=REST(15; 6)
Ergebnis:	3

Liefert den Restbetrag – *Modulo* – bei der Division `Zahl/Divisor`. Der `Divisor` muss ein anderer Wert als Null sein, das Vorzeichen des Ergebnisses ist immer das des `Divisors`. Ist `Zahl` 0, so ist das Ergebnis ebenfalls 0.

RÖMISCH()

Syntax:	RÖMISCH(**Zahl**; Typ)
Beispiel:	=RÖMISCH(88)
Ergebnis:	LXXXVIII

Wandelt Zahlen in Zeichenketten um, die der römischen Zahlendarstellung entsprechen. Mit Typ kann festgelegt werden, nach welchem Schema umgewandelt wird: 0 oder nicht festgelegt ergibt den klassischen Typus, 1,2 und 3 ergibt eine verkürzte Form, 4 die vereinfachte. Ist für Typ WAHR gesetzt, erhalten Sie den klassischen Typ, FALSCH ergibt den vereinfachten.

	A	B	C	D	E	F	G	H
1								
2	Römische Zahlen							
3								
4		klassisch	kürzer	kürzer	kürzer	vereinfacht	klassisch	vereinfacht
5	Typ	0	1	2	3	4	WAHR	FALSCH
6								
7	499	CDXCIX	LDVLIV	XDIX	VDIV	ID	CDXCIX	ID
8	500	D	D	D	D	D	D	D
9	999	CMXCIX	LMVLIV	XMIX	VMIV	IM	CMXCIX	IM
10	1000	M	M	M	M	M	M	M
11	1999	MCMXCIX	MLMVLIV	MXMIX	MVMIV	MIM	MCMXCIX	MIM
12	2000	MM	MM	MM	MM	MM	MM	MM

Abbildung 16.34 Beispiele für die Umwandlung in römische Zahlen

RUNDEN()

Syntax:	RUNDEN(**Zahl**; **Anzahl_Stellen**)
Beispiel:	=RUNDEN(3,45678; 2)
Ergebnis:	3,46

Die Funktion rundet den mit Zahl angegebenen Wert auf die durch Anzahl_Stellen angegebene Stellenzahl auf oder ab. Ist die zu rundende Dezimalstelle größer oder gleich 5, wird von 0 weg gerundet. RUNDEN(3,45;1) ergibt also 3,5. Ist Anzahl_Stellen = 0, wird Zahl auf eine Ganzzahl gerundet, im Unterschied zur Funktion GANZZAHL(), die die Nachkommastellen abschneidet.

SIN()

Syntax:	SIN(**Zahl**)
Beispiel:	=SIN(PI()/6)
Ergebnis:	0,5

Die Funktion berechnet den Sinus eines Winkels (im Beispiel 30 Grad). Der Winkel wird im Bogenmaß angegeben. Das Ergebnis liegt zwischen −1 und 1.

SINHYP()

Syntax:	SINHYP(**Zahl**)
Beispiel:	=SINHYP(1,5)
Ergebnis:	2,129279

Liefert den hyperbolischen Sinus von Zahl gemäß der Formel

SINHYP(x) = (e^x - e^-x)/2

wobei Excel für x nur reelle Zahlen zwischen –unendlich und unendlich erlaubt. SINHYP(x) liegt zwischen –unendlich und unendlich.

SUMME()

Syntax:	SUMME(**Zahl1**; Zahl2; ...)
Beispiel:	=SUMME(4; 4,5; 5)
Ergebnis:	13,5

Die Funktion berechnet die Summe der Argumente. Ein Argument kann eine Zahl, eine Bezug auf eine Zelle oder einen Bereich, eine Matrix oder eine Formel sein. Insgesamt sind 255 Argumente erlaubt. Enthalten die Argumente Wahrheitswerte oder als Text eingegebene Zahlen, werden diese wie Zahlen verarbeitet. Fehlerwerte oder Texte, die nicht in Zahlen umgewandelt werden können, führen zu dem Fehlerwert #WERT!.

Bezüge auf Texte und Wahrheitswerte werden dagegen ignoriert. Wie sich unterschiedliche Datentypen auswirken, zeigt die folgende Tabelle. Auch hier ergeben sich wieder Unterschiede (analog zu PRODUKT()) zu den Ergebnissen von Formeln, die mit dem Operator + aufgebaut sind.

	A	B	C	D	E
1					
2	Datentypen bei der Funktion SUMME()				
3					
4	Bereich1	Bereich2	A+B	SUMME(A;B)	SUMME(A:B)
5	2	5	7	7	7
6	4	4	8	8	8
7	abend	morgen	#WERT!	0	0
8	WAHR	FALSCH	1	0	0
9	3	apfel	#WERT!	3	3
10	WAHR	WAHR	2	0	0
11					
12					
13	SUMME(Bereich1;Bereich2)		18		

Abbildung 16.35 Datentypen bei der Funktion SUMME()

16 Tabellenfunktionen

SUMMENPRODUKT()

Syntax:	SUMMENPRODUKT(**Array1**; Array2; Array3; ...)
Beispiel:	=SUMMENPRODUKT({4.5.6}; {1.2.3})
Ergebnis:	*32* für *(4*1+5*2+6*3)*

Die einzelnen Elemente der als Argumente angegebenen Matrizen – bis zu 255 sind erlaubt – werden der Reihe nach miteinander multipliziert, anschließend werden die Multiplikationsergebnisse summiert. Die Matrizen müssen von der Zeilenanzahl und der Spaltenanzahl her gleich sein.

Diese Funktion ist immer dann nützlich, wenn die einzelnen Produkte nicht angezeigt werden müssen oder sollen, sondern nur die Endsumme. Als Argumente werden natürlich normalerweise (wie in den meisten Funktionen) Bereichsnamen oder Bereichsadressen angegeben, wie das Beispiel in der Abbildung demonstriert.

	A	B	C	D
1				
2	Summenprodukt			
3				
4	Bereich1	Bereich2		Bereich1*Bereich2
5	2	1		2
6	4	3		12
7	6	5		30
8	8	7		56
9	10	9		90
10	12	11		132
11			Summe	322
12	SUMMENPRODUKT(Bereich1;Bereich2)			322

Abbildung 16.36 Die Funktion SUMMENPRODUKT()

SUMMEWENN()

Syntax:	SUMMEWENN(**Bereich**; **Suchkriterien**; Summe_Bereich)
Beispiel:	siehe Abbildung

Die Funktion vergleicht die Werte von Bereich mit dem Wert von Suchkriterien. Werden Werte in Bereich gefunden, die dem Kriterium entsprechen, sucht die Funktion nach korrespondierenden Werten in einem zweiten Bereich (Summe_Bereich) und summiert diese auf. Wird kein Wert gefunden, der dem Kriterium entspricht, wird 0 ausgegeben. Wird Summe_Bereich nicht angegeben, werden die Werte aus Bereich aufsummiert, die dem Kriterium entsprechen.

16.5 Mathematische Funktionen

	A	B	C
1			
2	**Bedingte Summe**		
3			
4	Bereich	Summe_Bereich	
5	rot	1	
6	blau	3	
7	rot	5	
8	blau	7	
9	rot	9	
10	blau	11	
11			
12	SUMMEWENN(Bereich;"rot";Summe_Bereich)		
13		15	

Abbildung 16.37 Bedingte Summenbildung

SUMMEWENNS()

Syntax:	SUMMEWENNS(Summe_Bereich; Kriterien_Bereich1; Kriterien1; Kriterien_Bereich2; Kriterien2)
Beispiel:	siehe Abbildung

Die Funktion erlaubt mehrfach bedingte Summierungen. Summe_Bereich gibt an, wo sich die zu summierenden Werte befinden. Es folgt eine Liste von Bereichspaaren, die bis zu 127 Paare enthalten kann. Kriterien_Bereich(n) gibt an, welche Daten mit Kriterien(n) zu prüfen sind. Das abgebildete Beispiel zeigt, wie die Summe der Teilnehmer der Kurse zu berechnen ist, die gleichzeitig zwei Kriterien erfüllen.

E9   =SUMMEWENNS(B5:E5;B6:E6;"<30%";B8:E8;">=20%")

	A	B	C	D	E
1					
2	**Mehrfach bedingte Summen**				
3					
4		Kurs 1	Kurs 2	Kurs 3	Kurs 4
5	Teilnehmer	80	60	70	110
6	unter 20	30%	25%	15%	25%
7	20 - 50	60%	65%	45%	55%
8	über 50	10%	10%	40%	20%
9	Summe der Teilnehmer der Kurse mit einem Anteil der unter Zwanzigjährigen von unter 30 % und einem Anteil der über Fünfzigjährigen von mindestens 20 %.				180

Abbildung 16.38 Mehrfach bedingte Summenbildung

SUMMEX2MY2()

Syntax:	SUMMEX2MY2(Matrix_x; Matrix_y)
Beispiel:	siehe Abbildung

Die Funktion subtrahiert die Summen der quadrierten x-Werte aus Matrix_x und der quadrierten y-Werte aus Matrix_y. Der Name der Funktion meint Summe x^2 Minus y^2.

Um die Arbeitsweise der Funktion zu erläutern, wurde in der Beispieltabelle eine Spalte für x^2-Werte und eine für y^2-Werte angelegt. Die Summen der Spalten voneinander abgezogen geben das Resultat der Funktion wieder.

Die Spalten für die Argumente müssen gleich groß sein, sonst wird eine Fehlermeldung ausgegeben. Diese und die beiden folgenden (zusammengehörenden) Funktionen werden besonders häufig für statistische Anwendungen benötigt.

	A	B	C	D	E
1					
2	Quadratsummen				
3					
4	Matrix_x	x^2-Werte	Matrix_y	y^2-Werte	(x-y)^2
5	2	4	3	9	1
6	3	9	5	25	4
7	4	16	6	36	4
8	5	25	8	64	9
9					
10	Summe	54		134	18
11					
12	=SUMMEX2MY2(Matrix_x;Matrix_y)			-80	
13	=SUMMEX2PY2(Matrix_x;Matrix_y)			188	
14	=SUMMEXMY2(Matrix_x;Matrix_y)			18	

Abbildung 16.39 Quadratsummen

SUMMEX2PY2()

Syntax:	SUMMEX2PY2(Matrix_x; Matrix_y)
Beispiel:	siehe Abbildung zu SUMMEX2MY2()

Diese Funktion addiert die Summen der quadrierten x-Werte aus Matrix_x und der quadrierten y-Werte aus Matrix_y.

Die Spalten für die Argumente müssen die gleiche Größe haben, sonst wird eine Fehlermeldung ausgegeben. Diese und die vorige ebenso wie die folgende Funktion gehören zusammen und werden besonders häufig für statistische Anwendungen benötigt.

SUMMEXMY2()

Syntax:	SUMMEXMY2(Matrix_x; Matrix_y)
Beispiel:	siehe Abbildung zu SUMMEX2MY2()

Die Differenz zwischen den x-Werten aus Matrix_x und y-Werten aus Matrix_y wird ausquadriert, und die einzelnen Werte werden dann aufsummiert.

Die Spalten für die Argumente müssen die gleiche Größe haben, sonst wird eine Fehlermeldung ausgegeben. Diese und die beiden vorhergehenden (zusammengehörenden) Funktionen werden besonders häufig für statistische Anwendungen benötigt.

TAN()

Syntax:	TAN(`Zahl`)
Beispiel:	=TAN(PI()/6)
Ergebnis:	0,577350

Die Funktion berechnet den Tangens eines mit `Zahl` angegebenen Winkels (im Beispiel 30 Grad). Der Winkel wird im Bogenmaß angegeben. Das Ergebnis liegt zwischen + und – unendlich.

TANHYP()

Syntax:	TANHYP(`Zahl`)
Beispiel:	=TANHYP(1,5)
Ergebnis:	0,905148

Die Funktion berechnet den hyperbolischen Tangens des mit `Zahl` angegebenen Wertes nach folgender Formel:

`TANHYP(x) = (e^x - e^-x)/(e^x + e^-x)`

`x` muss dabei eine reelle Zahl zwischen + und – unendlich und unendlich sein, `TANHYP(x)` liegt zwischen –1 und 1.

Der hyperbolische Kotangens errechnet sich analog zu den Winkelfunktionen als 1/ `TANHYP()`.

TEILERGEBNIS()

Syntax:	TEILERGEBNIS(`Funktion`; `Bezug1`; Bezug2; ...)
Beispiel:	=TEILERGEBNIS(4; A10:A13)
Ergebnis:	7, wenn in A10:A13 die Werte *4, 7, 6, 5* stehen

Die Funktion gibt ein Teilergebnis aus einer Liste oder Datentabelle zurück. Gleiche Ergebnisse erzielen Sie auch mit dem Menübefehl **Daten ▸ Teilergebnisse**. Funktion gibt mittels einer Nummer von 1 bis 11 eine Funktion an, mit der die Teilergebnisse berechnet werden sollen:

Nr.	Funktion	Nr.	
1	MITTELWERT	7	STABW.S
2	ANZAHL	8	STABW.N
3	ANZAHL2	9	SUMME
4	MAX	10	VAR.S
5	MIN	11	VAR.P
6	PRODUKT		

Wird auf die Funktionsnummer jeweils 100 addiert – beispielsweise 109 für Summe –, wird die Funktion so verwendet, dass ausgeblendete Werte ignoriert werden. Alle möglichen Werte werden angeboten, sobald die öffnende Klammer eingegeben ist.

Bezug(n) gibt einen Bereich an, für den das Teilergebnis berechnet werden soll. 254 Bezüge sind möglich.

UNGERADE()

Syntax:	UNGERADE(Zahl)
Beispiel:	=UNGERADE(-5,3)
Ergebnis:	-7

Die Funktion rundet Zahlen zur nächsten ungeraden Ganzzahl weg von 0 und ist damit komplementär zur Funktion GERADE(). Wenn Zahl schon eine ungerade ganze Zahl ist, dann wird dieser Wert wiedergegeben. Das eingegebene Argument wird vom Komma weg gerundet. Für positive Zahlen ein Beispiel:

=UNGERADE(5,3)

ergibt 7.

UNTERGRENZE()

Syntax:	UNTERGRENZE(Zahl; Schritt)
Beispiel:	=UNTERGRENZE(3,085; 0,1)
Ergebnis:	3

Die Funktion rundet den Wert des Argumentes Zahl ab auf das nächste Vielfache von Schritt und ist damit komplementär zu OBERGRENZE(). Dadurch ist es möglich, Kalkulationsergebnisse so abzurunden, dass nicht nur der Wert der letzten Stelle, die angegeben wurde, gerundet wird. Mit dem Wert 0,05 für Schritt kann z. B. bestimmt werden, dass die Hundertstel-Stelle beim Abrunden immer nur eine 5 oder eine 0 sein kann. Mit einem Wert 0,5 für Schritt wird z. B. dafür gesorgt, dass nicht mehr in Cent, sondern nur noch für 5-Cent-Stücke ausgepreist wird.

Aufrunden meint im Sinne dieser Funktion, dass immer zur Null hin gerundet wird, z. B. ergibt

=UNTERGRENZE(-2,54542; 0,05)

den Wert –2,55. Bei unterschiedlichen Vorzeichen für Zahl und Schritt wird eine Fehlermeldung ausgegeben.

UNTERGRENZE.GENAU()

Syntax:	UNTERGRENZE.GENAU(**Zahl**; Schritt)
Beispiel:	=UNTERGRENZE.GENAU(2,2434; -0,05)
Ergebnis:	2,2

Die Funktion rundet den mit Zahl angegebenen Wert auf das nächste Vielfache von Schritt ab und ist damit komplementär zu OBERGRENZE.GENAU().

Bei dieser Variante sind auch unterschiedlichen Vorzeichen für Zahl und Schritt möglich, weil die Funktion immer mit dem Absolutwert von Schritt arbeitet, UNTERGRENZE.GENAU(-4,2546; -0,5) liefert deshalb ebenso wie UNTERGRENZE.GENAU(-4,2546; 0,5) als Ergebnis –4,5.

VORZEICHEN()

Syntax:	VORZEICHEN(**Zahl**)
Beispiel:	=VORZEICHEN(-6)
Ergebnis:	-1

Die Funktion VORZEICHEN() ergibt bei positiven Zahlen 1, bei negativen Zahlen –1 und bei Null 0. Sie lässt sich immer dann anwenden, wenn Operationen vom Vorzeichen abhängig sein sollen.

Wenn etwa in der Zelle B22 die Gewinne errechnet werden, dann liefert (eingetragen z. B. in C22) die Formel

=WENN(VORZEICHEN(B22) = -1;Achtung, Verluste!;OK)

ein OK, solange der Gewinn 0 oder größer ist. Bei negativen Ergebnissen erscheint dagegen der Hinweis: Achtung, Verluste!

VRUNDEN()

Syntax:	VRUNDEN(**Zahl**; Vielfaches)
Beispiel:	=VRUNDEN(12; 5)
Ergebnis:	10

Rundet den mit Zahl angegebenen Wert auf das nächste erreichbare ganzzahlige Vielfache einer mit Vielfaches gegebenen Zahl. Liegt die Zahl genau zwischen zwei Vielfachen, wird aufgerundet.

WURZEL()

Syntax:	WURZEL(**Zahl**)
Beispiel:	=WURZEL(36)
Ergebnis:	6

Die Funktion ermittelt die Quadratwurzel einer Zahl. Für »höhere« Wurzeln muss die Tatsache genutzt werden, dass statt der n-ten Wurzel auch geschrieben werden kann: *hoch 1/n*. Die dritte Wurzel (Kubikwurzel) aus einer Zahl wird demnach geschrieben: *Zahl^(1/3)*.

Zahl darf bei der Funktion WURZEL() keine negative Zahl sein. Soll verhindert werden, dass Zahl einen negativen Wert annimmt, kann mit der Funktion ABS() gearbeitet werden.

WURZELPI()

Syntax:	WURZELPI(**Zahl**)
Beispiel:	=WURZELPI(2)
Ergebnis:	2,5066...

Liefert die Quadratwurzel aus (Zahl * PI).

ZUFALLSBEREICH()

Syntax:	ZUFALLSBEREICH(**Untere_Zahl**; **Obere_Zahl**)
Beispiel:	=ZUFALLSBEREICH(100;200)
Ergebnis:	z. B. 133

Mit dieser Funktion erzeugen Sie eine ganzzahlige Zufallszahl zwischen Untere_Zahl und Obere_Zahl (beide eingeschlossen).

ZUFALLSZAHL()

Syntax:	ZUFALLSZAHL()
Beispiel:	=ZUFALLSZAHL()
Ergebnis:	0,75419672

Diese Funktion produziert Zufallszahlen zwischen 0 und 1. Wenn Sie mit Zufallszahlen arbeiten wollen, die sich im Nachhinein nicht mehr verändern, also nicht bei jeder Neuberechnung der Tabelle ebenfalls neu berechnet werden, dann drücken Sie die Taste [F9], nachdem Sie die Funktion in der Bearbeitungszeile eingegeben haben (bevor Sie die [↵]-Taste drücken).

Zufallszahlen anderer Größenordnungen können Sie durch entsprechende Rechenoperationen mit der generierten Zufallszahl oder mit der Funktion ZUFALLSBEREICH() erreichen:

=ZUFALLSZAHL*100

eine Zufallszahl zwischen 0 und 100

=ZUFALLSZAHL*100+50

eine Zufallszahl zwischen 50 und 150

ZWEIFAKULTÄT()

Syntax:	ZWEIFAKULTÄT(**Zahl**)
Beispiel:	=ZWEIFAKULTÄT(5)
Ergebnis:	15

Liefert die Doppelfakultät einer Zahl. Sie wird berechnet als

```
1*3*5* ... *Zahl (bei ungerader Zahl)
2*4*6* ... *Zahl (bei gerader Zahl)
```

16.6 Statistische Funktionen

Funktion	Seite	Funktion	Seite
ACHSENABSCHNITT()	742	MITTELWERTA()	765
ANZAHL()	743	MITTELWERTWENN()	765
ANZAHL2()	743	MITTELWERTWENNS()	766
ANZAHLLEEREZELLEN()	744	MODUS.EINF()	767
BESTIMMTHEITSMASS()	744	MODUS.VIELF()	767
BETA.INV()	744	NEGBINOM.VERT()	767
BETA.VERT()	744	NORM.INV()	768
BINOM.INV()	745	NORM.S.INV()	768
BINOM.VERT()	746	NORM.S.VERT()	769
CHIQU.INV()	746	NORM.VERT()	770
CHIQU.INV.RE()	747	PEARSON()	771
CHIQU.TEST()	747	POISSON.VERT()	771
CHIQU.VERT()	748	QUANTIL.EXKL()	771
CHIQU.VERT.RE()	748	QUANTIL.INKL()	772
EXPON.VERT()	749	QUANTILSRANG.EXKL()	772
F.INV()	750	QUANTILSRANG.INKL()	773
F.INV.RE()	750	QUARTILE.EXKL()	773
F.TEST()	751	QUARTILE.INKL()	774
F.VERT()	751	RANG.GLEICH()	774
F.VERT.RE()	752	RANG.MITTELW()	774
FISHER()	752	RGP()	775
FISHER.INV()	753	RKP()	777
G.TEST()	753	SCHÄTZER()	778
GAMMA.INV()	754	SCHIEFE()	778
GAMMA.VERT()	754	STABW.N()	779
GAMMALN()	755	STABW.S()	779
GAMMALN.GENAU()	755	STABWA()	780

16.6 Statistische Funktionen

Funktion	Seite	Funktion	Seite
GEOMITTEL()	755	STABWNA()	780
GESTUTZTMITTEL()	756	STANDARDISIERUNG()	780
HARMITTEL()	756	STEIGUNG()	781
HÄUFIGKEIT()	757	STFEHLERYX()	781
HYPGEOM.VERT()	757	SUMQUADABW()	781
KGRÖSSTE()	758	T.INV()	782
KKLEINSTE()	758	T.INV.2S()	783
KONFIDENZ.NORM()	759	T.TEST()	783
KONFIDENZ.T()	759	T.VERT()	784
KORREL()	760	T.VERT.2S()	784
KOVARIANZ.P()	761	T.VERT.RE()	784
KOVARIANZ.S()	761	TREND()	785
KURT()	762	VAR.P()	785
LOGNORM.INV()	762	VAR.S()	785
LOGNORM.VERT()	762	VARIANZA()	786
MAX()	763	VARIANZENA()	786
MAXA()	763	VARIATION()	786
MEDIAN()	763	VARIATIONEN()	787
MIN()	764	WAHRSCHBEREICH()	787
MINA()	764	WEIBULL.VERT()	788
MITTELABW()	764	ZÄHLENWENN()	789
MITTELWERT()	764	ZÄHLENWENNS()	789

Für Berechnungen aus dem Bereich der Statistik braucht Excel 2010 von der Funktionsvielfalt her gesehen den Vergleich mit professionellen Statistikprogrammen kaum zu scheuen. Um die Orientierung in diesem Bereich etwas zu erleichtern, hier wenigstens ein paar kurze Vorbemerkungen.

16 Tabellenfunktionen

Überblick über die Statistikfunktionen

Die Statistikfunktionen decken mehrere Bereiche ab: die Analyse einzelner Stichproben, bei denen ein oder mehrere Größen erfasst wurden, Analyse und Vergleich mehrerer Stichproben, Vergleich von Stichproben mit einer Grundgesamtheit und Aspekte wie Wahrscheinlichkeitsrechnung und Wahrscheinlichkeitsverteilungen von Zufallsvariablen.

Stichproben und Grundgesamtheiten

Fast alle statistischen Verfahren haben entweder mit Stichproben oder mit Grundgesamtheiten zu tun, häufig auch direkt oder indirekt mit beidem. Eine Stichprobe ist eine Untergruppe von Elementen aus einer Grundgesamtheit, die zufällig aus dieser ausgewählt wurden. Zufällig heißt hier, dass bei der Auswahl darauf geachtet wird, dass nicht bestimmte Elemente der Grundgesamtheit bevorzugt werden. Die Grundgesamtheit ist die Menge der Elemente, aus denen die Stichprobe entnommen wird.

Soll etwa für die weit verbreiteten Meinungsumfragen eine Stichprobe der Wahlberechtigten vorgenommen werden, genügt es nicht, ein oder alle Telefonbücher zufällig aufzuschlagen (Telefonbesitzer werden bevorzugt) oder auf der Straße Leute anzusprechen (zu Hause Bleibende werden benachteiligt). Entsprechend haben die Institute, die Meinungsumfragen durchführen, wohl gehütete Geheimnisse, wie sie zu ihren repräsentativen Stichproben kommen.

Zufallsvariable und Wahrscheinlichkeit

Auf der Grundlage statistischer Erhebungen oder zuweilen auch theoretischer Überlegungen lässt sich häufig für das Auftauchen bestimmter Größen eine bestimmte Wahrscheinlichkeit angeben. So ist etwa die Wahrscheinlichkeit, beim Münzwurf eine Zahl zu werfen 1/2 (0,5 oder 50 %), beim Würfeln eine 6 zu schaffen 1/6 (0,166666), aus einem Skatspiel eine bestimmte Karte zu ziehen 1/32 (0,03125) usw. Für die Errechnung solcher Wahrscheinlichkeiten, die nicht ganz so trivial sind, hält Excel 2010 eine Anzahl von Funktionen bereit.

In anderen Fällen wird die Wahrscheinlichkeit durch Abzählen der Grundgesamtheit ermittelt. Ist z. B. bekannt, dass in einem Land 51 % der Bevölkerung weiblich ist, dann ist die Wahrscheinlichkeit, dass ein zufällig ausgewählter Mensch weiblich ist, 0,51. Eine Größe dieser Art heißt Zufallsvariable. Ist diese Variable so wie in den genannten Beispielen diskret, lässt sich direkt eine Wahrscheinlichkeit dafür angeben, dass sie einen bestimmten Wert oder einen von mehreren Werten annimmt.

16.6 Statistische Funktionen

Anders ist es bei nichtdiskreten Variablen. Sind etwa die Körpergrößen einer Grundgesamtheit von Menschen erfasst, stellt sich sowohl bei der Erfassung als auch bei der Angabe der Wahrscheinlichkeiten die Frage nach der Messgenauigkeit und nach der Einordnung. Die Frage, wie wahrscheinlich die Größe von z. B. 1,73 m ist, kann so gar nicht beantwortet werden: Ist 1,7299999 ebenso gemeint oder nicht? Die Werte müssen also in Klassen eingeteilt werden (z. B. 172,5 bis 173,49999 …).

Für alle derartigen Größen arbeitet die Statistik mit sogenannten Wahrscheinlichkeitsverteilungen für kontinuierliche Variable, von denen Excel 2010 mehrere zur Verfügung stellt.

Untersuchung von Stichproben

Bei der Untersuchung von Stichproben stellen sich meist zwei Fragen: Was hat die Stichprobe ergeben und welche Schlüsse erlaubt sie auf die Grundgesamtheit? Für die erste Frage gibt es zunächst zwei Größen, den Mittelwert und die Streuung. Als Maße sind hier eigentlich nur zwei gebräuchlich, das arithmetische Mittel und die Standardabweichung (oder das Quadrat der Standardabweichung, die Varianz). Aus diesen beiden Größen lassen sich dann auch die entsprechenden Parameter der Grundgesamtheit schätzen, wobei die Schätzung umso verlässlicher wird, je größer die Stichprobe ist, vergleiche hierzu `MITTELWERT()`, `VAR.S()` und `STABW.S()`.

Eine andere Fragestellung bei einer Stichprobe ist, ob die ermittelten Werte einer bestimmten Gesetzmäßigkeit gehorchen. Soll etwa untersucht werden, ob es einen Zusammenhang zwischen dem persönlichen Einkommen und der Größe des genutzten Wohnraums gibt, ist anzunehmen, dass eine Beziehung besteht: je mehr Einkommen, desto mehr Quadratmeter. Maße hierfür sind der Korrelationskoeffizient (`KORREL()`) und die Kovarianz (`KOVARIANZ.P()`), die Angaben darüber liefern, ob und wie stark die Daten zusammenhängen.

Kann darüber hinaus vermutet werden, dass der Zusammenhang linear oder exponentiell ist, dann lässt sich dieser Zusammenhang weitgehend durch Regression, d. h. durch Rückführung der Werte auf eine Gerade oder eine Exponentialkurve klären. Hierfür stehen die mächtigen Funktionen `RGP()` und `RKP()` zur Verfügung.

Statistische Tests

Die Aufgabe statistischer Tests ist es, ganz allgemein gesprochen, festzustellen, mit welcher Sicherheit oder Unsicherheit von Werten einer Stichprobe auf Werte der Grundgesamtheit geschlossen werden kann. Hierfür gibt es in Excel 2010 zwei Funktionsgruppen. Die eine bietet die Möglichkeit, direkt Tests anhand von Stichproben durchzuführen, die andere liefert Werte aus Wahrscheinlichkeitsverteilungen, anhand derer aus den Stichproben gewonnene Parameter überprüft werden können.

Beim t-Test (`T.TEST()`) wird die Frage geprüft, ob zwei Stichproben sich in ihrem Mittelwert zufällig unterscheiden (dann wären beide Stichproben derselben Grundgesamtheit zufällig entnommen) oder ob sie sich nicht zufällig unterscheiden (dann stammen sie entweder aus verschiedenen Grundgesamtheiten oder sind nicht zufällig entnommen). Hier liefert die Funktion `T.TEST()` direkt einen Wahrscheinlichkeitswert.

Ebenfalls mit dem t-Test lässt sich klären, ob die relative Häufigkeit eines Merkmals in einer Stichprobe zufällig von der Wahrscheinlichkeit dieses Merkmals in der Grundgesamtheit abweicht oder nicht. Leider ist dieser Fall nicht von einer Funktion erfasst, sodass hier auf die t-Verteilung (`T.VERT()`) zurückgegriffen werden muss.

Mit dem F-Test (`F.TEST()`) wird geprüft, ob zwei Stichproben sich in ihrer Varianz zufällig unterscheiden oder nicht. Auch hier ist wieder der Umweg über die F-Verteilung (`F.VERT()`) gangbar und bei manchen Fragestellungen notwendig.

Der Chi-Test (`CHIQU.TEST()`) schließlich dient der Überprüfung der Frage, ob eine Stichprobe, mit der mehrere Werte erfasst sind, mit einer Grundgesamtheit übereinstimmt, aus der für diese Werte Erwartungswahrscheinlichkeiten bekannt sind. Auch hier steht zusätzlich die Verteilungsfunktion zur Verfügung.

Verteilungsfunktionen

Von Zufallsgrößen war oben schon die Rede. Es wurde die Frage gestellt, mit welcher Wahrscheinlichkeit ein bestimmtes Ereignis auftritt. Für die Beantwortung dieser Frage steht in Excel 2010 eine Anzahl von Funktionen zur Verfügung, die das sonst notwendige Nachschlagen in umfangreichen Tabellenwerken ersparen können.

Gemäß der Unterscheidung in diskrete und stetige Zufallsgrößen lassen sich auch die zugehörigen Verteilungen in diskrete und stetige unterscheiden. Hier kurz ein Überblick mit einigen Hinweisen zur Anwendung:

- **Binomial-Verteilung** – `BINOM.VERT()`: Grundlage ist ein Ereignis, das jeweils mit einer bestimmten Wahrscheinlichkeit eintreten kann oder auch nicht. Beispiele hierfür sind Münzwürfe, Würfeln, Kartenziehen (wobei die Karte anschließend zurückgesteckt werden muss); aber auch männlich/weiblich, berufstätig/nicht berufstätig usw.

- **Hypergeometrische Verteilung** – `HYPERGEOM.VERT()`: Wird bei einem Beispiel wie Kartenziehen die Karte nicht zurückgesteckt, ändert sich beim nächsten Versuch die theoretische Wahrscheinlichkeit. In solchen Fällen wird die hypergeometrische Verteilung benutzt.

16.6 Statistische Funktionen

- **Poisson-Verteilung** – `POISSON.VERT()`: Diese Verteilung wird normalerweise als Näherung für die Binomial-Verteilung bei sehr großen Zahlen und sehr kleinen Wahrscheinlichkeiten genommen. Da Excel 2010 aber genauso gut mit der Binomial-Verteilung rechnen kann, ist dieser Ausweg nicht unbedingt erforderlich.
- **Normalverteilung** – `NORM.VERT()` und `NORM.S.VERT()`: In all den Fällen, in denen einer Zufallsvariablen eine Grundgesamtheit zugrunde liegt, die sehr groß ist (ab 1.000), und in denen eine stetige Größe gemessen wird, können Sie davon ausgehen, dass sie normalverteilt ist. Das ist in zahlreichen Beispielen der Fall, sodass die Normalverteilung im Prinzip die wichtigste der stetigen Verteilungen ist.

Zusätzlich stellt Excel 2010 noch einige weniger gebräuchliche Verteilungen zur Verfügung, die gleichwohl für Spezialanwendungen nützlich sind.

Um die Handhabung der Verteilungsfunktionen zu erleichtern, hier noch abschließend ein Hinweis. Den Wahrscheinlichkeitsverteilungen liegt mathematisch immer eine Dichtefunktion zugrunde, bei der Normalverteilung etwa die berühmte Glockenkurve. Der jeweilige y-Wert sagt aber noch nichts über die Wahrscheinlichkeit des zugehörenden x-Wertes. Erst die Fläche zwischen zwei x-Werten (mathematisch das bestimmte Integral) ist ein Maß für die Wahrscheinlichkeit.

In Anlehnung an die diskreten Verteilungen verwendet Excel 2010 hier einen Wahrheitswert Kumuliert, der die Funktion veranlasst, entweder die Dichte (`FALSCH`) oder die Wahrscheinlichkeit (`WAHR`) zu berechnen; der erste Fall liefert also den Wert der Dichtefunktion, der zweite den Wert der Wahrscheinlichkeitsverteilung. Praktisch wird die Dichtefunktion so gut wie nie benötigt.

Für die meisten Verteilungsfunktionen steht obendrein eine inverse Funktion zur Verfügung (`...INV()`). Das Verhältnis der beiden Funktionen zueinander ist folgendes:

- Die Verteilungsfunktion liefert die Wahrscheinlichkeit dafür, dass eine Zufallsvariable einen Wert gleich oder kleiner als einen vorgegebenen Wert (als Argument x) annimmt.
- Die inverse Funktion liefert zu einer angegebenen Wahrscheinlichkeit den Wert, der gleich oder kleiner dem der Zufallsvariablen mit der angegebenen Wahrscheinlichkeit ist. Da dieser Wert »Quantil« genannt wird, lässt sich der Zusammenhang auch so angeben:

   ```
   ...VERT(q) = p
   ...INV(p)  = q
   ```

   mit p = Wahrscheinlichkeit und q = Quantil.

16 Tabellenfunktionen

Beispiel Rückstandsberechnung

Angenommen, Sie planen, eine bestimmte Arbeit einigermaßen gleichmäßig auf einen bestimmten Zeitraum zu verteilen. Die Arbeit ist messbar in Stückzahlen. Das können natürlich ganz beliebige Sachen sein. Sie können dafür eine Tabelle verwenden, die mit den Funktionen SUMME(), ANZAHL() und ANZAHL2() arbeitet. Etwas knifflig an der Lösung ist nur der Umgang mit den Bezügen, die mal relativ und mal absolut sein müssen.

Die Zelle E4 wird in der Tabelle verwendet, um die geplante Gesamtmenge einzugeben, die innerhalb des vorgegebenen Zeitraums produziert werden soll.

In der ersten Spalte wurden die Arbeitstage durchnummeriert. Natürlich wurde nur *Tag 1* eingegeben und das Ausfüllkästchen nach unten gezogen.

In der zweiten Spalte wurde zunächst das Datum des ersten Tages eingegeben. Wenn Samstag und Sonntag nicht gearbeitet werden soll, können Sie das Ausfüllkästchen mit gedrückter rechter Maustaste nach unten ziehen und im Menü den Befehl **Wochentage ausfüllen** verwenden.

In der Spalte C sollen dann Tag für Tag die an dem jeweiligen Tag erledigten Mengen eingetragen werden. In Spalte D wird geprüft, ob das geplante Soll erfüllt, überschritten oder unterschritten ist. Ist das Soll überschritten, haben Sie einen Vorsprung, der als positiver Wert ausgegeben wird, liegen Sie dagegen zurück, wird ein negativer Wert angezeigt. Bei Nullwerten liegen Sie genau im Plan.

Die Formel, die in allen Zellen verwendet wird, rechnet immer die insgesamt abgearbeitete Menge zusammen und vergleicht sie mit derjenigen Menge, die bis zu dem gerade erreichten Tag erledigt sein müsste.

Die Formel soll aber nur einen Wert ausrechnen, wenn in der Spalte C in der entsprechenden Zeile etwas eingetragen ist. Deshalb ist die gesamte Berechnung noch in eine Funktion WENN() verpackt, die prüft, ob an dem Tag schon eine Menge eingegeben worden ist. Solange das nicht der Fall ist, bleibt die Zelle in Spalte D leer.

Die eigentliche Berechnung des Rückstands/Vorsprungs geschieht mithilfe folgender Formel:

```
=SUMME($C$7:C7)-(ANZAHL($C$7:C7)*$E$4/ANZAHL2($A$7:$A$21))
```

Wie Sie sehen, ist in den beiden ersten Funktionen das erste Argument jeweils absolut, das zweite relativ. Der Summenbereich wächst also jeden Tag um eine Position, wenn die Formel nach unten kopiert wird.

Von dem Ergebnis der Summenfunktion, die immer die aufgelaufene Gesamtmenge liefert, werden die aufgelaufenen Planmengen abgezogen, die durch den Rest der Formel ermittelt werden.

Mit der Funktion ANZAHL2() wird festgestellt, wie viele Werte die Spalte mit den Tagesnummern insgesamt enthält. Sie können hier natürlich auch direkt die Zahl der Tage eingeben.

Verpackt in der Funktion WENN(), sieht die Formel folgendermaßen aus:

```
=WENN(C7>0; SUMME($C$7:C7)-(ANZAHL($C$7:C7)*$E$4/
  ANZAHL2($A$7:$A$21)); "")
```

Die Abbildung zeigt die Tabelle mit einigen Werten für die ersten Tage.

	A	B	C	D	E
1					
2	Berechnen von Rückstand und Vorsprung				
3					
4			Geplante Gesamtmenge:		300
5					
6			Erledigte Menge	Rückstand/ Vorsprung	
7	Tag 1	Di 10. Okt	20	0	
8	Tag 2	Mi 11. Okt	32	12	
9	Tag 3	Do 12. Okt	32	24	
10	Tag 4	Fr 13. Okt	5	9	
11	Tag 5	Mo 16. Okt	3	-8	
12	Tag 6	Di 17. Okt	1	-27	
13	Tag 7	Mi 18. Okt			
14	Tag 8	Do 19. Okt			
15	Tag 9	Fr 20. Okt			
16	Tag 10	Mo 23. Okt			
17	Tag 11	Di 24. Okt			
18	Tag 12	Mi 25. Okt			
19	Tag 13	Do 26. Okt			
20	Tag 14	Fr 27. Okt			
21	Tag 15	Mo 30. Okt			

Abbildung 16.40 Berechnen von Rückstand oder Vorsprung

Wenn Sie sich im Verlauf der Produktion dazu entschließen, die geplante Gesamtmenge zu erhöhen, werden die Werte sofort an die neue Anforderung angepasst.

Das Beispiel kann leicht an beliebige Zeiträume angepasst werden. Sie müssen nur die letzte Adresse in der Formel entsprechend ändern. Anstelle eines Tagesintervalls kann das Ganze natürlich auch für Stundenintervalle verwendet werden.

Berechnung der Standardabweichung bei Testergebnissen

Bei der Auswertung von Testergebnissen stellt sich regelmäßig die Frage, welche durchschnittlichen Werte zustande kommen und wie groß die Streuung ist. In der Abbildung sehen Sie ein einfaches Beispiel: ein Test, an dem zahlreiche Personen beteiligt waren und der im Ergebnis verschiedene Punktwerte geliefert hat. Die Punktwerte sind in der Spalte B aufgelistet.

Liegen die gesamten Werte vor, kann leicht der arithmetische Mittelwert berechnet werden. Sie benutzen die Funktion MITTELWERT() und geben als Argumente die Adressen des Bereichs mit den Punkten an. Ein anderer mittlerer Wert ist der MEDIAN(), der auf dieselbe Weise errechnet werden kann. Das Ergebnis ist hier 1.208 und ist so zu verstehen, dass in diesem Beispiel genau die Hälfte der Werte über 1.208 und die andere Hälfte unter 1.208 liegt.

Der Mittelwert selbst sagt aber noch nichts über die Streuung der Ergebnisse aus. Bei gleichem Mittelwert können ja die Werte eng um den Mittelpunkt herumliegen oder auch ziemlich weit davon entfernt.

In der Spalte C sind hier zur Veranschaulichung die Differenzen zum Mittelwert berechnet worden, einfach durch Subtraktion des Einzelwertes vom Mittelwert. Wird von diesen Differenzen der Mittelwert gebildet, zeigt sich, dass sich die negativen und positiven Abweichungen aufheben. Das Ergebnis ist also nicht aussagekräftig.

Verbessert werden kann die Situation, wenn wie in Spalte D mithilfe der Funktion ABS() die absolute Differenz zum Mittelwert gebildet wird. Das Ergebnis in Zelle D17 ist die durchschnittliche Abweichung.

Statt mit den Absolutwerten zu arbeiten, werden für die Berechnung von Standardabweichung und Varianz üblicherweise aber die Quadrate der Abweichungen herangezogen. Dadurch sind nicht nur automatisch alle Werte positiv, dieses Verfahren hat außerdem noch den Vorteil, dass größere Abweichungen stärker ins Gewicht fallen als kleinere. Die Varianz ist gleich dem Mittelwert der Quadrate der Abweichung. Die Formel heißt

`=VAR.P(B5:B16)`

Als Standardabweichung wird wieder die Wurzel aus der Varianz gezogen:

`=STABW.N(B5:B16)`

Wie Sie an den Ergebnissen sehen können, ist die Standardabweichung in diesem Beispiel doch deutlich höher als die mittlere Abweichung.

16.6 Statistische Funktionen

	A	B	C	D	E	F
1						
2	Standardabweichung und Varianz bei Testergebnissen					
3						
4	Test 1	Punkte	Abweichung vom Mittelwert	Abweichung absolut	Quadrate der Abweichung	
5	Testperson 1	970	153	153	23285	
6	Testperson 2	1389	-267	267	71096	
7	Testperson 3	878	244	244	59647	
8	Testperson 4	673	450	450	202073	Standardabweichung
9	Testperson 5	700	423	423	178587	248
10	Testperson 6	1258	-135	135	18226	
11	Testperson 7	1108	15	15	227	
12	Testperson 8	1302	-179	179	32084	Varianz
13	Testperson 9	1350	-227	227	51740	61727
14	Testperson 10	1158	-35	35	1235	
15	Testperson 11	1395	-272	272	74248	
16	Testperson 12	1291	-168	168	28273	
17	Mittelwert	1123	0	214	61727	
18	Median	1208				

Abbildung 16.41 Berechnung der Standardabweichung bei Testergebnissen

Beispiel Trendberechnung

Häufige Anforderung an statistische Berechnungen ist die Suche nach einem Trend, der eine Hochrechnung auf noch unbekannte Werte erlaubt. Dazu ein Beispiel aus dem Sport. In Spalte A sind die Nummern der verschiedenen Heimspiele fortlaufend aufgelistet, in Spalte B die Zuschauerzahlen der Spiele, die schon stattgefunden haben.

Mithilfe der Funktion TREND() soll nun eine Schätzung der Zuschauerzahlen für die restlichen Heimspiele stattfinden.

Bei den Formeln, die mit der Funktion TREND() arbeiten sollen, muss nun beachtet werden, dass sie als Matrix-Formeln eingegeben werden müssen. Markieren Sie deshalb zunächst den gesamten Bereich B14 bis B20. Geben Sie folgende Formel ein:

=TREND(B5:B13; A5:A13; A14; A20)

Bestätigen Sie die Formel unbedingt mit [Strg] + [⇧] + [↵]. Excel rechnet also aus den vorliegenden Zahlen für die ersten Spiele die erwarteten Zahlen für die noch ausstehenden Spiele hoch. Natürlich kann Excel nicht vorhersehen, dass das 13. Spiel ein katastrophales Gurkenspiel werden wird und der Zuschauertrend sich ab dann rückläufig gestaltet. Es ist also Vorsicht geboten, was das Bauen auf die Hochrechnung betrifft.

16 Tabellenfunktionen

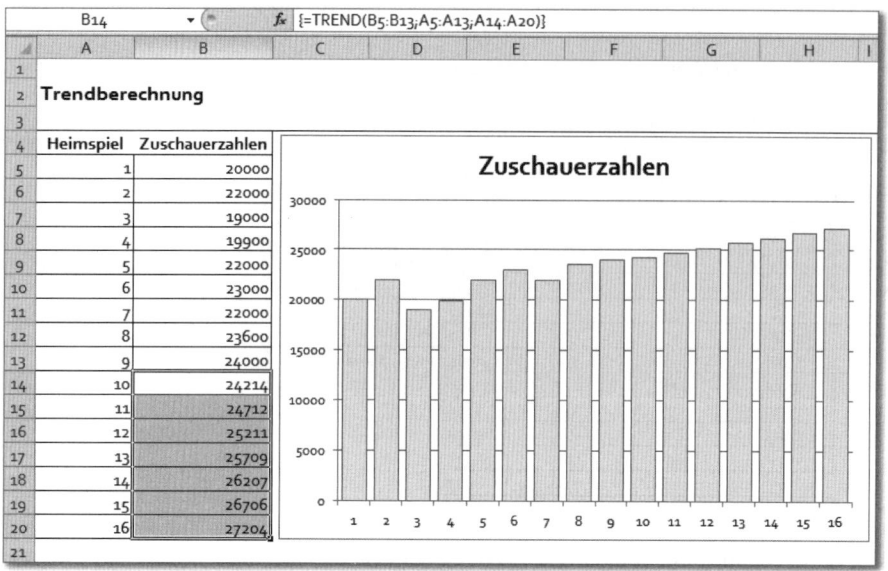

Abbildung 16.42 Trendberechnung bei Zuschauerzahlen

Referenz der statistischen Funktionen

ACHSENABSCHNITT()

Syntax:	ACHSENABSCHNITT(Y_Werte; X_Werte)
Beispiel:	=ACHSENABSCHNITT(B7:B16; A7:A16)
Ergebnis:	2,8

Die Funktion liefert den Ordinatenabschnitt für den Schnittpunkt der aus den Werten für die Argumente Y_Werte und X_Werte errechneten Regressionsgeraden mit der y-Achse.

Die Funktionsgleichung der Regressionsgeraden lautet:

$$y = m*x + b$$

wobei b der Schnittpunkt mit der y-Achse ist.

16.6 Statistische Funktionen

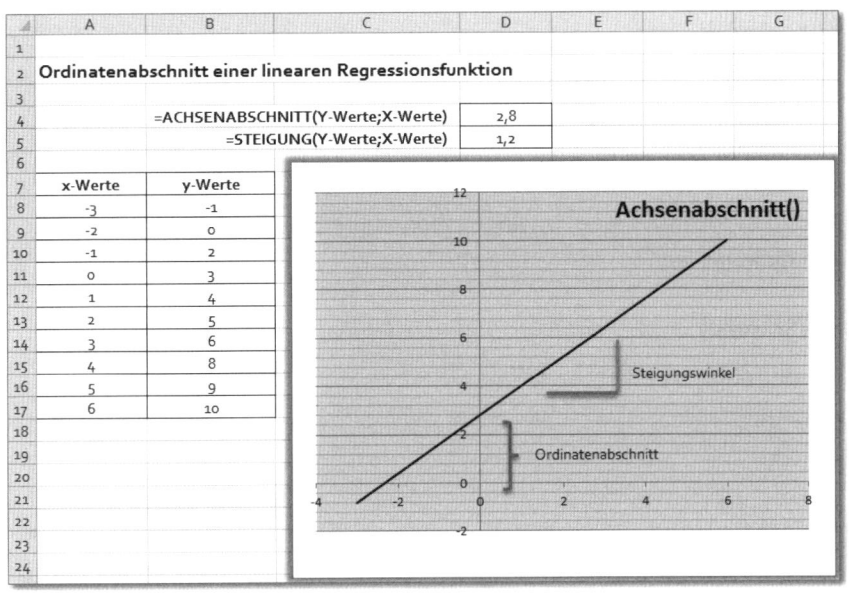

Abbildung 16.43 Tabelle und Regressionsgerade

ANZAHL()

Syntax:	ANZAHL(**Wert1**; Wert2; ...)
Beispiel:	=ANZAHL(1; 4; 7; "fünf")
Ergebnis:	3

Die Funktion ANZAHL() ergibt die Anzahl der numerischen Werte, die in der Argumentliste bzw. in dem Bereich, auf den sie sich bezieht, enthalten sind. Von den Werten bzw. Zellen insgesamt werden also Texteinträge und leere Zellen abgezogen. 255 Argumente sind erlaubt.

ANZAHL2()

Syntax:	ANZAHL2(**Wert1**; Wert2; ...)
Beispiel:	=ANZAHL2(1; 4; 7; "fünf")
Ergebnis:	4

Ermittelt werden die Werte insgesamt, die in der Argumentliste bzw. in einem Bereich enthalten sind. Texteinträge werden mitgezählt, nur wirklich leere Zellen (oder Argumente) werden abgezogen. Die Funktionen ANZAHL() und ANZAHL2() sind nicht nur statistisch zu verwenden, sie können auch als Zähler für Makros eingesetzt werden. 255 Argumente sind erlaubt.

ANZAHLLEEREZELLEN()

Syntax:	ANZAHLLEEREZELLEN(Bereich)
Beispiel:	=ANZAHLLEEREZELLEN(A1:A100)
Ergebnis:	5, wenn der Bereich fünf leere Zellen enthält

Ermittelt die Anzahl der leeren Zellen im angegebenen Bereich. Zellen, die Leerzeichen enthalten, gelten nicht als leer.

BESTIMMTHEITSMASS()

Syntax:	BESTIMMTHEITSMASS(Y-Werte; X-Werte)
Beispiel:	=BESTIMMTHEITSMASS({3; 5; 8; 7}; {5; 6; 5; 4})
Ergebnis:	0,13559

Ermittelt das Quadrat des Pearsonschen Korrelationskoeffizienten, vergleiche PEARSON(). Das Bestimmtheitsmaß ist auch als Determinationskoeffizient bekannt und ist ein Maß für die Güte der Anpassung, die eine Regression erzielt. Der Wert gibt an, wie dicht die Datenpunkte an der Regressionsgeraden liegen.

BETA.INV()

Syntax:	BETA.INV(Wahrsch; Alpha; Beta; A; B)
Beispiel:	=BETA.INV(0,1; 3; 4)
Ergebnis:	0,2009

Die Funktion liefert das Quantil der Betaverteilung einer Zufallsvariable und ist die Umkehrung zu BETA.VERT(). Die Funktion ersetzt die bisherige Funktion BETAINV().

Als notwendige Argumente sind Wahrsch (Wahrscheinlichkeit), Alpha (Parameter der Verteilung) und Beta (Parameter der Verteilung) einzutragen. A und B sind optionale Argumente, die die Intervallgrenzen bezeichnen. Werden sie nicht angegeben, dann wird A = 0 und B = 1 gesetzt. Vergleiche BETA.VERT().

Für den Zusammenhang zwischen BETA.INV() und BETA.VERT() gilt:

Wenn Wahrsch = BETA.VERT(x;...), dann ist x = BETA.INV(Wahrsch;...).

BETA.VERT()

Syntax:	BETA.VERT(x; Alpha; Beta; Kumuliert; A; B)
Beispiel:	=BETA.VERT(0,5; 3; 4)
Ergebnis:	0,65625

Die Funktion liefert die Wahrscheinlichkeitsverteilung für eine betaverteilte Zufallsvariable. Die Betaverteilung ist eine stetige Verteilung über dem Intervall [0,1]. Sie steht in engem Zusammenhang mit der Gammaverteilung und kann bei Berechnung der Verteilung von Größen aus beliebigen, gleichmäßig stetig verteilten Grundgesamtheiten verwendet werden. Die Funktion ersetzt die bisherige Funktion BETAVERT(), wobei Kumuliert als zusätzliches Argument eingebaut ist.

Es wird berechnet, mit welcher Wahrscheinlichkeit die Zufallsvariable einen Wert zwischen A und x annimmt.

Das Argument x ist die Größe der Zufallsvariablen im Intervall A bis B, Alpha und Beta – beide müssen größer als 0 sein – sind Parameter der Verteilung.

Das neue Argument Kumuliert ist ein Wahrheitswert, der den Typ der Funktion bestimmt. Mit Kumuliert = WAHR liefert die Funktion den Wert der kumulierten Verteilungsfunktion, andernfalls den Wert der Dichtefunktion.

A und B sind optionale Argumente und bezeichnen die untere und obere Grenze des Intervalls. Werden für A und B keine Werte angegeben, dann gilt die standardmäßige Betaverteilung (A = 0 und B = 1).

Ist x kleiner A oder größer als B, liefert Excel einen Fehlerwert, ist A gleich B ebenso.

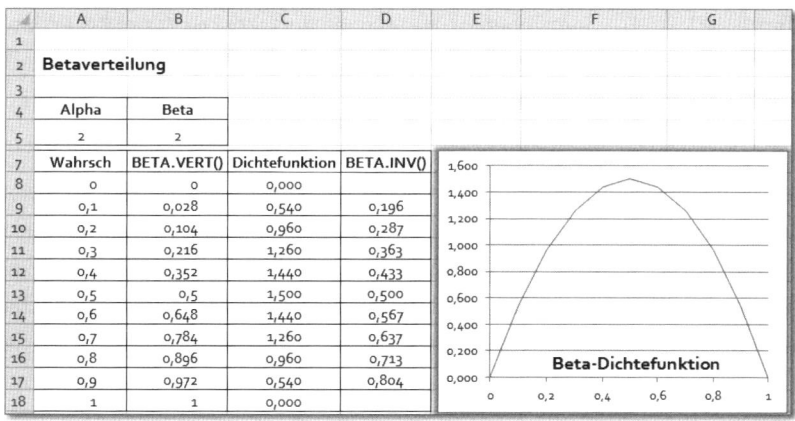

Abbildung 16.44 Betaverteilung und Dichtefunktion

BINOM.INV()

Syntax:	BINOM.INV(**Versuche**; **Erfolgswahrsch**; **Alpha**)
Beispiel:	=BINOM.INV(200; 0,9; 0,01)
Ergebnis:	170

Liefert die Anzahl der erfolgreichen Versuche, die mit einer Irrtumswahrscheinlichkeit von Alpha zu erwarten sind. Voraussetzung ist, dass die Zufallsgröße binomialverteilt ist (vergleiche BINOM.VERT()). Die Funktion ersetzt die bisherige Funktion KRITBINOM().

Mit Versuche wird die Zahl der Versuche angegeben; mit Erfolgswahrsch die Wahrscheinlichkeit für den erfolgreichen Ausgang eines Versuchs.

Im Beispiel sei gegeben, dass bei einer bestimmten Maschineneinstellung von 200 Prüflingen im Durchschnitt 180 (= 90 %) korrekt sind, die Wahrscheinlichkeit für einen korrekten Prüfling also 0,9 ist. Die Fragestellung: Mit wie vielen korrekten Prüflingen können Sie mit einer Irrtumswahrscheinlichkeit von 0,01 mindestens rechnen? Das Ergebnis lautet 170, d. h., in 99 % aller 200-Stück-Lieferungen werden mindestens 170 korrekte Produkte enthalten sein.

BINOM.VERT()

Syntax:	BINOM.VERT(Zahl_Erfolge; Versuche; Erfolgswahrsch; Kumuliert)
Beispiel:	=BINOM.VERT(3; 10; 1/6; FALSCH)
Ergebnis:	15,5 %

Die Funktion gibt die Wahrscheinlichkeit dafür an, dass bei alternativen diskreten Versuchsergebnissen bei einer mit Versuche angegebenen Anzahl von Versuchen ein bestimmtes Ergebnis mit einer durch Zahl_Erfolge angegebenen Häufigkeit auftritt. Die (vorweg ermittelte) Wahrscheinlichkeit für das Einzelergebnis wird mit Erfolgswahrsch (zwischen 0 und 1) angegeben. Beispiele sind Münzwürfe (Erfolgswahrscheinlichkeit 1/2), Würfel (1/6) etc.

Kumuliert verlangt einen Wahrheitswert und beschreibt den Typ der Funktion. Wird das Argument mit FALSCH belegt, wird der Wert der Wahrscheinlichkeitsfunktion geliefert. Das oben angeführte Beispiel liefert die Wahrscheinlichkeit dafür, dass bei zehn Würfen mit einem Würfel genau dreimal die Sechs gewürfelt wird. Wird das Argument mit WAHR belegt, wird die Verteilungsfunktion berechnet, im Beispiel die Wahrscheinlichkeit, dass die Sechs bis zu dreimal gewürfelt wird. Die Funktion ersetzt die bisherige Funktion BINOMVERT().

CHIQU.INV()

Syntax:	CHIQU.INV(Wahrsch; Freiheitsgrade)
Beispiel:	=CHIQU.INV(0,05; 3)
Ergebnis:	0,3518

Die Funktion liefert die (z. B. in statistischen Tabellenwerken tabellierten) Perzentile der linksseitigen Chi-Quadrat-Verteilung. Die Funktion ersetzt die bisherige Funktion CHIINV().

16.6 Statistische Funktionen

Als Argumente verlangt diese Funktion die Irrtumswahrscheinlichkeit Wahrsch und die Anzahl der Freiheitsgrade, vergleiche CHIQU.TEST(), CHQU.INV.RE(), CHIQU.VERT() und CHIQU.VERT.RE().

CHIQU.INV.RE()

Syntax:	CHIQU.INV.RE(**Wahrsch**; **Freiheitsgrade**)
Beispiel:	=CHIQU.INV.RE(0,05; 3)
Ergebnis:	7,8147

Die Funktion liefert die (z. B. in statistischen Tabellenwerken tabellierten) Perzentile der rechtsseitigen Chi-Quadrat-Verteilung. Die Funktion ersetzt die bisherige Funktion CHIINV(), die ebenfalls Werte der rechtsseitigen Chi-Quadrat-Verteilung liefert.

Als Argumente verlangt diese Funktion die Irrtumswahrscheinlichkeit Wahrsch und die Anzahl der Freiheitsgrade, vergleiche CHIQU.TEST(), CHQU.INV(), CHIQU.VERT() und CHIQU.VERT.RE().

CHIQU.TEST()

Syntax:	CHIQU.TEST(**Beob_Messwerte**; **Erwart_Werte**)
Beispiel:	=CHIQU.TEST({9; 11; 9; 12; 10; 9}; {10; 10; 10; 10; 10; 10})
Ergebnis:	0,977

Die Funktion liefert direkt den Wahrscheinlichkeitswert für den Chi-Quadrat-Test beim Vergleich zwischen beobachteten und erwarteten Größen. Die Funktion ersetzt die bisherige Funktion CHITEST().

Als Argumente werden je ein Bereichsbezug oder eine Matrix für die beobachteten Werte Beob_Messwerte und die theoretisch erwarteten Werte Erwart_Werte eingetragen.

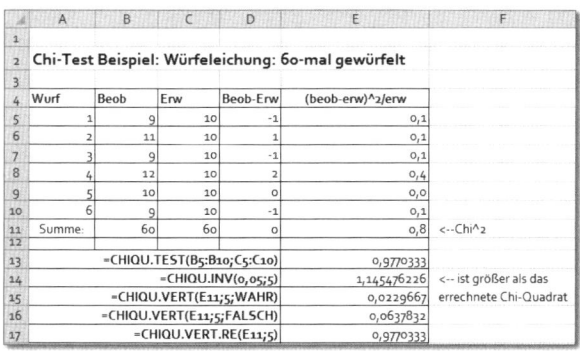

Abbildung 16.45 Beispiel für die Funktion CHIQU.TEST()

Den gleichen Wert würde auch die Funktion CHIQU.VERT.RE() liefern, wenn für x der Chi-Quadratwert und für die Freiheitsgrade 5 (6 Möglichkeiten – 1) eingetragen wird.

CHIQU.VERT()

Syntax:	CHIQU.VERT(x; Freiheitsgrade; Kumuliert)
Beispiel:	=CHIQU.VERT(10; 3)
Ergebnis:	0,018

Die Funktion liefert Werte der linksseitigen Verteilungsfunktion (1-Alpha) für eine mit x angegebene Chi-Quadrat-verteilte Zufallsvariable und den angegebenen Wert für Freiheitsgrade, also die Wahrscheinlichkeit für die Übereinstimmung von beobachteten und erwarteten Werten, vergleiche CHIQU.TEST(). Die Funktion ersetzt die bisherige Funktion CHIVERT().

Der Chi^2-Wert wird ermittelt als die Summe aus

(Beobachtungswert-Erwartungswert)^2/Erwartungswert

für alle Werte.

Die Chi-Quadratverteilung ist eine Wahrscheinlichkeitsverteilung, die sich über die Summe von n unabhängigen, quadrierten, standardnormalverteilten Variablen und eine Anzahl von Freiheitsgraden definiert.

Kumuliert bestimmt den Typ der Funktion. WAHR liefert die kumulative Verteilungsfunktion, FALSCH den Wert der Dichtefunktion.

Die Funktion wird für den Chi-Quadrat-Test benötigt, der beim Vergleich von empirischen zu theoretisch erwarteten Häufigkeiten zum Einsatz kommt.

Je nach Anzahl der Freiheitsgrade ändert sich der Charakter der Verteilung, mit steigender Anzahl wird die Funktion flacher und verschiebt sich nach rechts. Die Freiheitsgrade lassen sich am einfachsten ermitteln über die Anzahl der Möglichkeiten (bei kontinuierlichen Größen die Klassen) – 1 bei einer Datenspalte oder Zeile, d. h. (Anzahl der Zeilen – 1) * (Anzahl der Spalten – 1) bei zweidimensionalen Wertetabellen.

CHIQU.VERT.RE()

Syntax:	CHIQU.VERT.RE(x; Freiheitsgrade)
Beispiel:	=CHIQU.VERT.RE(10; 3)
Ergebnis:	0,018

Die Funktion liefert Werte der rechtsseitigen Verteilungsfunktion (1-Alpha) für eine mit x angegebene, Chi-Quadrat-verteilte Zufallsvariable und den angegebenen Wert für Freiheitsgrade. Die Funktion ersetzt die bisherige Funktion CHIVERT().

Die Chi-Quadratverteilung ist eine Wahrscheinlichkeitsverteilung, die sich über die Summe von n unabhängigen, quadrierten, standardnormalverteilten Variablen und einer Anzahl von Freiheitsgraden definiert. Die Funktion wird für den Chi-Quadrat-Test benötigt, der beim Vergleich von empirischen zu theoretisch erwarteten Häufigkeiten zum Einsatz kommt.

Je nach Anzahl der Freiheitsgrade ändert sich der Charakter der Verteilung, mit steigender Anzahl wird die Funktion flacher und verschiebt sich nach rechts. Die Freiheitsgrade lassen sich am einfachsten ermitteln über die Anzahl der Möglichkeiten (bei kontinuierlichen Größen die Klassen) – 1 bei einer Datenspalte oder Zeile, d. h. (Anzahl der Zeilen – 1) * (Anzahl der Spalten – 1) bei zweidimensionalen Wertetabellen.

EXPON.VERT()

Syntax:	EXPON.VERT(x; Lambda; Kumuliert)
Beispiel:	=EXPON.VERT(0,5; 3; WAHR)
Ergebnis:	0,777

Die Funktion liefert Wahrscheinlichkeiten für eine exponentialverteilte Zufallsvariable. Die Haltbarkeit von Bauteilen, die Halbwertzeiten radioaktiver Elemente etc. können mit einer Exponentialverteilung dargestellt werden. Die Funktion ersetzt die bisherige Funktion EXPONVERT().

Mit x wird das Quantil angegeben, für das der Wert ermittelt werden soll. Lambda ist ein Parameter, der bei der Dichtefunktion den Anfangswert bei x = 0 sowie den Grad des Abfalls bestimmt.

Kumuliert ist ein Wahrheitswert, mit dem der Typ der Funktion bestimmt wird. Ist Kumuliert mit WAHR belegt, wird der Wert der Verteilungsfunktion geliefert (die Fläche bis zum Quantil), mit FALSCH belegt, ergibt sich der Wert für die Dichtefunktion (der Wert auf der y-Achse). Normalerweise wird die Verteilungsfunktion benötigt, deren Wert aussagt, wie groß die Wahrscheinlichkeit ist, dass die Zufallsvariable einen Wert zwischen 0 und x annimmt.

	A	B	C	D	E	F	G
1							
2	Exponentialverteilte Zufallsvariable						
3							
4		Kumuliert(Verteilung)			Nichtkumuliert(Dichte)		
5	Lambda->	0,1	1	3	0,1	1	3
6	x						
7	0	0	0	0	0	0	0
8	0,1	0,0099502	0,0951626	0,2591818	0,0990050	0,9048374	2,2224547
9	0,2	0,0198013	0,1812692	0,4511884	0,0980199	0,8187308	1,6464349
10	0,3	0,0295545	0,2591818	0,5934303	0,0970446	0,7408182	1,2197090
11	0,4	0,0392106	0,3296800	0,6988058	0,0960789	0,6703200	0,9035826
12	0,5	0,0487706	0,3934693	0,7768698	0,0951229	0,6065307	0,6693905
13	0,6	0,0582355	0,4511884	0,8347011	0,0941765	0,5488116	0,4958967
14	0,7	0,0676062	0,5034147	0,8775436	0,0932394	0,4965853	0,3673693
15	0,8	0,0768837	0,5506710	0,9092820	0,0923116	0,4493290	0,2721539
16	0,9	0,0860688	0,5934303	0,9327945	0,0913931	0,4065697	0,2016165
17	1	0,0951626	0,6321206	0,9502129	0,0904837	0,3678794	0,1493612

Abbildung 16.46 Beispiele für Verteilungsfunktion und Dichtefunktion der Exponentialverteilung

F.INV()

Syntax:	F.INV(Wahrsch; Freiheitsgrade1; Freiheitsgrade2)
Beispiel:	=F.INV(0,95; 7; 7)
Ergebnis:	0,2640

Die Funktion liefert Quantile der linksseitigen F-Verteilung (d. h. die Werte, die in statistischen Tabellenwerken tabelliert sind). Sie ist die Umkehrung von F.VERT() (siehe dort). Die Funktion ersetzt die bisherige Funktion FINV().

Mit Wahrsch wird die Wahrscheinlichkeit angegeben. Die Freiheitsgrade sind die Größen der beiden miteinander verglichenen Stichproben – 1.

F.INV.RE()

Syntax:	F.INV.RE(Wahrsch; Freiheitsgrade1; Freiheitsgrade2)
Beispiel:	=F.INV.RE(0,95; 7; 7)
Ergebnis:	0,2640

Die Funktion liefert Quantil der rechtsseitigen F-Verteilung (d. h. die Werte, die in statistischen Tabellenwerken tabelliert sind). Sie ist die Umkehrung von FVERT() (siehe dort). Die Funktion ersetzt die bisherige Funktion FINV().

Mit Wahrsch wird die Wahrscheinlichkeit angegeben. Die Freiheitsgrade sind die Größen der beiden miteinander verglichenen Stichproben – 1.

F.TEST()

Syntax:	F.TEST(**Matrix1**; **Matrix2**)
Beispiel:	siehe Abbildung

Die Funktion liefert unmittelbar die Wahrscheinlichkeit der Übereinstimmung zweier Stichproben hinsichtlich ihrer Varianzen. Mit dem F-Test lässt sich also ermitteln, ob sich zwei Stichproben in ihren Varianzen nur zufällig unterscheiden. Matrix1 und Matrix2 sind Einzelwerte der beiden Stichproben. Die Argumente müssen nicht denselben Umfang haben. Die Funktion ersetzt die bisherige Funktion FTEST().

Im Beispiel wird getestet, ob die beiden Stichproben aus derselben Grundgesamtheit stammen können. Die Wahrscheinlichkeit 0,73 ist dafür nicht hinreichend groß (0,95 wären hinreichend).

	A	B	C	D	E
1					
2	F-Test und F-Verteilung				
3					
4	x-Werte	y-Werte		=F.INV(0,05;7;7)	0,264058
5	4	3		=F.TEST(A5:A12;B5:B12)	0,730186
6	2	2		=F.VERT(E14;7;7;WAHR)	0,634907
7	3	5		=F.VERT(E14;7;7;FALSCH)	0,364538
8	5	6		=F.INV.RE(0,05;7;7)	3,787044
9	3	5		=F.VERT.RE(0,05;7;7)	0,999601
10	6	5			
11	3	2			
12	5	3			
13	Varianz1	Varianz2			F-Wert
14	1,839286	2,410714		Varianz2/Varianz1	1,310680

Abbildung 16.47 Beispiel für den F-Test

F.VERT()

Syntax:	F.VERT(**x**; **Freiheitsgrade1**; **Freiheitsgrade2**; **Kumuliert**)
Beispiel:	=F.VERT(12; 2; 3)
Ergebnis:	0,037

Die Funktion liefert die Irrtumswahrscheinlichkeit der F-Verteilung. Die wichtigste Anwendung der F-Verteilung liegt in Signifikanztests für zwei unabhängige Stichproben. Mit x wird das Quantil der Verteilung eingegeben.

Je nach der Anzahl Freiheitsgrade1 (Größe der ersten Stichprobe – 1) und der Anzahl Freiheitsgrade2 (Größe der zweiten Stichprobe – 1) unterscheiden sich die F-Verteilungen und nehmen verschiedene Gestalt an. Die Funktion ersetzt die bisherige Funktion FVERT().

F.VERT.RE()

Syntax:	F.VERT.RE(x; Freiheitsgrade1; Freiheitsgrade2)
Beispiel:	=F.VERT.RE(12; 2; 3)
Ergebnis:	0,037

Die Funktion liefert die Irrtumswahrscheinlichkeit der F-Verteilung. Die wichtigste Anwendung der F-Verteilung liegt in Signifikanztests für zwei unabhängige Stichproben. Je nach der Anzahl der Freiheitsgrade1 (Größe der ersten Stichprobe – 1) und der Anzahl der Freiheitsgrade2 (Größe der zweiten Stichprobe – 1) unterscheiden sich die F-Verteilungen und nehmen verschiedene Gestalt an. Die Funktion ersetzt die bisherige Funktion FVERT().

Mit x wird das Quantil der Verteilung eingegeben.

FISHER()

Syntax:	FISHER(x)
Beispiel:	=FISHER(0,3)
Ergebnis:	0,30952

Durch die Fisher-Transformation lässt sich die mit x angegebene Korrelation r in eine annähernd normalverteilte Größe überführen und so anhand der Normalverteilung untersuchen.

Für r gilt $-1 < r < 1$.

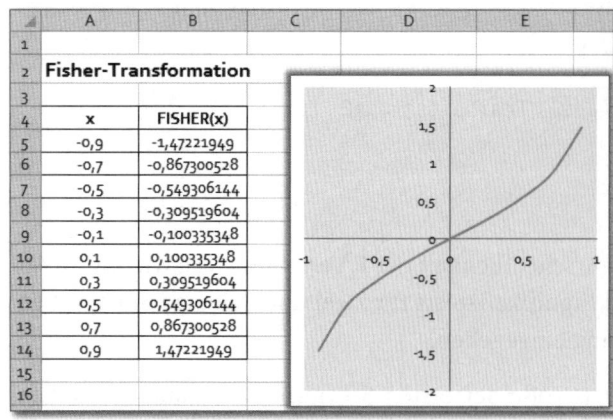

Abbildung 16.48 Fisher-Transformation von r

FISHERINV()

Syntax:	FISHERINV(**y**)
Beispiel:	=FISHERINV(0,5)
Ergebnis:	0,4621

Die Umkehrfunktion zu FISHER() (siehe dort).

G.TEST()

Syntax:	G.TEST(**Matrix**; **x**; Sigma)
Beispiel:	siehe Abbildung

Die Funktion liefert die einseitige Wahrscheinlichkeit für einen Gauß-Test bei normalverteilten Daten. Für den Erwartungswert einer mit x angegebenen Zufallsvariablen gibt der Test die Wahrscheinlichkeit zurück, mit der der Stichprobenmittelwert größer ist als der Durchschnitt der in Matrix angegebenen Werte. Mit diesem Test kann die Wahrscheinlichkeit dafür geschätzt werden, dass ein bestimmter Wert aus derselben (normalverteilten) Grundgesamtheit stammt wie eine gegebene Stichprobe. Die Funktion ersetzt die bisherige Funktion GTEST().

Mit Matrix wird der Datenbereich der Stichprobe angegeben, mit der der Wert x verglichen werden soll. Das optionale Argument Sigma gibt die Standardabweichung der Grundgesamtheit an, sofern sie bekannt ist. Wird Sigma nicht angegeben, verwendet die Funktion die Standardabweichung der Stichprobe als Schätzwert für Sigma.

	A	B	C	D
1				
2	Gauß-Test			
3				
4	Stichprobe		Einzelwert:	178
5	182	171	=G.TEST(A5:B20;D4)	0,9799
6	170	178	Mittelwert:	176
7	165	186	Standardabweichung:	5
8	174	169		
9	171	173		
10	178	180		
11	183	180		
12	169	179		
13	173	169		
14	175	173		
15	180	177		
16	179	180		
17	169	180		
18	180	178		
19	177	186		
20	180	169		

Abbildung 16.49 Beispiel für einen Gauß-Test

Der Test liefert als Wahrscheinlichkeit 0,97 für die Hypothese, dass der Einzelwert zur gleichen Grundgesamtheit gehört. Der Test wird brauchbarer, wenn die Stichprobe größer ist und die Standardabweichung der Grundgesamtheit vorliegt.

GAMMA.INV()

Syntax:	GAMMA.INV(Wahrsch; Alpha; Beta)
Beispiel:	=GAMMA.INV(0,05; 3; 1)
Ergebnis:	0,8176

Die Funktion liefert den Kehrwert der kumulierten Gammaverteilung. Sie ist die Umkehrfunktion zu GAMMA.VERT() (siehe dort). Die Funktion ersetzt die bisherige Funktion GAMMAINV().

Alpha und Beta sind Funktionsparameter (in der Literatur werden als Parameter meist b und p angegeben). Beta = 1 liefert die standardisierte Gammaverteilung.

Zwischen GAMMA.INV() und GAMMA.VERT() besteht folgender Zusammenhang:

Wenn Wert = GAMMA.INV(x; ...), dann ist x = GAMMA.VERT(Wert; ...WAHR).

GAMMA.VERT()

Syntax:	GAMMA.VERT(x; Alpha; Beta; Kumuliert)
Beispiel:	=GAMMA.VERT(1,5; 2; 1; WAHR)
Ergebnis:	0,44217

Die Funktion liefert Wahrscheinlichkeiten für eine gammaverteilte Zufallsvariable (bei der Verteilungsfunktion die Wahrscheinlichkeit dafür, dass eine Zufallsgröße einen Wert zwischen 0 und x annimmt, bei der Dichtefunktion, dass sie den Wert x annimmt). Die Funktion ersetzt die bisherige Funktion GAMMAVERT(). Diese Funktion findet vor allem in der Bedienungs- und Zuverlässigkeitstheorie Anwendung.

Von den Argumenten bezeichnet x das Quantil, für das die Wahrscheinlichkeit berechnet werden soll, Alpha und Beta sind Parameter der Verteilung (vergleiche GAMMA.INV()). Kumuliert bestimmt den Typ der Verteilung: Mit WAHR wird der Wert der Verteilungsfunktion berechnet, mit FALSCH der Wert der Dichtefunktion.

Wird Beta = 1 gesetzt, ergibt dies die Werte für die standardisierte Gammaverteilung.

Durch geeignete Wahl der Parameter lässt sich die Gammaverteilung in andere Verteilungen überführen (Chi-Quadrat-Verteilung, Weibullverteilung etc.). Wird Alpha = 1 gesetzt, ergibt sich eine Exponentialverteilung mit Lambda = 1/Beta.

16.6 Statistische Funktionen

	A	B	C	D	E	F	G	H	I
1									
2	Gammaverteilung								
3									
4		Nichtkumuliert(Dichte)			Kumuliert(Verteilung)				
5	Alpha	1	2	1	1	2	1		
6	Beta	1	2	3	1	2	3		
7	x	GAMMA.VERT(;;FALSCH)			GAMMA.VERT(;;WAHR)				GAMMA.INV()
8	1	0,367879	0,151633	0,238844	0,632121	0,090204	0,283469		1
9	1,1	0,332871	0,158661	0,231014	0,667129	0,105728	0,306959		1,1
10	1,2	0,301194	0,164643	0,223440	0,698806	0,121901	0,329680		1,2
11	1,3	0,272532	0,169665	0,216115	0,727468	0,138624	0,351656		1,3
12	1,4	0,246597	0,173805	0,209030	0,753403	0,155805	0,372911		1,4
13	1,5	0,223130	0,177137	0,202177	0,776870	0,173359	0,393469		1,5
14	1,6	0,201897	0,179732	0,195549	0,798103	0,191208	0,413354		1,6
15	1,7	0,182684	0,181651	0,189138	0,817316	0,209282	0,432586		1,7
16	1,8	0,165299	0,182956	0,182937	0,834701	0,227518	0,451188		1,8
17	1,9	0,149569	0,183702	0,176940	0,850431	0,245855	0,469181		1,9
18	2	0,135335	0,183940	0,171139	0,864665	0,264241	0,486583		2

Abbildung 16.50 Gammaverteilung mit verschiedenen Parametern

GAMMALN()

Syntax:	GAMMALN(x)
Beispiel:	=GAMMALN(6)
Ergebnis:	4,7875

Die Funktion liefert den natürlichen Logarithmus zur Gammafunktion. Für diese Funktion steht in Excel 2010 die verbesserte Funktion GAMMALN.GENAU() zur Verfügung.

Es gilt folgende Beziehung für die Funktion: EXP(GAMMALN(x)) ergibt FAKULTÄT(x-1).

GAMMALN.GENAU()

Syntax:	GAMMALN.GENAU(x)
Beispiel:	=GAMMALN.GENAU(6)
Ergebnis:	4,7875

Die Funktion liefert den natürlichen Logarithmus zur Gammafunktion. Sie ersetzt in Excel 2010 die bisherige Version GAMMALN().

Es gilt folgende Beziehung für die Funktion: EXP(GAMMALN.GENAU(x)) ergibt FAKULTÄT(x-1).

GEOMITTEL()

Syntax:	GEOMITTEL(Zahl1; Zahl2; ...)
Beispiel:	=GEOMITTEL(2; 5; 6; 8; 9)
Ergebnis:	5,33

Die Funktion berechnet das geometrische Mittel für eine Reihe von Daten, die positive Zahlen sein müssen. Bis zu 255 Argumente sind möglich. Berechnet wird das geometrische Mittel, indem alle Beobachtungen miteinander multipliziert werden und dann die n-te Wurzel aus dem Ergebnis gezogen wird. Das Ergebnis von GEOMITTEL() ist immer kleiner als das Ergebnis für MITTELWERT(). Das wichtigste Anwendungsgebiet ist die Errechnung von Durchschnitten bei einer Abfolge von Veränderungen.

Ist einer der für die Berechnung aufgenommenen Werte 0 oder kleiner, so gibt Excel eine Fehlermeldung aus.

GESTUTZTMITTEL()

Syntax:	GESTUTZTMITTEL(`Matrix`; `Prozent`)
Beispiel:	=GESTUTZTMITTEL({2; 19; 7; 5; 8; 7; 9}; 0,3)
Ergebnis:	7,2

Die Funktion gibt das arithmetische Mittel eines Datensatzes zurück, bei dem aber die niedrigsten und die höchsten Werte nicht berücksichtigt werden.

Wie viele der mit `Matrix` angegebenen Daten jeweils oben und unten abgeschnitten werden, wird durch das Argument `Prozent` bestimmt. Wird für `Prozent` 0.1 (10 %) eingegeben, werden 5 % der niedrigsten und 5 % der höchsten Werte für die Berechnung nicht berücksichtigt.

Das Verfahren ist dazu gedacht, »Ausreißer« aus einer Mittelwertberechnung herauszuhalten, im obigen Beispiel würde MITTELWERT() zu einem Ergebnis von 8,14 führen.

HARMITTEL()

Syntax:	HARMITTEL(`Zahl1`; `Zahl2`; ...)
Beispiel:	=HARMITTEL(2; 5; 6; 8; 9)
Ergebnis:	4,53

Die Funktion gibt das harmonische Mittel zurück. Bis zu 255 Argumente sind möglich. Das harmonische Mittel ist der Kehrwert als dem Mittelwert der Kehrwerte der Argumente. Im Beispiel also:

=1/MITTELWERT(1/2; 1/5; 1/6; 1/8; 1/9)

Es wird zuweilen im Rahmen varianzanalytischer Problemstellungen benötigt. Das Ergebnis fällt kleiner aus als bei GEOMITTEL() und MITTELWERT().

Beträgt der Wert eines Elements der Daten 0 oder weniger, dann gibt das Programm eine Fehlermeldung aus.

HÄUFIGKEIT()

Syntax:	HÄUFIGKEIT(**Daten**; **Klassen**)
Beispiel:	siehe Abbildung

Die Funktion HÄUFIGKEIT() wertet den mit Daten angegebenen Bereich nach der Häufigkeit des Vorkommens innerhalb der durch Klassen definierten Intervalle aus. Der Bereich der Daten kann dabei ein- oder mehrspaltig sein, der Bereich der Intervalle sollte einspaltig sein, obwohl Excel auch hier mehrere Spalten zulässt. Die Funktion muss als Matrixformel eingegeben werden (vor Eingabe den Bereich markieren, mit Strg + ⇧ + ↵ abschließen). Der für die Funktion gewählte Bereich muss ein Feld mehr umfassen als der Klassenbereich.

Bei der Auswertung ordnet diese Funktion dem ersten Element des Bereichs Klassen alle Daten zu, die kleiner oder gleich der angegebenen Klassengrenze sind, und dem überzähligen Feld des Ausgabebereichs alle Daten, die größer als die letzte angegebene Klassengrenze sind.

	A	B	C	D	E
1					
2	Häufigkeit				
3					
4	Daten			Klassen	Häufigkeit
5	182		bis inkl.:	160	2
6	170		bis inkl.:	170	4
7	165		bis inkl.:	180	5
8	173		bis inkl.:	190	2
9	171		über:	190	1
10	178				
11	186				
12	169				
13	173				
14	175				
15	155				
16	145				
17	166				
18	193				

Abbildung 16.51 Auswertung der Häufigkeit von Daten nach Klassen

HYPGEOM.VERT()

Syntax:	HYPGEOM.VERT(**Erfolge_S**; **Umfang_S**; **Erfolge_G**; **Umfang_G**; **Kumuliert**)
Beispiel:	=HYPGEOM.VERT(1; 2; 4; 32)
Ergebnis:	0,2258

Die Funktion berechnet die Wahrscheinlichkeiten einer hypergeometrisch verteilten Zufallsvariable. Die Funktion wird in Fällen angewendet, in denen es durch Entnahme aus der Grundgesamtheit zu einer Änderung ihrer Zusammensetzung führt, sodass hier die Binomial-Verteilung nicht eingesetzt werden kann. Vergleiche BINOM.VERT(). Die Funktion ersetzt die bisherige Funktion HYPGEOMVERT().

Mit Umfang_S und Umfang_G werden die Größe der entnommenen Stichprobe und die Größe der Grundgesamtheit angegeben. Erfolge_G gibt an, wie oft das zu testende Ereignis in der Grundgesamtheit enthalten ist, Erfolge_S, wie oft es in der Stichprobe enthalten sein soll.

Im Beispiel wird die Wahrscheinlichkeit dafür ermittelt, dass sich aus einem Skatblatt mit 32 Karten einer der vier Buben im Skat befindet.

KGRÖSSTE()

Syntax:	KGRÖSSTE(**Matrix**; k)
Beispiel:	=KGRÖSSTE({3; 7; 5; 4; 8; 2}; 2)
Ergebnis:	7

Die Funktion gibt den k-größten Wert zurück. Das Argument k bestimmt, der wievieltgrößte Wert aus der Matrix gesucht wird.

Ist k = 5, so gibt die Funktion den fünftgrößten Wert als Ergebnis aus; mit k = 1 wird der größte Wert ausgegeben.

Für den Fall, dass das Argument k = 0 ist oder die Anzahl der Datensätze übersteigt, wird eine Fehlermeldung ausgegeben, vergleiche auch KKLEINSTE().

KKLEINSTE()

Syntax:	KKLEINSTE(**Matrix**; k)
Beispiel:	=KKLEINSTE({3; 7; 5; 4; 8; 2}; 2)
Ergebnis:	3

Die Funktion gibt den k-kleinsten Wert zurück. Das Argument k bestimmt, der wievieltkleinste Wert aus der Matrix gesucht wird.

Ist k = 5, so gibt die Funktion den fünftkleinsten Wert als Ergebnis aus; mit k = 1 wird der kleinste Wert ausgegeben.

Für den Fall, dass das Argument k = 0 ist oder die Anzahl der Datensätze übersteigt, wird eine Fehlermeldung ausgegeben, vergleiche auch KGRÖSSTE().

KONFIDENZ.NORM()

Syntax:	KONFIDENZ.NORM(Alpha; Standardabwn; Umfang)
Beispiel:	=KONFIDENZ.NORM(0,05; 2,6; 200)
Ergebnis:	0,36033

Die Funktion berechnet das Konfidenzintervall (auch Vertrauensbereich, Mutungsintervall) für den Mittelwert einer (normalverteilten) Grundgesamtheit anhand einer Stichprobe aus dieser Grundgesamtheit. Bei ein- wie zweiseitigen Fragestellungen wird ein bestimmter Prozentsatz (Alpha) extremer Fälle der Stichprobenverteilung als unwahrscheinlich ausgeschlossen. Diese Extremwerte liegen an den beiden Enden der Verteilung, der Bereich zwischen den beiden Extremwerten beidseitig vom Mittelwert ist das Konfidenzintervall. Die Funktion ersetzt die bisherige Funktion KONFIDENZ().

Alpha ist die Irrtumswahrscheinlichkeit (gewählt wird zumeist 0,05, 0,01 oder 0,001), Standardabwn ist die Standardabweichung, Umfang die Größe der Stichprobe.

Für den Mittelwert der Grundgesamtheit gilt

```
Mgg = Mst +- k*(s/WURZEL(n))
```

wobei Mgg und Mst die Mittelwerte von Grundgesamtheit und Stichprobe sind, k der von der Funktion KONFIDENZ.NORM() ermittelte Wert, s die Standardabweichung der Stichprobe und n die Größe der Stichprobe.

Ergibt sich etwa im obigen Beispiel bei einer Werkstoffprüfung bei 200 Prüflingen eine durchschnittliche Länge von 102 mm mit einer Standardabweichung von 2,6, dann liegt das arithmetische Mittel mit einer Wahrscheinlichkeit von 90 % (0,9 = 1 – 2*0,05) im Bereich

```
102 - 0,3603 * 2,6/WURZEL(200) bis
102 + 0,3603 * 2,6/WURZEL(200)
```

also zwischen 101,934 und 102,066.

KONFIDENZ.T()

Syntax:	KONFIDENZ.T(Alpha; Standardabwn; Umfang)
Beispiel:	=KONFIDENZ.T(0,05; 2,6; 200)
Ergebnis:	0,36254

Die Funktion berechnet das Konfidenzintervall (auch Vertrauensbereich, Mutungsintervall) für den Mittelwert einer t-verteilten Grundgesamtheit anhand einer Stichprobe aus dieser Grundgesamtheit. Bei ein- wie zweiseitigen Fragestellungen wird ein bestimmter Prozentsatz (Alpha) extremer Fälle der Stichprobenverteilung als unwahrscheinlich ausgeschlossen. Diese Extremwerte liegen an den beiden Enden der Verteilung, der Bereich zwischen den beiden Extremwerten beidseitig vom Mittelwert ist das Konfidenzintervall. Die Funktion ersetzt die bisherige Funktion KONFIDENZ().

Alpha ist die Irrtumswahrscheinlichkeit (gewählt wird zumeist 0,05, 0,01 oder 0,001), Standardabwn ist die Standardabweichung, Umfang die Größe der Stichprobe.

KORREL()

Syntax:	KORREL(**Matrix1**; **Matrix2**)
Beispiel:	=KORREL({1; 2; 3; 4}; {2; 4; 6; 8})
Ergebnis:	1

Liefert den Korrelationskoeffizienten (ein Maß für den linearen Zusammenhang) zweier Datenreihen aus verbundenen Stichproben (paarweise ermittelte Daten), die mit Matrix1 und Matrix2 angegeben werden.

Die Funktion ergibt den Wert 1 bei direktem linearen Zusammenhang (die beiden Regressionsgeraden der Daten sind direkt proportional), –1 bei indirektem Zusammenhang (die beiden Regressionsgeraden sind umgekehrt proportional), 0 wenn kein Zusammenhang besteht.

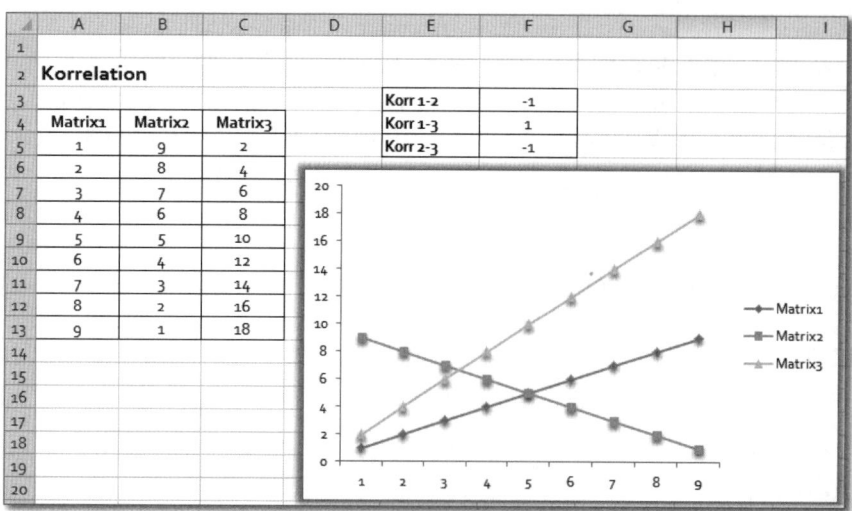

Abbildung 16.52 Korrelation von Datenreihen

KOVARIANZ.P()

Syntax:	KOVARIANZ.P(**Array1**; **Array2**)
Beispiel:	=KOVARIANZ.P({2; 4; 6; 8; 10; 12}; {12; 2; 10; 4; 8; 6})
Ergebnis:	-3

Liefert ähnlich wie die Funktion KORREL() ein Maß für den Zusammenhang zwischen den Daten zweier Datenreihen. Sie liefert die Kovarianz einer Grundgesamtheit, also den Mittelwert der für alle Datenpunktpaare gebildeten Produkte der Abweichungen. So wird ermittelt, im welchem Maß die Daten der beiden Datenreihen gemeinsam von ihrem jeweiligen Mittelwert abweichen. Entscheidend am Ergebnis der Funktion ist nur die Richtung. Positive Werte deuten auf einen linearen Zusammenhang hin (wenn x größer wird, wird auch y größer), negative auf einen gegensinnigen Zusammenhang (wenn x größer wird, wird y kleiner). Null bedeutet kein Zusammenhang. Die Funktion ist eine der beiden Funktionen, die die bisherige Funktion KOVAR() ersetzen, die andere ist KOVARIANZ.S().

	A	B	C	D
2	**KOVARIANZ**			
4	Matrix1	Matrix2	Matrix3	Matrix4
5	2	12	12	20
6	4	10	2	40
7	6	8	10	60
8	8	6	4	80
9	10	4	8	100
10	12	2	6	120
11			KOVARIANZ.P()	KOVARIANZ.S()
12		KOVARIANZ 1-2	-11,6667	-14
13		KOVARIANZ 2-3	3,0000	3,6
14		KOVARIANZ 1-4	116,6667	140

Abbildung 16.53 Kovarianzen verbundener Stichproben

KOVARIANZ.S()

Syntax:	KOVARIANZ.S(**Array1**; **Array2**)
Beispiel:	=KOVARIANZ.S({2; 4; 6; 8; 10; 12}; {12; 2; 10; 4; 8; 6})
Ergebnis:	-3,6

Die Funktion liefert die Kovarianz einer Stichprobe, also den Mittelwert der für alle Datenpunktpaare gebildeten Produkte der Abweichungen. Die Funktion ermittelt, im welchem Maß die Daten der beiden Datenreihen gemeinsam von ihrem jeweiligen Mittelwert abweichen. Entscheidend am Ergebnis der Funktion ist nur die Richtung. Positive Werte deuten auf einen linearen Zusammenhang hin (wenn x größer wird, wird auch y größer), negative auf einen gegensinnigen Zusammenhang (wenn x größer wird,

wird y kleiner). Null bedeutet kein Zusammenhang. Die Funktion ist eine der beiden Funktionen, die die bisherige Funktion KOVAR() ersetzen, die andere ist KOVARIANZ.P().

KURT()

Syntax:	KURT(**Zahl1**; Zahl2; ...)
Beispiel:	=KURT(2; 3; 2; 7; 9; 6; 4; 2)
Ergebnis:	-0,77

Die Funktion liefert die Kurtosis, also die Wölbung einer Häufigkeitsverteilung. 255 Argumente sind möglich. Verglichen wird mit einer Normalverteilung mit gleichem Mittelwert und gleicher Streuung. Ein negatives Maß wie im Beispiel weist dabei auf einen stumpferen Verlauf hin, ein positives auf einen steileren.

Zusammen mit der Funktion SCHIEFE() (vergleiche dort) lässt sich das Verhältnis zu einer Normalverteilung bestimmen.

Bei Angabe von weniger als vier Werten wird als Fehlerwert #DIV/0! ausgegeben.

LOGNORM.INV()

Syntax:	LOGNORM.INV(**Wahrsch**; **Mittelwert**; **Standabwn**)
Beispiel:	=LOGNORM.INV(0,01; 0; 1)
Ergebnis:	0,098

Die Funktion liefert das Quantil einer logarithmischen Normalverteilung. Die Funktion ist die Umkehrung von LOGNORM.VERT(). Die Funktion ersetzt die bisherige Funktion LOGINV().

Mit Wahrsch wird die Wahrscheinlichkeit, mit Mittelwert das Mittel und mit Standabwn die Standardabweichung der Stichprobe angegeben.

LOGNORM.VERT()

Syntax:	LOGNORM.VERT(**x**; **Mittelwert**; **Standabwn**; **Kumuliert**)
Beispiel:	=LOGNORM.VERT(1; 0; 1; WAHR)
Ergebnis:	0,5

Die Funktion liefert den Wert der Wahrscheinlichkeitsverteilung für eine logarithmische Normalverteilung. Bei einigen Experimenten, z. B. über Reaktionszeiten, ergibt sich als Häufigkeitsverteilung ein asymmetrischer, linkssteiler Kurvenzug. Durch Logarithmieren lassen sich daraus häufig normalverteilte Messwerte erstellen. Die Funktion ersetzt die bisherige Funktion LOGNORMVERT().

Das Argument x bezeichnet den Wert des Quantils, Mittelwert das arithmetische Mittel und Standabwn die Standardabweichung der Stichprobe. Kumuliert bestimmt den Typ der Funktion. WAHR liefert die kumulative Verteilungsfunktion, FALSCH den Wert der Dichtefunktion.

MAX()

Syntax:	MAX(**Zahl1**; Zahl2; ...)
Beispiel:	=MAX(4; 6; 2; 3)
Ergebnis:	6

Die Funktion ermittelt aus den über die Argumente angegebenen Daten den größten Wert. Bis zu 255 Argumente sind möglich. Texte oder Wahrheitswerte werden nicht berücksichtigt.

MAXA()

Syntax:	MAXA(**Wert1**; Wert2; ...)
Beispiel:	=MAXA(-4; -6; WAHR; -3)
Ergebnis:	1

Die Funktion ermittelt aus den über die Argumente angegebenen Daten den größten Wert. Bis zu 255 Argumente sind möglich. Auch Texte oder Wahrheitswerte werden berücksichtigt. Textzellen haben dabei den Wert 0.

MEDIAN()

Syntax:	MEDIAN(**Zahl1**; Zahl2; ...)
Beispiel:	=MEDIAN(2; 2; 2; 3)
Ergebnis:	2

Ermittelt den Median einer nach der Größe sortierten Reihe von Zahlenwerten. Der Median ist derjenige Wert, der genau auf der Mitte einer Skala liegt, deren untere und obere Grenze durch den tiefsten und den höchsten Wert der Zahlenreihe gebildet wird.

Über dem Median liegen also genauso viele Werte wie unter ihm. Bei einer geraden Anzahl von Werten ermittelt Excel den Mittelwert der beiden mittleren Werte, um ihn als Median auszugeben.

MIN()

Syntax:	MIN(Zahl1; Zahl2; ...)
Beispiel:	=MIN(5; 2; 3; 6; 1)
Ergebnis:	1

Die Funktion ermittelt aus den über die Argumente angegebenen Daten den kleinsten Wert. Bis zu 255 Argumente sind möglich. Texte oder Wahrheitswerte werden nicht berücksichtigt.

MINA()

Syntax:	MINA(Wert1; Wert2; ...)
Beispiel:	=MINA(5; 2; WAHR; 6; 1)
Ergebnis:	1

Die Funktion ermittelt aus den über die Argumente angegebenen Daten den kleinsten Wert. Bis zu 255 Argumente sind möglich. Auch Texte oder Wahrheitswerte werden berücksichtigt. Textzellen haben dabei den Wert 0.

MITTELABW()

Syntax:	MITTELABW(Zahl1; Zahl2; ...)
Beispiel:	=MITTELABW(4; 6; 5; 7; 3; 5)
Ergebnis:	1

Liefert die mittlere Abweichung einer Reihe von Daten. Bis zu 255 Argumente sind möglich. Die Funktion gehört damit zu den Dispersionsmaßen in der Statistik, die den Durchschnitt der in Absolutbeträgen gemessenen Abweichungen aller Messwerte vom arithmetischen Mittel angibt.

MITTELWERT()

Syntax:	MITTELWERT(Zahl1; Zahl2; ...)
Beispiel:	=MITTELWERT(A1:A6)
Ergebnis:	*24,83* für A1:A6(33;22;28;17;23;26)

Die Funktion MITTELWERT() liefert das arithmetische Mittel der über die Argumente gelieferten numerischen Werte. Hierzu werden alle Werte aufsummiert und durch die Zahl der Werte geteilt. Zellen, die Text enthalten, werden ebenso wenig berücksichtigt wie leere Zellen. Die Funktion kann bis zu 255 numerische Argumente haben.

MITTELWERTA()

Syntax:	MITTELWERTA(**Wert1**; **Wert2**; ...)
Beispiel:	=MITTELWERTA(A1:A6)
Ergebnis:	*22,16* für A1:A6(33;22;28;WAHR;23;26)

Die Funktion MITTELWERTA() liefert das arithmetische Mittel der über die Argumente gelieferten numerischen Werte. Hierzu werden alle Werte aufsummiert und durch die Zahl der Werte geteilt. Zellen, die Text enthalten, werden ebenso berücksichtigt wie Wahrheitswerte. Textwerte zählen 0. Die Funktion kann bis zu 255 numerische Argumente haben.

MITTELWERTWENN()

Syntax:	MITTELWERTWENN(**Bereich**; **Kriterien**; **Mittelwert_Bereich**)
Beispiel:	=MITTELWERTWENN(C5:C24;">40";D5:D24)
Ergebnis:	*65* für die in der Abbildung gezeigten Werte

Person	Geschlecht	Alter	Gewicht
1	m	23	69
2	m	25	66
3	w	29	68
4	m	33	72
5	w	35	74
6	w	35	63
7	m	43	68
8	w	43	79
9	m	43	58
10	w	43	79
11	w	45	68
12	m	46	72
13	m	47	77
14	m	47	56
15	w	51	60
16	w	53	62
17	w	53	58
18	m	54	61
19	w	55	55
20	m	63	57
MITTELWERTWENN()		49,0	65,0

Abbildung 16.54 Bedingter Mittelwert

Die Funktion erlaubt es, den arithmetischen Mittelwert aus Werten auszurechnen, die mit einem Kriterium gefiltert werden. Das Argument Bereich gibt den Bereich an, auf den das mit Kriterien angegebene Kriterium angewendet werden soll. Kriterien können Konstanten oder einfache Vergleiche wie *>40* oder auch Zelladressen sein, die auf entsprechende

Inhalte verweisen. Wird das Argument Mittelwert_Bereich angegeben, wird der Mittelwert für die Werte in diesem Zellbereich gebildet, ansonsten wird der Mittelwert für die in Bereich vorhandenen Werte gebildet. In dem abgebildeten Beispiel wird in D25 der Mittelwert der Gewichtswerte für die Personen errechnet, deren Alter größer als 40 ist.

MITTELWERTWENNS()

Syntax:	MITTELWERTWENNS(**Mittelwert_Bereich**; **Kriterien_Bereich1**; Kriterien1; Kriterien_Bereich2; Kriterien2;...)
Beispiel:	=MITTELWERTWENNS(D5:D24;C5:C24;">27"; C5:C24;"<55")
Ergebnis:	*67,2* für die in der Abbildung gezeigten Werte

Die Funktion erlaubt es, den arithmetischen Mittelwert aus Werten in dem mit Mittelwert_Bereich angegebenen Zellbereich auszurechnen, die mit einem oder mehreren Kriterien gefiltert werden. Für jeden Filter wird jeweils mit Kriterien_Bereich(n) der Bereich angegeben, auf den das mit Kriterium(n) angegebene Kriterium angewendet werden soll. Kriterien können Konstanten oder einfache Vergleiche wie *>27* oder auch Zelladressen sein, die auf entsprechende Inhalte verweisen. Bis zu 127 Kriterien sind möglich.

In dem abgebildeten Beispiel wird in D25 der Mittelwert der Gewichtswerte für die Personen errechnet, deren Alter größer als 27 und kleiner als 55 ist.

	A	B	C	D
1				
2	Mehrfach bedingter Mittelwert			
3				
4	Person	Geschlecht	Alter	Gewicht
5	1	m	23	69
6	2	m	25	66
7	3	w	29	68
8	4	m	33	72
9	5	w	35	74
10	6	w	35	63
11	7	m	43	68
12	8	w	43	79
13	9	m	43	58
14	10	w	43	79
15	11	w	45	68
16	12	m	46	72
17	13	m	47	77
18	14	m	47	56
19	15	w	51	60
20	16	w	53	62
21	17	w	53	58
22	18	m	54	61
23	19	w	55	55
24	20	m	63	57
25	MITTELWERTWENNS()		43,8	67,2

Abbildung 16.55 Mehrfach bedingter Mittelwert

MODUS.EINF()

Syntax:	MODUS.EINF(**Zahl1**; Zahl2; ...)
Beispiel:	=MODUS.EINF(2; 6; 3; 6; 1; 5; 6)
Ergebnis:	6

Die Funktion ermittelt aus den über die Argumente angegebenen Daten den am häufigsten vorkommenden Wert. Bis zu 255 Argumente sind möglich. Damit gehört die Funktion zu den grundlegenden statistischen Kennwerten der Maße der zentralen Tendenz. Mit dem Modalwert lassen sich schnell Informationen über den Schwerpunkt der Verteilung gewinnen. Die Funktion ersetzt die bisherige Funktion MODALWERT().

Betrachten Sie eine Verteilung, so ist das Maximum der Verteilung gleich dem Modalwert. Der Modalwert einer Häufigkeitsverteilung (siehe HÄUFIGKEIT()) liegt in der Kategorienmitte der am häufigsten besetzten Kategorie.

Kann die Funktion keinen Modalwert angeben, weil keiner der Werte zumindest zweimal vorkommt, wird ein Fehlerwert ausgegeben. Bei gleich häufigem Vorkommen verschiedener Werte wird der in der Liste zuerst vorkommende ausgegeben.

MODUS.VIELF()

Syntax:	MODUS.VIELF(**Zahl1**; Zahl2; ...)
Beispiel:	=MODUS.VIELF(2; 6; 3; 6; 3; 5; 6)
Ergebnis:	6 und 3

Die Funktion ermittelt aus den über die Argumente angegebenen Daten die am häufigsten vorkommenden Werte. Bis zu 255 Argumente sind möglich. Die Funktion muss innerhalb eines vertikalen Arrays verwendet werden, um mehrere Werte zu liefern, also mit [Strg]+[⇧]+[↵] abgeschlossen werden. Kann die Funktion keine Modalwerte angeben, weil keiner der Werte zumindest zweimal vorkommt, wird ein Fehlerwert ausgegeben.

NEGBINOM.VERT()

Syntax:	NEGBINOM.VERT(**Zahl_Misserfolge**; Zahl_Erfolge; Erfolgswahrsch; Kumuliert)
Beispiel:	=NEGBINOM.VERT(5; 1; 1/6; FALSCH)
Ergebnis:	0,067

Die Funktion benutzt als Grundlage ihrer Berechnungen ebenso wie BINOMVERT() die Binomial-Verteilung und wird auch als negative Binomial-Verteilung bezeichnet.

Sie berechnet, mit welcher Wahrscheinlichkeit ein zusammengesetztes Ereignis auftritt. Als Argumente werden Zahl_Misserfolge und Zahl_Erfolge angegeben. Zusammen mit der Angabe von Erfolgswahrsch ermittelt die Funktion die Wahrscheinlichkeit dafür, dass das zusammengesetzte Ereignis (erst die angegebene Zahl an Misserfolgen, dann die angegebene Zahl der Erfolge) auftritt. Kumuliert bestimmt den Typ der Funktion. WAHR liefert die kumulative Verteilungsfunktion, FALSCH den Wert der Dichtefunktion. Die Funktion ersetzt die bisherige Funktion NEGBINOMVERT().

Im Beispiel wird die Wahrscheinlichkeit ermittelt, hintereinander genau fünfmal nicht die 6 und dann die 6 zu werfen.

NORM.INV()

Syntax:	NORM.INV(**Wahrsch**; **Mittelwert**; **Standabwn**)
Beispiel:	=NORM.INV(0,5; 20; 30)
Ergebnis:	20

Die Funktion liefert das Quantil der Normalverteilung und ist die Umkehrung zu NORM.VERT() (siehe dort). Die Funktion ersetzt die bisherige Funktion NORMINV().

Als Argumente werden Wahrsch (die Wahrscheinlichkeit, zu der das Quantil gesucht wird) sowie Mittelwert und Standabwn (Standardabweichung) der Verteilung angegeben. Wie bei der Normalverteilung gilt auch hier, dass bei Mittelwert = 0 und Standardabweichung = 1 eine Standardnormalverteilung vorliegt. In diesem Fall kann auch NORM.S.INV() aufgerufen werden.

NORM.S.INV()

Syntax:	NORM.S.INV(**Wahrsch**)
Beispiel:	=NORM.S.INV(0,5; 20; 30)
Ergebnis:	20

Die Funktion liefert bei einer Standardnormalverteilung für die mit Wahrsch angegebene Wahrscheinlichkeit – ein Wert zwischen 0 und 1 einschließlich – den Wert auf der *x*-Achse (Quantil). Die Funktion ist die Umkehrung zu NORM.S.VERT(). Die Funktion ersetzt die bisherige Funktion STANDNORMINV().

Die Standardnormalverteilung ist eine Variante der Normalverteilung und dadurch gekennzeichnet, dass der Mittelwert (Erwartungswert) gleich 0 ist und die Standardabweichung gleich 1.

NORM.S.VERT()

Syntax:	NORM.S.VERT(z; Kumuliert)
Beispiel:	=NORM.S.VERT(2; WAHR)
Ergebnis:	0,9772

Die Funktion gibt die Wahrscheinlichkeit dafür aus, dass eine Zufallsvariable aus einer Standardnormalverteilung den Wert z oder kleiner annimmt. Die Funktion ersetzt die bisherige Funktion STANDNORMVERT().

Die Standardnormalverteilung ist eine Variante der Normalverteilung und dadurch gekennzeichnet, dass der Mittelwert (Erwartungswert) gleich 0 ist und die Standardabweichung gleich 1.

Die von dieser Funktion ermittelten Werte ließen sich auch über NORM.VERT(z; 0; 1; WAHR) berechnen. Soll die Dichtefunktion berechnet werden, muss mit NORM.S.VERT(z; 0; 1; FALSCH) gearbeitet werden.

In der Spalte S stehen die von der Funktion NORM.S.VERT() berechneten Werte, in Nk die Werte der kumulierten Normalverteilung (Verteilungsfunktion) und in N die der nicht kumulierten (Dichtefunktion).

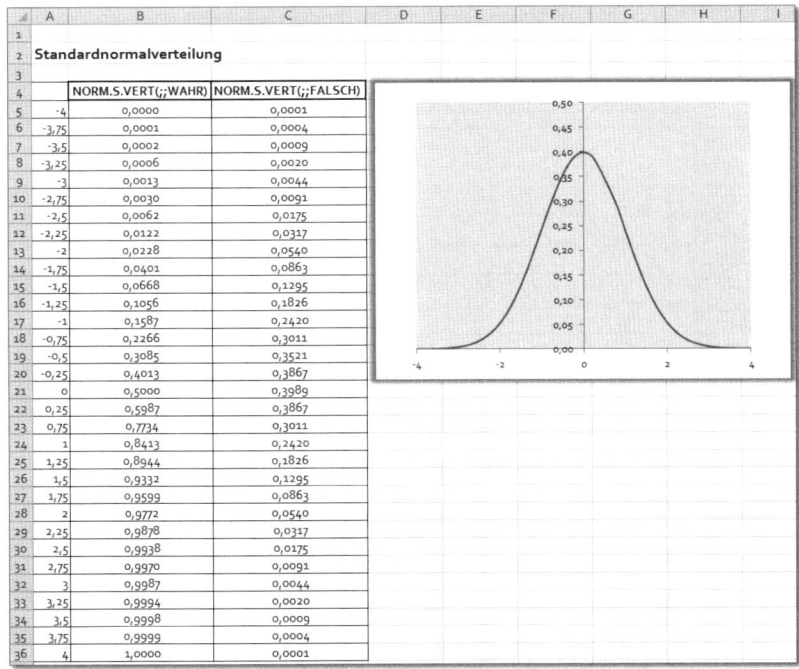

Abbildung 16.56 Standardnormalverteilung

NORM.VERT()

Syntax:	NORM.VERT(x; Mittelwert; Standabwn; Kumuliert)
Beispiel:	=NORM.VERT(9; 9; 4; WAHR)
Ergebnis:	0,5

Die Funktion liefert die Werte für eine Normalverteilung. Wird die Funktion grafisch dargestellt, ergibt sich immer ein glockenförmiger Verlauf. Wie er im Einzelnen ausfällt, hängt von den Argumenten Mittelwert und Standabwn ab. Der Mittelwert (Erwartungswert) gibt die Lage der Funktion auf der x-Achse an und markiert dabei den Gipfel dieser Funktion. Standabwn (Standardabweichung) gibt die Streuung an und bestimmt damit, wie flach oder steil die Funktion verläuft. Die Funktion ersetzt die bisherige Funktion NORMVERT().

Mit Mittelwert = 0 und Standabwn = 1 erhalten Sie die Standardnormalverteilung, die Sie auch mit NORM.S.VERT() direkt abfragen können. x bezeichnet den Wert, dessen Wahrscheinlichkeit berechnet werden soll (in der Grafik der Wert auf der x-Achse). Mit Kumuliert = WAHR erhalten Sie die Verteilungsfunktion (die Wahrscheinlichkeit dafür, dass die Zufallsvariable einen Wert von x oder kleiner annimmt). Mit FALSCH erhalten Sie die Werte der Dichtefunktion.

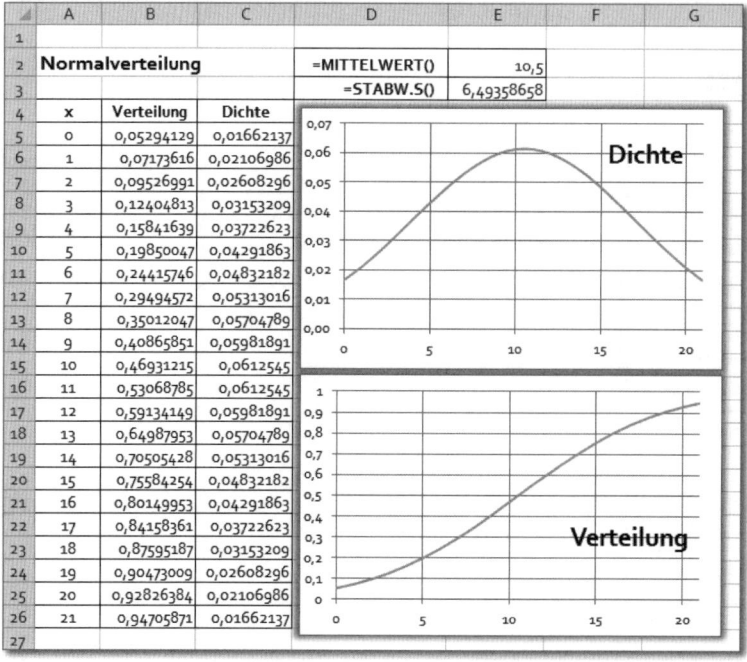

Abbildung 16.57 Normalverteilung

PEARSON()

Syntax:	PEARSON(**Matrix1**; **Matrix2**)
Beispiel:	=PEARSON({1; 2; 3; 4}; {10; 9; 8,7})
Ergebnis:	-1

Liefert den Pearsonschen Korrelationskoeffizienten zweier mit Matrix1 und Matrix2 angegebenen Datenreihen aus verbundenen Stichproben. Für die Ergebnisse und die Argumente vergleiche KORREL().

POISSON.VERT()

Syntax:	POISSON.VERT(**x**; **Mittelwert**; **Kumuliert**)
Beispiel:	=POISSON.VERT(50; 60; WAHR)
Ergebnis:	0,1077

Die Funktion liefert die Werte für eine Poisson-Verteilung. Die Poisson-Verteilung kann wie die Binomial- und die hypergeometrische Verteilung jeweils nur diskrete Werte annehmen. Die Poisson-Verteilung ist für große Zahlen eine gute Näherung für die Binomial-Verteilung. Die Funktion ersetzt die bisherige Funktion POISSON().

An Argumenten verlangt die Funktion x (die Anzahl der Fälle) und Mittelwert (Erwartungswert). Mit Kumuliert = FALSCH wird die Wahrscheinlichkeit dafür berechnet, dass die Zufallsvariable den Wert x annimmt, mit Kumuliert = WAHR die Wahrscheinlichkeit dafür, dass die Zufallsvariable einen Wert von x oder kleiner annimmt.

Da die Poisson-Verteilung normalerweise dazu verwendet wurde, die bei großen Zahlen schwer zu handhabende Binomial-Verteilung anzunähern, gibt es kaum einen Grund, sie noch zu verwenden. Schließlich bietet Excel auch jene Funktion an.

QUANTIL.EXKL()

Syntax:	QUANTIL.EXKL(**Array**; **k**)
Beispiel:	=QUANTIL.EXKL(A5:A15; 0,25)
Ergebnis:	1,5 (siehe Abbildung zu Quantilen)

Diese Funktion iefert denjenigen Wert einer Datenreihe, unterhalb dessen ein mit k angegebener Bruchteil der Daten liegt, die mit Array angegeben sind. Mit ihr wird eine Verteilung nach einer Skala unterteilt, deren unterster und oberster Punkt den tiefsten und höchsten Wert der Daten bildet. Die Funktion ersetzt die bisherige Funktion QUANTIL(), die dasselbe Ergebnis liefert.

Array sind die zu unterteilenden Daten. Durch das Argument k wird ein Lage-Maß (Quantil) angegeben. Das Maß 0,25 (25 %) bezeichnet z. B. den Punkt, unterhalb dessen ein Viertel aller Beobachtungen liegen. Einige Quantile, die besonders oft verwendet werden, haben eigene Bezeichnungen, wie Quartil für 25 %-Abschnitte, Dezil für 10 %-Abschnitte, Perzentile für 1 %-Abschnitte. Das zweite Quartil oder ein Quantil von 0,5 bezeichnet dann den Median.

Das Argument k kann jeden Wert zwischen 0 und 1 annehmen, aber nicht 0 und 1; liegt ein Quantil zwischen zwei Beobachtungen, wird durch Interpolation der entsprechende Wert ermittelt.

	A	B	C	D
1				
2	Quantile und Quartile			
3				
4	Werte			
5	0		=QUANTIL.EXKL(Werte;0,25)	1
6	1		=QUANTIL.INKL(Werte;0,25)	1,5
7	1		=QUANTILSRANG.EXKL(Werte;3)	0,583
8	2		=QUANTILSRANG.INKL(Werte;3)	0,6
9	2		=QUARTILE.EXKL(Werte;3)	4
10	2		=QUARTILE.INKL(Werte;3)	3,5
11	3			
12	3		=MEDIAN(Werte)	2
13	4		=RANG.GLEICH(4;Werte)	2
14	4		=RANG.MITTELW(4;Werte)	2,5
15	7			

Abbildung 16.58 Einteilung von Daten in Quantile

QUANTIL.INKL()

Syntax:	QUANTIL.INKL(**Array**; k)
Beispiel:	=QUANTIL.INKL(A5:A15; 0,25)
Ergebnis:	*1,5* (siehe Abbildung zu Quantilen)

Die Funktion entspricht der Funktion QUANTIL.EXKL() bis auf die möglichen Werte für k. In diesem Fall liegt der Wertebereich zwischen 0 und 1 einschließlich von 0 und 1.

QUANTILSRANG.EXKL()

Syntax:	QUANTILSRANG.EXKL(**Array**; x; Genauigkeit)
Beispiel:	=QUANTILSRANG.EXKL(A4:A15; 3)
Ergebnis:	*0,583* (siehe Abbildung zu Quantilen)

Liefert den prozentualen Rang (0..1 ausschließlich) von Daten, die unterhalb des angegebenen Wertes liegen. Die Funktion ersetzt die bisherige Funktion QUANTILSRANG().

Das Argument x bezeichnet den Wert, dessen relative Position ermittelt werden soll; Array gibt die Daten an. Wenn x selbst als Wert nicht in Array auftaucht, wird der entsprechende Wert interpoliert. Mit Genauigkeit lässt sich die Anzahl der Stellen für die Ausgabe des Ergebnisses bestimmen. Wird Genauigkeit nicht angegeben, wird 3 angenommen.

QUANTILSRANG.INKL()

Syntax:	QUANTILSRANG.INKL(**Array**; **x**; Genauigkeit)
Beispiel:	=QUANTILSRANG.INKL(A4:A15; 3)
Ergebnis:	*0,6* (siehe Abbildung zu Quantilen)

Liefert den prozentualen Rang (0..1 einschließlich) von Daten, die unterhalb des angegebenen Wertes liegen. Die Funktion ersetzt die bisherige Funktion QUANTILSRANG().

Das Argument x bezeichnet den Wert, dessen relative Position ermittelt werden soll; Array gibt die Daten an. Wenn x selbst als Wert nicht in Array auftaucht, wird der entsprechende Wert interpoliert. Mit Genauigkeit lässt sich die Anzahl der Stellen für die Ausgabe des Ergebnisses bestimmen. Wird Genauigkeit nicht angegeben, wird 3 angenommen.

Der Zusammenhang mit QUANTIL.INKL() sieht so aus:

x = QUANTIL.INKL(Array; 0,2)

0,2 = QUANTILSRANG.INKL(Array; x)

QUARTILE.EXKL()

Syntax:	QUARTILE.EXKL(**Array**; **Quartile**)
Beispiel:	=QUARTILE.EXKL(A5:A15; 3)
Ergebnis:	*4* (siehe Abbildung zu Quantilen)

Die Funktion unterteilt – basierend auf Perzentilwerten von 0..1 ausschließlich – die Daten von Array in Bereiche mit je gleichen Anteilen von Daten und ist damit ein Spezialfall von QUANTIL.EXKL() (siehe dort). Die Funktion ersetzt die bisherige Funktion QUARTILE().

Für Quartile sind drei Belegungen möglich: 1 (25 % Quantil), 2 (50 % Quantil, das ist der Median); 3 (75 % Quantil).

QUARTILE.INKL()

Syntax:	QUARTILE.INKL(**Array**; **Quartile**)
Beispiel:	=QUARTILE.INKL(A5:A15; 3)
Ergebnis:	*3,5* (siehe Abbildung zu Quantilen)

Die Funktion unterteilt – basierend auf Perzentilwerten von 0..1 einschließlich – die Daten von Array in Bereiche mit je gleichen Anteilen von Daten und ist damit ein Spezialfall von QUANTIL.INKL() (siehe dort). Die Funktion ersetzt die bisherige Funktion QUARTILE().

Für Quartile sind fünf Belegungen möglich: 0 (liefert den niedrigsten Wert); 1 (25 % Quantil), 2 (50 % Quantil, das ist der Median); 3 (75 % Quantil) und 4 (der höchste Wert).

RANG.GLEICH()

Syntax:	RANG.GLEICH(**Zahl**; **Bezug**; Reihenfolge)
Beispiel:	=RANG.GLEICH(4; A5:A15)
Ergebnis:	*2* (siehe Abbildung zu Quantilen)

Liefert den Rang, den ein Wert in einer Datenreihe in Bezug auf seine Größe einnimmt. Die Funktion ersetzt die bisherige Funktion RANG().

Mit Zahl wird der Wert angegeben, dessen Position bestimmt werden soll; Bezug liefert die Datenreihe. Mit Reihenfolge kann noch angegeben werden, ob in fallender oder steigender Ordnung gezählt wird. Vorgegeben ist die fallende Ordnung, die dann verwendet wird, wenn das Argument nicht oder mit 0 belegt ist. Bei jedem anderen Wert zählt Excel in steigender Ordnung.

RANG.MITTELW()

Syntax:	RANG.MITTELW(**Zahl**; **Bezug**; Reihenfolge)
Beispiel:	=RANG.MITTELW(4; A5:A15)
Ergebnis:	*2,5* (siehe Abbildung zu Quantilen)

Liefert den Rang, den ein Wert in einer Datenreihe in Bezug auf seine Größe einnimmt. Wenn mehrere Werte die gleiche Rangzahl aufweisen, wird die durchschnittliche Rangzahl zurückgegeben.

Mit Zahl wird der Wert angegeben, dessen Position bestimmt werden soll; Bezug ist die Datenreihe. Mit Reihenfolge wird angegeben, ob in fallender oder steigender Ordnung gezählt wird. Vorgegeben ist die fallende Ordnung, die dann verwendet wird, wenn das Argument nicht oder mit 0 belegt ist. Bei jedem anderen Wert zählt Excel in steigender Ordnung.

RGP()

Syntax:	RGP(Y_Werte; X_Werte; Konstante; Stats)
Beispiel:	siehe Abbildung

Liefert Kennziffern zur linearen Regression. Hierbei wird davon ausgegangen, dass die vorhandenen Daten sich durch eine lineare Gleichung beschreiben lassen:

y = mx + b

wobei m die Steigung der Geraden und b ihren Schnittpunkt mit der y-Achse festlegt.

Mit Y_Werte werden die Daten angegeben, für die eine lineare Regression durchgeführt werden soll. Alle anderen Argumente sind optional. X_Werte sind die zu den y-Werten gehörenden x-Werte (ohne Angabe werden die Daten einfach durchnummeriert).

Werden für die x-Werte mehrere Spalten angegeben, dann wird als Gleichung für die Gerade angenommen:

y = x1*m1 + x2*m2 + ... b

Mit Konstante lässt sich bestimmen, ob die Konstante b berechnet (WAHR oder weggelassen) oder mit 0 angesetzt werden soll (FALSCH). Letzteres ist erforderlich, wenn bei den Daten von vornherein klar ist, dass zu x = 0 ein y-Wert 0 gehört.

Stats ist ein Wahrheitswert, mit dem entschieden wird, ob nur die Werte für b und m (FALSCH) oder auch weitere Kennziffern ermittelt werden sollen (WAHR).

Die Funktion gibt eine Matrix aus (muss also auch in der für Matrixfunktionen üblichen Form eingegeben werden: Ausgabebereich markieren, Funktion eintragen, mit [Strg] + [⇧] + [↵] abschließen). Die Ausgabe der Kennziffern zeigt folgende Abbildung.

	A	B	C	D	E	F	G
1							
2	Kennziffern der Funktion RGP()						
3							
4	Ausgabe bei einer (oder keiner) x-Spalte			Ausgabe bei drei x-Spalten			
5	m	b		m3	m2	m1	b
6	se(m)	se(b)		se(m3)	se(m2)	se(m1)	se(b)
7	r^2	se(y)		r^2	se(y)		
8	F	df		F	df		
9	ss(reg)	ss(res)		ss(reg)	ss(res)		

Abbildung 16.59 Ausgabebereich der Funktion RGP()

16 Tabellenfunktionen

Die ausgegebenen Kennziffern sind in folgender Tabelle aufgeführt.

Kennziffer	Bedeutung
m	Die Steigung der Regressionsgeraden. Ihr Wert kann einzeln mit der Funktion STEIGUNG() (siehe dort) ermittelt werden.
b	Der Schnittpunkt mit der y-Achse. Der Wert kann einzeln mit der Funktion ACHSENABSCHNITT() (siehe dort) ermittelt werden.
se(m)	Der Standardschätzfehler für die Steigung. Kann für Signifikanztests verwendet werden.
se(b)	Der Standardschätzfehler des Achsenabschnitts. Kann für Signifikanztests verwendet werden.
r^2	Das Bestimmtheitsmaß. Es kann auch einzeln berechnet werden mit BESTIMMTHEITSMASS().
se(y)	Der Standardschätzfehler der aus der Regression berechneten y-Werte kann einzeln auch mit STFEHLERYX() berechnet werden.
F	Ein F-Wert, der mit der Funktion F.VERT() weiter ausgewertet werden kann. Es ist sinnvoller, gleich die Funktion F.TEST() (siehe dort) auf die Daten anzuwenden.
df	Freiheitsgrade (*degrees of freedom*) für den F-Test
ss(reg)	Die Quadratsumme der Regression ist die Summe der quadratischen Abweichungen der Mittel.
ss(res)	Die Quadratsumme der Residuen ist die Summe der quadratischen Abweichungen der geschätzten y-Werte von ihren arithmetischen, gegebenen y-Werten.

Die geschätzten y-Werte sind die y-Werte, die entweder mit der Regressionsgleichung

```
y = m*x + b
```

berechnet werden können oder direkt mit der Funktion TREND(). Die folgende Abbildung zeigt ein Beispiel für die Anwendung der Funktion.

In diesem (fiktiven) Beispiel könnten die x-Werte die Altersklassen einer Stichprobe und die y-Werte die durchschnittlichen Körpergrößen sein. Die Spalte *Linear* enthält die mit TREND() errechneten Schätzwerte für y.

16.6 Statistische Funktionen

	A	B	C	D	E	F	G	H
1								
2	Lineare Regression							
3								
4	x-Wert	y-Wert	Linear	(ys-y)^2	(ys-ym)^2		RGP-Werte	
5	13	156	166,24	104,894	31,409		0,934	154,099
6	14	163	167,18	17,438	21,812		0,389	7,532
7	15	172	168,11	15,133	13,960		0,344	5,248
8	16	174	169,04	24,562	7,852		5,767	11,000
9	17	173	169,98	9,132	3,490		158,791	302,901
10	18	177	170,91	37,063	0,872			
11	19	172	171,85	0,024	0,000		m	b
12	20	176	172,78	10,367	0,872		se(m)	se(b)
13	21	179	173,71	27,939	3,490		r^2	se(y)
14	22	172	174,65	7,014	7,852		F	df
15	23	173	175,58	6,669	13,960		ss(reg)	ss(res)
16	24	170	176,52	42,465	21,812			
17	25	177	177,45	0,203	31,409			
18	Mittelwert		171,85					
19	Summe			302,901	158,791			

Abbildung 16.60 Beispiel für die lineare Regression

RKP()

Syntax:	RKP(**Y_Werte**; X_Werte; Konstante; Stats)
Beispiel:	siehe Abbildung für exponentielle Regression

Liefert Kennziffern zur exponentiellen Regression. Hierbei wird davon ausgegangen, dass sich die vorhandenen Daten durch eine exponentielle Gleichung beschreiben lassen:

```
y = b * m^x
```

wobei b den Schnittpunkt der Regressionskurve mit der y-Achse liefert. Mit m > 1 erhalten Sie eine stetig steigende, mit m < 1 eine stetig fallende Kurve. Die Eingabe der Argumente ist identisch mit der Eingabe bei RGP() und ist dort beschrieben. Werden mehrere Spalten mit x-Werten benutzt, wird eine Regression nach folgender Gleichung durchgeführt:

```
y = b * m1^x1 * m2^x2 ...
```

Mit Konstante lässt sich bestimmen, ob die Konstante b berechnet (WAHR oder weggelassen) oder mit 1 angesetzt werden soll (FALSCH). Die ausgegebenen Kennziffern stimmen sinngemäß mit denen von RGP() überein (vergleiche dort). Die dort gegebenen Hinweise zur Einzelberechnung stimmen natürlich nur für die lineare Regression. Es sind zudem einige Besonderheiten zu beachten. Excel bedient sich bei den Berechnungen zu RKP() der Formel:

```
ln(y) = ln(b) + x * ln(m)
```

16 Tabellenfunktionen

und berechnet mit dieser Gleichung eine lineare Regression. Hierdurch werden auch die Ausgabewerte für die Kennziffern beeinflusst: se(m) und se(b) liefern die Schätzfehler für ln(m) und ln(b).

	A	B	C	D	E	F	G	H
1								
2	Exponentielle Regression							
3								
4	x-Wert	y-Wert	Variation	(ys-y)^2	(ys-ym)^2		RKP-Werte	
5	13	156	166,07	101,314	32,619		1,005615	154,407331
6	14	163	167,00	15,983	22,838		0,002321	0,044948
7	15	172	167,94	16,520	14,755		0,345974	0,031313
8	16	174	168,88	26,230	8,400		5,818913	11,000000
9	17	173	169,83	10,070	3,803		0,005706	0,010786
10	18	177	170,78	38,686	0,993			
11	19	172	171,74	0,068	0,001		m	b
12	20	176	172,70	10,868	0,859		se(m)	se(b)
13	21	179	173,67	28,376	3,596		r^2	se(y)
14	22	172	174,65	7,013	8,245		F	df
15	23	173	175,63	6,911	14,838		ss(reg)	ss(res)
16	24	170	176,61	43,758	23,408			
17	25	177	177,61	0,368	33,987			
18	Mittelwert			171,78				

Abbildung 16.61 Beispiel für die exponentielle Regression

Wie die Abbildung zeigt, liefert die Funktion weder die Quadratsumme der Residuen noch die Quadratsumme der Regression. Welche Werte angegeben werden, war nicht zu ergründen.

SCHÄTZER()

Syntax:	SCHÄTZER(x; Y_Werte; X_Werte)
Beispiel:	=SCHÄTZER(3; {4; 5; 6}; {1; 5; 10})
Ergebnis:	4,48

Liefert für den angegebenen Wert x einen Schätzwert für y anhand einer linearen Regression, die die mit Y_Werte und X_Werte angegebenen, bereits bekannten Werte verwendet (vergleiche RKP()).

SCHIEFE()

Syntax:	SCHIEFE(Zahl1; Zahl2; ...)
Beispiel:	=SCHIEFE(2; 3; 2; 7; 9; 6; 4; 2)
Ergebnis:	0,785

Die Funktion liefert ein Maß für die Asymmetrie der Häufigkeitsverteilung einer Stichprobe. Verglichen wird mit einer Normalverteilung mit gleichem Mittelwert und gleicher Streuung.

Ist das Ergebnis größer als 0, dann ist die linke Seite steiler, die Verteilung heißt *rechtsschief*; ist das Ergebnis kleiner als 0, ist die Verteilung *linksschief* (vergleiche auch KURT()).

STABW.N()

Syntax:	STABW.N(**Zahl1**; Zahl2; ...)
Beispiel:	=STABW.N(33; 22; 28; 17; 23; 26)
Ergebnis:	5,01

Die Funktion errechnet die Standardabweichung der durch die Argumente angegebenen Werte, die als Grundgesamtheit angesetzt werden. Bis zu 255 Argumente sind möglich. Handelt es sich um eine Stichprobe, ist die Funktion STABW.S() zu verwenden. Die Funktion ersetzt die bisherige Funktion STABWN().

Die Standardabweichung ist die Wurzel aus der Varianz, die für Grundgesamtheiten von der Funktion VAR.P() geliefert wird (siehe dort).

	A	B	C	D
1				
2	Berechnen von Standardabweichung und Varianz			
3				
4	Person	Geschlecht	Alter	Gewicht
5	1	m	23	69
6	2	m	25	66
7	3	w	29	68
8	4	m	33	72
9	5	w	35	74
10	6	w	35	63
11	7	m	43	68
12	8	w	43	79
13	9	m	43	58
14	10	w	43	79
15		=STABW.S()	7,74	6,65
16		=STABW.N()	7,35	6,31
17		=VAR.S()	59,96	44,27
18		=VAR.P()	53,96	39,84

Abbildung 16.62 Standardabweichung und Varianz

STABW.S()

Syntax:	STABW.S(**Zahl1**; Zahl2; ...)
Beispiel:	=STABW.S(33; 22; 28; 17; 23; 26)
Ergebnis:	5,49

Die Funktion schätzt die Standardabweichung einer Grundgesamtheit auf der Basis der durch die Argumente angegebenen Werte, die als Stichprobe genommen werden. Bis zu

255 Argumente sind möglich. Handelt es sich um eine Grundgesamtheit, ist die Funktion STABW.N() zu verwenden. Die Funktion ersetzt die bisherige Funktion STABW().

Die Standardabweichung ist die Wurzel aus der Varianz, die für Stichproben von der Funktion VAR.S() geliefert wird (siehe dort).

STABWA()

Syntax:	STABWA(**Wert1**; Wert2; ...)
Beispiel:	=STABWA(33; 22; FALSCH; 17; WAHR; 26)
Ergebnis:	13,45

Diese Funktion schätzt die Standardabweichung einer Grundgesamtheit auf der Basis der durch die Argumente angegebenen Werte, die als Stichprobe genommen werden. Bis zu 255 Argumente sind möglich. Die Funktion wertet auch Texte und Wahrheitswerte mit aus. Textwerte zählen dabei 0. WAHR wird mit 1, FALSCH mit 0 gewertet. Direkt als Argument angegebene Zahlen in Textform werden als Zahlen berücksichtigt. Die Standardabweichung ist die Wurzel aus der Varianz, die für Stichproben von der entsprechenden Funktion VARIANZA() geliefert wird (siehe dort).

STABWNA()

Syntax:	STABWNA(**Wert1**; Wert2; ...)
Beispiel:	=STABWNA(33; 22; FALSCH; 17; WAHR; 26)
Ergebnis:	12,28

Die Funktion errechnet die Standardabweichung der durch die Argumente angegebenen Werte, die als Grundgesamtheit angesetzt werden. Bis zu 255 Argumente sind möglich. Handelt es sich um eine Stichprobe, ist die Funktion STABWA() zu verwenden. Die Funktion wertet auch Texte und Wahrheitswerte mit aus. Textwerte zählen dabei als 0. WAHR wird mit 1, FALSCH mit 0 gewertet. Direkt als Argument angegebene Zahlen in Textform werden als Zahlen berücksichtigt. Die Standardabweichung ist die Wurzel aus der Varianz, die für Grundgesamtheiten von der entsprechenden Funktion VARIANZENA() geliefert wird (siehe dort).

STANDARDISIERUNG()

Syntax:	STANDARDISIERUNG(**x**; **Mittelwert**; **Standabwn**)
Beispiel:	=STANDARDISIERUNG(30; 35; 12)
Ergebnis:	–0,4166

Diese Funktion rechnet Werte einer Verteilung, die durch ihren Mittelwert und die Standardabweichung gekennzeichnet ist, in Werte einer Standardnormalverteilung um. Eine Standardnormalverteilung ist eine Normalverteilung mit einem arithmetischen Mittel von 0 und einer Standardabweichung von 1, vergleiche NORM.S.VERT() und NORM.VERT().

STEIGUNG()

Syntax:	STEIGUNG(**Y_Werte**; **X_Werte**)
Beispiel:	=STEIGUNG({2; 3; 4}; {4; 6; 8})
Ergebnis:	0,5

Die Funktion liefert die Steigung für die aus Y_Werte und X_Werte errechneten Regressionsgeraden, vergleiche hierzu die Funktion RGP().

Die Regressionsgerade hat die Gleichung

y = b + m*x

wobei b der Schnittpunkt der Geraden mit der y-Achse ist und m die Steigung. b kann mit der Funktion ACHSENABSCHNITT() berechnet werden.

STFEHLERYX()

Syntax:	STFEHLERYX(**Y_Werte**; **X_Werte**)
Beispiel:	=STFEHLERYX({2; 3; 4}; {3; 7; 9})
Ergebnis:	0,2673

Liefert den Standardschätzfehler für mittels linearer Regression aus den angegebenen Daten berechnete y-Werte, vergleiche hierzu RGP().

SUMQUADABW()

Syntax:	SUMQUADABW(**Zahl1**; Zahl2; ...)
Beispiel:	=SUMQUADABW(4; 6; 5; 7; 3; 5)
Ergebnis:	10

Die Funktion gibt die Summe der quadratischen Abweichungen der Einzelwerte von ihrem arithmetischen Mittel an. 255 Argumente sind erlaubt. Das Ergebnis dieser Funktion wird häufig in der Statistik verwendet, z. B. ist es Bestandteil und Ausgangspunkt von Berechnungen zur Varianz und Standardabweichung.

T.INV()

Syntax:	T.INV(**Wahrsch**; **Freiheitsgrade**)
Beispiel:	=T.INV(0,05; 5)
Ergebnis:	-2,015

Die Funktion liefert linksseitige Quantile der t-Verteilung und ist damit die Umkehrung von T.VERT(). Die wiedergegebenen Werte sind in statistischen Tabellenwerken als t für einseitige Tests tabelliert. Die Funktion ersetzt die bisherige Funktion TINV().

Mit Wahrsch wird die Irrtumswahrscheinlichkeit angegeben, die Freiheitsgrade werden aus den zu vergleichenden Größen ermittelt.

Der prinzipielle Ablauf des t-Tests umfasst folgende Schritte:

1. Aus den zu vergleichenden Größen wird ein rechnerischer t-Wert ermittelt (im Folgenden tr).

2. Die Freiheitsgrade (im Folgenden df) werden ermittelt.

3. Der errechnete tr-Wert wird mit dem von T.INV() gelieferten verglichen. Soll der Test einseitig sein, muss für die Funktion das Maß der Irrtumswahrscheinlichkeit halbiert werden.

Benötigt wird der von T.INV() gelieferte Wert u. a. bei folgenden Tests:

- **Vergleich des Mittelwertes einer Stichprobe mit dem Mittelwert der Grundgesamtheit**

    ```
    tr = WURZEL(n) * ABS(Ms-Mg)/Ss
    df = n-1
    ```

    Dabei bedeuten: n = Stichprobengröße; Ms = Mittelwert Stichprobe; Mg = Mittelwert Grundgesamtheit; Ss = Standardabweichung Stichprobe.

- **Vergleich der Mittelwerte zweier Stichproben**

    ```
    tr = (M1-M2)/Sg
    Sg^2 = ((n1-1)*S1^2 + (n2-1)*S2^2) * (n1+n2) /((n1+n2-2)*(n1*n2))
    df = n1 + n2 - 2
    ```

    M1 und M2 stehen für die Mittelwerte der beiden Stichproben, S1 und S2 für die Standardabweichungen, n1 und n2 für die Stichprobengrößen.

Ist der so errechnete tr-Wert kleiner als der von T.INV() gelieferte, kann davon ausgegangen werden, dass die Unterschiede zwischen den zu testenden Größen zufällig sind. Die Wahrscheinlichkeit, dass diese Annahme falsch ist, wird mit der Irrtumswahrscheinlichkeit angegeben.

T.INV.2S()

Syntax:	T.INV.2S(**Wahrsch**; **Freiheitsgrade**)
Beispiel:	=T.INV.2S(0,05; 5)
Ergebnis:	2,57

Die Funktion liefert zweiseitige Quantile der t-Verteilung und ist damit die Umkehrung der ebenfalls zweiseitigen Funktion T.VERT.2S(). Die wiedergegebenen Werte sind in statistischen Tabellenwerken als t für zweiseitige Tests (Tests, bei denen die Werte nach beiden Seiten abweichen können) tabelliert. Die Funktion ersetzt die bisherige Funktion TINV(), die ebenfalls zweiseitig arbeitet und deshalb das gleiche Ergebnis liefert.

Mit Wahrsch wird die Irrtumswahrscheinlichkeit angegeben, die Freiheitsgrade werden aus den zu vergleichenden Größen ermittelt.

T.TEST()

Syntax:	T.TEST(**Matrix1**; **Matrix2**; **Seiten**; **Typ**)
Beispiel:	=T.TEST({12; 19; 13; 14; 17}; {15; 17; 16; 15; 17}; 2; 2)
Ergebnis:	0,489

Die Funktion gestattet den direkten Vergleich zweier Stichproben, ohne dass so viele rechnerische Zwischenschritte nötig wären wie bei dem unter T.INV() geschilderten Verfahren. Die Funktion ersetzt die bisherige Funktion TTEST().

Die beiden Stichproben werden mit Matrix1 und Matrix2 angegeben. Mit Seiten wird vorgegeben, ob Abweichungen nach beiden Seiten (2) oder nur nach einer Seite (1) möglich sind. Mit Typ wird der Charakter der Stichproben angegeben:

- zwei Stichproben gleicher Größe
- zwei Stichproben mit unterschiedlicher Größe, aber gleicher Standardabweichung
- zwei Stichproben mit unterschiedlicher Größe und unterschiedlicher Standardabweichung

T.VERT()

Syntax:	T.VERT(x; Freiheitsgrade; Kumuliert)
Beispiel:	=T.VERT(-2,015; 5; 2)
Ergebnis:	0,05

Die Funktion liefert linksseitige Werte zur Irrtumswahrscheinlichkeit für eine t-verteilte Zufallsvariable. T.VERT() ist die Umkehrung zu T.INV() (siehe dort). Deshalb gilt: Wenn x = T.INV(W; df), dann ist W = T.VERT(x; df; WAHR).

Die Funktion ersetzt die bisherige Funktion TVERT().

T.VERT.2S()

Syntax:	T.VERT.2S(x; Freiheitsgrade)
Beispiel:	=T.VERT.2S(2,57; 5; 2)
Ergebnis:	0,05

Die Funktion liefert zweiseitige Werte zur Irrtumswahrscheinlichkeit einer verteilten Zufallsvariablen. T.VERT.2S() ist die Umkehrung zu T.INV.2S() (siehe dort). Die Funktion ersetzt die bisherige Funktion TVERT().

Ein Beispiel für die Anwendung ist der Vergleich der Häufigkeit eines Merkmals in einer Stichprobe mit der Wahrscheinlichkeit dieses Merkmals in der Grundgesamtheit. Die Testgröße t ist

t = ABS(z-n*p)/WURZEL(n*p*(1-p))

mit z = Häufigkeit des Merkmals in der Stichprobe, p = Wahrscheinlichkeit in der Grundgesamtheit und n = Größe der Stichprobe. Die Zahl der Freiheitsgrade df = n − 1.

Wenn Sie diese beiden Größen (t und df) in die Funktion einsetzen, erhalten Sie direkt die Wahrscheinlichkeit dafür, dass der Unterschied zwischen Stichprobe und Grundgesamtheit zufällig ist.

Wenn x = T.INV.2S(W; df), dann ist W = T.VERT.2S(x; df).

T.VERT.RE()

Syntax:	T.VERT.RE(x; Freiheitsgrade)
Beispiel:	=T.VERT.RE(2,57; 5)
Ergebnis:	0,05

Die Funktion liefert rechtsseitige Werte für die Irrtumswahrscheinlichkeit einer t-verteilten Zufallsvariablen. Die Funktion ist eine der Varianten, die die bisherige Funktion TVERT() ersetzen.

TREND()

Syntax:	TREND(**Y_Werte**; **X_Werte**; Neue_x_Werte; Konstante)
Beispiel:	=TREND({2; 3; 4; 6; 6; 5})
Ergebnis:	{2,48;3,22;3.96} (Werte gerundet)

Die Funktion berechnet auf der Basis der linearen Regression (vergleiche RGP()) geschätzte y-Werte.

Y_Werte sind die vorhandenen y-Werte; X_Werte sind die vorhandenen x-Werte. Werden sie nicht angegeben, nummeriert Excel die y-Werte durch. Mit Neue_x_Werte lassen sich von den vorhandenen x-Werten verschiedene x-Werte angeben, für die y-Werte geschätzt werden sollen (z. B. zum Hochrechnen von Werten). Konstante ist ein Wahrheitswert. WAHR heißt, dass die Konstante b normal berechnet wird. FALSCH oder nicht angegeben bedeutet, b wird auf Null gesetzt. Zur Bedeutung von b siehe RGP().

TREND() muss als Matrixfunktion eingegeben werden: Ausgabebereich markieren, Funktion eingeben, mit [Strg]+[⇧]+[↵] beenden.

VAR.P()

Syntax:	VAR.P(**Zahl1**; Zahl2; ...)
Beispiel:	=VAR.P(33; 22; 28; 17; 23; 26)
Ergebnis:	25,14

Liefert das Quadrat der Standardabweichung für eine Grundgesamtheit (vergleiche STABW.N()). 255 Argumente sind erlaubt. Die Funktion ersetzt die bisherige Funktion VARIANZEN(). Siehe auch die Abbildung zu Standardabweichung.

VAR.S()

Syntax:	VAR.S(**Zahl1**; Zahl2; ...)
Beispiel:	=VAR.S(33; 22; 28; 17; 23; 26)
Ergebnis:	30,17

Schätzt die Varianz einer Grundgesamtheit auf der Basis einer Stichprobe (vergleiche STABW()). 255 Argumente sind erlaubt. Die Funktion ersetzt die bisherige Funktion VARIANZ(). Siehe auch die Abbildung zu Standardabweichung.

VARIANZA()

Syntax:	VARIANZA(**Wert1**; Wert2; ...)
Beispiel:	=VARIANZA(33; 22; "Wert fehlt"; 17; WAHR; 26; 24)
Ergebnis:	158,952

Schätzt die Varianz einer Grundgesamtheit auf der Basis einer Stichprobe (vergleiche STABWA()). Dabei werden Textwerte und logische Werte mit ausgewertet. Textwerte zählen 0. 255 Argumente sind erlaubt.

VARIANZENA()

Syntax:	VARIANZENA(**Wert1**; Wert2; ...)
Beispiel:	=VARIANZENA(33; 22; "Wert fehlt"; 17; WAHR; 26; 24)
Ergebnis:	136,244

Liefert das Quadrat der Standardabweichung für eine Grundgesamtheit (vergleiche STABWNA()). Textwerte und logische Werte werden mit ausgewertet. Textwerte zählen als 0. Erlaubt sind 255 Argumente.

VARIATION()

Syntax:	VARIATION(Y_Werte; X_Werte; Neue_x_Werte; Konstante)
Beispiel:	siehe Abbildung

Die Funktion berechnet auf der Basis der exponentiellen Regression (vergleiche RKP()) geschätzte y-Werte.

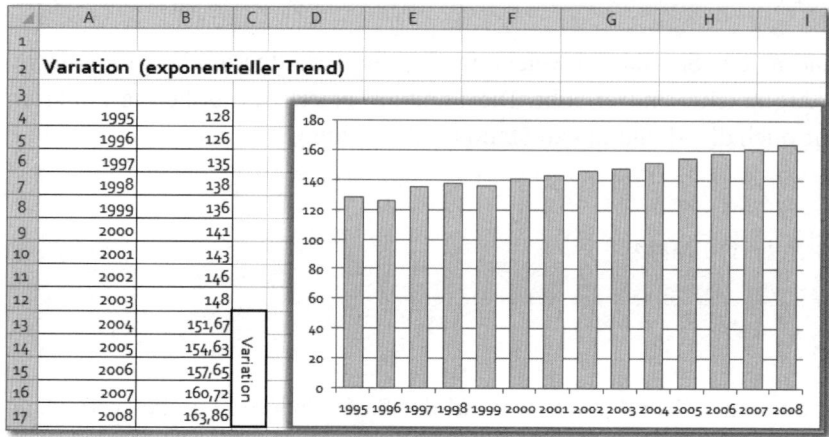

Abbildung 16.63 Exponentielle Vorausschätzung mit VARIATION()

Y_Werte sind die vorhandenen y-Werte; X_Werte sind die vorhandenen x-Werte. Werden sie nicht angegeben, nummeriert Excel die y-Werte durch. Mit Neue_x_Werte lassen sich von den vorhandenen x-Werten verschiedene x-Werte angeben, für die y-Werte geschätzt werden sollen (z. B. zum Hochrechnen von Werten).

VARIATION() muss als Matrixfunktion eingegeben werden: Ausgabebereich markieren, Funktion eingeben, mit ⌊Strg⌋ + ⌊⇧⌋ + ⌊↵⌋ beenden.

VARIATIONEN()

Syntax:	VARIATIONEN(n; k)
Beispiel:	=VARIATIONEN(52; 4)
Ergebnis:	6497400

Die Funktion berechnet die Reihe von geordneten Folgen, die mit den Argumenten möglich sind. k ist die Anzahl der Elemente, die aus einer Menge von n Elementen gewählt werden. Im Gegensatz zur Funktion KOMBINATIONEN() werden in dieser Funktion Reihenfolgen berücksichtigt.

Im Beispiel wird aus einem Patience-Kartenspiel eine bestimmte Folge von vier Karten gezogen. Wie viele mögliche Folgen ständen zur Verfügung? Die Wahrscheinlichkeit, die Folge von Kreuz-As, Pik-As, Herz-As und Karo-As (genau in dieser Reihenfolge) zu ziehen, liegt bei 1/6497400.

WAHRSCHBEREICH()

Syntax:	WAHRSCHBEREICH(Beob_Werte; Beob_Wahrsch; Untergrenze; Obergrenze)
Beispiel:	=WAHRSCHBEREICH({2; 3; 4; 5; 6}; {0,1; 0,2; 0,4; 0,2; 0,1}; 5; 6)
Ergebnis:	0,3

Die Funktion berechnet auf der Basis beobachteter Werte und ihrer Wahrscheinlichkeiten die Wahrscheinlichkeit dafür, dass ein (neuer) Beobachtungswert in ein bestimmtes Intervall fällt.

Für Beob_Wahrsch wird üblicherweise angenommen

p(wert) = h(wert)/beobachtungen

also der Quotient aus der Häufigkeit, mit der ein Wert auftrat, und der Zahl der Beobachtungen. Die Summe aller Wahrscheinlichkeiten muss naturgemäß immer 1 sein. Das Intervall wird mit Untergrenze und Obergrenze (beide einschließlich) angegeben. Wird Obergrenze weggelassen, dann berechnet die Funktion die Wahrscheinlichkeit dafür, dass ein Beobachtungswert die Größe Untergrenze annimmt.

Die Abbildung zeigt ein Beispiel zur Notenverteilung. Daraus ergibt sich beispielsweise, dass 70 % der Noten zwischen 2 und 4 einschließlich liegen.

Abbildung 16.64 Berechnung von Intervall-Wahrscheinlichkeiten

WEIBULL.VERT()

Syntax:	WEIBULL.VERT(x; Alpha; Beta; Kumuliert)
Beispiel:	=WEIBULL.VERT(2; 1; 0,5; WAHR)
Ergebnis:	0,9817

Die Funktion liefert Wahrscheinlichkeiten für eine Zufallsvariable, die einer Weibull-Verteilung gehorcht. Diese Verteilung wird für Haltbarkeitsstatistiken benutzt. Die Funktion ersetzt die bisherige Funktion WEIBULL().

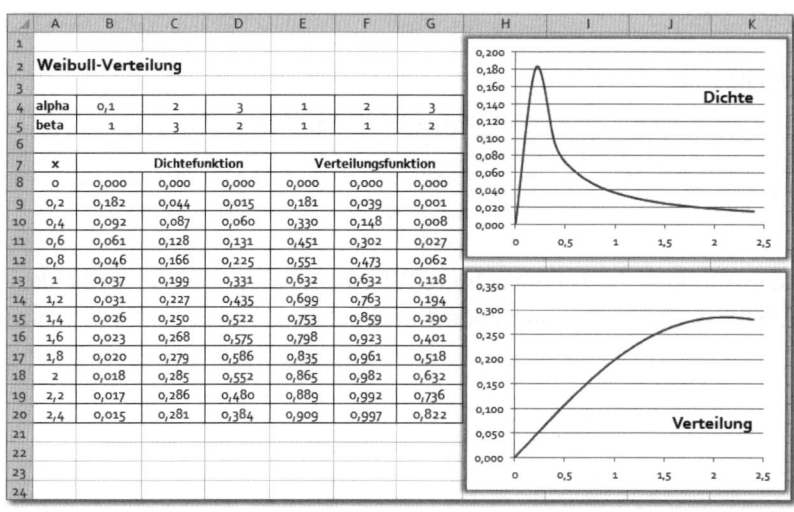

Abbildung 16.65 Weibull-Verteilung

Das Quantil wird mit x angegeben, Alpha ist ein Form- oder Gestaltparameter, Beta ein Skalenparameter der Verteilung. Mit Kumuliert lässt sich festlegen, ob die Dichtefunktion (FALSCH) oder die Verteilungsfunktion (WAHR) ausgegeben wird. Den Einfluss der Parameter macht die Abbildung deutlich.

ZÄHLENWENN()

Syntax:	ZÄHLENWENN(**Bereich**; **Suchkriterien**)
Beispiel:	=ZÄHLENWENN(A10:A15, <10)
Ergebnis:	4, wenn A10:A15 die Werte 5, 4, 9, 12, 11, 1 enthält

Die Funktion gibt die Anzahl der nicht leeren Zellen in einem Bereich wieder, die den angegebenen Kriterien entsprechen. Suchkriterien können eine Zahl, ein Ausdruck oder eine Zeichenfolge sein.

ZÄHLENWENNS()

Syntax:	ZÄHLENWENNS(**Kriterienbereich1**; **Kriterien1**; Kriterienbereich2; Kriterien2; ...)
Beispiel:	siehe Abbildung

Die Funktion erweitert die Funktion ZÄHLENWENN() um die Möglichkeit, Bereiche gleichzeitig mit mehreren Kriterien zu durchsuchen und auszuwerten. Sie gibt die Anzahl der nicht leeren Zellen in Bereichen wieder, die gleichzeitig allen angegebenen Kriterien entsprechen. Dabei können sich die verschiedenen Kriterien auf unterschiedliche Bereiche beziehen. Suchkriterien können eine Zahl, ein Ausdruck oder eine Zeichenfolge sein. 127 Bereich-/Kriterien-Paare sind möglich. Die Abbildung zeigt ein Beispiel.

	A	B	C	D
1				
2	Bedingtes Zählen mit mehreren Kriterien			
3				
4	Name	Lieblingsfarbe	Lieblingssport	Lieblingsmusik
5	Hans	rot	Fußball	Rock
6	Werner	blau	Tennis	Blues
7	Lotte	rot	Tennis	Pop
8	Lisa	gelb	Joggen	Pop
9	Franz	blau	Joggen	Pop
10	Rita	rot	Turnen	Pop
11	Henning	rot	Fußball	Rock
12	Wanda	blau	Tennis	Blues
13	Lori	rot	Tennis	Pop
14	Bella	rot	Tennis	Pop
15	Arne	blau	Joggen	Pop
16	Lukas	rot	Fußball	Blues
17	3			
18	=ZÄHLENWENNS(B5:B16;"rot";C5:C16;"Tennis";D5:D16;"Pop")			
19	4			
20	=ZÄHLENWENNS(B5:B16;"rot";C5:C16;"T*";D5:D16;"Pop")			

Abbildung 16.66 Mehrfach bedingtes Zählen

16.7 Kompatible Funktionen

Funktion	Seite	Funktion	Seite
BETAINV()	791	MODALWERT()	796
BETAVERT()	791	NEGBINOMVERT()	797
BINOMVERT()	791	NORMINV()	797
CHIINV()	792	NORMVERT()	797
CHITEST()	792	POISSON()	798
CHIVERT()	792	QUANTIL()	798
EXPONVERT()	792	QUANTILSRANG()	798
FINV()	793	QUARTILE()	799
FTEST()	793	RANG()	799
FVERT()	793	STABW()	799
GAMMAINV()	794	STABWN()	799
GAMMAVERT()	794	STANDNORMINV()	800
GTEST()	794	STANDNORMVERT()	800
HYPGEOMVERT()	795	TINV()	800
KONFIDENZ()	795	TTEST()	800
KOVAR()	795	TVERT()	801
KRITBINOM()	796	VARIANZ()	801
LOGINV()	796	VARIANZEN()	801
LOGNORMVERT()	796	WEIBULL()	801

In diesem Abschnitt finden Sie eine knappe Referenz der Funktionen, die als kompatible Funktionen im Bereich der Statistik weiterhin gültig bleiben. Bei jeder Funktion ist vermerkt, welche aktuellen Funktionen dafür mit Excel 2010 zur Verfügung stehen. Bei diesen Funktionen finden Sie ausführlichere Beschreibungen der in der Regel unveränderten Argumente. Nur bei den neuen Verteilungsfunktionen ist jetzt immer das Argument Kumuliert eingefügt, das den Typ der Funktion bestimmt.

16.7 Kompatible Funktionen

Referenz der kompatiblen statistischen Funktionen

BETAINV()

Syntax:	BETAINV(**Wahrsch**; **Alpha**; **Beta**; A; B)
Beispiel:	BETAINV(0,1; 3; 4)
Ergebnis:	0,2009

Die Funktion liefert das Quantil der Betaverteilung und ist die Umkehrung zu BETAVERT(). Als notwendige Argumente sind Wahrsch (Wahrscheinlichkeit), Alpha und Beta (Parameter der Verteilung) einzutragen. A und B sind optionale Argumente, die die Intervallgrenzen bezeichnen. Werden sie nicht angegeben, dann wird A = 0 und B = 1 gesetzt. Die aktuelle Funktion ist BETA.INV().

BETAVERT()

Syntax:	BETAVERT(**x**; **Alpha**; **Beta**; A; B)
Beispiel:	BETAVERT(0,5; 3; 4)
Ergebnis:	0,65625

Die Funktion liefert die Wahrscheinlichkeitsverteilung für eine betaverteilte Zufallsvariable. Es wird berechnet, mit welcher Wahrscheinlichkeit die Zufallsvariable einen Wert zwischen A und x annimmt. Das Argument x ist die Größe der Zufallsvariablen im Intervall A bis B, Alpha und Beta – beide müssen größer als 0 sein – sind Parameter der Verteilung. Die aktuelle Funktion ist BETA.VERT().

BINOMVERT()

Syntax:	BINOMVERT(**Zahl_Erfolge**; **Versuche**; **Erfolgswahrsch**; **Kumuliert**)
Beispiel:	BINOMVERT(3; 10; 1/6; FALSCH)
Ergebnis:	0,1550

Die Funktion gibt die Wahrscheinlichkeit dafür an, dass bei alternativen diskreten Versuchsergebnissen bei einer mit Versuche angegebenen Anzahl von Versuchen ein bestimmtes Ergebnis mit einer durch Zahl_Erfolge angegebenen Häufigkeit auftritt. Die (vorweg ermittelte) Wahrscheinlichkeit für das Einzelergebnis wird mit Erfolgswahrsch (zwischen 0 und 1) angegeben. Kumuliert verlangt einen Wahrheitwert und beschreibt den Typ der Funktion. Wird das Argument mit FALSCH belegt, wird der Wert der Wahrscheinlichkeitsfunktion geliefert. Die aktuelle Funktion ist BINOM.VERT().

CHIINV()

Syntax:	CHIINV(Wahrsch; Freiheitsgrade)
Beispiel:	CHIINV(0,05; 3)
Ergebnis:	7,8147

Die Funktion liefert die (z. B. in statistischen Tabellenwerken tabellierten) Quantile der Chi-Quadrat-Verteilung. Als Argumente verlangt diese Funktion die Irrtumswahrscheinlichkeit Wahrsch und die Anzahl der Freiheitsgrade. Die aktuellen Funktionen sind CHIQU.INV() und CHIQU.INV.RE().

CHITEST()

Syntax:	CHITEST(Beob_Messwerte; Erwart_Werte)
Beispiel:	CHITEST({12; 19; 13; 14; 17}; {15; 17; 16; 15; 17})
Ergebnis:	0,8329

Die Funktion liefert direkt den Wahrscheinlichkeitswert für den Chi-Quadrat-Test beim Vergleich zwischen beobachteten und erwarteten Größen. Als Argumente werden je eine Matrix für die beobachteten Werte Beob_Messwerte und die theoretisch erwarteten Werte Erwart_Werte eingetragen. Die aktuelle Funktion ist CHIQU.TEST().

CHIVERT()

Syntax:	CHIVERT(x; Freiheitsgrade)
Beispiel:	CHIVERT(10; 3)
Ergebnis:	0,018

Die Funktion berechnet aus dem Wert für Chi^2 und den Freiheitsgraden die Irrtumswahrscheinlichkeit für die Übereinstimmung von beobachteten und erwarteten Werten. Die aktuellen Funktionen sind CHIQU.VERT() und CHIQU.VERT.RE().

EXPONVERT()

Syntax:	EXPONVERT(x; Lambda; Kumuliert)
Beispiel:	EXPONVERT(2; 0,8; WAHR)
Ergebnis:	0,798

Die Funktion liefert die Werte für eine exponentialverteilte Zufallsvariable. Mit x wird das Quantil angegeben, für das der Wert ermittelt werden soll. Lambda ist ein Parameter, der bei der Dichtefunktion den Anfangswert bei x = 0 sowie den Grad des Abfalls bestimmt. Kumuliert ist ein Wahrheitswert, mit dem der Typ der Funktion bestimmt wird. Ist Kumuliert mit WAHR belegt, wird der Wert der Verteilungsfunktion geliefert (die Fläche bis zum Quantil), mit FALSCH belegt, ergibt sich der Wert für die Dichtefunktion (der Wert auf der y-Achse). Die aktuelle Funktion ist EXPON.VERT().

FINV()

Syntax:	FINV(Wahrsch; Freiheitsgrade1; Freiheitsgrade2)
Beispiel:	FINV(0,95; 7; 7)
Ergebnis:	0,2640

Die Funktion liefert das Quantil der F-Verteilung (d. h. die Werte, die in statistischen Tabellenwerken tabelliert sind). Sie ist die Umkehrung von FVERT() (siehe dort). Die Funktion geht von einer zweiseitigen Verteilung aus. Mit Wahrsch wird die Wahrscheinlichkeit angegeben. Die Freiheitsgrade sind die Größen der beiden miteinander verglichenen Stichproben minus 1. Die aktuellen Funktionen sind F.INV() und F.INV.RE().

FTEST()

Syntax:	FTEST(Matrix1; Matrix2)
Beispiel:	FTEST({12; 19; 13; 14; 17}; {15; 17; 16; 15; 17})
Ergebnis:	0,0618

Die Funktion liefert unmittelbar die Wahrscheinlichkeit der Übereinstimmung zweier Stichproben hinsichtlich ihrer Varianzen. Mit dem F-Test lässt sich also ermitteln, ob sich zwei Stichproben in ihren Varianzen nur zufällig unterscheiden. Matrix1 und Matrix2 sind Einzelwerte der beiden Stichproben. Die Argumente müssen nicht denselben Umfang haben. Die aktuelle Funktion ist F.TEST().

FVERT()

Syntax:	FVERT(x; Freiheitsgrade1; Freiheitsgrade2)
Beispiel:	FVERT(12; 2; 3)
Ergebnis:	0,037

Die Funktion liefert die Irrtumswahrscheinlichkeit der F-Verteilung. Je nach der Anzahl der Freiheitsgrade1 (Größe der ersten Stichprobe – 1) und der Anzahl der Freiheitsgrade2 (Größe der zweiten Stichprobe – 1) unterscheiden sich die F-Verteilungen und nehmen verschiedene Gestalt an. Mit x wird das Quantil der Verteilung eingegeben. Die aktuellen Funktionen sind F.VERT() und F.VERT.RE().

GAMMAINV()

Syntax:	GAMMAINV(**Wahrsch**; **Alpha**; **Beta**)
Beispiel:	GAMMAINV(0,05; 3; 1)
Ergebnis:	0,8176

Die Funktion liefert das Quantil der Gammaverteilung. Sie ist die Umkehrfunktion zu GAMMAVERT() (siehe dort). Alpha und Beta sind Funktionsparameter (in der Literatur werden als Parameter meist b und p angegeben). Die aktuelle Funktion ist GAMMA.INV().

GAMMAVERT()

Syntax:	GAMMAVERT(**x**; **Alpha**; **Beta**; **Kumuliert**)
Beispiel:	GAMMAVERT(1,5; 2; 1; WAHR)
Ergebnis:	0,44217

Die Funktion liefert die Werte für eine gammaverteilte Zufallsvariable (bei der Verteilungsfunktion die Wahrscheinlichkeit dafür, dass eine Zufallsgröße einen Wert zwischen 0 und x annimmt). Von den Argumenten bezeichnet x das Quantil, für das die Wahrscheinlichkeit berechnet werden soll, Alpha und Beta sind Parameter der Verteilung. Kumuliert bestimmt den Typ der Verteilung: Mit WAHR wird der Wert der Verteilungsfunktion berechnet, mit FALSCH der Wert der Dichtefunktion. Die aktuelle Funktion ist GAMMA.VERT().

GTEST()

Syntax:	GTEST(**Matrix**; **x**; Sigma)
Beispiel:	GTEST({11; 19; 18; 21; 13; 17; 9; 14}12; 4)
Ergebnis:	0,01078

Die Funktion liefert die zweiseitige Wahrscheinlichkeit für einen Gauss-Test (normalverteilte Daten). Mit diesem Test kann die Wahrscheinlichkeit dafür geschätzt werden, dass ein bestimmter Wert aus derselben (normalverteilten) Grundgesamtheit stammt wie eine gegebene Stichprobe. Mit Matrix wird der Datenbereich der Stichprobe angegeben, mit der der Wert x verglichen werden soll. Das optionale Argument Sigma bezeichnet die bekannte Standardabweichung der Grundgesamtheit. Wird Sigma nicht angegeben, verwendet die Funktion die Standardabweichung der Stichprobe als Schätzwert für Sigma. Die aktuelle Funktion ist G.TEST().

HYPGEOMVERT()

Syntax:	HYPGEOMVERT(**Erfolge_S; Umfang_S; Erfolge_G; Umfang_G**)
Beispiel:	HYPGEOMVERT(1; 2; 4; 32)
Ergebnis:	0,2258

Die Funktion berechnet die Wahrscheinlichkeiten einer hypergeometrisch verteilten Zufallsvariabeln. Mit Umfang_S und Umfang_G werden die Größe der entnommenen Stichprobe und die Größe der Grundgesamtheit angegeben. Erfolge_G gibt an, wie oft das zu testende Ereignis in der Grundgesamtheit enthalten ist, Erfolge_S wie oft es in der Stichprobe enthalten sein soll. Die aktuelle Funktion ist HYPGEOM.VERT().

KONFIDENZ()

Syntax:	KONFIDENZ(**Alpha; Standabwn; Umfang_S**)
Beispiel:	KONFIDENZ(0,05; 2,6; 200)
Ergebnis:	0,36033

Diese Funktion berechnet das Konfidenzintervall (auch Vertrauensbereich, Mutungsintervall) für den Mittelwert einer (normalverteilten) Grundgesamtheit anhand einer Stichprobe aus dieser Grundgesamtheit. Bei ein- wie zweiseitigen Fragestellungen wird ein bestimmter Prozentsatz (Alpha) extremer Fälle der Stichprobenverteilung als unwahrscheinlich ausgeschlossen. Diese Extremwerte liegen an den beiden Enden der Verteilung, der Bereich zwischen den beiden Extremwerten beidseitig vom Mittelwert ist das Konfidenzintervall. Alpha ist die Irrtumswahrscheinlichkeit (gewählt wird zumeist 0,05, 0,01 oder 0,001), Standabwn ist die Standardabweichung, Umfang_S die Größe der Stichprobe. Die aktuellen Funktionen sind KONFIDENZ.NORM() und KONFIDENZ.T().

KOVAR()

Syntax:	KOVAR(**Matrix1; Matrix2**)
Beispiel:	KOVAR({2; 4; 6; 8; 10; 12}; {12; 2; 10; 4; 8; 6})
Ergebnis:	-3

Liefert ähnlich wie die Funktion KORREL() ein Maß für den Zusammenhang zwischen den Daten zweier Datenreihen aus verbundenen Stichproben. Die Funktion ermittelt, in welchem Maß die Daten der beiden Datenreihen gemeinsam von ihrem jeweiligen Mittelwert abweichen. Die aktuellen Funktionen sind KOVARIANZ.P() und KOVARIANZ.S().

Syntax:	KRITBINOM(**Versuche**; **Erfolgswahrsch**; **Alpha**)
Beispiel:	KRITBINOM(200; 0,9; 0,01)
Ergebnis:	170

Liefert die Anzahl der erfolgreichen Versuche, die mit einer Irrtumswahrscheinlichkeit von Alpha zu erwarten sind. Voraussetzung ist, dass die Zufallsgröße binomialverteilt ist. Mit Versuche wird die Zahl der Versuche angegeben; mit Erfolgswahrsch die Wahrscheinlichkeit für den erfolgreichen Ausgang eines Versuchs. Die aktuelle Funktion ist BINOM.INV().

LOGINV()

Syntax:	LOGINV(**Wahrsch**; **Mittelwert**; **Standabwn**)
Beispiel:	LOGINV(0,01; 0; 1)
Ergebnis:	0,098

Die Funktion liefert das Quantil einer logarithmischen Normalverteilung. Die Funktion ist die Umkehrung von LOGNORMVERT(). Mit Wahrsch wird die Wahrscheinlichkeit, mit Mittelwert das Mittel und mit Standabwn die Standardabweichung der Stichprobe angegeben. Die aktuelle Funktion ist LOGNORM.INV().

LOGNORMVERT()

Syntax:	LOGNORMVERT(**x**; **Mittelwert**; **Standabwn**)
Beispiel:	LOGNORMVERT(1; 0; 1)
Ergebnis:	0,5

Die Funktion liefert die Wahrscheinlichkeitsverteilung für eine logarithmische Normalverteilung. Bei einigen Experimenten, z. B. über Reaktionszeiten, ergibt sich als Häufigkeitsverteilung ein asymmetrischer, linkssteiler Kurvenzug. Durch Logarithmieren lassen sich daraus häufig normalverteilte Messwerte erstellen. Das Argument x bezeichnet den Wert des Quantils, Mittelwert das arithmetische Mittel und Standabwn die Standardabweichung der Stichprobe. Die aktuelle Funktion ist LOGNORM.VERT().

MODALWERT()

Syntax:	MODALWERT(**Zahl1**; Zahl2; ...)
Beispiel:	MODALWERT(2; 6; 3; 6; 1; 5; 6)
Ergebnis:	6

Liefert den in einer Datenreihe am häufigsten vorkommenden Wert. Die aktuellen Funktionen sind MODUS.EINF() und MODUS.VIELF().

NEGBINOMVERT()

Syntax:	NEGBINOMVERT(Zahl_Misserfolge; Zahl_Erfolge; Erfolgswahrsch)
Beispiel:	NEGBINOMVERT(5; 1; 1/6)
Ergebnis:	0,0669

Die Funktion benutzt als Grundlage ihrer Berechnungen die Binomial-Verteilung und wird auch als negative Binomial-Verteilung bezeichnet. Sie berechnet, mit welcher Wahrscheinlichkeit ein zusammengesetztes Ereignis auftritt. Als Argumente werden Zahl_Erfolge und Zahl_Misserfolge angegeben. Zusammen mit der Angabe von Erfolgswahrsch ermittelt die Funktion die Wahrscheinlichkeit dafür, dass das zusammengesetzte Ereignis (erst die angegebene Zahl an Misserfolgen, dann die angegebene Zahl der Erfolge) auftritt. Die aktuelle Funktion ist NEGBINOM.VERT().

NORMINV()

Syntax:	NORMINV(Wahrsch; Mittelwert; Standabwn)
Beispiel:	NORMINV(0,5; 20; 30)
Ergebnis:	20

Die Funktion liefert das Quantil der Normalverteilung und ist die Umkehrung zu NORMVERT(). Als Argumente werden Wahrsch (die Wahrscheinlichkeit, zu der das Quantil gesucht wird) sowie der Mittelwert und die Standabwn (Standardabweichung) der Verteilung angegeben. Die aktuelle Funktion ist NORM.INV().

NORMVERT()

Syntax:	NORMVERT(x; Mittelwert; Standabwn; Kumuliert)
Beispiel:	NORMVERT(9; 9; 4; WAHR)
Ergebnis:	0,5

Die Funktion liefert die Werte für eine Normalverteilung. Wird die Funktion grafisch dargestellt, ergibt sich immer ein glockenförmiger Verlauf. Wie er im Einzelnen ausfällt, hängt von den Argumenten Mittelwert und Standabwn ab. Der Mittelwert (Erwartungswert) gibt die Lage der Funktion auf der x-Achse an und markiert dabei den Gipfel dieser Funktion. Standabwn (Standardabweichung) gibt die Streuung an und bestimmt damit, wie flach oder steil die Funktion verläuft. Mit Kumuliert = WAHR erhalten Sie die Verteilungsfunktion (die Wahrscheinlichkeit dafür, dass die Zufallsvariable einen Wert von x oder kleiner annimmt). Mit FALSCH erhalten Sie die Werte der Dichtefunktion. Die aktuelle Funktion ist NORM.VERT().

POISSON()

Syntax:	POISSON(x; **Mittelwert**; **Kumuliert**)
Beispiel:	POISSON(50; 60; WAHR)
Ergebnis:	0,1077

Die Funktion liefert die Werte für eine Poisson-Verteilung. Die Poisson-Verteilung kann wie die Binomial- und die hypergeometrische Verteilung jeweils nur diskrete Werte annehmen. An Argumenten verlangt die Funktion x (die Anzahl der Fälle) und Mittelwert (Erwartungswert). Mit Kumuliert = FALSCH wird die Wahrscheinlichkeit dafür berechnet, dass die Zufallsvariable den Wert x annimmt, mit Kumuliert = WAHR die Wahrscheinlichkeit dafür, dass die Zufallsvariable einen Wert von x oder kleiner annimmt. Die aktuelle Funktion ist POISSON.VERT().

QUANTIL()

Syntax:	QUANTIL(**Matrix**; **Alpha**)
Beispiel:	QUANTIL(A40:A50; 0,25)
Ergebnis:	1,5

Liefert denjenigen Wert einer Datenreihe, unterhalb dessen ein mit Alpha angegebener Bruchteil der Daten liegt. Mit dieser Funktion wird eine Verteilung nach einer Skala unterteilt, deren unterster und oberster Punkt der tiefste und höchste Wert der Daten bildet. Matrix sind die zu unterteilenden Daten. Durch das Argument Alpha wird ein Lage-Maß (Quantil) angegeben. Das Argument Alpha kann jeden Wert zwischen 0 und 1 annehmen; liegt ein Quantil zwischen zwei Beobachtungen, wird durch Interpolation der entsprechende Wert ermittelt. Die aktuellen Funktionen sind QUANTIL.EXKL() und QUANTIL.INKL().

QUANTILSRANG()

Syntax:	QUANTILSRANG(**Matrix**; **x**; Genauigkeit)
Beispiel:	QUANTILSRANG(A40:A50; 1,5)
Ergebnis:	0,25

Liefert die Angabe des Anteils von Daten, die unterhalb des angegebenen Wertes liegen. Das Argument x bezeichnet den Wert, dessen relative Position ermittelt werden soll; Matrix sind die Daten. Wenn x selbst als Wert nicht in der Matrix auftaucht, wird der entsprechende Wert interpoliert. Mit Genauigkeit lässt sich die Anzahl der Stellen für die Ausgabe des Ergebnisses bestimmen. Wird Genauigkeit nicht angegeben, wird 3 angenommen. Die aktuellen Funktionen sind QUANTILSRANG.EXKL() und QUANTILSRANG.INKL().

QUARTILE()

Syntax:	QUARTILE(**Matrix**; **Quartile**)
Beispiel:	QUARTILE(A40:A50; 2)
Ergebnis:	2

Die Funktion unterteilt die Daten von Matrix in Bereiche mit je gleichen Anteilen von Daten und ist damit ein Spezialfall von QUANTIL(). Für Quartile sind fünf Belegungen möglich: 0 (liefert den niedrigsten Wert); 1 (25 % Quantil), 2 (50 % Quantil, das ist der Median); 3 (75 % Quantil) und 4 (liefert den höchsten Wert). Die aktuellen Funktionen sind QUARTILE.EXKL() und QUARTILE.INKL().

RANG()

Syntax:	RANG(**Zahl**; **Bezug**; Reihenfolge)
Beispiel:	RANG(7; A40:A50)
Ergebnis:	*1* (wenn *7* im angegebenen Bereich der größte Wert ist)

Liefert die Position, die ein Wert in einer Datenreihe in Bezug auf seine Größe einnimmt. Mit Zahl wird der Wert angegeben, dessen Position bestimmt werden soll; Bezug liefert die Datenreihe. Mit Reihenfolge wird angegeben, ob in fallender oder steigender Ordnung gezählt wird. Vorgegeben ist die fallende Ordnung, die dann verwendet wird, wenn das Argument nicht oder mit 0 belegt ist. Bei jedem anderen Wert zählt Excel in steigender Ordnung. Die aktuellen Funktionen sind RANG.GLEICH() und RANG.MITTELW().

STABW()

Syntax:	STABW(**Zahl1**; Zahl2; ...)
Beispiel:	STABW(33; 22; 28; 17; 23; 26)
Ergebnis:	5,49

Diese Funktion schätzt die Standardabweichung der Grundgesamtheit auf der Basis der Argumente, die die Werte einer Stichprobe darstellen. Die aktuelle Funktion ist STABW.S().

STABWN()

Syntax:	STABWN(**Zahl1**; Zahl2; ...)
Beispiel:	STABWN(33; 22; 28; 17; 23; 26)
Ergebnis:	5,01

Die Funktion errechnet die Standardabweichung der angegebenen Werte, die dabei als Grundgesamtheit angesetzt werden. Die aktuelle Funktion ist STABW.N().

STANDNORMINV()

Syntax:	STANDNORMINV(**Wahrsch**)
Beispiel:	STANDNORMINV(0,9992)
Ergebnis:	3,156

Diese Funktion liefert den Wert auf der x-Achse für eine Standardnormalverteilung (Quantil). Sie ist die Umkehrung zu STANDNORMVERT(). Die aktuelle Funktion ist NORM.S.INV().

STANDNORMVERT()

Syntax:	STANDNORMVERT(**z**)
Beispiel:	STANDNORMVERT(0)
Ergebnis:	0,5

Diese Funktion gibt die Wahrscheinlichkeit dafür aus, dass eine Zufallsvariable aus einer Standardnormalverteilung den Wert z oder kleiner annimmt. Die aktuelle Funktion ist NORM.S.VERT().

TINV()

Syntax:	TINV(**Wahrsch; Freiheitsgrade**)
Beispiel:	TINV(0,05; 5)
Ergebnis:	2,57

Die Funktion liefert das Quantil der t-Verteilung und ist damit die Umkehrung von TVERT() mit dem Parameter 2 für Seiten. Die wiedergegebenen Werte sind in statistischen Tabellenwerken als t für zweiseitige Tests (Tests, bei denen die Werte nach beiden Seiten abweichen können) tabelliert. Mit Wahrsch wird die Irrtumswahrscheinlichkeit angegeben, die Freiheitsgrade werden aus den zu vergleichenden Größen ermittelt. Die aktuellen Funktionen sind T.INV() und T.INV.2S().

TTEST()

Syntax:	TTEST(**Matrix1; Matrix2; Seiten; Typ**)
Beispiel:	TTEST({12; 19; 13; 14; 17}; {15; 17; 16; 15; 17}; 2; 2)
Ergebnis:	0,489

Diese Funktion gestattet den direkten Vergleich zweier Stichproben. Die beiden Stichproben werden mit Matrix1 und Matrix2 angegeben. Mit Seiten wird vorgegeben, ob Abweichungen nach beiden Seiten (2) oder nur nach einer Seite (1) möglich sind. Mit Typ wird der Charakter der Stichproben angegeben. Die aktuelle Funktion ist T.TEST().

TVERT()

Syntax:	TVERT(x; Freiheitsgrade; Seiten)
Beispiel:	TVERT(2,57; 5; 2)
Ergebnis:	0,05

Die Funktion liefert die Irrtumswahrscheinlichkeit für eine t-verteilte Zufallsvariable. TVERT() ist die Umkehrung zu TINV(). Die aktuellen Funktionen sind T.VERT(), T.VERT.RE() und T.VERT.2S().

VARIANZ()

Syntax:	VARIANZ(Zahl1; Zahl2; ...)
Beispiel:	VARIANZ(A1:A6)
Ergebnis:	*30,17* für A1:A6(33;22;28;17;23;26)

Schätzt die Varianz der Grundgesamtheit auf der Basis der angegebenen Werte einer Stichprobe. Die aktuelle Funktion ist VAR.S().

VARIANZEN()

Syntax:	VARIANZEN(Zahl1; Zahl2; ...)
Beispiel:	VARIANZEN(A1:A6)
Ergebnis:	*25,14* für A1:A6(33;22;28;17;23;26)

Diese Funktion liefert das Quadrat der Standardabweichung bei einer Grundgesamtheit. Die aktuelle Funktion ist VAR.P().

WEIBULL()

Syntax:	WEIBULL(x; Alpha; Beta; Kumuliert)
Beispiel:	WEIBULL(2; 1; 0,5; WAHR)
Ergebnis:	0,9817

Die Funktion liefert Werte für eine Zufallsvariable, die einer Weibull-Verteilung gehorcht. Diese Verteilung wird für Haltbarkeitsstatistiken benutzt. Das Quantil wird mit x angegeben, Alpha ist ein Form- oder Gestaltparameter, Beta ein Skalenparameter der Verteilung. Mit Kumuliert lässt sich festlegen, ob die Dichtefunktion (FALSCH) oder die Verteilungsfunktion (WAHR) ausgegeben wird. Die aktuelle Funktion ist WEIBULL.VERT().

16.8 Nachschlage- und Verweisfunktionen

Funktion	Seite	Funktion	Seite
ADRESSE()	807	SPALTE()	812
BEREICH.VERSCHIEBEN()	808	SPALTEN()	812
BEREICHE()	809	SVERWEIS()	812
HYPERLINK()	809	VERGLEICH()	813
INDEX()	809	VERWEIS()	814
INDIREKT()	810	WAHL()	815
MTRANS()	810	WVERWEIS()	815
PIVOTDATENZUORDNEN()	811	ZEILE()	815
RTD()	812	ZEILEN()	815

Die unter dieser Rubrik aufgeführten Funktionen dienen in erster Linie der Behandlung von Bezügen, also dem Ermitteln der Adressen von Zellen, der Größe von Bereichen, dem Durchsuchen von Bereichen etc.

Verweistabellen abfragen

Zu den Funktionen, die für ganz unterschiedliche Situationen von großem Nutzen sind, gehören die Verweisfunktionen VERWEIS(), WVERWEIS() und SVERWEIS(). Sie können überall dort benutzt werden, wo es darum geht, aus einer vorhandenen Tabelle, deren erste Zeile oder Spalte in aufsteigender Reihenfolge sortiert ist, gezielt Informationen herauszuziehen. Typische Beispiele für solche Tabellen sind Steuertabellen, Inventarlisten, Verzeichnisse und Kataloge.

Die folgende Tabelle zeigt ein Beispiel für eine horizontale Verweistabelle mit der Funktion WVERWEIS(). Darin sind durchschnittliche Werte für Wohnungen aufgelistet. In der ersten Zeile ist die Zimmeranzahl in aufsteigender Reihenfolge eingetragen. Für jede Zimmeranzahl sind nun in den nachfolgenden Spalten bestimmte Daten aufgeführt. Das heißt, die Daten von Zelle B5 bis B7 gehören zu den Einzimmerwohnungen, die Daten in den Zellen C5 bis C7 gehören zu den Zweizimmerwohnungen usw.

	A	B	C	D	E	F
1						
2	Beispiel Horizontale Verweistabelle					
3						
4	Zimmer	1	2	3	4	5
5	Miete	300	600	800	1100	1400
6	Nebenkosten	80	150	200	220	240
7	qm	25	45	69	91	126
8						
9	Wie hoch ist die Miete bei 3-Zimmer-Wohnungen?					Antwort:
10		=WVERWEIS(3; WOHNUNG; 2)				800

Abbildung 16.67 Waagerechte Verweistabelle

Der gesamte Datenbereich der Tabelle ist im Beispiel mit dem Namen *Wohnung* bezeichnet. Nun wollen Sie die Miete für die Dreizimmerwohnungen abgreifen. Die Formel lautet:

=WVERWEIS(3; Wohnung; 2)

Die Funktion hat drei Argumente:

1. das Suchkriterium, im Beispiel die Anzahl der Zimmer

2. die Matrix, der Bereich der Tabelle, im Beispiel A4 bis F7, benannt mit *Wohnung*

3. den Zeilenindex, im Beispiel 2 für »2. Zeile«

Der Zeilenindex meint, die wievielte Zeile in der Matrix den Ergebniswert liefern soll. Das hängt davon ab, welche Information für den gewählten Fall gewünscht wird. Interessieren Sie sich für die Nebenkosten, wäre der Index = 3.

Die Funktion geht also mit dem angegebenen Suchkriterium in die erste Zeile und sucht von links nach rechts nach einem Wert, der zum Suchkriterium passt. Ist die entsprechende Spalte gefunden, wandert der Zellzeiger zu der Zeile abwärts, deren Index angegeben wurde. Die Funktion liefert schließlich den dort gefundenen Zellinhalt als ihr Ergebnis. Dieser Inhalt kann ein numerischer Wert, aber auch ein Text sein. Gibt es keinen mit dem Suchkriterium identischen Wert in der Zeile, wird der Wert genommen, der vor dem nächsthöheren liegt. Wäre das Suchkriterium z. B. 2,5 Zimmer, lieferte die Funktion den Wert für 2 Zimmer.

Die Funktion SVERWEIS() wird bei Tabellen benutzt, die senkrecht aufgebaut sind. Ein typisches Beispiel ist eine Steuertabelle. Dort sind in der ersten Spalte in aufsteigender Reihenfolge die verschiedenen Einkommensstufen aufgeführt. Zu jeder Einkommensstufe sind in den Spalten rechts neben der ersten Spalte die Steuerbeträge für die verschiedenen Steuerklassen aufgeführt.

16 Tabellenfunktionen

Wer nachschauen will, was er zu zahlen hat, liest zunächst die erste Spalte von oben nach unten, bis er einen Betrag gefunden hat, der seinem Einkommen entspricht. Dann geht er in der entsprechenden Tabellenzeile so viele Spalten nach rechts, bis er in der Spalte angekommen ist, die seiner Steuerklasse entspricht. Nichts anderes tut die Funktion SVERWEIS().

Ein einfacheres Beispiel, das in der Abbildung verwendet wird, ist eine Devisentabelle. Links stehen in typischen Mengen die Euro-Beträge. In den Spalten daneben die entsprechenden Beträge für Dollar und Pfund.

	A	B	C
1			
2	Vertikale Verweistabelle		
3			
4	Wert von	200	Euro
5	in Dollar:	277,22	
6		Stand:	30.01.2010
7	EUR	Dollar	Pfund
8	1	1,39	0,87
9	10	13,86	8,67
10	20	27,72	17,34
11	50	69,31	43,35
12	100	138,61	86,69
13	200	277,22	173,38
14	500	693,05	433,45
15	1000	1386,10	866,90

Abbildung 16.68 Senkrechte Verweistabelle

Der gesamte Datenbereich der Tabelle ist im Beispiel mit dem Namen *Devisen* bezeichnet. In Zelle B4 ist eine Zelle für die Auswahl der Euro-Beträge mithilfe einer Gültigkeitsregel eingerichtet. Die Funktion kann dann in Zelle B5 die Frage beantworten, wie viele Dollars dem ausgewählten Euro-Betrag entsprechen. Die Formel lautet:

```
=SVERWEIS(B4; Devisen; 2)
```

Arbeit mit INDEX()-Funktionen

Excel bietet zwei unterschiedliche Funktionen INDEX() an:

```
=INDEX(Bezug; Zeile; Spalte; Bereich)
```

für die Abfrage von Datentabellen und

```
=INDEX(Matrix; Zeile; Spalte)
```

für die Abfrage einer Matrix.

16.8 Nachschlage- und Verweisfunktionen

Die Funktion INDEX() für Datentabellen beantwortet die Frage, was in der Zelle eingetragen ist, die im Schnittpunkt der Zeile n und der Spalte m des mit Bezug angegebenen Bereichs liegt. Das letzte Argument Bereich kann angegeben werden, wenn Bezug eine Mehrfachauswahl enthält. Sind also z. B. drei Zellblöcke in der Mehrfachauswahl enthalten, bedeutet der Wert 2 für Bereich, dass sich die Zeilen- und Spaltennummern auf den zweiten Zellblock beziehen. Wird Bereich nicht angegeben, wird immer der erste Block genommen.

In dem in der Abbildung gezeigten Beispiel ist ein Bereich mit den Produktionsergebnissen mehrerer Werke für die letzten fünf Jahre unter dem Namen *Produktion* definiert. Die Zelle, die in der dritten Zeile und der vierten Spalte dieses Bereichs liegt, enthält den Betrag 1.300.000.

	A	B	C	D	E	F
1						
2	Produktionsergebnisse					
3						
4		2005	2006	2007	2008	2009
5	Werk1	1.600.000	2.100.000	100.000	2.800.000	1.200.000
6	Werk2	2.900.000	1.400.000	400.000	1.900.000	100.000
7	Werk3	800.000	800.000	2.100.000	1.300.000	2.900.000
8	Werk4	100.000	1.600.000	1.400.000	500.000	2.800.000
9						
10	Produktion von Werk3 im Jahr 2008:				1.300.000	
11	=INDEX(PRODUKTION; 3; 4)					

Abbildung 16.69 Beispiel für die Funktion INDEX()

Die Funktion INDEX() arbeitet also nicht mit den Spalten- und Zeilenbezeichnungen von Zelladressen, sondern mit der relativen Position einer Zelle in einem definierten Bereich. Diese Spalten- oder Zeilennummern können natürlich auch das Ergebnis einer Formel sein.

Die Funktion INDEX() kann auch benutzt werden, um Werte aus einer Matrix herauszulesen. Dies kann ein einzelner Wert sein, aber auch eine Matrix. Das Argument Matrix kann als Bereichsbezug oder als Matrix-Konstante eingegeben werden.

Um nicht nur einen einzelnen Wert auszulesen, sondern eine Matrix, kann der Wert für Zeile und/oder Spalte auf 0 gesetzt oder weggelassen werden.

=INDEX({3.5.9.7; 34.54.23.98}; 0; 0)
=INDEX({3.5.9.7; 34.54.23.98}; ;)

liefern als Ergebnis die gesamte Matrix.

=INDEX({3.5.9.7; 34.54.23.98}; 2)

ergibt eine Matrix mit den Werten der zweiten Zeile.

`=INDEX({3.5.9.7; 34,54.23.98}; ; 2)`

ergibt eine Matrix mit den Werten der zweiten Spalte.

Soll das Ergebnis der Formel wiederum eine Matrix sein, muss wie bei der Eingabe von Matrix-Formeln verfahren werden. Sie markieren also zunächst einen entsprechend großen Bereich für die Ergebnis-Matrix und geben in einer beliebigen Zelle die Funktion INDEX() ein. Die Formel muss mit [Strg]+[⇧]+[↵] abgeschlossen werden.

Zur Funktion WAHL()

Die Funktion WAHL() liefert einen beliebigen Wert aus einer gegebenen Liste von maximal 254 Werten. Die Syntax lautet:

`=WAHL(Index; Wert1; Wert2; ... ; Wert254)`

Das erste Argument der Funktion gibt an, das wievielte Element der Liste gesucht wird. Index kann als Zahl, Bezug oder Formel eingegeben werden. Als Werte können Zahlen, Zellbezüge, Namen, Texte und Formeln verwendet werden. Bereichsbezüge sind nicht erlaubt, denn um Werte aus Bereichen zu ziehen, ist ja die Funktion INDEX() gedacht.

Hier ein praktisches Beispiel für die Nutzung der Funktion WAHL(): Kunden sind in verschiedene Rabattstufen eingeteilt. Die verschiedenen Rabatte werden in der Spalte F aufgelistet. Der Kunde mit der Rabattstufe 1 soll den ersten Rabatt aus dieser Liste erhalten, der Kunde mit Stufe 2 den zweiten etc. Die Rabattstufen sind in der Spalte C ab der Zelle C6 eingetragen.

Die Formel wird zunächst in der Zelle D6 entwickelt. Sie kann wie folgt lauten:

`=WAHL(C6; F6; F7; F8)`

Nun sollen die Rabattsätze für die anderen Kunden bestimmt werden. Es liegt nahe, die Kopierfunktion zu benutzen. Mit dem Ergebnis werden Sie aber nicht zufrieden sein. Der Fehler folgt daraus, dass die Adressen der Zellen mit den Rabattsätzen relativ eingetragen wurden. Es soll aber für jeden Kunden dieselbe Rabattliste zugrunde gelegt werden. Also müssen die Zellen für die Rabatte absolut adressiert werden. Wenn Sie die Formel entsprechend korrigieren, also in

`=WAHL(C6; $F$6; $F$7; $F$8)`

kann das Ergebnis ohne weitere Probleme kopiert werden. Anstelle der Zellverweise in der Argumentliste könnten die Prozentsätze auch direkt als Konstanten in die Formel eingetragen werden, also

```
=WAHL(C6; 5%; 7%; 8%)
```

Dadurch ginge aber einiges an Flexibilität verloren. Änderte sich der Rabattsatz, müssten auch die Formeln geändert werden.

Besonders interessant ist die Funktion WAHL() auch für Berechnungsalternativen. In diesem Fall können verschiedene Formeln als Argumente benutzt werden. Hier ein Beispiel:

```
=WAHL(D1; SUMME(POSTEN)*0,70; SUMME(POSTEN)*0,75; SUMME(POSTEN) *0,80+PORTO)
```

Abhängig von dem in Dl abgelegten Wert wird die Summe der Posten mit einem anderen Faktor multipliziert. Im dritten Fall werden noch Portokosten addiert. Während die Funktion WENN() nur eine einfache Verzweigung zwischen zwei Möglichkeiten zulässt, es sei denn, die Formel arbeitet mit verschachtelten Funktionen WENN(), erlaubt die Funktion WAHL() die Auswahl aus bis zu 254 Möglichkeiten.

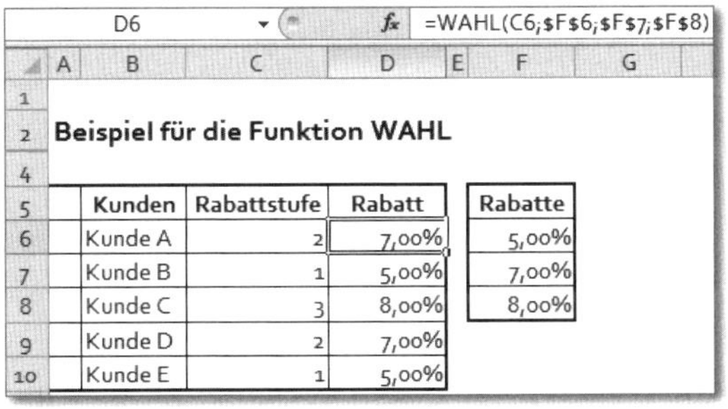

Abbildung 16.70 Beispiel für die Funktion WAHL()

Referenz der Nachschlage- und Verweisfunktionen

ADRESSE()

Syntax:	ADRESSE(**Zeile**; **Spalte**; Abs; A1; Tabellenname)
Beispiel:	=ADRESSE(2; 5; 4; FALSCH)
Ergebnis:	Z(2)S(5)

Liefert die Adresse der mit Zeile und Spalte angegebenen Zelle. Abs bestimmt den Bezugstyp: 1 oder keine Angabe (absoluter Bezug); 2 (absolute Zeile, relative Spalte); 3 (relative Zeile, absolute Spalte); 4 (relativer Bezug).

Das Argument A1 ist ein Wahrheitswert und bestimmt die Schreibweise des gewünschten Bezugs. Wenn A1 WAHR ist oder ausgelassen wird, werden die Bezüge in der A1-Schreibweise zurückgegeben. Wenn A1 FALSCH ist, werden die Bezüge in der Z1S1-Schreibweise zurückgegeben.

Tabellenname bestimmt den Namen der Tabelle oder der Makrovorlage, die als externer Bezug verwendet wird. Fehlt Tabellenname, wird keiner verwendet.

BEREICH.VERSCHIEBEN()

Syntax:	BEREICH.VERSCHIEBEN(**Bezug**; **Zeilen**; **Spalten**; Höhe; Breite)
Beispiel:	=BEREICH.VERSCHIEBEN(A10; 0; 1)
Ergebnis:	Wert aus Zelle B10

Die Funktion liefert einen Bereichsbezug, der um eine mit Zeilen und Spalten festgelegte Zahl von Zeilen und Spalten gegenüber dem mit Bezug angegebenen Bereich verschoben ist. Als Ausgangspunkt dient die linke obere Eckzelle des Ausgangsbereichs.

Bei positiven Werten werden Zeilen und Spalten nach unten bzw. nach rechts versetzt, bei negativen Werten erfolgt die Verschiebung in die umgekehrte Richtung.

Höhe und Breite sind optionale Argumente und bezeichnen die Größe des neuen Bezugs als Anzahl der Zeilen und Spalten. Wenn Zeilen- und Spaltenanzahl mit dem ursprünglichen Bezug übereinstimmen, müssen für diese Argumente keine Werte eingetragen werden. Häufig wird die Funktion verwendet, um für eine andere Funktion den Bereichsbezug zu liefern, etwa:

=SUMME(BEREICH.VERSCHIEBEN(A10:B15; 0; 1))

Die Funktion kann auch verwendet werden, um aus Werten in einem Zellbereich eine Ergebnismatrix zu füllen. In diesem Fall muss die Formel als Matrix-Formel eingegeben und der Bereich für die Ergebnisse vorher markiert werden.

={BEREICH.VERSCHIEBEN(A10:B15; 0; 1)}

füllt beispielsweise den vorher markierten Bereich F10:F15 mit den Werten aus B10:B15.

BEREICHE()

Syntax:	BEREICHE(**Bezug**)
Beispiel:	=BEREICHE((C18:D18; E10:F12))
Ergebnis:	2

Die Funktion ermittelt die Anzahl der Bereiche, die in dem mit dem Argument Bezug angegebenen Zellbereich enthalten sind. Soll Bezug in Form mehrerer Bereiche angegeben werden, müssen doppelte Klammern verwendet werden.

HYPERLINK()

Syntax:	HYPERLINK(**Hyperlink_Adresse**; Freundlicher_Name)
Beispiel:	=HYPERLINK(http://www.galileo-press.de; "Galileo Press")
Ergebnis:	Galileo Press

Erstellt eine Verknüpfung zu der angegebenen Adresse. Freundlicher Name bestimmt die Bezeichnung, die in der Zelle angezeigt wird.

INDEX()

Syntax1:	INDEX(**Bezug**; **Zeile**; Spalte; Bereich)
Beispiel:	=INDEX(D18:F21; 3; 3)
Ergebnis:	*Gesamt*, wenn Zelle F20 als Eintrag *Gesamt* enthält
Syntax2:	INDEX(**Matrix**; **Zeile**; Spalte)
Beispiel:	=INDEX(B25:D28; 2; 2)
Ergebnis:	*C26* mit dem Inhalt der Zelle C26

Die Funktion INDEX() liegt in zwei unterschiedlichen Ausprägungen vor. In der ersten Form dient sie der Ermittlung eines Bezugs aus Bereichen, in der zweiten der Abfrage einer Matrix.

1. Mit der ersten Form der Funktion lässt sich ein Bezug aus Bereichen durch Angabe der entsprechenden Zeile, Spalte und (bei Mehrfachauswahl) dem Bereich erfahren.

   Mit der Nummer von Zeile und Spalte wird der Ort bezeichnet, dessen Bezug ermittelt werden soll.

   Bereich als optionales Argument wird dann verwendet, wenn Bezug eine Mehrfachauswahl enthält. Die einzelnen Bereiche werden in Bezug in Klammern gesetzt. Mit Bereich wird durch die Eingabe der entsprechenden Nummer auf diesen Bereich für die Abfrage verwiesen. Wird Bereich nicht angegeben, wird immer der erste Teilbereich genommen.

Das Ergebnis der Abfrage wird von Funktionen, die einen Bezug verlangen, als Bezug interpretiert. Funktionen, die einen Wert verlangen, interpretieren das Ergebnis als Wert.

2. Mit der zweiten Form der Funktion lassen sich Werte aus einer Matrix abfragen. Das Ergebnis kann ein einzelner Wert sein oder wiederum eine Matrix.

Mit der Angabe von Zeile und Spalte wird der Ort der Matrix festgelegt, dessen Wert ermittelt werden soll. Wenn Sie nicht nur einen einzelnen Wert ermitteln wollen, lässt sich auch eine Matrix in Form einer Spalte oder einer Zeile auslesen. Wollen Sie eine Spalte auslesen, muss die Angabe für Zeile weggelassen werden; wollen Sie eine Zeile auslesen, gilt das analoge Verfahren. Allerdings muss in diesen Fällen die Funktion selbst wie eine Array-Formel eingegeben werden. (Ausgabebereich markieren, Funktion eingeben, beenden mit Strg + ⇧ + ↵).

INDIREKT()

Syntax:	INDIREKT(**Bezug**; A1)
Beispiel:	=INDIREKT(A2)
Ergebnis:	1994, wenn in A2 z. B. *A128* eingetragen ist und in der Zelle A128 *1994* steht.

Die Funktion ermittelt indirekt den Inhalt einer Zelle, auf die in einer anderen Zelle verwiesen wird. Mit A1 wird angegeben, wie der Eintrag in Bezug steht: in der A1-Schreibweise (WAHR oder weggelassen) oder in der Z1S1-Schreibweise (FALSCH).

MTRANS()

Syntax:	MTRANS(**Matrix**)
Beispiel:	siehe Abbildung

Die Funktion tauscht – transponiert – Zeilen und Spalten in einer Matrix. Die erste Zeile der alten Matrix wird die erste Spalte der neuen usw. Die Funktion muss als Matrixfunktion eingegeben werden (Ausgabebereich markieren, Funktion eingeben, mit Strg + ⇧ + ↵ abschließen).

	A	B	C	D	E	F	G	H
1								
2	Transponieren einer Matrix							
3								
4	Ausgangsmatrix:	3	2	6				
5		4	6	8				
6		6	9	10				
7		13	18	24				
8								
9		{=MTRANS(B4:D7)}		-->	3	4	6	13
10					2	6	9	18
11		transponierte Matrix:			6	8	10	24

Abbildung 16.71 Transponieren einer Matrix

16.8 Nachschlage- und Verweisfunktionen

Zwei Hinweise dazu: Die transponierte Matrix bleibt abhängig von der Ursprungsmatrix, d. h., sie macht alle Veränderungen der Ursprungsmatrix mit. In der transponierten Matrix sind keine Veränderungen einzelner Elemente möglich. Geeignet ist diese Funktion besonders zur Ausgabe von Daten, die in Excel in einer Zeilen-Matrix geliefert werden.

PIVOTDATENZUORDNEN()

Syntax:	PIVOTDATENZUORDNEN(**Datenfeld**; **PivotTable**; Feld1; Element1; Feld2; Element2; ...)
Beispiel:	siehe Abbildung

Die Funktion liefert Daten aus einer Pivot-Tabelle. Datenfeld gibt das Datenfeld an, dessen Daten abgerufen werden sollen, PivotTable ist ein Bezug auf eine Zelle, z. B. die linke obere Eckzelle, oder einen Bereich in der Pivot-Tabelle. Darüber wird ermittelt, welche Pivot-Tabelle die gewünschten Daten enthält. Zusätzlich lassen sich noch Paare von Feld- und Elementnamen angeben, um die gewünschten Daten näher zu spezifizieren. Bis zu 126 Feld-/Element-Paare sind möglich. Die folgende Abbildung zeigt ein Beispiel.

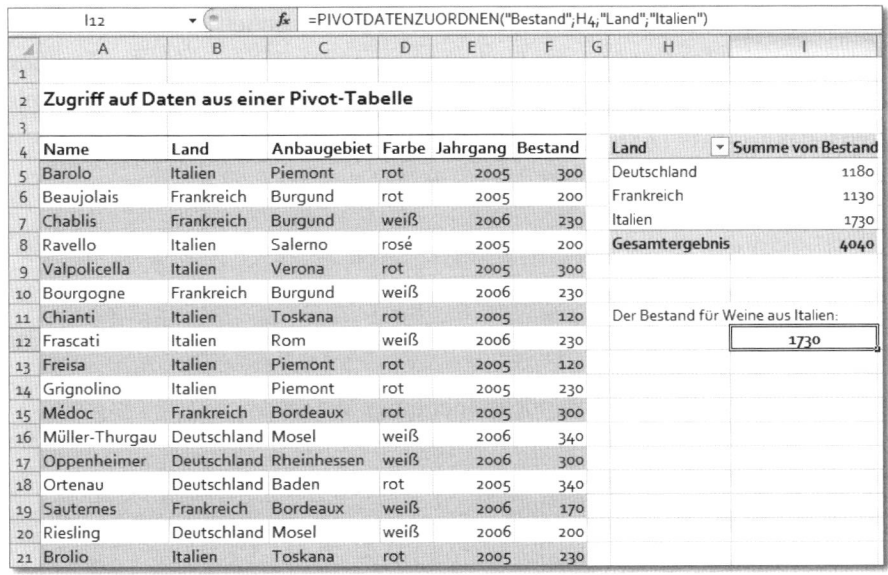

Abbildung 16.72 Abgreifen von Daten aus einer Pivot-Tabelle

RTD()

Syntax:	RTD(**ProgID**; **Server**; **Topic1**; Topic2; ...)
Beispiel:	=RTD("MeinProgramm.ProgID"; "MeinServer"; "Preis")
Ergebnis:	Daten aus dem Programm

Die Funktion empfängt Echtzeitdaten eines registrierten Add-Ins mit der angegebenen ProgID, das die COM-Automatisierung (Component Object Model) unterstützt. Server gibt an, auf welchem Server das Programm ausgeführt wird. Bei lokaler Ausführung kann dieser Name entfallen. Thema1 muss angegeben werden, um die gewünschten Daten zu identifizieren; weitere Themen – bis 253 – können angegeben werden.

SPALTE()

Syntax:	SPALTE(**Bezug**)
Beispiel:	={SPALTE(A38:C38)}
Ergebnis:	{1 2 3}

Die Funktion liefert die Spaltennummer des mit Bezug angegebenen Bereichs. Wird Bezug nicht angegeben, ist das Ergebnis die Spaltennummer der Zelle, in der die Funktion steht. Wird die Funktion als horizontale Matrix eingegeben und ist Bezug ein Bereich, dann werden die entsprechenden Spaltennummern ausgegeben.

SPALTEN()

Syntax:	SPALTEN(**Matrix**)
Beispiel:	=SPALTEN(A47:C48)
Ergebnis:	3

Liefert die Anzahl der Spalten eines Bereichs oder einer Matrix.

SVERWEIS()

Syntax:	SVERWEIS(**Suchkriterium**; **Matrix**; **Spaltenindex**; Bereich_Verweis)
Beispiel:	siehe Abbildung

Die Funktion ermittelt ausgehend von einer Zelle in einer Matrix den Inhalt der Zelle in derselben Zeile einer anderen Spalte. Hierbei durchsucht die Funktion die erste Spalte der mit Matrix angegebenen Matrix oder eines Bereichs nach Suchkriterium. Falls der angegebene Wert nicht gefunden werden kann, benutzt die Funktion den nächstkleineren Wert in der Spalte.

Von dieser Position aus wird die mit Spaltenindex angegebene Spalte aufgesucht (1 für die erste Spalte, also die Spalte in der der gesuchte Wert steht, 2 für die zweite). Wird für Spaltenindex eine Zahl größer als die Spaltenbreite der Matrix angegeben, liefert die Funktion den Fehlerwert #BEZUG!.

Da die Funktion die erste Spalte nacheinander durchsucht, bis sie den Wert findet, der dem Suchkriterium entspricht, sollten zuvor die Werte in aufsteigender Ordnung sortiert werden.

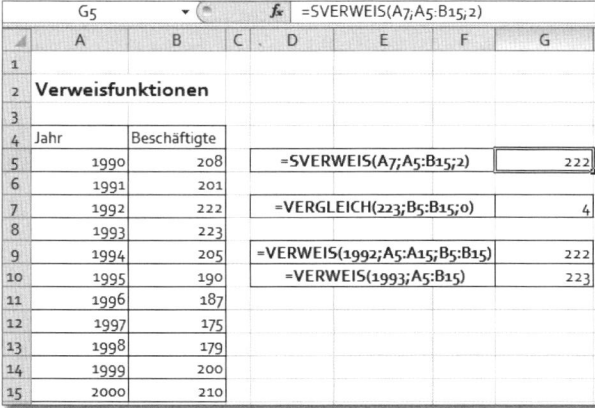

Abbildung 16.73 Verweisfunktionen

VERGLEICH()

Syntax:	VERGLEICH(**Suchkriterium**; **Suchmatrix**; Vergleichstyp)
Beispiel:	siehe Abbildung zu SVERWEIS()

Die Funktion durchsucht einen mit Suchmatrix angegebenen Bereich bzw. eine Matrix nach einem Suchkriterium und gibt die relative Position aus.

Das optionale Argument Vergleichstyp gibt an, auf welche Art nach dem Suchkriterium gesucht werden soll:

Typ	Wirkung
1	Hierbei handelt es sich um den voreingestellten Wert, mit dem die Funktion arbeitet, wenn kein Wert angegeben wird. Die Suchmatrix muss in aufsteigender Folge sortiert sein. Wird kein passender Wert gefunden, wird der nächstkleinere gewählt.
−1	Die Matrix muss in fallender Folge sortiert sein; wird kein passender Wert gefunden, wird der nächstgrößere gewählt.

Typ	Wirkung
0	Die Matrix muss nicht sortiert sein; die Position des ersten passenden Wertes wird ausgegeben. Wird keine genaue Übereinstimmung gefunden, wird der Fehlerwert #NV ausgegeben.

VERWEIS()

Syntax1:	VERWEIS(Suchkriterium; Suchvektor; Ergebnisvektor)
Syntax2:	VERWEIS(Suchkriterium; Matrix)
Beispiel:	siehe Abbildung zu SVERWEIS()

Liefert auf der Grundlage eines Suchkriteriums den Inhalt einer korrespondierenden Zelle, vergleiche SVERWEIS() und WVERWEIS().

Die Funktion liegt in zwei unterschiedlichen Formen vor. Bei der ersten werden zwei getrennte Bereiche (Spalten oder Zeilen) benutzt, bei der zweiten ein zusammenhängender Bereich:

1. In der ersten Form benötigt die Funktion neben dem Suchkriterium einen Such- und einen Ergebnisvektor. Suchvektor ist eine Spalte oder eine Zeile, die nach dem mit Suchkriterium angegebenen Wert durchsucht werden soll. Von der Fundstelle aus wird der Wert, der die gleiche Position in Ergebnisvektor einnimmt, als Ergebnis von der Funktion ausgegeben. Such- und Ergebnisvektor sollten deshalb die gleiche Größe haben.

    Die Einträge in Suchvektor müssen in aufsteigender Folge sortiert sein. Wenn kein dem Suchkriterium genau entsprechender Wert gefunden werden kann, wird der nächstkleinere Wert übernommen.

2. Für die zweite Form der Funktion wird die erste Zeile oder Spalte einer Matrix nach dem Suchkriterium durchsucht. Ob eine Zeile oder eine Spalte durchsucht wird, ist von der Dimensionierung der Matrix abhängig. Hat eine Matrix mehr Spalten als Zeilen oder ist ihre Anzahl gleich, wird die erste Zeile durchsucht. Besitzt eine Matrix mehr Zeilen, so wird die erste Spalte durchsucht.

    Ist die Funktion auf der Suche nach dem Kriterium beispielsweise in der ersten Spalte fündig geworden, dann geht sie in dieser Zeile nach rechts bis zur letzten Spalte und gibt den Wert der dortigen Zelle zurück. Analog wird bei der Suche in der ersten Zeile verfahren.

WAHL()

Syntax:	WAHL(**Index**; **Wert1**; Wert2; ...)
Beispiel:	=WAHL(3; orange; rot; gelb; grün; blau)
Ergebnis:	gelb

Die Funktion liefert einen Wert aus einer Liste von Werten.

Mit Index wird festgelegt, der wievielte Wert als Ergebnis zurückgegeben werden soll. Da bis zu 254 verschiedene Werte eingetragen werden können, ist auch der Eintrag für Index auf 254 begrenzt.

WVERWEIS()

Syntax:	WVERWEIS(**Suchkriterium**; **Matrix**; **Zeilenindex**; Bereich_Verweis)

Die Funktion entspricht exakt der Funktion SVERWEIS(); lediglich Zeilen und Spalten sind vertauscht.

ZEILE()

Syntax:	ZEILE(**Bezug**)
Beispiel:	=ZEILE(Daten)
Ergebnis:	*105*, wenn als Bezug *A105:D105* angegeben wurde

Die Funktion liefert die Zeilennummer des unter Bezug angegebenen Bezugs. Wird für Bezug keine Angabe gemacht, wird als Ergebnis die Zeilennummer der Zelle ausgegeben, in der die Funktion steht.

Wird die Funktion als vertikale Matrix eingegeben und ist Bezug ein Bereich, dann werden die entsprechenden Zeilennummern ausgegeben.

ZEILEN()

Syntax:	ZEILEN(**Matrix**)
Beispiel:	=ZEILEN(Inhalt)
Ergebnis:	*4*, wenn der Bereich *Inhalt* 4-zeilig ist

Liefert die Anzahl der Zeilen eines Bereichs oder einer Matrix.

16.9 Datenbankfunktionen

Funktion	Seite	Funktion	Seite
DBANZAHL()	817	DBPRODUKT()	819
DBANZAHL2()	818	DBSTDABW()	819
DBAUSZUG()	818	DBSTDABWN()	819
DBMAX()	818	DBSUMME()	819
DBMIN()	818	DBVARIANZ()	820
DBMITTELWERT()	818	DBVARIANZEN()	820

Für die Verwaltung von Datentabellen bietet Excel 2010 neben den komfortablen Filter-Möglichkeiten auch eine Anzahl von Funktionen, die in erster Linie der statistischen Auswertung von Datenbeständen dienen. Der wesentliche Unterschied zu den statistischen Funktionen ist dabei der, dass für die Auswertung bestimmte Kriterien definiert werden können.

Um die Erklärung der einzelnen Funktionen zu vereinfachen, wird im Folgenden als »Datenbank« eine kleine Datentabelle verwendet, die wie in der Abbildung dargestellt aussieht.

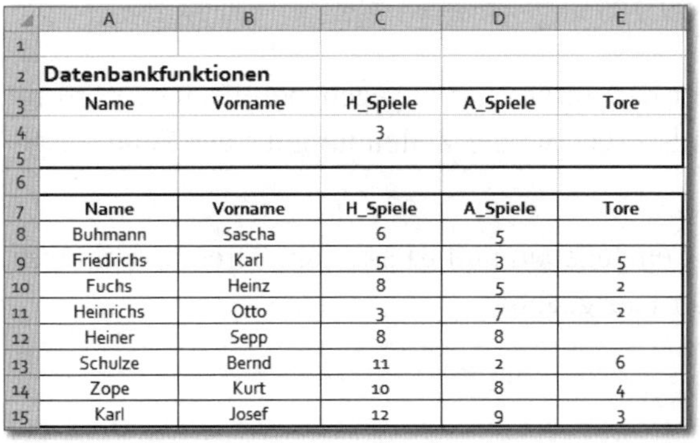

Abbildung 16.74 Beispiel Datentabelle

Der obere eingerahmte Bereich ist der Bereich für die Suchkriterien. Wenn Sie diesem Bereich (so wie es noch in Excel 4 notwendig war) den Namen *Suchkriterien* geben, dann können Sie es sich bei der Funktionseingabe sparen, den Bereich über seine Zelladressen (A3:E5 oder A3:E4) zu definieren. Der Bereich für die Suchkriterien ist doppelt unterteilt, um die Möglichkeit anzudeuten, dass Sie die Suchkriterien in eine oder in mehrere Zeilen eintragen können. Mehrere Zeilen benötigen Sie, wenn Sie Kriterien formulieren wollen, die mit *oder* verknüpft sind (im Beispiel etwa die Datensätze, bei denen der Nachname mit »M« anfängt oder die Zahl der Tore größer als 1 ist). Alle diese Möglichkeiten sind ausführlicher in den Kapiteln 18, »Datenabfragen und Datenauszüge«, und 20, »Arbeit mit externen Daten«, beschrieben.

Der untere eingerahmte Bereich ist der Datenbankbereich. Wie der Kriterienbereich enthält er auch die Feldnamen.

Die Bedeutung der statistischen Auswertungsfunktionen wird bei der folgenden Beschreibung nur kurz angedeutet. Ausführlichere Hinweise finden Sie bei den statistischen Funktionen.

Referenz der Datenbankfunktionen

DBANZAHL()

Syntax:	DBANZAHL(**Datenbank**; **Datenbankfeld**; **Suchkriterien**)
Beispiel:	=DBANZAHL(Datenbank; ; Suchkriterien)
Ergebnis:	*1*, wenn unter *H_Spiele* im Kriterienbereich *3* eingetragen ist (siehe Abbildung)

Die Funktion ermittelt die Anzahl der Datensätze, die mit den Suchkriterien übereinstimmen.

Wird für Datenbankfeld eine Angabe gemacht, dann wird auch das angegebene Feld nach dem Kriterium durchsucht, selbst wenn es im Kriterienbereich nicht unter diesem Feld eingetragen ist.

	A	B	C	D	E
1					
2	Datenbankfunktionen				
3	Name	Vorname	H_Spiele	A_Spiele	Tore
4			3		
5					
6					
7	Name	Vorname	H_Spiele	A_Spiele	Tore
8	Buhmann	Sascha	6	5	
9	Friedrichs	Karl	5	3	5
10	Fuchs	Heinz	8	5	2
11	Heinrichs	Otto	3	7	2
12	Heiner	Sepp	8	8	
13	Schulze	Bernd	11	2	6
14	Zope	Kurt	10	8	4
15	Karl	Josef	12	9	3
16					
17			=DBANZAHL(Datenbank;;Suchkriterien)		1
18		=DBAUSZUG(Datenbank;"Name";Suchkriterien)			Heinrichs
19		=DBMAX(Datenbank;"Tore";Suchkriterien)			2
20		=DBMIN(Datenbank;"Tore";Suchkriterien)			2

Abbildung 16.75 Beispiele für Auswertungen der Datenbank

DBANZAHL2()

Syntax:	DBANZAHL2(`Datenbank; Datenbankfeld; Suchkriterien`)
Beispiel:	=DBANZAHL2(Datenbank; "Tore"; Suchkriterien)
Ergebnis:	*1*, wenn unter *H_Spiele* 3 eingetragen ist

Die Funktion zählt die Datensätze, die mit den Suchkriterien übereinstimmen und unter Datenbank keine leeren Zellen haben.

DBAUSZUG()

Syntax:	DBAUSZUG(`Datenbank; Datenbankfeld; Suchkriterien`)
Beispiel:	=DBAUSZUG(Datenbank; "Name"; Suchkriterien)
Ergebnis:	*Heinrichs*, wenn unter *H_Spiele* 3 eingetragen ist

Die Funktion ermittelt den Inhalt des mit Datenbankfeld angegebenen Feldes des Datensatzes, der mit den Suchkriterien übereinstimmt. Wenn die Funktion keinen Datensatz findet, der mit dem Suchkriterium übereinstimmt, wird die Fehlermeldung #WERT! ausgegeben. Findet die Funktion mehr als einen Datensatz, der mit dem Kriterium übereinstimmt, wird die Fehlermeldung #Zahl! ausgegeben.

DBMAX()

Syntax:	DBMAX(`Datenbank; Datenbankfeld; Suchkriterien`)
Beispiel:	=DBMAX(Datenbank; "Tore"; Suchkriterien)
Ergebnis:	*6*, wenn das Argument Suchkriterien leer bleibt.

Die Funktion liefert den größten Wert in einem Datenbankfeld, der den angegebenen Kriterien entspricht.

DBMIN()

Syntax:	DBMIN(`Datenbank; Datenbankfeld; Suchkriterien`)
Beispiel:	=DBMIN(Datenbank; "Tore"; Suchkriterien)
Ergebnis:	*2*, wenn das Argument Suchkriterien leer bleibt.

Wie DBMAX(), mit dem Unterschied, dass nach dem kleinsten Wert gesucht wird.

DBMITTELWERT()

Syntax:	DBMITTELWERT(`Datenbank; Datenbankfeld; Suchkriterien`)

Beispiel:	=DBMITTELWERT(Datenbank; "Tore"; Suchkriterien)
Ergebnis:	*3,66*, wenn das Argument Suchkriterien leer bleibt.

Die Funktion liefert den Mittelwert aller Werte in der mit Datenbankfeld angegebenen Spalte, deren Datensätze die Suchkriterien erfüllen. Leere Zellen bleiben unberücksichtigt.

DBPRODUKT()

Syntax:	DBPRODUKT(**Datenbank**; **Datenbankfeld**; **Suchkriterien**)
Beispiel:	=DBPRODUKT(Datenbank; "Tore"; Suchkriterien)
Ergebnis:	*1440*, wenn das Argument Suchkriterien leer bleibt.

Die Funktion multipliziert alle Werte in der mit Datenbankfeld angegebenen Spalte derjenigen Datensätze, die die Suchkriterien erfüllen.

DBSTDABW()

Syntax:	DBSTDABW(**Datenbank**; **Datenbankfeld**; **Suchkriterien**)
Beispiel:	=DBSTDABW(Datenbank; "H_Spiele"; Suchkriterien)
Ergebnis:	*3,109*, wenn unter *Tore* >2 eingetragen ist

Die Funktion berechnet die Standardabweichung in der mit Datenbankfeld angegebenen Spalte für diejenigen Datensätze, die die Suchkriterien erfüllen. Die Datensätze werden als Stichprobe behandelt.

DBSTDABWN()

Syntax:	DBSTDABWN(**Datenbank**; **Datenbankfeld**; **Suchkriterien**)

Wie DBSTDABW(), die Daten werden aber als Grundgesamtheit behandelt.

DBSUMME()

Syntax:	DBSUMME(**Datenbank**; **Datenbankfeld**; **Suchkriterien**)
Beispiel:	=DBSUMME(Datenbank; "Tore"; Suchkriterien)
Ergebnis:	*18*, wenn unter *Tore* >2 eingetragen ist

Die Funktion summiert alle Werte derjenigen Datensätze in der mit Datenbankfeld angegebenen Spalte, die die Suchkriterien erfüllen.

DBVARIANZ()

Syntax:	DBVARIANZ(Datenbank; Datenbankfeld; Suchkriterien)
Beispiel:	=DBVARIANZ(Datenbank; "H_Spiele"; Suchkriterien)
Ergebnis:	9,55, wenn das Argument Suchkriterien leer bleibt.

Die Funktion berechnet die Varianz in der mit Datenbankfeld angegebenen Spalte für diejenigen Datensätze, die die Suchkriterien erfüllen. Die Datensätze werden als Stichprobe behandelt.

DBVARIANZEN()

Syntax:	DBVARIANZEN(Datenbank; Datenbankfeld; Suchkriterien)
Beispiel:	=DBVARIANZEN(Datenbank; "H_Spiele"; Suchkriterien)
Ergebnis:	8,35, wenn das Argument Suchkriterien leer bleibt.

Wie DBVARIANZ(), die Daten werden aber als Grundgesamtheit behandelt.

16.10 Cube-Funktionen

Funktion	Seite	Funktion	Seite
CUBEKPIELEMENT()	822	CUBEMENGE()	823
CUBEELEMENT()	822	CUBEMENGENANZAHL()	823
CUBEELEMENTEIGENSCHAFT()	822	CUBEWERT()	824
CUBERANGEELEMENT()	823		

Die SQL Server von Microsoft unterstützen seit der Version 7 über die sogenannten Server Analysis Services das Online Analytical Processing, kurz OLAP. Dies ist eine Analysemethode für die Auswertung von umfangreichen Unternehmensdaten. Dabei werden, getrennt von den normalen Datentransaktionen in den SQL-Datenbanken, vorhandene Daten aus relationalen Datentabellen in mehrdimensionalen Datenstrukturen zusammengeführt, für die die Bezeichnung »Cube« verwendet wird. Solche Datenwürfel fassen Daten nach ganz unterschiedlichen Dimensionen zusammen (zeitliche, räumliche, sachliche etc.), um Fragen beantworten zu können, wie sie innerhalb von Excel typischerweise über Pivot-Tabellen behandelt werden, etwa: »Wie hat sich der Umsatz von Rollos im Vertriebsgebiet Ost in der Zeit von 2005 bis 2010 entwickelt?«

16.10 Cube-Funktionen

Excel 2010 stellt sieben spezielle Funktionen für die Auswertung von Daten zur Verfügung, die in einem solchen Cube von einem SQL-Server angeboten werden. Alternativ können Daten auch offline aus .CUB-Dateien übernommen werden, die vorher aus den Serverdaten generiert worden sind.

Anders als bei den sonstigen Excel-Funktionen liefern diese CUBE-Funktionen mit Ausnahme von CUBEMENGENANZAHL() jeweils zwei Ergebnisse: eines, das im jeweiligen Zellbereich ausgegeben wird, und ein internes Ergebnis, das verwertet wird, wenn eine CUBE-Funktion als Argument für eine andere CUBE-Funktion verwendet wird.

Beispielsweise liefert die Funktion CUBEMENGE() einen internen Wert, der dann von der Funktion CUBEMENGENANZAHL() ausgewertet werden kann. Wieder mit Ausnahme von CUBEMENGENANZAHL() nutzen alle Funktionen als erstes Argument die Textzeichenfolge, mit der die Verbindung zu dem Cube hergestellt werden kann. Die Auswahl von Daten erfolgt über multidimensionale Ausdrücke in der Sprache MDX, die für die Abfrage von OLAP-Datenbanken verwendet werden. Eine Referenz finden Sie in der Dokumentation zum SQL Server von Microsoft.

Die Abbildung zeigt ein kleines Beispiel für eine Auswertung aus der Beispieldatenbank zum Microsoft SQL Server.

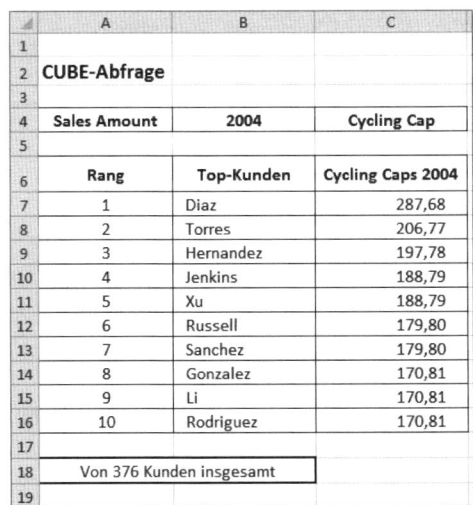

Abbildung 16.76 Beispiel für die Anwendung von CUBE-Funktionen

CUBEKPIELEMENT()

Syntax:	CUBEKPIELEMENT (**Verbindung**; **KPI_Name**; **KPI_Eigenschaft**; Beschriftung)
Beispiel:	=CUBEKPIELMENT("CubeAdvenWorks"; "CPRatio"; 1; "Kosten/Preis-Relation")
Ergebnis:	Liefert den Wert des angegebenen Indikators.

Diese Funktion liefert Name, Eigenschaft und Measure eines Key Performance Indicators (KPI) und zeigt den Namen und die Eigenschaft in der Zelle an. Ein solcher Indikator ist ein messbares Maß, wie z. B. die Kosten/Preis-Relation oder die vierteljährliche Mitarbeiterfluktuation, womit die Leistungsfähigkeit eines Unternehmens beurteilt werden kann. Für das Argument KPI_Eigenschaft sind die in der Tabelle aufgeführten Werte möglich.

Zahl	Konstante	Beschreibung
1	KPIValue	aktueller Wert
2	KPIGoal	Zielwert
3	KPIStatus	Zustand des KPI zu einem bestimmten Zeitpunkt
4	KPITrend	Measure des Wertes über einen Zeitraum
5	KPIWeight	Gewichtung des Indikators
6	KPICurrentTimeMember	Zeitrahmen des Indikators

CUBEELEMENT()

Syntax:	CUBEELEMENT (**Verbindung**; **Element_Ausdruck**; Beschriftung)
Beispiel:	=CUBEELEMENT ("CubeAdvenWorks"; "[Measures].[Sales Amount]")
Ergebnis:	Liefert im abgebildeten Beispiel den Elementnamen *Sales Amount*.

Prüft, ob das mithilfe von Element_Ausdruck angegebene Element im Cube vorhanden ist. Wenn ja, wird das Element ausgegeben.

CUBEELEMENTEIGENSCHAFT()

Syntax:	CUBEELEMENTEIGENSCHAFT (**Verbindung**; **Element_Ausdruck**; **Eigenschaft**)
Beispiel:	=CUBEELEMENTEIGENSCHAFT ("CubeAdvenWorks"; "[Measures].[Sales Amount]"; $A$10)
Ergebnis:	Liefert den Wert der in A10 angegeben Eigenschaft des Elementes.

Liefert den Wert einer Eigenschaft des über Element_Ausdruck angegebenen Elements im Cube. Damit wird geprüft, ob ein entsprechender Elementname im Cube vorhanden ist. Wenn ja, wird die für dieses Element angegebene Eigenschaft zurückgegeben. Das Argument Eigenschaft enthält den Namen der Eigenschaft oder einen Zellbezug, der diesen Namen enthält.

CUBERANGELEMENT()

Syntax:	CUBERANGELEMENT (**Verbindung**; **Satzausdruck**; **Rang**; Beschriftung)
Beispiel:	=CUBERANGELEMENT("CubeAdvenWorks"; $B$6; $A7)
Ergebnis:	Liefert im oben abgebildeten Beispiel den Kunden mit dem in A7 angegebenen Rang.

Diese Funktion gibt das mit dem Wert für Rang angegebene Element in einer Menge zurück. Sie wird verwendet, um mindestens ein Element in einer Menge zurückzugeben, die meist durch die Funktion CUBEMENGE() definiert ist oder durch einen Bezug auf eine Zelle, die eine solche Funktion enthält.

CUBEMENGE()

Syntax:	CUBEMENGE (**Verbindung**; **Menge_Ausdruck**; Beschriftung; Sortierreihenfolge; Sortieren_nach)
Beispiel:	=CUBEMENGE ("CubeAdvenWorks"; "[Customer].[Last Name].[All].children"; "Top-Kunden";2;C6)
Ergebnis:	Liefert als internen Wert hinter der angegebenen Beschriftung die Anzahl der Kunden.

Diese Funktion sendet einen Mengenausdruck an den Cube, der die entsprechenden Daten berechnet und an Excel liefert. Mit Beschriftung kann eine andere Beschriftung gewählt werden als die im Cube vorhandene. Außerdem können eine Sortierreihenfolge und ein Sortierfeld benannt werden.

CUBEMENGENANZAHL()

Syntax:	CUBEMENGENANZAHL (**Satz**)
Beispiel:	=CUBEMENGENANZAHL(CUBEMENGE ("CubeAdvenWorks"; "[Customer].[Last Name].[All].children"; "Top Kunden";2;C6))
Ergebnis:	Zeigt den über CUBEMENGE() bereitgestellten internen Wert in der Zelle an.

Liefert die Anzahl der Elemente in einer Menge, die durch das Argument Satz bestimmt ist. Dieses Element besteht aus einer Funktion CUBEMENGE() oder einem Zellbezug auf eine solche Funktion.

CUBEWERT()

Syntax:	CUBEWERT(**Verbindung**; Element_Ausdruck1; Element_Ausdruck2...)
Beispiel:	=CUBEWERT("CubeAdvenWorks "; $B7; C$6)
Ergebnis:	Liefert im abgebildeten Beispiel jeweils die Summe der Käufe für den in B7 angegebenen Kunden für das in C6 angegebene Produkt und das betreffende Jahr.

Die Funktion liefert den Gesamtwert der mit den Elementausdrücken angegebenen Elemente.

16.11 Textfunktionen

Funktion	Seite	Funktion	Seite
BAHTTEXT()	826	LINKS()	829
CODE()	826	RECHTS()	830
DM()	826	SÄUBERN()	830
ERSETZEN()	827	SUCHEN()	830
FEST()	827	T()	830
FINDEN()	828	TEIL()	831
GLÄTTEN()	828	TEXT()	831
GROSS()	828	VERKETTEN()	831
GROSS2()	828	WECHSELN()	831
IDENTISCH()	829	WERT()	832
KLEIN()	829	WIEDERHOLEN()	832
LÄNGE()	829	ZEICHEN()	832

Gelegentlich ist es sinnvoll, eine Zeichenfolge in einer Zelle durch eine Formel zu erzeugen, die verschiedene Zeichen oder Zeichenfolgen verknüpft.

Zahlen in Text umwandeln

Angenommen, Sie wollen Artikelnummern um zwei Zeichen erweitern, die die Warengruppe beinhalten. Wenn Sie in die Zelle C9

```
=C5&C8
```

eintragen, wird der Inhalt von Zelle C5 mit dem Inhalt von Zelle C8 verkettet. Wenn C5 das Warengruppenkennzeichen *PX* enthält und C8 die Artikelnummer 3370086, zeigt die Zelle C9 das Ergebnis *PX3370086*. Wenn die bisherige Artikelnummer in C8 als Zahl und nicht als Zeichenfolge eingetragen worden ist, wird die Zahl in eine Zeichenfolge umgewandelt. Anschließend können Sie diese Formel noch in ihr Ergebnis verwandeln. Wenn Sie zwischen den beiden Textelementen eine Leertaste sehen wollen, müssen Sie Folgendes schreiben:

```
=C5&" "&C8
```

Sortierung durch Textfunktionen

Sollen umgekehrt bei Artikelbezeichnungen, die immer auf den zwei ersten oder letzten Stellen ein Kennzeichen der Warengruppe enthalten, diese abgelesen werden, etwa um eine Liste danach zu sortieren, können Sie mit einer Textfunktion die beiden Stellen herausziehen.

```
=RECHTS(C9; 2)
```

liefert die beiden letzten Stellen,

```
=LINKS(C9; 2)
```

die beiden ersten Stellen.

Logische Werte in Texte aufnehmen

Auch eine Zelle mit einem logischen Wert kann mit dem Inhalt einer anderen Zelle zu einem Text verkettet werden.

```
="Die Behauptung, der Umsatz steigt, ist "&C9
```

ergibt den Satz *Die Behauptung ... ist FALSCH*, wenn die Bedingung in C9 nicht erfüllt ist.

Verknüpfung von Text mit Datum

Etwas schwieriger ist die Verknüpfung von Text mit einem Datum. Wenn Sie einen Bezug auf ein Datumsfeld benutzen, liefert Excel anstelle des Datums die serielle Zahl, mit der das Datum intern dargestellt wird. Das Problem ist lösbar, wenn Sie mit den anderen Datumsfunktionen arbeiten. Hier ein Beispiel: Wenn Sie ein Tagesformular verwenden, in dessen Kopf stehen soll: *Abrechnung vom ...* , können Sie in eine Zelle eintragen:

```
="Abrechnung vom "
&TAG(HEUTE())&"."&MONAT(HEUTE())&"."& JAHR(HEUTE())
```

Das Formular wird dann automatisch mit dem Tagesdatum gedruckt.

Referenz der Textfunktionen

BAHTTEXT()

Syntax:	BAHTEXT(**Zahl**)
Beispiel:	=BAHTEXT(1)

Wandelt den Wert von Zahl in Text im thailändischen Währungsformat Baht um.

CODE()

Syntax:	CODE(**Text**)
Beispiel:	=CODE("T")
Ergebnis:	84

Die Funktion liefert den Code des ersten Zeichens in der Zeichenkette, die mit dem Argument Text angegeben wird (direkt oder als Bezug). Bezieht sich das Argument auf eine leere oder eine numerische Zelle, liefert die Funktion die Fehlermeldung #WERT!. Die Codezahl bezieht sich auf den Zeichensatz, mit dem das System arbeitet, unter Windows also auf ANSI.

DM()

Syntax:	DM(**Zahl**; Dezimalstellen)
Beispiel:	=DM(58721,4567; 2)
Ergebnis:	58.721,46 €

Die Funktion wandelt den Wert des Argumentes Zahl in eine Zeichenkette im aktuellen Währungsformat um, trotz des veralteten Namens also in das Euro-Format. Durch das optionale Argument Dezimalstellen kann die Anzahl der Ziffern rechts vom Komma festgelegt werden, die dabei gerundet und nicht abgeschnitten werden. Wenn das Argument nicht angegeben wird, wird 2 angenommen. Wird ein negativer Wert eingegeben, wird auf entsprechende Stellen vor dem Komma gerundet.

ERSETZEN()

Syntax:	ERSETZEN(**Alter_Text**; Erstes_Zeichen; Anzahl_Zeichen; Neuer_Text)
Beispiel:	=ERSETZEN("Müller"; 2; 5; "eier")
Ergebnis:	Meier

Mit dieser Funktion können in einer Zeichenfolge ein oder mehrere Zeichen durch neue Zeichen überschrieben werden. Die Funktion hat vier Argumente: Alter_Text ist die Zeichenfolge, in der eine Anzahl von Zeichen durch andere ersetzt werden sollen; Erstes_Zeichen legt fest, an welcher Stelle in dieser Zeichenkette mit dem Ersetzen zu beginnen ist. Das erste Zeichen der Zeichenfolge wird mit 1 gezählt. Anzahl_Zeichen gibt an, wie viele Zeichen ab dem angegebenen Startpunkt aus der alten Zeichenfolge ersetzt werden sollen. Neuer_Text ist die Zeichenfolge, die anstelle der herausgenommenen Zeichen der alten Zeichenfolge eingefügt werden.

FEST()

Syntax:	FEST(**Zahl**; Dezimalstellen; Keine_Punkte)
Beispiel:	=FEST(33654,236; 2; WAHR)
Ergebnis:	"33654,24" (als Text)

Die Funktion wandelt einen numerischen Wert in eine Zeichenfolge um. Die Anzahl der gewünschten Dezimalstellen muss eingegeben werden, das Ergebnis erscheint gerundet. Geben Sie das Argument Dezimalstellen nicht an, so wird 2 angenommen; wird es negativ eingegeben, dann wird auf die entsprechenden Stellen vor dem Komma gerundet.

Keine_Punkte ist ein Wahrheitswert, der – falls WAHR – verhindert, dass eine Tausender-Abtrennung mittels Punkt erfolgt. Wird kein Wahrheitswert oder FALSCH angegeben, dann wird die Tausenderabtrennung vorgenommen, andernfalls wird der Punkt nicht mit ausgegeben.

Mit der Funktion FEST() ist es möglich, Zeichenfolgen zusammenzustellen, die Text und Zahlen kombinieren.

FINDEN()

Syntax:	FINDEN(**Suchtext**; **Text**; Erstes_Zeichen)
Beispiel:	=FINDEN("&"; "Pasta & Vino")
Ergebnis:	7

Die Funktion überprüft, ob eine Suchzeichenfolge (Suchtext) in einer anderen Zeichenfolge (Text) vorkommt.

Die Suche beginnt bei der Position in der Zeichenfolge, die durch den Wert für Erstes_Zeichen bestimmt wird. Die Vorgabe ist 1. Das Ergebnis ist die Position von Suchtext in Text. Wird der Suchtext in der Zeichenfolge nicht gefunden, wird die Fehlermeldung #WERT! ausgegeben. Die Funktion unterscheidet zwischen Groß- und Kleinschreibung.

GLÄTTEN()

Syntax:	GLÄTTEN(**Text**)
Beispiel:	=GLÄTTEN(" Egon Maier ")
Ergebnis:	Egon Maier

Diese Funktion entfernt Leerzeichen aus der mit Text angegebenen Zeichenfolge, sodass jeweils nur ein Leerzeichen zur Worttrennung stehen bleibt. Die Funktion ist nützlich, um überflüssige Leerzeichen aufzuspüren und um mögliche Fehler beim Sortieren zu vermeiden.

GROSS()

Syntax:	GROSS(**Text**)
Beispiel:	=GROSS("Kilo")
Ergebnis:	KILO

Die Funktion GROSS() wandelt alle Buchstaben aus Text in Großbuchstaben um.

GROSS2()

Syntax:	GROSS2(**Text**)
Beispiel:	=GROSS2 ("Kurt sChulz")
Ergebnis:	Kurt Schulz

Die Funktion wandelt jeweils den ersten Buchstaben eines jeden Wortes in der Zeichenfolge Text in Großbuchstaben um, die weiteren Zeichen in Kleinbuchstaben. Die Funktion kann zur Erhöhung der Lesbarkeit von Texteinträgen benutzt werden. Sie ist von Nutzen, wenn z. B. Daten von anderen Programmen oder Rechnern übernommen worden sind.

IDENTISCH()

Syntax:	IDENTISCH(**Text1**; **Text2**)
Beispiel:	=IDENTISCH("Abra"; "Abba")
Ergebnis:	FALSCH

Vergleicht zwei Zeichenfolgen und prüft, ob sie exakt übereinstimmen. Nur dann wird als logischer Wert WAHR geliefert, im anderen Fall FALSCH. Leerzeichen und Groß- bzw. Kleinschreibung werden in den Vergleich einbezogen.

KLEIN()

Syntax:	KLEIN(**Text**)
Beispiel:	=KLEIN("MF2HD")
Ergebnis:	mf2hd

Diese Funktion wandelt alle Buchstaben aus Text in Kleinbuchstaben um.

LÄNGE()

Syntax:	LÄNGE(**Text**)
Beispiel:	=LÄNGE("LÄNGE")
Ergebnis:	5

Liefert die Zahl der Zeichen (einschließlich Leerzeichen) der mit Text angegebenen Zeichenfolge. Ist das Argument der Funktion eine Zelladresse, wird als Ergebnis 0 ausgegeben, wenn die Zelle leer ist. Numerische Zeichen werden wie Text behandelt und auf gleiche Weise gezählt. Zur Verwendung kommt die Funktion beispielsweise bei der Prüfung von Einträgen, für die eine bestimmte Länge erforderlich ist, etwa bei Postleitzahlen.

LINKS()

Syntax:	LINKS(**Text**; Anzahl_Zeichen)
Beispiel:	=LINKS("Version; 3")
Ergebnis:	Ver

Die Funktion liefert als Ergebnis die eingetragene Anzahl_Zeichen vom Beginn der Zeichenfolge an, der Rest wird abgeschnitten. Dies ist eine einfache Möglichkeit, Zeichenfolgen zu kürzen, etwa um Kurzbezeichnungen zu produzieren. Wird für Anzahl_Zeichen kein Wert angegeben, so wird 1 vorgegeben.

RECHTS()

Syntax:	RECHTS(**Text**; Anzahl_Zeichen)
Beispiel:	=RECHTS("Artikelnummer 23456"; 5)
Ergebnis:	23456

Liefert die angegebene Anzahl_Zeichen vom rechten Ende der mit Text angegebenen Zeichenfolge und gibt diese als Ergebnis aus.

SÄUBERN()

Syntax:	SÄUBERN(**Text**)
Beispiel:	=SÄUBERN("Test"&ZEICHEN(20)&"Ende")
Ergebnis:	TestEnde

Die Funktion entfernt aus der mit Text angegebenen Zeichenfolge nicht druckbare Zeichen. In der Regel sind dies Steuerzeichen, die mit Texten aus anderen Programmen übernommen wurden und die nicht ausgedruckt werden können. Berücksichtigt werden nur die ersten 32 Zeichen des 7-Bit-ASCII-Codes.

SUCHEN()

Syntax:	SUCHEN(**Suchtext**; Text; Erstes_Zeichen)
Beispiel:	=SUCHEN(" "; "Artikel 3245")
Ergebnis:	8

Die Funktion liefert die Position des mit Suchtext angegebenen Zeichens oder der Zeichenfolge in der mit dem Argument Text angegebenen Zeichenfolge. In Suchtext kann auch mit den Jokerzeichen * und ? gearbeitet werden. Die Suche startet bei der Position Erstes_Zeichen, wenn nichts angegeben wird, wird bei der Position 1 begonnen. Im Gegensatz zu FINDEN() ignoriert diese Funktion die Groß- und Kleinschreibung.

T()

Syntax:	T(**Wert**)
Beispiel:	=T("Text")
Ergebnis:	Text

Die Funktion überprüft, ob das mit Wert angegebene Argument eine Zahl oder eine Zeichenfolge liefert. Wird eine Zahl gefunden, dann gibt die Funktion Leertext aus, wird Text gefunden, wird dieser ausgegeben.

TEIL()

Syntax:	TEIL(**Text**; **Erstes_Zeichen**; **Anzahl_Zeichen**)
Beispiel:	=TEIL("Artikel-Nr: 07560"; 12; 5)
Ergebnis:	07560

Die Funktion ermittelt aus einer Zeichenkette (Text) eine Unterkette ab einer festgelegten Position (Erstes_Zeichen) und gibt sie in der gewünschten Länge (Anzahl_Zeichen) aus.

TEXT()

Syntax:	TEXT(**Wert**; **Textformat**)
Beispiel:	=TEXT("34594"; "TT.MM.JJJJ")
Ergebnis:	17.09.1994

Die Funktion wandelt den mit Wert angegebenen numerischen Wert in einen Text um und verwendet dabei das mit Textformat angegebene Zahlen-, Datums- oder Zeitformat.

VERKETTEN()

Syntax:	VERKETTEN(**Text1**; Text2; ...)
Beispiel:	=VERKETTEN("Eigen"; "anteil")
Ergebnis:	Eigenanteil

Die Funktion kann eine Zeichenfolge aus den mit Text1, Text2 etc. angegebenen Zeichenfolgen zusammensetzen. Bis zu 255 Argumente sind möglich. Die Funktion erfüllt somit die gleichen Aufgaben wie der Operator &.

WECHSELN()

Syntax:	WECHSELN(**Text**; **Alter_Text**; **Neuer_Text**; Ntes_Auftreten)
Beispiel:	=WECHSELN("rokoko"; "o"; "a"; 2)
Ergebnis:	rokako

Die Funktion sucht in einer mit Text angegebenen Zeichenfolge nach einer Zeichenkette (Alter_Text), um diese Zeichenkette dann durch eine andere (Neuer_Text) zu ersetzen.

Das optionale Argument Ntes_Auftreten bestimmt, wie oft der Vorgang des Ersetzens ablaufen soll. Wird das Argument beispielsweise mit 1 gesetzt, dann wird nur die erste Fundstelle geändert; wird das Argument nicht belegt, werden alle Fundstellen geändert.

WERT()

Syntax:	WERT(**Text**)
Beispiel:	=WERT("19.09.1994")
Ergebnis:	34596

Die Funktion wandelt einen Text in einen Wert um und gibt als Ergebnis dann die entsprechende Zahl aus. Der Analysetext darf dabei die Zeichen aus einem Excel-Zahlenformat enthalten. Zeichenketten, die als Datums- oder Zeitformate interpretiert werden können, werden als die jeweilige serielle Zahl ausgegeben. Lässt sich der Text nicht als Zahl interpretieren, gibt die Funktion die Fehlermeldung #WERT! aus.

WIEDERHOLEN()

Syntax:	WIEDERHOLEN(**Text**; **Multiplikator**)
Beispiel:	=WIEDERHOLEN("="; 13)
Ergebnis:	=============

Die Funktion trägt die angegebene Zeichenfolge so oft hintereinander in die Zelle ein, wie durch den Multiplikator angegeben wird. Die Zeichenfolge kann aus mehr als einem Zeichen bestehen.

ZEICHEN()

Syntax:	ZEICHEN(**Zahl**)
Beispiel:	=ZEICHEN(33)
Ergebnis:	!

Die Funktion ist die Umkehrung der Funktion CODE(). Sie liefert für eine bestimmte Codezahl das entsprechende Zeichen.

16.12 Logische Funktionen

Funktion	Seite	Funktion	Seite
FALSCH()	838	WAHR()	839
NICHT()	839	WENN()	840
ODER()	839	WENNFEHLER()	840
UND()	839		

16.12 Logische Funktionen

Logische Funktionen werden benutzt, wenn es darum geht, zu prüfen, ob bestimmte Tatsachen oder Bedingungen gegeben sind oder nicht. Eine logische Formel kann nicht nur eine Bedingung enthalten, sondern auch mehrere gleichzeitig. Diese Bedingungen können entweder alternativ oder additiv formuliert werden. Alternative Bedingungen werden mit der Funktion ODER() verknüpft, additive Bedingungen mit der Funktion UND(). Hier einige Beispiele:

```
=UND(B6>B7; B9>B10)
=UND(A10>50; A10<100)
```

In diesen Fällen ist die Bedingung jeweils nur erfüllt, also WAHR, wenn beide Teilbedingungen erfüllt sind.

```
=ODER(C9=12; C9=24)
=ODER(MONAT="Mai"; MONAT="Juni"; MONAT="Okt")
```

Bei diesen Formeln ist das Ergebnis WAHR, wenn die Zelle mit dem Namen *Monat* einen der drei Monatsnamen enthält. Die Funktion NICHT() verneint einen Vergleich. Ein Beispiel:

```
=NICHT(A1=100)
```

Diese Bedingung ist in allen Fällen erfüllt, bei denen Al <> 100. Die Formeln

```
=A1<>100
=NICHT(A1=100)
```

sind also austauschbar. Logische Vergleiche werden insbesondere auch mithilfe der Funktion WENN() durchgeführt. Manchmal ist es aber praktischer, eine komplexe Bedingung zunächst in einer Zelle zu prüfen und dann in einer Funktion WENN() nur den Wert dieser Zelle abzufragen, als die komplexe Bedingung in die Funktion WENN() selbst mit aufzunehmen. Das gilt insbesondere, wenn diese Bedingung an mehreren Stellen abgefragt werden muss.

WAHR oder FALSCH als Argumente

Um anzuzeigen, ob die Bedingung einer Funktion WENN() erfüllt ist, können auch die Funktionen WAHR() und FALSCH() als Argumente benutzt werden. Das kann sinnvoll sein, wenn bei einer Bedingung nicht gleich ersichtlich ist, ob die Bedingung erfüllt ist oder nicht. Hier ein Beispiel:

```
=WENN(Gewinne01>500000; WAHR(); FALSCH())
```

Ergebnis: FALSCH, wenn Gewinne01 = 300000

16 Tabellenfunktionen

	A	B	C	D	E
1					
2	Beispiel für logische Formeln:				
3					
4	Formel:	Ergebnis:			
5				Absatz:	6.000,00
6	=E10<(E6*5%)	0		Verkaufserlöse:	1.494.000,00
7	=E8>E9	1		variable Kosten:	300.000,00
8				Deckungsbeitrag:	1.194.000,00
9				fixe Kosten:	900.000,00
10	=WENN(B7=1;"Gewinn";"Verlust")	Gewinn		Betriebsgewinn:	294.000,00

Abbildung 16.77 Beispiel für logische Formeln

Die Funktion WENN() prüft zunächst, ob eine bestimmte Bedingung erfüllt, also WAHR ist. Trifft dieses zu, wird die Anweisung WAHR ausgeführt und bestimmt das Ergebnis der Formel. Trifft dies nicht zu, wird zur Anweisung FALSCH verzweigt und diese ausgeführt. Die Funktion hat deshalb drei Argumente, die in der vorgeschriebenen Reihenfolge eingetragen werden müssen, weil andernfalls unerwünschte Ergebnisse produziert würden:

1. Prüfung: eine Bedingung in Form eines logischen Ausdrucks
2. Dann_Wert: eine Anweisung für den Fall, dass die Bedingung erfüllt ist
3. Sonst_Wert: eine Anweisung für den Fall, dass die Bedingung nicht erfüllt ist

Die Funktion WENN() kann generell für zwei ganz unterschiedliche Zwecke eingesetzt werden:

1. Die Funktion erlaubt die Durchführung von Prüfungen. Zum Beispiel kann mit dieser Funktion die Frage beantwortet werden, ob bestimmte Grenzwerte überschritten wurden, Abweichungen von einer Norm vorliegen oder ob bestimmte Zielwerte erreicht worden sind.

2. Mit der Funktion WENN() kann Excel veranlasst werden, unterschiedliche Operationen durchzuführen, je nachdem, ob eine Bedingung erfüllt ist oder nicht. Das entspricht etwa einer Verzweigung, die in allen Computersprachen zu den Grundoperationen gehört.

    Allerdings gilt die Verzweigung immer nur in Bezug auf das Ergebnis in der Zelle selbst. Es ist nicht möglich, mit der Funktion WENN() direkt einen neuen Wert in eine andere Zelle einzutragen. Es ist zwar möglich, etwa in der Zelle B3 zu schreiben:

    ```
    =WENN(B1>1000; B2=100; B2=200)
    ```

    Ist B1 tatsächlich größer 1.000, bedeutet diese Formel aber lediglich, dass Excel nun prüft, ob die Zelle B2 tatsächlich den Wert 100 enthält. Ist dies der Fall, ist das Ergebnis in Zelle B3 der Wert WAHR.

16.12 Logische Funktionen

Eine direkte Wertzuweisung an eine Zelle, die dann eventuell auch Werte überschreibt, die bisher in dieser Zelle eingetragen waren, kann nur über Makrobefehle erreicht werden. Das schließt natürlich nicht aus, dass eine andere Zelle durch einen Adressbezug den Wert aus der Zelle übernimmt, in der die Funktion WENN() steht. Wenn Sie in die Zelle B3

```
=WENN(B1>1000; 100; 200)
```

schreiben und in Zelle B2

```
=B3
```

erhalten Sie das Ergebnis, das Sie mit der ersten Formel erreichen wollten. In den folgenden Abschnitten soll die Nützlichkeit der Funktion WENN() an einigen Beispielen verdeutlicht werden.

Texte automatisch anpassen

In der abgebildeten Tabelle sind Kunden-Umsätze einer Firma für zwei Jahre eingetragen, in der Spalte B der Umsatz für 2008, in der Spalte C der für 2009. Die Kunden, deren Umsatz gegenüber dem Vorjahr um mehr als 2 % abgesunken ist, sollen in der Spalte D so markiert werden, dass sie auf einen Blick zu erkennen sind. Die Formel kann in der Zelle D7 eingetragen und dann die Spalte hinunterkopiert werden. Sie könnte folgendermaßen lauten:

```
=WENN(C7<(B7*0,98); "deutlicher Umsatzrückgang"; "")
```

	A	B	C	D
1				
2	Prüfung von Bedingungen			
3				
4		Umsatzentwicklung		
5				
6		2008	2009	
7	Kunde A	100000	98800	
8	Kunde B	120000	110000	deutlicher Umsatzrückgang
9	Kunde C	87000	89000	
10	Kunde D	250000	240000	deutlicher Umsatzrückgang
11				
12			=WENN(C7<(B7*0,98);"deutlicher Umsatzrückgang";"")	

Abbildung 16.78 Prüfung von Bedingungen

Bei den Kunden, deren Umsatz im Jahr 2009 tatsächlich um mehr als 2 % gesunken ist, erscheint in der Spalte D der Hinweis: *deutlicher Umsatzrückgang*. Bei allen anderen Kunden bleibt die Zelle in der Spalte D als Ergebnis der Formel leer.

16 Tabellenfunktionen

Während es im letzten Fall in erster Linie um die Prüfung der Entwicklung der Kundenumsätze ging, soll die nächste Formel zeigen, wie die Funktion WENN() benutzt werden kann, um auf verschiedene Zustände unterschiedlich zu reagieren. Die Firma könnte auf die Idee kommen, die Höhe eines Bonus zum Jahresende von der Umsatzentwicklung abhängig zu machen. Die Kunden, deren Umsatz über 250.000 € liegt, sollen einen Bonus von 0,5 % erhalten, die anderen gehen leer aus. Die Formel für diesen Fall:

```
=WENN(C5>250000; C5*0,05; 0)
```

Sowohl bei der Formulierung der Bedingungen als auch bei der Formulierung der Anweisungen WAHR und FALSCH können natürlich alle sinnvollen Kombinationen von Operatoren und Funktionen benutzt werden.

Bedingte Textanzeige

Besteht die Möglichkeit, in einem Arbeitsblatt Texte nur unter bestimmten Voraussetzungen zu drucken? Die Funktion WENN() bietet sich auch in diesem Fall an. Angenommen, das Arbeitsblatt wird zur Aufbereitung und zum Druck von Rechnungen benutzt. Auf den Dezember-Rechnungen soll im Rechnungsfuß ein Hinweis auf ein spezielles Weihnachtsangebot erscheinen. Die Lösung könnte folgende Formel sein:

```
=WENN(MONAT(JETZT())=12; "Sonderrabatt von 20% für alle Orientteppiche"; "")
```

Prüfung von Texten

Die Funktion WENN() kann selbstverständlich nicht nur zur Prüfung numerischer Zellen benutzt werden. Zellen, die Texte oder Zeichenfolgen enthalten, können ebenfalls befragt werden. Der Text kann direkt eingetragen sein oder indirekt über einen Zellbezug oder als Ergebnis einer Formel, die als Ergebnis eine Zeichenfolge bereitstellt. Hier ein einfaches Beispiel:

```
=WENN(B10="Berlin"; "Hauptstadt"; "")
```

Allerdings kann im Fall von Zeichenfolgenvergleichen eine unangenehme Überraschung auftreten. Die Bedingung, dass in der Zelle B10 der Name *Berlin* steht, ist nur dann erfüllt, wenn dort tatsächlich auch nur *Berlin* steht. Ein Fehler, der bei der Arbeit mit Excel gelegentlich plagt, weil er so schwer erkennbar ist, besteht darin, dass überflüssige Leerzeichen benutzt werden. Wenn also hinter dem Wort *Berlin* versehentlich noch einmal die Leertaste gedrückt worden ist, wird Excel sich so verhalten, als sei der Inhalt der Zelle B10 nicht *Berlin*. Im strengen Sinne stimmt das ja auch, aber zu sehen ist der Unterschied nur, wenn im Bearbeitungsfeld [Ende] gedrückt wird. Der Fehler kann allerdings durch die Funktion =GLÄTTEN(B10) abgefangen werden. Die Formel

=WENN(GLÄTTEN(B10)="Berlin"...

ist gegen die angesprochene Fehlermöglichkeit gefeit. Die Funktion GLÄTTEN() ist eine Text-Funktion, die überflüssige Leerzeichen entfernt.

Prüfungen mit komplexen Bedingungen

Das Argument Prüfung kann aus mehreren Einzelbedingungen zusammengesetzt sein. In vielen Fällen ist eine Operation gleich von mehreren Bedingungen abhängig. Eine Komponente eines Produkts soll nur dann bei einem bestimmten Lieferanten bestellt werden, wenn der Preis akzeptabel ist und gleichzeitig die Lieferfrist maximal einen Monat beträgt. Die Formel könnte heißen:

=WENN(UND(C12<12500; D12<4); "bestellen"; "nicht bestellen")

Die Zelle C12 enthält den Preis, die Zelle D12 die Lieferzeit in Wochen. Die Bedingung ist nur dann erfüllt, wenn beide Teile der Bedingung gleichzeitig erfüllt sind. In anderen Fällen hängt eine Entscheidung davon ab, ob eine bestimmte Bedingung erfüllt ist oder eine andere. Im Beispiel wäre denkbar, dass auch ein höherer Preis akzeptiert wird, wenn die Lieferfrist kurz ist. Eine kleine Änderung der Formel trägt der Situation Rechnung. Statt der Funktion UND() wird ODER() eingesetzt:

=WENN(ODER(C12<12500; D12<4); "bestellen"; "nicht bestellen")

Die neue Bedingung ist in drei Fällen WAHR:

1. Der erste Teil der Bedingung ist erfüllt.

2. Der zweite Teil der Bedingung ist erfüllt.

3. Beide Bedingungen sind erfüllt.

Die Funktion ODER() ist also kein ausschließendes Oder. Das ausschließende Oder würde den dritten Fall nicht zulassen. Ein solches Entweder-Oder, aber nicht beides gleichzeitig könnte erreicht werden durch eine Kombination von UND() und ODER().

=WENN(UND(ODER(B10=5; C10=7); NICHT(UND(B10=5; C10=7))); "ok"; "prüfen")

Wenn die Zelle B10 den Wert 5 hat und gleichzeitig die Zelle C10 den Wert 7, ist das Ergebnis *prüfen*, die Bedingung ist also nicht erfüllt.

16 Tabellenfunktionen

Mehrfachverzweigungen

Sowohl das Argument Dann_Wert als auch das Argument Sonst_Wert können selbst wieder eine Funktion WENN() enthalten, sodass eine Mehrfachverzweigung erreicht werden kann.

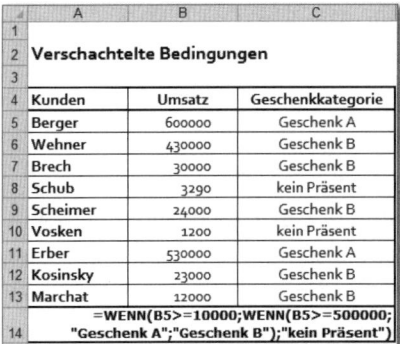

Abbildung 16.79 Verschachtelte Bedingungen

Die Weihnachtsgeschenke einer Firma sind nach Wert in zwei Gruppen eingeteilt. Geschenke der Gruppe A sollen Kunden erhalten, deren Umsatz über 500.000 € liegt, Gruppe B verlangt mindestens 10.000 €, um Mini-Kunden ganz herauszunehmen. Zunächst werden in der Formel die Mini-Kunden abgefangen, dann wird zwischen Gruppe A und Gruppe B unterschieden.

1. Schritt

```
WENN(B5>=10000; "Geschenk"; "kein Geschenk")
```

damit sind die Mini-Kunden herausgenommen;

2. Schritt

```
=WENN(B5>10000; WENN(B5>=50000; "Geschenk A"; "Geschenk B"); "kein Präsent")
```

Der Dann_Wert aus dem ersten Schritt ist jetzt ersetzt durch eine komplette Funktion WENN(), die selbst wiederum eine Prüfung, einen Dann_Wert und einen Sonst_Wert enthält.

Referenz der logischen Funktionen

FALSCH()

Syntax:	FALSCH()
Beispiel:	=FALSCH()
Ergebnis:	FALSCH

Diese Funktion legt den Wahrheitswert für FALSCH in der Zelle ab oder übergibt ihn an eine andere Funktion.

Die Funktionen WAHR() und FALSCH() können in einer Funktion WENN() benutzt werden, um anzuzeigen, ob die Bedingung, die diese Funktion prüft, erfüllt ist. Das kann sinnvoll sein, wenn bei einer komplexen Bedingung nicht gleich ersichtlich ist, ob sie zutrifft oder nicht.

NICHT()

Syntax:	NICHT(**Wahrheitswert**)
Beispiel:	=NICHT(13>14)
Ergebnis:	WAHR

Durch diese Funktion wird der Wert des Arguments Wahrheitswert umgekehrt.

ODER()

Syntax:	ODER(**Wahrheitswert1**; Wahrheitswert2; ...)
Beispiel:	=ODER(13>14; 13<14)
Ergebnis:	WAHR

Die Funktion vergleicht bis zu 255 Argumente miteinander. Sind alle Argumente FALSCH, liefert die Funktion FALSCH, andernfalls WAHR.

UND()

Syntax:	UND(**Wahrheitswert1**; Wahrheitswert2; ...)
Beispiel:	=UND(13>14; 14<13)
Ergebnis:	FALSCH

Die Funktion vergleicht bis zu 255 Argumente miteinander. Sind alle Argumente WAHR, so wird als Ergebnis WAHR zurückgegeben, andernfalls ist das Ergebnis FALSCH.

WAHR()

Syntax:	WAHR()
Beispiel:	=WAHR()
Ergebnis:	WAHR

Ebenso wie bei der Funktion FALSCH() kann mit dieser Funktion der Wahrheitswert WAHR in ein Feld eingetragen oder als Argument an eine Funktion übergeben werden.

WENN()

Syntax:	WENN(**Prüfung**; **Dann_Wert**; Sonst_Wert)
Beispiel:	=WENN(A2>B2; A2-B2; B2-A2)
Ergebnis:	Die Inhalte der beiden Zellen werden stets so voneinander subtrahiert, dass der kleinere Wert vom größeren abgezogen wird.

Die Funktion liefert in Abhängigkeit von der in Prüfung angegebenen Bedingung je nach dem Ergebnis der Wahrheitsprüfung unterschiedliche Resultate. Trifft die Bedingung zu, gibt die Funktion den Dann_Wert aus, trifft sie nicht zu, wird der Sonst_Wert ausgegeben. Ist dieser nicht angegeben, wird der logische Wert ausgegeben, den die Prüfung liefert.

Die Funktion erlaubt die Durchführung von Prüfungen, z. B. kann mit dieser Funktion die Frage beantwortet werden, ob bestimmte Grenzwerte überschritten oder bestimmte Zielwerte erreicht worden sind. Es kann auch veranlasst werden, unterschiedliche Werte in eine Zelle einzutragen oder unterschiedliche Berechnungen durchzuführen, je nachdem, ob eine Bedingung erfüllt ist oder nicht.

Als Ergebnis der Wahrheitsprüfung kann eine Verschachtelung durch weitere Verwendung der Funktion WENN() erfolgen. Seit Excel 2007 sind bis zu 64 Schachtelungen erlaubt, in den älteren Versionen nur 7.

WENNFEHLER()

Syntax:	WENNFEHLER(**Wert**; **Wert_falls_Fehler**)
Beispiel:	=WENNFEHLER(Betrag/Tage; "Unerlaubte Division")
Ergebnis:	*Unerlaubte Division*, wenn Tage = 0

Die Funktion prüft das Argument Wert. Liefert diese Prüfung einen Fehler, wird das angezeigt, was mit dem Argument Wert_falls_Fehler angegeben ist. Das kann beispielsweise eine Beschreibung des Fehlers sein oder ein Vorgabewert. Ansonsten liefert die Funktion das Ergebnis von Wert. Für Wert kann auch eine Array-Formel verwendet werden. Die Funktion liefert dann für jede Zelle des Arrays ein entsprechendes Ergebnis.

16.13 Informationsfunktionen

Funktion	Seite	Funktion	Seite
FEHLER.TYP()	841	ISTNV()	844
INFO()	842	ISTTEXT()	844
ISTBEZUG()	843	ISTUNGERADE()	845
ISTFEHL()	843	ISTZAHL()	845
ISTFEHLER()	843	N()	845
ISTGERADE()	843	NV()	845
ISTKTEXT()	844	TYP()	846
ISTLEER()	844	ZELLE()	846
ISTLOG()	844		

Das Hauptanwendungsgebiet der Informationsfunktionen ist, Ergebnisse von Berechnungen – in Verbindung mit der Funktion WENN() – von den Inhalten bestimmter Zellen abhängig zu machen.

Nehmen Sie folgendes Beispiel: Sie haben in einer Tabelle in den Spalten A und B ab Zeile 3 sowohl Zahlen- als auch Texteinträge. Sie wollen in C das Produkt von A und B ausgeben. Wenn Sie nun in C3 die Formel =A3*B3 eintragen und nach unten kopieren, dann erhalten Sie immer dann, wenn in A und B keine Zahlen stehen, die Fehlermeldung #WERT!. Um dies zu vermeiden, können Sie in C3 eintragen:

=WENN(UND(ISTZAHL(A3); ISTZAHL(B3)); A3*B3; "")

Dann wird das Produkt nur gebildet, wenn beide Zellen eine Zahl enthalten, sonst wird eine leere Zeichenkette ausgegeben. Wenn Sie diese Formel nach unten kopieren, bleiben Ihnen die unangenehmen Fehlermeldungen erspart.

Außerdem lassen sich die Informationsfunktionen gut in Formeln verwenden, die für Gültigkeitsregeln oder für eine bedingte Formatierung eingesetzt werden.

Referenz der Informationsfunktionen

FEHLER.TYP()

Syntax:	FEHLER.TYP(Fehlerwert)
Beispiel:	=FEHLER.TYP(unbekannt)
Ergebnis:	5, wenn der Name »unbekannt« nicht definiert ist

Die Funktion liefert den Fehlercode, den der mit dem Argument Fehlerwert angegebene Bezug liefert. Die Tabelle zeigt die Fehlercodes der in Excel angezeigten Fehlerwerte.

Code	Fehlerwert
1	#NULL!
2	#DIV/0!
3	#WERT!
4	#BEZUG!
5	#NAME?
6	#ZAHL!
7	#NV

INFO()

Syntax:	INFO(**Typ**)
Beispiel:	=INFO("Verzeichnis")
Ergebnis:	D:\Projekte\Excel2010

Mit der Funktion können einige Informationen über die aktuelle Umgebung abgefragt werden. Mit dem Argument Typ geben Sie an, was Sie wissen wollen. Erlaubt sind dafür die in der Tabelle gezeigten Werte.

Typ	Rückgabewert
Verzeichnis	Pfad des aktuellen Ordners
Dateienzahl	Anzahl aktiver Arbeitsblätter in den geöffneten Mappen
Ursprung	aktueller Zellbezug
Sysversion	Betriebssystemversion
Berechne	aktueller Berechnungsmodus (Automatisch oder Manuell)
Version	Name der Excel-Version
System	Name des Betriebssystems

ISTBEZUG()

Syntax:	ISTBEZUG(**Wert**)
Beispiel:	=ISTBEZUG(Daten1)
Ergebnis:	FALSCH, wenn der Bezug Daten1 nicht existiert

Die Funktion testet auf einen gültigen Bereichsnamen oder eine Bereichsadresse. Ob vorhanden oder nicht, wird durch die Wahrheitswerte WAHR oder FALSCH ausgedrückt.

ISTFEHL()

Syntax:	ISTFEHL(**Wert**)
Beispiel:	=ISTFEHL(A10)
Ergebnis:	WAHR, wenn A10 eine Fehlermeldung (außer #NV) enthält

Die Funktion testet, ob das mit Wert angegebene Argument einen Fehlerwert produziert (Ausnahme #NV). Ist ein Fehlerwert vorhanden, wird WAHR ausgegeben, in allen anderen Fällen FALSCH.

ISTFEHLER()

Syntax:	ISTFEHLER(**Wert**)
Beispiel:	=ISTFEHLER(A10)
Ergebnis:	WAHR, wenn A10 #NV enthält

Die Funktion testet, ob das mit Wert angegebene Argument einen Fehlerwert produziert (einschließlich #NV). Ist ein Fehlerwert vorhanden, wird WAHR ausgegeben, in allen anderen Fällen FALSCH.

ISTGERADE()

Syntax:	ISTGERADE(**Zahl**)
Beispiel:	=ISTGERADE(3)
Ergebnis:	FALSCH

Die Funktion testet, ob Wert durch zwei ganzzahlig teilbar ist und liefert WAHR, wenn das der Fall ist, vergleiche ISTUNGERADE().

ISTKTEXT()

Syntax:	ISTKTEXT(**Wert**)
Beispiel:	=ISTKTEXT(A1)
Ergebnis:	FALSCH, wenn A1 Text enthält

Die Funktion testet, ob in Wert kein Text vorhanden ist. Ist Text vorhanden, so wird als Ergebnis FALSCH ausgegeben, andernfalls oder bei einem leeren Feld WAHR.

ISTLEER()

Syntax:	ISTLEER(**Wert**)
Beispiel:	=ISTLEER(A10)
Ergebnis:	WAHR, wenn A10 leer ist

Die Funktion testet, ob das Argument Wert eine leere Zelle liefert. Wenn das der Fall ist, wird WAHR ausgegeben, andernfalls FALSCH.

ISTLOG()

Syntax:	ISTLOG(**Wert**)
Beispiel:	=ISTLOG(2>1)
Ergebnis:	WAHR

Die Funktion überprüft, ob das Argument Wert einen Wahrheitswert liefert. Ist ein Wahrheitswert oder eine Funktion angegeben, die zu einem Wahrheitswert führt, wird WAHR ausgegeben, andernfalls FALSCH.

ISTNV()

Syntax:	ISTNV(**Wert**)
Beispiel:	=ISTNV(A10)
Ergebnis:	FALSCH, wenn A10 z. B. den Fehlerwert #DIV/0! liefert.

Die Funktion überprüft, ob das Argument Wert den Fehlerwert #NV liefert. Das Ergebnis wird als Wahrheitswert ausgegeben.

ISTTEXT()

Syntax:	ISTTEXT(**Wert**)
Beispiel:	=ISTTEXT("666")
Ergebnis:	WAHR

Die Funktion prüft, ob das Argument Wert eine Zeichenfolge liefert. Ist Wert ein Zellbezug auf eine Zelle, in der Text vorhanden ist, wird WAHR ausgegeben.

ISTUNGERADE()

Syntax:	ISTUNGERADE(**Zahl**)
Beispiel:	=ISTUNGERADE(4)
Ergebnis:	FALSCH

Die Funktion testet, ob Wert durch zwei ganzzahlig teilbar ist, und liefert FALSCH, wenn das der Fall ist, vergleiche ISTGERADE().

ISTZAHL()

Syntax:	ISTZAHL(**Wert**)
Beispiel:	=ISTZAHL(0)
Ergebnis:	WAHR

Die Funktion prüft, ob das Argument Wert eine Zahl liefert. Enthält eine Zelle keine Zahl oder ist sie leer, wird FALSCH ausgegeben.

N()

Syntax:	N(**Wert**)
Beispiel:	=N("Text")
Ergebnis:	0

Die Funktion gibt das Argument Wert als einen in eine Zahl umgewandelten Wert zurück. Ergibt Wert eine Zahl, wird diese unverändert ausgegeben. Der Wahrheitswert WAHR wird als 1 wiedergegeben, FALSCH als 0. Daten und Zeiten in einem der Excel-Formate werden als serielle Zahlen ausgegeben. Texte, Fehlerwerte und leere Zellen werden als 0 ausgegeben.

NV()

Syntax:	NV()
Beispiel:	=NV()
Ergebnis:	#NV

Die Funktion trägt die Fehlermeldung #NV (*nicht vorhanden*) in die Zelle ein, von der aus die Funktion aufgerufen wird. Für einen Bereich kann die Funktion auch als Matrixformel eingegeben werden. Formeln, die sich auf ein Feld beziehen, in dem #NV eingetragen ist, liefern ebenfalls #NV. Damit lässt sich die Funktion zur besonders auffälligen Kennzeichnung von Zellen einsetzen, in denen die Werte noch fehlen.

TYP()

Syntax:	TYP(**Wert**)
Beispiel:	=TYP(15)
Ergebnis:	1

Liefert eine Kennziffer für den Typus des mit Wert angegebenen Eintrags: 1 (Zahl), 2 (Text), 4 (Wahrheitswert), 16 (Fehlerwert), 64 (Matrix).

ZELLE()

Syntax:	ZELLE(**Infotyp**; Bezug)
Beispiel:	=ZELLE("Farbe"; A1)
Ergebnis:	0, d. h., die Zelle ist so formatiert, dass negative Ergebnisse nicht farblich abgesetzt erscheinen.

Die Funktion liefert die mit Infotyp angeforderten Informationen über eine Zelle bzw. die Zelle in der linken oberen Ecke eines Bezugs. Bezug ist die Zelle oder der Zellbereich, über die Informationen eingeholt werden sollen. Die Tabelle zeigt die Werte für Infotyp.

Infotyp	Rückgabewert
adresse	absolute Adresse der ersten Zelle im Bezug
breite	Spaltenbreite der Bezugszelle
dateiname	Dateiname und Pfad der aktuellen Arbeitsmappe
farbe	1, wenn negative Werte farbig dargestellt werden, sonst 0
format	Format der Zelle
inhalt	Wert der Bezugszelle
klammern	1 bei Klammern für positive oder alle Werte, sonst 0
präfix	Gibt das Präfix bei Textwerten an.
schutz	1 für gesperrte Zellen, sonst 0
spalte	Spaltennummer der Bezugszelle
typ	Textwert für den Datentyp: b = blank, l = label, w = Wert
zeile	Zeilennummer der Bezugszelle

16.14 Technische Funktionen

Funktion	Seite	Funktion	Seite
BESSELI()	849	IMAPOTENZ()	857
BESSELJ()	850	IMARGUMENT()	858
BESSELK()	851	IMCOS()	858
BESSELY()	851	IMDIV()	858
BININDEZ()	851	IMEXP()	858
BININHEX()	851	IMKONJUGIERTE()	858
BININOKT()	851	IMLN()	859
DELTA()	852	IMLOG10()	859
DEZINBIN()	852	IMLOG2()	859
DEZINHEX()	853	IMPRODUKT()	859
DEZINOKT()	853	IMREALTEIL()	859
GAUSSF.GENAU()	854	IMSIN()	860
GAUSSFEHLER()	854	IMSUB()	860
GAUSSFKOMPL()	854	IMSUMME()	860
GAUSSFKOMPL.GENAU()	855	IMWURZEL()	860
GGANZZAHL()	855	KOMPLEXE()	860
HEXINBIN()	855	OKTINBIN()	861
HEXINDEZ()	855	OKTINDEZ()	861
HEXINOKT()	855	OKTINHEX()	861
IMABS()	856	UMWANDELN()	861
IMAGINÄRTEIL()	857		

In dieser Gruppe finden Sie verschiedene Varianten von Bessel-Funktionen, die insbesondere für Schwingungsberechnungen benutzt werden. Hinzu kommt eine ganze Reihe von Umwandlungsfunktionen, um Werte zwischen den verschiedenen Zahlensystemen auszutauschen. Eine andere Gruppe hat mit den komplexen Zahlen zu tun.

Tabelle zum Umwandeln von Maßeinheiten

Ganz praktisch ist die Funktion UMWANDELN(), mit der zwischen verschiedenen Maßeinheiten umgerechnet werden kann. Sie können sich damit leicht eine Tabelle aufbauen, die die gewünschten Umwandlungen für die Maßeinheiten liefert, mit denen Sie öfter zu tun haben.

In der Abbildung sind die Bezeichnungen für die verfügbaren Maßeinheiten zusammengestellt. Die Bezeichnungen müssen in der Funktion jeweils mit Anführungszeichen eingegeben werden, es sei denn, Sie verwenden einen Zellbezug.

Abbildung 16.80 Bezeichnungen der Maßeinheiten

In der folgenden Tabelle brauchen Sie in den Zellen in Spalte A nur diejenigen Werte einzugeben, die Sie umwandeln wollen. Die Formeln beziehen sich dabei jeweils auf die Bezeichnungen der Maßeinheiten.

16.14 Technische Funktionen

	A	B	C	D	E
1					
2		Umwandeln von Maßeinheiten			
3					
4	1000	Gramm	entsprechen:	2,205	Pfund (Handelsgewicht)
5		g			lbm
6	1000	Meter	entsprechen:	0,621	Britische Meilen
7		m			mi
8				39370,08	Zoll
9					in
10				3280,84	Fuß
11					ft
12				1093,613	Yard
13					yd
14	32	Grad Celsius	entsprechen:	89,6	Grad Fahrenheit
15		C			F
16	1000	Joule	entsprechen:	238,85	Kalorie
17		J			cal
18	10	Pferdestärke (PS)	entsprechen:	7457,00	Watt
19		HP			W

Abbildung 16.81 Umrechnung einiger häufig vorkommender Maßeinheiten

Referenz der technischen Funktionen

BESSELI()

Syntax:	BESSELI(x; n)
Beispiel:	=BESSELI(0,5; 1)
Ergebnis:	0,25789

Die Funktion liefert Werte der modifizierten Besselfunktion. Bei den Besselschen Funktionen (auch unter dem Namen »Zylinderfunktionen« bekannt) handelt es sich um mehrere miteinander verwandte Funktionen, die in Physik und Technik besonders bei Schwingungsberechnungen benutzt werden. Die Besselschen Funktionen finden Sie in mathematischen Tabellenwerken unter

```
J0(x), J1(x)..    BESSELJ()
I0(x), I1(x)..    BESSELI()
K0(x), K1(x)..    BESSELK()
Y0(x), Y1(x)..    BESSELY()
```

meist aber nur für die nullte und erste Ordnung. Die Funktionen, die Excel 2010 bereitstellt, gestatten eine Berechnung für andere Ordnungen (mit n angegeben).

Hinweise auf die Auswirkung von n bei den verschiedenen Funktionen bietet die folgende Abbildung.

16 Tabellenfunktionen

	A	B	C	D	E	F	G	H
1								
2	Bessel-Funktionen							
3								
4	x	I0	I1	J0	K0	K1	Y0	Y1
5	0,1	1,002501561	0,0500625	0,997502	2,427069	0,0499375	-1,534239	-6,458951
6	0,2	1,010025022	0,1005008	0,990025	1,7527038	0,0995008	-1,081105	-3,323825
7	0,3	1,022626867	0,1516938	0,977626	1,37246	0,1483188	-0,807274	-2,293105
8	0,4	1,040401763	0,2040268	0,960398	1,1145291	0,1960266	-0,606025	-1,780872
9	0,5	1,063483344	0,2578943	0,93847	0,924419	0,2422685	-0,444519	-1,471472
10	0,6	1,092045331	0,313704	0,912005	0,7775221	0,286701	-0,30851	-1,260391
11	0,7	1,126302982	0,3718797	0,881201	0,6605198	0,3289957	-0,190665	-1,10325
12	0,8	1,166514885	0,4328648	0,846287	0,5653471	0,368842	-0,086802	-0,978144
13	0,9	1,21298513	0,4971264	0,807524	0,4867303	0,4059495	0,0056283	-0,873127
14	1	1,266065848	0,5651591	0,765198	0,4210244	0,4400506	0,088257	-0,781213
15	1,1	1,326160162	0,6374889	0,719622	0,3656024	0,4709024	0,1621632	-0,69812
16	1,2	1,393725572	0,7146779	0,671133	0,3185082	0,4982891	0,2280835	-0,621136
17	1,3	1,469277796	0,7973293	0,620086	0,2782476	0,5220232	0,2865354	-0,54852

Abbildung 16.82 Übersicht über die Bessel-Funktionen

Für die Funktion BESSELJ() ist für mehrere Ordnungen der grafische Verlauf dargestellt, der sehr schön zeigt, dass die Funktion zur Berechnung gedämpfter Schwingungen geeignet ist.

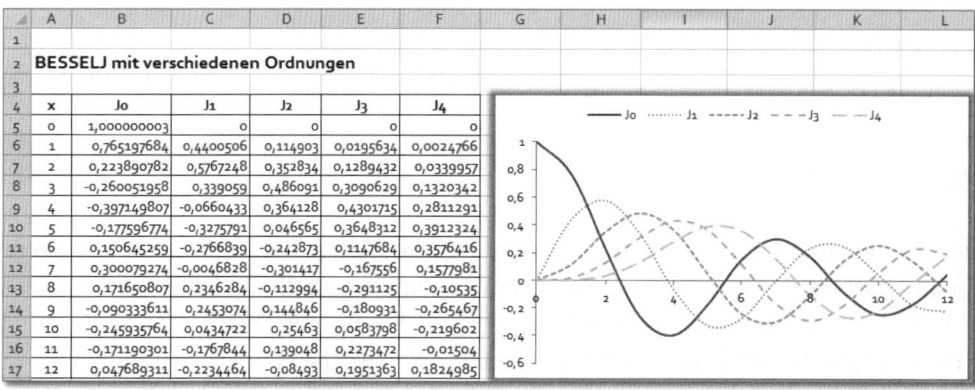

Abbildung 16.83 Verlauf der Funktion BESSELJ()

BESSELJ()

Syntax:	BESSELJ(x; n)
Beispiel:	=BESSELJ(0,5; 2)
Ergebnis:	0,0306

BESSELK()

Syntax:	BESSELK(x; n)
Beispiel:	=BESSELK(0,5; 1)
Ergebnis:	1,65644

BESSELY()

Syntax:	BESSELY(x; n)
Beispiel:	=BESSELY(0,5; 1)
Ergebnis:	-1,47147

BININDEZ()

Syntax:	BININDEZ(Zahl)
Beispiel:	=BININDEZ(11101)
Ergebnis:	29

Liefert den Dezimalwert einer binären Zahl. Die binäre Zahl darf höchstens zehn Zeichen (0 oder 1) lang sein; bei zehn Zeichen ist das erste Zeichen das Vorzeichen-Bit (1 = negativ). Für nähere Informationen zur Zahlenumwandlung siehe DEZINBIN().

BININHEX()

Syntax:	BININHEX(Zahl; Stellen)
Beispiel:	=BININHEX(1100)
Ergebnis:	C

Liefert den Hexadezimalwert einer binären Zahl, vergleiche BININDEZ().

Stellen gibt an, wie viele Stellen angezeigt werden. Ohne Angabe werden nur die notwendigen Stellen angezeigt; ist Stellen größer als deren Anzahl, werden führende Nullen ausgegeben.

BININOKT()

Syntax:	BININOKT(Zahl; Stellen)
Beispiel:	=BININOKT(1100)
Ergebnis:	14

Liefert den Oktalwert einer binären Zahl, vergleiche BININDEZ().

Stellen gibt an, wie viele Stellen angezeigt werden. Ohne Angabe werden nur die notwendigen Stellen angezeigt; ist Stellen größer als deren Anzahl, werden führende Nullen ausgegeben.

DELTA()

Syntax:	DELTA(**Zahl1**; Zahl2)
Beispiel:	=DELTA(10/6; 20/12)
Ergebnis:	1

Die Funktion liefert 1, wenn Zahl1 und Zahl2 gleich sind, sonst 0.

DEZINBIN()

Syntax:	DEZINBIN(**Zahl**; Stellen)
Beispiel:	=DEZINBIN(100)
Ergebnis:	1100100

Diese Funktion liefert den Binärwert einer Dezimalzahl. Die Zahl der ausgegebenen Stellen kann mit Stellen festgelegt werden. Ohne Angabe werden nur die notwendigen Stellen angezeigt; ist Stellen größer als diese Zahl, wird die Binärzahl mit führenden Nullen ausgegeben.

Wie die anderen Funktionen zur Zahlenumwandlung (BIN..., HEX..., OKT... und die anderen DEZ...-Funktionen) dient DEZINBIN der Konversion von Zahlen zwischen den verschiedenen Zahlensystemen.

Zur Erinnerung: Das Dezimalsystem verfügt über zehn Ziffernzeichen (0 bis 9). Kommen Sie beim Zählen hinter der 9 an, dann wird der ersten Ziffer eine 0 angehängt. Sie zählen also im Binärsytem 0, 1, 10, 11, 100, im Oktalsystem 1, 2, ..., 7, 10, 11, ..., 17, 20, im Hexadezimalsystem 1, 2, ..., 9; A; B; C; D; E; F; 10, ... Im Hexadezimalsystem müssen Sie zu den bekannten Ziffern noch A bis F hinzunehmen, um insgesamt auf 16 Ziffern zu kommen.

16.14 Technische Funktionen

	A	B	C	D
1				
2	Zahlensysteme			
3				
4	Dezimal	Oktal	Binär	Hexadezimal
5	1	1	1	1
6	2	2	10	2
7	3	3	11	3
8	4	4	100	4
9	5	5	101	5
10	6	6	110	6
11	7	7	111	7
12	8	10	1000	8
13	9	11	1001	9
14	10	12	1010	A
15	11	13	1011	B
16	12	14	1100	C
17	13	15	1101	D
18	14	16	1110	E
19	15	17	1111	F
20	16	20	10000	10
21	17	21	10001	11
22	18	22	10010	12
23	19	23	10011	13
24	20	24	10100	14

Abbildung 16.84 Die ersten zwanzig Zahlen in den verschiedenen Zahlensystemen

DEZINHEX()

Syntax:	DEZINHEX(**Zahl**; Stellen)
Beispiel:	=DEZINHEX(15)
Ergebnis:	F

Liefert den Hexadezimalwert einer Dezimalzahl, vergleiche DEZINBIN().

Die Zahl der ausgegebenen Stellen kann mit Stellen festgelegt werden. Ohne Angabe werden nur die notwendigen Stellen ausgegeben; ist Stellen größer als deren Zahl, wird die Hexadezimalzahl mit führenden Nullen ausgegeben.

DEZINOKT()

Syntax:	DEZINOKT(**Zahl**; Stellen)
Beispiel:	=DEZINOKT(8)
Ergebnis:	10

Die Funktion liefert den Oktalwert einer Dezimalzahl, vergleiche DEZINBIN().

Die Zahl der ausgegebenen Stellen kann mit Stellen festgelegt werden. Ohne Angabe werden nur die notwendigen Stellen ausgegeben; ist Stellen größer als deren Zahl, wird die Oktalzahl mit führenden Nullen ausgegeben.

GAUSSF.GENAU()

Syntax:	GAUSSF.GENAU(x)
Beispiel:	=GAUSSF.GENAU(1)
Ergebnis:	0,8427

Liefert Werte des Gaußschen Fehlerintegrals. Die Funktion gehört eigentlich zu den Verteilungsfunktionen der Statistik. Das Fehlerintegral gibt die Wahrscheinlichkeit an, mit der ein Wert bei der mit x angegebenen Untergrenze, ab der die Funktion integriert werden soll, zu finden ist, wobei die Normalverteilung zugrunde gelegt wird.

GAUSSFEHLER()

Syntax:	GAUSSFEHLER(Untere_Grenze; Obere_Grenze)
Beispiel:	=GAUSSFEHLER(0; 1)
Ergebnis:	0,8427

Liefert Werte des Gaußschen Fehlerintegrals. Die Funktion gehört eigentlich zu den Verteilungsfunktionen der Statistik. Das Fehlerintegral gibt die Wahrscheinlichkeit an, mit der ein Wert innerhalb des angegebenen Intervalls zu finden ist, wobei die Normalverteilung zugrunde gelegt wird.

Mit Untere_Grenze (0 oder größer) wird der Wert angegeben, ab dem die Funktion integriert werden soll, mit Obere_Grenze der Wert, bis zu dem integriert wird. Wird Obere_Grenze nicht angegeben, wird die Integration von 0 bis Untere_Grenze durchgeführt.

GAUSSFKOMPL()

Syntax:	GAUSSFKOMPL(Untere_Grenze)
Beispiel:	=GAUSSFKOMPL(0,8)
Ergebnis:	0,2579

Diese Funktion liefert komplementäre Werte des Gaußschen Fehlerintegrals, vergleiche GAUSSFEHLER().

Es gilt die Beziehung:

```
1 - GAUSSFEHLER(x) = GAUSSFKOMPL(x)
```

GAUSSFKOMPL.GENAU()

Syntax:	GAUSSFKOMPL.GENAU(**x**)
Beispiel:	=GAUSSFKOMPL.GENAU (0,8)
Ergebnis:	0,2579

Liefert komplementäre Werte des Gaußschen Fehlerintegrals, vergleiche GAUSSF.GENAU().

Es gilt die Beziehung:

1 - GAUSSF.GENAU(x) = GAUSSFKOMPL.GENAU(x)

GGANZZAHL()

Syntax:	GGANZZAHL(**Zahl**; Schritt)

Die Funktion prüft, ob ein Wert einen Schwellenwert erreicht. Liefert 1, wenn Zahl größer oder gleich ist als die mit Schritt angegebene Zahl, sonst 0.

HEXINBIN()

Syntax:	HEXINBIN(**Zahl**; Stellen)
Beispiel:	=HEXINBIN(A)
Ergebnis:	1010

Liefert den Binärwert einer hexadezimalen Zahl, vergleiche DEZINBIN().

Stellen gibt an, wie viele Stellen angezeigt werden. Ohne Angabe werden nur die notwendigen Stellen angezeigt; ist Stellen größer als deren Anzahl, werden führende Nullen ausgegeben.

HEXINDEZ()

Syntax:	HEXINDEZ(**Zahl**)
Beispiel:	=HEXINDEZ(F)
Ergebnis:	15

Liefert den Dezimalwert einer hexadezimalen Zahl, vergleiche DEZINBIN().

HEXINOKT()

Syntax:	HEXINOKT(**Zahl**; Stellen)
Beispiel:	=HEXINOKT(F)
Ergebnis:	17

16 Tabellenfunktionen

Liefert den Oktalwert einer hexadezimalen Zahl, vergleiche DEZINBIN().

Stellen gibt an, wie viele Stellen angezeigt werden. Ohne Angabe werden nur die notwendigen Stellen angezeigt; ist Stellen größer als deren Anzahl, werden führende Nullen ausgegeben.

IMABS()

Syntax:	IMABS(Komplexe_Zahl)
Beispiel:	=IMABS("1+2i")
Ergebnis:	2,236067977

Liefert den Absolutbetrag einer komplexen Zahl. Die Komplexe_Zahl muss als Zeichenkette in der Form

x + ai oder x + aj

eingegeben werden, wobei x und a zwei beliebige Zahlen sein können.

Kurz einige Hinweise: Die imaginäre Einheit i (oft wird auch j geschrieben, die Funktion akzeptiert beides) ist definiert als:

i = WURZEL(-1)

Auf diese Weise lassen sich aus negativen Zahlen Wurzeln ziehen: WURZEL(-25) ist 5i. Mit imaginären Zahlen lässt sich ganz normal rechnen, wenn dabei Folgendes beachtet wird:

```
i^2 = -1; i^3 = -i; i^4 = 1; i^7 = -i usw.
4i + 2i = 6i
4i - 4i = 0
3i * 4i = -12
10i/2i  = 5
```

Komplexe Zahlen sind Zahlen, die aus einem reellen und einem imaginären Anteil zusammengesetzt sind. Sie lassen sich geometrisch darstellen als Punkte in einem rechtwinkligen Koordinatensystem, bei dem die waagerechte Achse die reellen (also ganz normalen) Zahlen und die senkrechte Koordinate den imaginären Anteil repräsentiert.

16.14 Technische Funktionen

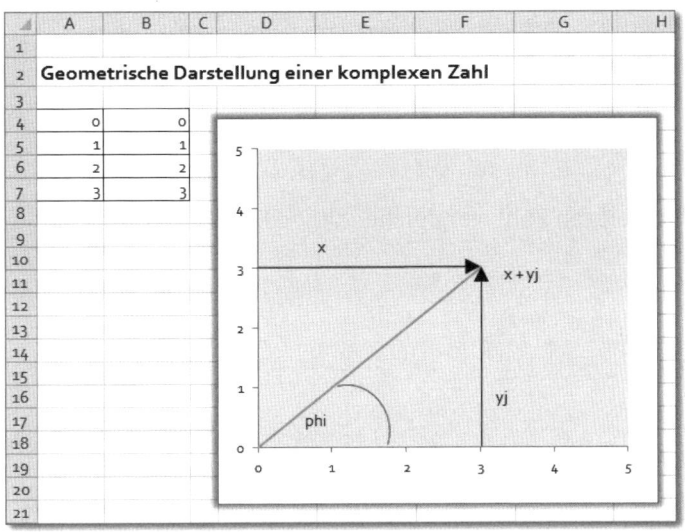

Abbildung 16.85 Geometrische Darstellung einer komplexen Zahl

Als Absolutbetrag einer komplexen Zahl gilt:

```
Absolutbetrag(x + ai) = WURZEL(x^2 + a^2)
```

Der Winkel phi heißt Argument der komplexen Zahl.

IMAGINÄRTEIL()

Syntax:	IMAGINÄRTEIL(**Komplexe_Zahl**)
Beispiel:	=IMAGINÄRTEIL("1+2i")
Ergebnis:	2

Liefert den imaginären Anteil einer komplexen Zahl, vergleiche IMABS().

IMAPOTENZ()

Syntax:	IMAPOTENZ(**Komplexe_Zahl**; Potenz)
Beispiel:	=IMAPOTENZ("3+2i"; 2)
Ergebnis:	5+12i

Liefert die ganzzahlige Potenz einer komplexen Zahl, vergleiche IMABS().

Für das Quadrat komplexer Zahlen lässt sich die Rechnung einfach nachvollziehen:

```
(3+2i)^2 = 9 + 12i + 4i^2 = 9 + 12i - 4
```

IMARGUMENT()

Syntax:	IMARGUMENT(Komplexe_Zahl)
Beispiel:	=IMARGUMENT("3+3i")
Ergebnis:	0,785

Liefert das Argument einer komplexen Zahl, vergleiche IMABS(). Der Winkel wird im Bogenmaß geliefert.

IMCOS()

Syntax:	IMCOS(Komplexe_Zahl)
Beispiel:	=IMCOS("3+4i")
Ergebnis:	-27,03 - 3,85i (gerundet)

Liefert den Kosinus einer komplexen Zahl.

IMDIV()

Syntax:	IMDIV(Komplexe_Zahl1; Komplexe_Zahl2)
Beispiel:	=IMDIV("25-10i"; "1+2i")
Ergebnis:	1-12i

Liefert das Ergebnis der Division zweier komplexer Zahlen.

IMEXP()

Syntax:	IMEXP(Komplexe_Zahl)
Beispiel:	=IMEXP("0+4i")
Ergebnis:	-0,65 - 0,76i (gerundet)

Liefert das Resultat der Potenzierung von e (Eulersche Zahl) mit einer komplexen Zahl, vergleiche IMABS() und die mathematische Funktion EXP().

IMKONJUGIERTE()

Syntax:	IMKONJUGIERTE(Komplexe_Zahl)
Beispiel:	=IMKONJUGIERTE("1+2i")
Ergebnis:	1-2i

Liefert zu einer komplexen Zahl das konjugiert komplexe Komplement. Beide Zahlen zusammen heißen »konjugiert komplex«. Geometrisch handelt es sich um eine Spiegelung an der reellen Achse.

IMLN()

Syntax:	IMLN(**Komplexe_Zahl**)
Beispiel:	=IMLN("2+2i")
Ergebnis:	1,04+0,78i (gerundet)

Liefert den natürlichen Logarithmus einer komplexen Zahl.

IMLOG10()

Syntax:	IMLOG10(**Komplexe_Zahl**)
Beispiel:	=IMLOG10("100-i")
Ergebnis:	2,00002 - 0,00434i

Liefert den dekadischen Logarithmus einer komplexen Zahl.

IMLOG2()

Syntax:	IMLOG2(**Komplexe_Zahl**)
Beispiel:	=IMLOG2("8+4i")
Ergebnis:	3,1609 - 0,6689i

Liefert den binären Logarithmus einer komplexen Zahl.

IMPRODUKT()

Syntax:	IMPRODUKT(**Komplexe_Zahl1**; Komplexe_Zahl2,...)
Beispiel:	=IMPRODUKT("20-10i"; "1+2i")
Ergebnis:	45 + 40i

Liefert das Produkt von bis zu 255 komplexen Zahlen.

IMREALTEIL()

Syntax:	IMREALTEIL(**Komplexe_Zahl**)
Beispiel:	=IMREALT("1+2i")
Ergebnis:	1

Liefert den reellen Anteil einer komplexen Zahl, vergleiche IMABS().

IMSIN()

Syntax:	IMSIN(`Komplexe_Zahl`)
Beispiel:	=IMSIN("3,14+i")
Ergebnis:	0,002 - 1,175i (gerundet)

Liefert den Sinus einer komplexen Zahl.

IMSUB()

Syntax:	IMSUB(`Komplexe_Zahl1; Komplexe_Zahl2`)
Beispiel:	=IMSUB("12+2i"; "3 - 2i")
Ergebnis:	9 + 4i

Liefert das Resultat der Subtraktion zweier komplexer Zahlen.

IMSUMME()

Syntax:	IMSUMME(`Komplexe_Zahl1`; Komplexe_Zahl2; ...)
Beispiel:	=IMSUMME("1+i"; "1-i")
Ergebnis:	2

Liefert die Summe von bis zu 255 komplexen Zahlen.

IMWURZEL()

Syntax:	IMWURZEL(`Komplexe_Zahl`)
Beispiel:	=IMWURZEL("3+2i")
Ergebnis:	1,82 - 0,55i (gerundet)

Liefert die Quadratwurzel einer komplexen Zahl, vergleiche IMABS().

KOMPLEXE()

Syntax:	KOMPLEXE(`Realteil; Imaginärteil; Suffix`)
Beispiel:	=KOMPLEXE(3; 4; i)
Ergebnis:	3 + 4i

Bildet eine komplexe Zahl aus zwei reellen Zahlen, wobei die erste (Realteil) zum reellen, die zweite (Imaginärteil) zum imaginären Anteil wird. Mit Suffix lässt sich festlegen, ob i (»i« oder keine Angabe) oder j (»j«) zur Kennzeichnung des Imaginärteils verwendet wird, vergleiche IMABS().

OKTINBIN()

Syntax:	OKTINBIN(**Zahl**; Stellen)
Beispiel:	=OKTINBIN(100; 10)
Ergebnis:	0001000000

Liefert den Binärwert einer oktalen Zahl, vergleiche BININDEZ().

Stellen gibt an, wie viele Stellen angezeigt werden. Ohne Angabe werden nur die notwendigen Stellen angezeigt; ist Stellen größer als deren Anzahl, werden führende Nullen ausgegeben.

OKTINDEZ()

Syntax:	OKTINDEZ(**Zahl**)
Beispiel:	=OKTINDEZ(10)
Ergebnis:	8

Liefert den Dezimalwert einer oktalen Zahl, vergleiche BININDEZ().

OKTINHEX()

Syntax:	OKTINHEX(**Zahl**; Stellen)
Beispiel:	=OKTINDEZ(100; 6)
Ergebnis:	000040

Liefert den hexadezimalen Wert einer oktalen Zahl, vergleiche BININDEZ().

Stellen gibt an, wie viele Stellen angezeigt werden. Ohne Angabe werden nur die notwendigen Stellen angezeigt; ist Stellen größer als deren Anzahl, werden führende Nullen ausgegeben.

UMWANDELN()

Syntax:	UMWANDELN(**Zahl**; **Von_Maßeinheit**; **In_Maßeinheit**)
Beispiel:	=UMWANDELN(4; "J"; "cal")
Ergebnis:	0,955

Liefert Umrechnungen zwischen verschiedenen Maßeinheiten. Mit Zahl wird angegeben, wie viele Einheiten der Von_Maßeinheit umgerechnet werden sollen. Von_Maßeinheit ist die Einheit, aus der umgerechnet wird; In_Maßeinheit ist die Einheit, in die umgerechnet werden soll. Welche Einheiten zur Umrechnung verfügbar sind, zeigt die Tabelle zu Anfang dieses Abschnitts.

17   Informationen als Tabellen ordnen und verwalten

Zu den alltäglichen Arbeiten im Büro gehört das Zusammenstellen von Daten in Form von tabellarischen Listen, beispielsweise von Telefonverzeichnissen, Adress-, Artikel- oder Bestelllisten. Für die Aufgabe, solche gleichmäßig strukturierten Tabellen anzulegen, zu pflegen und auszuwerten, stellt Excel eine Reihe von attraktiven Funktionen zur Verfügung, die teilweise durchaus mit den Fähigkeiten spezieller Datenbankprogramme vergleichbar sind. Darüber hinaus sind in Excel 2010 die Bereiche solcher Tabellen mit speziellen Funktionen ausgestattet, die die Pflege und Erweiterung und insbesondere auch die Formatierung und das Design erleichtern.

Tabelle, Datenliste und Datentabelle

Wer die verschiedenen Versionen von Excel kennt, weiß, dass Microsoft hinsichtlich der verwendeten Begriffe *Tabelle*, *Datenliste* und *Datentabelle* eine gewisse Unstetigkeit an den Tag gelegt hat. Bis zur Version 2003 war von Datenlisten und Datenbanken die Rede, jetzt wird einfach von Tabellen bzw. von Excel-Tabellen gesprochen, und zwar im Unterschied zu einfachen Zellbereichen auf Tabellenblättern, die nicht die spezielle Funktionalität einer Excel-Tabelle anbieten.

Noch einmal davon unterschieden sind die sogenannten Datentabellen, die in Abschnitt 6.4, »Was wäre, wenn ...«, in Zusammenhang mit den Mehrfachoperationen beschrieben wurden. Um die Verwirrung aufrecht zu erhalten, werden die speziellen Funktionen für die Auswertung solcher Excel-Tabellen aber weiterhin unter der Kategorie **Datenbank** geführt. Zur Vereinfachung soll deshalb im Folgenden einfach von Tabellen die Rede sein.

Tabelle für eine Lagerliste

Der Umgang mit diesen Tabellen wird in den folgenden Abschnitten am Beispiel einer Lagerliste für Weine aus verschiedenen Ländern beschrieben. Innerhalb der Länder sind die Weine nach Anbaugebieten geordnet. Weiter wird unterschieden zwischen den Farben Rot, Weiß und Rosé. Diese verschiedenen Ordnungskriterien bieten sich an, um die Möglichkeiten zum Gruppieren, Zusammenfassen und Auswerten von Daten in Form von Tabellen zu demonstrieren.

17.1 Einsatzmöglichkeiten von Tabellen

Tabellen können immer dann eingesetzt werden, wenn sich Informationen gleichmäßig zeilenweise anordnen lassen. Die Zellen in einer Zeile enthalten dabei jeweils die Daten für eine bestimmte Einheit. Dies kann eine Person oder Personengruppe, eine räumliche, zeitliche oder eine sachliche Einheit sein. Während z. B. eine Tabellenzeile einer solchen Tabelle verschiedene Informationen über eine bestimmte Person enthält, wird in einer Tabellenspalte jeweils dieselbe Art von Information bei jeder der verschiedenen aufgeführten Personen eingetragen, etwa der Name.

Der Inhalt der Spalte wird durch den Feldnamen in Form der Spaltenbeschriftung in der ersten Zeile der Tabelle angezeigt. Solche Tabellen in einem Arbeitsblatt von Excel 2010 unterzubringen, bietet sich an, da das Tabellenblatt diese tabellarische Struktur ja schon vorgibt.

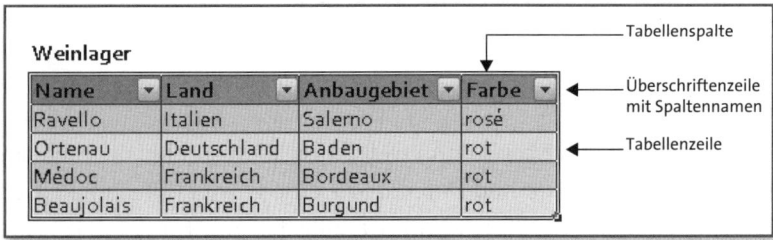

Abbildung 17.1 Struktur einer Tabelle

Die Tabellenfunktionalität von Excel soll nun keineswegs die Benutzung spezieller Datenbankprogramme ersetzen. Innerhalb der Office-Linie von Microsoft steht Access als spezielles Datenbankprogramm zur Verfügung. Noch umfangreicher sind die Möglichkeiten, die die verschiedenen Versionen des Microsoft SQL Servers zur Verfügung stellen. Auch die kostenlose Express-Edition bietet sich bei nicht allzu großen Datenmengen als praktikable Lösung an.

Zudem gehört der Datenaustausch mit externen Datenbanken zu den besonderen Leistungsschwerpunkten von Excel. Für die Übernahme von externen Daten in ein Tabellenblatt ist das Programm bestens präpariert. Mithilfe von speziellen Treibern kann direkt auf die Daten von zahlreichen Datenbanken zugegriffen werden, etwa Paradox, Microsoft SQL Server etc. Dies wird in Kapitel 20, »Arbeit mit externen Daten«, beschrieben.

Wenn es um die Verwaltung sehr großer Datenmengen geht, ist die Verwendung spezieller Datenbankprogramme in jedem Fall sinnvoll. Die Datenmengen, die diese Programme verwalten können, sind nicht durch die Größe des Hauptspeichers begrenzt. Excel kann zwar auch auf Dateien zugreifen, die nicht in den Hauptspeicher geladen worden sind, normalerweise aber operiert das Programm mit Daten, die alle gleichzeitig im Hauptspeicher bereitstehen. Für mittlere Datenmengen reichen Hauptspeichergrößen, wie sie heute üblich sind, aber vollkommen aus, um effektive Anwendungen einzurichten. Der Vorteil solcher Anwendungen liegt insbesondere darin, dass die Datenbestände direkt mit Formeln in der Tabelle ausgewertet werden können.

17.2   Die Struktur von Tabellen definieren

Die Arbeit mit Tabellen oder Datenlisten ist seit den ersten Excel-Versionen Schritt für Schritt vereinfacht worden. Es ist in den meisten Fällen nicht mehr notwendig, vor der Anwendung der Tabellenwerkzeuge spezielle Bereiche zu definieren. Excel sucht sich die zur Tabelle gehörenden Daten meist selbst zusammen. Ausnahme sind bestimmte Spezialfälle, bei denen zur Datenauswertung Kriterienbereiche definiert werden müssen.

Excel bietet zahlreiche sehr praktische Funktionen für die Auswertung solcher Tabellen an. Dazu gehören die Möglichkeit, automatisch Teilergebnisse für Gruppen von Daten zu erzeugen, die Filter-Funktion und insbesondere die Erzeugung von interaktiven Pivot-Tabellen, mit denen Daten umgeordnet und unter wechselnden Gesichtspunkten zusammengefasst werden können. Mehr dazu in den Kapiteln 18, »Datenabfragen und Datenauszüge«, und 19, »Pivot-Tabellen und -Diagramme«.

> **HINWEIS**
>
> **Rückwärtskompatibel**
> Ältere Datenlistenanwendungen, die noch mit definierten Datenbankbereichen etc. angelegt sind, kann Excel 2010 ohne Änderung weiterverwenden. Das gilt auch für die Übernahme von Lotus-1-2-3-Modellen.

Bestandstabelle für ein Weinlager

Der erste Schritt beim Aufbau der vorgesehenen Tabelle für ein fiktives Weinlager besteht aus der Überlegung, welche Informationen notwendig sind, um den Lagerbestand effektiv zu verwalten. Praktisch schlägt sich diese Überlegung zunächst in der Überschriftenzeile der Tabelle nieder. Welche Spaltennamen notwendig sind, hängt natürlich vom Gegenstand der Tabelle ab, insbesondere aber auch von den Fragen, die mithilfe der Tabelle zu beantworten sind.

Ob Sie Ihre Überlegungen dazu nun im Kopf, auf einem Stück Papier oder gleich in einer Tabelle anstellen, ist eher eine Frage des persönlichen Arbeitsstils. Die Tabelle kann zum

Ausprobieren aber schon deshalb gut genutzt werden, weil Sie Ihre ersten Versuche durch Drag&Drop-Operationen jederzeit korrigieren können, ohne immer wieder alles neu eingeben zu müssen.

Den Gegenstand bestimmen

Die erste zu klärende Frage ist die nach dem Gegenstand der Tabelle. Was ist die Einheit, für die eine Zeile in der Tabelle Informationen bereitstellt? Die Einheit kann eine Person in einer bestimmten Eigenschaft sein, z. B. als Kunde oder Mitarbeiter. Sie kann eine Sache sein, wie etwa ein Artikel, ein Bausatz für ein Produkt, ein Vorgang wie eine Dienstleistung oder auch ein Tatbestand wie die Zuordnung von Personen zu verschiedenen Projekten. In unserem Beispiel ist der einzelne Wein die Einheit, identifiziert durch einen bestimmten Namen.

Informationspartikel

Welche Informationen sind für jede Einheit erhältlich oder sollen beschafft und erfasst werden? Welche Unterscheidungsmerkmale und Ordnungskriterien sind notwendig oder sinnvoll? Die Beantwortung dieser Fragen hängt davon ab, welche praktischen Entscheidungen auf der Basis der Tabelle zu treffen sind. Wenn Sie z. B. wissen wollen, welche Weine aus dem Lager nachbestellt werden müssen, dürfen natürlich eine Spalte für den Mindestbestand und eine Spalte für den aktuellen Bestand nicht fehlen.

Als allgemeine Regel lässt sich formulieren: Nehmen Sie nur die Informationen in die Tabelle hinein, die für den Gegenstand und die erwarteten Fragestellungen notwendig sind. Überflüssige Informationen nehmen Platz weg, machen die Tabelle unübersichtlich und verlangsamen alle Abläufe. Es ist oft besser, mit mehreren Tabellen zu arbeiten, als mit einer Liste, die überflüssige Wiederholungen enthält. In einer Bestellliste muss z. B. nur die Lieferantennummer und nicht die komplette Lieferantenadresse erscheinen, wenn es eine Lieferantenliste gibt, in der der Lieferantennummer die Adresse zugeordnet ist.

Die Reihenfolge der Spalten ist im Prinzip beliebig, aber es ist natürlich sinnvoll, Informationen, die sachlich zusammengehören, auch nebeneinander anzuordnen. Solange die Tabelle nur wenige Spalten enthält, ist das alles nicht weiter tragisch. Bei Tabellen mit zahlreichen Spalten aber ist es hilfreich, die Informationen in den ersten Spalten unterzubringen, die die Sache oder die Person, um die es geht, eindeutig identifizieren.

Schlüsselspalten für den Zugriff

In vielen Fällen ist es sinnvoll, ein oder mehrere Spaltennamen als Schlüsselfelder vorzusehen. Schlüsselfelder sind dazu da, einen bestimmten Datensatz eindeutig zu identifizieren. In unserem Beispiel ist das der Name des Weins. Statt des Namens könnte aber auch eine eindeutige Artikelnummer verwendet werden. Solche Nummern können beispielsweise sehr einfach mit einer Startnummer und mit **Start ▸ Bearbeiten ▸ Füllbereich ▸ Reihe** erzeugt werden.

Datentypen und Feldlängen

Niemand kann Sie daran hindern, ein bestimmtes Feld in der einen Zeile mit einer Zahl und in der nächsten mit einer Zeichenfolge zu füllen. Diese größere Freiheit kann aber auch Nachteile haben, z. B. bei einer späteren Sortierung, weil Excel Zahlen immer vor Zeichenfolgen einordnet. Wird also eine Artikelnummer einmal als Zahl und einmal als Zeichenfolge aus Zahlen eingegeben, gerät die Reihenfolge durcheinander. Außerdem treten Probleme bei der Formulierung von Suchkriterien auf. Wenn Sie z. B. die Postleitzahl einmal als Zahl und ein anderes Mal als Zeichenfolge eingegeben haben, kann es sein, dass bei einem Kriterium, das die Postleitzahl mit einer Zahl vergleicht, nicht alle Datensätze angezeigt werden.

Für die einzelnen Felder stellt sich also die Frage, welcher Datentyp in der jeweiligen Spalte verwendet werden soll. Ist es ein numerischer Wert, ein Datums- oder Zeitwert, ein Wahrheitswert oder eine Zeichenfolge? Im Unterschied zu einem speziellen Datenbankprogramm wie Access findet bei der Dateneingabe in eine Excel-Tabelle zunächst keine Prüfung des Datentyps oder der Länge der Eingabe statt, es sei denn, Sie steuern die Dateneingabe über ein entsprechendes Makro oder Sie verwenden Gültigkeitsregeln. Diese Funktion wurde in Abschnitt 3.5, »Prüfung der Dateneingabe«, ja bereits beschrieben. Sie bietet sehr gute Möglichkeiten zur Kontrolle der korrekten Dateneingabe, muss aber nicht verwendet werden.

Obwohl bei der Festlegung der Struktur der Tabelle darüber keine endgültige Entscheidung getroffen werden muss, ist es doch meist sinnvoll, abzuschätzen, wie viel Platz die einzelne Information benötigt, um die Spaltenbreite entsprechend einzustellen.

Abschätzen der Datenmenge

In die Planung einbezogen werden sollte auch die erwartete Gesamtmenge der Daten in der Tabelle. Dass die Tabelle immer auf ein Tabellenblatt beschränkt bleibt, ist allerdings aufgrund der enormen Erweiterung des Tabellenblatts in Excel 2010 meist kein Hindernis mehr.

Reicht aber der Hauptspeicher überhaupt aus, um mit der geplanten Tabelle umzugehen, oder muss die Tabelle gesplittet werden? Hier sind natürlich nur ungefähre Schätzungen möglich. Wenn Sie mit mehr als einer Tabelle arbeiten, sollten Sie festlegen, ob eine Verbindung zwischen den verschiedenen Tabellen bestehen soll. Gibt es eine gemeinsame Spalte, die in beiden Tabellen vorkommt und eine Verknüpfung erlaubt?

Regeln für die Wahl der Spaltennamen

Bei der Wahl der Spaltennamen tun Sie gut daran, ein paar Regeln zu beachten:

- Die Spaltennamen sollten normalerweise eindeutig sein. Es ist zwar möglich, Spaltennamen auch mehrfach zu verwenden; bei der Funktion **Spezialfilter** führt dies aber zu Problemen, weil dann immer nur die erste Spalte, die einen bestimmten Namen verwendet, durchsucht wird, nicht aber die zweite Spalte mit dem gleichen Namen.
- Vermeiden Sie Kommas, Punkte, Leerzeichen, Bindestriche und Semikola. Verwenden Sie keine Namen, die wie Zellbezüge aussehen. Ist die Beschriftung länger als der Inhalt der Spalte, sollten Sie eventuell einen Zeilenumbruch einfügen.
- Was die Länge der Spaltennamen betrifft, ist ein brauchbarer Kompromiss sinnvoll zwischen einem Namen, der sprechend ist, also genau erkennen lässt, worum es in der Spalte geht, und einem Namen, der möglichst kurz ist. Wenn der Name sehr lang ist, haben Sie nicht nur mehr Arbeit bei der Formulierung von Abfragekriterien, auch die Wahrscheinlichkeit von Tippfehlern wächst.

Ist schließlich die Überschriftenzeile mit den Spaltennamen eingegeben, steht die Struktur der Tabelle fest. Die Abbildung zeigt die Überschriftenzeile für das Weinlager.

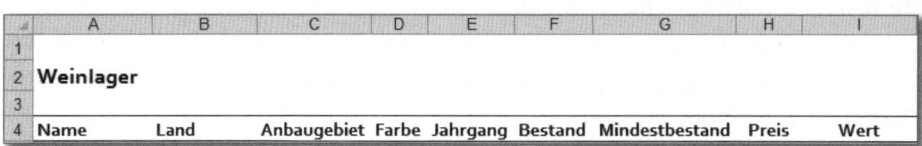

Abbildung 17.2 Überschriftenzeile für das Weinlager

17.3 Tabellenbereiche

Um den Umgang mit Tabellen zu vereinfachen, insbesondere die Erweiterung von Tabellen um weitere Zeilen oder Spalten, kann in Excel 2010 ein so strukturierter Zellbereich ausdrücklich in einen Tabellenbereich umgewandelt werden. Dies ist zwar nicht unbedingt notwendig, um beispielsweise Filterfunktionen zu nutzen, aber es ist äußerst ratsam, insbesondere auch weil es Fehler vermeiden hilft, was die Erweiterung und Definition von benannten Zellbereichen betrifft.

Zellbereiche in Tabellenbereiche umwandeln

Die ausdrückliche Umwandlung eines Zellbereichs in eine Tabelle kann gleich zu Anfang mit einer Beschriftungszeile oder auch später mit einem Zellenbereich erfolgen, der bereits Daten unterhalb der Beschriftungszeile enthält. Setzen Sie im ersten Fall den Zellzeiger direkt in eine Zelle unter der Beschriftungszeile und benutzen Sie **Einfügen ▸ Tabellen ▸ Tabelle**. Statt des Befehls kann auch die Tastenkombination $\boxed{\text{Strg}} + \boxed{\text{T}}$ benutzt werden.

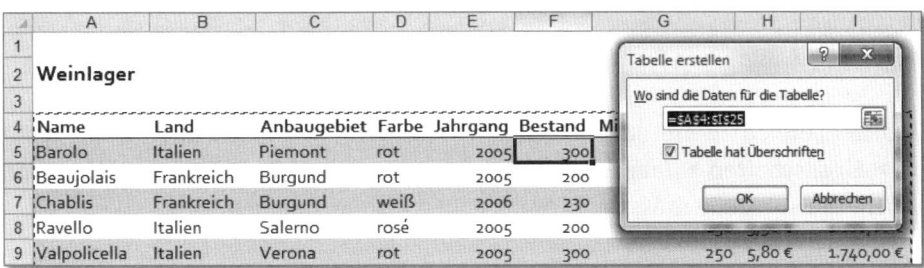

Abbildung 17.3 Umwandeln eines Zellbereichs in eine Tabelle

Excel fordert eine Bestätigung für den Tabellenbereich, den es aus den gegebenen Umständen ableitet. Ist der Bereich noch leer, definieren Sie den Bereich durch Ziehen mit der Maus oder Eingabe der Bereichsadressen. Benutzen Sie die Option **Tabelle hat Überschriften**, wenn dies der Fall ist. Wenn noch keine Kopfzeile existiert, gibt Excel als Standardnamen *Spalte(n)* vor.

Excel erzeugt einen Tabellenbereich und blendet als Vorgabe Filterschaltflächen zu den einzelnen Spalten ein, die weiter unten behandelt werden. Der angelegte Bereich wird mit einem vorgegebenen Tabellenformat belegt.

Denselben kleinen Dialog erreichen Sie auch, wenn Sie den Zeiger in einen bereits gefüllten Zellbereich stellen und über **Start ▸ Formatvorlagen** die Schaltfläche **Als Tabelle formatieren** anklicken. Bei dieser Vorgehensweise weisen Sie dem Bereich aber gleich das aus der Palette ausgewählte Format zu.

In jedem Fall werden für die neue Tabelle die **Tabellentools** mit dem Register **Entwurf** eingeblendet, das fünf Gruppen mit Optionen für die Gestaltung der Tabelle anbietet.

Unter **Eigenschaften ▸ Tabellenname** können Sie zunächst den vorgegebenen durchnummerierten Standardnamen überschreiben. Dieser Name kann für strukturierte Verweise in Formeln verwendet werden, wie wir sie weiter unten noch beschreiben. Er kann auch wie ein definierter Bereichsname genutzt werden.

Abbildung 17.4 Optionsgruppen für die Gestaltung des Tabellenbereichs auf dem Register »Entwurf«

Der Tabellenbereich kann nachträglich vergrößert werden, und zwar über **Entwurf ▸ Eigenschaften ▸ Tabellengröße ändern**. Der neue Bereich muss den alten überlappen. Die Kopfzeile muss dabei in derselben Zeile verbleiben.

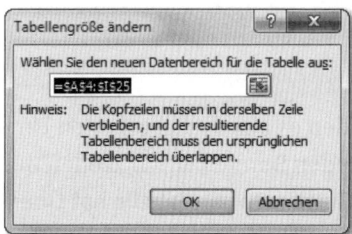

Abbildung 17.5 Dialog zum Ändern der Tabellengröße

Zurück zum Zellbereich

Bei Bedarf kann der Tabellenbereich über die Option **Entwurf ▸ Tools ▸ In Bereich konvertieren** auch wieder in einen normalen Zellbereich zurückgesetzt werden. Dies ist seltsamerweise sogar notwendig, wenn mit Teilsummen gearbeitet werden soll, was weiter unten noch beschrieben wird.

Formatierung der Tabellen

Um die Überschriftenzeile von den Tabellenzeilen etwas abzuheben und die einzelnen Zeilen übersichtlich zu halten, ist es sinnvoll, mit einer entsprechenden Formatvorlage für Tabellen zu arbeiten. Wenn Sie das Format nicht schon vorher ausgewählt haben, wählen Sie eine Zelle in der Tabelle aus und benutzen **Entwurf ▸ Tabellenformatvorlagen**. Aus der umfangreichen Palette kann dann einfach das gewünschte Muster per Mausklick zugeordnet werden.

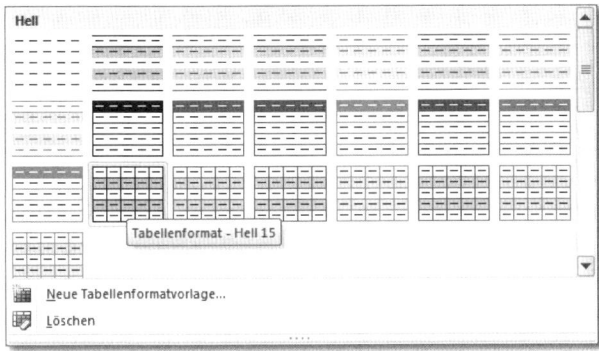

Abbildung 17.6 Zuordnen eines Tabellenformates

Allerdings sollte vermieden werden, die Überschriftenzeile durch eine Leerzeile von den Tabellenzeilen zu trennen, weil Excel dann Schwierigkeiten hat, den Tabellenbereich korrekt zu bestimmen. Das Programm erwartet die Überschriftenzeile direkt über den Tabellenzeilen.

Optionen für Tabellen

In der Gruppe **Optionen für Tabellenformat** auf dem Register **Entwurf** werden noch einige praktische Einstellungen angeboten, die die Arbeit mit Tabellen betreffen. Bei Bedarf kann die Zeile mit den Spaltennamen ausgeblendet werden, dazu muss nur die Option **Überschrift** abgewählt werden.

Wird **Erste Spalte** oder **Letzte Spalte** aktiviert, werden diese durch die Formatierung hervorgehoben, die angebotenen Tabellenformatvorlagen sind dann entsprechend erweitert. Die Option **Verbundene Zeilen** sorgt dafür, dass die Formatierung paarweise wechselt, sodass ein Streifenmuster entstehen kann. **Verbundene Spalten** sorgt für einen ähnlichen Effekt bei der Formatierung der Spalten.

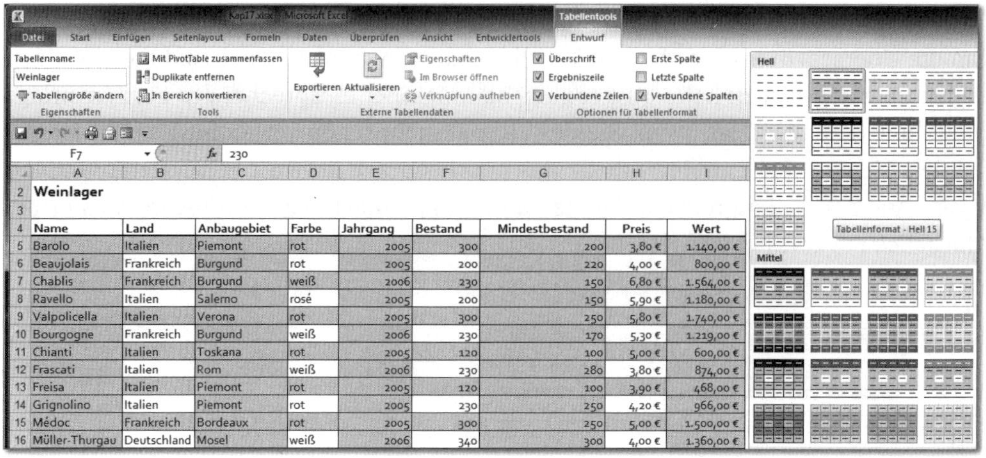

17 Informationen als Tabellen ordnen und verwalten

Abbildung 17.7 Paarweise Zeilen- und Spaltenformatierung

Einfrieren von Beschriftungen

Bei langen Tabellen ist es sinnvoll, den Tabellenkopf und vielleicht auch die erste Spalte mit dem Befehl **Ansicht ▸ Fenster ▸ Fenster einfrieren** auch dann sichtbar zu halten, wenn weit entfernte Tabellenzeilen oder -spalten angezeigt werden. Setzen Sie dazu den Zellzeiger auf die erste Zeile unter den Feldnamen und rechts von der ersten Spalte. Die Fixierung wird durch Striche angezeigt.

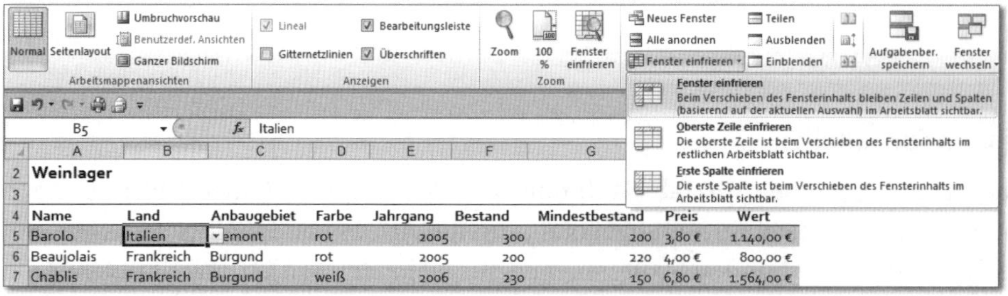

Abbildung 17.8 Liste mit fixiertem Kopf

Anstatt die Fixierung durch die Zellmarkierung zu steuern, kann über das Menü der Schaltfläche **Fenster einfrieren** auch einfach die oberste Zeile oder die erste Spalte eingefroren werden.

In der Gruppe **Ansicht ▸ Zoom** gibt es ebenfalls eine Schaltfläche mit dem Namen **Fenster einfrieren**. Die sorgt aber nur dafür, dass die aktuelle Zellauswahl auf die Größe des aktuellen Fensters gezoomt wird. Klick auf die Schaltfläche **100 %** hebt dies dann wieder auf.

Wird auf das Einfrieren von Kopfzeilen verzichtet, stellt Excel 2010 immer noch eine praktische Orientierungshilfe zur Verfügung. Führt der Bildlauf innerhalb des Tabellenbereichs dazu, dass die Spaltennamen nicht mehr sichtbar sind, übernimmt Excel vorübergehend einfach die Spaltennamen in die Spaltenköpfe des Tabellenblatts.

	Name	Land	Anbaugebiet	Farbe	Jahrgang	Bestand	Mindestbestand	Preis	Wert
5	Barolo	Italien	Piemont	rot	2005	300	200	3,80 €	1.140,00 €
6	Beaujolais	Frankreich	Burgund	rot	2005	200	220	4,00 €	800,00 €
7	Chablis	Frankreich	Burgund	weiß	2006	230	150	6,80 €	1.564,00 €
8	Ravello	Italien	Salerno	rosé	2005	200	150	5,90 €	1.180,00 €
9	Valpolicella	Italien	Verona	rot	2005	300	250	5,80 €	1.740,00 €

Abbildung 17.9 Spaltenbeschriftungen in den Spaltenköpfen

Daten eingeben

Wenn die Struktur der Tabelle feststeht, können Sie mit der Eingabe der Daten beginnen. Die einfachste Form ist sicher, die Daten direkt unter der Überschriftenzeile einzugeben. Da die Daten meist zeilenweise eingegeben werden, sollten Sie die Eingabe in eine Zelle jeweils mit → oder ⇥ beenden.

Es ist ganz praktisch, vor der Dateneingabe einen Bereich von mehreren Datensätzen zu markieren. Dann führt ⇥ am Ende eines Datensatzes sofort an den Anfang des nächsten Datensatzes.

	Name	Land	Anbaugebiet	Farbe	Jahrgang	Bestand	Mindestbestand	Preis	Wert
4									
5	Ravello	Italien	Salerno	rosé	2005	200	150	5,90 €	1.180,00 €
6	Ortenau	Deutschland	Baden	rot	2005	340	300	4,00 €	1.360,00 €
7	Médoc	Frankreich	Bordeaux	rot	2005	300	250	5,00 €	1.500,00 €

Abbildung 17.10 Dateneingabe im markierten Bereich

> **Auf einheitliche Schreibweise achten!**
>
> Wenn Sie Texte eingeben, sollten Sie auf eine einheitliche Schreibweise achten. Bei Firmennamen ist die Schreibweise allerdings oft ein Problem. Ein Name wie »A B C« wird bei einer aufsteigenden alphabetischen Sortierung vor »AAS« eingeordnet. In solchen Fällen kann eine zweite Spalte helfen, die alle Namen in eine einheitliche Schreibweise umsetzt, sodass beim Sortieren keine Probleme entstehen.

Sie arbeiten ansonsten wie bei einer normalen Tabelle, fügen eventuell Zeilen ein oder löschen welche, wenn Daten überflüssig geworden sind.

Eindeutigkeit und Duplikate

Wenn Sie ein Schlüsselfeld wie Artikelnummer, Kundennummer oder Rechnungsnummer verwenden, müssen Sie beachten, dass das Programm nicht reagiert, wenn ein solcher Schlüssel mehrfach verwendet wird. Für die Eindeutigkeit der Schlüssel müssen Sie also selbst sorgen. Um die Eindeutigkeit nachträglich zu kontrollieren, kann das Tool **Duplikate entfernen** aus der Gruppe **Daten ▸ Datentools** verwendet werden.

Im Dialog wird zunächst die Spalte ausgewählt, die auf Duplikate geprüft werden soll. Ist die Auswahl bestätigt, werden gefundene Duplikate sofort entfernt, nur das jeweils erste Vorkommen eines Elements bleibt erhalten. Das ist eher ein etwas rohes Vorgehen, das dem Benutzer keine weiteren Eingriffsmöglichkeiten gibt.

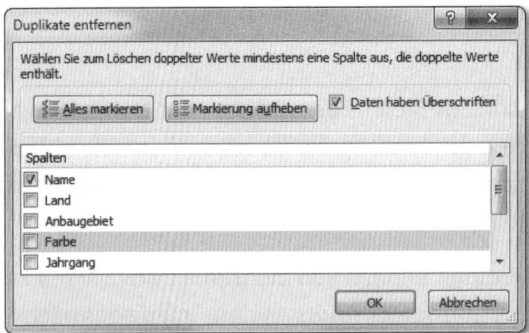

Abbildung 17.11 Prüfung auf Duplikate

Bereichserweiterung und Formate

Wird ein normaler Zellbereich durch direktes Ausfüllen weiterer Tabellenzeilen erweitert, muss immer darauf geachtet werden, dass die Formatierung in die neuen Zeilen übernommen und eventuelle Formeln heruntergekopiert werden. Auf der Seite **Erweitert** im Dialogfeld **Excel-Optionen** gibt es dafür die Einstellung **Datenbereichsformate und -formeln erweitern**. Wenn dieses Kästchen abgehakt ist, verhält sich Excel folgendermaßen: Immer wenn Sie bei einem Zellbereich Daten in die nächste leere Zeile eintragen, überträgt Excel automatisch das Format und die Formeln der letzten Zeile auf die neue.

Excel »erkennt« zusammenhängende Zellbereiche, wenn Sie den Zellzeiger in eine beliebige Zelle des Bereichs stellen und dann einen der Befehle aus der Gruppe **Daten ▸ Sortieren und Filtern** aufrufen.

Bei Tabellen werden Formate und Formeln automatisch in die neue Zeile übernommen, und zwar unabhängig von der oben beschriebenen Option **Datenbereichsformate und**

-formeln erweitern, die nur für normale Zellbereiche Wirkung hat. Voraussetzung ist allerdings, dass die neue Zeile nicht unter einer Ergebniszeile eingefügt wird.

Tabellen erweitern

Das Kontextmenü jeder ausgewählten Zelle in der Tabelle bietet über **Zeile/Spalte einfügen** Befehle an, um innerhalb der Tabelle Zeilen oder Spalten einzufügen, die sich nicht auf den Rest des Arbeitsblatts auswirken. Entsprechend wird auch ein Löschbefehl für ausgewählte Zeilen oder Spalten innerhalb des Tabellenbereichs zur Verfügung gestellt. Dies erlaubt es ohne Weiteres, auf einem Blatt auch mehrere Tabellen parallel oder untereinander anzulegen, was in den älteren Versionen häufig problematisch war, weil beim Einfügen oder Löschen von Zeilen und Spalten leicht unerwünschte Nebenwirkungen bezogen auf andere Tabellen auftreten konnten.

Um eine Tabelle am Ende um eine weitere Zeile zu erweitern, beenden Sie den Eintrag in der letzten Zelle einfach mit der Taste ⇥; oder Sie schreiben gleich in die neue Zeile. Excel nimmt in beiden Fällen die neue Zeile in den Tabellenbereich mit auf und übernimmt auch die Formate von der letzten Zeile.

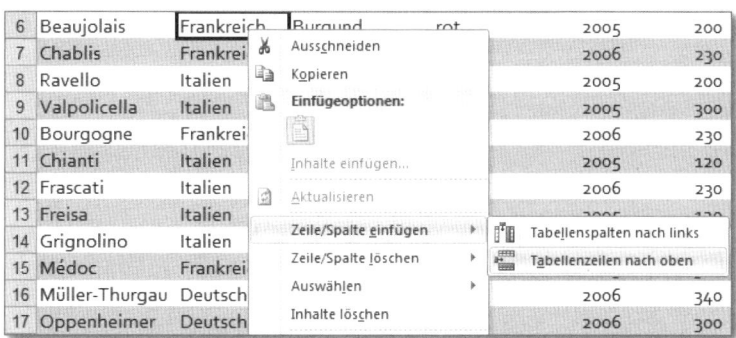

Abbildung 17.12 Zeilen oder Spalten über das Kontextmenü einfügen

Das Kontextmenü bietet bei Tabellen auch eine zusätzliche Option **Auswählen** mit einem Untermenü, das die schnelle Markierung der aktuellen Spalte bzw. der Daten darin oder der aktuellen Zeile erlaubt.

Wird in eine Zelle direkt neben oder direkt unter dem Bereich etwas eingegeben, vermutet Excel, dass diese Daten mit in den Tabellenbereich aufgenommen werden sollen. Ist das nicht der Fall, kann die automatische Tabellenerweiterung über das Menü der Schaltfläche **Autokorrektur-Optionen** bei Bedarf auch rückgängig gemacht werden.

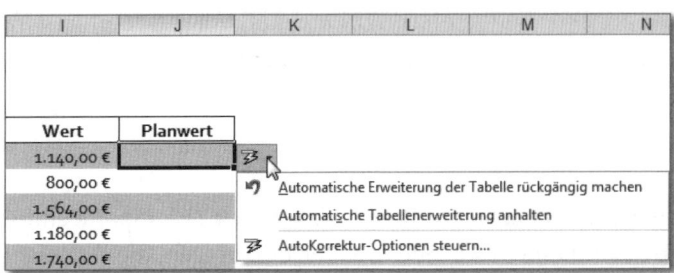

Abbildung 17.13 Erweitern der Tabelle um eine Spalte

Einfügen von Ergebniszeilen

Eine weitere Option des Tabellenbereichs ist das Einfügen einer Ergebniszeile am jeweiligen Ende der Tabelle, die automatisch mit dem wachsenden Bereich wandert und ihre Formeln anpasst. Dazu wird der Befehl **Entwurf ▶ Optionen für Tabellenformat ▶ Ergebniszeile** verwendet, der auch über das Kontextmenü erreichbar ist. Über die kleinen Pfeilschaltflächen kann für jede Spalte die Art der Auswertung einzeln gewählt werden. Neben Standardauswertungen wie **Summe**, **Anzahl**, **Mittelwert** lassen sich über die Option **Weitere Funktionen** auch benutzerdefinierte Funktionen heranziehen.

Abbildung 17.14 Ergebniszeile mit Listenfeld

Berechnete Spalten

Neben Spalten, in die Daten eingegeben werden, kann eine Tabelle auch Spalten enthalten, die auf der Basis von Werten in anderen Spalten oder auch von Werten außerhalb der Tabelle berechnet werden. Zum Beispiel kann der Verkaufspreis durch einen Prozentzuschlag auf den eingegebenen Einkaufspreis berechnet werden. In diesem Fall wird anstelle eines Wertes eine entsprechende Formel in die Zelle eingetragen und bei jedem neuen Datensatz nach unten kopiert.

Excel 2010 stellt für Formeln in solchen Tabellen eine vereinfachte Bezugsform zur Verfügung, die als *strukturierter Verweis* bezeichnet wird. Soll beispielsweise in der Spalte *Wert* der Preis mit dem Bestand multipliziert werden, wird bei der Markierung der Zellen während der Formeleingabe automatisch der jeweilige Spaltenname in eckigen Klammern angezeigt, ohne dass die Bereiche explizit benannt werden müssen. Die Formel heißt dann

```
=[Bestand]*[Preis]
```

Sie wird in alle Tabellenzeilen unverändert übernommen, wertet aber jeweils die richtigen Werte in der jeweiligen Tabellenzeile aus. Nach Eingabe der ersten Formel wird diese als Vorgabe automatisch auf die ganze Spalte übertragen. Dabei wird die Schaltfläche **AutoKorrektur-Optionen** eingeblendet, die es erlaubt, diesen Vorgang notfalls rückgängig zu machen.

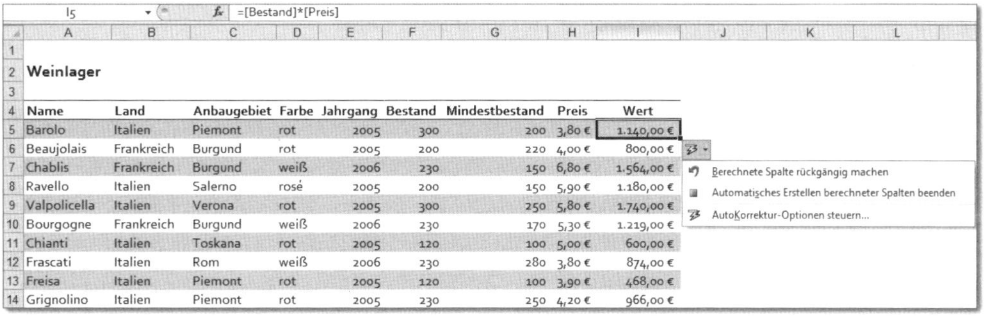

Name	Land	Anbaugebiet	Farbe	Jahrgang	Bestand	Mindestbestand	Preis	Wert
Barolo	Italien	Piemont	rot	2005	300	200	3,80 €	1.140,00 €
Beaujolais	Frankreich	Burgund	rot	2005	200	220	4,00 €	800,00 €
Chablis	Frankreich	Burgund	weiß	2006	230	150	6,80 €	1.564,00 €
Ravello	Italien	Salerno	rosé	2005	200	150	5,90 €	1.180,00 €
Valpolicella	Italien	Verona	rot	2005	300	250	5,80 €	1.740,00 €
Bourgogne	Frankreich	Burgund	weiß	2006	230	170	5,30 €	1.219,00 €
Chianti	Italien	Toskana	rot	2005	120	100	5,00 €	600,00 €
Frascati	Italien	Rom	weiß	2006	230	280	3,80 €	874,00 €
Freisa	Italien	Piemont	rot	2005	120	100	3,90 €	468,00 €
Grignolino	Italien	Piemont	rot	2005	230	250	4,20 €	966,00 €

Abbildung 17.15 Automatisches Erstellen einer berechneten Spalte

Wird in diesem Menü die Option **AutoKorrektur-Optionen steuern** verwendet, kann bei Bedarf auf dem Register **AutoFormat während der Eingabe** die Option **Formeln in Tabellen füllen, um berechnete Spalten zu erstellen** auch abgewählt werden.

Arbeit mit strukturierten Verweisen

Die Verwendung von strukturierten Verweisen anstelle der in normalen Zellbereichen verwendeten Verweise erleichtert die Arbeit mit Tabellendaten. Solche Verweise können Bezüge auf die verschiedenen Bereiche in einer Tabelle herstellen. Das gilt sowohl für Formeln in der Tabelle als auch für Formeln außerhalb der Tabelle. Im zweiten Fall muss allerdings immer der Tabellenname davor gesetzt werden, der bei Formeln innerhalb der Tabelle weggelassen werden kann. Der vergebene Tabellenname verweist auf die gesamten Tabellendaten, aber ohne Überschriftenzeile und Ergebniszeile.

Von den in der Tabelle vorhandenen Spaltennamen werden Spaltenbezeichner abgeleitet und in eckige Klammern gesetzt; sie verweisen auf die reinen Spaltendaten ohne Spaltenname und eventuelle Ergebniszeile. Werden Bezüge verschachtelt, sind doppelte Klammern erforderlich.

Außerdem sind die in der Tabelle aufgeführten speziellen Bezeichner möglich.

Bezeichner	Bedeutung
#Alle	Bezug auf die gesamte Tabelle, einschließlich Spaltennamen, Daten und Ergebniszeilen
#Daten	Bezug auf die Daten ohne Ergebniszeile
#Kopfzeilen	Bezug auf die Kopfzeile mit den Spaltennamen
#Ergebnisse	Bezug auf die Ergebniszeile. Ergibt 0, wenn diese nicht vorhanden ist.
@	Bezug auf die Daten in der aktuellen Zeile

Ist die Tabelle wie im Beispiel mit dem Namen *Weinlager* belegt, liefert die folgende Formel die Anzahl der leeren Zellen in der aktuellen Tabelle:

=ANZAHLLEEREZELLEN(Weinlager[#Alle])

Soll für jede Zeile die Differenz zwischen Bestand und Mindestbestand berechnet werden, lässt sich außerhalb der Tabelle mit der Formel

=Weinlager[Bestand]-Weinlager[Mindestbestand]

arbeiten.

Excel unterstützt Sie bei der Eingabe solcher Bezüge, sobald Sie eine eckige Klammer öffnen, wie die folgende Abbildung zeigt.

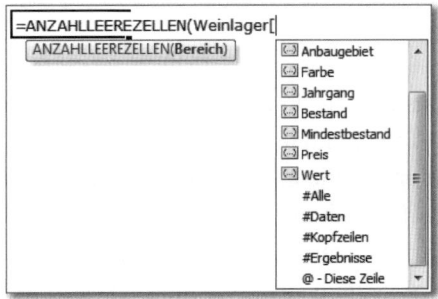

Abbildung 17.16 Angebot strukturierter Verweise bei der Formeleingabe

Damit strukturierte Verweise in dieser Form eingesetzt werden können, sollte unter **Excel-Optionen** auf der Seite **Formeln** unter **Arbeiten mit Formeln** allerdings die Einstellung **Tabellennamen in Formeln verwenden** aktiviert bleiben.

Sollte die Tabelle nachträglich wieder in einen normalen Zellbereich konvertiert werden, werden die strukturierten Bezüge automatisch wieder in die übliche Bezugsform zurückübersetzt. Umgekehrt gilt allerdings, dass keine automatische Übersetzung in strukturierte Bezüge stattfindet, wenn ein fertiger Zellbereich nachträglich in eine Tabelle konvertiert wird. Es genügt dann aber, beispielsweise in eine Spalte die erste Formel mit strukturierten Bezügen einzugeben, sie wird dann automatisch bis ans Spaltenende kopiert.

Beachtet werden muss noch, dass alle Spaltennamen als Textzeichenfolgen behandelt werden, auch wenn sie etwa ein Datum oder eine Jahreszahl enthalten. Enthält der Spaltenname Sonderzeichen, muss mit doppelten Klammern gearbeitet werden. Dies gilt für Leerzeichen, Komma, Strichpunkt, Punkt etc.

17.4 Eingabemasken

Wer schon lange mit Excel arbeitet, wird im Menüband vielleicht einen Befehl vermissen, mit dem bisher eine Datenmaske für die Pflege solcher Tabellen generiert und genutzt werden konnte. Dieser Befehl **Maske** kann aber bei Bedarf in die Schnellzugriffsleiste integriert werden. Er ist im Dialog **Excel-Optionen** über **Anpassen** zu finden, wenn im Listenfeld **Befehle auswählen** die Option **Alle Befehle** eingestellt wird.

Abbildung 17.17 Das Symbol für »Maske«

Der Befehl **Maske** erlaubt Ihnen, die Datensätze in der Tabelle in einer bequemeren Form einzugeben und zu pflegen, als es bei der direkten Eingabe von Daten in die Tabelle der Fall ist. Auch die Suche nach Daten wird innerhalb der Maske angeboten. Allerdings sind die Möglichkeiten der Maske auf 32 Felder und auf einfache Abfragen eingeschränkt. Aber das sind schon wesentlich mehr Felder, als Sie normalerweise in einem Bildschirmfenster überblicken können. Und für sehr viele Anwendungen reichen 32 Felder auch vollkommen aus.

In Abschnitt 24.4, »Entwurf von Formularen«, werden Sie Möglichkeiten kennenlernen, mithilfe der VBA selbst Eingabemasken zu gestalten, die nicht diesen Einschränkungen unterliegen.

Datenmaske aus der Überschriftenzeile

Für die Arbeit mit einer Maske erwartet Excel, dass die Tabelle eine erste Zeile mit Spaltennamen enthält. Es ist sinnvoll, wenigstens eine Tabellenzeile darunter auszufüllen. Das gilt insbesondere, wenn die Tabelle Formeln enthalten soll, da diese bei Benutzung der Maske immer automatisch in jeden neuen Datensatz kopiert werden. Es spielt dabei übrigens keine Rolle, ob Sie mit einem Tabellenbereich oder einem einfachen Zellbereich arbeiten.

Wenn Sie den ersten Datensatz eingegeben haben und eine beliebige Zelle darin markieren, erzeugt der Befehl **Maske** eine Standardmaske mit den in der ersten Zeile vorhandenen Spaltennamen. Das Programm sucht sich diese Namen also selbst, der Bereich mit den Spaltennamen muss nicht unbedingt vorher markiert werden.

Wenn Sie die Maske später wieder verwenden wollen, muss der Zellzeiger nur irgendwo in einer Zelle der Tabelle stehen, bevor Sie den Befehl **Maske** aufrufen. Sie sollten darauf achten, dass die Feldnamen nicht zu lang geraten, damit sie nicht zu viel Platz in der Maske wegnehmen. Die Anordnung der Felder in der Maske ist schematisch, die Felder werden von oben nach unten angeordnet, bei Bedarf in zwei Bahnen.

Abbildung 17.18 Datenmaske für das Weinlager

Die Datenbankmaske kann benutzt werden, um Datensätze einzugeben, zu ändern, anzusehen und zu suchen oder auch zu löschen. Dazu verfügt die Maske über verschiedene Schaltflächen.

Arbeit mit der Datenmaske

Die Datenmaske ist ein Dialogfeld, das jeweils einen Datensatz der Tabelle anzeigt. In der Titelleiste wird der Name des Tabellenblatts übernommen. Im linken Teil der Maske sind die Feldnamen und die dazugehörigen Eingabefelder zusammengestellt. Bei Feldnamen von berechneten Feldern oder von Feldern, die gegen Veränderung geschützt sind, werden die aktuellen Daten nur angezeigt, sie können aber nicht verändert werden.

Ein Buchstabe in jedem Feldnamen wird von Excel automatisch unterstrichen, damit Sie die einzelnen Eingabefelder auch mit der Kombination `Alt`+*unterstrichener Buchstabe* auswählen können. Die Bildlaufleiste kann verwendet werden, um die angezeigten Datensätze zu wechseln. Statt der Bildlaufleiste kann auch die Tastatur eingesetzt werden.

Bildlauffeld-Navigation	Funktion
Klick auf den Pfeil nach unten oder `↓`	Markiert dasselbe Feld im nächsten Datensatz.
Klick auf den Pfeil nach oben oder `↑`	Zeigt dasselbe Feld im vorhergehenden Datensatz an.
Klick unterhalb des Bildlauffeldes oder `Bild↓`	Zeigt dasselbe Feld zehn Datensätze vorwärts an.
Klick oberhalb des Bildlauffeldes oder `Bild↑`	Zeigt dasselbe Feld zehn Datensätze rückwärts an.
Ziehen des Bildlauffeldes	Wechsel zu einem beliebigen der vorhandenen Datensätze. Beim Ziehen wird die Nummer des jeweils erreichten Satzes angezeigt. Am unteren Ende wird **Neuer Datensatz** angezeigt.
Bildlauffeld zum Anfang oder `Strg`+`Bild↑`	Wechsel zum letzten Satz = **Neuer Datensatz**
Bildlauffeld zum Ende oder `Strg`+`Bild↓`	Wechsel zum ersten Satz

Im rechten Teil des Dialogfeldes finden Sie eine Reihe von Schaltflächen, um die Arbeit mit der Maske zu steuern. Darüber werden jeweils die Nummer des angezeigten Datensatzes und die Gesamtzahl der Datensätze in der Tabelle ausgegeben.

Dateneingabe über die Maske

Um neue Datensätze in die Tabelle einzutragen, klicken Sie jedes Mal die Schaltfläche **Neu** an. Excel zeigt eine leere Maske. Die Länge der angebotenen Eingabefelder richtet sich nach der breitesten Spalte, die in der Tabelle vorkommt. Ist das Feld zu schmal für die Eingabe, wird die Eingabe nach links weggerollt.

Schließen Sie die Eingabe mit ⇥ ab, wenn Sie zum nächsten Feld springen wollen. ⇧ + ⇥ schließt die Eingabe im Feld ab und springt zum vorherigen Feld. ↵ dagegen bestätigt den gesamten Datensatz mit den bisher eingegebenen Daten. Das entspricht der Schaltfläche **Neu**.

Die Daten, die Sie in die Maske eintragen, werden erst in dem Augenblick in die Tabelle übernommen, wenn Sie erneut **Neu** anklicken oder ↵ drücken. Klicken Sie **Schließen** an, um die Arbeit mit der Maske insgesamt zu beenden. Der zuletzt eingetragene Satz wird dann in die Tabelle geschrieben. Wenn in der Tabelle berechnete Felder vorkommen, werden die Formeln dafür automatisch nach unten kopiert und angepasst.

Excel schreibt neue Datensätze immer in die bestehenden Tabellenzeilen, fügt also keine neuen Zeilen ein. Dabei wird automatisch das Format der zuletzt benutzten Zeile übernommen.

Wenn Sie auf bereits vorhandene Daten im Tabellenblatt stoßen, erhalten Sie die Meldung **Die Datenbank oder Tabelle kann nicht erweitert werden**. Erst wenn Sie die dort vorhandenen Daten löschen oder an eine andere Stelle verschieben, kann die Dateneingabe über die Maske fortgesetzt werden.

Ändern von Daten in der Maske

Sollen Datensätze in einer Tabelle geändert werden, genügt es, den Zellzeiger auf einen beliebigen Spaltennamen oder eine Zelle innerhalb der Tabelle zu setzen und erneut **Maske** zu wählen. Excel zeigt immer zunächst den ersten Satz der Tabelle an. Wechseln Sie mithilfe der Bildlaufleiste oder mit den Richtungstasten zu dem Datensatz, der verändert werden soll, oder suchen Sie den Satz mithilfe von Suchkriterien, wie es im nächsten Kapitel beschrieben wird.

Ist der richtige Satz angezeigt, klicken Sie auf das Feld, das geändert werden soll, oder drücken Sie Alt und den unterstrichenen Buchstaben des Feldes. Haben Sie bei der Änderung einen Fehler gemacht, können Sie die Änderung mit der Schaltfläche **Wiederherstellen** verwerfen. Dann wird der alte Inhalt des Datensatzes wiederhergestellt. Ist die Änderung korrekt, schließen Sie sie mit ↵ oder gleich mit der Auswahl des nächsten Satzes ab. Beenden Sie die Arbeit in der Maske mit **Schließen**.

Löschen von Datensätzen

Soll ein in der Maske ausgewählter Datensatz gelöscht werden, klicken Sie die Schaltfläche **Löschen** an. Zur Sicherheit erfolgt eine Meldung, dass der ausgewählte Datensatz endgültig gelöscht wird. Mit **OK** bestätigen Sie das Löschen. Diese Meldung erscheint deshalb, weil sich der Löschbefehl der Maske im Unterschied zu sonstigen Löschbefehlen nicht zurücknehmen lässt.

Ist ein Datensatz gelöscht, zieht Excel die folgenden Datensätze in der Tabelle automatisch eine Zeile nach oben, sodass in dem Bereich der Tabelle keine Lücken entstehen.

Daten suchen

Gezielte Fragen zum Lagerbestand können mithilfe der Datenmaske schnell beantwortet werden. Angenommen, Sie wollen in der Weinliste die französischen Weine aus dem Anbaugebiet Burgund suchen.

1 Um in der Maske ein entsprechendes Suchkriterium einzutragen, müssen Sie zunächst wieder den Zellzeiger in den Bereich der Tabelle setzen, **Maske** aufrufen und die Schaltfläche **Kriterien** wählen. Daraufhin erscheint die Maske mit leeren Eingabefeldern und dem Hinweis **Suchkriterien**.

2 Dann sollten Sie in dem Feld **Anbaugebiet** den Namen *Burgund* eintragen. Sobald Sie die Schaltfläche **Weitersuchen** anklicken, wechselt Excel wieder in die normale Maske zur Anzeige des ersten Weins aus diesem Gebiet.

3 Wenn noch weitere Datensätze aus diesem Gebiet vorliegen, erreichen Sie diese ebenfalls mit **Weitersuchen**. Die Option **Vorherigen suchen** führt zur jeweils letzten Fundstelle zurück.

In den Feldern der Suchmaske können nicht nur konstante Werte als Kriterien eingegeben werden, sondern auch Vergleichskriterien, die mit einem Vergleichsoperator arbeiten. Der Eintrag *>80* im Feld *Bestand* sucht alle Weine, bei denen der Lagerbestand höher als 80 ist. Dagegen ist ein Eintrag *<Mindestbestand* leider nicht möglich. Die Eingabe wird zwar akzeptiert, führt aber nicht zum gewünschten Ergebnis.

Verwendet werden dürfen nur einfache logische Vergleiche mit =, >, <, >=, <= und <>. Kombinierte Vergleiche mit der UND- oder ODER-Funktion sind in der Maske nicht erlaubt.

Suchen mit Jokerzeichen

Bei Zeichenfolgen können Jokerzeichen eingesetzt werden. Der Eintrag **er* im Namenfeld sucht alle Weine, deren Name mit »er« endet oder bei denen »er« im Namen vorkommt. Wird nämlich ein Text in ein Feld eingegeben, hängt Excel intern ein Sternchen daran. Bei der Suchzeichenfolge *er wird also auch *Sauternes* gefunden. Sollen nur die Weine mit *er* am Ende gefunden werden, müssen Sie =*er eintragen. Groß- und Kleinschreibung wird bei der Suche nicht unterschieden.

Kombinierte Kriterien

Anstatt nur ein einziges Kriterium zu verwenden, kann auch mit mehreren gleichzeitig gearbeitet werden. Dabei werden jeweils die Datensätze gesucht, die alle Kriterien auf einmal erfüllen. Auf diese Weise kann die Suche verfeinert werden, um den Kreis der Fälle einzuschränken. Alternative Suchkriterien sind in der Maske nicht möglich. In dem Fall müssen Sie einfach zwei getrennte Suchläufe ausführen.

Die Abbildung zeigt ein Beispiel mit mehreren Suchkriterien. Gesucht werden Rotweine aus Italien, und zwar aus dem Anbaugebiet Piemont. Alle drei Kriterien müssen erfüllt sein. Berechnete Suchkriterien können in einer Maske nicht verwendet werden. Auch Vergleiche zwischen den Werten in verschiedenen Feldern sind nicht möglich. Dazu müssen Sie mit dem Spezialfilter arbeiten, der später noch behandelt wird. Für relativ einfache Suchkriterien reicht die Datenmaske aber meistens aus. Komplexere Möglichkeiten bieten die Filterfunktionen, die in Kapitel 18, »Datenabfragen und Datenauszüge«, beschrieben werden.

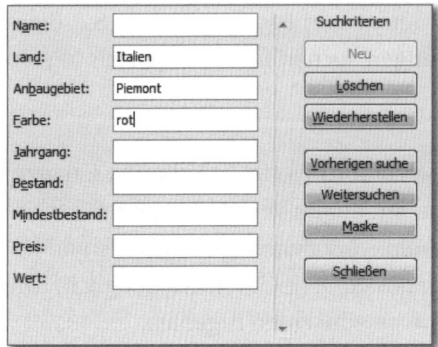

Abbildung 17.19 Suche mit drei Kriterien

17.5 Daten sortieren

Das Sortieren von Daten kann zwar in beliebigen Zellbereichen sinnvoll sein, bei Tabellen taucht der Wunsch nach Sortierung aber besonders häufig auf. Deshalb soll das Thema an dieser Stelle behandelt werden.

Die Reihenfolge, in der Daten in eine Tabelle eingegeben werden, kann zufällig oder mehr oder weniger geordnet sein. In vielen Fällen ist es angebracht, die Reihenfolge der Daten nach der Ersteingabe neu zu ordnen. Bei der Weinlagerliste liegt vielleicht eine Sortierung nach Ländern nahe, innerhalb der Länder nach Anbaugebieten und innerhalb der Anbaugebiete nach dem Namen des Weins. Wenn die Weine nummeriert sind, könnte die Sortierung auch mithilfe dieser Nummer erfolgen.

Es kann aber auch jedes andere Feld in der Tabelle als Basis für eine Sortierung gewählt werden. Wenn Sie z. B. wissen wollen, von welchen Weinen die meisten Flaschen auf Lager liegen, können Sie die Tabelle nach dem Feld *Bestand* sortieren. Wenn Sie **Absteigend** sortieren, erscheinen zuerst die Weine, von denen am meisten auf Lager liegen; wählen Sie eine aufsteigende Sortierung, erscheinen zunächst die, von denen die wenigsten Flaschen vorrätig sind.

Auch eine chronologische Sortierung nach einem Datums- oder Zeitfeld ist möglich, hier z. B. nach dem Jahrgang. In diesem Fall bedeutet eine aufsteigende Sortierung, dass die jüngsten Jahrgänge zuerst aufgeführt werden, die ältesten Jahrgänge zuletzt.

Sortierung für unterschiedliche Zwecke

Für verschiedene Fragestellungen sind häufig unterschiedliche Sortierungen sinnvoll. Bevor Sie eine Sortierung Ihrer Daten durchführen, sollten Sie allerdings überlegen, welche Anordnung der Daten die normale ist und welche Sortierung nur vorübergehend benutzt werden soll, um eine bestimmte Frage zu klären.

Die normale Sortierung sollte danach gewählt werden, wie hauptsächlich auf die Daten zugegriffen wird. Bei der Lagerliste für unsere Weine stellt sich die Frage, ob die Kunden in der Regel eine Bestellung mit dem Namen des Weins abgeben oder ob sie in erster Linie mit einer Artikelnummer bestellen. Im zweiten Fall ist es am besten, die Lagerliste zuerst nach einer Artikelnummer zu sortieren, im ersten Fall würden Sie eher den Namen als Hauptsortierkriterium benutzen.

Excel erledigt ein solches »Umschaufeln« der Daten sehr schnell. Sie können sich also hier Dinge leisten, für die Sie mit einem Karteikasten vielleicht zwei Tage gebraucht hätten.

Sortierschlüssel

Das Programm sortiert Daten immer nach mindestens einem Feld, das als Schlüssel dient. Maximal können 64 Schlüssel gleichzeitig benutzt werden. Zellbereiche lassen sich aber nicht nur nach den Werten, sondern auch nach Formatierungen wie Zellenfarbe, Schriftfarbe und Zellensymbolen sortieren.

Die Sortierung nach einem Teil des Feldes oder nach einer Kombination aus mehreren Feldern ist nicht direkt möglich. Wenn Sie so etwas erreichen wollen, müssen Sie zusätzliche Spalten anlegen und über Formeln etwa die ersten drei Stellen einer Artikelnummer herausziehen.

```
=LINKS(Name;8)
```

wäre ein Beispiel für eine Formel, die eine Sortierung nach den ersten acht Stellen des Namens erlaubt.

Ursprüngliche Reihenfolge sichern

Bei manchen Tabellen ist die Reihenfolge, in der die Daten ursprünglich eingegeben wurden, aus irgendwelchen Gründen wichtig. Wird eine solche Tabelle nun nach einem Feld der Tabelle sortiert, ist die ursprüngliche Reihenfolge möglicherweise nicht mehr wiederherstellbar. Das ist immer dann der Fall, wenn die alte Reihenfolge von Excel nicht an den Werten in einem Feld erkannt werden kann.

Kommt es auf die zeitliche Reihenfolge an, könnte ein zusätzliches Feld mit Zeitangaben verwendet werden. Ist das nicht der Fall, sollten Sie vor der ersten Sortierung eine zusätzliche Spalte mit einer fortlaufenden Nummer in die Tabelle einfügen. Das geht am besten mit dem Befehl **Start ▸ Bearbeiten ▸ Füllbereich ▸ Reihe** oder mit dem Ausfüllkästchen. Mithilfe dieser Zählnummer kann dann die ursprüngliche Reihenfolge der Tabelle immer wiederhergestellt werden.

Duplikate vermeiden

Wenn im ersten Schlüssel Duplikate vorkommen können, kann ein zusätzlicher Schlüssel angegeben werden. Der zweite Schlüssel entscheidet über die Reihenfolge der Duplikate. Sind die Weine z. B. zunächst nach dem Herkunftsland sortiert, kann als zweiter Schlüssel das Anbaugebiet innerhalb des jeweiligen Landes verwendet werden. Der zweite Schlüssel wird immer nur dann herangezogen, wenn der erste Schlüssel die Reihenfolge nicht endgültig festlegen kann. Sind auch im zweiten Schlüssel noch Duplikate enthalten, können Sie einen dritten Schlüssel bestimmen. In diesem Fall wäre der Name des Weins der dritte Schlüssel.

17.5 Daten sortieren

Richtung der Sortierung

Die Richtung der Sortierung kann aufsteigend oder absteigend sein. Für jeden Schlüssel wird die Richtung der Sortierung gesondert bestimmt. Sie können z. B. durchaus die Lagerorte von Z bis A, also absteigend sortieren, die Artikelnummern innerhalb der Lagerorte aber aufsteigend. Im Normalfall sortiert Excel Zeilen anhand von Schlüsseln in einer Spalte oder in bis zu 64 Spalten. Es ist aber auch möglich, Spalten neu zu ordnen nach Schlüsseln in einer oder in mehreren Zeilen.

Sortierreihenfolge

Wie Excel Daten in einem Bereich sortiert, wird durch die Wahl der Sortierreihenfolge bestimmt. Sie können entweder die Standardsortierreihenfolge von Excel verwenden oder eine eigene Reihenfolge definieren. Die Standardsortierreihenfolge wird durch die Ländereinstellungen festgelegt, die Sie mit der Systemsteuerung getroffen haben. Werden Tabellen für andere Länder entwickelt, muss beachtet werden, dass sich die Sortierreihenfolge gegebenenfalls ändert.

Die Standardsortierreihenfolge ist, wenn Sie nichts anderes festlegen, aufsteigend, und zwar in folgender Weise:

1. Numerische Werte in numerischer Reihenfolge, also von der kleinsten negativen Zahl bis zur größten positiven Zahl
2. Leerzeichen
3. Zeichenfolgen, die mit Sonderzeichen beginnen, in der Reihenfolge des ANSI-Codes
4. Zeichenfolgen, die mit Zahlen beginnen, und zwar in numerischer Reihenfolge
5. Zeichenfolgen, die mit Buchstaben beginnen, in alphabetischer Reihenfolge, wobei aber Kleinbuchstaben vor Großbuchstaben eingeordnet werden

Wird eine absteigende Sortierung gewählt, ist die Reihenfolge genau umgekehrt.

Bei der Sortierung gelten außerdem folgende Regeln:

- Bei Wahrheitswerten wird FALSCH vor WAHR eingeordnet.
- Fehlerwerte haben dagegen alle den gleichen Wert.
- Wird nach dem Inhalt einer Spalte sortiert, bleiben die Zeilen, bei denen in dieser Spalte die gleichen Einträge stehen, unverändert. Wird nach dem Inhalt einer Zeile sortiert, gilt für die Spalten Entsprechendes.

- Zeilen mit leeren Zellen in der Schlüsselspalte werden immer an das Ende der sortierten Tabelle gestellt. Spalten mit leeren Zellen in der Schlüsselzeile werden an den rechten Rand der Tabelle gestellt. Dabei spielt es keine Rolle, ob aufsteigend oder absteigend sortiert wird.

- Ausgeblendete Zeilen oder Spalten werden von der Sortierung nicht berührt. Ausgenommen von dieser Regel sind Zeilen oder Spalten, die nur vorübergehend innerhalb einer Gliederung ausgeblendet worden sind.

- Die Einstellungen, die Sie bei der Sortierung über das Dialogfeld verwenden, speichert Excel so lange, bis sie erneut geändert werden.

17.5.1 Vorsicht mit Formeln bei der Sortierung

Bevor Sie eine Sortierung starten, sollten Sie prüfen, ob von dieser Operation Formeln betroffen sind. Haben die Formeln relative oder gemischte Adressen, kann das ein Problem sein. Unproblematisch ist es, wenn sich die Formeln auf Adressen in derselben Zeile bzw. Spalte beziehen. Da ja die ganze Zeile beim Sortieren versetzt wird, werden auch alle Adressen in der Formel entsprechend versetzt. Beziehen sich Formeln auf Zellen außerhalb des Sortierbereichs, müssen Sie unbedingt absolute Adressen verwenden.

Bezieht sich die Formel dagegen auf Zellen in anderen Zeilen, können die Auswirkungen der Sortierung wenig erfreulich sein. Gleiches gilt für Bezüge auf andere Spalten, wenn Sie spaltenweise sortieren. Es gibt zwei Möglichkeiten, diese Situation zu vermeiden:

1. Sie sortieren die Daten zuerst und entwickeln die Formeln erst anschließend.

2. Sie wandeln die Formeln in ihr Ergebnis um – mit **Kopieren** und **Einfügen ▸ Werte einfügen** – und sortieren erst danach.

17.5.2 Sortierung nach bis zu 64 Kriterien

Am einfachsten ist eine Sortierung, wenn eine Tabelle nur nach einem Schlüssel sortiert werden soll. Sie müssen den Zellzeiger nur in eine Zelle der Spalte setzen, nach der die Zeilen der Tabelle sortiert werden sollen. Excel dehnt die Markierung automatisch auf den gesamten Tabellenbereich aus, abzüglich der Zeile mit den Feldnamen. Existiert eine Ergebniszeile, wird sie automatisch aus dem Sortierbereich herausgelassen.

Dies gilt allerdings nur, wenn es sich um eine Tabelle handelt. Ist beispielsweise die Tabelle nachträglich in einen einfachen Zellenbereich zurückverwandelt worden, würde Excel eine Summenzeile mit in den Sortierbereich hineinnehmen. Deshalb sollten Sie in dieser Situation den korrekten Bereich markieren, bevor Sie den Befehl aufrufen.

17.5 Daten sortieren

Sie können auf dem Register **Start** in der Gruppe **Bearbeiten** die Schaltfläche **Sortieren und Filtern** anklicken und dann im Menü dieser Schaltfläche eines der beiden Sortiersymbole anklicken. Der Bereich ist sekundenschnell sortiert.

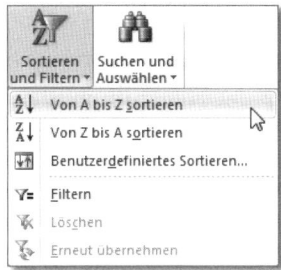

Abbildung 17.20 Menü der Schaltfläche »Sortieren und Filtern«

Abhängig davon, ob die aktive Zelle in einer Textspalte oder in einer Wertespalte steht, werden die Befehle **Von A bis Z sortieren...** oder **Nach Größe sortieren...** angeboten. Bei Datums- oder Zeitangaben erscheint die Bezeichnung **Nach Datum sortieren...** oder **Nach Größe sortieren...**, vorausgesetzt, es wird mit gültigen Datums- und Zeitformaten in der jeweiligen Spalte gearbeitet. Statt dieses Menüs kann auch im Kontextmenü einer Zelle in der betreffenden Tabellenspalte der Befehl **Sortieren** verwendet werden.

Werfen Sie zur Sicherheit immer sofort einen Blick auf das Ergebnis der Sortierung. Ist etwas schiefgelaufen, können Sie den alten Zustand mit dem Symbol **Rückgängig** aus der Schnellzugriffsleiste sofort wiederherstellen.

Wenn Sie nur eine bestimmte Spalte oder eine bestimmte Anzahl von Spalten innerhalb einer Tabelle sortieren wollen, sollten Sie allerdings den Bereich vorher ausdrücklich markieren. Dabei entscheidet die Stellung der aktiven Zelle im markierten Bereich, nach welcher Spalte sortiert wird. Versetzen Sie die aktive Zelle mit der ⇥-Taste innerhalb des markierten Bereichs, wenn es notwendig ist.

4	Name	Land	Anbaugebiet	Farbe	Jahrgang
5	Barolo	Italien	Piemont	rot	2005
6	Beaujolais	Frankreich	Burgund	rot	2005
7	Bordeaux	Frankreich	Bordeaux	weiß	2006
8	Bourgogne	Frankreich	Burgund	weiß	2006
9	Brolio	Italien	Toskana	rot	2005
10	Chablis	Frankreich	Burgund	weiß	2006
11	Chianti	Italien	Toskana	rot	2005
12	Frascati	Italien	Rom	weiß	2006
13	Freisa	Italien	Piemont	rot	2005
14	Grignolino	Italien	Piemont	rot	2005

Abbildung 17.21 Die Weinliste aufsteigend nach Namen sortiert

Benutzerdefiniertes Sortieren

Die Sortierung mithilfe der Symbole bezieht sich immer auf die Sortierung der Zeilen. Mehr Kontrolle über die Sortierung erhalten Sie, wenn Sie im Menü der Schaltfläche **Sortieren und Filtern** den Befehl **Benutzerdefiniertes Sortieren** verwenden.

Auch hier müssen Sie in den meisten Fällen keinen Sortierbereich markieren, sondern nur den Zellzeiger irgendwo in die Tabelle platzieren. Voraussetzung ist allerdings, dass das Programm die Chance hat, den richtigen Bereich zu erkennen. Das ist immer der Fall, wenn es sich um einen geschlossenen Datenblock handelt, der oben eine Beschriftungszeile enthält. Diese Zeile wird dann automatisch aus dem zu sortierenden Bereich herausgenommen.

Im Dialogfeld **Sortieren** bestimmen Sie unter **Spalte** die Spalte, nach der die Tabelle als Erstes sortiert werden soll. Wenn Sie den Pfeil anklicken, können Sie die Beschriftung der gewünschten Spalte auswählen. Soll Excel bei der automatischen Markierung die erste Zeile nicht als Überschriftenzeile verwenden, wählen Sie im Dialog die Option **Daten haben Überschriften** ab. Excel bietet dann die Buchstaben der Spalten zur Auswahl unter **Spalte** an. Diese Option ist aber nur nutzbar, wenn es sich um einen normalen Zellbereich handelt; bei einem Tabellenbereich ist die Option deaktiviert.

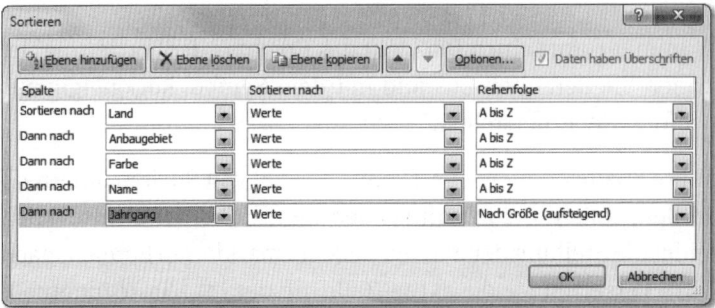

Abbildung 17.22 Das Dialogfeld »Sortieren«

Unter **Sortieren nach** wählen Sie anschließend die Art der Sortierung und unter **Reihenfolge** die Richtung. Angenommen, Sie wollen die Weinliste zunächst nach dem Land sortieren, dann muss eben hier die Spalte *Land* ausgewählt werden. Um ein weiteres Sortierkriterium einzugeben, klicken Sie erst auf die Schaltfläche **Ebene hinzufügen**. Die Reihenfolge der Zeilen innerhalb des gleichen Landes kann nun unter **Dann nach** festgelegt werden. Das könnte hier z. B. das Anbaugebiet sein. Die Reihenfolge innerhalb des Anbaugebiets könnte in der nächsten Ebene **Dann nach** bestimmt werden. Wenn Sie *Farbe* wählen, werden die Weine innerhalb des Landes nach dem Anbaugebiet sortiert. Als nächste Ebene könnte der Name und als letzte Ebene der Jahrgang gewählt werden.

Die folgende Abbildung zeigt das Ergebnis der Sortierung nach fünf Schlüsseln, alle in aufsteigender Reihenfolge.

	A	B	C	D	E
1	Name	Land	Anbaugebiet	Farbe	Jahrgang
2	Ortenau	Deutschland	Baden	rot	2005
3	Müller-Thurgau	Deutschland	Mosel	weiß	2006
4	Oppenheimer	Deutschland	Rheinhessen	weiß	2006
5	Riesling	Deutschland	Mosel	weiß	2006
6	Silvaner	Deutschland	Rheinhessen	weiß	2006
7	Médoc	Frankreich	Bordeaux	rot	2005
8	Bordeaux	Frankreich	Bordeaux	weiß	2006
9	Sauternes	Frankreich	Bordeaux	weiß	2006
10	Beaujolais	Frankreich	Burgund	rot	2005
11	Bourgogne	Frankreich	Burgund	weiß	2006
12	Chablis	Frankreich	Burgund	weiß	2006

Abbildung 17.23 Sortierung mit fünf Schlüsseln

Sortieroptionen

Mit der Schaltfläche **Optionen** im Dialogfeld **Sortieren** erreichen Sie einige zusätzliche Möglichkeiten des Befehls. Die Optionen unter **Ausrichtung** sind schon angesprochen worden. Anstatt, wie wohl am üblichsten, mit **Zeilen sortieren** zu arbeiten, kann auch **Spalten sortieren** gewählt werden.

Hier ein kleines Beispiel, wo dies sinnvoll ist. Sie haben in einer Tabelle die Ergebnisse von Tests eingetragen, und die zahlreichen Messwerte pro Test stehen jeweils in einer Spalte. Nun wollen Sie die Testspalten so ordnen, dass die Werte für einen bestimmten Messwert aufsteigend angeordnet werden. Markieren Sie den Bereich B4:G12, damit die Spalte A nicht mit sortiert wird. Wählen Sie dann unter **Optionen** zunächst **Spalten sortieren**, und bestätigen Sie mit **OK**. Wählen Sie dann unter **Zeile** die entsprechende Zeile und die Richtung der Sortierung aus. Die Abbildung zeigt das Ergebnis, wenn die Werte nach dem ersten Testwert geordnet werden.

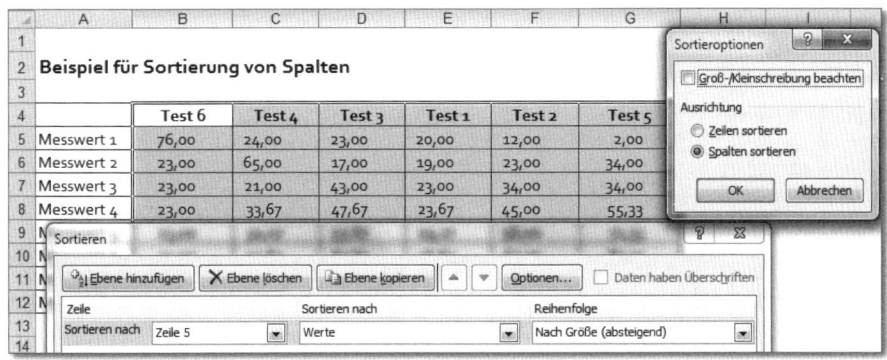

Abbildung 17.24 Sortierung von Spalten

17.5.3 Sortieren nach Formatierungen

Wie schon angesprochen, besteht auch die Möglichkeit, Zellbereiche und Tabellen nach bestimmten Formatierungskriterien zu sortieren. Diese Funktionen sind verwendbar, wenn Zellbereiche entweder manuell oder mithilfe einer bedingten Formatierung mit unterschiedlichen Zellfarben oder Schriftfarben ausgestattet sind. Die dritte Möglichkeit ist die Sortierung nach Symbolen, die den Zellinhalten zugeordnet sind.

Die Wahl solcher Sortierungskriterien kann in dem gerade beschriebenen Dialog **Sortieren** über das Listenfeld **Sortieren nach** vorgenommen werden. Anschließend können Sie unter **Reihenfolge** die Hintergrundfarbe, die Textfarbe und das Symbol auswählen, das entweder am Anfang oder am Ende erscheinen soll, wobei Sie dies im Listenfeld daneben mit **Oben** oder **Unten**, bei einer Spaltensortierung mit **Links** oder **Rechts** bestimmen.

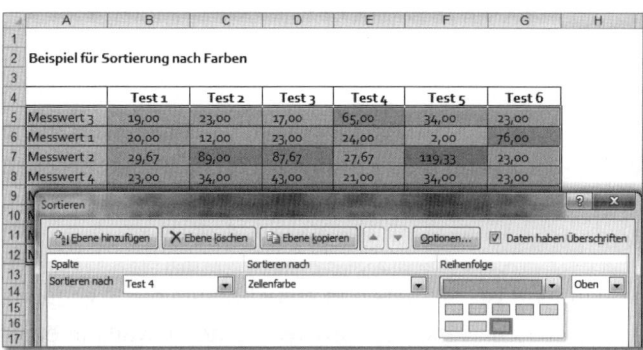

Abbildung 17.25 Sortierung nach Zellfarben

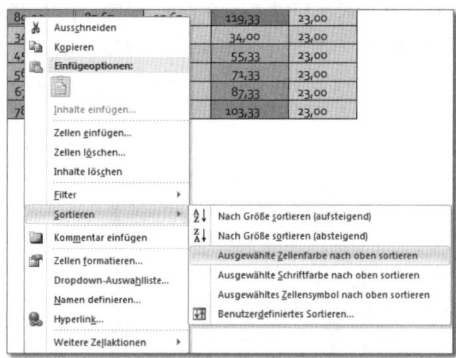

Abbildung 17.26 Kontextmenüoptionen für die Sortierung

Anstatt über das Dialogfeld zu gehen, kann hier auch ein Schnellverfahren über das Kontextmenü der Zelle benutzt werden, die die Farbe, Textfarbe oder das Symbol enthält, das als Erstes erscheinen soll.

17.5.4 Sortieren mit einer selbst definierten Reihenfolge

In Abschnitt 3.4, »Daten automatisch erzeugen«, ist bereits die Möglichkeit vorgestellt worden, eigene Reihen von Beschriftungen zu definieren und diese Reihen dann mit dem Ausfüllkästchen oder mit dem Befehl **Start ▸ Bearbeiten ▸ Füllbereich ▸ Reihe** mit der Option **AutoAusfüllen** immer wieder zu erzeugen.

Solche selbst definierten Reihen können aber nicht nur zum Erzeugen von Beschriftungen verwendet werden, sondern auch zum Sortieren von Datensätzen in einer Tabelle. Um bei unserer Weinlagerliste zu bleiben, ist es möglicherweise für Sie praktischer, die Herkunftsländer nicht alphabetisch zu ordnen, sondern nach Relevanz. Angenommen, Sie handeln hauptsächlich mit Weinen aus Frankreich, an zweiter Stelle kommt Italien und dann erst Deutschland. Es ist keine große Sache, diese Sortierung sicherzustellen:

1 Öffnen Sie über **Datei ▸ Optionen** den Dialog **Benutzerdefinierte Listen**, der über die Schaltfläche **Benutzerdefinierte Listen bearbeiten** auf der Seite **Erweitert** in der Gruppe **Allgemein** erreicht wird.

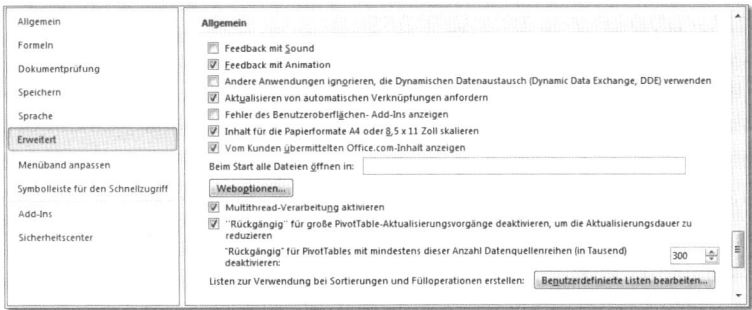

2 Fügen Sie dort unter **Neue Liste** die Listeneinträge für die Reihe ein: Frankreich, Italien, Deutschland.

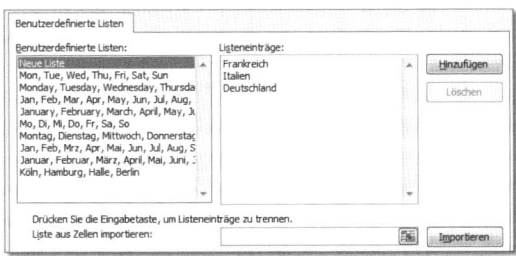

3 Anschließend setzen Sie den Zellzeiger in die Lagerliste und rufen über das Kontextmenü den Befehl **Sortieren ▸ Benutzerdefiniertes Sortieren** auf.

4 Diesmal wählen Sie für die Spalte *Land* unter **Reihenfolge** die vorher bestimmte Reihenfolge der Länder.

5 Wenn Sie mit **OK** bestätigen, zeigt die Weinliste die selbst bestimmte Reihenfolge.

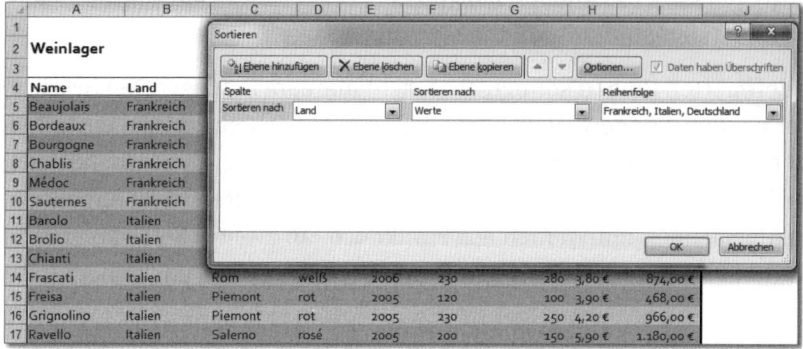

17.6 Daten in Gruppen zusammenfassen

Wenn die Weine im Weinlager nach Herkunftsland sortiert sind, können leicht Zwischenergebnisse für jedes Land gebildet werden. Sind sie nach Anbaugebiet sortiert, können Zwischenergebnisse für jedes Anbaugebiet erzeugt werden. Diese Funktion kann allerdings nur mit Listen verwendet werden, die einen normalen Bereich darstellen; ein Tabellenbereich muss also vorher mit **Entwurf ▸ Tools ▸ In Bereich konvertieren** wieder zurückverwandelt werden. Fragen Sie den Autor nicht, warum das so ist!

Die Voraussetzung für solche automatischen Teilergebnisse von Gruppen in einer Tabelle ist also zunächst einmal, dass mehrere Datensätze wenigstens in einer Hinsicht gleich sind. Dazu müssen z. B. mehrere Weine aus demselben Land oder auch aus demselben Anbaugebiet kommen. Die zweite Voraussetzung ist, dass die Daten in der Tabelle vorher genau nach der Spalte sortiert worden sind, die über die Gruppenbildung entscheiden soll. Dem Befehl **Teilergebnisse** geht also in der Regel der Befehl **Sortieren** voraus, es sei denn, die Daten sind von vornherein in einer bestimmten Reihenfolge eingegeben worden.

Sollen Teilergebnisse sowohl für jedes Land als auch innerhalb des Landes für jedes Anbaugebiet erzeugt werden, muss die Tabelle zunächst nach dem Herkunftsland und innerhalb des Herkunftslandes nach dem Anbaugebiet sortiert worden sein. Die Zwischenergebnisse lassen sich für beide Gruppenkriterien aber nicht in einem Zug erzeugen. Die Funktion muss in diesem Fall zweimal nacheinander ausgeführt werden, um zunächst die Zwischenergebnisse für die einzelnen Länder und dann diejenigen für die Anbaugebiete zu erzeugen.

17.6 Daten in Gruppen zusammenfassen

Die Funktion **Teilergebnisse** wird auf dem Register **Daten** in der Gruppe **Gliederung** angeboten. Sie erwartet in der ersten Zeile der Tabelle eine Überschriftenzeile mit den Spaltenbeschriftungen.

So werden Teilergebnisse eingefügt

Zurück zur Weinliste. Hier könnte z. B. die Frage auftauchen, wie viele Flaschen aus einem Land auf Lager liegen und wie hoch der Gesamtwert dieser Weine ist. Das finden Sie leicht heraus:

1 Sind die Datensätze nach dem Herkunftsland sortiert, müssen Sie nur noch den Zellzeiger an eine beliebige Stelle der Liste setzen und den Befehl **Daten ▸ Gliederung ▸ Teilergebnis** wählen. Excel markiert automatisch den gesamten Tabellenbereich, wobei die oberste Zeile als Überschriftenzeile gewertet wird.

2 Im Dialogfeld stehen nun im Wesentlichen drei Entscheidungen an. Zunächst geht es um die Frage, nach welcher Spalte die Gruppenbildung erfolgen soll. Wenn es nicht die erste Spalte ist, die zunächst angeboten wird, können Sie auf den Pfeil klicken oder die Liste der Feldnamen mit [Alt]+[G] öffnen. Wählen Sie den Feldnamen, der für die Gruppierung zuständig ist. In dem ersten Beispiel sollen die Weine nach Ländern zusammengefasst werden, also ist *Land* das Gruppenkriterium. Wie schon gesagt, es kann immer nur ein Kriterium gleichzeitig verwendet werden.

3 Vom Inhalt und Datentyp der als Nächstes ausgewählten Felder hängt die zweite Entscheidung ab. Sie betrifft die Art der Teilergebnisse. Soll die Summe der Werte gebildet, soll nur die Anzahl der Fälle berechnet werden oder welche andere statistische Auswertung steht an? In der Liste zu **Unter Verwendung von** werden die folgenden Auswertungsmethoden angeboten:

Methode	Bedeutung
Summe	Summe der Werte in der Gruppe
Anzahl	Anzahl der Fälle in der Gruppe
Mittelwert	Mittelwert der Werte in der Gruppe
Maximum	höchster Wert in der Gruppe
Minimum	niedrigster Wert in der Gruppe
Produkt	Produkt aller Werte in der Gruppe (Wert 1 * Wert 2 * ... Wert n)
Anzahl Zahlen	Anzahl der Datensätze, die in dem Feld, auf das Bezug genommen wird, einen numerischen Wert haben
Standardabweichung (Stichprobe)	Schätzung der Standardabweichung, bei der die Daten der Gruppe als Stichprobe verstanden werden
Standardabweichung (Grundgesamtheit)	Berechnung der Standardabweichung, wobei die Daten der Gruppe als Grundgesamtheit genommen werden
Varianz (Stichprobe)	Schätzung der Varianz, bei der die Daten der Gruppe als Stichprobe verstanden werden
Varianz (Grundgesamtheit)	Berechnung der Varianz der Daten innerhalb der Gruppe

4 Die letzte Entscheidung betrifft die Frage, für welche Spalten oder Felder eine Gruppenauswertung vorgenommen werden soll. Unter **Teilergebnis addieren zu** werden noch einmal alle Spaltenbeschriftungen bzw. Feldnamen angeboten. Sie können mehrere der Kästchen gleichzeitig abhaken, wenn dieselbe Art von Auswertung vorgenommen werden soll. Sollen Spalten unterschiedliche Zwischenergebnisse anzeigen, mal die Summe, mal die Anzahl, muss der Befehl **Daten ▸ Teilergebnisse** mehrfach angewendet werden.

Am Ende der Tabelle wird jeweils noch ein Gesamtergebnis ausgegeben. Dieses Gesamtergebnis wird immer von den einzelnen Datensätzen aus berechnet, nicht von den Zwischenergebnissen, wie Sie an der Formel sehen können.

Die Frage, wie viele Flaschen pro Land auf Lager liegen und welchen Wert sie jeweils darstellen, wird beantwortet, wenn Sie die Felder *Bestand* und *Wert* abhaken und **Summe** als Funktion auswählen. Das Ergebnis sieht dann aus wie in der Abbildung.

17.6 Daten in Gruppen zusammenfassen

	A	B	C	D	E	F	G	H	I
1	Name	Land	Anbaugebiet	Farbe	Jahrgang	Bestand	Mindestbestand	Preis	Wert
2	Ortenau	Deutschland	Baden	rot	2005	340	300	4,00 €	1.360,00 €
3	Müller-Thurgau	Deutschland	Mosel	weiß	2006	340	300	4,00 €	1.360,00 €
4	Riesling	Deutschland	Mosel	weiß	2006	200	200	4,00 €	800,00 €
5	Oppenheimer	Deutschland	Rheinhessen	weiß	2006	300	250	5,00 €	1.500,00 €
6	Silvaner	Deutschland	Rheinhessen	weiß	2006	230	200	3,00 €	690,00 €
7		Deutschland Mittelwert				282			1.142,00 €
8		Deutschland Ergebnis				1410			5.710,00 €
9	Médoc	Frankreich	Bordeaux	rot	2005	300	250	5,00 €	1.500,00 €
10	Bordeaux	Frankreich	Bordeaux	weiß	2006	260	200	4,60 €	1.196,00 €
11	Sauternes	Frankreich	Bordeaux	weiß	2006	170	190	4,90 €	833,00 €
12	Beaujolais	Frankreich	Burgund	rot	2005	200	220	4,00 €	800,00 €
13	Bourgogne	Frankreich	Burgund	weiß	2006	230	170	5,30 €	1.219,00 €
14	Chablis	Frankreich	Burgund	weiß	2006	230	150	6,80 €	1.564,00 €
15		Frankreich Mittelwert				231,66667			1.185,33 €
16		Frankreich Ergebnis				1390			7.112,00 €
17	Barolo	Italien	Piemont	rot	2005	300	200	3,80 €	1.140,00 €
18	Freisa	Italien	Piemont	rot	2005	120	100	3,90 €	468,00 €
19	Grignolino	Italien	Piemont	rot	2005	230	250	4,20 €	966,00 €
20	Frascati	Italien	Rom	weiß	2006	230	280	3,80 €	874,00 €
21	Ravello	Italien	Salerno	rosé	2005	200	150	5,90 €	1.180,00 €
22	Brolio	Italien	Toskana	rot	2005	230	200	4,70 €	1.081,00 €
23	Chianti	Italien	Toskana	rot	2005	120	100	5,00 €	600,00 €
24	Valpolicella	Italien	Verona	rot	2005	300	250	5,80 €	1.740,00 €
25	Soave	Italien	Verona	weiß	2006	170	200	3,90 €	663,00 €
26		Italien Mittelwert				211,11111			968,00 €
27		Italien Ergebnis				1900			8.712,00 €
28		Gesamtmittelwert				235			1.076,70 €
29		Gesamtergebnis				4700			21.534,00 €

Abbildung 17.27 Zwischensummen pro Land für Bestand und Wert

Soll dagegen nur ermittelt werden, wie viele verschiedene Weine aus einem Land auf Lager liegen, wählen Sie unter **Teilergebnis addieren zu** die Felder »Name« und »Anzahl« bei **Unter Verwendung von**.

Da der Befehl – wie schon angedeutet – in bestimmten Fällen mehrfach auf dieselbe Liste angewendet werden kann und muss, gibt es ein Kontrollfeld, mit dem Sie steuern können, wie Excel mit bereits vorhandenen Teilergebnissen umgeht. Wird **Vorhandene Teilergebnisse ersetzen** gewählt, werden die bisherigen Zwischenergebnisse gelöscht. Das ist sinnvoll, wenn die Daten nach einem ganz anderen Kriterium zusammengefasst werden sollen.

Berechnungen für Untergruppierungen

Soll dagegen zusätzlich zu der Gruppierung nach Ländern noch eine Untergruppierung nach dem Anbaugebiet stattfinden, muss der Befehl **Teilergebnis** noch einmal angewendet werden. Beim zweiten Mal aber muss das Häkchen bei **Vorhandene Teilergebnisse ersetzen** unbedingt gelöscht werden, da sonst wieder nur eine Gruppenauswertung übrig bleibt, diesmal die nach Anbaugebieten. Voraussetzung ist auch hier wieder, dass die Liste vorher entsprechend sortiert worden ist, zunächst nach Ländern, dann nach Anbaugebieten.

17.6.1 Mehrere Teilergebnisse zur selben Spalte

Ähnlich lässt sich verfahren, wenn zu einer bestimmten Gruppierung mehrere Arten von Teilergebnissen gewünscht sind. Sind die Weine nach Ländern geordnet, lassen sich z. B. nacheinander für dieselbe Spalte sowohl die Gruppensumme als auch der Gruppenmittelwert oder noch weitere statistische Werte ermitteln. Dazu wenden Sie den Befehl **Teilergebnis** einfach mehrfach auf dieselbe Gruppierung und bezogen auf dieselbe Spalte an, nur eben unter Verwendung verschiedener Berechnungsfunktionen. Das Feld **Vorhandene Teilergebnisse ersetzen** muss dabei jedes Mal leer bleiben.

Wie die nächste Abbildung zeigt, werden die verschiedenen Teilergebnisse nach jedem Gruppenwechsel einfach untereinander in die Tabelle eingefügt.

1	Name	Land	Anbaugebiet	Farbe	Jahrgang	Bestand	Mindestbestand	Preis	Wert
2	Ortenau	Deutschland	Baden	rot	2005	340	300	4,00 €	1.360,00 €
3	Müller-Thurgau	Deutschland	Mosel	weiß	2006	340	300	4,00 €	1.360,00 €
4	Riesling	Deutschland	Mosel	weiß	2006	200	200	4,00 €	800,00 €
5	Oppenheimer	Deutschland	Rheinhessen	weiß	2006	300	250	5,00 €	1.500,00 €
6	Silvaner	Deutschland	Rheinhessen	weiß	2006	230	200	3,00 €	690,00 €
7		Deutschland Mittelwert				282			1.142,00 €
8		Deutschland Ergebnis				1410			5.710,00 €

Abbildung 17.28 Mehrere Teilergebnisse für dieselbe Gruppe

Das Kontrollkästchen **Seitenumbrüche zwischen Gruppen einfügen** kann abgehakt werden, um den Seitenwechsel nach jedem Zwischenergebnis zu erzwingen. Das ist meist dann sinnvoll, wenn die Gruppen sehr groß sind. **Ergebnisse unterhalb der Daten anzeigen** ist als Vorgabe ausgewählt. Wird das Kästchen deaktiviert, werden die Zwischenergebnisse jeweils über der Gruppe angezeigt.

In allen Fällen gliedert Excel die Tabelle automatisch so, dass die Einzelpositionen jeder Gruppe auch ausgeblendet werden können. Auch die Teilergebnisse selbst lassen sich ausblenden, sodass nur noch das Gesamtergebnis sichtbar bleibt.

Die Zwischenergebnisse selbst werden mithilfe der Tabellenfunktion **Teilergebnis** erzeugt. Das erste Argument der Funktion gibt die Art der Berechnung an, das zweite den Bereich, der ausgewertet wird. Die Funktion arbeitet so, dass alle Zellen in der Spalte, die bereits eine Funktion **Teilergebnis** enthalten, nicht noch einmal mitgerechnet werden.

17.6.2 Teilergebnisse wieder löschen

Sollen die Zwischenergebnisse, die die Funktion berechnet hat, samt der Gliederung wieder aus dem Tabellenblatt entfernt werden, müssen Sie den Dialog **Teilergebnisse** erneut anwählen und die Schaltfläche **Alle entfernen** anklicken.

18 Datenabfragen und Datenauszüge

Wer sich die Mühe macht, eine große Menge an Informationen in einer Tabelle zu sammeln und in eine ordentliche Form zu bringen, möchte keinen nutzlosen Datenfriedhof haben. Die Informationen sollen helfen, Entscheidungen zu unterstützen und die Arbeit in dem jeweiligen Aufgabengebiet effektiver zu gestalten. Also kommt es darauf an, dass eine solche Datensammlung in den verschiedensten Situationen ohne große Umstände genau die Informationen zur Verfügung stellt, die benötigt werden.

Wie können Abfragen formuliert werden?

Excel »versteht« Fragen nur, wenn sie in einer bestimmten Weise formuliert sind. Fragen an eine Tabelle zu stellen heißt, bestimmte Einschränkungen oder Bedingungen zu benennen, etwa die Bedingung *Erscheinungsjahr = 2008* bei einer CD-Liste. Dadurch können dann aus der Masse der vorhandenen Daten genau die Datensätze herausgefischt werden, die für eine Entscheidung oder einen bestimmten Vorgang wichtig sind. In Excel wird dieser Vorgang »Filtern« genannt. Manchmal sind sogar mehrfache Filterungen notwendig, um die Daten zu finden, die Ihre Frage beantworten können. Es stehen grundsätzlich zwei verschiedene Verfahren zur Verfügung: einfaches **Filtern** und **Spezialfilter**. Das einfache **Filtern** ist für schnelle, aber relativ einfache Abfragen gedacht. Die Funktion **Spezialfilter** dagegen erlaubt komplexere Abfragen, ist im Verfahren aber etwas umständlicher und entspricht teilweise noch den Verfahren aus den älteren Excel-Versionen.

18.1 Relevante Daten herausfiltern

Nehmen Sie als Beispiel wieder das Weinlager. Wenn eine bestimmte Untermenge von Interesse ist, beispielsweise nur die Weine aus Frankreich, dann bringt Sie in der Gruppe **Sortieren und Filtern** auf dem Register **Daten** die Option **Filtern** schnell ans Ziel:

1 Um die gesuchten Daten herauszufiltern, setzen Sie zunächst den Zellzeiger in eine beliebige Zelle der Tabelle. Die Funktion setzt wieder voraus, dass die Tabelle eine Kopfzeile mit Spaltennamen enthält.

2 Sobald Sie den Befehl **Daten ▶ Sortieren und Filtern ▶ Filtern** aufrufen, erscheinen beim Namen jeder Spalte der Tabelle die Schaltflächen für die Filterfunktion.

3 Wird einer dieser Pfeile angeklickt, werden jedes Mal alle unterschiedlichen Werte zur Auswahl gestellt, die in dieser Spalte vorkommen, und zusätzlich spezielle Auswahlkriterien. Das zweite Feld enthält die Angabe über das Herkunftsland. Beim Klick auf den Pfeil werden die Namen der verschiedenen Länder angeboten. Falls die Liste nicht in das Menü passt, können Sie das Menü an den Anfassern unten rechts weiter aufziehen.

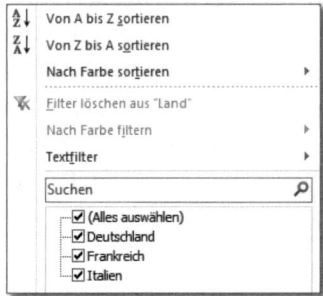

4 Sobald Sie eines dieser Länder auswählen, etwa *Frankreich*, werden Ihnen nur noch die Datensätze dieses Landes angezeigt.

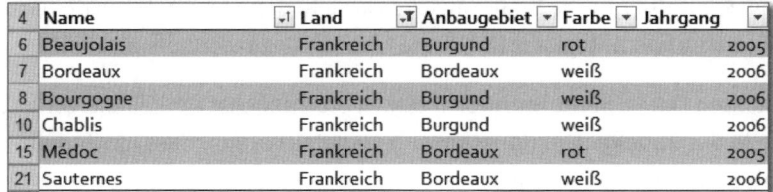

Alle Daten, die nicht das gesetzte Filterkriterium erfüllen, werden vorübergehend ausgeblendet. Sie sehen dies daran, dass die Zeilennummern der angezeigten Datensätze unverändert geblieben sind. Die Nummern sind durch eine andere Farbe gekennzeichnet. Excel blendet beim Filtern immer ganze Zeilen aus. Aus diesem Grund sollten Sie es vermeiden, Spalten neben der Tabelle für andere Daten zu benutzen. Es passiert zwar nichts Schlimmes, weil ja alles wieder eingeblendet werden kann, aber es kann doch zur Verwirrung beitragen.

Die Schaltfläche der Spalte, die für das Filtern benutzt worden ist, erhält ein Filtersymbol, sodass Sie sich nicht merken müssen, in welcher Spalte Sie einen Filter gesetzt haben. Wenn Sie den Mauszeiger darüber bewegen, wird das aktuelle Filterkriterium angezeigt.

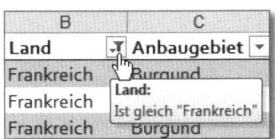

Abbildung 18.1 Anzeige des Filters einer Spalte

18.1.1 Ortsunabhängiges Filtern und Sortieren

Es ist im letzten Kapitel schon angesprochen worden, dass Excel bei Tabellen, die über die Bildschirmhöhe hinausreichen, die Spaltenbezeichnungen in die Zeile mit den vorgegebenen Spaltenüberschriften schiebt, sodass Sie immer erkennen können, welche Inhalte in den Spalten zu finden sind. Mit Excel 2010 ist dies dahingehend erweitert worden, dass auch die Filterschaltflächen dort angezeigt werden, falls sie eingeschaltet sind. Das hat den großen Vorteil, dass Sie – egal wie tief Sie in der Tabelle navigieren – immer Zugriff auf das Menü der Filterschaltflächen haben und entsprechende Filter- oder Sortiervorgänge anstoßen können. Es ist also nicht mehr nötig, dazu jedes Mal den Kopf der Tabelle anzusteuern.

Abbildung 18.2 Filterschaltfläche in den Spaltenüberschriften der Arbeitsmappe

18.1.2 Textfilter

Das Menü der Filterschaltfläche bietet neben den Spaltenwerten auch noch andere Filteroptionen an; welche das sind, hängt von dem Datentyp der Spalte ab. Bei Texten, wie in diesem Fall, werden **Textfilter** mit den folgenden Optionen angeboten.

Option	Wirkung
Ist gleich	Zeigt alle Datensätze mit dem ausgewählten Wert an.
Ist nicht gleich	Zeigt alle Datensätze an, die nicht dem ausgewählten Wert entsprechen.
Beginnt mit	Filtert nach den ersten Zeichen des Wertes.
Endet mit	Filtert nach den letzten Zeichen des Wertes.
Enthält	Zeigt Datensätze, in denen die angegebene Zeichenfolge vorkommt.
Enthält nicht	Zeigt Datensätze, in denen die angegebene Zeichenfolge nicht vorkommt.
Benutzerdefiniert	Erlaubt die Eingabe von bis zu zwei Kriterien für die einzelne Spalte. Wie das geht, wird im folgenden Abschnitt behandelt.

Wenn Sie z. B. alle Länder außer Italien sehen wollen, benutzen Sie **Textfilter ▶ ist nicht gleich** und wählen dann in dem Dialog **Benutzerdefinierter AutoFilter** im zweiten Listenfeld *Italien* als Wert aus.

Ist der Vergleichswert ein Text, muss er nicht in Anführungszeichen eingegeben werden. Außerdem können auch Jokerzeichen benutzt werden.

? steht dabei für genau ein Zeichen, * für beliebig viele Zeichen.

`entspricht r*`

für Farbe, filtert z. B. sowohl *Rot* als auch *Rosé* heraus.

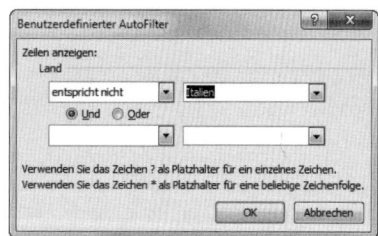

Abbildung 18.3 Benutzerdefinierter Filter

18.1.3 Zahlenfilter

Noch umfangreicher sind die Filteroptionen, wenn es sich um Zahlenwerte handelt. Um z. B. nach Jahrgängen zu filtern, stehen neben den vorhandenen Jahrgangswerten unter **Zahlenfilter** zusätzlich noch die folgenden Optionen zur Verfügung.

Option	Wirkung
Ist gleich	Zeigt alle Datensätze mit dem ausgewählten Wert an.
Ist nicht gleich	Zeigt alle Datensätze an, die nicht dem ausgewählten Wert entsprechen.
Größer als	Zeigt alle Werte, die größer als der angegebene Wert sind.
Größer oder gleich	Zeigt alle Werte, die größer als der angegebene Wert oder gleich dem angegebenen Wert sind.
Kleiner als	Zeigt alle Werte, die kleiner als der angegebene Wert sind.
Kleiner oder gleich	Zeigt alle Werte, die kleiner als der angegebene Wert oder gleich dem angegebenen Wert sind.
Zwischen	Zeigt alle Werte, die zwischen den beiden angegebenen Werten liegen.
Top 10 ...	Liefert sofort die besten Werte, entweder absolut oder in Prozent gerechnet.
Über dem Durchschnitt	Zeigt alle Werte, die über dem Durchschnitt aller Werte in der Spalte liegen.
Unter dem Durchschnitt	Zeigt alle Werte, die unter dem Durchschnitt aller Werte in der Spalte liegen.
Benutzerdefiniert	Erlaubt die Eingabe von bis zu zwei Kriterien für die einzelne Spalte.

18.1.4 Datumsfilter

Sehr wertvoll bei Daten, die Datumswerte enthalten, sind die Datumsfilter. Zunächst wird eine Baumstruktur angeboten, in denen beispielsweise bestimmte Jahre oder Monate ausgewählt werden können.

18 Datenabfragen und Datenauszüge

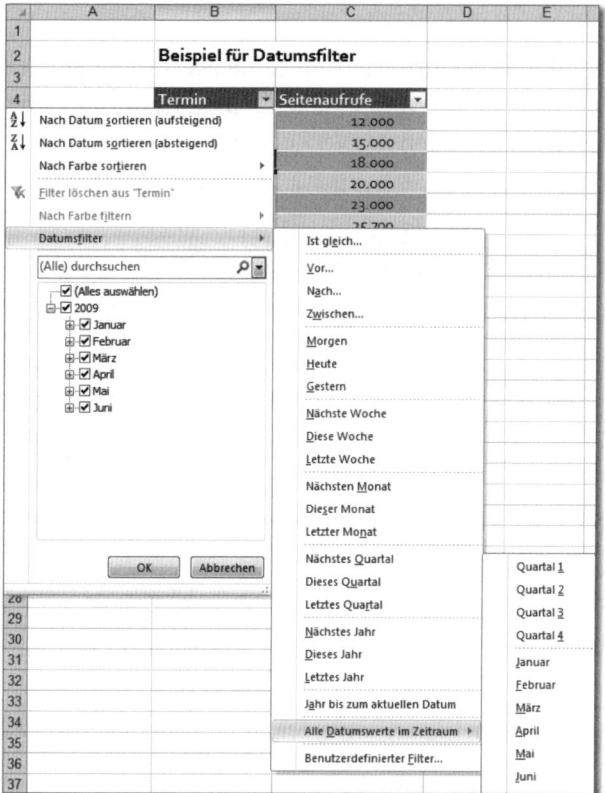

Abbildung 18.4 Auswahl von Datumswerten als Filter

Das Menü zu **Datumsfilter** erlaubt außerdem die in der folgenden Tabelle aufgeführten Optionen.

Option	Wirkung
Ist gleich	Zeigt alle Datensätze mit dem ausgewählten Datumswert an.
Vor	Zeigt alle Werte, die vor einem anschließend angegebenen Datumswert liegen.
Nach	Zeigt alle Werte, die nach einem anschließend angegebenen Datumswert liegen.
Zwischen	Zeigt alle Werte, die zwischen zwei anschließend angegebenen Datumswerten liegen.
Morgen	Zeigt alle Werte mit dem Datum des nächsten Tages.
Heute	Zeigt alle Werte mit dem Datum des Tages.

Option	Wirkung
Gestern	Zeigt alle Werte mit dem Datum des vorigen Tages.
Nächste Woche	Zeigt alle Werte mit einem Datum aus der nächsten Woche.
Diese Woche	Zeigt alle Werte mit einem Datum aus der aktuellen Woche.
Letzte Woche	Zeigt alle Werte mit einem Datum aus der letzten Woche.
Nächsten Monat	Zeigt alle Werte mit einem Datum aus dem nächsten Monat.
Dieser Monat	Zeigt alle Werte mit einem Datum aus dem aktuellen Monat.
Letzter Monat	Zeigt alle Werte mit einem Datum aus dem vorigen Monat.
Nächstes Quartal	Zeigt alle Werte mit einem Datum innerhalb des nächsten Quartals.
Dieses Quartal	Zeigt alle Werte mit einem Datum innerhalb des aktuellen Quartals.
Letztes Quartal	Zeigt alle Werte mit einem Datum innerhalb des letzten Quartals.
Nächstes Jahr	Zeigt alle Werte mit einem Datum aus dem nächsten Jahr.
Dieses Jahr	Zeigt alle Werte mit einem Datum aus dem aktuellen Jahr.
Letztes Jahr	Zeigt alle Werte mit einem Datum aus dem vorigen Jahr.
Jahr bis zu aktuellem Datum	Zeigt alle Werte im aktuellen Jahr, falls sie vor dem aktuellen Datum liegen.
Alle Datumswerte im Zeitraum	Stellt die vier Quartale und die einzelnen Monate des aktuellen Jahres zur Auswahl.
Benutzerdefinierter Filter	Erlaubt die Eingabe von bis zu zwei Kriterien für die einzelne Spalte. Kalendersteuerelemente helfen bei der Auswahl der Werte.

In der folgenden Abbildung werden beispielsweise von kumulierten Werten zu Seitenaufrufen für eine Webseite die Daten eines bestimmten Quartals herausgefiltert.

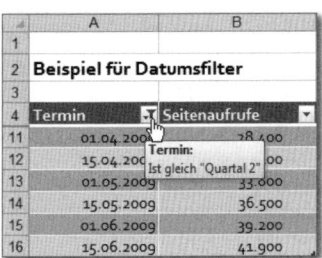

Abbildung 18.5 Filter mit Daten für das 2. Quartal

18.1.5 Farbfilter

Eine weitere Option im Menü der Filterschaltfläche ist **Nach Farbe filtern**. Sind in der Spalte bedingte Formatierungen mit unterschiedlichen Zellenfarben, Schriftfarben oder auch mit Zellsymbolen vorhanden, werden diese alle im Untermenü dieser Option zur Auswahl angeboten. Das in der Auswahl angeklickte Muster bestimmt, welche Daten angezeigt werden.

In der folgenden Abbildung sind die Bestände des Weinlagers mit zwei Symbolen formatiert, die erkennen lassen, ob der Bestand noch relativ groß oder schon relativ gering ist.

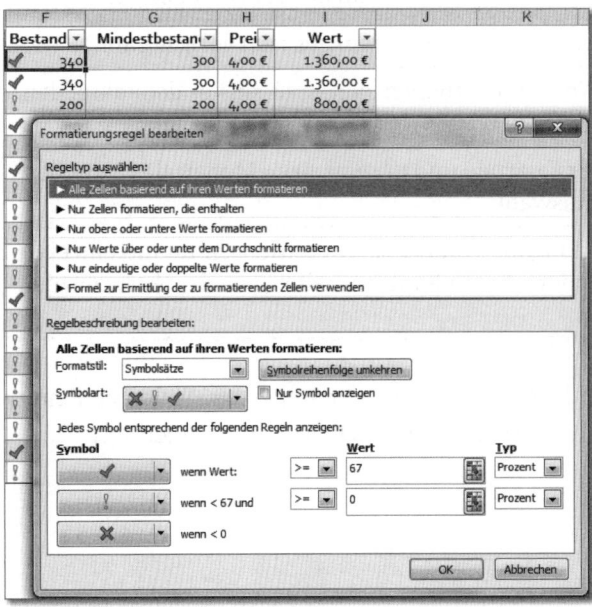

Abbildung 18.6 Bedingtes Format für die Einschätzung des Bestands

18.1 Relevante Daten herausfiltern

Wird nun für diese Spalte der Farbfilter ausgewählt, werden die beiden Symbole für die möglichen Einstufungen angeboten. Um die kritischen Bestände auf einen Blick zu sehen, reicht dann ein Klick auf das Symbol mit dem Ausrufezeichen.

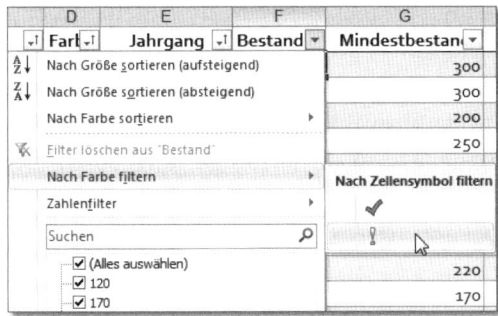

Abbildung 18.7 Auswahl des Zellsymbols als Filter

18.1.6 Sortieren

In allen Menüs zu den Filterschaltflächen wird außerdem angeboten, die Daten auf- oder absteigend zu sortieren. Auch beim Sortieren gibt es die Option **Nach Farbe sortieren**. Sind in der Spalte bedingte Formatierungen mit unterschiedlichen Zellenfarben, Schriftfarben oder auch mit Zellsymbolen vorhanden, werden diese im Untermenü zur Auswahl angeboten. Das in der Auswahl angeklickte Muster bestimmt dabei jeweils den Startpunkt der Sortierung.

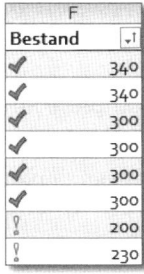

Abbildung 18.8 Nach Symbolen sortierte Spalte

Es ist im Übrigen jederzeit möglich, eine Tabelle mit eingeschalteten Filtern um neue Spalten zu erweitern. Auch das Löschen von Spalten ist erlaubt. Allerdings muss anschließend der Befehl **Daten ▸ Sortieren und Filtern ▸ Erneut übernehmen** aufgerufen werden, um die vorhandenen Filter oder auch eine Sortierung auf neue Datensätze auszudehnen.

18.1.7 Suchen und Filtern

Neu in Excel 2010 ist im Menü der Filterschaltflächen die Möglichkeit, das Filterkriterium in der Spalte zu suchen. Dazu ist ein neues Eingabefeld eingefügt. Wenn es sich um Textfelder handelt, reicht es meist schon, die ersten Buchstaben des gesuchten Elements einzugeben. Gibt es Elemente, die mit dem Suchkriterium übereinstimmen, werden diese zur Auswahl gestellt. Sie können dann entweder die Option (**Alle Suchergebnisse übernehmen**) akzeptieren oder die Suchergebnisse einzeln auswählen, falls es mehrere sind. Außerdem wird noch die Option **Dem Filter die aktuelle Auswahl hinzufügen** angeboten.

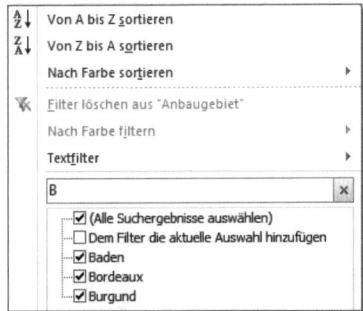

Abbildung 18.9 Filtern mit einem Suchkriterium

Die Suche bezieht sich immer auf die aktuell angezeigten Daten. Wurden diese schon gefiltert, müssen Sie erst wieder diesen Filter deaktivieren, wenn sich die Suche auf alle Daten in der Spalte beziehen soll.

Leere Felder herausfiltern

Wenn in der Spalte auch leere Felder vorkommen, wird noch die Filteroption **Leere** angeboten. Sie zeigt die Datensätze an, bei denen in dieser Spalte bisher nichts eingetragen ist. Diese Abfrage ist sehr praktisch, um Datensätze zusammenzustellen, bei denen noch bestimmte Informationen fehlen.

Mehrfach filtern

Mehrere Filter lassen sich bei Bedarf hintereinanderschalten. Wollen Sie beispielsweise von den herausgefilterten Weinen aus Frankreich nur die Weine eines bestimmten Anbaugebietes sehen, können Sie die gefilterten Daten noch weiter filtern und so Ihre Auswahl verfeinern. Dazu müssen Sie nur auf den Pfeil bei *Anbaugebiet* klicken und beispielsweise *Bordeaux* auswählen.

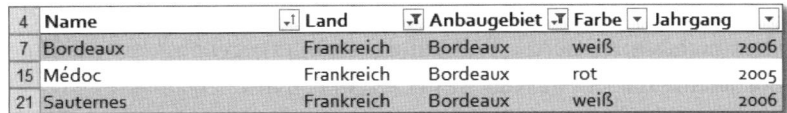

Abbildung 18.10 Jetzt sehen Sie von den französischen Weinen nur noch die aus Bordeaux.

18.1.8 Filtern rückgängig machen

Die Filterung einer Tabelle kann in drei Stufen rückgängig gemacht werden, je nachdem, was anschließend geschehen soll:

1. Mit der Listenfeld-Option **Alles auswählen** wird die Filterung für die einzelne Spalte aufgehoben. Filter in anderen Spalten bleiben davon unberührt. Wenn Sie also innerhalb Frankreichs *Bordeaux* als Anbaugebiet ausgewählt haben, zeigt die Option **Alle auswählen** bei *Anbaugebiet* wieder alle französischen Anbaugebiete an. Stattdessen können Sie auch die Option **Filter löschen aus "Spaltenname"** verwenden.

2. Sollen die Filterpfeile erhalten bleiben und nur die aktuelle Filterung aufgehoben werden, benutzen Sie in der Gruppe **Sortieren und Filtern** den Befehl **Löschen**.

3. Um die Filterung insgesamt aufzuheben und auf einen Schlag wieder alle Datensätze anzuzeigen, kann die Schaltfläche **Filter** in der Gruppe **Sortieren und Filtern** erneut angeklickt werden.

18.1.9 Die Ersten und die Letzten

Die amerikanische Leidenschaft für Top-Listen jeder Art hat auch das Programm Excel erreicht. Wenn Sie schnell mal wissen wollen, welches die zehn teuersten Weine im Lager sind, müssen Sie in der Spalte *Preis* nur die Option **Zahlenfilter ▸ Top 10** wählen. Es erscheint ein kleines Dialogfeld, das Sie in diesem Fall nur bestätigen müssen.

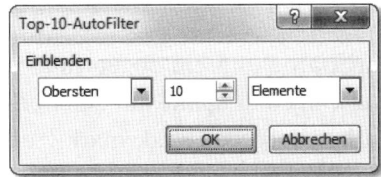

Abbildung 18.11 Dialogfeld des Top-10-Filters

Das Ergebnis ist allerdings noch nicht ganz befriedigend, weil zwar die zehn teuersten Weine gefunden, aber nicht in sortierter Reihenfolge wiedergegeben werden. Eine kurze absteigende Sortierung nach dem Preis ist in diesem Fall also angebracht.

4	Name	Land	Anbaugebiet	Farbe	Preis
7	Chablis	Frankreich	Burgund	weiß	6,80 €
8	Ravello	Italien	Salerno	rosé	5,90 €
9	Valpolicella	Italien	Verona	rot	5,80 €
10	Bourgogne	Frankreich	Burgund	weiß	5,30 €
11	Chianti	Italien	Toskana	rot	5,00 €
15	Médoc	Frankreich	Bordeaux	rot	5,00 €
17	Oppenheimer	Deutschland	Rheinhessen	weiß	5,00 €
19	Sauternes	Frankreich	Bordeaux	weiß	4,90 €
21	Brolio	Italien	Toskana	rot	4,70 €
24	Bordeaux	Frankreich	Bordeaux	weiß	4,60 €

Abbildung 18.12 Die zehn teuersten Weine in sortierter Reihenfolge

Das kleine Dialogfeld erlaubt aber auch andere Auswahlmöglichkeiten. Unter **Einblenden** lassen sich statt der **Obersten** auch die **Untersten** auswählen. Und zehn müssen es auch nicht sein, Sie können die Auswahl auch auf drei einschränken oder auf zwanzig ausweiten.

Statt der zehn besten Elemente in der Tabelle lassen sich auch beispielsweise die besten 10 % abfragen, wenn Sie im dritten Feld **Prozent** statt **Elemente** auswählen. So lässt sich etwa bei einer Umsatztabelle schnell herausfinden, welche Produkte zu der 5 %-Gruppe gehören, die den größten Umsatz machen. Bei etwa 400 Artikeln entspricht dies dann den besten 20.

18.1.10 Filtern und Sortieren nach Zellwerten

Wenn einfach der Wert einer in einer Spalte ausgewählten Zelle zum Filterkriterium werden soll, gibt es einen besonders schnellen Weg über das Kontextmenü der entsprechenden Zelle. Um beispielsweise nur die Weine aus dem Anbaugebiet Piemont zu erhalten, benutzen Sie über das Kontextmenü einer Zelle, die diesen Wert anzeigt, die Option **Nach dem Wert der ausgewählten Zelle filtern**. Das Kontextmenü zeigt anschließend auch einen Löschbefehl zu diesem Filter an.

Neben Werten lassen sich auch die Zellfarbe, die Schriftfarbe und ein zugeordnetes Symbol als Filterkriterien verwenden. Wenn beispielsweise in einer Spalte mit einer bedingten Formatierung manuell unterschiedliche Zellfarben vergeben sind, markieren Sie einfach die Zelle mit der Farbe, die Sie herausfiltern wollen, und benutzen dann über das Kontextmenü den Befehl **Nach Farbe der ausgewählten Zelle filtern**.

18.1 Relevante Daten herausfiltern

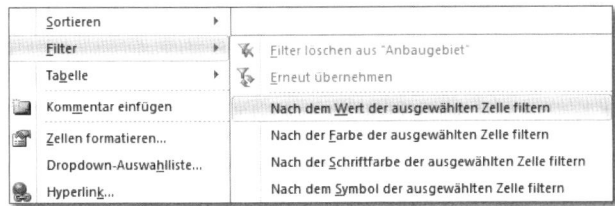

Abbildung 18.13 Filtermenü zu einer Zelle

Das Kontextmenü enthält außerdem Optionen unter Sortieren, die es erlauben, die ausgewählte Zell- oder Schriftfarbe oder eine Zellensymbol jeweils an den Anfang der Spalte zu rücken.

18.1.11 Filter kombinieren

Anstelle einzelner Filterbedingungen können auch kombinierte oder alternative Filter für jede Spalte einzeln formuliert werden. Angenommen, Sie wollen wissen, von welchen Weinen mehr als 200, aber weniger als 300 im Lager sind.

1 Um eine Antwort auf diese Frage zu finden, müssen Sie zunächst in der Spalte *Bestand* die Option **Zahlenfilter ▸ Benutzerdefinierter Filter** anklicken.

2 Excel öffnet ein Dialogfeld, in dem bis zu zwei auf die Spalte bezogene Kriterien möglich sind. Diese Kriterien werden in Form eines logischen Vergleichs eingetragen, d. h., der Inhalt jeder Zelle in der betreffenden Spalte wird mit einem bestimmten Wert verglichen.

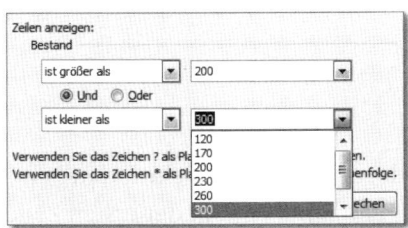

3 Das Dialogfeld enthält schon den Feldnamen der ausgewählten Spalte. Sie wählen den Vergleichsoperator durch einen Klick auf den ersten Pfeil. Die Vergleichsoperatoren sind in Texte übersetzt worden: **entspricht** für =, **ist größer als** für > usw. In diesem Fall wählen Sie **ist größer als**.

4 Im nächsten Eingabefeld wählen Sie den Vergleichswert aus der Liste, oder Sie geben den Vergleichswert – hier 200 – direkt ein.

5 Um die zweite Bedingung einzugeben, wählen Sie erst **Und** aus und dann den Operator **ist kleiner als** sowie den Wert 300.

> **HINWEIS**
>
> **Nur einfache Vergleiche möglich**
>
> Leider erlaubt das Dialogfeld **Filtern** keine Vergleiche mit Werten in anderen Spalten. Ein Filter wie *Bestand* < *Mindestbestand* kann hier nicht eingegeben werden. Für solche Vergleiche muss die Funktion **Spezialfilter** benutzt werden.

> **HINWEIS**
>
> **Additive Mehrfachfilter**
>
> Filterkriterien können für mehrere Felder gleichzeitig definiert werden. In diesen Fällen werden immer nur die Daten angezeigt, die alle Kriterien gleichzeitig erfüllen. Wird beispielsweise unter Farbe *Rot* und unter Anbaugebiet *Bordeaux* ausgewählt, werden nur die Rotweine aus dem Anbaugebiet Bordeaux angezeigt

18.2 Komplexe Abfragen mit Spezialfiltern

Eine Tabelle nach einfachen Kriterien mithilfe der Funktion **Filtern** auf die Daten zu reduzieren, die für die weitere Verarbeitung benötigt werden, ist kein Umstand. Ein ganz großer Teil der Abfragen an eine Tabelle lässt sich auf diese Weise mit ein paar Mausklicks erledigen. Wenn dies nicht ausreicht, und das ist schon der Fall, wenn Sie wie in unserem Beispiel den Bestand mit dem Mindestbestand vergleichen wollen, muss der Dialog **Spezialfilter** herangezogen werden. Er wird aus der Gruppe **Daten ▸ Sortieren und Filtern** mit **Erweitert** aufgerufen.

18.2.1 Tabelle und Kriterienbereich

Dazu wird ein spezieller Zellbereich für die Festlegung von Abfragekriterien benötigt. Dieser Kriterienbereich muss mindestens zwei Zeilen umfassen. In der ersten Zeile befinden sich Spaltennamen. Die zweite Zeile oder weitere Zeilen darunter sind für die Eingabe von Kriterien reserviert.

Auch bei dieser Funktion muss normalerweise der Bereich der Tabelle nicht manuell ausgewählt oder benannt werden. Excel markiert den entsprechenden Bereich nach den oben beschriebenen Regeln, wenn der Zellzeiger irgendwo in die Tabelle gestellt worden ist. Notwendig ist aber der angesprochene Tabellenbereich, in dem die Kriterien abgelegt werden, die über die Auswahl der Datensätze entscheiden. Die Spaltennamen müssen dabei buchstabengetreu mit den Spaltennamen der Tabelle übereinstimmen, mit Ausnahme zusätzlicher Namen für berechnete Kriterien, von denen noch die Rede sein wird. Das erreichen Sie am einfachsten, indem Sie die Namenszeile aus der Tabelle in die erste Zeile des Kriterienbereichs kopieren.

Es ist dabei nicht notwendig, dass alle Feldnamen im Kriterienbereich auftauchen, Sie können einzelne Feldnamen weglassen. Für kombinierte Kriterien kann ein Spaltenname sogar mehrfach benutzt werden. Achten Sie darauf, den Kriterienbereich im Tabellenblatt so zu platzieren, dass er nicht unbeabsichtigt von Änderungen wie Einfügen oder Löschen von Spalten oder Zeilen zerstört werden kann.

Wird der Kriterienbereich innerhalb des Tabellenblatts angelegt, in dem sich die Tabelle befindet, ist es am sichersten, dafür neue Zeilen oberhalb der Tabelle einzufügen. Die Tabelle kann dann ungehindert nach unten wachsen, ohne dass Gefahr besteht, mit dem Kriterienbereich zu kollidieren. Damit auch bei Änderungen der Spaltenanzahl in der Tabelle nichts passieren kann, ist es sinnvoll, den Kriterienbereich so weit nach rechts zu rücken, dass keine gemeinsamen Spalten mit der Tabelle vorkommen. Die noch bessere Lösung ist, den Kriterienbereich gleich auf ein eigenes Blatt zu legen.

Wenn Sie den Kriterienbereich im Dialogfeld **Spezialfilter** festlegen, vergibt Excel automatisch den Namen *Suchkriterien* für diesen Bereich. Über [F5] oder das Namenfeld kann der Bereich dann schnell angesprungen werden. Sie können natürlich auch einen anderen Namen vergeben.

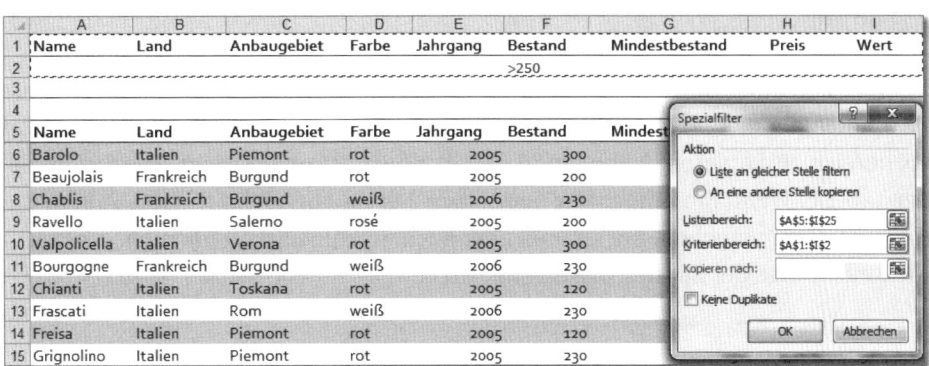

Abbildung 18.14 Kriterienbereich über dem Tabellenbereich

18.2.2 Datenextrakte im Ausgabebereich

Wenn Sie die Funktion **Spezialfilter** verwenden, haben Sie auch die Möglichkeit, die gefilterten Daten in einen anderen Bereich des Tabellenblatts zu kopieren, anstatt sie in der Tabelle selbst zu filtern. Dies ist immer dann sinnvoll, wenn Sie über längere Zeit mit einem solchen Filterextrakt weiterarbeiten wollen, unabhängig von der originalen Tabelle selbst.

Leider ist es nicht möglich, den Extrakt gleich in ein anderes Blatt der Arbeitsmappe oder gar in eine andere Arbeitsmappe zu filtern. Sie müssen, um so etwas zu erreichen, umgekehrt verfahren. Sie aktivieren das Blatt für den Ausgabebereich und rufen von dort den Befehl **Daten ▸ Sortieren und Filtern ▸ Erweitert** auf. Sie müssen dann aber den Tabellenbereich in dem anderen Blatt ausdrücklich markieren, ebenso den Kriterienbereich.

Festlegen des Ausgabebereichs

Wenn Sie mit einem Ausgabebereich arbeiten wollen, sind eventuell einige Vorbereitungen nötig, bevor Sie den Dialog **Spezialfilter** aufrufen können. Sie haben drei Möglichkeiten:

1. Sie geben nur die linke obere Eckzelle des Ausgabebereichs an. Excel kopiert alle Spalten samt Beschriftung in den Ausgabebereich.

2. Sie geben eine Zeile mit Spaltennamen als Ausgabebereich an.

3. Sie markieren einen Bereich für die gesamte Ausgabe, der als erste Zeile Spaltennamen enthält.

Werden Spaltennamen für den Ausgabebereich angegeben, ist es wieder am einfachsten, die Spaltennamen oder auch die ganze Spaltennamenszeile aus der Tabelle in den Ausgabebereich zu kopieren. Nehmen Sie dafür möglichst einen freien Bereich unterhalb der Tabelle. Wenn Sie immer mit demselben Ausgabebereich arbeiten, sollten Sie einen Namen dafür vergeben. Sie können aber auch einzelne Spaltennamen weglassen oder die Reihenfolge der Spaltennamen ändern.

	A	B	C	D	E	F
1	Name	Land	Anbaugebiet	Farbe	Jahrgang	Bestand
2						>300
3						
4						
5	Name	Land	Anbaugebiet	Farbe	Jahrgang	Bestand
6	Barolo	Italien	Piemont	rot	2005	300
7	Beaujolais	Frankreich	Burgund	rot	2005	200
30	Name	Land	Anbaugebiet	Farbe	Jahrgang	Bestand
31	Müller-Thurgau	Deutschland	Mosel	weiß	2006	340
32	Ortenau	Deutschland	Baden	rot	2005	340

Abbildung 18.15 Beispiel für eine Filterung mit Ausgabebereich

> **Spalten vertauschen**
>
> Wenn Sie die Reihenfolge der Spalten in einer Tabelle ändern wollen, können Sie das leicht erreichen über einen Ausgabebereich, in dem die Spaltennamen entsprechend umgestellt sind. Verwenden Sie dann den Dialog **Spezialfilter** einfach ohne Kriterium – lassen Sie das Feld **Kriterienbereich** leer –, sodass alle Daten aus der Originaltabelle in den Ausgabebereich kopiert werden.

18.2.3 Bestandsprüfung mit Spezialfilter

Die Arbeitsweise des Spezialfilters soll zunächst an einem Problem erprobt werden, das schon angesprochen wurde. Das Programm soll die Datensätze der Weine herausfiltern, bei denen der Lagerbestand den Mindestbestand unterschreitet. In dem Fall ist ja normalerweise eine Nachbestellung notwendig.

1 Um diese Aufgabe zu lösen, reicht es aus, einen Kriterienbereich mit einem Spaltennamen und einem darunter eingetragenen Kriterium anzulegen. In der folgenden Abbildung wurden dafür zwei Zeilen eingefügt. Der Spaltenname muss in diesem Fall neu vergeben werden, er darf also nicht mit einem der Spaltennamen aus der Tabelle identisch sein, denn das Kriterium ist hier ja nicht der Vergleich eines Feldes mit einem konstanten Wert, sondern der Vergleich der Werte zweier Felder. Es handelt sich dabei um ein berechnetes Kriterium. Es wird deshalb in Zelle A1 der Spaltenname *Bestellbedarf* verwendet. In A2 kann dann folgende Formel eingetragen werden: =F6<G6

F6 ist die Adresse der ersten Zelle unter dem Spaltennamen *Bestand*, G6 die Adresse der ersten Zelle unter dem Spaltennamen *Mindestbestand*. Achten Sie darauf, dass die Zellbezüge relativ eingetragen werden. Excel liefert als Ergebnis die Formel WAHR, wenn in der ersten Datenzeile der Tabelle die Bedingung erfüllt ist, sonst den Wert FALSCH.

2 Sind die notwendigen Daten im Kriterienbereich eingetragen, sollten Sie nicht vergessen, den Zellzeiger zunächst wieder in die Tabelle zu rücken. Nun können Sie den Befehl **Daten ▸ Sortieren und Filtern ▸ Erweitert** aufrufen.

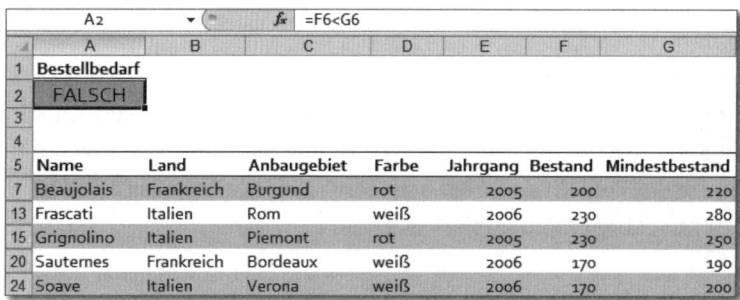

3 Wählen Sie zunächst unter **Aktion**, wie Excel bei der Filterung der Daten verfahren soll. Die Voreinstellung ist **Liste an gleicher Stelle filtern**. Das bedeutet, es soll so verfahren werden wie beim Filtern. Die weggefilterten Daten werden vorübergehend ausgeblendet.

4 Das Feld **Listenbereich** wird normalerweise von Excel automatisch ausgefüllt, wenn Sie den Zellzeiger korrekt innerhalb der Tabelle platziert haben. Stattdessen können Sie hier aber auch den Bereich ausdrücklich markieren oder einen Bereichsnamen mit F5 einfügen.

5 Entscheidend ist der korrekte Bezug auf den **Kriterienbereich**. Markieren Sie den Bereich, oder fügen Sie den Bezug oder Namen ein, falls ein Name vergeben worden ist.

6 Das Kontrollfeld **Keine Duplikate** kann verwendet werden, um Kopien von Datensätzen auszublenden oder aus dem Extrakt auszuschließen. Duplikate können zustande kommen, wenn Datensätze irrtümlich zweimal eingegeben worden sind. Manchmal kommt es aber auch vor, dass gleiche Datensätze tatsächlich mehrfach vorkommen, weil ein Unterscheidungskriterium fehlt; denken Sie nur an das berühmte Meier-Müller-Schmidt-Problem.

7 Wenn Sie das Dialogfeld bestätigen, filtert Excel alle Datensätze aus der gesamten Tabelle heraus, die die im Kriterienbereich abgelegten Kriterien erfüllen. Die nächste Abbildung zeigt die Datensätze der Weine an, die nachbestellt werden müssen.

Die Bereichsangaben im Dialogfeld **Spezialfilter** werden von Excel übrigens immer so lange in der Arbeitsmappe beibehalten, bis sie wieder geändert werden. Wenn Sie den Befehl also mehrfach verwenden, muss nur etwas geändert werden, sofern sich die Bereiche im Tabellenblatt geändert haben.

18.2.4 Welche Auswahlkriterien sind möglich?

Mithilfe eines Auswahlkriteriums legen Sie fest, welche Daten Excel aus einer Tabelle herausfiltern soll. Das Kriterium wird immer positiv formuliert, und zwar als die Bedingung, die ein Datensatz erfüllen muss, wenn er den Filter passieren soll; das Kriterium *Farbe = rot* lässt alle roten Weine durch den Filter durch, alle nicht roten Weine bleiben im Filter hängen.

Die einfachste Form eines Kriteriums im Kriterienbereich ist eines für eine Spalte. Entweder wird unter dem Spaltennamen ein konstanter Wert als Kriterium angegeben oder die Kombination eines der logischen Operatoren mit einem konstanten Wert. Das entspricht der Schreibweise, die Sie schon im Dialogfeld der benutzerdefinierten Filter kennengelernt haben.

18.2.5 Kombinierte Kriterien

Wenn Sie nicht nur in einem, sondern in mehreren Feldern der ersten Zeile des Kriterienbereiches eine Eintragung vornehmen, behandelt das Programm dies als ein kombiniertes Kriterium. Gesucht wird in einem solchen Fall ein Datensatz, in dem es bei allen benutzten Feldern einen genau entsprechenden Inhalt gibt.

Wenn Sie also im Kriterienbereich unter Anbaugebiet *Mosel* eintragen und unter Farbe *rot*, sucht das Programm die Rotweine von der Mosel, also die Datensätze, die beide Kriterien gleichzeitig erfüllen. Das entspricht einer logischen UND-Funktion:

```
=UND(Anbaugebiet="Mosel";Farbe="rot")
```

Achten Sie vor der Eingabe eines neuen Kriteriums immer darauf, dass nicht Eintragungen von alten Abfragen stehen geblieben sind, die dann als ungewolltes Zusatzkriterium wirken.

	A	B	C	D
1	Name	Land	Anbaugebiet	Farbe
2			Mosel	rot

Abbildung 18.16 Mehrere Kriterien gleichzeitig

Müssen zwei Bedingungen bei derselben Spalte erfüllt sein, können Sie Spaltennamen auch mehrfach verwenden.

Bestand	Bestand
>200	<300

sucht z. B. Datensätze, in denen der Bestand zwischen den beiden angegebenen Werten liegt.

18.2.6 Alternative Kriterien

Kriterien können auch alternativ verwendet werden. In diesem Fall werden die Kriterien untereinander in eine Spalte des Kriterienbereichs geschrieben.

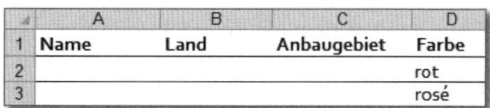

Abbildung 18.17 Alternative Kriterien

Zum Beispiel können Sie unter dem Spaltennamen *Farbe* im Kriterienbereich *rot* und *rosé* untereinander eintragen. Dann werden alle Weine gesucht, die eine der beiden Farben aufweisen. Für diesen Fall erweitern Sie den Kriterienbereich einfach um eine zusätzliche Zeile.

Wollen Sie eine Abfrage nach Weinen formulieren, die entweder aus Italien kommen oder aus Rheinhessen, müssen Sie die Kriterien auf verschiedene Zeilen verteilen, weil sie sonst von Excel als UND-Verbindungen verstanden werden:

Land	Anbaugebiet
Italien	
	Rheinhessen

UND- und ODER-Kombinationen können natürlich auch gemischt werden:

Land	Anbaugebiet	Farbe
Italien		rot
	Rheinhessen	rot

Hier müssen die Weine in jedem Fall rot sein, können aber aus Italien oder Rheinhessen kommen.

Bei vergleichenden Suchkriterien kann der Inhalt einer Zelle in der Tabelle mit einer Zeichenfolge, einer Zahl, einem Wahrheitswert oder auch einem Fehlerwert verglichen werden.

Wird als Kriterium nur das Gleichheitszeichen eingetragen, werden alle Datensätze gesucht, die in dem kritischen Feld keinen Eintrag vorweisen, also leer sind. <> dagegen sucht alle Datensätze, die in der betreffenden Spalte über irgendeinen Eintrag verfügen, egal welcher Art.

Zeichenfolgen als Kriterium

Wird nur eine Zeichenfolge als Kriterium verwendet, werden jeweils die Datensätze gesucht, in denen Übereinstimmung zwischen dem Feld in der Tabelle und dem Eintrag im Kriterienbereich besteht. Das Kriterium

Farbe
rot

ist also eine verkürzte Schreibweise für

Farbe
="rot"

> **HINWEIS**
>
> **Exakte Textvergleiche**
>
> Textvergleiche unterscheiden normalerweise nicht zwischen Groß- und Kleinschreibung. Mit einem Kriterium wie *rot* würde auch nicht nur *rot*, sondern auch *roter* gefunden. Soll die Übereinstimmung exakt sein, müssen Sie ="=rot" eintragen.

Statt der Übereinstimmung mit einer Zeichenfolge kann auch die Stellung in Bezug auf die alphabetische Reihenfolge als Kriterium benutzt werden.

Farbe
<weiß

schließt die Weißweine aus, die Farben *rot* und *rosé* dagegen ein. Die Bedingung

Farbe
>r

dagegen wird durch *rot*, *rosé* und auch *weiß* erfüllt.

Land
<>Frankreich

wählt alle Weine außer den französischen aus.

Gerade bei Zeichenfolgen, bei Namen und Bezeichnungen steht der Suchende aber oft vor dem Problem, dass ihm eben die exakte Schreibweise nicht bekannt ist. In einem solchen Fall helfen Stellvertreterzeichen.

Stellvertreterzeichen	Wirkung
*	Steht für beliebig viele Zeichen in einer Zeichenfolge.
?	Steht für genau ein Zeichen in einer Zeichenfolge.
~	Dieses Zeichen kann vor das Fragezeichen oder den Stern gesetzt werden, wenn diese Zeichen selbst gesucht werden sollen. Die Tilde verhindert also, dass die beiden Zeichen als Stellvertreterzeichen wirken.

Die nächste Tabelle zeigt einige Beispiel für solche ungefähren Suchkriterien.

Beispiel	Ergebnis
*wand	Findet *Gewand*, *Vorwand*.
M*er	Findet *Maier*, *Mayer*, *Meisenhuber*.
W??en	Findet *Wogen*, *Wagen*, *Waben*.
~*(?,~)-Zeichen	Findet *-Zeichen bzw. ? und ~, wenn sie im Zellinhalt vorkommen.

Numerische Werte als Kriterium

Wenn Sie in einem Feld des Kriterienbereichs eine Zahl eintragen, muss der Wert dieser Zahl mit dem Wert in dem gesuchten Datensatz exakt übereinstimmen. Nicht übereinstimmen muss das Format. Wenn also im Kriterienbereich eine Zahl im Standardformat eingegeben wird, in der Tabelle aber diese Spalte mit dem Währungszeichen formatiert ist, hat das für die Suchoperation keine Bedeutung.

Probleme kann es allerdings geben, wenn die Zahl in der Tabelle in der Anzeige gerundet ist, intern aber mit mehreren Nachkommastellen geführt wird. Das kommt z. B. häufig vor, wenn die Zahl das Ergebnis einer Division ist. Wenn im Kriterienbereich 3,33 steht und in der Tabelle als Ergebnis von 10/3 angezeigt wird, wird der Datensatz nicht gefunden. In solch einem Fall kann ein berechnetes Suchkriterium mit einer Formel wie

```
=RUNDEN(F9;2)=3,33
```

helfen. Ansonsten können Sie beim Vergleich mit Zahlen mit den bereits aufgeführten Vergleichsoperatoren arbeiten.

18.2.7 Suchen mit berechneten Kriterien

Die einfachen Vergleiche, die in den letzten Abschnitten behandelt worden sind, reichen nicht immer aus, um die Daten herauszufiltern, die für eine bestimmte Problemstellung von Bedeutung sind. Oft müssen dazu z. B. Werte verschiedener Spalten verglichen werden. Oder Werte müssen zunächst mit einem Faktor multipliziert werden; das Ergebnis soll dann mit einem Wert außerhalb der Tabelle verglichen werden.

Für all diese Situationen können Sie in Excel berechnete Kriterien verwenden. Oben haben Sie bereits das Beispiel mit der Berechnung der Differenz zwischen Lagerbestand und Mindestbestand kennengelernt.

Für berechnete Kriterien gelten einige besondere Regeln:

- Das berechnete Kriterium erfordert einen eigenen Spaltennamen, der sonst in der Tabelle nicht vorkommt.
- Die Berechnungsformel muss immer eine logische Formel sein, die also WAHR oder FALSCH als Ergebnis liefert.
- Die Formel muss sich auf mindestens ein Feld in der Tabelle beziehen, und zwar entweder über die Adresse der ersten Zelle in der betreffenden Spalte oder über einen Spaltennamen.

Wird ein Zellbezug auf den ersten Wert einer Spalte benutzt, zeigt die Formel im Kriterienbereich den entsprechenden Wahrheitswert an. Ist das Kriterium in der ersten Zeile der Tabelle erfüllt, erscheint also WAHR, andernfalls FALSCH. Beachten Sie, dass der Zellbezug in diesem Fall relativ sein muss.

Bei einem berechneten Kriterium können Sie auch komplexe logische Vergleiche mit den Funktionen UND() oder ODER() formulieren oder auch mit anderen Tabellenfunktionen arbeiten.

```
=F6>Mittelwert($F$6:$F$25)
```

sucht etwa alle Weine, von denen überdurchschnittlich viele Flaschen auf Lager liegen.

Wird in einem berechneten Kriterium Bezug auf einen Wert außerhalb der Tabelle genommen, etwa auf eine bestimmte Konstante, muss der Bezug absolut gesetzt werden.

> **TIPP**
>
> **Wenn die Datensuche misslingt …**
>
> Angenommen, Sie haben versucht, mit einem Spezialfilter eine Tabelle zu befragen. Trotz eines Kriteriums werden alle Datensätze angezeigt. Prüfen Sie, ob im Kriterienbereich ein fehlerhafter Spaltenname verwendet worden ist. Wenn das nicht der Fall ist, sollten Sie prüfen, ob der Kriterienbereich vielleicht von einer früheren Abfrage noch eine Leerzeile enthält oder ob in einem Feld des Kriterienbereichs vielleicht irrtümlich ein Leerzeichen enthalten ist. Leere Felder bedeuten: Es sind beliebige Werte zugelassen. Da Zellen, wenn sie im Kriterienbereich untereinander stehen, als alternative Kriterien verstanden werden, zeigt Excel alle Daten an, denn die Abfrage heißt dann ja: entweder dieser bestimmte Wert oder jeder beliebige Wert. Und diese Bedingung ist immer erfüllt.

18.3 Weiterverarbeitung gefilterter Daten

Wenn Sie mithilfe der Funktionen **Filtern** oder **Spezialfilter** Datensätze ausblenden, zeigt Excel in der Statusleiste an, wie viele Datensätze aus der Gesamtzahl der Sätze in der Tabelle gefunden wurden.

Sind die Daten gefiltert, beziehen sich viele der anschließend verwendeten Befehle nicht auf die gesamte Tabelle, sondern auf die gefilterten Daten. Das gilt für das Drucken, das Sortieren und die Erzeugung von Teilergebnissen.

Auf diese Weise ist es aber auch sehr einfach, ein Diagramm aus gefilterten Daten zu erstellen. Sie markieren zunächst die vorgesehenen Spalten in der Gesamttabelle und erzeugen daraus ein Diagramm. Wird anschließend ein Filter gesetzt, wird das Diagramm sofort an die neue Auswahl angepasst.

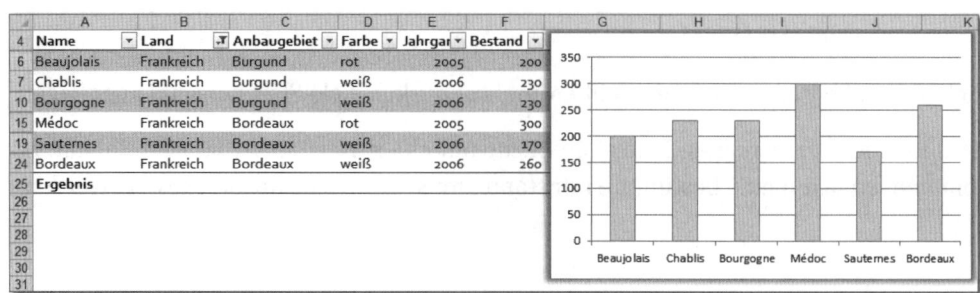

Abbildung 18.18 Diagramm für die französischen Weine

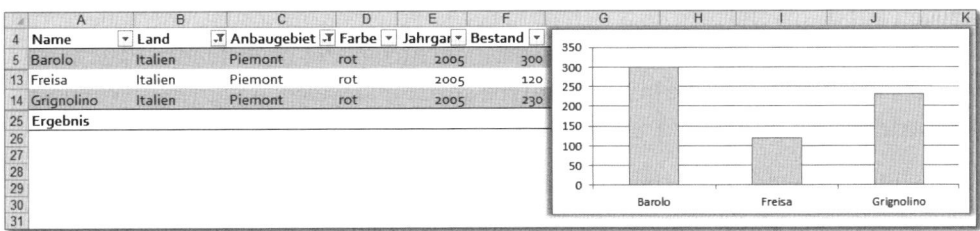

Abbildung 18.19 Diagramm für die italienischen Weine aus dem Piemont

> **TIPP**
>
> **Kopien von Filterergebnissen**
> Wenn Sie den Bereich der gefilterten Datensätze in die Zwischenablage kopieren, können Sie den Extrakt in beliebige Arbeitsmappen oder Arbeitsblätter einfügen, ohne dass die ausgeblendeten Datensätze mit übertragen werden.

Für einige Befehle gelten Besonderheiten, wenn Sie auf gefilterte Daten angewendet werden.

Befehl	Wirkung
Summensymbol	Summiert nur sichtbare Zellen.
Formatbefehle für Zellen	Formatiert nur sichtbare Zellen.
Inhalte löschen	Löscht nur die Inhalte sichtbarer Zellen.

Dieses Verhalten lässt sich z. B. benutzen, um alle Zeilen mit französischen Weinen mit einer bestimmten Hintergrundfarbe zu versehen. Dafür ist es erforderlich, alle nicht französischen Weine auszufiltern und dann alle übrig gebliebenen Zeilen entsprechend zu formatieren.

18.4 Berechnungen mit Datenbankfunktionen

Neben den Möglichkeiten, Teilergebnisse aus einer Tabelle für ausgewählte Gruppen berechnen zu lassen, bietet Excel auch eine Anzahl von statistischen Funktionen, die speziell für Tabellen gedacht sind. Der wesentliche Unterschied zu den normalen statistischen Funktionen ist dabei der, dass für die Auswertung bestimmte Kriterien definiert werden können.

Bezogen auf das Weinlager lässt sich so z. B. die Frage beantworten, wie viele Sorten Rotwein aus Italien vorhanden sind, wie groß die Anzahl der betreffenden Flaschen ist, wie viel die teuerste oder die billigste Flasche kostet und welchen Wert diese Weine insgesamt darstellen.

In dem folgenden Beispiel ist in den Zellen A2 bis B3 ein Bereich für Suchkriterien angelegt. Eingetragen ist ein doppeltes Kriterium: Die Weine müssen aus Italien kommen und gleichzeitig rot sein. In den Zellen D2 bis H2 werden fünf verschiedene Datenbankfunktionen benutzt. Um die Eingabe der Argumente zu vereinfachen, wurde vorher der Bereich der Tabelle – diesmal unter Einschluss der Zeile mit den Spaltennamen – mit dem Namen *WeinlagerGesamt* belegt. Der Bereich der Kriterien erhält automatisch den Namen *Suchkriterien*.

```
=DBANZAHL(WeinlagerGesamt;;Suchkriterien)
=DBSUMME(WeinlagerGesamt;"Bestand";Suchkriterien)
=DBMAX(WeinlagerGesamt;"Preis";Suchkriterien)
=DBMIN(WeinlagerGesamt;"Preis";Suchkriterien)
=DBSUMME(WeinlagerGesamt;"Wert";Suchkriterien)
```

Wie Sie sehen, verwenden alle Funktionen jeweils drei Argumente: Das erste ist der Bereich der Gesamttabelle, das zweite ist der Name oder die Nummer der Spalte, die ausgewertet wird – bei DBANZAHL kann auf die Festlegung des Feldes verzichtet werden –, und das dritte Argument ist der Bereich, in dem die Suchkriterien abgelegt sind. Wird eine Feldnummer verwendet, wird die erste Spalte der Tabelle als Nummer 1 gezählt (beachten Sie, dass der Spaltenname in Anführungszeichen gesetzt werden muss).

Die Verwendung von Datenbankfunktionen ist insbesondere dann von Vorteil, wenn eine bestimmte statistische Auswertung für wechselnde Kriterien gewünscht ist. Sie müssen dann nur die Werte im Kriterienbereich ändern.

	A	B	C	D	E	F	G	H	I
1	Suchkriterien			Anzahl Weine	Anzahl Flaschen	Teuerster Wein	Billigster Wein	Wert	
2	Land	Farbe		6	1300	5,80 €	3,80 €	5.995,00 €	
3	Italien	rot							
4									
5	Name	Land	Anbaugebiet	Farbe	Jahrgang	Bestand	Mindestbestand	Preis	Wert
6	Barolo	Italien	Piemont	rot	2005	300	200	3,80 €	1.140,00 €
7	Beaujolais	Frankreich	Burgund	rot	2005	200	220	4,00 €	800,00 €
8	Chablis	Frankreich	Burgund	weiß	2006	230	150	6,80 €	1.564,00 €
9	Ravello	Italien	Salerno	rosé	2005	200	150	5,90 €	1.180,00 €
10	Valpolicella	Italien	Verona	rot	2005	300	250	5,80 €	1.740,00 €

Abbildung 18.20 Beispiel für statistische Auswertungen mit Datenbankfunktionen

19   Pivot-Tabellen und -Diagramme

Häufig werden in Firmen enorme Datenmengen erfasst und berechnet, die für die Abwicklung der verschiedenen Aufgaben notwendig sind. Typisches Beispiel sind etwa die Daten, die bei der Fakturierung anfallen.

Firmen, die mit Vertretern arbeiten, erstellen beispielsweise Tabellen, in denen den einzelnen Vertretern die Umsatzzahlen zugeordnet werden, für die sie verantwortlich sind. Meist werden dabei die Umsätze nach Produktgruppen aufgeteilt, damit erkennbar ist, welcher Vertreter welche Produkte besser und welche weniger gut verkauft hat. Die folgende Abbildung zeigt ein einfaches Beispiel einer solchen Liste.

	A	B	C	D	E	F
1						
2	Vertriebsergebnisse					
3						
4	Vertreter	Produktgruppe	Region	2008	2009	2010
5	Hansen	Waschmaschinen	Ost	200022	140000	120000
6	Hansen	Kühlaggregate	Ost	160000	160000	160000
7	Gernot	Waschmaschinen	Ost	110000	110000	180000
8	Gernot	Kühlaggregate	Ost	150000	230000	150000
9	Schlier	Waschmaschinen	West	120000	180000	120000
10	Schlier	Kühlaggregate	West	170000	170000	170000
11	Gundar	Waschmaschinen	West	120000	120000	140000
12	Gundar	Kühlaggregate	West	130000	130000	130000
13	Seiffert	Waschmaschinen	Nord	120000	120000	120000
14	Seiffert	Kühlaggregate	Nord	140000	160000	140000
15	Adam	Waschmaschinen	Nord	120000	120000	140000
16	Adam	Kühlaggregate	Nord	130000	130000	130000
17	Karit	Waschmaschinen	Süd	120000	120000	120000
18	Karit	Kühlaggregate	Süd	160000	160000	160000
19	Lemgo	Waschmaschinen	Süd	120000	120000	120000
20	Lemgo	Kühlaggregate	Süd	150000	150000	150000

Abbildung 19.1 Vertriebstabelle als Quelldaten

In dieser Liste sind ganz unterschiedliche Dimensionen miteinander verknüpft. Zum einen wird die zeitliche Entwicklung der Umsätze dargestellt, zum anderen die räumliche Verteilung nach Regionen. Die dritte Dimension ist die Verteilung der Umsätze nach Produktgruppen, also eine sachliche. Diese Dimension könnte je nach Art der Produkte noch weiter untergliedert sein; eine weitere ist die Verteilung nach Vertretern.

In der abgebildeten Fassung ist die Liste nicht besonders aussagekräftig. Sie können zwar schnell nachsehen, wie viel Umsatz der Vertreter Hansen 2009 mit Waschmaschinen gemacht hat. Aber welchen Anteil die Waschmaschinen am Gesamtumsatz in der Region Nord haben, ist nicht auf einen Blick zu sehen.

Ob sich die Region Ost in den letzten drei Jahren schneller entwickelt hat als die Region West, ist ebenfalls nicht gleich zu erkennen. Dennoch ist in der Liste alles enthalten, um diese Fragen zu beantworten. Es kommt nur darauf an, die Rohdaten zu brauchbaren Informationen aufzubereiten.

Interaktive Tabellen und Diagramme

Für diesen Zweck bietet Excel seine Pivot-Tabellen und Pivot-Diagramme an. Im Unterschied zu den bisher beschriebenen Tabellen handelt es sich bei der Pivot-Tabelle um eine »interaktive« Tabelle. *Pivot* ist das englische Wort für einen Drehpunkt, wie die Angel in der Tür. Damit wird angesprochen, dass in der Pivot-Tabelle die Daten nach wechselnden Gesichtspunkten an- und umgeordnet, zusammengefasst und ausgewertet werden können. Bedienungstechnisch wird das dadurch erreicht, dass für die Spaltennamen aus der Tabelle Schaltflächen erzeugt werden, die mit der Maus hin- und hergeschoben werden können, wobei die zugehörigen Daten jeweils mitwandern. Auch die Zeilen- und Spaltenbeschriftungen in der Pivot-Tabelle können mit der Maus neu angeordnet werden. Diese Elemente und ihre zugehörigen Daten sind also intern miteinander verknüpft. Außerdem werden automatisch zusammenfassende Berechnungen erzeugt, die jedes Mal der Gruppierung der Daten angepasst werden. Zusätzlich können weitere berechnete Felder in die Tabelle eingefügt werden.

Die Anzahl der Pivot-Tabellen ist weder pro Tabellenblatt noch pro Arbeitsmappe begrenzt. Es können sowohl verschiedene Pivot-Tabellen von einer Quelltabelle gezogen werden als auch Pivot-Tabellen von verschiedenen Quelltabellen im Tabellenblatt oder in der Arbeitsmappe. Allerdings ist die Funktion ziemlich speicherintensiv, sodass die tatsächlichen Grenzen stark von der Ausstattung Ihres Hauptspeichers abhängig sind.

Speicherplatz sparen lässt sich, falls Sie mehrere Pivot-Tabellen aus denselben Quelldaten benötigen, wenn Sie die folgenden Pivot-Tabellen nicht wieder direkt aus den Quelldaten entwickeln, sondern für diese Pivot-Tabellen jeweils eine der vorhandenen Pivot-Tabellen als Quellbereich angeben. Diese Pivot-Tabelle muss sich in derselben Arbeitsmappe befinden. Excel speichert dann nicht jedes Mal die Quelldaten neu in dem speziellen PivotTable-Cache, der bei der Erstellung aus einem Quellbereich angelegt wird, sondern verwendet den bereits vorhandenen Cache.

Mit der Version Excel 2010 wurde die Kapazität der Pivot-Tabellen beträchtlich erweitert. Pro Feld sind jetzt notfalls 1.048.576 eindeutige Elemente möglich, während frühere Versionen lediglich 32.500 Elemente unterstützt haben.

Mit Excel 2010 lassen sich aus Pivot-Tabellen zudem interaktive Diagramme erzeugen. Auch diese Diagramme lassen sich mithilfe der Schaltflächen für die einzelnen Felder der zugrunde liegenden Liste mit der Maus erweitern, verdichten oder umbauen. Dabei sind die Pivot-Tabelle und das zugehörige Pivot-Diagramm so verknüpft, dass Änderungen am Diagramm auch die Tabelle berühren und umgekehrt.

Excel 2010 bietet eine höhere Geschwindigkeit bei der Arbeit mit Pivot-Tabellen und -Diagrammen. Dabei können die dabei anfallenden Aufgaben auf mehrere Threads verteilt werden, falls die Multithreadberechnung aktiviert ist, siehe dazu Kapitel 4, »Mit Formeln arbeiten«. Außerdem wurde die Möglichkeit, Datenauszüge zu erstellen, durch die Einführung sogenannter Datenschnitte sehr vereinfacht.

Zusätzlich zu den integrierten Pivot-Funktionen steht noch ein mächtiges Add-In unter dem Namen *PowerPivot* zur Verfügung, das am Ende dieses Kapitels kurz vorgestellt wird.

Anwendungsgebiete

Die Funktionen **PivotTable** und **PivotChart** sind eine Art Berichts- und Diagrammgenerator, mit dem ganz unterschiedliche Auswertungen von vorhandenen Datenbeständen möglich sind. Hier noch ein paar Anregungen zu möglichen Anwendungen:

- Berichte für die Vertriebssteuerung
- Lagerbestandsanalysen
- Berichte für die Sortimentsplanung
- Personalstatistiken
- Berichte für die Projektplanung und -kontrolle
- Auswertung von statistischen Erhebungen
- Auswertung von Fehlerprotokollen und Materialtests

Mit den Pivot-Tabellen und -Diagrammen bietet Excel eine sehr mächtige und dynamische Methode, umfangreiche Datenbestände zu analysieren und zusammenzufassen. Mit diesem Werkzeug können auf einfache Weise ganz unterschiedliche Berichte aus ein und demselben Datenmaterial erzeugt werden, je nachdem, welcher Gesichtspunkt gerade im Vordergrund steht. Die Daten lassen sich umordnen und neu zusammenstellen oder auswählen, ohne eine einzige Zelle in der Originaltabelle ändern zu müssen. Excel stellt Ihnen für all diese Aufgaben spezielle **PivotTable-Tools** mit den umfangreichen Registern **Optionen** und **Entwurf** zur Verfügung.

Geeignete Daten

Pivot-Tabellen und -Diagramme verarbeiten Daten aus normalen Zellbereichen, die eine dafür brauchbare Struktur vorweisen, oder aus Tabellen. Es ist also nicht notwendig, den Datenbereich vorher in eine Excel-Tabelle im oben beschriebenen Sinne zu verwandeln, es ist aber in jedem Fall zu empfehlen.

Eine Pivot-Tabelle enthält zunächst keine Formeln, sondern immer nur die Ergebnisse der Formeln aus der zugrunde liegenden Originaltabelle und aus zusätzlichen Berechnungen durch die Pivot-Funktion selbst, wie der Bildung von Gruppen- oder Gesamtsummen.

Auch Daten aus externen Datenquellen, etwa Access oder SQL-Datenbanken, können in einer solchen Pivot-Tabelle ausgewertet werden. Bereits bestehende Pivot-Tabellen bzw. -Diagramme können selbst wieder die Basis für weitere solche Tabellen und Diagramme bilden.

19.1 Datenanalyse mit Pivot-Tabellen

Die Pivot-Funktion kann erst angewendet werden, wenn Daten vorhanden sind, die dafür geeignet sind. Zunächst soll der Fall behandelt werden, dass diese Daten als Tabelle in einem Tabellenblatt abgelegt sind. Dazu greifen wir das angesprochene Beispiel mit der Vertriebssteuerung auf.

Soll diese Tabelle als Basis für eine Pivot-Tabelle verwendet werden, reicht es auch hier wieder, eine beliebige Zelle der Tabelle zu markieren. Wenn die Ausgangstabelle eine Kopfzeile mit den Spaltenbeschriftungen und einen geschlossenen Datenblock mit den einzelnen Datensätzen enthält, kann die Pivot-Funktion den Gesamtbereich der Tabelle korrekt erkennen.

> **TIPP**
>
> **Filter oder Teilergebnisse vorher entfernen**
> Enthält die Tabelle Teilergebnisse oder Filter, sollten Sie diese zunächst entfernen.

19.1.1 Auswahl der Quelldaten

Der Dialog für die Erstellung einer PivotTable wird über das Register **Einfügen** mit dem Symbol **PivotTable** in der Gruppe **Tabellen** aufgerufen. Das Symbol hat ein kleines Menü, das auch den Befehl **PivotChart** anbietet.

19.1 Datenanalyse mit Pivot-Tabellen

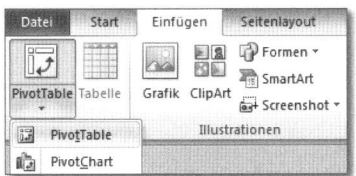

Abbildung 19.2 Menü der Schaltfläche »PivotTable«

Zunächst wird dann die Herkunft der Daten geklärt. Steht der Zellzeiger in dem Datenblock, der ausgewertet werden soll, zeigt Excel unter **Tabelle/Bereich** den gefundenen Bereich an, der bei Bedarf korrigiert werden kann. Bei normalen Zellbereichen müssen Sie darauf achten, dass die Zeile mit den Spaltenüberschriften mit in den Bereich eingeschlossen wird. Handelt es sich um eine Excel-Tabelle, wird der für die Tabelle vergebene Name angeboten.

Abbildung 19.3 Der Dialog »PivotTable erstellen«

Im unteren Teil des Dialogs legen Sie fest, wo die Pivot-Tabelle eingefügt werden soll. Sie kann auf einem neuen Blatt angelegt werden oder an einer bestimmten Stelle des aktiven Blattes beginnen. Im zweiten Fall geben Sie unter **Quelldatei** die Adresse der oberen Eckzelle für die Pivot-Tabelle auf diesem Blatt an oder markieren sie.

Beachten Sie, dass die erzeugte Tabelle alle bereits vorhandenen Daten in dem angegebenen Bereich überschreibt, die von der Tabelle berührt werden. Ihnen wird eine entsprechende Warnung angezeigt, und Sie sollten dann einen anderen Bereich bestimmen, wenn die vorhandenen Daten erhalten bleiben sollen.

Es ist in der Regel günstig, ein eigenes Blatt in der Arbeitsmappe zu verwenden. Das verhindert Probleme, die z. B. beim Löschen von Zeilen auftreten können, die den Bereich der Pivot-Tabelle kreuzen.

Wird der Dialog bestätigt, erstellt Excel einen zunächst leeren Pivot-Tabellenbereich und blendet den Aufgabenbereich **PivotTable-Feldliste** ein. Außerdem werden die **PivotTable-Tools** aktiviert und das Register **Optionen** eingeblendet, das gleich neun Gruppen von Befehlen und Schaltflächen zur Arbeit mit Pivot-Tabellen anbietet. Neu in Excel 2010 ist dabei die Gruppe **Berechnungen**.

Es ist sinnvoll, zunächst den vorgegebenen Namen für die Pivot-Tabelle durch einen aussagekräftigeren zu ersetzen. Dies geschieht auf dem Register **Optionen** in der Gruppe **PivotTable** unter **PivotTable-Name**.

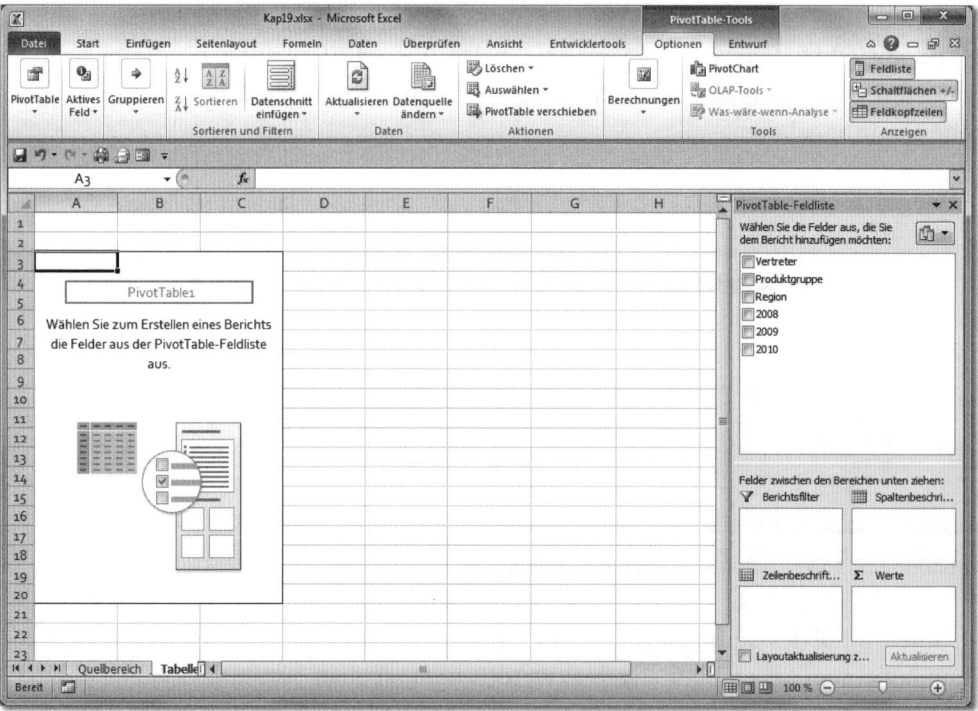

Abbildung 19.4 Der noch leere PivotTable-Bericht und die Werkzeuge zur Bearbeitung

Außerdem stehen nun auf dem Register **Entwurf** drei Gruppen zum Layout und Format der Pivot-Tabelle zur Verfügung.

Abbildung 19.5 Das Register »Entwurf« für Pivot-Tabellen

19.1.2 Layout der Pivot-Tabelle

Zunächst muss nun geklärt werden, unter welchem Gesichtspunkt die Daten hauptsächlich zu betrachten sind. In der neuen Tabelle sollen die Daten so angeordnet und zusammengefasst werden, dass erkennbar wird, wie sich der Anteil der beiden Produktgruppen im Lauf der Jahre entwickelt hat, und zwar sowohl insgesamt als auch in den vier Regionen.

Excel bietet in dem automatisch eingeblendeten Aufgabenbereich **PivotTable-Feldliste** für jede Spalte in der Ausgangstabelle ein Element an. Diese Elemente können einem der vier Bereiche der Pivot-Tabelle zugewiesen werden:

- Die Felder, die die Ordnung der Seiten des Berichts bestimmen, müssen dem Bereich **Berichtsfilter** zugewiesen werden.
- Die Felder, die die Ordnung der Spalten bestimmen, gehören in den Bereich **Spaltenbeschriftungen**, und zwar in der Reihenfolge von links nach rechts.
- Die Felder, die die Ordnung der Zeilen bestimmen, gehören untereinander in den Bereich **Zeilenbeschriftungen**.
- Unbedingt muss wenigstens eines der Felder in den Bereich **Werte** eingefügt werden, damit das Programm erkennt, welche Werte in der Tabelle auszugeben sind.

Wird ein Feld in der Feldliste per Abhaken ausgewählt, wird es einem vorgegebenen Bereich zugeordnet. Bei diesem Beispiel würden die Felder **Vertreter**, **Produktgruppe** und **Region** nacheinander in den Bereich **Zeilenbeschriftung** übernommen, wobei die Reihenfolge des Anklickens der Felder die Hierarchie der Beschriftungen bestimmt. Die Felder mit den Jahreszahlen werden als Vorgabe in den Wertebereich eingefügt. Nach Auswahl aller Felder ergibt sich also der in der folgenden Abbildung dargestellte Bericht.

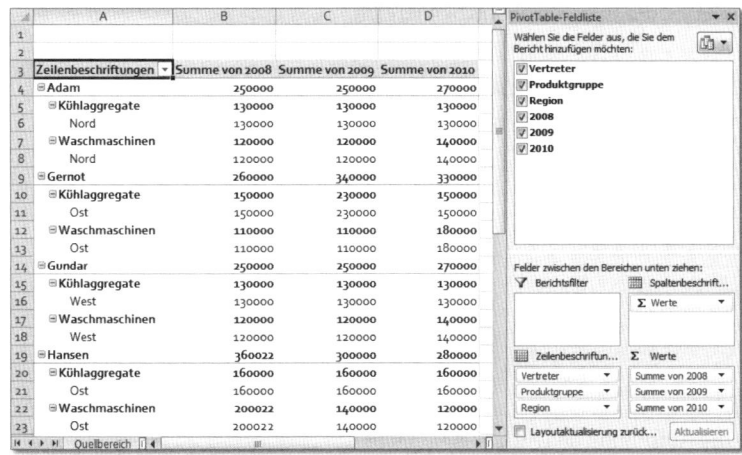

Abbildung 19.6 Erste Auswertung mit vorgegebenen Bereichszuweisungen

Soll ein Feld in einen anderen als den vorgegebenen Bereich eingefügt werden, klicken Sie den Feldnamen mit rechts an, und wählen Sie aus dem Kontextmenü den Zielbereich aus.

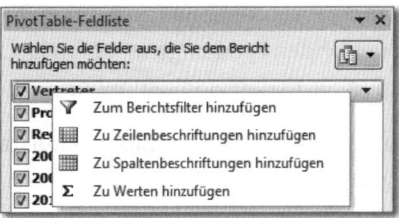

Abbildung 19.7 Menü zu einem Feld in der Feldliste

Die andere Möglichkeit ist, die Verteilung der Felder auf die vier möglichen Bereiche direkt mit der Maus zusammenzustellen. Dazu werden im unteren Teil des Aufgabenbereichs die vier Bereiche mit den aktuell zugeordneten Feldern angezeigt. Durch einfaches Ziehen kann beispielsweise das Feld **Region** aus dem Bereich **Zeilenbeschriftungen** in den Bereich **Berichtsfilter** übernommen werden. Anders als in älteren Excel-Versionen werden die Felder also nicht direkt in der Pivot-Tabelle verschoben, sondern über den Aufgabenbereich.

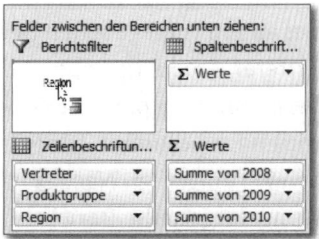

Abbildung 19.8 Umordnen der Felder über den Aufgabenbereich

Das Layout des Aufgabenbereichs kann übrigens über die Palette der Schaltfläche oben rechts in verschiedener Weise aufgeteilt werden.

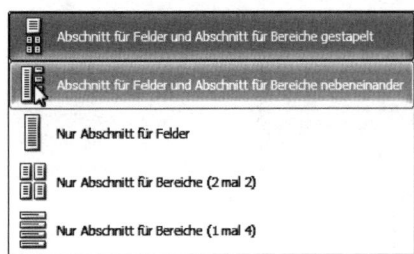

Abbildung 19.9 Palette für die Aufteilung des Aufgabenbereichs

19.1 Datenanalyse mit Pivot-Tabellen

Welches Feld muss nun wohin, wenn aus der Tabelle die Information herausgeholt werden soll, die oben angefordert worden ist? Um die Arbeitsweise der Pivot-Tabelle zu verstehen, ist es zunächst wichtig, dass Excel die Auswertung der Daten gleichsam kreuzweise vornimmt.

Wenn beispielsweise das Feld **Produktgruppe** dem Spaltenbeschriftungsbereich zugeordnet wird, legt Excel für jede in der bisherigen Spalte mit dem Namen **Produktgruppe** vorkommende Produktgruppe jeweils eine Spalte als Element in der Pivot-Tabelle an und verwendet als Beschriftung den Namen des Feldes, also *Produktgruppe*; vorausgesetzt, über das Register **Entwurf** ist in der Gruppe **Layout** in dem Menü der Schaltfläche **Berichtslayout** die Option **Im Gliederungsformat anzeigen** oder **Im Tabellenformat anzeigen** ausgewählt. Das alternative Kurzformat zeigt anstelle der Feldbezeichnungen nur allgemeine Bezeichnungen wie **Spaltenbeschriftungen** etc.

Abbildung 19.10 Zuweisung des Feldes »Produktgruppe« zum Spaltenbeschriftungsbereich

In diesem Fall sind nur zwei unterschiedliche Produktgruppen vorhanden, *Waschmaschinen* und *Kühlaggregate*, also werden zwei Spalten angelegt. Zusätzlich wird eine Spalte für das Gesamtergebnis eingefügt, es sei denn, Sie schalten diese Voreinstellung über den Dialog **PivotTable-Optionen** vorher ab. Mehr dazu weiter unten.

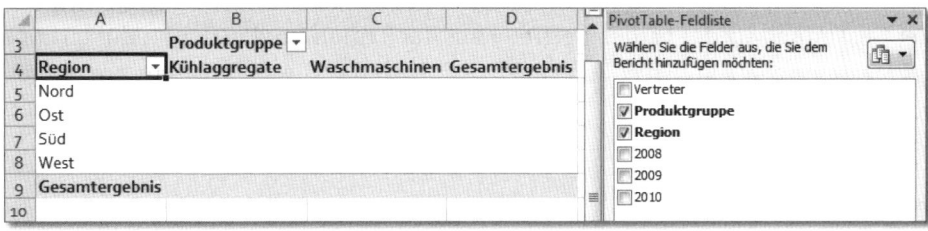

Abbildung 19.11 Die Zeilen sollen die Daten pro Region anzeigen.

Wird nun gleichzeitig dem Bereich **Zeilenbeschriftung** nur das Feld **Region** zugewiesen, legt Excel für jedes der vier Vertriebsgebiete ein Zeilenelement an. Es entsteht also zunächst eine Tabelle mit vier Zeilen- und zwei Spaltenelementen. Jede Zelle im Datenbereich ist folglich ein Schnittpunkt zwischen einem Produktgruppen- und einem Vertriebsgebietselement. Hinzu kommen die Spalte und die Zeile mit den jeweiligen Gesamtergebnissen.

Nun fehlt noch die Information, welche Daten in den Schnittpunkten erscheinen sollen. Um die Sache übersichtlich zu halten, werden zunächst nur die Umsatzwerte für ein Jahr verwendet und dazu das Feld *2008* dem Wertebereich zugewiesen.

Vertriebsauswertung – 1. Version

Sobald Sie das Feld im Wertebereich abgelegt haben, wird die Pivot-Tabelle mit den Auswertungen der Daten aus der Originaltabelle gefüllt. In der Schaltfläche für das Feld **2008** erscheint die Bezeichnung **Summe von 2008**.

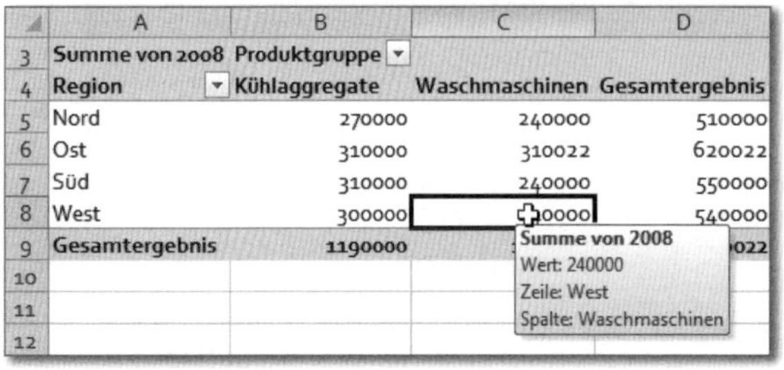

	A	B	C	D
3	Summe von 2008	Produktgruppe		
4	Region	Kühlaggregate	Waschmaschinen	Gesamtergebnis
5	Nord	270000	240000	510000
6	Ost	310000	310022	620022
7	Süd	310000	240000	550000
8	West	300000	240000	540000
9	Gesamtergebnis	1190000		022

Summe von 2008
Wert: 240000
Zeile: West
Spalte: Waschmaschinen

Abbildung 19.12 Erste Auswertung

Diese Bezeichnung **Summe von 2008** gibt an, welche Art der Zusammenfassung der Daten die Pivot-Funktion vorgenommen hat. Nehmen Sie die erste Zelle im Wertebereich. Sie ist der Schnittpunkt zwischen Region **Nord** und Produktgruppe **Kühlaggregate**, was auch bestätigt wird, wenn Sie mit der Maus die Zelle berühren. In dieser Zelle wird deshalb der Gesamtumsatz der beiden Vertreter aus der Region **Nord** in der Produktgruppe **Kühlaggregate** erscheinen. Excel berechnet zusätzlich das Gesamtergebnis pro Region und pro Produktgruppe.

Elementfilter

Zu den beiden Feldnamen, die als Ordnungskriterien dienen, **Region** und **Produktgruppe**, erscheinen Filterschaltflächen, wie Sie sie bereits in Kapitel 18, »Datenabfragen und Datenauszüge«, für Tabellen kennengelernt haben. Ein Klick darauf öffnet auch in diesem Fall ein umfangreiches Filtermenü mit der Liste der jeweiligen Elemente. Löschen Sie beispielsweise das Häkchen bei Waschmaschinen im Spaltenfeld **Produktgruppe**, werden diese Daten aus der Tabelle herausgenommen. Im Aufgabenbereich **PivotTable-Feldliste** und hinter dem Feldnamen in der Pivot-Tabelle erscheinen dann zu dem betreffenden Feld Filtersymbole als Hinweis darauf, dass für dieses Feld ein Filter verwendet wird.

Abbildung 19.13 Einzelne Elemente abwählen

Anstelle solch einfacher Filter durch Aus- und Abwahl in der angezeigten Elementliste werden außerdem unter den Optionen **Beschriftungsfilter** und **Wertefilter** zahlreiche Möglichkeiten angeboten, Elemente mithilfe von Auswahlkriterien in der Anzeige aus- oder einzuschließen. Mit einem Beschriftungsfilter lassen sich beispielsweise die Produktgruppen herausfiltern, die mit einem bestimmten Buchstaben beginnen. Die möglichen Optionen entsprechen den in Kapitel 18 beschriebenen Textfiltern. Mit einem Wertefilter dagegen könnten etwa die Produktgruppen mit den höchsten Umsätzen herausgefiltert werde. Die Wertefilter entsprechen den Zahlenfiltern aus Kapitel 18.

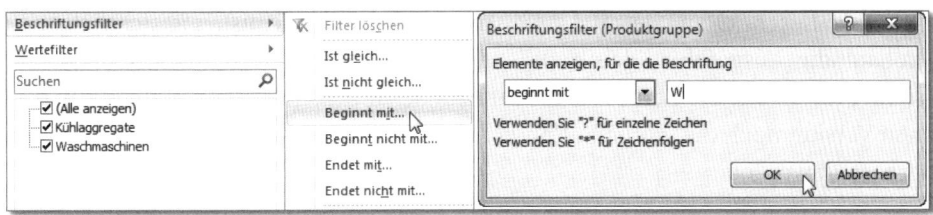

Abbildung 19.14 Filteroptionen zu Beschriftungen

Wird ein Filter nicht mehr benötigt, kann er über den hier angebotenen Befehl **Filter löschen aus...** entfernt werden.

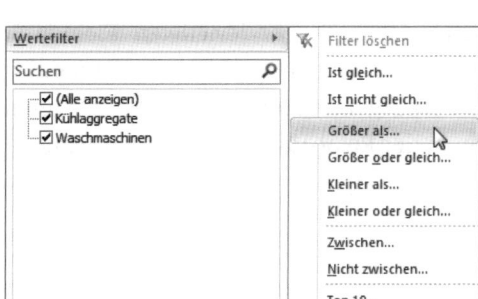

Abbildung 19.15 Wertbezogene Filteroptionen

Elementsuche

Die Menüs der Filterschaltflächen zu Elementen bieten mit der Version Excel 2010 jetzt auch die in Kapitel 18 beschriebene Suchfunktion an. Das ist besonders wertvoll bei Feldern, die eine große Anzahl von Elementen aufweisen. Mit der Elementsuche kann der Benutzer die ihn interessierenden Elemente auch dann schnell finden, wenn die Pivot-Tabelle beispielsweise Tausende von Zeilen enthält.

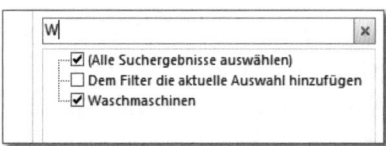

Abbildung 19.16 Suche nach Elementen eines Feldes

19.1.3 Wertespalten hinzufügen

Die für das hier beschriebene Beispiel angestrebte Lösung wurde bisher absichtlich noch nicht vollständig ausgeführt, damit die Arbeitsweise der Pivot-Funktion möglichst durchsichtig für Sie bleibt. Gemessen an dem zunächst beschriebenen Ziel fehlt in dieser ersten Version noch die zeitliche Entwicklung, weil ja bisher nur die Daten für ein Jahr dargestellt werden.

Das lässt sich nun aber leicht korrigieren. Dazu stellen Sie den Zellzeiger wieder direkt in die Pivot-Tabelle, sodass der Aufgabenbereich **PivotTable-Feldliste** wieder die Feldschaltflächen anbietet – sie werden ausgeblendet, wenn eine Zelle außerhalb der Pivot-Tabelle ausgewählt ist. Um die Daten der beiden noch fehlenden Jahre einzubeziehen, haken Sie die beiden Felder **2009** und **2010** ebenfalls ab.

Zunächst erscheinen dann zusätzliche Spalten im Wertebereich für jedes der Jahre. Wollen Sie die Jahreswerte untereinander angeordnet haben, benutzen Sie im Menü zu der Schaltfläche **Werte** die Option **Wechseln zu Zeilenbeschriftungen**. Stattdessen können Sie auch im Kontextmenü der Tabellenzelle mit der Beschriftung **Werte** die Option **Werte verschieben nach** ▸ **Werte in Zeilen verschieben** verwenden.

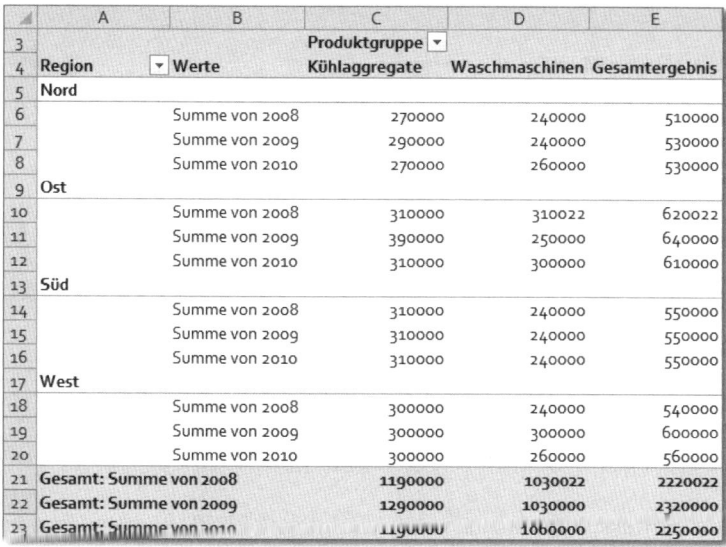

Abbildung 19.17 Pivot-Tabelle mit der Auswertung für drei Jahre

Nun stehen die Ergebnisse pro Produktgruppe für die drei Jahre geordnet nach Regionen untereinander, und am Ende finden Sie die drei Gesamtsummen. Die Zusammenfassung der Daten, die erreicht werden sollte, ist damit hergestellt. Die Details, die im Moment nicht interessieren, die Ergebnisse der einzelne Vertreter, gehen in die berechneten Summen ein.

19.1.4 Ändern des Pivot-Tabellen-Layouts

Nun mag es sein, dass die spaltenweise Anordnung des Zeitverlaufs nicht so recht gefällt. Meist sind wir es gewohnt, Zeitverläufe von links nach rechts darzustellen und auch wahrzunehmen. Die Ordnung der Daten kann dadurch umgebaut werden, dass die beiden Felder **Werte** und **Produktgruppe** über Kreuz verschoben werden:

1 Im Bereichsabschnitt des Aufgabenbereichs **PivotTable-Feldliste** ziehen Sie zunächst das Element **Werte**, das zuletzt als Zeilenbeschriftung verwendet wurde, in den Bereich **Spaltenbeschriftungen**.

2 Mit **Produktgruppe** verfahren Sie andersherum. Sie ziehen das Feld aus dem Bereich **Spaltenbeschriftungen** heraus und fügen es unter dem Feld **Region** in den Bereich **Zeilenbeschriftungen** ein. Die Zeilen werden dann zweistufig gruppiert. Das übergeordnete Kriterium ist **Region**, das untergeordnete **Produktgruppe**. Nun stehen die Jahresergebnisse nebeneinander, wie die folgende Abbildung zeigt.

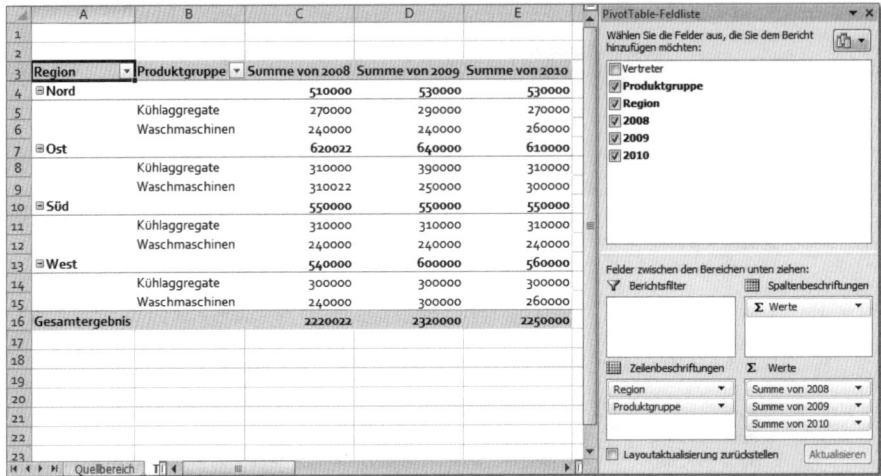

3 Ist die Anordnung der Jahresspalten absteigend, weil das Feld 2010 zuerst in den Bereich **Werte** gezogen wurde, lässt sich die Reihenfolge ändern, wenn Sie die Felder anklicken und die Optionen in der ersten Gruppe verwenden, mit denen die Reihenfolge beliebig geändert werden kann.

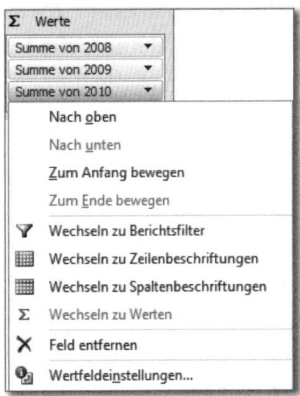

Abbildung 19.18 Kontextmenü mit Optionen für die Umstellung der Reihenfolge

Es ist natürlich bei mehr als einer Zeilenrubrik nicht unerheblich, in welcher Reihenfolge Sie diese anordnen. Wenn Sie z. B. zuerst die Produktgruppe angeben und erst an zweiter Stelle die Region, werden die Daten auch zunächst nach Produktgruppen zusammengefasst und erst innerhalb der einzelnen Gruppen nach der Region.

Um diese Anordnung nachträglich zu erreichen, müssen Sie im Bereich **Zeilenbeschriftungen** nur das Feld **Region** unter das Feld **Produktgruppe** ziehen.

	A	B	C	D	E
3	Produktgruppe ▾	Region ▾	Summe von 2008	Summe von 2009	Summe von 2010
4	⊟Kühlaggregate		1190000	1290000	1190000
5		Nord	270000	290000	270000
6		Ost	310000	390000	310000
7		Süd	310000	310000	310000
8		West	300000	300000	300000
9	⊟Waschmaschinen		1030022	1030000	1060000
10		Nord	240000	240000	260000
11		Ost	310022	250000	300000
12		Süd	240000	240000	240000
13		West	240000	300000	260000
14	**Gesamtergebnis**		2220022	2320000	2250000

Abbildung 19.19 Hier hat die Produktgruppe Vorrang vor der Region.

19.1.5 Berichtsfilter

Nun könnten Sie auf die Idee kommen, die Daten noch weiter zu komprimieren, und zwar so, dass immer nur einzelne Regionen angezeigt werden. Dazu lässt sich das Feld **Region** im Bereichsabschnitt des Aufgabenbereichs **PivotTable-Feldliste** in den Bereich **Berichtsfilter** ziehen, der in älteren Versionen noch als Seitenbereich bezeichnet wurde. Denselben Effekt hat der Kontextmenübefehl **Zum Berichtsfilter hinzufügen** in der Feldliste. Die Tabelle sieht dann aus wie in der Abbildung.

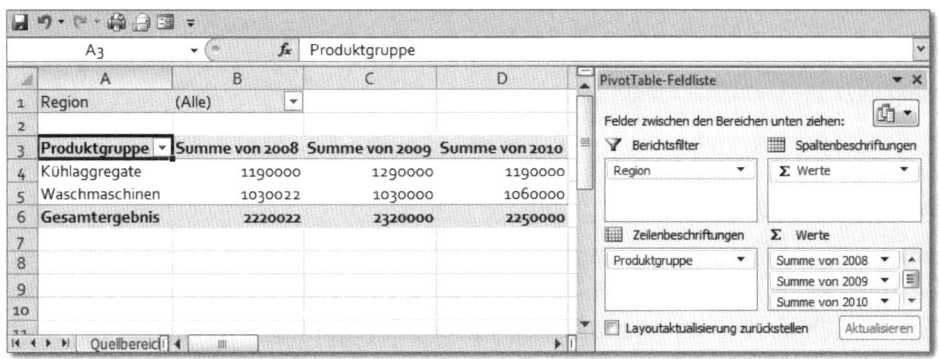

Abbildung 19.20 Pivot-Tabelle mit Berichtsfilter für die Regionen

Die zunächst angezeigten Werte geben das Gesamtergebnis für alle Gebiete wieder. Wenn Sie nun die Schaltfläche mit dem Pfeil anklicken, können Sie die Daten für die einzelnen Regionen zur Anzeige bringen.

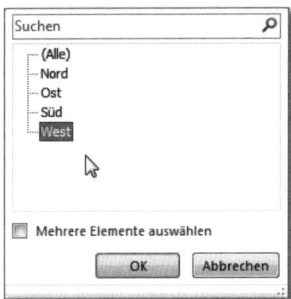

Abbildung 19.21 Auswahl der Region »West«

Nun könnte es sein, dass für jede Region eine separate Tabelle gewünscht wird. Das ist bei diesem Stand der Pivot-Tabelle schnell erreicht. Wenn Sie in der Gruppe **Optionen ▸ PivotTable** das Menü der Schaltfläche **Optionen** öffnen, wird der Befehl **Berichtsfilterseiten anzeigen** angeboten, der für jede mögliche Seite, hier also für jede Region, ein neues Blatt in die Mappe einfügt und die Register mit den Elementnamen beschriftet.

Alle neuen Tabellen sind vollwertige Pivot-Tabellen. Es ist dann auch kein Problem, diese Blätter in verschiedene Arbeitsmappen zu kopieren oder zu verschieben, um sie beispielsweise anderen Stellen zur Verfügung zu stellen.

	A	B	C	D
1	Region	Nord		
2				
3	Produktgruppe	Summe von 2008	Summe von 2009	Summe von 2010
4	Kühlaggregate	270000	290000	270000
5	Waschmaschinen	240000	240000	260000
6	Gesamtergebnis	510000	530000	530000
7				

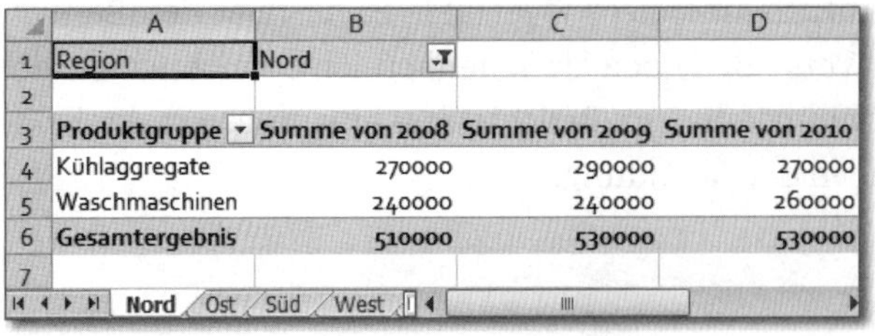

Abbildung 19.22 Eigene Blätter für die Regionen

Daten weiter komprimieren

Sie können das Ordnungskriterium *Region* auch ganz aus der Pivot-Tabelle entfernen, um die Auswertung noch stärker zusammenzufassen. Wählen Sie dazu das Feld in der Feldliste einfach ab. Die Umsatzzahlen für die einzelnen Jahre werden jetzt nur noch nach Produktgruppen getrennt geführt.

19.1 Datenanalyse mit Pivot-Tabellen

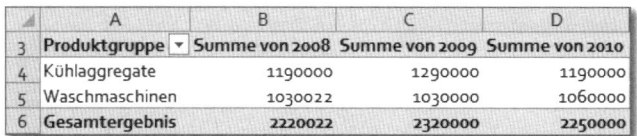

Abbildung 19.23 Reduzierte Darstellung

19.1.6 Optionen für den Pivot-Tabellenbericht

Wenn eine Zelle in einer Pivot-Tabelle ausgewählt ist, wird auf dem Register **Optionen** in der Gruppe **PivotTable** die Schaltfläche **Optionen** angeboten. Der dazu gehörende Dialog **PivotTable-Optionen** kann auch direkt über das Kontextmenü jeder Zelle der Pivot-Table erreicht werden.

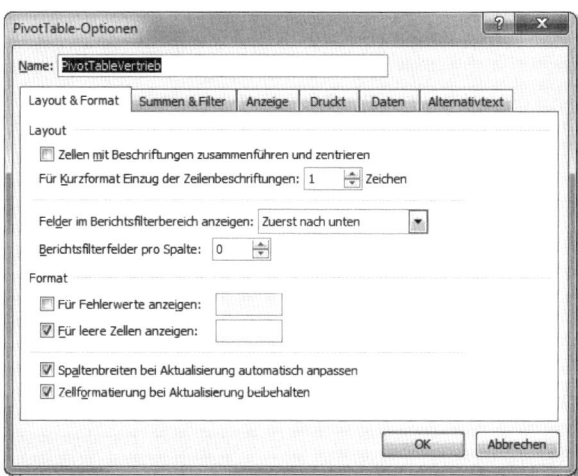

Abbildung 19.24 Das Dialogfeld »PivotTable-Optionen«

Im ersten Feld können Sie den Namen der Pivot-Tabelle ändern. Auf dem Register **Layout & Format** steht eine Reihe von Optionen zur Verfügung, die die Darstellung der Beschriftungen und Werte betreffen. Die Option **Für Fehlerwerte anzeigen** erlaubt die Eingabe eines Textes, der anstelle einer Fehlermeldung angezeigt wird. Auch für leere Zellen können Texte festgelegt werden, etwa *Wert fehlt*. Das Häkchen bei **Zellformatierung bei Aktualisierung beibehalten** hat zur Folge, dass ein spezielles Format für eine bestimmte Datengruppe, etwa eine Hintergrundfarbe, auch dann für die betreffenden Elemente erhalten bleibt, wenn die Daten umgruppiert werden. Auf andere Optionen wird weiter unten noch eingegangen.

19 Pivot-Tabellen und -Diagramme

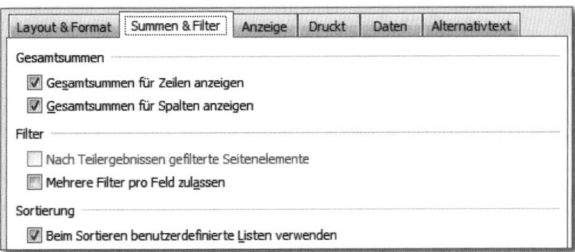

Abbildung 19.25 Das Register »Summen & Filter« im Dialog »PivotTable-Optionen«

Auf dem Register **Summen & Filter** kann gewählt werden, ob zeilen- oder spaltenweise Gesamtsummen angezeigt werden oder nicht.

Abbildung 19.26 PivotTable-Optionen zur Anzeige

Das Register **Anzeige** bietet zunächst die Optionen **Schaltflächen zum Erweitern/Reduzieren anzeigen** und **Kontextbezogene QuickInfos anzeigen**. Weitere Optionen betreffen die Feldbeschriftungen und die Reihenfolge in der Feldliste.

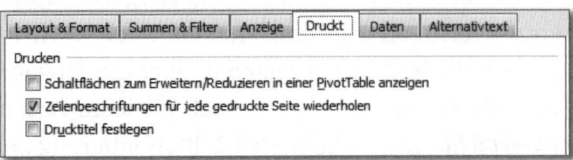

Abbildung 19.27 PivotTable-Optionen zum Drucken

Auf dem Register **Druckt** kann Einfluss darauf genommen werden, wie eine Pivot-Tabelle ausgedruckt wird. Das betrifft insbesondere mehrseitige Ausdrucke, für die die Wiederholung der Zeilenbeschriftung oder Drucktitel aktiviert werden können.

19.1 Datenanalyse mit Pivot-Tabellen

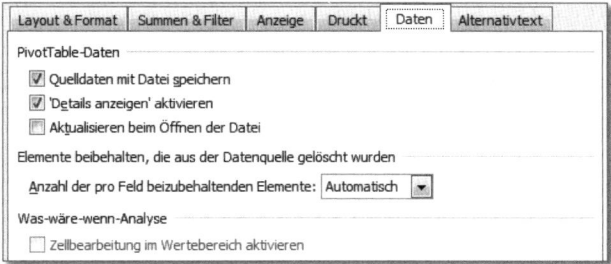

Abbildung 19.28 PivotTable-Optionen zu Daten

Das Register **Daten** schließlich erlaubt Einstellungen zur Handhabung der PivotTable-Daten. **Quelldaten mit Datei speichern** bedeutet, dass Kopien externer Daten zusammen mit der Pivot-Tabelle gespeichert werden.

19.1.7 Hinzufügen von Feldern

In den bisher gezeigten Pivot-Tabellen sind die einzelnen Vertreter vernachlässigt worden. Wenn deren Ergebnisse gefragt sind, können Sie die Pivot-Tabelle leicht umbauen oder auch eine neue für diesen Zweck anlegen.

Für die Erweiterung stellen Sie den Zellzeiger wieder in die Pivot-Tabelle und ordnen das Feld **Vertreter** aus der **PivotTable-Feldliste** über das Kontextmenü entweder dem Bereich **Zeilenbeschriftungen** oder dem Bereich **Spaltenbeschriftungen zu**, je nachdem, wie die Daten geordnet werden sollen.

	A	B	C	D	E
3	Produktgruppe	Vertreter	Summe von 2008	Summe von 2009	Summe von 2010
4	⊟ Kühlaggregate		1190000	1290000	1190000
5		Adam	130000	130000	130000
6		Gernot	150000	230000	150000
7		Gundar	130000	130000	130000
8		Hansen	160000	160000	160000
9		Karit	160000	160000	160000
10		Lemgo	150000	150000	150000
11		Schlier	170000	170000	170000
12		Seiffert	140000	160000	140000
13	⊟ Waschmaschinen		1030022	1030000	1060000
14		Adam	120000	120000	140000
15		Gernot	110000	110000	180000
16		Gundar	120000	120000	140000
17		Hansen	200022	140000	120000
18		Karit	120000	120000	120000
19		Lemgo	120000	120000	120000
20		Schlier	120000	180000	120000
21		Seiffert	120000	120000	120000
22	Gesamtergebnis		2220022	2320000	2250000

Abbildung 19.29 Produktgruppenergebnisse nach Vertretern aufgeschlüsselt

Wird das Feld **Vertreter** in den Bereich **Zeilenbeschriftungen** geschoben, haben Sie die Wahl, es über oder unter das Feld **Produktgruppe** zu setzen. Im ersten Fall werden die Daten erst nach Vertretern und pro Vertreter jeweils noch einmal nach Produktgruppen geordnet; im zweiten Fall ist es umgekehrt.

Wird das Feld **Vertreter** dem Bereich **Spaltenbeschriftungen** hinzugefügt, finden Sie anschließend für jeden Vertreter drei Spalten mit den Jahresergebnissen.

Wenn sich die Werte in der Liste ändern

Falls Sie versuchen, einen der Werte im Datenbereich der Pivot-Tabelle zu verändern, werden Sie feststellen, dass das nicht möglich ist. Sie erhalten den Hinweis, dass dieser Teil der Pivot-Tabelle nicht geändert werden kann. Änderungen von Daten können sinnvollerweise immer nur in der Ausgangstabelle, also bei den Quelldaten vorgenommen werden, die die Pivot-Tabelle auswertet.

Nun passt Excel die Pivot-Tabelle(n) aber nicht automatisch an, wenn in der Vertriebsliste ein Wert geändert wird. Sie erhalten leider auch keinen Hinweis, dass die Quelldaten und die Auswertungen in der Pivot-Tabelle nicht mehr übereinstimmen.

Um die Pivot-Tabelle auf den neuesten Stand zu bringen, können Sie eine Zelle darin auswählen und in der Gruppe **Daten** auf dem Register **Optionen** die Schaltfläche **Aktualisieren** anklicken oder `Alt` + `F5` benutzen.

Es gibt auch die Möglichkeit, festzulegen, dass eine Pivot-Tabelle automatisch beim Öffnen der Arbeitsmappe aktualisiert wird. Dazu muss im Dialogfeld **PivotTable-Optionen** auf dem Register **Daten** die Option **Aktualisieren beim Öffnen der Datei** aktiviert werden.

19.1.8 Sortieren in der Pivot-Tabelle

So wie es unterschiedliche Ordnungskriterien für die Pivot-Tabelle insgesamt geben kann, je nach Anordnung der verschiedenen Bereiche, so sind auch innerhalb der Elemente, die zu einem dieser Felder gehören, jeweils unterschiedliche Anordnungen möglich. Sie sortieren entweder nach der Reihenfolge der Beschriftungen oder nach der Rangfolge der Werte. Außerdem werden zwei verschiedene Verfahren angeboten:

- Die Sortierung kann bei Bedarf manuell vorgenommen werden. Dafür werden die in Excel üblichen Sortierbefehle verwendet.

- Für jedes Feld kann einzeln eine dynamische Sortierung festgelegt werden, die immer dann automatisch angepasst wird, wenn sich die Daten in der Quelltabelle geändert haben und die Pivot-Tabelle durch den Befehl **Aktualisieren** aufgefrischt wird.

19.1 Datenanalyse mit Pivot-Tabellen

Manuelle Sortierung

Nehmen Sie als Beispiel eine Pivot-Tabelle, die nur die Umsätze pro Vertreter anzeigt. Um die Tabelle nach den Vertreternamen zu sortieren, die als Beschriftungen der Zeilenelemente benutzt werden, klicken Sie in der Tabelle den Feldnamen an, zu dem die Elemente gehören – hier **Vertreter** –, oder einen der Vertreternamen, und arbeiten mit den Sortiersymbolen in der Gruppe **Optionen ▸ Sortieren**. Die zu den Elementen gehörenden Daten werden automatisch mit geordnet. Stattdessen kann auch über die Schaltfläche zum Feldnamen oder über das Kontextmenü eines der Elemente im Feld der Befehl **Sortieren** aufgerufen werden.

Soll dagegen nach der Rangfolge der Umsatzergebnisse des Jahres 2008 sortiert werden, wählen Sie zunächst einen der Umsatzwerte in der Spalte 2008. Benutzen Sie dann das Sortiersymbol **Nach Größe sortieren (absteigend)**.

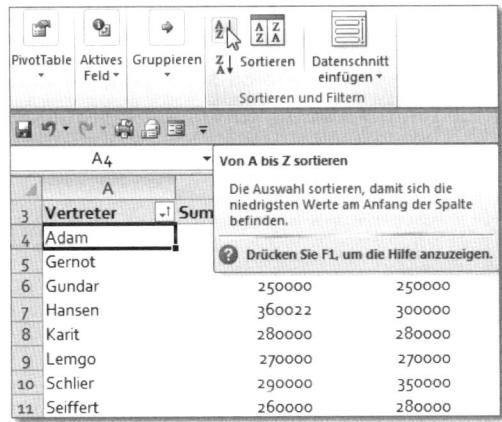

Abbildung 19.30 Nach Namen sortierte Vertreter-Tabelle

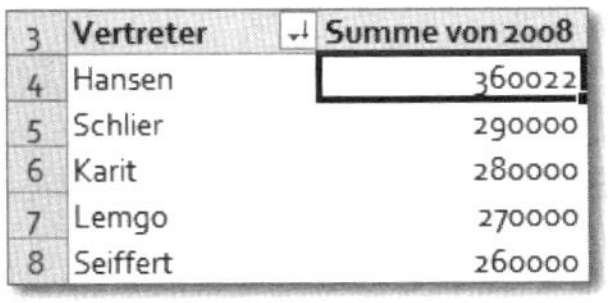

Abbildung 19.31 Sortierung nach Werten

Dynamische Sortierung

Für jedes Feld in der Pivot-Tabelle kann separat eine bestimmte Sortierung festgelegt werden, die bei jeder Aktualisierung der Tabelle automatisch wiederhergestellt wird.

Nehmen Sie als Beispiel eine Auswertung der Vertriebstabelle, bei der die Vertreter im Zeilenfeld, die Produktgruppen im Spaltenfeld angeordnet sind. Die Tabelle soll immer so ausgegeben werden, dass der Vertreter mit dem höchsten Gesamtumsatz zuerst aufgeführt wird. Die erste Abbildung zeigt die Tabelle zunächst so, wie Excel sie bei alphabetischer Sortierung der Vertreter ausgibt.

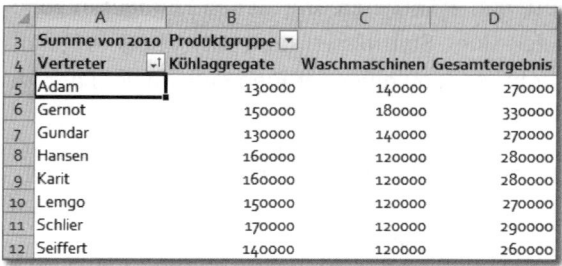

Abbildung 19.32 Tabelle mit alphabetischer Reihenfolge

1 Um die Zeilen der Vertreter dynamisch nach dem Umsatz zu sortieren, klicken Sie den Feldnamen **Vertreter** an und wählen in der Gruppe **Optionen ▸ Sortieren und Filtern** die Schaltfläche **Sortieren**.

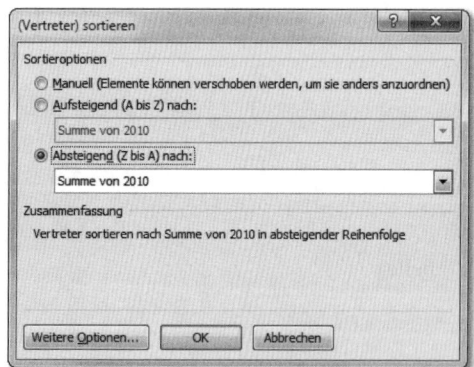

2 Wählen Sie die Option **Absteigend**, und wählen Sie aus dem Listenfeld dazu den Eintrag **Summe von 2010**.

3 Die Tabelle wird so ausgegeben, dass der Vertreter mit dem höchsten Gesamtergebnis immer zuerst erscheint.

Testen Sie die Sortierautomatik, indem Sie in der Quelltabelle gezielt bestimmte Werte ändern. Wenn Sie die Pivot-Tabelle aktualisieren, wird die gewünschte Sortierreihenfolge wiederhergestellt.

19.1.9 Schnelle Datenauszüge zu einzelnen Werten

Dass die Daten in der Pivot-Tabelle und in der Ausgangstabelle verknüpft sind, hat noch einen sehr praktischen Nebeneffekt. Sie können sich blitzschnell bestimmte Auszüge aus dem gesamten Datenmaterial besorgen. Wenn Sie z. B. einen der zusammenfassenden Werte, also hier eine der Umsatzsummen, in der Pivot-Tabelle doppelt anklicken, werden alle Daten aus der Originaltabelle, die in diesen Wert eingeflossen sind, auf einem Extrablatt zusammengestellt. Wenn Sie also in der schon beschriebenen komprimierten Pivot-Tabelle die Zelle B5 doppelt anklicken, ...

	A	B	C	D
3	Produktgruppe	Summe von 2008	Summe von 2009	Summe von 2010
4	Kühlaggregate	1190000	1290000	1190000
5	Waschmaschinen	1030022	1030000	1060000
6	Gesamtergebnis	2220022	2320000	2250000

Abbildung 19.33 Doppelklickauf die Zelle B5

... erhalten Sie eine detaillierte Liste zu den Waschmaschinen. Diese neue Tabelle ist keine Pivot-Tabelle. Sie kann ganz normal wie eine Tabelle behandelt werden. Excel weist der Liste eines der automatischen Listenformate zu.

	A	B	C	D	E	F
1	Vertreter	Produktgruppe	Region	2008	2009	2010
2	Hansen	Waschmaschinen	Ost	200022	140000	120000
3	Lemgo	Waschmaschinen	Süd	120000	120000	120000
4	Gernot	Waschmaschinen	Ost	110000	110000	180000
5	Karit	Waschmaschinen	Süd	120000	120000	120000
6	Schlier	Waschmaschinen	West	120000	180000	120000
7	Adam	Waschmaschinen	Nord	120000	120000	140000
8	Gundar	Waschmaschinen	West	120000	120000	140000
9	Seiffert	Waschmaschinen	Nord	120000	120000	120000

Abbildung 19.34 Listenauszug für Waschmaschinen

Diese Funktion, einen Wert in die in ihn einfließenden Detailwerte zu zerlegen, kann auch unterbunden werden, wenn Sie verhindern wollen, dass jemand die Detaildaten ansieht. Das mag sinnvoll sein, wenn Sie eine Pivot-Tabelle in eine eigene Mappe kopieren und weiterreichen. Dazu muss bei der Anlage der Pivot-Tabelle über das Dialogfeld **PivotTable-Optionen** auf dem Register **Daten** die Option **'Details anzeigen' aktivieren** abgeschaltet werden.

19.1.10 Datenschnitte

Die praktischste Neuerung in Excel 2010, was den Umgang mit Pivot-Tabellen betrifft, ist wahrscheinlich die Funktion **Datenschnitte**. Neben den erweiterten Möglichkeiten, über das Menü der Filterschaltflächen Daten auszuwählen, gibt es nun zusätzlich eine interaktive Filterkomponente. Sie ist besonders leicht zu bedienen und bringt den Vorteil mit, dass sehr schnell zwischen wechselnden Filtern gewählt werden kann.

Dabei wird ein spezieller Typ von Steuerelementen verwendet, der eigentlich wie ein grafisches Objekt in das Arbeitsblatt eingefügt wird und deshalb in dem Menüband unter **Datenschnitttools** auch einige Funktionen verfügbar macht, die sonst für grafische Objekte bereitstehen, wie Anordnung in Ebenen, Ausrichten, Gruppieren, Drehen, Größenbestimmung etc.

Am besten verständlich wird die Funktion mit einem einfachen Beispiel. Angenommen, unsere Vertriebsdaten sind in einer Pivot-Tabelle zusammengefasst, die die verschiedenen Produktgruppen auf die Spalten verteilt und die Zeilen zunächst nach der Region, darunter nach den Namen der Vertreter ordnet.

Datenschnitt einrichten

Es bietet sich in diesem Fall an, gleich drei Datenschnitte einzurichten:

1 Klicken Sie die Pivot-Tabelle an einer beliebigen Stelle an.

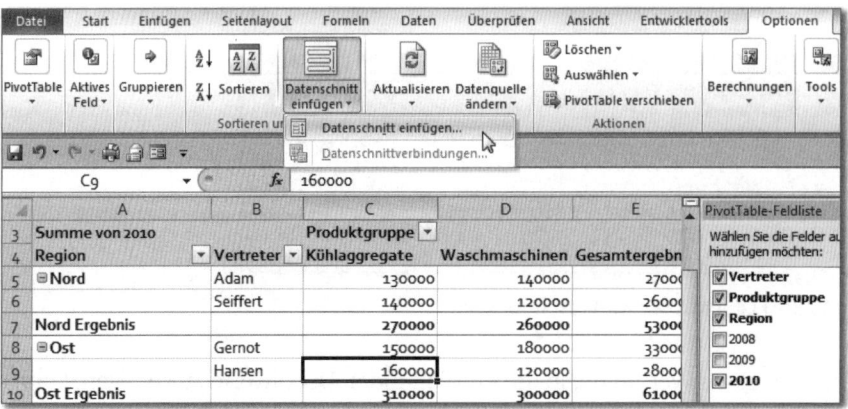

2 Benutzen Sie in der Gruppe **Optionen ▶ Sortieren und Filtern** die Schaltfläche **Datenschnitt einfügen**.

3 Wählen Sie in dem kleinen Dialog **Datenschnitt auswählen** die Felder aus, für die Filterkomponenten erzeugt werden sollen.

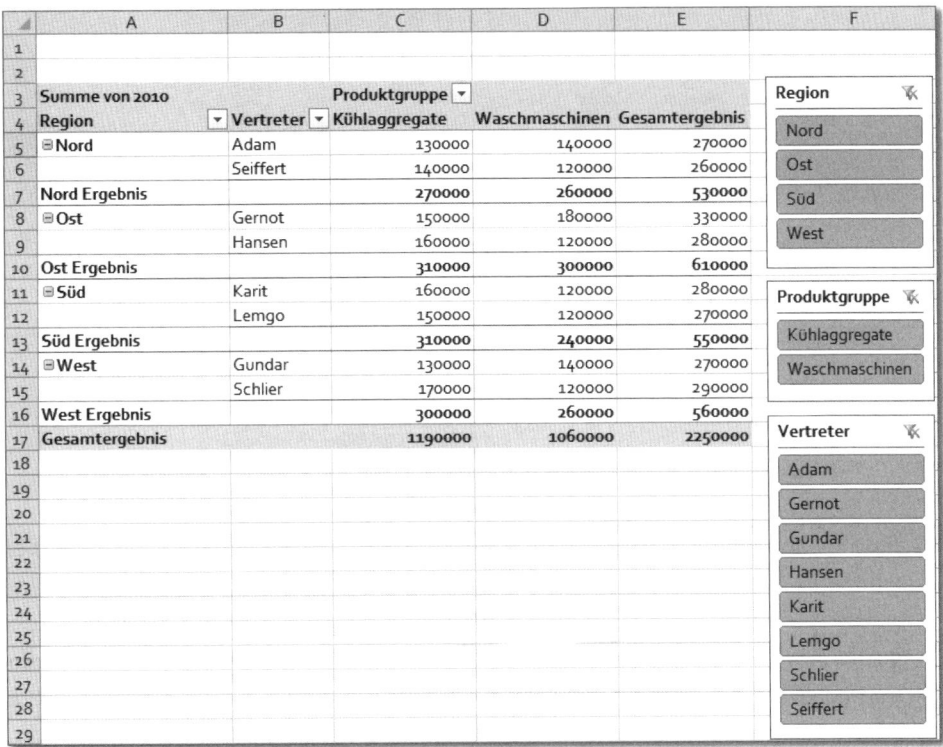

4 Sind gleich mehrere Felder ausgewählt, wird gleich ein Stapel von Filterkomponenten angelegt.

5 Mit der Maus können Sie die Komponenten auf die gewünschte Größe und Position ziehen.

6 Mit den Optionen in der Gruppe **Optionen ▸ Anordnen** lassen sich die Komponenten ausrichten.

7 Ist eine Komponente ausgewählt, lässt sich auch eine der Formatvorlagen zuordnen, die in der Palette **Datenschnitt-Formatvorlagen** angeboten wird.

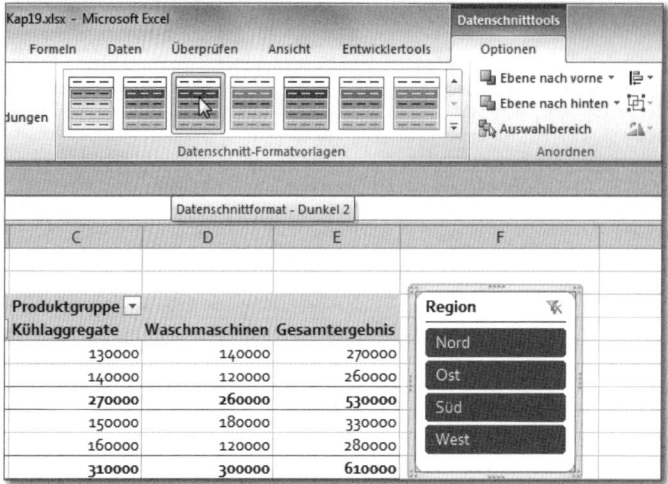

8 Jede Komponente nennt im Titel das Feld, auf das sie bezogen ist. Daneben sehen Sie ein Symbol, mit dem der gerade verwendete Filter gelöscht werden kann. Darunter sind Schaltflächen für alle Elemente des Feldes aufgelistet. Wird nun ein Element angeklickt, wird es Bestandteil des Filters. Es werden also nur die Daten dieses Elements angezeigt, die der anderen Elemente werden ausgeblendet. Sollen gleich mehrere Elemente zum Filter gehören, halten Sie beim Anklicken die [Strg]-Taste gedrückt. Die angeklickten Elemente erhalten jeweils eine andere Farbe, sodass die Komponente immer auf sehr übersichtliche Weise sichtbar macht, welcher Filter aktiv ist.

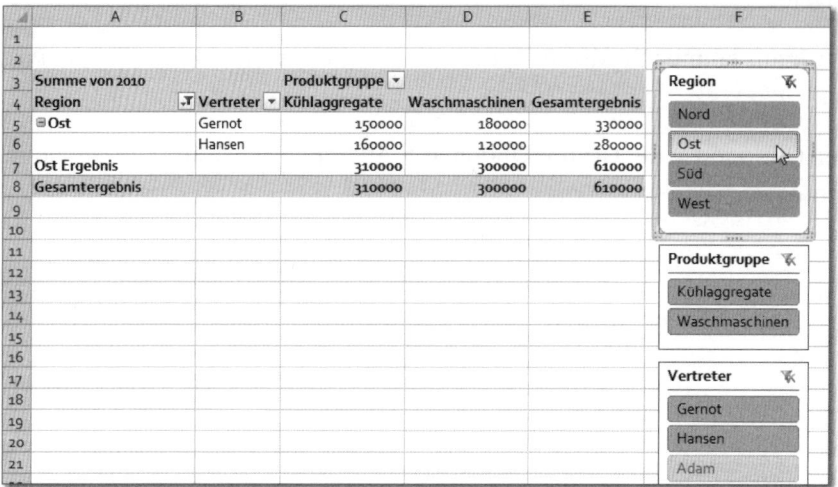

9 Die Filterkomponenten bleiben miteinander verknüpft. Wenn also beispielsweise in der Komponente **Region** das Element **Nord** ausgewählt wird, werden in der Komponente **Vertreter** automatisch nur die Vertreter aus diesem Gebiet als ausgewählt angezeigt. Wird umgekehrt zuerst ein Vertreter ausgewählt, wird auch nur die Region markiert, zu der er gehört.

Enthält die Komponente viele Elemente, wird automatisch eine Bildlaufleiste angeboten. Über den Befehl **Optionen ▸ Datenschnitt ▸ Datenschnitteinstellungen** wird ein Dialog geöffnet, in dem noch einige Regelungen zur Anzeige der Elemente in der Komponente getroffen werden können.

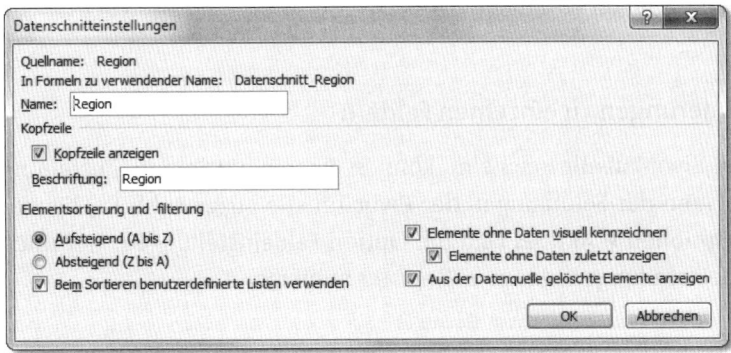

Abbildung 19.35 Dialog für Einstellungen zu Datenschnitten

Da auf die Komponenten über Formeln Bezug genommen werden kann, wird ein Feld angeboten, in dem der vorgegebene Name – also der Feldname – auch ersetzt werden kann. Auch der Titel, für den ebenfalls der Feldname verwendet wird, lässt sich überschreiben oder auch ausblenden. Interessanter ist die Option, die Elementnamen **Aufsteigend** oder **Absteigend** zu sortieren. Dabei dürfen auch benutzerdefinierte Listen verwendet werden, wie sie in Kapitel 17, »Informationen als Tabellen ordnen und verwalten«, beschrieben sind. Schließlich gibt es noch die Möglichkeit, Elemente, die keine Daten enthalten, visuell zu kennzeichnen oder ans Ende der Liste zu setzen.

Datenschnitte lassen sich auch von einer konkreten Pivot-Tabelle ablösen und auf andere Pivot-Tabellen anwenden. Dazu wird die Schaltfläche **PivotTable-Verbindungen** in **Optionen ▸ Datenschnitt** verwendet.

Im Dialog kann die aktivierte Verbindung gelöscht und eine andere ausgewählt werden. Dabei werden jeweils alle in der Arbeitsmappe vorhandenen Pivot-Tabellen angeboten, die dieselben Quelldaten verwenden. Es ist auch möglich, den Datenschnitt mit mehreren Pivot-Tabellen gleichzeitig zu verknüpfen.

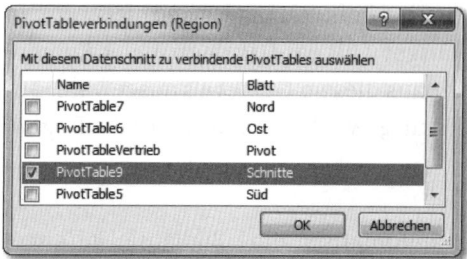

Abbildung 19.36 Neue Zuordnung von Datenschnitten

Gelöscht werden Datenschnitte einfach mit der Löschtaste, wenn sie markiert sind. Das Kontextmenü bietet ebenfalls einen Löschbefehl an.

19.1.11 Einstellungsänderungen zu einzelnen Feldern

Für jedes Feld, das in der Pivot-Tabelle erscheint, können einzeln bestimmte Einstellungen festgelegt werden. Wenn der Feldname in der Pivot-Tabelle ausgewählt ist, benutzen Sie in der Gruppe **Optionen ▸ Aktives Feld** die Option **Feldeinstellungen**. Geöffnet wird das Dialogfeld **Feldeinstellungen**, das zwei Register anbietet.

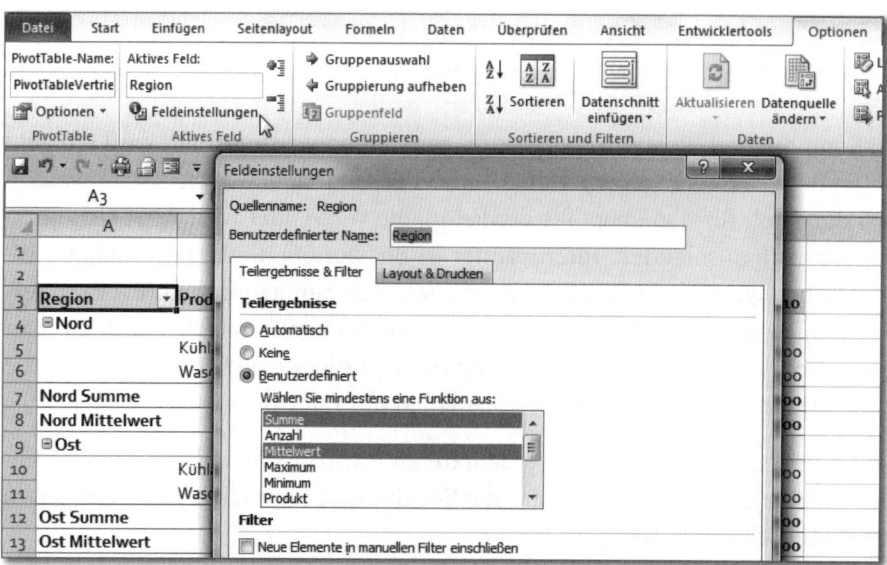

Abbildung 19.37 Das Dialogfeld »Feldeinstellungen«

Zunächst kann unter **Benutzerdefinierter Name**, wenn es gewünscht wird, der Name des Feldes geändert werden, etwa um eine deutlichere Bezeichnung zu erreichen.

Wahl der Auswertungsart

Interessanter sind die Möglichkeiten auf dem Register **Teilergebnisse & Filter**. Excel zeigt normalerweise nur Teilergebnisse für die erstplatzierten Spalten- bzw. Zeilenfelder an, falls mehr als ein Spalten- bzw. Zeilenfeld existiert. Handelt es sich um Zahlenwerte, werden Summen angezeigt, bei Textfeldern wird die Anzahl der vorkommenden Einträge geliefert. Sie können für die Spalten- und Zeilenfelder aber auch noch zusätzliche Teilauswertungen hinzufügen oder auch alle Teilergebnisse entfernen.

Angenommen, die Pivot-Tabelle ist im Bereich **Zeilenbeschriftungen** zunächst nach Regionen und innerhalb der Regionen nach Produktgruppen geordnet. Excel liefert zunächst pro Vertriebsgebiet eine Zwischensumme.

Soll zusätzlich zur Teilsumme noch der Mittelwert angezeigt werden, markieren Sie den Feldnamen, öffnen den Dialog **Feldeinstellungen** und wählen unter **Teilergebnisse** die Option **Benutzerdefiniert**. In der Liste neben der Funktion **Summe** markieren Sie zusätzlich die Funktion **Mittelwert**. Es können mehrere Funktionen gleichzeitig ausgewählt werden, wenn Sie beim Anklicken die ⇧-Taste gedrückt halten. Sie haben hier dieselben Möglichkeiten wie bei der Funktion `Teilergebnisse()`. Die folgende Abbildung zeigt eine Tabelle mit zwei Arten von Teilergebnissen für die verschiedenen Regionen. Dabei bezieht sich der Mittelwert auf die einzelnen Vertreterergebnisse.

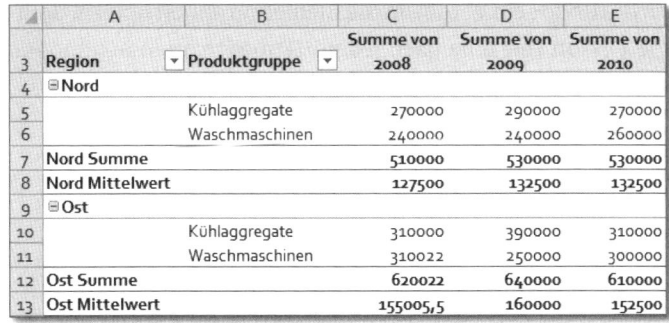

Abbildung 19.38 Tabelle mit mehreren Teilergebnissen

Sollen die Teilergebnisse wieder entfernt werden, benutzen Sie die Option **Keine**.

Teil- und Gesamtergebnisse ein- und ausblenden

Es ist jederzeit möglich, einmal eingerichtete Teil- oder Gesamtergebnisse vorübergehend auszublenden. Auf dem Register **Entwurf** werden in der Gruppe **Layout** die Schaltflächen **Teilergebnisse** und **Gesamtergebnisse** angeboten, die Menüs mit Optionen zur Anzeige der Ergebnisse öffnen.

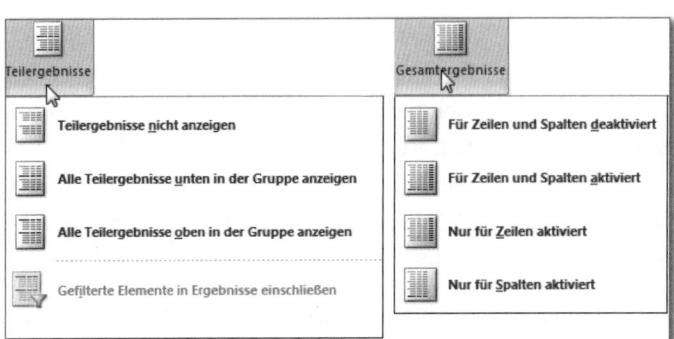

Abbildung 19.39 Optionen für Teil- und Gesamtergebnisse

Optionen für Layout & Druck

Das zweite Register im Dialog **Feldeinstellungen** erlaubt einige Einstellungen zur Anzeige von Elementnamen in der Pivot-Tabelle. Sie können zwischen der Anzeige im Tabellenformat und der Anzeige in der Gliederungsansicht wählen. Im zweiten Fall lässt sich noch festlegen, dass die Teilergebnisse jeweils oberhalb jeder Gruppe angezeigt werden. Außerdem ist es möglich, die Beschriftung des nächsten Feldes in der gleichen Spalte anzuzeigen, um eine etwas kompaktere Darstellung zu erreichen. Dies entspricht dem Kurzformat, von dem im nächsten Abschnitt noch die Rede sein wird. Um die Elementgruppen optisch deutlicher zu trennen, wird noch die Option **Leerzeile nach jedem Elementnamen** angeboten. Für den Druck lässt sich auch ein Seitenumbruch nach jedem Element einfügen.

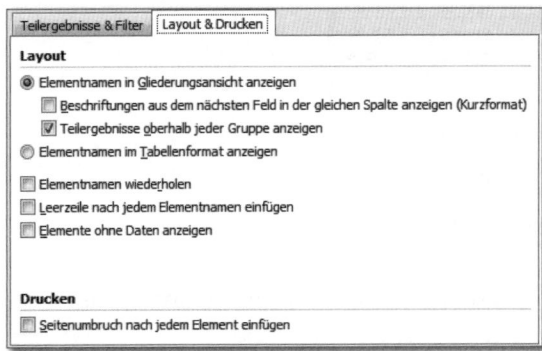

Abbildung 19.40 Optionen zum Tabellenlayout

Neu in Excel 2010 ist auf diesem Register die Option **Elementnamen wiederholen**. Sie sorgt in der Beispieltabelle dafür, dass die Namen der Regionen in jeder Zeile wiederholt werden.

Layout-Alternativen

Neben den Layout-Optionen für einzelne Felder gibt es auch Optionen, die die gesamte Pivot-Tabelle betreffen. Über die Schaltfläche **Berichtslayout** in der Gruppe **Entwurf ▸ Layout** erreichen Sie Optionen für eine andere Darstellung der Tabellenelemente, die insbesondere bei mehreren Ordnungskriterien im Zeilenbereich interessant sind.

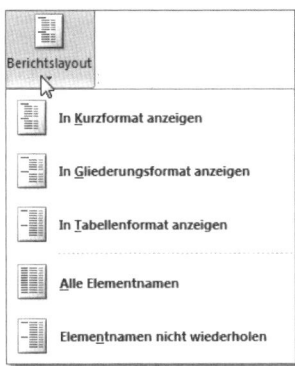

Abbildung 19.41 Berichtslayout-Optionen

Die folgenden Abbildungen zeigen den Effekt an derselben Tabelle. Im Kurzformat werden die Feldnamen ersetzt durch einen allgemeinen Namen: Zeilenbeschriftungen, Spaltenbeschriftungen. Die Elementnamen erscheinen in derselben Spalte, wobei für nachrangige Felder Einzüge verwendet werden. Diese Darstellung ist besonders kompakt.

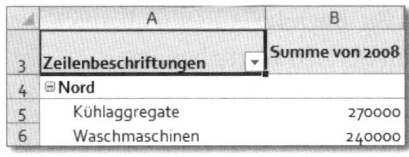

Abbildung 19.42 Tabelle im Kurzformat

In den beiden anderen Formaten werden die Feldnamen angezeigt und für jedes Feld eine eigene Spalte verwendet.

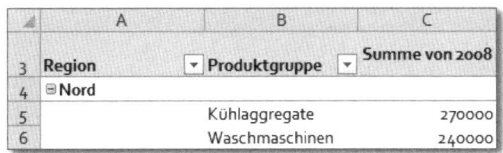

Abbildung 19.43 Tabelle im Gliederungsformat

Im Gliederungsformat werden die Elemente zu einem nachrangigen Feld im Zeilenbeschriftungsbereich jeweils eine Zeile tiefer ausgegeben, im Tabellenformat erscheinen sie dagegen in derselben Zeile.

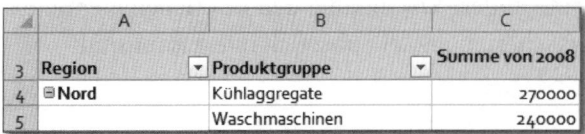

Abbildung 19.44 Tabelle im Tabellenformat

Die neue Option **Alle Elementnamen** bewirkt die oben schon angesprochene Wiederholung der Elementnamen, die Option **Elementnamen nicht wiederholen** hebt diese wieder auf.

19.1.12 Ändern der Berechnungsart

Wenn Sie nichts ändern, summiert Excel in den Zellen des Wertebereichs die zusammengehörigen Werte, etwa die Umsätze der verschiedenen Vertreter für eine Produktgruppe. Bei Textfeldern wird die Anzahl angegeben, etwa die Anzahl der Vertreter in einer Region.

Sie haben die Möglichkeit, auch andere Berechnungsmethoden zur Zusammenfassung der Daten zu verwenden. Eine solche Änderung gilt jeweils für ein bestimmtes Wertfeld. Wählen Sie dazu ein Wertfeld aus, und verwenden Sie **Optionen ▸ Aktives Feld ▸ Feldeinstellungen**. Diesmal zeigt Excel mit diesem Befehl den Dialog **Wertfeldeinstellungen**. Um diesen Dialog zu erreichen, können Sie auch im Aufgabenbereich das Menü der Schaltfläche des entsprechenden Wertes im Bereich **Werte** benutzen.

Sie erhalten zunächst den Hinweis auf den Quellennamen, also auf die Beschriftung in der Quelltabelle, und können dann wieder unter **Benutzerdefinierter Name** den von Excel automatisch generierten Namen ändern. Statt wie im Beispiel *Summe von 2008* kann etwa *Umsatz 2008* eingetragen werden.

Auf dem Register **Werte zusammenfassen nach** wählen Sie die Funktion aus, die zur Berechnung verwendet werden soll. Sie finden auch hier wieder die statistischen Funktionen, die auch der Befehl **Teilergebnisse** anbietet.

Über die Schaltfläche **Zahlenformat** haben Sie außerdem die Möglichkeit, die Werte im Datenbereich zu formatieren. Excel übernimmt zunächst immer das Format der Quelldaten, es kann aber gut sein, dass dieses Format für die zusammenfassenden Ergebnisse nicht günstig ist, beispielsweise wenn die Nachkommastellen nicht benötigt werden.

19.1 Datenanalyse mit Pivot-Tabellen

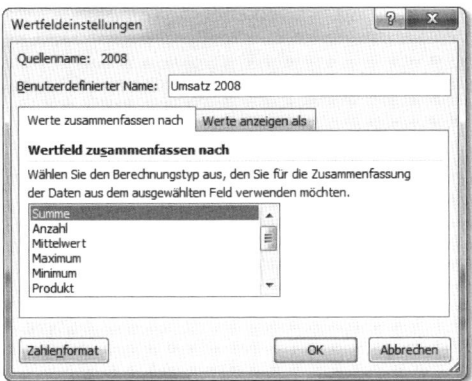

Abbildung 19.45 Einstellungen zu Wertfeldern

Excel 2010 bietet für einen schnellen Wechsel der Zusammenfassungsmethode jetzt auch noch eine Schaltfläche **Werte zusammenfassen nach** in der neuen Gruppe **Berechnungen** auf dem Register **Optionen** an.

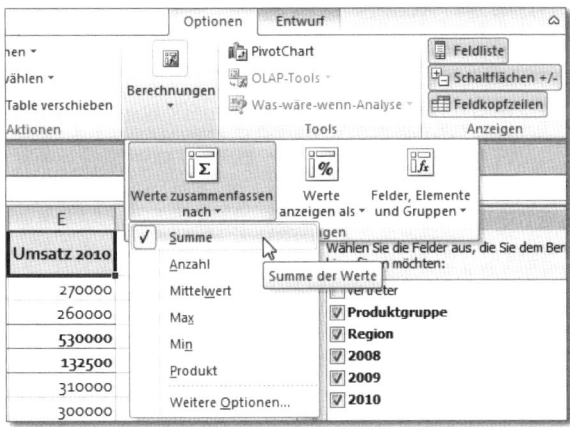

Abbildung 19.46 Wahl der Zusammenfassung von Werten

Doch noch einmal zurück zum Dialog **Wertfeldeinstellungen**. Interessante Möglichkeiten bietet hier auch das zweite Register **Werte anzeigen als**. Wenn Sie z. B. anstelle der Summenwerte jeweils die Prozentanteile der zusammengefassten Werte sehen wollen, können Sie unter **Werte zeigen als** den Punkt **% des Gesamtergebnisses** wählen. Auch Differenzbildungen zu anderen Spalten sind möglich. Dafür muss dann unter **Basisfeld** bzw. **Basiselement** der passende Eintrag ausgewählt werden.

Abbildung 19.47 Wahl der Prozentanzeige in Bezug auf das Gesamtergebnis

Die nächste Abbildung zeigt eine Tabelle mit Prozentanteilen.

	A	B	C	D	E
3	Region	Produktgruppe	Umsatz 2008	Umsatz 2009	Umsatz 2010
4	⊟ Nord	Kühlaggregate	12,16%	12,50%	12,00%
5		Waschmaschinen	10,81%	10,34%	11,56%
6	Nord Summe		22,97%	22,84%	23,56%
7	⊟ Ost	Kühlaggregate	13,96%	16,81%	13,78%
8		Waschmaschinen	13,96%	10,78%	13,33%
9	Ost Summe		27,93%	27,59%	27,11%
10	⊟ Süd	Kühlaggregate	13,96%	13,36%	13,78%
11		Waschmaschinen	10,81%	10,34%	10,67%
12	Süd Summe		24,77%	23,71%	24,44%
13	⊟ West	Kühlaggregate	13,51%	12,93%	13,33%
14		Waschmaschinen	10,81%	12,93%	11,56%
15	West Summe		24,32%	25,86%	24,89%
16		Kühlaggregate Summe	53,60%	55,60%	52,89%
17		Waschmaschinen Summe	46,40%	44,40%	47,11%
18	Gesamtergebnis		100,00%	100,00%	100,00%

Abbildung 19.48 Tabelle mit Prozentanteilen

Auch Differenzbildungen zu anderen Spalten sind möglich. Um etwa die Differenz der anderen Regionen zur Region **West** zu berechnen, wählen Sie aus der Liste die Option **% Differenz von,** dann unter **Basisfeld** das Feld **Region** und unter **Basiselement** eben **West** aus.

Um den Wechsel zwischen verschiedenen Auswertungen zu beschleunigen, ist in Excel 2010 auf dem Register **Optionen** in der Gruppe **Berechnungen** auch eine Schaltfläche **Werte anzeigen als** eingefügt, deren Menü zahlreiche Berechnungsalternativen für das ausgewählte Wertfeld direkt anbietet.

Die Werte für **Basisfeld** oder **Basiselement** werden in diesem Fall jeweils über ein kleines Dialogfeld eingegeben.

19.1 Datenanalyse mit Pivot-Tabellen

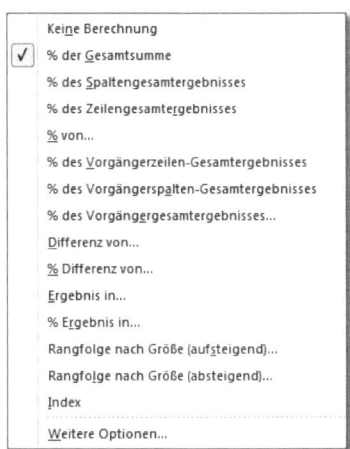

Abbildung 19.49 Berechnungsalternative für ein Wertfeld

Besondere Möglichkeiten bei Berichtsfiltern

Für das Layout einer Pivot-Tabelle mit Berichtsfiltern bietet Excel noch einige zusätzliche Möglichkeiten. So wie bei den Zeilen- oder Spaltenfeldern kann auch bei den Berichtsfiltern mit mehreren Feldern gleichzeitig gearbeitet werden.

Im folgenden Beispiel wird als erster Filter die Region, als zweiter die Produktgruppe verwendet. Sind mehrere Berichtsfilter gleichzeitig vorgesehen, haben Sie nun die Wahl, diese untereinander in einer Spalte oder nebeneinander in einer Zeile anzuordnen. Bei mehr als zwei Seitenfeldern können Sie diese auch sowohl zeilen- als auch spaltenweise anordnen.

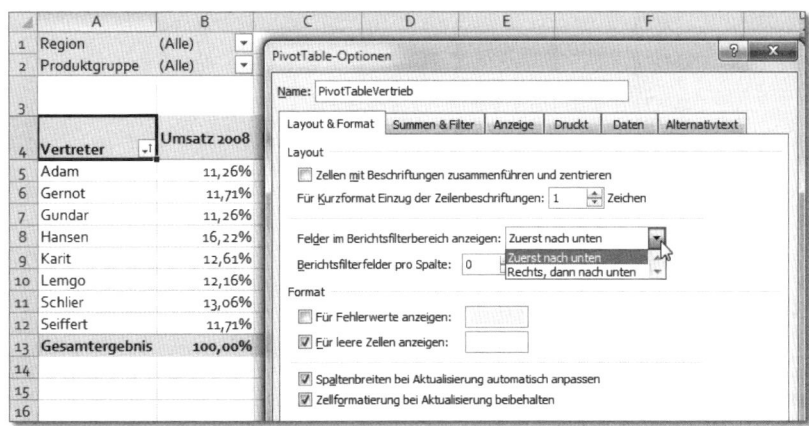

Abbildung 19.50 Wahl des Layouts bei Berichtsfiltern

Die Entscheidung darüber kann über das schon beschriebene Dialogfeld **PivotTable-Optionen** getroffen werden. Sollen beispielsweise die Berichtsfilter nebeneinander angeordnet werden, wählen Sie auf dem Register **Layout & Format** unter **Felder im Berichtsfilterbereich anzeigen** die Einstellung **Rechts, dann nach unten**.

Sind nun beispielsweise vier Seitenfelder vorhanden, können Sie bei **Berichtsfilterfelder pro Zeile** den Wert 2 angeben, dann werden zwei Zeilen mit je zwei Filtern angelegt, wobei die Hierarchie von oben nach unten verläuft.

Ein- und Ausblenden von Detailinformationen

Wird in einer Pivot-Tabelle mit mehreren Feldern im Zeilen- oder Spaltenbereich gearbeitet, können die untergeordneten Elemente sehr einfach per Doppelklick auf das jeweils höherrangige Element aus- und wieder eingeblendet werden. Wird der Elementname einer bestimmten Produktgruppe – hier z. B. der Eintrag *Waschmaschinen* – doppelt angeklickt, lassen sich für diese Warengruppe die Einzelergebnisse der Vertreter ausblenden. Erneuter Doppelklick blendet die Details wieder ein.

Statt mit dem Doppelklick kann auch mit den Symbolen +/− aus der Gruppe **Optionen ▸ Aktives Feld** oder mit den Schaltflächen +/− vor den höherrangigen Elementnamen gearbeitet werden. Letztere lassen sich über **Optionen ▸ Anzeigen ▸ Schaltflächen +/−** ein- und ausblenden.

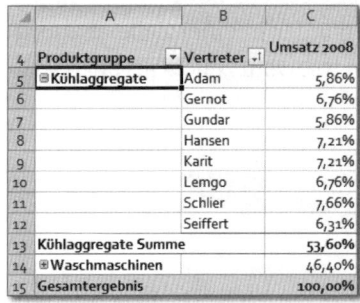

Abbildung 19.51 Ausgeblendete Einzelergebnisse für die Produktgruppe »Waschmaschinen«

19.1.13 Neue Gruppen zusammenstellen

Wenn es zu einem Feld zahlreiche Elemente gibt, ist es möglich, Untergruppen zu bilden und die Ergebnisse für diese Untergruppen berechnen zu lassen. Bei Textelementen kann das manuell geschehen, bei Zahlen- oder Datumselementen ist auch eine automatische Zusammenfassung nach bestimmten Intervallen möglich.

19.1 Datenanalyse mit Pivot-Tabellen

Wenn eine Firma z. B. mehrere Vertreter hat, muss das nicht heißen, dass sie alle gleich behandelt werden. Die Provision kann bei einigen höher sein als bei den anderen. Angenommen, Sie haben zwei verschiedene Provisionsstufen und wollen die Vertreter einer der beiden Gruppen zuordnen.

Im Folgenden wird von einer Pivot-Tabelle ausgegangen, in der nur die Vertreter als Zeilenbeschriftungsfeld erscheinen:

1 Zunächst sollten Sie, falls es nicht schon geschehen ist, den speziellen Auswahlcursor aktivieren, mit dem sich Zeilen oder Spalten bequem auswählen lassen. Wählen Sie in der Gruppe **Optionen ▸ Aktionen** über die Schaltfläche **Auswählen** die Option **Auswahl aktivieren**.

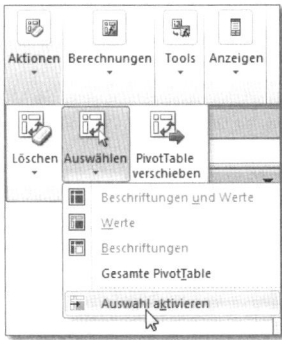

2 Wenn Sie jetzt den Mauszeiger an den linken Rand einer Vertreterzelle – nicht auf den Zeilenkopf! – führen, verwandelt er sich in einen schwarzen Pfeil. Nun genügt ein Klick, um die Zeile mit Elementnamen und Daten komplett auszuwählen.

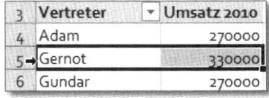

3 Um die Spalte mit den Vertretern in zwei Gruppen zu unterteilen, wählen Sie zuerst die Vertreter, die zur ersten Gruppe gehören sollen, mit der Maus aus. Die Elemente müssen nicht benachbart sein. Drücken Sie [Strg], und führen Sie einen Mausklick aus.

4 Dann benutzen Sie in der Gruppe **Optionen ▸ Gruppieren** den Befehl **Gruppenauswahl**. Excel fasst die ausgewählten Elemente zu einer Gruppe zusammen und fügt ein Feld und ein Gruppenelement jeweils mit vorläufigen Namen ein. Beide Namen können über die Bearbeitungsleiste beliebig geändert werden, wenn Sie sie vorher anklicken.

5 Wählen Sie dann die restlichen Vertreter nach derselben Methode mit der Maus aus, und klicken Sie erneut auf das Symbol **Gruppenauswahl**. Die Abbildung zeigt das Ergebnis der Gruppierung.

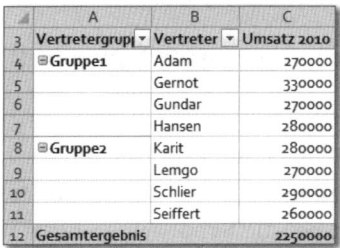

Um die Gruppen wieder aufzuheben, ziehen Sie mit dem Pfeilcursor über beide Gruppenbereiche und benutzen in der Gruppe **Optionen ▸ Gruppieren** oder über das Kontextmenü den Befehl **Gruppierung aufheben**.

19.1.14 Zahlenmaterial ordnen

An dieser Stelle soll noch auf einige andere Möglichkeiten hingewiesen werden, die auf das Vertriebsbeispiel nicht anwendbar sind. Enthält eine Spalte Zahlenelemente, können die Zahlen nach bestimmten Intervallen gruppiert werden. Als Beispiel wird eine kleine Tabelle für die Ergebnisse eines Tests verwendet. In der zweiten Spalte ist das Alter der jeweiligen Testperson eingetragen, in der dritten das Testergebnis. Sie werden vielleicht zunächst Zweifel haben, ob hier mit einer Pivot-Tabelle überhaupt etwas erreicht werden kann.

Der erste Versuch ist eher ernüchternd. Sie können eine Pivot-Tabelle erzeugen, die für die Zeilenbeschriftung das Alter und als Wertfeld das Testergebnis benutzt. Die Pivot-Tabelle liefert dann mehr oder weniger eine Kopie der Originaltabelle, abgesehen von der Summe, die am Ende erscheint. Aber damit sind die Möglichkeiten nicht erschöpft. Wenn Sie beispielsweise die Frage klären wollen, wie die durchschnittlichen Testergebnisse in einer bestimmten Altersklasse aussehen, kann die Pivot-Tabelle helfen.

Wählen Sie dazu ein beliebiges Element in der Spalte mit den Altersangaben aus, und benutzen Sie in der Gruppe **Optionen ▸ Gruppieren** den Befehl **Gruppenfeld**. Da es sich um Zahlenelemente handelt, wird ein kleines Dialogfeld angeboten, in dem Sie in diesem Fall bestimmte Altersintervalle festlegen können.

19.1 Datenanalyse mit Pivot-Tabellen

	A	B	C
1	Testperson	Alter	Testergebnis
2	1	22	5036
3	2	38	4873
4	3	46	4762
5	4	14	4683
6	5	11	4563
7	6	28	4481
8	7	44	4381
9	8	10	4284
10	9	13	4168
11	10	23	3942
12	11	31	3895
13	12	13	3745
14	13	30	3494
15	14	47	3400

Abbildung 19.52 Ausgangstabelle

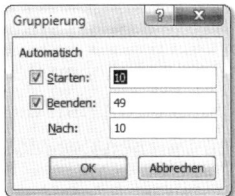

Abbildung 19.53 Wahl der Intervalle

Das Dialogfeld zeigt zunächst den niedrigsten und den höchsten vorhandenen Alterswert an und schlägt unter **Nach** ein Intervall von zehn Jahren vor. Sie können diese Werte übernehmen oder ändern. Wenn Sie mit **OK** bestätigen, wird die Pivot-Tabelle mit den Altersklassen ausgegeben.

Durchschnitt ermitteln

Nun ist es in diesem Fall allerdings nicht sehr sinnvoll, die Testergebnisse zu addieren. Es interessiert ja, wie schon erwähnt, das durchschnittliche Testergebnis pro Altersklasse. Das ist schnell geregelt:

1 Wählen Sie einen der Testwerte aus, und benutzen Sie **Optionen ▸ Aktives Feld ▸ Feldeinstellungen**.

2 Unter **Zusammenfassen mit** wählen Sie **Mittelwert**.

3 Um die vielen Nachkommastellen zu entfernen, klicken Sie noch die Schaltfläche **Zahlenformat** an und wählen ein Zahlenformat ohne Dezimalstellen.

Die nächste Tabelle zeigt das Ergebnis der Verteilung auf verschiedene Altersklassen.

Alter	Mittelwert
10-19	3638
20-29	3450
30-39	2602
40-49	3194
Gesamtergebnis	3172

Abbildung 19.54 Gruppierung nach Altersklassen

Gruppen nach Zeit oder Datum bilden

Wenn ein Feld aus Datums- oder Zeitelementen besteht, können Sie ähnlich verfahren. Das Dialogfeld bietet dann eine Gruppierung nach Tagen, Monaten, Quartalen oder Jahren an. Wird **Tage** gewählt, können mehrere Tage zu einer Gruppe zusammengefasst werden, etwa jeweils zu einer Woche.

Im Folgenden wird zunächst mit einer kleinen Liste gearbeitet, in der die täglichen Besucherzahlen einer Ausstellung über einen Monat hinweg erfasst sind. Wenn nun die Frage interessiert, wie sich die Besucherzahlen auf die verschiedenen Wochen des Monats verteilen, können Sie ähnlich verfahren wie im letzten Beispiel:

1 Sie bauen zunächst eine Pivot-Tabelle mit dem Datum als Zeilenbeschriftungsfeld und den Besucherzahlen als Wertfeld auf.

2 Dann wählen Sie ein beliebiges Datum aus und verwenden den Befehl **Optionen ▸ Gruppieren ▸ Gruppenfeld**.

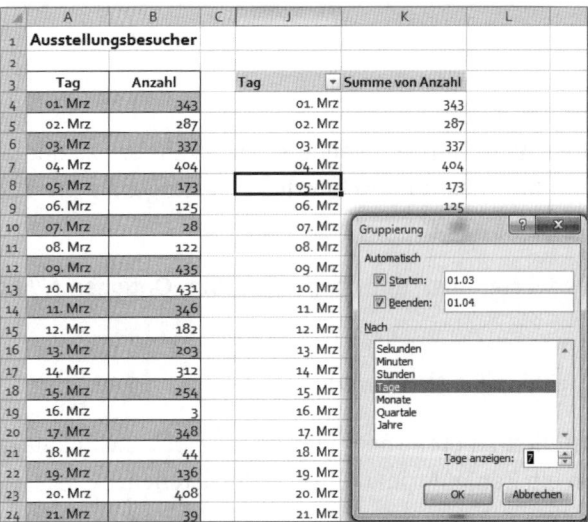

3 Unter **Nach** wählen Sie **Tage** und unter **Tage anzeigen** den Wert *7*. Mit **Starten** könnten Sie auch noch angeben, wann die erste Woche anfängt.

Tag	Besucherzahlen
01.03.2003 - 07.03.2003	1696
08.03.2003 - 14.03.2003	2032
15.03.2003 - 21.03.2003	1233
22.03.2003 - 28.03.2003	1665
29.03.2003 - 01.04.2003	948
Gesamtergebnis	**7575**

19.1.15 Berechnete Felder und Elemente in Pivot-Tabellen

Pivot-Tabellen lassen sich nicht nur zur Auswertung vorhandener Tabellen verwenden, sondern auch zum Experimentieren mit den ausgeworfenen Daten. Zwar zeigt die Pivot-Tabelle in Bezug auf die Formeln in der Quelltabelle immer nur die Ergebnisse an, nie die Formeln selbst, aber die Tabelle lässt sich durch berechnete Felder erweitern. Diese Formeln beziehen sich entweder auf ein Feld oder auf ein einzelnes Element eines Feldes.

Allerdings können die Formeln nur Bezüge auf Felder der Pivot-Tabelle selbst und konstante Werte enthalten, nicht dagegen Bezüge auf andere Zellen im Tabellenblatt. Um sich auf Elemente der Pivot-Tabelle zu beziehen, werden die Elementnamen bzw. die Feldnamen selbst verwendet.

Auf diese Weise sind z. B. Planspiele möglich, etwa um festzustellen, welche Werte bei einer Steigerung der Umsätze um 20 % für die einzelnen Elemente erreicht werden.

Berechnetes Feld einfügen

Nehmen Sie beispielsweise folgende Ausgangstabelle.

	A	B	C	D
3	Summe von 2010	Produktgruppe		
4	Vertreter	Kühlaggregate	Waschmaschinen	Gesamtergebnis
5	Adam	130000	140000	270000
6	Gernot	150000	180000	330000
7	Gundar	130000	140000	270000
8	Hansen	160000	120000	280000
9	Karit	160000	120000	280000
10	Lemgo	150000	120000	270000
11	Schlier	170000	120000	290000
12	Seiffert	140000	120000	260000
13	**Gesamtergebnis**	**1190000**	**1060000**	**2250000**

Abbildung 19.55 Die Pivot-Tabelle vor dem Einfügen eines berechneten Feldes

1 Klicken Sie das Spaltenbeschriftungsfeld **Produktgruppe** an, und wählen Sie auf dem Register **Optionen** in der Gruppe **Berechnungen** den Befehl **Felder, Elemente und Gruppen** und im Untermenü **Berechnetes Feld**.

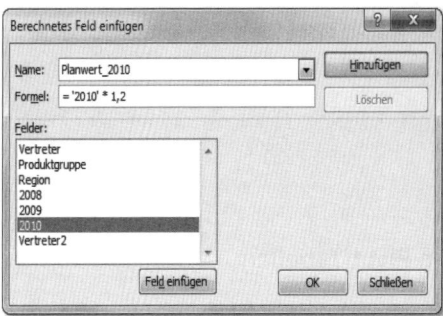

2 Im Dialogfeld sollten Sie zunächst den vorgeschlagenen Feldnamen durch einen passenden Namen ersetzen, etwa *Planwert_2010*.

3 Geben Sie im nächsten Textfeld die Formel ein. Die Formel soll sich auf das Wertfeld 2010 beziehen. Dieses Feld kann aus der Liste **Felder** ausgewählt und mit **Feld einfügen** in die Formel übernommen werden.

4 Als Planwert ist pauschal vorgesehen, die Werte von 2010 jeweils um 20 % zu übertreffen. Also wird in der Formel noch * 1,2 angehängt.

5 Sollen keine weiteren berechneten Felder definiert werden, kann das Dialogfeld mit **OK** verlassen werden, ansonsten klicken Sie die obere Schaltfläche **Hinzufügen** an und bestimmen das nächste berechnete Feld. Überflüssige berechnete Felder lassen sich mit **Löschen** entfernen, wenn sie unter **Name** ausgewählt sind.

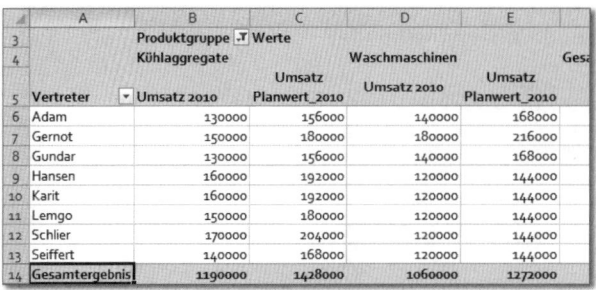

6 In der Tabelle werden für das neue Feld jeweils zusätzliche Spalten mit den Planwerten für die einzelnen Werte eingefügt.

Wenn Sie berechnete Felder zu einer Pivot-Tabelle hinzufügen, erscheinen diese auch in der Feldliste im Aufgabenbereich.

Formeln für einzelne Elemente

In diesem Fall berechnet die oben benutzte Feldformel Planwerte für alle Werte, die zu dem Feld **Produktgruppe** gehören. Es ist aber auch möglich, Formeln zu verwenden, die nur Werte für ein bestimmtes Element liefern. Soll beispielsweise nur bei den Waschmaschinen berechnet werden, wie sich der Umsatz prozentual zu dem der Kühlaggregate verhält, gilt folgende Vorgehensweise:

1 Klicken Sie auf den Elementnamen **Waschmaschinen**, und benutzen Sie im Menü der Schaltfläche **Optionen ▸ Berechnungen ▸ Felder, Elemente und Gruppen** diesmal den Befehl **Berechnetes Element**.

2 Geben Sie einen Namen für das neue Feld ein, z. B. *WM/KA*.

3 Im Feld **Formel** können Sie die Elementnamen **Waschmaschinen** und **Kühlaggregate** aus der Liste **Elemente** per Doppelklick übernehmen und dazwischen das Divisionszeichen setzen.

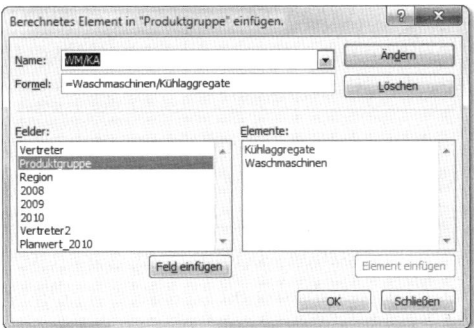

4 Die Tabelle liefert eine zusätzliche Spalte neben der Spalte für die Waschmaschinenumsätze. Am besten formatieren Sie die neue Spalte noch mit einem Prozentformat.

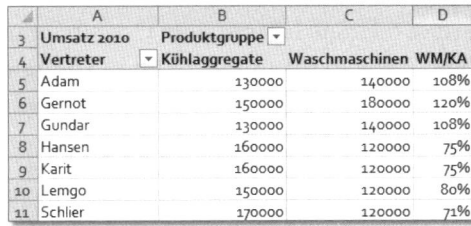

Wurden vorher bereits Pivot-Tabellen aus derselben Quelle in der Arbeitsmappe angelegt, erscheinen die berechneten Elemente unter Umständen auch in den früheren Tabellen. Um sie auszublenden, muss dann ein entsprechender Filter gesetzt werden.

Lösungsreihenfolge festlegen

Es kann vorkommen, dass verschiedene Formeln Auswirkungen auf die Werte in einer Zelle der Pivot-Tabelle haben. In diesem Fall kann über den Befehl **Optionen ▶ Berechnungen ▶ Felder, Elemente und Gruppen ▶ Lösungsreihenfolge** bestimmt werden, welche dieser Formeln den Wert der Zelle bestimmen soll. Im Dialogfeld lässt sich die Priorität der markierten Formeln mit den Schaltflächen **Nach Oben** oder **Nach Unten** entsprechend ändern. Die letzte Formel in der Reihe bestimmt jeweils den aktuellen Wert der Zelle.

Da die Formeln nicht direkt in der Tabelle oder in der Bearbeitungsleiste dokumentiert werden, ist auch im Menü zu **Felder, Elemente und Gruppen** noch ein Befehl enthalten, der die Formeln in einem separaten Blatt auflistet.

19.1.16 Pivot-Tabellen formatieren

Die Möglichkeiten, Pivot-Tabellen zu formatieren, wurden bereits mit der Version Excel 2007 wesentlich verbessert. Dabei helfen insbesondere die vorgegebenen PivotTable-Formate, die den Formaten für Tabellen weitgehend entsprechen.

Die Festlegung des Zahlenformats ist oben schon angesprochen worden. Alle weiteren Möglichkeiten für die Zellformatierung – Schrift, Hintergrund, Rahmen etc. – stehen auch für die Pivot-Tabelle zur Verfügung. Häufig besteht Interesse, bestimmte Datengruppen z. B. durch unterschiedliche Hintergrundfarben voneinander abzuheben. In Excel 2010 ist gewährleistet, dass eine solche Farbzuordnung nicht verloren geht, wenn die Daten umgruppiert werden.

Schnelle Markierung von Datengruppen

Um die Daten für eine eventuelle Formatierung oder auch für andere Operationen wie Kopieren etc. leichter markieren zu können, stellt Excel in der Gruppe **Optionen ▶ Aktionen** über die Schaltfläche **Auswählen** Befehle zur Verfügung, die verwendet werden können, um bestimmte Teile oder die gesamte Pivot-Tabelle auszuwählen.

Die ersten drei Optionen lassen sich erst verwenden, wenn zunächst die **Gesamte PivotTable** ausgewählt oder mit **Auswahl aktivieren** der oben schon verwendete Auswahlcursor benutzt wurde, um einzelne Elemente zu markieren.

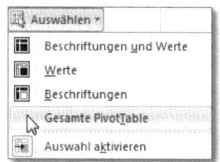

Abbildung 19.56 Befehle zum Markieren

Die Auswahl **Werte** markiert dann jeweils alle Daten aus dem Wertebereich einschließlich der vorhandenen Auswertungen. Separat können auch die Beschriftungen markiert werden, etwa um andere Schriften zuzuordnen.

Der angesprochene Auswahlcursor vereinfacht die Auswahl von Elementgruppen. Um beispielsweise alle Daten für die Region Nord zu markieren, klicken Sie in der Spalte *Region* mit dem schwarzen Pfeil den linken Rand der Bezeichnung *Nord* an. Alle Zellen für Nord werden markiert. Nun können Sie mithilfe der Markierungssymbole für die aktuelle Auswahl bestimmen, ob nur die Werte oder die Beschriftungen oder beide markiert werden sollen.

Farben für zusammengehörige Daten

Sind beispielsweise die Werte der Region *Nord* markiert, lässt sich dafür ganz einfach eine Hintergrundfarbe vergeben. Ein Klick auf das Symbol **Füllfarbe** in der Gruppe **Start ▸ Schriftart**, und die Auswahl einer entsprechenden Farbe genügt.

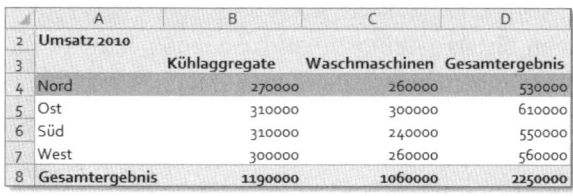

Abbildung 19.57 Werte der Region Nord mit einer einheitlichen Füllfarbe als Hintergrund

Wird nun nachträglich das Layout der Tabelle geändert, z. B. indem das Feld **Region** als Spaltenbeschriftungsfeld verwendet wird, bleibt die zugeordnete Füllfarbe trotzdem für die Werte im Gebiet Nord erhalten.

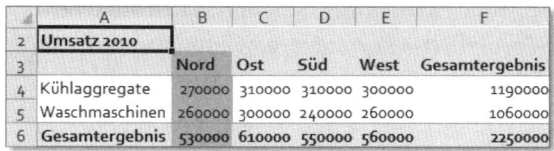

Abbildung 19.58 Das Format wandert mit.

Bedingte Formate in Pivot-Tabellen

Die in der Version Excel 2010 so praktischen Möglichkeiten der bedingten Formatierung lassen sich sehr effektiv auch in Pivot-Tabellen einsetzen. Die folgende Abbildung zeigt eine Tabelle mit Datenbalken. Wird ein solches Format einer Zellauswahl in einer Pivot-Tabelle zugewiesen, erscheint am Ende des Bereichs die Schaltfläche **Formatierungsoptionen**, die gezielte Zuweisungen auf bestimmte Werte in der Pivot-Tabelle erlaubt.

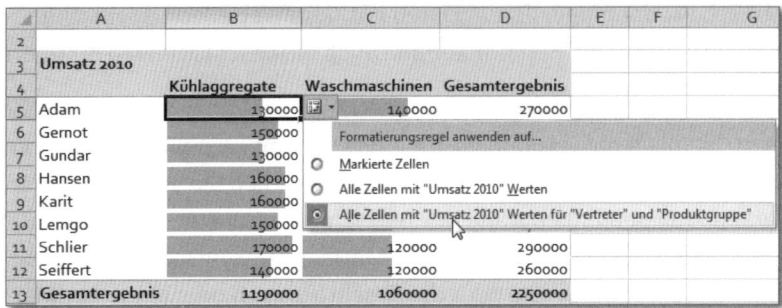

Abbildung 19.59 Pivot-Tabelle mit bedingten Formaten

Statt vorab alle betreffenden Zellen zu markieren, könnte das Format zunächst auch nur einer Zelle zugewiesen werden. Bei der zweiten Option würde auch das Gesamtergebnis mit formatiert, bei der dritten nur die Einzelwerte der Vertreter in den betreffenden Spalten.

PivotTable-Formate

Häufig bietet es sich bei Pivot-Tabellen an, sie als geschlossenen Tabellenblock zu formatieren. Dazu kann eine der Formatvorlagen benutzt werden, die auf dem Register **Entwurf** in der Gruppe **PivotTable-Formate** angeboten werden. Einfluss auf das konkrete Aussehen dieser Formate haben die Optionen, die in der Nachbargruppe **Entwurf ▸ Optionen für PivotTable-Formate** enthalten sind.

Wird dort beispielsweise **Verbundene Zeilen** aktiviert, werden die Zeilen jeweils paarweise formatiert, sodass je nach Formatvorlage wechselnde Zellhintergründe verwendet werden. Für die Option **Verbundene Spalten** gilt Entsprechendes. Die in der Formatpalette angebotenen Muster hängen also von den hier gewählten Optionen ab.

Wurde eine Zelle in der Pivot-Tabelle ausgewählt, kann mit einem Mausklick auf eines der Formatmuster aus der Palette **PivotTable-Formate** das Format zugewiesen werden. Soll es gelöscht werden, genügt ein Klick auf die Schaltfläche **Löschen** in der Vorlagen-Palette.

19.1 Datenanalyse mit Pivot-Tabellen

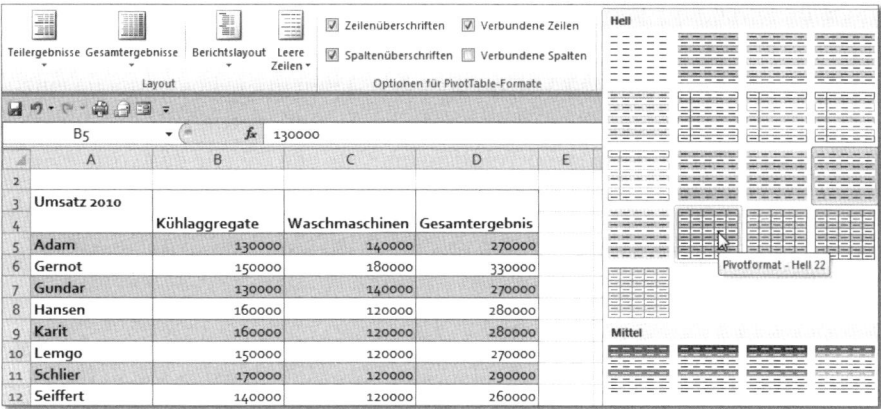

Abbildung 19.60 Zuweisen eines PivotTable-Formats

Sollen eigene Vorlagen für Pivot-Tabellen gestaltet werden, öffnen Sie den Dialog über den Palettenbefehl **Neue PivotTable-Formatvorlage**. Dort können dann die einzelnen Tabellenelemente ausgewählt und über die Schaltfläche **Format** die gewünschten Formate zugewiesen werden. Die eigenen Formate tauchen anschließend in der Formatpalette in einem eigenen Block auf.

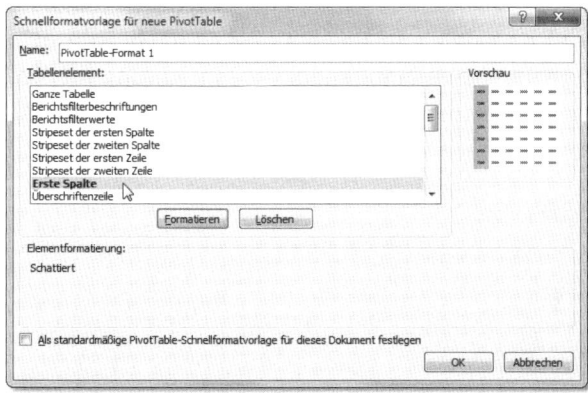

Abbildung 19.61 Entwurf eigener PivotTable-Formate

19.1.17 Ändern der Datenquelle, Verschieben, Löschen

Möglicherweise stellt sich nach dem Aufbau einer komplexen Auswertung in Form einer Pivot-Tabelle heraus, dass auch andere Datenquellen nach diesem Schema analysiert werden können. In solchen Fällen ist es möglich, die Datenquelle nachträglich zu ändern. Benutzen Sie dazu in der Gruppe **Optionen ▸ Daten** die Schaltfläche **Datenquelle**

ändern, und wählen Sie im Dialog die neue Datenquelle aus. Enthält die neue Datenquelle zusätzliche Felder, werden diese in die Feldliste übernommen und können dann dort ausgewählt werden, um auch die entsprechenden Daten in die Pivot-Tabelle einzubinden. Enthält die neue Datenquelle dagegen weniger Felder, werden die in der neuen Quelle nicht vorhandenen Felder aus der Feldliste und aus der Tabelle entfernt.

Soll eine Pivot-Tabelle nur verschoben werden, benutzen Sie in der Gruppe **Optionen ▸ Aktionen** die Schaltfläche **PivotTable verschieben** und geben im Dialog die gewünschte Platzierung an.

Das Löschen des Inhalts einer kompletten Pivot-Tabelle ist sehr einfach. Wenn der Zellzeiger innerhalb der Pivot-Tabelle steht, benutzen Sie zunächst **Optionen ▸ Aktionen ▸ Auswählen ▸ Gesamte PivotTable**. Anschließend genügt der Befehl **Optionen ▸ Aktionen ▸ Löschen**.

19.1.18 Pivot-Tabelle aus externen Daten

Die Anwendungsmöglichkeiten für Pivot-Tabellen und -Diagramme gehen weit über die Auswertung von Daten hinaus, die in Arbeitsmappen abgelegt sind. Der Dialog **PivotTable erstellen** bietet als zweite Option für die Angabe der zu analysierenden Daten **Externe Datenquelle verwenden**. Um die Datenquelle anzugeben, öffnet die Schaltfläche **Verbindung auswählen** den Dialog **Vorhandene Verbindungen**. Die Einrichtung von Verbindungen, die für eine pivotierende Auswertung geeignet sind, etwa der Zugriff auf eine SQL-Datenbank, wird im nächsten Kapitel noch beschrieben.

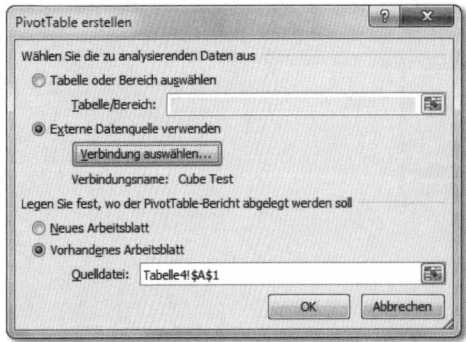

Abbildung 19.62 Erstellen einer Pivot-Tabelle aus externen Daten

Ist eine der vorhandenen Verbindungen ausgewählt, müssen bei Datenquellen auf einem Server unter Umständen noch die Zugangsdaten eingegeben werden.

19.2 Dynamische Diagramme aus Pivot-Tabellen

Schon seit Excel 2002 haben Sie auch bei den Pivot-Diagrammen die interaktiven Möglichkeiten, Daten neu zusammenzufassen oder zu gruppieren. Wer zusätzlich zur Pivot-Tabelle noch ein Pivot-Diagramm sehen will, muss in der Gruppe **Einfügen ▸ Tabellen** die zweite Option der Schaltfläche **PivotTable** verwenden, die Option **PivotChart**.

Abbildung 19.63 Dialog für PivotChart

Der aufgerufene Dialog **PivotTable mit PivotChart erstellen** entspricht zunächst dem, der auch für die Erstellung einer Pivot-Tabelle angeboten wird. Wenn Sie den Dialog quittieren, wird aber nicht nur eine noch leere Pivot-Tabelle angelegt, sondern zugleich ein damit verknüpfter Diagrammbereich.

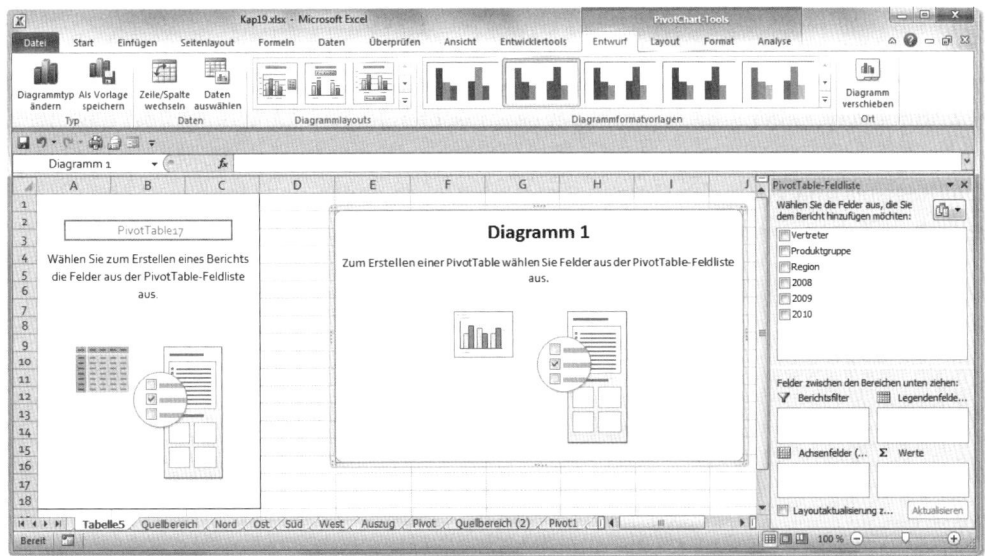

Abbildung 19.64 Bereiche für PivotTable und PivotChart und zugehörige Tools

19 Pivot-Tabellen und -Diagramme

Um festzulegen, welche Daten in Tabelle und Diagramm ausgewertet werden, benutzen Sie wie sonst auch den Aufgabenbereich **PivotTable-Feldliste**. Allerdings sind die Zuordnungsoptionen im Kontextmenü eines Feldes oder im Abschnitt für Bereiche nun anders benannt. Anstelle des Bereichs **Zeilenbeschriftungen** wird der Bereich **Achsenfelder (Rubriken)** angeboten, anstelle des Bereichs **Spaltenbeschriftungen** der Bereich **Legendenfelder (Reihen)**.

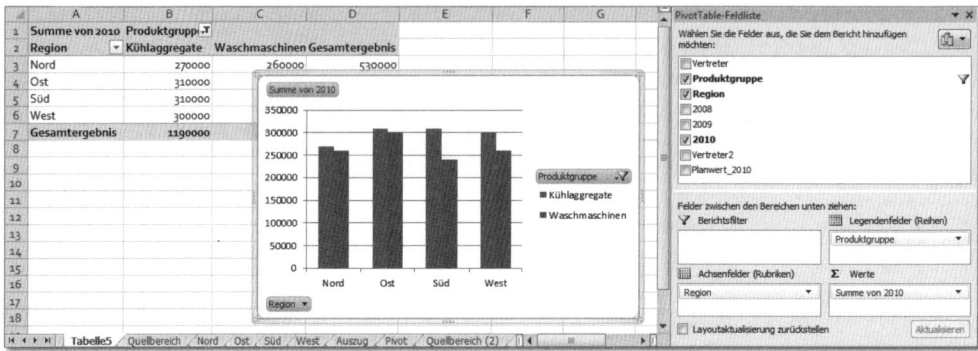

Abbildung 19.65 Ein noch leeres Pivot-Diagramm und das Fenster mit den Feldschaltflächen

Um die Vertriebstabelle als Diagramm auszuwerten, kann beispielsweise das Feld **Produktgruppe** als Legendenfeld verwendet werden, die Region als Achsenfeld. Die Umsatzfelder bleiben dem Wertebereich zugeordnet. Um die Handhabung zu vereinfachen, werden im Diagramm noch Filterschaltflächen eingeblendet, über deren Listenfelder Elemente aus dem Diagramm herausgenommen werden können, etwa eine bestimmte Produktgruppe.

Über diese Filterschaltflächen können insbesondere auch Berichtsfilter für das Diagramm genutzt werden. In der folgenden Abbildung ist beispielsweise das Feld **Region** als Berichtsfilter vorgesehen. Die Auswahl der gewünschten Region kann dann über das Menü zu der Filterschaltfläche **Region** erfolgen. Falls diese nicht sichtbar ist, benutzen Sie auf dem Register **Analyse** in der Gruppe **Einblenden/Ausblenden** das Menü der Schaltfläche **Feldschaltflächen**. Die Feldschaltflächen lassen sich einzeln aus- und einblenden.

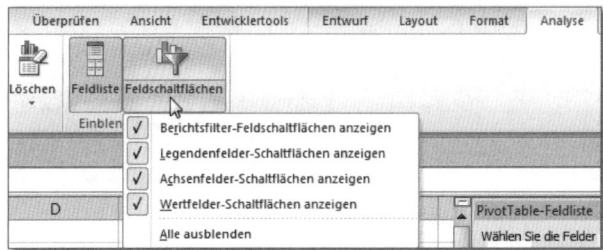

Abbildung 19.66 Menü zu den Feldschaltflächen im Diagramm

19.2 Dynamische Diagramme aus Pivot-Tabellen

Das Ergebnis ist als Vorgabe ein Säulendiagramm, in dem die Gesamtumsätze pro Region nach Produktgruppe unterschieden werden. Das Diagramm entspricht der Tabelle, die automatisch mit erstellt wird.

Durch Ziehen der Felder zwischen den Bereichen im Aufgabenbereich lässt sich das Diagramm beliebig umbauen, wobei die mit dem Diagramm verknüpfte Tabelle automatisch angepasst wird. So kann beispielsweise das Feld **Region** in den Bereich **Berichtsfilter** gezogen und das Feld **Vertreter** kann dann als Achsenfeld genutzt werden, sodass die Säulen für die Vertreter separat angezeigt werden.

Mithilfe der Optionen in den Gruppen auf dem Register **Entwurf** lässt sich das Diagramm in der üblichen Weise bearbeiten, wenn es im Arbeitsblatt ausgewählt ist. Der Wechsel des Diagrammtyps oder die Zuordnung einer Diagrammformatvorlage erfolgt genauso, wie es für Diagramme überhaupt in Kapitel 8, »Daten grafisch präsentieren«, beschrieben ist. Über **Entwurf ▸ Ort ▸ Diagramm verschieben** kann das Diagramm noch nachträglich auf ein eigenes Diagrammblatt verschoben oder umgekehrt ein Diagramm auf einem Diagrammblatt wieder in ein Tabellenblatt integriert werden.

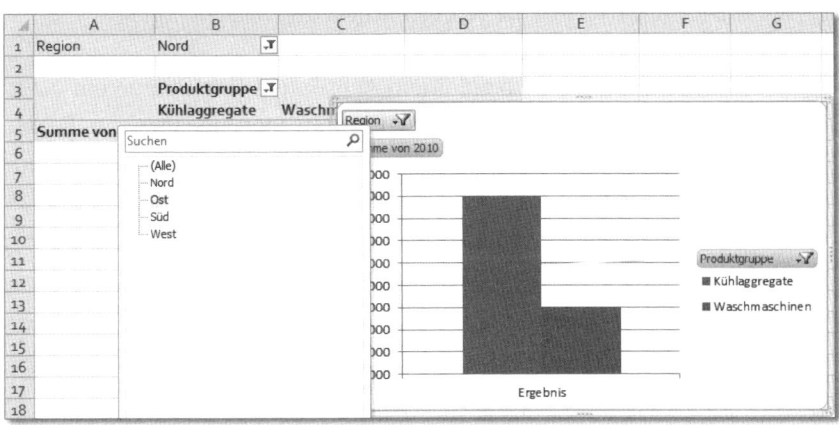

Abbildung 19.67 Diagramm mit Daten für eine ausgewählte Region

Diagramme nachträglich erstellen

Ein Pivot-Diagramm kann für eine bereits existierende Pivot-Tabelle auch nachträglich erstellt werden:

1 Wählen Sie dazu zunächst eine Zelle in der Pivot-Tabelle aus.

2 Benutzen Sie in der Gruppe **Optionen ▸ Tools** die Schaltfläche **PivotChart**, die den Dialog **Diagramm einfügen** öffnet.

3 Klicken Sie doppelt auf das Symbol für den gewünschten Diagrammtyp.

4 Excel erstellt ein Diagramm mit einer vorgegebenen Zuordnung von Spalten und Zeilen zu den Legenden- und Achsenfeldern, die jederzeit wieder geändert werden kann.

PivotChart-Tools

Anders als bei den Pivot-Tabellen bietet Excel bei ausgewählten PivotCharts unter **PivotChart-Tools** gleich vier Register an. Die ersten drei, **Entwurf**, **Layout** und **Format**, entsprechen den Registern, die auch unter **Diagrammtools** erscheinen; zusätzlich finden Sie hier noch das Register **Analyse**.

Abbildung 19.68 Diagramm mit den Daten für die Vertreter in der ausgewählten Region

In der Gruppe **Aktives Feld** lassen sich etwa zu einem Achsenfeld Detaildaten ein- oder ausblenden. Die Auswahl findet in einem kleinen Dialog statt, der die einzelnen Felder anbietet. Die Schaltfläche **Löschen** in der Gruppe **Daten** wird verwendet, um das komplette Diagramm und die Pivot-Tabelle oder einzelne Filter zu löschen. Wurde beispielsweise für die Achse anstelle aller Vertreter nur eine Gruppe von drei Vertretern ausgewählt, kann dieser Filter mit **Filter löschen** wieder entfernt werden.

Datenschnitte im Pivot-Diagramm

Die oben beschriebenen Datenschnitte lassen sich auch für Pivot-Diagramme nutzen. Wenn ein Pivot-Diagramm ausgewählt ist, wird auf dem Register **Analyse** unter **Daten** die Schaltfläche **Datenschnitt einfügen** angeboten. Das Verfahren entspricht dem der Datenschnitte für Pivot-Tabellen, das oben beschrieben wurde.

Ist beispielsweise eine Datenschnitt-Komponente für die Produktgruppe eingerichtet, zeigt das abgebildete Diagramm jeweils die Umsatzdaten für das ausgewählte Produkt. Das ist jedenfalls bequemer, als jedes Mal die Filterschaltfläche des Feldes **Produkt** im Diagramm zu öffnen und die gewünschten Produkte dort abzuhaken.

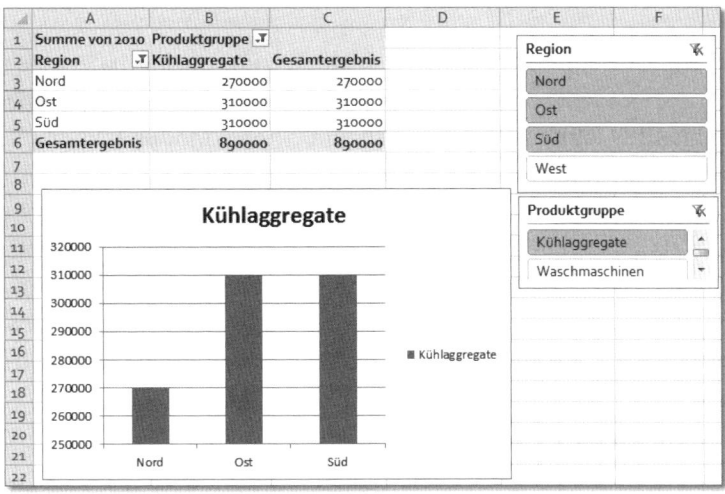

Abbildung 19.69 Diagramm mit Datenschnitt

19.3 PowerPivot

Obwohl Excel 2010 bereits Tabellen mit einer Million Zeilen bewältigen kann, gibt es doch gerade im Bereich der Datenanalyse Situationen, in denen noch größere Datenmengen ausgewertet werden müssen. Dafür stellt Microsoft nun für die Version Excel 2010 ein kostenloses Add-In zur Verfügung. PowerPivot ist eine mächtige Komponente für Geschäftsanalysen, die die Möglichkeiten der integrierten PivotTable-Funktion beträchtlich erweitert. Wenn der Hauptspeicher groß genug ist, lassen sich damit auch hundert Millionen Zeilen meistern. Die Erweiterung betrifft gleichzeitig die möglichen Datenquellen. Die Komponente kann Daten aus fast allen am Markt relevanten Datenbanksystemen verarbeiten, darüber hinaus aber auch Daten aus dem Web in Form von Data Feeds (unterstützt wird das Atom-Format), aus Textdateien oder vorhandenen Excel-Tabellen. Dabei lassen sich für eine PowerPivot-Anwendung Tabellen unterschiedlicher Herkunft kombinieren, wobei die Verknüpfung über Schlüsselfelder hergestellt wird.

Sie haben also die Möglichkeit, Daten aus verschiedenen Quellen zu Datenmodellen zu bündeln. Eine Produkttabelle mag von einem SQL-Server stammen, eine Kundenliste aus einer Access-Datenbank und eine Liste von Verkäufen aus einer Excel-Tabelle.

Die im PowerPivot-Fenster aufbereiteten Daten werden anschließend den Pivot-Funktionen von Excel 2010 als Ausgangsmaterial für die vorgesehenen Auswertungen übergeben. Die so gewonnenen Analysen können anschließend beispielsweise über die SharePoint-Dienste veröffentlicht werden.

Analysis Services Engine

Im Kern erweitert PowerPivot Excel um die Analysis Services Engine, die normalerweise Teil des Microsoft SQL Servers ist, allerdings in einer abgewandelten Variante, die mit einem speziellen Speichermodus namens VertiPaq arbeitet. Dieser Modus erlaubt es, mit speicherinternen Datenbankstrukturen zu arbeiten, die spaltenorientiert sind, also anders als die normalerweise zeilenorientierten Datenbankstrukturen der Datenbank-Server. Um auch mit einem Hauptspeicher von 2 GB große Datenmengen verarbeiten zu können, wird dabei mit starken Komprimierungsverfahren gearbeitet, die die Datenmenge etwa 10 zu 1 herunterdrücken. Die Datenbank wird beim Speichern der Arbeitsmappe in dem Ordner *customData* in Form einer Datei mit dem Datentyp *.data* abgelegt, wie die folgende Abbildung zeigt. Das wird sichtbar, wenn Sie für die Excel-Datei die Dateierweiterung durch *.zip* ersetzen und das Paket auspacken.

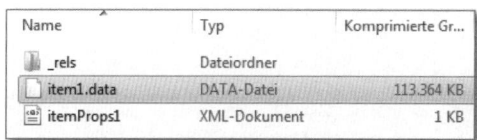

Abbildung 19.70 Datenbank in der Arbeitsmappe

Installation des Add-Ins

Das Add-In wird als *.DLL* von Excel gehostet. Es wird in separaten Versionen für die 32-Bit- und die 64-Bit-Version von Excel 2010 angeboten. Über *www.powerpivot.com* stehen neben den entsprechenden Downloads auch zahlreiche Infos und Videos zu PowerPivot zur Verfügung. Das Add-In benötigt mindestens 2 GB Hauptspeicher. Außerdem muss das .NET Framework 3.5 SP1 installiert sein, was aber bei Windows 7 bereits vorgegeben ist. Wenn PowerPivot installiert ist, steht in Excel 2010 eine zusätzliche Registerkarte **PowerPivot** zur Verfügung.

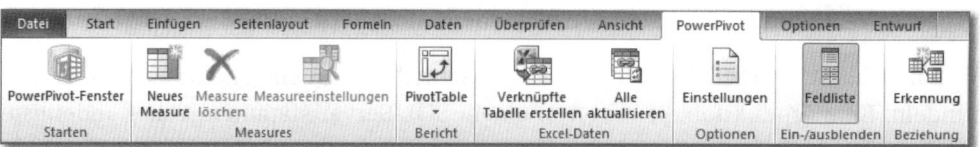

Abbildung 19.71 Die Registerkarte »PowerPivot«

Über **Datei ▸ Optionen ▸ Add-Ins** kann die Komponente, nachdem sie installiert ist, unter **Verwalten: COM-Add-Ins** aktiviert oder deaktiviert werden.

19.3 PowerPivot

Datenaufbereitung

Die Arbeit mit PowerPivot startet in der Regel mit dem Import der für die Analyse vorgesehenen Daten. Dies wird durch einen speziellen Assistenten unterstützt. Sie verwenden dazu auf dem Register **PowerPivot** die Schaltfläche **PowerPivot-Fenster**, die ein eigenes Fenster für die Datenaufbereitung mit speziellen Registern öffnet. Dort benutzen Sie beispielsweise über **Home ▸ Externe Daten abrufen ▸ Aus Datenbank** die Option **Aus SQL Server**, um Tabellen von einem Microsoft SQL Server zu übernehmen.

Abbildung 19.72 Abrufen von Daten eines SQL Servers

Der schon angesprochene Assistent fragt zunächst die Verbindungsdaten für die Datenquelle ab.

Abbildung 19.73 Angabe der Verbindungsdaten

Kommt die Verbindung zustande, wird angeboten, die Tabellen oder Views aus der verbundenen Datenbank auszuwählen. Um die Datenmenge weiter zu reduzieren, die in die Pivotierung einfließen soll, benutzen Sie die Schaltfläche **Vorschau & Filter**. Die Tabelle wird in dieser Vorschau mit Filterschaltflächen angezeigt, die – wie bei den Excel-Tabellen beschrieben – zur Einschränkung der Datenmenge verwendet werden. Dies kann für jede Spalte einzeln erfolgen, bis genau die Daten bestimmt sind, die für die geplante Auswertung nötig sind.

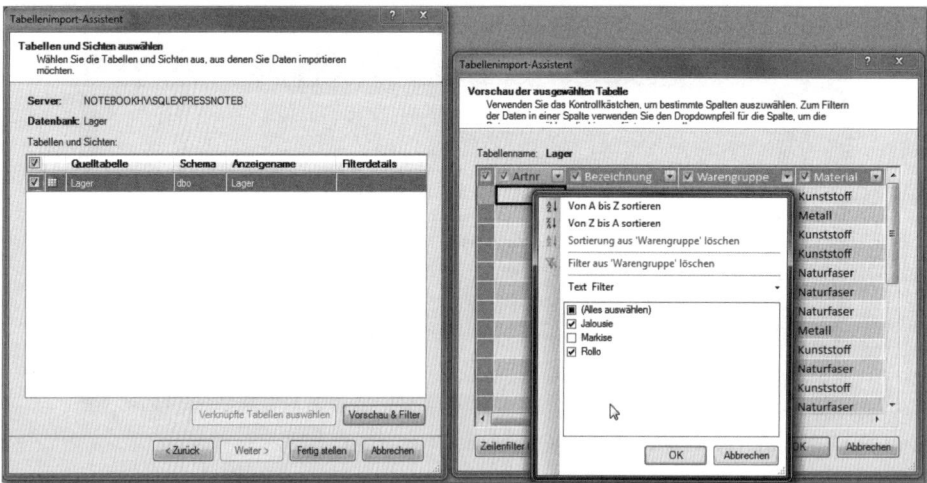

Abbildung 19.74 Auswahl der Tabellen und Sichten

Die Schaltfläche **Fertig stellen** startet schließlich den Import der Daten in das Power-Pivot-Fenster. Der Erfolg des Imports und insbesondere der Umfang der übernommenen Daten werden angezeigt.

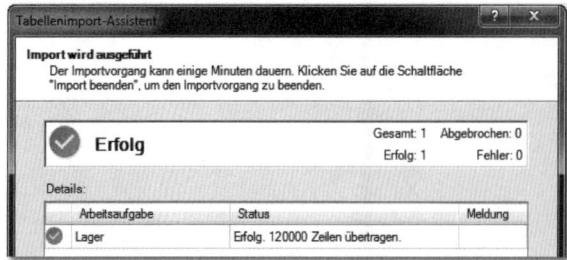

Abbildung 19.75 Ergebnismeldung beim Import

Für jede Tabelle, die importiert wird, erscheint ein eigenes Blatt im Power-Pivot-Fenster. Über das Register **Home** werden dabei Schaltflächen angeboten, um die Spalten anders zu formatieren oder die Daten weiter zu filtern oder zu sortieren.

19.3 PowerPivot

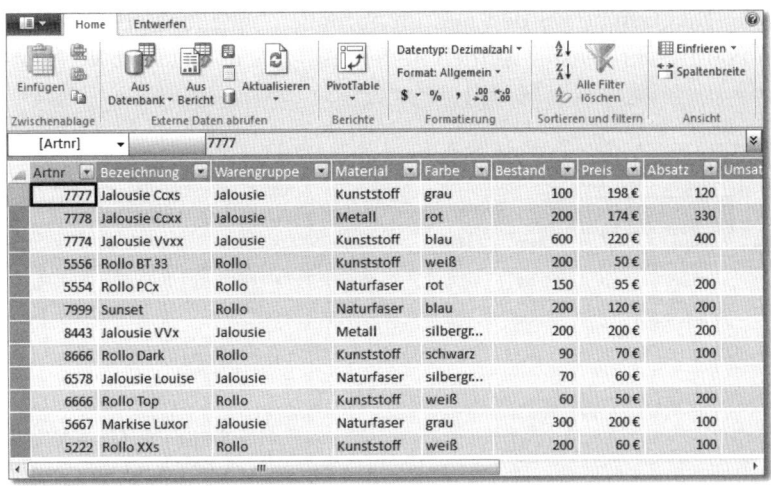

Abbildung 19.76 Blatt mit Tabelle

Das Fenster hat auch links neben dem Register **Home** ein Register mit Datei-Befehlen, um die Arbeitsmappe zu speichern oder zu veröffentlichen.

Abbildung 19.77 Register mit Datei-Befehlen

Sind die Daten im Fenster wunschgemäß aufbereitet, können Sie die Optionen in dem Menü der Schaltfläche **PivotTable** benutzen, um die Daten an die Funktionen **PivotTable** oder **PivotChart** von Excel 2010 zu übergeben.

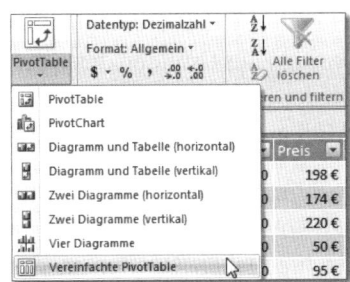

Abbildung 19.78 Start des Pivotierens

Die Pivot-Tabellen oder Diagramme werden nun im normalen Tabellenblatt angelegt, die Spalten aus dem PowerPivot-Fenster werden in dem Aufgabenbereich **PowerPivot-Feldliste** angeboten.

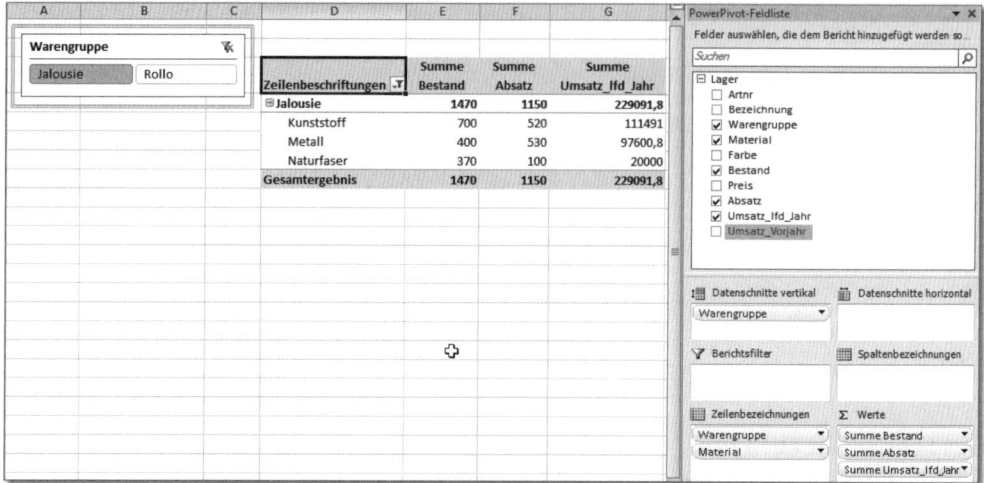

Abbildung 19.79 PowerPivot-Tabelle in Excel 2010

Die Menüs zu den einzelnen Feldern sind in diesem Fall um Befehle erweitert, mit denen auch gleich Datenschnitte angelegt werden können, was sehr praktisch ist. Außerdem ist ein Suchfeld hinzugefügt, um Felder in Tabellen mit sehr vielen Spalten schneller auswählen zu können.

Auswertung von verbundenen Tabellen

Die Power der Komponente zeigt sich nicht allein darin, dass Tabellen mit Millionen von Zeilen ausgewertet werden, sondern insbesondere bei der Analyse von verbundenen Tabellen aus unterschiedlichen Quellen. Wenn Sie erste Erfahrungen damit sammeln wollen, sollten Sie die Beispieldateien installieren, die über die Seite *powerpivotsampledata.codeplex.com* angeboten werden. Die folgenden Abbildungen basieren auf dem *PowerPivotTutorialSample* aus diesem Paket. Die Tabellen wurden aus Gründen der Übersichtlichkeit allerdings auf drei reduziert. In der Statuszeile der folgenden Abbildung ist immerhin zu sehen, dass die ausgewählte Tabelle fast vier Millionen Datensätze enthält.

Solange Sie mehrere Tabellen von einem SQL Server übernehmen, werden die Verknüpfungen zwischen diesen Tabellen in der Regel automatisch von PowerPivot registriert und übernommen. Sind dagegen Daten aus ganz unterschiedlichen Quellen in das PowerPivot-Fenster eingelesen, müssen eventuelle Beziehungen zwischen diesen Tabellen manuell eingerichtet werden.

19.3 PowerPivot

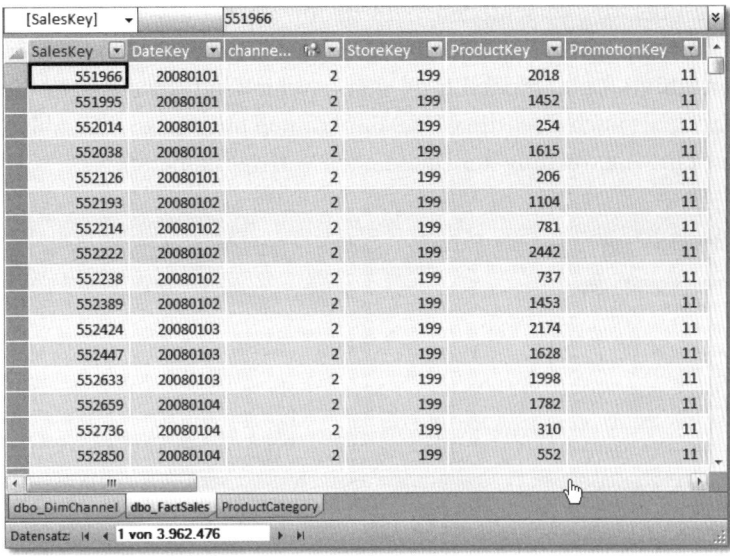

Abbildung 19.80 PowerPivot-Anwendung mit mehreren Tabellen

Dies geschieht im PowerPivot-Fenster auf dem Register **Entwerfen** über **Beziehungen** ▸ **Beziehungen erstellen** oder **Beziehungen verwalten**. Um eine einzelne Beziehung zu erstellen, wird im Dialog zunächst die übergeordnete Tabelle angegeben, dann unter **Verknüpfte Suchtabelle** die untergeordnete Tabelle. Die maßgeblichen Spalten lassen sich dann über die angebotenen Listenfelder auswählen.

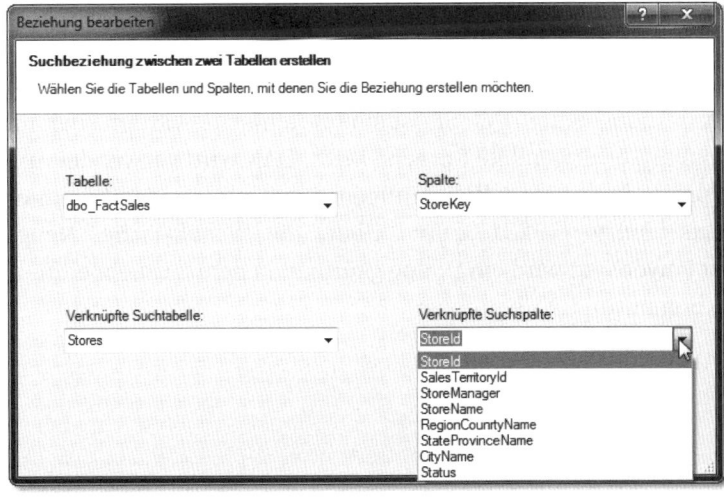

Abbildung 19.81 Verknüpfungen zwischen Tabellen über Suchspalten

Damit Sie den Überblick über die verschiedenen Beziehungen behalten, wird über **Beziehungen verwalten** noch ein Dialog mit allen Beziehungen angeboten. Das aus den Datenquellen zusammengefügte Datenmodell lässt sich anschießend sowohl über die Pivot-Funktionen von Excel, als auch über die CUBE-Funktionen auswerten. Die Abbildung zeigt beispielsweise eine Auswertung der Daten nach Vertriebskanälen.

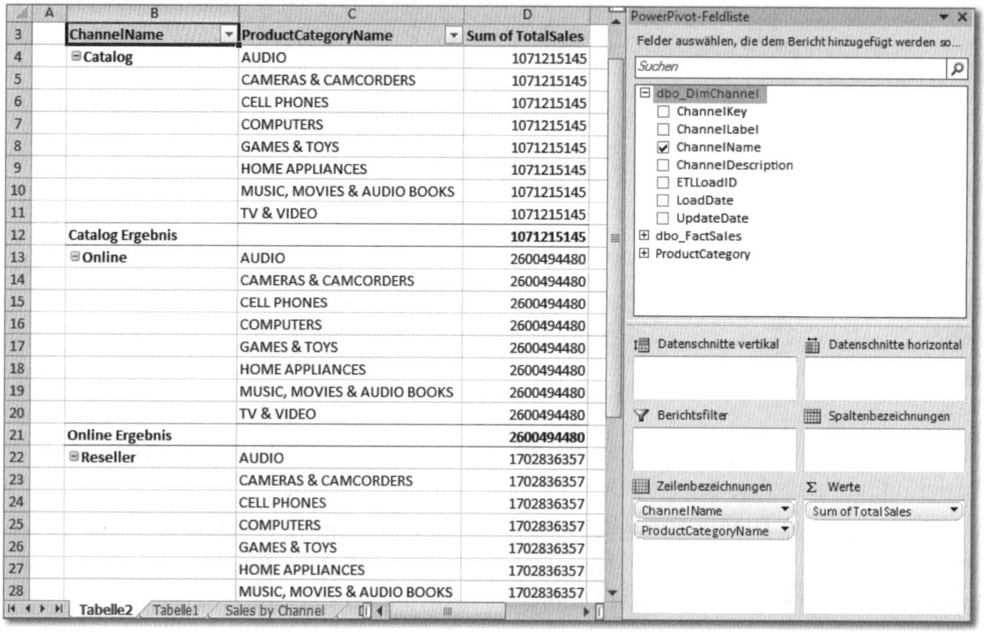

Abbildung 19.82 PowerPivot-Auswertung der verbundenen Tabellen

Für komplexe Berechnungen steht außerdem eine neue Ausdruckssprache zur Verfügung, die *Data Analysis Expressions* – kurz DAX. Sie ist eine vereinfachte Variante der auf dem Server für die Datenanalyse verwendete Sprache MDX. DAX wird verwendet, um zusätzliche berechnete Spalten in das Modell einzufügen. Die Syntax finden Sie unter *technet.microsoft.com/de-de/library/ff452213.aspx*. Über die Schaltfläche **Neues Measure** auf dem Register **PowerPivot** wird ein Dialog geöffnet, in dem Formeln editiert werden können, die Funktionen von DAX benutzen.

19.3 PowerPivot

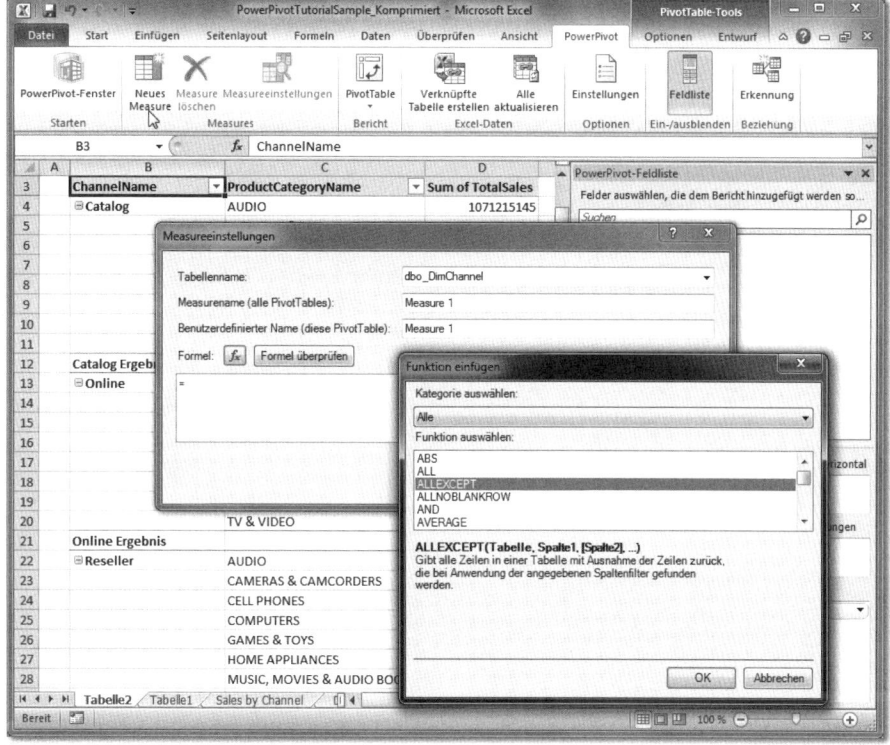

Abbildung 19.83 Eingabe von DAX-Abfragen

Kompatibilität

Eine PowerPivot-Arbeitsmappe kann notfalls auch in Excel 2007 geöffnet werden, allerdings lassen sich die Pivot-Funktionen darin nicht interaktiv nutzen. Die zugrunde liegenden Daten können auch nicht geändert werden.

20 Arbeit mit externen Daten

Excel 2010 bietet Ihnen für den Zugriff auf externe Datenbestände zahlreiche Wege an. Eine Möglichkeit ist die Datenübernahme aus externen Datenbanken, sei es lokal oder über ein firmeninternes Netz. Datenbestände können entweder vollständig aus bestimmten Datenquellen importiert oder vor der Übernahme durch Abfragekriterien gefiltert werden. Dies ist häufig sinnvoll, um die Datenmengen auf das zu reduzieren, was für die gewünschte Auswertung tatsächlich benötigt wird.

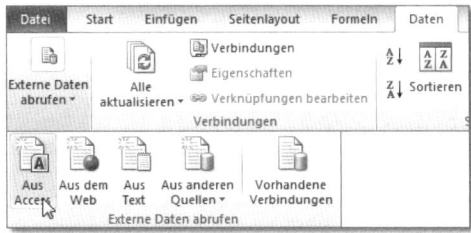

Abbildung 20.1 Werkzeuge für den Zugriff auf externe Daten

Auf dem Register **Daten** stellt Excel 2010 eine Gruppe **Externe Daten abrufen** zur Verfügung, die Schaltflächen für die Übernahme von Daten aus Access, aus dem Internet, aus Textdateien und aus anderen Quellen einblendet. Letztere öffnet das abgebildete Menü.

Abbildung 20.2 Weitere Datenquellen

Wurden schon Verbindungen definiert, lassen sie sich über die Schaltfläche **Vorhandene Verbindungen** erneut aufrufen. Dazu finden Sie in der Gruppe **Verbindungen** Optionen für die Einrichtung und Handhabung von immer wieder verwendbaren Verbindungen zu zahlreichen Datenquellentypen.

20 Arbeit mit externen Daten

Eine attraktive Form, externe Daten für die weitere Auswertung in Excel zu übernehmen, sind Webabfragen. Ein Dialogfeld mit eingebauten Browserfunktionen erlaubt Ihnen, tabellarische Daten aus Webseiten ohne Aufwand in eine Arbeitsmappe zu importieren. Dabei entsteht eine feste Verbindung zu der Datenquelle im Web, die immer wieder aktualisiert werden kann.

20.1 Access-Daten importieren

Um den Ablauf der Übernahme externer Daten aus einer verfügbaren Datenquelle zu zeigen, soll hier zunächst das Beispiel einer Access-Datenbank beschrieben werden:

1 Wählen Sie in einem leeren Arbeitsblatt den Befehl **Daten ▸ Externe Daten abrufen ▸ Aus Access**. Excel öffnet das Dialogfeld **Datenquelle auswählen**. Access-Datenbanken sind als Datentyp schon voreingestellt.

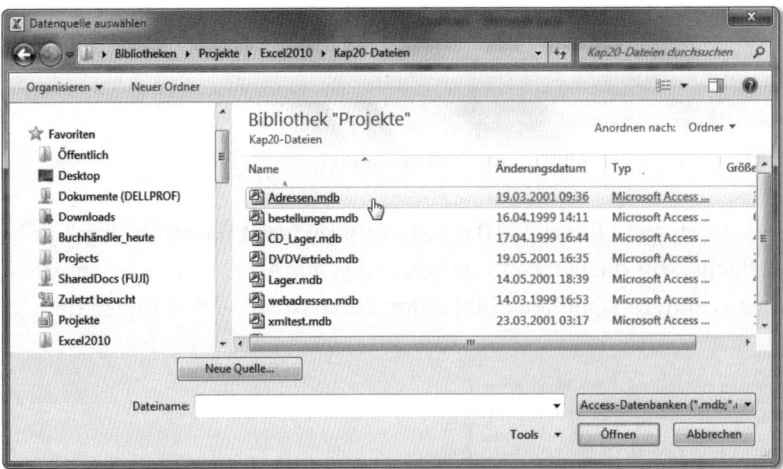

2 Wenn Sie die gewünschte Access-Datei ausgewählt haben, können Sie den Dialog bestätigen. Anschließend werden die in dieser Datenbank enthaltenen Tabellen und Views in einem Dialogfeld **Tabelle auswählen** angeboten.

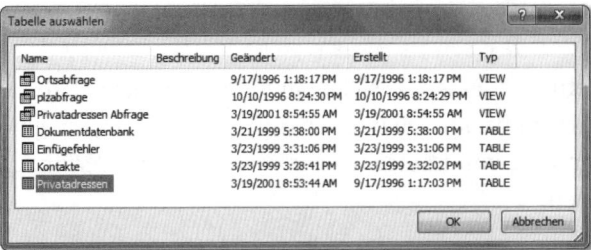

3 Excel 2010 fragt im nächsten Dialog das Format ab, das für die Anzeige der importierten Daten verwendet werden soll. Neben der Option **Tabelle** können Sie hier auch gleich einen Import in einen PivotTable-Bericht oder eine Kombination aus PivotTable- und PivotChart-Bericht wählen.

4 Schließlich müssen Sie noch angeben, wo die Daten abgelegt werden sollen.

5 Die Datenbankdaten werden in dem gewählten Format an der angegebenen Stelle eingefügt. Ist **Tabelle** als Format ausgewählt, wird eine **Excel-Tabelle** mit einer vorgegebenen Formatierung erzeugt.

6 Excel stellt bei diesem Verfahren automatisch eine Verbindung zur Access-Datenbank her, deren Merkmale über **Entwurf ▸ Externe Tabellendaten ▸ Eigenschaften** eingesehen und bearbeitet werden können.

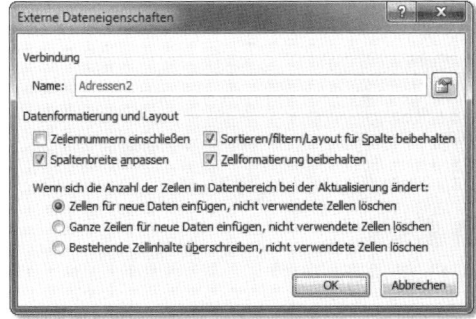

7 Die Definition der Verbindung speichert Excel automatisch in einer entsprechenden .*ODC*-Datei – die Typenkennzeichnung steht für *Office Data Connection*. Als Vorgabe werden diese Dateien in einem auf den Benutzer bezogenen Ordner *Meine Datenquellen* gespeichert. Die entsprechende Verbindung wird ab diesem Zeitpunkt über **Daten ▸ Externe Daten abrufen ▸ Vorhandene Verbindungen** angeboten und kann von jeder Arbeitsmappe aus genutzt werden.

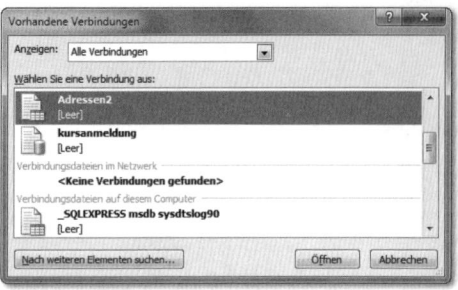

Wenn Sie eine solche .*ODC*-Datei mit einem Texteditor öffnen, finden Sie eine HTML-Datei mit einem *<XML>*-Element, in dem die Verbindungsdaten der Verbindung abgelegt sind. Excel 2010 verwendet dabei eine OLE-DB-Abfrage.

Abbildung 20.3 Auszug aus der Verbindungsdatei

Außerdem wird die neue Datenverbindung in die Liste der Arbeitsmappenverbindungen aufgenommen, die über die Schaltfläche **Verbindungen** in der Gruppe **Daten ▸ Verbindungen** geöffnet wird.

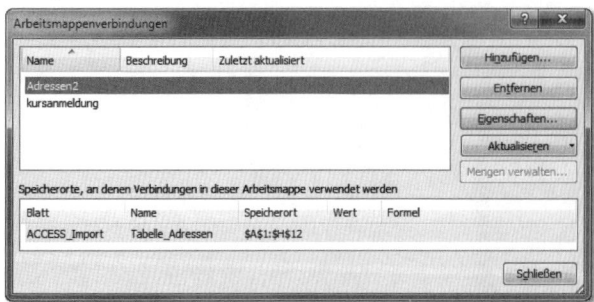

Abbildung 20.4 Verwaltung der Arbeitsmappenverbindungen

In der unteren Liste werden die Orte angezeigt, an denen die oben ausgewählte Verbindung genutzt wird.

Besonderheiten externer Datenbereiche

Die aus externen Datenquellen übernommenen Daten werden im Excel-Tabellenblatt in dem gewählten Format ausgegeben. Die jeweilige Abfragedefinition wird zusammen mit der Arbeitsmappe gespeichert.

Obwohl externe Datenbereiche aussehen wie normale Tabellen, gilt doch eine Reihe von Besonderheiten, die zu beachten sind. Wird eine Zelle im Bereich angeklickt, steht ein spezielles Kontextmenü zur Verfügung.

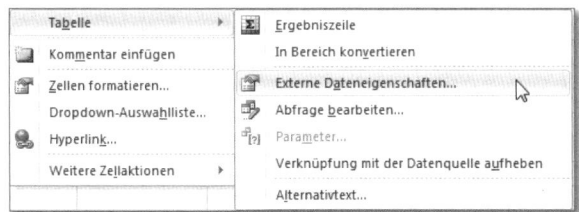

Abbildung 20.5 Kontextmenü zu einem externen Datenbereich

Über den Befehl **Tabelle ▸ Externe Dateneigenschaften** wird der oben schon abgebildete Dialog gleichen Namens geöffnet, über den die Datenformatierung und das Layout geregelt werden können. Außerdem wird hier festgelegt, wie verfahren werden soll, wenn sich die Anzahl der Zeilen im Datenbereich ändert.

Über den Befehl **Abfrage bearbeiten** werden die über die Datenübernahme verwendeten Zugangsdaten angezeigt und können manuell bearbeitet werden.

Soll die Verbindung eines solchen Bereichs mit der Quelldatei in Access wieder aufgehoben werden, benutzen Sie hier die Option **Verknüpfung mit der Datenquelle aufheben**. Der Bereich ist anschließend nur noch ein normaler Tabellenbereich. Die Verbindung wird aus der Arbeitsmappe entfernt.

20.2 Zugriff auf SQL Server-Datenbanken

Wenn Sie eine Verbindung zu einer Datenbank auf einem Microsoft SQL Server aufbauen wollen, benutzen Sie zunächst im Menü der Schaltfläche **Daten ▸ Externe Daten abrufen ▸ Aus anderen Quellen** die Option **Von SQL Server**. Im ersten Dialog des dadurch gestarteten Datenverbindungs-Assistenten geben Sie die Zugangsdaten zu dem jeweiligen Server ein. Wichtig ist zunächst der Servername, beispielsweise *SQLEXPRESS*. Unter **Anmeldeinformationen** kann die Option **Windows-Zugriffsrechte verwenden** aktiviert werden. Falls für den Zugriff auf die Datenbank ein eigener Benutzername und ein Kennwort festgelegt sind, wählen Sie stattdessen die Option **Benutzername und Kennwort verwenden**, und geben Sie die Daten entsprechend ein.

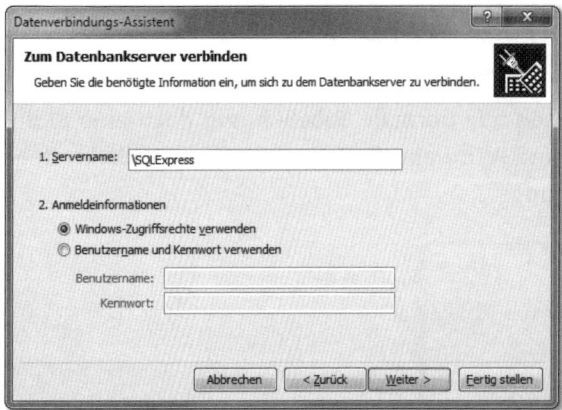

Abbildung 20.6 Anmeldung beim SQL Server

Im nächsten Schritt werden die gewünschte Datenbank und darin die benötigte Tabelle ausgewählt.

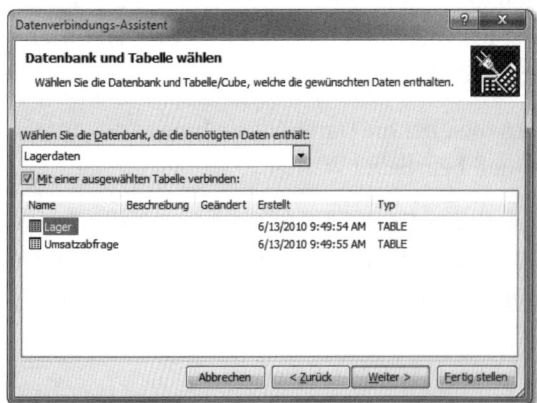

Abbildung 20.7 Auswahl der SQL-Datenbank

Im letzten Schritt legen Sie den Dateinamen für die Verbindungsdatei fest und tragen bei Bedarf eine Beschreibung ein. Über die Schaltfläche **Authentifizierungseinstellungen** kann der Zugang zu den Daten geregelt werden.

20.2 Zugriff auf SQL Server-Datenbanken

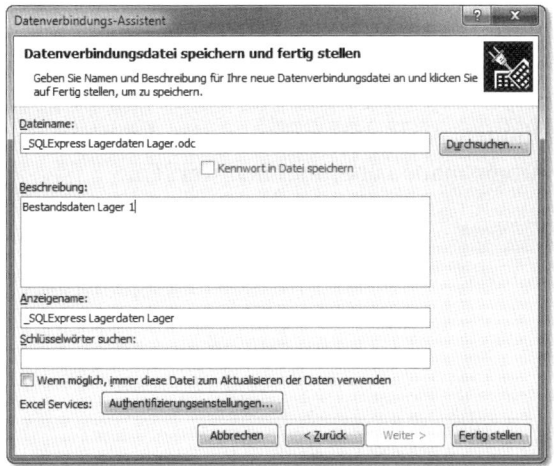

Abbildung 20.8 Fertigstellung der Verbindungsdatei

Anschließend wird wieder der oben abgebildete Dialog **Daten importieren** angeboten. Sind die Daten eingelesen, können Sie über **Daten ▸ Verbindungen ▸ Eigenschaften** den Dialog **Externe Dateneigenschaften** öffnen. Die Schaltfläche hinter dem Verbindungsnamen öffnet dann den Dialog **Verbindungseigenschaften**, auf dessen Register **Definition** die komplette Verbindungszeichenfolge eingesehen werden kann, die für den Aufbau der Verbindung zu einem SQL Server entscheidend ist.

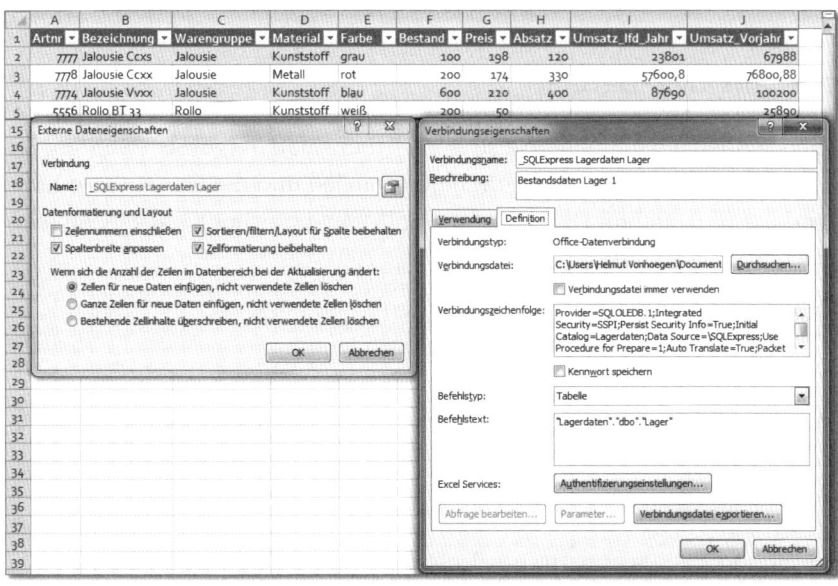

Abbildung 20.9 Eigenschaften einer SQL-Verbindung

Aktualisierungssteuerung

Über das zweite Register des Dialogs **Verbindungseigenschaften** mit dem Namen **Verwendung** werden Anweisungen zur Aktualisierungssteuerung festgelegt. Beispielsweise kann bestimmt werden, dass alle 60 Minuten die Änderungen an den Daten in der Quelltabelle auf dem SQL Server in die Arbeitsmappe übernommen werden.

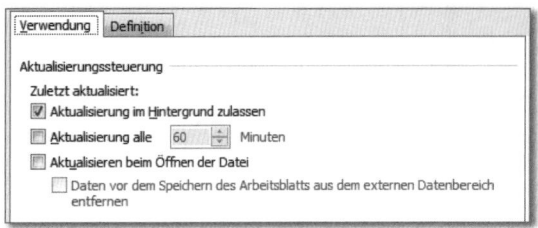

Abbildung 20.10 Aktualisierungseinstellungen

Die Option **Aktualisieren beim Öffnen der Datei** stellt sicher, dass wenigstens in diesem Fall die aktuellen Daten aus der Datenquelle in den Tabellenbereich übernommen werden.

Unabhängig davon kann eine Aktualisierung immer auch manuell über die Schaltfläche **Alle aktualisieren** in der Gruppe **Daten ▸ Verbindungen** vorgenommen werden. Die Schaltfläche bietet Optionen, um wahlweise alle vorhandenen oder nur die aktuelle Verbindung zu aktualisieren.

20.3 Abfrage von XML-Dateien

Auch XML-Dateien können auf einfache Weise in ein Arbeitsblatt eingelesen werden. Sie benutzen dazu wieder die Schaltfläche **Aus anderen Quellen** und die Option **Vom XML-Datenimport**. Ist die XML-Datei im Dialog ausgewählt, muss nur noch angegeben werden, wo die Daten abzulegen sind.

Abbildung 20.11 Import von XML-Daten in ein Tabellenblatt

Die erste Option **XML-Tabelle in vorhandenem Arbeitsblatt** sorgt dafür, dass die XML-Daten in Form einer XML-Tabelle an der angegebenen Stelle eingefügt werden.

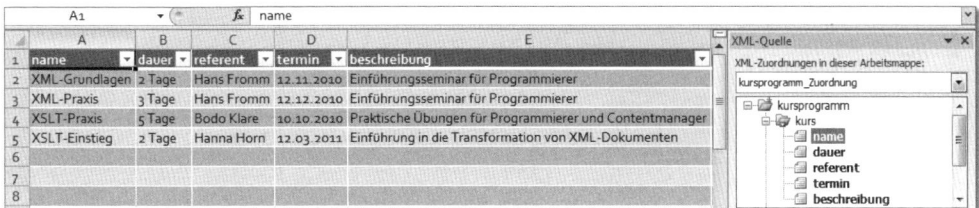

Abbildung 20.12 XML-Daten und der Aufgabenbereich XML-Quelle

In diesem Fall werden die Daten automatisch in Form eines Tabellenbereichs ausgegeben und eine XML-Verknüpfung hergestellt, wie in Kapitel 14, »Excel-Daten im Web«, beschrieben. Das Kontextmenü der Tabelle bietet einen zusätzlichen Befehl **XML** an, über dessen Untermenü mit **XML-Quelle** der entsprechende Aufgabenbereich eingeblendet werden kann.

Wenn Sie dagegen die Daten mit den Optionen **Bestehendes Arbeitsblatt** oder **Neues Arbeitsblatt** übernehmen, wird ein Zellbereich mit Daten und XPath-Ausdrücken erzeugt. Das entspricht dem, was Excel mit XML-Daten macht, wenn Sie eine XML-Datei über den Dialog **Öffnen** einlesen und dabei die Option **Als eine schreibgeschützte Arbeitsmappe** verwenden, wie in Kapitel 14 beschrieben.

20.4 Direkte Abfragen im Internet

In Excel 2010 steht ein gezielter Zugriff auf Daten im Internet zur Verfügung, wenn diese in tabellarischer Form vorliegen, beispielsweise Preislisten, Devisen- oder Kurstabellen. Dabei werden definierte Abfragen benutzt, die auch als separate Dateien im Format *.IQV* zur Wiederverwendung gespeichert werden können.

Wenn die Webseite es zulässt, können diese Abfragen auch dynamisch über Parameter gesteuert werden, um gezielt die benötigten Daten heranzuziehen. Typisches Beispiel ist die Abfrage von Aktienkursen, wo nur das Tickersymbol eingegeben werden muss.

Bei diesen Abfragen wird das Browserfenster nicht eingeblendet. Die Daten werden direkt auf das aktuelle Blatt in der aktiven Arbeitsmappe übertragen. Sie können mit den übernommenen Daten sofort arbeiten. Sinnvoll sind solche Webabfragen insbesondere, wenn Sie mit den gezogenen Daten eigene Auswertungen vornehmen wollen, ansonsten würde es ja reichen, einfach direkt im Internet nachzusehen.

20 Arbeit mit externen Daten

Abbildung 20.13 Wechselkursabfrage über MSN Money

Die einmal übernommenen Daten lassen sich jederzeit aktualisieren. Excel bringt einige Abfragedateien bereits mit, beispielsweise eine Wechselkursabfrage über MSN Money. Sie sind im Dialog **Vorhandene Verbindungen** zu finden. Sie können sich aber leicht eigene Abfragen einrichten.

DAX-Kurse online ins Tabellenblatt holen

Als Beispiel sollen die DAX-30-Kurse, wie sie Yahoo regelmäßig anbietet, in ein Tabellenblatt übernommen werden. Auf der Basis dieser Werte wird jeweils der aktuelle Wert eines Depots neu berechnet, das ausgewählte DAX-Werte enthält.

1 Um die aktuellen DAX 30-Kurse zur weiteren Analyse in ein Tabellenblatt zu holen, aktivieren Sie zunächst das Blatt in der Arbeitsmappe, das dafür benutzt werden soll.

2 Wählen Sie **Daten ▸ Externe Daten abrufen ▸ Aus dem Web**.

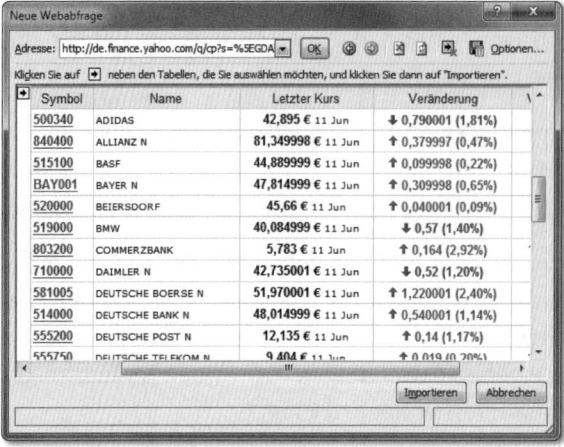

20.4 Direkte Abfragen im Internet

3 Wenn *de.finance.yahoo.com* nicht gerade Ihre Startseite ist, geben Sie die Webadresse im ersten Feld ein und klicken auf **OK**. Das Dialogfeld zeigt die Webseite ähnlich wie im Browser an. Sie können sich über die angebotenen Links unter **Indizes** bis zu der Tabelle durcharbeiten, die die DAX-30-Kurse auflistet. Wenn nicht gerade die Schaltfläche **Symbole ausblenden** verwendet worden ist, werden auf der Webseite alle tabellarischen Elemente, die für eine Übernahme in das Arbeitsblatt verwendbar sind, mit kleinen Pfeilen auf gelbem Grund gekennzeichnet.

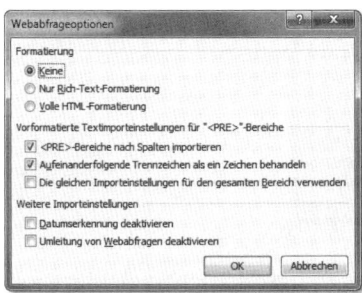

4 Klicken Sie auf den Pfeil zu der DAX-Liste, die kurz mit einem blauen Rahmen markiert wird. Der Pfeil verwandelt sich in ein Häkchen. Über die Schaltfläche **Optionen** können Sie vorweg noch die Formatierung festlegen, in der die Daten übernommen werden sollen. Da Excel das HTML-Format beherrscht, lässt sich hier auch **Volle HTML-Formatierung** wählen. Meistens ist es aber günstiger, das **Rich-Text-Format** zu wählen.

5 Wenn die Daten nicht eindeutig in Tabellenform vorliegen, sondern als Text, können Sie noch festlegen, wie die Texte importiert werden sollen.

6 Mit der Schaltfläche **Abfrage speichern** lassen sich die im Dialogfeld vorgenommenen Einstellungen in einer separaten *.IQY*-Abfragedatei sichern. Sie müssen dazu nur einen entsprechenden Namen vergeben. Excel schlägt automatisch den Ordner für Webabfragen vor. Die Schaltfläche **Importieren** startet die Übertragung der Daten in das aktuelle Arbeitsblatt.

7 Es folgt die Abfrage, wo die Daten aus dem Web eingefügt werden sollen, an einer bestimmten Stelle des aktuellen Arbeitsblatts oder auf einem neuen Blatt.

8 Über die Schaltfläche **Eigenschaften** lassen sich auch in diesem Fall die Eigenschaften des Datenbereichs definieren. Bestimmen Sie, in welchem Turnus die Kursdaten aktualisiert werden sollen.

9 Nach der Bestätigung werden die Daten aus der ausgewählten Tabelle in das Arbeitsblatt übertragen, und zwar in dem von Ihnen gewählten Format.

20 Arbeit mit externen Daten

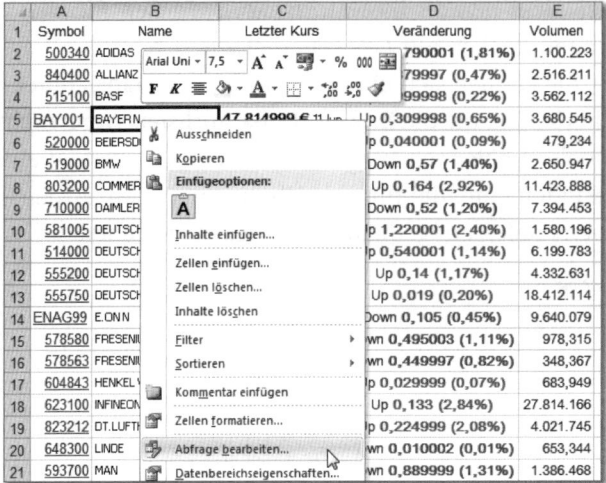

Das Kontextmenü des importierten Datenbereichs zeigt, dass es sich auch hier nicht um einen gewöhnlichen Zellbereich handelt, sondern um einen Datenbereich wie beim Import aus Datenbanken. Wenn Sie die Abfragedefinition nachträglich korrigieren wollen, benutzen Sie **Abfrage bearbeiten** und erhalten wieder das Dialogfeld mit der zugehörigen Seite.

Wenn Sie die Abfrage nicht als *IQY*-Datei speichern, bleibt die Abfragedefinition zwar in der Arbeitsmappe gespeichert, kann dann aber nicht für andere Arbeitsmappen verwendet werden. Deshalb lohnt sich meist die separate Speicherung der Abfrage.

Berechnen des Depotwertes

Mit den übernommenen Kurswerten kann nun jedes Mal der aktuelle Wert eines Depots, das Aktien aus dem DAX enthält, berechnet werden.

1 Legen Sie dazu rechts neben der DAX-Tabelle eine separate Tabelle mit den DAX-Werten an, die sich im Depot befinden. Tragen Sie in der ersten Spalte die WKN-Nummern der Papiere ein.

2 Die zweite Spalte benötigt die Stückzahlen der einzelnen Papiere.

3 Für die dritte Spalte wird jeweils mit einer Funktion SVERWEIS() der aktuelle Kurs für die betreffende WKN-Nummer übernommen. Die Formel für Zelle I2 lautet dann:

=WERT(LINKS(SVERWEIS(G2;$A$2:$E$31;3;0);
  LÄNGE(SVERWEIS(G2;$A$2:$E$31;3;0))-8))

Die Formel holt aus dem Bereich der DAX-Werte, der absolut gesetzt ist, um die Formel kopieren zu können, über die WKN-Nummer jeweils den letzten Kurs. Wichtig ist, dass der letzte Parameter 0 ist, damit die Spalte der WKN-Nummern auch dann ausgewertet werden kann, wenn die Daten nicht aufsteigend sortiert sind, was hier der Fall ist. Die Formel muss gleichzeitig den linken Teil des gefundenen Wertes abtrennen, um den Kurwert von der Zeitangabe zu trennen.

4 In der vierten Spalte werden die Stückzahlen mit dem aktuellen Kurswert multipliziert.

5 Fehlt nur noch eine Summenformel am Ende der Tabelle, um die Kurswerte zum Depotwert zusammenzufassen. Jedes Mal, wenn die Kurse neu in die Tabelle eingelesen werden, wird sofort der Depotwert aktualisiert.

Wiederverwendung einer Webabfrage

Ist eine Abfragedefinition auch als Datei gespeichert, kann sie jederzeit in einer beliebigen Arbeitsmappe benutzt werden. In diesem Fall verwenden Sie den Befehl **Daten ▸ Externe Daten abrufen ▸ Vorhandene Verbindungen** und wählen dort die gewünschte .IQY-Datei. Mit der Schaltfläche **Öffnen** starten Sie die Übernahme der Daten aus dem Web.

Die folgende Abbildung zeigt den Inhalt der .IQY-Datei für die oben beschriebene Abfrage. Die Datei kann mit jedem Texteditor auch manuell bearbeitet werden.

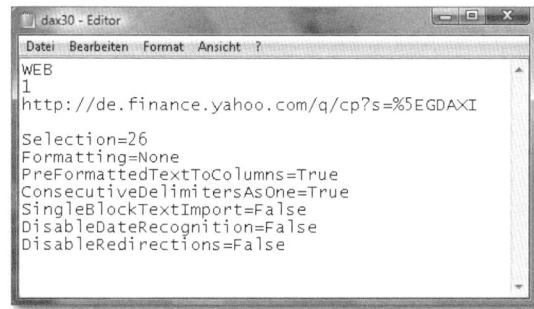

Abbildung 20.14 Inhalt der Abfragedatei

21   Datenaustausch zwischen Anwendungen

Für die Zusammenarbeit zwischen den Mitarbeitern in einer Firma ist es von Belang, ob die anfallenden Daten ungehindert ausgetauscht werden können. Nicht viel anders sieht es im Verhältnis zu Kunden und Lieferanten aus. Aber auch für den einzelnen Anwender ist es von Bedeutung, dass Daten zwischen verschiedenen Anwendungen möglichst ohne Verlust ausgetauscht werden können. Wer z. B. eine Excel-Tabelle in einen Brief einfügen will, erwartet, dass dafür nicht mehr als ein paar Mausklicks notwendig sind.

Datenformate und Filter

Da bei der Büroarbeit oft ganz verschiedene Programme eingesetzt werden, ist die fehlerlose Übersetzung von Datenbeständen aus einem Datenformat ins andere ein dringendes Erfordernis. Das gilt besonders, wenn Daten von außen kommen. Umgekehrt sollen häufig Daten in anderen Anwendungen oder an anderen Arbeitsplätzen weiterverarbeitet werden. Es wäre unerträglich, bereits vorhandene Daten noch einmal erfassen zu müssen, bloß weil zunächst mit einem anderen Programm gearbeitet worden ist.

In Kapitel 2, »Basiswissen für die Arbeit mit Excel 2010«, ist bereits das Datenformat XML als besonders geeignetes Format vorgestellt worden, um Daten unabhängig von einer bestimmten Anwendung oder Plattform auszutauschen. In diesem Abschnitt wird kurz auf einige »traditionellere« Methoden, Daten auszutauschen, eingegangen, die in der Praxis immer noch von Bedeutung sind.

Zunächst wird der Import und Export von Dateien mit anderen Formaten behandelt. Hier geht es in der Regel darum, komplette Dateien zu kopieren und dabei in ein anderes Datenformat zu verwandeln. Dazu werden spezielle Konverter oder Filter eingesetzt. Wenn z. B. eine Lotus-1-2-3-Tabelle in Excel eingelesen wird, sorgt der Konverter dafür, dass die Lotus-Rechenfunktionen in die entsprechenden Excel-Rechenfunktionen übersetzt werden.

Eine solche Konvertierung ist auch notwendig, um Dateien, die mit einer älteren Version von Excel erstellt worden sind, in Excel 2010 zu verarbeiten – oder auch umgekehrt, wenn Daten an einem Arbeitsplatz weiterverarbeitet werden sollen, an dem noch eine sehr viel ältere Version von Excel eingesetzt wird.

21.1 Unterstützte Dateiformate

Excel 2010 kann aber sowohl die Formate älterer Excel-Versionen erzeugen als auch Dateien dieser Formate verarbeiten. Neuere Funktionen von Excel 2010 können ältere Excel-Versionen aber nicht nachvollziehen. Hier muss also bei der Rückübersetzung mit Verlusten gerechnet werden.

In der Vergangenheit gab es drei größere Versionssprünge. Excel 5 und Excel 95 haben dasselbe Dateiformat verwendet, aber zwischen den Formaten 5.0/95 und 97–2003 lag ein ziemlicher Sprung. Bestimmte Leistungsmerkmale des Dateiformats 97–2003 können mit dem Format 5.0/95 nicht reproduziert werden. Der nächste Sprung erfolgte mit der Version Excel 2007. Diese Dateiformate sind weiter aktuell. Excel 2010 unterstützt aber weiterhin die Formate 5.0/95 und 97–2003.

Wenn Sie in einem Büro arbeiten, in dem noch meist mit den älteren Versionen von Excel gearbeitet wird, können Sie festlegen, dass eines der älteren Formate zunächst sogar als Standard-Dateityp verwendet wird. Diese Einstellung ist möglich über den Befehl **Datei ▶ Optionen**, und zwar auf dem Register **Speichern** unter **Dateien in diesem Format speichern**.

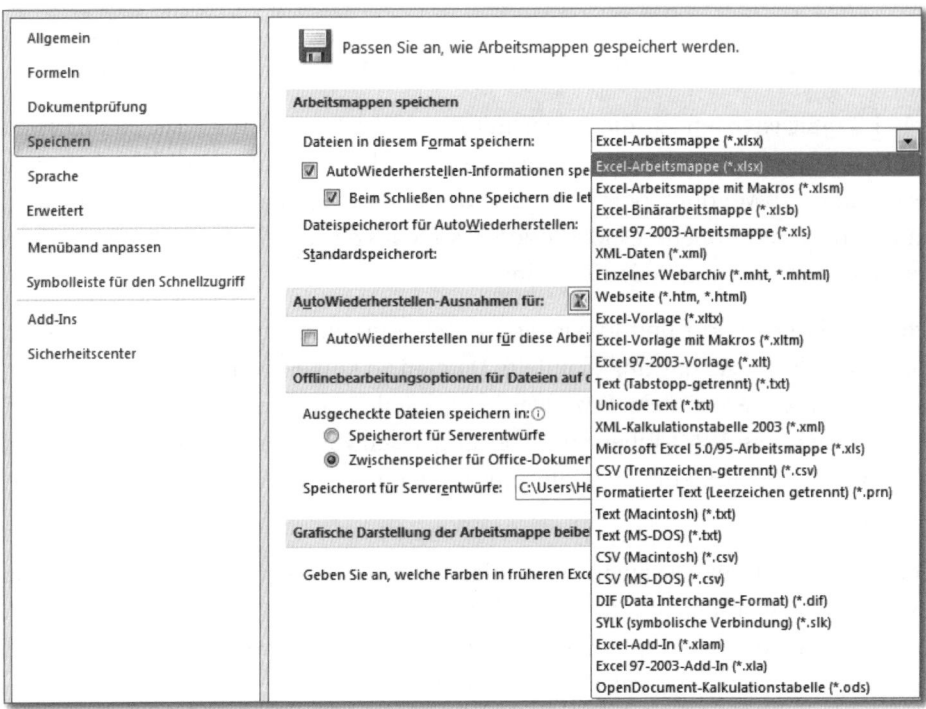

Abbildung 21.1 Ein älteres Format als Standardformat festlegen

21.1 Unterstützte Dateiformate

Innerhalb von Excel ist der Import-Export-Verkehr in der Regel in die Dialoge für **Öffnen** und **Speichern unter** integriert. Beim Importieren erkennt das Programm meist automatisch, was zu tun ist, sobald es den Dateikopf der fremden Datei gelesen hat. Beim Export wird die Übersetzung über die Festlegung des Dateityps gesteuert.

Excel-Formate

In der folgenden Tabelle sind die Excel-Formate zusammengestellt, die Excel 2010 zur Verfügung stellt.

Format	Typ	Beschreibung
Excel-Arbeitsmappe	XLSX	XML-basiertes Excel 2007/2010-Standarddateiformat
Excel-Arbeitsmappe (Code)	XLSM	XML-basiertes Excel 2007/2010-Dateiformat mit Makros. Speichert VBA-Makrocode sowie Excel 4.0-Makrovorlagen (XLM).
Excel-Binärarbeitsmappe	XLSB	Excel 2007/2010-Binärdateiformat
Mustervorlage	XLTX	Excel 2007/2010 Standarddateiformat für Mustervorlagen
Mustervorlage (Code)	XLTXM	Excel 2007/2010-Dateiformat für Mustervorlagen mit Makros
Excel 97–Excel 2003-Arbeitsmappe	XLS	Excel 97–Excel 2003-Binärdateiformat
Excel 97–Excel 2003-Mustervorlage	XLT	Excel 97–Excel 2003-Binärdateiformat für Mustervorlagen
Microsoft Excel 5.0/95-Arbeitsmappe	XLS	Excel 5.0/95-Binärdateiformat
XML-Kalkulationstabelle 2003	XML	XML-Kalkulationstabelle 2003-Dateiformat (*XMLSS*)
XML-Daten	XML	XML-Datenformat
Excel-Add-In	XLAM	XML-basiertes Excel 2007/2010-Add-In mit Unterstützung von VBA
Excel 97–2003-Add-In	XLA	Excel 97–2003-Add-In mit Unterstützung von VBA
Excel 4.0-Arbeitsmappe	XLW	Dateiformat der Version 4.0 (nur Öffnen)

Arbeiten im Kompatibilitätsmodus

Wird eine Datei mit dem Format 97–2003 geöffnet, schaltet Excel 2010 automatisch in einen speziellen Kompatibilitätsmodus, was auch in der Titelleiste angezeigt wird. In diesem Modus sind bestimmte Funktionen von Excel 2010 nicht verfügbar, um zu verhindern, dass es beim Abspeichern in dem älteren Format zu entsprechenden Verlusten kommt.

Soll eine Datei, die in diesem Modus bearbeitet wurde, später in den Genuss der neuen Funktionen kommen, kann sie konvertiert werden. Dies geschieht über das Register **Datei**. Wählen Sie die Seite **Informationen,** und benutzen Sie im Abschnitt **Kompatibilitätsmodus** die Schaltfläche **Konvertieren.**

Soll umgekehrt eine aktuelle Datei in ein älteres Format übertragen werden, können Sie vorher eine Kompatibilitätsprüfung durchführen, um zu sehen, was eventuell verloren gehen kann. Dies geschieht über **Datei ▸ Informationen ▸ Auf Probleme überprüfen ▸ Kompatibilität prüfen.** Darauf wurde im Kapitel 12, »Dokumente für die Veröffentlichung vorbereiten«, bereits eingegangen.

Textformate

Können Daten zwischen Anwendungen nicht direkt ausgetauscht werden, helfen oft Zwischenformate, beispielsweise Textformate, bei denen die einzelnen Datenelemente durch bestimmte Zeichen getrennt werden. Meist gehen zwar die Formatierungsmerkmale der Daten zum Teil verloren, dafür können aber wenigstens die Daten selbst übernommen werden.

Format	Typ	Beschreibung
formatierter Text	PRN	Lotus-Format mit Leerzeichen als Trennzeichen
Text (Tabulator-getrennt)	TXT	per Tabulatoren getrennte Textdatei
Text (Macintosh)	TXT	per Tabulatoren getrennte Textdatei für das Macintosh-Betriebssystem
Text (MS-DOS)	TXT	per Tabulatoren getrennte Textdatei für MS-DOS
Unicode-Text	TXT	Speichert eine Arbeitsmappe als Unicode-Text.
CSV (Trennzeichen-getrennt)	CSV	durch Trennzeichen – Kommas oder Semikola – getrennte Textdatei
CSV (Macintosh)	CSV	durch Trennzeichen – Kommas oder Semikola – getrennte Textdatei für das Macintosh-Betriebssystem

Format	Typ	Beschreibung
CSV (MS-DOS)	CSV	durch Trennzeichen – Kommas oder Semikola – getrennte Textdatei für MS-DOS
DIF	DIF	Data Interchange Format
SYLK	SLK	Multiplan-SYLK-Dateien

21.2 Import von Textdateien

Nicht ganz so einfach ist die Situation, wenn strukturierte Daten, wie etwa eine Adressenliste, in Form einer einfachen Textdatei vorliegen. Sind die einzelnen Informationen in der Textdatei z. B. jeweils durch Tabulatorsprünge getrennt, kann Excel die Daten schön auf verschiedene Spalten verteilen, wenn Sie den Weg über die Zwischenablage gehen. Wird die Textdatei dagegen über den Dialog **Öffnen** eingelesen, verhält sich Excel etwas anders.

Übernahme einer Adressliste

Nehmen Sie als Beispiel eine ASCII-Datei, die Adressen enthält. Die einzelnen Daten sind nur durch Tab-Sprünge getrennt in einzelnen Zeilen hintereinandergesetzt.

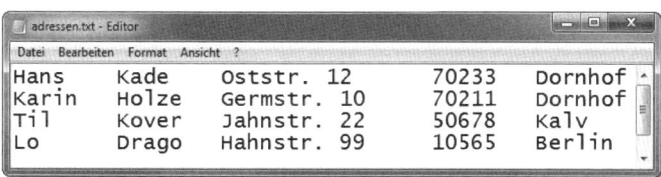

Abbildung 21.2 Kleine Adressliste im Textformat, getrennt durch Tab-Sprünge

Um die Daten einzulesen, tun Sie Folgendes:

1 Sie müssen zunächst im Dialogfeld **Öffnen** unter **Dateityp** die Einstellung **Textdateien** wählen und dann die entsprechende Datei aussuchen.

2 Wenn Sie mit **Öffnen** bestätigen, wird der Textkonvertierungs-Assistent aktiviert. Er versucht, Ihnen bei der Verteilung der Daten auf verschiedene Spalten zu helfen. Im unteren Teil des Dialogfeldes für Schritt 1 zeigt Excel zunächst eine Vorschau auf die Sätze der Textdatei.

21 Datenaustausch zwischen Anwendungen

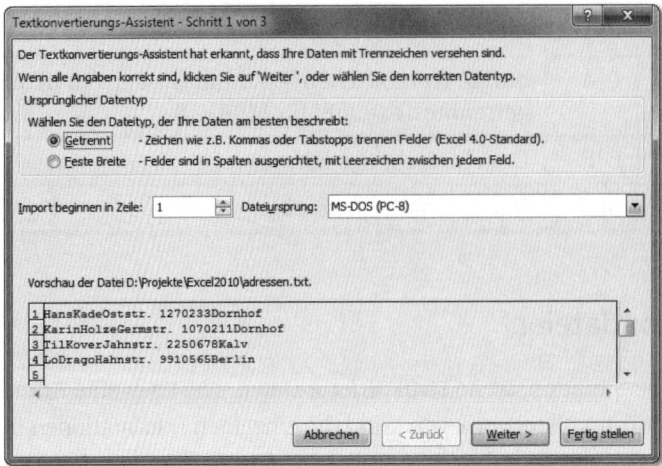

3 Unter **Ursprünglicher Datentyp** muss zunächst eine Entscheidung getroffen werden, welcher Datentyp für die Datei angenommen werden kann. Es wird zwischen zwei Dateitypen unterschieden: **Getrennt** und **Feste Breite**. Das oben angezeigte Beispiel gehört zu dem Typ **Getrennt**, denn die einzelnen Informationen sind hier durch einen Tabulatorsprung getrennt. Stattdessen könnten aber auch andere Trennzeichen verwendet werden, wie Semikola, Leerzeichen, Kommas etc.

4 Unter **Import beginnen in Zeile** können Sie bestimmen, ob gleich von der ersten Textzeile an Daten übernommen werden sollen oder erst ab einer späteren Zeile. Das ist sehr praktisch, wenn z. B. die erste Zeile Formatzeichen enthält, die für die Tabelle nicht brauchbar sind.

5 Unter **Dateiursprung** lässt sich die Herkunft der Daten bestimmen. Das betrifft die für die Datei verwendeten Zeichencodes. Windows-Textdateien verwenden den ANSI-Code, DOS- oder OS/2-Textdateien verwenden den PC-8-Code. Bei Macintosh-Dateien nehmen Sie die gleichnamige Einstellung. Wenn die Umlaute in der Vorschau nicht korrekt angezeigt werden, sollten Sie es hier mit einer anderen Einstellung versuchen.

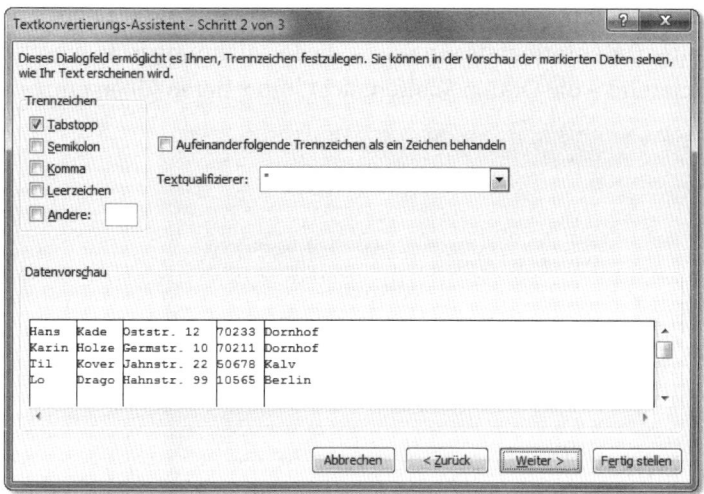

6 Sind die Einstellungen gewählt, wird im nächsten Dialog angezeigt, welches Zeichen der Textkonvertierungs-Assistent als Trennzeichen vermutet. In diesem Fall wird das Tab-Zeichen korrekt erkannt. Ist die Vermutung falsch, können Sie korrigierend eingreifen und abhaken, welches **Trennzeichen** benutzt werden soll. Wenn keines der angebotenen Zeichen verwendet worden ist, wählen Sie **Andere**, und tragen Sie das tatsächlich verwendete Zeichen in das kleine Textfeld ein. Sobald Sie das richtige Zeichen gewählt haben, erscheint der Text unter **Datenvorschau** in ordentlicher, tabellarischer Form.

7 Ein spezielles Problem entsteht, wenn ein Zeichen, das normalerweise als Trennzeichen eingesetzt wird, als Textzeichen benötigt wird, etwa ein Leerzeichen. Die Lösung besteht darin, ein anderes Zeichen als **Textqualifizierer** zu verwenden. Das können etwa Anführungszeichen sein. Ein Eintrag wie *Trajanstr. 12* belegt dann nur eine Spalte. Es ist durchaus möglich, auch mehrere Trennzeichen zu wählen, etwa um Eingabefehler abzufangen oder um Daten nachträglich zu trennen. Wenn z. B. in einer Textdatei, die Daten durch Semikola trennt, Vorname und Name nicht getrennt worden sind, kann das Leerzeichen als zweites Trennzeichen eingesetzt werden. Allerdings sollten Sie dann das Kästchen bei **Aufeinanderfolgende Trennzeichen als ein Zeichen behandeln** abhaken. Dadurch wird verhindert, dass überflüssige leere Spalten erzeugt werden.

8 Liefert die Auswahl im Dialogfeld eine korrekte Vorschau auf die Daten der Textdatei, können Sie im nächsten Dialogfeld die einzelnen Spalten begutachten, die bei der Datenübernahme entstehen. Zunächst haben Sie die Möglichkeit, Spalten von der Übernahme auszuschließen. Soll eine Spalte nicht übernommen werden, klicken Sie mit der Maus irgendwo in die unter **Datenvorschau** angezeigte Spalte. Wählen Sie dann unter **Datenformat der Spalten** – die Bezeichnung ist in diesem Fall natürlich etwas irritierend – die Option **Spalten nicht importieren (überspringen)**.

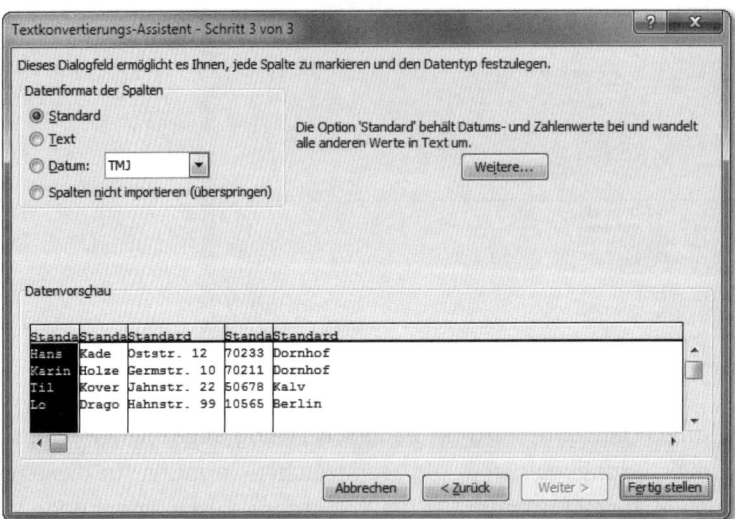

9 Für die Spalten, die übernommen werden sollen, kann einzeln das Datenformat festgelegt werden. Wenn Sie die Vorgabe von Excel ändern wollen, klicken Sie in die betreffende Spalte und wählen eine der drei Format-Optionen:

- **Standard**: Zahlen werden als Zahlenwerte formatiert, Datumswerte in dem entsprechenden Datumsformat ausgegeben, alle anderen Einträge werden als Text behandelt. Über die Schaltfläche **Weitere** lässt sich noch das Dezimalzeichen und das Zeichen für die 1.000er-Abtrennung festlegen, falls es anders ist als sonst in Excel verwendet.

- **Text**: Die ganze Spalte wird als Text behandelt, auch wenn sie nur Zahlen enthält.

- **Datum**: Die Einträge werden als Datumswerte behandelt. Aus der kleinen Liste kann das Datumsformat ausgewählt werden.

Schließen Sie dann den Vorgang mit **Fertig stellen** ab.

Excel legt eine neue Arbeitsmappe an, zunächst mit nur einem Tabellenblatt. Der Name der Quelldatei wird in die Titelleiste und als Registername übernommen. Die nächste Abbildung zeigt das Ergebnis für die kleine Adressdatei in der Tabelle. Meist muss, wie auch hier, die Spaltenbreite noch etwas korrigiert werden.

21.2 Import von Textdateien

	A	B	C	D	E
1	Hans	Kade	Oststr. 12	70233	Dornhof
2	Karin	Holze	Germstr. 10	70211	Dornhof
3	Til	Kover	Jahnstr. 22	50678	Kalv
4	Lo	Drago	Hahnstr. 99	10565	Berlin

Abbildung 21.3 Übernommene Textdaten

Wenn Sie die neue Datei abspeichern, schlägt Excel zunächst den Dateityp **Text (Tabstopp-getrennt)** vor. Um die Datei als Arbeitsmappe zu speichern, muss also der Dateityp zunächst durch Auswahl des Datentyps im Dialog ausdrücklich angegeben werden.

Das Datenformat »Feste Breite«

Obwohl strukturierte Textdateien meistens mit Trennzeichen arbeiten, gibt es doch gelegentlich auch Fälle, in denen anders vorgegangen worden ist. Die nächste Abbildung zeigt eine Textdatei, bei der **Feste Breite** gewählt werden müsste.

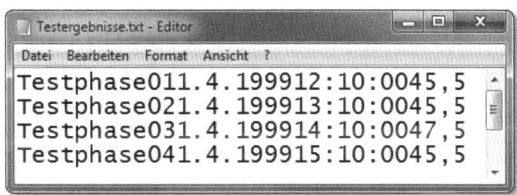

Abbildung 21.4 Text mit fester Spaltenbreite

In diesem Beispiel wird für jede Information immer die gleiche Anzahl von Zeichen verwendet. Die Angleichung wird notfalls dadurch erreicht, dass mit Leerzeichen aufgefüllt wird. Bei diesem Format bietet der Textkonvertierungs-Assistent ein anderes Dialogfeld für Schritt 2. Wenn Sie in Schritt 1 den Dateityp **Feste Breite** gewählt haben, versucht Excel, die verschiedenen Spalten und ihre Breite anhand von Leerzeichen zu »erkennen«, und zeigt unter **Vorschau der markierten Daten** die vermutete Spaltenaufteilung an.

Sie haben hier die Möglichkeit, diese Annahme zu korrigieren. Die Pfeillinien, die den vermuteten Spaltenumbruch anzeigen, können mit der Maus verschoben werden. Findet Excel kein Trennkriterium, können Sie die Trennlinien selbst setzen. Dazu lässt sich ein Pfeil mit einem Mausklick an der entsprechenden Stelle einfügen.

Eine überflüssige Spaltentrennung löscht ein Doppelklick auf den betreffenden Pfeil. Das weitere Verfahren ist wie oben beschrieben.

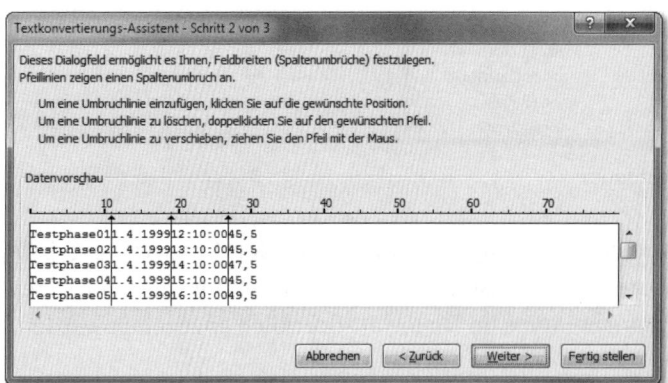

Abbildung 21.5 Trennung des Textes durch Festlegen von Trennlinien

21.3 Texte auf Spalten verteilen

Die Hilfe des Textkonvertierungs-Assistenten kann auch in Anspruch genommen werden, wenn Texte beispielsweise über die Zwischenablage zunächst in eine Spalte eines Tabellenblatts übernommen wurden und nachträglich in tabellarischer Form aufgearbeitet werden sollen, oder auch, um eine Spalte mit Namen, in der Vorname und Name zusammengefasst sind, auf zwei Spalten zu verteilen. In diesem Fall wird der Befehl **Daten ▸ Datentools ▸ Text in Spalten** verwendet. Vorher markieren Sie die Spalte mit dem Text, der auf mehrere Spalten verteilt werden soll.

Ansonsten können Sie verfahren wie beim Import einer Textdatei. Einziger Unterschied: In Schritt 3 kann unter **Zielbereich** angegeben werden, an welcher Stelle die aufbereiteten Daten im Tabellenblatt erscheinen sollen. Voreingestellt ist die obere linke Eckzelle des markierten Bereichs. Wird kein anderer Bezug eingegeben, werden die Daten sozusagen an Ort und Stelle auf Spalten verteilt. Dazu müssen die benachbarten Spalten aber leer sein, weil sie sonst überschrieben werden. Ansonsten bleiben die Originaldaten unverändert und werden in den Zielbereich kopiert.

21.4 Verbindungen zu Textdateien

Werden Textdaten immer wieder für ein Arbeitsblatt benötigt, können Sie auch eine Verknüpfung zwischen einem Zellbereich und einer Textdatei erstellen, wie es oben für externe Datenbereiche beschrieben wurde.

21.4 Verbindungen zu Textdateien

Einrichten einer Verknüpfung zu einer Textdatei

1 Wählen Sie in der Arbeitsmappe die Zelle aus, an der der Datenimport beginnen soll.

2 Verwenden Sie **Daten** ▸ **Externe Daten abrufen** ▸ **Aus Text**.

3 Wählen Sie als Dateityp zunächst **Textdateien** aus und dann die Textdatei, deren Daten übernommen werden sollen.

4 Der Textkonvertierungs-Assistent fragt, wie oben beschrieben, die gewünschten Einstellungen ab.

5 Legen Sie in dem Dialogfeld **Daten importieren**, das anschließend erscheint, über die Schaltfläche **Eigenschaften** fest, welche Einstellungen für die Aktualisierung der Daten in diesem Fall erwünscht sind.

6 Wenn Sie alle Eingaben bestätigen, werden die Daten eingelesen.

7 Klicken Sie eine Zelle in dem neuen Bereich mit rechts an, finden Sie ein Kontextmenü mit Befehlen, um die Definition des Textimports eventuell zu bearbeiten oder um unter **Datenbereichseigenschaften** die Aktualisierungseinstellungen zu ändern.

1011

8 Um die Daten manuell zu aktualisieren, müssen Sie nur die Option **Aktualisieren** anklicken.

Immer wenn sich die Daten in der Textdatei ändern, können sie im Excel-Bereich übernommen werden. Der große Vorteil ist, dass Sie die Definition der Konvertierung nicht jedes Mal wiederholen müssen.

22   Daten mit anderen Anwendungen austauschen

In diesem Kapitel werden Methoden des Datenaustausches zwischen verschiedenen Dokumenten und Anwendungen behandelt, die sich auf Teile von Dokumenten oder auf Objekte in Dokumenten beziehen. Das reicht von der einfachen Kopie bis zu eingebetteten oder verknüpften Objekten. Im Unterschied zum Import oder Export kompletter Dateien setzen die in diesem Kapitel beschriebenen Methoden voraus, dass im Moment des Austausches beide Anwendungen auf dem PC installiert sind. Dabei geht es insbesondere auch darum, in einem Dokument Informationen ganz unterschiedlicher Art miteinander zu mischen, etwa Tabellen mit Abbildungen oder Bildsequenzen.

22.1   Austausch über die Zwischenablage

Die schlichteste Möglichkeit, Daten zwischen verschiedenen Anwendungen auszutauschen, ist der einfache Datenaustausch über die Zwischenablage. Was ist damit gemeint? Das Unterscheidungsmerkmal ist hier nicht, dass der Datenaustausch über die Zwischenablage stattfindet, denn dies erfolgt teilweise auch bei den anderen Formen des Datenaustausches. »Einfach« bezieht sich in diesem Fall darauf, dass hier tatsächlich nur einmalig bestimmte Daten oder Objekte übertragen werden und dass anschließend auch keine Verbindung mehr zwischen dem Zieldokument und dem Quelldokument besteht.

Die Daten werden dabei entweder aus der Quelldatei ausgeschnitten, also entfernt, und landen in der Zieldatei, oder die Daten in der Quelldatei bleiben unberührt, die Zieldatei wird nur einmalig mit einer Kopie versorgt – und damit ist der Datenaustausch auch schon abgeschlossen.

Auf die sehr praktische Zwischenspeicherung von mehreren Datensätzen gleichzeitig über die Office-Zwischenablage, die die Systemzwischenablage ergänzt, wurde schon in Kapitel 3, »Aufbau von Kalkulationstabellen«, eingegangen. Sie kann natürlich insbesondere auch für den Austausch mit den anderen Office-Programmen genutzt werden.

Wann ist der einfache Austausch über die Zwischenablage vorteilhaft?

In sehr vielen Fällen ist der Datenaustausch über die Zwischenablage vollkommen ausreichend.

Dies gilt insbesondere, wenn eine oder mehrere der folgenden Bedingungen erfüllt sind:

- Die übertragenen Daten werden nur einmal benötigt.
- Die Daten werden sich voraussichtlich nicht mehr ändern.
- Selbst wenn sich die Originaldaten ändern, muss die Kopie nicht geändert werden.

Nehmen Sie als Beispiel etwa eine mit einem Grafikprogramm gezeichnete Skizze, die einer Tabelle beigefügt wird, in der ein Angebot für einen Kunden kalkuliert wird. Wenn nicht zu erwarten ist, dass das Angebot später noch überarbeitet werden muss, wäre beispielsweise eine Verknüpfung von Tabelle und Skizze nicht erforderlich.

22.1.1 Word übernimmt Daten von Excel

Der Austausch über die Zwischenablage soll hier zunächst am Beispiel von Excel und Word etwas genauer behandelt werden. Das Tauschgeschäft kann hier natürlich in beide Richtungen betrieben werden. Eine Tabelle oder ein Diagramm aus einer Arbeitsmappe kann in einen Text in Word versetzt oder kopiert, eine mit Word verfasste Liste in das Tabellenblatt einer Arbeitsmappe übernommen werden.

Produktionsplan Woche 21

	Produkt A	Produkt B	Produkt C
Montag	100	100	60
Dienstag	50	60	70
Mittwoch	80	90	60
Donnerstag	80	90	60
Freitag	80	90	60

Abbildung 22.1 Die Quelltabelle in Excel

Daten über die Zwischenablage exportieren

Nehmen Sie zunächst den ersten Fall. Ein kleiner Produktionsplan für eine Woche aus einer Excel-Arbeitsmappe soll direkt in ein Word-Dokument übernommen werden. Die notwendigen Schritte sind folgende:

1. Öffnen Sie in Excel die Datei, aus der die Tabelle übertragen werden soll.
2. Markieren Sie den entsprechenden Tabellenbereich.
3. Verwenden Sie den Befehl **Start ▸ Zwischenablage ▸ Kopieren**.
4. Sind Word und das Dokument, in das die Tabelle eingefügt werden soll, geöffnet, können Sie die Schaltfläche für Word in der Task-Leiste anklicken und hinüberwechseln.

5 Markieren Sie in dem Word-Dokument die Stelle, an der die Tabelle im Text eingefügt werden soll.

6 Benutzen Sie nun den Befehl **Start ▸ Zwischenablage ▸ Einfügen**. Die Tabelle wird aus der Zwischenablage an die markierte Stelle kopiert. Die Abbildung zeigt die Tabelle im Word-Fenster.

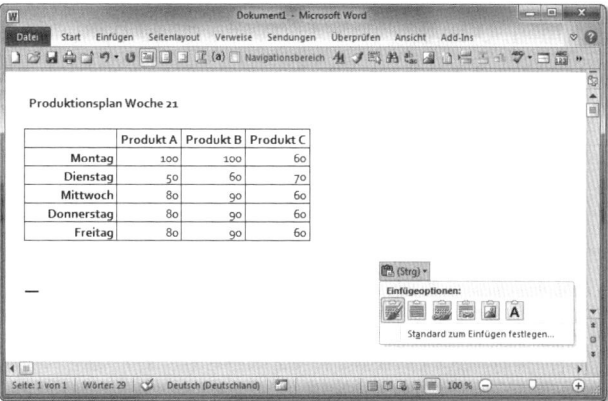

7 Nach dem Einfügen in das Textdokument bleiben die in Excel markierten Daten immer noch durch einen Laufrahmen gekennzeichnet. Mit Esc können Sie diesen Zustand in Excel beenden, wenn Sie später wieder zu Excel zurückwechseln.

Wie Sie an der Abbildung sehen können, ist die Tabellenstruktur in Word erhalten geblieben, auch die Formatierung der Texte und Zahlen ist mit übertragen worden. Word blendet unten rechts die Schaltfläche **Einfügeoptionen** ein. Wenn Sie das Menü per Mausklick öffnen, haben Sie z. B. die Möglichkeit, mit der Schaltfläche **Zielformatvorlagen verwenden** die Formatierung aus Excel durch die vorgegebene Tabellenformatierung von Word zu ersetzen.

Arbeitsweise der Zwischenablage

Das Beispiel zeigt schon, dass die Zwischenablage mehr als ein passiver Zwischenspeicher ist. Die Daten werden nicht beliebig hin und her geschoben. Bevor die Daten in eine andere Anwendung eingefügt werden, prüft das Programm, welches die günstigste Form dafür ist. Es ist immer das Format, mit dem die Zielanwendung am besten umgehen kann.

Bei dem gerade beschriebenen Beispiel ist es so, dass Word selbst über die Fähigkeit verfügt, Tabellen aufzubauen. Deshalb werden die Daten aus Excel, wenn Sie nicht ausdrücklich etwas anderes bestimmen, auch in Form einer Tabelle eingefügt. Verwendet wird dabei seit Excel 2000 als Vorgabe das HTML-Format.

Wollen Sie die Daten in einem anderen Format übernehmen als demjenigen, das die Zielanwendung automatisch für die angebotenen Daten verwendet, können Sie jetzt entweder wie angesprochen das Menü der Schaltfläche mit den **Einfügeoptionen** nutzen, oder Sie benutzen aus dem Menü der Schaltfläche **Einfügen** den Befehl **Inhalte einfügen**. Hier können Sie zwischen verschiedenen Formaten und Formen des Datenaustausches wählen.

In Word kann übrigens die Vorgabe eingestellt werden, mit der Kopien aus anderen Anwendungen übernommen werden. Dies geschieht im Dialog **Word-Optionen** unter **Erweitert** in dem Abschnitt **Ausschneiden, Kopieren und Einfügen** unter **Einfügen aus anderen Programmen**.

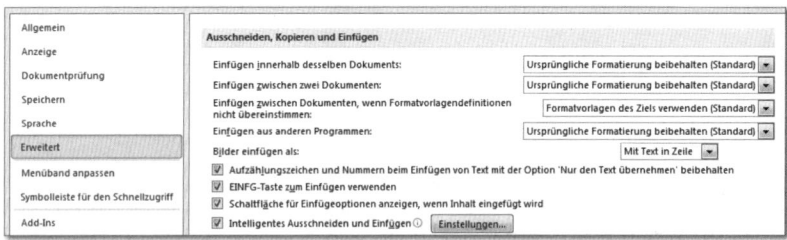

Abbildung 22.2 Einstellungen zum Ausschneiden, Kopieren und Einfügen in Word

22.1.2 Übernahme von Textpassagen aus Word

Wenn Textpassagen aus einem bereits vorhandenen Word-Dokument in eine Excel-Arbeitsmappe übernommen werden sollen, hängt das Ergebnis davon ab, was gerade in der Arbeitsmappe ausgewählt ist. Es kann z. B. durchaus sinnvoll sein, eine längere, komplizierte technische Bezeichnung aus einem geöffneten Word-Dokument direkt an eine bestimmte Stelle in der Bearbeitungsleiste oder in der zum Bearbeiten per Doppelklick geöffneten Zelle zu übernehmen.

Wird Text dagegen direkt in eine markierte Zelle eingefügt, überschreibt der eingefügte Text den bisherigen Inhalt der Zelle. Der eingefügte Text behält als Vorgabe die Formatierung bei, die von Word mitgegeben worden ist. Das kann natürlich auch für eine ganze Spalte geschehen, wie die nächste Abbildung zeigt.

Abbildung 22.3 Liste aus Word in Excel

Wird Fließtext aus Word auf diese Weise über die Zwischenablage übernommen, wird jeweils ein Absatz im Fließtext in eine Zelle kopiert. Da Excel 2010 pro Zelle Tausende von Zeichen zulässt, ist es überhaupt kein Problem mehr, auch umfangreiche Texte auf ein Tabellenblatt zu kopieren. Dabei sollte dann allerdings für die Zellen der Zeilenumbruch eingeschaltet und eine entsprechende Spaltenbreite gewählt werden. Auch das Zusammenfassen von Zellen ist in diesem Fall sinnvoll. Die nächste Abbildung zeigt ein Beispiel, in dem ein längerer Text in einen zusammengefassten Zellbereich übernommen worden ist.

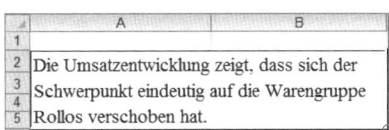

Abbildung 22.4 Textpassage aus Word im Kopf einer Tabelle

22.2 Dateien dynamisch verknüpfen

Die einmalige Übernahme von Informationen aus einer Anwendung in die andere ist dann keine ausreichende Lösung, wenn es darauf ankommt, dass der Informationsstand zu einem bestimmten Sachverhalt in beiden Anwendungen immer gleich ist. Übernimmt etwa eine Tabelle in Excel eine bestimmte Liste von Bezeichnungen aus einem in Word erstellten Katalog, taucht die Frage auf, was geschehen soll, wenn Bezeichnungen im Katalog geändert werden. Soll die Excel-Tabelle jede Änderung im Katalog nachvollziehen, ist eine Verknüpfung beider Dokumente sinnvoll.

Obwohl eine solche Verknüpfung über die Zwischenablage hergestellt werden kann, sofern sie nicht über Makros erfolgt, wird die ständige Aktualisierung der Daten von der Quelle in Richtung Zieldatei unabhängig von der Zwischenablage durchgeführt. Dazu wird jeweils ein direkter Kanal zwischen einem bestimmten Element des Quelldokuments und dem entsprechenden Element des Zieldokuments geöffnet, über den die Daten ausgetauscht werden.

Verknüpfung zwischen Tabelle und Text

Nehmen Sie als Beispiel eine Liste von Bezeichnungen in einem Word-Dokument, die zur Beschriftung von Tabellenzeilen in Excel verwendet werden soll:

1 Kopieren Sie die markierten Daten von Word in die Zwischenablage, und wechseln Sie in die Excel-Arbeitsmappe.

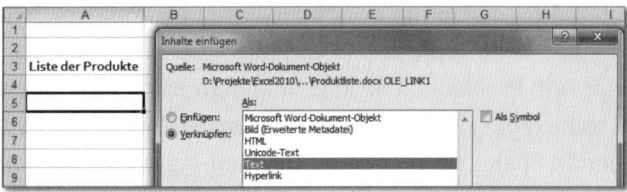

2 Markieren Sie die erste Zelle für den Bereich, der die Daten aufnehmen soll. Diesmal benutzen Sie zum Einfügen über das Kontextmenü den Befehl **Inhalte einfügen**. Im Dialogfeld wählen Sie zunächst die Option **Verknüpfen** und unter **Als** die Option **Text**.

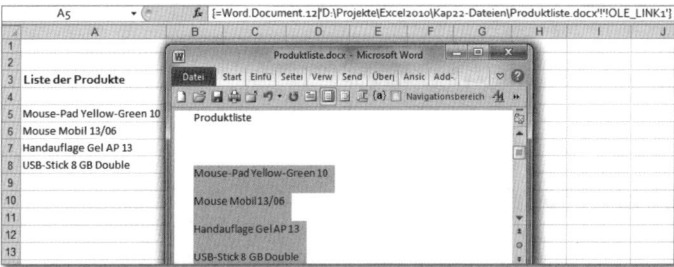

3 Wenn Sie den Befehl bestätigen, fügt Excel die Daten ein. Wenn Sie in die Bearbeitungsleiste sehen, finden Sie für jede Zelle die gleiche Matrixformel, mit der die Verknüpfung hergestellt wird. Die Formel lautet z. B.:

```
{=Word.Document.12|'D:\Projekte\Excel2010\Kap22-Dateien\
Produktliste.docx'!'!OLE_LINK1'}
```

Ist die Verknüpfung hergestellt, werden die Daten in der Excel-Tabelle jedes Mal angepasst, wenn sie in dem Word-Dokument geändert werden.

Steuerung der Aktualisierung

Ob die Änderungen einer Quelldatei sofort in der Excel-Tabelle angezeigt werden, hängt davon ab, ob die automatische oder die manuelle Aktualisierung eingeschaltet ist. Dies geschieht in dem Dialogfeld des Befehls **Verknüpfungen bearbeiten**, mit dem alle Verknüpfungen einer Arbeitsmappe verwaltet werden. Dieser Befehl wird in der Gruppe **Daten ▶ Verbindungen** nur angeboten, wenn in der Arbeitsmappe auch tatsächlich Verknüpfungen vorkommen.

Wenn unter **Aktualisieren** nicht **A** für **Automatisch** eingestellt ist, was die Vorgabe ist, kann eine in der Liste markierte Verknüpfung mit der Schaltfläche **Werte aktualisieren** auf den neuesten Stand gebracht werden.

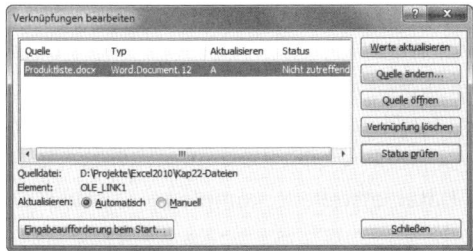

Abbildung 22.5 Das Dialogfeld »Verknüpfungen bearbeiten«

Beim Öffnen einer Datei, die eine Remoteverknüpfung enthält, also eine Verknüpfung zu einem Dokument einer anderen Anwendung, werden Sie normalerweise gefragt, ob Sie die Verknüpfungen »zu anderen Datenquellen« aktualisieren möchten.

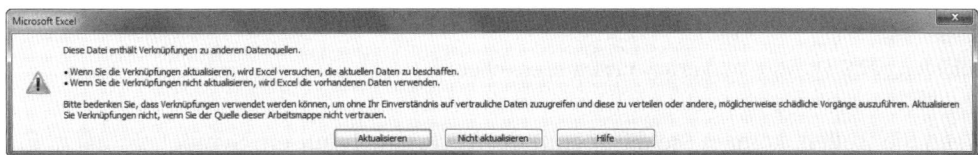

Abbildung 22.6 Hinweis bei Verknüpfungen

Wenn Sie dies bestätigen, werden die Daten in der Tabelle an die Daten in der Quelldatei angepasst, andernfalls werden eventuelle Änderungen in der Quelldatei nicht übernommen. Sie können diese Abfrage aber auch abschalten, und zwar über die Schaltfläche **Eingabeaufforderung beim Start** in dem Dialog **Verknüpfungen bearbeiten**. Die Alternativen sind die automatische Aktualisierung ohne Warnung oder die generelle Unterbindung der Aktualisierung.

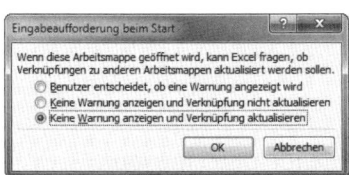

Abbildung 22.7 Alternativen beim Öffnen verknüpfter Dokumente

22.3 Einsatz von verknüpften Objekten

Textpassagen aus Word lassen sich auch als Objekt in einem Excel-Arbeitsblatt einfügen und mit dem Quelldokument verknüpfen. Wird der Text in Word geändert, dringt die Änderung auch zu der Excel-Arbeitsmappe durch. Neben der Möglichkeit, ein Objekt über die Zwischenablage einzufügen und zu verknüpfen, kann auch der Befehl **Einfügen ▶ Text ▶ Objekt** zu diesem Zweck genutzt werden. Wenn Sie die Registerkarte **Aus Datei erstellen** wählen und das Kontrollkästchen **Verknüpfen** abhaken, kann die ausgewählte Datei als Objekt in eine Arbeitsmappe eingefügt werden. Während Sie also bei der Verknüpfung über die Zwischenablage Teile eines Dokuments als Objekt übernehmen können, erlaubt Ihnen **Einfügen ▶ Objekt ▶ Aus Datei erstellen**, komplette Dateien als Objekte zu übernehmen.

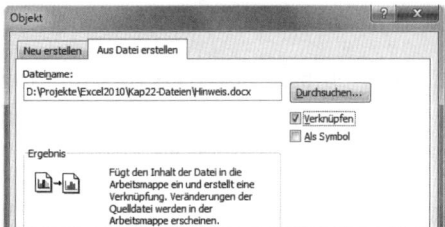

Abbildung 22.8 Die Registerkarte »Aus Datei erstellen«

Wenn Sie wollen, können Sie dafür statt des Textes auch nur ein Symbol einfügen. Ein Doppelklick führt dann zum Text selbst. Haken Sie dazu **Als Symbol** ab.

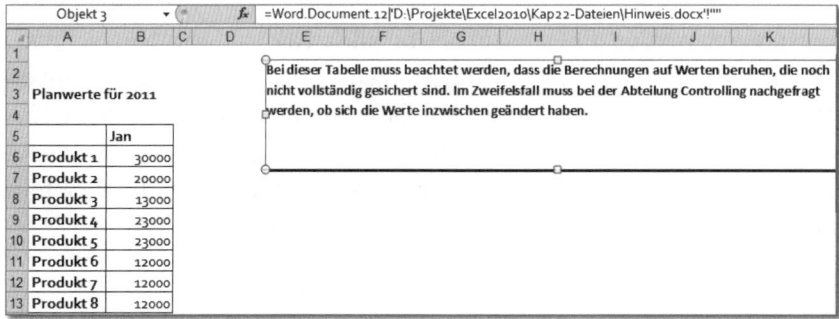

Abbildung 22.9 Textobjekt im Arbeitsblatt

Ein Doppelklick auf das Objekt öffnet jeweils die entsprechende Datei in Word.

22.4 Ausgeliehene Leistungen mit eingebetteten Objekten

Neben der oben behandelten Objektverknüpfung besteht auch die Möglichkeit, ein Objekt einer anderen Anwendung in die aktuelle Anwendung einzubetten. Hierbei geht es nicht unbedingt darum, bereits vorhandene Informationen aus einer anderen Anwendung zu übernehmen. Hauptsächlicher Vorteil des Einbettens von Objekten ist, dass Sie

22.4 Ausgeliehene Leistungen mit eingebetteten Objekten

sich auf diese Weise die Fähigkeiten eines anderen Windows-Programms in Ihre Excel-Anwendung hineinholen können.

Mit dieser Methode entstehen Dokumente, bei denen Daten unterschiedlichen Typs – Tabellen, Texte, Bilder, Ton und Video – gemischt werden können. Die verschiedenen Objekte behalten jeweils die Verbindung zu dem Anwendungsprogramm bei, mit dem sie erstellt wurden.

Im Unterschied zur Objektverknüpfung werden beim Einbetten eines Objektes die gesamten Quelldaten in die Zieldatei übernommen, sofern das Objekt aus einer bereits vorhandenen Datei erstellt wird. Anschließend wird aber im Gegensatz zur Verknüpfung die Verbindung zu dieser Quelldatei abgeschnitten. Die Datei, die vorübergehend als Quelldatei dient, und die Datei mit dem eingebetteten Objekt sind also vollkommen unabhängig voneinander. Im anderen Fall wird das Objekt gleich ganz »an Ort und Stelle« entwickelt – nur mithilfe der »fremden« Programmfunktionen und ohne Rückgriff auf eine bestehende Datei.

Bedienungsanleitung als Word-Objekt

Wenn es darum geht, die Textbearbeitungsmöglichkeiten von Word zu nutzen, etwa um eine gut lesbare Dokumentation zu einem Kalkulationsmodell zu erstellen, liegt es nahe, ein Word-Objekt in eine Arbeitsmappe einzubetten. Das Verfahren sieht folgendermaßen aus:

1 Zunächst markieren Sie die Zelle, die die linke obere Ecke des Textobjektes berührt. Dann verwenden Sie **Einfügen ▶ Text ▶ Objekt**.

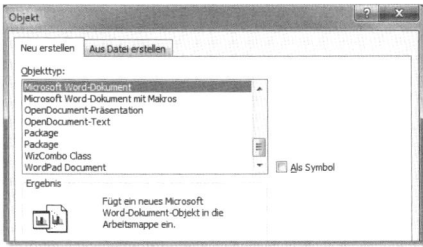

2 Auf dem Register **Neu erstellen** werden die verschiedenen Objekttypen angeboten, die auf Ihrem Gerät möglich sind. Welche das sind, hängt davon ab, welche Anwendungen bei Ihnen installiert und ordnungsgemäß registriert sind.

3 In diesem Fall wählen Sie den Objekttyp **Microsoft Word-Dokument** aus. Im Menüband erscheinen Befehle von Word. Außerdem wird noch ein **Datei**- und **Fenster-**

Menü eingeblendet. Innerhalb der Tabelle wird ein Rahmen für einen Text angelegt, der mit der Maus an den Markierungen vergrößert werden kann. In der Titelleiste erscheint **Dokument von...** als Hinweis auf das Textobjekt.

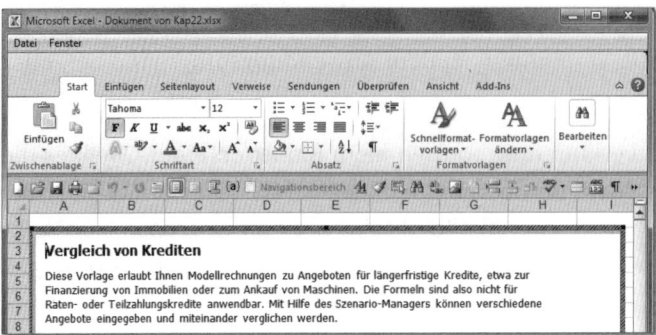

4 Nun können Sie den Text eingeben und mit den Werkzeugen von Word bearbeiten und gestalten. Zum Formatieren des Textes können Sie auch den Aufgabenbereich **Formatvorlagen** einblenden.

5 Um die Bearbeitung abzuschließen, genügt ein Klick auf eine normale Excel-Zelle. Der Text erscheint wie in einem Textfeld. Das Objekt kann auch wie ein Textfeld verschoben oder in den Abmessungen geändert werden.

Wenn Sie das Objekt anklicken, finden Sie die Formel eingetragen:

`=EINBETTEN("Word.Document.12";"")`

Wollen Sie den Text erweitern oder ändern, holt ein Doppelklick auf das Objekt die Word-Funktionen sofort wieder zurück. Ein so eingebettetes Objekt kann also »vor Ort« geändert werden.

Wird das Objekt ausgewählt, erscheint im Kontextmenü der Befehl **Dokument-Objekt**. Er bietet drei Unterpunkte: **Bearbeiten** entspricht dem Doppelklick zum Bearbeiten des Objektes. **Öffnen** zeigt das Textobjekt in einem eigenen Word-Fenster. Das ist sinnvoll, wenn der Text doch zusätzlich noch als separates Word-Dokument gespeichert werden soll. Die Option **Konvertieren** erlaubt, das Objekt in ein anderes Dateiformat oder auch in ein Symbol zu verwandeln.

Um ein Objekt aus einem Dokument herauszunehmen, muss es zunächst ausgewählt werden. Benutzen Sie dann `Entf`.

Eine vorhandene Datei als Objekt einbetten

Soll beispielsweise ein bereits als Datei gespeichertes Word-Dokument als Objekt in eine Excel-Tabelle eingefügt werden, benutzen Sie im Dialogfeld von **Objekt** das Register **Aus Datei erstellen** und wählen die Datei, aus der ein Objekt erstellt werden soll. Ist das Objekt aus diesen Quelldaten eingefügt, wird die Verbindung wieder abgebrochen. Achten Sie aber darauf, dass das Kontrollkästchen **Verknüpfen** nicht abgehakt ist, denn sonst kommt ja, wie bereits beschrieben, eine Verknüpfung zustande.

Diagramme aus Excel in Word

Wird ein Diagramm in Excel über die Zwischenablage nach Word kopiert, erscheint beim Einfügen in Word ein Menü, das Ihnen verschiedene Möglichkeiten anbietet.

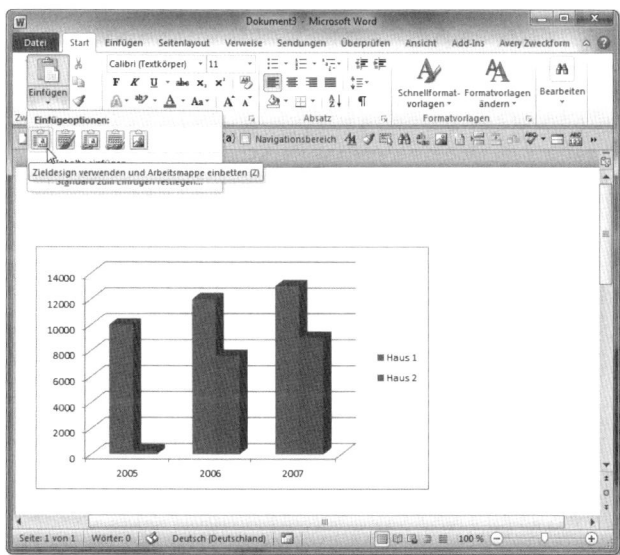

Abbildung 22.10 Übernahme eines Diagramms in Word

- Die erste Option liefert ein Diagramm, das die Formatierung an Word als Zielanwendung anpasst und zugleich das zugehörige Arbeitsmappenobjekt einbettet.
- Die zweite Option liefert ein Diagramm, das die Formatierung aus Excel übernimmt und ebenfalls das zugehörige Arbeitsmappenobjekt einbettet. In beiden Fällen kann das Diagramm unabhängig von der Quellarbeitsmappe verwendet werden.

Die beiden nächsten Optionen erzeugen dagegen ein Diagramm – mit der Formatierung von Word oder von Excel –, das mit den Quelldaten in Excel verknüpft ist. Ändern sich diese, wird auch das Diagramm verändert.

Für alle vier Optionen gilt nun, dass für das in Word ausgewählte Diagramm die **Diagrammtools** aus Excel zur Verfügung stehen. Über das Register **Layout** lässt sich das Diagramm weiter bearbeiten. Auf dem Register **Entwurf** steht in der Gruppe **Daten** die Schaltfläche **Daten bearbeiten** zur Verfügung, die die Daten des Diagramms wieder in Excel zur Bearbeitung anbietet. Die neuen Werte werden dann sofort in das Word-Diagramm übernommen.

Ist das Diagramm verknüpft, wird in Word die Schaltfläche **Daten aktualisieren** verwendet, um Änderungen von Excel zu übernehmen.

Die letzte Option des Menüs **Einfügen** fügt das Diagramm als grafisches Objekt ein, das keine Verknüpfung mit den Quelldaten hat. Dafür stehen aber alle Bearbeitungsmöglichkeiten zur Verfügung, die für grafische Objekte angeboten werden.

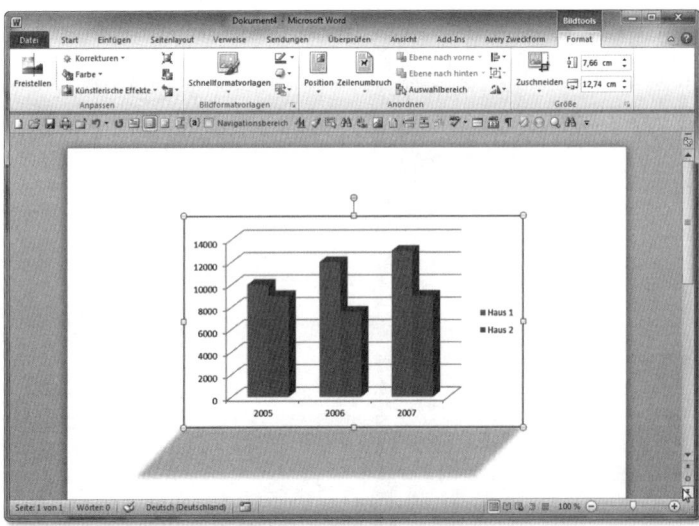

Abbildung 22.11 Diagramm als grafisches Objekt mit einem Schatteneffekt

Einbetten oder Verknüpfen?

Wann ist Einbetten günstiger, wann Verknüpfen? Die Handhabung ist beim Einbetten sicher einfacher. Außerdem sind keine zusätzlichen Dateien notwendig, wenn die Objekte in der Tabelle eingebettet sind. Allerdings können die Dateien eine Menge Speicher benötigen, wenn mehrere Objekte in eine Arbeitsmappe eingebettet werden, insbesondere bei Bild-, Ton- oder Videoobjekten.

Eine Verknüpfung ist dann interessant, wenn ein Objekt einheitlich in mehreren Dokumenten erscheinen soll. Da Änderungen ja zu allen verknüpften Dokumenten durchdringen, kann auf diese Weise leicht die Übereinstimmung gewährleistet werden.

23 Routineaufgaben mit Makros automatisieren

Ein großer Teil der Büroarbeit mit Excel ist Routine. Immer wieder werden Tabellen benötigt, die denselben Aufbau haben, immer wieder müssen bestimmte Formulare ausgefüllt und ausgedruckt werden. Schon seit den ersten Versionen bietet Excel die Möglichkeit, derartige Aktionen zu automatisieren, indem sie als Makros aufgezeichnet werden. Excel bietet dafür die Programmiersprache Visual Basic für Applikationen (kurz: VBA) an, eine Variante von Visual Basic (VB), einer der wichtigen Programmiersprachen unter Windows.

Während Visual Basic als eigenständige Programmiersprache zur Erstellung kompletter Anwendungen benutzt wird, arbeitet Visual Basic für Applikationen in einer Gastrolle bei einer laufenden Anwendung. Solange Sie Makros nur aufzeichnen, brauchen Sie von dieser Sprache allerdings kaum Kenntnis zu nehmen, denn Excel generiert die Programme beim Aufzeichnen automatisch. Eine Einführung in VBA finden Sie im nächsten Kapitel.

23.1 Makros aufzeichnen

Erster Kandidat für eine Makroaufzeichnung soll hier ein Zeitplan für Projekte sein, der jeweils die nächsten 20 Wochentage berücksichtigt. Könnte der Zeitplan immer an der gleichen Stelle in einer Tabelle stehen, wäre eine Mustervorlage angebracht. Soll der Zeitplan dagegen an einer beliebigen Stelle einer Arbeitsmappe verwendet werden, ist es sinnvoll, dafür ein Makro aufzuzeichnen. Bevor Sie mit der Aufzeichnung eines entsprechenden Makros beginnen, lohnt es sich, den Arbeitsablauf zunächst einmal manuell durchzuführen und sich dabei eventuell die einzelnen Arbeitsschritte zu notieren, damit Sie bei der Aufzeichnung nicht »hängenbleiben« und von vorne beginnen müssen.

	1	2	3
1	Zeitplan		
2		Aufgabe	Status
3	Dienstag, 23. Februar 2010		
4	Mittwoch, 24. Februar 2010		
5	Donnerstag, 25. Februar 2010		
6	Freitag, 26. Februar 2010		
7	Montag, 1. März 2010		
8	Dienstag, 2. März 2010		
9	Mittwoch, 3. März 2010		
10	Donnerstag, 4. März 2010		
11	Freitag, 5. März 2010		
12	Montag, 8. März 2010		
13	Dienstag, 9. März 2010		

Abbildung 23.1 Zeitplan mit Wochentagen

23.1.1 Vorbereitungen

Zunächst sollten Sie sicherstellen, dass die Registerkarte **Entwicklertools** eingeblendet ist. Dies geschieht über **Datei ▸ Optionen** im Register **Menüband anpassen**.

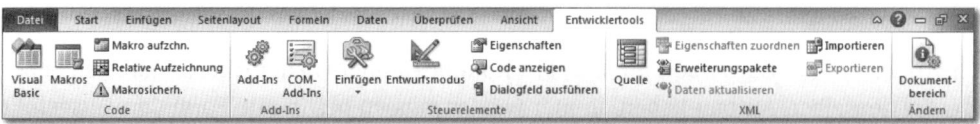

Abbildung 23.2 Das Register »Entwicklertools« mit seinen fünf Gruppen

Aktivieren Sie dort im rechten Fenster unter **Hauptregisterkarten** die Option **Entwicklertools**. Die Leiste bietet folgende Gruppen an: **Code**, **Add-Ins**, **Steuerelemente**, **XML** und **Ändern**. Eine Abwahl einzelner Gruppen ist hier nicht möglich.

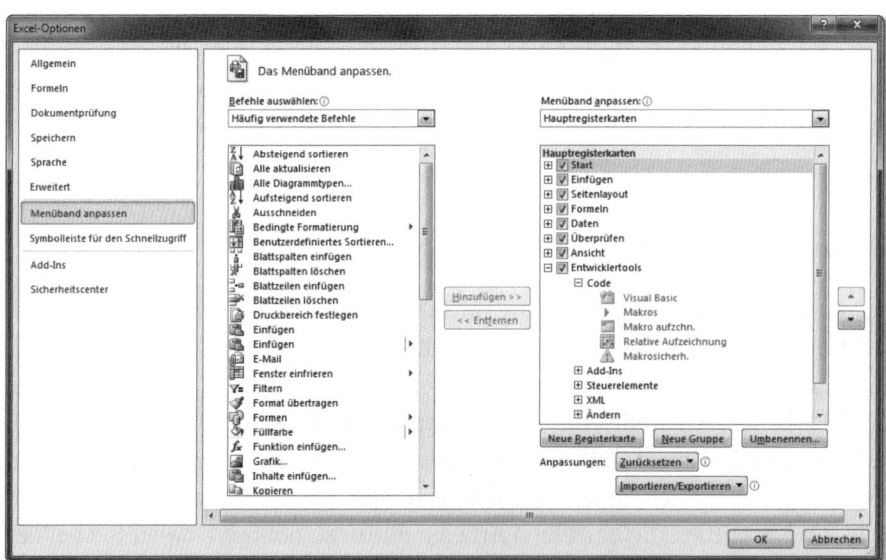

Abbildung 23.3 Einblenden der Registerkarte »Entwicklertools«

Außerdem sollten Sie dafür sorgen, dass in der Statusleiste im linken Teil das Symbol **Makroaufzeichnung** eingeblendet wird. Ist das nicht der Fall, klicken Sie die Statusleiste mit rechts an und aktivieren diese Schaltfläche.

Wenn Sie ausschließlich mit aufgezeichneten Makros arbeiten wollen, haben Sie auch die Möglichkeit, die Registerkarte **Entwicklertools** ausgeblendet zu lassen, was die Vorgabe ist. Die Aufzeichnung und der Start von Makros lässt sich dann über die Gruppe **Makros** auf dem Register **Ansicht** vornehmen. Das Symbol **Makros** bietet dazu ein kleines Menü an.

23.1 Makros aufzeichnen

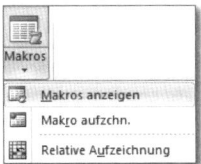

Abbildung 23.4 Makrobefehle im Register »Ansicht«

Die folgenden Schritte bereiten die eigentliche Aufzeichnung vor:

1 Sie wählen ein leeres Blatt in einer leeren Arbeitsmappe und klicken auf das Symbol **Makroaufzeichnung**, oder Sie benutzen auf dem Register **Entwicklertools** in der Gruppe **Code** den Befehl **Makro aufzchn**.

2 Im Dialogfeld sollte zunächst ein sprechender Name den Vorgabenamen ersetzen, also eine Bezeichnung, bei der Sie auch nach einem halben Jahr noch wissen, worum es sich handelt. Soll der Name aus mehreren Wörtern bestehen, müssen diese durch Unterstriche verbunden werden. Punkte sind innerhalb der Makronamen nicht zulässig. Das erste Zeichen muss ein Buchstabe sein.

3 Auch eine kurze Beschreibung kann sich durchaus als nützlich erweisen. Hier könnte z. B. stehen, was das Makro genau macht und was bei seiner Verwendung zu beachten ist.

4 Makros können auf verschiedene Weise gestartet werden. Eine Möglichkeit ist, an dieser Stelle eine Tastenkombination für den Start des Makros festzulegen. Sie geben unter **Tastenkombination** einen Buchstaben an, der in Kombination mit den vorher gedrückt gehaltenen Tasten [Strg] und [⇧] verwendet werden soll. In diesem Fall wäre vielleicht *Z* günstig, zur besseren Erinnerung an *Zeitplan*. Excel prüft übrigens bei der Bestätigung des Dialogs, ob die Tastenkombination noch frei ist, und bringt einen entsprechenden Hinweis, wenn das nicht der Fall ist. Dann sollten Sie eine andere Taste versuchen.

> **HINWEIS**
>
> **Unerlaubte Tasten**
> Für die Tastenkombination dürfen keine Zahlen oder Sonderzeichen verwendet werden. Die verwendeten Tastenkombinationen in einer Arbeitsmappe überschreiben übrigens andere vorgegebene Tastenkombinationen, solange die Arbeitsmappe geöffnet ist.

5 Unter **Makro speichern in** ist nun noch die Entscheidung zu treffen, wo Ihr Makro aufgezeichnet werden soll. Hier haben Sie wieder mehrere Möglichkeiten. Die Entscheidung hängt davon ab, wofür das Makro benötigt wird:

- **Diese Arbeitsmappe** bedeutet, das Makro wird innerhalb der aktuellen Arbeitsmappe aufgezeichnet und steht zunächst in dieser zur Verfügung. Es steht anderen Mappen nur dann zur Verfügung, wenn diese Arbeitsmappe gleichzeitig geöffnet ist. Diese Option sollten Sie in der Regel wählen, wenn das Makro tatsächlich nur für diese eine Arbeitsmappe benötigt wird.

- **Neue Arbeitsmappe** heißt, dass für das Makro eine eigene Arbeitsmappe eingerichtet wird. Das Makro steht zur Verfügung, wenn diese Arbeitsmappe geladen ist. Diese Option ist zu empfehlen, wenn Makros nicht immer, aber doch häufiger von verschiedenen Arbeitsmappen aus eingesetzt werden sollen.

- Eine Aufzeichnung in die **Persönliche Makroarbeitsmappe** bedeutet, dass das Makro in einer speziellen Arbeitsmappe mit dem Namen *Personal.xlsb* aufgezeichnet wird, die von Excel automatisch in dem Ordner *XLSTART* untergebracht wird, und zwar im ausgeblendeten Zustand. Das bedeutet zweierlei: Erstens wird diese Datei immer automatisch geöffnet, wenn Sie Excel starten, die Makros stehen also stets zur Verfügung. Zweitens sehen Sie diese Datei nicht, sie wirkt hinter den Kulissen. Damit ist diese Option die erste Wahl bei allen Makros, die Sie häufig benötigen, die also prinzipiell in jeder Arbeitssitzung von Excel zugänglich sein sollten. Bei dem geplanten Makro wäre diese Wahl durchaus sinnvoll, wenn der Zeitplan immer wieder genutzt wird. Der Einfachheit halber soll aber zunächst die Speicherung in der aktuellen Arbeitsmappe verwendet werden.

6 Nach Bestätigung des Dialogs kann die Aufzeichnung beginnen. Das Symbol **Makroaufzeichnung** ändert etwas sein Aussehen und kann nun zum Beenden der Aufzeichnung verwendet werden. Das gilt auch für den entsprechenden Befehl in der Gruppe **Code**.

7 Die Gruppe **Entwicklertools ▶ Code** enthält noch eine weitere Schaltfläche mit der Bezeichnung **Relative Aufzeichnung**. Sie sollte angeklickt werden, wenn die Aufzeichnung mit relativen Zelladressen arbeiten soll. Diese Aufzeichnungsart wird für diesen Fall benötigt, da der Zeitplan ja immer an der Stelle eingetragen werden soll, die Sie vorher mit dem Zellzeiger markieren.

> **HINWEIS**
>
> **Mischen von Bezügen**
> Durch An- und Abschalten der relativen Aufzeichnung können in einem Makro relative und absolute Zellbezüge gemischt werden. Solange Sie absolute Verweise benötigen, darf die Schaltfläche **Relative Aufzeichnung** nicht ausgewählt sein. Sobald Sie zu relativen Verweisen wechseln wollen, klicken Sie auf diese Schaltfläche. Erneutes Klicken schaltet wieder auf absolute Verweise um.

23.1.2 Aufzeichnung für einen Zeitplan

Nun steht der Aufzeichnung nichts mehr im Wege. Sie können der Reihe nach die notwendigen Schritte für den Zeitplan ausführen:

1 In die aktuelle Zelle wird zunächst die Überschrift *Zeitplan* geschrieben und mit dem Symbol **Fett** und dem Schriftgrad **12** formatiert.

2 Dann markieren Sie eine Zelle, die zwei Zeilen tiefer liegt. Dort tragen Sie das aktuelle Tagesdatum über die Funktion HEUTE() ein. Da ein fixer Wert benötigt wird, kopieren Sie die Zelle und fügen den Wert, den die Formel liefert, anschließend mit **Einfügen ▸ Werte** in derselben Zelle ein.

3 Das Datum wird dann noch in dem Format **Datum lang** formatiert, bei dem der Tagesname vor dem Datum erscheint.

4 Mit gedrückter rechter Maustaste wird das Ausfüllkästchen so weit nach unten gezogen, bis 20 Einträge erzeugt worden sind. Aus dem Kontextmenü wird der Befehl **Wochentage ausfüllen** verwendet.

5 Anschließend wird die Spalte per Doppelklick auf die Spaltenbegrenzung noch an die neuen Einträge angepasst.

6 Die Zelle über der noch freien Nachbarspalte wird mit *Aufgabe*, die Zelle daneben mit *Status* beschriftet. Die Aufgabenspalte muss dann noch etwas verbreitert werden, damit Platz für die Einträge vorhanden ist.

7 Der ganze Bereich wird markiert und durch ein Rahmengitter und einen anderen Zellhintergrund abgehoben.

8 Der Zellzeiger wird in die erste Eingabezelle gesetzt. Dann kann die Aufzeichnung mit einem Klick auf das Symbol **Aufzeichnung beenden** gestoppt werden.

> **TIPP**
>
> **Kopieren des Makros**
>
> Wenn Sie sich später entschließen, ein Makro aus einer Arbeitsmappe in eine andere Arbeitsmappe oder die »persönliche Arbeitsmappe« zu übernehmen, müssen Sie das Makro natürlich nicht neu aufzeichnen. Sie kopieren den Text aus dem Modulfenster über die Zwischenablage an den neuen Platz. Die »persönliche Arbeitsmappe« muss dazu vorübergehend eingeblendet werden. Dies geschieht über **Ansicht ▶ Fenster ▶ Fenster einblenden**.

23.1.3 Wie sieht die Aufzeichnung aus?

Bei diesem Makro, das so, wie es ist, immer wieder verwendet werden kann, müssen Sie im Prinzip nicht wissen, wie Excel die Befehle aufgezeichnet hat. Das Makro funktioniert, das ist die Hauptsache. Werfen Sie trotzdem mal einen Blick auf das Ergebnis der Aufzeichnung. Die Makros werden in einem eigenen Fenster, dem Fenster des VBA-Editors, angezeigt und bearbeitet:

1 Wenn Sie das Ergebnis sehen und möglicherweise nachbearbeiten wollen, wählen Sie den Befehl **Entwicklertools ▶ Code ▶ Makros** oder die Tastenkombination ⌈Alt⌉ + ⌈F8⌉.

2 In der Liste unter **Makroname** finden Sie den Eintrag **Zeitplanung**, wenn Sie die Schritte oben korrekt ausgeführt haben. Ist das Makro ausgewählt, erscheint unten die kurze Beschreibung. Klicken Sie den Makronamen an und dann die Schaltfläche **Bearbeiten**.

3 Excel öffnet das VBA-Fenster und stellt das Makro darin in einem eigenen Modulfenster zur Ansicht und Überarbeitung bereit.

```
Sub Zeitplanung()
'
' Zeitplanung Makro
'
' Tastenkombination: Strg+Shift+z
'
    ActiveCell.FormulaR1C1 = "Zeitplan"
    ActiveCell.Select
    With Selection.Font
        .Name = "Corbel"
        .Size = 12
        .Strikethrough = False
        .Superscript = False
        .Subscript = False
        .OutlineFont = False
        .Shadow = False
        .Underline = xlUnderlineStyleNone
        .ThemeColor = xlThemeColorLight1
        .TintAndShade = 0
        .ThemeFont = xlThemeFontNone
    End With
    Selection.Font.Bold = True
    ActiveCell.Offset(2, 0).Range("A1").Select
    ActiveCell.FormulaR1C1 = "=TODAY()"
    ActiveCell.Select
    Selection.Copy
    Selection.PasteSpecial Paste:=xlPasteValues, Operation:=xlNone, SkipBlanks _
        :=False, Transpose:=False
    Application.CutCopyMode = False
    Selection.NumberFormat = "[$-F800]dddd, mmmm dd, yyyy"
    Selection.AutoFill Destination:=ActiveCell.Range("A1:A21"), Type:= _
        xlFillWeekdays
    ActiveCell.Columns("A:A").EntireColumn.ColumnWidth = 25
    ActiveCell.Offset(-1, 1).Range("A1").Select
    ActiveCell.FormulaR1C1 = "Aufgabe"
    ActiveCell.Offset(0, 1).Range("A1").Select
    ActiveCell.Offset(0, -1).Columns("A:A").EntireColumn.ColumnWidth = 28.75
    ActiveCell.Select
    ActiveCell.FormulaR1C1 = "Status"
    ActiveCell.Offset(0, -2).Range("A1:C22").Select
    Selection.Borders(xlDiagonalDown).LineStyle = xlNone
```

Wie Sie sehen können, hat Excel eine Sub-Prozedur aufgezeichnet. Die meisten Zeilen beginnen mit `ActiveCell` oder mit `Selection`, also einem Bezug auf die gerade aktive Zelle oder Bereichsauswahl, und legen für diese Zellen bestimmte Eigenschaften fest, z. B. `Size = 12` für den Schriftgrad, oder wenden die Methode `AutoFill` darauf an, was dem Ziehen des Ausfüllkästchens entspricht. Doch mehr dazu im nächsten Kapitel.

Um das VBA-Fenster wieder zu verlassen, benutzen Sie den Befehl **Datei ▸ Schließen und zurück zu Microsoft Excel** oder [Alt] + [Q].

> **HINWEIS**
>
> **Was Excel aufzeichnet und was nicht**
> Excel zeichnet praktischerweise immer nur abgeschlossene Schritte auf. Wenn Sie also z. B. nacheinander verschiedene Zellen anklicken, bevor Sie etwas eintragen, zeichnet Excel nur die Auswahl der Zelle auf, in die Sie tatsächlich etwas eintragen. Ähnliches gilt für die Auswahl in einem Dialogfeld. Es wird nur der endgültige Stand aufgezeichnet, den Sie bestätigen, abgebrochene Befehle hingegen nicht. Es macht also nichts, wenn Sie sich mal in ein falsches Dialogfeld verirren und es mit [Esc] verlassen.

23.1.4 Die Arbeitsmappe mit dem Makro speichern

Excel 2010 verwendet für Arbeitsmappen, die Makros enthalten, einen eigenen Dateityp, wenn das XML-basierte Standardformat eingesetzt wird. Dies ist etwas gewöhnungsbedürftig. Deshalb müssen Sie beim Abspeichern der Arbeitsmappe darauf achten, dass unter **Dateityp** auch der passende Typ – **Excel-Arbeitsmappe mit Makros (*.xlsm)** – im Dialog **Speichern unter** ausgewählt ist. Falls dies nicht der Fall ist, erhalten Sie einen Warnhinweis.

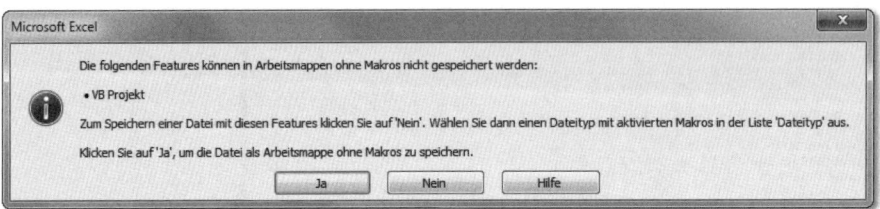

Abbildung 23.5 Warnhinweis beim Speichern

Falls Sie die Arbeitsmappe als Excel-Binärarbeitsmappe speichern, macht es dagegen keinen Unterschied, ob sie Makros enthält oder nicht.

23.1.5 Das Makro ausführen

Um das aufgezeichnete Makro auszuführen, stehen zunächst zwei Wege offen:

1. Der schnellste Weg ist, die Tastenkombination zu wählen, die Sie beim Start der Aufzeichnung angegeben haben. Sobald Sie den Zellzeiger in die Zelle gesetzt haben, ab der der Zeitplan eingetragen werden soll, drücken Sie ⌈Strg⌉ und die angegebene Taste – in unserem Beispiel ⌈Z⌉. Der komplette Zeitplan wird blitzschnell in die Tabelle eingetragen.

2. Ein weiterer Weg führt über **Entwicklertools ▶ Code ▶ Makros** oder **Ansicht ▶ Makros ▶ Makros anzeigen**. Wird im Dialogfeld der Name des auszuführenden Makros ausgewählt, kann das Makro mit der Schaltfläche **Ausführen** gestartet werden. Unter **Makros in** können Sie noch auswählen, welche Makros angezeigt werden sollen: nur diejenigen aus der aktuellen Arbeitsmappe oder die Makros aus allen gerade geöffneten Arbeitsmappen.

Die Zuordnung zu einer Tastenkombination kann auch nachträglich vorgenommen werden. Benutzen Sie dazu die Schaltfläche **Optionen**, wenn das Makro ausgewählt ist. Weitere Möglichkeiten, ein Makro zu starten, werden im nächsten Abschnitt behandelt.

23.2 Makros in den Arbeitsablauf einbinden

Was Sie bis jetzt kennengelernt haben, ist die einfachste Form, ein Makro aufzuzeichnen und zu starten. Für einige Makros ist sie durchaus brauchbar. Wenn Sie dagegen häufiger mit Makros arbeiten, bleibt eine Reihe von Wünschen offen. Der Start über Tastenkombinationen ist zwar schnell, aber die Anzahl der möglichen Kombinationen begrenzt. Ein Problem ist ebenfalls, dass das normale menschliche Gedächtnis sich nicht viele Kombinationen merken kann.

Der Start über **Entwicklertools ▶ Code ▶ Makros** ist eher mühsam, gemessen an dem Ziel, mit Makros Dinge schneller zu erledigen. Bei Makros, die häufig verwendet werden, ist die Methode zu umständlich. In diesem Fall bieten sich einige andere Wege an. Zunächst ein kurzer Überblick:

- **Symbole:** Sie können das Makro mit einem Schaltflächensymbol verknüpfen und dieses in die Schnellzugriffssymbolleiste integrieren. Dies ist sinnvoll für Makros, die allgemeine Aufgaben erledigen und immer zur Verfügung stehen sollen.

- **Schaltflächen oder grafische Objekte:** Ähnlich wie bei den Symbolen kann ein Makro mit einer eigenen Schaltfläche gestartet werden, die direkt in der Arbeitsmappe angelegt wird. Statt der Schaltfläche können auch andere grafische Objekte verwendet werden. Dies empfiehlt sich für Makros, die nur in einer bestimmten Arbeitsmappe oder einem Formular benötigt werden.

- **Ereignisse:** Makros lassen sich auch über bestimmte Ereignisse automatisch starten. Ein einfaches Beispiel ist ein Makro, das anläuft, wenn die Arbeitsmappe, zu der es gehört, geöffnet oder geschlossen wird. Änderungen an einem Arbeitsblatt können ebenso ein Makro aufrufen.

Schnellstart mit Symbolen

Es ist sicher praktisch, ein häufig benötigtes Makro mit einem Klick in Gang zu setzen. Hier die Schrittfolge zu einem selbst definierten Symbol, mit dem ein Makro gestartet werden kann:

1 Klicken Sie die Schnellzugriffssymbolleiste mit der rechten Maustaste an, und wählen Sie den Befehl **Symbolleiste für den Schnellzugriff anpassen**. Der Dialog **Excel-Optionen** wird mit dem Register **Symbolleiste für den Schnellzugriff** geöffnet.

2 Wählen Sie unter **Befehle auswählen** den Eintrag **Makros** aus. Im Listenfeld rechts daneben legen Sie fest, ob die Anpassung für alle Dokumente oder nur für die aktuelle Arbeitsmappe gelten soll.

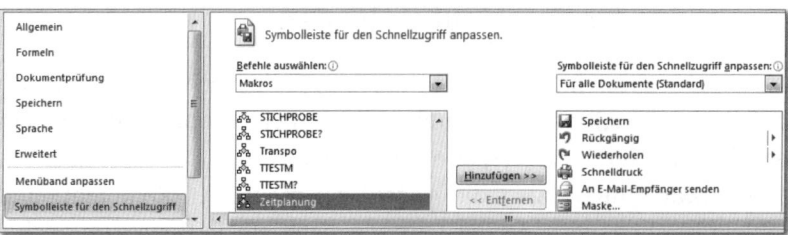

3 Wählen Sie das gewünschte Makro aus, und benutzen Sie die Schaltfläche **Hinzufügen**. Mit den kleinen Pfeilschaltflächen lässt sich die Position des neuen Symbols beliebig anpassen.

4 Excel ordnet dem ausgewählten Makro zunächst ein Standardsymbol zu. Soll eine andere Schaltfläche verwendet werden, benutzen Sie die Schaltfläche **Ändern**. Im Dialog werden zahlreiche Symbole angeboten. Der Anzeigename wird als Vorgabe vom Makronamen übernommen, kann hier aber auch geändert werden. Er entspricht dem Text, der beim Berühren der Schaltfläche angezeigt wird.

Je nach der oben gewählten Einstellung wird die so vorgenommene Erweiterung der Schnellzugriffsleiste entweder für alle Arbeitsmappen oder nur für die ausgewählte Mappe angeboten.

Makrostart über Schaltflächen oder grafische Objekte

Das Verfahren, um ein Makro mit einer im Tabellenblatt abgelegten Schaltfläche oder einem anderen grafischen Objekt zu verknüpfen, ist sehr einfach. Die Schaltfläche kann über das Register **Entwicklertools** eingefügt werden:

23.2 Makros in den Arbeitsablauf einbinden

1 Benutzen Sie in der Gruppe **Steuerelemente** die Schaltfläche **Einfügen**, die eine Palette mit Steuerelementen einblendet.

2 Klicken Sie auf das Symbol **Schaltfläche** in der Gruppe **Formularsteuerelemente**, und ziehen Sie mit der Maus eine Schaltfläche im Tabellenblatt auf.

3 Sofort wird das Dialogfeld **Makro zuweisen** geöffnet, um das Makro auszuwählen, das verknüpft werden soll.

4 Klicken Sie anschließend die Schaltfläche mit rechts an und benutzen Sie **Text bearbeiten**, um die Beschriftung anzupassen.

5 Ein Klick außerhalb der Schaltfläche schließt den Vorgang ab.

Bei Objekten, die mit den Werkzeugen in der Gruppe **Einfügen ▸ Illustrationen** oder **Einfügen ▸ Text** erstellt worden sind – ein grafisches Element oder ein WordArt-Schriftzug beispielsweise –, steht der Befehl **Makro zuweisen…** ebenfalls zur Verfügung, wenn das ausgewählte Objekt mit rechts angeklickt wird.

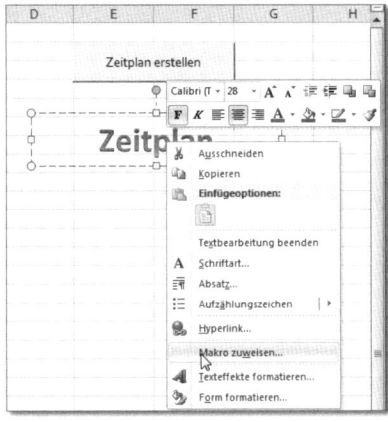

> **HINWEIS**
>
> **Schaltflächen oder Symbole?**
>
> Obwohl diese beiden Varianten ganz ähnlich aussehen – bei beiden wird das Makro mit einem Mausklick gestartet –, verkörpern sie zwei ganz unterschiedliche Typen: Symbole sind sozusagen die globalste und Schaltflächen die lokalste Möglichkeit. Das hat natürlich auch Konsequenzen für den Ort, an dem die zugehörigen Makros abgespeichert sein sollten. Makros für Schaltflächen gehören in die gleiche Arbeitsmappe wie die Tabellen mit den Schaltflächen, Makros für Symbole möglichst in die persönliche Makroarbeitsmappe.

23.3 Eine Tabelle per Makro kippen

Manchmal ist es erforderlich, eine Aufzeichnung durch kleine Veränderungen so zu präparieren, dass sie bei möglichst vielen Gelegenheiten eingesetzt werden kann. Dies soll hier an einem Makro gezeigt werden, mit dessen Hilfe bei einer Tabelle Spalten und Zeilen vertauscht (transponiert) werden können. Das ist häufig sinnvoll, wenn Tabellen in die falsche Richtung wachsen. Wegen der Übersichtlichkeit ist es nämlich meist günstiger, eine Tabelle in die Länge als in die Breite wachsen zu lassen.

Beispielsweise sind bei der Auswertung eines Tests im Laufe der Zeit immer neue Spalten mit Testergebnissen hinzugekommen. Es wäre demnach günstig, die Tabelle zu kippen. Manuell müssten Sie die Tabelle kopieren, mit **Transponieren** außerhalb der alten Tabelle einfügen, die alte Tabelle löschen und die neue transponierte Tabelle an diesen Ort verlagern. Es würde aber nicht ausreichen, diese Schritte einfach aufzuzeichnen. Das Makro würde dann nur bei Tabellen funktionieren, die immer gleich groß sind. Der Nutzen des Makros wäre gering.

	A	B	C	D	E	F	G	H	I
1									
2		Test 1	Test 2	Test 3	Test 4	Test 5	Test 6	Test 7	Test 8
3	Testperson 1	51	26	34	73	61	75	94	62
4	Testperson 2	22	104	23	68	49	110	111	28
5	Testperson 3	74	20	93	40	66	98	47	107
6	Testperson 4	60	93	55	27	52	107	101	71

Abbildung 23.6 Ausgangstabelle, die gekippt werden soll

23.3 Eine Tabelle per Makro kippen

Per Makro transponieren

Es soll erreicht werden, dass sich das Makro zunächst den Ort der alten Tabelle merkt, um am Ende dort die transponierte Tabelle wieder einzufügen. Auch die dafür notwendigen Anweisungen lassen sich aufzeichnen. Hier die einzelnen Schritte:

1 Zunächst wird die Tabelle markiert, die transponiert werden soll. Rechts neben der Tabelle muss ein hinreichend großer Bereich frei sein, in dem die transponierte Tabelle vorübergehend Platz finden kann.

2 Dann wird die Aufzeichnung mit dem Symbol **Makro aufzeichnen** und der Einstellung **Relative Aufzeichnung** gestartet.

3 Die markierte Tabelle wird über das Namenfeld mit dem Namen *Quelle* versehen. Anschließend wird sie mit **Kopieren** in die Zwischenablage übertragen.

4 Mit zweimal `Strg` + `→` und `→` wird der Zellzeiger rechts neben die markierte Tabelle gesetzt. Mit **Zwischenablage ▸ Einfügen** und der Option **Transponieren** wird die gedrehte Tabelle vom Zellzeiger an eingefügt (dafür der freie Bereich).

5 Ohne an der Markierung etwas zu ändern, wird diesem Bereich wie oben beschrieben der Name *Versetzt* zugewiesen.

6 Mit **Start ▸ Bearbeiten ▸ Suchen und Auswählen ▸ Gehe zu** und dem Eintrag *Quelle* wird die Markierung zur ursprünglichen Tabelle zurückgebracht. Dann wird diese Tabelle mit `Entf` gelöscht. Mit **Gehe zu** wird wieder die transponierte Tabelle markiert, also die mit dem Namen *Versetzt*, und mit **Ausschneiden** in die Zwischenablage übernommen.

7 Wieder mit **Gehe zu** wird der Bereich *Quelle* markiert und dort der Zellzeiger mit `←` in die oberste linke Zelle dieses Bereichs gesetzt und der Bereich dabei aufgelöst. Das ist wichtig, weil sonst beim Einfügen die Größe des Zielbereichs nicht brauchbar ist. Mit **Einfügen** wird die transponierte Tabelle hier untergebracht.

8 Abschließend wird noch einmal das Dialogfeld für den Namens-Manager mit **Formeln ▸ Definierte Namen ▸ Namens-Manager** aufgerufen. Dort werden die beiden Namen *Quelle* und *Versetzt* markiert und mit **Löschen** entfernt. Nach dem Schließen des Dialogfeldes wird die Aufzeichnung mit einem Klick auf das Symbol **Aufzeichnung beenden** abgeschlossen.

23 Routineaufgaben mit Makros automatisieren

	A	B	C	D	E	F
1						
2		Testperson 1	Testperson 2	Testperson 3	Testperson 4	
3	Test 1	51	22	74	60	
4	Test 2	26	104	20	93	
5	Test 3	34	23	93	55	
6	Test 4	73	68	40	27	
7	Test 5	61	49	66	52	
8	Test 6	75	110	98	107	
9	Test 7	94	111	47	101	
10	Test 8	62	28	107	71	

Abbildung 23.7 Gekippte Tabelle

Das aufgezeichnete Makro sieht wie in der nächsten Abbildung zu sehen aus. Es hat aber immer noch eine Schwachstelle, die beim Blick auf die Makroaufzeichnung schnell sichtbar wird.

```
Sub Transpo()
    ActiveWorkbook.Names.Add Name:="Quelle", RefersToR1C1:= _
        "=Tabelle2!R2C1:R6C9"
    Selection.Copy
    Selection.End(xlToRight).Select
    Selection.End(xlToRight).Select
    ActiveCell.Offset(0, 1).Range("A1").Select
    Selection.PasteSpecial Paste:=xlPasteAll, Operation:=xlNone, SkipBlanks:= _
        False, Transpose:=True
    Application.CutCopyMode = False
    ActiveWorkbook.Names.Add Name:="Versetzt", RefersToR1C1:= _
        "=Tabelle2!R2C10:R10C14"
    Application.Goto Reference:="Quelle"
    Selection.ClearContents
    Application.Goto Reference:="Versetzt"
    Selection.Cut
    Application.Goto Reference:="Quelle"
    ActiveCell.Select
    ActiveSheet.Paste
    ActiveWorkbook.Names("Quelle").Delete
    ActiveWorkbook.Names("Versetzt").Delete
End Sub
```

Abbildung 23.8 Aufgezeichnetes Makro zum Transponieren einer Tabelle

Beide Male werden für die Bereiche, die das Makro vorübergehend benennt, feste Tabellenbereiche angegeben. Das passt aber ja hier gerade nicht, denn das Makro soll verwendet werden können, egal, an welcher Stelle die Tabelle liegt und wie groß sie ist.

Hier ist also ein manueller Eingriff erforderlich. Über das Dialogfeld **Makro** kann das neue Makro ausgewählt und mit der Schaltfläche **Bearbeiten** das VBA-Modulfenster geöffnet werden.

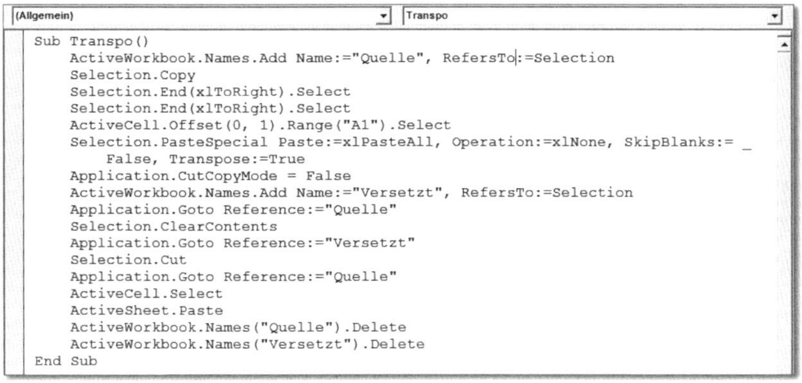

```
Sub Transpo()
    ActiveWorkbook.Names.Add Name:="Quelle", RefersTo:=Selection
    Selection.Copy
    Selection.End(xlToRight).Select
    Selection.End(xlToRight).Select
    ActiveCell.Offset(0, 1).Range("A1").Select
    Selection.PasteSpecial Paste:=xlPasteAll, Operation:=xlNone, SkipBlanks:= _
        False, Transpose:=True
    Application.CutCopyMode = False
    ActiveWorkbook.Names.Add Name:="Versetzt", RefersTo:=Selection
    Application.Goto Reference:="Quelle"
    Selection.ClearContents
    Application.Goto Reference:="Versetzt"
    Selection.Cut
    Application.Goto Reference:="Quelle"
    ActiveCell.Select
    ActiveSheet.Paste
    ActiveWorkbook.Names("Quelle").Delete
    ActiveWorkbook.Names("Versetzt").Delete
End Sub
```

Abbildung 23.9 Korrigiertes Makro

Setzen Sie bei den Zeilen mit `Names.Add Name` hinter den jeweiligen Namen den Bezug `RefersTo=Selection` anstelle der bisherigen Bereichsadressen, und zwar ohne Anführungszeichen. Das korrigierte Makro kann jetzt für jeden beliebigen Bereich benutzt werden. Wählen Sie im VBA-Fenster den Befehl **Datei ▶ Speichern** und **Schließen und zurück zu Microsoft Excel**, um wieder in das normale Excel-Fenster zu wechseln.

23.4 Makros für die Diagrammgestaltung

Ganz neu in Excel 2010 ist, dass nun auch die Gestaltung von Diagrammen aufgezeichnet werden kann. In Excel 2007 ließt sich zwar das Einfügen eines Diagramms auf der Basis ausgewählter Daten und die Wahl des Diagrammtyps aufzeichnen; die zahlreichen Schritte, die die Formatierungsdialoge für die einzelnen Diagrammkomponenten erlauben, wurden aber bei der Aufzeichnung ignoriert, d. h., es wurde kein entsprechender Code erzeugt. Das Objektmodell, das Excel 2010 zugrunde liegt, ist aber inzwischen so erweitert worden, dass diese Aufzeichnungen jetzt möglich sind.

Das ist eine durchaus wertvolle Erweiterung, insbesondere, wenn es darum geht, ein einheitliches Design in Serien von Diagrammen zu realisieren. Makros können hier die Möglichkeiten erweitern, die mit der Definition von eigenen Diagrammtypen gegeben sind. Der folgende Code zeigt ein Beispiel, in dem ein bereits bestehendes Diagramm in einem Arbeitsblatt auf eine bestimmte Größe gesetzt und ein Farbverlauf für die Diagrammfläche vergeben wird.

Das Makro setzt voraus, dass sich in einem Tabellenblatt genau ein Diagramm befindet. Dazu wurde der von Excel automatisch vergebene Diagrammname wie in

```
ActiveSheet.ChartObjects("Diagramm 1").Activate
```

durch einen Index ersetzt:

`ActiveSheet.ChartObjects(1).Activate`

```
Sub DiaForm()

    ActiveSheet.ChartObjects(1).Activate
    ActiveSheet.Shapes(1).Width = 700
    ActiveSheet.Shapes(1).Fill.Visible = msoTrue

    With ActiveSheet.Shapes(1).Fill
        .Visible = msoTrue
        .ForeColor.ObjectThemeColor = msoThemeColorAccent1
        .ForeColor.TintAndShade = 0.3399999738
        .ForeColor.Brightness = 0
        .BackColor.ObjectThemeColor = msoThemeColorAccent1
        .BackColor.TintAndShade = 0.7649999857
        .BackColor.Brightness = 0
        .TwoColorGradient msoGradientHorizontal, 2
    End With

End Sub
```

Abbildung 23.10 Formatierung eines Diagramms per Makro

Makros für grafische Objekte

Wie für Diagramme ist auch für das Einfügen und die Gestaltung grafischer Objekte inzwischen eine Aufzeichnung möglich.

```
Sub Grafik()

    ActiveSheet.Shapes.AddShape(msoShapeRightArrow, 506, 57, 202, 61). _
        Select
    Selection.ShapeRange(1).TextFrame2.TextRange.Characters.Text = _
        "Hinweise dazu auf dem letzten Blatt"
    With Selection.ShapeRange(1).TextFrame2.TextRange.Characters(1, 31). _
            ParagraphFormat
        .FirstLineIndent = 0
        .Alignment = msoAlignCenter
    End With

    With Selection.ShapeRange(1).TextFrame2.TextRange.Characters(21, 11).Font
        .BaselineOffset = 0
        .NameComplexScript = "+mn-cs"
        .NameFarEast = "+mn-ea"
        .Fill.Visible = msoTrue
        .Fill.ForeColor.ObjectThemeColor = msoThemeColorLight1
        .Fill.ForeColor.TintAndShade = 0
        .Fill.ForeColor.Brightness = 0
        .Fill.Transparency = 0
        .Fill.Solid
        .Size = 11
        .Name = "+mn-lt"
    End With

End Sub
```

Abbildung 23.11 Makro für einen beschrifteten Pfeil

Das kleine Beispiel fügt einen großen Pfeil in das Arbeitsblatt ein und beschriftet diesen.

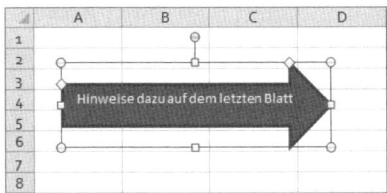

Abbildung 23.12 Per Makro erzeugtes grafisches Objekt

Auch bei Einfügen und Formatieren von Fotos lohnt es sich unter Umständen, den Makrorekorder einzuschalten, z. B. wenn einheitliche Größen und gleiche Effekte wie Schatten etc. verwendet werden sollen.

```
(Allgemein)                                   BildEinfuegen
Sub BildEinfuegen()

    ActiveSheet.Pictures.Insert( _
        "C:\Users\Helmut Vonhoegen\Pictures\raumstation.jpg").Select
    Selection.ShapeRange.Width = 340
    Selection.ShapeRange.Reflection.Type = msoReflectionType6
End Sub
```

Abbildung 23.13 Makro zum Einfügen und Formatieren eines Fotos

Die Abbildung zeigt das Ergebnis an einem Foto der Raumstation, das über Twitter verbreitet worden ist.

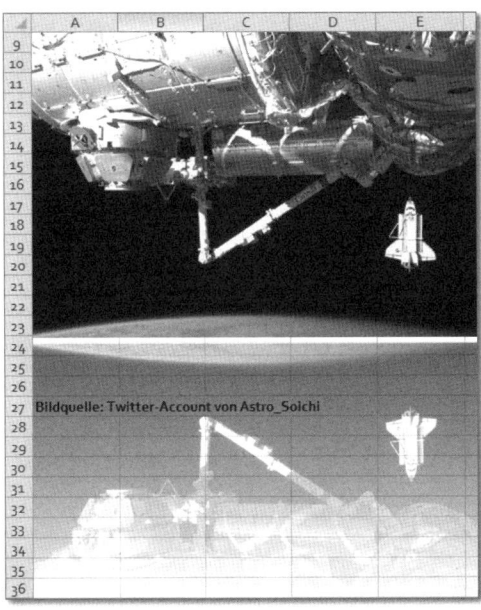

Abbildung 23.14 Per Makro eingefügtes und formatiertes Bild

Sie können die Nützlichkeit solcher Aufzeichnungen leicht dadurch erhöhen, dass Sie beispielsweise eine Abfrage nach der Beschriftung des Objektes oder nach dem Dateinamen des Fotos einbauen. Wie man das macht, wird im nächsten Kapitel beschrieben.

23.5 Makros für Rechnungen

Häufig kann eine Aufgabe durch ein paar kleine Makros sehr erleichtert werden, auch wenn an den Aufzeichnungen noch kleine Korrekturen erforderlich sind. Ein Beispiel ist das Schreiben von Rechnungen. Zwar bietet Ihnen Excel 2010 dafür eine fertige Tabellenvorlage, die ganz gut aussieht. Das Problem ist nur, dass zwar einige Anpassungsmöglichkeiten eingebaut sind, in der Praxis aber oft noch andere Änderungen notwendig werden. Deshalb wird hier gezeigt, wie Sie sich selbstständig eine solche Vorlage aufbauen können, die beliebig angepasst werden kann.

Ein halbautomatisches Rechnungsformular

Angenommen, Sie haben für Ihre Rechnungen ein Formular mit Rechnungskopf etc. als Mustervorlage aufgebaut, in der schon die wesentlichen Einträge für die Rechnung enthalten sind. Das leere Formular könnte etwa so aussehen:

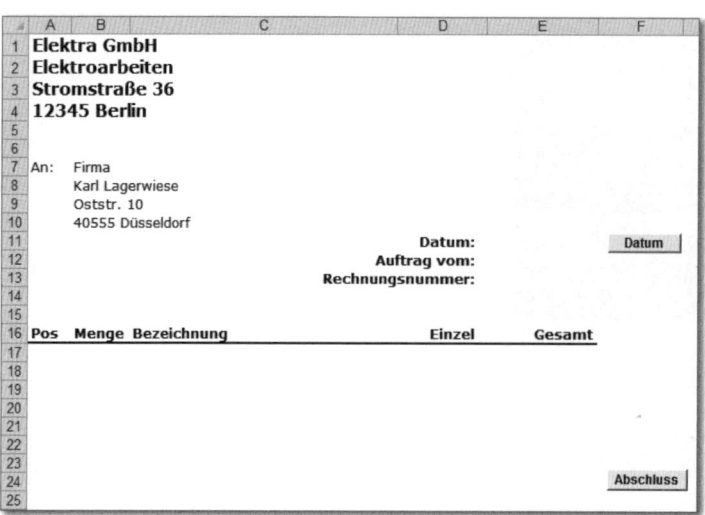

Abbildung 23.15 Formular für Rechnungen

Wenn Sie mit einem derartigen Formular arbeiten, sind folgende Aktionen nötig, von denen sich ein Teil automatisieren lässt:

- Adressat, Datum, Auftragsdatum und Rechnungsnummer werden eingetragen.
- Die Rechnungspositionen mit Menge und Einzelpreis werden zeilenweise eingegeben.
- Zum Abschluss kommen die Gesamtsumme, Ausweisung der Mehrwertsteuer, evtl. Zahlungsbedingungen etc.

Ein Makro für das Tagesdatum

Für die Eingabe des Datums kann ein kleines Makro verwendet werden. Die Zelle E11 wird ausgewählt. Das Datum wird mit der Datumsfunktion =HEUTE() vom Systemdatum übernommen. Der Zellinhalt wird in die Zwischenablage kopiert und dann als Wert wieder eingefügt (würden Sie die Funktion HEUTE() in der Zelle stehen lassen, würde die Rechnung jedes Mal das Datum aktualisieren, wenn die Datei geöffnet wird). Anschließend wird die Zelle E12 ausgewählt, sodass das Auftragsdatum eingegeben werden kann.

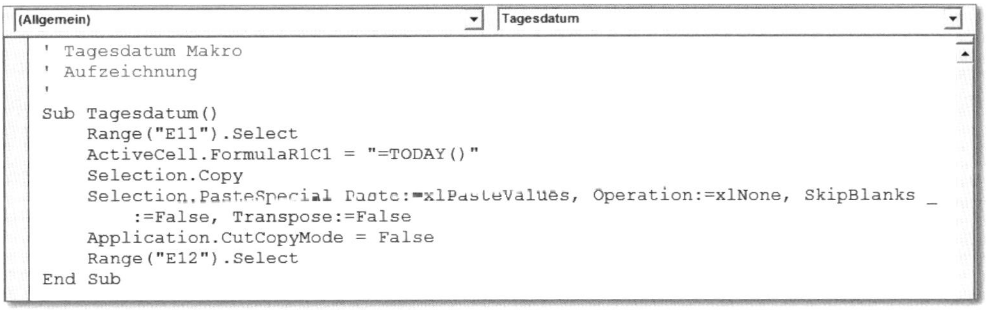

```vba
' Tagesdatum Makro
' Aufzeichnung
'
Sub Tagesdatum()
    Range("E11").Select
    ActiveCell.FormulaR1C1 = "=TODAY()"
    Selection.Copy
    Selection.PasteSpecial Paste:=xlPasteValues, Operation:=xlNone, SkipBlanks _
        :=False, Transpose:=False
    Application.CutCopyMode = False
    Range("E12").Select
End Sub
```

Abbildung 23.16 Aufzeichnung für das Datum

Obwohl das Makro so korrekt arbeitet, ist der von der Makroaufzeichnung erzeugte Code etwas umständlich. Eine kleine manuelle Korrektur vereinfacht das Makro. Zwischen den beiden *Select*-Anweisungen genügt eine einzige Zeile, die mit der VBA-Funktion Date arbeitet:

```vba
ActiveCell.R1C1Formula = Date
```

Durch diese Anweisung wird immer das aktuelle Datum des Tages in die Zelle geschrieben, an dem das Makro aufgerufen wird, also bei der Rechnungserstellung.

Ein Makro für die Rechnungspositionen

Manuell würde nach dem Eintrag des Datums etc. das Ausfüllen des eigentlichen Rechnungsteils so vor sich gehen, dass der Reihe nach die Positionsnummern, Mengen, Bezeichnungen und Einzelpreise eingetragen werden. Dann käme in jede Zelle, die einen Gesamtpreis erhalten soll, unter *Gesamt* die Formel

= Bx*Dx

wobei für x die jeweilige Zeilennummer steht. Der Eintrag der Formeln lässt sich wieder durch ein Makro erledigen, das aber erst aufgerufen wird, wenn alle Positionen erfasst sind. Dabei ist das Problem zu lösen, dass die Formel nur in Zeilen eingegeben werden sollte, in denen tatsächlich Zahlen für Menge und Einzelpreis stehen. Steht die Formel auch in einer leeren Zeile, wird der Wert 0 ausgegeben, der bei Rechnungen mit leeren Zeilen natürlich sehr störend wirkt. Als Formel wird deshalb gewählt

= If(ISNUMBER(Bx);Bx*Dx;" ")

mit der Bedeutung: Wenn Bx eine Zahl enthält, dann das Produkt Bx*Dx, sonst ein Leerzeichen (x ist wieder die Zeilennummer). Anschließend muss diese Formel in alle Zellen kopiert werden, die dafür in Frage kommen.

Als Ausgangspunkt für die Aufzeichnung soll die letzte Zeile dienen, in der eine Mengenangabe und ein Einzelpreis eingetragen wurden. Der Zellzeiger wird also zunächst in die Spalte E ein Stück weiter unten (z. B. E30) gesetzt. Am besten schreiben Sie sich in zwei Zellen für Menge und für Einzelpreis je einen Testwert, um zu sehen, ob alles richtig funktioniert. Dann wird die Makroaufzeichnung aktiviert. Als Name kann *Gesamt* eingetragen werden.

Formel-Makro aufzeichnen

In der Tabelle werden folgende Schritte vollzogen:

1 Eintrag der oben genannten Formel =If(...), wobei für x die richtige Zeilennummer eingesetzt wird.

2 Anschließend wird der Bereich von der Zelle, in die die Formel eingetragen wurde, bis zu E17 (im Beispiel also E30:E17) von unten nach oben markiert, sodass die Zelle mit der Formel den Zellzeiger behält.

3 Der letzte Schritt besteht darin, die Formel in alle markierten Zellen zu kopieren. Hierzu dient der Befehl **Start ▸ Bearbeiten ▸ Füllbereich** mit der Option **Oben**. Dann wird die Aufzeichnung beendet.

Das aufgezeichnete Makro sieht so aus:

23.5 Makros für Rechnungen

```
' Gesamt Makro
' Aufzeichnung
'
Sub Gesamt()
    ActiveCell.FormulaR1C1 = "=IF(ISNUMBER(RC[-3]),RC[-3]*RC[-1],"" "")"
    Range("E17:E30").Select
    Range("E30").Activate
    Selection.FillUp
End Sub
```

Abbildung 23.17 Makro zum Eintragen der Formeln

Das Makro schreibt zunächst die gewünschte Formel in die aktive Zelle, wobei die Formel etwas ungewöhnlich aussieht: Statt der erwarteten (und beim Aufzeichnen geschriebenen) Formel hat Visual Basic mit relativen Adressen in der R1C1-Schreibweise gearbeitet.

> **Zellverweise in Makros**
>
> In Visual Basic werden zwei Adressierungsarten verwendet: die R1C1-Schreibweise und die A1-Schreibweise, die bei der Arbeit mit Tabellen üblich ist. Die seltener verwendete R1C1-Schreibweise benennt die einzelnen Zellen nach ihrer Zeilen- und Spaltenposition (R steht für *Row*, C für *Column*), R3C2 bedeutet »3. Zeile 2. Spalte«, entspricht also B3. Da die A1-Adressen Zeichenketten sind, können Sie sie mit Operatoren für Zeichenketten verändern: Statt *A5* könnte also auch *A & 5* stehen.
>
> Die R1C1-Schreibweise gestattet es, besonders elegant relative Verweise wiederzugeben. RC ist immer die aktuelle Zelle, R(1)C ist eine Zeile tiefer, R(-1)C eine Zeile höher, RC(1) eine Spalte nach rechts, R(2)C(3) zwei Zeilen tiefer drei Spalten nach rechts usw.
>
> — HINWEIS

Ein Blick auf die Aufzeichnung lehrt, dass das Makro nicht ganz so funktionieren kann, wie es soll. Es enthält für den Bereich, der ausgewählt wird, feste Adressen (E17:E30) und für die Zelle, in der die anfängliche Formel steht, ebenfalls eine feste Adresse (E30). Hier schafft eine kleine Nachbesserung Abhilfe.

Zunächst wird eine neue Zeile eingefügt, die die aktuelle Zeilennummer (wo die Formel eingetragen wurde) ausliest. Diese Nummer wird auch benutzt, um die Zeilennummer festzulegen, in die der Zellzeiger nach der ganzen Aktion gesetzt werden soll.

```
azeile = Selection.Row
nzeile = azeile + 2
```

Die Variable azeile (aktuelle Zeile) speichert die Zeilennummer der aktuellen Auswahl. Dann wird diese Zeilennummer in die Bereichsbezeichnungen so eingebaut, wie es die folgende Abbildung zeigt (dazu wurde in diesem Beispiel ein neues Makro mit dem Namen *Gesamta* geschrieben). Zusätzlich wird an das Makro noch eine Zeile angehängt, die den Zellzeiger zwei Zellen tiefer setzt:

```
Range("E" & nzeile).Select
```

In beiden Fällen wird die Tatsache genutzt, dass die Bereichsadressen in Visual Basic als Zeichenketten eingegeben werden, sodass sie auch aus Variablen zusammensetzbar sind. Die übrigen Befehle können aus der Aufzeichnung durch Kopieren und Einfügen übernommen werden.

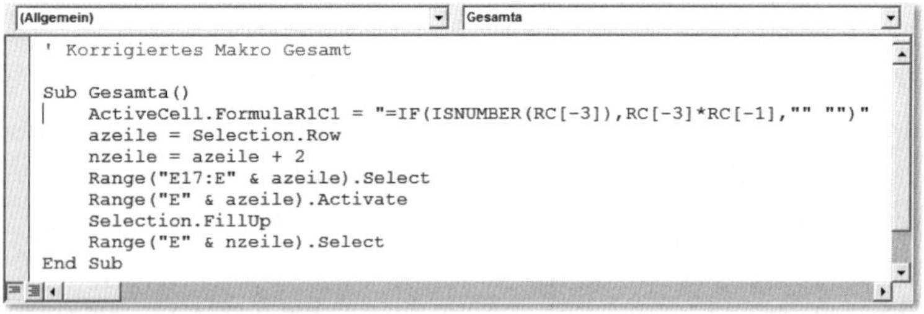

```
' Korrigiertes Makro Gesamt

Sub Gesamta()
    ActiveCell.FormulaR1C1 = "=IF(ISNUMBER(RC[-3]),RC[-3]*RC[-1],"" """)"
    azeile = Selection.Row
    nzeile = azeile + 2
    Range("E17:E" & azeile).Select
    Range("E" & azeile).Activate
    Selection.FillUp
    Range("E" & nzeile).Select
End Sub
```

Abbildung 23.18 Das überarbeitete Makro

Damit ist die Arbeit mit der Rechnung fast schon zu Ende. Es fehlen jetzt lediglich noch die Endsumme mit dem gesonderten Ausweis der Mehrwertsteuer und eventuelle zusätzliche Einträge.

Makro für den Rechnungsabschluss

Um das Schlussmakro zu erstellen, ist es sinnvoll, direkt an das vorherige Makro anzuschließen. Hierfür wird der Zellzeiger wieder in die Position gebracht, in der er nach Ablauf des vorhergehenden Makros steht. Für die Aufzeichnungsart wird diesmal **Relative Aufzeichnung** gewählt, damit das Makro später beim Aufruf alle Aktionen relativ zu der letzten Markierung durchführt. Als Name wird *Abschluss* eingetragen. Nach dem Start der Aufzeichnung werden folgende Aktionen durchgeführt:

1 In die aktuelle Zelle (wenn Sie dem Beispiel gefolgt sind, E32) wird die Summe der Spalte eingetragen: =SUM(E17:E30).

2 Der Zellzeiger wird um zwei Zellen nach links versetzt. Hierher kommt der Text *Summe Netto:*.

3 Anschließend rückt der Zellzeiger eine Zelle nach unten für den Eintrag *Mehrwertsteuer:*.

4 Nun wieder zwei Zellen nach links und dort die Formel: *=E32*0,19*.

5 Jetzt eine Zelle nach unten und die Formel *=SUM(E32:E33)*.

6 Wieder zwei Zellen nach links für den Eintrag *Summe brutto:*.

Hiermit ist das Makro *Abschluss* im Prinzip fertig gestellt. Sie können jetzt aber noch, bevor Sie die Aufzeichnung beenden, einige Formatierungen vornehmen: die Zellen mit den Texteinträgen (E32:E35) markieren und den Text rechtsbündig formatieren, Zellrahmen (immer nur unten) setzen, um Zwischenstriche zu erhalten usw.

Im Beispiel wurde lediglich die Textausrichtung vollzogen. Die Aufzeichnung sieht dann so aus.

```
Sub Abschlussa()
    ActiveCell.FormulaR1C1 = "=SUM(R17C:R[-2]C)"
    Selection.Offset(0, -2).Range("A1").Select
    ActiveCell.FormulaR1C1 = "Summe netto:"
    Selection.Offset(1, 0).Range("A1").Select
    ActiveCell.FormulaR1C1 = "Mehrwertsteuer:"
    Selection.Offset(0, 2).Range("A1").Select
    ActiveCell.FormulaR1C1 = "=R[-1]C*0.19"
    Selection.Offset(2, 0).Range("A1").Select
    ActiveCell.FormulaR1C1 = "=SUM(R[-3]C:R[-2]C)"
    Selection.Offset(0, -2).Range("A1").Select
    ActiveCell.FormulaR1C1 = "Summe brutto:"
    Selection.Offset(-3, 0).Range("A1:A4").Select
    With Selection
        .HorizontalAlignment = xlRight
        .WrapText = False
        .Orientation = xlHorizontal
    End With
End Sub
```

Abbildung 23.19 Aufgezeichnetes Makro »Abschluss«

Auch hier ist eine kurze Nachbearbeitung erforderlich. Die zweite Zeile des Makros soll die Formel für die Nettosumme eintragen. Die eingetragene Formel lautet im Makro:

```
"=SUM(R(-15)C:R(-2)C)"
```

würde also die Summe des Bereichs fünfzehn Zellen bis zwei Zellen oberhalb bilden. Benötigt wird aber die Summe von Zelle E17 bis zwei Zellen oberhalb. Das lässt sich einfach erreichen. Die Zeile wird so korrigiert, dass die eingetragene Formel lautet:

```
"=SUM(R17C:R(-2)C)"
```

Die relative Adresse R(-15)C wird also durch die absolute Adresse R17C ersetzt. Das überarbeitete Makro erhält den Namen *Abschlussa*.

Zusammenfassen von Makros

Nun gibt es eigentlich keinen Grund, warum die beiden Makros *Gesamta* und *Abschlussa* getrennt sein müssten. Zwischen ihnen muss an der Rechnung ja nicht mehr gearbeitet werden.

Es spricht also nichts dagegen, sie miteinander zu verbinden. Hierzu werden die beiden Makros hintereinander kopiert, der Titel von *Gesamta* abgeändert in *Schluss*, das `End Sub` des ersten Makros und das `Sub Abschluss()` des zweiten Makros können gelöscht werden.

Stattdessen können Sie beide Makros aber auch in einem gemeinsamen zusammenfassen. Das Resultat sehen Sie in der folgenden Abbildung.

```
(Allgemein)                                   Schlussa

' Zusammenfassung der beiden Makros

Sub Schlussa()
    Gesamta
    Abschlussa
End Sub
```

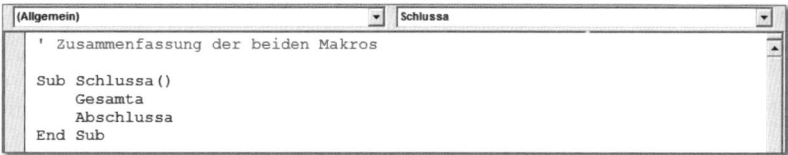

Abbildung 23.20 Zwei Prozeduren verklammern

Schließlich werden noch die Bedienungselemente eingerichtet: eine Schaltfläche mit der Beschriftung *Datum* und eine mit der Beschriftung *Abschluss*, die mit den entsprechenden Makros verknüpft werden.

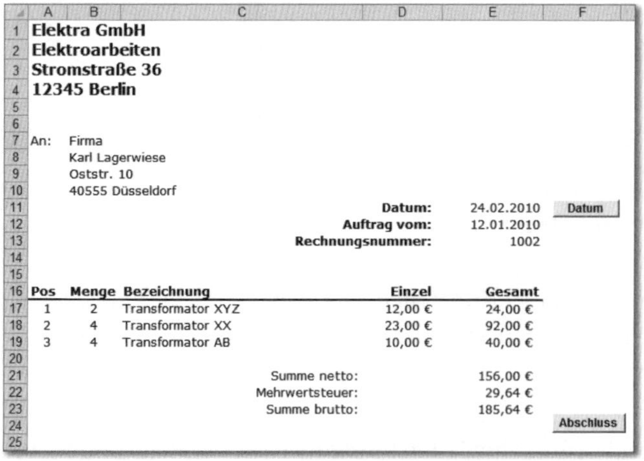

Abbildung 23.21 Das fertige Rechnungsformular mit Beispieldaten

Speichern des Formulars als Mustervorlage

Mit diesen Makros lässt sich die Arbeit mit dem Rechnungsformular leicht erledigen. Sobald Sie die Makros ausgiebig getestet haben, können Sie das Rechnungsformular als

Mustervorlage speichern. Alle Einträge aus der Rechnung, die im Lauf der Makroaufzeichnungen vorgenommen wurden, werden entfernt, auch die Formate aus den rechtsbündig formatierten Textstellen werden gelöscht.

Schließlich ist dafür zu sorgen, dass die Zellen unter *Einzel* und *Gesamt* mit dem Währungsformat formatiert werden (am besten zunächst die ganzen Spalten D und E, dann die beiden Datumszellen mit einem Datumsformat und die Zelle für die Rechnungsnummer mit dem Zahlenformat »0«).

Dann sollten alle nicht benutzten Tabellen entfernt werden, sodass nur noch das Formular übrig bleibt. Die Arbeitsmappe wird mit **Speichern unter** mit dem Namen *Rechnungsformular* und dem Dateityp **Excel-Vorlage mit Makros** im Vorlagenordner gespeichert.

Arbeit mit dem Rechnungsformular

Wenn Sie mit dem Rechnungsformular arbeiten wollen, wählen Sie über das Register **Datei** den Befehl **Neu** und im Dialogfeld **Neue Arbeitsmappe** das gewünschte Formular. Anschließend haben Sie eine Arbeitsmappe mit dem Namen *Rechnungsformular1* zur Verfügung, in die Sie mithilfe der Makros zunächst das Tagesdatum und nach Abschluss der einzelnen Positionen die Schlussberechnungen einfügen können.

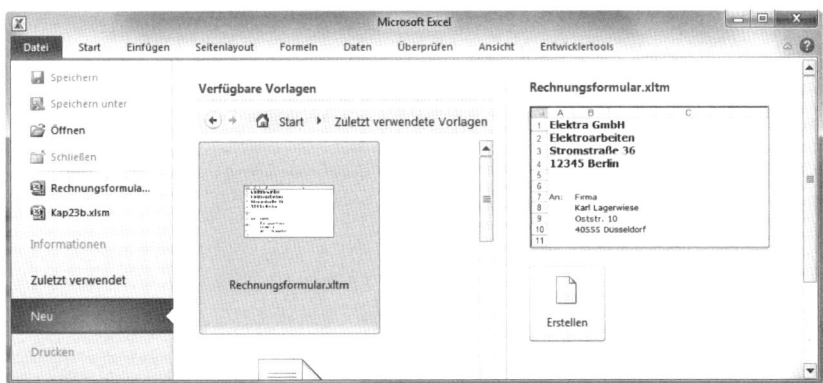

Abbildung 23.22 Die Rechnungsvorlage im Dialog »Neue Arbeitsmappe«

Wenn Sie noch weitere Veränderungen an der Mustervorlage vornehmen wollen, können Sie diese direkt aus dem Vorlagenordner öffnen, also nicht über **Neu**, sondern über **Öffnen**.

23.6 Makros schrittweise testen

Wenn ein Makro nicht so arbeitet, wie Sie es erwarten, können Sie es schrittweise testen, sodass Sie bei jedem Schritt sehen können, was passiert. Um den schrittweisen Ablauf zu starten, klicken Sie im Dialogfeld **Makro** auf die Schaltfläche **Schritt** anstelle von **Ausführen**.

Das Fenster für das Makro wird im Fenster des VBA-Editors geöffnet und der erste Schritt des Programms markiert. Es ist praktisch, die Symbolleiste **Debuggen** eingeblendet zu halten. Mit einem Klick auf das Symbol **Einzelschritt** lässt sich der Ablauf des Makros genau kontrollieren. Jedes Mal wenn Sie mit **Einzelschritt** einen Schritt im Makro weitergehen, wird die Zeilenmarkierung im Modulfenster auf diejenige Zeile gesetzt, die als nächstes abgearbeitet wird, sodass Sie gut verfolgen können, was mit jeder Zeile in der Tabelle passiert. Ist die Verfolgung der Einzelschritte nicht mehr nötig, klicken Sie auf das Symbol **Fortsetzen**, um das Makro weiterlaufen zu lassen. Oder Sie wählen den Befehl **Ausführen ▸ Zurücksetzen** bzw. das Symbol **Zurücksetzen**. Bei langen Makros ist diese Methode freilich etwas mühsam. Dann ist es besser, mit Haltepunkten zu arbeiten, von denen in Abschnitt 24.1 noch die Rede sein wird.

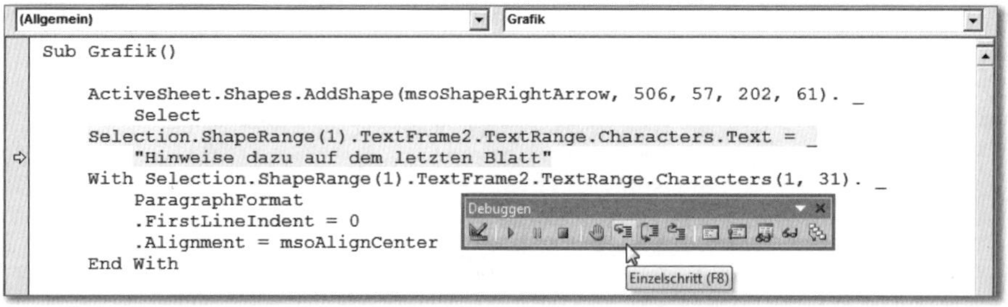

Abbildung 23.23 Jeder Schritt wird vor der Ausführung markiert.

23.7 Makros von älteren Excel-Versionen

Makros in dem Dateiformat Excel 97/2000 laufen normalerweise unter Excel 2010 problemlos. Die Makros in Excel 5 und 7 wurden zwar auch schon in VBA programmiert, aber mithilfe einer anderen Programmierumgebung. Insbesondere werden die Makros nicht mehr in eigenen Arbeitsblättern angezeigt und bearbeitet, sondern im Fenster des VBA-Editors.

Die Rückübersetzung ist ebenfalls meist ohne große Probleme möglich, allerdings nur, solange keine Objekte, Methoden oder Eigenschaften verwendet worden sind, die die ältere VBA-Version noch nicht kannte.

```
Ansicht = ActiveWindow.View
```

ist z. B. für Excel 95 nicht möglich. Lästig kann werden, dass auch

```
Fehler = Err.Description
```

nicht funktioniert, was häufig in Fehlerroutinen verwendet wird. Wenn Sie eine Datei mit Makros aus den Versionen Excel 5 und 7 öffnen, verschwinden die Modulblätter aus der Arbeitsmappe. Die Module wechseln aber nur den Ort. Sie werden mit der Datei gespeichert und in den speziellen Modulfenstern des VBA-Editors angezeigt und bearbeitet. Sind die Makros in der deutschen VBA-Version entwickelt worden, werden sie automatisch ins Englische übersetzt. Obwohl seit Excel 97 an die Stelle der bisherigen Dialogblätter die Formulare getreten sind, bleiben die Dialogfelder, die über Dialogblätter definiert worden sind, weiter lauffähig.

24 Visual Basic für Applikationen

Die Aufzeichnung von Makros liefert lediglich die Möglichkeiten, Arbeitsfolgen, die in Excel immer wieder manuell durchgeführt werden, auf einen Tastendruck oder Mausklick zusammenschrumpfen zu lassen. Damit sind aber die Optionen, die Excel in dieser Hinsicht bietet, noch keineswegs erschöpft.

Mit Visual Basic für Applikationen können Sie komplette Anwendungen programmieren. So lassen sich Funktionen verwirklichen, die Excel selbst nicht anbietet. VBA-Programme können sogar über die Grenze von Excel hinaus andere Anwendungen in ein Programm einbeziehen.

24.1 Grundlagen von VBA

Visual Basic für Applikationen ist – wie schon angedeutet – eine spezielle Version von Visual Basic, der an Basic orientierten Programmiersprache, die Microsoft für die Windows-Umgebung entwickelt hat. Die Entwicklungsumgebung von VBA enthält insbesondere leistungsfähige Werkzeuge für die Entwicklung von Formularen.

Dass in diesem Buch nicht mehr als eine Einführung in die Möglichkeiten dieser mächtigen Sprache gegeben werden kann, versteht sich von selbst. Diese Einführung beschränkt sich darauf, einen kurzen Überblick über die Sprache zu geben, die integrierte Programmierumgebung vorzustellen und einige Beispiele der Verwendung von VBA innerhalb von Excel vorzuführen.

24.1.1 Das Objektmodell von Excel

Visual Basic und Visual Basic für Applikationen teilen mit anderen objektorientierten Programmiersprachen die Idee, dass Anwendungen mit Objekten zu tun haben und auch selbst aus Elementen bestehen, die als Objekte ansprechbar sind. Für jedes dieser Objekte gibt es einen bestimmten Satz von Eigenschaften und eine Reihe von Verfahren, mit dem Objekt umzugehen, die »Methoden« genannt werden. Ein Objekt ist beispielsweise ein Zellbereich, eine Pivot-Tabelle oder ein Diagramm. Ein Zellbereich hat z. B. die Eigenschaft, fett formatiert zu sein. Eigenschaften können abgefragt oder verändert werden. Wenn Sie einen Bereich kopieren, wird die Methode Copy auf den Bereich angewendet.

Welche Objekte eine Anwendung bereitstellt und wie diese miteinander zusammenhängen, wird durch das Objektmodell – eine vorgegebene Hierarchie von Objekten – festgelegt, in dem die *Application* das oberste Objekt darstellt. Die Zuordnung der Objekte kann über den Objektkatalog eingesehen werden.

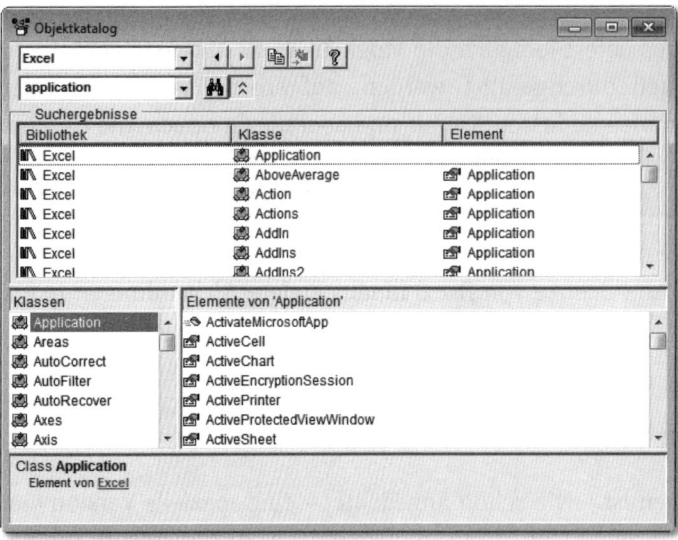

Abbildung 24.1 Der Objektkatalog für Excel 2010

Um einen sicheren Umgang mit den Objekten von Excel oder auch mit den Objekten einer anderen Office-Anwendung zu erreichen, auf die von Excel aus zugegriffen wird, ist es von grundlegender Bedeutung, das Objektmodell zu verstehen und zu überblicken, das den einzelnen Anwendungen zugrunde liegt.

Die Objektmodelle haben eine gewisse Ähnlichkeit mit Matroschkas, den bekannten russischen Puppen. Das oberste Objekt ist die Anwendung selbst. Die anderen Objekte sind in diesem Gesamtobjekt eingeschlossen. Die nächsttiefere Ebene bei Excel etwa sind die Arbeitsmappen. Innerhalb der Arbeitsmappen werden verschiedene Auflistungen – *collections* – von gleichrangigen Objekten unterschieden: Arbeitsblätter, Diagramme, Module. Die einzelnen Elemente einer solchen Auflistung können über Indizes oder über zugeordnete Namen angesprochen werden.

```
Worksheets(3)
Worksheets("Prognose")
```

sind Beispiele, wie ein Element einer Sammlung von Objekten angesprochen werden kann.

Etwas verwirrend ist allerdings, dass in VBA manchmal für ein Objekt und für eine Eigenschaft dieselbe Bezeichnung verwendet wird. `Legend` ist z. B. eine Eigenschaft, die ein `Chart`-Objekt hat. Diese Eigenschaft liefert aber als Ergebnis wieder ein Objekt, nämlich das Objekt `Legend`, das ein Unterobjekt eines `Chart`-Objektes ist. In einer Programmzeile wird deshalb oft anstelle eines Objektes die Eigenschaft angegeben, die ein Objekt liefert.

Drei Fragen stellen sich beim Umgang mit Objekten immer wieder:

1. Wie wird ein Objekt oder Unterobjekt korrekt angesprochen?
2. Welche Eigenschaften hat ein Objekt?
3. Welche Methoden können unter welchen Voraussetzungen benutzt werden?

Wenn z. B. in einer Excel-Prozedur das Innere eines Zellbereichs mit einer anderen Farbe belegt werden soll, kann das mit folgender Codezeile erreicht werden:

```
Worksheets("Tabelle1").Range("A1").Interior.Colorindex = 3
```

In die Umgangssprache übersetzt, lautet diese Anweisung: »Ordne der Eigenschaft `Colorindex` den Wert `3` zu, und zwar für das Objekt `Interior`, Hintergrund, das enthalten ist in dem Objekt `Range` A1, also dem Bereich `A1`, das wiederum enthalten ist in dem Objekt mit dem Namen `Tabelle1` aus der Objektauflistung `Worksheets`.«

Die Programmentwicklungsumgebung stellt Ihnen handliche Hilfsmittel zur Verfügung, mit den Objekten zurechtzukommen, insbesondere den angesprochenen Objektkatalog und verschiedene Editierhilfen direkt bei der Programmeingabe.

Als Objekte behandelt werden auch die zahlreichen Steuerelemente – die *Controls* –, die einfach mit der Maus in ein Formular hineingezogen werden können. Wenn z. B. in einer Anwendung ein Listenfeld benötigt wird, um einen bestimmten Wert – etwa einen Ländernamen – auszuwählen, kann das komplette Listenfeld in das entsprechende Formular übernommen werden. Geklärt werden muss nur noch, wie das Listenfeld mit den Ländernamen verknüpft werden kann und wo diese erscheinen sollen.

24.1.2 Ereignisse steuern den Programmablauf

Die zweite charakteristische Eigenschaft von VBA-Programmen ist, dass der Ablauf einer Anwendung in der Regel keinem fest vorgegebenen Plan folgt, sondern von Ereignissen (*Events*) gesteuert wird. Wenn Sie diese oder jene Schaltfläche anklicken, passiert etwas; wenn ein Arbeitsblatt aktiviert wird, werden automatisch bestimmte

Berechnungen ausgeführt. Eine Datei kann z. B. geöffnet, gespeichert oder geschlossen werden. Ein Arbeitsblatt kann aktiviert, geändert, neu berechnet, ein Fenster kann aktiviert, deaktiviert oder in der Größe geändert werden.

Die Programmierung mit VBA besteht deshalb in den meisten Fällen hauptsächlich aus folgenden Schritten:

- Entwurf von Formularen, die der Anwender für die Interaktion mit der Anwendung benutzen kann
- Wahl der Eigenschaften der darin verwendeten Steuerelemente
- Programmierung der Schritte, die das Programm ausführen soll, wenn bestimmte Ereignisse mit diesen Steuerelementen oder anderen Objekten stattfinden

24.1.3 Variable und Konstanten in VBA

Variable werden in VBA wie in jeder anderen Programmiersprache benutzt, um bestimmte Werte, die während des Programmablaufs entstehen, festzuhalten, sodass sie bei Bedarf an einer anderen Stelle weiterverwendet werden können. Um die verschiedenen Werte unterscheiden zu können, werden Namen für die Variablen vergeben. Zusätzlich wird festgelegt, welche Art von Informationen mithilfe einer bestimmten Variablen gespeichert werden soll, etwa Zahlenwerte, Texte etc. Diese Festlegung erfolgt mithilfe des Datentyps, der zudem auch Bedeutung für die maximale Größe oder Länge der von der Variablen festgehaltenen Information hat.

Variable können entweder implizit oder explizit deklariert werden. Im ersten Fall wird der Datentyp Variant benutzt. Dieser Datentyp ist besonders flexibel, weil er Daten jeder Art akzeptiert. Allerdings müssen Sie darauf achten, welche Daten einer Variablen dieses Typs tatsächlich zugeordnet werden, bevor Sie damit weiterarbeiten können.

Implizit ...

Implizit wird eine Variable direkt innerhalb einer Prozedur durch Wertzuweisung definiert. So werden beispielsweise durch die beiden Zeilen

```
wert1 = 3
wert2 = "xyz"
```

zwei Variable mit den Namen wert1 und wert2 definiert und zugleich mit den Werten 3 bzw. xyz, also einer Zahl und einer Zeichenkette belegt. Diese einfache Art der Variablendefinition ist sehr bequem. Sie definieren eine Variable genau dann, wenn Sie sie benötigen, können also ziemlich intuitiv arbeiten. Es ist nicht festgelegt, was für ein Datentyp (Zahl, Text etc.) für die Variable gilt, d. h., die Definition ist sehr flexibel. Ein und dieselbe Variable könnte innerhalb einer Prozedur einmal für eine Zahl und einmal für eine Zeichenkette usw. verwendet werden.

Dieser Bequemlichkeit stehen zwei Nachteile gegenüber. Zum einen hat eine so definierte Variable nur innerhalb der Prozedur Gültigkeit, in der sie definiert ist. Aus anderen Prozeduren können Sie daher die Werte der Variablen nicht abfragen. Zum anderen verlieren Sie bei etwas umfangreicheren Programmen sehr schnell den Überblick, welche Variablen wo verwendet werden. Trotzdem ist diese Methode für die schnelle Entwicklung kleinerer Programme durchaus nützlich.

... oder explizit

Die Variablen werden am Anfang einer Prozedur oder am Anfang eines Moduls – unter *Deklarationen* – explizit unter Verwendung etwa der Anweisung Dim definiert. In diesem Fall wird der Datentyp ausdrücklich festgelegt, es sei denn, es wird der Typ Variant verwendet. Diese Form der Variablendefinition ist bei größeren Projekten auf jeden Fall die programmtechnisch sauberste Lösung. Sie gestattet eine übersichtliche Arbeit, bei der Sie auch später noch wissen, was Sie gemacht haben. Als Variablentypen stellt VBA die in der Tabelle aufgeführten Möglichkeiten zur Verfügung.

Variablentyp	Bedeutung
Byte	0–255
Boolean	Wahrheitswerte (WAHR oder FALSCH). Statt der Wahrheitswerte werden auch Zahlen akzeptiert, wobei 0 FALSCH und alle anderen Zahlen WAHR ergeben.
Integer	ganze Zahlen von –32.768 bis 32.767
Long	ganze Zahlen von ca. –2 Mrd. bis +2 Mrd.
Single	Gleitkommazahlen von 1,4 E–45 bis 3,4 E38, positive und negative Werte
Double	Gleitkommazahlen von 4,9 E–324 bis 1,79 E308, positive und negative Werte
Decimal	28 Stellen vor und nach dem Komma
Currency	Zahlen von –9,22 E15 bis 9,22 E15 auf vier Stellen hinter dem Komma gerundet

Variablentyp	Bedeutung
String	Zeichenfolge (bis ca. 2 Billionen Zeichen)
String * Length	Zeichenfolge mit festgelegter Länge; längere Folgen werden auf die vorgegebene Länge gestaucht, und zwar 1 bis 65.400
Date	serielle Zahlen (wie in den Tabellenfunktionen für Datum und Zeit) oder Datums- und Zeitangaben, die zwischen #...# geschrieben werden
Object	Verweise auf ein Objekt
Variant	numerische Werte (wie *Double*) oder Zeichenfolgen

Wer mit der 64-Bit-Version von Excel 2010 arbeitet, kann außerdem noch den Datentyp LongLong einsetzen, der mit Vorzeichen versehene 64-Bit-Zahlen speichert. Der Wertebereich liegt zwischen –9.223.372.036.854.775.808 und 9.223.372.036.854.775.807.

```
' Variablentypen
Sub var1()
    Dim wertL As Boolean
    wertL = 33 * 4 > 44 * 3
    MsgBox "Die Variable hat den Wert " & wertL
End Sub
Sub var2()
    Dim wertW As Currency
    wertW = 22.78917
    MsgBox "Die Variable hat den Wert " & wertW
End Sub
```

Abbildung 24.2 Die Variablentypen Boolean (Logisch) und Currency

```
Sub var3()
    Dim wertT As String * 3
    wertZ = "abcde"
    MsgBox "Die Variable hat den Wert " & wertZ
End Sub
Sub var4()
    Dim wertD As Date
    wertD = #3/12/1992#
    MsgBox "Die Variable hat den Wert " & wertD
End Sub
```

Abbildung 24.3 Die Variablentypen String und Date

In den abgebildeten Beispielen wird immer so verfahren, dass zunächst eine Variable mit der Anweisung Dim definiert wird. In der nächsten Programmzeile wird ihr ein Wert zugeordnet, der anschließend in einem kleinen Meldungsfenster ausgegeben wird. Zusammen mit der

Wertausgabe wird der Text *Die Variable hat den Wert* abgebildet, der mit der Variablen durch & verknüpft ist. Diese Verknüpfung deutet auf die Flexibilität der Variablendefinition in VBA hin: Da mit & eigentlich nur Zeichenketten verknüpft werden können, behandelt VBA in diesem Moment offensichtlich alle Variablentypen als Zeichenketten.

Arrays mit mehreren Dimensionen

Variable können auch als *Arrays* definiert werden, die über die Indizes angesprochen werden. Das gestattet es, mit einer Variablendefinition gleich eine große Anzahl gleichartiger Variablen festzulegen. Dies ist natürlich nur sinnvoll, wenn es sich tatsächlich um Arrays gleichartiger Variablen handelt, vergleichbar etwa mit einer Matrix in Excel. Die einzelnen Elemente eines Arrays werden über die Indizes angesprochen.

```
Sub var5()
    Dim zahlenM(4, 10, 5)
    zahlenM(2, 1, 1) = 5
    MsgBox "Die Variable hat den Wert " & zahlenM(2, 1, 1)
End Sub
```

Abbildung 24.4 Array-Variable

Ob die Indizes mit 0 oder 1 beginnen, kann generell mit dem Befehl Option Base festgelegt werden. Die Vorgabe ist 0. Die Anweisung Option Base 1 muss am Anfang eines Moduls noch vor der Deklaration von Datenfeldern eingetragen werden.

Benutzerdefinierte Variable

Besonders interessant sind die Möglichkeiten, eigene komplexe Variablentypen zu definieren (üblicherweise wird dieser Variablentyp als *Record* bezeichnet). Dies gestattet es, mit einem Variablennamen einen ganzen Datensatz (z. B. für eine Tabelle in Excel) festzulegen.

```
' Festlegen der Indices bei Datenfeldern:
' das erste Element ist 1

Option Base 1

' Variablentyp für eine Geburtstags-Liste
' mit "Privat" gilt sie nur für das Modul

Private Type geburtstag
    vornameT As String
    nachnameT As String
    wohnortT As String
    geburtstagD As Date
    telefonT As String
End Type
```

Abbildung 24.5 Benutzerdefinierter Variablentyp

Bei der Definition eigener Datentypen ist darauf zu achten, dass zunächst mit der Anweisung Type lediglich der Datentyp definiert wird, jedoch noch keine Variable. Erst mit der Anweisung Dim wird die eigentliche Variable deklariert. Diese Deklaration kann sowohl auf Modul- als auch auf Prozedurebene erfolgen. Wie die Variablen angesprochen werden können, zeigt die nächste Abbildung.

```
Sub eigentyp1()
    freunde(1).vornameT = InputBox("Vorname")
    freunde(1).nachnameT = InputBox("Nachname")
    freunde(1).wohnortT = InputBox("Wohnort")
    MsgBox freunde(1).nachnameT
End Sub

Sub eigentyp2()
    Dim meineliste As geburtstag
    meineliste.vornameT = "Christina"
    MsgBox meineliste.vornameT
End Sub

Sub eigentyp3()
With freunde(1)
    .vornameT = "Nina"
    .nachnameT = "Popp"
    MsgBox freunde(1).vornameT & " " & freunde(1).nachnameT
End With
End Sub
```

Abbildung 24.6 Verwendung benutzerdefinierter Variablentypen

Geltungsbereich von Variablen

Alle Variablen haben einen Geltungsbereich, mit dem festgelegt wird, für welche Teile des Programms sie gelten und wann sie wieder aus dem Speicher gelöscht werden.

Eine Anwendung in VBA ist meist ein Bündel von Modulen und Formularen. Die Module wiederum sind gegliedert in einzelne Prozeduren. Eine Variable, die innerhalb einer Prozedur deklariert wird, ist normalerweise nur innerhalb dieser Prozedur verwendbar. Sie können mithilfe dieser Variablen also nicht einen Wert an eine andere Prozedur oder ein anderes Modul übergeben. Ausgenommen sind allerdings Variable, die mit dem Schlüsselwort Static deklariert worden sind.

```
Static Variablenname As Datentyp
```

bewirkt, dass die Variable über den normalen Geltungsbereich hinaus benutzt werden kann. Wenn eine Variable für alle Prozeduren eines Moduls verwendet werden soll, muss sie innerhalb der *Declaration Section* des Moduls deklariert werden. Diese Sektion wird automatisch im Modulfenster eines Moduls angeboten.

Soll eine Variable innerhalb der gesamten Anwendung benutzt werden, muss sie als globale Variable erklärt werden. Dies geschieht mit dem Schlüsselwort `Public`, z. B.:

```
Public Variablenname As Datentyp
```

Benutzerdefinierte Variablentypen müssen auf der Modulebene festgelegt werden (also nicht innerhalb von Prozeduren); ihre Gültigkeit kann sich entweder auf das Modul beschränken oder auf alle Module erstrecken.

Spezialfall Objektvariable

Programmcode in VBA hat – wie schon angesprochen – hauptsächlich mit der Manipulation von Objekten zu tun. Um den Bezug auf Objekte herzustellen, können den Objekten Objektvariable zugeordnet werden. Dabei werden, ähnlich wie bei den anderen Variablen, verschiedene Typen unterschieden. Bei den Objektvariablen sind dies die verschiedenen Objektklassen. Bei Excel gibt es z. B. die Klassen `Workbook`, `Worksheet` und `Range`. Ist der Objekttyp nicht vorweg bekannt, kann der generische Objekttyp `Object` verwendet werden.

Sollen einem Objekt bestimmte Eigenschaften zugeordnet oder sollen die Eigenschaften abgefragt werden, kann dazu anstelle des Objektes auch eine Objektvariable benutzt werden. Ebenso ist es bei der Verwendung von Methoden eines Objektes. Die Zuordnung einer Objektvariablen zu einem Objekt geschieht mit der Anweisung `Set`. Hier ein kleines Beispiel:

```
Dim topbereich As Objckt
Set topbereich = Worksheets(1).Range("Topliste")
topbereich.Copy
```

Zunächst wird die Objektvariable `topbereich` deklariert. Dann wird der Variablen ein Objekt `Range` aus einem Arbeitsblatt zugeordnet. Mit dem letzten Befehl wird auf das von der Objektvariablen `topbereich` vertretene Objekt `Range` die Methode `Copy` angewendet. Mithilfe der Objektvariablen kann der Bezug auf häufig verwendete Objekte vereinfacht werden, sodass Sie weniger Arbeit beim Schreiben des Programmcodes haben.

Zur Wahl der Variablennamen

In der Wahl der Namen für die Variablen besteht in VBA eine große Freiheit. Der Name muss mit einem Buchstaben beginnen und darf keine Punkte enthalten. In Grenzen ist es sogar möglich, Begriffe aus dem Vokabular von VBA zur Benennung von Variablen zu verwenden.

Trotz dieser Freiheiten sollten Sie einige Dinge vermeiden. Die Verwendung von Visual-Basic-Vokabeln kann nur Verwirrung stiften. Sie wissen bald nicht mehr, was eine eigene Variable ist. Aus dem gleichen Grund ist es nicht angebracht, die Variablen so zu schreiben, dass sie wie Visual-Basic-Vokabeln aussehen: `MeinText` mag als Name ganz nett aussehen, ist aber von der Typografie her nicht sofort als Variable zu erkennen. Aus den genannten Gründen ist es sinnvoll, alle Variablen einheitlich zu schreiben. Auf jeden Fall ist zu empfehlen, sie mit Kleinbuchstaben beginnen zu lassen (so sind sie immer von Visual-Basic-Wörtern zu unterscheiden).

Soll noch der Datentyp kenntlich gemacht werden, bieten sich zwei Wege an: VBA gestattet es, wie andere Basic-Dialekte auch, am Ende des Namens einer Variablen ein Kennzeichen für den Variablentyp anzuhängen. Das Dollarzeichen etwa legt fest, dass es sich um eine Zeichenfolge handelt. Bei der Anweisung `Dim` darf dann nicht mehr stehen ... `As` ..., sondern lediglich der Variablenname.

Eine andere Möglichkeit besteht darin, am Ende des Namens einen Großbuchstaben anzuhängen, der den Datentyp deutlich macht (diese Möglichkeit wird in diesem Buch des Öfteren benutzt). Welche Buchstaben Sie dabei verwenden, bleibt Ihnen überlassen – hier wird meist T (Text) für Zeichenketten, N (numerisch) für die verschiedenen numerischen Typen und L (logisch) für logische Variablen (Wahrheitswerte) verwendet. Einige Beispiele sehen Sie in der Abbildung.

```
Sub var6()
    Dim vorname$ 'Zeichenfolge
    Dim vornameT As String 'Zeichenfolge
    Dim nummer% 'Ganze Zahl
    Dim nummerN As Integer 'Ganze Zahl
    Dim rente& 'Währung
    Dim renteW As Currency 'Währung
    'Anweisungen für die Arbeit mit den Variablen
    ' ...
End Sub
```

Abbildung 24.7 Beispiel für die Namensvergabe von Variablen

> **TIPP**
>
> **Sprechende Namen**
> Es ist zwar möglich, sich bei der Namensvergabe für die Variable kurz zu fassen: vn und nn für Vor- und Nachnamen lassen sich beim Programmieren schneller schreiben als lange Variablennamen. Derartige Kürzel sind aber nach einiger Zeit gänzlich undurchschaubar.

Die Texte hinter einem Apostroph sind immer Kommentare, die vom Programm nicht beachtet werden.

Benutzerdefinierte und eingebaute Konstanten

Werden immer wieder bestimmte Werte in einer Anwendung benötigt, ist es sinnvoll, sie als Konstanten zu deklarieren. Auch hier muss der Geltungsbereich wie bei den Variablen beachtet werden. Sollen Konstanten für die gesamte Anwendung festgelegt werden, müssen Sie mit dem Schlüsselwort Public arbeiten. Ein simples Beispiel sind die beiden Mehrwertsteuersätze:

```
Public Const MWST1 = 19%
Public Const MWST2 = 7%
```

erlaubt es, in der gesamten Anwendung mit den beiden Werten zu arbeiten. Ändert sich der Mehrwertsteuersatz, muss nur die Wertzuweisung in der betreffenden Konstantendeklaration geändert werden, nicht jede einzelne Berechnung, die mit den Mehrwertsteuersätzen zu tun hat.

Neben solchen vom Benutzer festgelegten Konstanten können zahlreiche eingebaute Konstanten verwendet werden, die den einzelnen Objekten von Office zugeordnet sind, insbesondere, um Eigenschaften festzulegen. Welche vorgegeben sind, kann im Objektkatalog geprüft werden. Ansonsten werden sie wie die anderen Konstanten eingesetzt.

24.1.4 Grundeinheiten und Sprachelemente

Größere Anwendungen in VBA bestehen in der Regel aus mehreren Modulen und meist einigen dazugehörigen Formularen. Die Module wiederum setzen sich aus einzelnen Prozeduren zusammen. Die Kunst der Programmierung besteht insbesondere darin, die Aufgaben, die eine Anwendung erledigen soll, so geschickt in kleine Unteraufgaben zu zerlegen, dass bestimmte Prozeduren möglichst mehrfach verwendet werden können und der Programmieraufwand insgesamt verringert wird.

Prozeduren und Funktionen

Die unterste Einheit von Programmen in VBA sind die Prozeduren. Drei Typen werden unterschieden: Sub-Prozeduren, Function-Prozeduren oder Property-Prozeduren.

```
Sub Prozedurname()
    ... Anweisungen
End Sub

Function (Argumente)
```

```
    ... Anweisungen
End Function

Property Get ... Let ... Set
    ... Anweisungen
End Property
```

Die Property-Prozeduren werden nur verwendet, wenn Sie selbst Eigenschaften im Zuge der Programmierung von Klassen definieren wollen. `Get` liefert die gesetzte Eigenschaft. `Set` setzt die Eigenschaft. `Let` bestimmt, was geschieht, wenn die Eigenschaft gesetzt ist. Klassen sind so etwas wie Schablonen für Objekte, Objekte sind wiederum Instanzen von Klassen. Seit Excel 97 können Anwender eigene Klassen programmieren und mit Objektinstanzen dieser Klassen arbeiten. Doch geht dieses Thema über den Rahmen eines Einstiegs hinaus.

Im Unterschied zu den Sub-Prozeduren liefern die Function-Prozeduren als Ergebnis einen Wert, mit dem im Programmablauf weitergearbeitet werden kann. Innerhalb einer solchen Function-Prozedur sind allerdings nicht alle Anweisungen möglich, die in einer Sub-Prozedur verwendet werden können.

Prozeduren und Funktionen können innerhalb des Programmablaufs von verschiedenen Stellen aus aufgerufen werden. Bei den Sub-Prozeduren reichen dafür der Sub-Prozedurname und die eventuell nötigen Argumente. Befindet sich die Prozedur in einem anderen als dem aktuellen Modul, muss der Modulname noch davor gesetzt werden:

```
Modulname.Prozedurname Argument1, Argument2, ...
```

Bei den Funktionen ist das Verfahren etwas anders. Der Wert, den eine verwendete Funktion liefert, wird gleich einer Variablen zugeordnet, damit das Ergebnis der Funktion für den weiteren Programmablauf festgehalten werden kann:

```
Variablenname = Modulname.Funktionsname(Argument1, Argument2 ...)
```

Eine Funktion wird meist zusammen mit den Argumenten definiert, die an sie übergeben werden. Es kann auch der Datentyp für den Wert festgelegt werden, den die Funktion zurückgibt. Sollen für die Funktion keine Argumente angegeben werden, müssen trotzdem die Klammern gesetzt werden. Gelten mehrere Argumente, werden sie in der Klammer durch Kommata getrennt.

Beachten Sie, dass in Funktionen nicht alle Visual-Basic-Schlüsselwörter auftauchen können. Es ist z. B. nicht möglich, einer Zelle über eine Funktion eine bestimmte Schrift zuzuweisen. Selbst definierte Funktionen können nicht nur innerhalb von Programmen, sondern auch direkt im Tabellenblatt benutzt werden.

```
'Funktionsprozedur

Function kugelvolumen(radius)
    kugelvolumen = radius ^ 3 * 3.14159265 * 4 / 3
End Function

Sub funktionstest()
    radius = InputBox("Radius")
    volumen = kugelvolumen(radius)
    MsgBox ("Ergebnis: " & volumen)
End Sub
```

Abbildung 24.8 Eine Funktion und ihr Aufruf

Programmaufbau

Auf der Basis des bisher Gesagten können grob drei Bestandteile eines Visual-Basic-Programms unterschieden werden:

1. **Der allgemeine Teil:** Hier stehen allgemeine Einstellungen (wie `Option Base`), Variablendeklarationen (`Dim ...`) und Definitionen für eigene Variablentypen (`Typ ...`).

2. **Sub-Prozeduren:** Diese bilden den eigentlichen Programmkörper, also die Anweisungen, die das Programm insgesamt ausführen soll.

3. **Funktionen:** Funktionen werden definiert, um spezielle Werte zu ermitteln, die im Programm benötigt werden.

Ein Modul in VBA – Programme, die sich über mehrere Module erstrecken, bleiben in dieser Einführung ausgespart – sollte in der Regel so aussehen: Am Anfang steht der allgemeine Teil. Hier finden sich Überschrift und Beschreibung des Programms und allgemeine Hinweise. Ebenfalls zum allgemeinen Teil gehört die Deklaration derjenigen Variablen, die für das ganze Modul gelten sollen, und die Definition eigener Datentypen.

Dann folgen die Funktionen, auf die von Prozeduren des Moduls zugegriffen werden soll. Diese Funktionen könnten im Prinzip überall stehen, es macht das Modul aber übersichtlicher, wenn sie in einem Block zusammengefasst sind. Kurze Kommentare (beginnend mit einem Apostroph) erleichtern das Verständnis.

Schließlich folgen die Prozeduren des Moduls, wobei auch hier wieder kurze Kommentare die Übersicht erleichtern.

Objekte und ihre Eigenschaften

Der Umgang mit Objekten spielt in der Programmierarbeit mit VBA die zentrale Rolle. Das Programm schreibt, allgemein gesprochen, vor, was mit welchen Objekten unter welchen Bedingungen im Lauf der Zeit geschehen soll. Ein Programm soll etwa ein bestimmtes Tabellenblatt aus einer Blattliste (Objekt) auswählen (Methode), die Zellinhalte (Eigenschaften) dort verändern, ein Dialogfeld (Objekt) aktivieren, die Eingaben (Eigenschaften) in bestimmte Elemente des Dialogfeldes lesen und verarbeiten.

Wenn in einer Programmzeile die Eigenschaften eines Objektes ermittelt werden sollen, wird das Ergebnis meist an eine Variable übergeben, sodass damit weitergearbeitet werden kann. Wenn Sie z. B. wissen wollen, welchen Wert eine Zelle im Arbeitsblatt einer Arbeitsmappe hat, können Sie schreiben:

```
wert1 = Range("F7").Value
```

Der in einer Zelle eingetragene Wert wird von Excel als eine Eigenschaft des Objektes Range angesehen. Die Bezeichnung des Objektes und die der Eigenschaft werden durch einen Punkt getrennt. Statt der Übergabe an eine Variable kann aber auch beispielsweise eine Übergabe an ein Dialogfeld erfolgen:

```
MsgBox Range("F7").Value
```

Soll der Zelle dagegen ein anderer Wert zugeordnet, die Eigenschaft Wert also geändert werden, lautet die Schreibweise:

```
Range("F7").Value = "John Haenks"
```

Soll die Zelle F7 den Wert der Zelle F17 erhalten, können Sie schreiben:

```
Range("F7").Value = Range("F17").Value
```

Die meisten Eigenschaften lassen sich sowohl abfragen als auch ändern, einige lassen sich dagegen nur abfragen. Bei vielen Eigenschaften werden die Werte über eingebaute Konstanten festgelegt.

Die Abbildung zeigt ein Beispiel, in dem der Schriftgrad einer Zelle in einer Tabelle in der aktuellen Anwendung (das ist Excel) auf 12 Punkt gesetzt, der vergebene Schriftgrad ermittelt und in einem Meldungsfenster ausgegeben wird.

```
Sub bereichsobjekt2()
  Application.Sheets("Tabelle1").Range("A1").Font.Size = 12
  schriftgröße = Sheets("Tabelle1").Range("A1").Font.Size
  MsgBox schriftgröße
End Sub
```

Abbildung 24.9 Setzen und Ermitteln von Eigenschaften

Einsatz von Excel-Konstanten

Für die Bestimmung der Eigenschaften werden häufig Excel-interne Konstanten eingesetzt, die gemeinsam haben, dass sie mit xl (für *Excel*), mso (für *MS Office*) oder vb (für *Visual Basic*) beginnen. Diese Konstanten lassen sich in vielen Zusammenhängen verwenden. Sie stehen meistens für Kennziffern, die an sich schwerer zu durchschauen sind. Beim Aufzeichnen von Makros werden sie automatisch verwendet; ihre Anwendung beim Programmieren macht ein Programm übersichtlicher, ist aber etwas aufwendiger.

Einsatz von Methoden

Wenn eine Methode benutzt werden soll, die auf ein bestimmtes Objekt anwendbar ist, sind verschiedene Schreibweisen möglich. Die meisten Methoden verlangen bestimmte Argumente, die näher spezifizieren, wie die Methode eingesetzt werden soll. Meistens sind einige dieser Argumente notwendig, andere dagegen können zwar verwendet werden, müssen es aber nicht. Einige Methoden kommen dagegen ohne Argumente aus.

```
Worksheets(1).Columns("D:F").AutoFit
```

wendet z. B. die Methode AutoFit auf die drei Spalten des ersten Blatts einer Mappe an. Damit wird die Spaltenbreite automatisch angepasst.

Bei einigen Methoden werden bestimmte Standardvorgaben verwendet, wenn keine Argumente angegeben werden.

Benannte Argumente

Hat eine Methode mehrere Argumente, gibt es zwei Möglichkeiten. Die erste ist, alle Argumente in der richtigen Reihenfolge anzugeben bzw. wenigstens Platzhalter für Argumente vorzusehen, die nicht angegeben werden. Zum Beispiel hat die Methode SaveAs, mit der Arbeitsmappen gespeichert werden, fast ein Dutzend Argumente. Sie könnten in der Form

```
Workbook.SaveAs(Dateiname, DateiFormat, , Schreibkennwort ...)
```

eingegeben werden. Diese Eingabetechnik wäre aber sehr umständlich und fehleranfällig. Die Alternative ist die Verwendung von benannten Argumenten. In diesem Fall werden nur die Argumente aufgeführt, für die Werte bestimmt werden, und diese Argumente werden einzeln benannt und durch Kommas getrennt. Dabei spielt die Reihenfolge keine Rolle, was eine große Erleichterung ist!

```
Workbook.SaveAs Filename:="Plan2011.xlsx", _
WriteResPassword:="geheim"
```

wäre ein Beispiel. Der VBA-Editor hilft Ihnen bei der Wahl der Argumentnamen, wie Sie weiter unten noch sehen werden.

Das Beispiel in der folgenden Abbildung nutzt die Methode BorderAround, die vier Argumente haben kann: LineStyle, Weight, ColorIndex und Color. LineStyle und Weight bzw. ColorIndex und Color sind hierbei alternativ. Bei dieser Methode werden benannte Argumente verwendet. Das ist auch dann empfehlenswert, wenn es nicht zwingend erforderlich ist, da das Programm dadurch übersichtlicher wird.

```
Sub methode3()
  Selection.BorderAround Weight:=xlMedium, ColorIndex:=4
End Sub
```

Abbildung 24.10 Methode mit Argumenten

Methoden mit Erfolgsmeldung

Methoden geben, wenn sie eingesetzt werden, gegebenenfalls Rückmeldungen, die Sie im Programm verwerten können. Wenn Sie z. B. die Methode CheckSpelling auf einen Zellbereich anwenden, also eine Rechtschreibprüfung durchführen, kann das Prüfungsergebnis abgefragt werden. Wenn kein Fehler gefunden wird, liefert die Methode den Rückgabewert True, der an eine Variable übergeben werden kann.

```
korrekt = Worksheets("Plan99"). _
CheckSpelling(IgnoreUppercase:=True)
```

Wie Sie an der Zeile sehen, sind diesmal die Argumente der Methode in Klammern gesetzt. Das ist notwendig, wenn der Rückgabewert einer Methode verwendet werden soll.

Methoden, die Objekte liefern

Bestimmte Methoden liefern selbst wieder ein neues Objekt. Sehen Sie sich etwa das folgende Beispiel in der Abbildung an.

```
Sub methode1()
  ActiveCell.Offset(-1, 0).Range("A1").Select
  Selection.Copy
  ActiveCell.Offset(1, 0).Range("A1").Select
  ActiveSheet.Insert
  Application.CutCopyMode = Falsch
End Sub
```

Abbildung 24.11 Anwendung von Methoden

Diese Prozedur kopiert den Inhalt der über der aktiven Zelle liegenden Zelle in die Zwischenablage und fügt sie von dort aus in die Ausgangszelle (die anfangs aktive Zelle) ein. In diesem Beispiel werden die Methoden `Offset` und `Select` so angewendet, dass die Methode `Offset` ein neues Objekt liefert, zu dem ein Unterobjekt (`Range`) existiert, auf das wiederum eine Methode angewendet wird. Auch diese Methode führt zu einem neuen Objekt, nämlich `Selection`, auf das dann die Methode `Copy` angewendet wird.

Die Tatsache, dass viele Methoden ihrerseits wieder ein Objekt liefern, also innerhalb eines Programms wie ein Objekt gehandhabt werden können, schafft die Möglichkeit, die von Methoden gelieferten Objekte in Objektvariable zu übernehmen und im Programm mit diesen Variablen weiterzuarbeiten. Das folgende Beispiel funktioniert ganz ähnlich wie das vorhergehende: Es kopiert den Inhalt der über der aktiven Zelle liegenden Zelle in die Zwischenablage und fügt den Inhalt in die unter der aktiven Zelle liegende ein.

```
Sub methode2()
    Dim kopierbereich As Object
    Dim einfügebereich As Object
    Set einfügebereich = Selection.Offset(1, 0)
    Set kopierbereich = Selection.Offset(-1, 0)
    kopierbereich.Copy
    einfügebereich.Select
    ActiveSheet.Insert
    Application.CutCopyMode = Falsch
End Sub
```

Abbildung 24.12 Verwendung von Objektvariablen

Es werden zwei Objektvariable (`kopierbereich` und `einfügebereich`) definiert und über die Anweisung `Set` mit von der Methode `Offset` zurückgegebenen Objekten belegt. Anschließend werden beide Variablen benutzt, um auf die Objekte, auf die sie verweisen, die Methoden `Copy` und `Select` anzuwenden.

Bereichsobjekte

Bereiche gehören in einem Tabellenblatt zu den Objekten, die wohl am häufigsten verwendet werden. Sie verfügen über fast 60 Eigenschaften und über 85 Methoden. Die folgende Abbildung zeigt einige Beispiele.

Zunächst wird in diesem Beispiel zweimal die Methode `Select` (Auswählen) angewendet, einmal auf `Sheets()`, die Liste der Blätter, und einmal auf `Range()`, einen Bereich also. Bei beiden handelt es sich um Objekte, wobei `Sheets` ein Unterobjekt einer Arbeitsmappe (z. B. *ActiveWorkbook*) ist und selbst wieder Unterobjekte enthält, nämlich die einzelnen Blätter einer Arbeitsmappe. Auch der ausgewählte Bereich `Range` ist seinerseits wieder ein Unterobjekt zu dem ausgewählten Blatt.

```
Sub bereichsobjekt1()
   Sheets("Tabelle1").Select
   Range("A1:A5").Select
   With Selection.Font
      .Name = "Arial"
      .Size = 12
      .Strikethrough = False
      .Superscript = False
      .Subscript = False
      .OutlineFont = False
      .Shadow = False
      .Underline = xlNone
      .ColorIndex = xlAutomatic
   End With
   With Selection
      .HorizontalAlignment = xlHAlignCenter
      .VerticalAlignment = xlVAlignCenter
      .WrapText = False
      .Orientation = xlHorizontal
   End With
End Sub
```

Abbildung 24.13 Beispiele für die Arbeit mit einem Bereichsobjekt

Diagrammobjekte

Eine ebenfalls sehr häufige Art von Objekten in Excel sind solche, die mit Diagrammen zusammenhängen. Hierzu gehören alle denkbaren Bestandteile von Diagrammen. In der Abbildung sehen Sie wieder ein kleines Beispiel.

```
Sub diagramm1()
  ActiveSheet.DrawingObjects("Chart 1").Select
  ActiveSheet.ChartObjects("Chart 1").Activate
  ActiveChart.Type = xl3DColumn
  ActiveChart.Walls.Select
  With Selection.Border
     .ColorIndex = 1
     .Weight = xlThin
     .LineStyle = xlContinuous
  End With
  Selection.Interior.ColorIndex = xlAutomatic

End Sub
```

Abbildung 24.14 Arbeiten mit Diagrammobjekten

Auch hier wird wieder die Objekthierarchie deutlich: An oberster Stelle steht das gerade aktive Blatt (Sie könnten noch die Arbeitsmappe darübersetzen), aus der zu diesem Blatt gehörenden Liste von Zeichnungsobjekten wird ein bestimmtes (diagramm 1) ausgewählt, das damit zum aktiven Diagramm wird. Hier werden wieder einzelne Unterobjekte (z. B. die Wände des Diagramms) ausgewählt, deren Eigenschaften bestimmt werden.

Zum Einsatz von Operatoren

In vielen der vorhergehenden Beispiele sind Operatoren verwendet worden, ohne dass dies weiter kommentiert wurde. Das war auch insofern nicht erforderlich, als die bis jetzt verwendeten Operatoren weitgehend identisch waren mit denen, die Sie schon bei der Bildung von Formeln in den Excel-Tabellen kennengelernt haben.

Da sie aber nicht völlig identisch sind und da bei der Aufstellung von Bedingungen für den Programmablauf häufig Operatoren benötigt werden, folgt hier ein kurzer Überblick. VBA unterscheidet zwischen arithmetischen, logischen, Vergleichs- und Verkettungsoperatoren:

- Die *arithmetischen Operatoren* +, -, *, / und ^ sind identisch mit den in Tabellen verwendeten Operatoren. \ ist der Operator für die ganzzahlige Division (5\3 liefert 1), Mod liefert den Rest einer derartigen Division (5 Mod 3 liefert 2).

- Die *logischen Operatoren* (mit Ausnahme von Not) dienen der Verknüpfung von Ausdrücken, die Wahrheitswerte liefern, und führen selbst wieder zu Wahrheitswerten. Ihre Funktion lässt sich am besten in sogenannten Wahrheitstafeln erfassen.

	A	B	C	D	E	F	G	H
1								
2	Wahrheitswerte-Tafel für die logischen Operatoren (in Visual Basic)							
3								
4	a	b	Nicht a	a Äqv b	a Imp b	a Oder b	a Und b	a XOder b
5	Wahr	Wahr	Falsch	Wahr	Wahr	Wahr	Wahr	Falsch
6	Wahr	Falsch	Falsch	Falsch	Falsch	Wahr	Falsch	Wahr
7	Falsch	Wahr	Wahr	Falsch	Wahr	Wahr	Falsch	Wahr
8	Falsch	Falsch	Wahr	Wahr	Wahr	Falsch	Falsch	Falsch

Abbildung 24.15 Wahrheitstafeln für logische Operatoren

In dieser Tabelle sollen a und b Ausdrücke sein, die Wahrheitswerte liefern. Die Möglichkeit, solchen Ausdrücken den Wert Null (d. h. gar keinen Wert) zuzuordnen, wird hier nicht berücksichtigt. Für die Operatoren gilt:

- Not a ist wahr, wenn a falsch, und falsch, wenn a wahr ist.
- a Eqv b (a ist äquivalent b) ist wahr, wenn a und b den gleichen Wahrheitswert haben.
- a Imp b (a impliziert b) ist wahr, wenn b wahr ist oder wenn a falsch ist.
- a Or b ist wahr, wenn mindestens einer der beiden Ausdrücke wahr ist.
- a And b ist wahr, wenn beide Ausdrücke wahr sind.
- a XOr b (a exklusiv oder b) ist wahr, wenn genau einer der beiden Ausdrücke wahr ist.

Wenn die logischen Operatoren in Kombinationen verwendet werden, müssen die zusammengehörenden Elemente eingeklammert werden (ähnlich wie bei arithmetischen Operatoren). Wer sich die Klammerregeln nicht eigens merken will, kann einfach prinzipiell einklammern.

- *Vergleichsoperatoren* dienen dem Vergleich von Werten. Sie sind identisch mit den in Tabellen verwendeten: <, >, <=, >=, = und <>. Sie stehen für »kleiner«, »größer«, »kleiner/gleich«, »größer/gleich«, »gleich« und »ungleich«. Bei Zahlen ist die Bedeutung klar, bei Zeichenfolgen heißt > »später in der alphabetischen Reihenfolge« (a > b ist demnach falsch).

- *Verkettungsoperatoren* sind & und +. Mit & lassen sich (wie in Tabellen) Zeichenketten verknüpfen. Dagegen sollte + als Verkettungsoperator nicht verwendet werden.

Anweisungen und VBA-Funktionen

Anweisungen steuern, ganz allgemein gesagt, den Programmablauf. Die Deklarierung und Definition von Variablen, die Festlegung von Anfang und Ende einer Prozedur oder Funktion, die Konstruktion von Verzweigungen und Schleifen – dies alles wird über Anweisungen erledigt.

Neben den schon angesprochenen Funktionen, die Sie selbst programmieren können, bietet VBA eine große Zahl von integrierten Funktionen. Auch diese Funktionen dienen dazu, Werte zu liefern oder umzuwandeln. Im Allgemeinen werden an eine Funktion Werte übergeben, und die Funktion liefert Werte zurück. Hierher gehören die mathematischen Funktionen, Funktionen, die Datums- und Zeitwerte verarbeiten, Funktionen, die Zeichenketten manipulieren oder auswerten usw.

Mit Verzweigungen und Schleifen Abläufe steuern

Unabhängig von der programmtechnischen Realisierung lassen sich viele Arbeitssituationen innerhalb eines Programms als Verzweigungen oder Schleifen betrachten. Ein Programm soll etwa auf unterschiedliche Eingaben unterschiedlich reagieren, das heißt: Wenn die Eingabe so ist, dann diese Reaktion, wenn sie anders ist, dann jene Reaktion usw. Ein Programm soll eine bestimmte Aktivität so lange ausführen, bis der Benutzer eine bestimmte Aktion unternimmt oder bis ein bestimmtes Ereignis eintritt. Das heißt, solange etwas nicht der Fall ist, wird diese Aktivität ausgeführt; sobald es der Fall ist, erfolgt eine andere.

Oder: Ein Programm soll eine bestimmte Aktivität in einer bestimmten Häufigkeit durchführen, d. h., es wird mitgezählt, wie oft die Aktivität durchgeführt wurde; wenn die vorgegebene Zahl erreicht ist, wird mit anderen (oder keinen) Aktivitäten fortgefahren.

If-Then

Eine häufige Aufgabe besteht darin, auf das Eintreten einer Situation zu reagieren. Diese Aufgabe wird in VBA im einfachsten Fall mit einer Wenn-dann-Struktur gelöst. Angenommen, eine Berechnung sei davon abhängig, ob eine eingegebene Zahl durch drei teilbar ist. Eine Prozedur, die dies überprüft und entsprechend reagiert, könnte so aussehen wie in der folgenden Abbildung.

```
Sub dreierprüfung()
    zahlN = InputBox("Eine ganze Zahl:")
    If zahlN Mod 3 = 0 Then
        unterprogramm1
    Else
        unterprogramm2
    End If
End Sub
```

Abbildung 24.16 Verzweigung mit If-Then

Anstelle der beiden Test-Unterprogramme könnten entweder andere Prozeduren oder eine Reihe von Anweisungen stehen. Um die Bedingung (im Beispiel a Mod b = 0) zu formulieren, werden häufig die logischen Operatoren gebraucht, etwa wenn eine eingegebene Zahl zwischen zwei Werten liegen soll. Als Bedingung würde dann formuliert:

```
If zahlN < 100 And zahlN > 50 Then
```

Derartige Strukturen können auch ineinander verschachtelt sein. In der Abbildung sehen Sie wieder ein Beispiel.

```
Sub einordnung()
    zahlN = InputBox("Eine ganze Zahl:")
    If zahlN < 10 Then
        If zahlN Mod 3 = 0 Then
            unterprogramm1
        Else
            unterprogramm2
        End If
    Else
        unterprogramm3
    End If
End Sub
```

Abbildung 24.17 Verschachtelte If-Then-Struktur

Da sich Unterverzweigungen auch noch mit Else-If aufbauen lassen, können beliebig komplexe Entscheidungsstrukturen in einem Programm konstruiert werden, was aber schnell dazu führt, dass Sie die Übersicht verlieren. Bei komplexen Verzweigungen sollten Sie deshalb prüfen, ob sich das Problem nicht mit der folgenden Struktur lösen lässt.

Select Case

Wenn die Verzweigung davon abhängt, welchen Wert ein Ausdruck annimmt, können Sie mit einer Struktur arbeiten, die für verschiedene Werte eines Ausdrucks unterschiedliche Reaktionen anbietet.

Beim folgenden Beispiel können Sie sich vorstellen, dass mehrere Benutzer eines Programms unterschiedliche Situationen vorfinden sollen (etwa dass unterschiedliche Ordner gewählt werden, dass unterschiedliche Briefköpfe verwendet werden oder dass unterschiedliche Programmteile zugänglich sind).

```
Sub benutzerprüfung()
    nameT = InputBox("Geben Sie Ihren Namen ein")
    Select Case nameT
        Case "Müller"
            unterprogramm1
        Case "Meier"
            unterprogramm2
        Case "Huber"
            unterprogramm3
        Case "Schneider"
            unterprogramm4
        Case Else
            MsgBox "Sie sind nicht vorgesehen!"
    End Select
End Sub
```

Abbildung 24.18 Verzweigung durch Fallprüfung

Diese Art der Verzweigung bleibt immer übersichtlich. Natürlich kann die Übersichtlichkeit auch durch Verschachtelung innerhalb dieser Struktur zerstört werden, aber das muss hier nicht vorgeführt werden.

While

Eine oft beim Programmieren auftretende Aufgabe besteht darin, dass ein Programmteil so lange ablaufen soll, bis eine bestimmte Bedingung eintritt. Das ist zum Beispiel der Fall, wenn Benutzereingaben in eine Liste oder eine Feldvariable eingelesen werden sollen, bis der Benutzer den Vorgang beendet, oder wenn eine Operation so lange durchgeführt werden soll, bis ein bestimmter Wert erreicht ist.

```
Sub einlesen1()
    eingabeT = " "
    While eingabeT <> ""
        eingabeT = InputBox("Eingabetext")
        If eingabeT <> "" Then
            unterprogramm1
        End If
    Wend
End Sub
```

Abbildung 24.19 Schleife mit While

In dieser Schleife wird die Variable eingabeT zunächst mit einem Leerzeichen belegt. Die Schleife selbst wird so lange durchlaufen, solange die Variable nicht den Wert "" annimmt (d. h. gar kein Zeichen). Dies geschieht, wenn das Eingabefenster ohne Eingabe oder mit **Abbrechen** beendet wird. Innerhalb der Schleife ist der Aufruf des Unterprogramms – in dem der eigentliche Einlesevorgang stattfinden würde – davon abhängig, dass tatsächlich etwas eingegeben wurde.

Do-Loop

Besonders elegant lassen sich derartige Aufgaben mit einer ähnlichen, aber flexibleren Struktur lösen. Sie gestattet es, die Bedingung für die Schleife an den Anfang oder an das Ende der Schleife zu setzen (im vorhergehenden Beispiel muss die Bedingung am Anfang stehen). Außerdem können innerhalb der Schleife noch Abbruchbedingungen formuliert werden. Das vorhergehende Beispiel könnte etwa wie in der Abbildung formuliert werden.

```
Sub einlesen2()
    Do
        eingabeT = InputBox("Eingabetext")
        If eingabeT <> "" Then
            unterprogramm1
        End If
    Loop Until eingabeT = ""
End Sub
```

Abbildung 24.20 Schleife mit Do-Loop

Sowohl am Anfang als auch am Ende der Schleife könnte eine Bedingung stehen, wodurch die Schleife fast universell verwendbar wird. Näheres hierzu finden Sie in der Beschreibung der Visual Basic-Anweisungen.

For-Next

Wenn der Fall auftritt, dass eine Anweisung oder eine Folge von Anweisungen in einer definierten Häufigkeit wiederholt werden soll, wird eine For-Next-Schleife verwendet. Ein Beispiel hierfür haben Sie oben schon kennengelernt. Diese Struktur wurde verwendet, um Werte in eine Matrix einer Tabelle zu schreiben. Hier folgt noch ein Beispiel, das den umgekehrten Prozess bewerkstelligt: Eine Anzahl von Daten aus einer Tabelle wird in eine Feldvariable eingelesen. Das ist nützlich, wenn mit diesen Daten Berechnungen durchgeführt werden sollen, ohne dass VBA für jeden Wert auf die Tabelle zugreifen soll.

```
Sub datenübernahme()
Dim datenmenge(12)
   For x = 0 To 11
      datenmenge(x) = Cells(x + 20, 1).Text
   Next x
   MsgBox datenmenge(0)
End Sub
```

Abbildung 24.21 Einlesen von Tabellendaten in eine Feldvariable

Für diese Prozedur, die aus dem die Daten enthaltenden Tabellenblatt gestartet werden muss, wurden in einer Tabelle in den Zellen A20 bis A32 Monatsnamen eingetragen. Das zur Kontrolle in die Prozedur aufgenommene Meldungsfenster gibt *Januar* aus.

Mit diesem Überblick über die Programmstrukturen in VBA soll die allgemeine Einführung in VBA erst einmal abgeschlossen sein. Im Folgenden wird die Entwicklungsumgebung für VBA vorgestellt.

24.2 Die Entwicklungsumgebung

Die Programmentwicklung für VBA findet in einem eigenen Fenster mit eigenen Menü- und Symbolleisten statt. Innerhalb des VBA-Editor-Fensters werden nach Bedarf weitere Fenster geöffnet. Dies erfolgt teilweise automatisch, wenn bestimmte Objekte ausgewählt werden, oder über die Befehle in dem Menü **Ansicht** bzw. die entsprechenden Symbole in der Symbolleiste. Auch in Excel 2010 verwendet die Programmierumgebung also noch die traditionelle Benutzeroberfläche mit Menüs und frei platzierbaren Symbolleisten. Das Symbol **Hilfe** öffnet die Excel 2010-Entwicklerreferenz und bietet ausführliche Unterstützung bei der VBA-Entwicklung.

> **HINWEIS**
>
> **Lieber öfter speichern**
>
> Ein Projekt samt den dazugehörenden Elementen wird automatisch gespeichert, wenn die Arbeitsmappe gespeichert wird, zu der das Projekt gehört. Da Programmentwicklung eine Zeit verschlingende Angelegenheit sein kann, schadet es aber nicht, wenn Sie auch zwischendurch mal abspeichern, damit nicht durch ein Unglück wertvolle Arbeit verloren geht. Verwenden Sie dazu **Datei ▸ … speichern** im Fenster des Editors oder `Strg` + `S`.

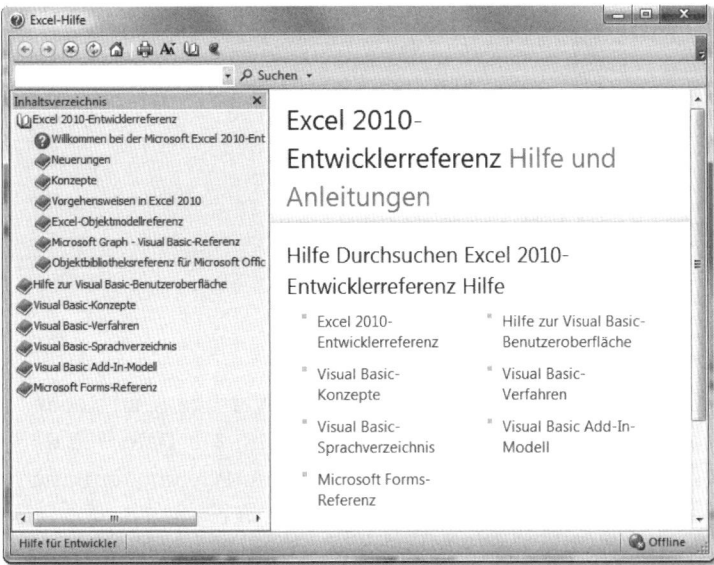

Abbildung 24.22 Hilfe-Fenster für VBA

24.2.1 Projekt-Explorer und Modulfenster

Der Projekt-Explorer ist das Verwaltungszentrum, von dem aus Sie die Entwicklung Ihrer Projekte steuern können. Er zeigt die Dateien und Objekte an, die zu einem Projekt gehören, und erlaubt Ihnen, diese auszuwählen, das ausgewählte Objekt oder den dazugehörenden Programmcode anzuzeigen bzw. ein Fenster dafür neu zu öffnen. Das Projekt-Explorer-Fenster gibt Ihnen einen schnellen Überblick über den Entwicklungsstand des Projektes und gewährt Zugang zu allen Elementen des Projektes.

Dabei wird dieselbe Baumstruktur wie im Windows-Explorer verwendet. Für jedes Projekt wird ein eigener Baum begonnen. Sie können also bequem an mehreren Projekten gleichzeitig arbeiten, ohne die Übersicht zu verlieren. Für jede geöffnete Arbeitsmappe in Excel kann ein Projekt angelegt werden. Das Projekt gehört dann zu dieser Datei. Markierte Code-Elemente können mit der Maus bequem innerhalb des Projektes oder auch in ein anderes Projekt verschoben oder kopiert werden. Enthält die Datei einzelne Elemente, die mit Programmcode verknüpft werden können, etwa Tabellen- oder Diagrammblätter, werden Symbole dafür in der Baumstruktur angezeigt.

Hinzu kommen im Laufe der Projektentwicklung Symbole für benutzerdefinierte Formulare, für Programmcode und Klassen-Module und für Referenzen auf andere Office-Dokumente.

Abbildung 24.23 Elemente eines Projektes im Projekt-Explorer

> **Export – Import: Programmcode für mehrere Projekte**
>
> Um Formulare oder Programmcode für andere Projekte zur Verfügung zu stellen, können die Daten auch in separate Dateien gesichert werden. Mit **Datei ▸ Datei exportieren** lassen sich für ausgewählte Formulare Dateien vom Typ *.frm*, für Basic-Code Dateien vom Typ *.bas* und für Klassen Dateien vom Typ *.cls* erzeugen.
>
> Um diese Daten in andere Projekte zu übernehmen, wird der Befehl **Datei ▸ Datei importieren** verwendet. Markieren Sie vorher im Projekt-Explorer die Stelle, an der die Datei einzufügen ist. Sollen dagegen bestehende Codezeilen an einer bestimmten Stelle eines Moduls übernommen werden, kann mit dem Befehl **Einfügen ▸ Datei** gearbeitet werden.

Fenster für den Programmcode

Geschrieben wird der Code in speziellen Fenstern. VBA stellt für jede Arbeitsmappe und für jedes Blatt, für jedes Modul und für die Formulare des Projektes eigene Fenster zur Verfügung. Wird z. B. im Projekt-Explorer das Symbol für die Arbeitsmappe selbst doppelt angeklickt, öffnet der VBA-Editor ein Modulfenster, in dem im rechten Listenfeld schon ein Prozedur-Skelett für jedes Ereignis angeboten wird, das bei dem Objekt Workbook möglich ist, wenn Sie im linken Listenfeld **Workbook** auswählen.

Wenn Sie also festlegen wollen, was jedes Mal beim Öffnen des aktiven Dokumentes automatisch geschehen soll – etwa das Einblenden bestimmter Symbole –, tragen Sie die entsprechenden Befehle zwischen der Zeile Sub und der Zeile End Sub ein. Das Modulfenster enthält unter der Titelleiste, die den Namen des Moduls und des zugehörigen Dokumentes anzeigt, immer zwei Listenfelder. Links ist die Liste der Objekte enthalten, rechts die Liste der einzelnen Prozeduren, die zum Modul gehören.

24.2 Die Entwicklungsumgebung

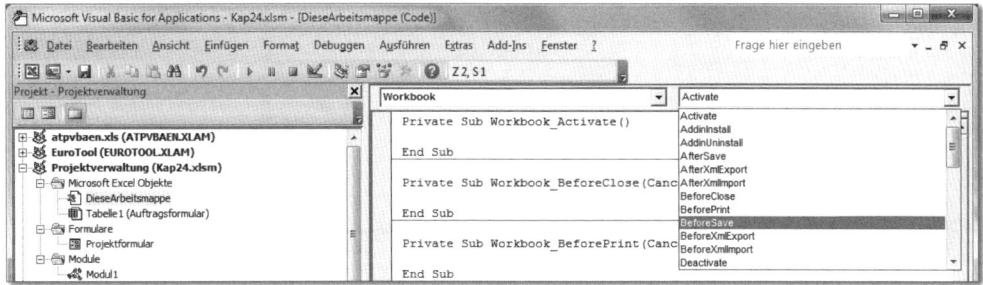

Abbildung 24.24 Prozedur-Skelette für Ereignisse

Links unten in der Ecke können Sie mit den beiden kleinen Schaltflächen wählen, ob gerade nur eine oder alle Prozeduren des Moduls nacheinander im Fenster angezeigt werden sollen.

Editieren im Modulfenster

Die Arbeitsweise in einem Modulfenster entspricht weitgehend der einer einfachen Textverarbeitung. Sie können Code schreiben, einfügen, kopieren etc. Zwei Unterschiede werden aber sofort sichtbar: Es erfolgt kein automatischer Zeilenumbruch bei längeren Zeilen; sobald eine Zeile mit ⏎ abgeschlossen wird, ändert sich unter Umständen das typografische Erscheinungsbild dieser Zeile: Farbliche Veränderungen finden statt, möglicherweise werden einige Kleinbuchstaben in Großbuchstaben umgewandelt, Leerzeichen eingefügt, zuweilen wird auch eine Meldung eingeblendet.

Bei der Bewegung innerhalb eines Moduls können Sie wie gewohnt die Maus benutzen, um die Einfügemarke mit einem Klick zu positionieren. Durch Drücken der Einfg-Taste können Sie zwischen dem Einfügemodus, zugleich die Vorgabe, und dem Überschreibemodus hin- und herschalten. Auch mit den Pfeiltasten können Sie sich in einem Modulfenster leicht bewegen. In Verbindung mit Strg bewegen Sie sich wortweise nach links und rechts und absatzweise nach oben oder unten. Wollen Sie bei der Bewegung Text markieren, müssen Sie die ⇧-Taste gedrückt halten. Mit der Maus wird Text durch einfaches »Überziehen« mit gedrückter linker Maustaste markiert. Markierter Text kann mit den bekannten Symbolen oder Menübefehlen ausgeschnitten oder kopiert und wieder eingefügt werden.

Die Kopieroption werden Sie zu schätzen lernen, wenn Sie feststellen, dass es in VBA zuweilen notwendig ist, zahlreiche ellenlange Zeilen mit nur leichten Abwandlungen zu schreiben. Da bietet das Kopieren mit anschließenden kleinen Korrekturen eine große Arbeitserleichterung.

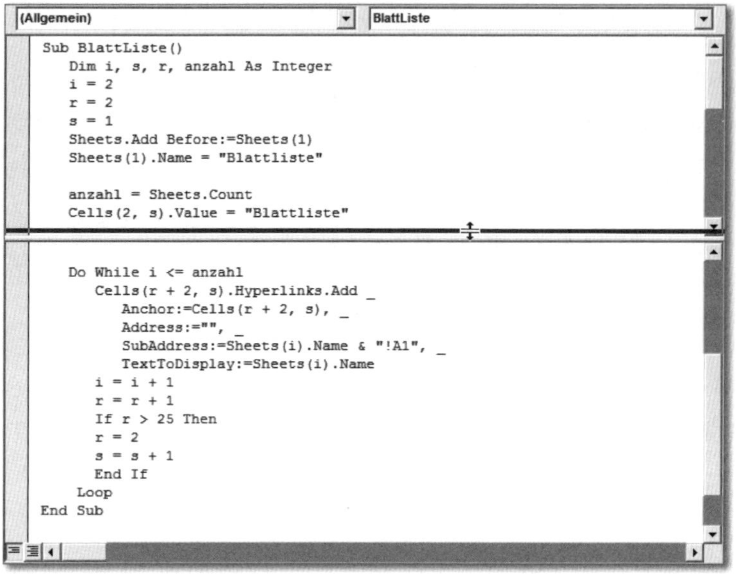

24 Visual Basic für Applikationen

```
Sub BlattListe()
    Dim i, s, r, anzahl As Integer
    i = 2
    r = 2
    s = 1
    Sheets.Add Before:=Sheets(1)
    Sheets(1).Name = "Blattliste"

    anzahl = Sheets.Count
    Cells(2, s).Value = "Blattliste"

    Do While i <= anzahl
        Cells(r + 2, s).Hyperlinks.Add _
            Anchor:=Cells(r + 2, s), _
            Address:="", _
            SubAddress:=Sheets(i).Name & "!A1", _
            TextToDisplay:=Sheets(i).Name
        i = i + 1
        r = r + 1
        If r > 25 Then
            r = 2
            s = s + 1
        End If
    Loop
End Sub
```

Abbildung 24.25 Modul in zwei Fenstern

Angenehmerweise lässt sich das Modulfenster auch teilen, sodass Sie verschiedene Bereiche eines größeren Moduls überblicken können. Dadurch lassen sich das Hin- und Herkopieren von Programmtext, aber auch das Vergleichen von Prozeduren, das Kontrollieren der Variablendefinitionen usw. leichter bewerkstelligen. Mit **Fenster ▶ Teilen** wird das Modulfenster zunächst mittig waagerecht geteilt; die Teilungslinie lässt sich mit der Maus nach oben oder unten ziehen.

> **TIPP**
>
> **Lange Zeilen aufteilen**
> Da in VBA schnell recht lange Zeilen für einen Befehl entstehen können, ist es wichtig, zu wissen, wie damit umgegangen wird. Es ist ziemlich unübersichtlich, wenn Teile eines Befehls im Fenster nicht sichtbar sind. Sie können eine Zeile auf mehrere Zeilen verteilen, wenn Sie jeweils ein Leerzeichen und einen Unterstrich an das Zeilenende setzen. Diese beiden Zeichen sorgen dafür, dass Excel die folgende Zeile noch zu dem Befehl rechnet.

Schriftformate als Programmierhilfe

Die typografische Gestaltung des Moduls können Sie frei wählen. Dies betrifft besonders die Farbgebung, mit der unterschiedliche Textelemente belegt werden. Aber auch der

Schrifttyp und die Schriftgröße lassen sich bestimmen. Zugang zu diesen Möglichkeiten finden Sie im VBA-Fenster über **Extras** ▸ **Optionen** auf dem Register **Editierformat**.

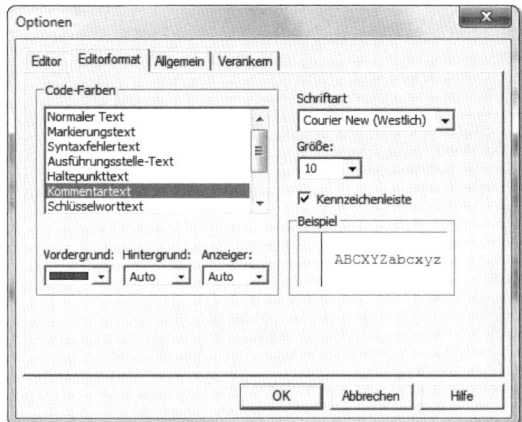

Abbildung 24.26 Dialogfeld für das Editierformat

Optionen für die Codeeingabe

Weitere wichtige Optionen finden sich unter dem Register **Editor**. Das obere Segment betrifft teilweise noch die typografische Darstellung. Sie können den automatischen Einzug an- oder abstellen. Der Effekt des automatischen Einzugs ist, dass durch Setzen von Tabulatoren am Anfang einer Zeile alle folgenden Zeilen entsprechend eingerückt sind. Die einzelnen Programmteile werden dadurch übersichtlicher. Die Tabulatorweite lässt sich separat einstellen; bei sehr verschachtelten Programmteilen ist zwei eine günstige Einstellung, da die Zeilen sonst leicht zu weit nach rechts ausgerückt werden. Mit ⇧ + ⇆ lässt sich der Einzug rückgängig machen.

Die **Automatische Syntaxüberprüfung** lässt sich abschalten. Das kann sinnvoll sein, wenn Sie z. B. am Anfang noch mit unvollständigen Codezeilen arbeiten oder sich Codestückchen aus verschiedenen Quellen zusammenkopieren wollen. Auf diese Weise unterbinden Sie hinderliche Fehlermeldungen.

Wichtig ist die Voreinstellung für die **Variablendeklaration**. Mit der Entscheidung, dass Deklarationen erforderlich sind, wird die Möglichkeit abgeschnitten, Variablen ohne die Anweisung `Dim` einfach durch Wertfestlegung zu definieren, wenn sie gebraucht werden. Das dient sicher dem guten Programmierstil, macht das Programmieren aber etwas mühsamer. Denselben Effekt erreichen Sie mit der Anweisung `Option Explizit` am Anfang eines Moduls. Dann gilt diese Festlegung allerdings nur für das jeweilige Modul.

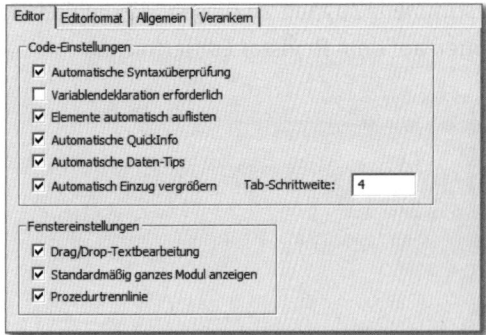

Abbildung 24.27 Einstellungen für den VBA-Editor

Fensteroptimierung

Nicht ganz unwichtig im Fenster des VBA-Editors ist ein geschickter Umgang mit den vielen Fenstern, die hier auftreten. Sie können die einzelnen Fenster frei auf der Arbeitsfläche verschieben. Als Hilfe bietet Excel an, die Fenster wahlweise an bestimmten Seiten des Gesamtfensters zu verankern. Das ist meist sinnvoll, weil sonst leicht ein ziemliches Wirrwarr entsteht, wenn viele Fenster geöffnet sind. Welche Fenster verankerbar sein sollen, lässt sich auf der Registerkarte **Verankern** im Dialogfeld **Optionen** festlegen.

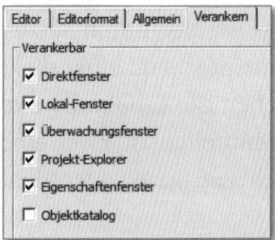

Abbildung 24.28 Fenster, die verankert werden können

Schieben Sie die einzelnen Fenster mit der Titelleiste an den gewünschten Fensterrand. Es ist beispielsweise ganz praktisch, die Fenster für Projekte und Überwachungsausdrücke so zu verankern, dass Sie immer alle wichtigen Daten im Blick haben. Durch Ziehen an den Rahmen zwischen den Fenstern lässt sich die Raumaufteilung bei Bedarf beliebig verändern, wobei die anderen Fenster automatisch angepasst werden. Per Klick auf das Feld **Schließen** lassen sich einzelne Fenster notfalls ausblenden, wobei sich die übrigen Fenster den frei gewordenen Platz nehmen.

24.2 Die Entwicklungsumgebung

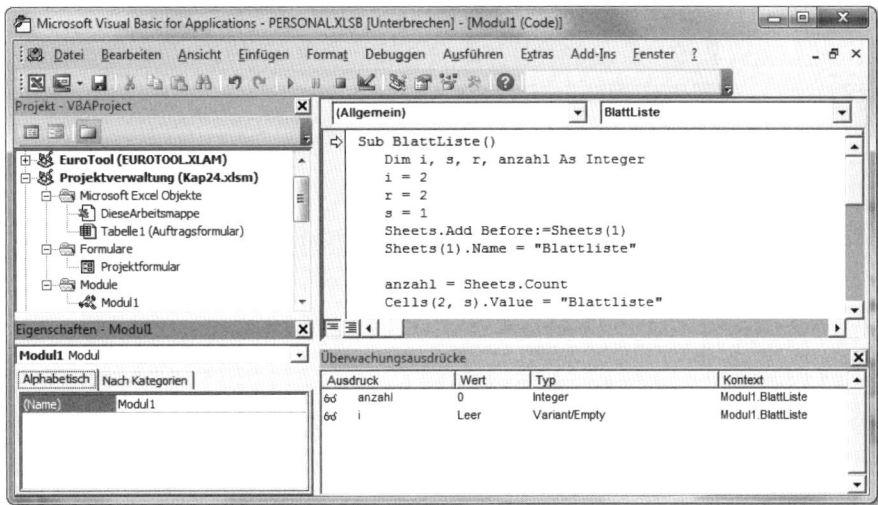

Abbildung 24.29 Beispiel für verankerte Fenster

24.2.2 Editierhilfen

Der VBA-Editor prüft die Syntax von eingetippten Programmzeilen sofort bei der Eingabe, sofern diese Verhaltensweise nicht auf dem Register **Editor** im Dialogfeld **Optionen** abgeschaltet wird. Wenn Sie beispielsweise ein Komma zwischen zwei Argumenten oder eine schließende Klammer vergessen, erhalten Sie einen entsprechenden Fehlerhinweis.

> **Kleinbuchstaben bei der Eingabe**
> Da in VBA die reservierten Schlüsselwörter immer mit einem Großbuchstaben anfangen, sollten Sie die Schlüsselwörter möglichst ganz in Kleinbuchstaben eingeben. Erscheint ein Wort dann nach Beendigung der Zeile mit ⏎ nicht mit einem Großbuchstaben am Anfang, haben Sie vielleicht einen Tippfehler eingebaut oder ein falsches Wort verwendet.

Für die Arbeit in einem Modulfenster bietet VBA komfortable Erleichterungen an. Die Symbolleiste **Bearbeiten** enthält dafür eine Reihe von Symbolen. Sie kann eingeblendet werden, wenn Sie eine Symbolleiste mit der rechten Maustaste anklicken oder sie über **Ansicht ▸ Symbolleisten** auswählen.

Sind genügend Zeichen eingegeben, sodass ein Wort eindeutig zu identifizieren ist, kann VBA das Wort automatisch ergänzen.

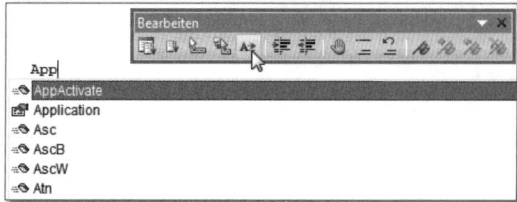

Abbildung 24.30 Die Symbolleiste »Bearbeiten« und das Symbol »Ganzes Wort«

Wenn Sie beispielsweise

App

eintippen und auf das Symbol **Ganzes Wort** klicken, erscheint eine kleine Liste mit den möglichen Wörtern. Ein Doppelklick auf das gewünschte Wort vervollständigt den Eintrag.

Auswahl von Eigenschaften und Methoden

Wird der Name eines Objektes eingegeben, erscheint nach der Eingabe des folgenden Punktes eine Auflistung der für dieses Objekt möglichen Methoden und Eigenschaften. Wird ein weiterer Buchstabe eingetippt, werden nur noch die Eigenschaften und Methoden angezeigt, die mit diesem Buchstaben beginnen.

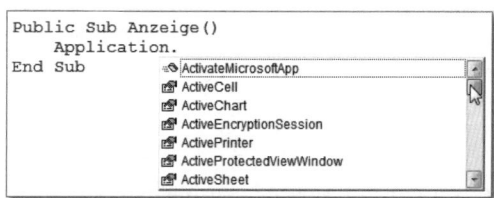

Abbildung 24.31 Auflistung der Methoden und Eigenschaften eines Objektes

Eigenschaften werden durch das Symbol mit der Hand, Methoden durch das fliegende grüne Päckchen gekennzeichnet. Der gewünschte Eintrag kann direkt aus dieser Liste per Doppelklick übernommen werden.

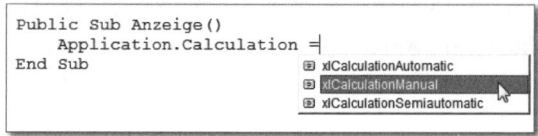

Abbildung 24.32 Mögliche Konstanten zu einer Eigenschaft

Soll eine Eigenschaft für ein Objekt bestimmt werden, erhalten Sie nach dem Gleichheitszeichen die möglichen Konstanten angeboten.

QuickInfo

Sehr praktisch ist auch die jeweilige **QuickInfo** zur Syntax von Funktionen, Methoden oder Prozeduren. Wird beispielsweise eine Methode eingegeben, erscheint nach der Eingabe der nächsten Leerstelle oder einer öffnenden Klammer eine Kurzreferenz zu dieser Methode mit den notwendigen und möglichen Argumenten direkt unter der Einfügestelle.

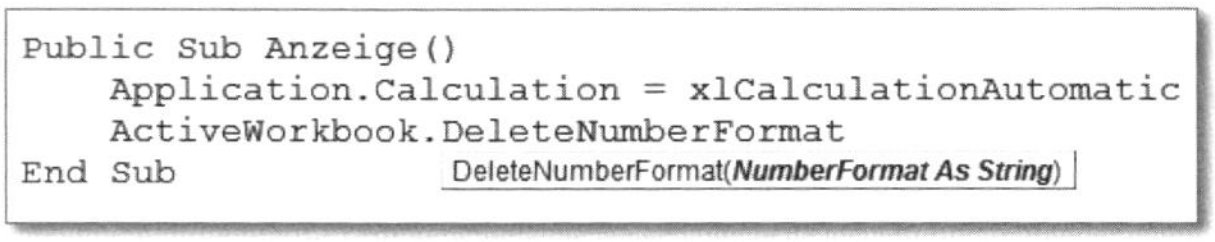

```
Public Sub Anzeige()
    Application.Calculation = xlCalculationAutomatic
    ActiveWorkbook.DeleteNumberFormat
End Sub              DeleteNumberFormat(NumberFormat As String)
```

Abbildung 24.33 QuickInfo zu einer Methode

Lesezeichen und Haltepunkte

Um schnell kritische oder noch unfertige Stellen im Programmcode zu erreichen, lassen sich in der linken Randleiste des Modulfensters Lesezeichen einfügen. Sie setzen die Einfügestelle in die betreffende Zeile und klicken auf das Fähnchen-Symbol **Lesezeichen setzen/zurücksetzen** in der Symbolleiste **Bearbeiten**. Dasselbe Symbol wird auch zum Löschen einzelner Lesezeichen benutzt. Mit den beiden anderen Fähnchen-Symbolen können Sie zu einem Lesezeichen vor- oder zurückspringen.

Um einen Haltepunkt für den Programmtest zu setzen, klicken Sie einfach auf der Höhe der entsprechenden Zeile in die linke Randspalte. Ein erneuter Klick hebt den Haltepunkt wieder auf.

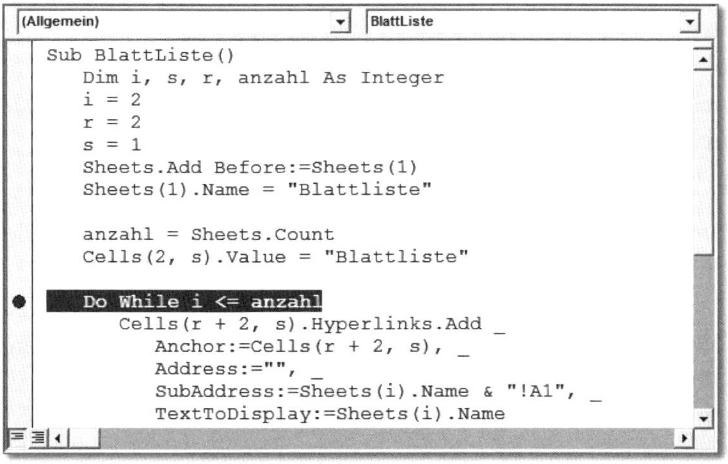

```
(Allgemein)                      BlattListe
Sub BlattListe()
    Dim i, s, r, anzahl As Integer
    i = 2
    r = 2
    s = 1
    Sheets.Add Before:=Sheets(1)
    Sheets(1).Name = "Blattliste"

    anzahl = Sheets.Count
    Cells(2, s).Value = "Blattliste"

●   Do While i <= anzahl
        Cells(r + 2, s).Hyperlinks.Add _
            Anchor:=Cells(r + 2, s), _
            Address:="", _
            SubAddress:=Sheets(i).Name & "!A1", _
            TextToDisplay:=Sheets(i).Name
```

Abbildung 24.34 Haltepunkt in der Randleiste

Ganz praktisch sind auch die beiden Kommentar-Symbole. Das eine verwandelt alle gerade markierten Zeilen in einen Kommentar, das andere verwandelt die Kommentare wieder in Programmcode. Auf diese Weise können bestimmte Teile des Codes z. B. vorübergehend aus dem Programmtest herausgenommen werden.

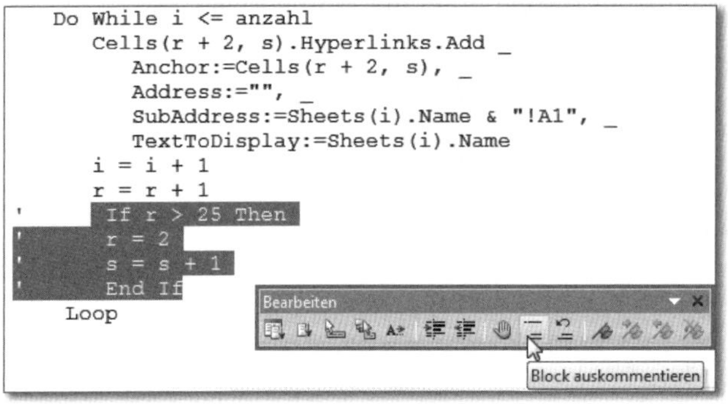

```
Do While i <= anzahl
    Cells(r + 2, s).Hyperlinks.Add _
        Anchor:=Cells(r + 2, s), _
        Address:="", _
        SubAddress:=Sheets(i).Name & "!A1", _
        TextToDisplay:=Sheets(i).Name
    i = i + 1
    r = r + 1
'   If r > 25 Then
'       r = 2
'       s = s + 1
'   End If
Loop
```

Abbildung 24.35 Auskommentierter Prozedurteil

Auch für das Einrücken von Codezeilen gibt es ein Symbolpaar. Es ist zwar keine Vorschrift, aber doch eine gute Praxis, beispielsweise die Codezeile innerhalb einer Schleife oder Verzweigung einzurücken. Markieren Sie einfach die entsprechenden Zeilen, und klicken Sie das Symbol **Einzug vergrößern** an.

Arbeit mit dem Objektkatalog

Die Fülle der Objekte, die Excel bereitstellt, und die zahllosen Methoden und Eigenschaften, die dazugehören, wären eine Herausforderung an das Gedächtnis der Entwickler, wenn es nicht ein paar Hilfen gäbe. Eine wesentliche Hilfe bei der Programmentwicklung ist der Objektkatalog. Ein Klick auf das Symbol **Objektkatalog** oder das Drücken von F2 öffnet den Katalog. Das Fenster kann während der ganzen Arbeit ständig geöffnet bleiben, muss also nicht jedes Mal neu geöffnet werden.

Was der Objektkatalog anzeigt, hängt von der Auswahl ab, die Sie im ersten Listenfeld treffen. Wählen Sie ein Projekt aus, werden in der linken Hälfte des Fensters die Objekte der Arbeitsmappe, die Tabellenblätter, Diagrammblätter etc. und die Module aufgelistet. Ist dann links ein Modul ausgewählt, erscheinen rechts die einzelnen Prozeduren, die dazugehören. Der Befehl **Ansicht ▸ Code**, die Taste F7 oder ein Doppelklick öffnen das Modulfenster dieser Prozedur.

24.2 Die Entwicklungsumgebung

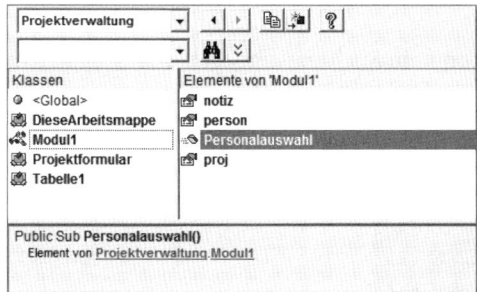

Abbildung 24.36 Liste der Elemente zu einem Modul

Wird im ersten Listenfeld der Name einer Objektbibliothek, z. B. *Excel* oder *MSForms* ausgewählt, erscheinen in der linken Hälfte alle Objekte, über die in dieser Bibliothek Informationen enthalten sind. Sie haben die Möglichkeit, in dieser Objektliste ein bestimmtes Objekt zu markieren, damit in der rechten Fensterhälfte die zu diesem Objekt gehörenden Eigenschaften, Methoden und eventuelle Ereignisse oder Konstanten angezeigt werden.

Wenn z. B. die Objektbibliothek von Excel ausgewählt ist und unter den Objekten Chart, also das Diagramm-Objekt, erscheinen rechts die Eigenschaften und Methoden des Diagramm-Objektes. Ein Klick auf das Symbol mit dem Fragezeichen liefert nähere Informationen und häufig auch brauchbare Code-Beispiele, die Sie sich in die eigene Prozedur kopieren können. Wird etwa die Methode PrintOut markiert, erscheinen im Fuß des Objektkataloges die Argumente der Methode. Außerdem wird die Objekthierarchie angezeigt. Ein Klick auf eines der Objekte in dieser Hierarchie wählt das Objekt in der linken Fensterhälfte aus.

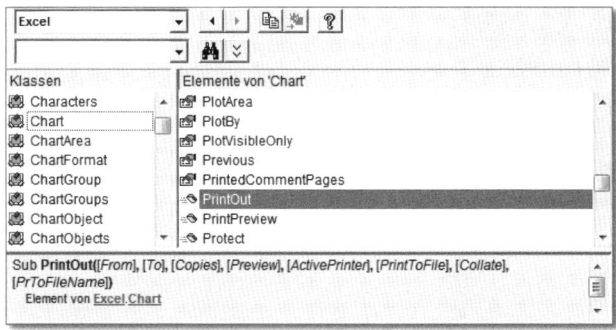

Abbildung 24.37 Methoden des Chart-Objektes

Der Objektkatalog ist aber nicht nur zum Nachschauen da, er kann auch direkt als Eingabehilfe benutzt werden. Ist z. B. die Methode PrintOut für das Objekt Chart ausgewählt, müssen Sie nur das Kopiersymbol und im Modulfenster **Einfügen** anklicken.

Elemente suchen

In dem zweiten Listenfeld unter der Titelleiste kann ein Suchtext eingegeben werden, etwa der Name eines Objektes, einer Methode oder Eigenschaft. Ein Klick auf das Symbol mit dem Feldstecher startet die Suche. Das Ergebnis wird unter **Suchergebnisse** angezeigt.

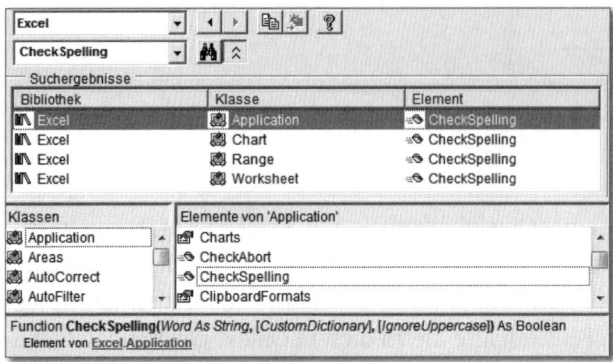

Abbildung 24.38 Objekte, auf die die Methode CheckSpelling (Rechtschreibprüfung) angewendet werden kann

Hinzuziehen weiterer Objektbibliotheken

Bei bestimmten Projekten werden Sie vielleicht zu den vorhandenen Objektbibliotheken noch weitere hinzuziehen wollen, um die darin definierten Objekte verwenden zu können. Dies ist möglich, wenn ein Verweis auf eine solche Bibliothek hergestellt wird. Wählen Sie dazu im Fenster des VBA-Editors den Befehl **Extras ▶ Verweise**.

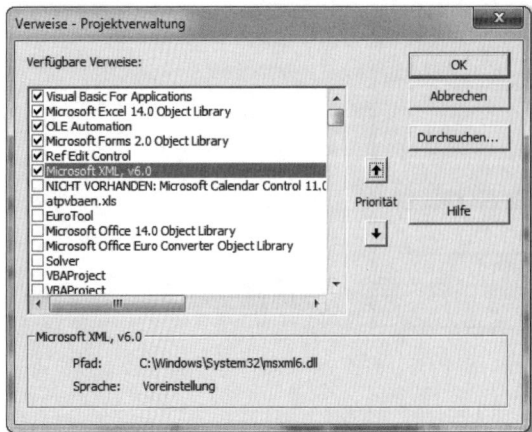

Abbildung 24.39 Verweis auf den XML-Parser

Haken Sie die Objektbibliothek ab, auf die ein Verweis hergestellt werden soll, etwa den XML-Parser v6.0. Über die Prioritätsschaltflächen können Sie regeln, wo VBA zuerst nach Verweisen suchen soll. Wird eine Bibliothek nicht aufgelistet, können Sie die Datei über **Suchen** aufspüren.

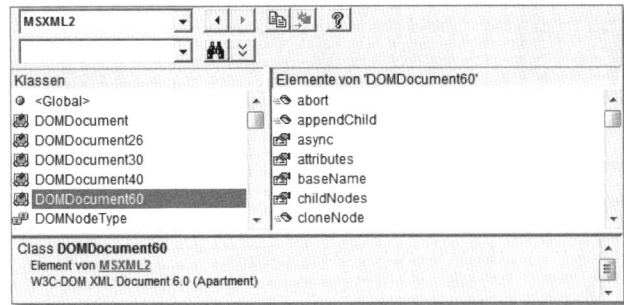

Abbildung 24.40 Integrierte Objekte des XML-Parsers

Ist ein Verweis erstellt, werden die Objekte dieser Bibliothek im Objektkatalog angezeigt.

> **Vorsicht bei Verweisen**
>
> Verweise gelten immer nur für das einzelne Projekt, für das sie erstellt worden sind. Wenn Sie Makroanwendungen an andere Stellen weitergeben, müssen Sie beachten, dass Bibliotheken, auf die Sie beispielsweise in einer Arbeitsmappe verweisen, auf dem anderen Rechner ebenfalls installiert sein müssen, damit die Makros auch dort korrekt ablaufen. Ansonsten erhält der andere Nutzer eine Fehlermeldung, dass die betreffende Bibliothek nicht vorhanden ist.

Fenster für den Formularentwurf

Bei den meisten VBA-Anwendungen werden dem Benutzer ein oder mehrere Formulare angeboten, über die er Informationen mit der Anwendung austauschen kann. Für den Entwurf dieser Formulare stehen Entwurfsfenster mit den zugehörigen Werkzeugleisten zur Verfügung. Um mit dem Entwurf eines Formulars zu beginnen, wählen Sie den Befehl **Einfügen ▸ UserForm**.

Das angebotene Leerformular kann mit der Maus vergrößert oder verkleinert werden. Die Gestaltung des Formulars besteht im Wesentlichen darin, aus der gleichzeitig eingeblendeten Werkzeugsammlung die gewünschten Steuerelemente auszuwählen, mit der Maus ihre Position und Größe im Formular festzulegen und die Eigenschaften des Steuerelements zu bestimmen.

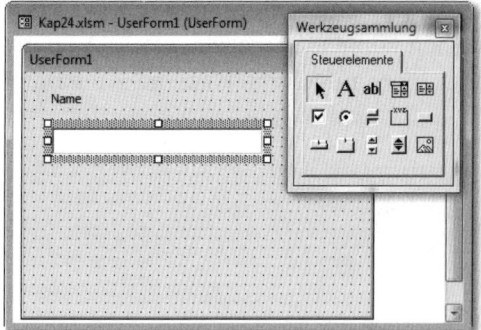

Abbildung 24.41 Aufziehen eines Textfeldes im Formularentwurf

Eigenschaftenfenster

Jedes Steuerelement-Objekt hat bestimmte Eigenschaften, die festgestellt oder verändert werden können. Ist ein Steuerelement im Formular ausgewählt, kann per Mausklick auf das Symbol **Eigenschaftenfenster** oder mit [F4] das zugehörige Eigenschaftenfenster eingeblendet werden.

Abbildung 24.42 Eigenschaftenfenster für das ausgewählte Textfeld

In diesem Fenster sind die Eigenschaften des ausgewählten Objektes aufgelistet. Auf der Registerkarte **Alphabetisch** erfolgt dies in alphabetischer Reihenfolge, auf der Registerkarte **Nach Kategorien** sind die verschiedenen Eigenschaften nach bestimmten sachlichen Kriterien geordnet, etwa **Darstellung**, **Position** oder **Verhalten**. Links wird die Eigenschaft aufgelistet, rechts der aktuelle Wert genannt. Ist eine Eigenschaft per Mausklick markiert, erscheinen in vielen Fällen kleine Schaltflächen, um Werte auszuwählen. Ansonsten kann der gewünschte Wert direkt eingetragen werden.

24.2.3 Programme testen

Programmcode in VBA muss, bevor er verwendet werden kann, kompiliert werden. Wenn der Befehl **Ausführen ▸ Sub/UserForm ausführen** gewählt oder F5 gedrückt wird, und der Code ist vorher nicht mit den letzten Änderungen kompiliert worden, geschieht dies normalerweise automatisch. Oft ist es aber sinnvoll, Programmcode schon vorher zu kompilieren, um Fehler aufzuspüren, die erst der Compiler finden kann. Wählen Sie **Debuggen ▸ Kompilieren von...**, um die Kompilierung anzustoßen. Findet der Compiler einen Fehler, wird er im Code markiert und eine entsprechende Fehlermeldung ausgegeben.

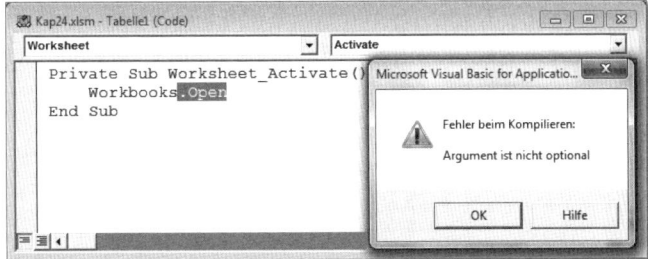

Abbildung 24.43 Markierter Fehler beim Kompilieren

Die Schaltfläche **Hilfe** bringt nähere Erläuterungen, soweit es möglich ist. Ansonsten bietet der VBA-Editor drei spezielle Fenster für den Programmtest. Außerdem steht noch die Symbolleiste **Debuggen** zur Verfügung.

Der Test selbst kann im Einzelschritt ausgeführt werden – am besten mit Klick auf das Symbol **Einzelschritt** oder F8, im Prozedurschritt oder bis zur Position der Einfügestelle. Diese Befehle werden auch im Menü **Debuggen** angeboten. Die einzelnen Programmzeilen werden farbig markiert, sodass der Programmverlauf genau kontrolliert werden kann.

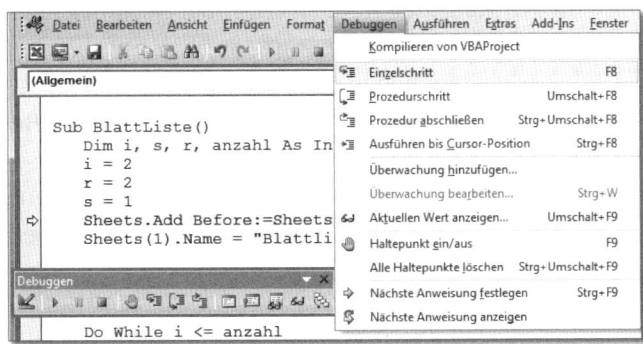

Abbildung 24.44 Einzelschritttest

Mit **Ausführen ▸ Sub/UserForm ausführen** oder F5 kann das fertige Programm im Fenster des Editors ausgeführt werden. Sind Haltepunkte definiert, kann das Programm auch mit F5 bis zum ersten Haltepunkt ausgeführt werden, etwa um dort bestimmte Werte abzufragen.

Werte prüfen

Im Überwachungsfenster kann dabei verfolgt werden, welche Werte bestimmte Variable annehmen, die vorher der Überwachung unterstellt worden sind. Dies geschieht am einfachsten, indem Sie in der Prozedur den Namen der Variablen oder den Ausdruck markieren, den Sie überwachen wollen. Bei Namen genügt es, wenn Sie den Namen mit der rechten Maustaste anklicken und aus dem Kontextmenü den Befehl **Überwachung hinzufügen** verwenden.

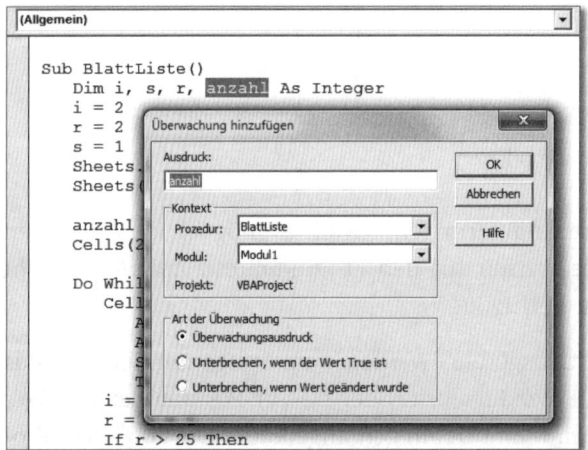

Abbildung 24.45 Markierter Ausdruck im Dialogfeld »Überwachung hinzufügen«

Der Editor öffnet ein Dialogfeld, in dem der Name der Variablen oder der Ausdruck noch einmal zur Kontrolle angezeigt wird. Unter **Art der Überwachung** kann noch gewählt werden, in welcher Weise die Überwachung vorgenommen werden soll. Die Option **Überwachungsausdruck** heißt, der Wert der Variablen oder des Ausdrucks wird nur angezeigt. Bei den beiden anderen Optionen wird die Ausführung des Programmtests unterbrochen, sobald der Ausdruck den Wert True angenommen hat oder sobald er geändert wurde. Wenn Sie dies bestätigen, wird das Überwachungsfenster geöffnet, und der eingetragene Überwachungsausdruck mit seinem augenblicklichen Wert wird angezeigt.

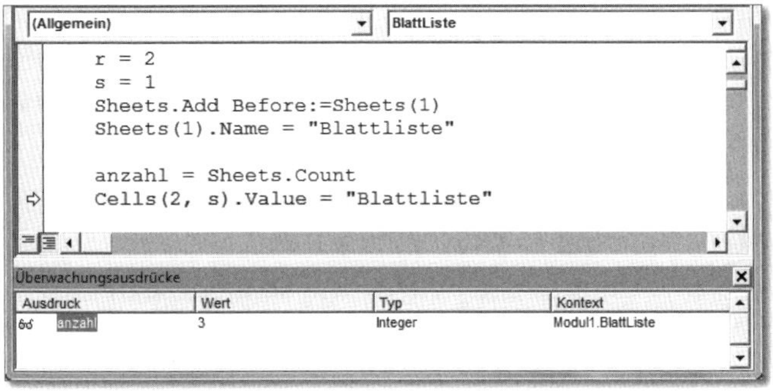

24.2 Die Entwicklungsumgebung

Abbildung 24.46 Überwachungsausdruck im Überwachungsfenster

Lokalfenster für Testwerte

Soll für den Test probeweise ein anderer Wert für eine Variable ausprobiert werden, können Sie über **Ansicht ▸ Lokalfenster** das Fenster für lokale Ausdrücke einblenden. Wenn Sie dort einen der angezeigten Werte überschreiben, arbeitet die Prozedur mit diesem Wert, wenn Sie mit **Debuggen ▸ Einzelschritt** oder F8 im Programmtest fortfahren.

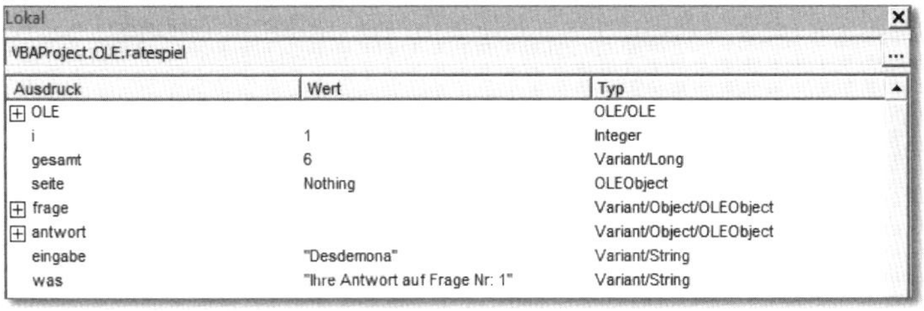

Abbildung 24.47 Geänderter Wert im Fenster »Lokal«

Variable oder Ausdrücke können beim schrittweisen Test einer Prozedur auch unmittelbar im Modulfenster geprüft werden, wenn der Mauszeiger direkt auf den Variablennamen oder Ausdruck gesetzt wird. Ist der Variablen durch den Programmverlauf bereits ein Wert zugewiesen worden, wird er unter der Zeile angezeigt.

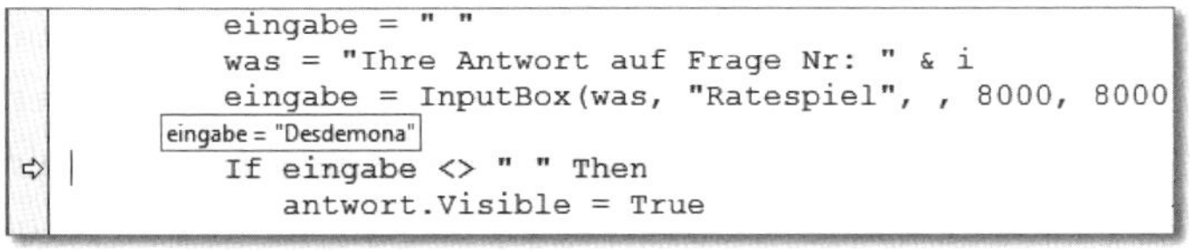

Abbildung 24.48 Wertanzeige für eine markierte Variable

Im Direktfenster kann außerdem mit den Befehlen Print und MsgBox gezielt der Wert von Variablen oder das Ergebnis von Funktionen abgefragt werden. Soll ein Modul wieder in die Anfangsposition gesetzt werden, klicken Sie am besten auf das Symbol **Zurücksetzen**. Das entspricht dem Befehl **Ausführen ▸ Zurücksetzen**.

> **TIPP**
>
> **Wechsel zwischen VBA- und Anwendungsfenster**
> Für den schnellen Wechsel ins VBA-Editor-Fenster und zurück können Sie die Tastenkombination [Alt]+[F11] verwenden. Da der VBA-Editor auch über eine eigene Schaltfläche in der Task-Leiste verfügt, kann auch über die Schaltflächen schnell hin- und hergeschaltet werden.

24.2.4 Ausdruck von Code und Formularen

Um die Programmierarbeit zu dokumentieren, ist es in der Regel sinnvoll, den Programmcode und die Formulare auch einmal auszudrucken. Das ist über den Befehl **Datei ▸ Drucken** möglich. Im Dialogfeld kann der Druck für ausgewählte Bereiche, für das aktuelle Modul oder für das ganze Projekt bestimmt werden. Ist ein Formular ausgewählt, können Sie den Formularentwurf und den Code zum Formular ausdrucken.

Abbildung 24.49 Dialogfeld für den Druck in einem VBA-Projekt

24.3 Ein- und Ausgabe

Ein zentraler Bereich der Programmierung ist die Gestaltung der Interaktion zwischen einem Programm und denen, die es benutzen. Diese Interaktion findet auf zwei Ebenen statt. Zum einen gibt es den direkten Dialog zwischen Programm und Benutzer, bei dem der Benutzer Werte eingibt oder Ereignisse (z. B. Mausklicks) auslöst, auf die das Programm reagiert. Zum anderen kann das Programm dazu veranlasst werden, aus Tabellen zu lesen und in Tabellen zu schreiben.

24.3.1 Einfacher Eingabedialog

Die einfachste Form, in einem Programm Benutzereingaben vorzunehmen, ist das Eingabedialogfeld. Hier handelt es sich um ein Standarddialogfeld, das von VBA mit der Funktion InputBox() aufgerufen werden kann. Das ausgabeseitige Äquivalent zum Eingabedialog ist der Meldungsdialog. Dafür wird die Funktion MsgBox() genutzt.

Für Programme, die nur wenige Eingaben erfordern, ist das Eingabedialogfeld sehr praktisch; bei komplexeren Eingaben sollten dagegen die weiter unten besprochenen Formulare verwendet werden. Das Dialogfeld ist schon mit den Schaltflächen **OK** und **Abbrechen** ausgestattet. Wird **OK** angeklickt, liefert das Dialogfeld die Eingabe als Ergebnis an eine Variable.

In der einfachsten Version kommt die Funktion InputBox() mit einem einzigen Argument aus, etwa

InputBox("Betrag")

Durch zusätzliche Argumente kann die Gestaltung des Dialogfeldes modifiziert werden: eine Eingabeaufforderung, ein eigener Fenstertitel, eine Vorgabe, die verwendet wird, wenn nichts eingetragen wird.

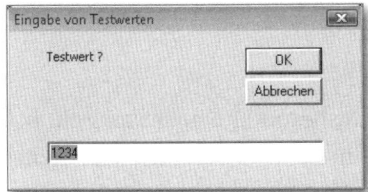

Abbildung 24.50 Beispiel für ein gestaltetes Eingabefenster ...

```
Sub eingabe1()
  Dim eingabetext As Variant
  eingabetext = InputBox("Testwert ?", "Eingabe Testwerte", "1234", 200, 150)
  MsgBox eingabetext
End Sub
```

Abbildung 24.51 ... und sein Aufruf

Das Wesentliche am Eingabefenster ist natürlich die Übernahme des eingegebenen Wertes in eine Variable. Dass als Eingabe nur Text akzeptiert wird, ist zwar etwas unglücklich, stellt aber keine unüberwindbare Hürde dar: Mit den Umwandlungsfunktionen von VBA lässt sich die Eingabe in den entsprechenden Datentyp konvertieren. CInt() verwandelt z. B. die Zeichenkette in eine ganze Zahl.

```
Sub eingabe2()
    Dim zahlN As Integer
    zahlN = CInt(InputBox("Ganze Zahl!"))
    MsgBox "Zahl: " & zahlN
End Sub
```

Abbildung 24.52 Konvertierung von Datentypen bei der Eingabe

Soll der Datentyp dagegen schon bei der Eingabe kontrolliert werden, kann statt der Funktion InputBox() die Methode InputBox verwendet werden; das Objekt dabei ist Excel selbst als Application. Neben den Argumenten, die auch bei der Funktion Input-Box() möglich sind, können hier noch weitere Festlegungen getroffen werden, insbesondere der Ort (die linke obere Ecke), an dem das Fenster erscheinen soll.

> **HINWEIS**
>
> **Beim Rückübersetzen die Maßeinheit beachten**
>
> Beachten Sie, dass die Position des Dialogfeldes seit der Version 97 in der Einheit Twips festgelegt wird und nicht mehr in Punktwerten. Twips sind ein 24stel Punkt. Wenn Sie beispielsweise für die x/y-Koordinaten Werte in der Größenordnung 2.000, 2.000 verwenden und eine solche Arbeitsmappe in das Format von Excel 95 zurückübersetzen, stürzt Excel 95 beim Ausführen des Makros ab, weil versucht wird, eine Bildschirmposition zu erreichen, die nicht möglich ist. Excel 95 versteht nämlich den Wert 2.000 als Punktangabe.

Auch der Bezug auf eine Hilfedatei lässt sich einbauen. Insbesondere aber kann ein bestimmter Datentyp für die Eingabe festgelegt werden. Zum Beispiel verlangt Type:=1 eine Zahl, 2 einen Text und 8 einen Zellbezug. Sie können auch Kombinationen verwenden.

```
Zahlodertext = Application.InputBox(Prompt:= "Geben Sie Zahlen _
oder Text ein:",Type:=3)
```

Der Parameter Type:=3 (Summe aus 1 + 2) erlaubt also in diesem Fall die Eingabe von Zahlen oder Texten.

24.3.2 Meldungsdialoge

Das Gegenstück zum Eingabedialog ist, wie schon erwähnt, der Meldungsdialog. Den Text, der ausgegeben werden soll, können Sie entweder direkt als Zeichenfolge in Anführungszeichen angeben oder als Variable.

```
Sub meldung1()
    Dim meldungT As String
    meldungT = "Die Meldung"
    MsgBox "gleich folgt:"
    MsgBox meldungT
End Sub
```

Abbildung 24.53 Meldungstext als Zeichenfolge oder Variable

Nur auf den ersten Blick ist das Meldungsfenster ein reines Ausgabemedium. Durch zusätzliche Argumente lässt es sich so gestalten, dass die Reaktion des Benutzers im weiteren Verlauf des Programms berücksichtigt werden kann, wobei sich die Benutzerreaktion allerdings auf das Anklicken von Schaltflächen beschränkt. Um auszuwählen, mit welchen Schaltflächen das Meldungsfenster zu versehen ist, wird gleich nach dem Meldungstext als Argument eine Kennziffer eingefügt: 0 (**OK**); 1 (**OK** und **Abbrechen**); 2 (**Abbrechen**, **Wiederholen** und **Ignorieren**); 3 (**Ja**, **Nein** und **Abbrechen**); 4 (**Ja** und **Nein**); 5 (**Wiederholen** und **Abbrechen**).

Zu den Ziffern für die Schaltflächen können noch Kennziffern für eingeblendete Symbole addiert werden: 16 (Stopp); 32 (?); 48 (!); 64 (i für Info). Die Kennziffer 68 etwa liefert ein Meldungsfenster mit einem Info-Symbol und den Schaltflächen **Ja** und **Nein**.

Abhängig davon, welche Schaltfläche der Benutzer anklickt, wird ein Wert zurückgegeben, der in eine Variable übernommen werden kann. Abhängig von diesem Wert kann der weitere Programmablauf gesteuert werden. Als Rückgabewerte kommen in Frage: 1 (**OK**); 2 (**Abbrechen**); 3 (**Abbruch**); 4 (**Wiederholen**); 5 (**Ignorieren**); 6 (**Ja**); 7 (**Nein**). Wie schon für die Methoden beschrieben, gibt es auch bei den Funktionen zwei Schreibweisen:

```
meldung = MsgBox(ausdruck)
MsgBox ausdruck
```

Soll eine einfache Meldung ausgegeben werden, genügt die zweite Schreibweise. Soll aber das Ergebnis des Meldungsdialoges (welche Schaltfläche wurde angeklickt) in eine Variable übernommen werden, muss die erste Form verwendet werden.

```
Sub meldung3()
    schaltflächencode = CInt(InputBox("Code für Schaltflächen"))
    rückgabe = MsgBox("Schaltfläche anklicken", schaltflächencode)
    MsgBox ("Schaltfläche: " & rückgabe)
End Sub
```

Abbildung 24.54 Kleines Testprogramm für Schaltflächen in Meldungen

Mit einem kleinen Programm lassen sich diese Zusammenhänge einfach testen: Im ersten Dialog wird zunächst die Kennziffer für die Art des Meldungsdialoges eingegeben.

Das Programm zeigt in einem zweiten Meldungsfenster den Code derjenigen Schaltfläche an, die im ersten Meldungsdialog angeklickt wurde.

24.3.3 Bereiche in Tabellen auswählen

Bei der Arbeit mit VBA innerhalb von Excel ist natürlich der zentrale Punkt der Programmierung die Arbeit mit Tabellen: das Auswählen von Zellen oder Bereichen, das Lesen von Daten aus diesen Bereichen und das Schreiben von Daten in diese Bereiche. Ein Programm in VBA kann vieles eleganter lösen, als es bei der manuellen Arbeit in der Tabelle möglich ist: Zum Beispiel kann es in einer Tabelle lesen, ohne dass der zu lesende Teil auf dem Bildschirm sichtbar werden muss, und es kann in Zellen schreiben, ohne diese vorher auszuwählen.

Wenn eine Prozedur, in der Zellen oder Bereiche ausgewählt werden sollen, direkt von einer Tabelle aus gestartet wird, lässt sich die Methode Select direkt anwenden, ohne dass das Objekt (die Tabelle) weiter spezifiziert wird.

```
Sub auswahl1()
    Range("A2").Select
    ActiveCell.Formula = "=a1"
    Range("A3").Select
    ActiveCell.Formula = "=a1+100"
    Range("B1:C4").Select
    ActiveCell.Formula = "=a1+200"
End Sub
```

Abbildung 24.55 Auswahl von Zellen der aktiven Tabelle

Mit der Eigenschaft Formula wird in die aktivierte Zelle jeweils eine Formel eingetragen, wobei bei der Auswahl eines ganzen Bereichs die linke obere Zelle die aktive Zelle ist.

Ist die Tabelle, in der ein Bereich ausgewählt (oder gelesen oder beschrieben) werden soll, gerade nicht aktiv, muss zunächst das Tabellenblatt ausgewählt werden, bevor der Bereich bestimmt werden kann. Diese Methode empfiehlt sich auch dann, wenn vom Programmablauf her nicht eindeutig sichergestellt ist, dass das richtige Tabellenblatt zum richtigen Zeitpunkt aktiv ist.

In diesem Beispiel wird den Zellen keine Formel zugewiesen, sondern ein Wert. Dies geschieht mithilfe der Eigenschaft Value. In der kleinen Prozedur wird außerdem noch eine andere Methode der Auswahl vorgeführt: Die Methode Cells bezieht sich direkt auf Zellen und gestattet die Auswahl nach Zeilen und Spalten.

24.3 Ein- und Ausgabe

```
Sub auswahl2()
    Sheets("Tab1").Select
    Range("C3").Select
    ActiveCell.Value = "c3 in tab1"
    Sheets("Tab2").Select
    Range("C3").Select
    ActiveCell.Value = "c3 in tab2"
    Cells(2, 3).Select
    ActiveCell.Value = "Zeile 2, Spalte 3"
End Sub
```

Abbildung 24.56 Auswahl von Tabellenblatt und Bereich

Diese Möglichkeit ist der Auswahl nach Zelladressen in vielen Fällen vorzuziehen, denn sie gestattet es, von den leicht abzufragenden Zeilen- und Spaltennummern einer Zelle auszugehen und dann die Adressen weiterer Zellen im Programm zu berechnen.

Zellauswahl mithilfe von Variablen

Im ersten Beispiel in der folgenden Abbildung wird zunächst in die aktive Zelle start geschrieben. Dann werden Zeilen- und Spaltennummern der aktiven Zelle abgefragt und aus diesen Werten neue Zeilen- und Spaltennummern errechnet, die für die nächste Auswahl verwendet werden können.

```
Sub auswahl3()
    ActiveCell.Value = "start"
    altezeile = Selection.Row
    altespalte = Selection.Column
    neuezeile = altezeile + 1
    neuespalte = altespalte + 2
    Cells(neuezeile, neuespalte).Select
    ActiveCell.Value = "z+1, s+2"
End Sub

Sub auswahl3a()
    Range(Cells(1, 1), Cells(6, 2)).Select
End Sub
```

Abbildung 24.57 Auswahl nach Zeilen und Spalten

Das zweite Beispiel zeigt, dass diese Adressierungsart auch für die Auswahl von Bereichen geeignet ist, die sich über mehrere Zellen erstrecken. So lassen sich bequem Bezüge herstellen, bei denen Zeilen- und Spaltennummern anderweitig ermittelt wurden. Diese Methode muss aber nicht als Ersatz für die Auswahl von Zellen oder Bereichen relativ zur aktiven Zelle benutzt werden. Hierfür gibt es in VBA eigene Möglichkeiten mithilfe der Eigenschaft Offset.

```
Sub auswahl4()
   Range("A1").Select
   ActiveCell.Value = "a1"
   Selection.Offset(1, 3).Range("A1:A5").Select
   ActiveCell.Value = "d2"
End Sub


Sub auswahl5()
   Range("A1:A5").Select
   Selection.Offset(1, 3).Select
End Sub
```

Abbildung 24.58 Relative Bereichswahl

Im ersten Beispiel (auswahl4) wird die Auswahl um eine anzugebende Zahl von Zeilen und Spalten versetzt, und von dort aus wird ein Bereich ausgewählt. Die Bereichsbezeichnung A1:A5 ist etwas verwirrend, da im Beispiel ja der Bereich D2:D6 ausgewählt wird. Tatsächlich wird die nach dem Versetzen des Bereichs aktive Zelle als Ausgangspunkt genommen und vom Programm so behandelt, als wäre sie die Zelle A1. Nur in diesem Sinne kann vom Bereich »A1:A5« die Rede sein. Durchschaubarer ist die Reihenfolge im zweiten Beispiel (auswahl5).

Ermitteln von Zellverweisen

Oben wurde schon darauf hingewiesen, dass die Zeilennummern und Spaltenbezeichnungen einer aktiven Zelle ermittelt werden können, um für die Verarbeitung im Programm zur Verfügung zu stehen, beispielsweise mit

```
zeile = Selection.Row
spalte = Selection.Column
```

Ähnliches gilt auch für ausgewählte Bereiche. Auf diese Weise lassen sich Verweise ermitteln, die ihrerseits wieder in allen Befehlen, für die A1- Verweise verwendet werden, zum Einsatz kommen können.

24.3.4 Schreiben in Tabellen

Im Unterschied zur manuellen Arbeit ist es in einem Programm nicht zwingend, eine Zelle, in die etwas geschrieben werden soll, vorher zur aktiven Zelle zu machen. VBA gestattet es, sowohl mit absoluten als auch mit relativen Bezügen direkt in Zellen zu schreiben.

```
'Auswählen und Schreiben mit absoluten Bezügen

Sub schreiben1()
    Range("B1").Select
    ActiveCell.Value = "Tage"
    Range("B2").Value = "Montag"
    Range("B3").Value = "Dienstag"
End Sub

'Auswählen und Schreiben mit relativem Bezug

Sub schreiben2()
    ActiveCell.Value = "Januar"
    Selection.Offset(1, 0).Value = "Februar"
End Sub
```

Abbildung 24.59 Schreiben absolut und relativ

Zum Vergleich ist im ersten Beispiel noch einmal die Methode wiederholt worden, zunächst eine Zelle auszuwählen und dann in die aktive Zelle zu schreiben. Die beiden anschließenden Schreibvorgänge geschehen direkt, also ohne dass die Zellen vorher ausgewählt würden. Während das erste Beispiel feste Adressen für die Zellen verwendet, arbeitet das zweite Beispiel mit relativen Bezügen. Zunächst wird in die aktive Zelle geschrieben, dann wird relativ zu dieser Zelle (im Beispiel eine Zeile tiefer, 0 Spalten nach rechts) der nächste Eintrag vorgenommen.

Oben wurde schon die bequeme Methode der Zellauswahl über die Zeilen- und Spaltennummer beschrieben. Diese Methode lässt sich auch beim Schreiben in Zellen verwenden, wie die folgende Abbildung zeigt.

```
Sub schreiben3()
    For i = 2 To 8
        For j = 3 To 9
            Cells(i, j).Value = "Z" & i & "S" & j
        Next j
    Next i
End Sub
```

Abbildung 24.60 Schreiben in mehrere Zellen

In diesem Beispiel werden zwei ineinander verschachtelte For-Next-Schleifen dazu benutzt, die Zeilen- und Spaltennummern bestimmte Werte durchlaufen zu lassen und in die jeweiligen Zellen diese Nummern einzutragen.

Eintragen von Formeln

Wenn es darum geht, Formeln in Zellen einzutragen, können Sie statt der Eigenschaft Formula auch die Eigenschaft FormulaR1C1 verwenden. Der Unterschied soll hier an einem kleinen Beispiel demonstriert werden.

```
Sub schreiben4()
    Range("D4").FormulaR1C1 = "=ZS(-2)*ZS(-1)"
    Range("D5").Formula = "=B5*C5"
End Sub
```

Abbildung 24.61 Schreiben von Formeln in ein Tabellenblatt

In der ersten Zeile kann die Formel für die Zelle in der sogenannten R1C1-Schreibweise eingegeben werden, in der zweiten Zeile muss die A1-Schreibweise verwendet werden. In beiden Fällen wird im Tabellenblatt die korrekte Formel für das Produkt der beiden vorangehenden Spalten (B und C) in die Spalte D eingetragen. Die R1C1-Schreibweise mag dabei zunächst etwas ungewohnt erscheinen, hat aber den großen Vorteil, dass sich relative Bezüge hier sehr einfach und klar gestalten lassen. Folgende Tabelle zeigt einige Beispiele.

Bezug	Bedeutung
R1C1	die Zelle A1 (1. Zeile, 1. Spalte)
RC(1)	eine Spalte weiter
RC(-1)	eine Spalte vorher
R(1)C(1)	eine Zeile tiefer, eine Spalte rechts

24.3.5 Daten aus Tabellen auslesen

Auch das Lesen von Zellinhalten aus einem Tabellenblatt in eine Variable bedient sich ganz ähnlicher Verweisformen wie das Auswählen und Schreiben. In allen folgenden Beispielen werden Zellinhalte in eine Variable zellentext übernommen und stehen dann dem Programm zur Verfügung. In den Beispielen werden die übernommenen Inhalte lediglich in eine weitere Zelle geschrieben.

```
' Prozeduren zum Lesen aus Tabellen
Sub lesen1()
    zellentext = Range("A1")
    Range("A2").Value = zellentext
End Sub

Sub lesen2()
    zellentext = Cells(1, 1)
    Cells(2, 1).Value = zellentext
End Sub

Sub lesen3()
    zellentext = Selection.Offset(1, 1)
    Selection.Offset(1, 0).Value = zellentext
End Sub
```

Abbildung 24.62 Lesen von Zellinhalten

24.3 Ein- und Ausgabe

Bei diesen Beispielen werden immer die Werte der Zellen übernommen, unabhängig davon, wie sie im Tabellenblatt zustande gekommen sind. Anders verhält es sich, wenn Sie nicht die Werte, sondern die Formeln übernehmen wollen, die in Zellen eingetragen sind.

```
Sub lesen4()
    zellentext = Range("A1").Text
    zellenformel1 = Range("D5").Formula
    zellenformel2 = Range("D5").FormulaR1C1
    MsgBox (zellentext)
    MsgBox (zellenformel1)
    MsgBox (zellenformel2)
End Sub

Sub lesen5()
    Dim zellentext As Integer
    zellentext = Range("d5").Value
    Range("A2").Value = zellentext
End Sub
```

Abbildung 24.63 Lesen von Inhalten und Formeln

Im obigen Beispiel werden der Zelleninhalt und die Formeln gelesen, letztere in beiden Schreibweisen, und nacheinander in Meldungsfenstern ausgegeben. Beim Lesen des Inhaltes in der ersten Zeile ist diesmal nicht die Eigenschaft Value, sondern die Eigenschaft Text verwendet worden. Das ist auch dann möglich, wenn in der Zelle ein numerischer Wert steht.

Dass VBA natürlich Zahlen auch direkt als Zahlen lesen kann, zeigt Ihnen das letzte Beispiel: Hier erfolgt eine Fehlermeldung, wenn in der angesprochenen Zelle keine Ganzzahl oder eine Formel steht, die eine Ganzzahl ergibt.

Die Flexibilität, mit der VBA die Datentypen handhabt, lässt sich an einem kleinen Beispiel demonstrieren, bei dem die Eigenschaften Value, Text und Formula in Variablen (aus den Zellen A1 bis A4) gelesen und dann über diese Variable die Eigenschaften für die Zellen B1 bis B4 festgelegt werden. Die Texteigenschaft kann hierbei nur zum Lesen verwendet werden. Wird der mit der Texteigenschaft ermittelte Wert wieder in eine Zelle übertragen, ist der Zellinhalt eine Zeichenfolge, d. h., eine Zahl wird in eine Zeichenfolge umgewandelt.

```
Sub lesenschreiben()
    inhalt1 = Range("A1")
    inhalt2 = Range("A2").Value
    inhalt3 = Range("A3").Text
    inhalt4 = Range("A4").Formula
    Range("B1") = inhalt1
    Range("B2").Value = inhalt2
    Range("B3").Value = inhalt3
    Range("B4").Formula = inhalt4
End Sub
```

Abbildung 24.64 Lesen und Setzen von Eigenschaften

24.4 Entwurf von Formularen

Die Meldungs- und Eingabedialoge, die Sie im letzten Abschnitt kennengelernt haben, sind nur für minimale Ein- und Ausgaben geeignet. Sobald größere Mengen von Eingaben benötigt werden, ist es lästig, wenn für jede einzelne Eingabe ein eigenes Dialogfeld auftaucht. Hinzu kommt, dass die Eingabemöglichkeiten der Eingabefenster sehr beschränkt sind: Sie können weder Listenfelder enthalten, aus denen Eingaben ausgewählt werden, noch Optionsfelder oder Kontrollkästchen, die einfach nur angeklickt werden.

Das zentrale Werkzeug, um für ein Programm in VBA komplette Dialogfelder zu erstellen, ist das Formular, das im Fenster des VBA-Editors erstellt werden kann. Diese Formulare haben seit Excel 97 die Dialogblätter früherer Excel-Versionen abgelöst, die dennoch weiter lauffähig sind.

24.4.1 Entwicklung eines Eingabeformulars

Über das Formular kann der Benutzer seine Anweisungen an das Programm geben, Daten eingeben, abfragen oder auswählen. Um die Formulartechnik etwas näher kennenzulernen, soll hier ein kleines Formular entwickelt werden, in dem Daten aus zwei Listen ausgewählt werden können. Es handelt sich um eine Liste von Mitarbeitern und eine von Projekten. Über das Formular soll jeweils ein Mitarbeiter einem Projekt zugeordnet werden, zugleich soll noch eine Notiz möglich sein. Das Formular entwickeln Sie folgendermaßen:

1 Zunächst öffnen Sie die Arbeitsmappe, die das Programm mit dem Formular enthalten soll. Wechseln Sie mit [Alt] + [F11] in das VBA-Fenster.

2 Öffnen Sie mit **Einfügen ▸ UserForm** ein Fenster für den Entwurf eines Formulars. Ändern Sie die Größe nach Wunsch durch Ziehen mit der Maus an den Markierungen.

3 Als Erstes soll ein Beschriftungsfeld, ein Label, eingefügt werden, das eine Beschriftung für das nächste Steuerelement, das Listenfeld für die Mitarbeiter, liefern soll. Klicken Sie in der Werkzeugsammlung – sie wird automatisch eingeblendet – auf das Symbol **Beschriftungsfeld**, und ziehen Sie dann mit dem kleinen Fadenkreuz ein passendes Feld für die Anzeige der Listenbeschriftung auf.

4 Das Feld lässt sich mit der Maus frei verschieben oder auch an den Rasterpunkten ausrichten. Durch Ziehen an den Markierungspunkten können Größe und Proportion geändert werden.

5 Im Entwurfsfenster erscheint zunächst eine vorgegebene Beschriftung, die ersetzt werden soll. Öffnen Sie mit F4 das Eigenschaftenfenster für das erste Steuerelement. Klicken Sie auf das Register **Nach Kategorien**. Unter **Darstellung** finden Sie einige Eigenschaften, die für das Projekt wichtig sind. Unter **(Name)** erscheint zunächst der Name, den VBA dem Steuerelement automatisch zugewiesen hat. Unter diesem Namen kann das Steuerelement im Programmcode angesprochen werden. Es ist zu empfehlen, hier einen sprechenden Namen einzugeben, es ist aber nicht notwendig.

6 Unter **Caption** wird zunächst noch einmal der gerade erwähnte Name als vorläufiger Text vorgegeben. Dieser Text wird hier durch die Beschriftung der vorgesehenen Liste ersetzt, für die ein Kombinationsfeld verwendet werden soll.

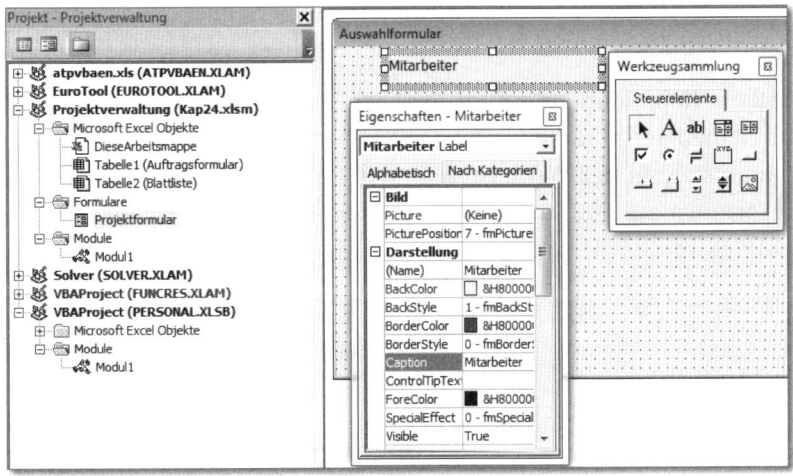

7 Um die Hintergrundfarbe und die Textfarbe zu ändern, klicken Sie in die Zeile von **BackColor** bzw. **ForeColor**, dann auf die kleine Pfeilschaltfläche und auf **Palette**. Hier lässt sich die gewünschte Farbe dann mit einem weiteren Mausklick festlegen.

8 Soll die Schriftart geändert werden, klicken Sie unter **Schriftart** in die **Font**-Zeile und dann auf die Schaltfläche mit den drei Pünktchen. Im Dialogfeld kann die gewünschte Schrift ausgewählt werden.

9 An dieser Stelle sollte möglichst auch noch ein anderer Titel für die Titelzeile des Formulars festgelegt werden. Klicken Sie auf das Formular, solange das Eigenschaftenfenster geöffnet ist. Geben Sie unter **Caption** einen anderen Titel ein, etwa *Auswahlformular*. Auch hier kann unter **Name** eine andere Bezeichnung für das Formular eingegeben werden, unter der das Formular im Programm angesprochen werden kann, etwa *Projektformular*.

24 Visual Basic für Applikationen

> **TIPP**
>
> **Orientierung an Raster**
>
> Um Steuerelemente exakt in einem Formular zu platzieren, ist es meistens praktisch, die Ausrichtung an den Rasterpunkten eingeschaltet zu haben. Dies erfolgt im Dialogfeld **Extras ▶ Optionen** unter **Allgemein**. Um ein feineres Raster zu erreichen, müssen Sie dort nur den Punktwert für die Rastereinheiten vermindern.

24.4.2 Eingabeelemente einbauen

Sie können das Eigenschaftenfenster geöffnet lassen, um die anderen Steuerelemente einzubauen. Wenn die Werkzeugsammlung einmal nicht eingeblendet ist, klicken Sie auf das Symbol **Werkzeugsammlung**. Bauen Sie die Eingabeelemente wie folgt ein:

1 Zunächst soll ein Kombinationsfeld für die Liste der Mitarbeiter hinzugefügt werden, das die Namen der Mitarbeiter zur Auswahl stellt. Klicken Sie das Symbol für ein Kombinationsfeld in der Werkzeugsammlung an. Ziehen Sie ein Rechteck für das Feld im Formular auf. Als Name des Steuerelements soll wieder ein sprechender Name verwendet werden: *Mitarbeiterliste*.

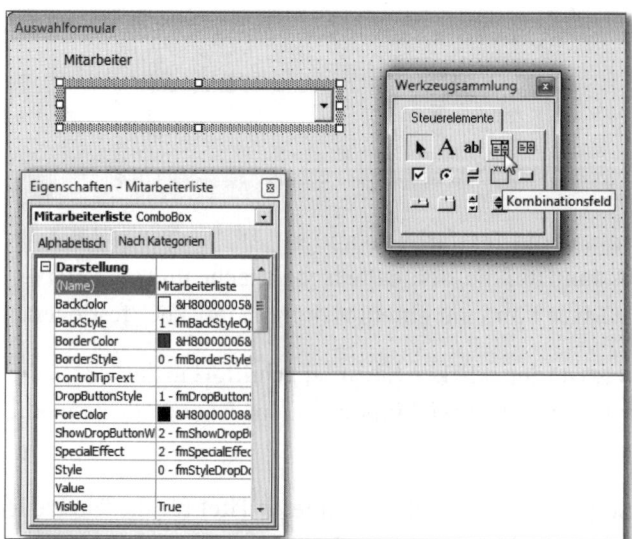

2 Der nächste Schritt ist ein zweites Beschriftungsfeld, das als Eigenschaft `Caption` den Text *Projekte* erhält. Der Text kann auch direkt in das Feld eingegeben werden, ohne das Eigenschaftenfenster zu öffnen. Klicken Sie dazu in das Feld, und überschreiben Sie die Vorgabe. Ein Klick außerhalb des Feldes schließt die Operation ab.

24.4 Entwurf von Formularen

3 Auch für die Projekte wird wieder ein Kombinationsfeld benötigt, am besten eines mit dem Namen *Projektliste*. Ansonsten verfahren Sie entsprechend wie beim Feld für die Mitarbeiter.

4 Für die Eingabe der Notizen wird ein Textfeld herangezogen. Klicken Sie in der Werkzeugsammlung auf das Steuerelement **Textfeld**, und ziehen Sie ein größeres Feld im Formular auf.

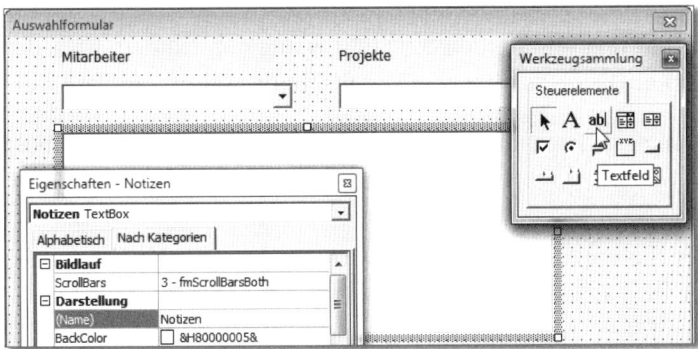

5 Bei einem Textfeld sind folgende Eigenschaften wichtig: Um auch längere Eingaben zu ermöglichen, sollten Bildlaufleisten hinzugefügt werden. Unter **Bildlauf** und **ScrollBars** wählen Sie den Wert 3, um vertikale und horizontale Bildlaufleisten einzufügen.

6 Unter **Verhalten** setzen Sie den Wert für **MultiLine** auf True, um mehrzeilige Einträge zu gestatten.

24.4.3 Einbau von Schaltflächen

Nun fehlen noch zwei Schaltflächen: eine, um die ausgewählten und eingegebenen Daten in die Arbeitsmappe zu übernehmen, und eine, um das Dialogfeld abzubrechen, wenn die Daten nicht übernommen werden sollen.

1 Klicken Sie in der Werkzeugsammlung auf das Symbol für **Befehlsschaltfläche**. Ziehen Sie die gewünschte Schaltfläche im Formular auf.

2 Klicken Sie noch einmal auf die neue Schaltfläche, und überschreiben Sie die Beschriftung mit **OK**. Auch hier wird so die Eigenschaft Caption geändert.

3 Verfahren Sie mit der anderen Schaltfläche entsprechend.

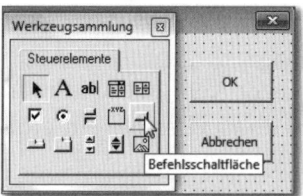

4 Ändern Sie jeweils im Eigenschaftenfenster unter **Name** den Namen, über den Sie im Programm die Schaltfläche ansprechen. Das macht das Programm lesbarer.

5 Speichern Sie das bisherige Ergebnis noch einmal ab. Ein Klick auf das Symbol **Speichern** genügt.

Die Reihenfolge, in der die einzelnen Steuerelemente ausgewählt werden, wenn Sie beim Ausfüllen mit der ⇥-Taste arbeiten, wird durch den **TabIndex** gesteuert. Excel verfährt nach der Reihenfolge, in der die Steuerelemente angelegt worden sind. Passt dies nicht, müssen Sie im Eigenschaftenfenster die Werte für die verschiedenen Steuerelemente unter **TabIndex** entsprechend ändern.

24.4.4 Eingabe der Prozeduren

Nachdem das Formular für die Kommunikation zwischen Benutzer und Programm entworfen ist, kann mit der Programmierung der Prozeduren begonnen werden, die das Formular aufrufen und die Daten am Ende in die Arbeitsmappe übernehmen:

1 Öffnen Sie das Fenster des Projekt-Explorers. Im Baum des Projektes ist unter **Formulare** das entwickelte Formular sichtbar.

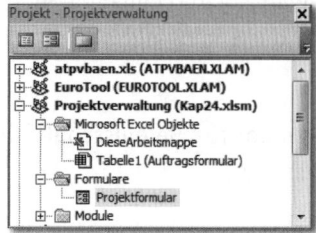

2 Wählen Sie nun **Einfügen ▸ Modul**, um das kleine Programm einzugeben. Excel öffnet ein Modulfenster und erwartet zunächst die Deklarierung von Variablen. Links steht deshalb **Allgemein** und rechts **Deklarationen**. Nötig ist in diesem Fall eine Deklaration für drei Variable.

24.4 Entwurf von Formularen

```
(Allgemein)                    (Deklarationen)
Public notiz As String
Public person As String
Public proj As String
```

3 Tragen Sie im Textbereich die Deklarationen für notiz, person und proj jeweils als String ein.

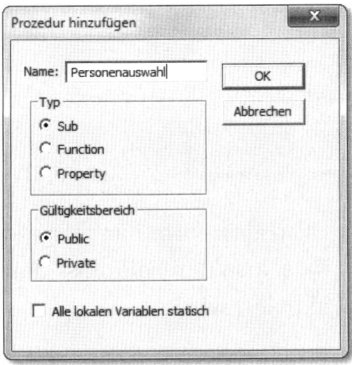

4 Wählen Sie nun den Befehl **Einfügen ▸ Prozedur**. Geben Sie einen Namen für die Prozedur ein, etwa *Personalauswahl*, und übernehmen Sie als Typ die Option **Sub**.

5 In den ersten Zeilen der neuen Prozedur werden den oben deklarierten Variablen zunächst leere Zeichenfolgen als Eingangswerte zugewiesen.

6 Dann wird das Formular angezeigt, wobei einfach auf das Objekt Formular die Methode Show angewendet wird.

```
(Allgemein)                    Personalauswahl
Public Sub Personalauswahl()
    notiz = ""
    person = ""
    proj = ""
    Projektformular.Show
```

Der Code zum Formular

Mit dem Befehl Show geht die Programmkontrolle vorübergehend an das Formular über. Dieses soll aber natürlich nicht leer angezeigt werden, sondern mit den Namen der Mitarbeiter und Projekte. Die Benutzung des Formulars wird mit einer der beiden Schaltflächen abgeschlossen. Für diese beiden Ereignisse – Aktivierung des Formulars und Klick auf eine der Schaltflächen – kann der Programmcode nun direkt bezogen auf das Formular eingegeben werden:

1 Klicken Sie im Projektfenster das Formular an einer freien Stelle doppelt an, sodass die Code-Anzeige geöffnet wird.

```
UserForm                          ▼  Activate                          ▼
Private Sub UserForm_Activate()
    Projektformular.Mitarbeiterliste.AddItem "Hamann"
    Projektformular.Mitarbeiterliste.AddItem "Stein"
    Projektformular.Mitarbeiterliste.AddItem "Werle"
    Projektformular.Mitarbeiterliste.AddItem "Steinhaus"
    Projektformular.Mitarbeiterliste.Text = _
            Projektformular.Mitarbeiterliste.List(0)
    Projektformular.Projektliste.AddItem "Berlin"
    Projektformular.Projektliste.AddItem "Köln"
    Projektformular.Projektliste.AddItem "Bonn"
    Projektformular.Projektliste.AddItem "Hamburg"
    Projektformular.Projektliste.Text = _
            Projektformular.Projektliste.List(0)
End Sub
```

2 In der Objektliste des Modulfensters ist UserForm, also das Formular ausgewählt. Wählen Sie aus der rechten Liste das Ereignis Activate, also den Fall, dass das Formular durch den vorhin eingetragenen Befehl Show aktiviert wird.

3 Sofort wird wieder ein Prozedur-Skelett für dieses Ereignis bereitgestellt. Hier müssen nun zunächst die beiden Listen mit Einträgen gefüllt werden. Das geschieht mit der Methode AddItem(). In diesem Fall werden die Werte für die Liste einfach direkt eingegeben. Sie könnten natürlich auch aus einem Zellbereich im Tabellenblatt übernommen werden, z. B. mit AddItem Range("F1") etc.

4 Mit der letzten Zeile wird der erste Eintrag der Liste ausgewählt. Dazu wird die Eigenschaft Text verwendet und dieser Eigenschaft der erste Listeneintrag zugeordnet, der den Index 0 hat, da bei solchen Listen von 0 aus gezählt wird.

Nun fehlen noch die Prozeduren für die beiden Schaltflächen:

1 Sie können im Code-Fenster bleiben und im linken Listenfeld den Namen der Schaltfläche auswählen, und dann dazu im rechten Listenfeld das Ereignis Click.

```
OK                                ▼  Click                             ▼
Private Sub OK_Click()
    person = Projektformular.Mitarbeiterliste.Text
    proj = Projektformular.Projektliste.Text
    notiz = Projektformular.Notizen.Value
    Projektformular.Notizen.Value = ""
    Projektformular.Hide
End Sub
```

2 Bei der Prozedur für die Schaltfläche **OK** müssen die in den Listen für Mitarbeiter und Projekte jeweils ausgewählten Einträge an die beiden Variablen `person` und `proj` übergeben werden. Dies geschieht mithilfe der Eigenschaft `Text`, die den ausgewählten Eintrag liefert.

3 Dann wird die in dem Textfeld eingegebene Notiz an die Variable `notiz` übergeben, die ja als `Public` deklariert worden ist. Dies geschieht dadurch, dass die Eigenschaft `Value` des Steuerelements `Notizen` abgefragt wird. Anschließend wird diese Eigenschaft für die nächste Eingabe zurückgesetzt und das Formular mit der Methode `Hide` wieder verborgen.

Abbrechen | Click

```
Private Sub Abbrechen_Click()
    Projektformular.Hide
End Sub
```

4 Für die Prozedur zu der Schaltfläche **Abbrechen** wird nur dieser letzte Befehl benötigt.

Abschluss der Hauptprozedur

Nun wechselt die Kontrolle wieder zur Hauptprozedur. Hier bleibt noch die Übergabe der Variable an das Tabellenblatt. Klicken Sie im Projekt-Fenster das Modul doppelt an. Nun wird einfach dreimal die Eigenschaft `Value` der Objekte `Range` benutzt. Die Auswahl und die Eingaben aus dem Formular können direkt in die angegebenen Zellen geschrieben werden, ohne sie erst auszuwählen.

(Allgemein) | Personalauswahl

```
Public Sub Personalauswahl()
    notiz = ""
    person = ""
    proj = ""
    Projektformular.Show
    Range("B3").Value = person
    Range("B4").Value = proj
    Range("B6").Value = notiz

End Sub
```

Abbildung 24.65 Fertige Hauptprozedur

Sichern Sie das Projekt mit **Datei ▸ ... speichern.** Wechseln Sie mit **Datei ▸ Schließen und zurück zu Microsoft Excel** wieder in das Arbeitsmappen-Fenster. Wenn Sie das Makro starten – über **Entwicklertools ▸ Code ▸ Makros** oder über eine Schaltfläche, die Sie dem Makro zuordnen –, kann das Formular ausgefüllt werden.

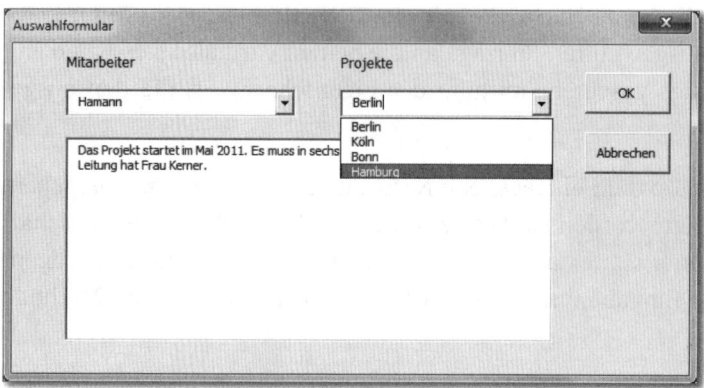

Abbildung 24.66 Eingabe in das Formular

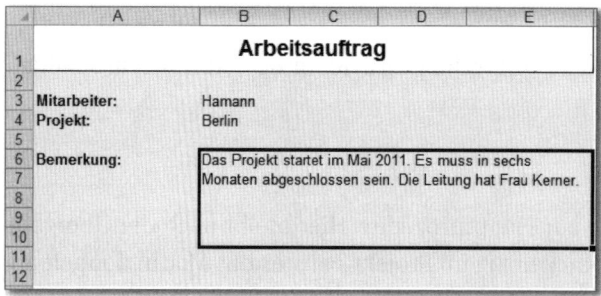

Abbildung 24.67 Daten im Tabellenblatt

Das Beispiel ist bewusst einfach gehalten. Es ging ja hier zunächst nur darum, zu zeigen, wie Daten in einem Formular überhaupt eingetragen und dann in eine Arbeitsmappe übernommen werden können. Sie können das Projekt leicht weiter ausbauen. Zum Beispiel könnten die Werte aus dem Formular direkt in eine Tabellenvorlage – einen Arbeitsauftrag – geschrieben werden, der dann ausgedruckt wird. Mithilfe einer Schleife können gleich mehrere solcher Arbeitsaufträge ausgefüllt werden.

Außerdem können Sie mit benannten Bereichen arbeiten, in denen die Namen der Mitarbeiter und die der Projekte abgelegt sind. Für die Übernahme der Namen in die Formularlisten kann dann mit einer For-Each-Schleife gearbeitet werden, z. B.:

```
For Each c In Worksheets("Tabelle1").Range(Mitarbeiter).Cells
    Projektformular.Mitarbeiterliste.Additem c.Value
Next c
```

24.4.5 Erweiterbare Werkzeugsammlung

Die Werkzeugsammlung von VBA enthält eine Reihe vorgegebener Elemente, von denen die geläufigsten hier kurz vorgestellt werden. Abgesehen von dem Symbol **Objekte auswählen**, ist der Umgang mit den Elementen immer gleich. Sie werden in der Werkzeugsammlung angeklickt, und auf das Formular wird mit gedrückter linker Maustaste ein Rechteck für den Ort gezogen, den das Element einnehmen soll. Die Elemente werden dabei immer zunächst mit durchnummerierten englischen Vorgabenamen belegt.

Label – Beschriftungsfeld: Labels oder Beschriftungsfelder können im Dialogfeld überall als Beschriftungen, Hinweistexte und dergleichen verwendet werden. Sie haben meist weiter keine Funktion für die spätere Arbeit mit dem Dialogfeld, ihr Inhalt kann aber über das Programm geändert werden, d. h., sie können auch dynamisch zur Anzeige von nicht veränderbaren Daten verwendet werden.

Textbox – Textfeld: Für die Eingabe von Inhalten (Texte, Zahlen, Bezüge oder Formeln) werden Textfelder verwendet. Diese können beliebig groß angelegt werden, sodass auch mehrzeiliger Text Platz findet.

ComboBox – Kombinationsfeld: Hierbei handelt es sich um ein Listenfeld, das mit einem Textfeld kombiniert ist, in dem der ausgewählte Listeneintrag erscheint und ausgegeben wird.

ListBox – Listenfeld: Ein Listenfeld steht für eine Liste mit einer Bildlaufleiste, in der im Formular ein Element ausgewählt werden kann.

CheckBox – Kontrollkästchen: Die Kontrollkästchen ähneln den Optionsfeldern, schließen sich aber gegenseitig nicht aus. Sie können auch in Positionsrahmen untergebracht werden, um ihre Zusammengehörigkeit zu unterstreichen.

OptionButton – Optionsfeld: Zusammengehörige Optionsfelder, d. h. Optionsfelder, von denen jeweils nur eines aktiviert sein darf, sollten immer innerhalb eines gemeinsamen Positionsrahmens untergebracht werden. Damit ist gewährleistet, dass bei der Aktivierung eines Feldes alle anderen deaktiviert werden.

ToggleButton – Umschaltfeld: Doppelschaltfläche zum Umschalten zwischen zwei Zuständen.

Frame – Rahmen: Sobald Optionsfelder benötigt werden, also mehrere runde Schaltflächen, von denen nur eine gewählt werden kann, sollten sie innerhalb eines Positionsrahmens angeordnet werden. Auch Kontrollkästchen oder andere Elemente können in einem Positionsrahmen untergebracht werden, was aber keinen Einfluss auf ihre Funktion hat.

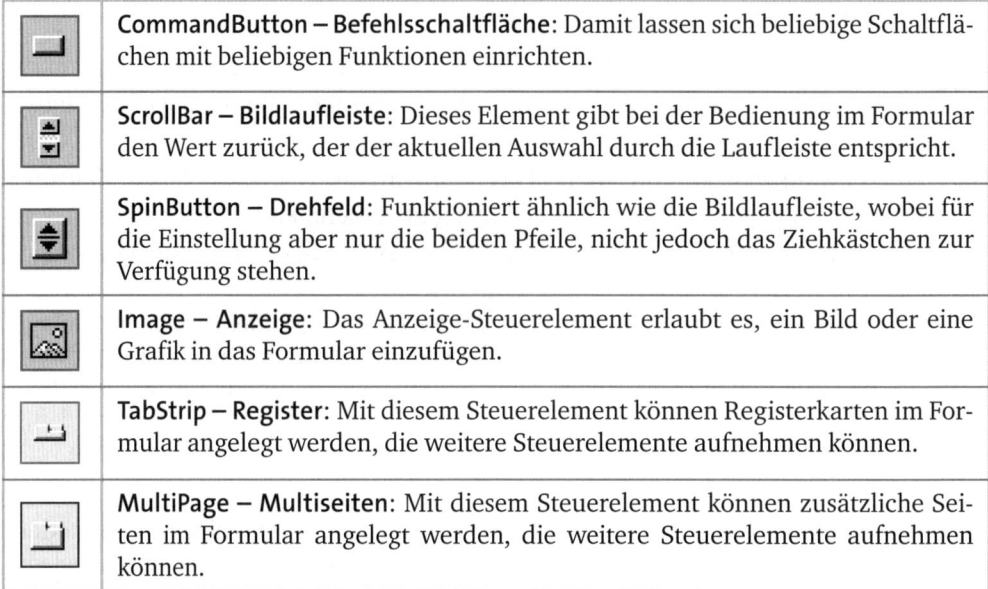	**CommandButton – Befehlsschaltfläche**: Damit lassen sich beliebige Schaltflächen mit beliebigen Funktionen einrichten.
	ScrollBar – Bildlaufleiste: Dieses Element gibt bei der Bedienung im Formular den Wert zurück, der der aktuellen Auswahl durch die Laufleiste entspricht.
	SpinButton – Drehfeld: Funktioniert ähnlich wie die Bildlaufleiste, wobei für die Einstellung aber nur die beiden Pfeile, nicht jedoch das Ziehkästchen zur Verfügung stehen.
	Image – Anzeige: Das Anzeige-Steuerelement erlaubt es, ein Bild oder eine Grafik in das Formular einzufügen.
	TabStrip – Register: Mit diesem Steuerelement können Registerkarten im Formular angelegt werden, die weitere Steuerelemente aufnehmen können.
	MultiPage – Multiseiten: Mit diesem Steuerelement können zusätzliche Seiten im Formular angelegt werden, die weitere Steuerelemente aufnehmen können.

Weitere Steuerelemente einfügen

Die Zahl der für den Entwurf zur Verfügung stehenden Steuerelemente kann jederzeit über den Befehl **Extras ▸ Zusätzliche Steuerelemente** erweitert werden; insbesondere ActiveX-Controls bieten hier attraktive Möglichkeiten. Wird ein Steuerelement im Dialogfeld abgehakt, erscheint es sofort in der Werkzeugleiste.

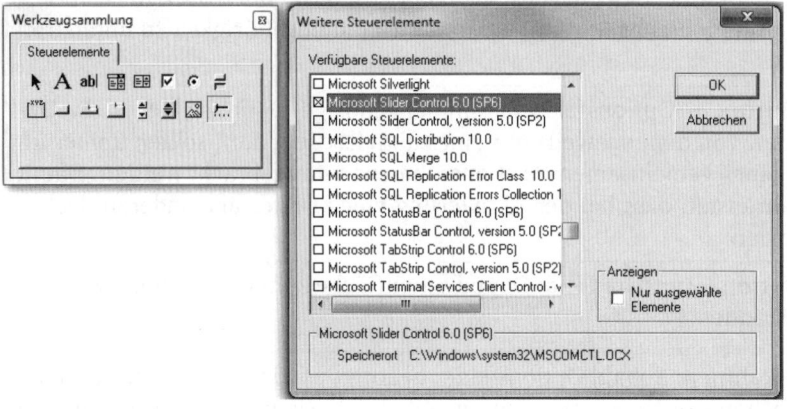

Abbildung 24.68 Steuerelemente direkt in die Werkzeugsammlung integrieren

Angepasste Steuerelemente wiederverwenden

Eine weitere Möglichkeit ist, bereits bearbeitete Steuerelemente für eine spätere Verwendung in der Werkzeugsammlung aufzubewahren. Dafür sorgen Sie folgendermaßen:

1 Sie können Steuerelemente, die Sie im Formular in spezieller Weise gestaltet haben, mit der Maus wieder in die Werkzeugsammlung zurückziehen, sodass sie dort weiterhin angeboten werden. Klicken Sie dazu in der Werkzeugsammlung zunächst das Symbol **Objekte auswählen** an, und ziehen Sie mit der Maus um die ganze Gruppe, um sie zu markieren. Ein Beispiel ist etwa eine Gruppe von Optionen zur Auswahl von Regionen in einem Positionsrahmen.

2 Klicken Sie das neue Element mit der rechten Maustaste an, und wählen Sie den Befehl **Anpassen**, um dem Element einen sinnvollen Namen zu geben.

3 Über **Bild laden** kann auch ein eigenes Symbol mit dem Dateityp *.ICO* dafür geladen werden. Dabei müssen Sie aber beachten, dass die vorgegebene Größe nicht überschritten wird.

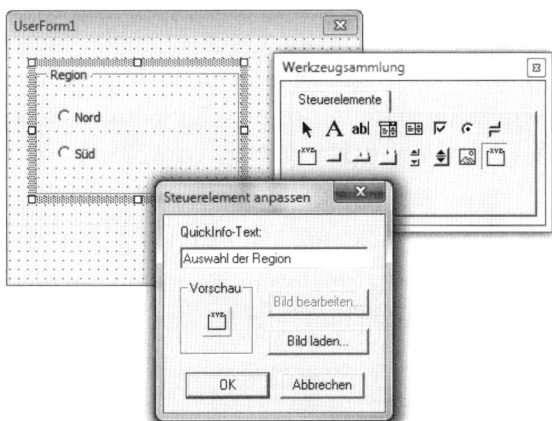

Abbildung 24.69 Einrichten eigener Steuerelemente

Sie können die Werkzeugsammlung zudem auf mehrere Seiten verteilen, um die Steuerelemente zu ordnen. Klicken Sie dazu das Register mit rechts an, und wählen Sie **Neue Seite**. Mit **Umbenennen** lässt sich die Registerbezeichnung leicht ändern. Solche Seiten lassen sich auch in Dateien vom Typ *.PAG* – Werkzeugsammlungsseiten-Dateien – speichern. Verwenden Sie dazu den Befehl **Seite exportieren**.

24 Visual Basic für Applikationen

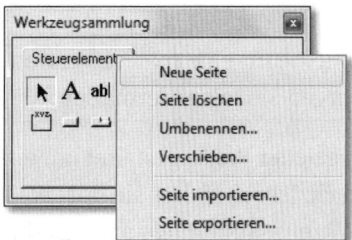

Abbildung 24.70 Optionen zur Werkzeugsammlung

So können selbst definierte Werkzeugkästen an andere Benutzer weitergegeben werden. Mit **Seite importieren** lassen sich die Werkzeuge dann auf der aktuellen Seite einfügen. Auf diese Weise kann der Lego-Baukasten für VBA beliebig wachsen.

24.5 Tabellenfunktionen in VBA

Es ist in Kapitel 16, »Tabellenfunktionen«, bereits angesprochen worden, dass die Tabellenfunktionen auch innerhalb eines Makros aufgerufen werden können. Dabei werden die Eigenschaft WorksheetFunction des Objektes Application und der englische Funktionsname verwendet. In der Klammer müssen die Argumente dann auch mit einem Komma, statt mit dem sonst üblichen Semikolon getrennt werden. Enthält der Funktionsname einen Punkt, wird er durch einen Unterstrich ersetzt, etwa VAR_P() statt VAR.P().

Im Folgenden ein kleines Beispiel für eine Prozedur, die die neue Funktion AGGREGAT() verwendet. Sie fragt ab, ob von einem benannten Bereich Daten in einem Tabellenblatt der Mittelwert oder der Median ausgegeben werden soll und zeigt ihn dann an.

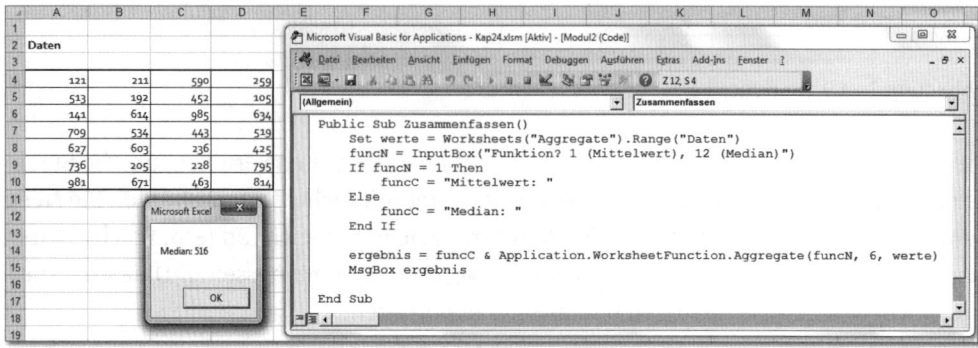

Abbildung 24.71 Aufruf der Funktion AGGREGAT() in einem Makro

24.5 Tabellenfunktionen in VBA

Mit den über 300 Tabellenfunktionen, die Excel mitbringt, müssen Sie sich aber keineswegs zufrieden geben. Wenn sich bei Ihnen spezielle Berechnungen häufig wiederholen, können Sie sich mithilfe von VBA auch eigene Funktionen zusammenbauen, die Ihnen aus bestimmten Ausgangsdaten einen berechneten Wert zurückgeben.

24.5.1 Per Funktion von DEM zu € und zurück

In diesem Abschnitt werden zwei sofort einsetzbare benutzerdefinierte Funktionen für eine schnelle Umrechnung von DEM in Euro und umgekehrt geliefert. Für die Umrechnung von DEM-Beträgen in Euro-Beträge und umgekehrt drängt sich die Nutzung solcher Funktionen geradezu auf. Beide sind nicht so mächtig wie die Funktion EUROCONVERT(), aber einfacher zu handhaben, weil als Argument nur der Betrag eingegeben werden muss.

Die eine Funktion soll Ihnen automatisch aus dem eingegebenen DEM-Betrag den Euro-Betrag liefern, und zwar auf zwei Stellen gerundet. Die zweite Funktion rechnet aus einem Euro-Betrag zurück auf den DEM-Betrag, ebenfalls mit der Rundung auf zwei Stellen.

Umrechnungsfunktion erstellen

Damit Sie die beiden Funktionen in allen Arbeitsmappen anwenden können, ist es sinnvoll, sie in der schon angesprochenen persönlichen Arbeitsmappe *Personal.xlsb* einzutragen. Falls die Mappe noch nicht existiert, sollten Sie irgendein kleines Makro aufzeichnen, um sie erstellen zu lassen.

1 Wechseln Sie mit [Alt] + [F11] in die VBA-Umgebung, und wählen Sie in der Ansicht **Projekt** den Eintrag **VBAProjekt(Personal.xlsb)** aus. Wenn Sie die neuen Funktionen in einem eigenen Modul sammeln wollen, wählen Sie **Einfügen ▸ Modul**, ansonsten können Sie auch ein bereits bestehendes Modul per Doppelklick im Projekt-Explorer öffnen.

2 Wählen Sie dann **Einfügen ▶ Prozedur**, und tragen Sie den Namen der ersten Funktion ein. Wählen Sie unter **Typ Function** aus. Im Modulfenster erscheint ein Skelett für die Funktion.

```
Public Function EURO()
End Function
```

3 Fügen Sie in die Klammer hinter dem Funktionsnamen den Namen des Argumentes ein, das an die Funktion übergeben werden soll. In diesem Fall den DEM-Betrag, der umgewandelt werden soll.

4 Nun schreiben Sie zwischen die beiden Zeilen die Anweisung, wie der DEM-Betrag in Euro umgerechnet werden soll. Der DEM-Betrag muss durch den fixierten Kurs dividiert werden.

5 Anschließend wird das Ergebnis kaufmännisch gerundet, also auf zwei Nachkommastellen. Dazu wird die eingebaute VBA-Funktion ROUND() benutzt. Die Funktion sieht dann insgesamt so aus:

```
Public Function EURO(dem_betrag)
    EURO = ROUND(dem_betrag/1.95583, 2)
End Function
```

6 In derselben Weise können Sie die Umkehrfunktion für die Umrechnung eines Euro-Betrages in DEM erzeugen, nur wird diesmal mit dem fixen Umrechnungskurs multipliziert:

```
Public Function DEM(euro_betrag)
    DEM = ROUND(euro_betrag * 1.95583, 2)
End Function
```

7 Sichern Sie die Datei *VBAProjekt (Personal.xlsb)* per Klick auf die Schaltfläche **Speichern**. Wechseln Sie zurück in das Fenster der Arbeitsmappe per Klick auf das Symbol **Ansicht Microsoft Excel**.

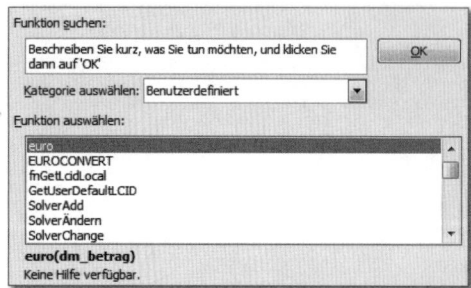

Um eine der Funktionen in einem beliebigen Tabellenblatt einzusetzen, benutzen Sie in der betreffenden Zelle die Schaltfläche **Funktion einfügen**. Wählen Sie unter **Kategorie auswählen** den Eintrag **Benutzerdefiniert** und dann die gewünschte Funktion. Geben Sie den umzurechnenden DEM- bzw. Euro-Betrag oder einen Bezug auf die Zelle ein, die den Betrag enthält, und bestätigen Sie.

Wundern Sie sich nicht, wenn Sie einen Betrag von DEM in € und dann wieder zurück umrechnen, dass das Ergebnis in einigen Fällen um einen Pfennig vom Ursprungsbetrag abweichen kann. Solche Differenzen sind aufgrund der Rundungen unvermeidlich. Es ist in der Regel aber sinnvoll, mit gerundeten Beträgen weiterzuarbeiten, statt mit den exakten Beträgen, die aufgrund der Division durch den Umrechnungskurs häufig viele Nachkommastellen enthalten.

Beachten Sie, dass Excel bei benutzerdefinierten Funktionen, die nicht in der aktiven Arbeitsmappe gespeichert sind, erwartet, dass der Name der Mappe, die die Funktion enthält, vor den Namen der Funktion gesetzt wird, also hier `Personal.xlsb!EURO` statt `EURO`. Wenn Sie die Funktionen in die aktive Arbeitsmappe kopieren, müssen Sie dagegen nur den Funktionsnamen angeben, also `EURO` oder `DEM`.

24.5.2 Sicherheit für Makros

In Abschnitt 2.7.22, »Sicherheitscenter«, ist bereits beschrieben worden, wie über die Einstellungen im Sicherheitscenter die unerwünschte Ausführung von Makros verhindert werden kann. Innerhalb des VBA-Editorfensters steht der Befehl **Extras ▸ Digitale Signatur** zur Verfügung, um ein Makro zu signieren, falls solche Signaturen eingerichtet sind. Benutzen Sie im Dialog die Schaltfläche **Wählen**. Dann kann eines der vorhandenen Zertifikate ausgewählt und zugeordnet werden.

Abbildung 24.72 Zuordnen einer Signatur

24.6 Musterprozeduren für Standardaufgaben

In diesem Abschnitt ist eine Reihe von Prozeduren zu häufig vorkommenden Aufgaben zusammengestellt, die Sie für eigene Entwicklungen auswerten können.

24.6.1 Prozedur zum Formatieren

Wenn Ihnen die Formate in der Titelzeile Ihrer Arbeitsmappen nicht mehr gefallen, hilft ein kleines Makro dabei, Schrift, Schriftfarbe und Zellhintergrund auszutauschen. Das Makro formatiert 25 Zellen der ausgewählten Zeile neu:

```
Sub titelersetzen()

z = Selection.Row
s = 1

    For s = 1 To 25
    Cells(z, s).Select
    If Selection.Font.Name = "Arial" Then
        Selection.Font.Name = "Verdana"
        Selection.Font.ColorIndex = 2
        Selection.Font.Size = 12
    End If
    If Selection.Interior.ColorIndex = 15 Then
        Selection.Interior.ColorIndex = 16
    End If
    Next s

Cells(z, 1).Select

End Sub
```

24.6.2 Beispiele für Plausibilitätsprüfungen

Vor dem nächsten Schritt in einem Programm ist es häufig sinnvoll, bestimmte Daten auf Plausibilität zu prüfen. Hier ein kleines Beispiel, bei dem geprüft wird, ob in einem benannten Bereich überhaupt Werte eingetragen worden sind. Dabei wird die Summenfunktion verwendet:

```
Set MBereich = Range("Mengen")
Summe = Application.WorksheetFunction.Sum(MBereich)

If Summe = 0 Then
        MsgBox ("Keine Positionen eingetragen!")
        Exit Sub
End If
```

24.6.3 Daten aus einem Formular in eine neue Zeile einer Tabelle übernehmen

Die folgenden Codezeilen setzen voraus, dass in einem Bestellformular Daten erfasst worden sind. Die Daten stehen in benannten Zellen und in der Positionszeile. Nun sollen sie an eine Liste der Bestelldaten angehängt werden:

```
Application.ScreenUpdating = False

    ' Bestelldaten in Bestell-Liste übertragen
    Sheets("BestellListe").Select
    zeindex = 24

    Do
        Do While Worksheets("Bestellformular")._
                                        Cells(zeindex, 1) = ""
        zeindex = zeindex + 1
        Loop
        If zeindex > 49 Then Exit Do

        bestelldaten(1) = Range("Belegnummer")
        bestelldaten(2) = Worksheets("Bestellformular")._
                                        Cells(zeindex, 2)
        bestelldaten(3) = Worksheets("Bestellformular").-
                                        Cells(zeindex, 3)
        bestelldaten(4) = Worksheets("Bestellformular")._
                                        Cells(zeindex, 5)
        bestelldaten(5) = Worksheets("Bestellformular")._
                                        Cells(zeindex, 6)
        bestelldaten(6) = Worksheets("Bestellformular")._
                                        Cells(zeindex, 8)
```

```
bestelldaten(7) = Range("Liefnr")
bestelldaten(8) = Range("LiefName")
bestelldaten(9) = Range("Belegdatum")
bestelldaten(10) = Range("LiefTermin")
```

An dieser Stelle wird die erste freie Zeile in der Tabelle gesucht:

```
If Range("A5") <> "" Then
    Range("A4").End(xlDown).Select
    ActiveCell.Offset(1, 0).Select
Else
    Range("A5").Select
End If
```

Hier werden die Daten aus den Variablen in die neue Zeile der Tabelle übertragen:

```
For i = 1 To 10
    ActiveCell.Offset(0, i - 1).Value = bestelldaten(i)

Next i
zeindex = zeindex + 1


Loop


' Belegnummer höher setzen und Bereiche löschen
```

Das Formular wird für die nächste Bestellung bereit gemacht:

```
Sheets("Bestellformular").Select
ActiveSheet.Unprotect

Range("AktBelegnr").Value = Range("AktBelegnr").Value + 1
Range("LiefTermin").ClearContents
Range("Artikelnummern").ClearContents
Range("Mengen").ClearContents
Range("LiefNR").ClearContents
Range("Sachbearbeiter").ClearContents
Range("Versandart").ClearContents
Range("Bemerkung").ClearContents
```

24.6.4 Lesen von Daten aus einer Textdatei

Ein Makro kann auch Daten aus einer Textdatei in eine Tabelle einlesen und dabei zwischen Feldnamen und Wert mithilfe des in der Textdatei verwendeten Trennzeichens unterscheiden. Beides wird in die Tabelle auf ein Blatt *Firmendaten* übernommen. Verwendet werden dabei »alte« Basic-Befehle, die auch in VBA funktionieren:

```
Sub firmendaten_uebernehmen()
    Dim FDatName ' Declare variables.
    Dim FeldName()
    Dim FeldWert()
    i = 1
    ReDim Preserve FeldName(i)
    ReDim Preserve FeldWert(i)
' Da der Zugriff auf die externe Datei auch scheitern kann, ist hier eine
Fehlerbehandlung aktiviert:
  On Error GoTo errormessage
  Application.ScreenUpdating = False
  
    Sheets("Firmendaten").Visible = True
    Sheets("Firmendaten").Select
    
    FDatName = "D:\Projekte\Excel2010\firma.txt"
    
    Open FDatName For Input As #1
    
    Line Input #1, FNamen ' Zeile in Variable einlesen.
    Line Input #1, FWerte
    Close #1     ' Datei schließen.
    
    'Feldnamen und -werte auslesen
    
    f = 1
    w = 1
    fpos = InStr(f, FNamen, ";")
    wpos = InStr(w, FWerte, ";")
    
    Do While fpos > 0
       FeldName(i) = Mid$(FNamen, f, fpos - f)
```

```vba
        FeldWert(i) = Mid$(FWerte, w, wpos - w)
        i = i + 1
        ReDim Preserve FeldName(i)
        ReDim Preserve FeldWert(i)
        f = fpos + 1
        w = wpos + 1
        fpos = InStr(f, FNamen, ";")
        wpos = InStr(w, FWerte, ";")
    Loop

    FeldName(i) = Right$(FNamen, Len(FNamen) - f + 1)
    FeldWert(i) = Right$(FWerte, Len(FWerte) - w + 1)
    LetztIn = i
    ' Feldnamen und Feldwerte auf Firmenblatt schreiben

    izeile = 2
    ispalte = 1

    For i = 1 To LetztIn

        Cells(izeile, ispalte).Value = FeldName(i)
        Cells(izeile, ispalte + 1).Select
        ActiveWorkbook.Names.Add Name:=FeldName(i), _
                                 RefersToR1C1:=Selection
        Selection.Value = FeldWert(i)
        izeile = izeile + 1

    Next i
    Application.ScreenUpdating = True
    Exit Sub

errormessage:

    Fehler = Err.Description
    MsgBox Fehler

End Sub
```

24.6.5 Einen Bereich neu definieren

Häufig ist es bei der Ausführung eines Makros notwendig, einen Tabellenbereich neu zu definieren. Hier ein einfaches Verfahren, das voraussetzt, dass der Bereich keine Leerzeilen enthält:

```
Sub kundenbereichneu()

    Range("A4").Select
    ActiveCell.CurrentRegion.Select
    Selection.Name = "Kunden"

End Sub
```

24.6.6 Einen Wert in einer Spalte finden und ersetzen

Mit den folgenden Anweisungen können Sie in einer Kundenliste in der betreffenden Spalte den Namen des Kunden suchen und dann in der dafür vorgesehenen Spalte den Wert für den aufgelaufenen Umsatz ändern:

```
    Sheets("Kundenliste").Select
    Set zelle = Range("Kunden").Columns(1).Find(kundenname, _
                                        LookIn:=xlValues)
    zelle.Select
    ActiveCell.Offset(0, 9).Value = ActiveCell.Offset(0, 9) _
                                        + rechbetrag
```

24.6.7 Werte in einer Liste von Arbeitsmappen einfügen

Wenn Sie in einer Gruppe von Arbeitsmappen bestimmte benannte Werte einheitlich ändern oder etwa immer in der ersten Zeile eine bestimmte Beschriftung eintragen wollen, können Sie ein Makro schreiben, das dies erledigt.

Kopieren Sie die Mappen in einen temporären Ordner, damit die Originaldateien zunächst unberührt bleiben. Das Makro arbeitet dann alle Mappen in diesem Ordner nacheinander ab:

```
Sub Datenaustausch()
    Dim f As String
```

```vb
' Ausschalten von automatisch startenden Makros
    Application.EnableEvents = False

    Application.ScreenUpdating = False

    f = Dir("C:\temp\*.xlsx")
    Do Until f = ""
        Workbooks.Open "C:\temp\" & f
        MsgBox f

        Range("MWST").Value = 19%
        ActiveWorkbook.Save
        ActiveWorkbook.Close
        f = Dir()
    Loop
    Application.EnableEvents = True
    Application.ScreenUpdating = True

End Sub
```

25 Excel App

Wer sich die Mühe gemacht hat, mit Excel Kalkulationsmodelle, Datenlisten oder Planungshilfen zu entwickeln, wird ein Interessse daran haben, auf seine Arbeitsergebnisse immer dann zugreifen zu können, wenn sie benötigt werden oder wenn ihm dazu noch etwas einfällt. Das Internet bietet inzwischen riesige Serverfarmen an, die als Speicheralternative zur lokalen Festplatte oder dem lokalen Datenserver dienen können. Gleichzeitig nimmt die Zahl der Geräte, die Tabellendaten anzeigen und verarbeiten können, ständig zu. Deshalb ergänzt Microsoft Excel 2010 durch Excel Apps, für den Zugriff über das Internet und für den Zugriff über Smartphones.

25.1 Kalkulationstabellen im Web

Herausgefordert durch Google-Web-Anwendungen hat Microsoft für die Version Office 2010 ebenfalls Varianten von Büroanwendungen bereitgestellt, die über den Browser aufgerufen werden können. Sie haben nun die Möglichkeit, Kalkulationsmodelle von jedem beliebigen Computer aus anzusehen und zu pflegen, der Zugang zum Internet hat.

Microsoft geht dabei von der Vorstellung aus, dass die meisten Excel-Anwendungen weiterhin über lokale Programme erstellt werden und der Zugriff über den Browser nur eine Ergänzung dazu ist. Mit Excel Web App kann eine lokal erstellte Arbeitsmappe zwar weitgehend korrekt angezeigt werden, die Bearbeitungsmöglichkeiten sind aber auf Grundfunktionen eingeschränkt. Für kleine Gelegenheitskalkulationen reicht das allerdings allemal.

Die Vorstellung, dass die lokalen Office-Anwendungen in kurzer Zeit durch die entsprechenden Webanwendungen ersetzt werden könnten, ist wohl eher unrealistisch, obwohl das Cloud-Computing in der letzten Zeit eine enorme Dynamik entwickelt hat.

Es hängt viel von der Qualität der Anwendungen ab, und gegenwärtig ist die der Web-Varianten noch eher bescheiden. Außerdem sind die Sicherheitsprobleme des Internets ungelöst, und sie werden wohl auch nicht gelöst werden, solange die IT-Branche so tut, als könne sie diese Probleme rein technisch und also auch alleine lösen. Das entpuppt sich immer mehr als eine gefährliche Illusion.

Es ist deshalb zumindest für die nächste Zeit realistischer, die Web-Anwendungen als willkommenen zusätzlichen Zugang zu den Informationen zu nutzen, die das Office braucht.

25.1.1 Excel im Browser

Die Apps werden kostenlos über Windows Life zur Verfügung gestellt. Sie brauchen also nur einen Account für Windows Life einzurichten und greifen dann sofort auf Excel Web App zu. Sie können den Zugang über *http://skydrive.live.com* oder *http://office.live.com* nutzen. Für die professionellen Anwender lässt sich Excel Web App auch innerhalb einer SharePoint 2010-Umgebung einrichten. Die meisten Browser unterstützen Excel Web App, also auch Firefox und Safari, sodass Sie unabhängig vom Betriebssystem damit arbeiten können.

Um Dateien unter Windows Life abzulegen, können Sie in Excel 2010 über das Register **Datei** und **Speichern und Senden** den Befehl **Im Web speichern** nutzen.

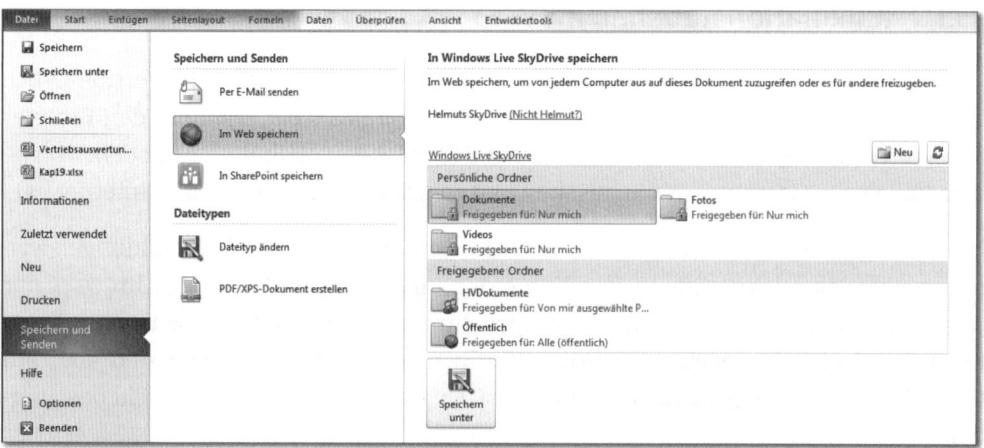

Abbildung 25.1 Speichern einer Arbeitsmappe in Windows Live

25.1.2 Öffnen und Bearbeiten einer Arbeitsmappe

Wenn Sie Ihre Live-Seite im Browser aufrufen, werden Ihnen unter **Office** Bibliotheken für Dokumente und Schaltflächen für neue Dokumente angeboten. Ein Klick auf einen Dokumentnamen reicht, um die Arbeitsmappe im Browser zum Ansehen zu öffnen. Um die Datei auch zu bearbeiten, klicken Sie auf **Im Browser bearbeiten**.

25.1 Kalkulationstabellen im Web

Abbildung 25.2 Die Office-Seite unter Windows Live

Dieser Befehl wird auch noch einmal angeboten, wenn die Datei zunächst nur zum Ansehen geöffnet wurde. Für ein ganz neues Dokument klicken Sie auf das Excel-Symbol unter **Neues Onlinedokument erstellen**.

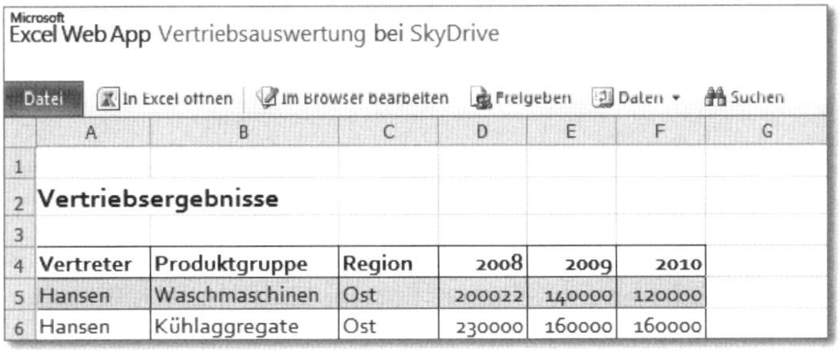

Abbildung 25.3 Nur zum Ansehen geöffnete Arbeitsmappe

Excel Web App zeigt die gleiche Benutzeroberfläche wie die lokale Anwendung, allerdings ist die Zahl der Register deutlich geringer, weil nur die Grundfunktionen des Programms in der Webanwendung angeboten werden. Auch die meisten Tastenkombinationen aus der lokalen Anwendung lassen sich im Browser verwenden.

Die Registerkarte **Start** entspricht mit den ersten vier Gruppen ungefähr dem entsprechenden Register in der lokalen Anwendung. In der Gruppe **Tabellen** sind dagegen Befehle zum Filtern und Sortieren von Tabellen, Schaltflächen zum Einfügen von Zeilen und Spalten und für Tabellenoptionen enthalten. Über das Symbol **Daten** werden die Aktualisierung von Datenverbindungen und die Neuberechnung des Tabellenblatts angeboten. Das letzte Symbol ist **In Excel öffnen**. Über die Registerkarte **Einfügen** lassen sich noch Tabellen oder Hyperlinks in das Arbeitsblatt einfügen.

25 Excel App

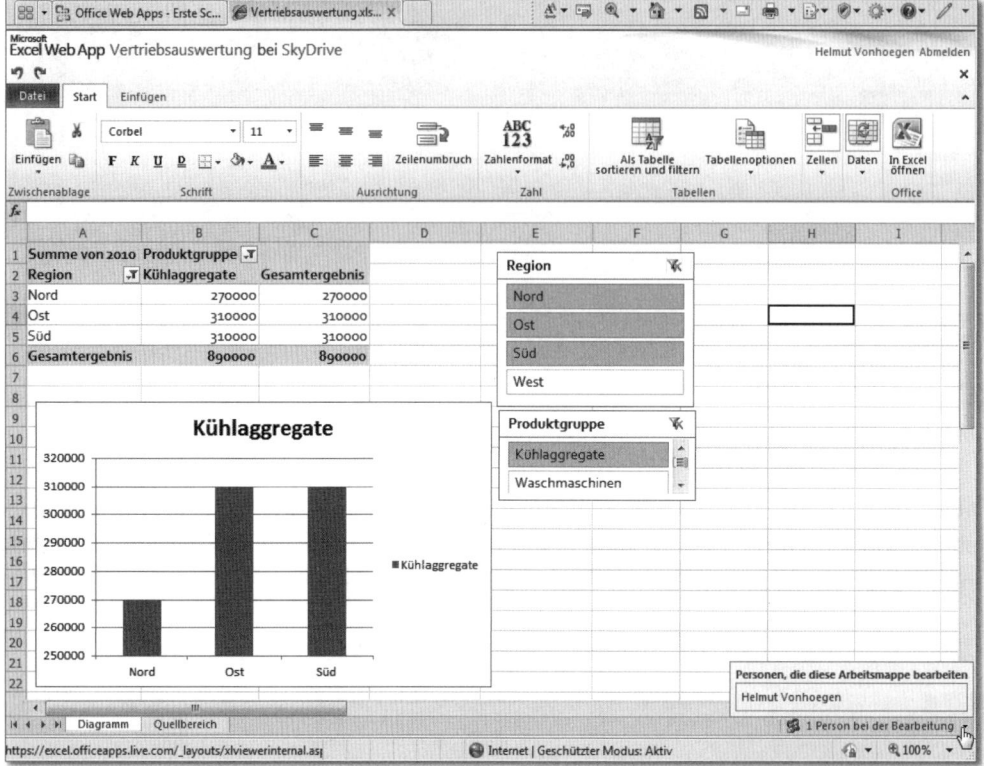

Abbildung 25.4 PivotTable, PivotChart und Datenschnitte arbeiten im Web reibungslos.

Das Markieren von Zellen und Zellbereichen funktioniert mit der Maus und der Tastatur wie in der lokalen Anwendung, nur die Kontextmenüs sind nicht vorhanden.

Die Filter der Datenschnitt-Elemente in der Beispielabbildung funktionieren auch im Web anstandslos. Auch Diagramme, Tabellenformate und Tabellenfilter werden ohne Abstriche korrekt angeboten. Eine lokal erstellte Arbeitsmappe wird also durchaus in hoher Qualität in Browser bereitgestellt.

Über das Register **Datei** werden Befehle angeboten, um die Arbeitsmappe unter einem neuen Namen zu speichern, eine Kopie des angezeigten Arbeitsblatts lokal zu speichern oder eine Momentaufnahme der Arbeitsmappe auf den lokalen Rechner herunterzuladen, die nur die Daten und Formate enthält, aber keine verborgenen Elemente, wie etwa die Datenverbindungsinformationen. Das ist insbesondere eine interessante Möglichkeit bei Arbeitsmappen, die Daten aus externen Quellen verarbeiten. In diesem Fall werden einfach die aktuellen Daten verwendet, eine weitere Aktualisierung ist nicht möglich.

25.1 Kalkulationstabellen im Web

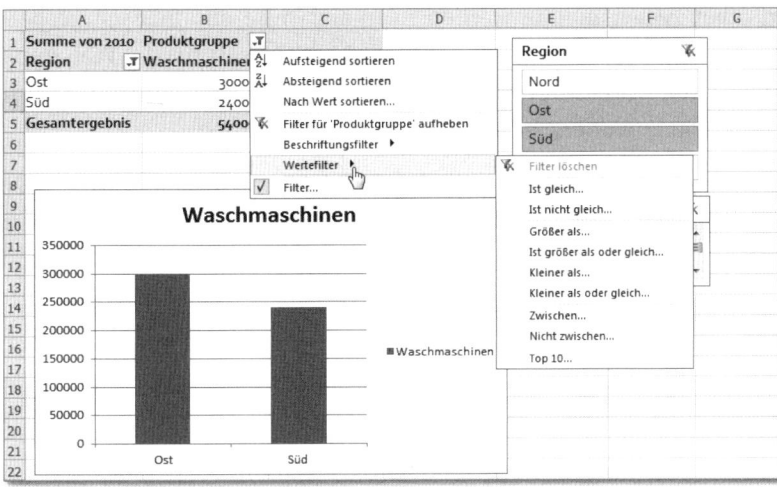

Abbildung 25.5 Interaktive Filter in Excel Web App

Auch Formeln, bedingte Formate, ausgeblendete Daten und interaktive Elemente wie Filter, Gruppierungs- und Sortierungselemente oder Schaltflächen zum Aus- und Einblenden von Elementen in einer Pivot-Tabelle werden bei dieser Version entfernt.

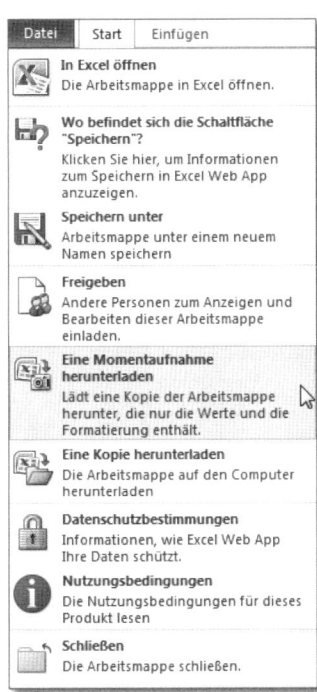

Abbildung 25.6 Die Registerkarte »Datei«

25 Excel App

Die Änderungen an einer Arbeitsmappe werden normalerweise automatisch gespeichert. Die Daten werden auf den Servern gespeichert, die Microsoft für die Web Apps bereitstellt, also in der Cloud, wie es inzwischen genannt wird. Mit **Speichern unter** kann eine Speicherung unter einem anderen Namen vorgenommen werden.

Leider hat die Webanwendung keinen eigenen Druckbefehl, um Arbeitsblätter oder markierte Bereiche zu drucken, stattdessen wird der Druckbefehl des Internet Explorers verwendet.

25.1.3 Freigabe im Web

Arbeitsmappen im Web können Sie für andere Personen zur Bearbeitung freigeben. Dazu wird ein entsprechender Link an die entsprechende E-Mail-Adresse versendet.

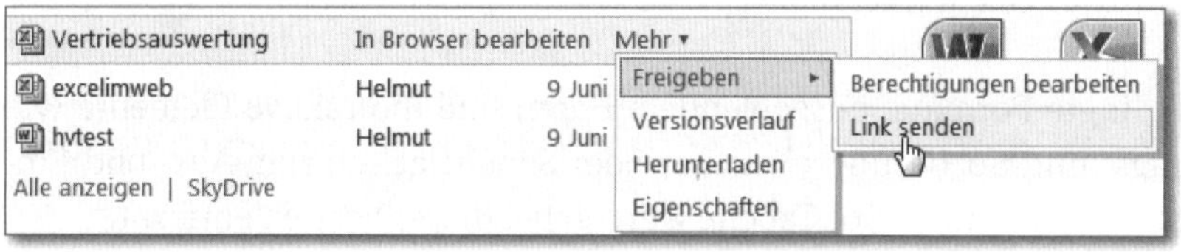

Abbildung 25.7 Senden eines Links zu einer Arbeitsmappe

Begleitend lässt sich eine Nachricht zu dem betreffenden Dokument eintragen.

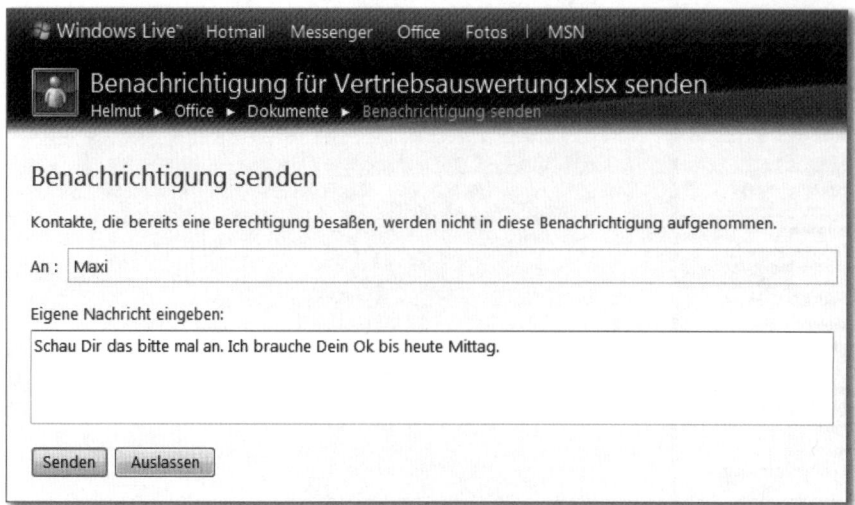

Abbildung 25.8 Senden einer Nachricht zu einem Dokument

Mehrere Personen dürfen sogar gleichzeitig an einer freigegebenen Mappe arbeiten. Niemand muss warten, bis der andere mit seiner Bearbeitung fertig ist. Jede Änderung wird sofort bei allen sichtbar, die gerade die Arbeitsmappe im Web geöffnet haben. Es sind auch keine speziellen Befehle notwendig, um die gemeinsame Bearbeitung zu ermöglichen. Über **Freigeben ▶ Berechtigungen bearbeiten** legen Sie nur fest, wer in welchem Umfang auf welche Dokumente zugreifen kann.

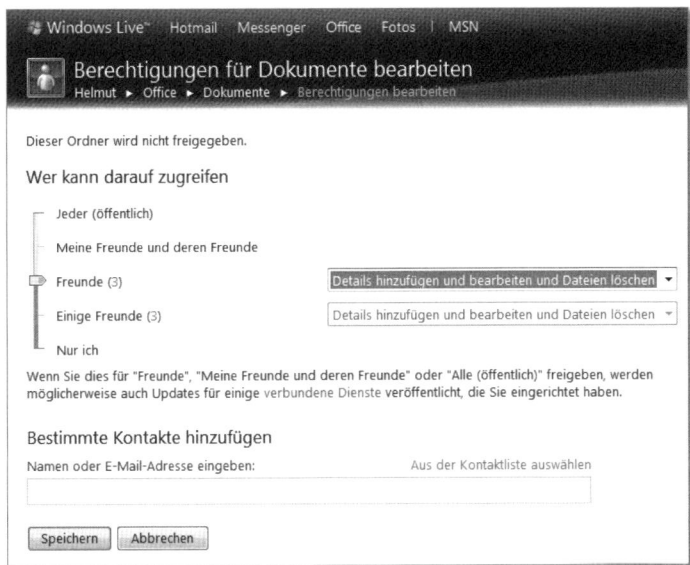

Abbildung 25.9 Festlegen der Zugriffsberechtigten

Bei der Freigabe bestimmen Sie über das Listenfeld, ob die Dateien nur angezeigt oder auch bearbeitet werden dürfen. Wer gerade an dem Arbeitsblatt etwas eingibt oder ändert, wird in der rechten Ecke unten als Liste angezeigt.

25.1.4 Zurück auf Lokal

Auf jedem Rechner, auf dem die lokale Anwendung von Excel 2010 installiert ist, können Sie jederzeit von der Webversion der Arbeitsmappe wieder zurück zu einer lokalen Version wechseln, in der alle Funktionen von Excel zur Verfügung stehen. Dabei werden die letzten Änderungen, die Sie im Browser vorgenommen haben, natürlich übernommen. Dazu wird von der Website mit der geöffneten Arbeitsmappe der Befehl **In Excel öffnen** verwendet.

Abbildung 25.10 Zurückspeichern auf den Server

Wird die in der lokalen Anwendung geöffnete Version gespeichert, erfolgt diese Speicherung automatisch auf dem Webserver. Die Änderungen stehen dann auch sofort auf der Webseite zur Verfügung. Das schließt natürlich nicht aus, eine Kopie auch noch lokal zu speichern.

25.2 Excel Mobile 2010

Für Smartphones, die mit dem Betriebssystem Windows Mobile 6.5 ausgerüstet sind, stellt Microsoft eine mobile Excel-Version zur Verfügung, die über *www.microsoft.com/ windowsmobile* angeboten wird. Sie können damit nicht nur Arbeitsmappen öffnen und bearbeiten, die Sie auf einem PC erstellt haben, sondern auch direkt auf dem Smartphone neue Arbeitsmappen anlegen. Der Funktionsumfang ist natürlich eingeschränkt, aber Sie können beispielsweise Diagramme aus markierten Daten erzeugen, in Formeln über 100 der gebräuchlisten Tabellenfunktionen verwenden und die Daten in der gewohnten Weise formatieren. Kann Excel Mobile ein Element aus einer PC-Arbeitsmappe nicht darstellen, bleiben die entsprechenden Zellen einfach leer.

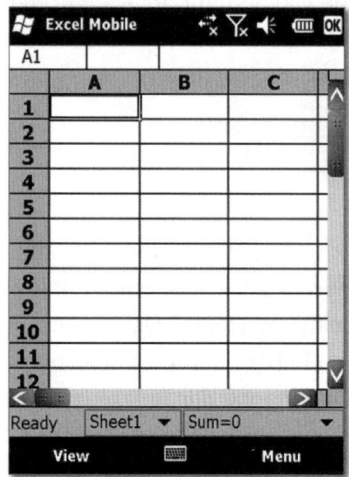

Abbildung 25.11 Tabellenblatt auf dem SmartPhone

Excel Mobile 2010 unterstützt auch Touchscreen-Funktionen, Sie können Zellen durch Berühren auswählen, den Fensterausschnitt mit einer Fingerbewegung verschieben oder Bereiche zoomen. Kontextmenüs werden durch ein kurzes Halten über einer Zelle geöffnet. Die Optionen zu einem Befehl werden auf verschiedenen Seiten ausgewählt, die über kleine Register geöffnet werden. Die meisten Befehle werden über die Schaltflächen **Menü** und **Ansicht** angeboten.

Die Synchronisierung zwischen Smartphone und PC ist optimal, wenn auch Sharepoint Workspace Mobile installiert ist.

25.3 Tastenkombinationen

Taste(n)	Funktion
F1	Ruft die Hilfe auf.
F2	Öffnet die Zelle zur Bearbeitung.
F4	Wiederholt einen Befehl oder eine Aktion.
F5	**Start ▸ Bearbeiten ▸ Suchen und Auswählen ▸ Gehe zu**
F6	Wechsel zwischen Fenster, Multifunktionsleiste, Aufgabenbereich und Zoom-Steuerelementen oder Sprung zum nächsten Fensterausschnitt, wenn das Fenster geteilt ist
F7	Rechtschreibprüfung
F8	Erweiterungsmodus ein/aus (ERW)
F9	Neuberechnung in allen offenen Mappen
F10	Aktiviert/deaktiviert Zugriffstasteninfos.
F11	Erstellt ein Diagramm auf einem eigenen Blatt.
F12	**Speichern unter**
⇧ + F2	Hinzufügen oder Bearbeiten eines Kommentars
⇧ + F3	**Funktion einfügen**
⇧ + F5	**Suchen und Ersetzen**
⇧ + F6	Rücksprung zwischen Fenster, Multifunktionsleiste, Aufgabenbereich und Zoom-Steuerelementen oder Sprung zum vorigen Fensterausschnitt, wenn das Fenster geteilt ist
⇧ + F8	Hinzufügen-Modus ein/aus (ADD)

25 Excel App

Taste(n)	Funktion
⇧ + F9	Neuberechnung des aktiven Tabellenblatts
⇧ + F10	Anzeigen des Kontextmenüs
⇧ + F11	neues Tabellenblatt
⇧ + F12	**Speichern**
Strg + F1	Aus- und Einblenden der Multifunktionsleiste
Strg + F2	Zeigt die Druckvorschau an.
Strg + F3	Öffnet den Namens-Manager.
Strg + ⇧ + F3	**Formeln ▶ Definierte Namen ▶ Aus Auswahl erstellen**
Strg + F4	**Schließen**
Strg + F5	Fenstergröße wiederherstellen
Strg + F6 oder Strg + ⇥	nächste Arbeitsmappe
Strg + F7	Arbeitsmappen-Fenster verschieben
Strg + F8	Größe des Arbeitsmappen-Fensters ändern
Strg + F9	Arbeitsmappen-Fenster als Symbol
Strg + F10	Arbeitsmappe Vollbild
Strg + F11	neues Blatt für Excel-4-Makros
Strg + ⇧ + F12	**Drucken**
Alt + F4	Excel beenden
Alt + F8	Anzeigen des Makro-Dialogfeldes
Alt + F11	Öffnen des VBA-Editor-Fensters
Alt + ⇧ + F1	neues Tabellenblatt
Strg + U	**Start ▶ Bearbeiten ▶ Füllbereich ▶ Unten**
Strg + R	**Start ▶ Bearbeiten ▶ Füllbereich ▶ Rechts**
Strg + 1	Dialogfeld **Zellen formatieren**
Strg + N	**Neu**
Strg + O	**Öffnen**
Strg + S	**Speichern**
Strg + P	**Drucken**

25.3 Tastenkombinationen

Taste(n)	Funktion
Strg + X	Ausschneiden
Strg + V	Einfügen
Strg + Y	Wiederholen
Strg + F	Suchen
Strg + H	Ersetzen
Strg + G	Gehe zu
Strg + K	Einfügen eines Hyperlinks
Strg + +	**Zellen einfügen**
Strg + -	**Zellen löschen**
Strg + .	Systemdatum
Strg + :	Systemzeit
Strg + ⇧ + +	Markiert den Datenblock der aktiven Zelle.
Strg + Leertaste	Wählt die Spalte der aktiven Zelle aus.
⇧ + Leertaste	Wählt die Zeile der aktiven Zelle aus.
Strg + ⇧ + Leertaste	Wählt das ganze Tabellenblatt aus.
Strg + Bild↓	nächstes Blatt
Strg + Bild↑	voriges Blatt
⇧ + Rück	Reduziert die Auswahl auf die aktive Zelle.
Alt + =	Entspricht dem Summensymbol.
Strg + ↹	nächste Arbeitsmappe
Strg + ⇧ + ↹	vorige Arbeitsmappe
Esc	Abbruch Befehl/Eingabe
Eingabetaste	Bestätigung Befehl/Eingabe

25.4 Editiertasten und -kombinationen

Taste(n)	Funktion
`Pos1`	zum Anfang des Eingabefeldes
`Ende`	zum Ende des Eingabefeldes
`→`/`←`	ein Zeichen nach rechts/links
`Strg`+`→`/`←`	zum Anfang des nächsten/letzten Wortes oder zum Ende/Anfang einer Zahl
`⇧`+`→`/`←`	Erweitert die Markierung um eine Zelle nach rechts/links.
`Strg`+`⇧`+`→`/`←`	Erweitert die Markierung nach rechts/links.
`F2`	Wechselt zwischen den Modi **Bearbeiten** und **Eingeben**.
`F9`	Verwandelt eine Formel in ihr Ergebnis.

Index

####-Anzeige 141
#NV 299
.IQV 995
.IQY 999
.ODC 990
.PAG 1115
1904-Datumswert 282, 691
2-D-Diagramm 432
3D
   Bezug 219
   Diagramm 485
   Effekt 484, 525
   Flächendiagramm 486
   Liniendiagramm 487
   Säulendiagramm 487
64-Bit 1058

A

A1-Schreibweise 1045
Abfrage bearbeiten 991
Abhängige Variable 412
ABRUNDEN() 708
ABS() 708
Abschreibung 651, 652
Absoluter Bezug 233
Abstand von Datenreihen 491
Access 988
Achse 412
   Beschriftung 416
   numerische 413
   Skalierung 413, 450
   Unterteilung 416
ACHSENABSCHNITT() 742
ActiveX-Control 1114
ActiveX-Einstellungen 113
Add-In 80, 112
   erstellen 80
   Überblick 80
Addition 210
ADRESSE() 807

Adresse, Bezug 232
Adressierung 1045, 1099
AGGREGAT() 708
Aktion 155
Aktualisierung von
   Verknüpfungen 1018
Als PDF senden 589
Als XPS senden 589
Alternativer Text 517
AMORDEGRK() 659
AMORLINEARK() 659
An E-Mail-Empfänger senden
   589
Analyse-Funktion 80, 373, 375
Analysis Services Engine 978
Änderungen
   hervorheben 625
   protokollieren 625
   verfolgen 625, 626
Änderungswert, maximaler
   280
Ansicht 74, 201
   ganzer Bildschirm 55
   Zoom 199
ANSI-Code 1006
Anteilsdiagramm 416
Anwortbericht 407
ANZAHL() 743
ANZAHL2() 743
ANZAHLLEEREZELLEN() 744
Anzeige 1114
Arbeitsbereich 64
   speichern 102
Arbeitsblatt
   auswählen 126
   mit der Tastatur blättern 126
Arbeitsmappe 35
   automatisch öffnen 54
   freigeben 623
   neue 1028
   Optionen 281

Arbeitsmappenfenster 60
ARBEITSTAG() 697
ARBEITSTAG.INTL() 697
ARCCOS() 710
ARCCOSHYP() 711
ARCSIN() 711
ARCSINHYP() 711
ARCTAN() 711
ARCTAN2() 712
ARCTANHYP() 712
Arithmetische Formel 207
Arithmetische Reihe 159
Array 1059
ASCII-Code 1006
ASCII-Datei 1005
Aufgabenbereich 69
AUFGELZINS() 660
AUFGELZINSF() 660
AUFRUNDEN() 712
Ausblenden von Spalten 191
Auschecken 635
Ausfüllen, Reihe 161
Ausfüllkästchen 161
Ausgabebereich 914
Ausgabeformat 140
Ausschneiden 172, 1014
Auswahl
   Bereichsmarkierung 131
   Cursor in ausgewählten
      Zellbereichen bewegen 129
   Mehrfachauswahl 128
   per Tastatur 130
   Zeilen und Spalten 127
AUSZAHLUNG() 661
AutoAusfüllen 162, 893
   Ausfüllkästchen 161
   Optionen 141
AutoBerechnung 205
AutoFormat, Hyperlinks 604
AutoGliederung 359

Index

AutoKorrektur 153, 604
   Optionen 154
AutoVervollständigen 139
   für Formeln 221
AutoWiederherstellen 105

B

Backstage 59
BAHTTEXT() 826
Balkendiagramm 468
Barwertberechnung 366
Batchprozedur 1125
Bearbeiten
   von Zellinhalten 145
   wiederholen 71
Bearbeitungsleiste 60, 214, 1016
Bedingte Formatierung 348, 356
   Formatierungsregel 351, 355
   Regel bearbeiten 356
   Regel löschen 356
   Regel verwalten 356
   Symbolsätze 353
   Zellenregel 354
Befehlsschaltfläche 1114
Benutzerdefinierte Ansicht 200
Benutzerdefinierte Liste 163, 893
Benutzerdefinierter Filter 911
Benutzerdefiniertes Format 294
Benutzerdefiniertes Zahlenformat 695
Benutzername 627
Benutzerrechte 335
Berechnete Spalte 876
Berechnetes Kriterium 921
Berechnung 277
   Anzahl der Wiederholungen und minimale Abweichung 280
   Arbeitszeiten 690
   Kontrolle iterativer Berechnungen 279
   Optionen 277

periodische Datumsreihen 684
periodische Zeitreihen 688
Registerkarte 277
Standardabweichung 740
Berechtigungstools 635
Bereich 1098
   Adresse 232
   für Benutzer 335
   Markierung 131
   Namen festlegen 243
   Objekt 1069
BEREICH.VERSCHIEBEN() 808
BEREICHE() 809
Bereichswahl 1100
Berichtsfilter 939
   Bereich 931
Beschriftungsblock wiederholen 174
Beschriftungsfeld 1113
Beschriftungsfilter 935
BESSELI() 849
BESSELJ() 850
BESSELK() 851
BESSELY() 851
Bestimmtheitsmaß 461
BESTIMMTHEITSMASS() 744
Besuchter Hyperlink 609
BETA.INV() 744
BETA.VERT() 744
BETAINV() 791
BETAVERT() 791
Betrachtungshöhe 444
Bewegen in der Tabelle 130
Bewertung von Tabellen mit bedingten Formaten 351
Bézierkurve 509, 520
Bezug
   absoluter 231, 233
   eingeben 216
   externer 269
   gemischter 233
   Korrigieren von Bezügen in Formeln 259
   Name 238
   relativer 231, 233

teilabsoluter 236
Bezugsart 37
Bibliothekstools 634
Bild
   auf Form zuschneiden 536
   freistellen 535
   komprimieren 539
   Korrektur 536
   künstlerische Effekte 534
Bildeffekte 539
Bildformatvorlage 537
Bildlaufleiste 1114
Bildschirmanzeige 74
Bildschirmelemente ein- und ausblenden 73
BININDEZ() 851
BININHEX() 851
BININOKT() 851
BINOM.INV() 745
BINOM.VERT() 746
BINOMVERT() 791
Blatt 35
   einer Arbeitsmappe 65
   hinzufügen 193
   löschen 196
   verschieben/kopieren 197
Blattname 241, 270
Blattregister 65
Boolean 1057
Börsendiagramm 474
BRTEILJAHRE() 698
BW() 661
Byte 1057

C

Cascading Style Sheets 594
CHIINV() 792
CHIQU.INV() 746
CHIQU.INV.RE() 747
CHIQU.TEST() 747
CHIQU.VERT() 748
CHIQU.VERT.RE() 748
CHITEST() 792
CHIVERT() 792
Clip Organizer 540
Clips online laden 542

CODE() 826
Codierung 597
COM-Add-In 978
COS() 713
COSHYP() 713
CSS 594, 597
Cube 820
CUBEELEMENT() 822
CUBEELEMENTEIGENSCHAFT() 822
CUBEKPIELEMENT() 822
CUBEMENGE() 823
CUBEMENGENANZAHL() 823
CUBERANGELEMENT() 823
CUBEWERT() 824
Currency, Zahlenformat 1057
CUSTOM.DIC 152

D

Date, Tabellenformat 1058
Datei öffnen 96
Dateiname 37, 81, 86, 90
Datei-Registerkarte 29, 30, 59
Dateityp 90
   Excel 46
Daten
   Analyse 373
   konsolidieren 369
   transponieren 185
Datenaustausch 1013
Datenbalken 349
Datenbereichsformat erweitern 874
Datenblock 129
Dateneingabemaske 138
Datenliste per Makro erstellen 1121
Datenpunkt
   formatieren 458
   gestalten 455
Datenreihe
   formatieren 445, 477
   selbstdefinierte 163
DATENREIHE-Funktion 428
Datenschnitt 947, 982
Datenschnitttools 948

Datentabelle 377, 863
Datentools 164, 370, 377
Datentyp 40, 1056
Datenüberprüfung 164, 166
Datenverbindungs-Assistent 991
Datum als numerischer Wert 144
Datum und Zeit, Seriennummer 145
DATUM() 699
Datumsfilter 903, 904
Datumsformat 288, 293, 1008
Datumsfunktion 308
DATWERT() 699
DAX 984
DBANZAHL() 817
DBANZAHL2() 818
DBAUSZUG() 818
DBMAX() 818
DBMIN() 818
DBMITTELWERT() 818
DBPRODUKT() 819
DBSTDABW() 819
DBSTDABWN() 819
DBSUMME() 819
DBVARIANZ() 820
DBVARIANZEN() 820
Decimal, Zahlenformat 1057
Definition eines Szenarios 384
Deklaration 1060, 1065
DELTA() 852
Design 327
Designfarbe 327
Dezimalstelle 295
   fixe 143
DEZINBIN() 852
DEZINHEX() 853
DEZINOKT() 853
DIA() 662
Diagramm 36
   Achsen 449
   Achsenoptionen 450
   allgemein 411
   als Vorlage speichern 478
   Ausrichtung der Schrift 449
   Bereich formatieren 444

   Datenreihe 455
   eingebettetes 428
   erstellen 419
   Formatvorlage 440
   Gitternetzlinien 453
   Innenringgröße 479
   Kontextmenü 431
   Kopie 436
   Layout 439
   Legende 424
   Muster 448
   Objekt 1070
   Schrift 448
   Skalierung 449
   Tiefe 491
   Titel 424
   Trendlinie 459
   Vergrößerung 436
   verknüpftes 428
   Zahlenformat 453
   Zeichnungsfläche 431
   Zeile/Spalte wechseln 423
Diagrammtyp 411, 416
   ändern 437
   auswählen 438
   mischen 432
Dialogfeldstarter 57
Digitale Signatur 555
Dim-Anweisung 1057, 1058
DISAGIO() 662
Diskreter Wert 417
Division 210
   durch Null 211
DM() 826
Dokument
   öffnen 51
   prüfen 152, 154
   schützen 332
   wechseln 53
Dokumentation 201
Do-Loop 1075
Double, Zahlenformat 1057
Drehfeld 1114
Dreidimensionale Formel 219
Dropdown-Auswahlliste 139
Druck, Entwurfsqualität 574
Druckbereich festlegen 564

Index

Drucken 563, 583
Drucker 584
Druckqualität 572
Drucktitel 200
Duplikat 874, 886, 916
DURATION() 663

E

EDATUM() 699
Editierformat 1081
Editoroptionen 1081
EFFEKTIV() 663
Eigene Add-Ins erstellen 80
Eigene Datenquelle 990
Eigene Umgebung 88
Eigenschaften 516
Einblenden von Spalten 191
Einchecken 635
Einfügebereich 172
Einfügemodus 1079
Einfügen 1015
   Funktion 79
   Kommentar 204
   Objekt 1020, 1021, 1023
   Optionen 177, 179
   von Zeilen und Spalten 188
Eingabe
   fixe Dezimalstelle 143
   von Bezügen 216
   von Zahlen 140
Eingabedialog 1095
Eingabeformat 140
Eingabemaske 880
Eingeben-Modus 216
Einheiten anzeigen 452
E-Mail, Kopfdaten eingeben 590
Ende-Modus 132
Entfernen 276
Entwicklertools 364
Ereignis 1055
Ergebniszelle 383
ERSETZEN() 827
Euro 299, 301
   Umrechnung 301, 303, 1117

EUROCONVERT 304
Euro-Symbol 299
Eurowährungstool 80, 302
Event 1055
Excel
   Anpassen der Arbeitsumgebung 71
   Arbeitsbereich 35
   Arbeitsblatt 35
   Arbeitsmappe 35
   Arbeitsmappen automatisch öffnen 54
   Bearbeitungsleiste 60
   Blattname 66
   Datentyp 40
   Formatvorlage 32
   Funktionsleiste 60
   Zelle 35
Excel Mobile 1134
Excel Web App 1127
Excel-Optionen 72, 74, 110, 264, 565
   anpassen 606
Excel-Tabelle 863, 864
EXP() 713
EXPON.VERT() 749
Exponentialschreibweise 287
Exponentiell 460
EXPONVERT() 792
Export von Daten 1001
Externe Daten abrufen 987, 988
   SQL Server 991
Externer Bezug 269
Externer Datenbereich 991

F

F.INV() 750
F.INV.RE() 750
F.TEST() 751
F.VERT() 751
F.VERT.RE() 752
FAKULTÄT() 713
FALSCH() 838
Farbe in Diagrammen 489

Farbmuster 457
FEHLER.TYP() 841
Fehlerindikator 263
Fehlersuche in Tabellen 265
Fehlerüberprüfung 138, 263, 264, 308
Fehlerwert 262
Fenster
   ausblenden 195
   einfrieren 199, 872
FEST() 827
Feste Dezimalstelle setzen 143
Filter 899
FINDEN() 828
FINV() 793
FISHER() 752
FISHERINV() 753
Fixieren von Beschriftungen 199
Flächendiagramm 473
Flussdiagramm 511
Form formatieren 517
Format
   bedingte Formatierung 351
   filtern 910
   markierte Achse 449
   markierte Datenreihe 433
   suchen 148
   übertragen 287, 337
   Zellen 284
Formatbeschreibung 294
Formatcode 295
Formatierung
   Formatsymbol 288
   Formatvorlage 336, 338, 339
   Hyperlink-Eintrag 609
   kopieren 184
   Löschen des Zellformats 150
   Zahlengröße und Spaltenbreite 141
Formeffekte 434, 514, 525, 539
Formel 40
   arithmetische 207
   ausblenden 332
   Auswirkung des Einfügens auf Formeln 275

Index

benannte Werte oder Formeln
  definieren 245
dreidimensionale 219
Eingabe über den Funktions-
  Assistenten 223
erweitern 874
externer Bezug 220
Fehler durch Werte 262
logische 207, 212
Namen anwenden 247
noch nicht definierte Namen 249
Operator 208
Priorität 208
Tabellen verknüpfen 269
Typ 206
Überwachung 264, 268
Verwendung von Bereichen 217
Verwendung von Formeln 215
Zeichenfolge 207
Formelkette 206
Formeltools 268
Formkontur 514
Formula 1098, 1101
Formular entwickeln 1104
FormulaR1C1 1101
For-Next 1075
Freihandform 510
FTEST() 793
Führende Null 143
Füllbereich 156
Fülleffekte 434, 514, 518
Füllfarbe 327
Function-Prozedur 1064
Funktion 207, 213, 1065
  bearbeiten 226
  Eingabe 220
  verschachtelte 227
Funktions-Assistent 223, 227
Funktionsleiste 60
Funktionsordnung 460
Fußzeile 416, 575, 576
FVERT() 793

G

G.TEST() 753
GAMMA.INV() 754
GAMMA.VERT() 754
GAMMAINV() 794
GAMMALN() 755
GAMMALN.GENAU() 755
GAMMAVERT() 794
Ganzer Bildschirm 73
GANZZAHL() 714
GAUSSF.GENAU() 854
GAUSSFEHLER() 854
GAUSSFKOMPL() 854
GAUSSFKOMPL.GENAU() 855
GDA() 664
GDA2() 664
Gehe zu 134
  aktueller Bereich 136
  aktuelles Array 136
  bedingtes Format 137
  Formel 136
  Gültigkeitsprüfung 137
  Kommentar 136
  Konstante 136
  Leerzelle 136
  letzte Zelle 137
  Markieren von Zellinhalten 135
  Nachfolgerzelle 137
  nur sichtbare Zellen 137
  Objekt 136
  Spaltenunterschied 136
  Vorgängerzelle 136
  Zeilenunterschied 136
Gemischter Bezug 233
Genauigkeit
  festlegen 286
  wie angezeigt 281
Geometrische Reihe 160
GEOMITTEL() 755
GERADE() 714
Gesamtsumme 230
Gesperrtes Objekt 516
GESTUTZTMITTEL() 756
GGANZZAHL() 855

GGT() 714
Gitternetzlinien 324, 416, 573
GLÄTTEN() 828
Gleichung mit einer Unbekannten 393
Gleichungssystem mit mehreren Unbekannten 396
Gleitender Durchschnitt 460
Gliederungsebene 359
Gliederungssymbol 360
GRAD() 715
Grafik einfügen 534
Grafisches Objekt 505
Grauabstufung 574
Grenzwertbericht 407
GROSS() 828
GROSS2() 828
Größenachse 412, 468, 494
Grundgesamtheits-Bericht 407
Gruppe
  Analyse 373
  Änderung 623
  anordnen 523, 524
  Arbeitsmappenansicht 567
  bearbeiten 508, 889
  Code 1028
  Daten 423, 874
  Formatvorlage 609
  Formenart 434, 514
  Hyperlink 603
  Illustration 505, 531
  PivotTable 930
  Seite einrichten 566, 568, 579
  SmartArt-Formatvorlage 533
  Sortieren und Filtern 899
  Steuerelement 1035
  Tabelle 928
  Text 505
  Verbindung 990
Gruppierung 363, 895
Gruppierung und Gliederung
  Einstellungen 359
GTEST() 794
Gültigkeitsregel 164, 203

Index

H

HARMITTEL() 756
HÄUFIGKEIT() 757
Hauptintervall 451
HEUTE() 700
HEXINBIN() 855
HEXINDEZ() 855
HEXINOKT() 855
Hilfe bei der Eingabe von Funktionen 222
Hilfsintervall 451
Hintergrund 331
Histogramm 375
Hochformat, Papierformat 570
Höchstwert 474
Höchstzeit der Berechnung 405
HTML 594
  Hilfsdatei 595, 597
HTML-Format 590, 1015
Hyperlink 602
  Adresse 608
  als Tabellenfunktion 607
  einfügen 605
  Formel 608
  Symbol 610
  von grafischem Objekt aus 610
  Ziel ändern 610
HYPERLINK() 607, 809
HYPGEOM.VERT() 757
HYPGEOMVERT() 795

I

IDENTISCH() 829
IKV() 665
IMABS() 856
Image 1114
IMAGINÄRTEIL() 857
IMAPOTENZ() 857
IMARGUMENT() 858
IMCOS() 858
IMDIV() 858
IMEXP() 858
IMKONJUGIERTE() 858
IMLN() 859
IMLOG10() 859
IMLOG2() 859
Import von Daten 1001
IMPRODUKT() 859
IMREALTEIL() 859
IMSIN() 860
IMSUB() 860
IMSUMME() 860
IMWURZEL() 860
INDEX() 804, 809
INDIREKT() 810
INFO() 842
Informationen
  als abgeschlossen kennzeichnen 552
  digitale Signatur hinzufügen 556
  Dokument prüfen 546
  Dokument verschlüsseln 552, 553, 554
  Kompatibilitätsprüfung 549
Inhalte einfügen 275, 368, 1018
Integer, Zahlenformat 1057
Internetfax 589
Interpolation 417, 469
Isometrische Darstellung 444
ISPMT() 665
ISTBEZUG() 843
ISTFEHL() 843
ISTFEHLER() 843
ISTGERADE() 843
ISTKTEXT() 844
ISTLEER 695
ISTLEER() 844
ISTLOG() 844
ISTNV() 844
ISTTEXT() 844
ISTUNGERADE() 845
ISTZAHL() 845
Iterationszahl, maximale 280
Iterative Berechnung 279

J

JAHR() 700
Jahreszahl 306
Jahrhundertangabe 306
JETZT() 700
Jokerzeichen 99

K

KALENDERWOCHE() 701
KAPZ() 666
Kennwort
  entfernen/ändern 105
  Schreibschutz 104
  wiederfinden 105
  Zugangsschutz 104
KGRÖSSTE() 758
KGV() 715
KKLEINSTE() 758
KLEIN() 829
KOMBINATIONEN() 715
Kombinationsfeld 1113
Kommentar 38, 203, 1062
  bearbeiten 204
  drucken 573
KOMPLEXE() 860
KONFIDENZ() 795
KONFIDENZ.NORM() 759
KONFIDENZ.T() 759
Konsolidieren
  nach Rubrik 372
  Quellbereich 369
  Zielbereich 370
Konstante 40
Kontrollkästchen 1113
Konverter 1001
Konvertieren 47
Koordinatensystem 412
Kopf 65
Kopfzeile 574, 576
Kopieren 169, 1014
  auf andere Blätter oder Mappen 176
  Auswirkungen 275
  in mehrere Blätter gleichzeitig 181

in Nachbarzellen 173
in nicht angrenzende Zellen 175
und verschieben mit dem Kontextmenü 181
von Formaten 184
von Formeln 275
KORREL() 760
KOVAR() 795
KOVARIANZ.P() 761
KOVARIANZ.S() 761
Kreisdiagramm 413, 418
Kreissegment 471
Kriterien 883, 917
Bereich 865, 912, 913, 917
KUMKAPITAL() 666
KUMZINSZ() 667
KURS() 667
KURSDISAGIO() 668
KURSFÄLLIG() 668
KURT() 762
Kurve 509
KÜRZEN() 716
Kurzes Datumsformat 308

L

LÄNGE() 829
Legende 416
Lese-/Schreibkennwort 104
LIA() 669
Linearitätsbericht 408
Liniendiagramm 469
LINKS() 829
Listenfeld 1113
Livevorschau 312
LN() 716
LOG() 716
LOG10() 717
Logarithmische Skalierung 466
LOGINV() 796
Logische Formel 207, 212
Logischer Vergleich 833
LOGNORM.INV() 762
LOGNORM.VERT() 762
LOGNORMVERT() 796

Long, Zahlenformat 1057
LongLong 1058
Löschen 151
Methode 150, 187
von Zellen 187
Zellformat 150
Zellinhalt 149

M

mailto 607
Makro
aufzeichnen 1025, 1026
debuggen 1050
Diagrammanimation 464
Diagrammgestaltung 1039
Formel aufzeichnen 1044
in Arbeitsmappe 1028
Prozeduraufruf 1048
relative Aufzeichnung 1029
zuweisen 1035
Manuelle Gliederung 363
Manueller Seitenumbruch 565
Math. AutoKorrektur 154
Matrix 251, 275
Matrixformel 251, 254
ändern 256
Eingabe 254
MAX() 763
MAXA() 763
Maximaler Änderungswert 280
MDET() 717
MDURATION() 669
MDX 984
MEDIAN() 763
Mehrfachauswahl 128
Mehrfachbereiche per Tastatur auswählen 133
Mehrfachoperation 278, 376
Meldungsdialog 1096
MHTML-Dokument 596
MIN() 764
MINA() 764
Minisymbolleiste 288
MINUTE() 701
MINV() 718

Mischbezüge 237
MITTELABW() 764
MITTELWERT() 764
MITTELWERTA() 765
MITTELWERTWENN() 765
MITTELWERTWENNS() 766
MMULT() 718
MODALWERT() 796
Modus 63
MODUS.EINF() 767
MODUS.VIELF() 767
MONAT() 701
MONATSENDE() 701
MTRANS() 810
Multiplikation 210
Multithread-Berechnung 281
Muster 329, 456
Vorlage 46, 342, 1048

N

N() 845
Name 384
aus Beschriftung übernehmen 246
blattspezifischer 241
definieren 242
Definition korrigieren 249
erstellen 242, 247
festlegen 66, 239
übernehmen 247
Namenfeld 61, 134, 270
Namens-Manager 242, 244
NBW() 669
Nebenbedingung 400
NEGBINOM.VERT() 767
NEGBINOMVERT() 797
NETTOARBEITSTAGE 693
NETTOARBEITSTAGE() 702
NETTOARBEITSTAGE.INTL() 702
Netzdiagramm 413
Neuberechnung 277
Berechnungsoptionen 277
manuelle 278
Neuer Ordner 89

NICHT() 839
Nichtnumerische x-Achse 417
NOMINAL() 670
NORM.INV() 768
NORM.S.INV() 768
NORM.S.VERT() 769
NORM.VERT() 770
NORMINV() 797
NORMVERT() 797
NOTIERUNGBRU() 670
NOTIERUNGDEZ() 670
Nullwert 76, 298
Numerische Achse 413
Numerischer Wert
   Datum 144
   Uhrzeit 144
NV() 845

O

OBERGRENZE() 718
OBERGRENZE.GENAU() 719
Object
   VBA 1058
Objekt 1066
   3D-Drehung 528
   3D-Format 527
   Abschrägung 527
   ausrichten 524
   einbetten 1020
   einfügen 1020
   gruppieren 525
   markieren 508
   Objektkatalog 1054
   Objektmodell 1039, 1053
   Objektsymbol 1020
   Perspektive 528
   Positionierung 516
   schattieren 526
   Sichtbarkeit 524
   Verknüpfung 1021
ODER() 839
Office Online 195
Office-Zwischenablage 182
OKTINBIN() 861
OKTINDEZ() 861
OKTINHEX() 861

OLAP 820
Operator 208
Optimale Breite bestimmen 190
Optionsfeld 1113
Ordner 81
Orientierung 570

P

Papierformat 569, 570
Papierkorb 102
PDF 591
PEARSON() 771
Periode 460
Personal.xlsb 1028, 1117
Persönliche Makroarbeitsmappe 1028
Perspektive 444
Pfeile entfernen 266
PI() 719
PivotChart 928, 973
PIVOTDATENZUORDNEN() 811
Pivot-Diagramm 927
   Datenschnitt 976
Pivot-Tabelle 926, 927
   aktualisieren 944
   anlegen 928
   Auszug 947
   bedingte Formatierung 970
   berechnetes Element 967
   berechnetes Feld 966
   Berichtsfilter 959
   Berichtslayout 955
   Datenquelle ändern 972
   Elementsuche 936
   externe Datenquelle 972
   Feldeigenschaften 955
   Feldeinstellungen 956
   Format 968
   gruppieren 962, 964
   Layout 929, 953
   sortieren 945
   Spalten hinzufügen 936
   Wertfeldeinstellungen 956
   Zellformatierung 941

PivotTable 928
   Feld 952
   Feldliste 930, 931
   Format 970
   Optionen 941
   Tools 930
Plausibilitätsprüfung 1120
POISSON() 798
POISSON.VERT() 771
Polarkoordinaten-Diagramm 479
POLYNOMIAL() 719
Positionsrahmen 1113
POTENZ() 720
POTENZREIHE() 720
PowerPivot 977
   Beziehungen erstellen 983
   Feldliste 982
   Vorschau & Filter 980
Priorität 208
PRODUKT() 720
Programmstart mit Dokument 51
Projekt-Explorer 1077
Prozedur 1057, 1065, 1108

Q

QIKV() 671
QUADRATESUMME() 721
QUANTIL() 798
QUANTIL.EXKL() 771
QUANTIL.INKL() 772
QUANTILSRANG() 798
QUANTILSRANG.EXKL() 772
QUANTILSRANG.INKL() 773
QUARTILE() 799
QUARTILE.EXKL() 773
QUARTILE.INKL() 774
Quellarbeitsmappe 270
Quellenangabe 416, 448
Querformat 570
Querverbindung 606
QuickInfos 220
QUOTIENT() 721

Index

R

R1C1-Schreibweise 1045
Rahmen 323
Ränder 567, 578, 583
RANG() 799
RANG.GLEICH() 774
RANG.MITTELW() 774
Ratenkredit 656
Recherche-Optionen 115, 116
RECHTS() 830
Rechtschreibung 152
RefEdit 1114
Register 35
   Analyse 976
   Daten 899, 987
   einfügen 928
   Entwicklertools 611
   Entwurf 345, 421, 531, 869
   Format 422
   Layout 421
   Optionen 930
   PowerPivot 978
   Überprüfen 623
Regressionsanalyse 460
Reihe
   arithmetische 159
   ausfüllen 161
   geometrische 160
   Optionen 471
   Zeitreihe 159
Relativer Bezug 233
Relativer Verweis 1045
Remotebezug aktualisieren 281
RENDITE() 671
RENDITEDIS() 671
RENDITEFÄLL() 672
REST() 721
RGP() 461, 775
Ringdiagramm 418, 478
RKP() 461, 777
RMZ() 672
Rollen-Modus 133
RÖMISCH() 722
RTD() 812
Rubrikenachse 412, 468
RUNDEN() 722

S

SÄUBERN() 830
Säulendiagramm 465, 466
SCHÄTZER() 778
SCHIEFE() 778
Schlüsselfeld 867
Schlusswert 474
Schnelldruck 585
Schnellzugriff 1033
Schnittmenge 238
   Bezug 238
Schreibschutz 104
   Kennwort 104
Schriftart 310, 311
   Listenfeld 312
Schriftattribut 311
Schriftfarbe 313
Schriftgrad 310, 567
Schriftgröße 310, 567
Schriftschnitt 310
Schutz 516
   vor Bearbeitung 334
Schwarz-Weiß-Druck 574
Screenshot 539
Seite einrichten 564
Seitenansicht 567, 570, 582
Seitenlayout 327, 331, 567
   Ansicht 567, 568
Seitenreihenfolge 574
Seitenumbruch 565
   aufheben 567
   automatischer 565
   Linie 581
   manueller 565
Seitenwechsel 566
Seitenzahl 572
Sekundärachse 477
SEKUNDE() 702
Selbstdefinierte Datenreihe 163
Select Case 1074
Sensitivitätsbericht 407
SharePoint Designer 637
SharePoint Foundation 630, 631
SharePoint Server 630
SharePoint Services 629
SharePoint Workspace 637
Sicherheit 103
Signatureinrichtung 558
Signaturfeld 559
Signaturzeile 558
Signieren 555
SIN() 722
Single, Zahlenformat 1057
SINHYP() 723
Skalierung 413, 570, 571
   logarithmische 466
Skizze 511
SmartArt 506, 531
   Layout 535
Solver 81, 393, 396, 409
   Optionen 404
Sonderformat 293
Sortieren
   benutzerdefiniert 890
   Reihenfolge 887
   spaltenweise 891
   Textfarbe 892
   Zellenfarbe 885
Sortierschlüssel 885
Spalte 65
   allgemein 37
   Beschriftungsbereich 931
   Breite 287, 567, 867
   ein- und ausblenden 191
   einfügen 188
   Name 868, 873
SPALTE() 812
SPALTEN() 812
Spannweitendiagramm 474
Sparkline 495
   Achse 501
   Datumsachsentyp 501
   einfügen 497
   Gewinn/Verlust 499
   gruppieren 498
   Linie 497
   Säule 499
   Sparklinetools 498
Speichern unter 82
Speichern, Arbeitsbereich 102
Spezialfilter 899, 912, 915

Index

Sprungliste 52
STABW() 799
STABW.N() 779
STABW.S() 779
STABWA() 780
STABWN() 799
STABWNA() 780
Standardbreite 190
Standardformat 286
Standardhöhe 192
STANDARDISIERUNG() 780
Standardschriftart 311
STANDNORMINV() 800
STANDNORMVERT() 800
Statistik 94
Statusleiste 62
STEIGUNG() 781
Stellvertreterzeichen 920
Stetiger Wert 417
Steuerelement 1056, 1104, 1113
  anpassen 1115
  Eigenschaften 365
STFEHLERYX() 781
String, Variable 1058
Strukturierter Verweis 877
STUNDE() 702
Stundenermittlung 694
Stützpunkt 521
Sub-Prozedur 1064
Subtraktion 210
Suchen und Auswählen 134
Suchen und Ersetzen 147
SUCHEN() 830
Suchkriterium 867
Suchschablone 99
SUMME() 723
Summenfunktion 229
SUMMENPRODUKT() 724
Summensymbol 124, 230, 232
SUMMEWENN() 724
SUMMEWENNS() 725
SUMMEX2MY2() 725
SUMMEX2PY2() 726
SUMMEXMY2() 726
SUMQUADABW() 781
SVERWEIS() 802, 812, 999
Symbolsatz 353

Syntaxfehler 261
Syntaxprüfung 260
Szenario
  anzeigen 386
  löschen 387
  zusammenführen 388, 389
Szenariobericht 389
Szenario-Manager 381, 387

T

T() 830
T.INV() 782
T.INV.2S() 783
T.TEST() 783
T.VERT() 784
T.VERT.2S() 784
T.VERT.RE() 784
Tabelle 863
  allgemein 122
  Dateneingabe 873
  einfügen 869
  Eingabemaske 879
  filtern 899
  formatieren 32, 871
  Formatvorlage 343, 871
  in Bereich konvertieren 348, 870
  mit Formeln verknüpfen 269
  sortieren 884, 885
Tabellenbereich 344, 865
  Ergebniszeile 876
  erstellen 868
  erweitern 875
  fotografieren 543
Tabellenblatt 36
Tabellenformat 345, 871
Tabellentools 344, 869
TAG() 703
TAGE360() 703
TAN() 727
TANHYP() 727
Tastatureinstellungen 64
Tastenkombination 1135
Tausenderabtrennung 141
TBILLÄQUIV() 673
TBILLKURS() 673

TBILLRENDITE() 673
Teamarbeit im Netz 623
TEIL() 831
Teilabsoluter Bezug 236
Teilergebnis 894, 953
TEILERGEBNIS() 727
Text
  in Spalten 1010
  verketten 212
TEXT() 831
Textdatei importieren 1011
Textelement 447
Texterkennungszeichen 1007
Textfeld 202, 448, 529, 1113
Textfilter 902
Textformat 293, 1004
Textkonvertierungs-Assistent 1005
Tiefenachse 412
Tiefstwert im Diagramm 474
TINV() 800
Titel im Diagramm 416
Titelleiste in der Arbeitsmappe 56
Tortendiagramm 413, 470
Transparenz 519
Transponieren von Daten 185
TREND() 785
Trendanalyse 160
TTEST() 800
TVERT() 801
Twips 1096
Typ 1060
TYP() 846

U

Übergangspunkt 521
Übernahme von
  Formatvorlagen 342
Überprüfen 334
Überschreibmodus 1079
Überschriftenzeile 868, 871
Überwachungsausdruck 1082
Überwachungsfenster 267
Uhrzeit als numerischer Wert 144

Index

Umbruch in der Zelle 138
Umbruchvorschau 581
Umschaltfeld 1113
UMWANDELN() 861
Unabhängige Variable 412
UND() 839
UNGERADE() 728
Ungleichung 396
UNREGER.KURS() 673
UNREGER.REND() 674
UNREGLE.KURS() 675
UNREGLE.REND() 676
UNTERGRENZE() 728
UNTERGRENZE.GENAU() 729
Unterteilung, numerische 417
Unvollständige Jahreszahl 306
UserForm 1104

V

VAR.P() 785
VAR.S() 785
Variable 1056
   abhängige 412
   Name 1061
   Typ 1062
   unabhängige 412
Variablendefinition 1057, 1059
Variablendeklaration 1081
Variant 1056
   VBA 1058
VARIANZ() 801
VARIANZA() 786
VARIANZEN() 801
VARIANZENA() 786
VARIATION() 786
VARIATIONEN() 787
VBA 1025, 1053
   Argument 1067
   Eigenschaft 1066
   Fallprüfung 1074
   Fenster verankern 1082
   Funktion 1064
   Konstante 1067
   Methode 1067
   Objekthierarchie 1070

   Operator 1071
   Programmablauf 1072
   Prozedur 1063
   Schleife 1072
   Select 1098
   Verweis 1089
   Verzweigung 1072
VBA-Editor-Fenster 1076
VDB() 676
Veränderbare Zelle 383
Verbindungsdatei 990
Verbindungslinie 512
Verbindungszeichenfolge 993
Verborgenes Blatt 196
Verbundene Spalten 871
Verbundene Zeilen 871
Vererbung von Formatvorlagen 342
VERGLEICH() 813
VERKETTEN() 831
Verknüpfte Bereiche und Schnittmengen 238
Verknüpfung 52, 53, 1017, 1018
   aktualisieren 273
   auflösen 274
   bearbeiten 1018
   durch Kopieren 270
   korrigieren 272
   mit Quelldaten 373
   zu einer Quelldatei 1011
   zu einer Textdatei 1011
Verknüpfungswert speichern 282
Verpackungsproblem 400
Verschieben 169
   Auswirkung 275
   über die Zwischenablage 171
   und kopieren mit dem Kontextmenü 181
Versenden
   als PDF 589
   als XPS 589
   per E-Mail 589
Versetzen und einfügen 170
Vertrauensstellungcenter 110

Vertrauenswürdiger Herausgeber 110
Vertrauenswürdiger Speicherort 111
VERWEIS() 814
Visual Basic für Applikationen 1025, 1053
Vorhandene Verbindung 990
Vorlagenpalette 347
VORZEICHEN() 729
VRUNDEN() 730

W

WAHL() 806, 815
WAHR() 839
WAHRSCHBEREICH() 787
Währungszeichen 300
Was-wäre-wenn-Analyse 381
Webabfrage 995
Weboptionen 596
Webparts 637
Websiteaktion 636
WECHSELN() 831
WEIBULL() 801
WEIBULL.VERT() 788
Weltuhr 685
WENN() 840
WENNFEHLER() 840
Wert 40
   diskreter 417
   stetiger 417
WERT() 832
Wertebereich 931
Wertefilter 935
Wertpapier 653
   Verkauf 655
Wertzuweisung 1056
WIEDERHOLEN() 832
WOCHENTAG() 703
WordArt 530
WorksheetFunction 1116
Wörterbuch 151
   Sprache auswählen 151
WURZEL() 730
WURZELPI() 730
WVERWEIS() 802, 815

Index

X

x-Achse 412
   nichtnumerische 417
XINTZINSFUSS() 677
XKAPITALWERT() 678
XLAM 46
XLSB 46
XLSM 46
XLSTART 1028
XLSX 46
XLTX 46
XML 41
   .XSD-Datei 621
   Aufgabenbereich XML-Quelle 618
   Datamap-Objekt 621
   Dateien abfragen 994
   Daten aktualisieren 620
   Eigenschaften der XML-Verknüpfung 615
   exportieren 622
   importieren 616
   Kalkulationstabelle 622
   Schema 612
   Stylesheets 41
   Verknüpfung 621
   Wurzelelement 621
   XML-Daten aktualisieren 615
   XML-Dokument als Liste einlesen 612
   zum Exportieren überprüfen 622
XML Spreadsheet-Schema 622
XPath 616
XPS 591
XSLT-Stylesheet 616
xy-Diagramm 481

Y

y-Achse 412

Z

z-Achse 412, 413, 485
Zahl
   Eingabe von Brüchen 142
   Filter 903
   Format 140, 286, 291
Zahlenformat 140, 286, 291
   Bruch 292
   Buchhaltung 26, 291
   Prozent 292
   Währung 291
ZÄHLENWENN() 789
ZÄHLENWENNS() 789
ZEICHEN() 832
Zeichenfläche 436
Zeichenfolge 40, 137
   Formel 207
Zeichenmodus sperren 508
Zeichenwerkzeug 507
Zeichnen von freien Objekten 505
Zeigen-Modus 216
Zeile
   allgemein 37
   Beschriftungsbereich 931
   einfügen 188
   Höhe ändern 191
   Kopf 65
ZEILE() 815
ZEILEN() 815
Zeilenumbruch 138
ZEIT() 704
Zeitfenster 308
Zeitreihe 159
ZEITWERT() 704

Zellbereich 39
   Auswahl 127
Zellbezug 37
Zelle
   auswählen 126, 1101
   Auswirkung beim Entfernen von Zellen 276
   Bereich 39
   Eintrag verschieben 169
   Format 38, 338, 609
ZELLE() 846
Zellenformatvorlage 338, 609
Zellgruppe 39
Zellinhalt 38, 1102
   bearbeiten 145
Ziehpunkt 514
Zieldatei 1017
Zielwert bestimmen 399
Zielzelle 395
ZINS() 678
ZINSSATZ() 679
ZINSTERMNZ() 679
ZINSTERMTAGE() 679
ZINSTERMTAGNZ() 680
ZINSTERMTAGVA() 680
ZINSTERMVZ() 680
ZINSTERMZAHL() 681
ZINSZ() 681
Zirkelbezug 279
Zirkuläre Formel 267
ZUFALLSBEREICH() 730
Zufallsvariable 734
ZUFALLSZAHL() 731
Zusätzlicher Startordner 54
ZW() 681
ZW2() 682
ZWEIFAKULTÄT() 731
Zwischenablage 287
   alle einfügen 184
ZZR() 682

Robert Klaßen

Office 2013
Der umfassende Ratgeber

Auf knapp 1.200 Seiten beantwortet dieser Ratgeber alle Fragen zu Microsoft Office. Verständliche Schritt-Anleitungen, anschauliche Screenshots und viele Praxisbeispiele machen dieses Buch zu einem nützlichen Lern- und Nachschlagewerk zu Word, Excel, PowerPoint, Outlook und OneNote.

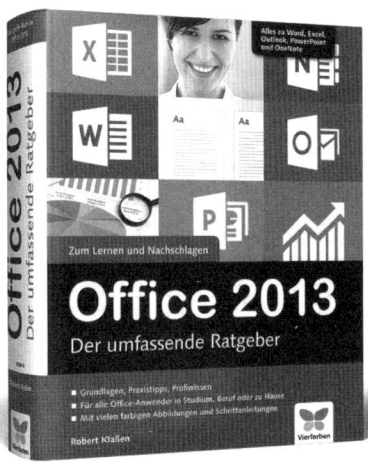

1.194 Seiten, gebunden, in Farbe
mit CD, 39,90 Euro
ISBN 978-3-8421-0090-9
erschienen Mai 2014

Walter Saumweber

Windows 8.1
Das Handbuch zur Software

Allen, die mehr aus Ihrem System herausholen möchten, zeigt Windows-Experte Walter Saumweber in diesem umfassenden Handbuch alles, was nötig ist, um leichter und schneller ans Ziel zu kommen. Gibt Auskunft zu sämtlichen Themen – inklusive Tipps und Tricks.

1.074 Seiten, broschiert
19,90 Euro
ISBN 978-3-8421-0141-8
erschienen August 2014

383 Seiten, broschiert, in Farbe
19,90 Euro
ISBN 978-3-8421-0137-1
erschienen September 2014

Rainer Hattenhauer

Android-Tablet
Die verständliche Anleitung

Entdecken Sie die Möglichkeiten Ihres Android-Tablets! Schritt für Schritt zeigt Ihnen diese ausführliche Anleitung, wie Sie im Internet surfen, E-Mails schreiben, Fotos und Filme ansehen, Musik hören, E-Books lesen und vieles mehr. Dabei lernen Sie die besten Apps kennen und profitieren von den vielen praktischen Tipps und Empfehlungen.

378 Seiten, broschiert, in Farbe
19,90 Euro
ISBN 978-3-8421-0131-9
erschienen Mai 2014

Rainer Hattenhauer

Android-Smartphone
Die verständliche Anleitung

Nutzen Sie Ihr Android-Smartphone richtig! Diese ausführliche Anleitung zeigt Ihnen, wie Sie Ihr Smartphone bedienen – vom Telefonieren über E-Mails, Internet, Apps und Fotos bis hin zum Datenaustausch mit dem PC.

Das gesamte Buchprogramm: www.vierfarben.de